맹자집주상설 상

孟子集註詳說

上

朴文鎬 著
成百曉 譯

호산 영정

호산이 후학양성을 위해 1889년에 건립한 풍림정사 전경

이택당은 풍림정사의 정당(正堂)으로,
정면에 입제 송근수가 쓴 '풍림정사' 편액이 걸려있다.

'풍림정사' 편액 글씨

이택당 뒤에 위치한 후성영당(後聖影堂)

후성영당 내부 모습.

경학(經學)은 주자(朱子)를 종(宗)으로 삼고, 이학(理學)은 율곡(栗谷)을 조(祖)로 삼으며, 의리(義理)는 우암(尤庵)을 머리에 이고, 심성(心性)은 남당(南塘)을 어깨에 짊어졌다는 말처럼, 주자·율곡·우암·남당 그리고 호산의 영정이 봉안되어 있다.

풍림정사 뒤 호산의 묘 전경과 묘비
묘비에 '유조선일민(有朝鮮逸民)'이라고
새겨져 있다.

간 행 사

권 오 춘(權五春)
-해동경사연구소 이사장-

이 책은 호산(壺山) 박문호(朴文鎬) 선생의 사서집주상설(四書集註詳說)을 성백효(成百曉)선생이 현토(懸吐)하고 역해(譯解)한 것이다. 사서(四書)는 유가(儒家)의 기본 경전인 《논어》와 《맹자》, 《대학》과 《중용》을 가리킨다. 《대학》과 《중용》은 원래 《예기(禮記)》의 두 편이었는데, 내용이 유가의 사상을 잘 표현했다 하여 배우는 자들의 필독서로 인식된 것이다. 《논어》는 공자(孔子)의 말씀과 제자들과의 문답한 내용, 또한 훌륭한 제자들의 말씀을 모아 기록한 것이며, 《맹자》는 맹자의 말씀과 제자들과의 문답한 내용이다. 《중용》은 사마천(司馬遷)의 《사기(史記)》에 공자의 손자이신 자사(子思)가 지은 것이라 하였다. 《대학》은 저자가 분명하지 않으나, 주자(朱子)는 경문(經文) 1장은 공자의 말씀을 증자(曾子)가 기록한 것이고 전문(傳文) 10장은 증자의 뜻을 문인이 기록한 것으로 추정하였다. 이로 볼 때 공자의 학통은 안자(顔子 안회(顔回))와 증자(曾子 증삼(曾參))에게 전해졌고, 증자는 자사에게, 자사는 맹자에게 전수한 것이 된다. 사서는 그만큼 공맹(孔孟) 사상의 진수(眞髓)라 할 것이다.

사서집주상설은 주자의 사서집주(四書集註)를 상세하게 해설하였다는 뜻으로, 호산은 대전본(大全本)의 소주(小註)에 실려 있는 제가(諸家)의 설을 요약 발췌하였으며, 퇴계와 율곡 등 우리나라 선현들의 설과 호산 자신의 설을 종합정리하여 이 책을 만들었다. 또한 《언해》의 잘못된 현토도 지적하였다. 주자의 집주를 제대로 이해하려면 그야말로 꼭 필요한 책이라 하겠다.

성백효 선생은 이미 안설(按說)을 붙인 《논어》와 《맹자》, 《대학》과 《중용》을 이미 간행하셨고 뒤이어 최신판 사서를 내셨으며, 이번의 사서상설을 간행함으로써 사서가 집대성되었다고 말할 수 있다. 경하(敬賀)해 마지않는다. 이 사서상설은 성 선생이 10년 전 제자분들과 강독(講讀)하시면서 초고를 작성하였다.

그러나 재정 문제로 그동안 간행을 하지 못하다가 이번에 평화한약방을 운영하시는 연만희(延萬熙) 선생께서 출판비를 지원하여 출판하게 되었다. 연선생님께 감사드리며, 한편으로 나는 성선생의 작업을 적극 돕지 못하여 죄송할 뿐이다.

  윤리도덕이 점차 매몰되어 가는 이때 인간의 올바른 삶을 제시해준 사서의 내용을 보다 많은 분들이 함께 읽어 물질 만능주의에 빠져 퇴락하는 정신을 한 번 일신하기 바란다. 사서의 내용은 제례(祭禮)를 제외하면 어느 종교인이든 큰 가르침이 될 것을 믿어 의심하지 않는다.

  성백효 선생이 노익장(老益壯)하시어 우리의 수많은 고전이 더욱더 번역되어 우리들이 쉽게 접근할 수 있기를 빌어마지 않는다.

2020년 11월 일

발 간 사

연 만 희(延萬熙)
-평화한약방 원장, 해동경사연구소 고문-

　한송(寒松) 성백효(成百曉) 선생은 선배 외우(畏友)이시다. 1973년 곡부강당(曲阜講堂)의 서암(瑞巖) 선생님 문하에서 수학하면서 처음 선생을 알게 되었는데, 그 후 본인과는 끊을래야 끊을 수 없는 인연이 맺어졌다. 한문 공부를 하면서 선배의 도움을 받은 것은 말할 것도 없고 본인이 한의학을 배우고 한약방을 운영하게 된 것도 사실은 성선생 덕분이었다. 한 번은 서당에 있을 적에 배가 몹시 아파 고통스러워하고 있었는데, 성선생은 행장에서 감초(甘草) 몇 쪽을 꺼내주면서 먹어보라는 것이었다. 그런데 신기하게도 복통이 진정되었다. 이때부터 본인은 한약에 관심을 갖게 되었다. 성선생은 이미 ≪동의보감(東醫寶鑑)≫과 ≪본초강목(本草綱目)≫을 통독하여 한의학에 대한 기본지식이 높은 상태였다.

　그후 내가 서울에 올라가서 한의학을 공부할 적에 ≪황제내경(黃帝內經)≫을 동학들과 강독하였는데, 자세히 모르는 부분이 있으면 거의 격일로 성선생에게 묻곤 하였다. 한약방을 개업한 뒤에는 자주 찾아오셨으며, 도곡 장학회의 이사로 활약해 주셨다. 그리고 회인서당을 건립한 뒤에는 자주 서당에 오시어 학생들을 격려해 주셨으며, 사서집주와 삼경의 집전을 번역하셨을 적에는 매번 번역한 책을 보내주셨다. 또한 호산 박문호 선생의 칠서상설을 극찬하시고 이 가운데 ≪논어집주상설(論語集註詳說)≫을 읽어보라고 권하셨다. 생각은 늘 여기에 있었으나, 약방을 운영하다보니 시간적 여유가 없었고 또한 한문 눈리가 약하여 읽어보아도 무슨 뜻인지 자세히 알 수 없었다.

　그런데 금년 초 회인서당의 이상규(李相奎) 선생을 통하여 성선생이 사서집주상설을 집필중이나 출판비가 부족하다는 말을 들었다. 이에 본인은 너무 기쁜 소식이어서 필요 경비를 본인이 부담하겠다고 제의하였다. 이제 보니, 경비가 부족하여 조판이 너무 빡빡하고 집주 부분에는 색도를 넣었으면 하는 아쉬움이 없지 않다.

본인이 자세히 확인하지 못한 것이 끝내 아쉬울 뿐이다.

　성선생은 평생을 한학에 진심전력하였다. 특히 경전을 설명함에 있어서는 명쾌하기 이를 데 없다. 한학의 권위자인 성선생이 사서상설을 번역함으로써 나와 같이 한문 문리가 약한 자들도 사서에 쉽게 접근할 수 있게 되었다. 더구나 호산은 우리 고장의 선현인데 호산이 강학하신 풍림정사는 본인이 세운 회인서당과 근거리에 있어서 감회가 더욱 크다.

　성선생이 더 노쇠하기 전에 더 많은 경전을 국역하여 끊어져가는 한학의 맥을 이어 주시기를 간절히 바라는 바이다.

2020년　11월　일

추 천 사

임 동 철(林東喆)
-전 충북대학교 총장, 현 유원대학교 부설 호서문화연구소 소장,
해동경사연구소 고문-

호산(壺山)의 ≪사서집주상설(四書集註詳說)≫ 국역본을 발간한다니, 경하할 일이다. 호산(壺山) 박문호(朴文鎬, 1846~1918)는 충청도 회인(懷仁) 출신의 한말 대유학자이다. 약관에 회인현 추곡(秋曲)에 거주하던 어당(峿堂) 이상수(李象秀)를 만나 본격적으로 수학하게 되고, 26세에는 서울과 과천에 가서 많은 서적을 박람하였다.

호산은 학문(學問)에 입지(立志)하면서 오직 경술(經術)과 성리학(性理學)에 뜻을 두고, 경학(經學)은 주자(朱子)를 종(宗)으로 삼고, 이학(理學)은 율곡(栗谷)을 조(祖)로 삼았으며, 의리(義理)는 우암(尤庵)을 머리에 이고, 심성(心性)은 남당(南塘)을 어깨에 짊어졌던 터였다.

호산 스스로도 "세상의 배우는 사람들 중에는 간혹 인생이 두 번 바뀌는 사람이 있는데 … 나의 경우 나이가 40세가 되어서야 비로소 학문에 종사하여 경의(經義)·성리(性理)·예설(禮說) 세 가지에 머리를 파묻고 힘을 쓴 것이 이미 30년이 되었다."(≪호산대선(壺山全書)≫ 책6 〈풍산기문록(楓山記聞錄) 시문(詩文)〉)라고 말하였다.

40세 이후 이처럼 학문에 매진한 대표적인 결과물이 바로 '사서상설'이다. 그의 나이 55세 때 ≪논어집주상설(論語集註詳說)≫의 완성을 시작으로 57세 때에는 ≪맹자집주상설(孟子集註詳說)≫, ≪대학장구상설(大學章句詳說)≫, ≪중용장구상설(中庸章句詳說)≫을 완성하였다. 그 후에도 많은 저술을 남기고, 66세가 되던 1911년에는 백이십권의 저서를 붓으로 정서하여 책들을 나무궤짝에 담아 자식에게 주면서 이것은 충분히 훗날 너희들에게 불식불언(不食不言)의 스승이 될 것이라 하였다 한다.

청주(淸州)에서 피반령(皮盤嶺)을 넘으면 회인이요, 회인은 보은(報恩)과 옥천(沃川)으로 통하는 길목이다. 이 길은 기묘명현(己卯名賢) 충암(沖庵) 김정(金淨)이 보은으로 통하던 길이요, 우암(尤庵) 송시열(宋時烈)이 청주로 향할 때 자주 애용한 길이다. 바로 그 길가에 호산은 풍림정사(楓林精舍)를 세우고 후학을 양성하며 학문에 정진했던 것이다. 또한 그 길을 따라가면 회인서당(懷仁書堂)이 있으니, 이 책의 역자인 한송 선생(寒松先生)이 강의 차 자주 다니는 길이다.

  그러한 인연인지, 호산의 대표 저서를 국역하여 내놓게 되니, 매우 반가울 뿐이다. 한송 선생은 경학의 대가로서 일찍이 사서집주(四書集註)와 삼경집전(三經集傳)을 현토 완역하여 학계와 대학의 필독서가 되었으며, 7~8년 전에는 사서에 안설(按說)을 붙여 주자(朱子)의 집주를 대강(大綱)으로 세운 다음 송대(宋代) 이전부터 근현대의 경학자(經學者)들의 설을 망라해서 비교 분석하였고, 이를 토대로 최신판 사서집주를 출간하시어 경학가로서의 확고한 위치와 높은 경지를 소유하고 있음은 주지의 사실이다. 경학의 번역은 원문에 대한 정확한 이해와 간결하면서도 명료한 우리 말의 표현이 절대 필요하다. 그런데 요즘 번역본을 읽어보면 상당수가 원의에 부합하는지의 여부는 차치하고 우리 국어의 표현이 제대로 되어 있지 않아 읽어도 무슨 뜻인지 이해되지 않는다.

  본인은 지난 2013년 부안설(附按說) ≪논어집주(論語集註)≫ 발문에서 "우리는 한송의 다음의 노작(勞作)을 기대한다. 이 분이 아니면 할 수 없는 일들에 있어서랴. 어찌 거역하시겠는가."라는 글을 쓴 적이 있다. 그런데 7~8년이 지난 지금 또다시 호산의 사서상설을 드디어 출간하게 되었다.

  귀중한 작업을 해주신 역자에게 거듭 감사의 뜻과 축하의 말씀을 전하면서, 후세들을 위해 그 탁월한 능력을 더욱 많이 남기시길 기대할 뿐이다.

2020년 11월 일

≪사서집주상설(四書集註詳說)≫의 출판을 축하하며

권 오 승(權五乘)
-서울대학교 명예교수, 대한민국 학술원 회원-

  이 책은 한송(寒松) 성백효(成百曉) 선생이 호산(壺山) 박문호(朴文鎬) 선생의 ≪사서집주상설(四書集註詳說)≫을 한글로 번역하고 해설한 것이다.
  한송 선생은 평생 동안 오로지 한학에 정진해 오신 우리나라 한학의 최고권위자로서, 고전의 번역과 강해를 통하여 선현(先賢)들의 지혜를 담은 고전의 가치를 널리 알리는 데 획기적인 기여를 하신 분이다. 필자는 대학 2학년(1970년) 여름방학에 한송의 고향인 충남 예산으로 농촌봉사활동을 가서 그를 처음 만났으며, 1972년에는 그의 도움으로 충남 부여에 있는 곡부서당(曲阜書堂)에 가서 서암(瑞巖) 김희진(金熙鎭) 선생님 문하에서 한문공부를 시작할 수 있었다. 서당에서 율곡(栗谷)선생의 글을 읽고 있다가 〈만언봉사(萬言封事)〉에서 큰 감동을 받아 농촌운동가의 꿈을 접고 대학원에 진학하여 법학자의 길을 걷게 되었다. 당시 필자와 함께 서당에 가서 한문공부를 시작했던 대학동기 약봉(藥峰) 김기현(金基鉉) 교수는 한문공부에 매료되어 전공을 한국철학으로 바꾸어 계속 정진해온 결과, 오늘날 한국철학 특히 퇴계학(退溪學)의 대가로 우뚝 서게 되었다.
  호산 박문호 선생의 ≪사서집주상설≫은 한문공부를 하는 후학들이 반드시 읽어야 할 매우 소중한 자료라고 한다. 그러나 한문 문리가 약한 사람들이 이를 제대로 이해하기는 매우 어려운 것이 사실이다. 따라서 한문학의 발전을 위해서는 이 책을 한글로 번역하고 알기 쉽게 해설하는 작업이 반드시 필요하다고 생각되었으나 이를 기대하기는 쉽지 않았다. 그러던 중 한송 선생이 다년간 제자들과 함께 이를 번역하고 해설하는 작업을 진행하여 마무리하였으나, 출판비 문제로 출판하지 못하고 있었다고 한다. 때마침, 충북 증평에서 평화한약방(平和韓藥房)을 운영하고 있는 도곡(道谷) 연만희(延萬熙) 선생이 이러한 사정을 전해 듣고, 기꺼이 거액의 출판비를 지원해 주심으로 이 책이 세상에 나오게 되었다. 도곡 선생은

1970년대에 우리들과 함께 서암 선생님의 문하에서 동문수학한 후, 한의학을 공부하여 한약사의 자격을 취득하고 고향인 증평에서 몸소 인술(仁術)을 실천하면서 후학 양성에 힘쓰고 있는 훌륭한 독지가이시다.

  필자가 이 책의 출판을 특별히 기뻐하는 이유는 호산 선생의 ≪사서집주상설≫이 아무리 훌륭하다고 하더라도, 필자처럼 한문 독해능력이 부족한 사람들에게는 그것이 마치 '그림의 떡'과 같아서, 이를 직접 맛보고 이해할 수 없어서 매우 아쉬웠던 차에, 한송의 헌신적인 노력과 도곡의 통 큰 후원에 힘입어, 우리들도 그 내용을 제대로 이해하고 음미할 수 있게 되었기 때문이다. 이 얼마나 기쁘고 감사한 소식인가!

  이 책의 출판을 계기로 우리나라에 사서(四書)를 비롯한 고전에 대한 가치가 다시 인식되고, 많은 국민들 특히 지도급 인사들이 선현들의 가르침을 본받아 도(道)와 예(禮)를 존중하는 문화를 형성해 나감으로써, 하루 속히 서로가 서로를 존중하고 사랑하는 성숙한 사회로 발전할 수 있게 되기를 간절히 바라마지 않는다.

2020년 11월 일

이 책에 대하여

성 백 효(成百曉)
-해동경사연구소 소장-

이 책은 호산(壺山) 박문호(朴文鎬) 선생의 ≪사서집주상설(四書集註詳說)≫을 국역하고 주해한 것이다.

호산은 헌종(憲宗) 12년(1845년) 충청도 회인현(懷仁縣) 눌곡리(訥谷里)에서 한담(閑潭) 박기성(朴基成)의 아들로 태어나 1918년 72세에 별세한 조선조 말기의 성리학자이다. 호산은 그의 호이며, 또 다른 호는 풍산(楓山)인데 말년에는 늙은 나무꾼이라는 뜻으로 노초(老樵) 두 글자를 뒤에 덧붙였다. 자는 경모(景模)이고 관향은 영해(寧海)이다.

호산은 어려서부터 총명하고 학문을 좋아하였으며, 11세에 어당(峿堂) 이상수(李象秀)의 문하에서 수학하였다. 어당은 원래 경기도 양주(楊州) 분이셨는데 청주와 회인으로 내려와 후학들을 양성하였다. 어당의 선조는 인물성동(人物性同)을 주장하는 낙학계(洛學系)였으나, 어당은 인물성이(人物性異)를 주장하는 호학(湖學)을 따랐다. 이 때문에 호산은 자연 호학계 학자가 되었다. 호산은 말년에 눌곡리에 풍림정사(楓林精舍)를 짓고 강학하였는데 별세 후 여기에 제향되고 있다.

호산은 ≪사서집주상설≫ 외에 주자의 ≪시경집전(詩經集傳)≫과 ≪주역본의(周易本義)≫, 채침(蔡沈)의 ≪서경집전(書經集傳)≫까지 상세히 설명하여 무려 39책이나 되는 방대한 양의 ≪칠서주상설(七書註詳說)≫을 완성하였다. 그러나 사서가 중심이고 그 중에서도 ≪논어집주상설≫이 백미(白眉)라 할 것이다. 서문도 범례도 모두 ≪논어집주상설≫을 기준하였으며, 다음으로는 ≪맹자집주상설(孟子集註詳說)≫ 그리고 ≪대학장구상설(大學章句詳說)≫과 ≪중용장구상설(中庸章句詳說)≫로 이루어졌다. 이 상설은 주자의 집주를 상세히 설명함은 물론이고 대전본(大全本)에 실려있는 제가(諸家)들의 설까지 요약하여 소개하였으며 주자의 음훈(音訓)은 물론이요, 우리나라 언해(諺解)의 현토(懸吐)와 해석까지도 잘못된 부분을 지적하였다. 또한 퇴계(退溪)와 율곡(栗谷), 사계(沙溪)와 우암(尤菴), 남당(南塘)과 농암(農巖) 등 우리나라 선현들의 설까지도 뽑았고, 자신의 견해까지 아울러 반영하였다. 주자 집주에 대한 해석은 종종 있었지만 이처럼 한문 문법에 맞게 해설한 책은 우리나라는 물론이요, 중국과 일본에도 일찍이 없었다. 다만 음훈은 원음(原音, 고음(古音))을 위주하여 지금과 맞지 않는 것이 종종 보이는 점과 호산이 참고한 자전(字典)이 어떤 것인지 알 수 없는 점이 아쉽다.

　우리나라 성리학자들은 퇴계를 중심으로 하는 남인학파와 율곡을 중심으로 하는 기호학파, 그리고 율곡학파에서 분파된 호학(湖學)과 낙학(洛學)이 각기 다른데, 학자들이 하나같이 자기 학파의 학설이 주자(朱子)의 본의에 부합하는 진정한 진리라고 생각하였다. 남당(南塘) 한원진(韓元震)을 가장 존숭한 호학계의 호산도 성리설이 나오는 부분에는 으레 호학계의 설에 입각하여 장황한 설명을 하였다. 이러한 이유로 호산이 이 상설을 완성한 후 남들로부터 많은 비방을 받았던 것으로 보인다. ≪호산전서(壺山全書)≫ 책6 〈풍산기문록(楓山記聞錄) 시문(詩文)〉에 보면 다음과 같은 내용이 보인다. "세속 사람들이 모두 나를 학자라고 지목하면서 훼방하고 또 학자 중에 나를 비방하는 것은 두 가지 일이 있으니, ≪칠서주상설(七書註詳說)≫과 후성영당(後聖影堂)이 이것이다. 나의 의견으로 창안하여 한 평생의 심력(心力)을 다해 늙음에 이르러서야 비로소 완성하였으니, 훼방이 오는 것을 어찌 따질 것이 있겠는가."

　'후성영당'이란 주자(朱子)를 공자 이후의 성인이라 하여 후성으로 추존, 정사(精舍)의 뒤에 주자의 영정을 모시고, 호산이 평소 존숭(尊崇)하던 율곡(栗谷)과 우암(尤庵), 남당(南塘)을 배향하여 이분들의 위패(位牌)와 영정을 모시고, 매년 주자의 생일인 음력 9월 15일과 졸일(卒日)인 3월 3일에 제생들을 거느리고 석채(釋菜)의 예를 행한 다음, 강회(講會)를 연 일을 이른다. 호산의 〈연보(年譜)〉에 의하면 이것은 56세인 광무(光武) 5년(1901) 신축년의 일인데, 그 전해에 ≪논어집주상설≫이 완성되었고, 그 다음해에 ≪맹자집주상설≫과 ≪대학장구상설≫, 그리고 ≪중용장구상설≫이 완성되었다.

　그러나 호산은 ≪대학≫의 '혈구(絜矩)'에 대해서는 남당의 설을 비판하였으며, 율곡학파였지만 명덕(明德)을 기(氣)로 보지 않고 리(理)로 보았다. ≪칠서주상설≫에 대한 자세한 내용은 호산의 서문을 보면 알 수 있으며, 더 자세히 알려면 유정기(柳正基)씨가 쓴 ≪호산박문호전서(壺山朴文鎬全書)≫의 해제를 참고하기 바란다.

본인은 14년 전 해동경사연구소를 설립한 즉시 연구원들과 이 ≪사서집주상설≫을 강독하면서 현토하고 초벌 번역을 하였다. 이것을 보완하여 출판하려 하였으나, 기회를 얻지 못해 옛 상자에 버려두었다. 그 후 고려대학교에서 국가의 지원으로 이 ≪칠서주상설≫을 전부 국역한다는 소식에 몹시 기뻤다. 그러다가 작년 가을 고려대학교에서 1차적으로 출간한 ≪논어집주상설≫ 번역본 10책을 얻어보니, ≪주자대전(朱子大全)≫과 ≪주자어류(朱子語類)≫, 호산이 대전본을 축약한 부분까지 찾아내어 주해해서 가히 상설(詳說)에 상역(詳譯)이라고 할 수 있었다. 그러나 아쉬운 점도 없지 않았다. 첫째 현토가 되어 있지 않았다. 호산은 관본 언해의 잘못된 현토와 해석을 종종 지적하였는바, 현토를 하지 않으면 이것을 밝히기가 쉽지 않다. 그리고 예전 강독할 적에 논란하였던 곳을 보니, 교감과 주석에 소략한 부분이 없지 않았다. 우선 세 곳을 들어보겠다.

첫째 〈학이〉편 맨 앞의 '자왈(子曰)'에 대한 해석이다. "'자(子)'는 공자이니, 성(姓)을 쓰지 않고 다만 '자'라고 칭한 것은 높이고 친애한 말이다.… 또 〈자로〉한 편은 선유들이 '제론'이라고 하였는데, 모두 성을 칭하였다.〔子, 孔子也. 不姓而止稱子者, 尊而親之之辭也 … 且子路一篇, 先儒謂之齊論, 而皆稱姓.〕"라는 내용이다. 여기의 〈자로〉는 〈계씨(季氏)〉의 오기(誤記)로 보인다. 〈자로〉에는 30장 가운데 정공(定公)과의 문답(15장)과 섭공(葉公)과의 문답(18장)을 제외하고는 모두 '자왈'로 되어 있다. 반면에 〈계씨〉에는 편제(篇題)에 "이 편은 혹자가 '제론'이라 한다.〔此篇, 或以爲齊論.〕"는 주자의 집주가 있고, 호산의 상설에도 "다 공자라고 칭하였고, 또 삼우(三友) 등의 조례(條例)가 위아래의 편과 같지 않다.〔皆稱孔子, 且三友等條例, 與上下篇不同.〕"는 홍씨(洪氏)의 설을 축약하여 소개하였다. 그리고 대전본에는 "세론이라고 의심하는 이유는 다 '공자왈'이라고 칭하였고, 또 삼우·삼요·구사 등의 조례가 위아래의 편과 같지 않기 때문이다. 그러나 또한 다른 분명한 증거는 없다.〔疑爲齊論, 以皆稱孔子曰, 且三友·三樂·九思等條例, 與上下篇不同, 然亦無他左驗.〕"라는 홍씨의 전문(주文)이 수록되어 있다. 실제로 〈계씨〉편을 상고해보면 14장 가운데 11장이 모두 '공자왈'로 되어 있고, '자왈'은 한 곳도 보이지 않는다. 그런데 홍씨의 설에 대한 국역본에 "모두 공자라고 하는데도 세 가지 벗 등의 체제가 상하편과 같지 않기 때문이다."라고 되어 있어 무슨 뜻인지 이해가 되지 않았다.

두 번째로는 주석의 문제이다. 〈학이〉편 2장의 '불호범상이(不好犯上而)'에 대해 주자는 '중복되었다.' 하고 육구연(陸九淵)은 '지루하다.'라고 비판하였는데, 호산은 '또한 몸소 실천하는 자들이 말[馬]의 수를 세는 독실함에 무방하다.'라고 평하였다. 그런데 국역본 주석에 ≪시경≫의 '駟牡三千'과 ≪예기≫〈곡례〉의 '問國之富 數馬以對'를 예로 들었다. 그러나 여기에서는 '독실'의 뜻을 찾아 볼 수 없다. 이것은 한(漢)나라의 석경(石慶)이 태복(太僕)이 되어 황제(무제)를 모시고 외출하였을 적에 황제가 그에게 "수레를 끄는 말이 몇 필이냐?"고 묻자, 석경이 채찍으로 말을 하나하나 세어 여섯 필이라고 대답한 고사를 인용한 것인바, 보통 사람이면 굳이 번거롭게 말을 세지 않고 곧바로 여섯 필이라고 대답하였을 터인데, 석경은 독실하여 이처럼 확인하고서 대답하였음을 말한 것이다. 이 내용은 뒤〈팔일(八佾)〉15장의 "공자가 노나라의 태묘(太廟)에 들어가서 매사를 물었다."라는 것에 대한 상설에도 보인다. 국역본 역시〈팔일〉편에서는 '수마(數馬)'에 대해 잘 설명하였는데,〈학이〉편에서는 잘못하여 ≪시경≫과〈곡례〉를 인용하였던 것이다.

　세 번째로는 해석의 문제이다. 상설의 "三節之三不亦字・三乎字, 此所謂一章之字眼也."에 대한 해석이다. 이것은 "세 절의 세 개의 '불역(不亦)'이란 글자와 세 개의 '호(乎)'자는 이른바 '한 장의 중요한 글자[字眼]'란 것이다." 정도로 해석하면 될 것이다. 그런데 국역본에는 "세 개의 구절에서 세 번째 구절의 '불역(不亦; 그것 또한)'이라는 글자와 세 번째 구절의 '호(乎; 의문사)'라는 글자는 이른바 한 장에서 '관건이 되는 글자[字眼]'이다."로 해석되어 있으니, '세 번째 구절'이라는 말이 무엇을 가리키는지 알 수가 없었다.

　본인은 이 몇 가지 문제점을 발견하고 최소한 사서에 대한 상설이라도 다시 내겠다고 결심하였다. 그러나 본인이 개인적으로 이 책을 출판하기에는 재정적 출혈이 너무 컸다. 또 출판사와 상의해보니, 고려대학교에서 일부 출판된 책이라면서 난색을 표하였고 출판비 보조를 요구하였으며, 금년 중으로 출판해야 한다는 것이었다. 게다가 10년 전 방치하였던 원고를 꺼내보니, 초벌 번역이라서 현토도 다시 검토해야 하고 오탈자도 없지 않았으며, 주석도 거의 없었다. 우리 연구소 사정은 경제적 여유도 없었지만 시간적 여유가 더욱 없었다. 이에 작업량을 최소화하기로 하고 전체 원문 및 역주의 수정 작업을 본인이 도맡아 하였으며, 몇몇 분들이 교정을 도와주었다. 그러나 당장 출판비 마련이 문제였다. 이때 본인과 동문이며 독지가이신 평화한약방의 도곡(道谷) 연만희(延萬熙) 선생께서 이러한 사정을 아시고 거금(巨金)을 출판비로 쾌척하셨다. 이에 힘입어 ≪사서집주상설≫ 역주본이 세상에 나오게 되었다. 또한 본인이 이제는 호산 선생을 뵐 면목이 있게 되었다. 왜냐하면 연만희 선생이 건립하신 회인서당(懷仁書堂)을 갈 때마다 자주 눌곡리의 풍림정사에 들러 문정(門庭)에서 경의를 표하였으며, 정사 뒤에 있는 묘소를 참배하고는 선생의 ≪사서집주상설≫을 제가 국역하겠다고 다짐한 일이 있었기 때문이다.

본인이 위에서 고대에서 나온 ≪논어집주상설≫에 대해 몇 곳의 문제점을 지적하였지만 번역을 하다보면 오류를 미처 발견하지 못하는 경우가 비일비재하다. 또한 한문의 문리가 부족하면 아무리 노력을 해도 오역이 나올 수 밖에 없다. 물론 역자가 완벽에 완벽을 기해야 하겠지만 독자들은 이것을 널리 이해해 주기 바란다. 더구나 이 국역본은 대전본의 축약된 부분을 대전본과 일일이 대조하지 못하고 주석도 소략하며 문장과 체제도 통일되지 못한 것임을 솔직히 고백하며 강호제현의 양해를 구한다.

현재 인문학이 고사할 위기에 처해있고 한문책은 더더욱 관심을 받지 못하는 상황에서 이처럼 방대한 책을 개인이 국역 출판한다는 것은 거의 불가능한 일이다. 고려대학교에서는 국가의 지원을 받아 여러 명사들이 총동원되어 작업하는 만큼 앞으로 더욱 좋은 책이 나올 것이라 기대한다. 독자들은 본인의 국역본이 미흡하다고 여겨질 경우 이 책을 참고하기 바란다.

끝으로 이 원고를 마련할 수 있도록 적극 협력해 주신 해동경사연구소의 권오춘(權五春) 이사장님 이하 여러 임원님들께 감사드리고 이 책을 출판하도록 도와주신 연만희 선생께 거듭 감사드리며, 수고비도 제대로 받지 못하고 끝까지 교정해 주신 신선명(申先明) 군과 방회숙(方淮淑) 선생, 수고비를 한 푼도 받지 않고 도와주신 백광인(白廣寅) 선생과 윤은숙(尹銀淑) 선생, 그리고 출판을 총괄하여 애써준 연석환(延錫煥) 박사에게 감사의 말씀을 올린다. 또한 이 책을 출판해 주신 나운샘 김 사장에게도 고마움을 표시하는 바이다.

2020년 11월 일

일러두기

1. 저본은 한국학중앙연구원 장서각 소장 목활자본(木活字本) 《맹자집주상설(孟子集註詳說)》(청구기호 : K1-176)이다.
2. 원고는 《맹자집주상설》의 원문 체제에 따라 번역하여 정리하였다.
3. 원고는 기본적으로 원문, 번역문, 원문에 대한 각주, 번역문에 대한 미주 순으로 정리하였다.
4. 《맹자》의 본문은 원문과 번역을 사각 박스 안에 넣어주었다. 박스 위에는 일련번호를 붙여 장(章)과 절(節)을 알 수 있게 하였다.
5. 《맹자》의 본문에 대한 주석은 원문과 번역문에 모두 미주를 달았다.
6. 주자의 집주와 호산의 상설은 저본의 체제에 따라 정리하되, 원문과 번역문에서 집주의 글자는 좀 더 크고 진하게 적고, 상설의 글자는 상대적으로 조금 더 작게 적어서 구분해주었다.
7. 《맹자집주대전(孟子集註大全)》의 쌍행(雙行) 소자(小字)로 된 소주(小註)도 호산의 상설 글자의 크기에 맞추어 정리하였다. 단, 본문 글자에 대한 음주(音註)는 주자 집주의 글자 크기에 맞춰서 정리하였다.
8. 본문 글자에 대한 음주에서 반절(反切)의 경우, 중국에서 사용한 음이기 때문에 간혹 우리나라의 한자음과 차이가 있기도 하는데, 그러한 경우 반절의 음을 음주에 따라 그대로 적어 주었다. 예컨대 《논어》〈자한(子罕)〉 10장의 "喟然歎"의 '喟'자의 경우 우리나라에서는 '위'라고만 발음하는데, 그 음주에 "喟苦位反"이라고 한 것을 "'귀(喟)'는 고(苦)·위(位)의 반절이다."라고 번역한 경우이다. 그러나 종종 호산의 설과 맞지 않는 것은 이렇게 하지 못한 것도 있다.
9. 원문에는 표점을 하지 않고 구(句)나 절(節) 등에 현토하였다. 예외적으로 구나 절 안에서 밀접한 관련이 있는 의미의 글자나 구가 두 개 이상 병렬된 경우, 구분되는 곳에 모점(、)을 써주었다.
10. 원문의 교감은 원문에서 틀린 글자를 괄호로 묶고 바른 글자를 대괄호로 묶어 표시하고, 각주로 교감 내용을 정리하였다. 예컨대 저본의 '程'자가 틀린 글자여서 '鄭'으로 바로잡는 경우 원문에 '(程)[鄭]'으로 표기하고서 각주로 교감 내용을 정리하였다.
11. 간체자, 이체자 등은 교감 주석 없이 대표자로 바꾸었다. 예컨대, '借'은 '僭'으로, '説'은 '說'로 바꾼 것과 같다.
12. 번역문에서 한자를 병기할 경우에 괄호를 사용하였는데, 음이 다른 경우에는 대괄호를 사용하였다. 예컨대 '맹자(孟子)'는 전자에 해당하고 '효라고 할 수 있다.[可以謂孝]'는 후자에 해당한다.
13. 번역문에 대한 간단한 주석은 괄호를 이용하여 간주로 처리하였다. 예컨대 '성인(공자)' 또는 '성인(聖人;공자)'이 여기에 해당한다.
14. 원문의 의미를 보충한 번역은 홑꺾쇠(〈 〉)를 사용하였다.
15. 주석의 원문에는 쉼표(,), 마침표(.), 쌍점(:)를 사용하여 표점하였다.
     , : 한 문장 안에서 구나 절의 구분이 필요한 곳   . : 문장의 종결
     : : 제기하는 말의 뒤 또는 총괄하는 말의 앞
16. 본서에 사용된 부호는 다음과 같다.
     《 》: 책명 및 각주의 전거(典據)   ( ) : 한자의 음, 번역문의 한자, 번역문의 간단한 주석
     〈 〉: 책의 편명 및 작품의 세목   [ ] : 번역문이나 주석의 인용 원문 병기
17. 집주나 상설에 보이는 중국 학자들에 대한 정보는 주석을 달지 않고 책의 말미에 부록으로 일괄 정리하였다.

맹자집주상설 상 목차

화보 … 3
간행사 … 7
발간사 … 9
추천사 … 11
《사서집주상설(四書集註詳說)》의 출판을 축하하며 … 13
이 책에 대하여 … 15
일러두기 … 20

맹자집주서설상설(孟子集註序說詳說) ‥ 23
양혜왕장구 상(梁惠王章句上) ‥ 37
양혜왕장구 하(梁惠王章句下) ‥ 117
공손추장구 상(公孫丑章句上) ‥ 199
공손추장구 하(公孫丑章句下) ‥ 303
등문공장구 상(滕文公章句上) ‥ 367
등문공장구 하(滕文公章句下) ‥ 447
이루장구 상(離婁章句上) ‥ 515

[부록] 책 속에 보이는 인물 정보 ‥ 601

孟子集註序說詳說

序 說

孟子者는 孟子所著之書名也라 其書本以子名之故로 舊列於諸子中儒家러니 唐、宋以來로 尊孟子爲亞聖하고 而幷尊其書하여 遂列於四書、七書、九經、十三經矣라 餘는 見論語詳說하니라

≪맹자(孟子)≫는 맹자가 지으신 책 이름이다. 이 책은 본래 자(子)라고 이름하였기 때문에 옛날에는 제자(諸子) 가운데 유가(儒家)에 나열되어 있었는데, 당(唐)·송(宋) 이래로 맹자를 높여 아성(亞聖)이라 하고, 그 책을 함께 높여 마침내 사서(四書)와 칠서(七書), 구경(九經)과 십삼경(十三經)에 나열하였다. 나머지는 ≪논어상설(論語詳說)≫에 보인다.

史記列傳 去聲이라 ○ 孟子列傳이라 ○ 亦時有驩栝爲文者라 曰 孟軻는 趙氏 大全曰 名은 岐요 字는 邠卿이니 東漢京兆人이라 ○ 注孟子者也요 其疏則宋孫奭撰이로되 而集註에 略無引用者云이라 曰 孟子는 魯公族이니라 母喪에 歸葬於魯하니 此其證也라 孟孫之後라 激孔宜子요 母는 仉(장)氏라 漢書 藝文志라 註에 一無註字라 云 字는 子車라하고 一說에 按或云一說은 指孟子疏라 字子輿라하니라 史記之不著字는 是闕文故로 引此以補之라 騶人也니 騶亦作鄒하니 本邾國也라 受業子思之門人이라 子思는 孔子之孫이니 名伋이라 音急이라 索隱 史記註名이라 云 王劭는 音邵라 ○ 隋晉陽人이라 以人爲衍字하고 而趙氏註와 及孔叢子 孔叢所著之書名이라 等書에 亦皆云 孟子親受業於子思라하니 未知是否로라 慶源輔氏曰 疑親受業於子思者爲是하니 以中庸一書觀之하면 傳授心法에 足以見淵源之所自니라 ○ 按私淑章註[1]는 從史記之言이라

---

1) ≪孟子 離婁下 22章≫ "予未得爲孔子徒也, 予私淑諸人也." ≪集註≫ "人, 謂子思之徒也…孟子言: 予雖未得親受業於孔子之門, 然聖人之澤尙存, 猶有能傳其學者, 故我得聞孔子之道於人, 而私竊以善其身."

≪사기(史記)≫ <열전(列傳)>에 '전(傳)'은 거성(去聲:책)이다. ○<맹자열전(孟子列傳)>이다. ○ 또한 때로 은괄(檃栝;가감)하여 문장을 만든 것이 있다. **다음과 같이 기록되어 있다.**

"**맹가는 조씨(趙氏)가 말하였다.** '≪대전(大全)≫에 말하였다. "조씨는 이름이 기(岐)이고 자(字)가 빈경(邠卿)이니, 동한(東漢) 경조(京兆) 사람이다." ○ ≪맹자≫를 주(注)낸 자요, 그 소(疏)는 송나라 손석(孫奭)이 찬(撰)한 것인데, ≪집주(集註)≫에는 소를 조금도 인용한 것이 없다. 맹자는 노(魯)나라 공족(公族)이니 어머니 상(喪)에 노(魯)나라에 돌아가 장례하였으니, 이것이 그 증거이다. 맹손씨(孟孫氏)의 후손이다.' 격공의(激孔宜)의 아들이고 어머니는 장씨(仉氏)이다. ≪한서(漢書)≫ <예문지(藝文志)>이다. 주(註)에 일본(一本)에는 '주(註)'자가 없다. 이르기를 '자(字)는 자거(子車)이다.' 하였는데, 일설(一說)에는 살펴보건대 혹자가 말한 일설(一說)은 ≪맹자≫의 소(疏)를 가리킨 것이다. '자(字)가 자여(子輿)이다.' 하였다. ≪사기≫에 자(字)를 드러내지 않음은 바로 궐문(闕文;빠진 글)이므로 이것을 인용하여 보충하였다. **추(騶) 땅 사람이니,** '추(騶)'는 또한 '추(鄒)'로 되어 있으니, 본래 주(邾)나라이다. **자사(子思)의 문인(門人)에게 수업(受業)하였다.** 자사(子思)는 공자(孔子)의 손자로 이름이 급(伋)이다. 음이 급(急)이다. ≪사기색은(史記索隱)≫에 ≪사기≫를 주낸 책 이름이다. '왕소(王劭)가 소(劭)는 음이 소(邵)이다. ○ 수(隋)나라 진양(晉陽) 사람이다. '인(人)'을 연자(衍字)라 했다.' 하였으며, 조씨의 주(註)와 ≪공총자(孔叢子)≫ 공총(孔叢)이 지은 책 이름이다. 등에 또한 모두 '맹자가 자사에게 친히 수업했다.' 하였으니, 옳은 지 알 수 없다. 경원보씨(慶源輔氏)가 말하였다. "자사에게 친히 수업했다는 말이 옳은 듯하니, ≪중용≫책을 가지고 살펴보면 심법(心法)을 전수함에 연원(淵源)이 근원한 바를 알 수 있다." ○ 살펴보건대 사숙장(私淑章) 주는 ≪사기≫의 말을 따랐다.

道旣通에 趙氏曰 孟子通五經하고 尤長於詩、書라 蓋見其書中引用詩、書者居多하여 而云尤長이라 程子 叔子라 曰 孟子曰 可以仕則仕하고 可以止則止하고 可以久則久하고 可以速則速하시니 孔子는 聖之時者也[2]라하시니 故로 知易者莫如孟子니라 易道不出於隨時變易故로 云然이라 此則推其語意하여 而知其幷長於易也라 又曰 王者之迹이 熄而詩亡하고 詩亡然後에 春秋作[3]이라하시고 又曰 春秋에 無義戰[4]이라하시고 又曰 春秋는 天子之事[5]라하시니 故로 知春秋者 莫如孟子하니라 此則以其

---

2) ≪孟子 公孫丑上 2章≫ "可以仕則仕, 可以止則止, 可以久則久, 可以速則速, 孔子也."
　≪孟子 萬章下 1章≫ "伯夷, 聖之淸者也, 伊尹, 聖之任者也, 柳下惠, 聖之和者也, 孔子, 聖之時者也."
3) ≪孟子 離婁下 21章≫ "王者之迹, 熄而詩亡, 詩亡然後, 春秋作."
4) ≪孟子 盡心下 2章≫ "春秋, 無義戰, 彼善於此, 則有之矣."

所論春秋之語로 而知其幷長於春秋也라 若又以其所論禮重、學禮等語로 推之하면 其幷長 於禮를 亦可知也라 尹氏曰 以此而言하면 則趙氏謂孟子長於詩、書而已라하니 豈知 孟子者哉리오 游事齊宣王호되 宣王이 不能用하고 適梁호되 梁惠王이 不果 蒙上用 字之意라 所言하니 或以不果爲句하고 或以所言爲句하니 兩皆通이나 而句於所言者 似長 이라 蓋所言之下에 又有所言二字之意로되 而蒙上省之耳라 則見 猶被也、遭也라 以爲迂 遠而闊於事情이라 按史記에 指魏世家及田齊世家라 梁惠王之三十五年乙酉에 孟子 始至梁하고 其後二十三年에 當齊湣 閔同이라 王之十年丁未하여 齊人伐燕할새 平 聲이라 而孟子在齊라 故로 古史에 沙溪曰 蘇轍所作이라 謂孟子先事齊宣王하고 後 에 乃見梁惠王, 襄王, 齊湣王이라하니라 獨孟子에 以伐燕爲宣王時事하여 首篇二 章엔 有宣字하고 次篇二章엔 不言某王이라 與史記, 荀子 荀況所著之書名이라 等書로 皆不合하고 而通鑑은 司馬溫公所撰資治通鑑이라 以伐燕之歲로 爲宣王十九年하니 蓋以孟子伐燕事 及首篇梁、齊之次로 爲據耳라 則是孟子先游梁而後至齊하여 見宣王 矣라 然이나 考異 通鑑考異니 溫公所撰이라 亦無他據하니 又未知孰是也로라 新 安陳氏曰 證以綱目하면 丁未에 宣王卒하고 湣王立하니 蓋未能的知伐燕之爲先君事與嗣君 事也나 以淖(요)齒事證之하면 湣王爲是라 孟子謂爲宣王은 恐傳寫之誤耳로라

도(道)를 이미 통달하자, 조씨가 말하였다. "맹자는 오경(五經)을 통하였고 특히 시(詩)·서(書)에 뛰어났다." 이 책 가운데 시·서를 인용한 것이 많음을 보고서 더욱 뛰어나다고 말한 것이다. 정자(程子)가 숙자(叔子)이다. 말씀하였다. "맹자가 말씀하시기를 '벼슬할 만하면 벼슬하고 그만둘 만하면 그만두고 오래 있을 만하면 오래 있고 속히 떠날 만하면 속히 떠나신 것은 공자이니, 공자는 성인(聖人)의 시중(時中)인 자이시다.' 하셨다. 그러므로 ≪주역(周易)≫을 안 자는 맹자만한 분이 없다. ≪주역≫의 도기 때를 따라 변역(變易)함에 벗이나지 않으므로 이렇게 말씀하였으니, 이는 그 말씀한 뜻을 미루어 그 ≪주역≫에 함께 뛰어났음을 안 것이다. 맹자가 또 말씀하시기를 '왕자(王者)의 자취가 종식됨에 ≪시(詩)≫가 망하였고, ≪시≫가 망한 뒤에 ≪춘추(春秋)≫가 지어졌다.' 하셨고, 또 말씀하시기를 '≪춘추≫에는 의로운 전쟁이 없다.' 하셨고, 또 말씀하시기를 '≪춘추≫는 천자의 일이다.' 하셨다. 그러므로 ≪춘추≫를 안 자는 맹자만한 분이 없다." 이는 그 ≪춘추≫를 논한 말씀을 가지고 그 ≪춘추≫에 함께 뛰어남을 안 것이다. 만약 또 그 논한 예(禮)가 중함과 예를 배운다는 등의 말씀을 가지고 미루어 보면 그 예에 함께 뛰어남을 또한 알 수 있다. 윤씨(尹

---

5) ≪孟子 滕文公下 9章≫ "孔子懼, 作春秋, 春秋, 天子之事也. 是故, 孔子曰: 知我者, 其惟春秋乎, 罪我者, 其惟春秋乎."

氏)가 말하였다. "이것을 가지고 말하면 조씨가 맹자는 시·서에 뛰어날 뿐이라고 말하였으니, 어찌 맹자를 안 자이겠는가." 제(齊)나라에 가서 선왕(宣王)을 섬겼으나 선왕이 쓰지 못하였고, 양(梁)나라에 갔으나 양 혜왕(梁惠王)도 말씀한 바를 결행하지 위 '용(用)'자의 뜻을 이어 받았다. 못하였으니, 혹자는 불과(不果)에서 구(句)를 떼어야 한다 하고 혹자는 소언(所言)에서 구를 떼어야 한다 하니, 둘 다 모두 통하나 소언에서 구를 떼는 것이 나을 듯하다. 이는 소언의 아래에 또 소언이란 두 글자의 뜻이 있으나 윗글을 이어서 생략한 것이다. 우원(迂遠)하여 사정(事情;현실)과 거리가 멀다는 여김을 받았다. '현(見)'은 피(被)와 조(遭)와 같다. ≪사기≫를 살펴보면 〈위세가(魏世家)〉와 및 〈전제세가(田齊世家)〉를 가리킨 것이다. "양(梁)나라 혜왕(惠王) 35년 을유(乙酉)에 맹자가 처음 양나라에 이르셨고, 그 후 23년인 제(齊)나라 민왕(湣王) '민(湣)'은 민(閔)과 같다. 10년 정미(丁未)에 제나라 사람들이 연(燕)나라를 연(燕)은 평성(平聲;연나라)이다. 정벌하였는데, 이때 맹자가 제나라에 계셨다." 하였다. 그러므로 ≪고사(古史)≫에는 사계(沙溪)가 말씀하였다. "≪고사≫는 소철(蘇轍)이 지은 것이다." "맹자가 먼저 제나라 선왕(宣王)을 섬기고 뒤에 마침내 양나라 혜왕·양왕(襄王)과 제나라 민왕(湣王)을 만나보았다." 하였다. 오직 ≪맹자≫에 연나라를 정벌한 것을 선왕 때의 일이라 하여 머릿편 두 장에는 '선(宣)'자가 있고, 다음편 두 장에는 아무 왕을 말하지 않았다. ≪사기≫와 ≪순자(荀子)≫ ≪순자≫는 순황(荀況)이 지은 책 이름이다. 등 여러 책과 부합하지 않으며, ≪통감(通鑑)≫에는 ≪통감≫은 사마온공(司馬溫公)이 지은 ≪자치통감(資治通鑑)≫이다. 연나라를 정벌한 해를 선왕(宣王) 19년이라고 하였으니, 이는 맹자가 연나라를 공격한 일과 ≪맹자≫ 머릿편에 양나라와 제나라의 차례로 근거를 삼은 것이다. 그렇다면 이는 맹자가 먼저 양나라에 가셨고 뒤에 제나라에 이르러 선왕을 만나신 것이다. 그러나 ≪고이(考異)≫에 ≪고이≫는 ≪통감고이(通鑑考異)≫이니, 또한 온공(溫公)이 지은 것이다. 또한 다른 근거가 없으니, 또 어느 것이 옳은지 알 수 없다. 신안진씨(新安陳氏)가 말하였다. "≪자치통감강목(資治通鑑綱目)≫을 가지고 증거해 보면 정미년(丁未年)에 선왕이 졸(卒)하고 민왕이 즉위하였으니, 연나라를 공격한 것이 선군(先君;선왕)의 일인지 뒤를 이은 사군(嗣君;민왕)의 일인지를 분명히 알지 못하나 요치(淖齒)의 일을 가지고 증거해 보면 민왕이 옳다. ≪맹자≫에 선왕이라고 말한 것은 전사(傳寫)의 오류인 듯하다."

當是之時하여 秦用商鞅하고 倚兩反이라 楚、魏用吳起하고 起自魏之楚라 齊用孫子、田忌하여 天下方務於合從 音宗이라 、連衡하여 橫同이라 ○ 新安陳氏曰 從、橫은 蘇秦、張儀之說이라 以攻伐爲賢이어늘 而孟軻乃述唐、虞、三代之德하시니 主時俗而言乃라 ○ 所謂迂闊者라 是以로 所如 往也라 者不合일새 所以不果用이라 退而與

萬章之徒로 從問答多者하여 擧萬章하니 若論其學하면 則孟門之樂正子는 如孔門之有顔、曾云이라 序는 猶述也라 詩、書하고 述仲尼之意하여 如大學傳者之述曾子之意라 故로 論、孟之書 相爲表裏라 作孟子七篇하시니라 趙氏曰 凡二百六十一章에 三萬四千六百八十五字라

이 때를 당하여 진(秦)나라에서는 상앙(商鞅)을 '앙(鞅)'은 의(倚)·양(兩)의 반절(反切)[고삐 앙]이다. 등용하고, 초(楚)나라와 위(魏)나라에서는 오기(吳起)를 등용하고, 오기가 위나라에서 초나라로 갔다. 제(齊)나라에서는 손자(孫子;손빈(孫臏))와 전기(田忌)를 등용해서 천하가 막 합종(合從)과 종(從)은 음이 종(宗)이다. 연횡(連橫)을 횡(衡)은 횡(橫)과 같다. ○ 신안진씨가 말하였다. "종(從)·횡(橫)은 소진(蘇秦)과 장의(張儀)의 설(說)이다." 힘써 공벌(攻伐)을 훌륭한 것으로 여기고 있었는데, 맹가(孟軻)는 도리어 당(唐;요(堯))·우(虞;순(舜))와 삼대(三代)의 덕(德)을 말씀하였다. 시속(時俗)을 위주하여 내(乃;도리어)라고 말하였다. ○ 이른 바 우활하다는 것이다. 이 때문에 가는 곳마다 여(如)는 감이다. 뜻이 합하지 못하자, 이 때문에 끝내 결행하지 못하고 등용되지 못한 것이다. 물러나 만장(萬章) 등의 문도(門徒)들과 더불어 문답(問答)한 것이 많은 자를 따라 만장을 들었으니, 만약 그 학문을 논한다면 맹자 문하의 악정자(樂正子)는 공자 문하에 안자(顔子)와 증자(曾子)가 있는 것과 같다. 《시경》과 《서경》을 서술하고, 서(序)는 술(述)과 같다. 중니(仲尼)의 뜻을 기술하여 《대학》의 전(傳)을 지은 자가 증자의 뜻을 서술한 것과 같다. 그러므로 《논어》와 《맹자》의 책이 서로 표리(表裏)가 되는 것이다. 《맹자》 7편을 지으셨다." 조씨가 말하였다. "모두 261장(章)에 34,685자(字)이다."

韓子 大全曰 名愈요 字退之요 諡文公이니 唐鄧州人이라 ○ 推尊孟子 自韓子始라 曰 孟軻之書는 非軻自著라 軻旣沒에 其徒萬章、公孫丑 二子之問이 同爲十五章이라 故로 此幷擧丑라 相與記軻所言焉耳라 韓子蓋欲以孟子書로 比同於論語하여 而未察其文體之異也라 然則雖以文章之學言之라도 唐、宋以來로 當以朱子爲最라 愚按 二說不同하니 史記近是로라 朱子曰 滕文公集註云 門人不能盡記其辭6)라하고 又云 記者之誤7)라하여 兩處失之라 觀七篇筆勢하면 如鎔鑄而成하니 非綴緝可就也라 論語는 是綴緝所就니 非一筆文字니라 ○ 按孟子는 如朱子之大全이요 論語는 如二程之語錄이니 記錄容有誤나 而手筆更無疑라 故로 孟子集註는 一依本文釋之하여 無檃栝而正之者라 ○ 新安陳氏曰 或疑易繫辭에 有子曰字라하여 以爲非孔子作이라하니 朱子曰 安知非後人所加리오 如周子自著通書러니 五峯加周子曰字라하시니 今讀孟子에 亦當會此意라

---

6) 《孟子 滕文公上 1章》《集註》 "門人不能悉記其辭, 而撮其大旨如此."
7) 《孟子 滕文公上 4章》《集註》 "此謂四水皆入于江, 記者之誤也."

한자(韓子)가 ≪대전≫에 말하였다. "이름이 유(愈)이고 자가 퇴지(退之)이고 시호가 문공(文公)이니, 당(唐)나라 등주(鄧州) 사람이다." ○ 맹자를 추존함이 한자(韓子)로부터 시작되었다. 말하였다. "맹가(孟軻)의 책은 맹가가 직접 지은 것이 아니라 맹가가 죽은 뒤에 그 문도인 만장(萬章)과 공손추(公孫丑)가, 두 사람의 물음이 똑같이 15장이 된다. 그러므로 여기에서 공손추를 함께 든 것이다. 맹가가 일찍이 말씀한 것을 서로 기록한 것이다." 한자는 아마도 ≪맹자≫ 책을 ≪논어≫에 견주어 똑같이 하고자 해서 그 문체가 ≪논어≫와 ≪맹자≫가 다름을 살피지 못한 듯하다. 그렇다면 비록 문장학(文章學)을 가지고 말하더라도 당·송 이래로 마땅히 주자(朱子)를 최고로 삼아야 한다. 내(주자(朱子))가 살펴보건대 두 설(說)이 똑같지 않은 바, ≪사기≫가 옳을 듯하다. 주자가 말씀하였다. "〈등문공(滕文公)〉 집주(集註)에 '문인(門人)들이 그 말을 다 기록하지 못했다.' 하고, 또 '기록한 자의 잘못이다.' 하여 두 곳에서 잘못을 지적하였다. 7편의 필세(筆勢)를 보면 단번에 쇠를 녹여 주조하여 완성한 것과 같으니, 주워 모으고 꿰매어 성취할 수 있는 것이 아니다. ≪논어≫는 바로 주워 모아 꿰매어 만든 것이니, 한 사람의 손으로 지은 문자(文字)가 아니다." ○ 살펴보건대 ≪맹자≫는 주자의 ≪주자대전(朱子大全)≫과 같고 ≪논어≫는 이정(二程)의 ≪어록(語錄)≫과 같으니, 기록에는 오류가 있을 수 있으나 수필(手筆)에는 다시 의심할 것이 없다. 그러므로 ≪맹자집주≫에는 한결같이 본문을 따라 해석해서 은괄(檃栝)하여 바로잡은 것이 없다. ○ 신안진씨가 말하였다. "혹자는 ≪주역≫ 〈계사전(繫辭傳)〉에 '자왈(子曰)'이라는 글자가 있다 하여 공자가 지은 것이 아니라고 하니, 주자(朱子)가 말씀하시기를 '후인(後人)이 가한 것이 아님을 어찌 알겠는가. 예컨대 주자(周子)는 직접 ≪통서(通書)≫를 지으셨는데 오봉(五峯;호굉(胡宏)의 호)이 '주자왈(周子曰)'이란 글자를 가한 것과 같다.' 하셨으니, 이제 ≪맹자≫를 읽을 적에 또한 마땅히 이 뜻을 알아야 한다."

*① 합종(合從)과 연횡(連橫) : 합종은 당시 중국의 초(楚)·연(燕)·제(齊)·한(韓)·위(魏)·조(趙) 등 동쪽과 남쪽에 위치한 6개국이 연합하여 서쪽에 있는 진(秦)에 대항함을 이르며, 연횡(連橫)은 이들 6개국이 진(秦)을 섬김을 이른다. 종(從)은 종(縱)과 통한다.

韓子曰 堯는 以是 指道라 傳之舜하시고 舜은 以是傳之禹하시고 禹는 以是傳之湯하시고 湯은 以是傳之文武、周公하시고 文武、周公은 傳之孔子하시고 孔子는 傳之孟軻러시니 軻之死에 不得其傳焉하니 荀與揚也는 大全曰 荀況、揚雄이라 擇焉而不精하고 語焉而不詳하니라 漢以來로 以孟、荀幷稱故로 韓子特拔出言之라 程子 叔子라 曰 韓子此語는 非是蹈襲前人이요 又非鑿空撰得出이니 必有所見이라 見道라 若無所見이면 不知言所傳者何事라 不能言所傳者是道耳라

한자(韓子;한유(韓愈))가 말하였다.
"요(堯)임금은 이것을 순(舜)임금에게 전하시고, 순임금은 이것을 '이것'은 도(道)를 가리킨다. 우왕(禹王)에게 전하시고, 우왕은 이것을 탕왕(湯王)에게 전하시고, 탕왕은 이것을 문

왕(文王)·무왕(武王)과 주공(周公)에게 전하시고, 문왕·무왕과 주공은 이것을 공자(孔子)에게 전하시고, 공자는 맹가(孟軻)에게 전하셨는데, 맹가가 죽자 그 전함을 얻지 못하였다. 순자(荀子)와 양자(揚子)는 ≪대전≫에 말하였다. "순황(荀況)과 양웅(揚雄)이다." 선택은 하였으나 정(精)하지 못하였고, 말은 하였으나 상세하지 못하였다." 한(漢)나라 이래로 맹자와 순자를 함께 칭하였으므로 한자(韓子)가 특별히 순자를 뽑아내어 말하였다. 정자가 숙자(叔子)이다. 말씀하였다. "한자(韓子)의 이 말씀은 예전 사람의 말을 답습한 것이 아니고 또 억지로 빈 말을 지어낸 것이 아니니, 반드시 본 바가 있었을 것이다. 도를 본 것이다. 만약 본 바가 없다면 전(傳)한 바라고 말한 것이 무슨 일인지 알지 못했을 것이다." 전한 것이 이것이 도(道)라고 말하지 못하는 것이다.

○ 又曰 孟氏는 醇 音純이라 乎醇 猶言醇而又醇이라 者也요 荀與揚은 大醇而小疵니라 大處則醇이요 小處則疵라 程子 叔子라 曰 韓子論孟子甚善하니 非見得孟子意면 亦道 言也라 不到나 其論荀、揚則非也라 荀、(揚)은 極偏駁하니 只一句性惡에 按荀子有性惡篇이라 大本 二字는 出中庸8)이라 已失이요 揚子는 雖少過나 其學이 比荀子則爲少過라 然亦不識性하니 揚子修身篇曰 人之性은 善惡混이라하니라 更說甚(삼) 何也라 道리오

또 말하였다.

"맹자는 순수하고 '순(醇)'은 음이 순(純)이다. 순수한 순호순(醇乎醇)은 순수하고 또 순수하다고 말함과 같다. 자이고, 순자(荀子)와 양자(揚子)는 크게는 순수하나 약간의 하자(병폐)가 있다." 큰 곳은 순수하고 작은 곳은 하자가 있는 것이다. 정자가 숙자(叔子)이다. 말씀하였다. "한자가 맹자를 논한 것이 매우 좋으니 맹자의 뜻을 견득(見得)한 자가 아니면 또한 이렇게 말씀하지 '도(道)'는 말힘이다. 못하였을 것이다. 그러나 순자와 양자를 논한 것은 잘못되었다. 순자와 양자는 지극히 편벽되고 잡박하니, 다만 성악(性惡)이라는 한 구(句)에 살펴보건대 ≪순자≫에 〈성악(性惡)〉편이 있다. 큰 근본이 대본(大本) 두 글자는 ≪중용≫에 나온다. 이미 상실되었고, 양자는 비록 허물이 적으나 그 학문이 순자에 비하면 허물이 적음이 된다. 또한 성(性)을 알지 못하였으니, ≪양자(揚子)≫ 〈수신(修身)〉편에 '사람의 성(性)은 선과 악이 뒤섞여 있다.' 하였다. 다시 무엇을 '삼(甚)'은 하(何;무엇)이다. 말할 것이 있겠는가.

○ 又曰 孔子之道 大而能博하니 門弟子不能徧觀而盡識也라 故로 學焉에 而皆得其

---

8) ≪中庸章句 1章≫ "中也者 天下之大本也, 和也者 天下之達道也."

性之所近이러니 朱子曰 政事者、文學者、德行者、言語者라 其後離散하여 分處 上聲이라 諸侯之國할새 又各以其所能으로 卽上所得者라 授弟子하니 源遠而末益分이라 或流爲異端이라 惟孟軻師子思하시고 而子思之學이 出於曾子하니 自孔子沒로 獨孟軻氏之傳이 得其宗이라 故로 求觀聖人 孔子라 之道者는 必自孟子始니라 程子 當考라 曰 孔子言參也魯나 見論語先進9)이라 然顔子沒後에 終得聖人之道者는 曾子也니 觀其啓手足時之言하면 見論語泰伯10)이라 可以見矣라 所傳者는 子思、孟子 皆其學也니라 慶源輔氏曰 韓子但言曾子之學獨傳하고 而不言其所以獨傳之故라 故로 程子又從而發明之하시니 只緣資質魯鈍故로 用功者深篤確實하여 一息尙存에 此志不懈하시니라

또 말하였다.

"공자의 도(道)가 크고도 넓으니, 문하의 제자들이 두루 보고 다 알지 못하였다. 그러므로 배움에 모두 그 성(性;재주)에 가까운 바를 얻었는데, 주자가 말씀하였다. "정사를 잘한 자와 문학을 잘한 자와 덕행이 뛰어난 자와 언어가 뛰어난 자이다." 그 후 이산(離散)하여 제후의 나라에 나누어 거처하면서 '처(處)'는 상성(上聲;거처함)이다. 또 각각 자신이 능한 것을 바로 위에서 얻은 것이다. 제자들에게 전수해 주니, 근원(根源)이 멀어짐에 끝이 더욱 나누어졌다. 혹은 흘러 이단(異端)이 되었다. 오직 맹가는 자사(子思)를 사사(師事)하였는데, 자사의 학문은 증자(曾子)에게서 나왔으니, 공자가 별세한 뒤로부터 유독 맹가씨(孟軻氏)의 전함이 그 종통(宗統)을 얻었다. 그러므로 성인(聖人)의 성인은 공자이다. 도를 관찰하고자 하는 자는 반드시 ≪맹자≫로부터 시작하여야 한다." 정자가 마땅히 상고하여야 한다. 말씀하였다. "공자께서 '삼(參;증자(曾子))은 노둔하다.'고 말씀하셨다. 이 내용은 ≪논어≫〈선진(先進)〉에 보인다. 그러나 안자(顔子)가 별세한 뒤에 마침내 성인의 도를 얻은 자는 증자이니, 그 별세할 적에 제자들로 하여금 이불을 걷어 자신의 손과 발을 보게 한 말씀을 보면 이 내용은 ≪논어≫〈태백(泰伯)〉에 보인다. 이것을 알 수 있다. 전한 것은 자사와 맹자가 모두 그 학문이다. 경원보씨가 말하였다. "한자(韓子)는 다만 증자의 학문이 홀로 전함만을 말하고 그 홀로 전하게 된 소이(所以)의 연고를 말하지 않았다. 그러므로 정자가 또다시 따라서 발명하셨으니, 다만 증자의 자질이 노둔하기 때문에 공력을 쓴 것이 깊고 돈독하고 확실하여 한 숨이 아직 남아 있을 때까지 이 뜻이 게으르지 않았던 것이다."

---

9) ≪論語 先秦 17章≫ "柴也愚, <u>參也魯</u>, 師也辟, 由也喭."

10) ≪論語 泰伯 3章≫ "曾子有疾, 召門弟子曰: <u>啓予足, 啓予手</u>. 詩云: 戰戰兢兢, 如臨深淵, 如履薄冰, 而今而後, 吾知免夫, 小子."

○ 又曰 揚子雲 雄之字也라 曰 古者에 楊、墨이 朱、翟이라 塞(색)路어늘 孟子辭而闢之廓 苦郭反이라 如也라하니 子雲說止此요 此下則韓子又敷衍其說이라 夫 音扶라 楊、墨行이면 正道廢하나니 孟子雖賢聖이나 不得位하여 空言無施하니 雖切何補리오 先抑辭字라 然이나 賴其言하여 而今之學者 尙知宗孔氏, 崇仁義, 貴王賤霸라 句라 ○ 乃揚辭字라 而已요 句라 ○ 蒙上知字以下意하여 而省其文耳라 其 指孔氏라 大經大法은 皆亡滅而不救하고 壞爛而不收하니 所謂存十一於千百이니 指七篇中所言孔子之道也라 安在其能廓如也리오 先抑廓字라 然이나 向無孟氏면 則皆服左袵 二字는 出論語憲問11)이라 而言侏 音朱라 離矣리라 張氏存中曰 後漢南蠻傳云 語言侏離12)라하니 蠻夷語言不分(朗)[明]之聲也라 ○ 無父無君은 禽獸也요 不止於夷狄而已라 故로 愈嘗推尊孟氏하여 以爲功不在禹下者는 爲 去聲이라 此也니라 新安陳氏曰 洪水는 溺人之身하고 異端은 陷溺人心하니 心溺之禍 甚於身溺故也니라 ○ 乃揚廓字라

또 말하였다.

"양자운(揚子雲)이 자운(子雲)은 양웅(揚雄)의 자(字)이다. 말하기를 '옛날에 양(楊)·묵(墨)이 양주(楊朱)·묵적(墨翟)이다. 정도(正道)를 막았는데, 맹자께서 말씀하여[辭] 물리쳐서 훤하게 '곽(廓)'은 고(苦)·곽(郭)의 반절[확트일 곽]이다. 열어놓았다.' 하였다. 양자운의 설(說)은 여기까지이고 이 아래는 한자(韓子)가 또 그 말씀을 부연(敷衍)한 것이다. 저 '부(夫)'는 음이 부(扶;저)이다. 양주·묵적의 도(道)가 행해지면 정도(正道)가 폐해진다. 맹자가 비록 현성(賢聖)이었으나 지위를 얻지 못해서 빈 말씀 뿐이고 시행함이 없었으니, 비록 간절한들 무슨 보탬이 있었겠는가. 먼저 '사(辭)'자를 억눌렀다. 그러나 그 말씀을 힘입어서 지금의 배우는 자들이 아직도 공씨(孔氏)를 종주로 삼고 인의(仁義)를 높이며, 왕도(王道)를 귀하게 여기고 패도(霸道)를 천히 여길 줄 알고 있다. 여기에서 구를 뗀다. ○ 바로 '사(辭)'자를 드날린 것이다. <그러나> 이 뿐이요, 여기에서 구를 뗀다. ○ 위의 '지(知)'자 이하의 뜻을 이어서 그 글을 생략한 것이다. 그 기(其)는 공씨(孔氏)를 가리킨다. 대경대법(大經大法)은 모두 없어져 구원하지 못하고 파괴되어 수습하지 못하였으니, 이른바 천(千)과 백(百)에 십(十)과 일(一)이 남아 있다는 것이니, 7편 가운데 말씀한 공자의 도를 가리킨 것이다. '훤하게 열어놓았다.'[廓]는 것이 어니에 있는가. 먼저 '곽(廓)'자를 억눌렀다. 그러나 지난번에 맹씨가 없었더라면 우리들은 다 왼쪽으로 옷깃을 하는[左袵] 오랑캐 옷을 입고 두 글자(左袵)는 ≪논어≫〈헌문(憲問)〉에 나온다. 오랑캐 말을 '주(侏)'는 음이 주(朱;오랑캐 말)이다. 하였을 것이다. 장씨 존중(張氏存中)이 말하였다. "≪후한서≫〈남만전(南蠻傳)〉에 '언어가 주리(侏離)하다.'

---

11) ≪論語 憲問 17章≫ "民到于今, 受其賜, 微管仲, 吾其被髮左袵矣."
12) ≪後漢書 南蠻傳≫ "衣裳斑斕, 語言侏離."

하였으니, 〈주리는〉만이(蠻夷)의 언어가 분명치 못한 소리이다." ○ 무부무군(無父無君)은 금수(禽獸)이고 이적(夷狄)에만 그칠 뿐이 아니다. **그러므로 내 일찍이 맹자를 추존하여 공로가 우왕(禹王)의 아래에 있지 않다고 말한 것은 이 때문이다."** '위(爲)'는 거성(去聲;때문)이다. ○ 신안진씨가 말하였다. "홍수는 사람의 몸을 빠뜨리고 이단은 사람의 마음을 빠뜨리니, 마음이 빠지는 화(禍)가 몸이 빠지는 것보다 심하기 때문이다. ○ 마침내 '곽(廓)'자를 드날렸다.

或問於程子 叔子라 曰 孟子를 還 猶言亦也라 可謂聖人否잇가 稱爲亞聖이 自趙岐始라 程子曰 未敢便道他 猶彼也라 是聖人이라 慶源輔氏曰 以其行處言이니 英氣未化하여 有露圭角處라 然이나 學已到至[聖]處니라 慶源輔氏曰 以其知處言이니 論聖神、聖智[13)]는 非想像臆度(탁)之所能及이라 愚按 至字는 恐當作聖字라 不應問與答異其稱故로 云爾라

혹자가 정자에게 숙자(叔子)이다. 묻기를 "맹자 또한 '환(還)'은 역(亦)이라고 말함과 같다. 성인(聖人)이라고 이를 수 있습니까?" 하자, 아성(亞聖)이라고 칭찬한 것이 조기(趙岐)로부터 시작되었다. 정자가 말씀하였다. "감히 그 분이 '타(他)'는 피(彼)와 같다. 곧 성인이라고 말할 수는 없으나 경원보씨가 말하였다. "그 행한 것을 가지고 말한 것이니, 영기(英氣)가 아직 변화되지 못하여 규각(圭角)이 드러난 곳이 있다." 학문이 이미 성인의 경지에 이르셨다." 경원보씨가 말하였다. "그 아는 곳을 가지고 말씀한 것이니, 성신(聖神)과 성지(聖智)를 논한 것은 상상하고 억측으로 헤아려서 능히 미칠 수 있는 것이 아니다." 내(朱子)가 살펴보건대 '지(至)'자는 마땅히 '성(聖)'자가 되어야 할 듯하다. 문(問)과 답(答)이 그 칭호가 다를 수 없기 때문에 이렇게 말씀한 것이다.

○ 程子 叔子라 又曰 孟子有功於聖門을 不可勝 平聲이라 言이라 總提라 仲尼는 只說一箇仁字어시늘 主論語而言也니 若於易繫辭엔 則兼說仁與義라 孟子는 開口便說 猶言動輒說이라 仁義하시고 以義對仁이라 ○ 一이라 仲尼는 只說一箇志어시늘 如志學、言志[14)]之類라 孟子는 便說許多 屢言이라 養氣出來하시니 以氣對志라 ○ 二라 只此二字 義、氣라 其功이 甚多니라 總收라

○ 정자가 숙자이다. 또 말씀하였다. "맹자가 성문(聖門)에 공로가 있음을 이루 다 '승(勝)'은 평성(平聲;이루)이다. 말할 수 없다. 총괄하여 제시하였다. 중니(仲尼)는 다만 하나의 '인

---

13) ≪孟子 盡心下 25章≫ "大而化之之謂聖, 聖而不可知之之謂神."
　　≪孟子 萬章下 1章≫ "孔子之謂集大成, 集大成也者, 金聲而玉振之也. 金聲也者, 始條理也, 玉振之也者, 終條理也. 始條理者, 智之事也, 終條理者, 聖之事也. 智譬則巧也, 聖譬則力也."

14) ≪論語 爲政 4章≫ "子曰: 吾十有五 而志于學, 三十而立."
　　≪論語 公冶長 25章≫ "顔淵季路侍, 子曰: 盍各言爾志."

(仁)'자만을 말씀하셨는데 ≪논어≫를 위주하여 말한 것이니, ≪주역≫의 〈계사전(繫辭傳)〉에는 인(仁)과 의(義)를 겸하여 말씀하였다. 맹자는 입을 여시면 곧 인의(仁義)를 말씀하였으며, 개구변설(開口便說)은 번번이 말했다는 말과 같다. ○ 의(義)를 가지고 인(仁)을 상대한 것이다. ○ 첫 번째이다. 중니는 다만 하나의 '지(志)'를 말씀하셨는데 ≪논어≫의 지학(志學)과 언지(言志)와 같은 따위이다. 맹자는 곧 허다한 양기(養氣)를 말씀하셨으니, 여러 번 말씀하였다. ○ 기(氣)를 가지고 지(志)와 상대하였다. ○ 두 번째이다. 다만 이 두 글자가 의(義)와 기(氣)이다. 그 공로가 매우 크다." 총괄하여 수습하였다.

○ 又 當考라 曰 孟子有大功於世는 以其言性善也시니라 使學者有所本主하여 以明善而復其初也라 ○ 又 當考라 曰孟子性善養氣之論은 皆前聖所未發이니라

○ <정자가> 또 마땅히 상고해야 한다. 말씀하였다. "맹자가 세상에 큰 공로가 있는 것은 성선(性善)을 말씀하셨기 때문이다." 배우는 자로 하여금 근본하고 주장하는 바가 있어서 선(善)을 밝게 알아 그 성(性)의 본초(本初)를 회복함이 있게 한 것이다.

○ <정자가> 또 마땅히 상고해야 한다. 말씀하였다. "맹자의 성선(性善)과 양기(養氣)에 대한 의논은 모두 이전의 성인들이 미처 발명(發明)하지 못하신 것이다."

○ 又 當考라 曰 學者全要識時니 若不識時면 不足以言學이라 顔子陋巷自樂은 音洛이라 ○ 見論語雍也15)라 以有孔子在焉이라 若孟子之時엔 世旣無人하니 聖人이라 安可不以道自任이시리오

○ <정자가> 또 마땅히 상고해야 한다. 말씀하였다. "배우는 자들은 온전히 때를 알아야 하니, 만일 때를 알지 못한다면 학문을 말할 수 없다. 안자가 누추한 골목에서 스스로 즐긴 것은 '락(樂)'은 음이 락(洛)이다. ○ 이 내용은 ≪논어≫〈옹야(雍也)〉에 보인다. 공자가 계셨기 때문이다. 맹자 때로 말하면 세상에 이미 그러한 사람이 '사람'은 성인(聖人)이다. 없었으니, 어찌 도(道)로써 자임(自任)하지 않을 수 있으셨겠는가?"

又 叔子라 曰 孟子는 有些 語辭라 英氣하시니 才 纔通이리 有英氣면 便有圭角이니 英氣甚害事라 新安陳氏曰 責賢者備之辭니라 ○ 慶源輔氏曰 剛明秀發之氣는 自是好底氣質이로되 若消化未盡하여 猶有圭角이면 則有時而發이니 學要變化氣質이니라 如 讀爲與 字義라 顔子便渾 上聲이라 厚不同하시니 顔子는 去聖人只毫髮間이요 守與化之間이

---

15) ≪論語 雍也 11章≫ "一簞食, 一瓢飮, 在陋巷, 人不敢其憂, 回也, 不改其樂, 賢哉, 回也."

라 孟子는 大賢이니 句라 亞聖之次也시니라 蓋以顔子爲亞聖耳라 ○ 以天資、地位而言이면 則孟子固不及顔子요 若以立言垂功而言이면 則顔子又不及孟子라

<정자가> 또 숙자이다. 말씀하였다. "맹자는 영기(英氣)가 있었으니, '사(些)'는 어조사이다. 조금이라도 '재(才)'는 재(纔)와 통한다. 영기가 있으면 곧 규각(圭角)이 있으니, 영기는 매우 일에 해롭다. 신안진씨가 말하였다. "현자에게 완비하기를 책한(바란) 말씀이다." ○ 경원보씨가 말하였다. "강명(剛明)하고 수발(秀發)한 기운은 본래 좋은 기질이나, 만약 다 소화하지 못하여 아직도 규각이 남아있으면 때로 발로되니, 배움은 기질(氣質)을 변화하려고 하는 것이다." 안자는 혼후(渾厚)하여 '혼(渾)'은 상성(上聲;혼후함)이다. 이와 같지 않으니 '여(如)'는 여(與)자와 똑같이 읽는다. 안자는 성인(聖人;공자)과의 거리가 다만 털끝만한 사이였고, 지킴〔守〕과 화(化)의 사이이다. 맹자는 대현(大賢)이니 여기에서 구를 뗀다. 아성(亞聖)의 다음이시다." 안자를 아성(亞聖)이라 한 것이다. ○ 천자(天資)와 지위(경지)를 가지고 말하면 맹자가 진실로 안자에게 미치지 못하고, 만약 글을 써서 공을 남긴 것으로 말하면 안자가 또 맹자에게 미치지 못한다.

或曰 英氣見 音現이라 於甚(삼)處잇가 曰 但以孔子之言比之면 便可見이라 如字라 且如冰與 一作如라 水精이 琉璃라 非不光이로되 比之玉하면 此下에 又當有玉字而省之耳라 自是有溫潤含蓄氣象이요 無許多光耀也니라 許多光耀는 指冰與水精이라 ○ 程子曰 仲尼는 元氣也요 顔子는 春生也요 孟子는 幷秋殺盡見이며 仲尼는 天地也요 顔子는 和風慶雲이요 孟子는 泰山巖巖之氣象이며 仲尼는 無迹이요 顔子는 微有迹이요 孟子는 其迹著하니 蓋亦時焉而已니라

혹자가 묻기를 "영기가 어느 곳에 나타납니까?" '현(見)'은 음이 현(現)이다. 하니, 대답하였다. "다만 공자의 말씀을 가지고 비교하면 곧 볼 수 있다. '견(見)'은 본사대도〔볼 견〕 읽는다. 또 예컨대 얼음과 '여(與)'자가 일본(一本)에 여(如)로 되어 있다. 수정(水精)이 수정은 유리이다. 빛나지 않는 것은 아니지만 이것을 옥(玉)에 비교하면 이 아래에 또 마땅히 '옥(玉)'자가 있어야 하는데 생략한 것이다. 옥은 본래 따뜻하고 윤택하고 함축한 기상이 있고 허다한 빛이 없는 것과 같다." 허다한 광요(光耀)는 얼음과 수정을 가리킨 것이다. ○ 정자가 말씀하였다. "중니(仲尼)는 원기(元氣)이고 안자(顔子)는 봄의 생기(生氣)이고 맹자는 가을의 숙살지기(肅殺之氣)까지 모두 드러냈으며, 중니는 천지(天地)이고 안자는 온화한 바람과 경사로운 구름이고 맹자는 태산(泰山)이 엄엄(嚴嚴;우뚝)한 기상이며, 중니는 자취가 없고 안자는 약간 자취가 있고 맹자는 그 자취가 드러났으니, 이는 또한 때가 그러했을 뿐이다."

楊氏曰 孟子一書는 只是要正人心이니 總提라 敎人存心養性하여 收其放心이라 一이라 至論仁義禮智하여는 則以惻隱、羞惡、去聲이라 辭讓、是非之心으로 爲之 猶其也라 端하시고 二라 論邪說之害하여는 則曰生於其心하여 害於其政이라하시고 三

이라 論事君하여는 則曰格君心之非니 一正君而國定이라하사 四라 千變萬化 猶言千言萬語라 只說從心上來라 總收라 人能正心이면 則事無足爲者矣니라 慶源輔氏曰 此語失之太快하니 正心後에 更有工夫在니라 ○下文本字 足以救此病也耶아 大學之修身、齊家、治國、平天下는 其本이 只是正心、誠意而已니 心은 所以應事故로 必自心而推諸事라 ○誠意帶說이라 心得其正然後에 知性之善이라 朱子曰 此語는 若有病하니 蓋知性之善然後에 能正其心이요 心得其正然後에 有以眞知性之爲善耳니라 故로 孟子遇人에 便道性善이어시늘 心之所具之理 是性이라 故로 又因心而泝諸性이요 此下는 遂專論性하고 不復及心이라

양씨(楊氏;양시(楊時))가 말하였다. "《맹자》 한 책은 다만 인심(人心)을 바로잡고자 하였으니, 총괄하여 제시하였다. 사람으로 하여금 마음을 보존하고 성(性)을 길러 그 방심(放心)을 거두려고 하였다. 첫 번째이다. 인(仁)·의(義)·예(禮)·지(智)를 논함에 있어서는 측은(惻隱)·수오(羞惡)· '오(惡)'는 거성(去聲;미워함)이다. 사양(辭讓)·시비(是非)의 마음으로써 그 '지(之)'는 기(其)와 같다. 단서(端緒)를 삼으셨고, 두 번째이다. 부정한 학설의 폐해를 논함에 있어서는 '그 마음에 생겨나 그 정사(政事)에 해를 끼친다.' 하셨고, 세 번째이다. 군주(君主)를 섬김을 논함에 있어서는 '군주의 마음의 그릇됨을 바로잡아야 하니, 한 번 군주의 마음을 바로잡으면 나라가 정해진다.' 하시어, 네 번째이다. 천만 가지 변화가 천변만화(千變萬化)는 천언만어(千言萬語)라는 말과 같다. 다만 마음으로부터 말씀하였다. 총괄하여 수습하였다. 사람이 능히 마음을 바룬다면 일은 족히 할 것이 없다. 경원보씨가 말하였다. "이 말은 너무 쾌함에 잘못되었으니, 마음을 바룬 뒤에 또 공부가 남아 있다." ○ 아랫글의 '본(本)'자가 충분히 이 병통을 구원할 수 있을 것이다. 《대학》의 수신(修身)·제가(齊家)·치국(治國)·평천하(平天下)는 그 근본이 다만 마음을 바루고 뜻을 성실히 하는 것일 뿐이니, 마음은 일에 응하는 것이므로 반드시 마음으로부터 시작하여 일에 미루어 가는 것이다. ○ 성의(誠意)는 덧붙여서 말한 것이다. 마음이 그 바름을 얻은 뒤에야 성(性)의 선(善)함을 알 수 있다. 주자가 말씀하였다. "이 말은 병통이 있는 듯하니, 성(性)이 선(善)함을 안 뒤에야 능히 그 마음을 바룰 수 있고, 마음이 그 바름을 얻은 뒤에야 성(性)이 선(善)이 됨을 참으로 알 수 있는 것이다." 그러므로 맹자가 사람을 만나면 곧 성선(性善)을 말씀하신 것이다. 마음에 갖추어져 있는 리(理)가 바로 성(性)이다. 그러므로 또 마음으로 인하여 성을 거슬러 말하였고, 이 아래는 마침내 오로지 성만 말하고 다시는 마음에는 언급하지 않았다.

歐 音謳라 陽永叔은 大全曰 名脩니 廬陵人이라 却言聖人之敎人에 句라 性非所先이라 하니 可謂誤矣로다 人性上엔 須看人字니 當參以論語首章註16)라 不可添一物이니 言

---

16) 《論語 學而 1章》 "人性皆善, 而覺有先後, 後覺者必效先覺之所爲, 乃可以明善而復其初也."

純粹至善하여 萬善自足이라 堯、舜所以爲萬世法은 亦是率性而已니 率性은 出中庸[17]이라 所謂率性은 循天理 是也라 外邊에 用計用數면 權謀術數라 假饒 猶言假令也라 立得功業이라도 只是人欲之私니 與聖賢作處로 聖賢作用處는 只是循性이라 天地懸隔이니라 慶源輔氏曰 此數句는 判斷二帝、三王及漢、唐以後爲治之道니라

구양영숙(歐陽永叔)은 '구(歐)'는 음이 구(謳)이다. ○≪대전≫에 말하였다. "구양영숙(歐陽永叔)은 이름이 수(脩)이니, 여릉(廬陵) 사람이다." **'성인이 사람을 가르침에** 여기에서 구를 뗀다. **성(性)은 먼저 하는 것이 아니다.'라고 말하였으니, 이것은 잘못되었다고 이를 만하다. 인성(人性)의 위에는** 모름지기 '인(人)'자를 보아야 하니, 마땅히 ≪논어≫ 머릿장(章)의 주(註)와 참고하여야 한다. **한 가지 일도 더할 수가 없으니, 순수하게 지극히 선(善)해서 만선(萬善)이 스스로 넉넉함**을 말한 것이다. **요(堯)·순(舜)이 만세(萬世)의 법이 되심은 또한 이 본성(本性)을 따랐을 뿐이다. 솔성(率性)**은 ≪중용≫에 나온다. **이른바 본성을 따른다는 것은 천리(天理)를 따르는 것이 이것이다. 이외에 계책을 쓰고 술수를 쓰면** '계(計)'와 '수(數)'는 권모(權謀)와 술수(術數)이다. **가요(假饒)** '가요'는 가령이란 말과 같다. **공업(功業)을 세운다 하더라도 다만 인욕(人欲)의 사(私)일 뿐이니, 성현(聖賢)이 하시는 것과는** 성현이 작용한 곳은 다만 성(性)을 따르는 것이다. **천지(天地)처럼 현격한 차이가 있는 것이다."** 경원보씨가 말하였다. "이 몇 구(句)는 이제(二帝)·삼왕(三王) 및 한(漢)·당(唐) 이후로 정치를 한 도(道)를 판단(判斷)한 것이다."

○ 按此序說은 一如論語之序說하니 始引列傳하여 以著其平生出處하고 次引韓、程、楊三子하여 以備其讀法이라 惟是性善二字는 是七篇之綱領而萬世爲學之宗旨라 故로 序說之末에 特歸重言之하여 先取程子說하여 爲綱而挈之하고 復取楊氏說하여 爲目而詳之하고 至滕文公首章註하여는 又總括之曰 默識而旁通之하면 則七篇之中이 無非此理라하니 其丁寧之意를 有可知也라 然則讀了七篇이로되 而未能於人性之善四字上에 有實見、實得이면 則是與不曾讀同焉이니 終亦何由而自別於彼橫生之蠢然者乎아

○ 살펴보건대 여기의 서설(序說)은 ≪논어≫의 서설과 똑같으니, 처음 열전(列傳)을 인용하여 그 평생의 출처(出處)를 드러내고, 다음에 한자(韓子), 정자(程子), 양씨(楊氏) 세 사람의 설을 인용하여 그 독법(讀法)을 구비하였다. 오직 이 '성선(性善)' 두 글자는 바로 7편의 강령(綱領)으로서 만세(萬世)의 학문하는 종지(宗旨)이다. 그러므로 서설의 끝에 특별히 중점을 돌려 말씀해서 먼저 정자의 설을 취하여 강(綱)으로 삼아 들고, 다시 양씨의 설을 취하여 목(目)으로 삼아 자세히 말씀하셨으며, 〈등문공(滕文公)〉 머릿장의 주(註)에 이르러서는 또 총괄하기를 '묵묵히 알고 사방으로 통달하면 7편 가운데가 이 이치가 아님이 없다.' 하셨으니, 그 정녕(丁寧)한 뜻을 알 수 있다. 그렇다면 ≪맹자≫ 7편을 읽고도 '인성이 선하다.〔人性之善〕'는 네 글자 상에 실제로 보고 실제로 얻음이 있지 못한다면 이는 일찍이 ≪맹자≫를 읽지 않은 것과 똑같으니, 끝내 또한 머리를 가로로 하여 살아가는 무지한 금수와 어떻게 다르겠는가.

---

17) ≪中庸章句 1章≫ "天命之謂性, 率性之謂道, 修道之謂敎."

맹자집주상설(孟子集註詳說)

양혜왕장구 상(梁惠王章句上)

以一書則與論語同體故로 取論語註名而名之하고 以一篇則又與庸、學同體故로 取庸、學註名而名之하니 蓋每篇之內에 煞費分章析句之功이 不比論語之章短而句不繁耳라 詳見浩然章末하니라

한 책을 가지고 말하면 《논어(論語)》와 체제가 같으므로 《논어》의 주(註) 이름을 취하여 《집주(集註)》라 이름하였고, 한 편을 가지고 말하면 또 《중용(中庸)》, 《대학(大學)》과 체제가 같으므로 《중용》, 《대학》의 주(註) 이름을 취하여 '장구(章句)'라 이름하였으니, 매 편의 안에 장을 나누고 구를 분석하느라 크게 힘을 쓴 공이, 장이 짧고 구가 많지 않은 《논어》에 비할 수 없다. 호연장(浩然章) 끝에 자세히 보인다.

凡七章이라

모두 7장(章)이다.

此書篇次 無取於首末之義故로 除出處行實一篇以外하고 更無篇題로되 但其中에 亦有可言者하니 蓋孟子一生惓惓之意가 只是行道救民一事로되 而所遊說者는 齊、梁之君也라 故로 首篇上下卷에 特先著其事하고 而以鄒、滕、魯君事附焉하니 此孟子之本意也라

이 책의 편차(編次)는 머리와 끝의 뜻을 취함이 없으므로 출처(出處)와 행실(行實) 한 편을 제외하고는 다시 편에 제목이 없는데, 다만 이 가운데에 또한 말할 만한 것이 있다. 맹자가 일생동안 권권(惓惓)한 뜻이 다만 도를 행하여 백성을 구제하는 한 가지 일이었는데, 유세한 군주는 제(齊)나라와 양(梁)나라의 군주였다. 그러므로 머리편 상권(上卷)과 하권(下卷)에 특별히 먼저 그 일을 드러내고 추(鄒)·등(滕)·노(魯)의 군주의 일을 뒤에 붙였으니 이는 맹자의 본의(本意)이다.

1-1

> 孟子見梁惠王하신대
>
> 맹자(孟子)가 양 혜왕(梁惠王)을 뵈시니,

梁惠王은 魏侯罃(영) 於耕反이라 也니 都大梁하고 趙氏曰 魏初都安邑하니 在漢河東郡 安邑縣이요 惠王徙大梁하니 在漢陳留郡浚儀縣하니라 ○ 按魏徙梁而稱梁은 如商遷殷而稱 殷耳라 僭稱王하고 按史記襄王時에 追僭尊稱爲王하니라 諡曰惠라 以上은 訓也라 史記 魏世家라 惠王三十五年에 卑禮厚幣하여 以招賢者할새 而孟軻至梁1)이라하니라 朱子 曰 不見諸侯는 不先往見也니 見惠王은 答其禮也라 先王之禮에 未仕면 不得見諸侯라 時 에 士鮮自重이어늘 而孟子猶守此禮라 故로 所居之國에 必君先就見然後에 往見하고 異國 君은 不得越境하여 必以禮先焉然後에 往答耳시니라 ○ 按開卷에 孟子見梁惠王六字를 驟 看之하면 有似於自往見之라 故로 引史記以明之하니 此則釋也라 訓、釋、論三例는 論語 中에 既逐節著之라 故로 此書는 只一提於首節註하니 讀者必因是而推之於後 可也니라

양 혜왕은 위(魏)나라 후(侯)인 영(罃)이다. '영(罃)'은 어(於)·경(耕)의 반절(反切)〔병 엥〕이 다. 대량(大梁)에 도읍하였고 조씨(趙氏;조기(趙岐))가 말하였다. "위나라는 처음에 안읍(安邑) 에 도읍하였으니 〈안읍은 지금〉 한(漢)나라 하동군(河東郡) 안읍현(安邑縣)에 있었고, 혜왕이 대 량(大梁)으로 도읍을 옮겼으니 〈대량은 지금〉 한나라 진류군(陳留郡) 준의현(浚儀縣)에 있었다." ○ 살펴보건대 위나라가 대량으로 도읍을 옮기고서 양나라라고 칭한 것은 상(商)나라가 은(殷)으 로 옮기고서 은나라라고 칭한 것과 같다. 왕을 참칭(僭稱;참람하게 칭함)하였으며, 살펴보건대 ≪사기≫ 양왕(襄王) 때에 참람하게 추존하여 왕이라 하였다. 시호를 혜(惠)라 하였다. 이상은 훈(訓)이다. ≪사기≫에 〈위세가(魏世家)〉이다. "혜왕 35년에 예를 낮추고(자신을 겸손히 하고) 폐백을 후히 하여 현자를 초청하자, 맹가(孟軻)가 양(梁) 땅에 이르렀다." 하였다. 주자(朱子)가 말씀하였다. "제후를 보지 않는 것은 먼저 가서 만나보지 않는 것이니, 맹자가 혜왕 을 만나 봄은 그 예에 답한 것이다. 선왕의 예에 아직 벼슬하지 않았으면 군주를 볼 수 없었다. 이때에 선비들이 자중하는 자가 드물었는데, 맹자는 여전히 이 예를 지키셨다. 그러므로 머무시는 나라에 반드시 군주가 먼저 찾아와 만나본 뒤에 가서 만나보셨고, 이국(異國)의 군주는 국경을 넘을 수 없어서 반드시 예로써 먼저 한 뒤에 가서 답례하신 것이다." ○ 살펴보건대 책을 엶에 '맹자견양혜왕(孟子見梁惠王)' 여섯 글자를 얼핏 보면 맹자가 스스로 가서 본 것과 같으므로 ≪사 기≫를 인용하여 밝혔으니, 이는 석(釋)이다. 훈(訓)과 석(釋), 논(論) 세 가지 준례는 ≪논어≫ 가운데에 이미 절(節)마다 드러내었다. 그러므로 이 ≪맹자≫는 다만 한 번 머릿절(節)의 주(註) 에서 제시하였으니, 독자가 반드시 이로 인하여 뒤에까지 미루는 것이 옳다.

---

1) ≪史記 卷44 魏世家≫ "惠王數敗於軍旅, 卑禮厚幣, 以招賢者, 鄒衍淳于髡孟軻, 皆至梁."

1-2

王曰 叟不遠千里而來하시니 亦將有以利吾國乎잇가

왕이 말씀하였다. "노인께서 천 리를 멀리 여기지 않고 오셨으니, 또한 장차 내 나라를 이롭게 함이 있겠습니까?"

叟는 長 上聲이라 老之稱이라 王所謂利는 此利字는 與卜註仁義未嘗不利之利字로 相照應하니 爲反對라 蓋富國彊兵之類라 卽序說의 商、吳、孫、田之所務者也라 上無所承之事로되 而言亦字者는 其意蓋以此數子로 望於孟子耳라 時列國이 惟富強是務하여 言必稱之하여 雖不言이나 猶言也니 此亦字는 所以承其不言之意也라 ○ 西山眞氏曰 當時에 王道不明하여 惟知有利라 故로 惠王利國之問이 發於見賢之初하니라

'수(叟)'는 장로의 '장(長)'은 상성(上聲;나이 많음)이다. 칭호이다. 왕이 말씀한 '리(利)'는 이 '리(利)'자는 아랫주의 '인의미상불리(仁義未嘗不利)'의 '리(利)'자와 서로 조응하니, 〈인의와〉반대가 된다. 나라를 부유하게 하고 군대를 강하게 하는 따위이다. 바로 서설(序說)의 상앙(商鞅)과 오기(吳起), 손자(孫子)와 전기(田忌)가 힘쓴 것이다.[①] 위에 이은 바의 일이 없는데도 '역(亦)'자를 말한 것은 그 뜻이 아마도 이 몇 사람을 가지고 맹자에게 바란 듯하다. 이때 열국(列國)이 오직 부국강병(富國強兵)을 힘써서 말할 때마다 반드시 이것을 칭하여 비록 말하지 않았으나 말한 것과 같으니, 이 역(亦)자는 그 말하지 않은 뜻을 이은 것이다. ○ 서산진씨(西山眞氏;진덕수(眞德秀))가 말하였다. "당시에 왕도(王道)가 밝지 못해서 오직 리(利)가 있음을 알았다. 그러므로 혜왕의 '나라를 이롭게 한다.'는 물음이 현자를 만나본 초기에 나온 것이다."

*① 서설(序說)의……것이다 : ≪맹자≫〈서설〉에 '이 때를 당하여 진(秦)나라에서는 상앙을 등용하고, 초(楚)나라와 위(魏)나라에서는 오기를 등용하고, 제(齊)나라에서는 손자와 전기를 등용해서 천하가 막 합종(合從)과 연횡(連橫)을 힘써 공격과 정벌을 훌륭한 것으로 여기고 있었다.'라고 보인다.

1-3

孟子對曰 王은 何必曰利잇고 亦有仁義而已矣니이다

맹자가 대답하셨다. "왕은 하필 리(利)를 말씀하십니까? 또한 인의(仁義)가 있을 뿐입니다.

此亦字는 承上節亦字而反之之辭也라

이 역(亦)자는 윗절의 '역'자를 이어서 뒤집은 말이다.

仁者는 心之德이요 愛之理며 朱子曰 心之德은 見得可包四者요 愛之理는 方說到親切處니라 ○ 雲峯胡氏曰 心之德은 是體요 愛之理는 是用이니라 ○ 諸葛氏曰 語之爲仁은 以仁之用言故로 註에 先言愛之理하고 此章은 以仁之體言故로 先言心之德하니라 **義者는 心之制요 事之宜也라** 雲峯胡氏曰 心之制는 是體요 事之宜는 是用이니라 ○ 朱子曰 事之宜는 雖若在外나 然所以制其宜則在心이니라 ○ 又曰 五性에 獨擧仁、義는 何也오 天地所以生物이 不過陰陽、五行이요 而五行은 實一陰陽也니 曰仁、義면 則大端已擧矣라 禮者는 仁之著요 智者는 義之藏이며 而信無不在也니라 ○ 又曰 仁自有仁之體用하고 義自有義之體用하니 以陰陽言이면 則義體而仁用이요 以存心制事言이면 則仁體而義用이니라 ○ 按孔子言去食不去信2)하시고 曾子言國不以利爲利, 以義爲利3)하시고 子思言賤貨貴德4)이어시늘 而此書開卷第一義 亦在乎何必曰利, 亦有仁義八字上하니 四聖相傳之心法을 誠不可誣矣요 而董子所云正其義, 不謀其利一語5)는 亦有見乎此云이라 ○ 又按此書開卷에 卽說仁義로되 而下節則單言義하고 七篇中에 單言者又甚多하니 乃知此書之義字 亦猶論語之有仁字耳라 蓋孟子之爲聖은 其生에 禀金氣爲多라 故로 其學이 得力於義者亦爲多하니 而凡後賢之希聖者는 皆當先從義入也니라 ○ 仁義二字는 此章之題目、綱領이라

인(仁)이란 마음의 덕(德)이요 사랑의 원리이며, 주자가 말씀하였다. "심지덕(心之德)은 인(仁)·의(義)·예(禮)·지(智) 네 가지를 포함함을 볼 수 있고, 애지리(愛之理)는 막 친절(親切;간절)한 곳을 말한 것이다." ○ 운봉호씨(雲峯胡氏;호병문(胡炳文))가 말하였다. "심지덕(心之德)은 체(體)이고 애지리(愛之理)는 용(用)이다." ○ 제갈씨(諸葛氏)가 말하였다. "≪논어≫의 위인(爲仁)은 인의 용(用)을 가지고 말하였으므로 주(註)에 먼저 애지리를 말하였고, 이 장은 인의 체(體)를 가지고 말하였으므로 먼저 심지덕을 말한 것이다." **의(義)란 마음의 제재요 일의 마땅함이다.** 운봉호씨가 말하였다. "심지제(心之制)는 체이고 사지의(事之宜)는 용이다." ○ 주자가 말씀하였다. "사지의(事之宜)는 비록 밖에 있는 것 같으나 그 마땅하게 만드는 것은 마음에 달려 있는 것이다." ○ 또 말씀하였다. "인·의·예·지·신 오성(五性)에 유독 인·의를 든 것은 어째서인가. 천지가 물건을 낳는 것이 음양(陰陽)과 오행(五行)에 지나지 않는데 오행은 실로 한 음양이니, 인·의를 말했으면 큰 단서를 이미 든 것이다. 예(禮)는 인(仁)이 드러난 것이고 지(智)는 의(義)가 감춰져 있는 것이며 신(信)은 있지 않음이 없는 것이다." ○ 또 말씀하였다. "인은 본래 인의 체용(體用)이 있고 의는 본래 의의 체용이 있으니, 음과 양을 가지고 말하면 의가 체이고 인이

---

2) ≪論語 顔淵 7章≫ "子貢曰: 必不得已而去, 於斯二者何先. 曰: <u>去食</u>. 自古皆有死, 民無信不立."
3) ≪大學章句 傳文 10章≫ "此謂<u>國不以利爲利, 以義爲利也</u>."
4) ≪中庸章句 20章≫ "去讒遠色, <u>賤貨而貴德</u>, 所以勸賢也."
5) ≪漢書 卷56 董仲舒傳≫ "夫仁人者, <u>正其誼. 不謀其利</u>, 明其道, 不計其功."

용이며, 마음에 보존하고 일을 제재함을 가지고 말하면 인이 체이고 의가 용이다."

○ 살펴보건대 공자(孔子)는 식(食)을 제거하고 신(信)을 제거하지 않음을 말씀하셨고, 증자(曾子;대학)는 '나라는 이로움을 이로움으로 삼지 않고 의로움을 이로움으로 삼는다.'고 말씀하였고, 자사(子思;중용)는 '재화를 천히 여기고 덕을 귀하게 여긴다.'고 말씀하였는데, 이 책에 책을 편 첫 번째 뜻이 '하필왈리 역유인의(何必曰利, 亦有仁義.)' 여덟 글자 위에 있으니, 네 성인이 서로 전수한 심법(心法)을 참으로 속일 수가 없고, 동자(董子;동중서(董仲舒))가 말한 '그 의를 바로잡고 그 이익을 도모하지 않는다.'는 한 마디의 말은 또한 이것을 봄이 있었던 것이다. ○ 또 살펴보건대 이 책이 책을 펼침에 곧바로 인의(仁義)를 말하였으나 아랫절에서는 '의(義)'만 홀로 말하고, 7편 가운데에 '의'만 홀로 말한 것이 또 매우 많으니, 비로소 이 ≪맹자≫의 '의'자가 또한 ≪논어≫에 '인(仁)'자가 있는 것과 같음을 알 수 있다. 맹자가 성인(聖人)이 됨은 그 태어날 적에 금(金)의 기운을 받은 것이 많았다. 그러므로 그 학문이 의(義)에서 공력을 얻은 것이 또한 많았으니, 무릇 후현(後賢)으로서 성인을 바라는 자는 다 마땅히 먼저 의를 따라 들어가야 한다. ○ '인의(仁義)' 두 글자는 이 장의 제목이요, 강령(綱領)이다.

此二句는 乃一章之大指니 先總提兩事者라 **下文에 乃詳言之하시니** 中間兩扇對闢者라 **後多放** 倣同이라 **此하니라** 後多放此四字는 論七篇文法에 更無餘蘊이라 蓋七篇文體 與論語不同하여 其波瀾之勢와 結構之法이 抑揚反覆하고 出入錯綜하여 實後世文章家之所宗이요 而其大指與詳言二法이 諸篇略同이라 故로 於此에 總括言之하여 使讀者로 旣窮究其義理하고 而又求其文法也라 且詳知其文然後에 義理益明하니 不可偏廢云이라

이 두 구(句)는 바로 이 한 장의 대지(大指)인데, 먼저 두 가지 일을 총괄하여 제시하였다. **아랫글에 마침내 상세히 말씀하였으니,** 중간에 두 문짝으로 상대하여 열었다. **뒤에도 이와 같은 것이** '방(放)'은 방(倣;같음)과 같다. **많다.** '후다방차(後多放此)' 네 글자는 7편의 문법을 논함에 다시 남은 미진함이 없다. 7편의 문체가 ≪논어≫와 똑같지 않아서 그 파란(波瀾)의 문세와 결구(結構)하는 법이 억양이 반복되고 출입이 착종(錯綜)하여 실로 후세의 문장가가 종주(宗主)로 여기는 바요, 그 대지(大指)와 상언(詳言;자세히 말함) 두 법이 여러 편이 대략 같다. 그러므로 여기에서 총괄하여 말해서 독자들로 하여금 이미 그 의리를 궁구하고 또 그 문법(文法;문장 짓는 법)을 찾게 한 것이다. 또 그 글을 자세히 안 뒤에야 의리가 더욱 밝아지니, 의리와 문법을 어느 하나도 폐할 수 없다.

1-4

> 王曰何以利吾國고하시면 大夫曰何以利吾家오하며 士庶人曰何以利吾身고하여 上下交征利면 而國이 危矣리이다 萬乘之國에 弑其君者는 必千乘之家요 千乘之國에 弑其君者는 必百乘之家니 萬取千焉하며 千取百焉이 不爲不多矣언마는 苟爲後義而先利면 不奪하여는 不饜이니이다
>
> 왕께서 어떻게 하면 내 나라를 이롭게 할까 하시면 대부들은 어떻게 하면 내 집안을 이롭게 할까 하며, 사(士)·서인(庶人)들은 어떻게 하면 내 몸을 이롭게 할까 하여, 윗사람과 아랫사람이 서로 리(利)를 취한다면 나라가 위태로울 것입니다. 만승(萬乘)의 나라에 그 군주를 시해하는 자는 반드시 천승(千乘)을 가진 공경(公卿)의 집안이요, 천승의 나라에 그 군주를 시해하는 자는 반드시 백승(百乘)을 가진 대부의 집안이니, 만승에 천승을 취하며 천승에 백승을 취함이 많지 않은 것은 아니지만 만일 의를 뒤에 하고 리를 먼저 한다면 <모두> 빼앗지 않으면 만족해하지 않습니다.

乘은 去聲이라 饜은 於豔反이라

'승(乘)'은 거성(去聲;수레)이다. '염(饜)'은 어(於)·염(豔)의 반절[만족할 염]이다.

此以下는 皆孟子之言也라

이 이하는 모두 맹자의 말씀이다.

此는 言求利之害하여 以明上文何必曰利之意也라 詳言一이라 ○ 註에 首先總提一節之意者는 是亦其一例니 而後多有放此者라 征은 取也니 上取乎下하고 下取乎上이라 故로 曰交征이라 國危는 謂將有弑奪之禍라 一危字는 所以起下弑奪二字也라 乘은 車數也라 萬乘之國者는 天子畿 音祈라 內地方千里에 爲方里者百萬이라 出車萬乘이요 方里而井이요 百井에 出一乘이라 漢志云 六十四井에 出一乘이라하니 恐誤라 千乘之家者는 天子之公卿采 音菜라 地方百里에 漢書刑法志曰 方三百六十六里라하니라 ○ 按詩 閟宮集傳에 作方三百十六里有奇者 爲定論하니 此註恐偶失照檢이요 而漢志之六十六里 亦誤라 蓋方三百十六里有奇면 則爲方里者十萬이요 而於方千里者에 爲十分之一이라 出車千

乘也라 千乘之國은 諸侯之國이요 其地視天子之公卿采地라 百乘之家는 漢志曰 地方百里에 出車百乘이라하니라 ○ 按方百里면 則爲方里者萬이요 而又於方三百十六里有奇者에 爲十分之一이라 諸侯之大夫也라 弑는 下殺 如字라 上也라 饜은 足也라

言 臣之於君에 每十分 去聲이니 下同이라 而取其一分하니 亦已多矣로되 若又以義爲後而以利爲先이면 則不弑其君而盡奪之하여는 其心에 未肯以爲足也니라 新安陳氏曰 此單言義者는 蓋截然斷制하여 以勝私去利하면 則義之功用이 爲尤切일새라 下文은 仁施於親하고 義施於君하고 此는 對君言故로 單言義라하니 亦通이니라

이것은 리(利)를 구하는 해(害)를 말씀하여 윗글에 '하필 리를 말씀하십니까.'라고 한 뜻을 밝힌 것이다. 자세히 말한 것 첫 번째이다. ○ 주(註)에 맨 먼저 한 절의 뜻을 총괄하여 제시한 것은 이 또한 그 한 예(例)이니, 뒤에도 이와 같은 것이 많이 있다. '정(征)'은 취함이니, 윗사람은 아랫사람에게서 취하고 아랫사람은 윗사람에게서 취한다. 그러므로 교정(交征)이라고 말한 것이다. '국위(國危)'란 장차 군주를 시해하고 찬탈하는 화가 있음을 이른다. 한 '위(危)'자는 아래의 '시(弑)'와 '탈(奪)' 두 글자를 일으킨 것이다. '승(乘)'은 수레의 수이다. 만승(萬乘)의 나라란 천자의 기내(畿內)의 '기(畿)'는 음이 기(祈)이다. 땅이 사방 천 리여서 사방 1리가 되는 것이 백만이다. 수레 만승이 나올 수 있는 것이요, 사방 1리가 정(井)이고, 1백 정에 병거 1승(乘)을 낸다. ≪한서(漢書)≫⟨지리지(地理志)⟩에는 '64정에 1승을 낸다.' 하였으니 잘못인 듯하다. 천승(千乘)의 집안이란 천자의 공경(公卿)으로 채지(采地)가 '채(采)'는 음이 채(茶)이다. 사방 백 리여서 ≪한서≫⟨형법지(刑法志)⟩에 '사방 366리이다.' 하였다. ○ 살펴보건대 ≪시경≫⟨노송(魯頌) 비궁(閟宮)⟩ 집전(集傳)에 '사방 316리 유기(有奇:남음이 있음)이다.'라고 한 것이 정론(定論)이 되니, 이 주는 우연히 대조하여 검사함을 조금 잘못한 듯하고, ≪한서≫⟨지리지⟩에 '66리'라고 한 것 또한 잘못되었다. 사방 316리 유기(有奇)이면 사방 1리가 되는 것이 10만이고, 사방 1천 리에 비하여 10분의 1이 된다. 수레 천승이 나올 수 있는 것이다. 천승의 나라란 제후의 나라이고 그 땅이 천자국의 공경(公卿)의 채지(采地)에 비한다. 백승(百乘)의 집안이란 ≪한서≫⟨지리지⟩에 '땅 사방 1백 리에 병거 1백 승을 낸다.' 하였다. ○ 살펴보건대 사방 1백 리이면 사방 1리인 것이 1만이고, 또 사방 316리 유기(有奇)인 것에 10분의 1이 된다. 제후의 대부이다. '시(弑)'는 아랫사람이 윗사람을 죽이는 '살(殺)'은 본자대로(죽일 살) 읽는다. 것이다. '염(饜)'은 만족함이다.

신하가 군주에 대하여 매양 10분에 '분(分)'은 거성(去聲;나눔)이니, 아래도 같다. 그 1분을 취했으니, 이것도 이미 많으나 만일 또 의(義)를 뒤로 하고 리(利)를 우선으로 삼는다면, 군주를 시해하여 다 빼앗지 않고서는 그 마음에 즐겨 만족해하지 않음을 말씀한 것이다. 신안진씨(新安陳氏)가 말하였다. "여기서 의(義)만 홀로 말한 것은, 절연히 단제(斷制)해서 사욕을 이기고 리(利)를 제거하면 의의 공용(功用)이 더욱 간절하기 때문이다. '아랫글은 인을 어버이에게 베풀고 의를 군주에게 베푸는 것이고, 이는 군주를 대하여 말하였기 때문에 의만 홀로 말하

였다.' 하니, 또한 통한다."

*① 승(乘)은 수레의 수이다 : 수레는 전쟁에 쓰는 병거(兵車)를 가리키는 바, 병거 한 대에는 갑사(甲士)가 3명, 보병(步兵)이 72명, 치중거(輜重車)에 딸린 병사(취사병)가 25명, 군마(軍馬) 4필이 따른다.

1-5

> 未有仁而遺其親者也며 未有義而後其君者也니이다
>
> 인(仁)하고서 그 어버이를 버리는 자는 있지 않으며, 의롭고서 그 군주를 뒤에 하는 자는 있지 않습니다.

此節은 雖不滿一行이나 亦足與上節相對하여 爲兩扇하니 蓋不係文字之多少耳라

　이 절(節)은 비록 한 줄에 차지 않으나 또한 충분히 윗절과 상대가 되어서 두 문짝이 되니, 문자의 많고 적음에 관계되지 않는다.

此는 言 仁義未嘗不利하여 亦有二字에 有未嘗不三字之意라 ○ 此利字는 與王所言利字不同이라 ○ 新安倪氏曰 此는 以仁義合利而言之라 蓋仁義中之利니 集註之所發明이요 亦孟子之本意也라 ○ 雲峯胡氏曰 孟子之得於子思者는 曰仁義所以利之也6)니라 以明上文亦有仁義而已之意也라 詳言二라 ○ 先總提라 遺는 猶棄也요 後는 不急也라 與上節後義之對先言者로 其義微不同이라 言 仁者는 必愛其親하고 義者는 必急其君이라 爲之赴難而授命이라 故로 人君이 躬行仁義而無求利之心이면 照應王所言利字라 則其下化之하여 自親戴於己也니라 故字以下는 論人君躬行이어늘 而特歸其重者는 對惠王言故也라 其言外之意 若曰臣下之不後는 是君上之自致云爾라

이것은 인의가 일찍이 이롭지 않은 것이 아님을 말씀하여 '역유(亦有)' 두 글자에 '미상불(未嘗不)' 세 글자의 뜻이 있다. ○ 이 리(利)자는 왕이 말한 리(利)자와 똑같지 않다. ○ 신안예씨(新安倪氏)가 말하였다. "이는 인의(仁義)를 리(利)와 합하여 말한 것이다. 인의 가운데의 리이니, ≪집주≫에서 발명한 것이요, 또한 맹자의 본의이다." ○ 운봉호씨가 말하였다. "맹자가 자사(子思)에게서 얻은 것은 인의는 사람을 이롭게 하는 것이었다." 윗글에 '또한 인의가 있을 뿐입니다.'라고 한 뜻을 밝힌 것이다. 자세히 말한 것 두 번째이다. ○ 먼저 총괄하여 제시하였다.

---

6) ≪子思子全書 外篇 魯繆公≫ "孟軻問: 牧民何先. 子思曰: 先利之. 曰: 君子之所以教民者, 亦有仁義而已矣. 何必曰利. 子思曰: 仁義固所以利之也. 上不仁則下不得其所, 上不義則下爲亂也."

'유(遺)'는 기(棄)와 같고, '후(後)'는 급하게 여기지 않음이다. 윗절에 '의(義)를 뒤에 한다.' 를 '리(利)를 먼저 한다.'와 상대하여 말한 것과는 그 뜻이 약간 똑같지 않다. 인(仁)한 자는 반드시 그 어버이를 사랑하고, 의로운 자는 반드시 그 군주를 우선으로 한다. 군주를 위해서 난(難)에 달려가 목숨을 바치는 것이다. 그러므로 인군이 몸소 인의를 행하고 리를 구하는 마음이 없으면 왕이 말한 리(利)자와 조응된다. 그 아랫사람들이 교화되어 스스로 자신(군주)을 친애하고 떠받듦을 말씀한 것이다. 고(故)자 이하는 인군이 몸소 행하는 것을 논하였는데, 특별히 그 중점을 돌린 것은 혜왕을 대하여 말씀했기 때문이다. 그 말 밖의 뜻은, 대략 신하가 인군를 뒤에 하지 않음은 이는 군상(君上)이 스스로 오게 한 것이라고 말함과 같다.

1-6

王은 亦曰仁義而已矣시니 何必曰利잇고

왕께서는 또한 인의(仁義)를 말씀하실 따름이니, 하필 리(利)를 말씀하십니까?"

上云亦有者는 示己之有其德也요 此云亦曰者는 救王之失其言也라

위에 역유(亦有)라고 말한 것은 자기가 그 덕을 가지고 있음을 보인 것이요, 여기서 역왈(亦曰)이라고 말한 것은 왕의 실언(失言)을 바로잡은 것이다.

重 去聲이라 言之하여 承上節而先言仁義라 以結上文兩節之意하시니라 用逆收法이라 ○ 先提大指하고 中間詳言之하고 末又總收하니 孟子中에 多有此法이로되 而下章則無總收耳라

거듭 '중(重)'은 거성(去聲;거듭)이다. 말씀하여 윗절을 이어서 먼저 인의(仁義)를 말씀하였다. 윗글 두 절의 뜻을 맺으신 것이다. 역으로 거두는 방법을 사용하였다. ○ 먼저 대지(大指)를 세시하고, 중간에 사세히 말씀하였고, 끝에 또다시 총괄하여 거두있으니, 《맹자》 가운데 이와 같은 법이 많이 있는데 아랫장은 총괄하여 거둠이 없을 뿐이다.

○ 此章은 言 仁義는 根於人心之固有하니 天理之公也요 利心은 生於物我之相形하니 人欲之私也라 循天理면 則不求利而自無不利하고 雲峯胡氏曰 是는 以利字與義字對로되 而利不出乎義之外니라 徇人欲이면 於理言循하고 於欲言徇하니 此立言之權衡也라 則求利未得而害已隨之하나니 雲峯胡氏曰 是는 以利字與害字對로되 而害已藏於利之中이니라 ○ 總收上註求利之害와 與仁義未嘗不利하니 亦用逆收法이라 所謂 下句에 引用古語故로 冠以此二字라 毫釐之差 千里之繆라 靡幼反이라 此는 孟子之書 所以造端二字는 出中庸[7]이라 託始之深意니 沙溪曰 義利之辨은 乃學者第一義라 故로 造爲一書之

端而託於始初也라 龜峯云 孟子之書는 篇次無序하여 非如庸、學하니 所謂端始는 非謂書篇之首요 乃工夫之端始也라한대 景任云 龜峯說非是라하니라 ○ 按以事則雖無先後나 以書則自有首尾하니 龜峯說은 果不可曉矣라 **學者所宜精察而明辨也니라** 此註는 是總收一章之釋義요 太史, 程子二說은 是汎論一章之餘意라 故로 此下에 又以圈間之하니 後凡二圈處는 以此推之可也니라

○ 이 장은 인의(仁義)는 인심(人心)의 고유한 것에서 근원하였으니 천리(天理)의 공(公)이요, 리심(利心)은 남과 내가 서로 나타남에서 생겼으니[①] 인욕의 사(私)이다. 천리를 따르면 리(利)를 구하지 않아도 저절로 이롭지 않음이 없고, 운봉호씨가 말하였다. "이는 리(利)자와 의(義)자를 가지고 상대하였는데, 리는 의의 밖에서 벗어나지 않는다." 인욕을 따르면 리(理)에는 순(循)을 말하고 욕에는 순(徇)을 말하였으니, 이는 글을 쓰는 권형(權衡;판단하는 기준)이다. 리를 구하여도 얻지 못하고 해(害)가 이미 따름을 말씀하였으니, 운봉호씨가 말하였다. "이는 리자와 해(害)자를 가지고 상대하였는데, 해가 이미 이 가운데에 숨어있다." ○ 윗주에 구리(求利)의 폐해와 인의가 일찍이 이롭지 않음이 없다는 것을 총괄하여 거두었으니, 또한 역으로 거둔 법을 사용하였다. 이른바 아랫구에 고어(古語)를 인용하였으므로 이 '소위(所謂)'라는 두 글자를 앞에 놓은 것이다. '호리(毫釐;털끝 만함)의 차이가 천 리나 어긋난다.'는 것이다.[②] '무(繆)'는 미(靡)·유(幼)의 반절[잘못될 무]이다. 이것은 ≪맹자≫책이 단서를 만들고 조단(造端) 두 글자는 ≪중용≫에 나온다. 시작을 의탁한[③] 바의 깊은 뜻이니, 사계(沙溪)가 말씀하였다. "의(義)와 리(利)의 분별은 바로 배우는 자들의 첫 번째 의의(意義)이다. 그러므로 한 책의 단서로 만들어 시초를 의탁한 것이다. 구봉(龜峯;송익필(宋翼弼))이 말씀하기를 '≪맹자≫책은 편의 차례가 순서가 없어서 ≪중용≫·≪대학≫과 같지 않으니, 이른바 '단(端)·시(始)'는 서편(書篇)의 머리를 말한 것이 아니고 바로 공부의 단시(端始;시작)이다.'라고 하였는데, 경임(景任;정경세(鄭經世))이 말하기를 '구봉의 설이 옳지 않다.' 하였다." ○ 살펴보건대 일로써 보면 비록 선후가 없으나 책으로 보면 자연 머리와 꼬리가 있으니, 구봉의 설은 과연 이해할 수 없다. **배우는 자가 마땅히 정하게 살피고 밝게 분별하여야 할 것이다.** 이 주는 한 장(章)의 해석한 뜻을 총괄하여 거두었고, 태사공(太史公)과 정자(程子)의 두 말씀은 바로 한 장의 여의(餘意)를 널리 논하였다. 그러므로 이 아래에 또다시 '권(圈;○)'을 사이에 두었으니, 뒤에 무릇 두 '○'이 있는 곳은 이것으로 미루는 것이 옳다.

*① 남과……생겼으니 : 물(物)은 남[他人]을 이르며 형(形)은 나타나는 것으로, 곧 남과 내가 서로 드러남을 말한 것이다.

*② 호리(毫釐;털끝만함)의……것이다 : 호리(毫釐)는 극소수의 단위로, 누에가 실을 토한 것을 홀(忽)이라 하고 10홀을 사(絲)라 하고 10사를 호(毫)라 하고 10호를 리(釐)라 하고 10리를 푼(分)이라 한다. 이것은 처음의 작은 잘못이 결과적으로 엄청난 차이를 초래한다는 뜻으로 처음에 잘해야 함을 강조한 말이다. ≪예기≫ 〈경해(經解)〉에 "군자

---

7) ≪中庸章句 12章≫ "君子之道, 造端乎夫婦."

는 처음을 삼가니, 호리와 같은 차이가 천리나 어긋난다.〔君子愼始, 差若毫釐, 繆以千里.〕"고 하였다.
* ③ 단서를……의탁한 : 조단(造端)은 단서(시작)를 만듦을 이르고 탁시(託始)는 개시(開始)와 같은 말로, 모두 시작을 열어놓았다는 뜻인 바, 오늘날의 '첫 페이지를 장식했다.'는 말과 같다.

○ **太史公** 新安陳氏曰 司馬談이 爲太史令한대 子遷이 尊其父故로 謂之公이러니 遷繼其職하여 仍稱太史公하니 西漢龍門人이라 ○ 此下所引說은 卽孟子列傳之序論也라 蒙序說所引列傳而引用故로 不云司馬遷하고 而云太史公也라 **曰 余讀孟子書라가 至梁惠王問何以利吾國하여는 未嘗不廢書而歎也로라** 此下는 其所歎之語라 故로 又以曰字로 更端이라 **曰 嗟乎라 利는 誠亂之始也니** 弑奪之禍 皆源於此라 **夫子罕言利는** 出論語子罕[8]하니 此則夫子之事也라 **常防其源也라** 此句以承上生下라 故로 曰 **放** 上聲이라 **於利而行이면 多怨이라하시니** 出論語里仁[9]하니 此則夫子之言也라 **自天子로 以至於庶人히** 照本文王·大夫·庶人之語라 **好** 去聲이라 **利之弊 何以異哉리오** 朱子曰 太史公이 未必知孟子之學이나 其言이 偶得其要라 是以로 謹而著之耳로라

○ 태사공(太史公)*[①]이 신안진씨가 말하였다. "사마담(司馬談)이 태사령(太史令)이 되었는데 아들 사마천(司馬遷)이 그 아버지를 높였기 때문에 일러 공(公)이라고 하였다. 그런데 사마천이 그 직책을 계승하여 그대로 태사공을 칭하였으니, 서한(西漢)의 용문(龍門) 사람이다." ○ 이 아래에 인용한 설은 바로 ≪사기≫ 〈맹자열전(孟子列傳)〉의 서론(序論)이다. 서설(序說)에 인용한 〈열전〉을 이어 받아서 인용하였기 때문에 사마천(司馬遷)이라고 말하지 않고 태사공이라고 말한 것이다. 말하였다. "내가 ≪맹자≫책을 읽다가 양 혜왕이 '어떻게 하면 내 나라를 이롭게 하겠습니까?' 하는 물음에 이르러서는 일찍이 읽던 책을 덮고 탄식하지 않은 적이 없었다. 이 아래는 그가 탄식한 바의 말이다. 그러므로 또 '왈(曰)'자로 단서를 바꾼 것이다. 아, 리(利)는 진실로 난(亂)의 시초이다. 시탈(弑奪)의 화가 모두 여기에서 근원한다. 부자(공자)께서 리를 드물게 말씀하신 것은 이 내용은 ≪논어≫ 〈자한(子罕)〉에 나오니, 이는 부자의 일이다. 항상 그 난의 근원을 막으려 하신 것이다. 이 구로써 위를 잇고 아래를 만들어 내었다. 그러므로 말씀하시기를 '리에 따라 '방(放)'은 상성(上聲:의지함)이다 행동하면 원망이 많다.' 하셨으니,*[②] 이 내용은 ≪논어≫ 〈이인(里仁)〉에 나오니, 이는 부자의 말씀이다. 천자로부터 서인(庶人)에 이르기까지 본문의 왕·대부·서인의 말을 조응하였다. 리를 좋아하는 '호(好)'는 거성(去聲:좋아함)이다. 폐단이 어찌 다르겠는가." 주자가 말씀하였다. "태사공이 반드시 맹자의 학문을 알지는 못했으나 그 말이 우연히 그 요점을 얻었다. 이 때문에 삼가 이것을 드러낸 것이다."

---

8) ≪論語 子罕 1章≫ "子罕言利與命與仁."
9) ≪論語 里仁 12章≫ "子曰: 放於利而行, 多怨."

*① 태사공(太史公) : 태사(太史)는 사초(史官)을 지칭한 것으로 사마천(司馬遷)의 존칭이다. 이 내용은 사마천이 지은 ≪사기≫의 〈맹자열전(孟子列傳)〉 앞부분에 보인다.
*② 리에 따라……하셨으니 : ≪논어≫〈이인(里仁)〉 12장에 보이는 공자의 말씀으로, 방(放)은 의(依;의지함, 따름)의 뜻이다.

程子 叔子라 曰 君子未嘗不欲利언마는 慶源輔氏曰 利者는 民生所不可無者라 故로 乾之四德曰利10)요 書之三事曰利11)니 此所謂未嘗不欲利니라 ○ 此利字는 以利之本色言之니 君子亦有同於常情者라 但專以利爲心이면 則有害요 惟仁義則不求利而未嘗不利也라 集註之所釋이 本出於此라 當是之時하여 天下之人이 惟利是求하고 而不復 去聲이라 知有仁義라 亦序說中當是之時以下之意也라 故로 孟子言仁義而不言利하시니 所以拔本塞源 四字는 出左昭九年12)이라 而救其弊시니 此는 聖賢之心也시니라 新安陳氏曰 孟子一書는 以遏人欲, 存天理爲主하니 何必曰利는 遏人欲也요 亦有仁義는 存天理也라 自此以後로 鮮有不可以此六字該貫章旨者라 ○ 此六字는 本出下卷好色註13)어늘 而陳氏取之하여 以蔽一書하니 可謂知要矣로다

정자(程子)가 숙자(叔子)이다. 말씀하였다. "군자가 일찍이 이롭고자 하지 않는 것은 아니나 경원보씨가 말하였다. "리(利)는 민생에 없을 수 없는 것이다. 그러므로 건(乾)의 사덕(四德)에 리를 말하였고 ≪서경≫의 삼사(三事)에 리를 말하였으니, 이것이 이른바 일찍이 이롭고자 하지 않은 것은 아니라는 것이다." ○ 이 '리(利)'자는 리의 본색을 가지고 말하였으니, 군자도 또한 보통사람의 정과 같음이 있는 것이다. 다만 오로지 리(利)로써 마음을 삼으면 해가 있고, 인의는 리를 구하지 않아도 일찍이 이롭지 않음이 없는 것이다. ≪집주≫에 해석한 것이 본래 여기에서 나왔다. 이 때를 당하여 천하 사람들이 오직 리만을 추구하고 다시 '부(復)'는 거성(去聲;다시)이다. 인의가 있음을 알지 못하였다. 또한 서설(序說) 가운데 '당시지시(當是之時)' 이하의 뜻이다. 그러므로 맹자께서 인의를 말씀하시고 리를 말씀하지 않았으니, 이것은 〈난의〉 뿌리를 뽑고 근원을 막아서 네 글자(拔本塞源)는 ≪춘추좌씨전≫ 소공(昭公) 9년에 나온다. 그 폐단을 바로잡으신 것이니, 성현의 마음이시다." 신안진씨가 말하였다. "≪맹자≫ 한 책은 인욕(人欲)을 막고 천리(天理)를 보존하는 것을 위주하였으니, '하필왈리(何必曰利)'는 인욕을 막은 것이고, '역유인의(亦有仁義)'는 천리를 보존한 것이다. 이로부터 이후로 이 여섯 글자(遏人欲, 存天理.)로 장의 뜻을 다 포함하고 꿰뚫을 수 없는 것이 적다." ○ 이 여섯 글자는

---

10) ≪周易 乾卦 文言傳≫ "乾 元亨利貞."
11) ≪書經 大禹謨≫ "水火金木土穀, 惟修, 正德 利用 厚生, 惟和."
12) ≪春秋左氏傳 昭公 9年≫ "裂冠毀冕, 拔本塞原, 專棄謀主, 雖戎狄, 其何有余一人."
13) ≪孟子 梁惠王下 5章≫ "王曰: 寡人有疾, 寡人好色." ≪集註≫ "楊氏曰……孟子因時君之問, 而剖析於幾微之際, 皆所以遏人欲而存天理."

본래 아랫권 호색장(好色章) 주(註)에 나오는데, 진씨(陳氏)가 취하여 한 책을 다 덮었으니 요점을 알았다고 이를 만하다.

2-1

孟子見梁惠王하신대 王이 立於沼上이러니 顧鴻雁麋鹿曰 賢者도 亦樂(락)此乎잇가

맹자가 양 혜왕을 뵈올 적에 왕이 못가에 있었는데, 홍안(鴻雁)과 미록(麋鹿)을 돌아보고 말씀하였다. "현자(賢者)도 또한 이것을 즐거워합니까?"

樂은 音洛이니 篇內同이라

'락(樂)'은 음이 락(洛)이니, 편 안이 같다.

凡言篇內同者는 以本篇言이요 非竝指上下篇也라 ○ 上章之見梁惠王은 以不遠千里語觀之하면 是初見也요 此章之見梁惠王은 觀其出言審愼하고 意猶未濃하면 必是再見也요 後章엔 直稱梁惠王曰하니 則是屢見而意濃矣라

무릇 편 안이 같다고 말한 것은 본편(本篇)을 가지고 말한 것이요 상·하편을 아울러 가리킨 것이 아니다. ○ 윗장에 양 혜왕을 만나봄은 '불원천리(不遠千里)'라는 말을 가지고 보면 이것이 처음 만나본 것이요, 이 장에 양 혜왕을 봄은 그 말을 냄이 살피고 삼가고 뜻이 아직 농후하지 않은 것을 보면 반드시 두 번째 본 것이요, 뒷장에는 곧바로 '양혜왕왈(梁惠王曰)'이라고 칭하였으니 이는 여러 번 보아서 뜻이 농후한 것이다.

沼는 池也라 鴻은 句라 雁之大者요 麋는 句라 鹿之大者라 朱子曰 惠王沼上은 其辭遜하고 宣王雪宮[14]은 其辭夸하니라

'소(沼)'는 못이다. '홍(鴻)'은 여기에서 구(句)를 뗀다. 기러기 중에 큰 것이요, '미(麋)'는 여기에서 구(句)를 뗀다. 사슴 중에 큰 것이다. 주자가 말씀하였다. "혜왕이 못 가에서 말한 것은 그 말이 공손하고, 선왕(宣王)이 설궁(雪宮)에서 말한 것은 그 말이 과장되었다."

---

[14] ≪孟子 梁惠王下 4章≫ "齊宣王, 見孟子於雪宮, 王曰: 賢者, 亦有此樂乎."

2-2

> 孟子對曰 賢者而後에 樂此니 不賢者는 雖有此나 不樂也니이다
>
> 맹자가 대답하셨다. "현자인 뒤에야 이것을 즐거워할 수 있으니, 어질지 못한 자는 비록 이것을 가지고 있더라도 즐거워하지 못합니다.

王所言之賢者는 蓋微逼孟子身上이어늘 而孟子所言之賢者는 則直以古人當之라 ○ 雙峯饒氏曰 王意謂賢者未必樂此니 自家有慚이요 孟子說賢者樂此는 出王之意外니라 ○ 和靖尹氏曰 告君之道當然이니라 ○ 南軒張氏曰 辭氣不迫而理完이니라 ○ 又曰 王所謂樂은 人欲之私요 孟子所謂樂은 天理之公이니라 ○ 按孟子告人之語 每多如此하시니 蓋於子貢之善爲說辭15)에 爲近之라 若其不可因而導之者는 則亦攻而反之하시니 上章是也니 或反、或因이 惟觀其義之如何耳라

왕이 말한 현자(賢者)는 약간 맹자의 신상에 핍박하는데, 맹자가 말씀한 현자는 곧바로 고인(古人)으로 이에 해당시켰다. ○ 쌍봉요씨(雙峯饒氏)가 말하였다. "왕의 생각에 현자는 반드시 이것을 즐거워하지 않는다고 한 것이니 자신이 부끄러움이 있는 것이요, 맹자가 현자가 이것을 즐거워한다고 말씀한 것은 왕의 뜻 밖에 나온 것이다." ○ 화정윤씨(和靖尹氏)가 말하였다. "인군에게 고하는 도가 당연한 것이다." ○ 남헌장씨(南軒張氏)가 말하였다. "사기(辭氣)가 급박하지 않고 이치(논리)가 완전하다." ○ 또 말하였다. "왕이 말한 락(樂)은 인욕의 사(私)이고 맹자가 말씀한 락은 천리의 공정함이다." ○ 살펴보건대 맹자가 남에게 고한 말씀은 매번 이와 같은 것이 많으니, 자공(子貢)이 설사(說辭)를 잘한 것에 가까움이 된다. 만약 그대로 따라서 인도할 수 없는 경우에는 또한 공격하여 뒤집으셨으니, 윗 장이 이것이니 혹은 뒤집고 혹은 따른 것이 오직 그 의가 어떠한가를 본 뿐이다.

此는 一章之大指니라 不言下文詳言者는 蒙上章註而省也라 上註에 既云後多放此하여 以該七篇이로되 而猶恐讀者之不察其文法이라 故로 此章에 又著其大指與詳言之目을 一如上註하니 朱子於此一事에 蓋深致意하시니 其丁寧示人之意를 可見矣라

이것은 한 장(章)의 대지(大指)이다. '하문(下文)에 자세히 말했다'고 말하지 않은 것은 윗장의 주를 이어받아서 생략한 것이다. 윗주에 이미 '뒤에 이와 같은 것이 많다.'고 말하여 7편을 다 포함하였는데도 독자들이 그 문법을 살피지 못할까 두려워하였다. 그러므로 이 장에 또다시 그 대지와 상언(詳言)의 조목을 드러내기를 한결같이 윗주와 같이 하였으니, 주자가 이 한 가지 일에 있어서 깊이 뜻을 다하신 것이니 그 정녕하게 사람에게 보여준 뜻을 알 수 있다.

---

15) ≪孟子 公孫丑上 2章≫ "宰我子貢, 善爲說辭, 冉牛閔子顔淵, 善言德行."

2-3

詩云 經始靈臺하여 經之營之하시니 庶民攻之라 不日成之로다 經始勿亟하시나 庶民子來로다 王在靈囿하시니 麀鹿攸伏이로다 麀鹿濯濯이어늘 白鳥鶴鶴이로다 王在靈沼하시니 於牣魚躍이라하니 文王이 以民力爲臺爲沼하시니 而民이 歡樂之하여 謂其臺曰靈臺라하고 謂其沼曰靈沼라하여 樂其有麋鹿魚鼈하니 古之人이 與民偕樂이라 故로 能樂也니이다

≪시경≫에 이르기를 '영대(靈臺)를 처음으로 경영(經營)*①하여 이것을 헤아리고 도모하시니, 서민들이 와서 일하는지라 하루가 못되어 완성되었도다. 경시(經始)하기를 급히 하지 말라고 하셨으나 서민들은 자식이 아버지 일에 달려오듯이 하는도다. 왕이 영유(靈囿)에 계시니, 사슴들이 그 곳에 가만히(편안히) 엎드려 있도다. 사슴들은 탁탁(濯濯)하거늘 백조는 학학(鶴鶴)하도다. 왕이 영소(靈沼)에 계시니, 아! <연못에> 가득히 물고기들이 뛰논다.' 하였으니, 문왕(文王)이 백성들의 힘을 이용하여 대(臺)를 만들고 소(沼)를 만들었으나, 백성들이 그것을 즐거워하여 그 대를 이르기를 영대라 하고, 그 소를 이르기를 영소라 하여, 그(문왕)가 미록(麋鹿)과 물고기와 자라를 소유함을 좋아하였으니, 옛사람들은 백성과 더불어 함께 즐거워하였습니다. 이 때문에 능히 즐거워할 수 있었던 것입니다.

*① 경영(經營) : 경(經)은 처음 계획하는 것이고 영(營)은 여기에 필요한 재정과 물자를 마련함을 이른다.

亟은 音棘이요 麀는 音憂라 鶴은 詩作翯하니 戶角反이라 於는 音烏요 牣은 音刃이라

'극(亟)'은 음이 극(棘;급함)이요, '우(麀)'는 음이 우(憂;암사슴)이다. '학(鶴)'은 ≪시경≫에 학(翯)으로 되어 있으니, 호(戶)·각(角)의 반절[깃털 윤택할 학]이다. '오(於)'는 음이 오(烏;감탄사)요 '인(牣)'은 음이 인(刃;가득함)이다.

此는 引詩而釋之하여 文王以下는 所以釋詩라 以明賢者而後樂此之意라 詳言一이라

○ 先總提라 詩는 大雅靈臺之篇이라 經은 量度(탁) 入聲이라 也라 經始者는 經而始之也라 靈臺는 文王臺名也라 詩集傳曰 國之有臺는 所以望氛祲, 察災祥하고 時觀遊, 節勞佚也니 謂之靈者는 言其倏然而成하여 如神靈所爲也라하니라 營은 謀爲也라 攻은 治也라 不日은 不終日也라 甚言其速이라 亟은 速也니 言文王戒以勿亟也라 子來는 如子來趨父事也라 靈囿, 靈沼는 冒臺名而亦稱爲靈이라 臺下有囿하고 大全曰 囿는 所以域養禽獸라 囿中有沼也라 麀는 牝 婢忍反이라 鹿也라 伏은 安其所하여 攸라 不驚動也라 濯濯은 諺音誤라 肥澤貌요 此之肥澤과 牛山章之光潔[16]은 各隨其文而爲訓이라 鶴鶴은 潔白貌라 於는 歎美辭라 牣은 滿也라

이것은 ≪시경≫을 인용하고 이를 해석하여 '문왕(文王)' 이하는 시를 해석한 것이다. '현자인 뒤에야 이것을 즐거워할 수 있다.'는 뜻을 밝힌 것이다. 자세히 말한 것 첫 번째이다. ○ 먼저 총괄하여 제시하였다. 시는 <대아(大雅) 영대(靈臺)>의 편이다. '경(經)'은 헤아림이다. '탁(度)'은 입성(入聲;헤아림)이다. ○ '경시(經始)'는 헤아려서 시작하는 것이다. '영대(靈臺)'는 문왕(文王)의 대(臺) 이름이다. ≪시경집전(詩經集傳)≫에 '나라에 대(臺)가 있는 것은 분침(氛祲;구름과 안개)을 바라보아 재상(災祥)을 살피고, 때로 구경하고 놀아서 수고로움과 편안함을 절제하는 것이니, 이것을 영(靈)이라고 말한 것은 그 갑자기 이루어져서 신령이 만든 것과 같음을 말한 것이다.' 하였다. '영(營)'은 도모함이다. '공(攻)'은 다스림이다. '불일(不日)'은 하루를 마치지 않음이다. '불종일(不終日)'은 그 속함을 심히 말한 것이다. '극(亟)'은 빠름이니, 문왕이 빨리 하지 말라고 경계함을 말한 것이다. '자래(子來)'는 자식이 와서 아버지의 일에 달려오듯이 하는 것이다. '영유(靈囿)'와 '영소(靈沼)'는 대(臺)의 이름을 무릅써 또한 영(靈)이라고 칭한 것이다. 대 아래에 동산이 있고, ≪대전(大全)≫에 말하였다. "'유(囿)'는 구역하여 금수(禽獸)를 기르는 곳이다." 동산 가운데 연못이 있었던 것이다. '우(麀)'는 암사슴이다. '빈(牝)'은 비(婢)·인(忍)의 반절〔암컷 빈〕이다. '복(伏)'은 그 곳에 '소(所)'는 유(攸)'바)이다. 편안히 있어서 놀라고 움직이지 않음이다. '작작(濯濯)'은 ≪언해(諺解)≫의 음(탁)이 잘못되었다. 살찌고 윤택한 모양이요, 여기의 '비택(肥澤)'과 우산장(牛山章)의 광결(光潔)은 각각 그 글에 따라 훈(訓)한 것이다. '학학(鶴鶴)'은 깨끗하고 흰 모양이다. '오(於)'는 탄미(歎美;아름다움을 감탄함)하는 말이다. '인(牣)'은 가득함이다.

孟子言 文王이 雖用民力이나 而民이 反歡樂之하여 旣加以美名하고 本文은 擧臺沼以該囿라 而又樂其所有하니 此二樂字는 先言民之樂이라 ○ 本文은 擧鹿魚以該鳥라 ○

---

16) ≪孟子 告子上 8章≫ "牛羊又從而牧之. 是以若彼濯濯也, 人見其濯濯也, 以爲未嘗有材焉, 此豈山之性也哉." ≪集註≫ "濯濯, 光潔之貌. 言山木雖伐, 猶有萌蘖, 而牛羊又從而害之. 是以至於光潔而無草木也."

註에 添雖、反、旣、又四字하여 而孟子釋詩之意益明矣라 蓋由文王 古之人이라 能愛其民이라 故로 民樂其樂하여 而文王亦得 改能作得이라 以享其樂也라 此樂字는 乃說文王之樂이니 其囿、沼、鹿、魚는 所以應王所問하여 而實已所答也라 ○ 民所樂과 文王所樂은 其事雖殊나 而所以爲樂則同焉이라 故로 曰偕樂이니 此樂字는 合民與文王而言之라 ○ 偕樂은 此章之題目이라

맹자가 무왕이 비록 백성의 힘을 이용하였으나 백성들이 도리어 이것을 즐거워하여 이미 아름다운 명칭을 가해 주고, 본문은 대(臺)와 소(沼)를 들어 유(囿)를 포함하였다. 또 그(문왕)가 소유함을 즐거워하였으니, 이 두 락(樂)자는 먼저 백성의 락을 말하였다. ○ 본문은 록(鹿)과 어(魚)를 들어 조(鳥)를 포함하였다. ○ 주에 수(雖)·반(反)·기(旣)·우(又) 네 글사를 더하여 맹자가 ≪시경≫을 해석한 뜻이 더욱 분명해졌다. 이는 문왕이 경문의 고지인(古之人)이다. 백성을 사랑하였기 때문에 백성들이 그(문왕)의 즐거워함을 좋아하여 문왕 또한 그 즐거움을 누릴 수 있었음을 '능(能)'을 고쳐 '득(得)'으로 썼다. 말씀한 것이다. 이 락(樂)자는 바로 문왕의 락을 말하였으니, 그 유(囿)와 소(沼), 록(鹿)과 어(魚)는 왕이 물은 것에 응하여 자기가 답하신 것을 실증한 것이다. ○ 백성들이 즐거워한 바와 문왕이 즐거워한 바는 그 일은 비록 다르나 즐거움이 되는 이유는 똑같다. 그러므로 '함께 즐거워한다.〔偕樂〕'고 말하였으니, 이 락자는 백성과 문왕을 합하여 말한 것이다. ○ '개락(偕樂)'은 이 장의 제목이다.

2-4

湯誓曰 時日은 害喪고 予及女(汝)로 偕亡이라하니 民欲與之偕亡이면 雖有臺池鳥獸나 豈能獨樂哉리잇고

<탕서(湯誓)>에 이르기를 '이 해(태양)는 언제나 없어질고. 내 너와 더불어 함께 망하겠다(없어지겠다).' 하였으니, 백성들이 그와 더불어 함께 망하고자 한다면 비록 대지(臺池)와 조수(鳥獸)를 가지고 있은들 어찌 홀로 즐거워할 수 있겠습니까?"

害는 音曷이라 喪은 去聲이라 女는 音汝라

'할(害)'은 음이 할(曷;어찌)이다. '상(喪)'은 거성(去聲;없어짐, 망함)이다. '여(女)'는 음이 여(汝;너)이다.

偕는 諺音誤라 ○ 臺池鳥獸四字는 應上文一此字라

'개(偕)'는 ≪언해≫의 음(해)이 잘못되었다. ○ 대지(臺池)·조수(鳥獸) 네 글자는 윗글 한 '차

(此)'자에 응한다.

此는 引書而釋之하여 民欲以下는 所以釋書라 以明不賢者雖有此不樂之意也라 詳言二라 ○ 先總提라 ○ 此所引은 無取於其事요 而只取其意하여 以理斷之也라 湯誓는 商書篇名이라 時는 是也라 日은 指夏桀이라 害은 曷同이니 諺音誤라 何也라 桀嘗自言 吾有天下는 如天之有日하니 日亡이라야 吾乃亡耳라하니 趙氏曰 桀語는 出尙書大傳이라 民怨其虐이라 故로 因其自言하여 而目 指也라 之曰 此日이 何時亡乎아 若亡則我寧與之俱亡이라하니 蓋欲其亡之甚也라 偕亡二字에 有甚意라 孟子引此하여 以明君獨樂 汎指人君이로되 而猶依桀說去라 而不恤其民이면 則民怨之하여 而不能保其樂也니라 此樂字는 所以實上文已所答之下樂字也라 但上云不樂은 則其辭婉하고 此云豈能은 則其辭截이라 ○ 南軒張氏曰 人君이 常懷不敢自樂之心이면 則足以遏人欲이요 常懷與民偕樂之心이면 則足以擴天理니라 ○ 新安陳氏曰 南軒遏人欲、擴天理六字는 可斷盡七篇이니라

이것은 ≪서경≫을 인용하고 이를 해석하여 '민욕(民欲)' 이하는 ≪서경≫을 해석한 것이다. '어질지 못한 자는 비록 이것을 가지고 있더라도 즐거워하지 못한다.'는 뜻을 밝힌 것이다. 자세히 말한 것 두 번째이다. ○ 먼저 총괄하여 제시하였다. ○ 여기에 인용한 것은 그 일을 취한 것이 없고 다만 그 뜻을 취하여 이치로 단정한 것이다. <탕서(湯誓)>는 ≪상서(商書)≫의 편명(篇名)이다. '시(時)'는 이것이다. '일(日)'은 하걸(夏桀)을 가리킨다. '할(害)'은 할(曷)과 같으니 ≪언해≫의 음(갈)이 잘못되었다. 어찌이다. 걸왕(桀王)이 일찍이 스스로 말하기를 "내가 천하를 소유함은 하늘에 해가 있는 것과 같으니, 해가 없어져야 내 그제야 망한다." 하였다. 조씨(趙氏)가 말하였다. "걸왕(桀王)의 말은 ≪상서대전(尙書大傳)≫에 나온다." 백성들이 그의 학정(虐政)을 원망하였다. 이 때문에 그가 스스로 말한 것을 인해서 걸왕을 지목하기를 '목(目)'은 지목함이다. "이 해는 언제나 없어지려는가. 만일 없어진다면 내 차라리 그와 더불어 함께 없어지겠다." 하였으니, 이것은 그가 망하기를 바람이 심한 것이다. '개망(偕亡)' 두 글자에 심(甚)의 뜻이 있다.

맹자는 이것을 인용하여 군주가 홀로 즐거워하고 인군을 널리 가리켰는데 여전히 걸왕의 말을 따른 것이다. 백성을 구휼하지 않으면 백성들이 그를 원망하여 그 즐거움을 보전할 수 없음을 밝힌 것이다. 이 '락(樂)'자는 윗글에 자기가 답하신 바의 아래 락자를 실증한 것이다. 다만 위에서 말씀한 '불락(不樂)'은 그 말이 완곡하고, 여기서 말씀한 '기능(豈能)'은 그 말이 절연(截然)하다." ○ 남헌장씨(南軒張氏)가 말하였다. "인군이 항상 감히 스스로 즐거워하지 않으려는 마음을 품고 있으면 충분히 인욕을 막을 수 있고, 항상 백성들과 함께 즐거워한다는 마음을 품고 있으면 충분히 천리를 확충할 수 있다." ○ 신안진씨가 말하였다. "남헌(南軒)의 '알인욕 확천리(遏人欲, 擴天理.)' 여섯 글자는 ≪맹자≫ 7편을 단정하여 다했다고 할 수 있다."

3-1

梁惠王이 曰 寡人之於國也에 盡心焉耳矣로니 河內凶이어든 則移其民於河東하고 移其粟於河內하며 河東凶이어든 亦然하노니 察隣國之政컨대 無如寡人之用心者로되 隣國之民이 不加少하며 寡人之民이 不加多는 何也잇고

양 혜왕이 말씀하였다. "과인(寡人)은 나라에 대하여 마음을 다하고 있습니다. 하내(河內) 지방이 흉년들거든 그 백성을 하동(河東)지방으로 이주시키고 그 곡식을 하내지방으로 옮겨가며, 하동지방이 흉년들거든 또한 그렇게 하고 있습니다. 이웃 나라의 정사를 살펴보건대 과인(寡人)처럼 마음을 쓰는 자가 없는데도 이웃 나라의 백성이 더 적어지지 않으며, 과인의 백성이 더 많아지지 않음은 어째서입니까?"

寡人은 諸侯自稱이니 言寡德之人也라 河內、河東은 皆魏地라 凶은 歲不熟也라 移民以就食하고 移粟以給其老稚之不能移者라 大全曰 民自移其粟耳라 ○ 隣民加少면 則梁民必加多리니 只是一串事라

과인은 제후의 자칭이니, 덕이 적은 사람이라고 말한 것이다. 하내(河內)와 하동(河東)은 다 위(魏)나라 땅이다. '흉(凶)'은 연사(年事;그 해의 농사)가 곡식이 제대로 성숙하지 못함이다. 백성을 옮겨서 나아가 먹게 하고, 곡식을 옮겨서 늙은이와 어린이로서 옮길 수 없는 자에게 준 것이다. ≪대전≫에 말하였다. "백성들이 스스로 그 곡식을 옮겼을 뿐이다." ○ 이웃나라 백성이 더 적어지면 양나라 백성이 더 많아질 것이니, 이는 다만 일관된 일이다.

3-2

孟子對曰 王이 好戰하실새 請以戰喩호리이다 塡然鼓之하여 兵刃旣接이어든 棄甲曳兵而走호되 或百步而後에 止하며 或五十步而後에 止하여 以五十步로 笑百步則何如하니잇고 曰 不可하니 直不百步耳언정 是亦走也니이다 曰 王如知此시면 則無望民之多於隣國也하소서

> 맹자가 대답하셨다. "왕께서 전투를 좋아하시니, 청컨대 전투를 가지고 비유하겠습니다. 둥둥 북을 쳐서 병기와 칼날이 이미 맞붙었거든 갑옷을 버리고 병기를 끌고 패주(敗走)하되 혹은 100보(步)를 도망한 뒤에 멈추며 혹은 50보를 도망한 뒤에 멈추고서 〈자신은〉 50보를 도망갔다 하여 100보를 도망간 자를 비웃으면 어떻습니까?" 왕이 말씀하였다. "불가하니, 다만 100보를 패주하지 않았을 뿐이지 이 또한 패주한 것입니다." 맹자가 말씀하셨다. "왕께서 만일 이것을 아신다면 백성이 이웃 나라보다 더 많아지기를 바라지 마소서.

好는 去聲이라 塡은 音田이라

'호(好)'는 거성(去聲;좋아함)이다. '전(塡)'은 음이 전(田;북소리)이다.

好戰二字는 切中惠王之病處니 卽後章所告宣王快於心與[17]之意也라 ○ 至此章하여 王之意已熟하여 其問이 頗有驕矜之辭라 故로 孟子之答도 亦始露圭角하시니 如鏡之照物에 隨物姸媸耳라

'호전(好戰)' 두 글자는 혜왕의 병통인 곳에 매우 간절하니, 바로 뒷장에 선왕(宣王)에게 고한 '쾌어심여(快於心與)'의 뜻이다. ○ 이 장에 이르러 왕의 뜻이 이미 익숙해져서 그 물음이 자못 교만하고 자랑하는 말이 있었다. 그러므로 맹자의 답도 또한 처음으로 규각(圭角;모)을 드러내셨으니, 이는 마치 거울이 물건을 비출 적에 물건의 곱고 미움에 따르는 것과 같다.

塡 闐同이라 은 鼓音也니 兵은 軍은 兵也니 與本文二兵字不同이라 **以鼓進하고 以金退라** 主言鼓進而竝及金退라 **直은 猶但也라** 大全曰 如詩匪直也人[18]之直이라 **言此하여 以譬隣國不恤其民하고 惠王能行小惠나** 王自擧其政之善하고 而以此二事實之하니 想當時에 必以此見稱於國人耳라 王之得諡시爲惠는 豈以是歟아 **然이나 皆** 二事라 **不能行王道以養其民하니** 指下節王道之始라 **不可以此而笑彼** 隣國이라 **也니라**

'전(塡)'은 전(闐)과 같다. 북소리이니, 군대[兵]는 '군(軍)'은 군병이니, 본문의 두 '병(兵;병기)'자와는 똑같지 않다. 북소리에 따라 전진하고 쇳소리에 따라 후퇴한다. 북으로 나아가는 것을 위주하여 말하면서 아울러 금(金;징)으로 후퇴함을 언급하였다. '직(直)'은 단(但;다만)과

---

17) ≪孟子 梁惠王上 7章≫ : "抑王, 興甲兵, 危士臣, 構怨於諸侯然後, 快於心與."
18) ≪詩經 鄘風 定之方中≫ "靈雨旣零, 命彼倌人, 星言夙駕, 說于桑田. 匪直也人, 秉心塞淵, 騋牝三千."

같다. ≪대전≫에 말하였다. "≪시경≫ 〈용풍(鄘風) 정지방중(定之方中)〉의 '비직야인(匪直也人)'의 '직(直:다만)'과 같다." 이것을 말씀하여 이웃 나라는 그 백성을 구휼하지 않고 혜왕은 작은 은혜를 행하나 왕이 자기 정사의 좋음을 스스로 들고 이 두 가지 일로써 실증하였으니, 생각건대 당시에 반드시 이것을 가지고 국인(國人)들에게 칭찬을 받은 듯하다. 왕이 '혜(惠)'라는 시호를 얻은 것은 아마도 이 때문일 것이다. 모두 두 가지 일이다. 왕도(王道)를 행하여 백성을 기르지 못하니, 아랫절 '왕도지시(王道之始)'를 가리킨 것이다. 이것을 가지고 저것을 '피(彼)'는 이웃나라이다. 비웃을 수 없음을 비유하신 것이다.

楊氏曰 移民、移粟은 荒政之所不廢也라 慶源輔氏曰 周禮司徒 以荒政十二로 聚萬民[19]하니 雖無移粟事나 然大荒則令邦國移民하여 以辟(피)災就賤이라 然이나 不能行先王之道하고 指後節王道之成이라 而徒以是爲盡心焉이면 則末 猶非也라 矣니라 無望民之多於隣國은 此反答也요 後節의 斯天下之民至焉은 此正答也라

양씨(楊氏)가 말하였다. "백성을 옮기고 곡식을 옮김은 흉년든 정사에 폐할 수 없는 것이다. 경원보씨(慶源輔氏)가 말하였다. "≪주례≫에 사도(司徒)가 황정(荒政;흉년 든 정사) 열두 가지를 가지고 만민을 모으니, 비록 여기에 곡식을 옮기는 일은 없으나 크게 흉년이 들면 방국(邦國;제후국)으로 하여금 백성을 옮겨서 재앙을 피하고 곡식 값이 싼 데로 나아가게 하였다." 그러나 선왕의 도를 행하지 못하고서 뒷절의 왕도지성(王道之成)을 가리킨 것이다. 다만 이것을 가지고 마음을 다했다고 한다면 잘못이다." '말(末)'은 비(非;잘못)와 같다. 백성이 이웃나라보다 더 많아지기를 바라지 말라는 것은 이는 뒤집어서 답한 것이고, 뒷절의 이 천하의 백성이 온다는 것은 이는 바로 대답한 것이다.

3-3

不違農時면 穀不可勝食也며 數(촉)罟를 不入洿池면 魚鼈을 不可勝食也며 斧斤을 以時入山林이면 材木을 不可勝用也니 穀與魚鼈을 不可勝食하며 材木을 不可勝用이면 是는 使民養生喪死에 無憾也니 養生喪死에 無憾이 王道之始也니이다

---

[19] ≪周禮 地官 大司徒≫ "以荒政十有二, 聚萬民, 一曰散利, 二曰薄征, 三曰緩刑, 四曰弛力, 五曰舍禁, 六曰去幾, 七曰眚禮, 八曰殺哀, 九曰蕃樂, 十曰多昏, 十有一曰索鬼神, 十有二曰除盜賊."

> 농사철을 어기지(놓치지) 않게 하면 곡식을 이루 다 먹을 수 없으며, 촘촘한 그물을 웅덩이와 못에 넣지 않으면 물고기와 자라를 이루 다 먹을 수 없으며, 도끼와 자귀를 때에 따라 산림(山林)에 들어가게 하면 재목을 이루 다 쓸 수 없을 것입니다. 곡식과 물고기와 자라를 이루 다 먹을 수 없으며 재목을 이루 다 쓸 수 없으면 이는 백성들로 하여금 산 이를 봉양하고 죽은 이를 장송(葬送)함에 유감이 없게 하는 것이니, 산 이를 봉양하고 죽은 이를 장송함에 유감이 없게 하는 것이 왕도(王道)의 시작입니다.

勝은 音升이요 數는 音促이요 罟는 音古요 洿는 音烏라

'승(勝)'은 음이 승(升;이루)이고 '촉(數)'은 음이 촉(促;빽빽함)이고, '고(罟)'는 음이 고(古;그물)이고 '오(洿)'는 음이 오(烏;웅덩이)이다.

憾은 諺音誤라

'함(憾)'은 ≪언해≫의 음(감)이 잘못되었다.

農時는 謂春耕、夏耘、秋收之時니 凡有興作에 土功、征伐、田獵之類라 不違此時하고 至冬乃役之也라 不可勝食은 言多也라 數은 密也요 罟는 網也라 洿는 窊 烏瓜反이라 下之地니 水所聚也라 古者에 網罟를 必用四寸之目하여 魚不滿尺이면 市不得粥하고 余六反이라 人不得食이라 此語는 必有所出이라 ○ 此는 釋魚鼈이라 山林川澤을 與民共之호되 而有厲禁하여 二字는 出周禮司徒20)라 ○ 周禮注曰 每物有藩界也라하니라 ○ 此는 竝釋魚、材라 ○ 雲峯胡氏曰 共之는 王者愛民之仁也요 有禁은 愛物之仁也라 草木零落然後에 斧斤入焉하니 出禮記王制라 ○ 蒙上山林之文이라 ○ 此는 釋材木이라 此皆爲治 去聲이라 之初에 法制未備하여 指下節之桑、畜、田也라 且 猶姑也라 因天地自然之利하여 不加人力者라 而撙 祖本反이라 節愛養之事也라 撙節은 出禮記曲禮21)라

'농시(農時)'는 봄에 밭 갈고 여름에 김매고 가을에 수확하는 때를 이르니, 모든 <토목공사를> 일으킴에 토공(土工;토목공사)과 정벌(征伐)과 전렵(田獵) 같은 따위이다. 이때(농사철)

---

20) ≪周禮 地官 大司徒≫ "澤虞 掌國澤之政令, 爲之<u>厲禁</u>, 使其地之人, 守其財物, 以時入之于玉府, 頒其餘于萬民."

21) ≪禮記 曲禮≫ "君子, 恭敬<u>撙節</u>, 退讓以明禮."

를 놓치지 않게 하고 겨울에 이르러서야 부역을 시키는 것이다. '불가승식(不可勝食)'은 많음을 말한다. '촉(數)'은 촘촘함이요, '고(罟)'는 그물이다. '오(洿)'는 웅덩이로 '와(窊)'는 오(烏)·과(瓜)의 반절〔움푹 파인 곳〕이다. 낮은 곳이니, 물이 모이는 곳이다. 옛날에 그물을 반드시 네 치의 눈을 써서 물고기가 한 자〔尺〕에 차지 못하면 시장에 팔 수 없고 '육(粥)'은 여(余)·육(六)의 반절〔팔 육〕이다. 사람들이 먹을 수 없었다. 이 말은 반드시 나온 출전(出典)이 있을 것이다. ○ 이는 어(魚)와 별(鼈)을 석(釋)하였다. 그리하여 산림(山林)과 천택(川澤)을 백성들과 함께 이용하되 엄격한 금지가 있어서 '려금(厲禁)' 두 글자는 《주례》〈사도(司徒)〉에 나온다. ○ 《주례주(周禮注)》에 "매 물건마다 울타리의 경계가 있다." 하였다. ○ 이는 어(魚)와 재(材)를 함께 석(釋)하였다. ○ 운봉호씨가 말하였다. "함께 함은 왕자(王者)가 백성을 사랑하는 인(仁)이요 금함이 있음은 물건을 아끼는 인이다." 초목(草木)의 잎이 떨어진 뒤에야 도끼와 자귀를 가지고 산림에 들어가게 하였다. 이 내용은 《예기》〈왕제(王制)〉에 나온다. ○ 위 산림(山林)의 글을 뒤이은 것이다. ○ 이는 재목(材木)을 석(釋)하였다. 이것은 모두 정치하는 '치(治)'는 거성(去聲;정치)이다. 초기에 법제(法制)가 아직 미비하므로 아랫절의 뽕나무와 가축과 전지(田地)를 가리킨 것이다. 우선 '차(且)'는 고(姑;우선)와 같다. 천지 자연의 이로움을 인하여 인력(人力)을 가하지 않은 것이다. 존절(撙節;절제)하고 '존(撙)'은 조(祖)·본(本)의 반절〔절약할 존〕이다. 애양(愛養)하는 일이다. 존절은 《예기》〈곡례(曲禮)〉에 나온다.

然이나 承上未備句하여 而下然字하여 以揚其抑이라 **飮食**、穀魚라 **宮室**은 材라 所以養生이요 **祭祀** 穀魚라 **棺槨**은 材라 所以送死니 喪死는 謂爲死者而喪之也니 其義恐狹故로 取用離婁篇의 送死二字[22]라 ○ 慶源輔氏曰 養生送死는 人事之始終이니라 **皆民所急而不可無者**어늘 **今皆有以資之**면 **則人無所恨** 憾이라 **矣라 王道**는 以得民心爲本이라 故로 以此爲王道之始하니라 新安陳氏曰 下註王道之成은 與此相對라 ○ 按王道之始는 周之公劉、太王時近之요 王道之成은 文王時可以當之라 ○ 王道는 此章之題目이라

그러나 위에 미비하다는 구(句)를 이어서 '연(然)'자를 놓아 그 억누름을 드날린 것이다. 음식과 곡식과 물고기이다. 궁실(宮室)은 재목이다. 산 이를 봉양하는 것이요, 제사와 곡식과 물고기이다. '관곽(棺槨)'은 재목이다. 죽은 이를 장송(葬送)하는 것이니, 상사(喪死)는 죽은 자를 위하여 초상을 치름을 이르니, 그 뜻이 좁을까 염려되므로 〈이루(離婁)〉편의 '송사(送死)' 두 글자를 취하여 쓴 것이다. ○ 경원보씨가 말하였다. "양생(養生)과 송사(送死)는 사람 일의 시(始)와 종(終)이다." 모두 백성들에게 시급한 바여서 없을 수 없는 것인데, 지금 모두 이것을 이용할 수 있다면 사람들이 한할 '한(恨)'은 함(憾)이다. 바가 없는 것이다. 왕도(王道)는 민심을 얻는 것을 근본으로 삼는다. 그러므로 이것으로써 왕도의 시작을 삼은 것이다. 신안진씨가 말하였다. "아랫주의 왕도지성(王道之成)은 이와 상대가 된다." ○ 살펴보건대 왕도지시(王道之始)

---

22) 《孟子 離婁下 13章》 "孟子曰: 養生者, 不足以當大事, 惟送死, 可以當大事."

는 주나라의 공류(公劉)와 태왕(太王)의 때가 이에 가깝고, 왕도지성은 문왕(文王)의 때가 여기에 해당될 수 있다. ○ '왕도(王道)'는 이 장의 제목이다.

3-4

> 五畝之宅에 樹之以桑이면 五十者可以衣帛矣며 鷄豚狗彘之畜을 無失其時면 七十者可以食肉矣며 百畝之田을 勿奪其時면 數口之家 可以無飢矣며 謹庠、序之敎하여 申之以孝悌之義면 頒(班)白者不負戴於道路矣리니 七十者衣帛食肉하며 黎民이 不飢不寒이요 然而不王者 未之有也니이다
>
> 5무(畝)의 집*① 주변에 뽕나무를 심게 한다면 50세 된 자가 비단(명주)옷을 입을 수 있으며, 닭과 돼지와 개와 큰 돼지의 기름을 새끼 칠 때를 잃지 않게 한다면 70세 된 자가 고기를 먹을 수 있으며, 100무의 토지에 농사철을 빼앗지 않는다면 몇 식구의 집안이 굶주림이 없을 수 있으며, 상(庠)·서(序)의 가르침을 삼가서 효제(孝悌)의 의리로써 거듭한다면 <머리가> 반백(頒白)이 된 자가 도로에서 짐을 지거나 이지 않을 것입니다. 70세 된 자가 비단옷을 입고 고기를 먹으며, 려민(黎民;젊은 백성)들이 굶주리지 않고 춥지 않고서 왕 노릇 하지 못하는 자는 있지 않습니다.

*① 5무(畝)의 집 : 무(畝)는 시대에 따라 약간 다르다. ≪한어대사전≫에는 "주(周)나라 제도는 6척(혹은 6척 4촌, 혹은 8척이라고도 함)을 1보라 하고 100보를 1무라 하였으며, 진(秦)나라와 한(漢)나라는 5척을 1보라 하고 240보를 1무라 하였다. 당(唐)나라는 너비 1보에 길이 240보를 1무라 하였으며, 청(淸)나라는 5방척(方尺)을 1보라 하고 240보를 1무라 하였다. 1무는 지금의 6.6667공무(公畝)이다." 하였다. 공무는 100평방미터를 가리킨다. 한주(寒洲) 이진상(李震相)은 〈의진시폐잉진무충록소(擬陳時弊仍進畝忠錄疏)〉에서 "옛날에 주척(周尺) 6척을 1보라 하고, 너비 1보에 길이 100보를 1무라 하며, 100무를 1경(頃)이라 하였으니, 1경의 토지는 지금의 논 40두락이며 4경에서 군사 1명을 내었다." 하였다.

衣는 去聲이라 畜은 許六反이라 數는 去聲이라 王은 去聲이니 凡有天下者를 人稱之曰王이면 則平聲이요 據其身臨天下而言曰王이면 則去聲이니 後皆放此라

'의(衣)'는 거성(去聲;입음)이다. '흑(畜)'은 허(許)·육(六)의 반절[기를 흑]이다. '수(數)'는 거성(去聲;몇)이다. '왕(王)'은 거성(去聲;왕 노릇함)이니, 무릇 천하를 소유한 자를 사람들이 칭하여 왕이라 하면 평성(平聲)이고, 그 자신이 천하에 군림함을 근거하여 '왕 노릇한다' 하면 거성이니, 뒤도 모두 이와 같다.

畝、宅은 諺音誤라 數音은 恐該於上節故로 特著之라
　무(畝)와 댁(宅)은 《언해》의 음(묘, 택)이 잘못되었다. 수(數)의 음은 윗절(족)에 보함될까 염려되므로 특별히 음을 단 것이다.

五畝之宅은 一夫所受니 二畝半은 在田하고 二畝半은 在邑이라 趙氏曰 春出在野요 冬入於邑이라 ○ 漢書食貨志曰 在野曰廬요 在邑曰里라하니라 田中에 不得有木은 恐妨五穀이라 故로 於墻下植 樹라 桑하여 以供蠶事라 五十始衰하여 出禮記王制라 非帛不煖하니 見盡心上이라 未五十者는 不得衣也라 畜은 養也라 豚、彘兩言者는 爲其只可充庖而已요 無司晨守夜等職이니 末篇豕交章23)을 當參看이라 不言羊者는 民之常食은 與祭事異矣요 牛則爲尤重耳라 時는 謂孕字 生子라 之時니 如孟春犧牲毋用牝之類也라 見禮記月令이라 七十엔 非肉不飽하니 見盡心上이라 未七十者는 不得食也라 朱子曰 魚鼈은 自生之物이니 養其小而食其大는 老幼之所同也요 雞豚은 人力所爲니 非老면 不得食之니라 ○ 南軒張氏曰 日用飮食에 敎亦行其中하니 不待庠序而敎也니라 百畝之田은 亦一夫所受니 至此면 則經界正하고 井地均하여 見滕文公上24)이라 無不受田之家矣라
　5무(畝)의 집은 한 가장이 받는 것이니, 2무 반은 농지에 있고 2무 반은 읍내에 있다. 조씨(趙氏)가 말하였다. "봄에는 나가서 들에 있고 겨울에는 읍으로 들어오는 것이다." ○ 《한서(漢書)》〈식화지(食貨志)〉에 "들에 있는 것을 려(廬)라 하고 읍에 있는 것을 리(里)라 한다." 하였다. 농지(밭) 가운데는 나무가 있을 수 없으니, 이는 오곡(五穀)에 해로울까 두려워해서이다. 그러므로 담장 아래에 뽕나무를 심어서 '식(植)'은 수(樹;심음)이다. 누에치는 일에 공급하는 것이다. 50세가 되면 비로소 쇠하여 이 내용은 《예기》〈왕제〉에 나온다. 비단옷이 아니면 따뜻하지 못하니, 이 내용은 〈진심 상(盡心上)〉에 보인다. 아직 50세가 되지 못한 자는 입을 수 없는 것이다. '흑(畜)'은 기름이다. 돈(豚)과 체(彘)를 두 가지 말한 것은 그 다만 푸줏간에 채울 뿐이요, 닭처럼 새벽을 맡고 개처럼 밤을 지키는 등의 직책이 없기 때문이니, 끝 편 시교장(豕交章)을 마땅히 참고해 보아야 한다. 양(羊)을 말하지 않은 것은 백성들이 항상 먹는 것

---

23) 《孟子 盡心上 37章》"孟子曰: 食而弗愛, 豕交之也, 愛而不敬, 獸畜之也."
24) 《孟子 滕文公上 3章》"夫仁政, 必自經界始, 經界不正, 井地不均, 穀祿不平."

은 제사와 다르고, 소는 더욱 중함이 되기 때문이다. '시(時)'는 새끼를 낳는 '자(字)'는 새끼를 낳는 것이다. 때를 이르니, 맹춘(孟春)에 희생(犧牲)은 암컷을 쓰지 말라는 것과 같은 따위이다.*① 이 내용은 ≪예기≫〈월령(月令)〉에 보인다. 70세에는 고기가 아니면 배부르지 못하니,〈진심 상〉에 보인다. 아직 70세가 되지 못한 자는 먹을 수 없는 것이다. 주자가 말씀하였다. "물고기와 자라는 자연히 자라는 물건이니 그 작은 것을 기르고 그 큰 것을 먹음은 늙은이와 어린이가 똑같은 것이요, 추환(芻豢;소, 양, 개, 돼지)은 인력으로 만든 것이니 노인이 아니면 먹을 수 없는 것이다." ○ 남헌장씨(南軒張氏)가 말하였다. "일용(日用)의 음식에 가르침이 또한 이 가운데 행해지니, 상(庠)·서(序)를 기다리지 않고 가르치는 것이다." 100무의 토지는 또한 한 가장이 받는 것이니, 이에 이르면 경계(經界)가 바루어지고 정지(井地)가 균등해져서*② 이 내용은 〈등문공 상(滕文公上)〉에 보인다. 토지를 받지 않은 집이 없는 것이다.

*① 맹춘(孟春)에 따위이다 : 맹춘은 지금 음력의 정월이다.
*② 경계가……균등해져서 : 경(經)은 구획하여 다스림을 이르며 정지(井地)는 정전(井田)을 가리킨다.

庠、序는 皆學名也라 申은 重 去聲이라 也니 丁寧反覆 音福이라 之意라 善事父母 爲孝요 善事兄長 上聲이니 下同이라 爲悌라 頒은 與班(斑)同하니 老人頭半白黑者也라 負는 任 所運之物이라 在背요 戴는 任在首라 夫 音扶라 民이 衣食不足이면 則不暇治禮義요 而飽煖無敎면 則又近於禽獸라 見滕文公上이라 故로 旣富而敎以孝悌면 富、敎는 出論語子路25)라 則人知愛親敬長而代其勞하여 不使之負戴於道路矣라 所敎多術이로되 而孝悌는 敎之本이요 且承上養老事하여 特擧孝悌하여 以該其餘耳라 衣帛、食肉을 但言七十은 大全日 不言五十이리 擧重以見 音現이라 輕也라 七十은 可以包帛이나 而五十은 不能以該肉이라 黎는 黑也라 黎民은 黑髮之人이니 少壯者라 猶秦言黔 其廉反이라 首 見史記秦紀라 也라 少 去聲이라 壯之人은 雖不得衣帛食肉이나 然亦不至於飢寒也라 如豳詩에 稻以養老而荼以食(사)農夫也26)라

'상(庠)'과 '서(序)'는 모두 학교의 이름이다. '신(申)'은 거듭함이니, '중(重)'은 거성(去聲;거듭)이다. 정녕(丁寧)하고 반복하는 '복(覆)'은 음이 복(福;반복)이다. 뜻이다. 부모를 잘 섬김을 '효(孝)'라 하고, 형과 어른을 '장(長)'은 상성(上聲;어른)이니, 아래도 같다. 잘 섬김을 '제(悌)'라 한다. '반(頒)'은 반(斑)과 같으니, 노인으로 머리가 반쯤 희고 검은 자이다. '부(負)'는 짐이 '임(任)'은 운반하는 물건이다. 등에 있는 것이요, '재(戴)'는 짐이 머리에 있는

---

25) ≪論語 子路 9章≫ "冉有曰: 旣庶矣, 又何加焉. 曰: 富之. 曰: 旣富矣, 又何加焉. 曰: 敎之."
26) ≪詩經 豳風 七月≫ "十月穫稻, 爲此春酒, 以介眉壽. 七月食瓜, 八月斷壺, 九月叔苴, 采荼薪樗, 食我農夫."

것이다. 저 '부(夫)'는 음이 부(扶;저)이다. 백성은 의식(衣食)이 부족하면 예의를 다스릴 겨를이 없고, 배불리 먹고 따뜻이 입기만 하고 가르침이 없으면 또 금수(禽獸)에 가까워진다. 이 내용은〈등문공 상〉에 보인다. 그러므로 이미 부유하게 하고 효제(孝悌)를 가르치면 '부(富)'와 '교(敎)'는 ≪논어≫〈자로(子路)〉에 나온다. 사람들이 어버이를 사랑하고 어른을 공경할 줄 알아, 그의 수고로움을 대신해서 노인으로 하여금 도로에서 짐을 지거나 이지 않게 하는 것이다. 가르치는 바가 방법이 많은데 효제는 가르침의 근본이요, 또 위의 노인을 봉양하는 일을 이어 특별히 효제를 들어서 그 나머지를 포함한 것이다. 비단옷을 입고 고기를 먹음을 다만 70세만 말한 것은 ≪대전≫에 말하였다. "50세를 말하지 않았다." 중한 것을 들어서 경(輕)한 것을 나타낸 '현(見)'은 음이 현(現)이다. 것이다. 70세는 비단옷을 입음을 포함할 수 있으나 50세는 고기를 먹음을 포함하지는 못한다. '려(黎)'는 검음이다. '려민(黎民)'은 모발이 검은 사람이니, 젊고 건장한 자이다. 진(秦)나라 때에 검수(黔首)라는 '검(黔)'은 기(其)·렴(廉)의 반절[검을 검]이다. 말과 같다. 검수는 ≪사기≫〈진기(秦紀)〉에 보인다. 소장(少壯)의 '소(少)'는 거성(去聲;젊음)이다. 사람들은 비록 비단옷을 입고 고기를 먹을 수 없으나 또한 굶주림과 추위에는 이르지 않는 것이다. ≪시경≫〈빈풍(豳風) 칠월(七月)〉시에 '볍쌀로써 노인을 봉양하고 씀바귀로써 농부를 먹인다.'는 것과 같다.

此는 言 盡法制、品節之詳하고 雙峯饒氏曰 宅田은 是法制요 帛肉은 是品節이라 極財裁通이라 成、輔相 去聲이라 之道하여 新安陳氏曰 總言田桑畜養之事라 以左右 竝去聲이라 民이니 出易泰大象이라 ○ 新安陳氏曰 就富教斯民說이라 是는 王道之成也니라 然而不王者未之有는 明其決然也라

이것은 법제(法制)와 품절(品節)의 상세함을 다하고 쌍봉요씨가 말하였다. "택(宅)과 전(田)은 바로 법제이고 백(帛)과 육(肉)은 바로 품절이다." 재성 보상(財成輔相)의 '재(財)'는 재(裁)와 통한다. '상(相)'은 거성(去聲;도움)이다. 도를 지극히 해서 신안진씨가 말하였다. "전지(田地)와 뽕나무와 가축을 기르는 일을 총괄하여 말하였다." 백성을 도와줌을 '좌(左)', '우(右)'는 모두 거성(去聲;도움)이다. 말하니,*① 이 내용은 ≪주역≫〈태괘(泰卦) 대상(大象)〉에 나온다. ○ 신안진씨가 말하였다. "이 백성을 부유하게 하고 가르침을 가지고 말하였다." 이는 왕도의 완성이다. 이렇게 하고도 왕 노릇 하지 못함이 있다는 것은 그 결단코 그러함을 밝힌 것이다.

*① 재성보상(財成輔相)의……말하니 : 재(財)는 재(裁)와 통하며 상(相)은 돕다의 뜻으로, 재성(財成)은 지나침을 억제하는 것이고 보상(輔相)은 부족함을 돕는 것이며, 좌우(左右)는 백성을 가르치고 도와주는 것이다. 이 내용은 ≪주역≫〈태괘(泰卦) 상전(象傳)〉의 "하늘과 땅이 사귐이 태(泰)이니, 군주가 이것을 보고서 천지의 도를 재성(財成)하며 천지의 마땅함을 보상(輔相)하여 백성을 좌우(左右)한다.〔天地交泰, 后以財成天地之道, 輔相天地之宜, 以左右民.〕"라는 말에서 나온 것이다.

3-5

狗彘食人食而不知檢하며 塗有餓莩而不知發하고 人死어든 則曰 非我也라 歲也라하나니 是何異於刺(척)人而殺之曰 非我也라 兵也리오 王無罪歲하시면 斯天下之民이 至焉하리이다

개와 돼지가 사람이 먹을 것(양식)을 먹되 단속할 줄 모르며, 길에 굶어 죽은 시체가 있어도 창고를 열 줄 모르고, 사람들이 굶어 죽으면 말하기를 '내가 그렇게 한 것이 아니요 연사(年事) 때문이다.' 하니, 이 어찌 사람을 찔러 죽이고 말하기를 '내가 그렇게 한 것이 아니요 병기 때문이다.'라고 말하는 것과 다르겠습니까? 왕께서 연사에 죄를 돌리지 않으시면 천하의 백성들이 <양나라로> 올 것입니다."

莩는 平表反이요 刺은 七亦反이라

'표(莩)'는 평(平)·표(表)의 반절[굶어죽을 표]이고, '척(刺)'은 칠(七)·역(亦)의 반절[찌를 척]이다.

檢은 制也라 猶禁也라 莩는 餓死人也라 發은 發倉廩以賑 音震이니 救也라 貸 他代反이라 也라 歲는 謂歲之豐凶也라 主言凶而竝及豐이라 惠王이 不能制民之産27)하고 四字는 見後章이라 又使狗彘로 王之狗彘라 得以食人之食하니 老者當食狗彘어늘 而狗彘反食民之所食이라 則與先王制度、品節之意로 異矣라 照應上註라 至於民飢而死로되 猶不知發하니 則其所移는 特民間之粟而已어늘 乃以民不加多로 補言外意하여 以照應上節事라 歸罪於歲凶하니 是는 知刃之殺人이요 而不知操 平聲이라 刃者之殺人也라 不罪歲면 則必能自反而益修其政하여 大全曰 卽上文所言王道라 天下之民이 至焉하리니 則不但多於隣國而已니라 補言外意하여 以照應上節事라

'검(檢)'은 제재함이다. '제(制)'는 금(禁)과 같다. '표(莩)'는 굶어죽은 사람이다. '발(發)'은 창름(倉廩)을 열어서 구휼하고 '진(賑)'은 음이 진(震)이니 구원함이다. 대여해 주는 것이다. '대(貸)'는 타(他)·대(代)의 반절[꾸어줄 대]이다. '세(歲)'는 연사(年事)의 풍흉(豐凶)을 이른다. 흉년을 위주하여 말하면서 풍년을 함께 언급한 것이다. 혜왕은 백성의 재산을 제정해 주지 못하고, 네 글자(制民之産)는 뒷장에 보인다. 또 개와 돼지로 하여금 왕의 개와 돼지이다.

---

27) ≪孟子 梁惠王下 7章≫ "明君, 制民之産, 必使仰足以事父母, 俯足以畜妻子, 樂歲, 終身飽, 凶年, 免於死亡."

사람의 먹을 것을 먹게 하였으니, 늙은 자는 마땅히 개와 돼지를 먹어야 하는데, 개와 돼지가 도리어 백성이 먹을 것을 먹는 것이다. **선왕이 제도(制度)하고 품절(品節)한 뜻과는 다른 것이다.** 윗주와 조응하였다. 백성들이 굶주려 죽음에 이르되 오히려 창고를 열 줄 몰랐으니, 그렇다면 그 옮긴 것은 다만 민간의 곡식일 뿐이다. 그런데 마침내 백성들이 더 많아지지 않음을 가지고 말 밖의 뜻을 보충하여 윗절의 일을 조응하였다. **연사에 죄를 돌리니, 이는 칼날이 사람을 죽인 것만 알고, 칼날을 잡은** '조(操)'는 평성(平聲;잡음)이다. **자가 사람을 죽인 것은 모르는 것이다. 연사에 죄를 돌리지 않는다면 반드시 스스로 돌이켜 더욱 그 정사를 닦아서** ≪대전≫에 말하였다. "바로 윗글에서 말한 왕도이다." **천하의 백성이 몰려 올 것이니, 이렇게 된다면 비단 이웃 나라보다 더 많을 뿐만이 아닐 것이다.** 말 밖의 뜻을 보충하여 윗절의 일을 조응하였다.

○ 程子 當考라 曰 孟子之論王道 不過如此하시니 所告宣王及論文王之政도 亦皆如此라 可謂實矣로다 新安陳氏曰 實事니 豈求之高遠難行者哉리오 又 叔子라 曰 孔子之時에 周室雖微나 天下猶知尊周之爲義라 故로 春秋엔 以尊周爲本하고 至孟子時하여는 七國爭雄하여 天下不復 去聲이라 知有周하고 而生民之塗炭이 已極하니 當是時하여 諸侯能行王道면 則可以王 去聲이라 矣니 此는 孟子所以勸齊、梁之君也라 蓋王者는 天下之義主也니 義之宗主라 聖、賢亦何心哉시리오 不容私心於其間이라 視天命之改與未改耳시니라 朱子曰 如冬裘夏葛하고 飢食渴飮하여 時措之宜異耳니 孔、孟易地則皆然이시리라 ○ 雲峯胡氏曰 不有孔子之論이면 則在下者 不知尊王之義하여 而民可以無君矣요 不有孟子之論이면 則在上者 不知天命之改不改在民心之向背하여 而君可以無民矣리라 ○ 新安陳氏曰 司馬溫公、李泰伯이 不達此而非孟子하니 固哉라 讀者不可不勘破此義니라 ○ 按世之非孟者는 必先藉口於此事라 故로 於此에 特引程子說하여 首發明之하시니 蓋孟子之勸齊、梁은 固爲民也라 若溫公之帝魏는 果誰爲哉아

○ 정자(程子)가 **마땅히 상고해야 한다.** 말씀하였다. "맹자가 왕도를 논하심이 이와 같음에 지나지 않았으니, 선왕(宣王)에게 고한 것과 문왕(文王)의 정사를 논한 것도 또한 모두 이와 같다. 진실하다고 이를 만하다." 신안진씨가 말하였다. "실제의 일이니, 어찌 고원(高遠)하여 행하기 어려운 것을 찾겠는가."

또 숙자(叔子)이다. 말씀하였다. "공자 때엔 주나라 왕실이 비록 미약하였으나 천하가 아직은 주나라를 높임이 대의(大義)가 됨을 알고 있었다. 그러므로 ≪춘추(春秋)≫에는 주나라를 높임을 근본으로 삼았고, 맹자 때에 이르러서는 7국[1]이 패권을 다투어 천하가 다시는 '부(復)'는 거성(去聲;다시)이다. 주나라가 있음을 알지 못하였고 생민이 도탄에 빠짐이 이미 지극하였으니, 이 때를 당하여 제후들이 능히 왕도를 행한다면 왕 노릇 '왕(王)'은 거

성(去聲;왕 노릇함)이다. 할 수 있을 것이다. 이는 맹자께서 제나라와 양나라의 군주에게 권고하신 이유이다. 왕자(王者)는 천하 의리의 종주(宗主)이니, '의주(義主)'는 의(義)의 종주(宗主)이다. 성(聖)·현(賢)이 또한 무슨 마음이셨겠는가? 사심(私心)을 그 사이에 용납하지 않는다. 천명이 옮겨갔는가, 옮겨가지 않았는가를 보셨을 뿐이다."[②] 주자가 말씀하였다. "겨울에 갖옷을 입고 여름에 갈옷을 입으며 굶주리면 먹고 목마르면 마시는 것과 같아서 때로 조처함의 마땅함이 다른 것이니, 공자와 맹자가 처지를 바꾸시면 다 그렇게 하셨을 것이다." ○ 운봉호씨가 말하였다. "공자의 의논이 있지 않으면 아래에 있는 자(백성)가 왕을 높이는 의리가 있음을 알지 못하여 백성들이 군주를 무시할 수 있고, 맹자의 의논이 있지 않으면 위에 있는 자(군주)가 천명이 바뀌고 바뀌지 않음이 민심의 향배(向背)에 달려 있음을 알지 못하여 군주가 백성을 무시할 수 있을 것이다." ○ 신안진씨가 말하였다. "사마온공(司馬溫公;사마광(司馬光))과 이태백(李泰伯;이구(李覯))은 이것을 알지 못하고 맹자를 비난하였으니, 고루하다. 이 책을 읽는 자들은 이 뜻을 간파하지 않으면 안 된다." ○ 살펴보건대 세상에 맹자를 비난하는 자들은 반드시 먼저 이 일을 입에 빌려 구실로 삼는다. 그러므로 여기에서 특별히 정자의 말씀을 인용하여 첫 번째로 발명하였으니, 맹자가 제왕(齊王)과 양왕(梁王)에게 권함은 진실로 백성을 위한 것이다. 온공(溫公)이 〈≪자치통감(資治通鑑)≫을 만들면서〉 위(魏)나라를 황제로 삼은 것은 과연 누구를 위한 것인가.

*① 7국 : 전국시대의 강대국인 진(秦)·초(楚)·연(燕)·제(齊)·한(韓)·위(魏)·조(趙)의 7개국을 가리킨다.
*② 천명이……뿐이다 : 개(改)는 바뀌는 것으로 천명이 바뀌면 비록 천자국의 군주라도 천자가 아닌 것이며, 천명이 아직 바뀌지 않았으면 비록 미약하더라도 천자인 것이다.

4-1

梁惠王曰 寡人이 願安承教하노이다

양 혜왕이 말씀하였다. "과인(寡人)이 마음을 편안히 하여 가르침을 받들기 원합니다."

承上章하여 二章은 蓋一時言也라 言願安意以受 一作承이라 教라 王이 創見高拳大踢[28]하여 心神未定이라 故로 願且安意受教하여 不覺自失其萬乘之尊也라

윗장을 이어서 두 장은 아마도 한 때의 말인 듯하다. **마음을 편안히 하여 가르침을 받기를** '수(受)'가 일본(一本)에는 승(承)으로 되어 있다. **원한다고 말한 것이다.** 왕이 맹자의 거친 주먹과 큰 발질을 처음 보고서 마음과 정신이 안정되지 못하였다. 그러므로 우선 뜻을 편안히 하여 가르침을 받기를 원해서 그 만승(萬乘)의 높음을 스스로 잃음을 깨닫지 못한 것이다.

---

28) ≪晦庵集 卷28 答陳同父書≫ "孔子豈不是至公至誠, 孟子豈不是麤拳大踢."

4-2

孟子對曰 殺人以挺與刃이 有以異乎잇가 曰 無以異也니이다

맹자가 대답하셨다. "사람을 죽임에 몽둥이와 칼날을 사용하는 것이 차이가 있습니까?" 왕이 "차이가 없습니다."라고 대답하였다.

挺은 徒頂反이라

'정(挺)'은 도(徒)·정(頂)의 반절[몽둥이 정]이다.

挺은 杖也라 階挺至刃하니 刃、挺은 是相近者也라

'정(挺)'은 몽둥이이다. 몽둥이를 계제(階梯)로 하여 칼날에 이르렀으니, 칼날과 몽둥이는 서로 비슷한 것이다.

4-3

以刃與政이 有以異乎잇가 曰 無以異也니이다

맹자가 "칼날과 정사를 가지고 사람을 죽이는 것이 차이가 있습니까?"라고 물으시자, 왕이 "차이가 없습니다."라고 대답하였다.

孟子又問에 而王答也라 本文上句에 無曰字故로 特明之라 ○ 此又階刃至政하니 政、刃은 是不相近者也로되 而上節에 既答云無異故로 此答亦依之耳라 ○ 新安陳氏曰 政은 謂虐政이니 挺、刃、政殺人은 承上章歲兵之意而敷演之라 ○ 政殺은 此章之題目이라

맹자가 다시 물으심에 왕이 대답한 것이다. 본문의 윗구에 왈(曰)자가 없기 때문에 특별히 밝힌 것이다. ○ 이는 또 칼날을 계제(階梯)로 하여 정사에 이르렀으니, 정사와 칼날은 이 서로 비슷하지 않은 것인데 윗절에 이미 다름이 없다고 대답하였기 때문에 이 대답 또한 이를 따른 것이다. ○ 신안진씨가 말하였다. "정(政)은 학정(虐政)을 이르니, 몽둥이와 칼날과 학정으로 사람을 죽임은 윗장의 흉년과 병기의 뜻을 이어서 부연한 것이다." ○ '정살(政殺)'은 이 장의 제목이다.

4-4

> 曰 庖有肥肉하며 廐有肥馬요 民有飢色하며 野有餓莩면 此는 率獸而食人也니이다
>
> 맹자가 말씀하셨다. "<임금의> 푸줏간에는 살진 고기가 있고 마구간에는 살찐 말이 있으면서 백성들은 굶주린 기색이 있고 들에는 굶어 죽은 시체가 있다면 이것은 짐승을 몰아서 사람을 잡아먹게 한 것입니다.

厚斂29) 去聲이라 於民하여 一作人이라 以養禽獸하여 而使民飢以死하면 則無異於驅率이라 獸以食人矣라 無異二字는 所以緩此字之義者也라 ○ 以後篇好辯章考之하면 此五句는 本公明儀之言30)이라 ○ 新安陳氏曰 此因前章狗彘餓莩之意而究言之하니 卽以虐政殺人也라

인민들에게 세금을 많이 거두어 '렴(斂)'은 거성(去聲;거둠)이다. ○ '민(民)'이 일본(一本)에는 인(人)으로 되어 있다. 금수를 길러서 백성들로 하여금 굶주려 죽게 한다면 짐승을 거느려 '구(驅)'는 솔(率;거느림)이다. 사람을 잡아먹게 함과 다름이 없는 것이다. '무이(無異)' 두 글자는 '차(此)'자의 뜻을 완화(緩化)시켜 준 것이다. ○ 뒷편의 호변장(好辯章)을 가지고 상고해 보면 이 다섯 구는 본래 공명의(公明儀)의 말이다. ○ 신안진씨가 말하였다. "이는 앞장의 구체(狗彘)와 아표(餓莩)의 뜻을 인하여 끝까지 말하였으니, 이는 바로 학정(虐政)으로 사람을 죽이는 것이다."

4-5

> 獸相食을 且人이 惡(오)之하나니 爲民父母라 行政호되 不免於率獸而食人이면 惡在其爲民父母也리잇고
>
> 짐승끼리 서로 잡아먹는 것도 사람들이 미워하는데, 백성의 부모(父母)가 되어 정사를 행하되 짐승을 거느려 사람을 잡아 먹게 함을 면치 못한다면 백성의 부모된 것이 어디에 있습니까?

---

29) 厚斂 : 내각본(內閣本)에는 '厚斂'으로 되어 있는 것을, 원본을 따라 바로 잡았는바, '렴(斂)'은 내각본에 모두 '감(歛)'으로 잘못되어 있다.

30) ≪孟子 滕文公下 9章≫ "公明儀曰: 庖有肥肉, 廐有肥馬, 民有飢色, 野有餓莩, 此率獸而食人也."

惡之之惡는 去聲이요 惡在之惡는 平聲이라
　오지(惡之)의 '오(惡)'는 거성(去聲;미워함)이요, 오재(惡在)의 '오(惡)'는 평성(平聲;어찌)이다.

且人은 猶言人且也라 ○ 政字는 照應上節政字라
　'차인(且人)'은 인차(人且;사람이 또)라는 말과 같다. ○ '정(政)'자는 윗절의 '정'자와 조응하였다.

君者는 民之父母也라 無父母之名而有父母之道라 惡在는 猶言何在也라
　인군이란 백성의 부모인 것이다. 부모라는 이름은 없으나 부모의 도리가 있는 것이다. '오재(惡在)'는 하재(何在)란 말과 같다.

4-6

仲尼曰 始作俑者 其無後乎인저하시니 爲其象人而用之也시니 如之何其使斯民飢而死也리잇고

　중니(仲尼;공자)께서 말씀하시기를 '처음으로 용(俑)을 만든 자는 그 후손이 없을 것이다.' 하셨으니, 이는 사람을 형상하여 장례에 사용하였기 때문입니다. 어찌하여 이 백성들로 하여금 굶주려 죽게 한단 말입니까?"

俑은 音勇이라 爲는 去聲이라
　'용(俑)'은 음이 용(勇;목각한 인형)이다. '위(爲)'는 거성(去聲;때문)이다.

俑은 從 去聲이니 下同이라 葬木偶人也라 古之葬者 束草爲人하여 以爲從衛하고 謂之芻靈하니 二字는 出禮記檀弓이라 略似人形而已러니 中古에 此中古는 與充虞章中古不同[31]이라 易之以俑하니 則有面目機發하여 趙氏曰 木人設機而能踊跳故로 名曰俑이라 而太似人矣라 太字는 與略字對라 故로 孔子惡 去聲이니 下同이라 其不仁하사 而言其必無後也시니라 甚惡之之辭也라 ○ 新安陳氏曰 作俑者는 殺人殉葬之漸이니 孔子惡之者 以此니라 孟子言 此作俑者는 但用象人以葬이로되 孔子猶惡之하시니 況實使民

---

31) ≪孟子 公孫丑下 7章≫ "曰: 古者, 棺槨無度, 中古, 棺七寸, 槨稱之, 自天子達於庶人." ≪集註≫ "中古, 周公制禮時也."

飢而死乎아 猶況二字는 所以繁如之何三字之義라

'용(俑)'은 장례에 따르는 '종(從)'은 거성(去聲;따름)이니, 아래도 같다. 나무로 만든 목우(木偶;목각한 인형)의 사람이다. 옛날 장사지내는 자들은 풀단을 묶어 사람을 만들어서 상여를 호위하게 하고는 추령(芻靈)이라 일렀으니, 두 글자(芻靈)는 ≪예기≫⟨단궁(檀弓)⟩에 나온다. 대략 사람의 모습과 같을 뿐이었다. 그러다가 중고(中古)에 이 중고는 충우장(充虞章)의 중고와는 같지 않다. 용(俑)으로 바꾸니, 얼굴과 눈, 기발(機發;움직임)이 있어서 조씨가 말하였다. "나무로 만든 사람에 기계를 설치하여 능히 뛸 수 있기 때문에 이름을 용(俑)이라 하였다." 너무도 사람과 유사하였다. '태(太)'자는 '략(略)'자와 상대가 된다. 그러므로 공자께서 그 불인(不仁)함을 미워하시어 '오(惡)'는 거성(去聲;미워함)이니, 아래도 같다. <이것을 처음 만든 자는> 반드시 후손이 없을 것이라고 말씀하신 것이다. 이는 심히 미워하신 말씀이다. ○ 신안진씨가 말하였다. "용(俑)을 만든 자는 사람을 죽여서 순장(殉葬)하는 조짐이 되었으니, 공자가 미워하신 것은 이 때문이다." 맹자가 말씀하시기를 "이 용을 만든 자는 다만 사람을 형상하여 장례에 썼을 뿐인데도 공자께서 오히려 미워하셨으니, 하물며 실제 백성들로 하여금 굶주려 죽게 한단 말입니까?" 하셨다. '유황(猶況)' 두 글자는 '여지하(如之何)' 세 글자의 뜻에 긴(緊)하다.

○ 李氏 此書註中諸儒爵里는 皆蒙語註로되 而大全不別著하니 此蓋語註之李氏요 必非離婁篇註之李氏리라 曰 爲人君者 固未嘗有率獸食人之心이라 然이나 徇一己之欲하여 而不恤其民이면 則其流 末流라 必至於此라 指率獸食人이라 故로 以爲民父母로 告之하시니 新安陳氏曰 觸其惻隱之本心이니라 夫 音扶라 父母之於子에 爲 去聲이라 之就利避害하여 未嘗頃刻而忘於 一作于라 懷하나니 何至視之不如犬馬乎이 君之視臣을 如犬馬면 則猶有豢養之恩이요 若其視民을 不如犬馬면 則遂率食而不知恤耳라

○ 이씨(李氏;이욱(李郁))가 이 책 주(註) 가운데 여러 유자(儒者)들의 관작과 마을은 모두 ≪논어≫ 주를 이었는데 ≪대전≫에 특별히 드러내지 않았으니, 이는 아마도 ≪논어≫ 주의 이씨이고, 반드시 ⟨이루(離婁)⟩편 주의 이씨가 아닐 것이다. 말하였다. "인군 된 자가 진실로 일찍이 짐승을 몰아서 사람을 잡아먹게 하려는 마음이 있는 것은 아니다. 그러나 일신(一身)의 욕심을 따라 백성을 구휼하지 않는다면 그 흐름의 폐단이 '류(流)'는 말류(末流)이다. 반드시 여기에 이를 것이다. 솔수식인(率獸食人)을 가리킨 것이다. 그러므로 백성의 부모가 되었다고 말씀하신 것이다. 신안진씨가 말하였다. "그 측은해하는 본심을 나오게 한 것이다." 저 '부(夫)'는 음이 부(扶;저)이다. 부모가 자식에 대해서는 그를 위하여 '위(爲)'는 거성(去聲;위함)이다. 이로운 데로 나아가게 하고 해로움을 피하게 하여 일찍이 경각(頃刻;잠시)이라도 마음속에 '어(於)'가 일본(一本)에는 우(于)로 되어 있다. 잊지 않으니, 어찌 자식 보기를 개나 말만도 못함에 이르겠는가." 군주가 신하 보기를 개와 말과 같이 하면 오히려 길러주는 은혜가

있고, 만약 백성을 보기를 개와 말만 못하게 한다면 마침내 짐승을 거느려 사람을 잡아 먹어서 구휼할 줄을 알지 못하는 것이다.

5-1

> 梁惠王曰 晉國이 天下莫强焉은 叟之所知也라 及寡人之身하여 東敗於齊에 長子死焉하고 西喪地於秦七百里하고 南辱於楚하니 寡人이 恥之하여 願比死者하여 一洒之하노니 如之何則可니잇고
>
> 양 혜왕이 말씀하였다. "우리 진(晉)나라가 천하에 막강함은 노인께서도 아시는 바입니다. 〈그러나〉 과인(寡人)의 몸에 이르러 동쪽으로 제(齊)나라에게 패전함에 장자(長子)가 전사하였고, 서쪽으로는 진(秦)나라에게 땅을 700리를 잃었고, 남쪽으로는 초(楚)나라에게 모욕을 당하였습니다. 과인이 이것을 부끄러워하여 전사한 자들을 위해서 한번 설욕하기를 원하오니, 어떻게 하면 되겠습니까?"

長은 上聲이요 喪은 去聲이라 比는 必二反이라 洒는 與洗同이라

  '장(長)'은 상성(上聲;맏)이고 '상(喪)'은 거성(去聲;잃음)이다. '비(比)'는 필(必)·이(二)의 반절[위할 비]이다. '쇄(洒)'는 세(洗)와 같다.

魏는 本晉大夫魏斯가 卽文侯라 與韓氏、趙氏로 共分晉地하여 號曰三晉이라 故로 惠王이 猶自謂晉國이라 大全曰 惠王은 斯之孫이라 惠王三十年에 先言三十年하고 後言十七年者는 從本文之序也니 本文은 蓋以事之大小爲先後라 齊擊魏하여 破其軍하고 虜太子申하며 史記魏世家曰 齊孫子擊魏하여 殺龐涓이라하니라 十七年에 秦取魏少 去聲이라 梁하고 後에 魏又數 音朔이라 獻地於秦하며 史記商君傳曰 伐魏하여 虜公子卬한대 魏惠王이 獻河西之地以和하고 遂去安邑하여 徙都人梁이라하니라 又與楚將 去聲이라 昭陽 人姓名이라 戰敗하여 亡其七邑하니라 張氏存中曰 按史記魏襄王十三年에 楚敗我襄陵이라하고 不言邑數하고 楚懷王六年에 破魏襄陵하여 得邑八이라하여 與集註七邑不合이라 ○ 辱於楚는 或別有其事歟아 比는 猶爲 去聲이라 也니 此及後篇充虞章에 比字를 皆於死者用之[32]라 言欲爲死者하여 本文恥字는 通指上三事로되 而子死爲其尤라 雪

---

32) 《孟子 公孫丑下 7章》 "且比化者, 無使土親膚, 於人心, 獨無恔乎." 《集註》 "比, 猶爲也.

洗라 其恥也라 慶源輔氏曰 王之三敗는 皆非義擧也어늘 不知自反하고 乃欲如匹夫之求一快하니 豈知所謂大勇之理哉아 ○ 此問은 卽首章一利字之註脚이니 至此而其中所存畢露요 而禮幣招賢之本意 亦有爲耳라

위(魏)나라는 본래 진(晉)나라 대부인 위사(魏斯)가 위사는 바로 문후(文侯)이다. 한씨(韓氏)·조씨(趙氏)와 더불어 함께 진나라 땅을 나누고서 호(號)를 삼진(三晉)이라 하였다. 그러므로 혜왕이 아직도 자기 나라를 진나라라고 말한 것이다. 《대전》에 말하였다. "혜왕은 위사의 손자이다." 혜왕 30년에 먼저 30년을 말하고 뒤에 17년을 말한 것은 본문의 차례를 따른 것이다. 본문은 아마도 일의 크고 작은 것을 가지고 선후를 삼은 듯하다. 제(齊)나라가 위나라를 공격하여 위나라 군대를 격파하고 태자 신(申)을 사로잡았으며, 《사기》〈위세가(魏世家)〉에 "제나라 손자(孫子;손빈(孫臏))가 위나라를 공격하여 방연(龐涓)을 죽였다." 하였다. 17년에 진(秦)나라가 위나라의 소량(少梁) 땅을 '소(少)'는 거성(去聲;작음)이다. 탈취하였고, 그 후 위나라는 또 여러 번 '삭(數)'은 음이 삭(朔;자주)이다. 진나라에게 땅을 바쳤으며, 《사기》〈상군전(商君傳)〉에 "위나라를 공격하여 공자 앙(公子卬)을 사로잡자, 위 혜왕이 하서(河西)의 땅을 바쳐 화친하고 마침내 안읍(安邑)을 떠나 대량(大梁)으로 도읍을 옮겼다." 하였다. 또 초나라 장수 '장(將)'은 거성(去聲;장수)이다. 소양(昭陽)과 사람의 성명이다. 싸워 패전하여 7개 읍(邑)을 잃었다. 장씨존중(張氏存中)이 말하였다. "살펴보건대 《사기》 위양왕(魏襄王) 13년에 '초나라가 우리를 양릉(襄陵)에서 패퇴시켰다.' 하였고 읍의 수를 말하지 않았으며, 초 회왕(楚懷王) 6년에 '위나라 양릉을 점령하여 8개의 읍을 얻었다.' 하여, 《집주》의 7읍과 부합하지 않는다."[①] ○ 초나라에게 욕을 당함은 혹 별도로 그런 일이 있었는가보다. '비(比)'는 위(爲)와 '위(爲)'는 거성(去聲;위함)이다. 같으니, 죽은 자를 위하여 여기와 및 뒷편 충우장(充虞章)에 '비(比)'자를 모두 죽은 자에 사용하였다. 그 수치를 본문의 '치(恥)'자는 위의 세 가지 일을 통틀어 가리켰는데, 자식이 죽은 것이 그 특별함이 된다. 설욕하고자 '설(雪)'은 세(洗;씻음)이다. 힘을 말한 것이다. 경원보씨가 말하였다. "왕이 세 번 패함은 모두 의로운 거병이 아니었는데 스스로 돌이킬 줄을 알지 못하고 마침내 필부(匹夫)가 한번 통쾌함을 구하는 것과 같이 하고자 하였으니, 어찌 이른바 대용(大勇)의 이치를 알았겠는가." ○ 이 물음은 바로 머릿장 한 리(利)자의 주각(註脚)이니, 여기에 이르러 그 마음속에 보존한 것이 모두 발로(發露)되었고 예폐(禮幣)로 현자를 초빙한 본의가 또한 이 때문이었다.

*① 《사기》 《위양왕(魏襄王)》 13년에……않는다.: 《사기》에 큰 오류가 있는 것으로 보인다. 이에 대해 최술(崔述)의 《수사고신록(洙泗考信錄)》 혜왕조에 변증(辨證)한 내용이 있는바, 이것을 본인이 역주한 부안설(附按說) 《맹자집주》에 수록하였으니, 참고하기 바란다.

化者, 死者也."

5-2

孟子對曰 地方百里而可以王이니이다

맹자가 대답하셨다. "땅이 사방 백 리만 되어도 왕 노릇 할 수 있습니다.

百里는 小國也라 然이나 能行仁政이면 下節所言이라 則天下之民이 歸之矣라 欲攻駁王一洗之本意면 則其說長故로 都從省略하여 而討出一王字言之하시니라

백 리는 작은 나라이다. 그러나 인정(仁政)을 행한다면 아랫절에서 말한 것이다. **천하의 백성이 돌아오는 것이다.** 왕이 '일세(一洗)'하겠다는 본의를 공박(攻駁)하고자 하면 그 말이 길어지기 때문에 모두 생략함을 따라 한 '왕(王)'자를 찾아내어 말씀한 것이다.

5-3

王如施仁政於民하사 省刑罰하시며 薄稅斂하시면 深耕易(이)耨하고 壯者以暇日로 修其孝悌忠信하여 入以事其父兄하며 出以事其長上하리니 可使制梃하여 以撻秦、楚之堅甲利兵矣리이다

왕께서 만일 인정을 백성에게 베푸사 형벌을 줄이시며 세금 거둠을 적게 하신다면, 백성들이 깊이 밭 갈고 잘 김매고, 장성한 자들이 한가한 날로써(여가를 이용하여) 효제(孝悌)와 충신(忠信)을 닦아서 들어가서는 부형을 섬기며 나가서는 장상(長上)을 섬길 것이니, 이들로 하여금 몽둥이를 만들어 진(秦)나라와 초(楚)나라의 견고한 갑옷과 예리한 병기를 매질하게 할 수 있을 것입니다.

省은 所梗反이라 斂、易는 皆去聲이라 耨는 奴豆反이라 長은 上聲이라

'생(省)'은 소(所)·경(梗)의 반절[줄일 생]이다. '렴(斂)'과 '이(易)'는 모두 거성(去聲;거둠, 다스림)이다. '누(耨)'는 노(奴) 두(豆)의 반절[김맬 누]이다. '장(長)'은 상성(上聲;어른)이다.

省 恐讀者作察義故로 特著音이라 刑罰、薄稅斂此二者는 仁政之大目也라 新安陳氏曰 省刑則不伐民生이요 薄賦則民得養生이니라 ○ 慶源輔氏曰 下數句는 又其效驗이니라 ○ 仁政은 此章之題目이라 易는 治也요 如易其田疇33)之易라 耨는 耘也라 易耨은 言淨耨

也라 盡己之謂忠이요 以實之謂信이라 君行仁政이면 則民得盡力於農畝하고 而又有暇日以修禮義라 一作敎라 是以로 尊君親上하여 而樂 音洛이니 下同이라 於效死也라 此句는 釋可使以下二句之意라 ○ 制는 猶取也, 裁也요 撻은 打也요 兵은 刃也라 ○ 勿軒熊氏曰 孟子獨惓惓於齊、梁者는 欲得志行乎中國也라 若秦、楚는 夷狄之裔니 七篇之書深鄙外之하니 蓋其得志는 非天下生民之福이라 自周之衰로 天下大勢 不入于楚면 必入于秦하니 聖賢已逆知其所趨矣라 後來秦亡은 不過起於揭竿之匹夫하니34) 堅甲利兵을 果可恃乎아 孟子不我誣也시니라

형벌을 줄이고 독자(讀者)가 〈생(省)을 '찰(察)'의 뜻으로 읽을까 염려되었으므로 특별히 음을 단 것이다. 세금 거둠을 적게 하는 이 두 가지는 인정(仁政)의 큰 조목이다. 신안진씨가 말하였다. "형벌을 줄이면 민생(民生)을 해치지 않고 부세(賦稅)를 적게 하면 백성들이 생명을 기를 수 있다." ○ 경원보씨가 말하였다. "아래 몇 구는 또 그 효험이다." ○ '인정(仁政)'은 이 장의 제목이다. **'이(易)'는 다스림이요 '그 전주(田疇)를 다스린다.〔易其田疇〕'는 '이(易)'와 같다. '누(耨)'는** 김맴이다. '이누(易耨)'는 깨끗이 김맴을 말한 것이다. **자기 마음을 다함을 '충(忠)'이라 이르고, 성실히 함을 '신(信)'이라 이른다.** 군주가 인정을 행하면 백성들이 농사일에 힘을 다할 수 있고, 또 한가한 날로써 예의를 닦을 수 있다. '수(修)'가 일본(一本)에는 교(敎)로 되어 있다. **이 때문에 군주를 높이고 윗사람을 친애해서 죽음(목숨)을 바치기를 즐거워하는** '락(樂)'은 음이 락(洛)이니, 아래도 같다. **것이다.** 이 구는 가사(可使) 이하 두 구(可使制梃, 以撻秦、楚之堅甲利兵矣.)의 뜻을 해석하였다. ○ '제(制)'는 취(取)와 재(裁)와 같고, '달(撻)'은 침이요, '병(兵)'은 칼날이다. ○ 물헌웅씨(勿軒熊氏)가 말하였다. "맹자가 유독 제나라와 양나라에 권권(惓惓;연련)했던 것은 뜻을 얻어 중국에 행하고자 하신 것이다. 진(秦)나라와 초(楚)나라로 말하면 이적(夷狄)의 먼 나라이니, 7편의 책에 깊이 비루하게 여기고 외면하였으니, 그들이 뜻을 얻음은 친히 생민(生民)의 복이 아니다. 주나라가 쇠함으로부터 천하의 대세(大勢)가 초나라에 들어가지 않으면 반드시 진나라로 들어가니, 성현이 이미 그 달려가는 바를 미리 아셨다. 후래에 진나라가 망함은 대나무를 든 필부에서 일어남에 지나지 않았으니, 견고한 갑옷과 예리한 병기를 과연 믿을 수 있겠는가. 맹자가 나를 속이지 않으셨다."

---

33) ≪孟子 盡心上 7章≫ "孟子曰: 易其田疇, 薄其稅斂, 民可使富也."
34) ≪史記 卷48 陳涉世家≫ "斬木爲兵, 揭竿爲旗, 天下雲會而響應, 贏糧而景從."

5-4

彼奪其民時하여 使不得耕耨하여 以養其父母하면 父母凍餓하며 兄弟妻子離散하리니

저들이 그 백성들의 농사철을 빼앗아 백성들로 하여금 밭 갈고 김매어서 그 부모를 봉양하지 못하게 하면, 부모가 얼고 (헐벗고)굶주리며 형제와 처자(妻子)가 이산(離散)될 것이니,

養은 去聲이라

'양(養)'은 거성(去聲;봉양함)이다.

彼는 謂敵國也라　承上齊、秦、楚而汎指也라

'피(彼)'는 적국(敵國)을 이른다. 위의 제(齊)·진(秦)·초(楚)를 이어서 널리 가리킨 것이다.

5-5

彼陷溺其民이어든 王이 往而征之하시면 夫誰與王敵이리잇고

저들이 그 백성을 함정에 빠뜨리고 도탄에 빠뜨리거든 왕께서 가서 바로잡으신다면 저 누가 왕과 대적하겠습니까?

夫는 音扶라

'부(夫)'는 음이 부(扶;저)이다.

陷은 陷於阱이요　窜通이라　溺은 溺於水니 暴虐之意라　征은 正也라　見盡心下35)라　以彼暴虐其民이라하여　而率吾尊君親上之民하여　照應上註라　往正其罪하면　敵國不相征也36)로되　而仁暴旣不敵이면　則可以言征也라　彼民이 方怨其上하여　而樂歸於我하리니　則誰與我爲敵哉리오　無與王敵은 是一洗之大者니 其亦異乎王所謂一洗矣라

---

35) ≪孟子 盡心下 2章≫ ≪集註≫ "征, 所以正人也."
36) ≪孟子 盡心下 2章≫ "征者, 上伐下也, 敵國, 不相征也."

'함(陷)'은 함정에 빠짐이요 '정(阱)'은 정(穽)과 통한다. '닉(溺)'은 물에 빠짐이니, 포학히 하는 뜻이다. '정(征)'은 바로잡는 것이다. '정 정야(征正也)'는 〈진심 하(盡心下)〉에 보인다. 저들이 그 백성을 포학히 하므로 나의 군주를 높이고 윗사람을 친애하는 백성을 거느리고 윗주와 조응하였다. 가서 그 죄를 바로잡는다면, 대등한 나라는 서로 정벌하지 않는데, 인자함과 포악함이 이미 대적할 수 없으면 정(征)이라고 말할 수 있는 것이다. 저 백성들이 그 윗사람을 원망하고 있어서 기꺼이 나에게 돌아올 것이니, 그렇다면 누가 나와 더불어 대적하겠는가. 왕과 더불어 대적할 자가 없음은, 이는 한번 치욕을 씻는 큰 것이니, 그 또한 왕이 말한 일세(一洗)와는 다르다.

5-6

故로 曰 仁者는 無敵이라하니 王請勿疑하소서

그러므로 '인자(仁者)는 대적할 사람이 없다.' 한 것이니, 왕은 청컨대 의심하지 마소서."

仁者無敵은 蓋古語也라 大全曰 以故曰二字知之라 百里可王은 以此而已니 照應上節王字以收之라 恐王疑其迂闊이라 卽序說所云者라 故로 勉使勿疑也시니라 與惠王言者止此라 故로 畢其說而以勿疑終之라

'인자무적(仁者無敵)'은 아마도 옛 말씀인 듯하다. 《대전》에 말하였다. "'고왈(故曰)' 두 글자로 아는 것이다." 백 리를 가지고 왕 노릇 할 수 있는 것은 이 때문일 뿐이니, 윗절 '왕(王)'자에 조응하여 거두었다. 왕이 우활(迂闊)하다고 의심할까 두려워하셨다. '우활'은 바로 〈서설(序說)〉에서 말한 것이다. 그러므로 의심하지 말라고 권면하신 것이다. 혜왕과 말씀한 것이 여기에서 끝났다. 그러므로 그 말씀을 끝마치고서 '물의(勿疑)'로 끝마치신 것이다.

○ 孔氏 大全曰 名文仲이요 字經父니 臨江人이라 曰 惠王之志는 在於報怨하고 孟子之論은 在於救民하니 所謂惟天吏則可以伐之니 見公孫丑下라 蓋孟子之本意시니라 所告齊、梁之君이 皆此意也라

○ 공씨(孔氏)가 《대전》에 말하였다. "이름이 문중(文仲)이고 자(字)가 경보(經父)니, 임강(臨江) 사람이다." 말하였다. "혜왕의 뜻은 원한을 보복함에 있었고, 맹자의 의논은 백성을 구제함에 있었으니, 이른바 '오직 천리(天吏)이면 정벌할 수 있다.'는 것[1]이니, 이 내용은 〈공손추 하(公孫丑下)〉에 보인다. 이것이 맹자의 본의이시다." 제나라와 양나라의 군주에게 고하신 것이 모두 이 뜻이다.

*① 이른바……것 : 천리(天吏)는 왕자(王者)가 하늘의 뜻을 받들어 죄가 있는 자를 토벌하고 덕이 있는 자를 높여주는 것으로, 이 내용은 뒤의 〈공손추 하(公孫丑下)〉 8장에 "爲天吏則可以伐之"라고 보인다.

6-1

孟子見梁襄王하시고

맹자가 양 양왕(梁襄王)을 만나보시고,

襄王은 惠王子니 名赫이라 此見은 因在梁而見也라 ○ 新安倪氏曰 按通鑑컨대 愼靚王二年에 惠王卒한대 孟子去魏適齊하시니 是一見襄王後에 卽去也시니라 ○ 不言僭稱王者는 蒙惠王也니 惠之僭은 實襄之僭也라

양왕(襄王)은 혜왕(惠王)의 아들이니, 이름이 혁(赫)이다. 이 만나봄은 양나라에 있음으로 인하여 만나본 것이다. ○ 신안예씨(新安倪氏)가 말하였다. "《자치통감》을 살펴보건대 신정왕(愼靚王) 2년에 혜왕이 졸(卒)하자 맹자가 위나라를 떠나 제나라로 가셨으니, 이는 양왕을 한 번 만나본 뒤에 곧바로 떠나신 것이다." ○ 왕을 참칭함을 말하지 않은 것은 혜왕을 이은 것이니, 혜왕의 참칭은 실로 양왕이 참칭한 것이다.

6-2

出語人曰 望之不似人君이오 就之而不見所畏焉이러니 卒然問曰 天下惡乎定고하여늘 吾對曰 定于一이라호라

나와서 사람들에게 말씀하셨다. "바라보아도 인군 같지 않고, 그 앞으로 나아가도 두려워할 만한 바를 발견할 수 없었는데, 갑자기 묻기를 '천하가 어디에 정해지겠습니까?' 하기에 내가 대답하기를 '한 곳에 정해질 것입니다.' 하였노라.

語는 去聲이라 卒은 七沒反이라 惡는 平聲이라

'어(語)'는 거성(去聲;말해줌)이다. '졸(卒)'은 칠(七)·몰(沒)의 반절[갑자기 졸]이다. '오(惡)'는 평성(平聲;어찌)이다.

出語而不擧王者는 辭不迫切之意也라 ○ 此吾字는 竝蒙下二對字라

나와서 말씀하시면서 왕을 들지 않은 것은 말을 박절하게 하지 않으신 뜻이다. ○ 여기의 '오(吾)' 자는 아래의 두 '대(對)'자를 아울러 잇는다.

語는 告也라 不似人君, 不見所畏는 言其無威儀也라 新安倪氏曰 不似人君은 無可象之儀요 不見所畏는 無可畏之威니라 卒然은 急遽之貌라 蓋容貌、辭氣는 乃德之符니 新安陳氏曰 符驗이라 其外如此면 則其中之所存者를 可知니라 朱子曰 有諸中이면 必形諸外하나니 有人君之德이면 則必有人君之容이요 有人君之容이면 則不必作威而自有威矣라 志定者는 其言이 重以舒하고 不定者는 其言이 輕以疾이니라 ○ 又曰 孔子居是邦하사 不非其大夫37)어시늘 而孟子는 誦言其君之失如此하시니 聖、賢之分이 固不同이요 且孔子는 仕於諸侯하고 而孟子는 爲之賓師하사 其地不同也일새라 ○ 按此事는 與孔子言衛靈公之無道38)同이요 其意則又與孔子請討陳恒時에 出而言者39)同이로되 但圭角太露耳라 ○ 此章에 不直敍問答如他章하고 而必作誦言者는 以見其無威儀而不足與言也니라 問 列國分爭하니 天下當何所定고한대 孟子對以必合于一然後定也라하시니라 王云惡乎定者는 蓋有所指於秦、楚之類니 此則以力也요 孟子는 汎以合于一答之하시니 此則以德也라 觀其語勢하면 殆以兒童待襄云이라

'어(語)'는 고(告)함이다. 인군 같지 않고 두려워할 만한 바를 발견할 수 없다는 것은 위의(威儀)가 없음을 말한 것이다. 신안예씨가 말하였다. "불사인군(不似人君)은 본받을 만한 거동이 없는 것이요, 불견소외(不見所畏)는 두려워할 만한 위엄이 없는 것이다." '졸연(卒然)'은 급거(急遽)한 모양이다. 용모와 사기(辭氣)는 바로 덕의 상징이니, 신안진씨가 말하였다. "부(符)는 부험(符驗)이다." 그 외모가 이와 같다면 그 가슴속에 보전한 것을 알 수 있다. 주자가 말씀하였다. "마음속에 있으면 반드시 외모에 나타나니, 인군의 덕이 있으면 반드시 인군의 용모가 있고, 인군의 용모가 있으면 굳이 위엄을 일으키지 않아도 저절로 위엄이 있게 된다. 뜻이 안정된 자는 그 말이 무겁고 느리고, 정해지지 못한 자는 그 말이 가볍고 빠르다." ○ 또 말씀하였다. "공자가 이 고을에 거하여 그 대부를 그르다고 하지 않으셨는데 맹자가 그 군주의 잘못을 외워 말씀하시기를 이와 같이 하셨으니, 이는 성인과 현인의 분별이 진실로 똑같지 않은 것이요, 또 공자는 제후에게 벼슬하셨고 맹자는 손님과 스승이 되어서 그 처지가 똑같지 않기 때문이었다." ○ 살펴보건대 이 일은 공자께서 위 영공(衛靈公)의 무도함을 말씀한 것과 같고, 그 뜻은 또 공

---

37) ≪論語 述而 14章≫ "君子居是邦, 不非其人夫, 況其君乎."

38) ≪論語 憲問 20章≫ "子言衛靈公之無道也, 康子曰: 夫如是, 奚而不喪. 孔子曰: 仲叔圉治賓客, 祝鴕治宗廟, 王孫賈治軍旅, 夫如是, 奚其喪."

39) ≪論語 憲問 14章≫ "陳成子弑簡公, 孔子沐浴而朝, 告於哀公曰: 陳恒弑其君, 請討之."

자께서 진항(陳恒)을 토벌할 것을 청할 때에 나와서 말씀한 것과 같은데, 다만 규각(圭角;모)이 너무 드러났을 뿐이다. ○ 이 장에 문답을 곧바로 서술하기를 다른 장과 같이하지 않고 반드시 외운 말로 삼은 것은, 그 위의가 없어서 족히 더불어 말할 것이 못됨을 나타낸 것이다.

왕이 "열국(列國)이 나누어져 다투고 있으니, 천하가 마땅히 어느 곳에 정해지겠습니까?" 하고 묻자, 맹자께서 "반드시 한 곳에 합해진 뒤에 정해질 것입니다." 하고 대답하신 것이다. 왕이 '오호정(惡乎定)'이라고 말한 것은 아마도 진(秦)나라와 초나라의 따위를 가리킨 것인 듯하니 이는 힘으로 말한 것이요, 맹자는 범연히 '합우일(合于一)'로 답하셨으니 이는 덕의 일로 말씀한 것이다. 그 어세(語勢)를 보면 거의 아동으로 양왕을 대하신 것이다.

6-3

孰能一之오하여늘

'누가 능히 통일시키겠습니까?' 하고 묻기에

王問也라 定于之于는 勢順하고 一之之之는 勢逆이라

왕이 물은 것이다. '정우(定于)'의 '우(于)'는 어세(語勢)가 순하고, '일지(一之)'의 '지(之)'는 어세가 거슬린다.

6-4

對曰 不嗜殺人者 能一之라호라

'사람 죽이기를 좋아하지 않는 자가 능히 통일할 수 있습니다.' 하고 대답하였노라.

嗜는 時利反이라 甘也라 覺軒蔡氏曰 好生은 天地生物之心也니 必得此心然後에 可爲民父母니 此言은 萬世人牧之龜鑑也니라 ○ 孟子後에 不嗜殺人은 漢高帝可以當之라

'기(嗜)'는 시(時)·리(利)의 반절[즐길 기]이다. 달게 여기는 것이다. 각헌채씨(覺軒蔡氏)가 말하였다. "살려주기를 좋아함은 하늘과 땅이 물건을 낳는 마음이니, 반드시 이 마음을 얻은 뒤에야 백성의 부모가 될 수 있으니, 이 말씀은 만세(萬世) 인목(人牧;인군)의 귀감(龜鑑)이다." ○ 맹자 뒤에 사람 죽이기를 좋아하지 않은 것은 한 고조(漢高祖)가 여기에 해당될 수 있다.

6-5

孰能與之오하여늘

'누가 그에게 돌아가게 하겠습니까?' 하고 묻거늘

王復 去聲이라 問也라 與는 猶歸也라 孰能與之는 主君而言使之歸也니 其勢逆이요 莫不與也는 主民而言自歸也니 其勢順이라

왕이 다시 '부(復)'는 거성(去聲;다시)이다. 물은 것이다. '여(與)'는 귀(歸)와 같다. '숙능여지(孰能與之)'는 군주를 위주하여 하여금 돌아가게 함을 말한 것이니 그 어세가 거슬리고, '막불여야(莫不與也)'는 백성을 위주하여 스스로 돌아감을 말한 것이니 그 어세가 순하다.

6-6

對曰 天下莫不與也니 王은 知夫苗乎잇가 七八月之間에 旱則苗槁矣라가 天이 油然作雲하여 沛然下雨면 則苗浡然興之矣나니 其如是면 孰能禦之리오 今夫天下之人牧이 未有不嗜殺人者也니 如有不嗜殺人者면 則天下之民이 皆引領而望之矣리니 誠如是也면 民歸之 由(猶)水之就下하리니 沛然을 誰能禦之리오호라

대답하기를 '천하가 돌아가지 않는 이가 없을 것이니, 왕은 저 벼싹을 아십니까? 7, 8월 사이에 날씨가 가물면 벼싹이 마르다가 하늘이 유연(油然)히 구름을 일으켜 패연(沛然)히(쫙하고) 비를 내리면 벼싹이 발연(浡然)히(크게) 일어나나니, 이와 같으면 누가 이것을 막겠습니까. 지금 천하의 인목(人牧;인군)이 사람 죽이기를 좋아하지 않는 자가 있지 않으니, 만일 사람 죽이기를 좋아하지 않는 자가 있으면 천하의 백성들이 모두 목을 늘이고 바라볼 것입니다. 진실로 이와 같다면 백성들이 그에게 돌아감은 물이 아래로 내려가는 것과 같을 것이니, 패연함을 누가 막겠습니까?' 하였노라."

夫는 音扶요 浡은 音勃이라 由는 當作猶니 古字借用이니 後多放此라

'부(夫)'는 음이 부(扶;저)이고 '발(浡)'은 음이 발(勃;일어남)이다. '유(由)'는 마땅히 유(猶)

가 되어야 하니 고자(古字)에 빌려 썼으니, 뒤에도 이와 같은 것이 많다.

其如之如는 一作若이라 ○ 苗는 穀之初生者라 引은 延也라 ○ 此書中에 由、猶二字通用者多하여 有難勝訓이라 故로 於此一訓而該之하니 前章王字와 後章治字之音도 亦云이라

'기여(其如)'의 여(如)는 일본(一本)에 약(若)으로 되어 있다. ○ '묘(苗)'는 곡식이 처음 난 것이다. 인(引)은 느림이다. ○ 이 책 가운데 '유(由)'와 '유(猶)' 두 글자를 통용한 것이 많아서 이루 훈(訓)하기가 어려웠다. 그러므로 여기에 한 번 훈하여 전체를 포함하였으니, 앞장의 '왕(王;왕 노릇 함)'자와 뒷장의 '치(治;정치, 다스려짐)'자의 음도 또한 그러하다.

周七、八月은 夏五、六月也라 大全曰 孟子內에 竝以周月言하니 與春秋同이라 ○ 此及子産章皆40)然이라 油然은 雲盛貌요 沛然은 雨盛貌요 下文沛然及後篇沛然은 皆指水盛貌라 浡然은 興起貌라 禦는 禁止也라 人牧은 人之牧者라 謂牧 養也라 民之君也라 領은 頸也라 蓋好 去聲이니 下同이라 生惡 去聲이라 死는 人心所同이라 故로 人君이 不嗜殺人이면 則天下悅而歸之니라

주(周)나라의 7, 8월은 하(夏)나라의 5, 6월이다. ≪대전≫에 말하였다. "≪맹자≫ 안에는 모두 주나라의 달을 가지고 말하였으니 ≪춘추≫와 같다." ○ 이 장과 자산장(子産章)도 모두 그러하다. '유연(油然)'은 구름이 성한 모양이요, '패연(沛然)'은 비가 성한 모양이요, 아랫글의 패연과 뒷편의 패연은 모두 물이 성한 모양을 가리킨 것이다. '발연(浡然)'은 흥기하는 모양이다. '어(禦)'는 금지함이다. '인목(人牧)'은 인목은 사람을 기르는 자이다. 백성을 기르는 '목(牧)'은 양(養;기름)이다. 군주를 이른다. '령(領)'은 목이다. 삶을 좋아하고 '호(好)'는 거성(去聲;좋아함)이니, 아래도 같다. 죽음을 싫어함은 '오(惡)'는 거성(去聲;미워함)이다. 인심(人心)의 똑같은 바이다. 그러므로 인군이 사람 죽이기를 좋아하지 않으면 천하가 기뻐하여 그에게 돌아가는 것이다.

○ 蘇氏曰 孟子之言이 非苟爲大而已라 然이나 不深原其意而詳究其實이면 未有不以爲迂者矣라 予觀孟子以來로 自漢高祖及光武及唐太宗及我太祖皇帝히 宋이라 能一天下者四君이 皆以不嗜殺人致之요 其餘는 殺人愈多而天下愈亂하며 不能一者라 秦、晉及隋는 力能合之나 而好殺不已라 故로 或合而復 去聲이라 分하고 大全曰 晉이라 或遂以亡國하니 大全曰 秦、隋라 孟子之言이 豈偶然而已哉시리오 偶字는 照應上苟字라 ○ 不嗜殺人은 此章之綱領이라

---

40) ≪孟子 離婁下 2章≫ "子産聽鄭國之政, 以其乘輿, 濟人於溱洧. 孟子曰: 惠而不知爲政. 歲十一月徒杠成, 十二月輿梁成, 民未病涉也." ≪集註≫ "周十一月, 夏九月也. 周十二月, 夏十月也."

○ 소씨(蘇氏)가 말하였다. "맹자의 말씀은 구차히 큰소리만 칠 뿐이 아니었다. 그러나 그 뜻을 깊이 근원하고 그 실제를 상세히 연구하지 않으면 우활하다고 여기지 않을 자가 있지 않을 것이다. 내가 보건대 맹자 이래로 한 고조(漢高祖)로부터 광무제(光武帝)와 당 태종(唐太宗)과 우리 태조황제(太祖皇帝)에 송나라이다. 이르기까지 천하를 통일한 자가 네 군주인데, 이들은 모두 사람 죽이기를 좋아하지 않음으로써 이룩하였고, 그 나머지는 사람 죽이기를 더욱 많이 함에 천하가 더욱 혼란하였으며, 능히 통일하지 못한 자이다. 진(秦)나라와 진(晉)나라 및 수(隋)나라는 힘은 능히 통합하였으나 죽이기를 좋아하기를 그치지 않았다. 그러므로 혹은 합하였다가 다시 '부(復)'는 거성(去聲;다시)이다. 나누어지고, ≪대전≫에 말하였다. "진(晉)나라이다." 혹은 마침내 나라를 멸망시켰으니, 대전에 말하였다. "진(秦)과 수(隋)이다." 맹자의 말씀이 어찌 우연일 뿐이겠는가." '우(偶)'자는 위의 '구(苟)'자와 조응하였다. ○ '불기살인(不嗜殺人)'은 이 장의 강령이다.

7-1

> 齊宣王이 問曰 齊桓、晉文之事를 可得聞乎잇가
>
> 제 선왕(齊宣王)이 물었다. "제 환공(齊桓公)과 진 문공(晉文公)의 일을 얻어 들을 수 있겠습니까?"

齊宣王은 姓田氏요 趙氏曰 本陳氏니 改田氏라 田和始簒齊而有之하니 宣王은 和의 曾孫이라 ○ 梁惠王에 不言姓者는 以魏其姓也일새라

제 선왕(齊宣王)은 성이 전씨(田氏)이고 조씨가 말하였다. "본래 성이 진씨(陳氏)인데 선씨(田氏)로 고쳤다. 전화(田和)가 처음 제(齊)나라를 찬탈하여 소유하였으니, 선왕(宣王)은 전화의 증손이다." ○ 양 혜왕의 성(姓)을 말하지 않은 것은 위(魏)가 그 성이기 때문이다.

名辟彊이니 渠良反이라 諸侯 以諸侯라 僭稱王也라 齊桓公、大全曰 名小白이라 晉文公은 大全曰 名重耳라 皆霸諸侯者라 不問富强之利하고 而乃有志於假仁之事하니 此可見惠、宣之優劣矣라 然此問은 蓋非始見時云이라

이름이 벽강(辟彊)이니, '강(彊)'은 거(渠)·량(良)의 반절[국경 강]이다. 제후로서 '제후'는 제후로서이다. 왕을 참칭하였다. 제 환공(齊桓公)과 ≪대전≫에 말하였다. "이름이 소백(小白)이다." 진 문공(晉文公)은 ≪대전≫에 말하였다. "이름이 중이(重耳)이다." 모두 제후의 패자(霸者)이다. 부국 강병의 이로움을 묻지 않고 마침내 가인(假仁;인을 빌리는 패자)의 일에 뜻을 두었으니, 이는 혜왕과 선왕의 우열을 볼 수 있다. 그러나 이 질문은 아마도 처음 만나볼 때가 아닌 듯하다.

7-2

孟子對曰 仲尼之徒 無道桓、文之事者라 是以로 後世에 無傳焉하여 臣이 未之聞也로니 無以則王乎인저

맹자가 대답하셨다. "중니(仲尼)의 문도들은 제 환공과 진 문공의 일을 말한 자가 없습니다. 이 때문에 후세에 전해진 것이 없어 신이 아직 듣지 못하였습니다. 그만두지 말고 기어이 말하라 하신다면 왕도(王道)를 말하겠습니다."

道는 言也라 董子 新安倪氏曰 名仲舒니 西漢廣川人이라 曰 仲尼之門에 五尺童子 羞稱五伯는 霸同이라 ○ 本出荀子語라 爲 去聲이라 其先詐力而後仁義也라하니 亦此意也라 西山眞氏曰 孟子後에 能深闢五伯者는 惟仲舒爲然이니라 ○ 范氏曰 孔子는 美九合之功이어시늘 孟子無道桓、文之事者는 聖人은 於人에 苟有一善이면 無所不取어니와 若其道는 則聖人之所不取也시니라 ○ 朱子曰 桓公一匡天下는 則誰不知리오 至於經營霸業之事하여는 儒者未嘗言也니라 ○ 按仲尼之稱其功者는 爲攘夷也요 七十子之無道其事者는 黜霸也니라 以는 已通用이니 下滕文公章엔 正作已字라41) 無已는 必欲言之而不止也라 王은 謂王天下之道라 與下文七王字所指로 微異하니 惟合於王之王字與此同이라 ○ 程子曰 堯、舜之道也라

'도(道)'는 말함이다. 동자(董子)가 신안예씨(新安倪氏)가 말하였다. "이름이 중서(仲舒)이니, 서한(西漢)의 광천(廣川) 사람이다." 말하기를 "중니(仲尼)의 문하에는 오척 동자(五尺童子)들도 오패(五伯)를 '패(伯)'는 패(霸)와 같다. ○ 본래 순자(荀子)의 말에서 나왔다. 칭하기를 부끄러워한 것은 그 속임수와 무력을 앞세우고 인의(仁義)를 뒤로 하였기 때문이다." '위(爲)'는 거성(去聲;때문)이다. 히였는데, 또한 이 뜻이다. 서신진씨(西山眞氏)기 말히였디. "맹지 뒤에 능히 오패를 깊이 물리친 자는 오직 동중서가 그러하였다." ○ 범씨가 말하였다. "공자는 환공(桓公)이 아홉 번 제후를 규합한 공을 찬미하셨는데 맹자는 환공과 문공(文公)의 일을 말한 자가 없다고 한 것은, 성인은 남에 대해서 만일 한 가지 선(善)이 있으면 취하지 않는 바가 없지만 그 노(道)로 말하면 성인이 취하시 않으신 것이나." ○ 주사가 말씀하였다. "환공이 한 번 천하를 바로잡음은 누가 그것을 알지 못하겠는가. 그러나 패업(霸業)을 경영한 일에 이르러서는 유자(儒者)들이 일찍이 말하지 않았다." ○ 살펴보건대 중니가 그 공을 칭찬하신 것은 오랑캐를 물리쳤기 때문이요, 70제자가 그 일을 말한 자가 없음은 패도(霸道)를 내친 것이다. '이(以)'는 이(已)와 통용하니, 아래 등문공장(滕文公章)에는 바로 '이(已)'자로 되어 있다. 무이(無已)는 반드시 그것을 말하고자 하여 그만두지 않는 것이다. 왕은 천하에 왕 노릇하는 도를 말한다. 아랫글

---

41) ≪孟子 梁惠王下 13章≫ "孟子對曰: 是謀, 非吾所能及也. 無已則有一焉."

에 일곱 개의 '왕(王)'자가 가리킨 바와는 약간 다르니, 오직 합어왕(合於王)의 '왕'자만 이와 같다. ○ 정자가 말씀하였다. "이는 요(堯)·순(舜)의 도이다."

7-3

> 曰 德이 何如면 則可以王矣리잇고 曰 保民而王이면 莫之能禦也리이다
>
> 왕이 "덕이 어떠하면 왕 노릇 할 수 있습니까?" 하고 묻자, 맹자가 "백성을 보호하고 왕 노릇하면 이것을 막을 자가 없을 것입니다." 하고 말씀하셨다.

以王은 勢逆이요 而王은 勢順이라

'이왕(以王)'은 어세가 역(逆)이고 '이왕(而王)'은 어세가 순(順)이다.*①

*① 이왕(以王)은……순(順)이다 : 이(以)는 '이로써'란 뜻이 있으므로 '어세가 역(逆)이다' 한 것이고, 이(而)는 순접(順接)이므로 '어세가 순(順)이다.' 한 것이다. 뒤에도 이와 같은 내용이 자주 보이나 번역에서는 이를 따르지 않았음을 밝혀둔다.

保는 愛護也라 慶源輔氏曰 如保赤子之保라 ○ 新安陳氏曰 王道甚大나 其要는 只在保民하니 保民而王一句는 爲此章之綱領이니라 ○ 按此下에 卽接以五畝之宅이 固未爲不可로되 而中間用許多說者는 欲王推善心、去慾心然後에 行保民之政이시니라

'보(保)'는 애호(愛護)함이다. 경원보씨가 말하였다. "적자(赤子)를 보호한다는 '보(保)'와 같다." ○ 신안진씨가 말하였다. "왕도가 매우 크나 그 요점은 다만 보민(保民)에 있으니, '보민이왕(保民而王)' 한 구는 이 장의 강령이 된다." ○ 살펴보건대 이 아래 곧바로 오무지택(五畝之宅)을 연접하는 것이 진실로 불가함이 되지 않으나 중간에 허다한 말씀을 사용한 것은 왕이 선(善)한 마음을 미루어서 욕심을 제거한 뒤에 보민(保民)의 정사를 행하고자 하신 것이다.

7-4

> 曰 若寡人者도 可以保民乎哉잇가 曰 可하니이다 曰 何由知吾可也잇고 曰 臣이 聞之胡齕호니 曰 王이 坐於堂上이어시늘 有牽牛而過堂下者러니 王이 見之하시고 曰 牛는 何之오 對曰 將以釁鍾이니이다 王曰 舍之하라 吾不忍其觳觫若無罪而就死地하노라 對曰 然則廢

釁鍾與잇가 曰 何可廢也리오 以羊易之라하시니 不識케이다 有諸잇가
曰 若寡人者도 可以保民乎哉잇가 曰 可하니이다 曰 何由知吾可
也잇고 曰 臣이 聞之胡齕호니 曰 王이 坐於堂上이어시늘 有牽牛而
過堂下者러니 王이 見之하시고 曰 牛는 何之오 對曰 將以釁鍾이니
이다 王曰 舍之하라 吾不忍其觳觫若無罪而就死地하노라 對曰 然
則廢釁鍾與잇가 曰 何可廢也리오 以羊易之라하시니 不識케이다 有
諸잇가

왕이 말씀하였다. "과인(寡人)과 같은 자도 백성을 보호할 수 있습니까?" 맹자가 말씀하셨다. "가능합니다." "어떻게 하여 나의 가능함을 아십니까?" "신(臣)이 다음과 같은 내용을 호흘(胡齕)에게 들었으니, '왕께서 당상(堂上)에 앉아 계시는데, 소를 끌고 당하(堂下)로 지나가는 자가 있었습니다. 왕께서 이를 보시고「소가 어디로 가는가?」하고 물으시자, 대답하기를「장차 종의 틈을 바르는 데 쓰려고 해서입니다.」하였습니다. 왕께서「놓아주어라. 내가 그 두려워 벌벌 떨며 죄없이 죽을 땅(곳)으로 나아감을 차마 볼 수 없다.」하시자, 대답하기를「그렇다면 흔종(釁鍾)*①을 폐하오리까?」하니, 왕께서「어찌 폐할 수 있겠는가. 양으로써 바꾸어 쓰라.」하셨다.' 합니다. 알지 못하겠습니다. 이러한 일이 있었습니까?"

*① 흔종(釁鍾) : 새로 종을 주조하여 완성되면 짐승을 잡아 피를 내어서 그 틈을 바르는 것으로, 예전에는 종 뿐만 아니라 어떤 기물이든 완성이 되면 피를 칠하였다. ≪예기≫〈월령(月令)〉에 "맹동(孟冬)의 달에는 태사(太史)에게 명하여 점칠 때 사용하는 거북과 시초(蓍草)에 피를 바른다.〔孟冬之月, 命太史, 釁龜筴.〕" 하였는데, 진호(陳澔)의 ≪예기집설(禮記集說)≫에 풍씨(馮氏)의 설을 인용하여 해설하기를 "옛날에는 기물이 완성되면 피를 칠하였으니, 이는 상서롭지 못한 것을 물리치기 위한 것이다.〔古者, 器成而釁以血, 所以攘卻不祥也.〕" 하였다.

齕은 音核이라 釁은 許忍反이라 舍는 上聲이라 觳은 音斛이요 觫은 音速이라 與는 平聲이라

'흘(齕)'은 음이 흘(核;씹음)이다. '흔(釁)'은 허(許)·인(忍)의 반절[틈 흔]이다. '사(舍)'는 상

성(上聲;놓아줌)이다. '곡(觳)'은 음이 곡(斛;두려워함)이고 '속(觫)'은 음이 속(速)이다. '여(與)'는 평성(平聲;의문사)이다.

此以下는 說出易牛事하여 以發王之善心이라 ○ 何由를 諺解句絶하니 恐合更商이라 ○ 何之를 諺釋에 作何往이로되 或云猶言何爲也라하니 更詳之니라 ○ 舍는 置也라

이 이하는 양(羊)으로써 소를 바꾼 일을 말씀해내어서 왕의 선한 마음을 유발하였다. ○ '하유(何由)'를 《언해》에서는 구를 끊었으니, 다시 살펴보아야 할 듯하다. ○ '하지(何之)'를 《언해》의 해석에 하왕(何往;어디로 가는 것)으로 되어 있으나 혹자는 하위(何爲;어찌하여)라는 말과 같다 하니, 다시 살펴보아야 한다. ○ '사(舍)'는 놓아줌이다.

胡齕은 大全曰 下沒反이라하고 集註는 音核이라하니 核有二音하니 宜審이라 齊臣也라 釁鍾은 新鑄鍾成이면 而殺牲取血하여 以塗其釁郄 隙同이라 也라 尤菴曰 器不待有釁이요 新成則必以血塗之하여 以厭(壓)變怪、禦妖釁也라 ○ 釁은 兼隙、妖兩義라 觳觫은 恐懼貌라 二字皆從角하니 蓋牛羊懼而角戰貌라 ○ 沙溪曰 栗谷以觳觫若爲句絶하시니 愚以爲禽獸有何有罪無罪之可言乎아 似謂如無罪之人就死地也라 或曰 其觳觫之狀을 見之에 似若有自以無罪而就死之意云이라 ○ 按沙溪說이 與諺解合이라 但後節隱其無罪而就死地에 不復言若字하고 註亦以牛羊無罪言之하니 則若字之屬上文讀은 恐當從栗谷也라 若은 猶然也니 觳觫若은 其文勢與易之戚嗟若42)同云이라 孟子述 猶誦也라 所聞胡齕之語而問王하사되 不知果有此事否아하시니라

호흘(胡齕)은 《대전》에 "흘(齕)은 하(下) 몰(沒)의 반절[섭을 홀]이다." 하였고, 《집주》는 "음이 홀(核)이다." 하였으니, '홀(核)'에 핵과 홀 두 음이 있으니, 마땅히 살펴보아야 한다. 제나라 신하이다. '흔종(釁鍾)'은 새로 종을 주조하여 완성되면 짐승을 잡아 피를 내어서 그 틈을 '극(郄)'은 극(隙)과 같다. 바르는 것이다. 우암(尤菴)이 말씀하였다. "그릇이 틈이 있기를 기다리지 않고 새로 만들어 완성되면 반드시 피를 발라서 변괴를 누르고 요망함을 막는다." ○ '흔(釁)'은 틈과 요망함의 두 가지 뜻을 겸한다. '곡속(觳觫)'은 공구(恐懼)하는 모양이다. '곡속(觳觫)' 두 글자가 모두 각(角) 변을 따랐으니, 아마도 소와 양이 두려워하여 뿔이 떨리는 모양일 것이다. ○ 사계(沙溪)가 말씀하였다. "율곡(栗谷)은 '곡속약(觳觫若)'에서 구를 끊으셨으니, 나는 생각건대 금수가 무슨 죄가 있고 죄가 없음을 말할 만한 것이 있겠는가. 죄 없는 사람이 죽을 땅으로 나아가는 것과 같음을 말씀한 듯하다. 혹자는 말하기를 '그 곡속하는 모양을 보았을 적에 스스로 죄 없이 죽을 땅으로 나아감과 같은 뜻이다.' 한다." ○ 살펴보건대 사계의 설이 《언해》와 부합한다. 다만 뒷절에 그 죄 없이 죽을 땅으로 나아감을 측은히 여김에 다시는 '약(若)'자를 말하지

---

42) 《周易 離卦 象傳》 "六五, 出涕沱若, 戚嗟若, 吉."

않았고, 주(註)에도 또한 소와 양이 죄가 없는 것으로 말하였으니, '약자를 아랫글에 붙여 읽음은 마땅히 율곡을 따라야 할 듯하다.' '약'은 연(然)과 같으니, '곡속약'은 그 문세(文勢)가 ≪주역≫의 척차약(戚嗟若)과 같다. 맹자가 호흘에게 들은 바의 말씀을 외시고, '술(述)'은 송(誦)과 같다. 왕께 물으시기를 '과연 이러한 일이 있었는지 알지 못하겠습니다.'라고 하신 것이다.

7-5

> 曰 有之하니이다 曰 是心이 足以王矣리이다 百姓은 皆以王爲愛也어니와 臣은 固知王之不忍也하노이다
>
> 왕이 말씀하였다. "그러한 일이 있었습니다." 맹자께서 말씀하셨다. "이 마음이 충분히 왕 노릇 하실 수 있습니다. 백성들은 모두 왕더러 재물을 아꼈다고 하지만 신은 진실로 왕의 차마 못하심을 알고 있습니다."

是心은 卽不忍於牛之心也라 百姓은 指凡民也라

'이 마음'은 바로 차마 소를 잡아 죽이지 못하는 마음이다. 백성은 범민(凡民)을 가리킨다.

王見牛之觳觫而不忍殺은 卽所謂惻隱之心仁之端也니 擴而充之면 則可以保四海矣라 見公孫丑上43)이라 故로 孟子指 是心이라 而言之하사 欲王察識於此而擴充之也시니라 雲峯胡氏曰 孟子一書는 言心學甚詳하니 此是第一箇心字는 是人之本心也라 察識은 屬知요 擴充은 屬行이니라 愛는 猶吝也라 與論語爾愛其羊之愛44)同이라 ○ 百姓爲愛句는 雖是輕輕說이나 而實觸動王自慚之心하여 以試其能自解與否也라 ○ 新安倪氏曰 論語小不忍云者는45) 不忍之念이 發於私小니 常人之所不能禁止者也요 孟子之不忍云者는 不忍之念이 出乎正大니 君子之所當擴充者也니라

왕이 소의 곡속함을 보고 차마 죽이지 못한 것은 곧 이른바 '측은지심(惻隱之心)은 인(仁)의 단서'라는 것이니, 이것을 확충한다면(넓혀 채운다면) 사해(四海)를 보전할 수 있다. 이 내용은 〈공손추 상〉에 보인다. 그러므로 맹자가 가리켜 이 마음이다. 말씀하시어 왕이 이에 대해 살펴 알아서 이것을 확충하고자 하신 것이다. 운봉호씨가 말하였다. "≪맹자≫ 한 책은

---

43) ≪孟子 公孫丑上 6章≫ "孟子曰: 人皆有不忍人之心…惻隱之心, 仁之端也. 羞惡之心, 義之端也. 辭讓之心, 禮之端也. 是非之心, 智之端也."

44) ≪論語 八佾 17章≫ "子貢欲去告朔之餼羊, 子曰: 賜也, 爾愛其羊. 我愛其禮."

45) ≪論語 衛靈公 26章≫ "子曰: 巧言, 亂德, 小不忍, 則亂大謀."

심학(心學)을 말한 것이 매우 자세하니, 여기의 첫 번째 '심(心)'자는 바로 사람의 본심이다. '찰식(察識)'은 지(知)에 속하고 확충은 행(行)에 속한다." '애(愛)'는 린(吝;아낌)과 같다. ≪논어≫ 〈팔일(八佾)〉의 이애기양(爾愛其羊)의 '애(愛)'자와 같다. ○ '백성위애(百姓爲愛)' 구는 비록 가볍고 가볍게 말씀한 것이나 실제는 왕이 스스로 부끄러워하는 마음을 촉발하여 그 능히 스스로 해명하는가의 여부를 시험하신 것이다. ○ 신안예씨(新安倪氏)가 말하였다. "≪논어≫에 소불인(小不忍)이라고 말한 것은 차마 못하는 생각이 사소(私小)에서 나온 것이니 보통사람이 금지하지 못하는 것이요, ≪맹자≫의 불인(不忍)이란 것은 불인의 생각이 정대(正大)에서 나온 것이니 군자가 마땅히 확충해야 할 것이다."

7-6

王曰 然하다 誠有百姓者로다마는 齊國이 雖褊小나 吾何愛一牛리오 卽不忍其觳觫若無罪而就死地라 故로 以羊易之也하니이다

왕이 말씀하였다. "그렇습니다. 진실로 백성들이 비난하는 자가 있겠습니다마는 우리 제(齊)나라가 비록 좁고 작으나 내 어찌 한 마리 소를 아끼겠습니까? 다만 그 곡속하여 죄 없이 죽을 땅으로 나아감을 차마 볼 수 없었습니다. 그러므로 양으로써 바꾸게 한 것입니다."

褊은 狹小也라 音匾이니 諺音誤라

'변(褊)'은 협소(狹小)함이다. 음이 변(匾)이니, ≪언해≫의 음(편)이 잘못되었다.

言 以羊易牛는 其迹似吝하여 實 誠이라 有如百姓所譏者라 然이나 我之心은 不如是也라 不如是三字는 用省文釋法이라

양으로써 소와 바꿈은 그 자취가 재물을 아낀 듯하여 실제로 '실(實)'은 성(誠;진실)이다. 백성들이 비난하는 바와 같은 것이 있겠으나 나의 마음은 이와 같지 않다고 말한 것이다. '불여시(不如是)' 세 글자는 글을 생략하여 해석하는 법을 사용한 것이다.

7-7

曰 王은 無異於百姓之以王爲愛也하소서 以小易大어니 彼惡(오) 知之리잇고 王若隱其無罪而就死地면 則牛羊을 何擇焉이리잇고 王이 笑曰 是誠何心哉런고 我非愛其財而易之以羊也언마는 宜乎百姓之謂我愛也로다

맹자가 말씀하셨다. "왕은 백성들이 왕더러 재물을 아꼈다고 말함을 괴이하게 여기지 마소서. 작은 양을 가지고 큰 소와 바꾸었으니, 저들이 어찌 이것을 알겠습니까. 왕께서 만일 그 죄 없이 죽을 땅으로 나아감을 측은히 여기셨다면 소와 양을 어찌 구별하셨습니까?" 왕이 웃으며 말씀하였다. "이 진실로 무슨 마음이었던가? 내가 재물을 아껴서 양으로써 바꾸게 한 것은 아니었건마는 당연히 백성들이 나더러 내 재물을 아꼈다고 이르겠구나."

惡는 平聲이라

'오(惡)'는 평성(平聲;어찌)이다.

無異之無는 勿也라 惡知는 言惟知以小易大之事耳니 與上節固知對說이나 而所知各異也라 其財之其는 指己也라

'무이(無異)'의 무(無)는 물(勿;말)이다. '오지(惡知)'는 오직 작은 양으로써 큰 소와 바꾼 일을 알 뿐임을 말씀한 것이니, 윗절의 '고지(固知)'와 상대하여 말했으나 아는 바가 각기 다르다. '기재(其財)'의 기(其)는 자기를 가리킨 것이다.

異는 怪也라 隱은 痛也라 擇은 猶分也라 言牛羊이 皆無罪而死어늘 何所分別하여 彼列反이리 而以羊易牛乎아 孟子故設此難하여 去聲이라 ○ 慶源輔氏曰 問難이라 欲王反求而得其本心이리시니 王不能然이라 故로 卒無以自解於百姓之言也니라 孟子以一愛字로 操縱宣王하여 旣使之笑하고 又使之頞이로되 而王終不能自解者는 求諸口하고 不求諸心故也라 若云我見牛, 未見羊이면 則是爲自解耳라

'이(異)'는 괴이함이다. '은(隱)'은 애통해 함이다. '택(擇)'은 분(分;분별)과 같다. 소와 양이 모두 죄 없이 죽는데, 어느 것을 분별하여 '별(別)'은 피(彼)열(列)의 반절[구별함]이다. 양으로써 소와 바꿨느냐고 말씀한 것이다. 맹자가 고의로 이러한 힐난(질문)을 '난(難)'은 거성

(去聲;힐난)이다. ○ 경원보씨가 말하였다. "문난(問難)이다." 가설하여 왕이 돌이켜 찾아서 그 본심을 얻게 하고자 하셨는데, 왕이 그렇게 하지 못하였다. 그러므로 마침내 백성들의 비난하는 말을 스스로 해명할 수 없었던 것이다. 맹자는 한 '애(愛)'자를 가지고 선왕을 쥐었다 놓았다 하여, 이미 하여금 웃게 하고 또다시 찌푸리게 하였으나 왕이 끝내 스스로 해명하지 못한 것은 입에서만 찾고 마음에서는 찾지 않았기 때문이다. 만약 '내가 소는 이미 보았고 양은 아직 보지 못했다.'고 말했으면 이것은 스스로 해명함이 되는 것이다.

7-8

> 曰 無傷也라 是乃仁術也니 見牛코 未見羊也일새니이다 君子之於禽獸也에 見其生하고 不忍見其死하며 聞其聲하면 不忍食其肉하나니 是以로 君子遠庖廚也니이다
>
> 맹자가 말씀하셨다. "나쁠 것이 없습니다. 이것이 바로 인(仁)을 하는 방법이니, 소는 보았고 양은 아직 보지 못하였기 때문입니다. 군자는 금수(禽獸)에 대해서 산 것을 보고 차마 그 죽는 것을 보지 못하며, <죽으면서 애처롭게 울부짖는> 소리를 들으면 차마 그 고기를 먹지 못합니다. 이 때문에 군자는 푸줏간을 멀리하는 것입니다."

遠은 去聲이라

'원(遠)'은 거성(去聲;멀리함)이다.

無傷은 言雖有百姓之言이나 不爲害也라 術은 謂法之巧者라 朱子曰 術은 猶方便也니 本非不好底字로되 只緣後來把做變詐看了하여 便道是不好하니 却不知事有難處면 須看箇巧底道理라야 始得이니라 蓋殺牛는 旣所不忍이요 釁鍾은 又不可廢니 於此에 無以處 上聲이라 之면 則此心雖發이나 而終不得施矣라 然이나 見牛면 則此心已發而不可遏이요 未見羊이면 則其理未形而無所妨이라 朱子曰 未字有意味라 ○ 無妨은 主施者言이라 ○ 若見羊、未見牛에 亦當如此면 而百姓大小之疑를 可以解矣어늘 王旣不能自解故로 孟子爲之解之하시니 如痒者之不能自搔하여 而人爲搔之耳라 故로 以羊易牛면 則二者 牛、鍾이라 得以兩全 不殺、不廢라 而無害하니 此所以爲仁之術也라 爲字를 釋於術이라 聲은 謂將死而哀鳴也라 按栗谷諺解에 生、聲之讀을 皆作若義하니 聲之讀은

當從無疑라

'무상(無傷)'은 비록 백성들의 비난하는 말이 있으나 해가 되지 않음을 말씀한 것이다. 술'(術)'은 법의 공교로움을 이른다. 주자가 말씀하였다. "'술(術)'은 방편(方便)과 같으니, 본래 좋지 않은 글자가 아니나 다만 후래에 변사(變詐)를 가지고 봄으로 인연하여 곧 좋지 않은 것으로 말하니, 일에 대처하기 어려운 일이 있으면 모름지기 저 공교롭게 하는 도리를 보아야 비로소 됨을 알지 못하는 것이다." 소를 죽임은 이미 차마 하지 못할 바이고 흔종(釁鍾) 또한 폐할 수 없으니, 이에 대해서 대처할 처(處)는 상성(上聲;대처함)이다. 수 없으면 이 측은지심이 비록 발하였으나 끝내 시행할 수 없는 것이다. 그러나 소를 보았으면 이 마음이 이미 발하여 막을 수 없고, 양을 아직 보지 않았으면 그 이치가 아직 드러나지 않아서 해로운 바가 없다. 주자가 말씀하였다. "'미(未)'자에 의미가 있다." ○ '무방(無妨)'은 베푸는 자를 위주하여 말하였다. ○ 만약 양을 보고 아직 소를 보지 않았을 때에 또한 마땅히 이와 같다고 말했으면 백성들의 크고 작은 의혹을 해명할 수 있었을 터인데, 왕이 이미 스스로 해명하지 못했기 때문에 맹자가 위하여 해명하여 주셨으니, 이는 마치 가려운 자가 스스로 긁지 못하여 남이 위하여 긁어준 것과 같다. 그러므로 양으로써 소를 바꾸게 하면 이 두 가지가 소와 종이다. 모두 온전하여 죽이지 않고 흔종을 폐하지 않는 것이다. 방해가 없게 되니, 이것이 인의 방법이 되는 것이다. '위(爲)'자를 술(術)에서 해석한다. '성(聲)'은 짐승이 장차 죽으면서 슬피 울부짖는 소리이다. 살펴보건대 《율곡언해(栗谷諺解)》에 생(生)·성(聲)의 토를 모두 '약(若;만약)'의 뜻으로 삼았으니,*① 성의 현토는 마땅히 율곡을 따라야 함이 의심할 것이 없다.

*① 《율곡언해(栗谷諺解)》에……삼았으니 : 《관본언해(官本諺解)》에는 "見其生하고 不忍見其死하며 聞其聲하고 不忍食其肉하나니"로 현토(懸吐)하였으나 《율곡언해(栗谷諺解)》에는 모두 "見其生하면 不忍見其死하며 聞其聲하면 不忍食其肉이라"로 되어 있는 바, 위는 그대로 두더라도 아래의 '문기성(聞其聲)'에는 '하면'으로 현토하여 "만약 〈죽으면서 애처롭게 울부짖는〉 소리를 들으면"이라고 해석하여야 함을 말한 것이다. 원문에 '약(若)'자가 있으면 아래에 '-면'의 토(吐)가 달리는 것이 일반적인 예이나.

蓋人之於禽獸에 同生 竝生於天地之間이라 而異類라 形之正橫과 性之偏全이라 故로 用之以禮하고 無故不殺이라 而不忍之心이 施於見聞之所及이니 其所以必遠庖廚者는 非爲欲不聞其聲而食其肉而已요 蓋欲竝不見其死耳리 ○ 君子遠庖廚는 又見禮記玉藻라 亦以預養是心하여 雲峯胡氏曰 已發에 擴充이요 未發에 預養이니라 而廣爲仁之術也니라 爲字를 釋於仁하니 與上文爲仁不同이라 ○ 朱子曰 齊王之不忍이 施於見聞之所及은 正合愛物淺深之宜어니와 若仁民之心은 則豈爲其不見之故而忍以無罪殺之哉아

사람이 금수에 대해서 똑같이 살면서 하늘과 땅 사이에 함께 태어난 것이다. 종류가 다르다. 형체의 바르고〔正〕 횡(橫;가로)으로 있는 것과 성(性)의 편벽되고 온전함이다.*① 그러므로 쓰기

를 예(禮)로써 하고, 연고가 없으면 죽이지 않는 것이다. **차마 못하는 마음이 보고 들음이 미치는 바에 베풀어지니, <군자가> 반드시 푸줏간을 멀리하는 까닭은** 그 소리를 듣지 않고서 그 고기를 먹고자 할 뿐만이 아니요, 함께 그 죽는 것을 보지 않고자 한 것이다. ○ 군자가 푸줏간을 멀리함은 또 ≪예기≫ 〈옥조(玉藻)〉에 보인다. **또한 미리 이 마음을 길러서** 운봉호씨가 말하였다. "이미 발하였을 때에 확충을 하고, 아직 발하지 않았을 때에 미리 기르는 것이다." **인(仁)을 하는 방법을 넓히려고 해서이다.** '위(爲)'자를 인(仁)에서 해석하니, 윗글의 위인(爲仁)과는 똑같지 않다. ○ 주자가 말씀하였다. "제왕(齊王)의 불인(不忍)이 보고 들음의 미치는 바에 베풀어짐은 바로 물건을 아낌에 얕고 깊음의 마땅함에 부합하지만, 인민(仁民)의 마음으로 말하면 어찌 그 보지 않은 이유 때문에 차마 죄없이 죽일 수 있겠는가."

*① 형체의……온전함이다 : 사람은 금수(禽獸)와 종류가 다름을 말한 것이다. '바름〔正〕'은 사람은 똑바르게 생활한다는 것으로, 머리는 하늘을 향하고 발은 땅을 밟고 사는 반면 금수는 횡(橫;가로)으로 살며, 사람은 인(仁)·의(義)·예(禮)·지(智)·신(信)의 다섯 가지 본성을 소유하였으나 금수는 한 가지만 편벽되게 부여 받았음을 말한 것이다. 예컨대 호랑이는 부자간만 알고 기러기는 부부간만 앎을 말한 것이다.

7-9

王이 說曰 詩云 他人有心을 予忖度之라하니 夫子之謂也로소이다 夫我乃行之하고 反而求之호되 不得吾心이러니 夫子言之하시니 於我心에 有戚戚焉하여이다 此心之所以合於王者는 何也잇고

왕이 기뻐하며 말씀하였다. "≪시경≫에 이르기를 '타인이 가지고 있는 마음을 내가 헤아린다.' 하였으니, 부자(夫子)를 두고 말한 것입니다. 저 내가 마침내 행하고 돌이켜 찾았으나 내 마음을 알지 못하였는데, 부자께서 말씀해 주시니, 내 마음에 척척(戚戚;감동)함이 있습니다. 이 마음이 왕도(王道)에 부합되는 까닭은 무엇입니까?"

說은 音悅이라 忖은 七本反이요 度은 待洛反이라 夫我之夫는 音扶라

'열(說)'은 음이 열(悅)이다. '촌(忖)'은 칠(七)·본(本)의 반절[헤아릴 촌]이고 '탁(度)'은 대(待)·락(洛)의 반절[헤아릴 탁]이다. 부아(夫我)의 '부(夫)'는 음이 부(扶;저)이다.

惠王稱叟는 只待之以賓而已요 宣王稱夫子는 則直待以師耳라

혜왕이 수(叟)라고 칭한 것은 다만 손님으로 대했을 뿐이요, 선왕이 부자(夫子)라고 칭한 것은 곧바로 스승으로 대우한 것이다.

詩는 小雅巧言之篇이라 戚戚은 心動貌라 惻隱之發也라 王因孟子之言하여 而前日之心이 復 去聲이라 萌하여 動이라 ○ 南軒張氏曰 當時不忍之意 宛然而形이니라 ○ 慶源輔氏曰 非孟子深得開導之術이면 則亦何能使不忍之心復萌哉아 乃知此心不從外得이라 然이나 猶未知所以反其本而推之也니라 不知推故로 問其合於王이라 ○ 新安陳氏曰 王此句는 亦問得繁切하니 與孟子是心足以王一句로 相照應이니라 ○ 雲峯胡氏曰 此下는 孟子皆敎之擴充이시니라

시(詩)는 <소아(小雅) 교언(巧言)>편이다. '척척(戚戚)'은 마음이 동하는 모양이다. 측은지심이 발동한 것이다. 왕이 맹자의 말씀으로 인하여 전날의 마음이 다시 '부(復)'는 거성(去聲; 다시)이다. 싹터서 '맹(萌)'은 동함이다. ○ 남헌장씨(南軒張氏)가 말하였다. "당시에 차마 죽이지 못한 뜻이 완연(宛然)히 나타났다." ○ 경원보씨가 말하였다. "개도(開導)하는 방법을 깊이 얻은 맹자가 아니었으면 또한 어찌 왕으로 하여금 불인지심(不忍之心)이 다시 싹터 발동하게 하셨겠는가." 마침내 이 마음이 밖으로부터 얻어지지 않음을 알았다. 그러나 아직도 그 근본을 돌이켜 미룰 줄은 알지 못하였다. 미룰 줄을 알지 못하였기 때문에 그 왕도에 부합함을 물은 것이다. ○ 신안진씨가 말하였다. "왕의 이 구는 또한 물음이 매우 긴절(緊切)하니, 맹자의 '시심족이왕(是心足以王)' 한 구와 서로 조응한다." ○ 운봉호씨가 말하였다. "이 아래는 맹자가 모두 확충하는 방법을 가르쳐 주신 것이다."

7-10

曰 有復(복)於王者曰 吾力足以擧百鈞이로되 而不足以擧一羽하며 明足以察秋毫之末이로되 而不見輿薪이라하면 則王은 許之乎잇가 曰 否라 今에 恩足以及禽獸로되 而功不至於百姓者는 獨何與잇고 然則一羽之不擧는 爲不用力焉이며 輿薪之不見은 爲不用明焉이며 百姓之不見保는 爲不用恩焉이니 故로 王之不王은 不爲也언정 非不能也니이다

> 맹자가 말씀하셨다. "왕에게 아뢰는 자가 말하기를 '내 힘이 충분히 백균(百鈞)을 들 수 있으나 깃털 하나를 들 수 없으며, 눈의 시력이 추호(秋毫)의 끝을 살필 수 있으나 수레에 실은 나무 섶을 볼 수 없다.'고 한다면 왕은 이것을 인정하시겠습니까?" 왕이 말씀하였다. "아닙니다." <맹자가 말씀하셨다.> "지금 은혜가 충분히 금수에게 미치되 공효가 백성에게 이르지 않음은 유독 어째서입니까. 그렇다면 한 깃털을 들지 못함은 힘을 쓰지 않기 때문이며, 수레에 실은 나무 섶을 보지 못함은 시력을 쓰지 않기 때문이며, 백성들이 보호를 받지 못함은 은혜를 쓰지 않기 때문입니다. 그러므로 왕께서 왕 노릇 하지 못함은 하지 않는 것일지언정 불가능한 것이 아닙니다."

與는 平聲이라 爲不之爲는 去聲이라

'여(與)'는 평성(平聲;의문사)이다. 위불(爲不)의 '위(爲)'는 거성(去聲;위함, 때문)이다.

足以二字는 有稱停이라 ○ 見保之見은 主百姓言이라

'족이(足以)' 두 글자는 칭정(稱停;알맞음)이 있다. ○ '견보(見保)'의 견(見)은 백성을 위주하여 말한 것이다.

復은 白也라 鈞은 諺解에 凡御諱字之讀을 作他字例也로되 而其或仍之者는 則諺解在先故也니 改讀爲可라 三十斤이니 百鈞은 至重難擧也라 羽는 鳥羽니 一羽는 至輕易擧也라 去聲이니 下竝同이라 秋毫之末은 毛至秋而末銳하니 小而難見也요 輿薪은 以車載薪이니 大而易見也라 許는 猶可也라 今恩以下는 又孟子之言也라 此無曰字故로 特明之하니 前章以刃與政과 後章爲王言樂之類 皆同이라 凡當有曰字而無者는 蓋偶耳라 或曰 答之速而不經思擬處면 不著曰字라하니 豈其然歟아

'복(復)'은 아룀이다. '균(鈞)'은 《언해》에 무릇 어휘(御諱)의 글자는 음을 다른 자의 준례로 썼는데, 그 혹 그대로 있는 것은 《언해》가 앞에 있었기 때문이니,[1] 고쳐 읽는 것이 옳다. 30근(斤)이니, 백균(百鈞)은 지극히 무거워 들기가 어렵다. '우(羽)'는 새의 깃털이니, 한 깃털은 지극히 가벼워 들기가 쉽다. '이(易)'는 거성(去聲;쉬움)이니, 아래도 모두 같다. 추호(秋毫)의 끝은 터럭이 가을에 이르면 끝이 예리하니 작아서 보기가 어렵고, 여신(輿薪)은 수레에 섶을 실은 것이니 커서 보기가 쉽다. '허(許)'는 가(可;인정(認定))와 같다. '금은(今恩)' 이하는 다시 맹자의 말씀이다. 여기에 '왈(曰)'자가 없기 때문에 특별히 밝혔으니, 앞장의 이인여정(以刃與政)과 뒷장의 위왕언악(爲王言樂)의 종류가 모두 같다. 무릇 마땅히 '왈'자가 있어

야 하는데 없는 경우는 우연일 뿐이다. 혹자는 말하기를 "대답하기를 빨리 하여 사의(思擬)를 경과하지 않은 곳에는 '왈'자를 놓지 않았다." 하니, 어찌 그렇겠는가.

*① ≪언해≫에……때문이다 : 어휘(御諱)는 조선조 임금의 이름자를 이르는 바, 선조(宣祖)의 처음 이름이 균(鈞)이므로 말한 것이다. 태조 이성계(李成桂)의 고친 이름이 단(旦)인데 ≪언해≫에 단(旦)의 음을 '조'로 바꾼 따위이다.

蓋天地之性에 人爲貴라 出孝經이라 ○ 天地之性은 謂所稟受於天地者 性也요 貴는 謂五常全具也라 **故로 人之與人은 又爲同類** 不止於同生而已라 **而相親이라 是以로 惻隱之發은 則於民切而於物緩하고 推廣仁術은 則仁民易而愛物難이어늘** 雙峯饒氏曰 人性靈하니 所以仁民易라 物無知하니 如何感得他動이리오 所以愛物難이니라 **今王此心이 能及物矣면 則其保民而王은 非不能也요 但自不肯爲耳라** 添肯字라 ○ 後言不爲以歸重이라 ○ 新安陳氏曰 今恩二句가 難得最繁切하니 乃是一大章文意警策處라 下文에 又以此二句로 再難以結之하니라 ○ 南軒張氏曰 方見牛而不忍者는 無以蔽之하여 而其愛物之端이 發見也요 不能加恩於民者는 有以蔽之하여 而仁民之理不著也니라

천지의 성(性)에 사람이 가장 귀함이 된다. 이 내용이 ≪효경(孝經)≫에 나온다. ○ 천지지성(天地之性)은 사람이 하늘과 땅에 품부(稟賦) 받은 것이 성(性)이고, '귀(貴)'는 오상(五常)을 온전히 갖춤을 이른다. **그러므로 사람과 사람은 또 동류(同類)가** 동생(同生)에 그칠 뿐이 아니다. **되어서 서로 친하다. 이 때문에 측은지심(惻隱之心)이 발함은 백성(사람)에게는 간절하고 물건(짐승)에게는 느슨하며, 인을 하는 방법을 미루어 넓힘은 백성을 사랑하기는 쉽고 물건을 사랑하기는 어려운 것이다.** 쌍봉요씨가 말하였다. "사람의 성(性)은 영특하니, 이 때문에 백성을 사랑하기가 쉬운 것이다. 물건은 아는 것이 없으니, 어떻게 저를 감동시킬 수 있겠는가. 이 때문에 물건을 아끼기는 어려운 것이다." **그런데 지금 왕의 이 마음(측은지심)이 능히 물건에 미쳤다면 백성을 보호하고 왕 노릇함은 불가능한 것이 아니요, 다만 스스로 즐겨하지 않을 뿐인 것이다.** '긍(肯)'자를 더하였다. ○ 뒤에 '불위(不爲)'를 말하여 중점을 돌렸다. ○ 신안진씨가 말하였다. "'금은(今恩)' 이하의 두 구〔今恩足以及禽獸, 而功不至於百姓者.〕는 힐난함이 가장 긴절(緊切)하니, 바로 이 한 장의 글 뜻에 경책(警策)이 되는 곳이다. 아랫글에 또 이 두 구를 가지고 다시 힐난하여 끝을 맺었다." ○ 남헌장씨가 말하였다. "소를 보고 차마 죽이지 못한 것은 이 마음(측은지심)을 가리우는 것이 없어서 그 물건을 사랑하는 단서가 발현된 것이고, 백성에게 은혜를 가하지 못함은 이 마음을 가리우는 것이 있어서 백성을 사랑하는 이치가 드러나지 못한 것이다."

7-11

曰 不爲者와 與不能者之形이 何以異잇고 曰 挾太山하여 以超北海를 語人曰我不能이라하면 是는 誠不能也어니와 爲長者折枝를 語人曰我不能이라하면 是는 不爲也언정 非不能也니 故로 王之不王은 非挾太山以超北海之類也라 王之不王은 是折枝之類也니이다

왕이 말씀하였다. "하지 않는 자와 불가능한 자의 형상이 어떻게 다릅니까?" 맹자가 말씀하셨다. "태산(太山)을 옆에 끼고 북해(北海)를 뛰어넘는 것을 사람들에게 말하기를 '내 불가능하다.'고 한다면 이것은 진실로 불가능한 것이지만, 장자(長者)를 위하여 나뭇가지를 꺾는 것을 사람들에게 말하기를 '내 불가능하다.'고 한다면 이것은 하지 않는 것일지언정 불가능한 것은 아닙니다. 그러므로 왕께서 왕 노릇 하지 못하심은 태산을 옆에 끼고 북해를 뛰어넘는 것과 같은 종류가 아니라, 왕께서 왕 노릇 하지 못하심은 바로 나뭇가지를 꺾는 것과 같은 종류입니다.

語는 去聲이라 爲長之爲는 去聲이요 長은 上聲이라 折은 之舌反이라

'어(語)'는 거성(去聲;말해줌)이다. '위장(爲長)'의 위(爲)는 거성(去聲;위함)이요 '장(長)'은 상성(上聲;어른)이다. '절(折)'은 지(之)·설(舌)의 반절[꺾을 절]이다.

太山은 卽泰山이니 近齊라

태산(太山)은 바로 태산(泰山)이니, 제나라와 가깝다.

形은 狀也라 挾은 以腋持物也라 超는 躍而過也라 爲長者折枝는 以長者之命으로 折草木之枝니 使令之小者라 言不難也라 是心固有하여 不待外求하니 擴而充之는 在我而已니 何難之有리오 上註難易는 以親疎言이요 此之難易는 以外內言이라

'(形)'은 형상이다. '협(挾)'은 겨드랑이에 물건을 갖는(끼는) 것이다. '초(超)'는 뛰어서 지나가는 것이다. 장자(長者)를 위해서 나뭇가지를 꺾는 것[①]은 장자의 명령에 따라 초목(草木)의 가지를 꺾는 것이니, 사령(使令)의 작은 것이다. 어렵지 않음을 말한다. 이 측은지심(惻隱之心)이 고유하여 밖에 구함을 기다리지 않으니, 이것을 확충함은 나에게 달려있을 뿐이다. 무슨 어려움이 있겠는가. 윗주의 '난이(難易)'는 친소(親疎)를 가지고 말하였고, 여기의 난이는 외내(外內)를 가지고 말하였다.

*① 나뭇가지를 꺾는 것 : 절지(折枝)를 주자는 나뭇가지를 꺾는 것으로 해석하였으나 조기(趙岐)의 주(註)에는 '지(枝)'를 지(肢)로 보아 사지(四肢)를 굽혀 안마하는 것으로 풀이하였는바, 이는 맹자가 출생한 지방의 방언(方言)이라 한다.

7-12

老吾老하여 以及人之老하며 幼吾幼하여 以及人之幼하면 天下를 可運於掌이니 詩云 刑于寡妻하여 至于兄弟하여 以御于家邦이라하니 言擧斯心하여 加諸彼而已라 故로 推恩이면 足以保四海요 不推恩이면 無以保妻子니 古之人이 所以大過人者는 無他焉이라 善推其所爲而已矣라 今에 恩足以及禽獸로되 而功不至於百姓者는 獨何與니잇고

내 노인(부형)을 노인으로 섬겨서 남의 노인에게까지 미치며, 내 어린이(자제)를 어린이로 사랑해서 남의 어린이에게까지 미친다면 천하를 손바닥에 놓고 움직일 수 있습니다. ≪시경≫에 이르기를 '과처(寡妻)에게 모범이 되어서 형제에 이르러 집과 나라를 다스린다.' 하였으니, 이 마음을 들어서 저기에 가할 뿐임을 말한 것입니다. 그러므로 은혜를 미루면 충분히 사해(四海)를 보호할 수 있고, 은혜를 미루지 않으면 처자도 보호할 수 없는 것입니다. 옛사람이 일반인보다 크게 뛰어난 까닭은 딴 것이 없으니, 그 하는 바를 잘 미루었을 뿐입니다. 지금에 은혜가 충분히 금수에게 미쳤으나 공효가 백성들에게 이르지 않음은 유독 어째서입니까?

與는 平聲이라

'여(與)'는 평성(平聲;의문사)이다.

老는 上老라 以老事之也니 吾老는 謂我之父兄이요 人之老는 謂人之父兄이라 幼는 上幼라 以幼畜(휵) 許六反이라 之也니 吾幼는 謂我之子弟요 人之幼는 謂人之子弟라 運於掌은 言易 去聲이니 (上)[下]46)同이라 也라 雙峯饒氏曰 運於掌은 與視諸掌不

---

46) (上)[下]: 대본에는 '上'으로 되어 있으나 문리에 의거하여 '下'로 바로 잡았다. 글자 풀이에

同하니 運屬行이요 視屬知라 ○ 所視者掌이요 所運者非掌이니 亦微不同이라 **詩는 大雅思齊** 音齋라 **之篇이라 刑은 法也라** 謂爲法也라 **寡妻는 寡德之妻니 謙辭也라** 猶言寡小君也라 **御는 治也라** 詩註訓迎하니 當參看이라 ○ 御于之于는 與上二于로 其勢微異하니 諺釋可考라 ○ 言擧句는 釋詩意故로 推四句하고 又因詩意而敷演之라 古之人은 蓋亦指文王이니 如沼上章云이라

'로(老)'는 위 '로(老)'자이다. 늙은이를 섬기는 예로써 섬기는 것이니, '오로(吾老)'는 나의 부형을 이르고 '인지로(人之老)'는 남의 부형을 이른다. '유(幼)'는 위 '유(幼)'자이다. 어린이로써 기르는 **'휵(畜)'은 허(許)·육(六)의 반절[기를 휵]이다.** 것이니, '오유(吾幼)'는 나의 자제(子弟)를 이르고 '인지유(人之幼)'는 남의 자제를 이른다. '운어장(運於掌)'은 쉬움을 **'이(易)'는 거성(去聲;쉬움)이니, 아래도 같다.** 말한다. 쌍봉요씨가 말하였다. "운어장(運於掌)은 시저장(視諸掌;손바닥 위에 놓고 봄)과는 같지 않으니, 운(運)은 행(行)에 속하고 시(視)는 지(知)에 속한다." ○ 보는 것이 손바닥이고 움직이는 것은 손바닥이 아니니, 또한 약간 다르다. **시(詩)는 <대아(大雅) 사재(思齊)>의 편이다. '재(齊)'는 음이 재(齋)이다. '형(刑)'은 법(法)이다.** '법(法)'은 법이 됨을 이른다. **'과처(寡妻)'는 과덕(寡德)한 이의 아내이니, 겸사(謙辭)이다.** 과소군(寡小君)이라는 말과 같다. **'어(御)'는 다스림이다.** ≪시경≫ 주(註)에는 '영(迎)'으로 훈(訓)하였으니, 마땅히 참고해 보아야 한다. ○ '어우(御于)'의 우(于)는 위 두 '우(于)'자와 그 어세(語勢)가 약간 다르니, ≪언해≫의 해석*①을 참고할 만하다. ○ '언거(言擧)' 구는 ≪시경≫의 뜻을 해석하였기 때문에 네 구(句)로 미루었고, 또 시의 뜻을 인하여 부연하였다. '고지인(古之人)'은 아마도 또한 문왕(文王)을 가리킨 듯하니, 소상장(沼上章;앞 2장)과 같다.

*① ≪언해≫의 해석 : "과처(寡妻)에 법하여 형제에 이르러서 집과 나라를 다스린다."로 되어 있어, 위의 于에서는 '에'로 아래의 于에서는 '를'로 해석하였으므로 어세가 약간 다르다고 한 것이다.

不能推恩이면 則衆叛親離라 故로 無以保妻子라 蓋骨肉之親은 本同一氣하니 又非但若人 他人이라 **之同類而已라** 雲峯胡氏曰 須看集註三節議論貫穿處라 曰同生、曰同類、曰同氣라하니 是爲理一而分殊라 雖推之有序나 然皆不過自吾本心而推之하니 是爲分殊而理一也니라 **故로 古人이 必由親親推之然後에 及於仁民하고 又推其餘然後에 及於愛物하니** 說見盡心上47)이라 **皆由近以及遠하고 自易以及難이어늘** 程子曰 古人善推는 此告齊王云爾니 聖人則不待推시니라 ○ 魯齋王氏曰 善推其所爲一句는 是孟子平生功夫受用이 只在此하시니라 ○ 和靖尹氏曰 學者最要推니 因一事(則)[而]48)推之면 大有所

하동(下同)만 있고 상동(上同)은 없다.

47) ≪孟子 盡心上 45章≫ "孟子曰: 君子之於物也, 愛之而弗仁, 於民也, <u>仁之而弗親, 親親而仁民, 仁民而愛物</u>."

益이니라 今王反之하니 與古人相反이라 則必有故矣라 故로 復 去聲이라 推本 親親、仁民은 爲愛物之本이라 而再問之하시니라 新安陳氏曰 再問은 十分精神이요 文法亦有照應收拾하니라

은혜를 미루지 못하면 민중이 배반하고 친척이 이산된다. 그러므로 처자를 보호할 수 없는 것이다. 골육(骨肉)의 친척은 본래 한 기(氣)를 함께 하였으니, 또 단지 사람의 '인(人)'은 타인이다. 동류(同類)와 같을 뿐만이 아니다. 운봉호씨가 말하였다. "모름지기 《집주》 세 절의 의론이 일관되는 곳을 보아야 한다. 동생(同生)이라 하고, 동류(同類)라 하고, 동기(同氣)라 하였으니, 이는 리(理)는 하나이나 분(分;직분)이 다름이 된다. 비록 미루어 감에 차례가 있으나 모두 내 본심으로부터 미루어 감에 지나지 않으니, 이것은 분(分)은 다르나 리(理)는 하나임이 되는 것이다." 그러므로 옛사람은 반드시 친친(親親)으로 말미암아 미루어나간 뒤에 인민(仁民)에 미치고 또 그 나머지를 미룬 뒤에 애물(愛物)에 미치니, 해설이 〈진심 상〉에 보인다. 모두 가까움으로부터 멂에 미치고 쉬움으로부터 어려움에 미친 것이다. 정자가 말씀하였다. "고인(古人)이 잘 미루었다는 것은 이는 제왕(齊王)에게 고하기를 이와 같이 하신 것이니, 성인은 미루어 가기를 기다리지(필요로 하지) 않는다." ○ 노재왕씨(魯齋王氏)가 말하였다. "선추기소위(善推其所爲)' 한 구는 바로 맹자가 평생 동안 공부를 수용(受用)함이 오직 여기에 있었다." ○ 화정윤씨(和靖尹氏)가 말하였다. "배우는 자는 가장 미루어야 하니, 한 일을 인하여 미루면 크게 유익한 바가 있다." 그런데 지금 왕은 이것을 뒤집어 하였으니, 고인(古人)과 상반된다. 그렇다면 반드시 이유가 있을 것이다. 그러므로 다시 '부(復)'는 거성(去聲;다시)이다. 근본을 친친(親親)과 인민(仁民)은 애물(愛物)의 근본이 된다. 미루어서 재차 물으신 것이다. 신안진씨가 말하였다. "두 번 물음은 십분(十分) 정신이 나고, 문법 또한 조응하여 수습함이 있다."

7-13

權然後에 知輕重하며 度(도)然後에 知長短이니 物皆然이어니와 心爲甚하니 王請度(탁)之하소서

저울질을 한 뒤에 경중(輕重)을 알며, 재어본 뒤에 장단(長短)을 알 수 있습니다. 사물이 다 그러하지만 그 중에도 마음이 유독 심하니, 왕은 청컨대 이것을 헤아리소서.

度之之度은 待洛反이라

---

48) (則)[而] : 대본에는 '則'으로 되어 있으나 문리에 의거하여 '而'로 바로잡았다.

탁지(度之)의 '탁(度)'은 대(待)·락(洛)의 반절[헤아릴 탁]이다.

權은 稱 去聲이니 下同이라 錘 直垂反이라 也요 度(도)는 丈尺也라 度(탁)之는 謂稱權이라 量 度라 之也라 言 物之輕重長短은 人所難齊라 必以權度度(탁)之而後可見이니 知라 若心之應物은 則其輕重長短之難齊하여 而不可不度(탁)以本然之權度가 朱子曰 本然之權度는 亦只是此心이니 此心이 本然萬理皆具하니라 ○ 本然은 猶自然也니 以此度之는 是以心度心也라 蓋以心之所具로 度心之所行耳니라 ○ 孔子心不踰矩는 是本然之矩也라 又有甚於物者라 朱子曰 物易見하고 心無形하여 度物易하고 度心難이라 度物差了엔 只是一事요 心差了時엔 萬事差하니 所以心爲甚이니라 今王이 恩及禽獸로되 方重言其事故로 去足以二字라 而功不至於百姓하니 是는 其愛物之心이 重且長하고 而仁民之心이 輕且短하여 依權度而言이라 失其當然之序로되 而不自知也라 故로 上文에 旣發其端하시고 新安陳氏曰 指恩足二句라 ○ 獨何如三字는 是發端之辭라 而於此에 請王度(탁)之也하시니라 獨何與는 怪之之辭요 請度之는 勸之之辭니 以其當度而不之度故로 請其度之也시니라

'권(權)'은 저울의 '칭(稱)'은 거성(去聲;저울)이니, 아래도 같다. 추요, '추(錘)'는 직(直)·수(垂)의 반절[저울추 추]이다. '도(度)'는 길[丈]과 자[尺]이다. '탁지(度之)'는 저울질하고 '칭(稱)'은 권(權)이다. 헤아림을 '량(量)'은 탁(度)이다. 이른다. 물건의 경중(輕重)과 장단(長短)은 사람이 똑같이 하기가 어려운 바이니, 반드시 저울과 자[度]를 가지고 헤아린 뒤에야 <경중과 장단을> 볼 수 있는 것이다. 경문의 지(知)이다. 마음이 사물에 응함으로 말하면 그 경중과 장단을 가지런히 하기가 어려워서 본연의 권도(權度)로써 헤아리지 않을 수 없는 것이 주자가 말씀하였다. "본연의 권도는 또한 다만 이 마음이니, 이 마음이 본연(本然)히 만리(萬理)가 다 갖추어져 있다." ○ 본연은 자연과 같으니, 이로써 마음을 헤아리는 것이다. 마음에 갖춰져 있는 것을 가지고 마음의 행하는 바를 헤아리는 것이다. ○ 공자(孔子)의 '마음이 법도를 넘지 않음[心不踰矩]'[①]의 '구(矩)'는 본연의 법도이다. 또 물건보다도 심함이 있는 것이다. 주자가 말씀하였다. "물건은 보기가 쉽고 사람의 마음은 형체가 없어서 물건을 헤아리기는 쉽고 마음을 헤아리기는 어렵다. 물건을 헤아릴 때 잘못하면 다만 한 가지 일이 잘못되지만 마음이 잘못되었을 때에는 만사(萬事)가 잘못되니, 이 때문에 마음이 심함이 되는 것이다." 지금 왕은 은혜가 금수에게 미쳤으나 막 그 일을 중하게 말씀하려고 하였으므로 '족이(足以)' 두 글자를 뺀 것이다. 공효가 백성에게 이르지 않았으니, 이는 물건을 사랑하는 마음이 무겁고 또 길며 백성을 사랑하는 마음이 가볍고 또 짧아서, 권도(權度)에 따라 말씀한 것이다. 그 당연한 순서를 잃었으면서도 스스로 알지 못한 것이다. 그러므로 윗글에서는 이미 그 단서를 발하셨고, 신안진씨가 말하였다. "'은족(恩足)' 두 구를 가리킨 것이다." ○ '독하여(獨何如)' 세 글자는

이는 단서를 발하는 말씀이다. **여기에서는 왕이 헤아리기를 청하신 것이다.** '독하여(獨何如)'는 괴이하게 여기는 말씀이요 '청탁지(請度之)'는 권하는 말씀이니, 그 마땅히 헤아려야 하는데 헤아리지 않기 때문에 그 헤아릴 것을 청하신 것이다.

*① 공자의……않음 : ≪논어≫〈위정(爲政)〉에 보이는 공자의 말씀으로, "나는 70세에 마음에 하고자 하는 바를 따라도 법도를 넘지 않았다.〔七十從心不踰矩〕" 하였다.

7-14

抑王은 興甲兵하며 危士臣하여 構怨於諸侯然後에 快於心與잇가

왕은 갑병(甲兵)을 일으키며 군사와 신하들을 위태롭게 해서 제후들과 원한을 맺은 뒤에야 마음이 쾌하시겠습니까?"

與는 平聲이라

'여(與)'는 평성(平聲;의문사)이다.

此以下는 說出興甲事하여 以攻王之慾心하니 蓋推易牛之心이면 則足以保民이라 然이나 不攻去其慾心이면 則民亦不可保故耳라

이 아래는 군대를 일으키는 일을 말씀해 내어서 왕의 욕심을 공격하였으니, 소와 바꾼 마음을 미루어 가면 충분히 백성을 보호할 수 있다. 그러나 그 욕심을 공격하여 제거하지 못하면 백성을 또한 보호할 수 없기 때문이다.

抑은 發語辭라 此其更端處故로 特下抑字하니 其勢如平地起山이라 視上面說出易牛事하면 甚覺用力云이라 士는 戰士地라 構는 結也라 孟子以王愛民之心이 所以輕且短者는 照應上節하여 以接屬上下文義하니 蓋上下文義斷落이나 而兩箇心字 爲其接續之線脈이라 必其以是三者爲快也라 然이나 三事는 實非人心之所快니 有甚於殺觳觫之牛者라 又照應易牛事라 故로 指 三事라 以問土하여 欲其以此而度 入聲이라 之也하시니라 又照應上節이라 ○ 雲峯胡氏曰 上節心字는 指本心이니 本心之中에 有自然之權度요 此節心字와 與後數箇欲字는 便非本心이니 本心은 難於擴充이요 欲心은 易於蔽固하니 此王道所以不行也니라

'억(抑)'은 발어사이다. 이는 그 단서를 바꾼 곳이기 때문에 특별히 '억(抑)'자를 놓았으니, 그 형세가 평지에 산이 우뚝 솟은 것과 같다. 상면(上面)에 소와 바꾼 일을 말씀해낸 것에 비하면

심히 힘을 쓴 것을 느낀다. '사(士)'는 전사(戰士)이다. '구(構)'는 맺음이다. 맹자는 왕이 백성을 사랑하는 마음이 가볍고 또 짧은 까닭은 윗절에 조응하여 위아래 글 뜻을 접속(接續)하였으니, 위아래의 글 뜻이 끊겼으나 두 개의 '심(心)'자가 그 접속하는 선맥(線脈)이 된다. **반드시 이 세 가지로써 쾌함을 삼기 때문일 것이라고 여기셨다. 그러나 세 가지 일은 실로 사람의 마음에 쾌하게 여길 바가 아니니, 이것은 곡속(穀觫)하는 소를 죽이는 것보다도 심함이 있다.** 또 소와 바꾼 일을 조응하였다. 그러므로 이것을 지적하여 세 가지 일(興甲兵, 危士臣, 構怨於諸侯.)이다. **왕에게 물어서 이로써 헤아리게** '탁(度)'은 입성(入聲;헤아림)이다. **하고자 하신 것이다.** 또 윗절과 조응하였다. ○ 운봉호씨가 말하였다. "윗절의 '심(心)'자는 본심(本心)을 가리킨 것이니 본심 가운데 자연의 권도가 있고, 이 절의 '심'자와 뒤의 몇 개의 '욕(欲)'자는 곧 본심이 아니다. 본심은 확충하기가 어렵고 욕심은 폐고(蔽固;가려지고 고착됨)하기가 쉬우니, 이는 왕도가 행해지지 못하는 이유이다."

7-15

> 王曰 否라 吾何快於是리오 將以求吾所大欲也로이다
>
> 왕이 말씀하였다. "아닙니다. 내 어찌 이것을 쾌하게 여기겠습니까? 장차 나의 크게 하고자 하는 바를 구하려고 해서입니다."

不快於此 指上三事하니 下二此는 一是同이라 者는 心之正也요 而必爲此者는 欲 人欲이라 誘之也니 欲之所誘者 獨在於是라 是以로 其心이 尙明於他로되 慶源輔氏曰 不忍一牛라 而獨暗於此하니 此其愛民之心이 所以輕短하여 而功不至於百姓也니라 又照應上文이라

이것을 위의 세 가지 일을 가리키니, 아래 두 개의 '차(此)'는 한결같이 똑같다. **쾌하게 여기지 않음은 마음의 올바름이요, 반드시 이것을 하려고 함은 욕심이** '욕(欲)'은 인욕(人欲)이다. **유인한 것이다. 욕심의 유인하는 바가 유독 여기에 있었다. 이 때문에 그 마음이 오히려 다른 곳에는 밝으나** 경원보씨가 말하였다. "한 마리 소를 차마 죽이지 못한 것이다." **홀로 여기에는 어두운 것이니, 이것이 백성을 사랑하는 마음이 가볍고 짧아서 공효가 백성들에게 이르지 않는 까닭인 것이다.** 또다시 윗글에 조응하였다.

7-16

曰 王之所大欲을 可得聞與잇가 王이 笑而不言하신대 曰 爲肥甘이 不足於口與며 輕煖이 不足於體與잇가 抑爲采色이 不足視於目與며 聲音이 不足聽於耳與며 便嬖(편폐)不足使令於前與잇가 王之諸臣이 皆足以供之하나니 而王은 豈爲是哉시리잇고 曰 否라 吾不爲是也로이다 曰 然則王之所大欲을 可知已니 欲辟土地하며 朝秦楚하여 莅中國而撫四夷也로소이다 以若所爲로 求若所欲이면 猶緣木而求魚也니이다

맹자가 말씀하셨다. "왕께서 크게 하고자 하시는 바를 얻어 들을 수 있겠습니까?" 왕이 웃으면서 말씀하지 않자, 맹자가 말씀하셨다. "살지고 단 음식이 입에 부족하며, 가볍고 따뜻한 옷이 몸에 부족함을 위해서입니까? 아니면 채색(采色)이 눈으로 보기에 부족하며, 아름다운 음악이 귀로 듣기에 부족하며, 친숙하고 총애하는 사람들이 앞에서 사령(使令)함에 부족함을 위해서입니까? 왕의 여러 신하들이 모두 충분히 이것을 공급하니, 왕이 어찌 이것을 위해서이겠습니까?" 왕이 말씀하였다. "아닙니다. 나는 이것을 위해서가 아닙니다." 맹자가 말씀하셨다. "그렇다면 왕이 크게 하고자 하시는 바를 알 수 있겠습니다. 토지를 개척하며 진(秦)나라와 초나라에게 조회를 받아 중국(中國)에 임하여 사방의 오랑캐들을 어루만지고자 하시는 것입니다. 이와 같은 소행으로써 이와 같은 소원을 구하신다면 나무에 올라가서 물고기를 구하는 것과 같습니다."

與는 平聲이라 爲肥、抑爲、豈爲、不爲之爲는 皆去聲이요 便、令은 皆平聲이라 辟은 與闢同이리 朝는 音潮라

'여(與)'는 평성(平聲;의문사)이다. 위비(爲肥), 억위(抑爲), 기위(豈爲), 불위(不爲)의 '위(爲)'는 모두 거성(去聲;위함, 때문)이요 '편(便)'과 '령(令)'은 모두 평성(平聲;익힘, 명령함)이다. '벽(辟)'은 벽(闢)과 같다. '조(朝)'는 음이 조(潮;조회함)이다.

此抑字는 是轉語辭也라 一足字奪五不足字하고 一豈爲字奪二爲字하니 蓋云豈爲是면 則必別有爲라

이 '억(抑)'자는 바로 말을 돌리는 글이다. 한 '족(足)'자가 다섯 개의 '불족(不足)'이란 글자를 빼앗고, 한 '기위(豈爲)'라는 글자가 두 '위(爲)'자를 빼앗으니, '어찌 이것을 위해서 이겠습니까〔豈爲是〕'라고 말했으면 반드시 별도로 위해서가(때문이) 있는 것이다.

便은 習也라 嬖는 近習嬖幸之人也라 已는 語助辭라 辟은 開廣也라 朝는 致其來朝也라 文勢有嫌於往朝故로 特明之라 秦、楚는 皆大國이라 秦、楚는 已見前章이어늘 而此特訓之者는 以見其致朝之難이요 且爲其上無所蒙也일새라 莅는 臨也라 新安陳氏曰 所大欲이 在此하니 所以初發問에 便欲聞桓, 文霸圖事하니라 若은 如此也라 所爲는 指興兵結怨之事라 照應上節이라 緣木 沙溪曰 猶紂爲銅柱하여 使人緣之之緣이라 求魚는 言必不可得이라 魚在水하니 求之山木이면 豈可得乎아

편폐(便嬖)는 '편(便)'은 익힘이다. 가까이 모셔 익숙하고 총애하는 사람이다. '이(已)'는 어조사이다. '벽(辟)'은 개척하여 넓힘이다. '조(朝)'는 와서 조회하게 하는 것이다. 문세(文勢)가 가서 조회하는 혐의가 있으므로 특별히 밝힌 것이다. 진(秦)과 초(楚)는 모두 강대국이다. 진과 초는 이미 앞장에 보이는데 여기서 특별히 훈(訓)한 것은 그 조회 오게 하기가 어려움을 나타내었고, 또 그 위에 이어받는 바가 없기 때문이다. '리(莅)'는 임함이다. 신안진씨가 말하였다. "크게 하고자 하는 바가 여기에 있으니, 이 때문에 처음 물을 적에 곧바로 환공(桓公)과 문공(文公)의 패자(霸者)를 도모하는 일을 듣고자 한 것이다." '약(若)'은 이와 같음이다. '소위(所爲)'는 군대를 일으키고 원망을 맺는 일을 가리킨다. 윗절에 조응하였다. 나무에 올라가 사계(沙溪)가 말씀하였다. "주왕(紂王)이 구리 기둥을 만들고서 사람으로 하여금 올라가게 했다는 연(緣)과 같다." 물고기를 구함은 반드시 얻을 수 없음을 말한 것이다. 물고기는 물에 있으니, 이것을 산의 나무에서 구하면 어찌 얻을 수 있겠는가.

7-17

王曰 若是其甚與잇가 曰 殆有甚焉하니 緣木求魚는 雖不得魚나 無後災어니와 以若所爲로 求若所欲이면 盡心力而爲之라도 後必有災하리이다 曰 可得聞與잇가 曰 鄒人이 與楚人戰이면 則王은 以爲孰勝이니잇고 曰 楚人이 勝하리이다 曰 然則小固不可以敵大며 寡

固不可以敵衆이며 弱固不可以敵强이니 海內之地 方千里者九에 齊集有其一하니 以一服八이 何以異於鄒敵楚哉리잇고 蓋亦反其本矣니이다

왕이 말씀하였다. "이와 같이 심합니까?" 맹자가 말씀하셨다. "이보다도 더 심함이 있으니, 나무에 올라가 물고기를 구함은 비록 물고기를 얻지 못하더라도 뒤에 재앙은 없지만, 이와 같은 소행으로 이와 같은 소원을 구한다면 마음과 힘을 다하여 하더라도 뒤에 반드시 재앙이 있을 것입니다." 왕이 "얻어들을 수 있겠습니까?" 하고 묻자, 맹자가 말씀하셨다. "추(鄒)나라 사람(장수)이 초나라 사람과 싸운다면 왕은 누가 이기리라고 여기십니까?" "초나라 사람이 이길 것입니다." "그렇다면 작은 나라는 진실로 큰 나라를 대적할 수 없으며, 적은 사람은 진실로 많은 사람을 대적할 수 없으며, 약한 자는 진실로 강한 자를 대적할 수 없는 것입니다. 해내(海內)의 땅에서 사방 천 리 되는 것이 아홉인데, 제(齊)나라가 전체를 모음에 그 하나를 소유하였으니, 하나를 가지고 여덟을 복종시키는 것이 어찌 추나라가 초나라를 대적함과 다르겠습니까? 또한 그 근본을 돌이켜야 합니다.

甚與、聞與之與는 平聲이라

심여(甚與)와 문여(聞與)의 '여(與)'는 평성(平聲;의문사)이다.

殆、蓋는 皆發語辭라 與抑字義同이라 ○ 以類合訓之故로 蓋先於鄒라 鄒는 小國이요 楚는 大國이라 上旣訓之어늘 而此重訓者는 欲與鄒相形也라 ○ 小、大는 以地言이요 寡、衆은 以民言이요 弱、强은 以兵言이라 齊集有其一은 言集合齊地면 蓋通附庸、采地而言이라 其方千里니 是는 有天下九分 去聲이라 之一也라 新安陳氏曰 千里者九는 齊、楚、燕、秦、趙、魏、韓、宋、中山也라 ○ 按中山은 姬姓之國이니 武公、桓公이 嘗强大하니라 以一服八은 欲其來服이라 必不能勝이니 大全曰 有敗亡之禍라 所謂後災也라 補此一句하여 以應可得聞與之問이라 ○ 楚哉下에 忽接以反本句하여 回向保民事去하니 如順風之翼이 忽回身하여 甚覺用力이라 反本은 說見 音現이라 下文하니라 指今王節이라 ○ 王欲聞保民之說이 心已渴矣니 本矣之下에 似當直接以五畝節이로되 而猶著多少說하고 至再言反本然後에 乃說出之하시니 蓋矜重其說은 欲王審聽也라

'태(殆)'와 '개(蓋)'는 모두 발어사이다. '억(抑)'자와 뜻이 같다. ○ 같은 종류끼리 모아 훈(訓)했기 때문에 개(蓋)를 추(鄒)보다 먼저 한 것이다. **추(鄒)는 작은 나라이고 초(楚)는 큰 나라이다.** 〈초는〉위에 이미 훈(訓)하였는데, 여기서 거듭 훈한 것은 추(鄒)와 서로 나타나고자 한 것이다. ○ 소(小)와 대(大)는 영토를 가지고 말하였고, 중(衆)과 과(寡)는 백성을 가지고 말하였고, 약(弱)과 강(强)은 병력을 가지고 말하였다. **'제집유기일(齊集有其一)'은** 제나라 땅을 집합하면 부용(附庸)과 채지(采地)를 통틀어 말하였다. 그 방(方)이 천 리이니, 이는 천하의 9분의 '분(分)'은 거성(去聲;나눔)이다. **1을 소유함을 말한다.** 신안진씨가 말하였다. "천 리 되는 것이 아홉이라는 것은 제(齊)·초(楚)·연(燕)·진(秦)·조(趙)·한(韓)·위(魏)·송(宋)·중산(中山)이다." ○ 살펴보건대 중산(中山)은 희성(姬姓)의 나라이니, 무공(武公)과 환공(桓公)이 가장 강대(强大)하였다. **하나를 가지고 여덟을 복종시킴은** 그 와서 복종하고자 하는 것이다. **반드시 이길 수 없으니,** ≪대전≫에 말하였다. "패망하는 화가 있는 것이다." 이것이 이른바 뒤의 재앙이라는 것이다. 이 한 구를 보충하여 가득문여(可得聞與)의 물음에 응한 것이다. ○ '초재(楚哉)' 아래에 갑자기 '반본(反本)'의 구를 연접(連接)하여 백성을 보호하는 일로 돌려 향해 갔으니, 순풍에 날던 나래가 갑자기 몸을 돌린 것과 같아서 심히 힘씀을 느낀다. **'반본(反本)'은** 설명이 다음 글에 보인다. **'현(見)'은 음이 현(現)이다.** ○ '금왕(今王)' 절(節)을 가리킨 것이다. ○ 왕이 백성을 보호하는 말씀을 듣고자 하는 마음이 이미 목말랐으니, '본의(本矣)'의 아래에 마땅히 직접 '오무(五畝)'의 절을 이어야 할 듯한데도 오히려 많은 말씀을 늘어놓고 두 번 반본을 말씀함에 이른 뒤에야 비로소 말씀하셨으니, 이는 그 말씀을 아끼고 중히 함은 왕이 살펴 듣게 하고자 한 것이다.

7-18

今王이 發政施仁하사 使天下仕者로 皆欲立於王之朝하며 耕者로 皆欲耕於王之野하며 商賈로 皆欲藏於王之市하며 行旅로 皆欲出於王之途하시면 天下之欲疾其君者 皆欲赴愬於王하리니 其若是면 孰能禦之리잇고

지금 왕께서 훌륭한 정치를 펴고 인정(仁政)을 베푸시어 천하에 벼슬하는 자들로 하여금 모두 왕의 조정에서 벼슬하고자 하며, 경작하는 자들로 하여금 모두 왕의 들에서 경작하고자 하며, 장사꾼들로 하여금 모두 왕의 시장에 물건을 저장하고자 하며, 여행하는 자들로 하여금 모두 왕의 길에 나오고자 하게 한다면, 천하에 그 군주를 미워하려고 하는 자들이 모두 왕에게 달려와 하소연하고자 할 것이니, 이와 같으면 누가 이것을 막겠습니까."

朝는 音潮요 賈는 音古라 愬는 與訴同이라

'조(朝)'는 음이 조(潮;조정)요, '고(賈)'는 음이 고(古;장사)이다. '소(愬)'는 소(訴)와 같다.

若은 一作如라 ○ 仕、耕、市三事는 當以下明堂章參看이라 ○ 欲疾、欲赴二欲字는 說得忠厚不迫이라

'약(若)'은 일본(一本)에는 여(如)로 되어 있다. ○ 벼슬함과 밭 갊과 시장의 세 가지 일은 마땅히 아래의 명당장(明堂章)을 참고해 보아야 한다. ○ 욕질(欲疾)과 욕부(欲赴)의 두 '욕(欲)'자는 말씀한 것이 충후(忠厚)하여 박절(迫切)하지 않다.

行貨曰商이요 行은 如流水之行이라 居貨曰賈라 廢居49)之居라 ○ 行與居를 皆可言藏이라 發政施仁은 所以王天下之本也라 指保民而王이라 ○ 承上節本字而釋其義라 近者悅하고 遠者來하면 出論語子路라50) ○ 近은 謂本國이요 遠은 謂天下니 施仁於國而天下自來라 則大小、彊弱은 非所論矣라 承上章而言하고 此下엔 又兩對論斷之라 蓋力求所欲이면 則所欲者를 反不可得이요 能反其本이면 則所欲者不求而至니 與首章意同하니라 卽求利未得과 自無不利之意라

재물을 가지고 다니면서 파는 것을 '상(商)'이라 하고, '행(行)'은 흐르는 물의 흘러감[行]과 같은 것이다. 재물을 쌓아놓고 파는 것을 '고(賈)'라 한다. 폐거(廢居)*① 의 거(居)이다. ○ 행(行)과 거(居)를 모두 장(藏)이라고 말할 수 있다. '발정시인(發政施仁)'은 천하에 왕 노릇 하는 바의 근본이다. 백성을 보호하여 왕노릇함을 가리킨 것이다. ○ 윗절의 '본(本)'자를 이어서 그 뜻을 해석하였다. 가까이 있는 자가 기뻐하고 멀리 있는 자가 온다면 이 내용은 ≪논어≫〈자로(子路)〉에 나온다. ○ '근(近)'은 본국을 이르고 '원(遠)'은 천하를 이르니, 인(仁)을 나라에 베풀면 천하가 스스로 오는 것이다. 대소(大小)와 강약(强弱)은 논할 바가 아니다. 윗장을 이어서 말하였고, 이 아래에 또 둘로 상대하여 논단(論斷)하였다. 힘써 자신의 하고자 하는 바를 구한다면 하고자 하는 바를 도리어 얻지 못하고, 그 근본을 돌이킨다면 하고자 하는 바가 구하지 않아도 올 것이니, 수장(首章)의 뜻과 같다.*② 바로 이로움을 구하나 얻지 못하고 스스로 이롭지 않음이 없다는 뜻이다.

*① 폐거(廢居) : 물건을 쌓아 두고 있다가 값이 오르면 파는 것을 이른다.
*② 수장(首章)의 뜻과 같다 : 수장(首章)은 본편(本篇)의 첫 장으로, 이익을 구하면 도리어 이익을 얻지 못하고 인의(仁義)를 힘써 행하면 이익을 추구하지 않아도 저절로 이로움을 얻게 됨을 말하였으므로 뜻이 같다고 한 것이다.

---

49) ≪史記 卷30 平準書≫ "轉轂百數, 廢居居邑."
50) ≪論語 子路 16章≫ "葉公問政. 子曰: 近者說, 遠者來."

7-19

王曰 吾惛하여 不能進於是矣로니 願夫子는 輔吾志하여 明以敎我하소서 我雖不敏이나 請嘗試之호리이다

왕이 말씀하였다. "나는 어두워서(혼우하여) 여기에 나아갈 수 없으니, 원컨대 부자께서는 나의 뜻을 도와서 밝게 나를 가르쳐 주소서. 내 비록 불민(不敏)하나 이것을 한번 시험해 보겠습니다."

惛은 與昏同이라

'혼(惛)'은 혼(昏)과 같다.

集註無文이라 ○ 惛은 蓋心昏也라 是는 指發政施仁也라 惠王之云敎는 其意汎하고 此之云敎는 其意切하니 至此而遂以弟子自處矣라

《집주》에는 글이 없다. ○ '혼(惛)'은 마음이 어두운 것이다. '이것〔是〕'은 발정시인(發政施仁)을 가리킨 것이다. 혜왕이 말한 가르침은 그 뜻이 범연(汎然)하고 여기에서 선왕이 말한 가르침은 그 뜻이 간절하니, 이에 이르러서는 마침내 제자로써 자처한 것이다.

7-20

曰 無恒産而有恒心者는 惟士爲能이어니와 若民則無恒産이면 因無恒心이니 苟無恒心이면 放辟邪侈를 無不爲已니 及陷於罪然後에 從而刑之면 是는 罔民也니 焉有仁人在位하여 罔民을 而可爲也리오

맹자가 말씀하셨다. "떳떳한 생업이 없으면서도 떳떳한 마음을 가지고 있는 것은 오직 선비만이 능할 수 있고, 백성으로 말하면 떳떳이 살 수 있는 생업이 없으면 인하여 떳떳한 마음이 없어지는 것입니다. 만일 떳떳한 마음이 없어진다면 방벽(放辟)함과 사치(邪侈)함을 하지 않음이 없을 것이니, 그리하여 죄에 빠짐에 이른 뒤에 따라서 이들을 형벌한다면 이것은 백성을 그물질하는 것이니, 어찌 인인(仁人)이 지위에 있으면서 백성을 그물질하는 짓을 할 수 있겠습니까.

恒은 胡登反이라 辟은 與僻同이라 焉은 於虔反이라

'항(恒)'은 호(胡)·등(登)의 반절[항상 항]이다. '벽(辟)'은 벽(僻;간사함, 방자함)과 같다. '언(焉)'은 어(於)·건(虔)의 반절[어찌 언]이다.

恒은 常也요 産은 生業也니 恒産은 可常生之業也요 慶源輔氏曰 下文所言五畝宅、百畝田이 是也라 ○ 先汎論其理하고 然後에 乃言其法이라 恒心은 人所常有之善心也라 慶源輔氏曰 下文所言善與禮義 是也니 善은 又禮義之總名이니라 ○ 雲峯胡氏曰 此心字는 亦指本心이로되 但指其在士、民者言이니라 士 以下嘗字觀之하면 蓋指三士나 然未仕之讀書君子도 亦可通謂之士니 如士尙志之類51) 是也라 嘗學問하여 知義理라 故로 雖無常 一作恒하니 誤라 産이라도 而有常心이어니와 訓은 擧經文故로 直書恒字하고 釋은 係己事故로 避國諱하여 改作常하니 論語의 無恒註放此라52) 民則不能然矣라 蒙上而省文이라 罔은 猶羅罔이니 羅罔者라 欺其不見而取之也라 欺其不見은 以無恒産이어늘 而取之以放辟邪侈之罪하면 如網者之取魚也라 蓋網之得名은 本以其欺罔也라

'항(恒)'은 떳떳함이요, '산(産)'은 생업(生業)이다. '항산(恒産)'은 떳떳이 살 수 있는 생업이요, 경원보씨가 말하였다. "아랫글에서 말한 오무(五畝)의 집과 백무(百畝)의 전지(田地)가 이것이다." ○ 먼저 그 이치를 범연(汎然)히 논하고, 그런 뒤에야 비로소 그 법제를 말씀하였다. '항심(恒心)'은 사람이 떳떳이 가지고 있는 선심(善心)이다. 경원보씨가 말하였다. "아랫글에 말한 선(善)과 예의(禮義)가 바로 이것이니, 선은 또 예의의 총칭이다." ○ 운봉호씨가 말하였다. "여기의 '심(心)'자는 또한 본심을 가리켰는데, 다만 그 선비와 백성에게 있는 것을 가리켜 말씀하였다." 선비[士]는 아래 '상(嘗)'자로 보면 상·중·하의 삼사(三士)를 가리킨 것이나 벼슬하지 않은 독서하는 군자도 또한 통틀어 사(士)라고 이를 수 있으니, 사는 뜻을 숭상한다는 것과 같은 류가 이것이다. 일찍이 학문을 해서 의리(義理)를 안다. 그러므로 비록 떳떳이 '상(常)'이 일본(一本)에는 '항(恒)'으로 되어 있으니, 잘못이다. 살 수 있는 생업이 없더라도 떳떳한 마음을 가지고 있지만 훈(訓)은 경문을 들었기 때문에 곧바로 '항(恒)'자를 썼고, 석(釋)은 주자 자기의 일에 관계되기 때문에 국휘(國諱)를 피하여*① 상(常)으로 고쳐 썼으니, ≪논어≫의 무항(無恒) 주(註)도 이와 같다. 백성인즉 그렇지 못한 것이다. 윗글을 이어 글을 생략하였다. 망(罔)은 라망(羅罔;그물)과 같으니, 그물질하는 것이다. 그 보지 못함을 속여서 취하는 것이다. 그 보지 못함을 속임은 항산(恒産)이 없어서인데 방벽·사치한 죄로써 잡아가면 그물질 하는 자가 물고기를 잡는 것과 같은 것이다. 망(網)이 그물이란 이름을 얻음은 본래 그 속이는 뜻을 취한 것이다.

---

51) ≪孟子 盡心上 33章≫ "王子墊問曰: 士何事. 孟子曰: 尙志."

52) ≪論語 子路 22章≫ "子曰: 南人有言曰: 人而無恒, 不可以作巫醫, 善夫." ≪集註≫ "雖賤役, 而尤不可以無常."

*① 국휘(國諱)를 피하여 : 여기의 국휘는 송(宋)나라 황제의 어휘(御諱)를 가리킨 것으로 진종(眞宗)의 이름이 항(恒)이다.

7-21

> 是故로 明君이 制民之産호되 必使仰足以事父母하며 俯足以畜(휵)妻子하여 樂歲에 終身飽하고 凶年에 免於死亡하나니 然後에 驅而之善이라 故로 民之從之也輕하니이다
>
> 그러므로 현명한 군주는 백성의 생업을 제정해 주되 반드시 위로는 충분히 부모를 섬길 수 있으며 아래로는 충분히 처자를 기를 수 있어서, 풍년에는 종신토록(1년 내내) 배부르고 흉년에는 사망을 면하게 하나니, 그런 뒤에야 백성들을 몰아서 선(善)에 가게 합니다. 그러므로 백성들이 명령을 따르기가 쉬운 것입니다.

畜은 許六反이니 下同이라

'휵(畜)'은 허(許)·육(六)의 반절[기를 휵]이니, 아래도 같다.

不云古人而云明君者는 欲歆動王心하여 不使其自畫也라 ○ 制字는 又漸向五畝節去라 ○ 樂歲는 豐年也라 之善之之는 往也라 ○ 退溪曰 樂歲非止一年也라 民生百歲之中에 凡遇樂歲하면 皆得飽樂하니 是終身飽也니라 ○ 沙溪曰 終은 極也니 終身飽苦는 謂極其身心之苦樂而無餘之意也니라 ○ 按終身二字는 恐只當依常讀之요 不必嫌於一歲中言終身耳라 如作終身樂歲飽讀이면 則可矣니 古人語多倒라

고인(古人)이라고 말하지 않고 명군(明君)이라고 말씀한 것은 왕의 마음을 충동시켜서 그 (스스로)한계를 긋지 않게 하고자 한 것이다. ○ '제(制)'자는 또 점점 오무(五畝) 절(節)을 향하여 갔다. ○ 낙세(樂歲)는 풍년이다. 지선(之善)의 '지(之)'는 감이다. ○ 퇴계(退溪)가 말씀하였다. "낙세(樂歲)가 1년에 그치지 않는다. 백성이 사는 백 년 가운데 무릇 낙세를 만나면 모두 배불러 즐거움을 얻으니, 이는 종신토록 배부른 것이다." ○ 사계(沙溪)가 말씀하였다. "종(終)은 다함이니, 종신포(終身飽)와 종신고(終身苦)는 그 몸과 마음의 괴로움과 즐거움을 다하여 남음이 없다는 뜻을 말한 것이다." ○ 살펴보건대 '종신(終身)' 두 글자는 다만 마땅히 평상대로 읽어야 할 것이요, 굳이 한 해 가운데에 종신을 말한 것이라고 의심할 필요가 없다. 만일 종신토록 낙세에 배부르다고 읽으면 좋으니, 옛사람은 말이 많이 도치되었다.

輕은 猶易 去聲이라 也라 此는 言民有常産而有常心也라 上爲大指요 而此爲詳言이라

'경(輕)'은 이(易)와 '이(易)'는 거성(去聲;쉬움)이다. 같다. 이것은 백성들이 떳떳한 생업이 있어서 떳떳한 마음을 가지고 있음을 말씀한 것이다. 위는 대지(大指)가 되고 이는 상언(詳言)이 된다.

7-22

> 今也에 制民之産호되 仰不足以事父母하며 俯不足以畜妻子하여 樂歲에 終身苦하고 凶年에 不免於死亡하나니 此惟救死而恐不贍이어니 奚暇에 治禮義哉리오
>
> 지금에는 백성의 생업을 제정해 주되 위로는 충분히 부모를 섬길 수 없으며 아래로는 충분히 처자를 기를 수 없어서, 풍년에는 1년 내내 고생하고 흉년에는 사망을 면치 못합니다. 이것은 오직 죽음을 구제하기에도 부족할까 두려우니, 어느 겨를에 예의를 다스리겠습니까.

治는 平聲이니 凡治字爲理物之義者는 平聲이요 爲已理之義者는 去聲이니 後皆放此라

'치(治)'는 평성(平聲;다스림)이니, 무릇 '치(治)'자가 물건을 다스리는 뜻이 되는 것(다스리는 것)은 평성이고, 이미 다스린 뜻이 되는 것(다스려짐)은 거성(去聲)이니, 뒤도 모두 이와 같다.

今也二字는 雖汎指時君이나 而其逼宣王身上意者 爲多矣라 ○ 苦는 謂困於征斂이라

'금야(今也)' 두 글자는 비록 범연히 당시 군주를 가리켰으나 그 선왕(宣王)의 신상(身上)에 핍박한 뜻이 많다. ○ '고(苦)'는 부역과 세금에 곤궁함을 이른다.

贍은 時念反이라 足也라 此는 所謂無常産而無常心者也라 此는 又詳言也라 但上註言言者는 主辭也요 此言所謂者者는 賓辭也니 下節所云本者는 不在此而在上矣라

'섬(贍)'은 '섬(贍)'은 시(時)·념(念)의 반절〔넉넉할 섬〕이다. 족함이다. 이것은 이른바 떳떳한 생업이 없어서 떳떳한 마음이 없다는 것이다. 이는 또 자세히 말한 것이다. 다만 윗주에서 말한 '언(言)'이란 주인으로 한 말이요 여기서 말한 '소위자(所謂者)'란 손님으로 한 말이니, 아랫절

에서 말한 근본[本]은 여기에 있지 않고 위에 있다.

7-23

> 王欲行之시면 則盍反其本矣니잇고
>
> 왕이 이것을 행하고자 하신다면 어찌 그 근본을 돌이키지 않습니까?

行은 謂行仁政이라

 행(行)은 인정(仁政)을 행함을 이른다.

盍은 何不也라 蓋亦은 汎而緩辭요 盍은 切而急辭라 使民有常産者는 又發政施仁之本也니 是本之本이라 說見 音現이라 下文하니라 指五畝節하니 蓋上下下文之不同이 亦如其上下本字之不同耳라

 '합(盍)'은 '어찌 아니'이다. 〈蓋亦反其本矣의〉 개역(蓋亦)은 범연하여 느린 말이고, 합(盍)은 간절하여 급한 말이다. 백성들로 하여금 떳떳한 생업이 있게 하는 것은 또 훌륭한 정사를 펴고 인정을 베푸는 근본이니, 이것이 근본의 근본이다. 설명이 아랫글에 보인다. '현(見)'은 음이 현(現)이다. ○ 오무(五畝)의 절을 가리켰으니, 위아래 '하문(下文)'의 똑같지 않음이 또한 그 위아래 '본(本)'자의 똑같지 않음과 같다.

7-24

> 五畝之宅에 樹之以桑이면 五十者可以衣帛矣며 鷄豚狗彘之畜(휵)을 無失其時면 七十者可以食肉矣며 百畝之田을 勿奪其時면 八口之家 可以無飢矣며 謹庠序之敎하여 申之以孝悌之義면 頒白者不負戴於道路矣리니 老者衣帛食肉하며 黎民이 不飢不寒이요 然而不王者 未之有也니이다

> 5무의 집 주변에 뽕나무를 심게 한다면 50세 된 자가 비단옷(명주옷)을 입을 수 있으며, 닭과 돼지와 개와 큰 돼지를 기름에 새끼 칠 때를 잃지 않게 한다면 70세 된 자가 고기를 먹을 수 있으며, 100무의 토지에 농사철을 빼앗지 않는다면 여덟 식구의 집안이 굶주림이 없을 수 있으며, 상(庠)·서(序)의 가르침을 삼가서 효제(孝悌)의 의리(義理)로써 거듭한다면 머리가 반백(頒白)이 된 자가 도로에서 짐을 지거나 머리에 이지 않을 것이니, 늙은 자가 비단옷을 입고 고기를 먹으며 려민(黎民)이 굶주리지 않고 춥지 않고, 이렇게 하고서도 왕 노릇 하지 못하는 자는 있지 않습니다."

音見前篇하니라

음이 전편에 보인다.

前篇은 猶言前章이라 ○ 全章이 都輸在此一節하니 如千里奔峯이 結一穴於山盡之地라

전편(前篇)은 전장(前章)이란 말과 같다. ○ 온 장이 모두 이 한 절에 실려 있으니, 천 리 멀리 달려온 봉우리가 한 혈(穴;명당(明堂))을 산이 다한 곳에서 맺은 것과 같다.

此는 言 制民之産之法也라 由産而制하고 又由制而法하니 此近末諸節之序也라 趙氏曰 八口之家는 次上農夫也라 見萬章下53)라 ○ 按此節은 一與告惠王者同이라 故로 註首에 只承上節하여 總釋其大義而已요 更不訓釋이라 惟變數口爲八口者爲異라 故로 別訓之하고 若乃七十者、老者는 則無他義故로 不別訓之라 此는 王政之本이요 照上本字라 常生之道라 照下本字라 故로 孟子爲 去聲이라 齊、梁之君하여 各陳之也시니라 楊氏曰 爲天下者는 擧斯心하여 加諸彼而已라 先揚心하고 此下에 又微抑心이라 然이나 雖有仁心仁聞이라도 去聲이라 而民不被其澤者는 不行先王之道故也라 見離婁上이라 故로 以制民之産으로 告之하시니라 其意若曰徒心不足以保民云이라

이것은 백성이 생업을 제정해 주는 법을 말씀한 것이다. 제산으로 말미암아 제정해주고 또 제정해줌으로 말미암아 법제가 생기니, 이는 끝에 가까운 여러 절의 순서이다. **조씨(趙氏)가 말하였다. "여덟 식구의 집안은 다음 상농부(上農夫)**[①]**이다.** 이 내용은 〈만장 하(萬章下)〉에 보인다. ○ 살펴보건대 이 절은 한결같이 혜왕에게 고함과 같다. 그러므로 주(註)의 머리에 다만 윗

---

53) 《孟子 萬章下 2章》 "耕者之所獲, 一夫百畝, 上農夫食九人, <u>上次食八人</u>, 中食七人, 中次食六人 下食五人."

절을 이어서 그 대의(大義)를 총괄하여 해석할 뿐이요 다시 훈(訓)하고 석(釋)하지 않은 것이다. 오직 수구(數口)를 변하여 팔구(八口)로 삼은 것이 다르다. 그러므로 특별히 훈(訓)하였고, 70세가 된 자와 늙은 자로 말하면 딴 뜻이 없기 때문에 특별히 훈하지 않았다. **이것은 왕정(王政)의 근본이요, 위의 '본(本)'자에 조응하였다. 떳떳이 살 수 있는 방법이다.** 아래 '본'자에 조응하였다. **그러므로 맹자가 제나라와 양나라의 군주를 위해서** '위(爲)'는 거성(去聲;위함)이다. **각각 말씀한 것이다.**"

양씨(楊氏)가 말하였다. "천하를 다스리는 자는 이 마음을 들어서 저기에 가할 뿐이다. 먼저 '심(心)'을 드날렸고 아래에는 또 약간 '심'을 억눌렀다. 그러나 비록 어진 마음과 어진 소문이 '문(聞)'은 거성(去聲;소문)이다. 있더라도 백성들이 그 혜택을 입지 못하는 것은 선왕의 도(道;제도)를 행하지 않기 때문이다. 이 내용은 〈이루 상〉에 보인다. 그러므로 백성의 생업을 제정해 줌으로써 말씀하신 것이다." 그 뜻은 대략 한갓 선(善)한 마음만 가지고는 백성을 보호하지 못한다고 말한 것과 같다.

*① 다음 상농부(上農夫) : 한 집안에 식구가 아홉인 것을 상농부(上農夫)라 하기 때문에 여덟 식구를 다음의 상농부라 한 것이다. 고대에는 농사일이 모두 사람의 손을 필요로 하였으므로, 식구가 많으면 노동력이 풍부해서 비배관리(肥培管理;거름주어 가꿈)를 잘하기 때문에 식구가 많은 집안을 상농부라 하였다.

○ 此章은 言 人君이 當黜霸功하고 行王道요 而王道之要는 不過推其不忍之心하여 以行不忍之政而已라 見公孫丑上이라 ○ 雲峯胡氏曰 此章은 甚詳이어늘 集註斷之甚約이니라 ○ 按此章文長하여 學者有難領會라 故로 圈下에 特約而言之하고 此下는 又就宣王身上而論斷之하시니라 齊王이 非無此心이로되 易牛라 而奪於功利之私하여 大欲이라 不能擴充以行仁政이라 雖以孟子反覆 音福이리 曉告하시 精切如此로되 而蔽固已深하여 蔽固於私라 終不能悟하니 悟已不能하니 改於何望이리오 是可歎也니라 龜山楊氏曰 此一章은 可見古人事君之心이니라 ○ 南軒張氏曰 對鴻鴈、好樂、好色、好貨에 何其辭氣不迫이며 至利國之問하여는 則應以何必하고 桓、文之問에는 則對以無道하고 論管、晏하여는 則曰所不爲라하고 言交兵에는 則曰不可라하시니 又何其嚴也오 蓋前數者는 一病只一事故로 紬繹其性之端以示之요 至於霸者之說하여는 大體一差하니 戰國諸侯其失이 正在乎此라 故로 闢之를 不可不嚴也시니라

○ 이 장은 인군이 마땅히 패공(霸功)을 내치고 왕도(王道)를 행해야 할 것이요, 왕도의 요점은 불인(不忍)한 마음을 미루어서 불인(不忍)한 정사를 행함에 불과할 뿐임을 말씀하였다. 이 내용은 〈공손추 상〉에 보인다. ○ 운봉호씨가 말하였다. "이 장은 매우 자세한데, ≪집주≫에 결단한 것은 매우 간략하다." ○ 살펴보건대 이 장은 글이 길어서 배우는 자가 이해하기가 어렵다. 그러므로 장하주 아래에 특별히 요약하여 말하였고, 이 아래는 또 선왕(宣王)의 신상에

나아가 논단하였다. **제왕(齊王)은 이러한 마음이 없는 것은 아니었으나** 이 마음은 소와 〈양을〉 바꾼 것이다. **공리(功利)의 사욕에** '사(私)'는 대욕(大欲)이다. **빼앗겨서 확충하여 인정(仁政)을 행하지 못하였다. 비록 맹자가 반복하여** '복(覆)'은 음이 복(福)이다. **깨우쳐 주셔서 정미하고 간절함이 이와 같으셨으나 굳게 가리움이 이미 깊어서** 사(私)에 폐고(蔽固)한 것이다. **끝내 깨닫지 못하였으니,** 깨달음이 이미 능하지 못하니, 고침을 어찌 바라겠는가. **탄식할 만하다.** 구산양씨가 말하였다. "이 한 장은 고인이 군주를 섬긴 마음을 볼 수 있다." ○ 남헌장씨가 말하다. "홍안(鴻雁)과 미록(糜鹿), 음악을 좋아함과 여색을 좋아함과 재화를 좋아함에 대답하심에는 어쩌면 그리도 사기(辭氣)가 박절하지 않으셨으며, 나라를 이롭게 하겠다는 물음에 이르러서는 '하필(何必)'이라고 응하시고, 환공과 문공을 물음에 말한 자가 없다고 대답하시고, 관중(管仲)과 안자(晏子)를 논함에는 하지 않는 바라고 하시고, 교병(交兵;병기를 접함)을 말함에는 '불가(不可)'라고 말씀하셨으니, 또 어쩌면 그리고 엄하신가. 앞의 몇 가지는 한 병통이 다만 한 일이기 때문에 그 성(性)의 단서를 찾아서 보여주셨고, 패자(霸者)의 설에 이르러서는 대체(大體)가 한 번 잘못되었으니, 전국시대 제후들의 그 잘못이 바로 여기에 있었다. 그러므로 물리치기를 엄하게 하시지 않을 수 없었던 것이다."

맹자집주상설(孟子集註詳說)

양혜왕장구 하(梁惠王章句下)

一篇之分上下는 蓋註家之事라
한 편을 상·하로 나눈 것은 주가(註家)의 일이다.

凡十六章이라
모두 16장이다.

1-1

莊暴(포)見孟子曰 暴見(현)於王하니 王이 語暴以好樂이어시늘 暴未有以對也하니 曰 好樂이 何如하니잇고 孟子曰 王之好樂이 甚이면 則齊國은 其庶幾乎인저

장포(莊暴)가 맹자(孟子)를 뵙고 말하였다. "제[暴]가 왕을 뵈오니, 왕께서 저에게 음악을 좋아한다고 말씀하셨으나 저는 여기에 대답하지 못하였습니다. 음악을 좋아하는 것이 어떻습니까?" 맹자가 말씀하셨다. "왕께서 음악을 좋아하심이 심하면 제(齊)나라는 거의 다스려질 것이다."

見於之見은 音現이니 下見於同이라 語는 去聲이니 下同이라 好는 去聲이니 篇內竝同이라

현어(見於)의 '현(見)'은 음이 현(現;뵘)이니, 아래 '현어'도 같다. '어(語)'는 거성(去聲;말해줌)이니, 아래도 같다. '호(好)'는 거성(去聲;좋아함)이니, 편 안이 모두 같다.

莊暴는 齊臣也라 東陽許氏曰 未有以對는 蓋知俗樂之不足好하여 欲諫而未得其辭故로 以告孟子리라 庶幾는 近辭也니 言近於治라 去聲이라 ○ 國治則必王矣라

장포(莊暴)는 제나라 신하이다. 동양허씨(東陽許氏)가 말하였다. "대답하지 못했던 것은 아마도 세속의 음악이 좋아할 만하지 못함을 알아서 간하고자 하였으나 그 할 말을 알지 못하였으므로 이로써 맹자에게 고한 듯하다." 서기(庶幾)는 가깝다는 말이니, 다스려짐에 가까움을 말한 것이다. '치(治)'는 거성(去聲;다스려짐)이다. ○ 나라가 다스려지면 반드시 왕 노릇 한다.

1-2

他日에 見於王曰 王이 嘗語莊子以好樂이라하니 有諸잇가 王이 變乎色曰 寡人이 非能好先王之樂也라 直好世俗之樂耳로소이다

타일(他日)에 맹자가 왕을 뵙고 말씀하셨다. "왕께서 일찍이 장자(莊子;장포)에게 음악을 좋아한다고 말씀하셨다 하니, 그러한 일이 있습니까?" 왕이 얼굴빛을 변하고 말씀하였다. "과인은 선왕의 음악을 좋아하는 것이 아니라, 다만 세속의 음악을 좋아할 뿐입니다."

直은 猶但也라

'직(直)'은 단(但)과 같다.

變色者는 乎字는 只如攻乎異端[1]之乎라 慚其好之不正也라 大全曰 愧前與暴論者를 不可聞於孟子라 故로 其下에 直言之하니라

얼굴빛을 변한 것은 변호색(變乎色)의 '호(乎)'자는 다만 공호이단(攻乎異端)의 '호'자와 같다. 그 좋아함이 올바르지 못함을 부끄러워한 것이다. ≪대전≫에 말하였다. "예전에 장포와 논한 것을 맹자에게 들려줄 수가 없으므로 부끄러워하였다. 그러므로 그 아래에 '다만'이라고 말한 것이다."

---

[1] ≪論語 爲政 16章≫ "子曰: 攻乎異端, 斯害也已." ≪集註≫ "攻, 專治也."

1-3

曰 王之好樂이 甚이면 則齊其庶幾乎인저 今之樂이 由(猶)古之樂也니이다

맹자가 말씀하셨다. "왕께서 음악을 좋아하심이 심하면 제나라는 거의 다스려질 것입니다. 지금의 음악이 옛 말의 음악과 같습니다."

復擧前言이로되 而此無國字者는 對君之言은 容其疾也라 今樂은 世俗之樂이요 古樂은 先王之樂이라 由之爲猶는 已見前篇音訓이라

다시 예전의 말을 거론하였는데 여기에 '국(國)'자가 없는 것은, 인군에게 대답하는 말은 그 빠름을 용납한 것이다. 지금의 음악은 세속의 음악이요, 옛날의 음악은 선왕의 음악이다. '유(由)'가 유(猶)가 됨은 이미 앞편의 음(音)과 훈(訓)에 보인다.

1-4

曰 可得聞與잇가 曰 獨樂樂과 與人樂樂이 孰樂이니잇고 曰 不若與人이니이다 曰 與少樂樂과 與衆樂樂이 孰樂이니잇고 曰 不若與衆이니이다

왕이 말씀하였다. "얻어 들을 수 있겠습니까?" 맹자가 말씀하셨다. "홀로 음악을 즐김과 다른 사람과 음악을 즐김이 어느 것이 더 즐겁습니까?" "남과 함께 하는 것만 못합니다." "적은 사람과 음악을 즐김과 많은 사람과 음악을 즐김이 어느 것이 더 즐겁습니까?" "많은 사람과 함께 하는 것만 못합니다."

聞與之與는 平聲이라 樂樂下字는 音洛이요 孰樂亦音洛이라

문여(聞與)의 '여(與)'는 평성(平聲;의문사)이다. '악락(樂樂)'의 아랫자는 음이 락(洛)이고 '숙락(孰樂)'도 또한 음이 락(洛)이다.

樂樂은 猶言樂之樂, 樂以樂이라

'악락(樂樂)'은 음악의 즐거움과 음악을 즐거워한다고 말함과 같다.

獨樂이 音洛이니 下同이라 不若與人이요 與少樂이 不若與衆은 人은 對己而言이요 衆則盡乎人矣라 亦人之常情也라 亦字는 是微許宣王之辭라

홀로 즐김이 락(樂)은 음이 락(洛)이니, 아래도 같다. 남과 함께 하는 것만 못하고, 적은 사람과 즐김이 많은 사람과 함께 하는 것만 못함은 '인(人)'은 자기를 상대하여 말한 것이고, '중(衆)'은 여러 사람을 다한 것이다. 또한 사람의 떳떳한 정(情)이다. '역(亦)'자는 선왕(宣王)을 약간 허여한 말이다.

1-5

臣이 請爲王言樂호리이다

<맹자가 말씀하셨다.> "신이 청컨대 왕을 위해 음악을 말씀드리겠습니다.

爲는 去聲이라

'위(爲)'는 거성(去聲;위함)이다.

此以下는 皆孟子之言也라 本文에 無曰字故로 特明之라

이 이하는 모두 맹자의 말씀이다. 본문에 '왈(曰)'자가 없기 때문에 특별히 밝힌 것이다.

1-6

今王이 鼓樂於此어시든 百姓이 聞王의 鍾、鼓之聲과 管、籥之音하고 擧疾首蹙頞而相告曰 吾王之好鼓樂이여 夫何使我로 至於此極也오하여 父子不相見하며 兄弟妻子離散①하며 今王이 田獵於此어시든 百姓이 聞王의 車、馬之音하며 見羽、旄之美하고 擧疾首蹙頞而相告曰 吾王之好田獵이여 夫何使我로 至於此極也오하여 父子不相見하며 兄弟妻子離散하면 此는 無他라 不與民同樂也니이다

지금 왕이 이곳에서 음악을 타시면 백성들이 왕의 종소리, 북소리와 피리소리, 젓대소리를 듣고는 모두 머리를 아파하고 이마(콧등)를 찌푸리며 서로 말하기를 '우리 왕께서 음악을 타시기 좋아하심이여! 어찌 우리들로 하여금 이 곤궁함에 이르게 하는가?' 하여 부자간이 서로 만나보지 못하며 형제 처자(兄弟妻子)가 이산(離散)되게 하며, 지금 왕이 이곳에서 사냥을 하시면 백성들이 왕의 수레소리, 말소리를 들으며 깃털과 들소꼬리로 만든 깃발의 아름다움을 보고는 모두 머리를 아파하고 이마를 찌푸리며 서로 말하기를 '우리 왕께서 사냥을 좋아하심이여! 어찌 우리들로 하여금 이 곤궁함에 이르게 하는가?' 하여 부자간이 서로 만나보지 못하며 형제 처자가 서로 이산되게 한다면, 이것은 다름이 아니라 임금께서 백성들과 더불어 함께 즐기시지 않기 때문입니다.

*① 夫何使我……兄弟妻子離散 : 《언해》에는 '至於此極也오하여……離散하며'로 현토(懸吐)하였으며, 호산도 이를 따랐으나 중국본(中國本;《사서장구집주(四書章句集注)》) 등에는 모두 '至於此極也, 父子不相見, 兄弟妻子離散'까지 이어지는 것으로 보았는 바 '至於此極也하여 父子不相見하며 兄弟妻子離散고하며'로 현토하여야 할 듯하다. 다음 단락에서 '何以能鼓樂也오하며' 하고 '今王'이 바로 뒤를 이은 것을 보더라도 《언해》가 잘못되었음을 알 수 있다.

蹙은 子六反이라 頞은 音遏이요 夫는 音扶라 同樂之樂은 音洛이라

'축(蹙)'은 자(子)·육(六)의 반절[찌푸릴 축]이다. '알(頞)'은 음이 알(遏;이마, 콧등)이고, '부(夫)'는 음이 부(扶;저)이다. '동락(同樂)'의 '락(樂)'은 음이 락(洛)이다.

樂有吹者로되 而其擊者尤多故로 云鼓樂이라

음악은 입으로 부는 것이 있으나 그 치는 것이 더욱 많기 때문에 고악(鼓樂)이라고 말한 것이다.

鍾、鼓、管、籥은 皆樂器也라 新安陳氏曰 管은 笙也요 籥은 如笛而六孔이라 擧는 皆也라 疾首는 頭痛也라 是는 不疾之疾也라 蹙은 聚也요 頞은 額也니 按韻書에 作鼻莖이라 人憂戚則蹙其額이라 極은 窮也라 極也以上은 其言也요 離散以上은 其事也라 羽旄는 旌屬이라 趙氏曰 析羽爲旌이니 王者游車所建也라 ○ 羽旄는 猶言旌旄라 ○ 新安陳氏曰 因好樂而及田獵은 以王亦好田獵故也라 ○ 田獵、鼓樂이 其事同故로 竝及之로되 而賓主之分은 自若也라 不與民同樂은 謂獨樂其身하고 而不恤其民하여 使之窮困

也라 窮困故로 聞王樂而疾蹙之라

종(鍾)·고(鼓)와 관(管)·약(籥)은 모두 악기이다. 신안진씨(新安陳氏)가 말하였다. "관(管)은 생(笙;젓대)이고, 약(籥)은 젓대와 같은데 구멍이 여섯 개이다." '거(舉)'는 모두이다. 질수(疾首)는 머리가 아픔이다. 이는 병으로 아프지 않은 아픔이다. '축(蹙)'은 모임이요 '알(頞)'은 이마이니, 살펴보건대 ≪운서(韻書)≫에 비경(鼻莖;콧등)이라고 하였다. 사람이 근심하면 이마를 찌푸리게 된다. '극(極)'은 곤궁함이다. '극야(極也)' 이상은 그 말이고 '이산(離散)' 이상은 그 일이다. '우모(羽旄)'는 깃발의 등속이다. 조씨(趙氏)가 말하였다. "깃털을 쪼개어 정(旌)을 만드니, 왕자의 유거(游車;노는 수레)에 세우는 것이다." ○ 우모(羽旄)는 정모(旌旄)라고 말함과 같다. ○ 신안진씨가 말하였다. "음악을 좋아함을 인하여 전렵(田獵)에 미침은 왕이 또한 전렵을 좋아하였기 때문이다." ○ 전렵과 고악(鼓樂)은 그 일이 같기 때문에 함께 언급하였는데, 빈주(賓主)의 구분은 그대로 있다. 백성과 더불어 함께 즐거워하지 않는다는 것은 홀로 그 자신만 즐기고 백성을 구휼하지 않아서 곤궁하게 함을 이른다. 궁곤(窮困)하기 때문에 왕의 음악을 듣고 머리를 아파하고 이마를 찌푸린 것이다.

1-7

今王이 鼓樂於此어시든 百姓이 聞王의 鍾、鼓之聲과 管、籥之音하고 擧欣欣然有喜色而相告曰 吾王이 庶幾無疾病與아 何以能鼓樂也오 하며 今王이 田獵於此어시든 百姓이 聞王의 車、馬之音하며 見羽、旄之美하고 擧欣欣然有喜色而相告曰 吾王이 庶幾無疾病與아 何以能田獵也오하면 此는 無他라 與民同樂也니이다

지금 왕이 이 곳에서 음악을 타시면 백성들이 왕의 종소리, 북소리와 피리소리, 젓대소리를 듣고는 모두 흔연(欣然)히 기뻐하는 기색이 있으면서 서로 말하기를 '우리 왕께서 행여 질병이 없으신가. 어떻게 음악을 타시는가.' 하며, 지금 왕이 이 곳에서 사냥을 하시면 백성들이 왕의 수레소리, 말소리를 들으며 깃발의 아름다움을 보고는 모두 흔연히 기뻐하는 기색이 있으면서 서로 말하기를 '우리 왕이 행여 질병이 없으신가. 어떻게 사냥을 하시는가.' 한다면, 이것은 다름이 아니라 백성과 더불어 함께 즐거워하시기 때문입니다.

病與之與는 平聲이라 同樂之樂은 音洛이라

병여(病與)의 '여(與)'는 평성(平聲;의문사)이다. 동락(同樂)의 '락(樂)'은 음이 락(洛)이다.

與民同樂者는 推好樂 如字라 之心하여 以行仁政하여 使民各得其所也라 得其所故로 聞王樂而欣喜之라 ○ 上下節은 孟子寫出民怨喜之情狀이 甚切이라 ○ 同樂은 此章之綱領이라

백성과 더불어 함께 즐거워한다는 것은 음악을 좋아하는 '악(樂)'은 본자대로(음악 악) 읽는다. 마음을 미루어 인정(仁政)을 행하여 백성들로 하여금 각기 그 살 곳을 얻게 하는 것이다. 그 살 곳을 얻었기 때문에 왕의 음악을 듣고 기뻐한 것이다. ○ 윗절과 아랫절은 맹자가 백성들이 원망하고 기뻐하는 정상을 써 냄이 매우 간절하다. ○ '동락(同樂)'은 이 장의 강령(綱領)이다.

1-8

今王이 與百姓同樂하시면 則王矣시리이다

지금 왕께서 백성과 더불어 함께 즐거워하신다면 왕 노릇 하실 것입니다."

好樂 如字라 而能與百姓同之면 則天下之民이 歸之矣리니 所謂齊其庶幾者如此니라
王矣二字는 所以終上文庶幾二字之義也라

음악을 좋아하면서 '악(樂)'은 본자대로(음악 악) 읽는다. 백성과 더불어 함께 한다면 천하의 백성들이 <제나라로> 돌아올 것이니, 이른바 제나라가 거의 다스려진다는 것은 이와 같은 것이다. '왕의(王矣)' 두 글자는 윗글의 '서기(庶幾)' 두 글자의 뜻을 끝마친 것이다.

○ 范氏曰 戰國之時에 民窮財盡은 人君이 獨以南面之樂으로 音洛이니 下同樂同이라 自奉其身이니 孟子切於救民이라 故로 因齊王之好樂하여 開導其善心하여 深勸其與民同樂하여 而謂今樂猶古樂이라하시니 此以上은 論本文正意요 以下則其言外之意也라 其實은 今樂, 古樂이 何可同也리오 可字雖若主人而言이나 而實則主樂而言也라 但與民同樂之意는 則無古今之異耳니라 南軒張氏曰 好世俗之樂은 私欲也요 同樂은 公理也라 孟子不遽詆其所好하고 而獨擴以公理하시니 可謂善啓告로다 若必欲以禮樂治天下인댄 因樂而竝及禮는 亦猶因樂竝及獵耳라 當如孔子之言하여 必用韶舞하고 必放鄭聲이니 見論語衛靈公이라 蓋孔子之言은 爲邦之正道요 孟子之言은 救時之急務니 所以不同이니라

○ 범씨(范氏)가 말하였다. "전국시대에 백성들이 곤궁하고 재물이 다한 것은 인군이 홀로 남면(南面)의 즐거움[*①]으로써 '락(樂)'은 음이 락(洛)이니, 아래 동락(同樂)도 같다. 스스로 자기 몸만을 받들어서이니, 맹자는 백성을 구제함에 간절하였다. 그러므로 제왕(齊王)의 음악을 좋아함을 인하여 그 선한 마음을 개도(開導)해서 백성과 더불어 함께 즐길 것을 깊이 권하여 지금의 음악이 옛날의 음악과 같다고 말씀하셨으니, 이 이상은 본문의 바른 뜻을 논하였고, 이 이하는 그 말 밖의 뜻이다. 그 실제는 지금의 음악과 옛날의 음악이 어찌 똑같을 수 있겠는가. '가(可)'자는 비록 사람을 위주하여 말한 듯하나, 실제는 음악을 위주하여 말한 것이다. 다만 백성과 더불어 함께 즐거워하는 뜻은 예와 지금의 차이가 없을 뿐이다. 남헌장씨(南軒張氏)가 말하였다. "세속의 음악을 좋아함은 사욕(私欲)이고, 백성과 함께 즐거워함은 공리(公理)이다. 맹자가 대번에 그 좋아하는 바를 꾸짖지 않고 홀로 공리로써 넓히셨으니, 군주에게 계고(啓告)를 잘했다고 이를 만하다." 만일 반드시 예악(禮樂)을 가지고 천하를 다스리고자 한다면 음악을 인하여 함께 예(禮)에 언급한 것은 또한 음악을 인하여 함께 전렵(田獵)에 미친 것과 같다. 마땅히 공자의 말씀과 같이 하여 반드시 소무(韶舞)를 쓰고 반드시 정(鄭)나라의 음악을 추방해야 할 것이다.[*②] ≪논어≫ 〈위 영공(衛靈公)〉에 보인다. 공자의 말씀은 나라를 다스리는 정도(正道)요, 맹자의 말씀은 당시를 구제하는 급선무이니, 이 때문에 똑같지 않은 것이다."

*① 남면(南面)의 즐거움 : 남면은 남향(南向)으로, 군왕이 정사를 보는 자리를 이르는 바, 곧 군왕이 누리는 즐거움을 뜻한다.
*② 마땅히……것이다 : 소무(韶舞)는 순임금의 음악인데 가장 좋은 음악으로 알려져 있으며, 정성(鄭聲)은 정나라의 음악인데 정나라에는 음풍(淫風)이 유행하여 시와 음악이 모두 음탕하였다. 이 내용은 ≪논어≫ 〈위 영공〉 10장에 "樂則韶舞, 放鄭聲."이라고 보인다.

一有圈이라 楊氏曰 樂은 以和爲主하니 使人聞鍾鼓管絃之音하고 而疾首蹙頞이면 則雖奏以咸、英、韶、濩라도 胡故反이라 ○ 漢書禮樂志曰 黃帝作咸池하고 顓頊作六莖하고 帝嚳作五英하고 堯作大章하고 舜作韶하고 禹作夏하고 湯作濩하고 武王作武하고 周公作勺이라하니라 無補於治 去聲이라 也라 故로 孟子告齊王以此하사 指與民同樂이라 姑正其本而已시니라 慶源輔氏曰 范氏說은 平正明白하여 無餘蘊이요 而楊氏論以和爲主와 及與民同樂이 爲樂之本은 又可以足范氏之說이니라 ○ 此本字는 與上主字로 相照應이라

일본(一本)에는 권(圈; ○)이 있다. 양씨(楊氏)가 말하였다. "음악은 화(和)함을 위주하니, 사람들로 하여금 종고(鍾鼓)와 관현(管絃)의 음악을 듣고 머리를 아파하고 이마를 찌푸리게 한다면 비록 함(咸)·영(英)·소(韶)·호(濩)를 연주한다 하더라도 '호(濩)'는 호(胡)·고(故)의 반절[탕임금 음악이름 호]이다. ○ ≪한서(漢書)≫ 〈예악지(禮樂志)〉에 "황제(黃帝)가 함지(咸池)

를 만들고, 전욱(顓頊)이 육경(六莖)을 만들고, 제곡(帝嚳)이 오영(五英)을 만들고, 요(堯)가 대장(大章)을 만들고, 순(舜)이 소(韶)를 만들고, 우(禹)가 하(夏)를 만들고, 탕(湯)이 호(濩)를 만들고, 무왕(武王)이 무(武)를 만들고, 주공(周公)이 작(勺)을 만들었다." 하였다. **정치에 보탬이 없을 것이다.** '치(治)'는 거성(去聲;정치)이다. **그러므로 맹자가 제왕(齊王)에게 이것으로써 말씀하시어** 이것은 여민동락(與民同樂)을 가리킨다. **우선 그 근본을 바로잡으셨을 뿐이다."**
경원보씨(慶源輔氏)가 말하였다. "범씨의 설은 평정(平正)하고 명백해서 남은 미진함이 없고, 양씨가 화(和)함을 위주함과 백성과 함께 즐거워함이 음악의 근본이 된다고 논한 것은 또 범씨의 설을 보충할 수 있다. ○ 이 '본(本)'자는 위의 '주(主)'자와 서로 조응한다.

2-1

齊宣王이 問曰 文王之囿 方七十里라하니 有諸잇가 孟子對曰 於傳에 有之하니이다

제 선왕이 물었다. "문왕(文王)의 동산이 사방 70리(里)라 하니, 그러한 일이 있습니까?" 맹자가 대답하셨다. "전(傳;옛 책)에 그러한 것이 있습니다."

囿는 音又라 傳은 直戀反이라

'우(囿)'는 음이 우(又)이다. '전(傳)'은 직(直)·연(戀)의 반절[책 전]이다.

囿者는 蕃 音煩이라 育 按或云蕃音藩이라하니 蕃育은 猶域養也라 鳥獸之所라 古者에 四時之田을 皆於農隙에 以講武事라 左隱五年曰 春蒐、夏苗、秋獮、冬狩를 皆於農隙하여 以講武事也라하니라 然이나 不欲馳騖 音務라 於稼穡場圃之中이리 故로 度(탁) 入聲이라 閒曠之地하여 以爲囿라 然이나 文王七十里之囿는 其亦三分天下有其二之後也與인저 平聲이라 ○ 見論語泰伯이라 ○ 南軒張氏曰 意王欲廣囿에 諛佞之徒 假文王事以逢之하니 文王豈崇囿如此리오 蓋其蒐田所及을 民以爲王之囿耳니 以芻蕘得往으로 知其然也로라 ○ 疑卽靈臺所在處라 ○ 下然字以下는 預爲下節大字發明其事라 傳은 謂古書라 朱子曰 傳有之는 想他須有據로되 但其意只主風宣王耳니 豈有文王之囿如是之大리오 ○ 其意는 若曰 傳之有無와 囿之大否를 皆不足屑屑較計요 只當論其與民同之之事云이라

'유(囿)'는 새와 짐승을 번식시키고 '번(蕃)'은 음이 번(煩)이다. 기르는 곳이다. 살펴보건대 혹자는 "'번(蕃)'의 음이 번(藩;울타리)이다." 하니, 번육(蕃育)은 짐승을 구획하여 기르는 것과 같다. 옛날에 사시(四時)의 전렵(田獵;사냥)을 모두 농한기에 해서 무예의 일을 익혔다. 《춘

≫추좌씨전≫ 은공(隱公) 5년에 "봄에는 수(蒐)를 하고 여름에는 묘(苗)를 하고 가을에는 선(獮)을 하고 겨울에는 수(狩)를 함을 모두 농한기에 하여 무예의 일을 강(講)한다." 하였다. 그러나 곡식을 심는 <농토와 채소를 가꾸는> 장포(場圃)의 가운데에서 말을 달리고자 '무(騖)'는 음이 무(務;달림)이다. 하지 않았다. 그러므로 한가롭고 빈 땅을 헤아려 '탁(度)'은 입성(入聲;헤아림)이다. 동산을 만든 것이다. 그러나 문왕의 70리가 되는 동산은 그 또한 천하를 삼분함에 그 둘을 소유한 뒤였을 것이다. '여(與)'는 평성(平聲;의문사)이다. ○ 이 내용이 ≪논어≫ <태백(泰伯)>에 보인다. ○ 남헌장씨가 말하였다. "짐작건대 왕이 동산을 넓히고자 하자 아첨하는 무리들이 문왕의 일을 빌려서 임금의 뜻에 맞춘 듯하니, 문왕이 어찌 동산을 숭상하기를 이와 같이 하였겠는가. 그 수전(蒐田;사냥)에 미친 바를 백성들이 왕의 동산이라고 하였을 뿐이니, 꼴을 베고 토끼를 잡는 사람이 간 것을 가지고 이 그러함을 아는 것이다." ○ 의심컨대 바로 영대(靈臺)가 있는 곳인 듯하다. ○ 아래 '연(然)'자 이하는 미리 아랫절 '대(大;若是共大乎)'자를 위하여 그 일을 발명한 것이다. '전(傳)'은 옛 책을 이른다. 주자가 말씀하였다. "'전유지(傳有之)'는 생각건대 여기에는 모름지기 근거가 있을 것이나 다만 그 뜻이 오직 선왕(宣王)을 풍자함을 위주했을 뿐이니, 어찌 문왕의 동산이 이와 같이 큼이 있겠는가." ○ 그 뜻은 대략 전(傳)의 있고 없음과 동산의 크고 작음을 모두 굳이 설설(屑屑;급급)하게 교계(較計)할 것이 없고, 다만 그 백성들과 더불어 함께하는 일을 논해야 할 뿐이다.

2-2

曰 若是其大乎잇가 曰 民이 猶以爲小也니이다 曰 寡人之囿는 方四十里로되 民이 猶以爲大는 何也잇고 曰 文王之囿 方七十里에 芻蕘者往焉하며 雉兔者往焉하여 與民同之하시니 民以爲小 不亦宜乎잇가

왕이 말씀하였다. "이와 같이 큽니까?" 맹자가 말씀하셨다. "백성들이 오히려 작다고 여겼습니다." "과인의 동산은 사방 40리인데도 백성들이 오히려 크다고 여김은 어째서입니까?" "문왕의 동산은 사방 70리에 꼴 베고 나무하는 자들이 그리로 가며, 꿩을 잡고 토끼를 잡는 자들이 그리로 가서 백성들과 더불어 함께 하셨으니, 백성들이 작다고 여김이 당연하지 않습니까?"

芻는 音初요 蕘는 音饒라

'초(芻)'는 음이 초(初)이고 '요(蕘)'는 음이 요(饒)이다.

芻는 草也요 蕘는 薪也라 與民同囿는 此章之綱領이라

'추(芻)'는 풀이요, '요(蕘)'는 땔나무이다. '여민동유(與民同囿)'는 이 장의 강령(綱領)이다.

2-3

臣이 始至於境하여 問國之大禁然後에 敢入하니 臣聞郊關之內에 有囿方四十里에 殺其麋鹿者를 如殺人之罪라하니 則是方四十里로 爲阱於國中이니 民以爲大 不亦宜乎잇가

신이 처음 국경에 이르러 제나라에서 크게 금하는 것을 물은 뒤에야 감히 들어왔습니다. 신이 그때 들으니, 교관(郊關)의 안에 동산이 사방 40리인데, 동산에 있는 사슴을 죽이는 자를 살인(殺人)의 죄와 같이 다스린다 하였습니다. 이는 사방 40리로 나라 안에 함정을 만든 것이니, 백성들이 크다고 여김이 당연하지 않습니까?"

阱은 才性反이라

'정(阱)'은 재(才)·성(性)의 반절[함정 정]이다.

禮에 入國 國境이라 而問禁이라 禮記曲禮曰 入境而問禁하고 入國而問俗하고 入門而問諱라하니라 國 國都라 外百里爲郊요 見說文이라 郊外有關이라 阱은 坎地以陷獸者니 言陷民於死也라 新安陳氏曰 與前篇罔民으로 皆借取禽獸하여 以諷切時君之禽獸其民이라

예(禮)에 "나라에 '국(國)'은 국경이다. 들어갈 때에는 금하는 것을 묻는다." 하였다. ≪예기≫ 〈곡례〉에 "국경에 들어가서는 금함을 묻고, 국도(國都)에 들어가서는 풍속을 묻고, 사람의 가문에 들어가서는 휘(諱;그 집에서 숨기는 이름 따위)를 묻는다." 하였다. 국도(國都) '국(國)'은 국도(國都)이다. 밖 100리를 교(郊)라 하고, ≪설문해자(說文解字)≫에 보인다. 교 밖에 관문(關門)이 있다. '정(阱)'은 땅을 파서 짐승을 빠시게 하는 것이니, 백성을 죽음에 빠뜨림을 말한다. 신안진씨가 말하였다. "〈여기는〉 앞편의 망민(罔民)과 함께 모두 금수를 빌려 취하여 당시 군주가 백성을 금수로 여김을 풍절(諷切;풍자)한 것이다."

3-1

齊宣王이 問曰 交隣國이 有道乎잇가 孟子對曰 有하니 惟仁者라야 爲能以大事小하나니 是故로 湯이 事葛하시고 文王이 事昆夷하시니이다 惟智者라야 爲能以小事大하나니 故로 大(太)王이 事獯鬻하시고 句踐이 事吳하니이다

제 선왕이 물었다. "이웃 나라와 사귐에 도(道;방법)가 있습니까?" 맹자가 대답하셨다. "있습니다. 오직 인자(仁者)여야 대국(大國)을 가지고 소국(小國)을 섬길 수 있습니다. 그러므로 탕왕(湯王)이 갈(葛)나라를 섬기시고, 문왕(文王)이 곤이(昆夷)를 섬기신 것입니다. 오직 지자(智者)여야 소국을 가지고 대국을 섬길 수 있습니다. 그러므로 태왕(太王)이 훈육(獯鬻)을 섬기시고, 구천(句踐)이 오(吳)나라를 섬긴 것입니다.

獯은 音熏이요 鬻은 音育이요 句는 音鉤라

'훈(獯)'은 음이 훈(熏;오랑캐)이고 '육(鬻)'은 음이 육(育;오랑캐)이고 '구(句)'는 음이 구(鉤)이다.

下故上에 無是字者는 事順故로 語亦省力이라

아래 '고(故)'자 위에 '시(是)'자가 없는 것은 일이 순하기 때문에 말 또한 힘을 줄인 것이다.

仁人之心은 寬洪惻怛하여 當葛反이라 ○ 慶源輔氏曰 寬洪은 仁者之量이요 惻怛은 仁者之意라 而無較計大小、彊弱之私라 故로 小國이 雖或不恭이나 而吾所以字之之心이 字는 愛也라 ○ 雲峯胡氏曰 本文大事小를 集註則曰大字小하니 一字字에 尤見仁人之心이라 自不能已요 新安陳氏曰 實只字之로되 若事之耳라 智者는 明義理하고 識時勢라 故로 大國이 雖見侵陵이나 而吾所以事之之禮를 尤不敢廢라 朱子曰 不特是見得利害明이라 道理自合恁地니라 ○ 雲峯胡氏曰 大之字小는 猶未足以見其仁이요 必小國不恭이로되 而字之不能已라야 乃見仁이며 小之事大는 猶未足以見其智요 必大國侵陵이로되 而事之不敢廢라야 乃見智니라 ○ 能、敢字는 已含樂、畏意라 湯事는 見 音現이니 下竝同이라 後篇하고 滕文公下라 文王事는 見詩大雅하고 按緜詩에 無事之之事하니 蓋古

傳에 別有所據耳리라 大 音泰니 篇內大王 竝同이라 王事는 見後章하니 所謂狄人은 後章이라 卽獯鬻也라 如楚又謂之荊이라 句踐은 越王名이니 羋(미)姓이라 事見國語、吳語라 史記하니라 越世家라 ○ 朱子曰 大槩如此하니 若細分之면 則大王、句踐意思自不同이니라

인인(仁人)의 마음은 너그럽고 크며 측달(惻怛;인자)해서 '달(怛)'은 당(當)·갈(葛)의 반절[슬퍼할 달]이다. ○ 경원보씨가 말하였다. "관홍(寬洪)은 인자(仁者)의 도량이고 측달(惻怛)은 인자의 뜻이다." 대소(大小)와 강약(强弱)을 계교(計較;따지고 비교함)하는 사사로움이 없다. 그러므로 소국(小國)이 비록 혹 불공(不恭)하더라도 내가 그들을 사랑하는 마음이 '자(字)'는 사랑함이다. ○ 운봉호씨가 말하였다. "본문의 대사소(大事小;대국이 소국을 섬김)를 ≪집주≫에서 대자소(大字小;대국이 소국을 사랑함)라 하였으니, 한 '자(字)'자에 더욱 인인(仁人)의 마음을 볼 수 있다." 스스로 그만둘 수 없는 것이다. 신안진씨가 말하였다. "실제는 다만 사랑하였을 뿐인데, 섬긴 것과 같을 뿐이다." 지혜로운 자는 의리에 밝고 시세(時勢)를 안다. 그러므로 대국(大國)이 비록 침략과 능멸을 가한다 하더라도[①] 내가 그를 섬기는 예를 더더욱 폐할 수 없는 것이다. 주자가 말씀하였다. "지자(智者)는 이해(利害)를 봄이 분명할 뿐만 아니니 도리가 본래 마땅히 이와 같아야 하는 것이다." ○ 운봉호씨가 말하였다. "대국이 소국을 사랑함은 오히려 그 인(仁)함을 볼 수 없고 반드시 소국이 불공(不恭)한데도 사랑하기를 그치지 않아야 비로소 인을 볼 수 있으며, 소국이 대국을 섬김은 오히려 그 지혜로움을 볼 수 없고 반드시 대국이 침략하고 능멸하는데도 대국을 섬기는 것을 폐하지 않아야 비로소 지혜로움을 볼 수 있다." ○ '능(能)'자와 '감(敢)'자는 이미 락천(樂天)과 외천(畏天)의 뜻을 내포하고 있다. 탕왕의 일은 뒤편에 〈등문공 하(滕文公下)〉이다. 보이고, '현(見)'은 음이 현(現;보임)이니, 아래도 모두 같다. 문왕의 일은 ≪시경≫〈대아(大雅)〉에 보이고, 살펴보건대 〈면(緜)〉시(詩)에는 문왕이 섬긴 일이 없으니, 아마도 옛날 전기(傳記)에 별도로 근거한 바가 있을 것이다. 태왕(太王)에 '대(大)'는 음이 태(泰)이니, 편 안의 태왕(大王)은 모두 같다. 대한 일은 뒷장에 보이니, 이른바 '적인(狄人)'이 뒷장이다. 바로 훈육(獯鬻)이다. 초(楚)를 또 형(荊)이라고 말하는 것과 같다. 구천(句踐)은 월왕(越王)의 이름이니, 미성(羋姓)이다. 이 사실은 ≪국어(國語)≫와 〈오어(吳語)〉이다. ≪사기≫에 보인다. 〈월세가(越世家)〉이다. ○ 주자가 말씀하였다. "대개 이와 같으니 만약 세세히 나누면 태왕과 구천의 의사는 본래 똑같지 않다."

*① 비록……하더라도 : '見'은 원래 피동(被動)으로 '입다'의 뜻이나 여기서는 '가하다'의 뜻으로 해석하였다. '見'은 자신의 입장에서는 '보다', '입다'가 되며, 상대방의 입장에서는 '입히다', '가하다'의 뜻이 된다.

3-2

> 以大事小者는 樂天者也요 以小事大者는 畏天者也니 樂天者는 保天下하고 畏天者는 保其國이니이다
>
> 대국을 가지고 소국을 섬기는 자는 하늘을 즐거워하는 자요, 소국을 가지고 대국을 섬기는 자는 하늘을 두려워하는 자이니, 하늘을 즐거워하는 자는 온 천하를 보전하고, 하늘을 두려워하는 자는 자기 나라를 보전합니다.

樂은 音洛이라

'락(樂)'은 음이 락(洛)이다.

天者는 理而已矣니 天은 有以理言者하고 有以氣言者하니 隨文察之면 可見矣라 大之字小와 小之事大가 皆理之當然也라 慶源輔氏曰 大字小는 此天之所以覆地也요 小事大는 此坤之所以承乾也라 自然合理故로 曰樂天이요 二字는 本出易繫辭라2) 不敢違理故로 曰畏天이라 朱子曰 仁者는 與天爲一이요 智者는 聽天所命이라 包含徧覆(변부)하여 無不周徧은 保天下之氣象也요 制節謹度하여 四字는 出孝經이라3) 不敢縱逸은 保一國之規模也라 雲峯胡氏曰 氣象、規模는 集註措辭之精微가 如此하니라

'천(天)'은 리(理)일 뿐이니, '천(天)'은 리(理)로 말한 것이 있고 기(氣)로 말한 것이 있으니, 글을 따라 살펴보면 알 수 있다. 대국이 소국을 사랑함과 소국이 대국을 섬김은 모두 리의 당연함이다. 경원보씨가 말하였다. "대국이 소국을 사랑함은 이는 하늘이 땅을 덮어주는 것이요, 소국이 대국을 섬김은 이는 곤(坤)이 건(乾)을 받드는 것이다." 자연스럽게 리에 합하므로 락천(樂天)이라 말하고, '락천(樂天)' 두 글자는 본래 《주역》〈계사전(繫辭傳)〉에 나온다. 감히 리를 어기지 못하므로 외천(畏天)이라 말한 것이다. 주자가 말씀하였다. "인자(仁者)는 하늘과 하나가 되고, 지자(智者)는 하늘이 명하는 바를 따른다." 널리 포함하고 두루 덮어주어(감싸주어) 두루 미치지 않음이 없음은 천하를 보전하는 기상(氣象)이요, 예절을 따르고 법도를 삼가서 네 글자(制節謹度)는 《효경(孝經)》에 나온다. 감히 방종하고 안일하지 못함은 일국(一國)을 보전하는 규모(規模)이다. 운봉호씨가 말하였다. "기상(氣象)과 규모(規模)는 《집주》에 글을 쓴 정미(精微)함이 이와 같다."

---

2) 《周易 繫辭傳上》 "樂天知命, 故不憂, 安土敦乎仁, 故能愛."

3) 《孝經 諸侯章》 "在上不驕, 高而不危, 制節謹度, 滿而不溢. 高而不危, 所以長守貴也, 滿而不溢, 所以長守富也."

3-3

> 詩云 畏天之威하여 于時保之라하니이다
>
> ≪시경≫에 이르기를 '하늘의 위엄을 두려워하여 이에 보전한다.' 하였습니다."

詩는 一無詩字라 周頌我將之篇이라 時는 是也라 時曰註에 已訓之로되 此重訓者는 義非如字하여 不厭其重訓也니 後凡重訓者는 皆推此라 ○ 朱子曰 此는 智者畏天而保其國之事니라 ○ 新安陳氏曰 引詩에 不及樂天一邊은 亦偶然耳니라 ○ 按後世文章家 擧一結兩之法이 蓋出於此及論語焉用稼云이라

시(詩)는 일본(一本)에는 '시(詩)'자가 없다. <주송(周頌) 아장(我將)>의 편이다. '시(時)'는 이것이다. 시일(時日)의 주(註)에 이미 시(時)를 훈(訓)하였으나 여기서 거듭 훈한 것은 뜻이 본자(때 시)와 같지 않아 그 거듭 훈함을 싫어하지 않은 것이니, 뒤에도 무릇 거듭 훈한 것은 다 이것을 미루어야 한다. ○ 주자가 말씀하였다. "이는 지자(智者)가 하늘을 두려워하여 자기나라를 보전하는 일이다." ○ 신안진씨가 말하였다. "시(詩)를 인용할 적에 락천(樂天)의 한쪽에 미치지 않은 것은 또한 우연일 뿐이다." ○ 살펴보건대 후세에 문장가가 한 가지를 들어서 두 가지를 맺는 문법이 아마도 여기와 ≪논어≫ 〈자로(子路) 4장〉의 '언용가(焉用稼)'에서 나온 듯하다.

3-4

> 王曰 大哉라 言矣여 寡人이 有疾하니 寡人은 好勇하노이다
>
> 왕이 말씀하였다. "훌륭합니다, <선생님의> 말씀이여. 과인이 병통이 있으니, 과인은 용(勇)을 좋아합니다."

言 以好勇故로 不能事大而恤小也라 新安陳氏曰 大之事小는 善待之而已요 非事之也어늘 集註에 必曰字라하고 又曰恤이라하니 蓋欲發明孟子意인댄 不可不略易此字也니라 ○ 照應上節하여 以接屬其文義라

용(勇)을 좋아하기 때문에 대국을 섬기고 소국을 구휼하지 못함을 말한 것이다. 신안진씨가 말하였다. "대국이 소국을 섬김은 잘 대우할 뿐이요 섬긴 것이 아닌데 ≪집주≫에 반드시 '자(字)'라고 말하고 또 '휼(恤)'이라고 말하였으니, 이는 맹자의 뜻을 발명하고자 한다면 간략히 이 글자를 바꾸지 않을 수가 없는 것이다." ○ 윗절에 조응하여 그 글 뜻을 접속하였다.

3-5

對曰 王請無好小勇하소서 夫撫劍疾視曰 彼惡(오)敢當我哉리오하나니 此는 匹夫之勇이라 敵一人者也니 王請大之하소서

맹자가 대답하셨다. "왕은 청컨대 작은 용을 좋아하지 마소서. 저 검(劍)을 어루만지고 상대방을 노려보며 말하기를 '네가 어찌 감히 나를 당하겠는가.' 하나니, 이것은 필부(匹夫)의 용으로서 한 사람을 상대하는 것이니, 왕은 청컨대 용을 크게 하소서.

夫撫之夫는 音扶라 惡는 平聲이라

부부(夫撫)의 '부(夫)'는 음이 부(扶;저)이다. '오(惡)'는 평성(平聲;어찌)이다.

撫는 諺音誤라

'부(撫)'는 《언해》의 음(무)이 잘못되었다.

疾視는 怒目而視也라 小勇은 血氣所爲요 大勇은 義理所發이라 雲峯胡氏曰 夫子嘗以智、仁、勇竝言하시니 此勇字는 亦當連前仁、智字竝言이니라 ○ 按後篇夫子所言大勇은 是君子之大勇也요 此云大勇은 是王者之大勇也니 勇至於大면 則天下之民可安이니 而不止於字小之仁, 事大之智而已라 大勇은 是此章之綱領也라

'질시(疾視)'는 눈을 부릅뜨고 보는 것이다. '소용(小勇)'은 혈기(血氣)가 하는 것이요, '대용(大勇)'은 의리에서 나오는 것이다. 운봉호씨가 말하였다. "부자께서 일찍이 지(智) 인(仁) 용(勇)을 가지고 함께 말씀하셨으니, 이 '용(勇)'자는 또한 당연히 앞의 '인(仁)'·'지(智)'자와 연하여 함께 말해야 한다." ○ 살펴보건대 뒤편에 부자가 말씀한 대용(大勇)은 바로 군자의 대용이고 여기서 말한 대용은 왕자(王者)의 대용이니, 용맹이 큼에 이르면 천하의 백성을 편안히 할 수 있으니, 소국을 사랑하는 인(仁)과 대국을 섬기는 지(智)에 그칠 뿐이 아니다. '대용(大勇)'은 이 장의 강령이다.

3-6

詩云 王赫斯怒하사 爰整其旅하여 以遏徂莒(조려)하여 以篤周祜하여 以對于天下라하니 此는 文王之勇也니 文王이 一怒而安天下之民하시니이다

≪시경≫에 이르기를 '왕께서 혁연(赫然)히 노하사 이에 그 군대를 정돈하여 침략하러 가는 무리들을 막아서 주(周)나라의 복을 돈독히 하여 천하에 보답하셨다.' 하였으니, 이것은 문왕의 용(勇)이니, 문왕이 한번 노하시어 천하의 백성을 편안히 하셨습니다.

詩는 大雅皇矣篇이라 赫은 赫然怒貌라 爰은 於也라 猶言於是라 旅는 衆也라 遏은 詩作按하니 遏同이라 止也라 徂는 往也요 莒는 詩作旅하니 徂旅는 謂密 國名이라 人侵阮 國名이라 徂共4) 音恭이라 ○ 阮國之地名이라 ○ 此六字亦見皇矣라 之衆也라 篤은 厚也라 祜는 福也라 對는 答也니 以答 于字는 不必泥라 天下仰望之心也라 此는 文王之大勇也라 新安陳氏曰 怒者는 勇之發也니 因王赫斯怒一怒字하여 發出一怒安民之說하시니라

시(詩)는 <대아(大雅) 황의(皇矣)>편이다. '혁(赫)'은 혁연(赫然)히 노한 모양이다. '원(爰)'은 이에[於]다. '어(於)'는 어시(於是)라는 말과 같다. '려(旅)'는 무리(군대)이다. '알(遏)'은 ≪시경≫에는 안(按)으로 '안(按)'은 알(遏)과 같다. 되어 있으니, 저지한다는 뜻이다. '조(徂)'는 감이요 '려(莒)'는 ≪시경≫에는 려(旅)로 되어 있으니, 조려(徂旅)는 밀(密)나라 '밀(密)'은 국명(國名)이다. 사람이 완(阮)나라를 '완(阮)'은 국명(國名)이다. 침략하기 위해서 공(共)땅으로 가는 무리를 '공(共)'은 음이 공(恭)이다. ○ '공(共)'은 완국(阮國)의 지명(地名)이다. ○ 이 여섯 글자(密人侵阮徂共)는 또한 ≪시경≫〈황의(皇矣)〉에 보인다. 이른다. '독(篤)'은 두터움이다. '호(祜)'는 복이다. '대(對)'는 보답이니, 천하의 앙망(仰望)하는 마음에 보답하는 것이다. '우(于)'자는 굳이 구애할 것이 없다. 이것은 문왕의 대용(大勇)이다. 신안진씨가 말하였다. "노함은 용맹이 발로된 것이니, 왕혁사노(王赫斯怒)의 한 '노(怒)'자를 인하여 한 번 노하여 백성을 편안히 한다는 설을 말씀해 낸 것이다."

3-7

書曰 天降下民하사 作之君, 作之師하심은 惟曰其助上帝라 寵之四方이시니 有罪, 無罪에 惟我在어니 天下曷敢有越厥志리오하니 一人이 衡行於天下어늘 武王이 恥之하시니 此는 武王之勇也니 而武王亦一怒而安天下之民하시니이다

---

4) ≪詩經 大雅 皇矣≫ "密人不恭, 敢距大邦, 侵阮徂共, 王赫斯怒, 爰整其旅, 以按徂旅, 以篤于周祜, 以對于天下."

> ≪서경≫에 이르기를 '하늘이 하민(下民)을 내리사 그 군주를 삼아주고 스승을 삼아 줌은 상제(上帝)를 돕기 때문에 그를 사방에 특별히 총애해서이다. 죄가 있든 죄가 없든 내가 여기에 있으니, 천하에 어찌 감히 그 마음을 지나치게 하는 자가 있겠는 가.' 하였습니다. 한 사람(주왕(紂王))이 천하에 횡행(橫行)하거늘 무왕(武王)이 이것을 부끄러워하셨으니, 이것은 무왕의 용(勇)이니, 무왕이 또한 한번 노하여 천하의 백성을 편안히 하셨습니다.

衡은 與橫同이라

'형(衡)'은 횡(橫)과 같다.

作之君은 所以作之師也라 下曰字는 語辭요 而、亦二字는 所以照應上節也라

작지군(作之君)은 스승이 되게 하는 것이다. 아래 '왈(曰)'자는 어조사이고, '이(而)'·'역(亦)' 두 글자는 윗절을 조응한 것이다.

書는 周書泰誓之篇也라 然이나 所引이 與今書文小異하니 雙峯饒氏曰 書言寵綏四方은 指君而言이어늘 孟子는 指天而言하시고 書之有罪無罪는 指紂而言이어늘 孟子는 指諸侯而言하시고 書之越厥志는 指君而言이어늘 孟子는 指民而言하시니 三者大段不同이라 想古人之書는 與今多不同하니 多是人記得하여 人家不常有此本이니라 ○ 按語、孟中에 引書而有同異者는 皆古文也니 古文은 多有不可信者로되 而泰誓爲甚이라 朱子註書에 必著今古文有無는 蓋爲是故耳라 今且 猶姑也라 依此 孟子所引者라 解之히고라 先明書文之同異라 寵之四方은 寵異之於四方也라 於四方之人에 惟武王을 天寵而異之也라 或曰 寵異之하여 使四方知也라 有罪者를 我得而誅之하고 指紂라 無罪者를 我得而安之니 指民이라 我旣在此면 惟我在는 非謂在於我也요 謂我今在此耳라 則天下 天下之人이라 何敢有過越其心志而作亂者乎아 慶源輔氏曰 若守其心志하여 無所過越이면 則何至有作亂之事乎아 此는 武王以天下之重自任也시니라 衡行은 謂作亂也라 沙溪曰 一人은 非謂紂也라 天下에 雖有一人作亂이라도 而武王恥之시니라 ○ 按諺解之意는 蓋以一人爲一夫紂니 然後에 武王之怒意方專이니 更詳之니라 孟子釋書意如此하시고 指一人至恥之也니 蓋所引書 有怒意나 而無怒字故로 因其意而說出一恥字하여 以陪下文怒字라 而言武王亦大勇也하시니라

서(書)는 <주서(周書) 태서(泰誓)>편이다. 그러나 여기에 인용한 것은 지금 ≪서경≫의 글

과는 약간 다르니, 쌍봉요씨가 말하였다. "《서경》에서 말한 '총수사방(寵綏四方)'은 군주를 가리켜 말하였는데 맹자는 하늘을 가리켜 말씀하였고, 《서경》의 '유죄무죄(有罪無罪)'는 주왕(紂王)을 가리켜 말하였는데 맹자는 제후를 가리켜 말씀하였고, 《서경》의 '월궐지(越厥志)'는 군주를 가리켜 말하였는데 맹자는 백성을 가리켜 말씀하셨으니, 세 가지가 크게 같지 않다. 생각건대 옛사람의 책은 지금과 똑같지 않은 것이 많으니, 이는 대부분 사람들이 글을 기억한 것이요 사람의 집에 항상 이 책이 있지는 않았기 때문이다." ○ 살펴보건대 《논어》와 《맹자》 가운데에 《서경》을 인용하였는데 이동(異同)이 있는 것은 모두 《고문상서(古文尙書)》이니, 고문(古文)은 믿을 수 없는 부분이 많이 있는데 〈태서(泰誓)〉가 더욱 심하다. 주자가 《서경》을 주(註)낼 적에 반드시 금문(今文)과 고문의 있고 없음을 드러낸 것은 아마도 이 때문일 것이다. **지금 우선** '차(且)'는 고(姑;우선)와 같다. **이에** 《맹자》에 인용한 것이다. **의거하여 해석하겠다.** 《서경》 글의 동이(同異)를 먼저 밝혔다. **총지사방(寵之四方)은 그를 사방의 여러 나라 중에 총애하고 특이하게 대우하는 것이다.** 사방의 사람 중에 오직 무왕을 하늘이 총애하여 특이하게 대한 것이다. 혹자는 말하기를 "총애하고 특이하게 대하여 사방 사람들로 하여금 알게 한 것이다."라고 한다. **죄가 있는 자를 내가 주벌할 수 있고** '지(之)'는 주왕(紂王)을 가리킨다. **죄가 없는 자를 내가 편안히 할 수 있으니,** '지(之)'는 백성을 가리킨다. **내가 이미 여기에 있으면** '유아재(惟我在)'는 나에게 있음을 말한 것이 아니요, 내가 지금 여기에 있다고 말한 것이다. **천하에** '천하'는 천하의 사람이다. **어찌 감히 그 심지(心志)를 지나치게 해서 난을 일으킬 자가 있겠는가.** 경원보씨가 말하였다. "만약 그 심지(心志)를 지켜서 지나친 바가 없으면 어찌 난을 일으키는 일이 있음에 이르겠는가. 이는 무왕이 천하의 중함을 자임(自任)하신 것이다." **'횡행(衡行)'은 난을 일으킴을 말한다.** 사계(沙溪)가 말씀하였다. "'일인(一人)'은 주왕을 말한 것이 아니다. 천하에 비록 한 사람이 난을 일으킴이 있더라도 무왕이 이것을 부끄러워하신 것이다." ○ 살펴보건대 《언해》의 뜻은 아마도 한 사람을 '일부 주(一夫紂)'라고 한 듯하니, 그런 뒤에야 무왕이 노여워한 뜻이 비로소 전일해진다. 〈사계의 말씀은〉 다시 살펴보아야 한다. **맹자께서 《서경》의 뜻을 해석하기를 이와 같이 하시고,** 《서경》의 뜻은 일인(一人)으로부터 치지(恥之)까지를 가리킨 것이니, 아마도 인용한 바의 《서경》에 노여워한 뜻이 있으니 '노(怒)'자가 없기 때문에 그 뜻을 인하여 한 '치(恥)'자를 말씀해 내서 아랫글의 '노'자를 배종(陪從)한 것이다. **무왕 또한 대용이라고 말씀한 것이다.**

3-8

今王이 亦一怒而安天下之民하시면 民이 惟恐王之不好勇也하리이다

지금 왕께서 또한 한번 노하시어 천하의 백성을 편안히 하신다면 백성들은 행여 왕께서 용을 좋아하지 않을까 두려워할 것입니다."

王若能如文、武之爲면 則天下之民이 望其一怒以除暴亂하여 而拯己於水火之中하여 此句는 見後章이라 惟恐王之不好勇耳리라 此節은 所以收上文王請大之四字也라

왕이 만일 문왕무왕이 하신 것과 같이 하신다면 천하의 백성들은 왕이 한번 노하여 포악한 자와 난을 일으키는 자를 제거하여 자신들을 수화(水火;도탄(塗炭))의 가운데에서 구제해 주기를 바라서, 이 구는 뒷장에 보인다. 행여 왕이 용을 좋아하지 않을까 두려워할 것이다. 이 절은 윗글의 '왕청대지(王請大之)' 네 글자를 거둔 것이다.

○ 此章은 言人君이 能懲小忿이면 新安陳氏曰 四字는 自寡人好勇一句發出하니 齊王所好之勇은 小忿也라 則能恤小事大하여 以交隣國이요 能養大勇이면 則能除暴救民하여 以安天下니라 慶源輔氏曰 能懲小忿然後에 能養大勇이니라 ○ 按此章은 前後兩事文義雖接屬이나 其事則有交隣、安天下之不同이라 故로 圈下에 分兩事論之하니라 張敬夫曰 小勇者는 血氣之怒也요 大勇者는 理義之怒也니 血氣之怒는 不可有요 理義之怒는 不可無니 七情之怒니 是其當怒者也라 知此면 則可以見性情之正이요 而識天理、人欲之分矣리라 雙峯饒氏曰 如同樂、獨樂之類라

○ 이 장은 인군이 능히 작은 분(忿)을 징계하면 신안진씨가 말하였다. "네 글자(能懲小忿)는 과인호용(寡人好勇) 한 구로부터 나왔으니, 제왕(齊王)이 좋아한 용(勇)은 작은 분노이다." 소국을 구휼하고 대국을 섬겨서 이웃 나라와 사귈 수 있고, 큰 용을 기르면 능히 포악한 자를 제거하고 백성을 구제해서 천하를 편안히 함을 말씀한 것이다. 경원보씨가 말하였다. "능히 작은 분노를 징계한 뒤에야 능히 대용(大勇)을 기를 수 있다." ○ 살펴보건대 이 장은 앞뒤 두 가지 일이 글 뜻은 비록 접속되었으나 그 일은 이웃나라를 사귐과 천하를 편안히 함의 똑같지 않음이 있다. 그러므로 권(圈;○) 아래에 두 가지 일로 나누어 논한 것이다. ○ 〈이 노여움은〉칠정(七情)의 노함이니, 이는 마땅히 노여워해야 할 것이다.

장경부(張敬夫)가 말하였다. "소용(小勇)이란 혈기의 노여움이고, 대용이란 의리의 노여움이니, 혈기의 노여움은 있어서는 안 되고 의리의 노여움은 없어서는 안 된다. 이것을 알면 성정(性情)의 올바름을 보고, 천리(天理)와 인욕(人欲)의 분별을 알 수 있을 것이다." 쌍봉요씨가 말하였다. "백성과 함께 즐거워함과 군주가 홀로 즐거워하는 따위와 같은 것이다."

4-1

齊宣王이 見孟子於雪宮이러니 王曰 賢者도 亦有此樂乎잇가 孟子對曰 有하니 人不得이면 則非其上矣니이다

> 제 선왕(齊宣王)이 맹자를 설궁(雪宮)에서 뵈었는데, 왕이 말씀하였다. "현자(賢者)도 또한 이러한 즐거움이 있습니까?" 맹자가 대답하셨다. "있습니다. 사람들이 이것을 얻지 못하면 그 윗사람을 비난합니다.

樂은 音洛이니 下同이라

'락(樂)'은 음이 락(洛)이니, 아래도 같다.

雪宮은 離宮名이라 慶源輔氏曰 離는 猶別也니 別在其所居宮室之外故로 曰離宮이라 **言人君이 能與民同樂이면 則人皆有此樂이요** 慶源輔氏曰 此는 釋有字라 ○ 指下有字하니 蓋上有字는 其義狹하고 下有字는 其義廣이라 ○ 雲峯胡氏曰 謂賢者有此樂也라 然이나 非特賢者有此樂이요 凡人皆欲有此樂이니라 **不然이면 則下之不得此樂者 必有非其君上之心이니 明人君當與民同樂하여 不可使人有不得者요 非但當與賢者共之而已也니라** 雲峯胡氏曰 梁惠王問賢者亦樂此한대 孟子答以賢者而後樂此하시니 皆指君而言이니 與賢者亦有此樂賢字로 似同而實不同이니라 ○ 按惠、宣所問之賢者는 蓋未必異로되 惟孟子所答이 彼以古之賢君當之하고 此則依王所問而對之가 爲異耳라

설궁(雪宮)은 이궁(離宮;행궁(行宮))의 이름이다. 경원보씨가 말하였다. "'리(離)'는 별(別)과 같으니, 군주가 거처하는 궁실의 밖에 별도로 있기 때문에 이궁이라 한 것이다." **인군이 백성과 더불어 함께 즐거워하면 사람들이 모두 이[此] 즐거움을 가질 것이요,** 경원보씨가 말하였다. "이것은 〈경문(經文)의〉 '유(有)'자를 해석한 것이다." ○ 아래 '유(有)'자를 가리킨 것이니, 위의 '유'자는 그 뜻이 좁고 아래 '유'자는 그 뜻이 넓다. ○ 운봉호씨가 말하였다. "현자가 이 락(樂)이 있음을 말한 것이다. 그러나 단지 현자만 이 락이 있는 것이 아니요, 모든 사람이 다 이 락을 소유하고자 하는 것이다." **그렇지 못하면 아래에서 이 즐거움을 얻지 못한 자들이 반드시 그 군상(君上)을 비난하는 마음을 가짐을 말씀한 것이다. 인군은 마땅히 백성과 함께 즐거워하여 백성들로 하여금 얻지 못한 자가 있게 해서는 안 될 것이요, 비단 마땅히 현자와 함께 해야 할 뿐만이 아님을 밝힌 것이다.** 운봉호씨가 말하였다. "양 혜왕(梁惠王)이 '현자 또한 이것을 즐거워합니까?' 하고 묻자 맹자는 현자인 뒤에야 이것을 즐거워한다고 답하셨으니, 이것은 모두 군주를 가리켜 말한 것이니, '현자 또한 이 즐거움이 있습니까?' 하고 물은 '현'자와 같은 듯하나 실제는 똑같지 않다. ○ 살펴보건대 혜왕과 선왕이 물은 현자는 반드시 다르지는 않으나 오직 맹자의 대답하신 바가 저기서는 옛날의 현군(賢君)으로 해당시켰고, 여기서는 왕의 물은 바에 따라 대답한 것이 다름이 될 뿐이다.

4-2

不得而非其上者도 非也며 爲民上而不與民同樂者도 亦非也니이다

<즐거움을> 얻지 못했다 하여 그 윗사람을 비난하는 자(백성)도 잘못이요, 백성의 윗사람이 되어 백성과 함께 즐거워하지 않는 자(군주)도 또한 잘못입니다.

人字는 蒙上節而省之라

'인(人)'자는 윗절을 이어 생략하였다.

下不安分과 去聲이라 ○ 慶源輔氏曰 不知命也라 上不恤民이 慶源輔氏曰 不知義也라 皆非理也라

아랫사람이 분수를 편안히 여기지 않음과 '분(分)'은 거성(去聲;분수)이다. ○ 경원보씨가 말하였다. "명(命)을 알지 못한 것이다." 윗사람이 백성을 구휼하지 않음은 경원보씨가 말하였다. "의(義)를 알지 못한 것이다." 모두 도리가 아니다.

4-3

樂民之樂者는 民亦樂其樂하고 憂民之憂者는 民亦憂其憂하나니 樂以天下하며 憂以天下하고 然而不王者 未之有也니이다

백성의 즐거움을 즐거워하는 자(군주)는 백성들 또한 그(군주)의 즐거움을 즐거워하고, 백성의 근심을 근심하는 자(군주)는 백성들 또한 그(군주)의 근심을 근심합니다. 즐거워하기를 온 천하로써 하며 근심하기를 온 천하로써 하고, 이렇게 하고도 왕 노릇 하지 못하는 자는 있지 않습니다.

樂民之樂而民樂其樂이면 慶源輔氏曰 君以民之樂爲樂이면 則民亦以君之樂爲樂이라 則樂以天下矣요 憂民之憂而民憂其憂면 則憂以天下矣니라 南軒張氏曰 憂、樂을 不以己而以天下는 天理之公也라 於是에 擧景公事하시니 蓋道其國故典以告之시니라 ○ 按然而不王之下에 似當以古聖王事實之어늘 而乃擧景公은 何也오 姑就其所習知之齊事하여 以納約自牖하니 是亦啓君之一事耳라 蓋王、伯(패)之道雖殊나 其與民同憂樂之意는 則未嘗有古今之異어든 況其君臣間問答이 皆歸重於先王觀者耶아 ○ 新安陳氏曰 憂樂以天下는 前一

截에 已盡之요 後는 不過引一段故實耳니라

백성의 즐거움을 즐거워해서 백성들이 그(군주)의 즐거움을 즐거워한다면 경원보씨가 말하였다. "군주가 백성들의 즐거워함을 즐거움으로 삼으면 백성들 또한 군주의 즐거움을 즐거움으로 삼는다." **즐거워하기를 천하로써 하는 것이요, 백성의 근심을 근심해서 백성들이 그 군주의 근심을 근심한다면 근심하기를 천하로써 하는 것이다.** 남헌장씨가 말하였다. "근심과 즐거움을 자기로써 하지 않고 천하로써 함은 천리(天理)의 공정함이다. 이에 경공(景公)의 일을 들으셨으니, 이는 그 나라의 고전(故典;고사)을 말씀하여 고하신 것이다." ○ 살펴보건대 '연이불왕(然而不王)'의 아래에 마땅히 옛 성왕(聖王)의 일로써 실증해야 할 듯한데 마침내 경공을 든 것은 어째서인가? 우선 그 왕이 익숙히 아는 제나라 일을 가지고서 납약자유(納約自牖)*①한 것이니, 이 또한 인군을 계도(啓導)하는 한 가지 일이다. 왕도(王道)와 패도(霸道)가 비록 다르나 그 백성과 함께 근심하고 함께 즐거워하는 뜻은 일찍이 예와 지금의 차이가 있지 않은데, 하물며 그 군주와 신하 사이에 묻고 대답함이 모두 선왕(先王)의 구경에 중점을 돌림에 있어서랴. ○ 신안진씨가 말하였다. "근심하고 즐거워하기를 천하로써 함은 앞 한 절에 이미 다 말씀하였고, 뒤는 한 단락의 고실(故實;고사)을 인용함에 불과할 뿐이다."

*① 납약자유(納約自牖) : ≪주역≫ 감괘(坎卦) 육사효사(六四爻辭)에 보이는 내용으로 "맺음을 들이되 밝게 통하는 곳으로부터 한다."는 뜻으로 군주가 평소 잘 알고 있는 것을 들어 비유해서 깨우침을 이른다.

4-4

昔者에 齊景公이 問於晏子曰 吾欲觀於轉附、朝儛하여 遵海而南하여 放于琅邪(야)하노니 吾何修而可以比於先王觀也오

옛닐에 제 경공(齊景公)이 안자(晏子)에게 묻기를 '내 전부산(轉附山)과 조부산(朝儛山)을 구경하고서 바닷가를 따라 남쪽으로 가서 낭야(琅邪)에 이르고자 하노니, 내 어떻게 닦아야 선왕(先王)의 관광(觀光;유람)에 견줄 수 있겠는가?' 하였습니다.

朝는 音潮라 放은 上聲이라

'조(朝)'는 음이 조(潮)이다. '방(放)'은 상성(上聲;이름)이다.

晏子는 齊臣이니 名嬰이라 轉附、朝儛는 皆山名也라 遵은 循也요 放은 至也라 琅邪는 余遮反이라 齊東南境上邑名이라 亦本山名이라 觀은 遊也라 欲比先王之觀하니 此其僭也라

안자(晏子)는 제나라의 신하이니, 이름이 영(嬰)이다. 전부(轉附)와 조무(朝儛)는 모두 산 이름이다. '준(遵)'은 따름이요, '방(放)'은 이름이다. 낭야(琅邪)는 '야(邪)'는 여(余)·차(遮)의 반절〔땅이름 야〕이다. 제나라 동남쪽 국경 가에 있는 고을 이름이다. 또한 본래 산 이름이다. '관(觀)'은 유람이다. 선왕의 구경에 견주고자 하였으니, 이는 그 참람한 것이다.

4-5

晏子對曰 善哉라 問也여 天子適諸侯曰巡狩니 巡狩者는 巡所守也요 諸侯朝於天子曰述職이니 述職者는 述所職也니 無非事者요 春省耕而補不足하며 秋省斂而助不給하나니 夏諺曰 吾王이 不遊면 吾何以休며 吾王이 不豫면 吾何以助리오 一遊一豫 爲諸侯度라 하니이다

안자가 다음과 같이 대답하였습니다. '좋습니다, 질문이여. 천자가 제후국에 가는 것을 순수(巡狩)라 하니 순수란 제후가 지키는 경내(境內)를 순행한다는 뜻이요, 제후가 천자국에 조회 가는 것을 술직(述職)이라 하니 술직이란 자기가 맡은 바를 편다는 뜻이니, <순수와 술직이 모두> 일(정사)이 아님이 없습니다. 그리고 봄에는 나가서 경작하는 상태를 살펴보아 부족한 것을 보충해 주며, 가을에는 수확하는 상태를 살펴보아 부족한 것을 도와줍니다 하(夏)나라 속담에 이르기를 「우리 임금님이 유람하지 않으면 우리들이 어떻게 쉬며, 우리 임금님이 즐기지 않으면 우리들이 어떻게 도움을 받겠는가. 한 번 유람하고 한 번 즐김이 제후들의 법도가 된다.」 하였습니다.'[①]

*① 하(夏)나라……하였습니다 : 주자는 끝까지를 하(夏)나라 속담으로 보아 이렇게 설명하였으나, '吾王不遊, 吾何以休, 吾王不豫, 吾何以助.' 까지만 하나라 속담으로 보고, 그 다음은 안자(晏子)의 말로 보는 것이 타당함을 밝혀둔다.

狩는 舒救反이요 省은 悉井反이라

'수(狩)'는 서(舒)·구(救)의 반절〔순순할 수〕이고, 성(省)은 실(悉)·정(井)의 반절〔살필 성〕이다.

述은 陳也라 省은 視也라 斂은 去聲이라 收穫也라 給은 亦足也라 夏諺은 夏時之俗語也라 蓋禹、啓盛時也라 豫는 諺音誤라 樂 音洛이라 也라 巡所守는 巡行諸侯所守之土也요 以狩爲守는 蓋借用也라 述所職은 陳其所受之職也니 趙氏曰 巡所守者는 自上察下也요 述所職者는 自下達上也라 王은 十二年에 一巡狩하고 諸侯는 六年에 一朝라 皆無有無事而空行者요 而又春、秋循行 去聲이니 巡視也라 郊野하여 察民之所不足而補助之라 故로 夏諺에 以爲 王者一遊一豫 皆有恩惠以及民하여 何以助는 言何以得助也라 而諸侯皆取法焉하여 此節釋畢이요 此下는 預爲下節作承生耳라 不敢無事慢遊以病其民也라하니라 新安陳氏曰 以上은 晏子言先王之法이요 此下는 言當時之弊라

'술(述)'은 베풂(폄)이다. '성(省)'은 살펴봄이다. '렴(斂)'은 '렴(斂)'은 거성(去聲;거둠)이다. 수확이다. '급(給)'은 또한 족함이다. '하언(夏諺)'은 하나라 때의 속담이다. 아마도 우왕(禹王)과 계(啓)의 성한 때인 듯하다. '예(豫)'는 ≪언해≫의 음이 잘못되었다. 즐거워함이다. '락(樂)'은 음이 락(洛)이다. 순소수(巡所守)는 제후들이 지키고 있는 바의 토지를 순행하는 것이요, '수(狩)'를 '수(守)'의 의미로 쓴 것은 차용(借用)한 것이다. 술소직(述所職)은 천자에게서 받은 바의 직책을 펴는 것이니, 조씨가 말하였다. "제후가 지키는 바를 순행한다는 것은 위에서 아래를 살피는 것이요, 맡은 직책을 편다는 것은 아래에서 위로 도달하는 것이다. 왕은 12년에 한 번 순수하고, 제후는 6년에 한 번 조회 한다." 모두 일없이 헛되이 다님이 없는 것이다. 또 봄·가을로 교야(郊野)를 순행(循行)해서 '행(行)'은 거성(去聲)이니, 〈순행은〉순시(巡視)함이다. 백성들의 부족한 바를 살펴보아 보조해 준다. 그러므로 하나라 속담에 이르기를 "왕자(王者)가 한 번 유람하고 한 번 즐기는 것이 모두 은혜가 백성에게 미침이 있어, '하이조(何以助)'는 어찌하면 도움을 얻겠느냐고 말한 것이다. 제후들이 모두 법을 취해서 이 절은 석(釋)이 끝났고, 이 아래는 미리 아랫절을 위하여 윗글을 이어 아랫글을 냄을〔承上生下〕 만든 것이다. 감히 일없이 태만히 유람함으로써 그 백성들을 해롭게 하지 못한다." 하였다. 신안진씨가 말하였다. "이상은 안자(晏子)가 선왕의 법을 말하였고, 이하는 당시의 폐단을 말하였다."

4-6

今也엔 不然하여 師行而糧食하여 飢者弗食하며 勞者弗息하여 睊睊胥讒하여 民乃作慝이어늘 方命虐民하여 飮食若流하여 流連、荒亡하여 爲諸侯憂하나니이다

> 지금에는 그렇지 아니하여 군주가 출행할 때에는 군대를 데리고 가고 밥을 먹을 적에는 양식을 먹어서 굶주린 자가 먹지 못하며 수고로운 자가 쉬지 못해서 눈을 흘겨보며 서로 비방하여 백성들이 마침내 원망을 하는데도, 왕명을 거역하고 백성을 학대해서 술 마시고 음식 먹는 것을 마치 물 흐르듯이 하여 류련(流連)하고 황망(荒亡)해서 제후들의 걱정거리가 되고 있습니다.

睊은 古縣反이라

'견(睊)'은 고(古)·현(縣)의 반절[흘겨볼 견]이다.

今은 謂晏子時也라 與保民章今也意同이라 師는 衆也니 二千五百人이 爲師니 春秋傳 左定四年이라 曰 君行師從이라하니라 糧은 謂糗 去久反이요 又丘救反이라 糒 音備라 之屬이라 所裹以行者라 ○ 雙峯饒氏曰 君之行也以師요 其食也以糧이니라 ○ 按諺解에 釋作食糧하니 恐失文勢라 睊睊은 側目貌라 胥는 相也라 讒은 謗也라 慝은 怨惡(오) 去聲이라 也니 言民不勝 平聲이라 其勞하여 而起 作이라 謗怨 一作怨謗이라 也라 讒慝은 只一義니 但讒以言하고 慝以心이 爲微異耳라 方은 逆也요 命은 王命也라 方命은 本出書堯典이라5) 若流는 如水之流 無窮極也라 言多而無厭也라 流、連、荒、亡은 解見 音現이라 下文하니라 諸侯는 謂附庸之國, 如萊子、牟子之屬이라 縣邑之長이라 上聲이라 ○ 慶源輔氏曰 晏子는 主言齊事하여 而云爲諸侯憂라 故로 知爲附庸之國、縣邑之長也니라 ○ 按齊本方伯之國也니 諸侯之於方伯에 亦當視附庸云이라 ○ 此節은 承上夏諺故로 亦用韻語하니 足以備今諺矣라

금(今)은 안자(晏子) 당시를 이른다. 보민장(保民章)의 '금야(今也)'라는 뜻과 같다. '사(師)'는 군대이다. 2,500명을 사(師)라 하니, 《춘추좌씨전》에 《춘추좌씨전》 정공(定公) 4년이다. "군주가 출행(出行)하면 사가 따라다닌다." 하였다.*① '량(糧)'은 구비(糗糒)의 '구(糗)'는 거(去)·구(久)의 반절[말린 밥 구]이고 또 구(丘)·구(救)의 반절이다. ○ '비(糒)'는 음이 비(備;말린 밥)이다. 등속을 이른다. 싸가지고 길을 가는 것이다. ○ 쌍봉요씨가 말하였다. "인군이 출행(出行)할 때는 군대를 데리고 가고, 밥을 먹을 때에는 양식을 먹는 것이다." ○ 살펴보건대 《언해》에는 식량으로 해석하였으니,*② 문세(文勢)를 잃은 듯하다. '견견(睊睊)'은 측목(側目;반목(反目))하는 모양이다. '서(胥)'는 서로이다. '참(讒)'은 비방이다. '특(慝)'은 원망하고 미워함이니, '오(惡)'는 거성(去聲;미워함)이다. 백성들이 그 수고로움을 감당하지 '승(勝)'은 평성

---

5) 《書經 堯典》 "帝曰: 吁, 咈哉. 方命, 圮族."

(平聲;이루 감당함)이다. **못하여 원망과 비방을** 일본(一本)에는 원방(怨謗)으로 되어 있다. **일으킴을** '기(起)'는 일어남이다. **말한다.** 참(讒)과 특(慝)은 다만 한 뜻인데, 다만 말로써 참소하고 마음으로써 특(慝)하는 것이 조금 다름이 될 뿐이다. '방(方)'은 거역함이요, '명(命)'은 왕명이다. 방명(方命)은 본래 ≪서경≫〈요전(堯典)〉에 나온다. '약류(若流)'는 물의 흐름이 다함이 없음과 같은 것이다. 많아도 싫어함이 없음을 말한 것이다. 류(流)·련(連)·황(荒)·망(亡)은 해석이 다음 글에 보인다. '현(見)'은 음이 현(現)이다. **제후는 부용(附庸)의 나라와** ≪춘추≫의 래자(萊子)와 모자(牟子)와 같은 나라이다. **현읍(縣邑)의 장(長)**[3]**을 이른다.** 장(長)은 상성(上聲;우두머리)이다. ○ 경원보씨가 말하였다. "안자는 제나라의 일을 위주하여 말해서 제후의 근심이 된다고 말하였다. 그러므로 부용(附庸)의 나라와 현읍(縣邑)의 장(長)이 됨을 아는 것이다." ○ 살펴보건대 제나라는 본래 방백(方伯)의 나라이니, 제후들이 방백에 대해서 또한 마땅히 부용국처럼 보아야 한다. ○ 이 절은 위의 하언(夏諺)을 이었기 때문에 또한 운어(韻語)를 사용하였으니 이로써 지금의 속담에 대비한 것이다.

*① ≪춘추좌씨전≫에……하였다 : ≪춘추좌씨전≫ 정공(定公) 4년에 "君行師從, 卿行旅從."이라고 보이는 바, 사(師)는 2,500명의 군대이고 여(旅)는 500명의 군대이다.
*② ≪언해≫에는 ……해석하였으니: ≪언해≫에는 '師行而糧食'을 "師로 行하고 糧을 食하야"로 되어 있는바, "行에는 師가 따라가고 食에는(밥을 먹을 적에는) 양식을 먹어서"로 해석하여야 함을 말한 것이다.
*③ 부용(附庸)의……장(長) : 부용은 방(方) 50리가 못되는 작은 나라를 이른다.

4-7

從流下而忘反을 謂之流요 從流上而忘反을 謂之連이요 從獸無厭을 謂之荒이요 樂酒無厭을 謂之亡이니

〈뱃놀이에〉 물길을 따라 아래로 내려가서 돌아옴을 잊음을 류(流)라 이르고, 물길을 거슬러 위로 올라가서 돌아옴을 잊음을 련(連)이라 이르고, 짐승을 쫓아(사냥하여) 만족함이 없음을 황(荒)이라 이르고, 술을 즐겨 만족함이 없음을 망(亡)이라 이릅니다.

厭은 平聲이라

'염(厭)'은 평성(平聲;만족함)이다.

此는 釋上文之義也라 從流下는 去聲이라 謂放舟隨水而下요 從流上은 上聲이라 謂

挽舟逆水而上이라 從獸는 猶言逐獸라 田獵也라 荒은 廢也라 卽書所謂禽荒也[6]라 樂酒는 以飮酒爲樂也라 亡은 猶失也니 言廢時 農時라 失事也라 政事라 ○ 慶源輔氏曰 荒은 是廢時요 亡은 是失事라

> 이는 윗글의 뜻을 해석한 것이다. 종류하(從流下)는 '하(下)'는 거성(去聲;내려감)이다. 배를 놓아 물길을 따라 아래로 내려감을 이르고, 종류상(從流上)은 '상(上)'은 상성(上聲;올라감)이다. 배를 만회(挽回)하여 물길을 거슬러 올라감을 이른다. '종수(從獸)'는 축수(逐獸)라는 말과 같다. 전렵(田獵;사냥)이다. '황(荒)'은 폐함이다. 바로 ≪서경≫에서 말한 금황(禽荒)이라는 것이다. '낙주(樂酒)'는 술을 마시는 것으로써 낙을 삼는 것이다. '망(亡)'은 실(失)과 같으니, 때를 '시(時)'는 농사짓는 때이다. 폐하고 일을 잃음을 말한다. 일은 정사이다. ○ 경원 보씨가 말하였다. "황(荒)은 바로 농사철을 폐하는 것이고 망(亡)은 바로 일을 잃는 것이다."

4-8

先王은 無流連之樂과 荒亡之行하시니 惟君所行也니이다

선왕은 류(流)·련(連)의 즐거움과 황(荒)·망(亡)한 행실이 없으셨으니, 오직 군주께서 행하실 바입니다.'

之行之行은 去聲이라

> 지행(之行)의 '행(行)'은 거성(去聲;행실)이다.

言先王之法、今時之弊 二者 惟在君所行耳라 總括上二事호되 而以先王之法爲主하니 所以上應先王觀三字하고 而下生末節也라

> 선왕의 법과 지금의 폐단 이 두 가지가 오직 군주의 행할 바에 달려있음을 말한 것이다. 위 두 일을 총괄하였는데 선왕의 법을 가지고 위주하였으니, 이는 위로 '선왕관(先王觀)' 세 글자에 응하고 아래로 말절(末節)을 만들어 낸 것이다.

---

[6] ≪書經 五子之歌≫ "內作色荒, 外作禽荒, 甘酒嗜音, 峻宇彫牆, 有一於此, 未或不亡."

4-9

景公이 說(열)하여 大戒於國하고 出舍於郊하여 於是에 始興發하여 補不足하고 召大(太)師하여 曰 爲我하여 作君臣相說之樂하라하니 蓋徵招(치소)、角招是也라 其詩曰 畜君何尤리오하니 畜君者는 好君也니이다

경공(景公)이 기뻐하여 국중에 크게 명령을 내리고 교외로 나가 머물면서 이에 비로소 창고를 열어 부족한 백성들을 보조해 주고, 태사(太師)를 불러 말하기를 '나를 위하여 군신이 서로 기뻐하는 음악을 지으라.' 하였으니, 지금의 치소(徵招)와 각소(角招)가 이것입니다. 이 시에 이르기를 '군주의 욕심을 저지함이 무슨 잘못이랴.' 하였으니, 군주의 욕심을 저지한 것은 군주를 사랑한 것입니다."

說은 音悅이라 爲는 去聲이라 樂은 如字라 徵은 陟里反이라 招는 與韶同이라 畜은 勅六反이라

'열(說)'은 음이 열(悅)이다. '위(爲)'는 거성(去聲;위함)이다. '악(樂)'은 본자대로(음악 악) 읽는다. '치(徵)'는 척(陟)·리(里)의 반절[소리 치]이다. '소(招)'는 소(韶)와 같다. '축(畜)'은 칙(勅)·육(六)의 반절[저지할 축]이다.

戒는 告命也라 蓋自責之命이라 出舍는 自責以省 悉井反이라 民也라 出舍는 自責也요 於郊는 省民也라 興發은 發倉廩也라 興發은 只是一義라 ○ 以上은 照應上文이요 補助 以下는 則照應其遊豫라 大 音泰라 師는 樂官也라 君臣은 己與晏子也라 樂有五聲하니 三曰角이니 爲民이요 四曰徵이니 爲事라 禮記樂記曰 宮爲君이요 商爲臣이요 角爲民이요 徵爲事요 羽爲物이라하니라 ○ 雖曰君臣相說之樂이나 而所爲者民事라 故로 不謂之宮招、商招하고 而特謂之徵招、角招하니라 招는 舜樂也라 新安陳氏曰 舜之韶遺音이 必有在齊者라 孔子在齊聞韶하시고 景公樂을 亦名招하니 可見이니라 ○ 按韶之在齊를 論者 謂是陳完所傳也니 蓋大師倣韶而作此樂이리라 其詩는 徵招、角招之詩也라 詩之全文은 必不止一句로되 而孟子只摘取之耳니 蓋逸詩也라 尤는 過也라

'계(戒)'는 고명(告命)하는 것이다. '명(命)'은 아마도 자책하는 명일 것이다. '출사(出舍)'는 자책하여 백성을 살핀 '성(省)'은 실(悉)·정(井)의 반절[살필 성]이다. 것이다. 나가서 머묾은 자책한 것이요 교외에 머묾은 백성을 살펴본 것이다. '흥발(興發)'은 창름(倉廩)을 여는 것이다. 흥

발(興發)은 다만 한 뜻이다. ○ 이상은 윗글을 조응하였고 '보조(補助)' 이하는 그 유예(遊豫)에 조응하였다. **태사(太師)는** '태(大)'는 음이 태(泰)이다. **악관(樂官)이다. 군신은 자신과 안자(晏子)이다. 음악은 오성(五聲)이 있는 바, 세 번째를 각(角)이라 하니 백성이 되고, 네 번째를 치(徵)라 하니 일이 된다.** ≪예기≫〈악기〉에 "궁(宮)은 군주가 되고, 상(商)은 신하가 되고, 각(角)은 백성이 되고, 치(徵)는 일이 되고, 우(羽)는 물건이 된다." 하였다. ○ 비록 군주와 신하가 서로 기뻐한 음악이라고 하였으나 위한 것은 백성의 일이다. 그러므로 궁소(宮招)·상소(商招)라고 말하지 않고, 다만 치소(徵招)·각소(角招)라고 말한 것이다. **초(招;소(韶))는 순(舜)임금의 음악이다.** 신안진씨가 말하였다. "순임금의 소악(韶樂)의 남은 음이 반드시 제나라에 남아 있었을 것이다. 공자가 제나라에 계시면서 소악을 들으셨고, 경공의 음악을 또한 소라고 이름하였으니, 여기에서 볼 수 있다." ○ 살펴보건대 소악이 제나라에 남아 있는 것을 논하는 자들이 이것은 진완(陳完)이 전한 것[①]이라고 하니, 아마도 태사(太師)가 소악을 따라 이 음악을 지었을 것이다. **기시(其詩)는 치소와 각소의 시이다.** ≪시경≫의 전문(傳文)은 반드시 한 구에 그치지 않을 것이나 맹자가 다만 이 글을 따오셨을 뿐이니, 이는 아마도 일시(逸詩)일 것이다. **'우(尤)'는 허물이다.**

*①소악이……전한 것 : 진완(陳完)은 본래 진(陳)나라 사람으로, 진나라는 순임금의 후손을 봉한 나라인데, 진나라의 공자(公子)인 완(完)이 제나라로 망명하여 전씨(田氏)가 되었고 그의 후손인 전화(田和)가 제나라를 차지하였다.

言 晏子能畜止其君之欲하니 西山眞氏曰 易之大小畜이 皆以止爲義하니라 **宜爲君之所尤라** 中人以下之君은 不以爲尤者 蓋鮮矣라 **然이나 其心 愛君之心이라 則何過哉리오 孟子釋之하사 以爲臣能畜止其君之欲은 乃是愛** 好라 **其君者也라하시니라** 新安陳氏曰 上文은 引援景公、晏子事實이요 只末一句는 是孟子說이니라 ○ 好君二字는 所以釋何尤也라 但招詩所云畜君은 專指晏子요 孟子所云畜君은 則自晏子推之하여 汎指人臣而輕輕點化하고 略略提起하여 隱然歸之於己하여 以諷宣王이라 於是에 晏子之事 遂爲己事耳라 蓋此章은 與沼上章意同이요 而至其末하여 以畜君二字로 盡奪全章之意하니 乃知此二字 是一章之題目也라

'안자가 그 군주의 욕심을 저지하였으니, 서산진씨(西山眞氏)가 말하였다. "≪주역≫의 대축괘(大畜卦)와 소축괘(小畜卦)가 모두 〈축을〉 그치는 것을 뜻으로 삼았다." 마땅히 군주의 허물하는 바가 될 것이다. 중인(中人) 이하의 군주는 허물로 여기지 않을 자가 드물 것이다. 그러나 그 마음이 군주를 사랑하는 마음이다. 무슨 허물이 있겠는가.'라고 말씀한 것이다. 맹자가 이것을 해석하여 신하가 그 군주의 욕심을 저지함은 바로 그 군주를 사랑한 '애(愛)'는 좋아함이다. 것이라고 말씀하신 것이다. 신안진씨가 말하였다. "윗글은 경공(景公)과 안자(晏子)의 사실을 끌어왔고, 다만 끝의 한 구(畜君者, 好君也.)는 맹자가 말씀한 것이다." ○ '호군(好君)' 두 글자는 하우(何尤)를 해석한 것이다. 다만 소시(招詩)에서 말한 축군(畜君)은 오로지 안자를

가리킨 것이고, 맹자가 말씀한 축군은 안자로부터 미루어서 인신(人臣)을 널리 가리키면서 가볍게 점화(點化)하고 간략히 제기하여 은연중 이것을 자신에게 돌려서 선왕(宣王)을 풍자한 것이다. 이에 안자의 일이 마침내 맹자 자신의 일이 된 것이다. 이 장은 소상장(沼上章;〈양혜왕 상〉2장)과 뜻이 같고, 그 끝에 이르러 '축군' 두 글자로써 전장(全章)의 뜻을 모두 빼앗았으니, 이에 이 '축군' 두 글자가 이 장의 제목임을 알 수 있다.

○ 尹氏曰 君之與民이 貴賤雖不同이나 然其心은 未始有異也라 孟子之言이 可謂深切矣어늘 齊王이 不能推而用之하니 惜哉로다 雲峯胡氏曰 齊景은 能聽晏子之說이어늘 而齊宣은 不能受孟子之說하니 可惜也로다

○ 윤씨가 말하였다. "군주와 백성은 귀천(貴賤)이 비록 똑같지 않으나 그 마음은 일찍이 다름이 있지 않다. 맹자의 말씀이 깊고 간절하다고 이를 만한데, 제 선왕이 능히 미루어 쓰지 못하였으니, 애석하다." 운봉호씨가 말하였다. "제나라 경공은 능히 안자의 말을 들었는데 제나라 선왕(宣王)은 맹자의 말씀을 받아들이지 못하였으니, 애석하다."

5-1

齊宣王이 問曰 人皆謂我毁明堂이라하나니 毁諸잇가 已乎잇가

제 선왕(齊宣王)이 물었다. "사람들이 모두 나더러 명당(明堂)을 헐라 하니, 헐어야 합니까? 그만두어야 합니까?"

趙氏曰 明堂은 太 一作泰라 山明堂이니 朱子曰 明堂有九室하니 如井田之制하여 東爲靑陽하고 南爲明堂하고 西爲總章하고 北爲玄堂하고 中爲太廟太室이라 凡四方之太廟異方所하여 其左右个則靑陽之左个 乃玄堂之右个니 但隨其時之方位開門耳요 太廟太室은 則每季十八日에 天子居焉이니라 ○ 新安倪氏曰 此는 朱子按禮記月令爲說이니라 ○ 按此는 天子所常居之明堂也니 若泰山明堂之制度 豈亦如是歟아 周天子東巡守 去聲이라 朝 音潮라 諸侯之處라하니 漢時遺址 音止라 尙在하니라 漢書郊祀志曰 武帝封泰山하니 泰山東北址에 古有明堂處라하니라 人欲毁之者는 蓋以天子不復 去聲이라 巡守하고 諸侯又不當居之也라 慶源輔氏曰 欲毁明堂은 與子貢欲去朔羊[7]意同하니 以其無用也일새라 王問 當毁之乎아 且止乎아

---

[7] 《論語 八佾 17章》 "子貢欲去告朔之餼羊. 子曰: 賜也, 爾愛其羊. 我愛其禮."

조씨가 말하기를 "명당(明堂)은 태산(泰山)에 '태(太)'가 일본(一本)에는 태(泰)로 되어 있다. 있는 명당이니, 주자가 말씀하였다. "명당에 아홉 개의 방이 있으니, 정전(井田)의 제도와 같아서 동쪽을 청양(靑陽)이라 하고 남쪽을 명당(明堂)이라 하고 서쪽을 총장(總章)이라 하고 북쪽을 현당(玄堂)이라 하고 중앙을 태묘(太廟)의 태실(太室)이라 한다. 무릇 사방의 태묘는 방소를 달리 하여 그 왼쪽과 오른쪽의 곁방은 청양의 왼쪽 곁방이 바로 현당의 오른쪽 곁방이니, 다만 그 시절(철)의 방위에 따라 문을 열 뿐이요, 태묘의 태실은 매 계월(季月;3월, 6월, 9월, 12월) 18일 동안 천자가 이곳에 거처한다." ○ 신안예씨(新安倪氏)가 말하였다. "이는 주자가 ≪예기≫의 〈월령(月令)〉을 상고하여 말씀한 것이다." ○ 살펴보건대 이는 천자가 항상 거처하는 명당이니, 태산의 명당 같은 제도도 아마도 또한 이와 같은가보다. 주나라 천자가 동쪽 지방을 순수(巡守)하면서 '수(守)'는 거성(去聲;순수함)이다. 제후들에게 조회 받던 '조(朝)'는 음이 조(潮;조회 받음)이다. 곳이다." 하였으니, 한(漢)나라 때까지도 유지(遺址)가 '지(址)'는 음이 지(止;터)이다. 남아있었다. ≪한서(漢書)≫ 〈교사지(郊祀志)〉에 "무제(武帝)가 태산(泰山)을 봉하니, 태산 동북쪽 터에 옛날 명당이 있었던 곳이다." 하였다. 사람들이 이것을 부수려고 한 것은 천자가 다시 '부(復)'는 거성(去聲;다시)이다. 순수하지 않고, 제후가 또 거처할 수 없기 때문이었다. 경원보씨가 말하였다. "명당을 허물고자 한 것은 자공(子貢)이 초하루를 아뢰는 양을 제거하고자 한 것과 뜻이 같으니, 그 쓸모가 없기 때문이다." 왕이 "마땅히 부수어야 합니까? 아니면 그만두어야 합니까?" 하고 물은 것이다.

5-2

孟子對曰 夫明堂者는 王者之堂也니 王欲行王政이면 則勿毀之矣소서

맹자가 대답하셨다. "저 명당은 왕자(王者)의 당(堂)이니, 왕께서 왕정(王政)을 행하고자 하신다면 부수지 마소서.

夫는 音扶라

'부(夫)'는 음이 부(扶;저)이다.

明堂은 王者所居以出政令之所也라 天子所常居之明堂은 固然이요 而泰山明堂도 亦有書所云協、正、同、修等事라[8] 能行王政이면 則亦可以王 去聲이라 矣니 齊王亦可以居此堂而出政令이라 何必毀哉리오 孟子之意는 不在於欲王居明堂이요 而只在於欲王行王政

---

8) ≪書經 舜典≫ "歲二月, 東巡守……協時月, 正日, 同律度量衡, 修五禮, 如五器, 卒乃復."

이라 故로 下節에 不復及明堂하시니 乃知王政二字此章之題目也라

명당은 왕자(王者)가 거처하면서 정령(政令)을 내던 곳이다. 천자가 항상 거처하는 명당은 진실로 그러하고, 태산의 명당도 또한 ≪서경≫에서 말한 '철과 달을 맞추고〔協時月〕, 날짜를 바로잡고〔正日〕, 율(律)·도(度)·량(量)·형(衡)을 통일 시키고〔同律度量衡〕, 다섯 가지 예(禮)를 닦고〔修五禮〕, 다섯 가지 기물을 똑같게〔如五器〕' 한 것 등의 일이 있었을 것이다. **왕정을 행한다면 또한 왕 노릇** '왕(王)'은 거성(去聲;왕노릇함)이다. **할 수 있으니, 제왕(齊王) 또한 이 명당에 거처하여 정령(政令)을 낼 수 있는 것이다. 어찌 반드시 부술 것이 있겠는가.** 맹자의 뜻은 왕이 명당에 거처하고자 함에 있지 않고, 다만 왕정을 행하고자 함에 있었다. 그러므로 아랫절에 다시는 명당에 언급하지 않으셨으니, 이에 '왕정(王政)' 두 글자가 이 장의 제목임을 알 수 있다.

5-3

王曰 王政을 可得聞與잇가 對曰 昔者文王之治岐也에 耕者를 九一하며 仕者를 世祿하며 關市를 譏而不征하며 澤梁을 無禁하며 罪人을 不孥하시니 老而無妻曰鰥이요 老而無夫曰寡요 老而無子曰獨이요 幼而無父曰孤니 此四者는 天下之窮民而無告者어늘 文王이 發政施仁하사되 必先斯四者하시니 詩云 哿矣富人이어니와 哀此煢獨이라하니이다

왕이 말씀하였다. "왕정을 얻어 들을 수 있겠습니까?" 맹자가 대답하셨다. "옛적에 문왕(文王)이 기주(岐周)를 다스릴 적에 경작하는 자들에게는 9분의 1의 세금을 받았으며, 벼슬하는 자들에게는 대대로 녹을 주었으며, 관문과 시장을 기찰(譏察)하기만 하고 세금을 징수하지 않았으며, 택량(澤梁)을 금하지 않았으며, 죄인을 처벌하되 처자에게까지 미치지 않게 하였습니다. 늙었으면서 아내가 없는 것을 관(鰥;홀아비)이라 하고, 늙었으면서 남편이 없는 것을 과(寡;과부)라 하고, 늙었으면서 자식이 없는 것을 독(獨;무의탁자)이라 하고, 어리면서 부모가 없는 것을 고(孤;고아)라 하니, 이 네 가지는 천하의 곤궁한 백성으로서 하소연할 곳이 없는 자들입니다. 문왕은 선정(善政)을 펴고 인(仁)을 베푸시되 반드시 이 네 사람들을 먼저 하셨습니다. ≪시경≫에 이르기를 '부자들은 괜찮지만 이 곤궁한 이가 가엾다.' 하였습니다."

與는 平聲이라 孥는 音奴라 鰥은 姑頑反이요 哿는 工可反이라 煢은 音瓊이라

'여(與)'는 평성(平聲;의문사)이다. '노(孥)'는 음이 노(奴;처자식)이다. '관(鰥)'은 고(姑)·완(頑)의 반절[홀아비 관]이고 '가(哿)'는 공(工)·가(可)의 반절[괜찮을 가]이다. '경(煢)'은 음이 경(瓊;외로움)이다.

岐는 周之舊國也라 趙氏曰 岐山은 在漢右扶風美陽縣하니라 九一者는 井田之制也라 方一里爲一井이니 其田九百畝라 中畫井字하여 界 界之라 爲九區하여 一區之中에 爲田百畝하여 中百畝는 爲公田하고 外八百畝는 爲私田하여 八家各受私田百畝하고 而同養 去聲이라 公田하니 見滕文公上이라9) 是九分 去聲이라 而稅其一也라 世祿者는 先王之世에 仕者之子孫을 皆敎之하여 敎之而成材면 則官之하고 如不足用이어든 亦使之不失其祿하니 不得居治事之官이나 而猶居食祿之列이라 蓋其先世嘗有功德於民이라 故로 報之如此하니 忠厚之至也라 新安陳氏曰 善善長也라 關은 謂道路之關이요 市는 謂都邑之市라 譏는 察也요 征은 稅也니 關市之吏가 察異服異言之人하고 見禮記王制라10) 而不征商賈 音古라 之稅也라 澤은 謂瀦 音諸라 水요 梁은 謂魚梁이니 與民同利하여 不設禁也라 孥는 妻子也니 惡 去聲이라 惡(오악)이 止其身이요 不及妻子也라 新安陳氏曰 惡惡短也라

기(岐)는 주나라의 옛 국도이다. 조씨가 말하였다. "기산(岐山)은 한나라 우부풍(右扶風) 미양현(美陽縣)에 있다." 구일(九一)이란 정전(井田)의 제도이다. 사방 1리가 1정(井)이 되니, 그 토지는 900무(畝)이다. 가운데에 '정(井)'자를 그어서 아홉 개의 구역으로 경계를 만들어 '계(界)'는 경계를 짓는 것이다. 한 구역 가운데에 토지 100무를 만들어서, 가운데 100무는 공전(公田)으로 삼고 바깥에 있는 800무는 사전(私田)으로 삼아 여덟 집이 각기 사전 100무를 받고서 함께 공전을 가꾸니, '양(養)'은 거성(去聲;가꿈)이다. ○ 이 내용은〈등문공 상〉에 보인다. 이것은 9분에 '분(分)'은 거성(去聲;나눔)이다. 그 하나를 세금으로 내는 것이다. 세록(世祿)이란 선왕(先王)의 세대에 벼슬한 자의 자손을 모두 가르쳐서, 가르쳐 훌륭한 인재를 이루면 벼슬을 시키고 만일 등용할 수 없으면 또한 이들로 하여금 그 녹을 잃지 않게 하였으니, 일을 다스리는 관직에는 거할 수 없으나 오히려 녹을 먹는 대열에는 거하는 것이다. 이는 그 선대가 일찍이 백성들에게 공덕이 있었기 때문에 보답하기를 이와 같이 한 것이니, 충후함이 지극한 것이다. 신안진씨가 말하였다. "선(善)을 선하게 여김이 긴 것이다."

---

9) ≪孟子 滕文公上 3章≫ "方里而井, 井九百畝, 其中爲公田. 八家皆私百畝, 同養公田, 公事畢然後, 敢治私事, 所以別野人也."

10) ≪禮記 王制≫ "關執禁以譏, 禁異服, 識異言."

'관(關)'은 도로의 관문이요, '시(市)'는 도읍의 시장이다. '기(譏)'는 기찰(譏察)이요 '정(征)'은 세금을 징수하는 것이니, 관문과 시장의 관리들이 이상한 복장과 이상한 말을 하는 사람들을 기찰하기만 하고, 이 내용은 ≪예기≫〈왕제(王制)〉에 보인다. 상고(商賈)의 '고(賈)'는 음이 고(古;장사)이다. 세금을 징수하지 않는 것이다. '택(澤)'은 저수(瀦水;저수지)를 '저(瀦)'는 음이 저(諸;물 막아둠)이다. 이르고 '량(梁)'은 어량(魚梁;고기 잡는 곳)을 이르니, 백성과 이익을 함께 하고 금함을 설치하지 않는 것이다. '노(孥)'는 처자(妻子)이니, 악을 미워함은 '오(惡)'는 거성(去聲;미워함)이다. 그 자신에게만 그치고 처자에게는 미치지 않은 것이다. 신안진씨가 말하였다. "악을 미워함이 짧은 것이다."

先王 不云文王而云先王者는 所以通而廣之也라 養民之政은 導其妻子하여 使之養其老 見盡心上이라11) 而恤其幼하나니 不幸而有鰥、諺音誤라 寡、孤、獨之人하여 必老幼然後에 謂之窮이라 無父母妻子之養이면 無告는 言無所呼訴也라 則尤宜憐恤이라 故로 必以爲先也라 詩는 小雅正月之篇이라 哿는 可也라 煢은 困悴 音萃라 貌라 按小註에 潛室陳氏以文王治岐로 爲王道之始하고 以成周로 爲王道之成하니 恐合更商이라

선왕(先王)이 문왕이라고 말하지 않고 선왕이라고 말한 것은 통하여 넓힌 것이다. 백성을 기르는 정사는 그 처자를 인도해서 늙은이를 봉양하고 이 내용은 〈진심 상(盡心上)〉에 보인다. 어린이를 구휼하게 하였는데, 불행히도 관(鰥)· '관(鰥)'은 ≪언해≫의 음(환)이 잘못되었다. 과(寡)·고(孤)·독(獨)의 사람이 있어서 반드시 늙은이와 어린이인 뒤에야 궁(窮)이라고 이를 수 있다. 부모와 처자의 봉양이 없으면 무고(無告)는 호소할 곳이 없음을 말한 것이다. 더욱 마땅히 가엾게 여기고 구휼해야 한다. 그러므로 반드시 이들로써 우선을 삼은 것이다. 시는 〈소아(小雅) 정월(正月)〉의 편이다. '가(哿)'는 가함(괜찮음)이다. '경(煢)'은 곤하고 파리한 '췌(悴)'는 음이 췌(萃;병듦)이다. 모양이다. 살펴보건대 소주(小註)에 잠실진씨(潛室陳氏)가 문왕이 기주(岐周)를 다스린 것을 왕도의 시작이라 하고 성주(成周)를 왕도의 완성이라 하였으니, 마땅히 다시 헤아려 보아야 할 듯하다.

5-4

王曰 善哉라 言乎여 曰 王如善之시면 則何爲不行이시니잇고 王曰 寡人이 有疾하니 寡人은 好貨하노이다 對曰 昔者에 公劉好貨하더시니 詩云 乃積乃倉이어늘 乃裹餱糧을 于橐于囊이오아 思戢用光하여 弓

---

11) ≪孟子 盡心上 22章≫ "所謂西伯, 善養老者, 制其田里, 敎之樹畜, 導其妻子, 使養其老."

矢斯張하여 干戈戚揚으로 爰方啓行이라하니 故로 居者有積倉하며 行者有裏糧也然後에야 可以爰方啓行이니 王如好貨어시든 與百姓同之하시면 於王에 何有리잇고

왕이 말씀하였다. "좋습니다, 선생님의 말씀이여." 맹자가 말씀하셨다. "왕이 만일 좋게 여기신다면 어찌하여 행하지 않습니까?" 왕이 말씀하였다. "과인은 병통이 있으니, 과인은 재물을 좋아합니다." 맹자가 대답하셨다. "옛적에 공류(公劉)가 재물을 좋아하였습니다. ≪시경≫에 이르기를 '노적(露積)을 쌓고 창고에 쌓거늘 마른 양식을 싸되 전대에다 넣고 자루에다 넣고서 백성을 편안히 하여 이로써 국가를 빛낼 것을 생각하여, 활과 화살을 펴놓으며(준비하며) 창과 방패와 도끼를 가지고 이에 비로소 길을 떠났다.' 하였습니다. 그러므로 집에서 거하는 자들은 노적과 창고가 있으며 길을 떠나는 자들은 싼 양식이 있은 뒤에야 이에 비로소 길을 떠날 수 있는 것입니다. 왕께서 만일 재물을 좋아하시거든 백성과 더불어 함께 하신다면 왕 노릇 하심에 무슨 어려움이 있겠습니까."

餱는 音侯요 橐은 音託이라 戢은 詩作輯하니 音集이라

'구(餱)'는 음이 구(侯;마른 밥)이고 '탁(橐)'은 음이 탁(託;전대)이다. '집(戢)'은 ≪시경≫에 집(輯)으로 되어 있으니, 음이 집(集;편안함)이다.

王自以爲好貨라 故로 取民無制하여 添此四字라 而不能行此王政이라하니라 公劉는 后稷之曾孫也라 詩는 大雅公劉之篇이라 積은 露積也요 餱는 乾 音干이라 糧也라 無底曰橐이요 有底曰囊이니 皆所以盛 音成이라 餱糧也라 戢은 安集也니 言思安集其人民하여 一作民人이라 ○ 添此三字라 以光大其國家也라 添其國家三字라 戚은 斧也요 揚은 鉞 音越이라 也라 爰은 於也라 啓行은 發行이라 言往遷于 一作於라 豳 音賓이라 也라 何有는 言不難也라 孟子言 公劉之民이 富足如是하니 一作此라 是는 公劉好貨而能推己之心하여 以及民也라 孟子釋書意하고 而仍用爰方啓行句하시니 此與後篇仍用不素餐兮文勢同이라12) 今王이 好貨어시든 亦能如此면 則其於王天下也에 何難之有리오하시니라 按集註此四句는 當通下註看이니 下註之省(생)之는 蓋欲蒙此耳라

---

12) ≪孟子 盡心上 32章≫ "公孫丑曰: 詩曰: 不素餐兮, 君子之不耕而食, 何也. 孟子曰: 君子, 居是國也, 其君用之, 則安富尊榮, 其子弟從之, 則孝弟忠信, 不素餐兮, 孰大於是."

王能如此면 則亦當如二君之始王業也리라

왕이 스스로 말씀하기를 "재물을 좋아하기 때문에 백성에게 취함이 제한이 없어서 이 네 글자(取民無制)를 더하였다. 이 왕정을 행할 수 없다."고 한 것이다. 공류(公劉)는 후직(后稷)의 증손(曾孫)이다. 시는 <대아(大雅) 공류(公劉)>의 편이다. '적(積)'은 노적이요, '구(餱)'는 마른 '간(乾)'은 음이 간(干;마름)이다. 양식이다. 밑이 없는 것을 탁(橐;전대)이라 하고 밑이 있는 것을 낭(囊;자루)이라 하니, 두 가지는 모두 구량(餱糧)을 담는 '성(盛)'은 음이 성(成;담음)이다. 것이다. '집(戢)'은 안집(安集;편안히 모여 삶)하는 것이니, 백성을 안집하여 '인민(人民)'이 일본(一本)에는 민인(民人)으로 되어 있다. ○ 이 세 글자(其人民)를 더하였다. 국가를 빛내고 크게 할 것을 '기국가(其國家)' 세 글자를 더하였다. 생각함을 말한다. '척(戚)'은 날이 아래로 굽은 도끼요, '양(揚)'은 날이 위로 솟은 도끼이다. '월(鉞)'은 음이 월(越;도끼)이다. '원(爰)'은 이에이다. '계행(啓行)'은 발행(發行;길을 출발함)이다. 가서 빈(豳) 땅으로 '우(于)'가 일본(一本)에는 어(於)로 되어 있다. ○ '빈(豳)'은 음이 빈(賓)이다. 도읍을 옮김을 말한다. 하유(何有)는 어렵지 않음을 말한다. 맹자가 말씀하시기를 "공류의 백성이 부유하고 풍족함이 이와 같았으니, '시(是)'가 일본(一本)에는 차(此)로 되어 있다. 이는 공류가 재물을 좋아하되 자기 마음을 미루어서 백성들에게 미쳤기 때문입니다. 맹자가 ≪서경≫의 뜻을 해석하고 이어 '원방계행(爰方啓行)'의 구(句)를 원용하셨으니, 이는 뒤편에 불소찬혜(不素餐兮)를 그대로 인용한 문세(文勢)와 같다. 이제 왕이 재물을 좋아하시거든 또한 능히 이와 같이 하신다면 천하에 왕 노릇 함에 무슨 어려움이 있겠습니까."라고 하신 것이다. 살펴보건대 ≪집주≫의 이 네 구(今王好貨, 亦能如此, 則其於王天下也, 何難之有.)는 마땅히 아랫주를 통하여 보아야 하니, 아랫주에 이것을 생략함은 이것을 이어받고자 한 것이다. 왕이 능히 이와 같이 하면 또한 두 군주(공류와 태왕)가 왕업(王業)을 시작한 것과 같이 해야 할 것이다.

5-5

王曰 寡人이 有疾하니 寡人은 好色하노이다 對曰 昔者에 大王이 好色하사 愛厥妃하시더니 詩云 古公亶父(단보) 來朝走馬하사 率西水滸하여 至于岐下하여 爰及姜女로 聿來胥宇라하니 當是時也하여 內無怨女하며 外無曠夫하니 王如好色이어시든 與百姓同之하시면 於王에 何有리잇고

> 왕이 말씀하였다. "과인은 병통이 있으니, 과인은 여색(女色)을 좋아합니다."
> 맹자가 대답하셨다. "옛적에 태왕(太王)이 여색을 좋아하시어 그 후비(后妃)를 사랑하였습니다. ≪시경≫에 이르기를 '고공단보(古公亶父;태왕)가 아침에 말을 달려와서 서쪽 물가를 따라 기산(岐山) 아래에 이르러 이에 강녀(姜女)와 더불어 와서 집터를 보았다.' 하였으니, 이 때를 당하여 안에는 원망하는 여자가 없었으며 밖에는 홀아비가 없었으니, 왕(王)께서 만일 여색을 좋아하시거든 백성과 더불어 함께 하신다면 왕 노릇 하심에 무슨 어려움이 있겠습니까."

大는 音泰라

'태(大)'는 음이 태(泰)이다.

于는 一作於라 ○ 大之音을 一著於此하여 以該上交隣、徵招二章과 及下居邠二章하니라

'우(于)'가 일본(一本)에는 어(於)로 되어 있다. ○ 태(大)의 음을 한 번 여기에 달아서 위의 교린(交隣), 치소(徵招) 두 장 및 아래 거빈(居邠) 두 장을 포함하였다.

王又言此者는 好色이면 則心志蠱惑하고 用度奢侈하여 添此八字라 而不能行王政也라 好色之害 甚於好貨라 大王은 公劉九世孫이라 詩는 大雅緜之篇也라 古公은 大王之本號니 後乃追尊爲大王也라 亶父는 音甫라 大王名也라 來朝走馬는 新安陳氏曰 其來以朝也니 古人記事에 蓋有此例라 如書曰 王朝步自周13)와 周公朝至于洛14)이라하니라 ○ 按陳說之來以朝와 諺解之來於朝가 實一義也라 避狄人之難 去聲이라 也라 率은 循也라 滸는 呼五反이라 水厓(涯)也라 岐下는 岐山之下也라 姜女는 大王之妃也라 聿은 發語聲이라 胥는 相 去聲이라 也요 視也라 宇는 居也라 曠은 空也니 無怨曠者는 怨은 是失愛於夫者也요 曠은 是無妻者也라 是大王好色이로되 太王好色下에 卽以愛厥妃承之는 所以見其爲好之正이요 而非如世俗所謂好色也라 而能推己之心하여 以及民也니라 朱子曰 梁王問利엔 直掃除之하고 此處엔 又却引導之는 亦自分義利로되 特人不察耳라

왕이 또 이것을 말씀한 것은 여색을 좋아하면 심지(心志)가 고혹(蠱惑)되고 용도(用度)가 사치해져서 이 여덟 글자(心志蠱惑, 用度奢侈.)를 더하였다. 왕정(王政)을 행할 수 없기 때문이다. 여색을 좋아하는 폐해가 재물을 좋아하는 것보다 심하다. 태왕(太王)은 공류(公劉)의 9세

---

13) ≪書經 周書 武成≫ "王朝步自周, 于征伐商."
14) ≪書經 周書 召誥≫ "周公朝至于洛, 則達觀于新邑營."

손이다. 시(詩)는 <대아 면(緜)>의 편이다. 고공(古公)은 태왕의 본래 칭호이니, 뒤에 마침내 추존하여 태왕이라 한 것이다. 단보(亶父)는 '보(父)'는 음이 보(甫)이다. 태왕의 이름이다. 래조주마(來朝走馬)는 신안진씨가 말하였다. "래조주마(來朝走馬)는 그 오기를 아침에 한 것이니, 옛날 사람이 일을 기록할 적에 이러한 예(例)가 있었다. 예컨대 ≪서경≫에 '왕이 아침에 걸어서 주나라에서 왔다.〔王朝步自周〕'는 것과 '주공이 아침에 낙읍(洛邑)에 이르셨다.〔周公朝至于洛〕'는 것과 같다." ○ 살펴보건대 진씨(陳氏) 설의 '래이조(來以朝)'와 ≪언해≫의 '래어조(來於朝)'가 실로 똑같은 뜻이다. 적인(狄人)의 난을 '난(難)'은 거성(去聲;난리)이다. 피한 것이다. '솔(率)'은 따름이다. '호(滸)'는 '호(滸)'는 호(呼)·오(五)의 반절〔물가 호〕이다. 물가이다. '기하(岐下)'는 기산(岐山) 아래이다. 강녀(姜女)는 태왕의 후비(后妃)이다. '율(聿)'은 발어성(發語聲)이다. '서(胥)'는 봄이요, '상(相)'은 거성(去聲;봄)이다. ○ 살펴봄이다. '우(宇)'는 집터이다. '광(曠)'은 빔이니, 원망하는 여자와 홀아비가 없었던 것은, '원(怨)'은 남편에게 사랑을 잃은 자이고, '광(曠)'은 아내가 없는 자이다. 이것은 태왕이 색을 좋아하되 태왕이 여색을 좋아했다는 아래에 곧바로 '그 비를 사랑했다.〔愛厥妃〕'로 이은 것은 그 좋아함의 바름이 됨을 나타낸 것이요, 세속에서 말하는 호색(好色)과 같은 것이 아니다. 자기 마음을 미루어서 백성에게 미쳤기 때문이다. 주자가 말씀하였다. "양왕(梁王)이 이로움을 물었을 때에는 곧바로 쓸어버렸고, 이곳에서는 또다시 도리어 인도한 것은 또한 스스로 의(義)와 리(利)를 나눈 것인데 다만 사람들이 살피지 못할 뿐이다."

○ 南軒張氏曰 齊王好貨、好色에 孟子謂公劉好貨하고 太王好色이나 而實未嘗好也하니 好字雖同이나 而所以爲好則異라 二君之好는 天理也요 齊王之好는 人欲也니라 ○ 新安陳氏曰 孟子之言이 有因其近似而發揮之하여 以足己意者는 如公劉好貨는 本無事實이요 只乃積乃倉一句며 太王好色도 亦無事實이요 只爰及姜女一句而已라 然이나 欲開導時君하시니 義正辭辯이니라 ○ 按此章은 宣王顯有自畫之迹이로되 而孟子猶惓惓汲引하시니 此聖賢之心也니라

○ 남헌장씨가 말하였다. "제왕(齊王)이 재화를 좋아하고 여색을 좋아함에 맹자가 공류(公劉)가 재화를 좋아하고 태왕(太王)이 여색을 좋아했다고 말씀하셨으나 실제는 일찍이 좋아하지 않았으니, '호(好)'자는 비록 똑같으나 좋아한 것은 다르다. 공류와 태왕 두 군주가 좋아한 것은 천리이고 제왕이 좋아한 것은 인욕이다." ○ 신안진씨가 말하였다. "맹자의 말씀에 그 근사(近似;비슷)함을 인하여 발휘해서 자신의 뜻을 충족하신 것은, 예컨대 공류가 재화를 좋아한 것은 본래 그러한 사실이 없고 다만 '내적내창(乃積乃倉)' 한 구이며, 태왕이 여색을 좋아한 것 또한 그런 사실이 없고 다만 '원급강녀(爰及姜女)' 한 구일 뿐이다. 그러나 맹자가 당시 군주를 계도하고자 하셨으니, 의리가 바르고 말씀이 논리적이다." ○ 살펴보건대 이 장은 선왕(宣王)이 드러나게 스스로 한계 짓는 자취가 있었으나 맹자가 오히려 권권(惓惓)히 이끄셨으니, 이는 성현의 마음이다.

○ 楊氏曰 孟子與人君言에 皆所以擴充其善心하여 而格其非心이요 四字는 出書冏命이라15) 不止就事論事하시니 若使爲人臣者 論事를 每如此면 豈不能堯、舜其君乎아 愚謂 此篇은 自首章 莊暴라 至此히 大意皆同하니 蓋鍾鼓、苑囿、遊觀之樂과 音洛이라 與夫 音扶라 好勇、好貨、好色之心은 皆天理之所有요 而人情之所不能無者라 此同行也라 然이나 天理、人欲이 同行異情하니 雲峯胡氏曰 此二句는 出五峯胡氏之言이니 朱子平日深取之하시고 今引以釋此章이라 如齊王好色하고 太王亦好色하니 是同行也로되 齊王은 行從人欲上去하고 太王은 行歸天理上來하니 是異情也니라 ○ 按胡子知言의 天理人欲同體異用과 同行異情之說을 朱子嘗譏其混爲一區하여 不免有病이로되 而於此에 却用其語者는 蓋於彼則以人欲之流於惡者言也요 於此則以食色之情聖凡所同者言也니라

○ 양씨가 말하였다. "맹자가 인군과 더불어 말씀함에 모두 그 착한 마음을 확충하고 나쁜 마음을 바로잡으려 하셨고, 이 네 글자(格其非心)는 ≪서경≫〈경명(冏命)〉에 나온다. 일에 나아가 일을 논함에 그치지 않으셨으니, 만일 신하된 자가 일을 논하기를 매양 이와 같이 한다면 어찌 그 군주를 요·순으로 만들지 못하겠는가."

내(주자)가 생각하건대 이 편은 수장(首章)으로부터 장포(莊暴)이다. 여기까지 대의(大意)가 모두 같으니, 종고(鍾鼓)와 원유(苑囿)·유관(遊觀)의 즐거움과 '락(樂)'은 음이 락(洛)이다. 저 '부(夫)'는 음이 부(扶;저)이다. 용(勇)을 좋아하고 재물을 좋아하고 여색을 좋아하는 마음은 모두 천리에 있는 바이고 인정에 없을 수 없는 것이다. 이는 행실이 같은 것이다. 그러나 천리와 인욕은 행동은 같으나 실정은 다르니, 운봉호씨가 말하였다. "이 두 구(天理人欲, 同行異情.)는 오봉호씨(五峯胡氏)의 말에서 나왔으니, 주자가 평소 이것을 깊이 취하셨고 이제 이것을 인용하여 이 장을 해석하였다. 예컨대 제왕이 여색을 좋아하고 태왕 또한 여색을 좋아하였으니 이것이 행실이 같은 것이나, 제왕의 행실은 인욕을 따랐고 태왕의 행실은 천리로 돌아갔으니 이것이 실정이 다른 것이다. ○ 살펴보건대 호자(胡子;호굉(胡宏))의 ≪지언(知言)≫의 천리와 인욕은 체(體)가 같으나 용(用)이 다르다는 것과 행실이 같으나 실정이 다르다는 말씀을 주자가 일찍이 그 뒤섞어 한 구역으로 만들어 병통이 있음을 면치 못한다고 비판하셨으나 여기에서 도리어 그 말씀을 인용한 것은 저기에서는 인욕이 악으로 흐른 것을 가지고 말하였고 여기에서는 식(食)·여색의 정이 성인과 범인이 똑같은 것을 가지고 말하였기 때문이다.

循理而公於天下者는 聖人 一作賢이라 之所以盡其性也요 縱欲而私於一己者는 衆人之所以滅其天也라 此는 異情也라 二者 理、欲이라 之間이 不能以髮이로되 毫釐之差라 而其是非、得失之歸는 相去遠矣라 千里之繆라 故로 孟子因時君之問하사 而剖

---

15) ≪書經 周書 冏命≫ "惟予一人, 無良, 實賴左右前後有位之士, 匡其不及, 繩愆糾謬, 格其非心, 俾克紹先烈."

普后反이라 析於幾微之際하시니 皆所以遏人欲而存天理라 此六字는 隱栝楊氏擴, 格 二句로되 而尤約且順하여 有足以盡蔽此書矣라 其法似疏而實密하고 其事似易 去聲이라 而實難하니 慶源輔氏曰 法은 指孟子之說이요 事는 指公劉, 太王之事니 蓋不直禁其好 貨, 好色하여 似若疏且易矣라 然이나 必使爲公劉, 太王之事하니 又甚密且難矣니라 學者 以身體之하면 慶源輔氏曰 體察於毫髮之際라 ○ 體之는 謂設以身當其地而思之라 則有以 識其非曲學阿世之 見漢書儒林傳이라16) 言이요 而知所以克己復禮之端矣리라 見論語 顔淵이라17) ○ 新安陳氏曰 克己復禮之端은 謂天理, 人欲之間의 幾微之際也라 ○ 按克己 復禮는 又從遏存六字而約之니라

천리를 따라서 천하에 공정하게 하는 것은 성현이 '인(人)'이 일본(一本)에는 현(賢)으로 되어 있다. 본성을 다하는 것이요, 인욕에 방종해서 자기 한 몸에만 사사롭게 하는 것은 중인(衆人)들이 천리를 멸하는 것이다. 이는 실정이 다른 것이다. 이 두 가지의 천리와 인욕이다. 간격은 털끝만한 차이도 못되나 털끝만한 차이이다. 그 시비(是非)와 득실(得失)의 귀결은 거리가 매우 멀다. 천리(千里)의 어긋남이다. 그러므로 맹자가 당시 군주의 질문으로 인하여 이것을 기미(幾微)의 즈음에서 분석하셨으니, '부(剖)'는 보(普)·후(后)의 반절〔분석할 부〕이다. 모두 인욕을 막고 천리를 보전하는 것이었다. 이 여섯 글자(遏人欲, 存天理.)는 양씨(楊氏)의 '개소이확충기선심 이격기비심(皆所以擴充其善心, 而格其非心.)'의 두 구를 가감한 것인데, 더욱 요약하고 또 순하여 충분히 이 ≪맹자≫ 책을 다 덮을(포함할) 수 있다. 그 법이 엉성한 듯하나 실제는 치밀하고 그 일이 쉬운 듯하나 '이(易)'는 거성(去聲;쉬움)이다. 실제는 어려우니, 경원보씨가 말하였다. "법은 맹자의 말씀을 가리키고 일은 공류와 태왕의 일을 가리키니, 그 재화를 좋아하고 여색을 좋아함을 곧바로 금하지 않아서 엉성하고 또 쉬운 것 같다. 그러나 반드시 공류와 태왕의 일을 하게 하였으니, 이는 또 심히 치밀하고 또 어려운 것이다." 배우는 자가 몸으로써 체행한다면 경원보씨가 말하였다. "털끝만한 즈음에 체찰(體察)하는 것이다." ○ '체지(體之)'는 자기 몸으로 그 처지에 당한 것으로 가설하여 생각함을 이른다. 곡학아세(曲學阿世)*①한 곡학아세는 ≪한서≫ 〈유림전(儒林傳)〉에 보인다. 말씀이 아님을 알 것이요, 극기복례(克己復禮)하는 단서임을 알게 될 것이다. 극기복례〔자기 사욕을 이겨 예로 돌아감〕는 ≪논어≫ 〈안연〉에 보인다. ○ 신안진씨가 말하였다. "극기복례의 단서는 천리와 인욕의 사이에 기미의 즈음을 이른다." ○ 살펴보건대 극기복례는 또 '알인욕 존천리(遏人欲, 存天理.)' 여섯 글자를 따라 요약한 것이다.

*① 곡학아세(曲學阿世) : 부정한 학설로 세속에 영합함을 이른다.

---

16) ≪漢書 儒林傳≫ "公孫子務正學以言, 無曲學以阿世."
17) ≪論語 顔淵 1章≫ "顔淵問仁. 子曰: 克己復禮, 爲仁, 一日克己復禮, 天下歸仁焉."

6-1

孟子謂齊宣王曰 王之臣이 有託其妻子於其友而之楚遊者 比其反也하여 則凍餒其妻子어든 則如之何잇고 王曰 棄之니이다

맹자가 제 선왕에게 말씀하셨다. "왕의 신하 중에 그 처자(妻子)를 친구에게 맡기고 초(楚)나라에 가서 놀던 자가 그 돌아옴에 미쳐서 친구가 그 처자를 얼고 굶주리게 하였다면 어떻게 하시겠습니까?" 왕이 말씀하였다. "끊어버리겠습니다."

比는 必二反이라

'비(比)'는 필(必)·이(二)의 반절[미칠 비]이다.

託은 寄也라 比는 及也라 棄는 絶也라

'탁(託)'은 기탁(寄託;맡김)함이다. '비(比)'는 미침이다. '기(棄)'는 끊는(절교하는) 것이다.

6-2

曰 士師不能治士어든 則如之何잇고 王曰 已之니이다

맹자가 말씀하셨다. "사사(士師)가 사(士)를 다스리지 못하면 어떻게 하시겠습니까?" 왕이 말씀하였다. "그만두게 하겠습니다."

士師는 獄官也니 其屬이 有鄉士、遂士之官하여 周禮司寇注曰 掌六鄉、六遂之獄이라 하니라 士師皆當治之라 爲其長故也라 已는 罷去 上聲이라 也라 如論語三已之已라[18] ○ 以上二事는 皆虛設而亦有自汎向逼之序라

사사(士師)는 옥관(獄官)이니, 그 관속(官屬)에 향사(鄕士)와 수사(遂士)의 관원[*①]이 있어서 ≪주례≫〈사구(司寇)〉의 주(注)에 "육향(六鄕)과 육수(六遂)의 옥사를 관장한다." 하였다. 사사가 이들을 모두 다스려야 한다. 그 장(長)이 되었기 때문이다. '이(已)'는 파면하여 떠나게 하는 '거(去)'는 상성(上聲;떠남)이다. 것이다. ≪논어≫의 '삼이(三已)'의 '이(已)'자와 같다. ○ 이상의 두 가지 일은 모두 가설하였는데, 또한 범연(汎然)함에서부터 핍근(逼近)함으로 향하는 순서가 있다.

---

[18] ≪論語 公冶長 18章≫ "子張問曰: 令尹子文, 三仕爲令尹, 無喜色, 三已之, 無慍色."

*① 향사(鄕士)와……관원 : 사사(士師)는 옛날 형법을 맡은 장관으로 그 밑에 향사(鄕士)와 수사(遂士)가 있었는 바, 주대(周代)에는 왕성(王城)에서 50리 이상 떨어져 있는 지역을 향(鄕)이라 하여 육향(六鄕)으로 나누고, 100리 이상 떨어져 있는 지역을 수(遂)라 하여 육수(六遂)로 나누어 여기에 향사와 수사를 두었다.

6-3

> 曰 四境之內不治어든 則如之何잇고 王이 顧左右而言他하시다
>
> 맹자가 말씀하셨다. "사경(四境)의 안이 다스려지지 않으면 어찌 하여야 합니까?" 이에 왕이 좌우를 돌아보고 딴 것을 말씀하였다.

治는 去聲이라

'치(治)'는 거성(去聲;다스려짐)이다.

孟子將問此而先設上二事하여 以發之러시니 及此而王不能答也라 慶源輔氏曰 顧左右以釋其愧하고 言他事以亂其辭니라 ○ 左右之訓은 在下章이라 其憚於自責하고 恥於下問이 如此하니 恥下問은 見論語公冶長이라[19]) ○ 雙峯饒氏曰 當言此則寡人之罪니 這是自責이요 又當言如何可以治人이니 這是下問이라 後因孔距心之辭는 則不憚於自責이라 然이나 亦恥於下問이니라 不足與有爲를 可知矣로다 按惠王亦不自逃於刃、政之問이어늘 而宣王乃顧他於四境之問하니 惟此一事에 其人品이 反在惠王下하여 而無擇於襄王矣라 然 其不能繹、改[20])以有爲는 則惠、宣均焉이니라

맹자가 장차 이것을 물으려고 먼저 위의 두 가지 일을 가설하여 말씀하셨는데, 이에 이르러 왕이 대답하지 못한 것이다. 경원보씨가 말하였다. "좌우를 돌아보았다는 것으로 그의 부끄러워함을 해석하고, 딴 일을 말했다는 것으로써 그 말을 어지럽힌 것이다." ○ '좌우'의 훈(訓)은 아랫장에 있다 그 자책하기를 꺼리고 아랫사람에게 묻기를 부끄러워함이 이와 같았으니, 아랫사람에게 물음을 부끄러워함은 《논어》〈공야장(公冶長)〉에 보인다. ○ 쌍봉요씨가 말하였다. "마땅히 '이는 과인의 죄입니다.'라고 말해야 하니 이것은 자책하는 것이요, 또 마땅히 '어찌 하면 사람을 다스릴 수 있습니까?' 하고 물어야 하니 이것은 아랫사람에게 물은 것이다. 뒤(공손추 하 4장)에 공거심(孔距心)을 통한 말은 자책함을 꺼리지 않은 것이다. 그러나 또한 아랫사

---

[19]) 《論語 公冶長 14章》 "子曰: 敏而好學, 不恥下問, 是以謂之文也."

[20]) 《論語 子罕 23章》 "子曰: 法語之言, 能無從乎. 改之爲貴. 巽與之言, 能無說乎. 繹之爲貴. 說而不繹, 從而不改, 吾末如之何也已矣."

람에게 묻는 것을 부끄러워하였다." 그와 더불어 훌륭한 일을 할 수 없음을 알 수 있다. 살펴보건대 혜왕(惠王) 또한 칼날과 정사로 사람을 죽이는 것이 다르냐는 물음에 스스로 도피하지 못했는데, 선왕(宣王)은 마침내 사경(四境)의 질문에 딴 곳을 돌아보았으니, 오직 이 한 가지 일에 그 인품이 도리어 혜왕의 밑에 있어서 양왕(襄王)과 구별이 없다. 그러나 그 연역하고 고쳐서 훌륭한 일을 함이 있지 못함은 혜왕과 선왕이 똑같다.

○ 趙氏曰 言 君臣上下가 大全曰 竝王與士師言이라 各勤其任하고 無墮 許規反이라 其職이라야 乃安其身이니라 貴戚은 有易位之道하고 天吏는 有伐罪之義라 故로 君臣槩以安身言之라 雖然이나 趙氏此說은 不分賓主하니 所以歸諸圈下餘意耳라

○ 조씨가 말하였다. "군신(君臣)과 상하(上下)가 ≪대전≫에 말하였다. "왕과 사사(士師)를 아울러 말하였다." 각기 그 임무를 부지런히 하고 맡은 직책을 실추시키지 '휴(墮)'는 허(許)·규(規)의 반절〔무너뜨릴 휴〕이다. 말아야 몸을 편안히 할 수 있음을 말씀한 것이다." 귀척(貴戚)은 임금의 지위를 갈아치우는 방도가 있고 천리(天吏)는 죄인을 정벌하는 의리가 있다. 그러므로 군주와 신하에게 모두 몸을 편안히 한다고 말한 것이다. 그러나 조씨의 이 말은 빈주(賓主)를 구분하지 않았으니, 이 때문에 장하주(章下註)의 남은 뜻으로 돌아간 것이다.

7-1

孟子見齊宣王曰 所謂故國者는 非謂有喬木之謂也요 有世臣之謂也라 王無親臣矣샤소니 昔者所進을 今日에 不知其亡也온여

맹자가 제 선왕을 보고 말씀하셨다. "이른바 고국(故國)이란 것은 교목(喬木)이 있음을 말함이 아니요 세신(世臣)이 있음을 말한 것입니다. 그런데 왕은 친한 신하도 없으십니다. 전일(前日)에 등용한 사람 중에 오늘 도망한 자가 있는 것을 모르고 계십니다."

世臣은 累 上聲이라 世勳舊之臣이니 與國同休戚者也요 休戚은 猶言福禍라 親臣은 君所親信之臣이니 與君同休戚者也라 此는 言 喬木、古高木也라 世臣은 皆故國所宜有라 然이나 所以爲故國者는 則在此而不在彼也라 大全曰 此는 謂世臣이요 彼는 謂喬木이라 昨日 昔者라 所進用之人이 今日有亡去而不知者면 意是時에 適有此事라 則無親臣矣니 倒言之하여 以便於釋義라 況世臣乎아 添此句하여 以補其未足之意라

세신(世臣)은 누대(累代) '누(累)'는 상성(上聲;여럿)이다. 훈구(勳舊)의 신하이니 국가와 더불

어 좋고 나쁨을 함께 하는 자요, '휴척(休戚)'은 복화(福禍)라는 말과 같다. 친신(親臣)은 군주가 친애하고 신임하는 바의 신하이니 군주와 더불어 좋고 나쁨을 함께 하는 자이다. 이것은 "교목(喬木)과 '교목'은 오래된 높은 나무이다. 세신은 모두 고국에 마땅히 있어야 할 것이나 고국이 되는 이유는 이 세신에 있고 저 교목에 있지 않다. ≪대전≫에 말하였다. "'이'는 세신을 말한 것이고 '저'는 교목을 말한 것이다." 어제 경문의 석자(昔者)이다. 등용한 사람이 오늘 도망한 자가 있는데도 알지 못한다면 짐작건대 이때에 마침 이 일이 있었던 듯하다. 이것은 친한 신하도 없는 것이니, 거꾸로 말하여 뜻을 해석함에 편하게 하였다. 하물며 세신에 있어서랴."라고 말씀한 것이다. 이 구를 더하여 그 부족한 뜻을 보충하였다.

7-2

> 王曰 吾何以識其不才而舍之리잇고
>
> 왕이 말씀하였다. "내 어떻게 그의 재주가 없음을 알아서 버린단 말입니까?

舍는 上聲이라

'사(舍)'는 상성(上聲;버림)이다.

王意以爲 此亡去者 皆不才之人이어늘 不止一人故로 言皆라 我初不知而誤用之라 故로 今不以其去爲意耳라 承上節하여 先補言外之意라 因問何以先識其不才而舍之邪아 하니라 上節은 言用하고 此節은 言舍로되 而要以用爲主하니 以下節而可知也라 蓋用人이면 必有舍者故로 常竝及耳라 ○ 按宣王此問은 與仲弓所云焉知賢才而擧之者21)로 相似라

왕의 뜻은 생각하기를 '도망한 자들은 모두 재주가 없는 사람인데, 한 사람에 그치지 않으므로 '개(皆)'라고 말하였다. 내가 애당초 이들을 알지 못하고 잘못 등용하였다.'고 여겼다. 그러므로 지금 그들이 떠나간 것을 개의치 않은 것이다. 윗절을 이어서 먼저 말 밖의 뜻을 보충하였나. 인하여 묻기를 "어떻게 하면 미리 그의 재주가 없음을 알아서 버린단 말입니까?" 한 것이다. 윗절은 사람을 등용함을 말하고 이 절은 사람을 버림을 말했는데, 요점은 등용하는 것을 위주하였으니, 아랫절을 가지고 이것을 알 수 있다. 사람을 등용하면 반드시 버리는 자가 있기 마련이므로 항상 아울러 언급한 것이다. ○ 살펴보건대 선왕(宣王)의 이 물음은 중궁(仲弓)이 물은 '어이하면 현재(賢才)를 알아서 등용합니까?' 한 것과 서로 유사하다.

---

21) ≪論語 子路 2章≫ "曰: 焉知賢才而擧之. 曰: 擧爾所知, 爾所不知, 人其舍諸."

7-3

> 曰 國君이 進賢호되 如不得已니 將使卑踰尊하며 疏踰戚이니 可不愼與잇가
>
> 맹자가 말씀하셨다. "나라의 군주는 어진이를 등용하되 불득이(부득이)한 것처럼 해야 합니다. 장차 지위가 낮은 자로 하여금 높은 이를 넘게 하며 소원한 자로 하여금 친한 이를 넘게 하는 것이니, 신중히 하지 않을 수 있겠습니까.

與는 平聲이라

'여(與)'는 평성(平聲;의문사)이다.

如不得已는 言謹之至也라 慶源輔氏曰 先儒皆以如不得已一句로 連下文說하여 言不得已면 則將使卑踰尊하고 疏踰戚故로 不可不謹이라하니 如此면 則惟不得已之際에 方致其謹이니 非孟子意라 故로 集註에 直以此句로 連上文說하여 言如不能得已라하니라 ○ 按下文愼字는 與下節二未可와 一察之로 皆不得已之註脚也라 蓋尊尊、親親은 大全曰 用世臣而尊其尊、親其親이라 禮之常也라 此二句는 補本文言外意하니 蓋從將使二字上說出來라 然이나 或尊者、親者未必賢이면 則必進疏遠之賢而用之니 是는 使卑者踰尊하고 疏者踰戚이니 非禮之常이라 故로 不可不謹也니라 此節은 單言進賢하니 是一章之題目也라

불득이한 것처럼 한다는 것은 삼가기를 지극히 함을 말한다. 경원보씨가 말하였다. "선유(先儒)가 모두 '여불득이(如不得已)' 한 구를 가지고 아랫글을 연하여 말해서, '부득이하면 장차 낮은 사람으로 하여금 높은 사람을 넘고 소원한 사람으로 하여금 친척을 넘게 하기 때문에 삼가지 않으면 안 된다.' 하였으니, 이와 같다면 오직 부득이한 즈음에야 비로소 그 삼감을 다하는 것이니, 맹자의 본의(本意)가 아니다. 그러므로 ≪집주≫에 곧바로 이 구를 가지고 윗글을 연하여 말씀해서 부득이한 것처럼 한다고 말한 것이다." ○ 살펴보건대 아랫글의 '신(愼)'자는 아랫절의 두 '미가(未可)'와 한 '찰지(察之)'와 더불어 모두 부득이해야 하는 주각(註脚)이다. 높은 이를 높이고 친한 이를 친히 함은 ≪대전≫에 말하였다. "세신을 등용하여 그 높은 사람을 높이고 친한 사람을 친히 하는 것이다." 예(禮)의 떳떳함이다. 이 두 구(尊尊親親, 禮之常也.)는 본문에 말 밖의 뜻을 보충하였으니, '장사(將使)' 두 글자 위를 따라 말한 것이다. 그러나 혹 높은 자와 친한 자가 반드시 어질지 못하면 반드시 소원한 어진이를 등용하여 써야 하니, 이는 낮은 자로 하여금 높은 이를 넘게 하고 소원한 자로 하여금 친한 이를 넘게 하는 것이니, 예의 떳떳함이 아니다. 그러므로 삼가지 않을 수 없는 것이다. 이 절은 진현(進賢)만을 말하였으니, 이는 한 장의 제목이다.

7-4

左右皆曰賢이라도 未可也하며 諸大夫皆曰賢이라도 未可也하고 國人皆曰賢然後에 察之하여 見賢焉然後에 用之하며 左右皆曰不可라도 勿聽하며 諸大夫皆曰不可라도 勿聽하고 國人皆曰不可然後에 察之하여 見不可焉然後에 去之하며

좌우의 신하들이 모두 〈그를〉 어질다고 말하더라도 허락하지 말며 여러 대부들이 모두 어질다고 말하더라도 허락하지 말고, 국인(國人)이 모두 어질다고 말한 뒤에야 살펴보아서 어짊을 발견한 뒤에 등용하며, 좌우의 신하들이 모두 〈그를〉 불가하다고 말하더라도 듣지 말며 여러 대부들이 모두 불가하다고 말하더라도 듣지 말고, 국인이 모두 불가하다고 말한 뒤에야 살펴보아서 불가한 점을 발견한 뒤에 버려야 합니다.

去는 上聲이라

'거(去)'는 거성(去聲;버림)이다.

左右는 近臣이니 因訓而遂釋之라 其言이 固未可信이요 更不消言蔽私與悅、憎이라 諸大夫之言은 宜可信矣라 然이나 猶恐其蔽於私也요 或爲黨比라 至於國人하여는 則其論이 公矣라 更不消言固、宜라 然이나 猶必察之者는 蓋人有同俗而爲衆所悅者하고 新安陳氏曰 若孟子所論鄕原一鄕皆稱原人22)이 是也라 亦有特立而爲俗所憎者라 新安陳氏曰 若韓子所論伯夷特立獨行而擧世非之23) 是也라 故로 必自察之하여 慶源輔氏曰 如孔子之視所以, 察所安24)이라 而親見其賢否之實이니 添實字라 然後에 從而用舍 上聲이라 之면 以上은 錯擧而釋之畢이라 則於賢者에 知之深하고 任之重이요 新安陳氏曰 是卽君之親臣也니 他日託孤寄命이면25) 卽爲世臣矣라 而不才者不得以幸進矣니 此又

---

22) 《孟子 盡心下 37章》 "萬章問曰: …孔子曰: …鄕原, 德之賊也. 曰: 何如, 斯可謂之鄕原矣. 曰: …生斯世也, 爲斯世也, 善斯可矣, 閹然媚於世也者, 是鄕原也. 萬章曰: 一鄕皆稱原人焉, 無所往而不爲原人, 孔子以爲德之賊, 何哉. 曰: 非之無擧也, 刺之無刺也, 同乎流俗, 合乎汚世, 居之似忠信, 行之似廉潔, 衆皆悅之, 自以爲是, 而不可與入堯舜之道, 故曰: 德之賊也."

23) 《古文眞寶 後集 卷4 韓愈 伯夷頌》 "若至於擧世非之, 力行而不惑者, 則千百年, 乃一人而已耳…余故曰: 若伯夷者, 特立獨行, 窮天地亘萬世而不顧者也."

24) 《論語 爲政 10章》 "子曰: 視其所以, 觀其所由, 察其所安, 人焉廋哉, 人焉廋哉."

分論其事호되 而以賢爲主라 所謂進賢如不得已者 如此니라 此又單言賢하여 以還諸上節 本語之意而歸重焉이라

좌우(左右)는 가까운 신하이니 훈(訓)을 인하여 마침내 석(釋)하였다. 그 말이 진실로 믿을 수 없고, 다시는 사(私)에 가리움과 기뻐함과 미워함을 말하지 않았다. 여러 대부들의 말은 마땅히 믿을 만하나 아직도 그 사(私)에 가리울까 두려운 것이요, 혹은 같은 당(黨)이라 하여 빌붙는 것이다. 국인(國人)에 이르러서는 그 의론이 공정하나 다시는 고(固)와 의(宜)를 말하지 않았다. 아직도 반드시 살피는 것은 사람 중에 세속과 함께 하여 사람들에게 기쁨을 받는 자도 있고 신안진씨가 말하였다. "맹자가 논한, 향원(鄕原)은 한 고을이 모두 삼가는 사람이라고 칭하는 것과 같은 것이 이것이다." 또한 독특하게 서서 세속에 미움을 받는 자도 있다. 신안진씨가 말하였다. "한자(韓子;한유(韓愈))가 논한, 백이(伯夷)가 특별히 서고 홀로 행하여 온 세상이 비난했다는 것과 같은 것이 이것이다." 그러므로 반드시 스스로 살펴보아 경원보씨가 말하였다. "공자가 '그 하는 바를 보고 그 편안히 여기는 바를 살핀다.'고 하신 것과 같다." 그 현부(賢否)의 실제를 '실(實)'자를 더하였다. 친히 본 뒤에 따라서 등용하고 버린다면, '사(舍)'는 상성(上聲;버림)이다. 이상은 번갈아 들어 석(釋)한 것이 끝났다. 어진 자에 대해서 앎이 깊고 맡기는 것이 중할 것이요 신안진씨가 말하였다. "이는 바로 군주의 친한 신하이니, 타일(他日)에 어린 아들을 부탁하고 백 리의 명을 맡기면 바로 세신이 되는 것이다."라 재주가 없는 자들이 요행으로 등용될 수 없을 것이니, 이는 또 그 일을 나누어 논하였으나 현자(賢者)를 위주로 하였다. 이른바 어진이를 등용하되 부득이한 것처럼 한다는 것은 이와 같은 것이다. 이는 또 현자만을 말하여 위 여러 절의 본래 말뜻으로 돌아가 중점을 돌렸다.

7-5

左右皆曰可殺이라도 勿聽하며 諸大夫皆曰可殺이라도 勿聽하고 國人皆曰可殺然後에 察之하여 見可殺焉然後에 殺之니 故로 曰國人殺之也라하니이다

좌우의 신하들이 모두 <그를> 죽일 만하다고 말하더라도 듣지 말며, 여러 대부들이 모두 죽일 만하다고 말하더라도 듣지 말고, 국인이 모두 죽일 만하다고 말한 뒤에야 살펴보아서 죽일 만한 점을 발견한 뒤에 죽여야 합니다. 그러므로 국인이 죽였다고 말하는 것입니다.

---

25) ≪論語 泰伯 6章≫ "曾子曰: 可以託六尺之孤, 可以寄百里之命, 臨大節而不可奪也, 君子人與. 君子人也."

此는 言非獨以此進退人才라 承上節이라 至於用刑에도 亦以此道니 蓋所謂天命、大全曰 結上文進人才라 天討니 大全曰 結此一節이라 ○ 按退不才는 亦屬天討事라 ○ 天命、天討는 出書皐陶謨라 皆非人君之所得私也니라 南軒張氏曰 非己殺之요 因國人之公心耳라 然則其用人、去人은 國人用之、去之也니라 ○ 按上三箇國人은 旣奪之하고 而至末又予之者는 蓋國人之公論은 是常也요 君之所爲察者는 非其常也일새라 ○ 國人殺之는 是擧一而結三也니 雖言殺之나 而其主意則在乎用之라 但承其上文故로 言殺耳라 ○ 以故曰二字觀之하면 豈古有是語歟아 ○ 新安陳氏曰 因用舍하여 及刑殺은 是孟子敷衍以明其意시니라 ○ 所以別爲一節이라

이것은 다만 이 방법을 가지고 인재를 등용하고 물리칠 뿐만 아니라, 윗절을 이었다. 형(刑)을 씀에 있어서도 또한 이 방법을 써야 함을 말씀한 것이다. 이는 이른바 하늘이 <벼슬을> 명해 주고 《대전》에 말하였다. "윗글의 인재를 등용함을 맺었다." 하늘이 <죄를> 토벌한다는 것이니,*① 《대전》에 말하였다. "이 한 절을 맺었다." ○ 살펴보건대 재주 없는 사람을 물리침은 또한 천토(天討)의 일에 속한다. ○ 천명과 천토는 《서경》 〈고요모(皐陶謨)〉에 나온다. 모두 군주가 사사로이 할 수 있는 것이 아니다. 남헌장씨(南軒張氏)가 말하였다. "군주 자기가 죽인 것이 아니요 국인의 공정한 마음을 따른 것이다. 그렇다면 그 사람을 등용하고 그 사람을 버림은 국인이 등용하고 버린 것이다." ○ 살펴보건대 위 세 개의 국인은 이미 빼앗았고 끝에 이르러 또다시 준 것은 국인의 공론은 이 떳떳함이요, 군주가 살피는 것은 그 떳떳함이 아니기 때문이다. ○ 국인이 죽였다는 것은 이는 하나를 들어서 셋을 맺은 것이니, 비록 죽였다고 말했으나 그 주된 뜻은 등용함에 있다. 다만 그 윗글을 이었기 때문에 죽였다고 말했을 뿐이다. ○ '고왈(故曰)' 두 글자를 가지고 살펴보면 아마도 옛날에 이런 말이 있었던가보다. ○ 신안진씨가 말하였다. "등용하고 버림을 인하여 형벌하고 죽임에까지 미친 것은 맹자가 부연하여 그 뜻을 밝히신 것이다." ○ 이 때문에 별도로 한 절이 된 것이다.

*① 이는……것이니 : 《서경》 〈고요모(皐陶謨)〉에 "하늘이 덕이 있는 자에게 관작을 명하되 다섯 가지 복식으로 드러내며, 하늘이 죄가 있는 자를 토벌하되 다섯 가지 형벌을 사용한다.〔天命有德, 五服五章哉, 天討有罪, 五刑五用哉.〕" 하였다.

7-6

如此然後에 可以爲民父母니이다

이와 같이 한 뒤에야 백성의 부모라 할 수 있습니다."

傳 去聲이라 大學이라 曰 民之所好를 好 立去聲이라 之하고 襯國人曰賢而用之라 民

之所惡(오)를 惡 竝去聲이라 之 襯國人曰不可、 曰可殺而去之、殺之라 此之謂民之父母라하니라 新安陳氏曰 總結上文用之、去之、殺之三節意하니라

전(傳)에 '전(傳)'은 거성(去聲;옛 책)이다. ≪대학≫이다. **이르기를 "백성의 좋아하는 바를 좋아하고** '호(好)'는 모두 거성(去聲;좋아함)이다. ○ 국인들이 말하기를 어질다고 하여 등용함에 부합한다. **백성의 미워하는 바를 미워함을** '오(惡)'는 모두 거성(去聲;미워함)이다. ○ 국인들이 불가하다 하고 죽일 만하다 하여 제거하고 죽임에 부합한다. **이를 일러 백성의 부모라 한다."하였다.** 신안진씨가 말하였다. "윗글의 용지(用之), 거지(去之), 살지(殺之) 세 절의 뜻을 종결하였다.

8-1

> 齊宣王이 問曰 湯이 放桀하시고 武王이 伐紂라하니 有諸잇가 孟子對曰 於傳에 有之하니이다
>
> 제 선왕이 물었다. "탕왕(湯王)이 걸왕(桀王)을 유치(留置)하고 무왕(武王)이 주왕(紂王)을 정벌하였다 하니, 그러한 일이 있습니까?" 맹자가 대답하셨다. "전(傳;옛 책)에 있습니다."

傳은 直戀反이라

'전(傳)'은 직(直)·여(戀)의 반절[옛책 전]이다.

放은 置也라 詳見有庳章註라 書 仲虺之誥라 ○ 書亦可通謂之傳이라 曰 一作云이라 成湯이 放桀于南巢라하니라 地名이라 ○ 誅紂事在下節故로 此獨證放桀事라

'방(放)'은 유치(留置)함이다. 이 내용은 유비장(有庳章) 주(註)에 자세히 보인다.*① ≪서경≫ 〈중훼지고(仲虺之誥)〉이다. ○ ≪서경≫ 또한 통틀어 전(傳)이라고 말할 수 있다. <중훼지고(仲虺之誥)>에 '왈(曰)'이 일본(一本)에는 운(云)으로 되어 있다. "성탕(成湯)이 걸왕(桀王)을 남소(南巢)에 유치했다." 하였다. 남소(南巢)는 지명(地名)이다. ○ 주왕(紂王)을 주벌한 일이 아랫 절에 있으므로 여기서는 오직 걸왕(桀王)을 유치한 일만을 증명하였다.

*①이 내용은……보인다 : 유비장(有庳章)은 ≪맹자≫ 〈만장 상(萬章上)〉 3장(章)으로, 만장(萬章)이 "순(舜)의 아우인 상(象)이 날마다 순을 죽이는 것을 일삼았는데, 순이 즉위하여 천자가 되신 뒤에 그를 죽이지 않고 유치(留置;방(放))하신 것은 어째서입니까?"

하고 물었는데, ≪집주≫에, "방(放)은 치(置)와 같으니, 여기에 유치하여 하여금 떠나지 못하게 한 것이다."라고 하였다.

8-2

> 曰 臣弑其君이 可乎잇가
>
> 왕이 말씀하였다. "신하가 그 군주를 시해함이 가합니까(괜찮습니까)?"

桀、紂는 天子요 湯、武는 諸侯라 王意以放伐通謂之弑라 ○ 龜山楊氏曰 世儒有謂湯、武非聖人이라하니 蓋智不足以知聖人而妄論耳니라

걸(桀)·주(紂)는 천자였고, 탕(湯)·무(武)는 제후였다. 선왕(宣王)은 유치(留置)와 정벌을 통틀어 시해라고 생각한 것이다. ○ 구산양씨(龜山楊氏)가 말하였다. "세속의 유자(儒者)들 중에 탕왕과 무왕은 성인이 아니라고 하는 자가 있는데, 이는 지혜가 성인을 알지 못하면서 함부로 논한 것이다."

8-3

> 曰 賊仁者를 謂之賊이요 賊義者를 謂之殘이요 殘、賊之人을 謂之一夫니 聞誅一夫紂矣요 未聞弑君也니이다
>
> 맹자가 말씀하셨다. "인(仁)을 해치는 자를 적(賊)이라 이르고 의(義)를 해치는 자를 잔(殘)이라 이르고 잔(殘)·적(賊)한 사람을 일부(一夫)라 이르니, 일부인 주(紂)를 베었다는 말은 들었고 군주를 시해하였다는 말은 듣지 못하였습니다."

賊은 害也요 殘은 傷也라 害仁者는 凶暴淫虐하여 滅絶天理라 故로 謂之賊이요 害義者는 顚倒錯亂하여 傷敗彝倫이라 故로 謂之殘이라 朱子曰 賊義는 是就一事上說이요 賊仁은 是就心上說이니 賊之罪大하고 殘之罪小하니라 ○ 慶源輔氏曰 天理는 本根이요 彝倫은 枝葉이니라 ○ 按賊可以該殘故로 不云殘義而亦云賊義라 一夫는 言衆叛親離하여 不復 去聲이라 以爲君也라 書 泰誓라 曰 獨夫紂라하니[26] 書作受라 ○ 新安陳氏曰 紂罪浮於桀故로 下文에 單說紂하니라 ○ 言誅則放與伐을 又不足言이니 此誅字는 所以破弑字者也라 誅紂는 此章之題目이라 蓋四海歸之면 則爲天子요 天下叛之면 則爲獨

---

26) ≪書經 泰誓下≫ "獨夫受, 洪惟作威, 乃汝世讎."

夫니 所以深警齊王하여 垂戒後世也시니라 所以以下는 是本文言外之正意也라 ○ 新安陳氏曰 此言은 雖意在警齊王이나 然亦見英氣太露處니라 ○ 慶源輔氏曰 此事는 自君言之하면 則理所當然이요 自臣下言之하면 則不得已之大變이라 故로 集註下文에 擧王勉語하니 所以著萬世爲臣者之大戒하니라

'적(賊)'은 해침이요 '잔(殘)'은 상(傷)함이다. 인(仁)을 해치는 자는 흉포(凶暴)하고 음학(淫虐)해서 천리(天理)를 끊어버리므로 적이라 이르고, 의(義)를 해치는 자는 전도(顚倒)되고 착란(錯亂)해서 떳떳한 인륜(人倫)을 상하고 패하므로 잔(殘)이라 이른다. 주자가 말씀하였다. "적의(賊義)는 한 가지 일에 나아가 말한 것이고 적인(賊仁)은 마음에 나아가 말한 것이니, 적(賊)의 죄는 크고 잔(殘)의 죄는 작다." ○ 경원보씨가 말하였다. "천리(天理)는 본근(本根)이고 이륜(彝倫)은 지엽이다." ○ 살펴보건대 적이 잔을 포함할 수 있으므로 잔의(殘義)라고 말하지 않고 또한 적의(賊義)라고 말한 것이다. 일부(一夫)는 민중이 배반하고 친척들이 이반해서 다시는 '부(復)'는 거성(去聲;다시)이다. 군주로 여기지 않음을 말한다. ≪서경≫에 〈태서(泰誓)〉이다. '독부(獨夫) 주(紂)'라 하였으니, '주(紂)'가 ≪서경≫에는 수(受)로 되어 있다. ○ 신안진씨가 말하였다. "주왕(紂王)의 죄가 걸왕(桀王)보다 더하므로 아랫글에서는 주왕만을 말하였다." ○ 주(誅)라고 말했으면 방(放)과 벌(伐)을 또 굳이 말할 것이 없으니, 이 '주(誅)'자는 '시(弑)'자를 깨뜨린 것이다. '주주(誅紂:주왕을 주벌함)'는 이 장의 제목이다. 사해(四海)가 돌아오면 천자가 되고 천하가 배반하면 독부(獨夫)가 되는 것이니, 제왕(齊王)을 깊이 경계해서 후세에 경계를 남기신 것이다. '소이(所以)' 이하는 본문의 말 밖의 바른 뜻이다. ○ 신안진씨가 말하였다. "이 말은 비록 뜻이 제왕(齊王)을 경계함에 있으나 또한 맹자의 영기(英氣)가 너무 드러남을 나타낸 곳이다." ○ 경원보씨가 말하였다. "이 일은 인군의 입장에서 말하면 이치상 당연한 것이고, 신하의 입장에서 말하면 부득이한 큰 변고이다. 그러므로 ≪집주≫의 아랫글에 왕면(王勉)의 말을 들었으니, 이는 만세에 신하 된 자의 큰 경계를 드러낸 것이다."

○ 王勉 大全曰 建安人이라 曰 斯言也는 惟在下者有湯、武之仁하고 而在上者有桀、紂之暴면 則可커니와 不然이면 是未免於簒弑之罪也니라 雲峯胡氏曰 無孟子之說이면 無以警後世之爲人君者요 無王氏之說이면 無以警後世之爲人臣者라 然이나 孟子曰 有伊尹之志則可커니와 無伊尹之志則簒이라하시니[27] 王說이 未嘗不自孟子中來니라

○ 왕면(王勉)이 ≪대전≫에 말하였다. "건안(建安) 사람이다." 말하였다. "이 말씀은 오직 아랫자리에 있는 자가 탕(湯)·무(武)의 인(仁)이 있고 윗자리에 있는 자가 걸(桀)·주(紂)의 포악함이 있으면 괜찮지만 그렇지 않으면 이는 찬시(簒弑)의 죄를 면치 못한다." 운봉호씨가 말하였다. "맹자의 말씀이 없으면 후세의 인군이 된 자를 경계할 수가 없고, 왕씨의 말이 없으면

---

[27] ≪孟子 盡心上 31章≫ "公孫丑曰…賢者之爲人臣也, 其君不賢, 則固可放與. 孟子曰: 有伊尹之志則可, 無伊尹之志則簒也."

후세의 인신(人臣)이 된 자를 경계할 수가 없다. 그러나 맹자가 말씀하시기를 '이윤(伊尹)의 뜻이 있으면 괜찮지만 이윤의 뜻이 없으면 찬탈이다.' 하셨으니, 왕씨의 설이 일찍이 ≪맹자≫ 가운데에서 오지 않지 않았다."

9-1

孟子見齊宣王曰 爲巨室인댄 則必使工師로 求大木하시리니 工師得大木이면 則王喜하여 以爲能勝其任也라하시고 匠人이 斲而小之면 則王怒하여 以爲不勝其任矣라하시리니 夫人이 幼而學之는 壯而欲行之니 王曰 姑舍女(汝)所學하고 而從我라하시면 則何如하니잇고

맹자가 제 선왕(齊宣王)을 보고 말씀하셨다. "큰 궁궐을 지으시려면 반드시 공사(工師;도목수)로 하여금 큰 나무를 구하게 하실 것이니, 공사가 큰 나무를 얻으면 왕은 기뻐하여 <이만한 나무면> 그 임무를 감당할 수 있다고 여기시고, 장인(匠人)들이 깎아서 작게 만들면 왕은 노하여 <이 작은 나무로는> 그 임무를 감당할 수 없다고 여기실 것입니다. 저 사람이 어려서 배움은 장성해서 그것을 행하고자 함이니, 왕께서 우선 네가 배운 것을 버리고 나를 따르라 하신다면 어떻겠습니까?

勝은 平聲이라 夫는 音扶라 舍는 上聲이라 女는 音汝니 下同이라

'승(勝)'은 평성(平聲;감당함)이다. '부(夫)'는 음이 부(扶;이)이다. '사(舍)'는 상성(上聲;버림)이다. '여(女)'는 음이 여(汝)이니, 아래도 같다.

矣는 一作也라 ○ 斲은 諺音誤라 ○ 也는 內辭요 矣는 外辭요 則何如는 怪而問之之辭라 ○ 以見下에 卽以曰字承之者로 觀之하면 此及喬木章之見은 蓋非初見也라

'의(矣)'가 일본(一本)에는 야(也)로 되어 있다. ○ '착(斲)'은 ≪언해≫의 음(착)이 잘못되었다. ○ '야(也)'는 안으로 하는 말이고 '의(矣)'는 밖으로(외면) 하는 말이고 '즉하여(則何如)'는 괴이하게 여겨서 묻는 말이다. ○ '건(見)' 아래에 곧바로 '왈(曰)'자로 뒤를 이은 것을 가지고 보면 여기와 교목장(喬木章)에서 왕을 만나봄은 처음 만나본 것이 아닌 듯하다.

巨室은 大宮也라 與離婁之巨室로 不同이라 工師는 匠人之長이요 上聲이라 匠人은

衆工人也라 斲而小之는 謂斲之過而至於無用也라 姑는 且也라 言賢人 凡單言人은 皆指衆人而言이요 夫人은 則多爲有指之辭하니 此는 蓋孟子之自道故로 不云賢而云夫歟인저 所學者大어늘 而王欲小之也라 是는 愛國家不如愛木也니 其意若曰則何異於喜匠人斲小木哉리오 則何如三字에 有此意하니라

'거실(巨室)'은 큰 궁궐이다. 이루장(離婁章)의 거실(巨室)과는 똑같지 않다.*① '공사(工師)'는 장인(匠人)의 우두머리요, '장(長)'은 상성(上聲:우두머리)이다. 장인은 여러 공인(工人)들이다. 작이소지(斲而小之)는 지나치게 깎아서 쓸모없음에 이름을 말한 것이다. '고(姑)'는 우선이다. 현인(賢人)이 무릇 인(人)만 말한 것은 모두 중인(衆人)을 가리켜 말한 것이요, 부인(夫人)은 가리킴이 있는 말로 많이 쓰니, 이 인(人)은 아마도 맹자가 스스로 한 말씀이므로 현(賢)이라고 말하지 않고 부(夫)라고 말씀한 듯하다. 배운 것이 큰데 왕이 이것을 작게 하고자 함을 말씀한 것이다. 이는 국가를 아낌이 나무를 아낌만 못한 것이니, 그 뜻은 '어찌 장인이 나무를 깎아서 작게 만드는 것을 기뻐함과 다르냐.'고 한 것과 같으니, '즉하여(則何如)' 세 글자에 이러한 뜻이 있다.

*① 이루장(離婁章)의……않다 : ≪맹자≫〈이루 상(離婁上)〉6장(章)에 "정치를 하기가 어렵지 않으니 거실(巨室)에 죄를 짓지 않아야 한다."라고 하였는데, ≪집주≫에 "거실은 세신(世臣)과 대가(大家)이다."라고 하였으므로 이 장의 거실(巨室)과는 다른 것이다.

9-2

今有璞玉於此하면 雖萬鎰이라도 必使玉人彫琢之하시리니 至於治國家하여는 則曰 姑舍女所學하고 而從我라하시면 則何以異於敎玉人彫琢玉哉잇고

지금 여기에 박옥(璞玉)이 있으면 비록 만일(萬鎰)이라도 반드시 옥인(玉人;옥공(玉工))으로 하여금 조탁(彫琢)하게 하실 것이니, 국가를 다스림에 있어서는 우선 네가 배운 것을 버리고 나를 따르라 하신다면, 어찌 옥인을 가르쳐(훈수하여) 옥을 조탁하게 하는 것과 다르겠습니까."

鎰은 音溢이라

'일(鎰)'은 음이 일(溢;스물네 냥)이다.

璞은 句라 玉之在石中者라 鎰은 二十兩也라 趙氏曰 [二十兩이 爲鎰이라하고]28) 國語

云二十四兩이 爲鎰이라하니 趙岐誤註를 集註因之라 玉人은 玉工也라 不敢自治하여 須看敢字라 而付之能者는 愛之甚也라 治國家는 則徇私欲하여 而不任賢하니 此는 釋舍女從我라 ○ 治國은 此章之題目이라 是는 愛國家不如愛玉也니라 此는 釋末句之語意耳요 非正釋其文義也라 按語類에 有曰 玉人自會琢玉하니 何消敎他며 賢者自有所學하니 何用敎佗(他)하여 舍其所學이리오하니 姑依此讀之하면 庶無悖於前篇無以異、何以異之語勢와 與諺解之釋矣리라 此書凡言何以異는 猶言是何異也니 皆以以字로 作虛字用하니 而此敎字는 卽後篇好臣其所敎之敎字也라 若讀作何以異之之義하면 則雖於不如愛玉之文에 似爲捷徑이나 然如此면 則敎字當爲使義요 且音平聲이어늘 而音訓無之하니 朱子之意를 有可知耳라 ○ 雙峯饒氏曰 兩譬는 是兩意니 前譬는 說任賢不如任匠하고 後譬는 說愛國不如愛玉하니라 ○ 新安陳氏曰 前譬는 王欲小用賢者하고 後譬는 王不專用賢者하니라

'박(璞)'은 구를 뗀다. 옥이 돌 가운데 있는 것(돌 속에 들어 있는 옥)이다. '일(鎰)'은 20냥(兩)이다.[①] 조씨가 말하기를 "20냥(兩)이 일(鎰)이 된다." 하였고, 《국어》에는 '24냥이 일(鎰)이 된다.' 하였으니, 조기(趙岐)의 잘못된 주를 《집주》가 그대로 따른 것이다. '옥인(玉人)'은 옥공(玉工)이다. 감히 스스로 옥을 다스리지(다루지) 못하고 모름지기 '감(敢)'자를 보아야 한다. 유능한 자에게 맡김은 사랑하기를 심히 하는 것이다. 국가를 다스림은 사욕을 따르고 어진이에게 맡기지 않으니, 이는 너를 버리고 나를 따르라는 것을 해석한 것이다. ○ '치국(治國)'은 이 장의 제목이다. 이는 국가를 사랑함이 옥을 사랑함만 못한 것이다. 이는 마지막 구의 말뜻을 해석한 것이요 그 글 뜻을 바로 해석한 것이 아니다. 살펴보건대 《어류(語類)》에 '옥인(玉人)은 스스로 옥을 쫄 줄 아니 어찌 저를 가르칠 필요가 있으며, 현자는 본래 배운 바가 있으니 어찌 저를 가르쳐서 그 배운 바를 버리겠는가.' 하였으니, 우선 이에 따라 읽으면 앞 편의 '무이이(無以異)'와 '하이이(何以異)'의 어세(語勢)와 《언해》의 해석과 거의 어긋남이 없을 것이다. 이 책에 무릇 '하이이(何以異)'라고 말한 것은 '시하이야(是何異也;이 어찌 다르겠는가)'라고 말한 것과 같으니, 모두 '이(以)'자를 허자(虛字)로 사용하였는바, 이 '교(敎)'자는 바로 뒷편에 '그 자기가 가르치는 바를 신하 삼기 좋아한다.'는 '교'자이다. 만약 '하이이(何以異;어찌하여 다르게 합니까)'의 뜻으로 읽으면 비록 '옥을 사랑하는 것만 못하다.'는 글에 첩경(捷徑)이 될 듯하나 이와 같이 하면 '교(敎)'자가 마땅히 사(使;하여금)의 뜻이 되어야 하고, 또 음이 평성(平聲)인데 음훈(音訓)에 이것이 없으니, 주자의 뜻을 알 수 있다.[②] ○ 쌍봉요씨가 말하였다. "두 비유는 바로 두 뜻이니, 앞의 비유는 현자에게 맡기는 것이 목수에게 맡김만 못함을 말하였고, 뒤의 비유는 나라를 아낌이 옥을 아낌만 못함을 비유하였다." ○ 신안진씨가 말하였다. "앞은 왕이 현자를 작게 쓰고자 함을 비유하였고, 뒤는 왕이 현자를 전임시켜 쓰지 않음을 비유하였다."

*① 일(鎰)은 20냥(兩)이다 : 만일(萬鎰)은 그 값어치가 황금 만일임을 뜻한다.
*② 만약……있다 : '하이이(何以異)'는 '어찌하여 다르게 하는가.'와 '무엇이 다르겠는가.'로

---

28) 趙氏曰 [二十兩이 爲鎰이라하고] : 대본에는 '二十兩爲鎰' 다섯 글자가 없으나 《십삼경주소(十三經注疏)》 본(本)에 의거하여 보충하였다.

해석할 수 있으며, '교(敎)' 또한 '가르치다'와 '하여금'으로 해석할 수 있다. ≪관본언해(官本諺解)≫와 ≪율곡언해(栗谷諺解)≫에는 '옥인(玉人)에게 옥을 조탁(彫琢)하는 방법을 가르치는 것과 무엇이 다르겠느냐.'는 뜻으로 해석하여, 옥을 다룰 줄 모르는 왕이 옥공(玉工)에게 이래라 저래라 하고 훈수하는 것과 다를 것이 없다는 내용으로 보았는 바, 이는 〈양혜왕 상〉 3장의 "이 어찌 사람을 찔러 죽이고 말하기를 '내가 그렇게 한 것이 아니요 병기 때문이다.'라고 말하는 것과 다르겠습니까?〔何異於刺人而殺之曰, 非我也, 兵也.〕"와 문법이 동일하다. 그러나 중국의 번역본과 우리나라 간재(艮齋) 전우(田愚)는 "옥공으로 하여금 옥을 조탁하게 하는 것과 왜 다르게 하십니까?"라고 해석하였다. 만일 '교(敎)'자를 '하여금'으로 해석할 경우 음이 달라지기 때문에 ≪집주≫에서 그 음이 다르다는 것을 표시해놓는데, 호산은 ≪집주≫에 이러한 표시가 없는 것을 근거로 제시한 것이다.

○ 范氏曰 古之賢者는 常患人君不能行其所學하고 而世之庸君은 亦常患賢者不能從其所好라 去聲이라 是以로 君臣相遇를 自古以爲難하니 孔、孟이 終身而不遇는 蓋以此耳시니라

○ 범씨가 말하였다. "옛날의 현자들은 항상 인군이 자신의 배운 바를 행하지 못할까 걱정하였고, 세상의 용군(庸君)들은 항상 현자가 자신의 좋아하는 호(好)는 거성(去聲;좋아함)이다. 바를 따르지 못할까 걱정하였다. 이 때문에 〈어진〉 인군과 신하가 서로 만나는 것을 예로부터 어렵게 여겼으니, 공자와 맹자가 종신토록 〈어진 군주를〉 만나지 못함은 이 때문이셨다."

10-1

齊人이 伐燕勝之어늘

제(齊)나라 사람이 연(燕)나라를 쳐서 승리하였다.

按史記에 燕世家라 燕 平聲이니 後竝同이라 王噲 音快라 讓國於其相 去聲이라 子之에 人姓名이라 而國大亂이어늘 齊因伐之한대 燕士卒不戰하고 城門不閉하여 遂大勝燕이라하니라

≪사기≫를 살펴보면 〈연세가(燕世家)〉이다. "연왕(燕王) '연(燕)'은 평성(平聲;나라이름)이니, 뒤도 모두 같다. 쾌(噲)가 '쾌(噲)'는 음이 쾌(快)이다. 정승인 '상(相)'은 거성(去聲;정승)이다. 자지(子之)에게 자지(子之)는 사람의 성명이다. 나라를 양보하자, 연나라가 크게 혼란하였다.

제나라가 이 틈을 타 공격하자, 연나라 사졸(士卒)들은 싸우지도 않고 성문을 닫지도 않았다. 그래서 마침내 연나라를 크게 이겼다." 하였다.

10-2

宣王이 問曰 或謂寡人勿取라하며 或謂寡人取之라하나니 以萬乘之國으로 伐萬乘之國호되 五旬而擧之하니 人力으론 不至於此니 不取하면 必有天殃이니 取之何如하니잇고

선왕(宣王)이 물었다. "혹자는 과인더러 취하지 말라 하고, 혹자는 과인더러 취하라 합니다. 만승(萬乘)의 나라(齊)를 가지고 만승의 나라(燕)를 정벌하되 50일 만에 완전히 이겼으니, 인력(人力)으로는 이에 이르지 못합니다. 취하지 않는다면 반드시 하늘의 재앙이 있을 것이니, 취함이 어떠합니까?"

乘은 去聲이니 下同이라

'승(乘)'은 거성(去聲;수레)이니, 아래도 같다.

王之問은 以兩或對起로되 而以取之로 爲歸重하니라 ○ 擧는 猶勝也라

왕의 물음은 두 '혹(或)'자를 가지고 상대하여 시작하였으나, '취지(取之)'를 중점으로 돌렸다. ○ '거(擧)'는 승(勝)과 같다.

以伐燕爲宣王事는 宣은 恐湣之訛니 蓋以湣事係宣下는 亦猶襄之係於惠下耳라 與史記諸書 荀子等이라 不同하니 已見 音現이라 序說하니라 朱子曰 荀子亦云湣王伐燕이라하니 非宣王이 明矣라 溫公平生에 不喜孟子로되 及作通鑑하여는 却不取史記하고 而獨取孟子하니 皆不可曉니라

연나라를 정벌한 것을 선왕의 일이라 한 것은 '선(宣)'은 민(湣)의 잘못인 듯하니, 민왕(湣王)의 일을 선왕의 아래에 단 것은 또한 양왕(襄王)을 혜왕(惠王)의 아래에 단 것과 같다. ≪사기≫ 등 여러 책과 여러 책은 ≪순자(荀子)≫ 등이다. 같지 않으니, 이미 서설(序說)에 보인다. '현(見)'은 음이 현(現)이다. ○ 주자가 말씀하였다. "≪순자≫에도 또한 민왕이 연나라를 공격했다 하였으니, 선왕이 아님이 분명하다. 사마온공(司馬溫公)은 평소 맹자를 좋아하지 않았으나, ≪자치통감≫을 지음에 이르러서는 도리어 ≪사기≫를 취하지 않고 홀로 ≪맹자≫를 취하였으니, 모두 이해할 수 없다."

10-3

> 孟子對曰 取之而燕民悅이어든 則取之하소서 古之人이 有行之者하니 武王이 是也니이다 取之而燕民不悅이어든 則勿取하소서 古之人이 有行之者하니 文王이 是也니이다
>
> 맹자가 대답하셨다. "취해서 연나라 백성들이 기뻐하거든 취하소서. 옛 사람 중에 이것을 행하신 분이 있으니, 무왕(武王)이 바로 그 분입니다. 취해서 연나라 백성들이 기뻐하지 않거든 취하지 마소서. 옛 사람 중에 이것을 행하신 분이 있으니, 문왕(文王)이 바로 그 분입니다.

商紂之世에 文王이 三分天下에 有其二로되 以服事商이러시니　一作殷이라 ○ 見論語泰伯[29]이라　至武王十三年하여 乃伐紂而有天下하시니라　見史記周紀라 ○ 本文에 後文王者는 歸重意요 註에 後武王者는 本事序也라 ○ 朱子曰 王欲取燕故로 引之於文武之道요 非謂文王欲取商이로되 以商人不悅而止하고 武王見商人悅己하고 遂取之也니 直是論其理如此耳니라

상주(商紂)의 세대에 문왕이 천하를 3분함에 그 둘을 소유하셨는데도 복종하여 상나라를 섬기셨는데, '상(商)'이 일본(一本)에는 은(殷)으로 되어 있다. ○ 이 내용은 《논어》〈태백(泰伯)〉에 보인다. 무왕 13년에 이르러서야 비로소 주왕(紂王)을 정벌하여 천하를 소유하였다. 《사기》〈주기(周紀)〉에 보인다. ○ 본문에 문왕을 뒤에 한 것은 중한 뜻을 돌린 것이요, 주(註)에 무왕을 뒤에 한 것은 본래 일의 순서이다. ○ 주자가 말씀하였다. "왕이 연나라를 취하고자 하였으므로 문왕과 무왕의 도(道)로 인도한 것이요, 문왕이 상나라를 취하고자 하였으나 상나라 사람들이 좋아하지 않으므로 중지하였고 무왕은 상나라 사람들이 자기를 좋아함을 보고 마침내 취했다고 말씀한 것이 아니니, 다만 그 이치가 이와 같음을 논했을 뿐이다."

張子曰 此事는 間不容髮이니 一日之間에 天命未絶이면 則是君臣이요 當日命絶이면 則爲獨夫라 然이나 命之絶否를 何以知之오 人情而已라 諸侯不期而會者八百이니　此句는 亦見周紀라　武王이 安得而止之哉시리오　按張子此說은 與移粟章註의 程子說로 互相發하니 當參看이라

장자(張子)가 말씀하였다. "이 일은 사이에 털끝 하나도 용납할 수 없으니, 하루 동안이라도 천명이 끊기지 않았으면 군신간이요, 당일에 천명이 끊기면 독부(獨夫)가 되는 것이다.

---

[29] 《論語 泰伯 20章》 "三分天下, 有其二, 以服事殷, 周之德, 其可謂至德也已矣."

그러나 천명의 끊기고 끊기지 않음을 무엇으로 아는가? 사람의 마음일 뿐이다. 제후들이 〈정벌하기를〉 기약하지 않았는데도 모인 자가 8백이나 되었으니,*① 이 구는 또한 〈주기(周紀)〉에 보인다. 무왕이 어떻게 〈정벌을〉 중지할 수 있었겠는가." 살펴보건대 장자(張子)의 이 말씀은 이속장(移粟章) 주(註)의 정자의 말씀*②과 서로 발명이 되니, 마땅히 참고해 보아야 한다.

*① 제후들이……되었으니 : ≪사기≫ 〈주본기(周本紀)〉에 "제후들이 날짜를 기약하지 않고 맹진(孟津)에 모인 자가 8백이었는데, 이들이 모두 주왕(紂王)을 정벌하여야 한다고 이구동성으로 말했다." 하였다.

*② 이속장(移粟章)……말씀 : 이속장은 〈양혜왕 상〉 3장으로 이에 대한 정자의 주(註)에 "맹자 때에 이르러서는 칠국(七國)이 패권을 다투어 천하가 다시는 주나라가 있음을 알지 못하였고 생민이 도탄에 빠짐이 이미 지극하였으니, 이 때를 당하여 제후들이 능히 왕도(王道)를 행한다면 왕 노릇 할 수 있을 것이다……왕자(王者)는 천하의 의리(義理)의 종주(宗主)이니, 성현이 또한 무슨 마음이셨겠는가? 천명이 옮겨갔는가, 옮겨가지 않았는가를 보셨을 뿐이다."라고 하였다.

10-4

以萬乘之國으로 伐萬乘之國이어늘 簞食(사)壺漿으로 以迎王師는 豈有他哉리오 避水火也니 如水益深하며 如火益熱이면 亦運而已矣니이다

만승(萬乘)의 나라를 가지고 만승의 나라를 공격하였는데, 대바구니에 밥을 담고 병에 장물을 담아서 왕의 군대를 환영함은 어찌 딴 이유가 있겠습니까. 수화(水火)를 피하기 위해서일 것이니, 만일 물이 너욱 깊어시며 불이 너욱 뜨거워진다면 또한 딴 곳으로 전향(轉向)할 뿐입니다."

簞은 音丹이요 食는 音嗣라

'단(簞)'은 음이 단(丹, 대그릇)이고 '사(食)'는 음이 사(嗣; 밥)이다.

孟子之答은 以兩有對起로되 而以勿取爲重意라

맹자의 대답은 두 '유(有)'자로 상대하여 일으켰으나 '물취(勿取)'로 중한 뜻을 삼았다.

簞은 竹器요 食는 飯也라 漿은 醋醬也라 運은 轉也라 言 齊若更爲暴虐이면 此若字

양혜왕장구 하 175

는 卽下章若殺之若字니 所以釋兩如字也라 諺解에 釋作似義하니 恐誤라 ○ 益深、益熱이라 則民將轉而望救於他人矣라 此救字는 卽下章之救字라 他人은 指他國也라

'단(簞)'은 대나무 그릇이요, '사(食)'는 밥이다. '장(漿)'은 초장(醋醬)이다. '운(運)'은 전향(轉向)함이다. 제나라가 만일 다시 포악한 짓을 한다면 이 '약(若)'자는 바로 아랫장의 '약살(若殺)'의 '약'자이니, 이는 두 '여(如)'자를 해석한 것이다. ≪언해≫에는 사(似;같음)의 뜻으로 해석하였으니,*① 잘못인 듯하다. ○ 물이 더욱 깊어지고 불이 더욱 뜨거워진 것이다. **백성들이 장차 전향해서 타인에게 구원을 바랄 것임을 말씀한 것이다.** 이 '구(救)'자는 바로 아랫장의 '구'자이다. 타인(他人)은 타국(他國)을 가리킨다.

*① ≪언해≫에 ⋯⋯해석하였으니 : ≪언해≫에 "水 더욱 深 탓하며 火 더욱 熱 탓하면"으로 되어 있으므로 말한 것이다.

○ 趙氏曰 征伐之道는 當順民心이니 民心悅이면 則天意得矣니라 何氏曰 齊王本有利燕之心이로되 特託天而遂其私요 孟子之對는 則不歸之天而歸之人하시니라 ○ 新安陳氏曰 孟子는 欲其以人心觀天命이시니라 ○ 按孟子嘗於堯、舜之傳禪에 亦以人決天하시니 所謂其揆一者也니라30) ○ 民悅은 此章之題目이라

○ 조씨가 말하였다. "정벌하는 방법은 마땅히 민심(民心)에 순응해야 하니, 민심이 기뻐하면 하늘의 뜻에 맞는 것이다." 하씨(何氏)가 말하였다. "제왕(齊王)은 본래 연나라를 이롭게 여기는 마음이 있었으나 다만 하늘에 의탁하여 그 사사로움을 이루려 한 것이요, 맹자의 대답은 천명(天命)에 돌리지 않고 인심(人心)에 돌리셨다." ○ 신안진씨가 말하였다. "맹자는 인심을 가지고 천명을 살피고자 하신 것이다." ○ 살펴보건대 맹자가 일찍이 요·순의 아들에게 물려줌과 현자에게 선양함에 있어서 또한 인심으로 천명을 결정하셨으니,*① 이른 바 그 헤아려 봄에 법이 똑같다는 것이다. ○ '민열(民悅)'은 이 장의 제목이다.

*① 맹자가⋯⋯결정하셨으니: 아래 〈만장 상〉 5장에 "만장이 '요임금이 천하를 순임금에게 주었다 하니 사실입니까?' 하고 묻자, 맹자는 '아니다. 천자는 천하를 남에게 주지 못하니, 하늘이 주신 것이다.'"하시고 당시의 민심(民心)으로 천심(天心)을 증명하였으므로 말한 것이다.

---

30) ≪孟子 離婁下 1章≫ "先聖後聖, 其揆一也."

11-1

> 齊人이 伐燕取之한대 諸侯將謀救燕이러니 宣王曰 諸侯多謀伐寡人者하나니 何以待之잇고 孟子對曰 臣聞 七十里로 爲政於天下者는 湯이 是也니 未聞以千里畏人者也니이다
>
> 제(齊)나라 사람이 연(燕)나라를 공격하여 취하자, 제후들이 장차 연나라를 구원할 것을 도모하였다. 선왕(宣王)이 말씀하였다. "제후들이 과인을 정벌할 것을 도모하는 자가 많으니, 어떻게 이들을 대해야 합니까?" 맹자가 대답하셨다. "신이 들으니, 70리로 천하에 정사를 한 자는 탕왕(湯王)이 이 경우이니, 천 리를 가지고 남을 두려워했다는 자는 듣지 못하였습니다.

待는 猶處也라

'대(待)'는 처(處;대처)와 같다.

千里畏人은 指齊王也라 新安陳氏曰 七十里爲政과 千里畏人으로 立兩句爲柱하고 下文에 分節應之하니라 ○ 此는 大指也라

천 리를 가지고 남을 두려워한다는 것은 제왕(齊王)을 가리킨 것이다. 신안진씨가 말하였다. "70리로 정사를 함과 천 리로 사람을 두려워하는 것으로 두 구를 세워 기둥을 만들고 아랫글에는 절을 나누어 응하였다." ○ 이는 대지(大指)이다.

11-2

> 書曰 湯이 一征을 自葛始하신대 天下信之하여 東面而征에 西夷怨하며 南面而征에 北狄怨하여 曰 奚爲後我오하여 民이 望之호되 若大旱之望雲霓也하여 歸市者不止하며 耕者不變이어늘 誅其君而弔其民하신대 若時雨降이라 民이 大悅하니 書曰 徯我后하다소니 后來하시니 其蘇라하니이다

> ≪서경≫에 이르기를 '탕왕이 첫 번째 정벌을 갈(葛)나라로부터 시작하시자, 천하가 탕왕을 믿어서 동쪽을 향하여 정벌함에 서쪽 오랑캐가 원망하며, 남쪽을 향하여 정벌함에 북쪽 오랑캐가 원망하여 말하기를 「어찌하여 우리나라를 뒤에 정벌하는가.」 하여, 백성들이 탕왕이 정벌해 주기를 바라되 마치 큰 가뭄에 구름과 무지개를 바라듯이 하여 시장으로 돌아가는 자가 멈추지 않으며 밭가는 자가 변동하지 않거늘 포악한 군주를 주벌(誅罰)하고 백성들을 위문하시니, 단비가 내린 듯이 백성들이 크게 기뻐했다.' 하였습니다. ≪서경≫에 이르기를 '우리 임금님을 기다리노니, 임금님이 오시니 소생하게 되겠지.' 하였습니다.

霓는 五稽反이요 徯는 胡禮反이라

'예(霓)'는 오(五)·계(稽)의 반절[무지개 예]이고 '혜(徯)'는 호(胡)·례(禮)의 반절[기다릴 혜]이다.

兩引書는 皆商書仲虺 許偉反이라 之誥文也니 與今書文으로 亦小異라 照天降下民註 而言亦이라 ○ 民望至大悅은 孟子釋書意라 一征은 初征也라 詳見滕文公下31)라 天下信之는 信其志在救民이요 不爲暴也라 奚爲後我는 言湯何爲不先來征我之國也라 此는 其怨辭也라 霓는 虹也니 雲合則雨하고 虹見 音現이라 則止라 非雨則無虹하니 虹亦屬雨事라 故로 諺解에 釋爲一義라 變은 動也라 徯는 待也라 后는 君也라 蘇는 復生也라 死而回生이라 他國之民이 皆以湯爲我君而待其來하여 使己得蘇息也라 息亦蘇也라 此는 言湯之 一無之字라 所以七十里而爲政於天下也라 詳言一이라 ○ 詳言之事를 或著於註首하고 或著於註末하여 初無定法耳라

두 번 인용한 ≪서경≫은 모두 <상서(商書) 중훼지고(仲虺之誥)>에 '훼(虺)'는 허(許)·위(偉)의 반절[사람이름 훼]이다. 있는 글이니, 지금 ≪서경≫의 글과는 또한 약간 다르다. '천강하민(天降下民)'의 주(註)에 조응하여 역(亦)을 말하였다. ○ 민망(民望)부터 대열(大悅)까지는 맹자가 ≪서경≫의 뜻을 해석한 것이다. 일정(一征)은 첫 번째 정벌이다. 이 내용은 <등문공하>에 자세히 보인다. 천하가 탕왕을 믿었다는 것은 그 뜻이 백성을 구제함에 있고 포악한 짓을 하지 않을 것을 믿은 것이다. 해위후아(奚爲後我)는 "탕왕이 어찌하여 먼저 와서 우

---

31) ≪孟子 滕文公下 5章≫ "湯居亳, 與葛爲隣, 葛伯放而不祀…湯使亳衆, 往爲之耕, 老弱饋食, 葛伯帥其民, 要其有酒食黍稻者, 奪之, 不授者, 殺之, 有童子以黍肉餉, 殺而奪之. 書曰: 葛伯仇餉, 此之謂也. 爲其殺是童子而征之, 湯始征, 自葛載."

리나라를 정벌하지 않는가." 라고 말한 것이다. 이는 그 원망한 말이다. '예(霓)'는 무지개이니, 구름이 모이면 비가 내리고 무지개가 나타나면 '현(見)'은 음이 현(現)이다. 멈춘다. 비가 오지 않으면 무지개가 없으니, 무지개 또한 비 오는 일에 속한다. 그러므로 ≪언해≫에 우(雨)와 홍(虹)을 한 뜻으로 해석하였다. '변(變)'은 변동함이다. '혜(徯)'는 기다림이다. '후(后)'는 군주이다. '소(蘇)'는 다시 살아남이다. 죽었다가 다시 살아나는 것이다. 타국(他國)의 백성들이 모두 탕왕을 우리 군주라 하고, 그가 오기를 기다려서 자신들로 하여금 소생할 수 있게 하기를 바란 것이다. '식(息)' 또한 소생하는 것이다. 이것은 탕왕이 일본(一本)에는 '지(之)'자가 없다. 70리를 가지고 천하에 정사하게 된 이유를 말씀한 것이다. 자세히 말한 첫 번째이다. ○ 자세히 말한 일을 혹은 주(註)의 머리에 드러내고 혹은 주의 끝에 드러내서 애당초 일정한 법식이 없다.

11-3

今에 燕虐其民이어늘 王이 往而征之하시니 民以爲將拯己於水火之中也라하여 簞食壺漿으로 以迎王師어늘 若殺其父兄하며 係累其子弟하며 毁其宗廟하며 遷其重器하면 如之何其可也리오 天下固畏齊之彊也니 今又倍地而不行仁政이면 是는 動天下之兵也니이다

지금 연나라가 그 백성에게 포학하게 하거늘 왕께서 가서 공격하시니, 연나라 백성들은 장차 자신들을 수화(水火;도탄(塗炭))의 가운데에서 구원해 줄 것이라고 여겨, 대바구니에 밥을 담고 병에 장물을 담아서 왕의 군대를 환영한 것입니다. 그런데 만일 그 부형을 죽이고 자제들을 구속하며 종묘를 허물고 중요한 기물들을 옮겨온다면 어찌 가(可)하겠습니까. 천하가 진실로 제나라의 강함을 꺼리고 있는데, 지금 또다시 땅을 배로 확장하고 인정(仁政)을 행하지 않는다면 이것은 천하의 군대(전쟁)를 움직이게 하는 것입니다.

累는 力追反이라

'루(累)'는 력(力)·추(追)의 반절[얽어맬 루]이다.

此節은 復申前章末節之說이라

이 절은 앞 장 끝절의 설(說)을 다시 거듭하였다.

拯은 救也라 係累는 繫縛也라 重器는 寶器也라 畏는 忌也라 倍地는 幷 去聲이라 燕而增一倍之地也라 齊之取燕을 若能如湯之征葛이면 照上節而釋往征이라 則燕人悅之하여 而齊可爲政於天下矣어늘 照首節而釋迎師라 今乃不行仁政하고 仁政은 此章之題目이라 而肆爲殘虐하니 殺、係、毁、遷이라 則無以慰燕民之望하고 釋如之何句라 而服諸侯之心이라 釋動天下之兵이라 ○ 天下之固畏는 其畏也小하고 齊之今畏는 其畏也大라 是以로 不免乎以千里而畏人也니라 詳言二라 ○ 下節은 遂言所以待之之道라

'증(拯)'은 구원함이다. '계루(係累)'는 속박하는(묶는) 것이다. '중기(重器)'는 보기(寶器)이다. '외(畏)'는 꺼리는 것이다. '배타(倍地)'는 연나라를 겸병해서 '병(幷)'은 거성(去聲;겸병)이다. 한 배의 땅을 더 증가한 것이다. 제나라가 연나라를 취하기를 만일 탕왕이 갈(葛)나라를 정벌한 것과 같이 하였더라면, 윗절을 조응하여 가서 정벌함을 해석하였다. 연나라 사람들이 기뻐해서 제나라가 천하에 정사를 할 수 있었을 것이다. 머릿절을 조응하여 왕의 군대를 맞이함을 해석하였다. 그런데 지금 마침내 인정을 행하지 않고 '인정(仁政)'은 이 장의 제목이다. 함부로 잔학한 짓을 하였으니, 부형을 죽이고 어린아이를 구속하고 종묘를 허물고 중기를 옮긴 것이다. 그렇다면 연나라 백성들의 소망을 위안하고 '여지하(如之何)'의 구(句)를 해석하였다. 제후들의 마음을 복종시킬 수가 없다. '동천하지병(動天下之兵)'을 해석하였다. ○ 천하가 진실로 두려워함은 그 두려움이 작고, 제나라가 지금 두려워함은 그 두려움이 크다. 이 때문에 천 리를 가지고 남을 두려워함을 면치 못하는 것이다. 자세히 말한 것 두 번째이다. ○ 아랫절은 마침내 대처하는 바의 도를 말씀하였다.

11-4

王速出令하사 反其旄倪하시며 止其重器하시고 謀於燕衆하여 置君而後에 去之하시면 則猶可及止也리이다

왕께서 속히 명령을 내리시어 노약자들을 돌려보내시며 중요한 기물들을 <수송해 오던 것을> 중지하시고 연나라 민중들과 상의해서 군주를 세워준 뒤에 떠나오신다면 오히려 <전란이 일어나기 전에 전쟁을> 중지시킬 수 있을 것입니다."

旄는 與耄同이라 倪는 五稽反이라

'모(旄)'는 모(耄;늙은이)와 같다. '예(倪)'는 오(五)·계(稽)의 반절[어릴 예]이다.

反은 還也라 旄는 老人也요 倪는 小兒也니 謂所虜略之老小也라 不及廟者는 已毁者를 不可爲也일새라 猶는 尙也라 有嫌於似可之義故로 特訓之라 及止는 及其未發 天下之兵未動이라 而止之也라 雙峯饒氏曰 只當誅子噲、子之하고 別立君而去니라 ○ 主燕而言去라 ○ 新安陳氏曰 此爲齊王畫一策이라 ○ 猶可爲仁政之一事니 所以答首節待字也라

'반(反)'은 반환이다. '모(旄)'는 노인이요 '예(倪)'는 소아이니, 노략질한 바의 노인과 소아를 이른다. 종묘에 미치지 않은 것은 이미 허문 것을 만들 수 없기 때문이다. '유(猶)'는 오히려이다. '유가(猶可)'가 사가(似可;괜찮은 듯하다)의 뜻에 혐의가 되므로 특별히 훈(訓)하였다. '급지(及止)'는 전란이 발발하기 전에 미쳐 천하의 군대가 아직 출동하지 않은 것이다. 중지하는 것이다. 쌍봉요씨가 말하였다. "다만 마땅히 자쾌(子噲)와 자지(子之)를 죽이고 별도로 군주를 세우고서 떠나가는 것이다." ○ 연나라를 위주하여 거(去)라고 말하였다. ○ 신안진씨가 말하였다. "이는 제왕(齊王)을 위하여 한 계책을 계획한 것이다. ○ 오히려 인정(仁政)의 한 가지 일이 될 수 있으니, 이는 앞절의 '대(待)'자에 답한 것이다."

○ 范氏曰 孟子事齊、梁之君에 論道德則必稱堯、舜하시고 四字는 見滕文公上[32]이라 論征伐則必稱湯、武하시니 蓋治民을 不法堯、舜이면 則是爲暴요 行師를 不法湯、武면 則是爲亂이니 豈可謂吾君不能하여 四字는 見離婁上[33]이라 而舍(捨) 上聲이라 所學以徇之哉아 徇君之欲이라 ○ 慶源輔氏曰 註에 益以吾君不能句하여 尤有功於學者하니 此萬世臣子事君之大法이니라

○ 범씨가 말하였다. "맹자가 제나라와 양(梁)나라의 군주를 섬기실 적에 도덕을 논하면 반드시 요(堯)·순(舜)을 칭하였고 네 글자(必稱堯舜)는 〈등문공 상(滕文公上)〉에 보인다. 정벌을 논하면 반드시 탕(湯)·무(武)를 칭하셨으니, 백성을 다스림을 요·순을 본받지 않는다면 이것은 포악한 정사가 되고 군대를 출동함을 탕·무를 본받지 않는다면 이것은 난(亂)이 되니, 어찌 우리 군주는 불가능하다 하여 네 글자(吾君不能)는 〈이루 상(離婁上)〉에 보인다. 자신의 배운 바를 버리고 '사(舍)'는 상성(上聲;버림)이다. 군주를 따르겠는가." 인군의 욕망을 따르는 것이다. ○ 경원보씨가 말하였다. "주(註)에 '오군불능(吾君不能)'의 구(句)를 더하여 더욱 배우는 자에게 공이 있으니, 이는 만세의 신자(臣子)들이 군주를 섬기는 큰 법법이다."

---

32) ≪孟子 滕文公上 1章≫ "孟子道性善, 言必稱堯舜."
33) ≪孟子 離婁上 1章≫ "責難於君, 謂之恭, 陳善閉邪, 謂之敬, 吾君不能, 謂之賊."

12-1.

鄒與魯鬨이러니 穆公이 問曰 吾有司死者 三十三人이로되 而民은 莫之死也하니 誅之則不可勝誅요 不誅則疾視其長上之死而不救하니 如之何則可也잇고

추(鄒)나라가 노(魯)나라와 함께 싸우더니, <추나라> 목공(穆公)이 물었다. "내 유사(有司)로서 죽은 자가 33명이나 되지만 백성들은 죽은 자가 없으니, 이들을 베려 한다면 이루 다 벨 수 없고, 베지 않는다면 장상(長上)의 죽는 것을 질시(疾視)하면서 구원하지 않았으니, 어찌하면 좋겠습니까?"

鬨은 胡弄反이라 勝은 平聲이요 長은 上聲이니 下同이라

'홍(鬨)'은 호(胡)·롱(弄)의 반절[싸움소리 홍]이다. '승(勝)'은 평성(平聲;이루)이고, '장(長)'은 상성(上聲;우두머리)이니, 아래도 같다.

鬨은 鬪聲也라 蓋所鬪地近하여 其聲可聞也라 穆公은 鄒君也라 惟見於此書라 ○ 曹姓이라 ○ 以鄒冠於與上故로 知其爲鄒君이라 不可勝誅는 言人衆하여 不可盡誅也라 長上은 謂有司也라 民怨其上이라 故로 疾視其死하여 與好勇章疾視로 義同하니 諺釋可考라 而不救也라

'홍(鬨)'은 싸우는 소리이다. 이는 아마도 싸우는 바의 땅이 가까워서 그 소리가 들릴 수 있는 것이다. 목공(穆公)은 추나라 군주이다. 목공은 오직 이 책에만 보인다. ○ 조성(曹姓)이다. ○ 추나라를 '여(與)'자 위에 놓았으므로 그가 추나라 군주가 됨을 아는 것이다. '불가승주(不可勝誅)'는 사람이 많아서 다 벨 수 없음을 말한다. '장상(長上)'은 유사(有司)를 이른다. 백성들이 그 장상을 원망하였다. 그러므로 그 죽는 것을 질시(疾視)하여 구원하지 않은 것이다. 호용장(好勇章) 질시와 뜻이 같으니, ≪언해≫의 해석을 참고할 만하다.

12-2

孟子對曰 凶年饑歲에 君之民이 老弱은 轉乎溝壑하고 壯者는 散而之四方者 幾千人矣요 而君之倉廩實하며 府庫充이어늘 有司莫以告하니 是는 上慢而殘下也라 曾子曰 戒之戒之하라 出乎爾者

> 反乎爾者也라하시니 夫民이 今而後에 得反之也로소니 君無尤焉하소서

맹자가 대답하셨다. "흉년(凶年)과 기근이 든 해에 군주의 백성들이 노약자들은 전전하다가 죽어서 시신이 구학(溝壑)에 뒹굴고, 장성한 자들은 흩어져서 사방으로 간 자가 몇 천 명이나 됩니다. 그런데도 군주의 창름(倉廩)은 곡식이 꽉 찼으며 부고(府庫)에는 재화가 충만하거늘 유사(有司) 중에 이것을 아뢴 자가 없었으니, 이것은 윗사람들이 업신여겨 아랫사람을 잔해(殘害)한 것입니다. 증자(曾子)께서 말씀하시기를 '경계하고 경계하라. 네게서 나온 것이 네게로 돌아간다.' 하셨으니, 저 백성들이 지금에서야 되갚음을 한 것이니, 군주는 허물하지 마소서.

幾는 上聲이라 夫는 音扶라

'기(幾)'는 상성(上聲;몇)이다. '부(夫)'는 음이 부(扶;저)이다.

雙峯饒氏曰 凶은 如水、旱、疾疫이요 饑는 只是穀不熟이니라 轉은 飢餓輾 音展이라 轉而死也라 充은 滿也라 上은 謂君及有司也라 慢은 欺也라 尤는 過也라 曾子此說은 卽大學悖出悖入之意也라[34]

쌍봉요씨가 말하였다. "흉(凶)은 수해(水害)와 한해(旱害), 질역(疾疫)과 같고, 기(饑)는 다만 곡식이 성숙하지 않은 것이다." '전(轉)'은 굶주려 전전하다가 '전(輾)'은 음이 전(展;뒹굶)이다. 죽는 것이다. '충(充)'은 충만함이다. '상(上)'은 임금과 유사(有司)를 이른다. '만(慢)'은 기(欺;업신여김)이다. '우(尤)'는 허물함이다. 증자(曾子)의 이 말씀은 바로 ≪대학≫의 '말이 이치에 맞지 않게 나오면 이치에 맞지 않게 들어온다.'는 뜻이다.

12-3

> 君行仁政하시면 斯民이 親其上하여 死其長矣리이다

군주가 인정(仁政)을 행하시면 이 백성들이 그 윗사람을 친애해서 관장(官長)을 위해 죽을 것입니다."

君不仁而求富라 是以로 有司知重斂 去聲이니 下同이라 而不知恤民이라 先論文上意라 故로 君行仁政이면 新安陳氏曰 對鄒君言故로 略有司而專勉君하니 正本之論也니라

---

[34] ≪大學章句 傳文 10章≫ "言悖而出者, 亦悖而入, 貨悖而入者, 亦悖而出."

○ 國有大小나 而政無大小라 故로 於齊、梁、鄒、滕에 皆以仁政勸之하시니 仁政은 此章 之題目也라 **則有司皆愛其民하여** 斯字는 有則義하니 與論語之斯民不同이라35) ○ 添此 句하여 以歸主於有司라 **而民亦愛之矣리라** 南軒張氏曰 感應之理니라 ○ 新安陳氏曰 平時에 親其上하여 當危難則死其長이라 鄒君이 知罪民而不知反己하니 孟子惟以行仁政勉 之하고 而誅、不誅는 忘言焉하시니라 ○ 此節은 所以答疾視不救、如何則可之問也라 此 上長은 亦指有司也니 集註二愛字에 有此意라

군주가 인(仁)하지 못하여 부유하기를 구하였다. 이 때문에 유사가 무겁게 세금을 거둘 줄만 알고 '렴(斂)'은 거성(去聲;거둠)이니, 아래도 같다. 백성을 구휼할 줄을 알지 못하였다. 먼저 글 위의 뜻을 논하였다. **그러므로 군주가 인정을 행하면** 신안진씨가 말하였다. "추나라 군주를 대하여 말씀하였기 때문에 유사를 생략하고 오로지 군주를 권면하였으니, 근본을 바로잡는 논(論)이다." ○ 나라는 크고 작음이 있으나 정사는 크고 작음이 없다. 그러므로 제(齊)·양(梁)·추 (鄒)·등(滕)에 모두 인정(仁政)을 권하신 것이니, '인정'은 이 장의 제목이다. **유사들이 모두 그 백성을 사랑해서** '사(斯)'자는 '즉(則)'자의 뜻이 있으니, ≪논어≫의 사민(斯民;이 백성)과는 똑 같지 않다. ○ 이 구를 더하여 중점을 유사에게 돌렸다. **백성들 또한 유사를 사랑할 것이다.** 남헌장씨가 말하였다. "이는 감응하는 이치이다." ○ 신안진씨가 말하였다. "평시에 그 윗사람을 친애해서 위험과 난리를 당하면 그 장상(長上)에게 죽는 것이다. 추나라 군주가 백성을 죄책(罪 責)할 줄만 알고 자기 몸에 돌이킬 줄을 알지 못하니, 맹자가 오직 인정을 행함으로써 권면하고 죄 있는 자를 주살하고 주살하지 않음은 말씀하는 것을 잊으셨다." ○ 이 절은 '질시불구(疾視不 救)'와 '여하즉가(如何則可)'의 물음에 답한 것이다. 여기의 상(上)과 장(長)은 또한 유사를 가리 킨 것이니, ≪집주≫의 두 '애(愛)'자에 이러한 뜻이 있다.

○ **范氏曰 書** 五子之歌라 **曰 民惟邦本이니 本固邦寧이라하니 有倉廩、府庫는** 府庫 는 其物廣하고 倉廩은 只穀耳라 所以爲 去聲이라 **民也니 豐年則斂之하고 凶年則散之 하여 恤其飢餓하고** 一作寒이라 **救其疾苦라 是以로 民親愛其上하여 有危難이면** 去 聲이라 **則赴救之를 如子弟之衛父兄하고 手足之捍** 音汗이라 頭目也라 **穆公이 不能 反己하고** 此反字는 與本文二反字로 微有不同이라 **猶欲歸罪於民하니 豈不誤哉아**

○ 범씨가 말하였다. "≪서경≫에 〈오자지가(五子之歌)〉이다. 이르기를 '백성은 나라의 뿌리 이니, 뿌리가 튼튼해야 나라가 편안하다.' 하였다. 창름(倉廩)과 부고(府庫)를 부고는 그 보 관하는 물건이 (범위가) 넓고 창고는 다만 곡식뿐이다. 둔 것은 백성을 위해서이니, '위(爲)'는 거성(去聲;위함)이다. 풍년에는 거둬들이고 흉년에는 흩어주어서 굶주린 사람을 '아(餓)'가 일본(一本)에는 한(寒)으로 되어 있다. 구휼하며 병들고 고생하는 자들을 구제하였다. 이 때 문에 백성들이 그 윗사람을 친애하여 위태로움과 난리가 '난(難)'은 거성(去聲;난리)이다.

---

35) ≪論語 衛靈公 24章≫ "斯民也, 三代之所以直道而行也."

있으면 달려가 구원하기를 자제들이 부형을 보위하듯이 하고 수족(手足)이 두목(頭目)을 막듯이 하는 것이다. 목공은 자신에게 돌이켜 찾지 못하고 오히려 백성에게 죄를 돌리고자 하였으니, 어찌 잘못이 아니겠는가."

'한(悍)'은 음이 한(汗;막음)이다.
이 '반(反)'자는 본문의 두 '반'자와 약간 뜻이 다름이 있다.

13-1

> 滕文公이 問曰 滕은 小國也라 間於齊楚하니 事齊乎잇가 事楚乎잇가
> 등 문공(滕文公)이 물었다. "등(滕)나라는 작은 나라입니다. 제(齊)나라와 초(楚)나라 사이에 끼어 있으니, 제나라를 섬겨야 합니까? 초나라를 섬겨야 합니까?"

間은 去聲이라

'간(間)'은 거성(去聲;사이에 낌)이다.

滕은 國名이라 姬姓이라 文公은 他書에 或作元公하니 名弘이라 ○ 此下三章은 蓋在聘孟子하여 問爲國時耳리라

등(滕)은 나라 이름이다. 희성(姬姓)이다. 문공은 딴 책에는 혹 원공(元公)으로 되어 있으니, 이름이 홍(弘)이다. ○ 이 아래 세 장은 아마도 맹자를 초빙하여 나라를 다스림을 물을 때 있었던 듯하다.

13-2

> 孟子對曰 是謀는 非吾所能及也로소이다 無已則有一焉하니 鑿斯池也하며 築斯城也하여 與民守之하여 效死而民弗去면 則是可爲也니이다
> 맹자가 대답하셨다. "이 계책은 내가 미칠 수 있는 바가 아닙니다. 그러나 기어이 말하라고 하신다면 한 가지 방법이 있으니, 여기에다가 못(해자)을 깊이 파며 여기에다가 성을 높이 쌓아 백성과 더불어 지켜서 백성들이 죽음(목숨)을 바치고 떠나가지 않는다면 이것은 해볼 만한 일입니다."

無已는 見 音現이라 前篇하니라36) 一은 謂一說也라 鑿斯池、築斯城은 猶言鑿池於斯하고 築城於斯也라 效는 猶致也라 國君은 死社稷이라 出禮記曲禮라 ○ 謂爲社稷死之라 故로 致死以守國이요 效死는 專屬君事하니 是一章之題目也라 至於民亦爲 去聲이라 之死守而不去면 則非有以深得其心者면 不能也라 可爲는 蓋指得民心也니 如此면 則雖不事齊、楚라도 可也라

'무이(無已)'는 전편(前篇;<양혜왕 상>)에 보인다. '현(見)'은 음이 현(現)이다. 일(一)은 일설(一說)을 이른다. 착사지(鑿斯池), 축사성(築斯城)은 여기에다가 못을 파고 여기에다가 성을 쌓는다고 말한 것과 같다. '효(效)'는 치(致;바침)와 같다. '국군(國君)'은 사직(社稷)을 위해서 죽는다. 이 내용은 ≪예기≫ 〈곡례〉에 나온다. ○ 사직을 위하여 죽음을 이른다. 그러므로 목숨을 바쳐 나라를 지키는 것이요, '효사(效死)'는 오로지 인군의 일에 속하니, 이는 이 한 장의 제목이다. 백성들 또한 그를 위해서 '위(爲)'는 거성(去聲;위함)이다. 사수(死守)하고 떠나지 않는 데 이른다면 <해볼 만하니> 이는 그 마음을 깊이 얻은 자가 아니면 불가능하다. 가위(可爲)는 민심을 얻음을 가리키니, 이와 같으면 비록 제나라와 초나라를 섬기지 않더라도 괜찮은 것이다.

○ 此章은 言有國者 當守義而愛民이요 不可僥倖而苟免이니라 慶源輔氏曰 擇強者而事之하여 以覬一日之安이면 是僥倖苟免而已니라

○ 이 장(章)은 국가를 소유한 자는 마땅히 의(義)를 지켜 백성을 사랑할 것이요, 요행을 바라 구차히 면하려고 해서는 안 됨을 말씀한 것이다. 경원보씨가 말하였다. "강한 자를 가려 섬겨서 하루의 편안함을 바라면 이것은 요행을 바라 구차히 면하려고 할 뿐인 것이다."

14-1

滕文公이 問曰 齊人이 將築薛하니 吾甚恐하노니 如之何則可잇고

등 문공(滕文公)이 물었다. "제(齊)나라 사람이 장차 설(薛) 땅에 축성을 하려고 하니, 내 매우 두려우니, 어찌하면 좋습니까?"

薛은 國名이니 任姓이라 近滕이러니 齊取其地而城之라 故로 文公이 以其偪 逼同이라 己而恐也라 齊近楚遠故로 尤畏齊러니 後에 滕不滅於齊、楚하고 而乃滅於宋者는 患在所忽耳니라

---

36) ≪孟子 梁惠王上 7章≫ "無以則王乎."

설(薛)은 국명(國名)이니, 임성(任姓)이다. 등(滕)나라와 가까웠는데 제나라가 그 땅을 점령하고 성을 쌓았다. 그러므로 문공(文公)이 자기 나라를 핍박한다고 '핍(偪)'은 핍(逼)과 같다. 여겨 두려워한 것이다. 제나라는 가깝고 초나라는 멀기 때문에 더욱 제나라를 두려워하였는데, 뒤에 등나라가 제나라와 초나라에게 멸망당하지 않고 마침내 송나라에게 멸망당한 것은 근심이 소홀히 하는 바에 있기 때문이다.

14-2

孟子對曰 昔者에 大(太)王이 居邠하실새 狄人이 侵之어늘 去之岐山之下하사 居焉하시니 非擇而取之라 不得已也시니이다

맹자가 대답하셨다. "옛적에 태왕(太王)이 빈(邠) 땅에 거주하실 적에 적인(狄人)이 침략하자 그 곳을 떠나시고 기산(岐山)의 아래에 가서 거주하시니, 이 곳을 가려서 취한 것이 아니라 부득이해서였습니다.

邠은 與豳同이라

'빈(邠)'은 빈(豳)과 같다.

邠은 地名이라 諺解에 以去字獨爲一句하니 恐合更商이라 言 大王이 非以岐下爲善하여 好也라 擇取而居之也니 詳見 音現이라 下章하니라

빈(邠)은 지명(地名)이다. 《언해》에 '거(去)'자를 홀로 한 구로 삼았으니,[①] 마땅히 다시 헤아려 보아야 할 듯하다. 태왕(太王)이 기산(岐山) 아래를 좋게 '선(善)'은 좋음이다. 여겨 선택하여 취해서 거주한 것이 아님을 말씀한 것이니, 아랫장에 자세히 보인다. '현(見)'은 음이 현(現)이다.

*① 《언해》에……삼았으니 : 《언해》에는 "去하시고 之岐山之下하사"로 현토하였으므로 말한 것이다.

14-3

苟爲善이면 後世子孫이 必有王者矣리니 君子創業垂統하여 爲可繼也라 若夫成功則天也니 君如彼에 何哉리오 彊爲善而已矣니이다

> 만일 선(善)을 한다면 후세의 자손 중에 반드시 왕 노릇 하는 자가 있을 것입니다. 군자는 기업(基業)을 창건하고 전통을 드리워서 계속할 수 있게 할 뿐입니다. 저 성공으로 말하면 천운이니, 군주께서 저들에게 어찌하시겠습니까? 선(善)을 행하기를 힘쓸 뿐입니다."

夫는 音扶라 彊은 上聲이라

'부(夫)'는 음이 부(扶;저)이다. '강(彊)'은 상성(上聲;힘씀)이다.

創은 造라 一有也字라 統은 緒也라 言 能爲善이면 如不以土地害人之類라37) 則如大王雖失其地나 而其後世遂有天下하니 乃天理也라 以天字로 釋必字하니 此太王之已然也니 以理言이라 然이나 君子 諺解에 不取然字意하니 恐合更商이라 造基業於前하고 而垂統緖於後하되 但能不失其正하여 添此一句하니 正은 即善也라 令 平聲이라 後世可繼續而行耳라 若夫成功則豈可必乎아 以豈可必로 釋天也니 此는 文公之將然也니 以氣數言이라 彼齊也를 君之力이 既無如之何면 則但彊 勉也라 於爲善하여 爲善은 此章之題目이라 使其可繼而俟命於天耳니라 添此一句하여 以申上天字義라

'창(創)'은 창조이다. 일본(一本)에는 '야(也)'자가 있다. '통(統)'은 실마리(전통)이다. '능히 선을 하면 토지를 가지고 사람을 해치지 않는 것과 같은 따위이다. 태왕(太王)과 같이 비록 그 땅을 잃더라도 후세에 마침내 천하를 소유할 것이니, 이것이 바로 천리이다. '천(天)'자를 가지고 '필(必)'자를 해석하였다. 이는 태왕이 이미 그러한 것이니, 이치를 가지고 말씀한 것이다. 그러나 군자는 《언해》에 '연(然)'자의 뜻을 취하지 않았으니, 마땅히 다시 헤아려 보아야 할 듯하다."[1] 기업(基業)을 앞에서 만들고 전통을 뒤에 드리우되 다만 그 올바름을 잃지 아니하여 이 한 구를 더하였으니, 정(正)은 바로 선(善)이다. 후세로 하여금 '령(令)'은 평성(平聲;하여금)이다. 계속하여 행하게 할 뿐이다. 성공으로 말하면 어찌 기필할 수 있겠는가. '기가필(豈可必)'을 가지고 천(天)을 해석하였다. 이는 문공이 장차 그러함이니, 기수(氣數)를 가지고 말한 것이다. 저 제나라를 군주의 힘이 이미 어떻게 할 수 없다면 다만 선을 행하기를 힘써서 '강(彊)'은 힘씀이다. ○ '위선(爲善)'은 이 장의 제목이다. 계속하게 하고 하늘에 운명을 기다릴 뿐이다.'라고 말씀한 것이다. 이 한 구를 더하여 위의 '천(天)'자의 뜻을 거듭하였다.

*[1] 언해에……듯하다 : 《언해》에는 "後世子孫이 必有王者矣리니"로 현토(懸吐)하고 해석도 이를 따랐으나 《집주》에는 이 아래에 '연(然)'자가 있으므로 "必有王者矣나"로 현토하여 '그러나'의 뜻이 들어가야 함을 말한 것이다. 그러나 본서의 번역에서는 따르지 않

---

37) 《孟子 梁惠王下 15章》 "吾聞之也, 君子, <u>不以其所以養人者, 害人</u>."

앉음을 밝혀 둔다.

○ 此章은 言 人君이 但 一無但字라 當竭力於其所當爲요 爲善이라 不可徼幸 僥倖同이라 於其所難必이니라 雲峯胡氏曰 前章은 不可僥倖其在人者요 此章은 不可僥倖其在天者니라 ○ 二章圈註 正相照應하니 是亦集註之一例也라

○ 이 장(章)은 인군은 다만 일본(一本)에는 '단(但)'자가 없다. 마땅히 당연히 해야 할 일에 힘을 다할 것이요, 마땅히 해야 함은 선(善)을 하는 것이다. 기필하기 어려운 바(천명)에 요행을 '요행(徼幸)'은 요행(僥倖)과 같다. 바라서는 안 됨을 말씀한 것이다. 운봉호씨가 말하였다. "앞장은 그 사람에게 있음을 요행으로 바라서는 안 되는 것이고, 이 장은 그 하늘(천명)에 있는 것을 요행으로 바라서는 안 되는 것이다." ○ 두 장의 권주(圈註;장하주)가 바로 서로 조응하니, 이 또한 ≪집주≫의 한 예이다.

15-1

滕文公이 問曰 滕은 小國也라 竭力以事大國이라도 則不得免焉이로소니 如之何則可잇고 孟子對曰 昔者에 大(太)王이 居邠하실새 狄人이 侵之어늘 事之以皮幣라도 不得免焉하며 事之以犬馬라도 不得免焉하며 事之以珠玉이라도 不得免焉하여 乃屬(촉)其耆老而告之曰 狄人之所欲者는 吾土地也라 吾聞之也호니 君子는 不以其所以養人者로 害人이라하니 二三子는 何患乎無君이리오 我將去之호리라하시고 去邠하시고 踰梁山하사 邑于岐山之下하여 居焉하신대 邠人曰 仁人也라 不可失也라하고 從之者如歸市하니이다

등 문공(滕文公)이 물었다. "우리 등(滕)나라는 작은 나라라서 힘을 다하여 대국(大國)을 섬기더라도 화를 면할 수 없으니, 어찌하면 좋습니까?" 맹자가 대답하셨다. "옛적에 태왕(太王)이 빈(邠) 땅에 거주하실 적에 적인(狄人;오랑캐 사람)이 침략하자, 그들을 피폐(皮幣)로써 섬겨도 화를 면치 못하였고, 개와 말로써 섬겨도 화를 면치 못하였고, 주옥(珠玉)으로써 섬겨도 화를 면치 못하였습니다. 이에 기로(耆老)들을 모아놓고 말씀하기를 '적인들이 원하는 것은 우리의 토지이다. 내가 들으니 군

> 자는 사람을 기르는 토지를 가지고 사람을 해치지 않는다 하니, 여러분들은 어찌 군주가 없음을 걱정하겠는가. 내 장차 이 곳을 떠나겠다.' 하고는 빈 땅을 버리고 양산(梁山)을 넘어서 기산(岐山) 아래에 도읍 터를 만들어 거주하시자, 빈 땅 사람들이 말하기를 '인인(仁人)이다. 놓쳐서는 안 된다.' 하고 따르는 자가 시장에 돌아가듯 하였습니다.

屬은 音燭이라

'촉(屬)'은 음이 촉(燭;모음)이다.

三章中에 再言小國與如之何하니 可見其困極迫切之情이요 竭力二字亦云이라 ○ 免은 謂免於侵伐이라

세 장 가운데 소국(小國)과 여지하(如之何)를 두 번 말하였으니 그 곤궁함이 지극하여 절박한 실정을 볼 수 있고, '갈력(竭力)' 두 글자도 또한 그러하다. ○ '면(免)'은 침벌(侵伐:침공)에서 면함을 이른다.

皮는 謂虎豹麋鹿之皮也라 幣는 帛也라 犬은 蓋田犬也라 屬은 會集也라 土地는 本生物以養人이어늘 今爭地而殺人이면 是는 以其所以養人者로 害人也라 二三子는 呼衆之辭라 邑은 作邑也라 歸市는 人衆 一이라 而爭先也라 二라 ○ 略於上章而詳於此者는 以示其丁寧하여 欲公信之也라 ○ 南軒張氏曰 何患無君은 此天地之心이니 眞保民之主也라 然이나 太王之事는 非德盛而達權이면 不足以與此니라 ○ 東陽許氏曰 蓋非獨邠民이요 近於岐周之民이 皆歸之也라 時에 西方地近戎狄하여 皆開隙之地라 故로 太王이 得優遊遷徙어니와 若滕은 在中國하여 無可遷之地하니 民雖或從之나 亦無所往이라 孟子姑擧太王之得民하여 以警文公耳라 故로 下文에 言效死하시니 乃其正也니라

'피(皮)'는 호표(虎豹;범과 표범)와 미록(麋鹿;사슴)의 가죽을 이른다. '폐(幣)'는 비단이다. 개는 아마도 사냥개일 것이다. '촉(屬)'은 모음이다. 토지는 본래 물건을 생산하여 사람을 기르는 것인데, 지금 토지를 다투어 사람을 죽인다면 이것은 사람을 기르는 것을 가지고 사람을 해치는 것이다. '이삼자(二三子)'는 여러 사람을 부르는 말이다. '읍(邑)'은 읍을 만드는 것이다. '귀시(歸市)'는 사람이 많고 첫 번째이다. 앞을 다투는 것이다. 두 번째이다. ○ 윗장에서는 간략히 말씀하고 이 장에서 자세히 말씀한 것은 그 정녕한 뜻을 보여서 공(公)이 믿고자 한 것이다. ○ 남헌장씨가 말하였다. "'군주가 없음을 어찌 근심한다.'는 것은 이는 천지(天地)의 마음이니, 참으로 백성을 보호하는 군주이다. 그러나 태왕의 일은 덕이 성하고 권도를 통달한 자가 아니면 여기에 참예하지 못한다." ○ 동양허씨(東陽許氏)가 말하였다. "홀로(오직) 빈 땅 백성뿐만

이 아니요 기주(岐周)에 가까운 백성들이 다 돌아온 것이다. 이 때 서방(西方)의 지역은 견융(犬戎)과 가까워서 모두 비어 있는 공한지(空閒地)의 땅이었다. 그러므로 태왕이 여유 있게 도읍을 옮겼지만 등나라로 말하면 중국(中國)에 위치해 있어서 옮길 만한 땅이 없으니, 백성들이 비록 혹 따라오려 하더라도 또한 갈 곳이 없다. 맹자가 우선 태왕이 민심을 얻은 것을 들어서 문공을 경계했을 뿐이다. 그러므로 아랫글에 죽음을 바침을 말씀하셨으니, 이것이 바로 그 정도(正道)이다.

15-2

> 或曰 世守也라 非身之所能爲也니 效死勿去라하나니
>
> 혹자는 말하기를 '<토지는>대대로 지켜오는 것이라서 자신이 마음대로 할 수 있는 것이 아니니, 목숨을 바치고 떠나지 말라.'고 하나니,

又言 或謂土地는 乃先人所受而世守之者라 非己 身이라 所得 一作能이라 專이니 爲라 但當致 一作效라 死守之요 不可舍 上聲이라 去라하니 此章은 又合上二章事而告之라 蓋以或曰二字之文勢로 觀之하면 則雖似其爲餘意나 然又以先言賓意, 後言主意之例로 推之하면 此節은 實其歸重이라 故로 集註釋畢에 復論常正之義하고 下註에 又明經、權之分하니 蓋以此節爲定論하고 而效死亦爲此章之題目이라 此는 國君死社稷之常法이니 傳 去聲이라 ○ 公羊襄六年이라 所謂國滅이면 句라 君死之 句라 ○ 爲之死라 正也가[38] 禮之正也라 正謂此也니라 下正字는 與上正字로 義微不同이라 ○ 此는 指常法也라

또 말씀하시기를 "혹자는 '토지는 바로 선인(先人)이 받아서 대대로 지켜오는 것이어서 자신이 '기(己)'는 자기 몸이다. 마음대로 '전(專)'은 자기 마음대로 하는 것이다. 할 수 있는 '득(得)'이 일본(一本)에는 능(能)으로 되어 있다. 것이 아니니, 다만 목숨을 바쳐 '치(致)'가 일본(一本)에는 효(效)로 되어 있다. 지킬 것이요 버리고 '사(舍)'는 상성(上聲;버림)이다. 떠나서는 안 된다.'고 말한다." 하셨다. 이 장은 또 위의 두 장의 일을 합하여 고하였다. '혹왈(或曰)' 두 글자의 문세(文勢)를 가지고 보면 비록 이것이 그 여의(餘意)가 되는 듯하나, 또 먼저 빈(賓)의 뜻을 말하고 뒤에 주(主)의 뜻을 말하는 예(例)로 미루어 보면 이 장은 실로 그 중점을 여기에 돌린 것이다. 그러므로 ≪집주≫가 석(釋)이 끝나자 다시 떳떳하고 바른 의리를 논하고, 아랫주에 또다시 경도(經道)와 권도(權道)의 분별을 밝혔으니, 이는 이 절을 정론(定論)으로 삼고 '효사(效死)' 또한 이 장의 제목이 되는 것이다. 이는 '국군(國君)이 사직(社稷)을 위해 죽는 떳떳한 법이니, 전(傳)에 '전(傳)'은 거성(去聲;옛 책)이다. ○≪춘추공양전(春秋公羊傳)≫ 양공(襄公) 6년이다. 이른바 국가가 멸망하면 여기에서 구를 뗀다. 군주가 죽는다.'는 여기에서 구를 뗀다. ○ 위하여 죽는 것이다. 올바른 법이

---

38) ≪禮記 曲禮下≫ "諸侯有國, 受之於天子, 有死而無去也. 然此去者, <u>國滅君死, 正也.</u>"

라는 것이 예(禮)의 바름이다. **바로 이것을 이른다.** 아래 '정(正;바로)'자는 위의 '정(正;바름)'자와 뜻이 약간 똑같지 않다.(다르다.) ○ 이는 떳떳한 법을 가리킨 것이다.

15-3

> 君請擇於斯二者하소서
> 군주는 이 두 가지 중에서 선택하소서."

能如大王則避之요 不能則謹守常法이니 蓋遷國以圖存者는 權也요 守正而俟死者는 義也니 以字는 勢逆이요 而字는 勢順이라 ○ 朱子曰 義便近權하니 或可如此하고 或可如彼 皆義也요 經則一定而不易이라 集註에 義字를 旣對權字하니 須著用經字니라 ○ 按註中凡如此處는 是當釐正이로되 而未及釐正者也니 讀者察之니라 **審己量力하여** 猶言審量己力이라 ○ 添此四字라 擇 諺音誤라 而處 上聲이라 **之 可也니라** 慶源輔氏曰 權은 非大賢以上이면 不能爲요 經則人皆當勉也라 太王之事는 非文公所能爲니 然則孟子之意는 固欲文公勉守其常法耳시니라

능히 태왕(太王)과 같이 할 수 있으면 피할 것이요, 그렇지 못하면 떳떳한 법을 삼가 지킬 것이니, 나라를 옮겨 보전하기를 도모하는 것은 권도(權道)요, 정도(正道)를 지키면서 죽음을 기다리는 것은 의(義)이다. '이(以)'자는 어세(語勢)가 거슬리고 '이(而)'자는 어세가 순하다. ○ 주자가 말씀하였다. "의(義)는 곧 권(權)과 가까우니, 혹 이와 같을 수도 있고 혹 저와 같이 할 수 있는 것이 다 의이고, 경(經)은 한번 정하여 바뀌지 않는다. 《집주》에 '의(義)'자를 이미 '권(權)'자와 상대하였으니, 모름지기 '경(經)'자를 놓아야 한다." ○ 살펴보건대 주(註) 가운데 무릇 이와 같은 곳은 마땅히 수정해야 하는데 미처 수정하지 못한 것이니, 독자가 살펴야 한다. **자신을 헤아리고 능력을 헤아려서** '심기량력(審己量力)'은 자기 힘을 살펴 헤아린다고 말한 것과 같다. ○ 이 네 글자(審己量力)를 더하였다. **선택하여** '택(擇)'은 《언해》의 음(택)이 잘못되었다. **대처하는 것이** '처(處)'는 상성(上聲;대처함)이다. **가하다.** 경원보씨가 말하였다. "권(權)은 대현(大賢) 이상이 아니면 하지 못하고, 경(經)은 사람이 누구나 다 마땅히 힘써야 하는 것이다. 태왕의 일은 문공이 능히 할 수 있는 바가 아니니, 그렇다면 맹자의 뜻은 진실로 문공이 그 떳떳한 법을 힘써 지키고자 하신 것이다."

○ 楊氏曰 孟子之於文公에 始告之以效死而已하시니 禮之正也요 至其甚恐하여는 則以大王之事告之하시니 非得已也라 然이나 無大王之德而去면 則民或不從하여 而遂至於亡하리니 則又不若效死之爲愈라 故로 又請擇於斯二者하시니라 又曰 孟子所

論을 自世俗觀之하면 則可謂無謀矣라 然이나 理之可爲者는 不過如此하니 舍는 上聲이라 此면 則必爲儀、秦 張儀、蘇秦이라 之爲矣리라 凡事求可, 事求必可라 功求成하여 功求必成이라 取必於智謀之末하고 而不循天理之正者는 非聖賢之道也니라 儀、秦之所爲正如此라 ○ 朱子曰 滕은 是必亡無可疑者니 齊、楚視之에 如泰山之壓雞卵이라 若敎他粗成次第면 二國이 必不見容이리라 若湯、文之興은 皆在空間之地하여 無人來覷他라 故로 日漸盛大어니와 若滕則實是難保也니라

○ 양씨가 말하였다. "맹자가 문공(文公)에게 처음에는 죽음을 바칠 뿐임을 말씀하셨으니 이것은 예(禮)의 올바름이요, 매우 두려워함에 이르러서는 태왕의 일을 말씀하셨으니 이것은 부득이해서였다. 그러나 태왕의 덕이 없으면서 떠나간다면 백성들이 혹 따라오지 않아서 마침내 멸망에 이를 것이니, 그렇다면 또 죽음을 바침이 나은 것만 못하다. 그러므로 또 이 두 가지 중에서 선택하라고 청하신 것이다."

또 말하였다. "맹자가 논하신 것을 세속의 입장에서 본다면 무모하다고 이를 만하다. 그러나 이치로써 할 수 있는 것은 이와 같음에 지나지 않으니, 이것을 버린다면 '사(舍)'는 상성(上聲;버림)이다. 반드시 소진(蘇秦)·장의(張儀)의 의(儀), 진(秦)은 장의(張儀)와 소진(蘇秦)이다. 행위를 할 것이다. 무릇 일은 가능함을 구하고 일을 반드시 가함을 구하는 것이다. '공(功)'은 이룸을 구하여, 공을 반드시 이루기를 구하는 것이다. 지모(智謀)의 지엽적인 것에서 기필함을 취하고 천리의 올바름을 따르지 않는 것은 성현의 도가 아니다." 장의·소진의 한 바가 바로 이와 같다. ○ 주자가 말씀하였다. "등(滕)나라는 이 반드시 망하여 의심할 만한 것이 없는 자이니, 제(齊)와 초(楚)가 볼 적에 태산(泰山)이 계란을 누르는 것과 같다. 만약 저 등나라로 하여금 다소 차제(次第)를 이루게 하면 제·초 두 나라가 반드시 용납해주지 않을 것이다. 탕왕과 문왕이 일어난 것으로 말하면 모두 공한지(空閒地)에 있어서 와서 엿보는 사람이 없었다. 그러므로 날로 점점 성대해졌지만 등나라로 말하면 실로 보전하기가 어려웠다."

16-1

魯平公이 將出할새 嬖人臧倉者請曰 他日에 君出이면 則必命有司所之러시니 今에 乘輿已駕矣로되 有司未知所之하니 敢請하노이다 公曰 將見孟子호리라 曰 何哉잇고 君所爲輕身하여 以先於匹夫者는 以爲賢乎잇가 禮義는 由賢者出이어늘 而孟子之後喪이 踰前喪하니 君無見焉하소서 公曰 諾다

> 노 평공(魯平公)이 장차 외출하려 할 적에 폐인(嬖人)인 장창(臧倉)이란 자가 청하였다. "타일(他日)에는 군주께서 외출하시게 되면 반드시 유사(有司)에게 갈 곳을 명령하시더니, 지금에는 승여(乘輿)가 이미 말을 멍에하였으나 유사가 갈 곳을 알지 못하니, 감히 청하옵니다." 공(公)이 말하였다. "장차 맹자를 보려고 하노라." 장창이 말하였다. "어째서입니까? 군주께서 몸을 가벼이 하여 필부(匹夫)에게 먼저 예(禮)를 베푸시는 까닭은 그가 어질다고 여겨서입니까? 예의는 현자(賢者)로 말미암아 나오는데 맹자의 뒷초상이 앞초상보다 더하였으니, 군주께서는 그를 만나보지 마소서." 공이 말하였다. "그렇겠다."

乘은 去聲이라

'승(乘)'은 거성(去聲;수레)이다.

平公은 名叔이니 一名旅라 ○ 以嬖人二字로 冠於姓名者는 外而討之之辭니 許行、陳相、夷之皆放此라 ○ 必命有司以所將往處라

평공(平公)은 이름이 숙(叔)이니, 일명(一名)은 여(旅)이다. ○ '폐인(嬖人)' 두 글자를 성명의 앞에 놓은 것은 외면하여 성토하는 말씀이니, 허행(許行)·진상(陳相)·이지(夷之)가 모두 이와 같다.*① ○ 반드시 유사에게 장차 갈 곳을 명한 것이다.

> *① 허행(許行)……같다 : 허행(許行)과 진상(陳相)은 아래 〈등문공 상〉 4장에 보이는데 처음에 '有爲神農之言者許行'과 '陳良之徒陳相'으로 되어 있으며, 이지(夷之)는 〈등문공 상〉 5장에 보이는데, 처음에 '墨者夷之'로 되어 있다.

乘輿는 君車也라 駕는 駕馬也라 蓋倉已知其欲見孟子로되 而佯若未知也라 **孟子前喪父하고 後喪母하시니라 踰는 過也니 言其厚母薄父也라 諾은 應辭也라** 新安陳氏曰 平公將見孟子는 必得之於樂克이니 所以沮於臧倉後에 克入見하여 審問不見之故리라 ○ 按此章敍事에 用先隱後顯法하니 與孔距心章으로 略相類云이라

'승여(乘輿)'는 군주의 수레이다. '가(駕)'는 말을 멍에하는 것이다. 아마도 장창이 이미 맹자를 만나보고자 함을 알았으나 거짓으로 알지 못한 것처럼 한 것이다. 맹자는 앞에 아버지를 잃고 뒤에 어머니를 잃었다. '유(踰)'는 지남(더함)이니, 어머니에게 후하게 하고 아버지에게 박하게 함을 말한 것이다. '낙(諾)'은 응하는 말이다. 신안진씨가 말하였다. "평공이 장차 맹자를 만나보려고 한 것은 반드시 악극(樂克)에게 얻었을 것이니, 이 때문에 장창에게 저지된 뒤에 악극이 들어가 뵙고서 만나보지 않은 이유를 살펴 자세히 물은 것이다." ○ 살펴보건대 이 장에 일을 서술함을 먼저는 숨기고 뒤에는 드러내는 방법을 사용하였으니, 공거심장(孔距心章;〈공손

추 하)4장)과 대략 서로 비슷하다.

16-2

樂正子入見(현)曰 君이 奚爲不見孟軻也잇고 曰 或이 告寡人曰 孟子之後喪이 踰前喪이라할새 是以로 不往見也호라 曰 何哉잇고 君所謂踰者는 前以士요 後以大夫며 前以三鼎而後以五鼎與잇가 曰 否라 謂棺槨、衣衾之美也니라 曰 非所謂踰也라 貧富不同也니이다

악정자(樂正子)가 들어가 평공(平公)을 뵙고 말하였다. "군주께서는 어찌하여 맹가(孟軻)를 만나보지 않으셨습니까?" 공이 말하였다. "혹자가 과인에게 말하기를 '맹자의 뒷초상이 앞초상보다 더하였다.' 하므로 이 때문에 가서 보지 않았노라." "무엇입니까? 군주께서 이른바 더하다는 것은 앞에는 사(士)의 예(禮)로써 장례하고 뒤에는 대부(大夫)의 예로써 장례하며, 앞에는 삼정(三鼎)을 쓰고 뒤에는 오정(五鼎)을 쓴 것을 말씀하십니까?" "아니다. 관곽(棺槨)과 의금(衣衾)의 아름다움을 말한 것이다." "아닙니다. 이것은 이른바 더하다는 것이 아니라, 빈부(貧富)가 똑같지 않기 때문입니다."

入見之見은 音現이라 與는 平聲이라

  입현(入見)의 '현(見)'은 음이 현(現;뵘)이다. '여(與)'는 평성(平聲;의문사)이다.

樂正子는 孟子弟子也니 此篇은 歷聘諸侯之事將終하고 後篇弟子問答之事將始에 而樂正子爲弟子之首라 故로 先及於上下之交하여 以結上生下하니 蓋此書七篇을 當分二大節看之라 歷聘不遇然後에 退而答問하니 其序然耳라 仕於魯하니라 蓋魯人也라 ○ 此何哉는 與上節何哉로 相爲照應이라 此謂는 以言言이요 上爲는 以事言이라 三鼎은 士祭禮요 五鼎은 大夫祭禮라 合釋本文四句라 ○ 雙峯饒氏曰 五鼎은 羊、豕、魚、腊、膚요 三鼎은 豕、魚、腊이라 ○ 按以此語觀之하면 孟子非幼喪父也니 豈母之敎多於父故로 世俗遂認爲幼喪父耶아 ○ 後篇木若以美는[39] 卽其所謂踰之一事라 ○ 公諱而或之로되 而克已知之라

---

39) 《孟子 公孫丑下 7章》"孟子自齊葬於魯, 反於齊, 止於嬴. 充虞請曰: 前日, 不知虞之不肖, 使虞敦匠事, 嚴, 虞不敢請, 今願竊有請也, 木若以美然." 《集註》"孟子仕於齊, 喪母, 歸葬於魯."

故로 下節에 直以倉當之라

악정자(樂正子)는 맹자의 제자이니, 이 편은 제후를 차례로 빙문(聘問)한 일이 장차 끝나고 뒤편에 제자와 문답한 일이 장차 시작하려 하면서 악정자가 제자의 첫 번째가 되므로 먼저 윗사람과 아랫사람의 사귐에 언급하여 위를 맺고 아래를 만들어내었으니, 이 책 7편을 마땅히 두 큰 절로 나누어 보아야 한다. 제후를 차례로 빙문하여 만나지 못한 뒤에 물러가 제자의 물음에 답하셨으니, 그 순서가 그러한 것이다. 노(魯)나라에서 벼슬하였다. 아마도 노나라 사람일 것이다. ○ 이 '하재(何哉)'는 윗절의 '하재'와 서로 조응이 된다. 여기의 '위(謂)'는 말을 가지고 말한 것이고, 위의 '위(爲;以爲賢乎)'는 일을 가지고 말하였다. '삼정(三鼎)'은 사(士)의 제례(祭禮)요, '오정(五鼎)'은 대부의 제례이다. 본문의 네 구(前以士, 後以大夫, 前以三鼎, 而後以五鼎與.)를 합하여 해석하였다. ○ 쌍봉요씨가 말하였다. "오정(五鼎)은 양, 돼지, 어물, 포, 살코기이고, 삼정(三鼎)은 돼지, 어물, 포이다." ○ 살펴보건대 이 말씀을 가지고 관찰하면 맹자가 어려서 아버지를 잃은 것이 아니니, 아마도 어머니의 가르침이 아버지보다 많았기 때문에 세속에서 마침내 어려서 아버지를 잃었다고 잘못 인식한 것이 아니겠는가. ○ 후편(後篇)에 '나무(관의 재목)가 너무 아름다운 듯하다.'라고 한 것은 바로 그 이른바 넘었다는 한 가지 일이다. ○ 공은 이름을 휘(諱)하여 혹(或)이라고 하였으나 악극(樂克)은 이미 장창임을 알았기 때문에 아랫절에 곧바로 장창으로 해당시킨 것이다.

16-3

樂正子見(현)孟子曰 克이 告於君하니 君이 爲來見也러시니 嬖人有臧倉者沮君이라 君이 是以不果來也하시니이다 曰 行或使之며 止或尼(닐)之나 行止는 非人所能也라 吾之不遇魯侯는 天也니 臧氏之子焉能使予不遇哉리오

악정자가 맹자를 뵙고 말하였다. "제가 군주께 아뢰니, 군주께서 위하여 와서 만나보려고 하셨는데, 폐인(嬖人)에 장창(臧倉)이라는 자가 군주를 저지하였습니다. 군주께서 이 때문에 끝내 오지 않으신 것입니다." 맹자가 말씀하셨다. "길을 감은 누가 혹 시켜서이며 멈춤은 혹 누가 저지해서이다. 그러나 가고 그침은 사람이 시킬 수 있는 것이 아니다. 내가 노나라 임금을 만나지 못함은 하늘(천운)이니, 장씨(臧氏)의 아들이 어찌 나로 하여금 만나지 못하게 할 수 있겠는가."

爲는 去聲이라 沮는 慈呂反이요 尼는 女乙反이요 焉은 於虔反이라

'위(爲)'는 거성(去聲;위함)이다. '저(沮)'는 자(慈)·려(呂)의 반절[막을 저]이고, '닐(尼)'은 녀(女)·을(乙)의 반절[그칠 닐]이고, '언(焉)'은 어(於)·건(虔)의 반절[어찌 언]이다.

克은 樂正子名이라 爲來見은 言爲之將來見也라 沮、尼은 皆止之之意也라 言 人之行이 必有人使之者하며 其止必有人尼之者라 然이나 其所以行, 所以止는 添二所以하여 以襯於天이라 則固有天命이니 以氣數言이라 而非此人所能使요 亦非此人所能尼也라 添二此字하여 以襯於倉이라 ○ 所以는 勢順이요 而所能은 勢逆이라 ○ 先釋天하고 後釋人하여 以便於文이라 然則我之不遇 豈臧倉之所能爲哉아 慶源輔氏曰 樂正子亦未免以世俗之心窺孟子라 故로 以此發之하시니라 ○ 一焉能은 與上二何哉로 相照應이라

극(克)은 악정자의 이름이다. '위래견(爲來見)'은 위하여 장차 와서 만나보려 함을 말한 것이다. '저(沮)'와 '닐(尼)'은 모두 그치게 하는 뜻이다. '사람이 길을 감은 반드시 그렇게 시키는 사람이 있으며, 그 멈춤은 반드시 그치게 하는 사람이 있다. 그러나 그 가게 되는 소이(所以;이유)와 멈추게 되는 소이는 두 '소이(所以)'를 더하여 하늘에 부합시켰다. 진실로 천명에 달려 있는 것이니, 기수(氣數)를 가지고 말하였다. 이 사람이 시킬 수 있는 바가 아니요 또한 이 사람이 그치게 할 수 있는 바가 아니다. 두 '차(此)'자를 더하여 장창에게 부합시켰다. ○ '소이(所以)'는 어세(語勢)가 순하고 '이소능(而所能)'은 어세가 거슬린다. ○ 먼저 하늘을 해석하고 뒤에 사람을 해석하여 문장을 편하게 하였다. 그렇다면 내가 노나라 임금을 만나지 못함이 어찌 장창이 능히 할 수 있는 바이겠는가.'라고 말씀한 것이다. 경원보씨가 말하였다. "악정자 또한 세속의 마음으로 맹자를 엿봄을 면하지 못하였다. 그러므로 이것으로 말씀해 주신 것이다." ○ 한 '언능(焉能)'은 위의 두 '하재(何哉)'와 서로 조응한다.

○ 此章은 言 聖賢之出處는 上聲이라 關時運之盛衰하니 乃天命之所爲요 非人力之可及이니라 龜山楊氏曰 夫何怨尤之有리오 ○ 雙峯饒氏曰 孔子有兩說大하시니 未喪斯文[40]은 取必於己니 是天命係乎我요 告子服景伯[41]은 是與常人說話니 又低得一等하여 與此章同取必於天하니 是我之命係乎天이라 那箇는 是聖人之言이요 這箇는 是賢人之言이니라 ○ 天字는 此章之題目이라

○ 이 장(章)은 성현(聖賢)의 출처(出處)는 '처(處)'는 상성(上聲;은둔함)이다. 시운(時運)의 성쇠에 관계되니, 바로 천명이 하는 것이요 인력(人力)으로 미칠 수 있는 것이 아님을 말씀한 것이다. 구산양씨(龜山楊氏)가 말하였다. "저 무엇을 원망하고 허물함이 있겠는가." ○ 쌍봉요

---

[40] ≪論語 子罕 5章≫ "天之將喪斯文也, 後死者不得與於斯文也, 天之未喪斯文也, 匡人其如予何."
[41] ≪論語 憲問 14章≫ "公伯寮愬子路於季孫, 子服景伯以告曰: 夫子固有惑志於公伯寮, 吾力, 猶能肆諸市朝. 子曰: 道之將行也與, 命也, 道之將廢也與, 命也, 公伯寮 其如命何."

씨가 말하였다. "공자가 하늘을 두 가지로 말씀한 것이 있으니, 하늘이 이 문(文)을 망하지 않게 했다는 것은 자기에게 기필을 취하신 것이니 이는 천명이 나에게 달려 있는 것이요, 자복경백(子服景伯)에게 고하심은 이는 보통사람과 말씀한 것이니 또 한 등급을 낮추어서 이 장과 함께 똑같이 하늘에 기필을 취하신 것이니, 이는 나의 운명이 하늘에 달려 있는 것이다. 저것은 바로 성인의 말씀이고 이것은 바로 현인의 말씀이다." ○ '천(天)'자는 이 장의 제목이다.

맹자집주상설(孟子集註詳說)

공손추장구 상(公孫丑章句上)

凡九章이라
모두 9章이다.

1-1

公孫丑(추)問曰 夫子當路於齊하시면 管仲、晏子之功을 可復許乎잇가

공손추(公孫丑)가 물었다. "부자(夫子)가 <만일> 제(齊)나라에서 요로(要路)를 담당하신다면 관중(管仲)과 안자(晏子)의 공(功)을 다시 기대할 수 있겠습니까?"

復는 扶又反이라
'부(復)'는 부(扶)·우(又)의 반절[다시 부]이다.

公孫丑는 孟子弟子니 齊人也라 當路는 居要地也라 管仲은 齊大夫니 名夷吾니 相去聲이라 桓公하여 霸諸侯하니라 晏子之訓은 已見前篇이라 許는 猶期也라 孟子未嘗得政하시니 丑蓋設辭以問也라 慶源輔氏曰 此必丑初見孟子時事리니 觀其語意하면 恐孟子不敢以管、晏自許하니 是全未知孟子니라 ○ 西山眞氏曰 齊宣이 旣慕桓、文하고 丑復慕管、晏하니 蓋霸者功利之說이 深入人心已久라 故로 不惟時君慕之요 學者亦慕之하니라 ○ 按此功字는 與首篇利字相類라

공손추(公孫丑)는 맹자의 제자이니, 제(齊)나라 사람이다. '당로(當路)'는 요지(要地;요직)에 거하는 것이다. 관중(管仲)은 제나라 대부(大夫)로 이름이 이오(夷吾)이니, 환공(桓公)을 도

와서 '상(相)'은 거성(去聲;도움)이다. 제후의 패자(霸者)가 되게 하였다. 안자의 훈(訓)은 이미 앞 편에 보인다. '허(許)'는 기(期;기대함)와 같다. 맹자가 일찍이 정권을 얻은 적이 없으니, 공손추가 가설하여 물은 것이다.*① 경원보씨(慶源輔氏)가 말하였다. "이는 반드시 공손추가 처음 맹자를 뵈었을 때의 일일 것이니, 그 말한 뜻을 보면 맹자가 감히 관중과 안영(晏嬰)으로 스스로 허여하지 못할 것이라고 생각하였으니, 이것은 완전히 맹자를 알지 못한 것이다." ○ 서산진씨(西山眞氏)가 말하였다. "제 선왕(齊宣王)이 이미 제 환공과 진 문공(晉文公)을 사모하였고 공손추가 또 관중과 안영을 사모하였으니, 이는 패자의 공리설(功利說)이 사람의 마음속에 깊이 들어간 것이 이미 오래였다. 그러므로 다만 당시 군주가 사모했을 뿐이 아니요 배우는 자들도 또한 이들을 사모한 것이다." ○ 살펴보건대 이 '공(功)'자는 머리편의 '리(利)'자와 서로 비슷하다.

*① 맹자가……것이다 : '夫子當路於齊하시니'로 토(吐)를 달 경우에는 이미 요로(要路)에 거한 것이 되기 때문에 말한 것이다.

1-2

孟子曰 子誠齊人也로다 知管仲晏子而已矣온여

맹자가 말씀하셨다. "그대는 진실로 제나라 사람이로다. 관중과 안자를 알 뿐이로구나.

齊人은 但知其國有二子而已요 此節은 承丑問하여 竝言管、晏이라 不復 去聲이라 知有聖賢之事라 聖賢之事는 卽王道라

제나라 사람은 단지 그 나라에 두 사람이 있음을 알 뿐이요, 이 절은 공손추의 물음을 이어서 관중과 안영을 함께 말하였다. 다시는 '부(復)'는 거성(去聲;다시)이다. 성현(聖賢)의 일이 있음을 알지 못한 것이다. 성현의 일은 바로 왕도이다.

1-3

或이 問乎曾西曰 吾子與子路孰賢고 曾西蹴然曰 吾先子之所畏也니라 曰 然則吾子與管仲孰賢고 曾西艴然不悅曰 爾何曾比予於管仲고 管仲得君이 如彼其專也며 行乎國政이 如彼其久也로되 功烈이 如彼其卑也하니 爾何曾比予於是오하니라

> 혹자가 증서(曾西)에게 묻기를 '그대가 자로(子路)와 더불어 누가 더 어진가(나은 가)?' 하니, 증서가 위축되어 불안해하면서 말하기를 '자로는 우리 선자(先子;선친) 께서 존경하신 바이다.' 하였다. '그렇다면 그대는 관중과 더불어 누가 더 어진가?' 하니, 증서가 불연(艴然;변색)하며 기뻐하지 않고 말하기를 '네 어찌 곧 나를 관중 에게 비하는가. 관중은 군주의 신임을 얻음이 저와 같이 오로지 하였으며 국정을 시행함이 저와 같이 오래하였는데도 공렬이 저와 같이 낮으니, 네 어찌 곧 나를 이 사람에게 비하는가.' 하였다.

蹴은 子六反이라 艴은 音拂이요 又音勃이라 曾은 竝音增이라
'축(蹴)'은 자(子)·육(六)의 반절[불안해할 축]이다. '불(艴;성냄)'은 음이 불(拂)이고 또 음이 발(勃)이다. '증(曾)'은 모두 음이 증(增)이다.

曾之音增을 一訓於此하여 以該諸經하고 其音層者는 則亦一訓於詩하여 以該之라
'증(曾)'이 음이 증(增)인 것을 한 번 여기에서 훈(訓)하여 여러 경전(經傳)을 다 포함하였고, 그 음이 층(層)인 것은 또한 한 번 ≪시경≫에서 훈하여 나머지를 포함하였다.

孟子引曾西與或人問答如此하시니라 先總提라 曾西는 曾子之孫이라 沙溪曰 先君子曰 曾西는 非曾子孫이요 乃曾子子니 曾申之字也라하시니라 春秋時에 子西之名도 亦申也니라 蹴은 不安貌라 先子는 曾子也라 師尊而稱子라 艴은 怒色也라 爾之者는 甚怒也라 曾 何曾之曾이라 之言은 則也라 烈은 猶光也라 桓公이 獨任 專이라 管仲四十餘年하니 久라 是專且久也라 管仲이 不知王道而行霸術이라 故로 言功烈之卑也라

맹자가 증서(曾西)와 혹자의 문답을 인용하기를 이와 같이 하셨다. 먼저 총괄하여 제시하였다. 증서는 증자(曾子)의 손자이다. 사계(沙溪)가 말씀하였다. "선군자(先君子)께서 말씀하시기를 '증서(曾西)는 증자의 손자가 아니고 바로 증자의 아들이니, 증신(曾申)의 자(字)이다.'[1] 하셨다. 춘추 때에 자서(子西)의 이름 또한 신(申)이다." '축(蹴)'은 불안해하는 모양이다. 선자(先子)는 증자이다. 스승으로 높여서 자(子)라고 칭한 것이다. '불(艴)'은 성내는 빛이다. 너라고 한 것은 매우 노여워한 것이다. '증(曾)'이란 말은 하증(何曾)의 '증(曾)'자이다. 즉(則;곧)의 뜻이다. '렬(烈)'은 광(光)과 같다. 환공(桓公)이 홀로 관중에게 맡기기를 오로지 맡긴 것이다. 40여 년 동안 하였으니, 오래함이다. 이것은 오로지 하고 또 오래한 것이다. 관중이 왕도(王道)를 알지 못하고 패술(霸術)을 행하였다. 그러므로 공렬이 낮다고 말씀한 것이다.

*① 사계(沙溪)가……자(字)이다 : 사계는 김장생(金長生)의 호이며, 선군자(先君子)는 선친(先親)과 같은 뜻으로 황강(黃江) 김계휘(金繼輝)를 가리킨다. 김계휘 역시 학자로 벼슬이 대사헌에 이르렀으며, 율곡(栗谷)과 친하였는바, 이 내용은 ≪집주≫가 잘못된 것으로 판별되었다.

楊氏曰 孔子言子路之才曰 千乘 去聲이라 之國에 可使治其賦也라하시니 出論語公冶長이라 使其見 音現이라 於施爲라도 如是而已니 其於九(糾)合諸侯하여 一正 一作匡하니 蓋避國諱하여 變匡作正耳라 天下에는 出論語憲問1)이라 固有所不逮也라 先微抑子路하고 此下에 乃入本文意라 然則曾西推尊子路如此하고 而羞比管仲者는 何哉오 譬之御者컨대 子路則範我馳驅而不獲者也요 管仲之功은 詭遇而獲禽耳라 見滕文公下2)라 ○ 慶源輔氏曰 或曰 楊氏本說은 但云範我馳驅、詭遇耳요 未說到功效上이어늘 集註增之하여 曰 不獲、獲禽耳라 射、御는 非一人所能兼이니 恐不若只從本說이라 曰 集註之意는 蓋謂子路는 是範驅而不遇王者故로 不獲이요 管仲은 詭遇以逢桓公故로 得禽이라 ○ 雙峯饒氏曰 得善射者而御之면 則範驅는 正所以得禽耳니라 曾西는 仲尼之徒也라 故로 不道管仲之事하니라 已見梁惠王上註라

양씨(楊氏)가 말하였다. "공자께서 자로(子路)의 재주를 말씀하시기를 '천승(千乘)의 '승(乘)'은 거성(去聲;수레)이다. 나라에 그로 하여금 부(賦;병(兵))를 다스리게 할 만하다.'① 하셨으니, 이 내용이 ≪논어≫〈공야장(公冶長)〉에 나온다. 가령 그가 <재능을> 시행함에 나타내게 한다 '현(見)'은 음이 현(現)이다. 하더라도 이와 같을 뿐이니, 제후들을 규합하여 한번 천하를 바로잡음에는 일본(一本)에는 광(匡)으로 되어 있으니, 이는 송나라의 국휘(國諱)를 피해서 광(匡)을 변하여 정(正)으로 한 것이다.*② 이 내용이 ≪논어≫〈헌문(憲問)〉에 나온다. 진실로 미치지 못하는 바가 있는 것이다. 먼저 자로를 약간 억제하였고 이 아래에 비로소 본문의 뜻으로 들어갔다. 그렇다면 증서가 자로를 추존하기를 이와 같이 하고, 관중에게 비하기를 부끄럽게 여김은 어째서인가? 이것을 말 모는 자에게 비교하면 자로는 자신의 말 모는 것을 법도대로 해서 짐승을 잡지 못한 것이요, 관중의 공로는 부정한 방법으로 만나게 해서 짐승을 잡았을 뿐이다.*③ 이 내용은 〈등문공 하(滕文公下)〉에 보인다. ○ 경원보씨가 말하였다. "혹자는 '양씨의 본래 말은 다만 범아치구(範我馳驅)와 궤우(詭遇)를 말했을 뿐이요 아직 공효(功效)상에는 언급하지 않았는데, ≪집주≫에서 이것을 더 보태서 불획(不獲)이라 하고 획금(獲禽)이라 한 것이다. 사(射)와 어(御)는 한 사람이 능히 겸할 수 있는 것이 아니니, 다만 본래의 설을 따르는 것만 못할 듯하다.'라고 하였다.〈그러나 이를 말한 것이 아니다.〉≪집주≫의 뜻은 아마도 자로는 법대로 몰았는데 왕자(王者)를 만나지 못했기 때문에 짐승을 얻지 못하였

---

1) ≪論語 憲問 17章≫ "子曰: 管仲相桓公霸諸侯, 一匡天下, 民到于今, 受其賜."
2) ≪孟子 滕文公下 1章≫ "良不可曰: 吾爲之範我馳驅, 終日不獲一, 爲之詭遇, 一朝而獲十."

고 관중은 부정하게 만나서 환공(桓公)을 만났기 때문에 짐승을 얻었다고 말한 것이다." ○ 쌍봉요씨(雙峯饒氏)가 말하였다. "활을 잘 쏘는 자를 얻고서 수레를 몰면 곧 법대로 모는 것은 바로 짐승을 잡는 방법이다. **증서는 중니(仲尼)의 무리였다. 그러므로 관중의 일을 말하지 않은 것이다.**" 이 내용은 이미 〈양혜왕 상〉 주(註)에 보인다.

- *① 천승(千乘)의……만하다 : 부(賦)는 토지에 대한 세금으로 병(兵)을 이른다. 옛날 토지의 세금에 따라 군사를 내었기 때문에 이렇게 말한 것으로, 이 내용은 ≪논어≫〈공야장(公冶長)〉7장(章)에 보인다.
- *② 송나라의……것이다 : 송나라를 일으킨 태조(太祖)의 이름이 조광윤(趙匡胤)이므로 '광(匡)'자를 휘한 것이다.
- *③ 이것을……뿐이다 : 여기에 비유한 내용은 뒤의 〈등문공 하〉 1장에 보이는 바, 왕량(王良)의 말이다.

1-4

> 曰 管仲은 曾西之所不爲也어늘 而子爲我願之乎아
>
> 관중은 증서(曾西)도 하지 않은 것인데, 그대가 나를 위해서 원한단 말인가."

子爲之爲는 去聲이라

자위(子爲)의 '위(爲)'는 거성(去聲;위함)이다.

曰은 孟子言也라 既引曾西之言하고 將斷以己說이라 故로 又特下曰字라 願은 望也라 主孟子而言許하고 主丑而言願이라 ○ 新安陳氏曰 晏之事功은 又在管之下하고 其人은 稍正於管하여 無可譏하니 此孟子所以置晏不言이니라 ○ 按晏子在儒家에 不尙霸術故로 下文에 只以顯言하고 且此節은 方承上曾西或人問答而言이라 故로 獨及管仲耳라

왈(曰)은 맹자의 말씀이다. 이미 증서(曾西)의 말을 인용하고 장차 자기(맹자)의 설(說)로 결단하려 하였다. 그러므로 또다시 특별히 '왈(曰)'자를 놓은 것이다. **'원(願)'은 바라는 것이다.** 맹자를 위주하여 허(許)를 말하고 공손추를 위주하여 원(願)을 말하였다. ○ 신안진씨가 말하였다. "안영(晏嬰)의 사공(事功)은 또 관중의 아래에 있고 이 사람은 관중보다 약간 정직하여 비난할 만한 것이 없으니, 이는 맹자가 안영은 놔두고 말씀하지 않은 이유이다." ○ 살펴보건대 안자(晏子)는 유가(儒家)에 있어서 패술(霸術)을 숭상하지 않았기 때문에 아랫글에 다만 현(顯)이라고만 말하였고, 또 이 절은 막 위의 증서와 혹인(或人)의 문답을 이어서 말하였다. 그러므로 홀로 관중에게만 미친 것이다.

1-5

> 曰 管仲은 以其君霸하고 晏子는 以其君顯하니 管仲、晏子도 猶不足爲與잇가
>
> 공손추가 말하였다. "관중은 그 군주를 〈천하에〉 패자(霸者)가 되게 하였고 안자는 그 군주를 이름이 드러나게 하였으니, 관중과 안자도 오히려 해봄직 하지 않습니까?"

與는 平聲이라

'여(與)'는 평성(平聲;의문사)이다.

顯은 顯名也라 不足爲之爲字는 卽上所不爲之爲字라

'현(顯)'은 이름을 드러냄이다. 부족위(不足爲)의 '위(爲)'자는 바로 위의 소불위(所不爲)의 '위(爲)'자이다.

1-6

> 曰 以齊로 王이 由(猶)反手也니라
>
> 맹자가 말씀하셨다. "제(齊)나라를 가지고 왕노릇 함은 손을 뒤집는 것과 같이 쉬운 것이니라."

王은 去聲이라 由는 猶通이라

'왕(王)'은 거성(去聲;왕노릇 함)이다. '유(由)'는 유(猶)와 통한다.

反手는 言易 去聲이라 也라 沙溪曰 謂孟子時也라 ○ 恐當通桓公時與今時看이니 蓋地與民이 前後同也라 如此看然後에 此節이 旣爲承上이요 而又爲生下耳라

'반수(反手)'는 쉬움을 '이(易)'는 거성(去聲;쉬움)이다. 말한다. 사계(沙溪)가 말씀하였다. "이는 맹자 때를 말한 것이다." ○ 마땅히 환공(桓公) 때와 지금 때를 통틀어 보아야 할 듯하니, 영토와 백성이 전후가 똑같기 때문이다. 이와 같이 본 뒤에야 이 절이 이미 위를 이은 것이 되고 또 아래를 냄이 되는 것이다.

1-7

> 曰 若是則弟子之惑이 滋甚케이다 且以文王之德으로 百年而後崩하사되 猶未洽於天下어시늘 武王、周公이 繼之然後에 大行하니 今言王若易然하시니 則文王은 不足法與잇가
>
> 공손추가 말하였다. "그렇다면 제자의 의혹이 더욱 심해집니다. 또 문왕(文王)의 덕으로 백 년 뒤에 붕(崩)하셨는데도 아직 천하에 교화가 무젖지 못하여, 무왕(武王)과 주공(周公)이 계속한 뒤에야 크게 행해졌습니다. 그런데 지금 왕노릇 하는 것을 쉬운 것처럼 말씀하시니, 그렇다면 문왕은 족히 법받을 만한 것이 못됩니까?"

易는 去聲이니 下同이라 與는 平聲이라

'이(易)'는 거성(去聲;쉬움)이니, 아래도 같다. '여(與)'는 평성(平聲;의문사)이다.

滋는 益也라 文王이 九十七而崩하시니 出禮記文王世子라 言百年은 擧成數也라 文王은 三分天下에 才 纔通이라 有其二러시니 見論語泰伯[3]이라 武王이 克商하여 乃有天下하시고 才、乃二字는 以陪未洽之意라 周公이 相 去聲이라 成王하여 制禮作樂然後에 敎化大行하니라 王若易然은 猶云王如此易也라 ○ 不足爲、不足法은 上下語勢相照應이라

'자(滋)'는 더함이다. 문왕이 97세에 붕(崩)하셨는데, 이 내용이 《예기》〈문왕세자(文王世子)〉에 나온다. 백 년이라고 말한 것은 완성된 수를 들어 말한 것이다. 문왕은 천하를 3분함에 겨우 〈재(才)는〉 재(纔)와 통한다. 그 둘을 소유하셨는데, 이 내용이 《논어》〈태백(泰伯)〉에 보인다. 무왕이 상(商)나라를 이겨 비로소 천하를 소유하였고 '재(才)'·'내(乃)' 두 글자로써 미흡의 뜻에 배종(陪從)하였다. 주공이 성왕(成王)을 도와 '상(相)'은 거성(去聲;도움)이다. 예를 짓고 음악을 만든 뒤에야 교화가 크게 행해졌다. 왕약이연(王若易然)은 왕노릇 하기가 이와 같이 쉽다고 말한 것과 같다. ○ 부족위(不足爲)와 부족법(不足法)은 위아래의 어세(語勢)가 서로 조응한다.

---

[3] 《論語 泰伯 20章》 "三分天下, 有其二, 以服事殷, 周之德, 其可謂至德也已矣."

1-8

曰 文王을 何可當也리오 由湯으로 至於武丁히 賢聖之君이 六七이 作하여 天下歸殷이 久矣니 久則難變也라 武丁이 朝諸侯, 有天下호되 猶運之掌也하시니 紂之去武丁이 未久也라 其故家遺俗과 流風善政이 猶有存者하며 又有微子、微仲、王子比干、箕子、膠鬲이 皆賢人也니 相與輔相之라 故로 久而後에 失之也하니 尺地도 莫非其有也며 一民도 莫非其臣也어늘 然而文王이 猶方百里起하시니 是以難也니라

맹자가 말씀하셨다. "문왕을 어찌 당할 수 있겠는가. 탕왕(湯王)으로부터 무정(武丁)에 이르기까지 어질고 성스러운 군주가 6, 7명이 나와서 천하가 은(殷)나라에 돌아간 지가 오래되었으니, 오래면 변하기 어렵다. 무정(武丁)이 제후들에게 조회 받고 천하를 소유하되 마치 이것을 손바닥에 놓고 움직이듯이 하였으니, 주왕(紂王)은 무정과의 거리가 오래지 않다. 그 고가(故家)와 남은 풍속과 유풍(流風)과 선정(善政)이 아직도 남은 것이 있었으며, 또 미자(微子)·미중(微仲)과 왕자 비간(王子比干)과 기자(箕子)·교격(膠鬲)이 있었는데, 이들은 다 현인(賢人)이었다. 이들이 서로 더불어 그를 보좌하였으므로 오랜 뒤에야 나라를 잃었으니, 한 자 되는 땅도 그의 소유 아님이 없었으며 한 사람의 백성도 그의 신하 아닌 이가 없었다. 그런데도 문왕이 사방 백 리를 가지고 일어나셨으니, 이 때문에 어려웠던 것이다.

朝는 音潮요 鬲은 音隔이요 又音歷이라 輔相之相은 去聲이라 猶方之猶는 與由通이라

'조(朝)'는 음이 조(潮;조회 받음)이고 '격(鬲)'은 음이 격(隔)이고 또 음이 력(歷)이다. 보상(輔相)의 '상(相)'은 거성(去聲;도움)이다. 유방(猶方)의 '유(猶)'는 유(由)와 통한다.

當은 猶敵也라 沙溪曰 文王何可當을 諺解에 從退溪說하여 以文王不能敵殷之意로 釋之하니 愚意以爲文王之德을 後人不能當也니 蓋因上文文王不足法之問而答之也시니라 ○ 尤菴曰 本註에 不爲解釋하니 未知諺解與辨疑 孰爲得失也로라 以然而字見之하면 則辨疑說似當이요 以是以難也見之하면 則諺解說似順하니 姑爲兩下看이 無妨이니라 ○ 按沙溪說

은 與栗谷諺解合하니 當從無疑라 是以難也一句는 其意蓋曰其難如此로되 而文王能之하시니 此後人所以不可當也라 且不足法과 何可當은 上下之文이 相爲呼應하여 有不待解釋而可曉故로 註略之耳라 商은 自成湯으로 至于 一作於라 武丁히 中間에 太甲、太戊、祖乙、盤庚이 皆賢聖之君이라 作은 起也라 歸는 以心言이라 自武丁至紂히 凡七世라 訓未久二字라 故家는 舊臣之家也라 雙峯饒氏曰 故家遺俗은 是說在下底요 遺風善政은 是說在上底니라 ○ 微仲은 微子之弟也라 比干은 未及受封故로 止稱王子鬫아 膠鬲은 又見告子下4)하니 蓋文王擧之하여 以爲紂臣耳라 久而後失은 謂紂在位三十餘年에 乃亡也라 上一其字는 指湯、武丁이요 下二其字는 指紂라

'당(當)'은 적(敵;맞섬)과 같다. 사계(沙溪)가 말씀하였다. "문왕하가당(文王何可當)을 ≪언해≫는 퇴계(退溪)의 설을 따라 문왕이 은나라를 대적할 수 없다는 뜻으로 해석하였으나,*① 나의 뜻에는 문왕의 덕을 후인들이 능히 당하지 못한다고 한 것으로 여겨지니, 이는 윗글에 문왕불족법(文王不足法)의 물음을 인하여 답하신 것이기 때문이다." ○ 우암(尤菴)이 말씀하였다. "본주(本註)에 이것을 해석하지 않았으니, ≪언해≫와 ≪경서변의(經書辨疑)≫가 무엇이 맞는지를 알 수 없다. '연이(然而)'의 글자를 가지고 보면 ≪경서변의≫의 설이 마땅할 듯하고 '시이난야(是以難也)'를 가지고 보면 ≪언해≫의 설이 순한 듯하니, 우선 두 가지로 보는 것이 무방할 것이다." ○ 살펴보건대 사계의 설은 율곡(栗谷)의 ≪언해≫와 부합하니, 마땅히 이것을 따라야 함이 의심할 것이 없다. '시이난야(是以難也)' 한 구는 그 뜻이 대략 그 어려움이 이와 같은데도 문왕이 능히 하셨으니, 이는 후인이 당할 수 없는 이유라고 말한 것이다. 또 불족법(不足法)과 하가당(何可當)은 위아래의 글이 서로 호응이 되어서 굳이 해석하기를 기다리지 않고도 알 수 있기 때문에 주(註)에서 생략한 것이다. 상나라는 성탕(成湯)으로부터 무정(武丁)에 이르기까지 '우(于)'가 일본(一本)에는 어(於)로 되어 있다. 중간에 태갑(太甲)·태무(太戊)·조을(祖乙)·반경(盤庚)이 모두 어질고 성스러운 군주였다. '작(作)'은 일어남이다. '귀(歸)'는 마음을 가지고 말한 것이다. 무정으로부터 주왕(紂王)에 이르기까지는 모두 7세(世)이다. '미구(未久)' 두 글자를 훈(訓)하였다. '고가(故家)'는 구신(舊臣)의 집안이다. 쌍봉요씨가 말하였다. "고가(故家)·유속(遺俗)은 아래에 있는 것을 말한 것이고, 유풍(流風)·선정(善政)은 위에 있는 것을 말한 것이다." ○ 미중(微仲)은 미자(微子)의 아우이다. 비간(比干)은 미처 봉지(封地)를 받지 못했기 때문에 다만 왕자(王子)라고 칭했는가 보다. 교격(膠鬲)은 또 〈고자 하〉에 보이니, 문왕이 그를 등용해서 주왕(紂王)의 신하로 삼은 것이다. '오랜 뒤에 잃었다.'는 것은 주왕이 재위한 지 30여 년에 비로소 망함을 이른다. 위의 한 '기(其)'자는 탕왕과 무정(武丁)을 가리키고, 아래 두 '기'자는 주왕을 가리킨다.

*① ≪언해≫에……해석하였으나 : ≪언해≫에는 "文王을 何可當也시리오"로 현토(懸吐)하고 이에 맞추어 해석하였으나 ≪율곡언해≫에는 "文王을 何可當也리오"로 되어 있다.

---

4) ≪孟子 告子下 15章≫ "膠鬲, 擧於魚鹽之中."

1-9

齊人이 有言曰 雖有智慧나 不如乘勢며 雖有鎡基나 不如待時라하니 今時則易然也니라

제나라 사람의 말에 이르기를 '비록 지혜가 있으나 세(勢)를 타는 것만 못하며, 비록 농기구가 있으나 때를 기다리는 것만 못하다.' 하였으니, 지금 때는 그렇게 하기가 쉽다.

鎡는 音玆라

'자(鎡)'는 음이 자(玆;호미)이다.

智는 一作知라

'지(智)'가 일본(一本)에는 지(知)로 되어 있다.

鎡基는 田器也라 按韻書에 鉏也라 時는 謂耕種之時라 方論齊事故로 必引齊諺이라 慧、勢與基、時는 各自爲韻하니 此二語는 皆譬說也요 下兩節은 遂蒙此二語而詳言之라 ○ 此易然은 與上易然으로 相爲照應이라

'자기(鎡基)'는 농기구이다. 살펴보건대 ≪운서(韻書)≫에 "서(鉏;호미)이다." 하였다. '시(時)'는 밭을 갈고 씨를 뿌리는 때를 이른다. 막 제나라 일을 논하기 때문에 필시 제나라 속담을 인용한 것이다. 혜(慧)와 세(勢), 기(基)와 시(時)는 각자 운(韻)이 되니 이 두 말은 비유한 말이고, 아래 두 절은 마침내 이 두 말을 이어서 자세히 말한 것이다. ○ 여기의 이연(易然)은 위의 이연과 서로 조응이 된다.

1-10

夏后、殷、周之盛에 地未有過千里者也하니 而齊有其地矣며 鷄鳴狗吠(폐) 相聞而達乎四境하니 而齊有其民矣니 地不改辟矣며 民不改聚矣라도 行仁政而王이면 莫之能禦也리라

하후(夏后)와 은(殷)·주(周)의 전성기에 땅이 천 리를 넘은 자가 있지 않았는데 제나라가 그만한 땅을 소유하고 있으며, 닭 울음과 개 짖는 소리가 서로 들려서 〈국도

> (國都)로부터> 사경(四境)에 도달하니 제나라가 그만한 백성을 가지고 있으니, 땅을 더 개척하지 않고 백성을 더 모으지 않더라도 인정(仁政)을 행하고서 왕노릇 한다면 이것을 막을 자가 없을 것이다.

辟은 與闢同이라

'벽(辟)'은 벽(闢;개척함)과 같다.

此는 言其勢之易 去聲이라 也라 承上節而先總提라 三代盛時에 王畿 音祈라 不過千里어늘 今齊已有之하니 異於文王之百里요 照應文王之勢라 又鷄犬之聲이 相聞하여 自國都로 以至於 一作于라 四境하니 言民居 一作居民이라 稠 音紬라 密也라 行仁政而王一句는 此章之綱領이니 如前篇之保民而王이라

이것은 그 세(勢)의 쉬움을 '이(易)'는 거성(去聲;쉬움)이다. 말한 것이다. 윗절을 이어 먼저 총괄하여 제시하였다. 삼대(三代)의 전성기에 왕기(王畿)가 '기(畿)'는 음이 기(祈)이다. 천 리를 넘지 않았는데 지금 제나라가 이미 이것을 가지고 있으니 문왕의 백 리와는 다르며, 문왕의 세(勢)와 조응하였다. 또 닭 울음과 개 짖는 소리가 서로 들려서 국도(國都)로부터 사경(四境)에 '어(於)'가 일본(一本)에 우(于)로 되어 있다. 이르니, 거주하는 백성들이 '민거(民居)'가 일본에는 거민(居民)으로 되어 있다. 주밀함을 '주(稠)'는 음이 주(紬)이다. 말한 것이다. '행인정이왕(行仁政而王)' 한 구는 이 장의 강령이니, 앞편의 '보민이왕(保民而王)'과 같다.

1-11

> 且王者之不作이 未有疏於此時者也하며 民之憔悴於虐政이 未有甚於此時者也하니 飢者에 易爲食이며 渴者에 易爲飮이니라
>
> 또 왕자(王者)가 나오지 않음이 지금보다 더 성근 적이 있지 않으며, 백성들이 학정(虐政)에 시달림이 지금보다 더 심한 적이 있지 않았으니, 굶주린 자에게 밥 되기가 쉽고 목마른 자에게 음료 되기가 쉬운 것이다.[①]

* ① 굶주린……것이다 : 중국본(中國本;≪사서장구집주(四書章句集注)≫)에 '굶주린 자는 먹기가 쉽고 목마른 자는 마시기가 쉽다.'로 해석한 경우가 있으며, ≪집주≫ 역시 이를 분명히 말하지 않았으나 우리나라 언해본에는 모두 '飢者에 易爲食이며 渴者에 易爲飮

으로 토(吐)가 달려 있어, 뒤의 〈진심 상(盡心上)〉 24장의 "바다를 구경한 자에게는 큰 물이 되기 어렵고, 성인의 문하에 논 자에게는 훌륭한 말이 되기 어렵다.〔觀於海者, 難爲水; 遊於聖人之門者, 難爲言.〕"는 것과 문법이 같으며, 〈이루 상(離婁上)〉 7장의 "인자(仁者) 앞에서는 많은 무리가 되기 어렵다.〔仁不可爲衆〕"는 것과 그 주(註)에 인용한 "형 되기가 어렵고 아우 되기가 어렵다.〔難爲兄, 難爲弟.〕"는 것 역시 '위(爲)'자를 '되다'로 풀이하고 있음을 감안하여 위와 같이 해석하였다. 호산도 뒤에 난위수(難爲水), 난위언(難爲言)을 말하였다.

此는 言其時之易也라 承前節而先總提라 自文、武至此 七百餘年이니 異於商之賢聖繼作이요 民苦虐政之甚하니 異於紂之猶有善政이라 照應文王之時라 易爲飮食은 言飢渴之甚에 不待甘美也라 以難爲水、難爲言으로 反觀之하면 則了然矣리라

이것은 그 때의 쉬움을 말한 것이다. 앞 절을 이어 먼저 총괄하여 제기하였다. 문왕·무왕으로부터 이에 이르기까지 7백여 년이니 상나라의 어질고 성스러운 군주가 이어서 나온 것과는 다르며, 백성들이 학정(虐政)을 괴롭게 여김이 심하니 주왕(紂王) 때에 오히려 선정(善政)이 있었던 것과는 다르다. 문왕의 때와 조응하였다. 밥과 음료 되기가 쉽다는 것은 기갈이 심해서 달고 아름다움을 기다리지 않음을 말한 것이다. 난위수(難爲水)·난위언(難爲言)을 가지고 되돌아보면 분명하다.

1-12

> 孔子曰 德之流行이 速於置郵而傳命이라 하시니
> 공자께서 말씀하시기를 '덕의 유행이 파발마로 명을 전달하는 것보다 빠르다.' 하셨으니,

郵는 音尤라

'우(郵)'는 음이 우(尤;파발마)이다.

置는 驛也요 郵는 駲 音日이라 也니 所以傳命也라 本文而字를 當讀如以字義니 諺釋可考라 孟子引孔子之言이 如此하시니라 如上文之引曾西言이라 ○ 雙峯饒氏曰 德字는 應前面文王之德이라 ○ 尤菴曰 德字는 是此章骨髓이니라 ○ 按德之流行은 蓋應上文行仁政이라 故로 下文에 又承此德字하여 而言行仁政이라

'치(置)'는 역(驛)이요 '우(郵)'는 역마이니, '일(駲)'은 음이 일(日)이다. 명을 전달하는 것이

다. 본문의 '이(而)'자는 마땅히 '이(以)'자의 뜻과 같이 읽어야 하니, ≪언해≫의 해석을 참고할 만하다.*① 맹자가 공자의 말씀을 인용한 것이 이와 같다. 윗글에 증서(曾西)의 말을 인용한 것과 같다. ○ 쌍봉요씨가 말하였다. "'덕(德)'자는 전면의 문왕의 덕과 응한다." ○ 우암이 말씀하였다. "'덕(德)'자는 바로 이 장의 간골(榦骨;골자)이다." ○ 살펴보건대 덕지유행(德之流行)은 윗글의 인정을 행함에 응한 듯하다. 그러므로 아랫글에 또다시 이 '덕'자를 이어서 인정을 행함[行仁政]을 말씀한 것이다.

*① ≪언해≫의……만하다 : ≪언해≫에는 "德의 흘러 行함이 置郵로 命을 전달함보다 速하다."로 되어있는바, '而'를 '以'로 보아 '로써'로 풀이하였음을 말한 것이다.

1-13

當今之時하여 萬乘之國이 行仁政이면 民之悅之 猶解倒懸也리니 故로 事半古之人이요 功必倍之는 惟此時爲然하니라

지금의 때를 당하여 만승(萬乘)의 나라가 인정(仁政)을 행한다면 백성들의 기뻐함이 거꾸로 매달린 것을 풀어준 것과 같을 것이다. 그러므로 일은 옛사람의 반만 하고 효과는 반드시 옛사람의 배가 되는 것은 오직 지금만이 그러할 것이다."

乘은 去聲이라

'승(乘)'은 거성(去聲;수레)이다.

萬乘之國은 卽齊也라

만승지국(萬乘之國)은 바로 제나라이다.

倒懸은 諭困苦也라 所施之事 半於古人이로되 而功倍於古人은 古之人은 卽文王이라 由時勢易 去聲이라 而德行速也니라 總結上齊人以下之文이요 而本文은 主言時하여 帶及勢、德하니 萬乘은 勢也요 仁政은 德也라

'도현(倒懸)'은 곤궁하고 괴로움을 비유한 것이다. 시행하는 바의 일은 옛사람의 반만 하고 효과는 옛사람의 배가 되는 것은, 옛사람은 바로 문왕이다. 때와 세(勢)가 쉬워서 '이(易)'는 거성(去聲;쉬움)이다. 덕의 유행이 빠르기 때문이다. 위의 '제인(齊人)' 이하의 글을 총괄하여 맺었고, 본문은 때를 위주하여 말해서 세(勢)와 덕(德)을 부대(附帶)하여 미쳤으니, 만승(萬乘)은 세(勢)이고 인정(仁政)은 덕이다.

2-1

公孫丑問曰 夫子加齊之卿相하사 得行道焉하시면 雖由此霸王이라도 不異矣리니 如此則動心이릿가 否乎잇가 孟子曰 否라 我는 四十에 不動心호라*①

공손추가 물었다. "부자(夫子)께서 제(齊)나라 경상(卿相)의 지위에 오르시어 도(道)를 행할 수 있게 되신다면 비록 이로 말미암아 패자(霸者)와 왕자(王者)가 되더라도 이상할 것이 없겠습니다. 이와 같다면 마음이 동요되시겠습니까? 않으시겠습니까?" 맹자가 말씀하셨다. "아니다. 나는 40세에 불동심(不動心;마음을 동요하지 않음)을 하였노라."

*① 四十에 不動心호라 : ≪관본언해(官本諺解)≫에는 '四十이라 不動心호라'로 되어 있어 마치 40세가 되면 누구나 불동심(不動心) 할 수 있는 것처럼 보인다. 반면에 ≪율곡언해≫에는 "四十에 不動心호라"로 현토하여 40세에 처음 불동심을 한 것으로 되어 있다.

相은 去聲이라
'상(相)'은 거성(去聲;도움)이다.

尤菴曰 人謂中庸難讀이나 然中庸猶不如浩然章之爲尤難이라 余到老에 方得其梗槪로라 ○ 按此章은 以不動心起之하여 爲題目하고 以知言、養氣承之하여 爲兩扇하고 以學孔子合之하여 爲骨子하니 如此讀之하면 則大槪를 可得矣리라

우암(尤菴)이 말씀하였다. "사람들은 ≪중용(中庸)≫을 읽기 어렵다고 말하나 ≪중용≫은 오히려 호연장(浩然章)이 더욱 어려움만 못하다. 내 늙음에 이르러서야 비로소 그 경개(梗槪;대략)를 알았노라." ○ 살펴보건대 이 장은 불동심(不動心)으로 시작하여 제목을 삼고, 지언(知言)과 양기(養氣)로써 뒤를 이어서 두 문짝이 되고, 공자(孔子)를 배우는 것으로 합하여 골자(骨子)가 되었으니, 이와 같이 읽으면 대개(大概)를 알 수 있을 것이다.

此는 承上章하여 一時之言이라 又設問 孟子若得位 加以齊之卿相을 諺釋에 作加於之義하니 史詳之라 而行道면 則雖由此而成霸王之業이라도 亦不足怪어니와 上章問管、晏可許는 是舍王取霸也라 孟子旣黜霸而進王이어늘 則丑又言霸、王不怪하니 是欲混而班之也라 其識見之卑가 比上章所問하면 不翅如五十步之走矣라 任大責重이 如此면 亦有

所恐懼、疑惑而動其心乎아하니라 朱子曰 丑非謂孟子以卿相富貴動其心이요 謂霸、王事大하여 恐擔當不過하니라 ○ 雙峯饒氏曰 恐懼、疑惑은 雖是說心之所以動이나 然恐懼는 爲下文養氣張本하고 疑惑은 爲下文知言張本하니 要之컨대 不疑惑然後에 能不恐懼라 故로 集註에 論心之動이면 則以恐懼居先하고 論心之所以不動이면 則又以無所疑惑居先하니라 ○ 東陽許氏曰 疑、懼는 乃動心之目이니라 ○ 尤菴曰 心字는 一章之骨子니 疊見層出이라가 至答知言而後止하니라 ○ 按集註는 特歸全章之重於不動心三字라 故로 時時提撥하여 用作綱領이라가 亦至答知言而後止라 四十은 彊仕니 出禮記曲禮라 君子道明德立之時라 按見行諺解之意는 作今四十이어늘 而栗谷諺解意는 則作自四十하니 更詳之니라 ○ 雙峯饒氏曰 道明은 屬知言이요 德立은 屬養氣니라 孔子四十而不惑도 見論語爲政5)이라 亦不動心之謂니라 雲峯胡氏曰 孔子立而後不惑은 德立而道明이니 誠而明者也요 孟子知言而後養氣는 道明而德立이니 明而誠者也니라

이는 윗장을 한 때의 말씀이다. 이어 가설하여 묻기를 "맹자께서 만일 지위를 얻어 제나라의 경상(卿相)으로써 가(加)한다는 것을 ≪언해≫의 해석에는 가어(加於)의 뜻으로 삼았으니,*① 자세히 살펴보아야 한다. 도를 행하시게 된다면 비록 이로 말미암아 패자(霸者)와 왕자(王者)의 업(業)을 이룩하더라도 또한 족히 괴이할 것이 없거니와 윗장에 관중(管仲)과 안자(晏子)의 공을 기대할 수 있느냐고 물은 것은 바로 왕도(王道)를 버리고 패도(霸道)를 취한 것이다. 맹자가 이미 패도를 내치고 왕도를 올렸는데 공손추가 또다시 패자와 왕자를 말하여 괴이하게 여기지 않았으니, 이것은 두 가지를 혼합하여 똑같이 놓고자 한 것이다. 그 식견의 비루함이 앞 장에서 물은 바에 비하면 50보를 달아난 것과 같을 뿐이 아니다. 임무가 크고 책임이 중함이 이와 같다면 또한 공구(恐懼)하고 의혹(疑惑)하는 바가 있어서 그 마음을 동요하시겠습니까?"라고 한 것이다. 주자가 말씀하였다. "공손추는 맹자가 경상(卿相)과 부귀로써 그 마음을 동요한다고 말한 것이 아니고, 패자와 왕자의 일이 커서 담당하지 못할까 두려워 한다고 말한 것이다." ○ 쌍봉요씨가 말하였다. "공구(恐懼)와 의혹(疑惑)은 비록 마음이 동하는 이유를 말한 것이나 공구는 아랫글에 양기(養氣)의 장본(張本)이 되고 의혹은 아랫글에 지언(知言)의 장본이 되니, 요컨대 의혹하지 않은 뒤에야 능히 공구하지 않을 수 있다. 그러므로 ≪집주≫에 마음의 동함을 논하면 공구를 앞에 놓고, 마음이 동하지 않는 소이(所以)를 논하면 또 의혹한 바가 없음을 앞에 놓았다." ○ 동양허씨(東陽許氏)가 말하였다. "의(疑)와 구(懼)는 바로 마음을 동하는 조목이다." ○ 우암이 말씀하였다. "'심(心)'자는 한 장의 골자이니, 거듭 보이고 층층이 나오다가 지언(知言)에 답함에 이른 뒤에야 끝났다." ○ 살펴보건대 ≪집주≫는 특별히 전장(全章)의 중점을 '부동심(不動心)' 세 글자에 돌렸다. 그러므로 때때로 제시하여 강령으로 삼다가 또한 지언에 답함에 이른 뒤에야 끝났다. 40은 강하여 벼슬할 때이니,*② 이 내용은 ≪예기≫ 〈곡례(曲禮)〉에 나온다. 군자가 도가 밝아지고 덕

---

5) ≪論語 爲政 4章≫ "吾十有五而志于學, 三十而立, 四十而不惑, 五十而知天命, 六十而耳順, 七十而從心所欲不踰矩."

이 확립되는 때이다. 살펴보건대 현행(見行) ≪언해≫의 뜻은 '지금 사십[今四十]'이라고 하였는데 ≪율곡언해(栗谷諺解)≫의 뜻은 '40부터[自四十]'라고 되어 있으니, 다시 살펴보아야 한다. ○ 쌍봉요씨가 말하였다. "도명(道明)은 지언(知言)에 속하고 덕립(德立)은 양기(養氣)에 속한다." 공자께서 40세에 의혹하지 않으신 것도 이 내용은 ≪논어≫ 〈위정(爲政)〉에 보인다. 불동심(不動心)을 이르신 것이다. 운봉호씨(雲峯胡氏)가 말하였다. "공자께서 선 뒤에 불혹(不惑)함은 덕이 확립되고서 도가 밝아진 것이니 성실하고서 밝아진 자이고, 맹자가 지언(知言)한 뒤에 양기(養氣)한 것은 도가 밝아지고서 덕이 선 것이니 밝아져서 성실한 자이다."*③

- *① ≪언해≫의……삼았으니 : ≪언해≫에는 "齊나라 卿相에 더하사"로 되어 있으며, ≪율곡언해≫에도 "齊 卿相의 加하사"로 되어 있어 크게 다르지 않다.
- *② 40은……때이니 : ≪예기≫ 〈곡례 상(曲禮上)〉에 "사람이 태어나 10년이 되면 어리니 배운다. 20세를 약(弱)이라 하니 관례(冠禮)를 하고, 30세를 장(壯)이라 하니 아내를 두며, 40세를 강(彊)이라 하니 벼슬을 한다.[人生十年曰幼學, 二十曰弱冠, 三十曰壯有室, 四十曰彊而仕.]"라고 보이는 바, 체력이 강하여 막 벼슬길에 오름을 뜻한다.
- *③ 공자께서……자이다 : ≪중용≫ 21장에 "성(誠)으로 말미암아 명(明)함을 성(性)이라 이르고, 명(明)으로 말미암아 성(誠)함을 교(敎)라 이르니, 성(誠)하면 명(明)하고 명(明)하면 성(誠)할 수 있다.[自誠明, 謂之性; 自明誠, 謂之敎, 誠則明矣, 明則誠矣.]"라고 보인다. 성(誠)은 성실히 행하는 것이고 명(明)은 선(善)을 밝게 아는 것으로 성인(聖人)은 생이지지(生而知之)여서 배우지 않아도 도리를 알아 성실히 행하므로 성즉명(誠則明)에 해당하고, 현인(賢人) 이하는 배워서 선을 밝게 안 뒤에야 행할 수 있으므로 명즉성(明則誠)에 해당한다.

2-2

曰 若是則夫子過孟賁이 遠矣로소이다 曰 是不難하니 告子도 先我不動心하니라

공손추가 말하였다. "이[是]와 같다면 부자께서는 맹분(孟賁)보다 크게 뛰어나십니다." 맹자가 말씀하셨다. "이것[是]은 어렵지 않으니, 고자(告子)도 나보다 먼저 부동심을 하였다(마음을 동요하지 않았다)."

賁은 音奔이라

'분(賁)'은 음이 분(奔)이다.

兩是字는 皆指不動心이라

두 '시(是)'자는 모두 불동심을 가리킨 것이다.

孟賁은 勇士라 大全曰 賁은 齊人이니 能生拔牛角이라 **告子는 名不害라** 按趙注에 作孟子弟子어늘 而此不言者는 蓋以其學之不醇하여 而外之耳라 **孟賁血氣之勇을 丑蓋借之하여 以贊孟子不動心之難이라** 丑以賁況孟子하여 殊失擬人之倫하니 可謂子誠齊人也라 下文에 孟子分別黝、舍與曾子之勇者는 蓋以此耳니 而此註之借字를 當熟看이라 孟子言 告子未爲知道로되 慶源輔氏曰 外義라 ○ 按其外義는 由其不知性也라 **乃能先我** 慶源輔氏曰 未四十이라 **不動心하니** 朱子曰 告子硬把强制而能不動이라 **則此亦** 一無亦字하고 一作猶字라 **未足爲難也라** 倒釋以便文이라

맹분(孟賁)은 용사(勇士)이다. ≪대전(大全)≫에 말하였다. "맹분은 제(齊)나라 사람이니, 능히 살아있는 소뿔을 뽑았다." 고자(告子)는 이름이 불해(不害)이다.*① 살펴보건대 조기(趙岐)의 주(註)에 맹자 제자로 되어 있는데, 여기에서 말하지 않은 것은 아마도 그의 학문이 순수하지 못해서 그를 외면한 듯하다. 맹분의 혈기(血氣)의 용(勇)을 공손추가 이것을 빌려서 맹자의 불동심의 어려움을 칭찬한 것이다. 공손추가 맹분을 가지고 맹자를 비유하여 사람을 비견하는 조리를 자못 잃었으니 '그대는 진실로 제나라 사람이다.'라고 이를 만하다. 아랫글에 맹자가 북궁유(北宮黝)와 맹사(孟舍), 증자(曾子)의 용맹을 분별한 것은 아마도 이 때문일 것이니, 이 주의 '차(借)'자를 마땅히 익숙히 보아야 한다. 맹자가 "고자는 도를 알지 못하였는데도 경원보씨가 말하였다. "의(義)를 밖이라 한 것이다." ○ 살펴보건대 그가 의를 밖이라 한 것은 그가 성(性)을 알지 못했기 때문이다. 도리어 나보다 먼저 경원보씨가 말하였다. "아직 40이 되지 않은 것이다." 불동심을 하였으니, 주자가 말씀하였다. "고자는 마음을 억지로 잡고 억지로 제재하여 능히 동하지 않은 것이다." 이것은 일본(一本)에는 '역(亦)'자가 없고 일본에는 '유(猶)'자로 되어 있다. 족히 어려움이 되지 못한다."고 말씀하신 것이다. 거꾸로 석(釋)하여 문장을 편하게 하였다.

*① 고자(告子)는 이름이 불해(不害)이다 : 조기(趙岐)는 〈고자 상(告子上)〉의 주(註)에서 "유(儒)·묵(墨)의 도(道)를 겸하여 배우고 일찍이 맹자에게 수학한 자이다." 하였으며, 〈고자 상〉에 나오는 호생불해(浩生不害)가 고불해(告不害)인 것으로 보았다.

2-3

曰 不動心이 有道乎잇가 曰 有하니라

공손추가 말하였다. "불동심이 방법이 있습니까?" 맹자가 말씀하셨다. "있다.

程子 當考라 曰 心有主면 則能不動矣니라 新安陳氏曰 有主二字는 包得闊하니 黝、舍、曾、孟이 皆是有主로되 但有精麤之分하니라 ○ 按下兩註主字는 所以照應此主字니 而告子之硬把強制와 孟子之道明德立과 曾子之自反而縮은 皆當推此라 蓋丑汎問不動心之有道어늘 而孟子乃說黝、舍하여 以況告子하고 又說曾子하여 以自(充)[況]하여 至守約節然後에 此節有字之義始畢이라 丑不知反隅하고 又擧孟、告不動心하여 再問之라

정자(程子)가 마땅히 상고하여야 한다. 말씀하였다. "마음에 주장이 있으면 동하지 않을 수 있는 것이다." 신안진씨(新安陳氏)가 말하였다. "'유주(有主)' 두 글자는 포괄한 것이 매우 넓으니, 북궁유(北宮黝)와 맹사(孟舍), 증자(曾子)와 맹자가 모두 주장함이 있었으나 다만 정밀하고 거친 구분이 있었다." ○ 살펴보건대 아래 두 주의 '주(主)'자는 이 '주'자를 조응하였으니, 고자(告子)가 마음을 억지로 잡고 억지로 제재한 것과 맹자의 도가 밝아지고 덕이 확립된 것과 증자의 스스로 돌이켜보아 정직한 것은 모두 마땅히 이것을 미루어야 한다. 공손추는 마음을 동하지 않음에 방법이 있음을 범연(汎然)히 물었는데, 맹자는 마침내 북궁유와 맹사를 말씀하여 고자를 비유하였고, 또 증자를 말씀하여 자신을 비유하여, '수약(守約)' 절(節)에 이른 뒤에야 이 절의 '유(有)'자의 뜻이 비로소 다하였다. 공손추는 한 귀퉁이를 듦에 세 귀퉁이를 반증(反證)할 줄을 알지 못하고서 또 맹자와 고자의 불동심을 들어 다시 물었다.

2-4

北宮黝之養勇也는 不膚撓하며 不目逃하여 思以一毫挫於人이어든 若撻之於市朝하여 不受於褐寬博하며 亦不受於萬乘之君하여 視刺(척)萬乘之君호되 若刺褐夫하여 無嚴諸侯하여 惡聲이 至어든 必反之하니라

북궁유(北宮黝)의 용(勇)을 기름은 피부가 찔려도 움츠리지 않으며 눈동자가 찔려도 피하지 않아서, 생각하기를 털끝만큼이라도 남에게 좌절(挫折;모욕)을 당하면 마치 시조(市朝)에서 종아리를 맞는 것처럼 모욕으로 여겨, 갈관박(褐寬博)에게도 <모욕을> 받지 않으며 또한 만승(萬乘)의 군주에게도 <모욕을> 받지 않아, 만승의 군주를 찔러 죽이는 것 보기를 마치 갈부(褐夫)를 찔러 죽이는 것처럼 생각하여, 무서운 제후가 없어서 험담하는 소리가 이르면 반드시 보복하였다.

黝는 伊紂反이요 撓는 奴效反이라 朝는 音潮라 乘은 去聲이라

'유(黝)'는 이(伊)·주(紂)의 반절[검을 유]이고, '뇨(撓)'는 노(奴)·효(效)의 반절[흔들 뇨]이

다. '조(朝)'는 음이 조(潮;조정)이다. '승(乘)'은 거성(去聲;수레)이다.

北宮은 姓이요 黝는 名이라 膚撓는 肌膚被刺而撓屈也요 謂退懾也라 目逃는 目被刺而轉睛逃避也라 膚撓、目逃 與褐寬博、範我馳驅之類는 疑皆當時方言이라 挫는 猶辱也라 褐은 毛布요 寬博은 寬大之衣니 賤者之服也라 不受者는 不受其挫也라 一訓 兩不受라 刺은 殺也라 嚴은 畏憚也니 言無可畏憚之諸侯也라 添可字라 ○ 東陽許氏 曰 不受者는 必報也니 不惟必報於賤者라 雖貴者라도 亦必報하고 不惟辱來必報라 雖言小 不善이라도 亦必報也니라 ○ 按此反之는 與魯閧章之反之同6)이라 黝는 蓋刺客之流니 按史記에 有刺客傳이니라 以必勝爲主而不動心者也라 此其有道之一也라

북궁(北宮)은 성(姓)이고, 유(黝)는 이름이다. '부요(膚撓)'는 기부(肌膚)가 찔림을 당하여 흔들리고 움츠러드는 것이요, 물러나고 위축됨을 말한 것이다. '목도(目逃)'는 눈이 찔림을 당하여 눈동자를 굴려 피하는 것이다. 부요(膚撓)와 목도(目逃), 갈관박(褐寬博)과 범아치구(範我馳驅)의 부류는 의심컨대 모두 당시 방언(方言)인 듯하다. '좌(挫)'는 욕(辱;치욕, 모욕)과 같다. '갈(褐)'은 모포(毛布)요 '관박(寬博)'은 헐렁하고 큰 옷이니, 천한 자의 옷이다. 받지 않는다는 것은 그 모욕을 받지 않는 것이다. 두 개의 '불수(不受)'를 한 번에 훈(訓)하였다. '척(刺)'은 찔러 죽임이다. '엄(嚴)'은 두려워하고 꺼리는 것이니, 두려워하고 꺼릴 만한 제후가 없음을 말한다. '가(可)'자를 더하였다. ○ 동양허씨(東陽許氏)가 말하였다. "불수(不受)는 반드시 보복하는 것이니, 천한 자에게 반드시 보복할 뿐만 아니라 비록 귀한 자라도 또한 반드시 보복하였고, 모욕이 오면 반드시 보복하였을 뿐만 아니라 비록 말이 조금이라도 선하지 않더라도 또한 반드시 보복한 것이다." ○ 살펴보건대 여기의 '반지(反之;되갚음)'는 노홍장(魯閧章)의 반지(反之)와 같다. 북궁유(北宮黝)는 아마도 자객(刺客)의 부류이니, 살펴보건대 ≪사기≫에 〈자객전(刺客傳)〉이 있다. 반드시 이김을 주장으로 삼아서 마음을 동하지 않은 자일 것이다. 이는 그 '유도(有道;방법이 있음)'의 하나이다.

2-5

孟施舍之所養勇也는 曰 視不勝호되 猶勝也로니 量敵而後進하며 慮勝而後會하면 是는 畏三軍者也니 舍豈能爲必勝哉리오 能無懼 而已矣라하니라

---

6) ≪孟子 梁惠王上 12章≫ "鄒與魯鬨……孟子對曰: ……夫民, 今而後, 得反之也, 君無尤焉."

> 맹시사(孟施舍;맹사)의 용(勇)을 기름은 '이기지 못함을 보되 이기는 것과 같이 여기노니, 적을 헤아린 뒤에 전진하며 승리를 생각한 뒤에 교전한다면 이것은 적의 삼군(三軍)을 두려워하는 자이다. 내 어찌 필승을 할 수 있겠는가. 두려움이 없을 뿐이다.' 하였다.

舍는 去聲이니 下同이라

'사(舍)'는 거성(去聲;어조사)이니, 아래도 같다.

孟은 姓이요 施는 發語聲이요 舍는 名也라 朱子曰 如孟之反、尹公之他之類니 後面只稱舍에 可見이라 ○ 按此節所字는 有商量不暴急之意하니 此其所以優於黝也라 會는 合戰也라 舍自言 黝以思而舍以言者는 亦有暴急、徐緩之分이라 其 自指라 戰雖不勝이나 亦無所懼니 錯釋以便文이라 若量敵慮勝而後進戰이면 則是無勇而畏三軍矣라하니라 朱子曰 此譏別人이라 舍는 蓋力戰之士니 以無懼爲主而不動心者也라 此亦其有道之一也라 ○ 東陽許氏曰 黝、舍不動心은 本在告子下어늘 丑以孟賁比孟子故로 孟子亦以勇士言之하시니라

맹(孟)은 성(姓)이요 시(施)는 발어성(發語聲)이요 사(舍)는 이름이다.*① 주자가 말씀하였다. "맹지반(孟之反)·윤공지타(尹公之他)와 같은 종류이니, 후면(後面)에서 다만 '사(舍)'를 칭한 데에서 이것을 볼 수 있다." ○ 살펴보건대 이 절의 '소(所)'자는 헤아려서 갑자기 하고 급하게 하지 않은 뜻이 있으니, 이것이 그 북궁유(北宮黝)보다 나은 이유이다. '회(會)'는 모여 싸우는 것이다. 맹사(孟舍)가 스스로 말하기를 북궁유는 사(思)로써 하고 맹사(孟舍)는 언(言)으로써 한 것은 또한 급함과 느린 구분이 있다. "그 '기(其)'는 자기를 가리킨 것이다. 싸움에 비록 이기지 못하더라도 또한 두려워하는 바가 없어야 하니, 번갈아 석(釋)하여 문장을 편하게 하였다. 만일 적을 헤아리고 승리할 것을 생각한 뒤에 나가서 싸운다면 이것은 용(勇)이 없어서 적의 삼군(三軍)을 두려워하는 것이다." 하였다. 주자가 말씀하였다. "이것은 딴 사람을 비판한 것이다." 맹사는 아마도 력전(力戰)의 용사이니, 두려움이 없음을 주장으로 삼아서 마음을 동요하지 않은 자일 것이다. 이 또한 그 유도(有道;방법이 있음)의 하나이다. ○ 동양허씨(東陽許氏)가 말하였다. "북궁유와 맹사의 불동심은 본래 〈고자(告子)〉 아래에 있었는데, 공손추가 맹분(孟賁)을 가지고 맹자를 비유하였기 때문에 맹자 또한 용사(勇士)를 가지고 말씀하신 것이다."

*① 맹(孟)은……이름이다 : '발어성(發語聲)'은 문장이 시작되는 곳에 놓아 어조를 고르게 해주는 글자인 '부(夫)'자 같은 것을 가리키는데, 여기서는 두 글자 이상으로 이루어진 단어의 사이에 쓰여 그 단어의 어조를 고르게 해주는 어조사(語助辭)의 의미로 쓰였다. 맹시사(孟施舍)는 이름이 맹사(孟舍)인데, 이름의 중간에 별 의미가 없는 '시(施)'자를

써서 어조를 고르게 해준 것이다. 주자의 주에 보이는 것처럼 ≪논어≫〈옹야(雍也)〉의 '맹지반(孟之反)'의 '지(之)'자나 ≪맹자≫〈이루 하(離婁下)〉의 '윤공지타(尹公之他)'의 '지(之)'자와 그 쓰임이 같다. '시(施)'자에 대해서는 청(淸)나라 고증학자인 염약거(閻若璩)가 ≪사서석지(四書釋地)≫에서 이설(異說)을 제기하였지만, 여기서는 주자의 견해를 따랐음을 밝혀둔다.

2-6

孟施舍는 似曾子하고 北宮黝는 似子夏하니 夫二子之勇이 未知其孰賢이어니와 然而孟施舍는 守約也니라

맹사(孟舍)는 증자(曾子)와 유사하고 북궁유(北宮黝)는 자하(子夏)와 유사하니, 이 두 사람의 용(勇)은 그 누가 나은지 알지 못하겠거니와 그러나 맹사는 지킴이 요약하다.

夫는 音扶라

'부(夫)'는 음이 부(扶;이)이다.

黝는 務敵人하고 舍는 專守己하며 慶源輔氏曰 黝는 專以勝人爲主하고 舍는 專以我無所懼爲主하니라 子夏는 篤信聖人하고 曾子는 反求諸己라 雙峯饒氏曰 曾子는 未敢以聖人說로 便以爲然하고 必求諸己以審其理하며 子夏는 不問聖人說得是與未是하고 便信了하니라 故로 一作夫라 二子之與曾子、子夏*①는 雖非等倫이나 然論其氣象하면 雙峯饒氏曰 取必於人하고 取必於己라 則各有所似라 朱子曰 以其守氣養勇之分量淺深으로 爲有所似耳니 豈以其德哉아 ○ 按此亦上註借字之意也라 賢은 猶勝也라 約은 要也라 言論二子之勇하면 則未知誰勝이어니와 論其所守하면 守는 卽主也라 則舍比於黝에 爲得其要也라 雙峯饒氏曰 不是守這約이요 言所守者 得其要也니 守得其約이면 則守字活하고 守這約이면 則守字死라 ○ 此節은 斷黝、舍之優劣하고 又以作生下節之線脈이로되 而 曾、夏均爲賓하니 最宜詳玩其行文之勢也라 蓋有此節然後에 黝、舍與曾이 截然有分하여 不相混耳라

북궁유(北宮黝)는 남을 대적하기를 힘쓰고 맹사(孟舍)는 자신을 지키기를 오로지 하였으며, 경원보씨(慶源輔氏)가 말하였다. "북궁유는 오로지 남을 이기는 것을 위주하였고, 맹사는 오로지 내가 두려움이 없는 것을 위주하였다." 자하(子夏)는 성인(聖人;공자)을 독실하게 믿었고 증자(曾子)는 자기 몸에 돌이켜서 찾았다. 쌍봉요씨가 말하였다. "증자는 감히 성인의 말씀을 곧바

로 옳다고 여기지 않고 반드시 자기 몸에서 찾아 그 이치를 살폈으며, 자하는 성인의 말씀이 옳은가 옳지 않은가를 묻지 않고 곧바로 그대로 믿었다." **그러므로 '고(故)'가 일본(一本)에는 부(夫)로 되어 있다. 이 두 사람이 증자와 자하와 더불어는 비록 동등한 무리가 아니나 그 기상(氣象)을 논하면** 쌍봉요씨가 말하였다. "〈북궁유는〉 남에게 기필을 취하고, 〈맹사는〉 자기에게 기필을 취한 것이다." **각기 유사한 바가 있는 것이다.** 주자가 말씀하였다. "그 기운을 지켜 용맹을 기른 분량(分量)의 깊고 얕음을 가지고 같은 바가 있다고 한 것이니, 어찌 그 덕을 가지고 말했겠는가." ○ 살펴보건대 이 또한 윗주의 '차(借)'자의 뜻이다. **'현(賢)'은 승(勝;나음)과 같다. '약(約)'은 요약이다. 두 사람의 용(勇)을 논한다면 누가 나은지 알지 못하겠으나 그 지키는 바를 '수(守)'는 바로 주장함〔主〕이다. 논한다면 맹사가 북궁유에 비하여 그 요약을 얻음이 됨을 말씀한 것이다.** 쌍봉요씨가 말하였다. "수약(守約)은 이 약(約)을 지키는 것이 아니고 지키는 바가 그 요점을 얻었음을 말한 것이니, 지킴이 그 요약함을 얻었다고 하면 '수(守)'자가 살고, 이 약을 지켰다고 하면 '수'자가 죽는다." ○ 이 절은 북궁유와 맹사의 우열을 결단하였고 또 이로써 아랫절의 선맥(線脈)을 만들어 냈는데, 증자와 자하(子夏)가 모두 빈(賓)이 되었으니, 가장 그 행문(行文)의 형세를 자세히 살펴보아야 한다. 이 절(節)이 있은 연후에 북궁유와 맹사와 증자가 절연(截然)히 구분이 있어서 서로 혼동하지 않게 된다.

*① 二子之與曾子子夏 : 양자(兩者)의 관계를 나타낼 때 사용하는 문투로 '君之於民, 子之於父'와 같은 경우이다.

2-7

昔者에 曾子謂子襄曰 子好勇乎아 吾嘗聞大勇於夫子矣로니 自反而不縮이면 雖褐寬博이라도 吾不惴焉①이어니와 自反而縮이면 雖千萬人이라도 吾往矣라하시니라

옛날에 증자가 자양(子襄)에게 이르시기를 '그대는 용(勇)을 좋아하는가? 내 일찍이 대용(大勇)을 부자(夫子)에게 들었으니, 스스로 돌이켜 보아 정직하지 못하면 비록 갈관박(褐寬博)이라도 내 두렵게 할 수 없거니와 스스로 돌이켜 보아 정직하다면 비록 천만 명이 있더라도 내가 가서 당당히 대적(상대)하겠다.' 하셨다.

*① 吾不惴焉 : ≪언해≫에는 '吾不惴焉이어니와'로 토(吐)를 달아 '내가 상대방을 두렵게 할 수 없거니와'로 해석하였으며, ≪집주≫ 역시 '惴, 恐懼之也.'로 해석하였고 호산도 이를 따랐다. 그러나 간재(艮齋) 전우(田愚)는 '吾不惴焉이리오'로 토를 수정하였으며, 중국본(中國本;≪사서장구집주(四書章句集注)≫) 역시 대부분 '내가 그를 두려워하지 않을

수 있겠는가.'로 해석하였음을 밝혀 둔다.

好는 去聲이라 惴는 之瑞反이라

'호(好)'는 거성(去聲;좋아함)이다. '저(惴)'는 지(之)·서(瑞)의 반절[두려울 저]이다.

此는 言曾子之勇也라 先總提하니 猶言曾子之所以養勇也云爾라 子襄은 曾子弟子也라 夫子는 孔子也라 縮은 諺音誤라 直也니 檀弓 禮記라 曰 古者에 冠縮縫이러니 今也衡 橫同이니 下同이라 縫이라하고 又曰 棺束은 縮二衡三이라하니라 大全曰 引二說하여 證縮爲直이라 惴는 諺音誤라 恐懼之也라 下之字然後에 不爲自懼之義라 往은 往而敵之也라 雙峯饒氏曰 縮、不縮은 指理言이요 不惴、吾往은 指氣言이라 理者는 氣之主니 理直則氣壯이니라 ○ 新安陳氏曰 此는 曾子之大勇이니 以義理之直爲主하여 而不動心者也니 孟子之論이 至此始精細하니라 ○ 此則其有道之大者也라

이것은 증자의 용(勇)을 말씀한 것이다. 먼저 총괄하여 제시하였으니, 증자가 용맹을 기른 바라고 말한 것과 같다. 자양(子襄)은 증자의 제자이다. 부자(夫子)는 공자(孔子)이다. '숙(縮)'은 '숙(縮)'은 ≪언해≫의 음(축)이 잘못되었다. 곧음이니, <단궁(檀弓)>에 ≪예기≫이다. 이르기를 "옛날에는 관(冠)을 곧게 꿰맸는데, 지금은 가로로 '형(衡)'은 횡(橫)과 같으니, 아래도 같다. 꿰맨다." 하였고, 또 이르기를 "관(棺)의 묶음은 곧은 것이 둘이요 가로가 셋이다." 하였다. ≪대전≫에 말하였다. "두 가지 설을 인용하여 숙(縮)이 직(直)이 됨을 증명하였다." '저(惴)'는 '저(惴)'는 ≪언해≫의 음(췌)이 잘못되었다. 두렵게 함이다. '지(之)'자를 놓은 뒤에야 자기가 스스로 두려워하지 않는 뜻이 된다. '왕(往)'은 가서 대적함이다. 쌍봉요씨가 말하였다. "숙(縮)과 불숙(不縮)은 리(理)를 가리켜 말한 것이고, 불저(不惴)와 오왕(吾往)은 기(氣)를 가리켜 말한 것이다. 리(理)는 기(氣)의 주장이니, 리가 곧으면 기가 웅장하게 된다." ○ 신안진씨가 말하였다. "이는 증자의 큰 용맹이니 의리의 정직함을 위주하여 마음을 동하지 않은 자이니, 맹자의 의논이 이에 이르러 비로소 정밀하고 세밀하게 되었다." ○ 이는 그 유도(有道)의 큰 것이다.

2-8

孟施舍之守는 氣라 又不如曾子之守約也니라

맹사의 지킴은 기(氣)이니, 또 증자의 지킴이 요약함만 못하다."

言 孟施舍雖似曾子나 承上節이라 然이나 其所守는 乃一身之氣니 又不如曾子之反

身循理하여 朱子曰 舍는 就氣上做工夫하고 曾子는 就理上做工夫하시니라 **所守尤得其要也라** 添尤字하여 以別於上節守約이라 ○ 上節旣予之하고 而此又奪之하니 最宜詳玩이라 **孟子之不動心은 其原이 蓋出於此하니** 朱子曰 下文直養之說이 蓋本於此하니 乃一章大指所繫니라 ○ 雙峯饒氏曰 浩然之氣는 是大勇이요 直養은 是自反而縮이니라 ○ 尤菴曰 氣字血脈이 已具於好勇하고 浩然之血脈이 已具於縮이니라 **下文에 詳之하시니라** 下文孟子之不動心과 告子之不動心은 又各是一箇有道하여 而與黝、舍、曾相照應이라 ○ 此三句는 爲上下文承接之線脈이라

맹사가 비록 증자와 유사하나 윗절을 이었다. 그가 지킨 것은 바로 한 몸의 기(氣)이니, 또 증자가 자기 몸에 돌이켜 리(理)를 따라서 주자가 말씀하였다. "맹사는 기(己)상에 나아가 공부를 하였고, 증자는 리(理)상에 나아가 공부를 하셨다." 지킨 바가 더욱 그 요약함을 얻음만 못함을 말씀한 것이다. '우(尤)'자를 더하여 윗절의 수약(守約)과 구별하였다. ○ 윗절에는 이미 허여(인정)하였고 여기서는 또다시 빼앗았으니(인정하지 않았으니), 가장 마땅히 자세히 살펴보아야 한다. 맹자의 불동심은 그 근원이 여기에서 나왔으니, 주자가 말씀하였다. "아랫글에 정직함으로 기른다는 설이 아마도 여기에서 근본한 듯하니, 바로 이 한 장의 대지(大旨)가 관계되는 바이다." ○ 쌍봉요씨가 말하였다. "호연지기(浩然之氣)는 바로 큰 용맹이고, 정직함으로 기름은 바로 스스로 돌이켜서 정직한 것이다." ○ 우암이 말씀하였다. "'기(氣)'자의 혈맥(血脈)이 이미 용맹을 좋아함에 갖춰져 있고, 호연(浩然)의 혈맥이 이미 '숙(縮)'자에 갖춰져 있다." 아랫글에 상세히 말씀하였다. 아랫글의 맹자의 불동심과 고자의 불동심은 또 각각 하나의 방도가 있어서〔有道〕 북궁유와 맹사, 증자와 서로 조응이 된다. ○ 이 세 구(孟子之不動心, 其原蓋出於此, 下文詳之.)는 위아래 글이 이어지는 선맥이 된다.

2-9

曰 敢問夫子之不動心과 與告子之不動心을 可得聞與잇가 告子曰 不得於言이어든 勿求於心하며 不得於心이어든 勿求於氣라하니 不得於心이어든 勿求於氣는 可커니와 不得於言이어든 勿求於心은 不可하다 夫志는 氣之帥(수)也요 氣는 體之充也니 夫志至焉이요 氣次焉이라 故로 曰 持其志오도 無暴其氣라하노라

공손추가 말하였다. "감히 묻겠습니다. 부자의 불동심과 고자의 불동심을 얻어 들을 수 있겠습니까?" <맹자가 말씀하셨다.> "고자가 말하기를 '말에 이해되지 못하거든

> 마음에 알려고 구하지 말며, 마음에 〈편안함을〉 얻지 못하거든 기운에 도움을 구하지 말라.' 하였으니, 마음에 〈편안함을〉 얻지 못하거든 기운에 도움을 구하지 말라는 것은 가(可)하거니와(괜찮지만), 말에 이해되지 못하거든 마음에 알려고 구하지 말라는 것은 불가(不可)하다. 저 지(志)는 기(氣)의 장수(將帥)이고 기는 몸에 꽉 차 있는 것이니, 지(志)가 최고이고 기(氣)가 그 다음이다. 그러므로 말하기를 '그 지를 잘 잡고도 또 그 기를 포악히(무리하게) 하지 말라.'고 한 것이다."

聞與之與는 平聲이요 夫志之夫는 音扶라

문여(聞與)의 '여(與)'는 평성(平聲;의문사)이고, 부지(夫志)의 '부(夫)'는 음이 부(扶;저)이다.

此一節은 公孫丑之問에 聞與以上이라 孟子誦告子之言하시고 於氣以上이라 又斷 都玩反이니 下同이라 以己意而告之也라 不得以下라 ○ 先總提라 告子謂 於言에 有所不達이면 雲峯胡氏曰 告子不得於言은 己之言也요 孟子知言은 天下之言이니 理一而已라 則當舍 上聲이라 置其言이요 而不必反求其理於心이며 理는 重言이라 於心에 有所不安이면 則當力制其心이요 而不必更求其助於氣라하니 助는 輕言이라 此所以固守其心而不動之速也라 大全曰 速은 謂年未四十이라 ○ 朱子曰 告子之意는 以爲言語之失은 當直求之於言이요 念慮之失은 當直求之於心이니 蓋其天資剛勁하여 能堅忍固執하여 以守其一偏之見이라 論性數章은 此其不得於言不求諸心之驗也니라 ○ 此又其有道之一也라

이 한 절(節)은 공손추가 물음에 '문여(聞與)' 이상이다. 맹자가 고자의 말을 외우시고, '어기(於氣)' 이상이다. 또 자신의 뜻으로 결단하여 '단(斷)'은 도(都)·완(玩)의 반절〔결단할 단〕이니, 아래도 같다. 말씀하신 것이다. '불득(不得)' 이하이다. ○ 먼저 총괄하여 제시하였다. 고자가 이르기를 "말에 있어 통달하지 못하는 바가 있으면 운봉호씨가 말하였다. "고자의 불득어언(不得於言)은 자기의 말이고, 맹자의 지언(知言)은 천하의 말이니, 이치는 똑같을 뿐이다." 마땅히 그 말을 버려둘 것이요 '사(舍)'는 상성(上聲;버림)이다 굳이 그 이치를 마음속에 돌이켜 찾을 것이 없으며, '리(理)'는 중하게 말하였다. 마음에 불안한 바가 있으면 마땅히 힘써 그 마음을 제재할 것이요 굳이 다시 기운에 도움을 구할 것이 없다." '조(助)'는 가볍게 말하였다. 하였으니, 이 때문에 그 마음을 굳게 지켜서 동하지 않기를 속히 한 것이다. 《대전》에 말하였다. "'속(速)'하다는 것은 나이가 아직 40이 되지 않음을 이른다." ○ 주자가 말씀하였다. "고자의 뜻은 생각하기를 '언어의 잘못은 마땅히 곧바로 말에서 찾아야 하고 염려(念慮)의 잘못은 마땅히 곧바로 마음에서 찾아야 한다.'고 한 것이니, 그는 타고난 자질이 강경(强勁)해서 능히 굳게 참고 고집하여 그 한 편벽된 견해를 지킨 것이다. 아래〈고자 상〉에 성(性)을 논한 몇

장은 이것이 바로 말에 이해되지 않으면 마음에 구하지 않은 징험이다." ○ 이는 또 그 유도(有道)의 하나이다.

孟子旣誦其言而斷之曰 彼謂不得於心而勿求諸氣者는 急於本 心이라 **而緩其末이니 氣**라 **猶之可也어니와** 慶源輔氏曰 猶之可也는 猶言尙爲可也라 ○ 朱子曰 氣亦能反動其心이면 則勿求於氣之說도 亦未爲盡善이로되 但氣動心之時少故로 孟子取其彼善於此하시니라 **謂不得於言而不求諸心은 則旣失於外** 氣라 **而遂遺其內니** 心이라 **其不可也 必矣**라 須看猶之, 必矣四字라 ○ 朱子曰 告子謂言之失은 非干心事라하니 徒見言之發於外하고 而不知其出於中하니 所以外義也니 亦豈能終不動哉리오 **然이나** 補然字라 凡曰可者는 亦僅可而有所未盡之辭耳라 此申猶之二字之意라 **若論其極이면** 極盡이라 **則志固心之所之** 往也라 **而爲氣之將** 去聲이라 **帥**라 慶源輔氏曰 心有知而氣無知하니 氣隨心動하여 從志所使也라 不言心而言志者는 就其動處言이니 尤切耳니라 ○ 新安陳氏曰 心은 以全體言이요 志는 以心之動言이라 ○ 尤菴曰 七言志字를 皆當以心看이니라

맹자가 이미 그의 말을 외우고 결단하시기를 "저가 '마음에 <편안함을> 얻지 못하거든 기운에 도움을 구하지 말라.'고 한 것은 근본을 '본(本)'은 심(心)이다. 시급히 하고 지엽을 '말(末)'은 기(氣)이다. 느슨히 한 것이니 오히려 가하거니와, 경원보씨가 말하였다. "유지가야(猶之可也)'는 그래도 가함이 된다고 말함과 같다." ○ 주자가 말씀하였다. "기(氣) 또한 능히 도리어 그 마음을 동할 수 있으니, 그렇다면 기에 구하지 말라는 말 또한 진선(眞善)이 되지 못하나 다만 기가 마음을 동하는 때가 적기 때문에 맹자가 저것이 이것보다 나음을 취하신 것이다." '말에 이해되지 못하거든 마음에 알기를 구하지 말라.'고 한 것은 이미 밖에 '외(外)'는 기(氣)이다. 잃고 마침내 그 안을 '내(內)'는 심(心)이다. 버렸으니 그 불가함이 틀림없다."고 하신 것이다. 모름지기 '유지(猶之)'와 '필의(必矣)' 네 글자를 보아야 한다. ○ 주자가 말씀하였다. "고자가 이르기를 '말의 잘못은 심사(心事)에 관계되지 않는다.' 하였으니, 다만 말이 밖에서 발하는 것만 보고 그 마음〔中〕에서 나온 것임을 알지 못했으니, 이 때문에 의(義)를 밖이라 한 것이다. 또한 어찌 능히 끝내 마음을 동하지 않았겠는가." 그러나 '연(然)'자를 보충하였다. 무릇 가(可)하다는 말은 또한 겨우 가해서 미진한 바가 있는 말이다. 이는 '유지(猶之)' 두 글자의 뜻을 거듭한 것이다. 만일 그 지극함을 '극(極)'은 극진함이다. 논한다면 지(志)는 진실로 마음의 가는 '지(之)'는 감이다. 바여서 기(氣)의 장수가 '장(將)'은 거성(去聲;장수)이다. 된다. 경원보씨가 말하였다. "마음은 앎이 있고 기(氣)는 앎이 없으니, 기가 마음을 따라 동하여서 뜻〔志〕이 부리는 바를 따른다. 심(心)이라고 말하지 않고 기라고 말한 것은 그 동처(動處)에 나아가서 말한 것이니, 더욱 간절하다." ○ 신안진씨가 말하였다. "심(心)은 전체를 가지고 말하였고 지(志)는 마음이 동함을 가지고 말하였다." ○ 우암(尤菴)이 말씀하였다. "일곱 번 말한 '지(志)'자를 다 마땅히 심(心)으로 보아야 한다."

然이나 補然字라 **氣亦人之所以充滿於身하여** 慶源輔氏曰 充滿其身而不至餒乏者는 實賴氣라 而爲志之卒徒者也라 新安陳氏曰 呂與叔克己銘云 志以爲帥하고 氣爲卒徒라하니 蓋就帥字上하여 生出卒徒字라 **故로 志固爲至極而氣卽次之니 人固當敬守其志나** 雲峯胡氏曰 添一敬字하니 最有意라 **然이나 亦** 補然字라 ○ 三固、二亦은 雖分賓主言之나 常申氣一邊하여 而與志作待對하여 以抑本文可字하니 三然放此하니라 **不可不致養其氣라** 潛室陳氏曰 必言致者는 見養氣之難이니라 ○ 程子曰 無暴亂其氣니라 ○ 朱子曰 做力所不及底事어나 喜怒過分하고 哀樂過節이 皆是暴其氣니라 ○ 按持其志, 無暴其氣를 諺讀作古語나 而集註意則仍作孟子斷之之言하니 蓋自言也로되 而亦可著故曰字라 後節有可考而必著我字耳니 抑此及喬木章註는 皆蒙一洒註而略之歟아

그러나 '연(然)'자를 보충하였다. **기(氣) 또한 사람의 몸에 꽉 차 있어서** 경원보씨가 말하였다. "그 몸에 충만하여 뇌핍(餒乏)에 이르지 않은 것은 실로 기(氣)에 의뢰한 것이다." **지(志)의 졸도(卒徒)가 되는 것이다.** 신안진씨가 말하였다. "여여숙(呂與叔)의 〈극기명(克己銘)〉에 '뜻은 장수(將帥)가 되고 기는 졸도(卒徒)가 된다.' 하였으니, 이는 이 '수(帥)'자상에 나아가 졸도라는 글자를 만들어낸 것이다." **그러므로 지(志)는 진실로 지극함이 되고 기(氣)는 곧 그 다음이 되니, 사람이 진실로 마땅히 그 지를 공경히 지켜야 하나** 운봉호씨가 말하였다. "한 '경(敬)'자를 더하였으니, 이것이 가장 뜻이 있다." **또한** '연(然)'자를 보충하였다. ○ 세 '고(固)'자와 두 '역(亦)'자는 비록 빈(賓)과 주(主)를 나누어서 말했으나 항상 기(氣) 한 쪽을 펴서 지(志)와 상대를 만들어서 본문의 '가(可)'자를 억눌렀으니, 세 개의 '연(然)'자도 이와 같다. **그 기(氣)를 기름을 다하지 않으면 안 되는 것이다.** 잠실진씨(潛室陳氏)가 말하였다. "반드시 '치(致)'를 말한 것은 양기(養氣)의 어려움을 나타낸 것이다." ○ 정자가 말씀하였다. "그 기운을 포악(무리)하게 하고 어지럽힘이 없는 것이다." ○ 주자가 말씀하였다. "힘이 미칠 수 없는 일을 하거나 기뻐하고 노여움이 분수를 넘고 슬퍼하고 즐거움이 절도를 넘는 것이 모두 그 기를 포악하게 하는 것이다." ○ 살펴보건대 지기지(持其志)와 부포기기(無暴其氣)를 ≪언해≫의 토(吐)는 고어(古語)로 삼았으나 ≪십주≫의 뜻은 그대로 맹자가 단정한 말로 삼았으니, 이는 맹자가 스스로 말씀한 것인데도 또한 '고왈(故曰)'자를 놓을 수 있는 것이다. 뒷절에 상고할 만한 것이 있는데, 반드시 '아(我)'자를 놓은 것이니 여기와 및 교목장(喬木章)의 주(註)는 모두 일쇄(一洒)의 주를 이어 받아서 생략했는가보다.[1]

* [1] ≪언해≫의……생략했는가보다 : ≪언해≫에 "故曰, 持其志오도 無暴其氣라하니라"로 현토(懸吐)하여 옛말로 보았으나, ≪율곡언해≫는 "故曰, 持其志오도 無暴其氣라하노라"로 현토하여 맹자가 말씀한 것으로 보았다. '故曰'은 옛말이나 자신이 일찍이 한 말을 인용할 때 사용하는 바, 자신의 말일 경우 '아(我)'자를 놓는데, 아랫절의 "我故曰, 告子未嘗知義라하노니 以其外之也일새니라"라고 보인다.
'교목장(喬木章)'은 〈양혜왕 하〉의 7장을 가리킨 것으로 여기에 "如此然後, 爲民父母."라고 보이는데, ≪집주≫에 "傳曰: 民之所好好之, 民之所惡惡之, 此之謂民之父母."라고 하여 ≪대학≫의 전문(傳文)을 인용하였다. '일쇄장(一洒章)'은 〈양혜왕 상〉의 5장을 가리

킨 것으로 이 장 끝에 "故曰, 仁者無敵."이라고 보이는데, ≪집주≫에 "仁者無敵, 蓋古語也."라고 하여 '故曰'이 첫 번째로 보이므로 "이는 아마도 옛말일 것이다〔蓋古語也〕"라고 풀이하였는바, 여기의 "持其志, 無暴其氣."는 맹자가 일찍이 하신 말씀인데 아랫절로 보면 '아(我)'자가 있어야 하나 없는 것은 여기와 '교목장(喬木章)'의 주가 〈양혜왕 상〉의 일쇄(一洒)의 주를 이어받아 생략하였다고 본 것이다.

蓋其內外、本末이 照應上文이라 交相培養이니 更無緩急之分이라 此則孟子之心이 所以未嘗必其不動이로되 必은 如意必之必이라 而自然不動之大略也니라 此又其有道之大者也라 知言、養氣는 爲其所詳言者故로 此爲大略耳라 ○ 新安陳氏曰 勿求於心은 是不知言也요 勿求於氣는 是不養氣也니 孟、告不動心之名雖同이나 所以不動心之本則相反이로되 而全不同者 在此하니라

이는 내(內)와 외(外), 본(本)과 말(末)이 윗글과 조응하였다. 서로서로 배양되는 것이니, 다시 완급(緩急)의 구분이 없다. 이는 맹자의 마음이 일찍이 불동심하기를 기필하지 '필(必)'은 의(意)·필(必)의 '필'자와 같다.[①] 않으셨으나 자연히 동요되지 않으신 바의 대략이다. 이는 또 그 유도(有道)의 큰 것이다. 지언(知言)과 양기(養氣)는 그 자세히 말씀한 것이 되므로 이것은 대략이 된 것이다. ○ 신안진씨가 말하였다. "물구어심(勿求於心)은 바로 말을 알지 못한 것이고 물구어기(勿求於氣)는 바로 기를 기르지 못한 것이니, 맹자와 고자는 불동심의 명칭은 비록 같으나 불동심한 소이(所以)의 근본은 상반되어서 전혀 똑같지 않은 것이 여기에 있다."

*① 의(意)·필(必)의 '필'자와 같다 : ≪논어≫〈자한(子罕)〉 4장의 "毋意毋必"을 가리킨 것으로 '필(必)'은 기필함을 이른다.

2-10

旣曰 志至焉이요 氣次焉이라하시고 又曰 持其志오도 無暴其氣者는 何也잇고 曰 志壹則動氣하고 氣壹則動志也니 今夫蹶者趨者 是氣也而反動其心이니라

〈공손추가 말하였다.〉 "이미 지(志)가 최고이고 기(氣)가 그 다음이라 하셨고, 또 그 지를 잘 잡고도 그 기를 포악히 하지 말라고 하심은 무슨 말씀입니까?" 맹자가 말씀하셨다. "지(志)가 전일(專一)하면(한결같으면) 기(氣)를 동하고 기가 전일하면 지를 동하니, 지금 저 넘어지는 자와 달리는 자는 이것이 기이나 도리어 그 마음을 동요하게 된다."

夫는 音扶라

'부(夫)'는 음이 부(扶;저)이다.

公孫丑見孟子言志至而氣次라 故로 問 如此則專持其志可矣어늘 又言無暴其氣는 何也오하니라 此下에 當接以孟子云云이어늘 而姑先訓其字義하여 語斷而意不斷하니 凡如此處에 皆以此求之 可也니라 壹은 專一也라 蹶은 姑衛反이요 又音厥이라 顚躓 音至라 也요 趨는 走也라 孟子言 志之所向이 專一이면 則氣固從之라 然이나 氣之所在專一이면 慶源輔氏曰 志可言向이요 氣則做出來底便是니 只得下在字니라 則志亦 又用然、固、亦三字라 反爲 去聲이라 之動이니 沙溪曰 志壹動氣하고 氣壹動志는 皆兼善惡言이니 氣壹動志는 如飮食、男女之類 亦是也니라 ○ 尤菴曰 春秋成而麟至를 先儒以爲志壹動氣하고 又聖人疾病時에 心不寧은 是痛楚之氣 能動其心이라하니라 如人이 顚躓趨走면 則氣專在是로되 而反動其心焉이니 程子曰 氣專在喜怒면 豈不動志리오 ○ 朱子曰 蹶趨는 多遇於卒然不虞之際하니 所以易得動心이니라 ○ 按氣動志者常少故로 特言蹶趨以實之요 喜怒則本由心하여 不如蹶趨之猝出於氣耳라 所以旣持其志하고 而又 變固、亦하여 言旣、又라 必無暴其氣也라하시니라 此는 補本文言外未足之意라

공손추는 맹자가 지(志)가 최고이고 기(氣)가 그 다음이라고 말씀하심을 보았다. 그러므로 묻기를 "이와 같다면 오로지 그 지만 잡으면 가하거늘 또 그 기를 포악히 하지 말라고 말씀하심은 어째서입니까?" 한 것이다. 이 아래에 마땅히 맹자운운(孟子云云)으로 이어야 하는데 우선 먼저 그 글자 뜻을 훈(訓)하여 말이 끊겼으나 뜻은 끊기지 않았으니, 무릇 이와 같은 곳에는 모두 이러한 종류로 구하는(찾아보는) 것이 옳다. '일(壹)'은 전일(專一)함이다. '궤(蹶)'는 '궤(蹶)'는 고(姑)·위(衛)의 반절[넘어질 궤]이고, 또 음이 궐(厥)이다. 넘어짐이요, '지(躓)'는 음이 지(至)이다. '추(趨)'는 달림이다. 맹자가 말씀하시기를 "지(志)의 향하는 바가 전일하면 기(氣)가 진실로 그 뜻[志]을 따르나 기의 있는 바가 전일하면 경원보씨가 말하였다. "지(志)는 향(向)을 말할 수 있고, 기(氣)는 만들어져 나오는 것이 바로 기이니, 〈향은 말할 수 없고〉 다만 '재(在)'자만을 놓을 수 있다." 지가 또한 또 '연(然)', '고(固)', '역(亦)' 세 글자를 사용하였다. 도리어 이 때문에 동하는 '위(爲)'는 거성(去聲;때문)이다. 것이니, 사계(沙溪)가 말씀하였다. "뜻[志]이 전일하면 기운[氣]을 동하고 기운이 전일하면 뜻을 동함은 모두 선과 악을 겸하여 말한 것이니, 기운이 전일하여 뜻을 동함은 음식과 남녀와 같은 류(類)가 또한 이것이다." ○ 우암(尤菴)이 말씀하였다. "《춘추》가 이루어짐에 기린(麒麟)이 이른 것을 선유(先儒)가 '뜻이 전일함에 기운을 동한 것이다.' 하고, 또 성인이 병이 위독할 때에 마음이 편안하지 않음은 이는 '고통스러운 기운이 능히 그 마음을 동한 것이다.' 하였다." 마치 사람이 넘어지고 달려가면 기(氣)가 오로지 여기에 있어 도리어 그 마음을 동요함과 같은 것이다. 정자가 말씀하였다.

"기운이 오로지 희노(喜怒)에 있으면 어찌 뜻을 동하지 않겠는가." ○ 주자가 말씀하였다. "궤(蹶) 와 추(趨)는 대부분 졸연(卒然)히 예상하지 않은 즈음에서 만나니, 이 때문에 마음을 동하기가 쉬운 것이다." ○ 살펴보건대 기운이 뜻을 동하는 경우가 항상 적기 때문에 특별히 궤추(蹶趨)를 말하여 실증하였고, 희노(喜怒)는 본래 마음에 말미암아서 궤추처럼 갑자기 기(氣)에서 나온 것 과는 같지 않다. 이 때문에 이미 그 지를 잡고도 또 '고(固)', '역(亦)'을 변하여 '기(其)', '우 (又)'를 말하였다. 반드시 그 기를 포악히 하지 말아야 하는 것이다." 하셨다. 이는 본문의 말 밖의 부족한 뜻을 보충하였다.

程子 伯子라 曰 志動氣者는 什九요 氣動志者는 什一이니라 朱子曰 志動氣者는 源頭 濁故로 下流亦濁이요 氣動志者는 下流壅而不泄하여 反濁了上面이니라 ○ 按此章言氣字 始於守氣하고 其下二節十一氣字는 雖輕言於心志나 然常待對言之하여 而有微伸之意하여 遂生下節養氣出來하니 此其自心至氣之交會也라 且因其二言字하여 而生知言하고 且以動 其心終之하여 以略結上文이라

정자가 백자(伯子)이다. 말씀하였다. "지(志)가 기(氣)를 동하는 것은 열에 아홉이요, 기가 지를 동하는 것은 열에 하나이다." 주자가 말씀하였다. "뜻[志]이 기운[氣]을 동하는 경우는 원두(源頭)가 탁하기 때문에 하류도 또한 탁하고, 기운이 뜻을 동하는 경우는 하류가 막히고 빠 지지 않아서 도리어 상면을 탁하게 하는 것이다." ○ 살펴보건대 이 장에서 '기(氣)'자를 말한 것 이 수기(守氣)에서 시작되었고 그 아래 두 절의 11개의 '기'자는 비록 심지(心志)보다 가볍게 말 했으나 항상 상대하여 말해서 약간 펴준 뜻이 있어서 마침내 아랫절의 양기(養氣)를 만들어내었 으니, 이것이 그 심(心)에서 기(氣)에 이르는 교회(交會)이다. 또 그 두 '언(言)'자를 인하여 지언 (知言)을 만들어내고 또 동기심(動其心)으로 끝마쳐서 간략히 윗글을 맺었다.

2-11

敢問夫子는 惡(오)乎長이시니잇고 曰 我는 知言하며 我는 善養吾 浩然之氣하노라

<공손추가 말하였다.> "감히 묻겠습니다. 부자께서는 어디에 장점이 계십니 까?" 맹자가 말씀하셨다. "나는 말을 알며, 나는 나의 호연지기(浩然之氣)를 잘 기르노라."*①

*① 나는……기르노라 : 이는 맹자가 고자(告子)와 다른 점을 밝힌 것이다. 고자는 말에 이 해되지 않음이 있으면 그 말을 버려두고 마음에 알려고 노력하지 않았으나 맹자는 말의 옳고 그름을 알았으며, 고자는 마음에 불안한 바가 있으면 그 마음을 그대로 억제하고

기운에 도움을 구하지 않았으나 맹자는 호연지기(浩然之氣)를 잘 길러 용기를 배양함으로써 의리(義理)를 과감하게 행하게 하신 것이다. 후세에는 이 내용을 지언(知言)·양기(養氣)로 축약하여 지언은 진리를 아는 지(知)공부로, 양기는 심신(心身)을 수행하는 행(行)공부로 분류하였다. 그리하여 ≪대학(大學)≫의 격물(格物)·치지(致知)와 성의(誠意)·정심(正心)·수신(修身), ≪중용(中庸)≫의 택선(擇善)과 고집(固執), 명선(明善)과 성신(誠身), ≪논어≫의 박문(博文)과 약례(約禮), ≪서경(書經)≫의 유정(惟精)과 유일(惟一) 등과 함께 지(知)·행(行)을 대거(對擧)하는 용어로 사용하였다.

惡는 平聲이라

'오(惡)'는 평성(平聲;어찌)이다.

公孫丑復 去聲이라 問 孟子之不動心이 所以異於告子如此者는 承上節이라 有何所長而能然고하니 而孟子又詳告之以其故也시니라 知言、養氣라 知言者는 盡心知性하여 四字는 見盡心上7)이라 於凡天下之言에 無不有以究極其理而識其是非得失之所以然也라 朱子曰 知言은 只是知理라 ○ 雲峯胡氏曰 論語知言8)은 爲初學言入德之事요 孟子則自言成德之事라 浩然은 盛大流行之貌라 氣는 卽所謂體之充者니 照上節이라 本自浩然이로되 朱子曰 纔說浩然이면 便有剛果意思하니 如長江大河浩浩然而來니라 失養故로 餒니 取用下節語라 ○ 慶源輔氏曰 盛大는 言其體요 流行은 言其用이라 氣는 卽天地之氣而人之所以充滿其身者니 失養故로 餒之而不充體라 惟孟子爲善養之하여 曰吾者는 親之而自任之意也니 蓋言則專屬乎人이요 氣則兼人己者而吾心所獨得耳라 以復其初也라 初는 卽本也라 ○ 雲峯胡氏曰 註言復其初者 凡三이니 論語言性9)하고 大學言心10)하고 此言氣하니 非學以復此心、此性之初者면 未必能復此氣之初라 故로 養氣를 先之以知言하니라 ○ 按大學註에 亦言性耳라 然이나 非惟性有本然而已요 心與氣與形도 亦然이라 如人之病蘇復常은 此則形之復其初也라 ○ 尤菴曰 知言은 是格、致之事요 養氣는 是誠、正之事라 ○ 朱子曰 知言、養氣 雖是兩事나 其實相關하니 若知言하여 便見得是非、邪正하여 義理昭然이면 則浩然之氣自生이리라

공손추가 다시 '부(復)'는 거성(去聲;다시)이다. "맹자의 불동심(不動心)이 고자(告子)와 다름이 이와 같은 것은 윗절을 이은 것이다. 어느 소장(所長)이 있어서 그렇습니까?" 하고 물

---

7) ≪孟子 盡心上 1章≫ "孟子曰: 盡其心者, 知其性也, 知其性, 則知天矣."
8) ≪論語 堯曰 3章≫ "子曰: 不知命, 無以爲君子也. 不知禮, 無以立也. 不知言, 無以知人也."
9) ≪論語 學而 1章≫ "後覺者必效先覺之所爲, 乃可以明善而復其初也."
10) ≪大學章句 經文 1章≫ "學者當因其所發而遂明之, 以復其初也."

자, 맹자가 또 그 이유를 상세히 말씀해 주신 것이다. 지언(知言)과 양기(養氣)이다. **지언(知言)은 마음을 다하여 성(性)을 알아서**[*①] 네 글자(盡心知性)는 〈진심 상(盡心上)〉에 보인다. **모든 천하의 말에 그 이치를 궁구하고 지극히 하여, 그 시비(是非)와 득실(得失)의 소이연(所以然)을 알지 못함이 없는 것이다.** 주자가 말씀하였다. "지언은 다만 이치를 아는 것이다." ○ 운봉호씨가 말하였다. "≪논어≫의 지언은 초학자(初學者)가 덕(德)에 들어가는 일을 말한 것이요, ≪맹자≫는 스스로 덕을 이룬 일을 말씀하였다." **호연(浩然)은 성대히 유행하는 모양이다. 기(氣)는 바로 이른바 '몸에 꽉 차 있다.'는 것이니, 윗절을 조응하였다. 본래 스스로 호연(浩然)하나** 주자가 말씀하였다. "막 호연을 말하면 곧 강하고 과단성 있는 의사(意思)가 있으니, 장강(長江)·대하(大河)가 호호(浩浩)하게 흘러오는 것과 같다." **기름을 잃었기 때문에 굶주리게(부족하게) 된다.** 아랫절의 말을 취하여 쓴 것이다. ○ 경원보씨가 말하였다. "성대(盛大)는 그 체(體)를 말하고 유행(流行)은 그 용(用)을 말하였다. 기(氣)는 바로 천지의 기운으로서 사람이 그 몸에 충만한 것이니, 기름을 잃었기 때문에 굶주려서 몸에 충만하지 못한 것이다." **오직 맹자가 이것(호연지기)을 잘 길러** '오(吾)'라고 말씀한 것은 친하게 여겨서 자임(自任)하신 뜻이니, 언(言)은 오로지 남에게 속하고, 기(氣)는 남과 자기를 겸하여 내 마음에 홀로 얻은 것이다. **그 본초(本初)의 상태를 회복하신 것이다.** 초는 바로 근본이다. ○ 운봉호씨가 말하였다. "주(註)에서 '복기초(復其初)'라고 말한 것이 모두 세 번이니, ≪논어≫의 '복기초'는 그 성(性)을 말하였고 ≪대학≫의 '복기초'는 심(心)을 말하였고 여기서는 기(氣)를 말하였으니, 배워서 이 심(心)과 이 성(性)의 처음을 회복한 자가 아니면 반드시 능히 이 기운의 원초를 회복하지 못할 것이다. 그러므로 양기(養氣)를 지언(知言)의 앞에 말씀한 것이다." ○ 살펴보건대 ≪대학≫의 주에도 또한 성(性)을 말하였다. 그러나 다만 성에 본연이 있을 뿐만 아니요, 심과 기(氣)와 형(形)도 또한 그러하다. 예컨대 사람이 병이 들었다가 소생하여 평상을 회복함은 이는 형(形)이 그 처음을 회복한 것이다. ○ 우암(尤菴)이 말씀하였다. "지언(知言)은 바로 격물(格物)·치지(致知)의 일이고, 양기(養氣)는 바로 성의(誠意)·정심(正心)의 일이다. ○ 수자가 말씀하셨다. "지언과 양기가 비록 두 가지 일이나 그 실제는 서로 관계되니, 만약 지언을 하여 곧바로 말의 시비(是非)와 사정(邪正)을 보아서 의리가 분명하면 호연지기가 저절로 생겨날 것이다."

*① 마음을 다하여 성을 알아서 : 뒤에 〈진심 상〉 1장에 "그 마음을 다하는 자는 그 성을 아니, 그 성을 알면 하늘을 알 것이다.〔盡其心者, 知其性也, 知其性則知天矣.〕"라고 보이는데, 주자는 진심(盡心)은 지지(知至), 지성(知性)은 물격(物格)으로 설명하였다.

蓋惟知言이면 則有以明夫 音扶니 下同이라 **道義하여 而於天下之事에 無所疑요 養氣면 則有以配夫道義하여** 取用下節語라 **而於天下之事에 無所懼하니** 慶源輔氏曰 疑, 懼는 應恐懼, 疑惑이라 ○ 雲峯胡氏曰 章首註先懼하니 懼者는 心之動이요 疑者는 心之所由以動也니 疑惑二字에 已蘊知言之意요 此는 釋知言、養氣二句故로 先疑後懼하니라 **此其所以當大任而不動心也라** 照首節이라 **告子之學은 與此正相反하니** 朱子曰 告子所不得之言은 卽孟子所知之言이요 告子所勿求之氣는 卽孟子所養之氣也라 **其不動心은**

照上節이라 殆亦 二字有商量이라 冥然無覺하고 悍然不顧而已爾니라 新安陳氏曰 冥然無覺이면 則不能無疑요 悍然不顧면 非眞能無懼也니라

말을 알면 저 '부(夫)'는 음이 부(扶;저)이니, 아래도 같다. 도의(道義)에 밝아서 천하의 일에 의심스러운 바가 없고, 기(氣)를 기르면 저 도의에 배합되어서 아랫절의 말을 취하여 썼다. 천하의 일에 두려운 바가 없으니, 경원보씨가 말하였다. "의(疑)와 구(懼)는 공구(恐懼)와 의혹(疑惑)에 응한다." ○ 운봉호씨가 말하였다. "장(章) 머리 주(註)에서는 구(懼)를 먼저 하였으니 구는 마음이 동한 것이고 의(疑)는 마음이 말미암아 동한 것이니, '의혹(疑惑)' 두 글자에 이미 지언의 뜻이 담겨져 있고, 이는 지언과 양기 두 구(句)를 해석하였기 때문에 의(疑)를 먼저 하고 구(懼)를 뒤에 한 것이다." 이 때문에 큰 책임을 담당하여도 마음이 동하지 않는 것이다. 머릿절에 조응하였다. 고자의 학문은 이와 정반대였으니, 주자가 말씀하였다. "고자가 이해되지 못한 바의 말은 바로 맹자가 아신 바의 말이고, 고자가 구하지 말라고 한 바의 기(氣)는 바로 맹자가 기르신 기이다." 그의 부동심은 윗절에 조응하였다. 거의 또한 '태역(殆亦)' 두 글자에 헤아릴 점이 있다. 어두워서 깨달음이 없고 사나워서(고집스러워서) 돌아보지 않았을 뿐이다. 신안진씨가 말하였다. "어두워서 깨달음이 없으면 의심이 없지 못하고, 사나워서 돌아보지 않으면 참으로 능히 두려움이 없는 것이 아니다."

2-12

> 敢問 何謂浩然之氣니잇고 曰 難言也니라
>
> <공손추가 말하였다.> "감히 묻겠습니다. 무엇을 호연지기(浩然之氣)라 합니까?" 맹자가 말씀하셨다. "말하기 어렵다.

孟子先言知言이어시늘 而丑先問養氣者는 承上文方論志氣而言也라 朱子曰 先問氣者는 向來에 只爲他承上文이러니 今看來호니 不然이요 乃是丑會問處라 蓋知言은 是末後合尖上事니 如大學說正心、誠意에 只合殺在致知在格物一句하니 蓋是用功夫起頭處니라 ○ 南塘曰 先問養氣는 當以語錄爲正이라 然이나 承上文之說을 恐亦不可全廢로라 ○ 按語類合尖云云은 雖是晚年之論이나 然集註說은 終覺平順하니 其不爲改定은 豈非以是耶아 蓋逆推면 則格致固居末이나 而若順推면 則格致反居上하니 恐當以集註爲正意요 而語類는 備一說耳라 難言者는 蓋其心所獨得하여 而無形聲之驗하니 有未易(이) 去聲이라 以言語形容者라 故로 程子 伯子라 曰 觀此一言이면 則孟子之實有是氣를 可知矣라하시니라 使丑能知言이면 則於此難言二字에 可曉得其引而不發之意也리라 ○ 朱子曰 浩然之氣와 血氣는 只是一氣로되 義理附于其中이면 則爲浩然之氣요 不由義理而發이면 則爲

血氣니라

맹자가 먼저 지언(知言)을 말씀하셨는데, 공손추가 먼저 양기(養氣)를 물은 것은 윗글에서 막 지(志)·기(氣)를 논함을 이어서 말했기 때문이다. 주자가 말씀하였다. "먼저 기를 물은 것은 지난번에는 다만 이것이 윗글을 이어서였다고 생각했었는데 이제 보니 그렇지 않고, 바로 공손추가 잘 물은 것이다. 지언은 최후에 합첨(合尖;마무리)한 위의 일이니, ≪대학≫에서 성의(誠意)와 정심(正心)을 말할 적에 다만 치지(致知)가 격물(格物)에 있다는 한 구절로 합쇄(合殺;끝맺음)하였으니, 이것은 바로 공부를 쓰는 기두(起頭;시작하는 곳)이다." ○ 남당(南塘)이 말씀하였다. "먼저 양기를 물은 것은 마땅히 ≪어록(語錄)≫을 바름으로 삼아야 한다. 그러나 윗글을 이었다는 말씀을 또한 완전히 폐(廢)할 수가 없을 듯하다." ○ 살펴보건대 ≪어류(語類)≫의 합첨(合尖) 운운(云云)은 비록 주자 말년의 의논이나 ≪집주≫의 설(說)이 끝내 평순(平順)함을 깨달으니, 그(주자)가 개정하시지 않음은 아마도 이 때문이 아니겠는가. 역(逆)으로 밀면 격물·치지가 진실로 맨 끝에 있으나 만약 순히 밀면 격물·치지가 도리어 위에 있으니, 마땅히 ≪집주≫를 바른 뜻으로 삼아야 할 듯하고 ≪어류≫는 한 설을 구비했을 뿐이다. 말하기 어렵다는 것은 그 마음에 홀로 터득한 바여서 형상과 소리의 징험이 없으니, 언어로써 형용하기가 쉽지 '이(易)'는 거성(去聲;쉬움)이다. 않음이 있다. 그러므로 정자가 백자(伯子)이다. 말씀하기를 "이 한 마디 말씀을 보면 맹자가 실제로 이 호연지기를 가지고 계셨음을 알 수 있다." 한 것이다. 만일 공손추가 능히 말을 알았다면 이 '난언(難言)' 두 글자에 그 활을 당기기만 하고 발사하지 않은 뜻을 깨달았을 것이다. ○ 주자가 말씀하였다. "호연지기와 혈기(血氣)는 다만 똑같은 기운(氣)인데, 의리가 그 가운데 붙어 있으면 호연지기가 되고, 의리를 따르지 않고 나오면 혈기가 되는 것이다."

2-13

其爲氣也 至大至剛하니 以直養而無害면 則塞于天地之間이니라

그 기(氣)됨이 지극히 크고 지극히 강하니, 정직함으로써 기르고 해침이 없으면 <이 호연지기가> 천지의 사이에 꽉 차게 된다.

至大는 初無限量이요 去聲이라 ○ 慶源輔氏曰 盛大라 至剛은 不可屈撓라 慶源輔氏曰 流行이라 蓋天地之正氣 正字는 已含直字意라 而人得以生者니 其體段이 本如是也라 惟其自反而縮이면 新安陳氏曰 照應上文이라 則得其所養이요 朱子曰 伊川從趙岐說하여 於至大至剛以直에 點句하여 養字全無骨力하니라 而又無所作爲以害之면 朱子曰 私意作爲라 ○ 尤菴曰 無害二字는 已是勿助長意思니라 則其本體不虧하여 而充塞無間 去聲이라 矣리라 新安陳氏曰 彌滿乎天地之間하여 而無有間斷之者矣니라 ○ 朱子曰 至大至

剛은 氣之本體요 直養無害는 是用功處요 塞乎天地는 乃是效也라 此其爲氣也는 氣之體요 下文其爲氣也는 氣之用이니라

지극히 크다는 것은 애당초 한량이 없는 것이요, '량(量)'은 거성(去聲;한량)이다. ○ 경원보씨가 말하였다. "초무한량(初無限量)은 성대한 것이다." 지극히 강하다는 것은 굽히고 흔들릴 수 없는 것이다. 경원보씨가 말하였다. "불가굴요(不可屈撓)는 유행하는 것이다." 이는 천지의 정기(正氣)로서 '정(正)'자는 이미 '직(直)'자의 뜻을 포함하고 있다. 사람이 얻어 태어난 것이니, 그 체단(體段;특성(特性))이 본래 이와 같다. 오직 스스로 돌이켜 보아 정직하면 신안진씨가 말하였다. "윗글에 조응하였다." 기르는 바를 얻고, 주자가 말씀하였다. "이천(伊川)이 조기(趙岐)의 설을 따라 지대지강이직(至大至剛以直)에 구를 떼어서 '양(養)'자가 전혀 골력(骨力)이 없게 되었다." 또 작위하여 이것을 해침이 없으면 주자가 말씀하였다. "사사로운 뜻으로 작위하는 것이다." ○ 우암이 말씀하였다. "'무해(無害)' 두 글자는 이미 물조장(勿助長)의 뜻이다." 그 본체가 이지러지지 않아서 충만하여 간단함이 '간(間)'은 거성(去聲;끊김)이다. 없을 것이다. 신안진씨가 말하였다. "천지의 사이에 가득 차서 간단함이 없는 것이다." ○ 주자가 말씀하였다. "지대지강(至大至剛)은 기(氣)의 본체이고, 직양무해(直養無害)는 바로 공력(功力)을 쓰는 부분이고, 색호천지(塞乎天地)는 바로 효험이다. 여기의 '기위기야(其爲氣也)'는 기의 체(體)이고, 아랫글의 '기위기야'는 기의 용(用)이다."

程子 伯子라 曰 天人이 一也라 更不分別이니 彼列反이라 浩然之氣는 乃吾氣也라

朱子曰 天地之氣剛하여 雖金石也透過하니 人稟這氣하여 無欠闕이니라 ○ 雙峯饒氏曰 如文、武一怒는 只是這氣與天地一般樣이니라 ○ 東陽許氏曰 聖人은 不假乎養이니라 養而無害면 明道蓋亦以直字屬上句라 則塞乎 一作于라 天地하고 一爲私意所蔽면 則欲 音坎이라 然而餒하여 知其小也니라 謝氏曰 浩然之氣는 須於心得其正時에 識取11)니라 雲峯胡氏曰 不失其所得於天地之正者니라 ○ 程子曰 浩然之氣는 當行有慊於心之時에 自然有此氣象이니라 又曰 浩然은 是無虧欠時니라 時는 語辭니 猶者也라

정자가 백자(伯子)이다. 말씀하였다. "하늘과 인간이 똑같다. 다시 분별이 '별(別)'은 피(彼)·열(列)의 반절〔분별 별〕이다. 없으니, 호연지기는 바로 나의 기(氣)이다. 주자가 말씀하였다. "천지의 기운이 강하여 비록 금석(金石)이라도 통과하니, 사람이 이 기운을 받고 태어나서 흠궐(欠闕)함이 없는 것이다." ○ 쌍봉요씨가 말하였다. "예컨대 문왕(文王)·무왕(武王)이 한 번 노여워함은 다만 이 기운이 천지(天地)와 한 모양인 것이다." ○ 동양허씨(東陽許氏)가 말하였다. "성인은 기름〔養〕을 필요로 하지 않는다." 이것을 잘 기르고 해침이 없으면 명도(明道) 또한

---

11) 識取 : 취(取)는 득(得)과 마찬가지로 동사 뒤에 붙는 조사(助詞)인 바, 기록하는 것을 녹취(錄取), 듣는 것을 청취(聽取)라 한다. 득(得) 역시 아는 것을 지득(知得) 또는 식득(識得), 깨닫는 것을 각득(覺得)이라 한다.

'직(直)'자를 윗구에 붙였다. 천지에 '호(乎)'가 일본(一本)에는 우(于)로 되어있다. 충만하고, 한 번이라도 사의(私意)에 가리운 바가 되면 축 꺼져 '감(欲)'은 음이 감(坎;꺼짐)이다. 굶주려서 부족함을 느끼게 될 것이다."

사씨(謝氏)가 말하였다. "호연지기는 모름지기 마음이 그 바름을 얻었을 때에 알 수 있는 것이다." 운봉호씨가 말하였다. "그 천지에서 얻은 바름을 잃지 않은 것이다." ○ 정자가 말씀하였다. "호연지기는 마땅히 행하고서 마음에 만족함이 있을 때에 자연히 이 기상이 있는 것이다." 또 말하였다. "호연(浩然)은 이지러지거나 부족함이 없는 것이다." '시(時)'는 어조사이니, 자(者)와 같다.

2-14

> 其爲氣也 配義與道하니 無是면 餒也니라
>
> 그 기(氣)됨이 의(義)와 도(道)에 배합되니, 이것(의(義)와 도(道))이 없으면 <호연지기(浩然之氣)가> 굶주리게 된다.

餒는 奴罪反이라

'뇌(餒)'는 노(奴)·죄(罪)의 반절[굶주릴 뇌]이다.

配者는 合而有助之意라 雙峯饒氏曰 如妻之配夫라 蓋理、氣不相離하여 氣以理爲主하고 理以氣爲輔니라 ○ 雲峯胡氏曰 合은 卽延下所謂一袞出來之意요 助는 卽延下所謂襯貼起來之意니라 ○ 助는 與助長之助로 不同이라 義者는 人心之裁制요 道者는 天理之自然이라 朱子曰 義는 卽所用以處此理者也라 道는 是擧體統而言이요 義는 是取此一事所處而言이라 故로 後面에 只說集義하니라 餒는 飢乏而氣不充體也라 充體는 照上節하니 蓋體以無氣而餒也라 言人能養成此氣면 承上節이라 則其氣合乎道義하여 本文配字下에 有乎字意하니 諺釋은 恐欠詳이라 而爲之 猶其也라 助하여 使其行之勇決하여 無所疑懼이요 此二句는 言配之事라 若無此氣면 朱子曰 是乃浩然之氣니라 則其一時所爲가 雖未必不出於道義나 取用下節義襲意라 然이나 其體有所不充이면 道義如君하고 氣如相하고 體如國하니 君無相則國空虛요 又道義如夫하고 氣如妻하고 體如家하니 夫無妻則家索(삭)矣라 則亦不免於疑懼하여 新安陳氏曰 疑懼、疑懼는 應前註하니 懼은 卽恐懼也니라 而不足以有爲矣니라 有爲는 卽當大任也니 此二句는 言餒之事라

'배(配)'는 배합되어서 도움이 있다는 뜻이다. 쌍봉요씨가 말하였다. "아내가 남편에 배필이 되는 것과 같다. 리(理)와 기(氣)가 서로 떨어지지 않아서 기는 리를 위주하고 리는 기를 보조로 삼는다." ○ 운봉호씨가 말하였다. "합(合)은 바로 이연평(李延平)이 말씀한 일곤출래(一袞出來;두 가지가 합하여 하나가 됨)의 뜻이고 조(助)는 바로 이연평이 말씀한 친첩기래(襯貼起來;딱 붙어서 도와줌)의 뜻이다." ○ 조(助)는 조장(助長)의 '조'자와 같지 않다.[①] '의(義)'는 인심(人心)의 재제(裁制)요, '도(道)'는 천리(天理)의 자연(自然)이다. 주자가 말씀하였다. "의(義)는 바로 사용하여 이 이치에 대처하는 것이다. 도(道)는 바로 통체(統體)를 들어 말한 것이고 의는 이 한 가지 일에 대처하는 바를 취하여 말한 것이다. 그러므로 후면에 다만 집의(集義)만을 말한 것이다." '뇌(餒)'는 굶주리고 결핍되어 기(氣)가 몸에 충만하지 못한 것이다. 충체(充體)는 윗절에 조응하니, 몸이 호연지기가 없기 때문에 굶주린 것이다. 사람이 능히 이 호연지기를 양성하면 윗절을 이었다. 그 기가 도의(道義)에 배합되어 본문의 '배(配)'자 아래에 '호(乎)'자의 뜻이 있으니, 《언해》의 해석[②]은 자세함이 부족한 듯하다. 도움이 되어서 '지(之)'는 기(其)와 같다. 도의를 행하기를 용맹스럽고 결단성 있게 하여 의심하고 꺼리는 바가 없고, 이 두 구는 배(配)의 일을 말하였다. 만일 이 기(氣)가 없으면 주자가 말씀하였다. "이 기(氣)는 바로 호연지기이다." 한 때에 하는 바가 비록 반드시 도의에서 나오지 않는 것은 아니나, 아랫절의 의습(義襲)의 뜻을 취하여 썼다. 그 체(體)가 충만되지 못한 바가 있으면 도의(道義)는 군주와 같고 기(氣)는 정승과 같고 체(體)는 나라와 같으니, 인군은 정승이 없으면 나라가 비고, 또 도의는 남편과 같고 기는 아내와 같고 체는 집안과 같으니, 남편은 아내가 없으면 집이 비색해진다. 또한 의구심을 면치 못해서 신안진씨가 말하였다. "의탄(疑憚)과 의구(疑懼)는 앞 주에 조응하니, 탄(憚)은 바로 공구(恐懼)이다." 족히 훌륭한 일을 할 수 없음을 말씀한 것이다. 유위(有爲)는 바로 대임(大任)을 담당하는 것이니, 이 두 구(則亦不免於疑懼, 而不足以有爲矣.)는 굶주림의 일을 말하였다.

*① 조장(助長)의……않다 : 여기의 조(助)는 호연지기가 도의에 배합되어 도의를 행하도록 도와주는 것으로 좋은 것인 반면, 조장(助長)은 뒤의 알묘조장(揠苗助長)을 가리킨 것으로 곡식을 강제로 빨리 자라게 하는 것이어서 좋지 못한 것이다.

*② 《언해》의 해석 : 《언해》에는 "그 기운 됨이 의(義)와 더불어 도(道)를 짝하니"로 되어 있는 바, 원문의 '배도여의(配道與義)'는 "도와 의에 배합되다."로 해석해야 함을 말한 것이다.

○ 朱子曰 道는 體也요 義는 用也니 皆理也며 氣는 形而下者也라 以本體言하면 則有是理而後有是氣하고 而理又因氣以爲質하며 以人言하면 則必明道、集義然後에 能生浩然之氣하고 而義與道又因是氣而後行이니 若無這氣면 則理自理하고 氣自氣하리니 如何助得他리오 ○ 南塘曰 存諸心之謂仁이요 措諸事之謂義니 養氣는 只從行事上說이라 故로 只以義言하고 不言仁이라 然이나 浩氣는 就氣之流行處言이요 夜氣는 就氣之存主處言이니 夜氣之所存은 卽是仁之爲體요 浩氣之所行은 卽是義之爲用이니 合二章而觀之然後에 氣之動

靜과 道之體用이 全矣리라

○ 주자가 말씀하였다. "도(道)는 체(體)이고 의(義)는 용(用)이니, 도와 의는 다 리(理)이며 기(氣)는 형이하(形而下)인 것이다. 본체(本體)를 가지고 말하면 이 리(理)가 있은 뒤에 이 기(氣)가 있고 리가 또 기를 인하여 바탕이 되며, 사람을 가지고 말하면 반드시 도를 밝히고 의로운 일을 모은 뒤에야 능히 호연지기가 생겨나고, 의와 도는 또 이 호연지기로 인한 뒤에 행해지니, 만약 이 호연지기가 없으면 리(理)는 따로 리가 되고 기(氣)는 따로 기가 될 것이니, 어떻게 저것(도·의)을 도울 수 있겠는가." ○ 남당(南塘)이 말씀하였다. "마음에 보존함을 인(仁)이라 하고 일에 조처함을 의(義)라 이르니, 양기(養氣)는 다만 행사(行事)상을 따라 말한 것이다. 그러므로 다만 의로써 말하였고 인을 말하지 않은 것이다. 그러나 호기(浩氣)는 기의 유행하는 곳을 가지고 말하였고 야기(夜氣)는 기가 존주(存主;보존하여 주장함)되는 곳을 가지고 말하였으니, 야기가 보전되는 바는 바로 인이 체가 되는 것이고, 호연지기가 행해지는 바는 바로 의가 용이 되는 것이니, 두 장을 합쳐서 본 뒤에야 기의 동(動)·정(靜)과 도의 체(體)·용(用)이 온전하게 될 것이다."

2-15

是集義所生者라 非義襲而取之也니 行有不慊於心이면 則餒矣라 我故로 曰 告子未嘗知義라하노니 以其外之也일새니라

<이 호연지기는> 바로 의(義)를 많이 축적하여 생겨나는 것이다. 의(義)로써 하루 아침에 갑자기 엄습하여 취해지는 것이 아니니, 행하고서 마음에 부족하게 여기는 바가 있으면 <호연지기가> 굶주리게 된다. 내 그러므로 '고자(告子)는 일찍이 의를 알지 못했다.'고 말한 것이니, 이는 의를 밖이라고 하기 때문이다.

慊은 口簟、口劫二反이라

'겸(慊)'은 구(口)·점(簟), 구(口)·겁(劫)의 두 가지 반절[만족할 겸, 만족할 겹]이다.

集義는 猶言積善이니 二字는 出易乾文言12)이라 蓋欲事事皆合於義也라 欲은 是用功處라 襲은 掩取也니 如齊侯襲莒 音擧라 之襲이라 見春秋襄二十三年이라 言 氣雖可以配乎道義나 承上節이라 而其養之之始에 上節은 主氣하고 此節은 主義라 故로 用雖而二字하여 以反之라 ○ 朱子曰 初下功夫時엔 集義然後에 生浩然之氣요 氣已養成이면 又却助他道義而行이니라 乃由事皆合義하여 本文是字는 有乃字意하니 小註朱子說에 亦

---

12) ≪周易 坤卦 文言≫ "積善之家, 必有餘慶. 積惡之家, 必有餘殃."

以乃字言之라 ○ 新安陳氏曰 二是字不同하니 此是字는 與非字相呼喚하여 猶言是如此, 非如彼耳요 無是之是字는 指浩然之氣니라 自反常直이라 照上節이라 是以로 無所愧怍하여 而此氣自然發生於中이요 朱子曰 孟子許多論氣는 只在集義所生一句上이니라 非由只行一事 與集字相反이라 ○ 與上註一時로 互相發이라 偶合於義하여 便可掩襲於外而得之也라 朱子曰 集義는 是歲月積久之功이요 掩取는 是一朝一夕之事라 上三句는 本是說氣며 下兩句의 是字는 與非字對요 生字는 與取字對라 蓋曰 此氣乃集義而自生於中이요 非可以義襲取於外니 襲取는 無生底道理하여 只是客氣니 不久則消矣니라 ○ 按本文非義之間에 有以字意하니 諺釋恐欠詳이라 生與取를 皆以氣言하니 者字는 正指浩然之氣라 慊은 快也며 足也라 言 所行이 一有不合於義하여 而自反不直이면 添此二句하여 以見其不能集義라 則不足於心하여 擧足以該快라 而其體有所不充矣니 雲峯胡氏曰 自慊則心廣體胖이요 不慊則餒니 餒字는 正與大學廣胖13)二字相反이니라 然則義豈在外哉리오 先明義之在內라

'집의(集義)'는 적선(積善)이란 말과 같으니, '적선(積善)' 두 글자는 ≪주역≫ 〈건괘(乾卦) 문언전(文言傳)〉에 나온다. 일마다 모두 의(義)에 합하고자 하는 것이다. '욕(欲)'은 바로 공력(功力)을 쓰는 부분이다. '습(襲)'은 엄습하여(갑자기 덮쳐서) 취하는 것이니, "제(齊)나라 임금이 거(莒)나라를 '거(莒)'는 음이 거(擧)이다. 엄습했다."는 '습(襲)'자와 같다. 이 내용이 ≪춘추좌씨전≫ 양공(襄公) 23년에 보인다. 기(氣)가 비록 도의에 배합되나 윗절을 이었다. 호연지기를 기르는 처음에는 윗절은 기를 주장하고 이 절은 의(義)를 주장하였다. 그러므로 '수(雖)'·'이(而)' 두 글자를 사용하여 뒤집은 것이다. ○ 주자가 말씀하였다. "처음 공부를 할 때에는 의로운 일을 축적한 뒤에 호연지기가 생겨나고, 호연지기가 이미 양성되면 또 도리어 저 도의를 도와서 행하게 한다." 바로 일마다 모두 의(義)에 합하여 본문의 '시(是)'자는 '내(乃;바로)'자의 뜻이 있으니, 소주(小註)의 주자설(朱子說)에도 또한 '내(乃)'자를 가지고 말씀하였다.[①] ○ 신안진씨가 말하였다. "두 '시(是)'자가 똑같지 않으니, 여기 〈시집의(是集義)의〉 '시'자는 '비(非)'자와 상대로 불러서 이것은 이것과 같고 저것과 같지 않다고 말함과 같고, 〈위〉 무시(無是)의 '시'자는 호연지기를 가리킨 것이다." 스스로 돌이켜봄에 항상 정직함에서 말미암는다. 윗절에 조응하였다. 이 때문에 마음에 부끄러운 바가 없어서 이 호연지기가 심중에서 자연히 발생되는 것이요, 주자가 말씀하였다. "맹자가 허다하게 기(氣)를 논함은 오직 집의소생(集義所生) 한 구(句)에 있다." 다만 한 가지 일을 행한 것이 '집(集)'자와 상반된다. ○ 윗주의 일시(一時)와 서로 발명된다. 우연히 의에 합함으로 말미암아 곧 밖에서 엄습하여 얻어지는 것이 아니다. 주자가 말씀하였다. "집의(集義)는 바로 세월을 오랫동안 쌓는 공부이고, 엄취(掩取)는 바로 하루아침 하룻저녁의 일이다. 위의 세 구(其爲氣也, 配義與道, 無是餒也.)는 본래 기를 말한 것이고, 아래 두 구의 '시(是)'자는 '비(非)'자와 상대되고 '생(生)'자는 '취(取)'자와 상대되니, 이는 '이 기운

---

13) ≪大學章句 傳文 6章≫ "富潤屋, 德潤身, 心廣體胖, 故君子, 必誠其意."

이 바로 의로운 일을 축적해서 저절로 마음속에서 생겨난 것이요, 의로써 엄습하여 밖에 취한 것이 아니다.'라고 말한 것이니, 습취(襲取)는 생겨나는 도리가 없어서 다만 객기(客氣)일 뿐이니, 오래지 않으면 사라지고 만다." ○ 살펴보건대 본문의 '비(非)'와 '의(義)' 사이에 '이(以)'자의 뜻이 있으니, 《언해》의 해석②은 자세함이 부족한 듯하다. 생(生)과 취(取)를 모두 기로 말했으니, '자(者)'자는 바로 호연지기를 가리킨 것이다. '겸(慊)'은 쾌함이며 족함이다. 행하는 바가 한 번이라도 의에 합하지 못해서 스스로 돌이켜 봄에 정직하지 못함이 있으면 이 두 구(所行一有不合於義, 而自反不直.)를 더해서 그 의로운 일을 축적하지 못함을 나타내었다. 마음에 부족해서 족(足)을 들어 쾌(快)를 포함하였다. 그 체(體)가 충만되지 못한 바가 있는 것이니, 운봉호씨가 말하였다 "스스로 만족하면 마음이 넓어지고 몸이 펴지고, 만족하지 못하면 굶주리니, '뇌(餒)'자는 바로 《대학》의 심광체반(心廣體胖)의 '광(廣)·반(胖)' 두 글자와 상반된다." 그렇다면 의(義)가 어찌 밖에 있는 것이겠는가. 먼저 의가 안에 있음을 밝혔다.

*① 소주(小註)의 ……말씀하였다 : "그 뜻은 이 호연지기는 바로 의(義)를 축적하여 저절로 마음속에 생기는 것이요, 의로운 일을 행하여 갑자기 밖에서 엄습하여 취함을 말한 것이 아니다.〔此氣乃集義而自生於中, 非行義而襲取之於外云爾〕"한 것을 가리킨다.

*② 《언해》의 해석 : 《언해》에는 "의(義)가 엄습하여 취(取)함이 아니니"로 되어 있는 바, 의(義)가 주어가 아니고 사람이 의로운 일을 행함으로써 엄습하여 갑자기 취하는 것이 아님을 밝힌 것이다.

告子는 不知此理하고 乃曰仁內義外라하여 而不復 去聲이라 **以義爲事하니** 朱子曰 告子不知心之慊處 卽是義之所安하여 將義屛除去하고 只就心上理會하니라 則必不能集義以生浩然之氣矣라 此其不動心이 與孟子異也라 上文不得於言勿求於心은 卽外義之意니 此則其證也라 **詳見** 音現이라 **告子上篇하니라** 此卽其事也라 ○ 沙溪曰 小註에 饒氏 道義餒、氣餒云云은 與集註不同이라 又朱子大全曰 餒는 形體餒也니 如人久不食이면 則形體飢乏矣라하니라 ○ 農巖曰 由誤看集註氣不充體一句하여 遂謂氣餒라하니 不知朱子之意 本以體不充으로 釋餒字나 而原其所以不充하면 則須著氣字說耳라 下文註에 只曰體有所不充이라하고 而更不說氣하니 則可見矣라 程子謂欲然而餒하여 知其小者는 却似言氣餒하여 若饒氏所論兩餒字之分하니 恐失經旨로라 ○ 按程子之以氣餒言者를 集註取之하여 以備一義耳요 非其正意也라

고자는 이러한 이치를 알지 못하고서 마침내 말하기를 "인(仁)은 내면에 있고 의(義)는 외면에 있다." 하여 다시는 '부(復)'는 거성(去聲:다시)이다. 의를 일삼지 않았으니, 주자가 말씀하였다. "고자는 마음의 만족한 것이 바로 의(義)의 편안한 것임을 알지 못해서 의를 가져다가 물리쳐 버리고 다만 심(心)상에 나아가 이해하려고 하였다." 그렇다면 반드시 의로운 일을 축적하여 호연지기를 만들어 내지 못하였을 것이다. 이는 그의 불동심이 맹자와 다른 것이다.

윗글에 '말에 이해되지 못하거든 마음에 알기를 구하지 말라.'는 것은 바로 의를 밖으로 여긴 뜻이니, 이는 그 증거이다. 이 내용은 <고자 상(告子上)>편에 자세히 보인다. '현(見)'은 음이 현(現)이다. ○ 이것은 바로 그 일이다. ○ 사계(沙溪)가 말씀하였다. "소주(小註)에 요씨(饒氏)의 도의뇌(道義餒)와 기뇌(氣餒) 운운(云云)*①은 ≪집주≫와 똑같지 않다. 또 ≪주자대전≫에 '뇌(餒)는 형체가 굶주린 것이니, 사람이 오랫동안 먹지 않으면 형체가 굶주리고 궁핍한 것과 같다.' 하였다." ○ 농암(農巖)이 말씀하였다. "≪집주≫의 기불충체(氣不充體) 한 구를 잘못 봄으로 말미암아 마침내 호연지기가 굶주렸다고 말하였으니, 주자의 뜻이 본래 체불충(體不充)을 가지고 '뇌(餒)'자를 해석한 것이나 그 체불충의 소이(所以)를 근원해 보면 모름지기 '기(氣)'자를 놓아 말해야 함을 알지 못한 것이다. 아랫글 주에 다만 체유소불충(體有所不充)이라 하고 다시는 기를 말씀하지 않았으니, 그렇다면 이것을 알 수 있다. 정자가 '감연(歉然)히 굶주려서 그 작음을 안다.'고 말씀한 것은 도리어 기뇌(氣餒)를 말씀한 듯하여 요씨(饒氏)가 논한 두 '뇌'자를 구분한 것과 같으니, 경(經)의 뜻을 잃은 듯하다." ○ 살펴보건대 정자가 기뇌(氣餒)를 가지고 말씀한 것을 ≪집주≫에 취해서 한 뜻을 갖추었을 뿐이요, 그 바른 뜻이 아니다.

*① 소주(小註)에……운운(云云) : 쌍봉요씨의 "두 '뇌(餒)'자의 구분은 '무시뇌야(無是餒也)'는 바로 기가 없으면 도의가 굶주린(부족한) 것이고, '행유불겸즉뇌(行有不慊則餒)'는 바로 도의가 없으면 기가 굶주린 것이니, 가리킨 바가 똑같지 않다. 이 두 가지(호연지기와 도의)는 서로 의뢰하니, 그 용(用)을 논하면 도의는 기가 아니면 행해질 수 없고, 그 체(體)를 논하면 기는 도의가 아니면 생겨날 수 없다.〔二餒字之分, 無是餒也, 是無氣則道義餒, 行有不慊則餒, 是無道義則餒. 蓋二者相資. 論其用則道義非氣無以行, 論其體則氣非道義無以生.〕"라고 한 것을 가리킨다.

2-16

必有事焉而勿正하여 心勿忘하며 勿助長也히여 無若宋人然이어다 宋人이 有閔其苗之不長而揠(알)之者러니 芒芒然歸하여 謂其人曰 今日에 病矣로라 予助苗長矣로라하여늘 其子趨而往視之하니 苗則槁矣러라 天下之不助苗長者寡矣니 以爲無益而舍之者는 不耘苗者也요 助之長者는 揠苗者也니 非徒無益이라 而又害之니라

반드시 호연지기를 기름에 종사하되 효과를 미리 기대하지 말아서 마음에 잊지도 말며, 억지로 조장(助長)하지도 말아서 송(宋)나라 사람과 같이 하지 말지어다. 송나라 사람 중에 벼싹이 자라지 못함을 안타깝게 여겨 뽑아놓은 자가 있었다.

> 그는 아무 것도 모르고 돌아와서 집안 사람들에게 말하기를 '오늘 <내가 매우> 피곤하다. 내가 벼싹이 자라도록 도왔다.' 하므로 그 아들이 달려가서 보았더니, 벼싹이 말라 있었다. 천하에 벼싹이 자라도록 억지로 조장하지 않는 자가 적으니,*① 유익함이 없다 해서 버려두는 자는 <비유하면> 벼싹을 김매지 않는 자요, 억지로 조장하는 자는 <비유하면> 벼싹을 뽑아놓는 자이니, 이는 단지 유익함이 없을 뿐만 아니라 도리어 해치는 것이다."

*① 천하에……적으니 : 실제로 송(宋)나라 사람처럼 벼싹을 뽑아 놓아 억지로 자라게 하는 자는 드물다. 다만 여기서는 호연지기(浩然之氣)를 기르다가 효과가 나타나지 않으면 인위적으로 조장(助長)하는 자가 많음을 비유하여 말씀했을 뿐이다.

長은 上聲이라 揠은 烏八反이라 舍는 上聲이라

'장(長)'은 상성(上聲;자람)이다. '알(揠)'은 오(烏)·팔(八)의 반절[뽑을 알]이다. '사(舍)'는 상성(上聲;버림)이다.

必有事焉而勿正은 趙氏、程子는 伯子라 以七字爲句하고 大全曰 極是라 近世에 或竝下文心字讀之者亦通이라 先定句絶이라 必有事焉은 有所事也니 雲峯胡氏曰 謂之必者는 此事之外에 無他念也라 如有事於顓臾之有事라 見論語季氏14)라 ○ 朱子曰 集義는 是養氣之丹頭요 必有事는 是集義之火法이라 正은 預期也니 春秋傳 公羊僖二十六年이라 曰 戰不正勝이 是也라 如作正心이라도 正之於心이라 義亦同하니 此는 句라 與大學之所謂正心者로 正其心이라 語意自不同也라

'필유사언이물정(必有事焉而勿正)'을 조씨(趙氏)와 정자는 백자(伯子)이다. 일곱 글자로써 구절을 삼았고, ≪대전≫에 말하였다. "이것이 지극히 옳다." 근세에 혹 아랫글의 '심(心)'자까지 아울러 읽는 자도 있으니, 또한 통한다. 먼저 구(句)를 뗌을 정하였다. '필유사언(必有事焉)'은 종사하는 바가 있는 것이니, 운봉호씨가 말하였다. "필(必)이라고 말한 것은 이 일 외에 딴 생각이 없는 것이다." '전유나라에 일삼음이 있다.[有事於顓臾]'라는 유사(有事)와 같다. 이 내용은 ≪논어≫〈계씨(季氏)〉에 보인다. ○ 주자가 말씀하였다. "집의(集義)는 바로 양기(養氣)의 단두(丹頭)이고 필유사(必有事)는 바로 집의의 화법(火法)이다."*① '정(正)'은 미리 기약(기대)함이니, ≪춘추공양전(春秋公羊傳)≫에 ≪춘추공양전≫ 희공(僖公) 26년이다. "싸움은 승리를 미리 기약할 수 없다."는 것*② 이 이것이다. 만일 정심(正心)으로 쓴다 하더라도 마음

---

14) ≪論語 季氏 1章≫ "季氏將伐顓臾, 冉有季路見於孔子曰: 季氏將<u>有事於顓臾</u>."

에 미리 기대하는 것이다. **뜻이 또한 같으니, 이것은** 여기에서 구를 뗀다. **≪대학(大學)≫의 이른바 '정심(正心)'이란 것과는** 그 마음을 바르게 하는 것이다. 말뜻이 자연히 같지 않다.

*① 집의(集義)는……화법(火法)이다 : 단두(丹頭)는 도교(道敎)에서 불로 태워 정제한 단약(丹藥)을 이르고, 화법은 금석(金石)의 약재에 불을 가하여 정제하는 법을 이르는 바, 여기서는 공부법을 가리킨 것이다. 단약은 수은(水銀) 등을 불로 태우는 것으로 이것을 연단법(煉丹法)이라 하는 바, 이 단약을 먹으면 장생불사한다고 주장하였다.

*② ≪춘추공양전(春秋公羊傳)≫에……것 : 희공(僖公) 26년에 보인다. ≪춘추곡량전(春秋穀梁傳)≫의 동년조(同年條)에는 '戰不必勝'이라고 보이는 바, 이 역시 전쟁은 싸워보아야 승패를 알 수 있지 승리를 미리 기약할 수 없다는 뜻이다.

此는 言養氣者 承上節이라 **必以集義** 承上節이라 **爲事요** 程子曰 只知用敬하고 不知集義하면 却是都無事니라 ○ 南塘曰 語類에 以有事、集義로 分屬敬、義하여 與集註不同이라 且程門에 以必有事焉一句로 借作持敬工夫하니 自是別事요 非孟子本意니라 **而勿預期其效하며** 朱子曰 等待那氣生이니라 ○ 按有事則當必이나 而效則不當期也라 **其或未充이면** 應上節이라 **則但當勿忘其所有事요** 雙峯饒氏曰 集義所生은 是養之之成功이요 有事、勿忘은 是做工夫處니라 **而不可作爲** 應上註라 **以助其長이니** 朱子曰 待之不至而助之使長也니 必有事勿忘은 是論集義工夫요 勿正、勿助長은 是論氣之本體니 上添一件事物不得이라 不要等待요 不要催促이니라 ○ 南軒張氏曰 欲不忘則近於助長이요 欲不助長則或忘之하니 二者之間에 守之爲難이니라 ○ 雙峯饒氏曰 忘은 便是不能持其志요 助長은 便是暴其氣니라 **乃集義養氣之節度也라** 朱子曰 一章은 在不動心하니 不動心은 在勇하고 勇은 在氣하고 氣는 在集義요 勿忘、勿助는 又是那集義底節度니라 ○ 節度는 猶言律令也라

이것은 호연지기를 기르는 자가 윗절을 이었다. 반드시 의로운 일을 많이 축적함으로써 윗절을 이었다. 일을 삼고, 정자가 말씀하였다. "다만 용경(用敬;경공부를 씀)할 줄만 알고 집의(集義)할 줄을 알지 못해서 도리어 아무 일이 없는 것이다." ○ 남당(南塘)이 말씀하였다. "≪어류(語類)≫에는 유사(有事)·집의(集義)를 가지고 경(敬), 의(義)로 나눠 소속시켜서 ≪집주≫와 똑같지 않다. 또 정자의 문하에 필유사언(必有事焉) 한 구를 가지고 빌려 지경(持敬)공부를 삼았으니, 이는 본래 딴 일이고 맹자의 본의가 아니다." **미리 효과를 기대하지 말아야 하며**, 주자가 말씀하였다. 〈기대한다는 것은〉 "저 호연지기가 발생하기를 기다리는 것이다." ○ 살펴보건대 일삼음이 있으면 마땅히 기필하게 되나 효과는 마땅히 미리 기대하지 않아야 한다. **혹시라도 충만되지 못하면** 윗절에 응하였다. **다만 마땅히 종사함이 있음을 잊지 말 것이요** 쌍봉요씨가 말하였다. "의로운 일을 축적하여 생겨나는 것은 바로 호연지기를 길러 성공한 것이고, 일삼음이 있고 잊지 않음은 바로 공부하는 곳이다." 억지로 작위하여 윗주에 응하였다. **자라도록 돕지 말아야 함을 말한 것이니**, 주자가 말씀하였다. "효과를 기다려도 이르지 않으면 도와서 하여금

자라게 하는 것이니, 필유사(必有事)·물망(勿忘)은 바로 집의(集義)의 공부를 논한 것이고 물정(勿正)·물조장(勿助長)은 바로 기(氣)의 본체(本體)를 논한 것이니, 이 위에 한 가지 사물을 더할 수가 없다. 등대(等待;기대)하기를 요하지 않고 독촉하기를 요하지 않는다." ○ 남헌장씨가 말하였다. "잊지 않고자 하면 조장에 가깝고, 조장하지 않고자 하면 혹 잊게 되니, 두 가지 사이에 지키는 것이 어려움이 된다." ○ 쌍봉요씨가 말하였다. "망(忘)은 바로 그 뜻을 잡아 지키지 못하는 것이고, 조장은 바로 그 기를 포악히 하는 것이다." **이것이 바로 의로운 일을 많이 축적하여 호연지기를 기르는 절도(節度)이다.** 주자가 말씀하였다. "〈양기(養氣)〉한 장(章)은 불동심(不動心)에 달려 있으니, 불동심은 용(勇)에 달려 있고, 용은 기(氣)에 달려 있고, 기는 집의(集義)에 달려 있고, 물망(勿忘)·물조(勿助)는 또 저 의로운 일을 축적하는 절도(節度)이다." ○ 절도는 율령(律令)이라는 말과 같다.

閔은 憂也요 揠은 拔也라 芒芒은 茫同이라 無知之貌라 其人은 家人也라 病은 疲倦也라 病矣二字는 善形容癡人情狀하니 苗則槁矣는 與後篇此其爲饜足之道也15)로 語意略同이라 蓋戰國時癡人之事에 如揠苗、守株待兎 皆出於宋하니 豈山川風氣所然歟아 抑所謂惡(오)居下流者歟아 ○ 雙峯饒氏曰 天下之人이 皆是助長也니 凡事皆不可助長이라 如看書未通에 强探力索도 皆助長이니라 舍之而不耘者는 忘其所有事요 揠而助之長者는 助其長、助之使長이 兩皆通이라 正之不得하여 而妄有作爲者也라 本文五者字에 其上一字는 合天下之人與宋人而言이요 其下錯擧二字는 汎指天下之人이요 又錯擧二字는 指宋人이며 註則合四而一之호되 各係以養氣者之忘、助本事於其下而歸重焉하니 集註之精切이 如此라 然이나 添然字라 不耘則失養而已요 無益而已라 揠則反以害之니 本文末二句는 承其上文하여 專言揠苗一事로되 而天下之事와 與告子不能養氣之本事 亦暎帶其中矣라 ○ 本文七句는 皆汎論天下之事라 故로 集註此下에 又就其言外之正意而說하여 歸於孟、告不動心本事라 無是二者면 則氣得其養하고 而無所害矣리라 此則孟子之養氣者然也라

'민(閔)'은 근심함이요 '알(揠)'은 뽑아놓는 것이다. '망망(芒芒)'은 '망(芒)'은 망(茫)과 같다. 무지(無知)한 모양이다. '기인(其人)'은 집안 사람이다. '병(病)'은 피곤함이다. '병의(病矣)' 두 글자는 미련한 사람의 정상(情狀)을 잘 형용하였으니, 묘즉고의(苗則槁矣)는 뒷편의 '차기위염족지도야(此其爲厭足之道也)'라는 것과 말뜻이 대략 같다. 전국(戰國)시대에 미련한 사람의 일에 알묘조장(揠苗助長;벼싹을 뽑음)과 수주대토(守株待兎;나무 그루터기를 지키며 토끼가 와서 부딪혀 죽기를 기다림)와 같은 것이 모두 송나라에서 나왔으니, 아마도 산천(山川)의 풍기(風氣)가 그러한 것이 아니겠는가. 아니면 이른바 하류(下流)에 거함을 싫어한다는 것인가. ○ 쌍봉요씨가 말하였다. "천하 사람들이 모두 조장을 하니, 모든 일을 다 조장해서는 안 된다. 예컨대 책을 보

---

15) ≪孟子 離婁下 33章≫ "蚤起, 施從良人之所之, 徧國中, 無與立談者. 卒之東郭墦間之祭者. 乞其餘, 不足, 又顧而之他, 此其爲饜足之道也."

다가 통달하지 못했을 때에 억지로 탐구하고 힘써 찾는 것도 모두 조장이다." 버려두고 김매지 않는 자는 종사함이 있는 것을 잊는 것이고, 뽑아서 조장하는 자는 〈조장은〉 그 사람을 돕는다 하고, 도와서 하여금 자라게 한다고 해석하는 것이 둘 다 모두 통한다. 효과를 미리 기대하다가 얻지 못함에 함부로 작위함이 있는 자이다. 본문의 다섯 개의 '자(者)'자에, 그 위의 한 '자(者)'자는 천하 사람과 송나라 사람을 합하여 말하였고, 그 아래 번갈아 든 두 개의 '자(者)'자는 천하 사람을 범연(汎然)히 가리켰고, 또 번갈아 든 두 개의 '자(者)'자는 송나라 사람을 가리켰으며, 주(註)는 네 개의 '자'자를 합하여 하나로 만들었는데 각각 호연지기를 기르는 자가 잊고 조장하는 본래의 일을 그 아래에 달아 중점으로 돌렸으니, ≪집주≫의 정밀하고 간절함이 이와 같다. 그러나 '연(然)'자를 더하였다. 김매지 않으면 기름을 잃을 뿐이지만 무익(無益)할 뿐이다. 뽑아 놓는다면 도리어 해치게 되니, 본문 끝에 두 구(非徒無益, 而又害之.)는 그 윗글을 이어서 알묘(揠苗)하는 한 가지 일을 오로지 말한 것인데, 천하의 일과 고자가 호연지기를 제대로 기르지 못한 본래의 일이 또한 이 가운데 비추어 나온다. ○ 본문의 일곱 구(天下之不助苗長者寡矣 이하 7구를 가리킴)는 모두 천하의 일을 널리 논하였다. 그러므로 ≪집주≫의 이 아래에 또다시 그 말 밖의 바른 뜻을 가지고 말하여 맹자의 불동심의 본래의 일로 돌아갔다. 이 두 가지가 없으면 기(氣)가 그 기름을 얻고 해치는 바가 없을 것이다. 이는 맹자의 호연지기를 기름이 그러한 것이다.

如告子不能集義하고 而欲彊 上聲이라 制 卽上註之力制라 其心이면 則必不能免於正、助之病이니 其於所謂浩然者에 蓋不惟不善養이라 而又反 一無反字라 害之矣니라 慶源輔氏曰 所謂揠而反害는 正指告子而言이니라 ○ 此則告子之不能養氣者然也라 ○ 以上은 答養氣畢하니 其文이 多於答知言者는 以養氣於不動心에 尤爲其本事故耳라

고자(告子)와 같이 의(義)를 축적하지 못하고서 억지로 '강(彊)'은 상성(上聲;억지로)이다. 그 마음을 제재하고자 한다면 '제(制)'는 바로 윗주의 력제(力制)이다. 반드시 정조(正助;미리 기대하거나 억지로 조장)하는 병통을 면치 못할 것이니, 이른바 호연지기란 것에 대해서 단지 잘 기르지 못할 뿐만 아니라, 또 도리어 일본(一本)에는 '반(反)'자가 없다. 해치는 것이다. 경원보씨가 말하였다. "이른 바 벼싹을 뽑아 도리어 해친다는 것은 바로 고자(告子)를 가리켜 말한 것이다." ○ 이는 고자가 호연지기를 기르지 못함이 그러한 것이다 ○ 이상은 양기(養氣)에 답한 말씀이 끝났으니, 그 글이 지언(知言)을 답한 것보다 많은 것은 호연지기를 기름이 불동심(不動心)에 있어서 더욱 그 본래의 일이 되기 때문이다.

2-17

何謂知言이니잇고 日 詖辭에 知其所蔽하며 淫辭에 知其所陷하며 邪辭에 知其所離하며 遁辭에 知其所窮이니 生於其心하여 害於其政하며 發於其政하여 害於其事하나니 聖人이 復起사도 必從吾言矣시리라

<공손추가 말하였다.> "무엇을 지언(知言)이라 합니까?" 맹자가 말씀하셨다. "편벽된 말에 그 가리운 바를 알며, 방탕한 말에 그 빠져 있는 바를 알며, 간사(부정)한 말에 그 괴리된 바를 알며, 도피하는 말에 그 <논리가> 궁함을 알 수 있으니, 마음에서 생겨나 정사에 해를 끼치며 정사에 발로되어 일에 해를 끼치나니, 성인이 다시 나오셔도 반드시 내 말을 따르실 것이다."

詖는 皮寄反이요 復는 扶又反이라

'피(詖)'는 피(皮)·기(寄)의 반절[편벽될 피]이고, '부(復)'는 부(扶)·우(又)의 반절[다시 부]이다.

此는 公孫丑復 去聲이라 問에 而孟子答之也라 此節之首에 無日字故로 先特明之라 詖는 偏陂 卑義反이라 也요 朱子曰 陂는 是山一邊斜라 淫은 放蕩也요 朱子曰 說得浩汗이라 邪는 邪僻也요 朱子曰 離了正路라 遁은 逃避也라 四者相因하니 言之病也라 本文之變言作辭는 無別意故로 註又直作言이라 ○ 以類錯擧而訓之하니 下四者同이라 ○ 雲峯胡氏曰 上註는 汎指天下之言故로 兼是非、得失而知之하고 此則似指告子之言故로 專於其失者而知之니라 ○ 蔡氏曰 時楊、墨之言이 盈天下하니 息邪說이 莫此爲急이니라 ○ 按是而得者는 猶易知故로 姑略之耳라 ○ 朱子曰 辨得那不是底면 則便識得那是底니라 ○ 又曰 楊墨、佛老、莊列、申韓、儀秦은 四者俱有라 ○ 按後世之陸、王은 尤備此四病하여 而未易辨耳라 ○ 雙峯饒氏曰 詖、淫은 屬陽하고 邪、遁은 屬陰이니라

이는 공손추가 다시 '부(復)'는 거성(去聲;다시)이다. 물음에 맹자가 대답하신 것이다. 이 절의 머리에 '왈(日)'자가 없기 때문에 먼저 특별히 밝힌 것이다. '피(詖)'는 편벽됨이요, '피(陂)'는 비(卑)·의(義)의 반절[기울어질 피]이다. ○ 주자가 말씀하였다. "피(陂)는 바로 산 한 쪽이 기운 것이다." '음(淫)'은 방탕함이요, 주자가 말씀하였다. "말한 것이 호한(浩汗;넓고 범범하여 끝이 없음)한 것이다." '사(邪)'는 사벽함이요, 주자가 말씀하였다. "정로(正路)를 떠난 것이다." '둔

(遁)'은 도피함이다. 이 네 가지는 서로 이어지니, 말의 병통이다. 본문에 언(言)을 변하여 사(辭)로 쓴 것은 별 뜻이 없다. 이 때문에 주(註)에 또다시 곧바로 언으로 썼다. ○ 같은 류(類)끼리 번갈아 들어 훈(訓)하였으니, 아래 네 가지도 같다. ○ 운봉호씨가 말하였다. "윗주는 천하의 말을 널리 가리켰으므로 시(是)·비(非), 득(得)·실(失)을 겸하여 알고, 이는 고자의 말을 가리킨 듯하므로 오로지 그 잘못함에서 안 것이다." ○ 채씨(蔡氏)가 말하였다. "이때 양주(楊朱)·묵적(墨翟)의 말이 천하에 가득하였으니, 부정한 학설을 그치게 하는 것이 이보다 급할 수가 없었다." ○ 상고해보건대 옳게 여겨 아는 것은 오히려 알기가 쉽기 때문에 우선 생략한 것이다. ○ 주자가 말씀하였다. "저 옳지 못한 것을 분별해 내면 곧 저 옳은 것을 알게 된다." ○ 또 말씀하였다. "양주와 묵적, 불가(佛家)와 노자(老子), 장자(莊子)와 열자(列子), 신자(申子)와 한비자(韓非子), 장의(張儀)와 소진(蘇秦)은 네 가지를 모두 가지고 있었다." ○ 살펴보건대 후세의 육상산(陸象山)과 왕양명(王陽明)은 더더욱 이 네 가지 병통을 구비하여 쉽게 분별할 수가 없다. ○ 쌍봉요씨가 말하였다. "피(詖)·음(淫)은 양(陽)에 속하고, 사(邪)·둔(遁)은 음에 속한다."

蔽는 遮隔也요 朱子曰 只見一邊하고 不見一邊이라 陷은 沈溺也요 離는 叛去也요 窮은 困屈也라 四者亦相因하니 則心之失也라 本文四其字는 蓋指心이라 人之有言이 皆出於心하니 言者는 心聲이라 其心이 明乎正理 與蔽、陷、離、窮으로 相反이라 而無蔽니 雙峯饒氏曰 先去其蔽하면 便無下面三件이라 孔子謂六蔽皆基於不好學[16]하시니 欲去蔽者는 當自好聖賢之學始니라 ○ 新安倪氏曰 饒氏深得集註提出蔽一字之意하니라 然後에 其言이 平正通達 與詖、淫、邪、遁으로 相反이라 而無病이니 孟子之言이 然也니 所以聖起必從也라 苟爲不然이면 心不明理라 則必有是四者之病矣라 告子之言이 然也니 以其不求於心也일새라 ○ 人之以下는 又探其源而先擧心하고 乃及言하여 以歸於 孟、告本事라

'폐(蔽)'는 가리고 막힘이요, 주자가 말씀하였다. "다만 한 쪽만 보고 한 쪽은 보지 못하는 것이다." '함(陷)'은 침닉(沈溺)함이요, '리(離)'는 배반함이요, '궁(窮)'은 곤굴(困屈)함이다. 이 네 가지 또한 서로 이어지니, 이것은 마음의 잘못이다. 본문의 네 '기(其)'자는 심(心)을 가리킨 것이다. 사람의 말이 모두 마음에서 나오니, 언(言)은 마음에서 나오는 소리이다. 마음이 정리(正理)에 폐(蔽)·함(陷)·이(離)·궁(窮)과 상반된다. 밝아서 가리움이 없은 쌍봉요씨가 말하였다. "먼저 그 가리움을 제거하면 곧바로 하면(下面)의 세 가지 일(음(淫)·사(邪)·둔(遁))이 없게 된다. 공자께서 '육폐(六蔽)가 모두 학문을 좋아하지 않음에서 말미암는다.' 하셨으니,*① 가리움을 제거하고자 하는 자는 마땅히 성현의 학문을 좋아함으로부터 시작해야 한다." ○ 신안예씨(新安倪氏)

---

16) ≪論語 陽貨 8章≫ "子曰: 由也, 女聞六言六蔽矣乎……好仁不好學, 其蔽也愚. 好知不好學, 其蔽也蕩. 好信不好學, 其蔽也賊. 好直不好學, 其蔽也絞. 好勇不好學, 其蔽也亂. 好剛不好學, 其蔽也狂."

가 말하였다. "요씨(饒氏)는 《집주》에서 '폐(蔽)'한 글자를 제시해 낸 뜻을 깊이 얻었다." **뒤에야 말이 공평하고 올바르고 통달하여** 피(詖)·음(淫)·사(邪)·둔(遁)과 상반된다. **병통이 없으니**, 맹자의 말씀이 그러한 것이니, 이 때문에 성인이 나와도 반드시 따르는 것이다. **만일 그렇지 못하면** 심(心)이 리(理)에 밝지 못한 것이다. **반드시 이 네 가지의 병통이 있게 된다.** 고자의 말이 그러하였으니, 그 마음에 구하지 않았기 때문이다. ○ 인지(人之) 이하는 또 그 근원을 탐구하여 먼저 심(心)을 들고 그 뒤에 비로소 언(言)에 미쳐서 맹자와 고자의 본래 일에 돌아갔다.

*① 공자께서……하셨으니 : 《논어》〈양화(陽貨)〉8장(章)에 "공자께서 "유(由:자로)야, 너는 육언(六言)과 육폐(六蔽)를 들었느냐?" 하시자, 자로는 대답하기를 "아직 듣지 못했습니다." 하였다. 이에 공자께서 말씀하셨다. "앉거라 내 너에게 말해주겠다. 인(仁)만 좋아하고 학문(배움)을 좋아하지 않으면 그 가리움이 어리석게 되고, 지혜만 좋아하고 학문을 좋아하지 않으면 그 가리움이 호탕하게 되고, 신(信)만 좋아하고 학문을 좋아하지 않으면 그 가리움이 해치게 되고, 정직함만 좋아하고 학문을 좋아하지 않으면 그 가리움이 급하게 되고, 용(勇)만 좋아하고 학문을 좋아하지 않으면 그 가리움이 어지럽게 되고, 강(剛)함만 좋아하고 학문을 좋아하지 않으면 그 가리움이 경솔하게 된다.〔子曰: 由也, 女聞六言六蔽矣乎. 對曰: 未也. 居, 吾語女. 好仁不好學, 其蔽也愚, 好知(智)不好學, 其蔽也蕩, 好信不好學, 其蔽也賊, 好直不好學, 其蔽也絞, 好勇不好學, 其蔽也亂, 好剛不好學, 其蔽也狂.〕"라고 한 내용을 가리킨다. 육폐(六蔽)는 여섯 가지 가리워지는 폐단을 말한 것으로 위의 우(愚)·탕(蕩)·적(賊)·교(絞)·란(亂)·광(狂)을 가리킨다.

卽其言之病而知其心之失하고 又知其害於政事之決然而不可易者如此하니 本文四其字는 汎指人이라 ○ 決然、不易은 釋聖起必從이니 蓋此二句는 只指生於四句而言이라 ○ 朱子曰 先政後事는 是自大綱而至節目이요 闢楊、墨處에 先事後政은 是自微而至著이라 ○ 雲峯胡氏曰 言無大無小히 無不有害하니 不必拘先後니라 **非心通於道而無疑於天下之理면 其孰能之리오** 此則孟子之知言也라 **彼告子者는 不得於言이어든 而不肯求之於心하여 至爲義外之說하니** 竝照上節이라 **則自不免於四者之病이니** 於後篇論性諸章에 可見이라 **其何以知天下之言하여** 汎指言이라 **而無所疑哉리오** 此告子之不知言也라 ○ 此註에 再提疑而不及懼者는 蓋從其重者言之耳라

그 말의 병통을 가지고 그 마음의 잘못을 알며, 또 정사에 해됨이 결정적이어서 바꿀 수 없음을 앎이 이와 같았으니, 본문의 네 '기(其)'자는 널리 사람을 가리킨 것이다. ○ 결연(決然)과 불역(不易)은 성기필종(聖起必從)을 해석한 것이니, 이 두 구(聖人復起, 必從吾言矣.)는 다만 생어(生於) 네 구를 가리켜서 말한 것이다. ○ 주자가 말씀하였다. "정(政)을 먼저 하고 사(事)를 뒤에 한 것은 이는 대강(大綱)으로부터 절목(節目)에 이른 것이고, 양주·묵적을 물리친 곳에 사(事)를 먼저 하고 정(政)을 뒤에 한 것*①은 은미함으로부터 드러남에 이른 것이다." ○ 운봉 호씨가 말하였다. "말은 큰 것과 작은 것이 없이 해(害)가 있지 않음이 없으니, 굳이 선후(先後)

에 구애할 필요가 없다." 마음이 도(道)를 통달하여 천하의 이치에 의심함이 없는 자가 아니면 그 누가 이에 능하겠는가. 이는 맹자의 지언(知言)이다. 저 고자는 말에 이해되지 못하거든 이것을 마음에 찾기를 즐겨하지 않아서 심지어는 의(義)가 외면에 있다는 말을 하기까지 하였으니, 아울러 윗절을 조응하였다. 그렇다면 스스로 이 네 가지의 병통을 면치 못한 것이니, 뒷편 성(性)을 논한 여러 장(章)에 볼 수 있다. 어떻게 천하의 말을 널리 언(言)을 가리켰다. 알아 의심하는 바가 없겠는가. 이는 고자의 불지언(不知言)이다. ○ 이 주(註)에 다시 의(疑)만 제시하고 구(懼)에 미치지 않은 것은 아마도 그 중한 것을 따라서 말한 듯하다.

*① 양주·묵적을……것 : 양주·묵적을 물리친 곳은 〈등문공 하〉 9장을 가리킨 것으로, 여기에 "吾爲此懼, 閑先聖之道, 距楊墨, 放淫辭, 邪說者不得作, 作於其心, 害於其事, 作於其事, 害於其政. 聖人復起, 不易吾言矣."라고 하였는바, 이곳의 경문과 대체로 유사하다. 다만 정(政)과 사(事)의 순서가 바뀌었으므로 말한 것이다. 정(政)은 큰 강령이고 사(事)는 작은 절목이다.

程子 叔子라 曰 心通乎道然後에 能辨是非니 如持權衡하여 以較 音敎라 輕重이니 孟子所謂知言이 是也라 雙峯饒氏曰 知言은 便是知道니 孟子不欲以知道自謂하사 所以只說知言하시니라 又 伯子라 曰 孟子知言은 正如人在堂上이라야 方能辨堂下人曲直이니 新安陳氏曰 必有超於衆人之見然後에 能知衆人之言이니라 若猶未免雜於堂下衆人之中이면 則不能辨決矣니라 新安陳氏曰 此章要旨를 未易究也라 集義故로 能養氣는 孟子所已言이요 窮理故로 能知言은 孟子所未言이니 而朱子與郭冲卿帖에 盡之라 明理以知言은 知之之事요 集義以養氣는 行之之事니 不出乎知行二者而已라 此章雖未終이나 而正意止於此하니라

정자가 숙자(叔子)이다. 말씀하였다. "마음이 도를 통달한 뒤에야 능히 시비(是非)를 분별할 수 있으니, 마치 저울대를 잡고 경중(輕重)을 비교할 '교(較)'는 음이 교(敎)이다. 수 있는 것과 같다. 맹자의 이른바 지언(知言)이란 바로 이것이다." 쌍봉요씨가 말하였다. "지언(知言)은 바로 도를 아는 것이니, 맹자가 도를 안다고 스스로 말씀하고자 하지 아니하여 이 때문에 다만 지언이라고 말씀하신 것이다."

또 백사(伯子)이다. 말씀하였다. "맹지의 지언(知言)은 바로 사람이 당상(堂上)에 있어야 바야흐로 당하(堂下) 사람의 곡직(曲直)을 구별할 수 있는 것과 같으니, 신안진씨가 말하였다. "반드시 중인(衆人)의 소견보다 뛰어남이 있은 뒤에야 능히 중인의 말을 아는 것이다." 만약 <자신이> 아직도 당하(堂下)의 여러 사람 속에 섞여 있음을 면치 못한다면 곡직을 분별할 수 없는 것과 같다." 신안진씨가 말하였다. "이 장의 요지(要旨)를 쉽게 연구할 수가 없다. 의로운 일을 축적하기 때문에 능히 호연지기를 기름은 맹자가 이미 말씀한 것이고, 이치를 연구하기 때문에 능히 말을 앎은 맹자가 아직 말씀하지 않은 것이니, 주자가 곽충경(郭冲卿)에게 준 첩(帖)에

이 말씀을 다하였다.*① 리(理)를 밝혀서 말을 앎은 지(知)의 일이고, 의로운 일을 축적하여 호연지기를 기름은 행(行)의 일이니, 지(知)·행(行) 두 가지에 벗어나지 않을 뿐이다. 이 장이 비록 아직 끝나지 않았으나 바른 뜻은 여기에서 끝났다."

*① 주자가……다하였다 : ≪회암집(晦菴集)≫ 권37 〈여곽충회서(與郭沖晦書)〉에, "나(주자)는 생각건대, 맹자의 학문은 궁리(窮理)와 집의(集義)를 학문의 시작으로 삼고 불동심을 효험으로 삼으신 듯하다. 오직 궁리를 하여야 능히 지언(知言)을 하고 오직 집의를 하여야 능히 호연지기를 기를 수 있으며, 이치가 밝아져서 의심하는 바가 없고 호연지기가 충만하여 두려운 바가 없다. 그러므로 능히 큰 임무를 담당하여 마음이 동하지 않는 것이다.〔熹竊謂: 孟子之學, 蓋以窮理集義爲始, 不動心爲效. 蓋唯窮理爲能知言, 唯集義爲能養其浩然之氣, 理明而無所疑, 氣充而無所懼. 故能當大任而不動心.〕"라고 하였다.

2-18

宰我、子貢은 善爲說辭하고 冉牛、閔子、顔淵은 善言德行이러니 孔子兼之하사되 曰 我於辭命則不能也로라하시니 然則夫子는 旣聖矣乎신저

〈공손추가 말하였다.〉 "재아(宰我)·자공(子貢)은 설사(說辭)를 잘하였고 염우(冉牛)·민자(閔子)·안연(顔淵)은 덕행(德行)을 잘 말하였는데, 공자(孔子)께서는 이것을 겸하셨으나 말씀하시기를 '나는 사명(辭命)에 있어서는 능하지 못하다.' 하셨으니, 그렇다면 부자(夫子)께서는 이미 성인(聖人)이시겠습니다."

行은 去聲이라

'행(行)'은 거성(去聲;행실)이다.

此一節은 林氏 大全曰 名은 之奇요 字는 少穎이니 三山人이라 以爲皆公孫丑之問이라하니 是也라 節首에 無曰字故로 特明之라 說辭는 言語也요 上文은 皆以知人言이요 此는 又以自言言者는 蓋互相發也라 德行은 得於心而見 音現이라 於行事者也라 先說辭하고 後德行者는 以方承上知言하여 而還他知言、養氣之本序耳라 三子 閔獨稱子者는 蓋因當時之稱耳라 善言德行者는 身有之故로 言之親切而有味也라 三子之序 與論語相倒者는 蓋偶耳라 或云 此乃善言之序요 非德行之序니 方承上知言故로 於言一邊에 歸重하니 觀於下文獨提辭命하면 可見이라하니 理或然也라

이 한 절(節)은 임씨(林氏)가 ≪대전≫에 말하였다. "이름은 지기(之奇)이고 자는 소영(少穎)이니, 삼산(三山) 사람이다." 이르기를 "모두 공손추의 질문이다." 하였으니, 그 말이 옳다. 절(節) 첫 번째에 '왈(曰)'자가 없으므로 특별히 밝힌 것이다. '설사(說辭)'는 언어(言語)요, 윗글은 모두 남의 말을 아는 것을 가지고 말하였고, 여기에 또 자기 말을 가지고 말한 것은 서로서로 발명한 것이다. '덕행(德行)'은 마음에 얻어서 행사에 나타나는 '현(見)'은 음이 현(現)이다. 것이다. 설사(說辭)를 먼저 하고 덕행(德行)을 뒤에 한 것은 막 위의 지언(知言)을 이어서 저 지언과 양기(養氣)의 본래의 순서로 돌아간 것이다. 세 분들이 민자(閔子)를 유독 자(子)라고 칭한 것은 아마도 당시의 칭호를 따른 듯하다. 덕행을 잘 말씀한 것은 자신들이 덕행을 가지고 있었기 때문에 이것을 말하면 친절해서 맛이 있었던 것이다. 세 사람의 순서가 ≪논어≫와 서로 도치됨은 우연일 뿐이다. 혹자는 말하기를 '이는 바로 선언(善言)의 순서요 덕행의 순서가 아니니, 막 위의 지언을 이었기 때문에 말하는 한 쪽에 중점을 돌린 것이니, 아랫글에 홀로 사명(辭命)을 제시한 것을 보면 이것을 알 수 있다.' 하니, 이치가 혹 옳을 듯하다.

公孫丑言 數子各有所長이어늘 本出論語先進17)이라 ○ 朱子曰 善爲說辭면 則於德行에 或有所未至어니와 善言德行이면 則所言이 皆其自己分上事니라 ○ 按我、貢之善說은 下節及章末所稱述夫子者 其尤耳라 **而孔子兼之라** 如兼夷、尹之聖이라 **然이나 猶自謂不能於辭命이어시늘** 此必有所據라 **今孟子 乃自謂我能知言하고 又善養氣라**하시니 **則是兼言語、德行而有之니** 沙溪曰 說辭辭命은 屬知言하고 善言德行은 屬浩然之氣라 ○ 慶源輔氏曰 養氣自集義生하니 豈非德行乎아 ○ 按德是道요 行是義니 所謂配道義者也라 ○ 此三句는 從然則二字而補說이라 **然則豈不旣聖矣乎아**하니라 雲峯胡氏曰 此以後는 因丑提出一聖字爲問故로 專發明一聖字하시니라 ○ 此節은 上收知言、養氣하고 下生學孔子之線脈하여 與孟施舍守約節로 文勢略相似하니 最宜詳玩이니라 **此夫子는 指孟子也라** 與下註相照라

공손추가 말하기를 "몇 분들은 각기 소장(所長)이 있었고, 이 내용은 ≪논어≫ 〈선진(先進)〉에 근본하였다. ○ 주자가 말씀하였다. "설사(說辭)를 잘하면 덕행에 혹 지극하지 못한 바가 있을 수 있지만, 덕행을 잘 말하면 말하는 바가 모두 자기 분수의 일이다." ○ 살펴보건대 재아(宰我)와 자공(子貢)이 말을 잘한 것은 아랫절과 장 끝에서 부자를 칭술한 것이 그 더욱 드러난 것이다 공자는 이것을 겸하셨으나 백이(伯夷)와 이윤(伊尹)의 성(聖)을 겸한 것과 같다. 오히려 스스로 사명(辭命)에는 능하지 못하다고 말씀하셨는데, 이는 반드시 근거한 바가 있을 것이다. 지금 맹자는 도리어 스스로 '나는 능히 지언(知言)을 하고, 나는 또 양기(養氣)를 잘 한다.'고 말씀하셨으니, 이것은 언어와 덕행을 겸하여 소유하신 것입니다. 사계(沙溪)가 말씀하였다. "설사(說辭)와 사명(辭命)은 지언(知言)에 속하고, 선언 덕행(善言德行)은 호연지기(浩然之氣)에 속한다." ○ 경원보씨가 말하였다. "호연지기를 기름은 의로운 일을 많이 축적함으로부터 생

---

17) ≪論語 先進 2章≫ "德行, 顏淵閔子騫冉伯牛仲弓. 言語, 宰我子貢. 政事, 冉有季路. 文學, 子游子夏."

기니, 이것이 어찌 덕행이 아니겠는가." ○ 살펴보건대 덕(德)은 바로 도(道)이고 행(行)은 바로 의(義)이니, 이른 바 도의(道義)에 짝한다는 것이다. ○ 이 세 구(自謂我能知言, 又善養氣, 則是兼言語德行而有之.)는 '연즉(然則)'이라는 두 글자를 따라 보충하여 말한 것이다. **그렇다면 어찌 이미 성인(聖人)이 아니겠습니까."한 것이다.** 운봉호씨가 말하였다. "이 이후는 공손추가 한 '성(聖)'자를 제출하여 질문하였으므로 오로지 한 '성'자를 발명하신 것이다." ○ 이 절은 위로는 지언과 양기를 거두고 아래로는 공자를 배운다는 선맥(線脈)을 만들어내어서 맹사(孟舍)의 지킴이 요약하다는 절(節)과 문세(文勢)가 대략 서로 비슷하니, 가장 마땅히 자세히 살펴보아야 한다. **여기의 부자(夫子)는 맹자를 가리킨다.** 아랫주와 서로 조응한다.

○ 程子 伯子라 曰 孔子自謂不能於辭命者는 欲使學者務本而已시니라 務本은 出論語學而[18]라 ○ 本은 卽德行이라

○ 정자가 백자(伯子)이다. 말씀하였다. "공자께서 스스로 사명(辭命)에는 능하지 못하다고 말씀한 것은 배우는 자들로 하여금 근본(행실)을 힘쓰게 하고자 하셨을 뿐이다." 무본(務本)은 ≪논어≫〈학이(學而)〉에 나온다. ○ 본(本)은 바로 덕행이다.

2-19

曰 惡(오)라 是何言也오 昔者에 子貢이 問於孔子曰 夫子는 聖矣乎신저 孔子曰 聖則吾不能이어니와 我는 學不厭而敎不倦也로라 子貢曰 學不厭은 智也요 敎不倦은 仁也니 仁且智하시니 夫子는 旣聖矣신저하니 夫聖은 孔子도 不居하시니 是何言也오

맹자가 말씀하셨다. "아, 이 웬 말인가. 옛적에 자공(子貢)이 공자께 묻기를 '부자(夫子)는 성인이실 것입니다.' 하자, 공자께서 '성인은 내 능하지 못하지만 나는 배우기를 싫어하지 않고 가르치기를 게을리 하지 않노라.' 하시니, 자공이 말하기를 '배우기를 싫어하지 않음은 지(智)이고 가르치기를 게을리 하지 않음은 인(仁)이니, 인(仁)하고 또 지(智)하시니 부자는 이미 성인이십니다.' 하였다. 저 성인은 공자께서도 자처하지 않으셨으니, 이 웬 말인가."

惡는 平聲이라 夫聖之夫는 音扶라

---

[18] ≪論語 學而 2章≫ "君子務本, 本立而道生, 孝弟也者, 其爲仁之本與."

'오(惡)'는 평성(平聲;어찌)이다. 부성(夫聖)의 '부(夫)'는 음이 부(扶;저)이다.

惡는 驚歎辭也라 昔者以下는 孟子不敢當丑之言하여 而引孔子、子貢問答之辭以告之也라 上聖矣乎에 不言旣者는 汎言也라 ○ 孔子答辭는 又見論語述而二處19)라 ○ 雙峯饒氏曰 不厭、不倦은 須粘聖字說이니 言學聖人之道而不厭하고 又以聖人之道敎人而不倦이니라 此夫子는 指孔子也라 學不厭者는 智之所以自明이요 敎不倦者는 仁之所以及物*①이라 朱子曰 中庸의 成己仁也는 是體요 成物智也는 是用이며 此學不厭智也는 是體요 敎不倦仁也는 是用이니라 ○ 潛室陳氏曰 仁、智互爲體用이니라 ○ 按仁、智皆能統四者라 再言是何言也하여 以深拒之하시니라 將以學孔子自任이로되 而先深拒者는 以見其學之之甚難也라

'오(惡)'는 놀라고 탄식하는 말이다. 석자(昔者) 이하는 맹자가 감히 공손추의 말을 감당하지 못해서 공자와 자공(子貢)이 문답하신 말씀을 인용하여 고해준 것이다. 위 성의호(聖矣乎)의 '성(聖)'에 '기(旣)'자를 말하지 않은 것은 범연(汎然)히 말한 것이다. ○ 공자의 대답한 말씀은 또 《논어》〈술이(述而)〉의 두 곳에 보인다. ○ 쌍봉요씨가 말하였다. "싫어하지 않고 게을리 하지 않음은 모름지기 '성(聖)'자에 붙여 말해야 한다. 이는 성인의 도를 배우면서 싫어하지 않고, 또 성인의 도를 가지고 사람을 가르치면서 게을리 하지 않음을 말한 것이다." 여기의 부자(夫子)는 공자를 가리킨다. 배우기를 싫어하지 않음은 지(智)로서 스스로 밝히는 것이요, 가르치기를 게을리 하지 않음은 인(仁)으로서 남에게 미치는 것이다. 주자가 말씀하였다. "《중용》의 '성기(成己)는 인(仁)'이라는 것은 바로 체(體)이고 '성물(成物)은 지(智)'라는 것은 바로 용(用)이며, 여기의 '학불염(學不厭)은 지(智)'라는 것은 바로 체(體)이고 '교불권(敎不倦)은 인(仁)'이라는 것은 바로 용(用)이다." ○ 잠실진씨(潛室陳氏)가 말하였다. "인(仁)과 지(智)가 서로 체(體)와 용(用)이 된다." ○ 살펴보건대 인과 지가 모두 네 가지(成己, 成物, 學不厭, 敎不倦,)를 통합한다. '이 웬 말인가.'라고 두 번 말씀하여 깊이 거절하신 것이다. 장차 공자를 배우는 것으로 자임(自任)하려 하셨으나 먼저 깊이 거절한 것은 공자를 배우기가 심히 어려움을 나타낸 것이다.

*① 智之所以自明……仁之所以及物 : 스스로 밝히는 바의 지(智)이고……남에게 미치는 바의 인(仁)이란 뜻인데, 주어(主語)인 지(智)와 인(仁)을 앞에 놓은 것이다.

---

19) 《論語 述而 2章》 "子曰: 黙而識之, 學而不厭, 誨人不倦, 何有於我哉."
《論語 述而 33章》 "子曰: 若聖與仁, 則吾豈敢. 抑爲之不厭, 誨人不倦, 則可謂云爾已矣."

2-20

昔者에 竊聞之호니 子夏、子游、子張은 皆有聖人之一體하고 冉牛、閔子、顔淵은 則具體而微라하니 敢問所安하노이다

<공손추가 말하였다.> "옛적에 제가 들으니, '자하(子夏)·자유(子游)·자장(子張)은 모두 성인의 일부분을 가지고 있었고, 염우(冉牛)·민자(閔子)·안연(顔淵)은 전체를 갖추고 있었으나 미약하다.' 하였습니다. 선생께서 편안히 자처하시는 바를 감히 묻겠습니다."

此一節은 林氏亦以爲皆公孫丑之問이라하니 是也라 無曰字故로 先明之라 ○ 昔聞은 蓋聞於孟子니 如子游之聞於夫子[20]耳라 一體는 猶一肢也라 朱子曰 游、夏는 得其文學하고 子張은 得其威儀하니 皆一體也니라 ○ 夏、游、張之學이 視我、貢故로 又與冉、閔、顔對說이라 具體而微는 謂有其全體로되 但未廣大 一無大字라 耳라 安은 處 上聲이니 下竝同이라 也라 公孫丑復 去聲이라 問 孟子旣不敢比孔子면 承上節이라 則於此數子에 欲何所處也오하니라 將爲游、夏하고 將爲顔、閔이라

이 한 절(節)은 임씨(林氏)가 또한 이르기를 '모두 공손추의 질문이다.' 하였으니, 그 말이 옳다. '왈(曰)'자가 없으므로 먼저 이것을 밝힌 것이다. ○ 옛날에 들었다는 것은 아마도 맹자에게 들은 듯하니, 자유(子游)가 부자에게 들었던 것과 같다. '일체(一體)'는 일지(一肢)와 같다. 주자가 말씀하였다. "자유와 자하(子夏)는 그 문학을 얻었고 자장(子張)은 그 위의(威儀)를 얻었으니, 이는 모두 한 지체(肢體)이다. ○ 자하·자유·자장의 학문이 재아(宰我)와 자공(子貢)에게 비견되기 때문에 또 염백우(冉伯牛)·민자건(閔子騫)·안연(顔淵)과 상대하여 말한 것이다. 구체이미(具體而微)는 그(공자)의 전체를 소유하였으나 다만 광대(廣大)하지 일본(一本)에는 '대(大)'자가 없다. 못함을 말한 것이다. '안(安)'은 편안히 처함이다. '처(處)'는 상성(上聲;처함)이니, 아래도 모두 같다. 공손추가 다시 '부(復)'는 거성(去聲;다시)이다. 묻기를 "맹자가 이미 감히 공자에게 견주지 못하신다면 윗절을 이었다. 이 몇 분들에 대해 어느 곳(분)에 자처하시고자 하십니까?" 한 것이다. 장차 자유와 자하가 되고 장차 안자(顔子)와 민자(閔子)가 되려는 것이다.

---

20) ≪論語 陽貨 3章≫ "子之武城, 聞弦歌之聲. 夫子莞爾而笑曰: 割鷄焉用牛刀. 子游對曰: 昔者, 偃也聞諸夫子, 曰: 君子學道則愛人, 小人學道則易使也."

2-21

曰 姑舍是하라

맹자가 말씀하셨다. "우선 이들을 버려두라."

舍는 上聲이라

'사(舍)는' 상성(上聲;버림)이다.

孟子言且 姑라 置 舍라 是 數子라 者는 不欲以數子所至者로 一體、具微라 自處也시니라 天台潘氏曰 孟子之志는 願學孔子로되 誠有不足於顔子者하시니라 ○ 按孟子此言은 當以其志論이요 不當以顔、孟所造之迹觀也니라

맹자가 말씀하시기를 '우선 '차(且)'는 우선이다. 이들을 '이〔是〕'는 몇 사람이다. 버려두라.' '치(置)'는 사(舍;버려둠)이다. 고 하신 것은 이 몇 분들이 이른 경지를 가지고 일체(一體)와 구체이미(具體而微)이다. 자처하고자 하지 않으신 것이다. 천태반씨(天台潘氏)가 말하였다. "맹자의 뜻은 공자를 배우기를 원한 것이나, 진실로 안자(顔子)에게 부족한 점이 있으셨다." ○ 살펴보건대 맹자의 이 말씀은 마땅히 그 뜻을 가지고 논해야 하고, 안자와 맹자가 나아간 바(경지)의 자취를 가지고 보아서는 안 된다.

2-22

曰 伯夷、伊尹은 何如하니잇고 曰 不同道하니 非其君不事하며 非其民不使하여 治則進하고 亂則退는 伯夷也요 何事非君이며 何使非民이리오하여 治亦進하며 亂亦進은 伊尹也요 可以仕則仕하며 可以止則止하며 可以久則久하며 可以速則速은 孔子也시니 皆古聖人也라 吾未能有行焉이어니와 乃所願則學孔子也로라

공손추가 말하였다. "백이(伯夷)와 이윤(伊尹)은 어떻습니까?" 맹자가 말씀하셨다. "도(道)가 같지 않으니, 그(자기) 군주가 아니면 섬기지 않으며 그 백성이 아니면 부리지 않아서 세상이 다스려지면 나아가고 어지러우면 물러감은 백이였고, '어느 분을 섬긴들 내 군주가 아니며 어느 사람을 부린들 내 백성이 아니겠는가.' 하여

> 다스려져도 나아가고 어지러워도 나아감은 이윤이었고, 벼슬할 만하면 벼슬하고 그만둘 만하면 그만두며 오래 머물 만하면 오래 머물고 빨리 떠날 만하면 빨리 떠나심은 공자이시니, 모두 옛 성인이시다. 내 행함이 있지 못하지만 내가 원하는 것은 공자를 배우는 것이다."

治는 去聲이라

'치(治)'는 거성(去聲;다스려짐)이다.

沙溪曰 問何如는 欲以微觀孟子所安之意라 不同道는 亦擧二聖不同處하여 微見其病乎偏하고 而仍言願學孔子之全하시니 則其不安於二子之意를 可見矣니라 ○ 魯齋王氏曰 乃所願則學孔子는 後四段이 盡在此句하니라 ○ 雲峯胡氏曰 孟子欲學其大者全者故로 此下에 專言夫子之聖하시니라 ○ 按孟子旣不欲以數子自處하시고 又常言夷、尹爲聖故로 復問其何如耳라 不同道는 蓋謂其淸、任이 與孔子之時不同也니 下節及註에 有可考라 旣不同於孔子면 則凡與學孔子者로 皆不同하니 其不能過於數子而亦同歸於姑舍之科를 可見矣니라 ○ 此不同道는 與論語之道不同21)으로 有異하니 此는 謂兩是聖人中에 不同其所行之道요 彼는 謂邪正之道本不同하여 如冰炭之相反耳라

사계(沙溪)가 말씀하였다. "'하여(何如)'라고 물은 것은 맹자가 편안히 여기시는 바의 뜻을 은미하게 보고자 한 것이다. '도(道)가 같지 않다'는 것은 또한 두 성인이 똑같지 않은 곳을 들어서 그 편벽됨에 병이 됨을 은미하게 나타내고 이어서 공자의 온전함을 배우기를 원함을 말씀하셨으니, 그 두 사람(백이와 이윤)에게 편안히 여기지 않는 뜻을 볼 수 있다." ○ 노재왕씨(魯齋王氏)가 말하였다. "'내가 원하는 것은 공자를 배우는 것이다.'라는 것은 뒤의 네 단락이 모두 이 구(句)에 있다." ○ 운봉호씨가 말하였다. "맹자가 그 큰 것과 온전한 것을 배우고자 하셨으므로 이 아래에는 오로지 부자의 성스러움을 말씀하였다." ○ 살펴보건대 맹자가 이미 몇 사람으로 자처하고자 하지 않으셨고, 또 항상 백이(伯夷)와 이윤(伊尹)을 성인이라고 말씀하셨으므로 다시 그 어떠한가를 물은 것이다. 도가 같지 않다는 것은 그 청(淸)과 임(任)이 공자의 시(時)와 똑같지 않음을 말씀한 것이니, 아랫절과 및 주(註)에 상고할 만한 내용이 있다. 이미 공자와 똑같지 않다면 무릇 공자를 배우는 자들과 모두 똑같지 않으니, 그 몇 사람보다 낫지 못하면서 또한 우선 이들을 버려두라는 과(科)와 함께 돌아감을 볼 수 있다. ○ 여기의 '도가 같지 않다.'는 것은 ≪논어≫의 '도가 같지 않다.'는 것과 차이가 있으니, 이는 두 성인 가운데에 그 행한 바의 도가 같지 않음을 말한 것이요, 저 ≪논어≫는 간사하고 바른 도가 본래 똑같지 않아서 얼음과 숯이 상반되는 것과 같음을 말한 것이다.

---

21) ≪論語 衛靈公 39章≫ "子曰: 道不同, 不相爲謀."

伯夷는 孤竹君之長 上聲이라 子니 兄弟遜國하고 避紂隱居라가 聞文王之德而歸之러니 及武王伐紂에 去而餓死하니라 見離婁上及史記本傳이라 ○ 非其君은 指武王이요 亂은 指紂라 伊尹은 有莘之處 上聲이라 士니 湯聘而用之하여 使之就桀한대 桀不能用이어늘 復 去聲이라 歸於湯하여 如是者五라가 乃相 去聲이라 湯而伐桀也하니라 見萬章上及史記殷紀하니 竝略照本文而引取訓之라 ○ 伊尹이 於夏爲陪臣하니 五湯、五桀이 皆所當仕라 故로 云何事非君이라 又如春秋世에 歷仕侯國者亦頗然矣어니와 降自漢以後하여는 則著不得此四字矣니 必叛臣乎인저 ○ 龜山楊氏曰 聖人之淸故로 孟子曰 古聖人이요 未至於大成故로 孔子曰 賢人而已[22]시니라 三聖人事는 詳見 音現이라 此篇之末及萬章下篇하니라 先夷後尹은 豈爲其制行之高歟아

백이(伯夷)는 고죽국(孤竹國) 군주의 장자(長子)이니, '장(長)'은 상성(上聲;맏)이다. 형제가 나라를 사양하고 주왕(紂王)을 피하여 숨어 살다가 문왕(文王)의 덕(德)을 듣고 문왕에게 귀의했었는데, 무왕(武王)이 주왕을 정벌하자 주(周)나라를 떠나 굶어 죽었다. 이 내용이 〈이루 상(離婁上)〉과 ≪사기≫ 본전(本傳)에 보인다. ○ 그 군주가 아니라는 것은 무왕(武王)을 가리킨 것이요, 난(亂)은 주왕(紂王)을 가리킨 것이다. 이윤(伊尹)은 유신(有莘)의 처사(處士)이니, '처(處)'는 상성(上聲;은둔함)이다. 탕왕(湯王)이 초빙하여 등용해서 걸왕(桀王)에게 나아가게 하였으나 걸왕이 등용하지 못하자 다시 '부(復)'는 상성(上聲;다시)이다. 탕왕에게 돌아와 이와 같이 하기를 다섯 번 하다가 마침내 탕왕을 도와 '상(相)'은 거성(去聲;도움)이다. 걸왕을 정벌하였다. 이 내용이 〈만장 상(萬章上)〉과 ≪사기≫ 〈은기(殷紀)〉에 보이니, 함께 간략히 본문을 조응하여 끌어다가 취하여 훈(訓)하였다. ○ 이윤(伊尹)은 하(夏)나라에 배신(陪臣;제후국의 신하)이 되니, 다섯 번 탕왕(湯王)에게 나아가고 다섯 번 걸왕(桀王)에게 나아간 것이 다 마땅히 벼슬해야 할 바였다. 그러므로 '누구를 섬긴들 군주가 아니겠느냐.'고 말한 것이다. 또 춘추(春秋) 시대에 제후국(諸侯國)에 차례로 벼슬한 자가 또한 자못 그러하였지만, 내려와 한(漢)나라 이후로는 이 네 글자(何事非君)를 놓을 수가 없으니, 이렇게 하면 반드시 배반한 신하일 것이다. ○ 구산양씨(龜山楊氏)가 말하였다. "〈백이가〉 성인의 청(淸)이기 때문에 맹자가 옛날 성인이라고 말씀한 것이요, 대성(大成)에는 이르지 못했기 때문에 공자가 현인(賢人)이라고 말씀하실 뿐인 것이다." 이들 세 성인의 일은 이 편의 끝과 〈만장 하(萬章下)〉편에 자세히 보인다. '현(見)'은 음이 현(現)이다. ○ 백이(伯夷)를 먼저하고 이윤(伊尹)을 뒤에 함은 아마도 그(백이)의 제행(制行)이 높기 때문일 것이다.

---

22) ≪論語 述而 14章≫ "冉有曰: 夫子爲衛君乎. 子貢曰: 諾. 吾將問之. 入曰: 伯夷叔齊, 何人也. 曰: 古之賢人也."

2-23

伯夷、伊尹이 於孔子에 若是班乎잇가 曰 否라 自有生民以來로 未有孔子也시니라

<공손추가 말하였다.> "백이(伯夷)와 이윤(伊尹)이 공자에 대해서 이와 같이 동등합니까?" 맹자가 말씀하셨다. "아니다. 생민(生民)이 있은 이래로 공자와 같은 분이 계시지 않다."

班은 齊等之貌라 列也라 ○ 以皆古聖人之語로 而謂之班하니 殊未察乎願學之意也라 公孫丑問에 無曰字故로 明之라 而孟子答之以不同也하시니라 自有生民二句는 此爲呼요 而章末에 凡三應之하니 此其願學之由也라 其意若曰孔子不惟不班於夷、尹而已요 乃過於堯、舜耳라

'반(班)'은 등급이 똑같은 모양이다. '반(班)'은 렬(列)이다. ○ 모두 옛 성인이라는 말씀 때문에 반(班)이라고 말하였으니, 이는 자못 배우기를 원하는 뜻을 살피지 못한 것이다. 공손추가 물음에 '왈(曰)'자가 없기 때문에 밝힌 것이다. 맹자가 똑같지 않다고 답하신 것이다. '자유생민(自有生民)' 두 구는 이는 호(呼)가 되고 장(章) 끝에 모두 세 번 이에 응하였으니, 이는 그 배우기를 원하는 이유이다. 그 뜻은 대략 공자는 다만 백이(伯夷)와 이윤(伊尹)에 반열되지 않을 뿐만 아니요, 바로 요(堯)·순(舜)보다도 더하다고 한 것이다.

2-24

曰 然則有同與잇가 曰 有하니 得百里之地而君之면 皆能以朝諸侯有天下어니와 行一不義하며 殺一不辜而得天下는 皆不爲也시리니 是則同하니라

공손추가 말하였다. "그렇다면 같은 점이 있습니까?" 맹자가 말씀하셨다. "있으니, 백 리 되는 땅을 얻어서 인군 노릇을 하면 모두 제후들에게 조회 받고 천하를 소유할 수 있지만, 한 가지 일이라도 불의(不義)를 행하며 한 사람이라도 죄 없는 이를 죽이고 천하를 얻음은 모두 하시지 않았을 것이니, 이것은 같다."

與는 平聲이라 朝는 音潮라

'여(與)'는 평성(平聲;의문사)이다. '조(朝)'는 음이 조(潮;조회 받음)이다.

有는 指中有字라 言有同也라 以百里而王 去聲이라 天下는 德之盛也요 行一不義, 殺一不辜而得天下를 有所不爲는 朱子曰 以遜國而逃하고 諫伐而餓하며 非道義면 一介不取與로 觀之하면 可見矣니라 心之正也라 聖人之所以爲聖人은 其根本、節目之大者 惟在於此하니 於此不同이면 則亦不足以 一無以字라 爲聖人矣니라 新安陳氏曰 德之盛은 根本之大也요 心之正은 節目之大也니 根本、節目同이면 皆可以言聖人이니라

'유(有)'는 중간의 '유(有)'자를 가리킨 것이다. 같음이 있음을 말한다. 백 리를 가지고 천하에 왕노릇함은 '왕(王)'은 거성(去聲;왕노릇함)이다. 덕의 성함이요, 한 가지 일이라도 의롭지 않은 일을 행하며 한 사람이라도 죄 없는 이를 죽이고서 천하를 얻음을 하지 않는 바가 있음은 주자가 말씀하였다. "나라를 사양하다가 도망하고, 은(殷)나라를 정벌하는 것을 간하다가 굶주렸으며, 도의가 아니면 한 개도 취하지 않고 주지 않은 것으로 보면 이것을 알 수 있다." 마음의 올바름이다. 성인이 성인이 되신 이유는 그 근본과 절목(節目)의 큰 것이 오직 여기에 있으니, 여기에서 똑같지 않다면 또한 족히 일본(一本)에는 '이(以)'자가 없다. 성인이라 할 수 없는 것이다. 신안진씨가 말하였다. "덕이 성함은 근본이 큰 것이요 마음이 바름은 절목이 큰 것이니, 근본과 절목이 같으면 다 성인이라고 말할 수 있는 것이다.

2-25

曰 敢問其所以異하노이다 曰 宰我、子貢、有若은 智足以知聖人이니 汙(와)不至阿其所好니라

공손추가 말하였다. "감히 그 다른 점을 묻습니다." 맹자가 말씀하셨다. "재아(宰我)와 자공(子貢)과 유약(有若)은 지혜가 충분히 성인을 알 만하니, <이들이 가령 지혜가> 낮다 하더라도 좋아하는 사람에게 아첨하는 데에는 이르지 않았을 것이다.

汙는 音蛙라 好는 去聲이라

'와(汙)'는 음이 와(蛙;낮음)이다. '호(好)'는 거성(去聲;좋아함)이다.

先言同處然後에 乃言異處하니 精采頓新이라

먼저 같은 부분을 말씀한 뒤에 비로소 다른 부분을 말씀하였으니, 정채(精采)가 크게 새롭다.

汙는 下也라 三子智足以知夫子 聖人이라 之道하니 添二字라 假使汙下라도 朱子曰
或是當時方言이니 屬下句讀이니라 必不阿私所好 己師라 而空譽 平聲이라 之니 明其
言之可信也시니라 此句는 提出言字하여 以補本文未足之意라 蓋此章知言之下에 以學孔
子爲歸宿故로 中間에 歷擧孔門曾子·子夏·宰我·子貢·冉牛·閔子·顔淵·子游·子張
하고 至此하여 再擧善言之我·貢하고 益以似聖之有若而終之하니 知言二字之爲合尖이 果
信矣요 而其辭語之間에 詠歎之意亦深矣로다

'와(汙)'는 낮음이다. 세 사람의 지혜가 충분히 부자(夫子)의 성인(聖人;공자)이다. 도(道)를 '지도(之道)' 두 글자를 더하였다. 알 만하니, 가령 <지혜가> 낮더라도 주자가 말씀하였다. "와하(汙下)는 혹 당시의 방언인 듯하니, 아랫구에 속하여 읽는다." 반드시 자기가 좋아하는 사람에게 좋아하는 바는 자기의 스승이다. 아첨하여 헛되이 칭찬하지는 '예(譽)'는 평성(平聲;칭찬함)이다. 않았을 것이니, 이는 그 말이 믿을 만함을 밝히신 것이다. 이 구는 '언(言)'자를 제시해내어서 본문의 부족한 뜻을 보충하였다. 이 장의 지언(知言)의 아래에 공자를 배우는 것을 가지고 귀숙처(歸宿處)로 삼았기 때문에 중간에 공자 문하의 증자(曾子)·자하(子夏)·재아(宰我)·자공(子貢)·염우(冉牛)·민자(閔子)·안연(顔淵)·자유(子游)·자장(子張)을 차례로 들고, 여기에 이르러서는 다시 말을 잘한 재아와 자공을 들고 성인과 유사한 유약(有若)을 더하여 끝마쳤으니, 지언(知言) 두 글자의 합첨(合尖;끝마무리)이 됨이 과연 맞는 말이요, 그 말하는 사이에 읊고 감탄한 뜻이 또한 깊다.

2-26

宰我曰 以予觀於夫子컨대 賢於堯·舜이 遠矣샷다

재아(宰我)가 말하기를 '나로서 부자를 관찰하건대 요(堯)·순(舜)보다 나음이 크시다.' 하였다.

予字는 讀作宰我之名과 與我·吾之義가 兩皆通이라 但諺解에 以字를 釋於夫子者는 則恐合更商이라

'여(予)'자는 재아의 이름으로 읽는 것과 '아(我)'와 '오(吾)'의 뜻으로 읽는 것이 둘 다 모두 통한다. 다만 ≪언해≫에 '이(以)'자를 부자(夫子)에서 석(釋)한 것[1]은 마땅히 다시 헤아려야 할 듯하다.

*[1] ≪언해≫에……것 : ≪언해≫에 "나 부자(夫子)를 봄으로써 하건대"로 해석하였으므로 말한 것이다.

程子 叔子라 曰 語聖則不異하고 慶源輔氏曰 以其德言也라 事功則有異하니 夫子賢於

堯、舜은 語事功也라 蓋堯、舜은 治天下하시고 夫子는 又推其道하사 以垂敎萬世하시니 堯、舜之道 非得孔子면 則後世亦何所據哉리오 以論釋之라 ○ 五峯胡氏曰 成一時之勳業은 有限하고 開萬世之道學은 無窮이니라 ○ 新安陳氏曰 宰予此言은 深知孔子니 所以表出於子貢、有若之言之先也歟인저 ○ 按此語는 文雖短이나 而意則至하니 有勝於二子耳라

정자가 숙자이다. 말씀하였다. "성인임을 말하면 다르지 않고 경원보씨가 말하였다. "그 덕을 가지고 말한 것이다." 사공(事功)은 다름이 있으니, 부자가 요(堯)·순(舜)보다 나음은 사공을 말한 것이다. 요·순은 천하를 다스리셨고 부자는 또 그 도(道)를 미루어 만세(萬世)에 가르침을 남기셨으니, 요·순의 도가 공자를 얻지 않았다면 후세에서 또한 무엇을 근거하였겠는가." 논(論)으로 석(釋)하였다. ○ 오봉호씨(五峯胡氏)가 말하였다. "한 때의 훈업(勳業)을 이룸은 한계가 있고, 만세의 도학(道學)을 열어놓음은 무궁한 것이다." ○ 신안진씨가 말하였다. "재여(宰予)의 이 말은 공자를 깊이 안 것이니, 이 때문에 자공(子貢)과 유약(有若)의 말의 앞에 표출해낸 것이리라." ○ 살펴보건대 이 말은 글은 비록 짧으나 뜻은 지극하니, 〈재여가〉 자공과 유약 두 사람보다 나음이 있다.

2-27

子貢曰 見其禮而知其政하며 聞其樂而知其德이니 由百世之後하여 等百世之王컨대 莫之能違也니 自生民以來로 未有夫子也시니라

자공(子貢)이 말하기를 '예(禮)를 보면 그 나라의 정사를 알고 음악을 들으면 그 군주의 덕을 알 수 있으니, 백세(百世)의 뒤에서 백세의 왕들을 차등해 보건대 이것을 도피할 자가 없으니, 생민(生民)이 있은 이래로 부자(夫子)와 같은 분은 계시지 않았다.' 하였다.

言 人凡見人之禮면 則可以知其政이요 聞人之樂이면 兩其字는 汎指人이라 則可以知其德이라 禮는 是政之大者요 樂은 是象其德者라 是以로 我從百世之後하여 差 楚宜反이라 等百世之王컨대 無有能遁其情者니 新安陳氏曰 差等은 猶品第也요 情은 實也라 而見其皆莫若夫子之盛也니라 朱子曰 一說에 夫子知而等之하시니 莫能逃夫子之見이니 此子貢所以知其爲生民以來未有也라 然이나 不如前說之順이니라

대범(大凡) 사람의 예(禮)를 보면 그 정사를 알고 사람의 음악을 들으면 두 '기(其)'자는 사

공손추장구 상 259

람을 널리 가리킨 것이다. **그 덕을 알 수 있다.** 예(禮)는 바로 정사의 큰 것이요 악(樂)은 그 덕을 형상한 것이다. **이 때문에 내가 백세의 뒤에서 백세의 왕들을 차등해** '차(差)'는 초(楚)·의(宜)의 반절[차등 차]이다. **보건대 그 실정을 도피할 자가 없으니,** 신안진씨가 말하였다. "차등은 품제(品第)와 같고 정(情)은 실정이다." **그 모두 부자(夫子)와 같이 성한 분이 없음을 볼 수 있다고 말한 것이다.** 주자가 말씀하였다. "일설(一說)에 부자(夫子)가 알고 차등하셨으니 부자의 견해를 도피할 수 있는 자가 없는 것이니, 이는 자공이 그 생민(生民) 이래로 〈공자와 같은 분이〉 있지 않음이 됨을 아는 이유라고 한다. 그러나 앞 설이 순함만 못하다."

2-28

有若曰 豈惟民哉리오 麒麟之於走獸와 鳳凰之於飛鳥와 泰山之於丘垤과 河海之於行潦에 類也며 聖人之於民에 亦類也시니 出於其類하며 拔乎其萃나 自生民以來로 未有盛於孔子也시니라

유약(有若)이 말하기를 '어찌 다만 백성(사람) 뿐이겠는가. 기린(麒麟)이 달리는 짐승에 있어서와 봉황새가 나는 새에 있어서와 태산(泰山)이 언덕의 개미둑에 있어서와 하해(河海)가 길바닥에 고인 장마물에 있어서와 똑같으며, 성인(聖人)이 일반사람에 있어서도 이와 같은 것이다. 그 종류 중에서 빼어나며 그 모인 것 중에서 높이 솟아났으나 생민(生民)이 있은 이래로 공자(孔子)보다 더 훌륭한 분은 계시지 않다.' 하였다."

垤은 大結反이라 潦는 音老라

'절(垤)'은 대(大)·결(結)의 반절[개미둑 절]이다. '로(潦)'는 음이 로(老;장마물)이다.

民은 人也라

'민(民)'은 사람이다.

麒麟은 毛蟲之長이요 上聲이니 下同이라 鳳凰은 羽蟲之長이라 垤은 諺音誤라 蟻封也라 丘垤은 丘之垤也라 行은 道也라 潦는 諺音誤라 道上無源之水也라 出은 高出也요 拔은 特起也라 萃는 聚也라 大全曰 衆所聚之中이라 言 自古聖人이 新安陳氏曰 汎說이라 固皆異於衆人이라 出類拔萃라 然이나 未有如孔子之尤盛者也니라 雲峯胡氏曰

夫子之聖은 不假乎養氣知言이요 孟子之養氣知言은 乃學而至聖者也니라

기린(麒麟)은 모충(毛蟲;털이 있는 짐승)의 으뜸이요 '장(長)'은 상성(上聲;우두머리)이니, 아래도 같다. 봉황(鳳凰)은 우충(羽蟲;깃이 있는 짐승)의 으뜸이다. '절(垤)'은 ≪언해≫의 음(질)이 잘못되었다. 개미둑이다. 구절(丘垤)은 언덕의 개미둑이다. '항로(行潦)'는 '항(行)'은 길이다. ○ '로(潦)'는 ≪언해≫의 음(료)이 잘못되었다. 길 위의 근원이 없는 물이다. '출(出)'은 높이 솟아남이요, '발(拔)'은 특별히 일어남이다. '췌(萃)'는 모음이다. ≪대전≫에 말하였다. "여럿이 모여 있는 가운데이다." 예로부터 성인은 신안진씨가 말하였다. "널리 말한 것이다." 진실로 모두 중인(衆人)보다 특이하다. 동류(同類)에서 솟아나고 모아놓은 가운데에서 일어남(우뚝함)이다. 그러나 공자와 같이 더욱 훌륭한 분은 있지 않음을 말씀한 것이다. 운봉호씨가 말하였다. "부자(夫子)의 성(聖)은 양기(養氣)와 지언(知言)을 필요로 하지 않고, 맹자의 양기와 지언은 바로 배워서 성인에 이른 것이다."

○ 程子 當考라 曰 孟子此章은 擴前聖所未發하시니 大全曰 養氣、知言이라 ○ 按重意在養氣라 ○ 朱子曰 浩然一章은 孔子兩言에 盡之하시니 曰內省不疚어니 夫何憂何懼리오하시니라 學者所宜潛心而玩索 山客反이라 也니라 朱子曰 孟子章句長하여 與解論語不同하니 須要識他全章大指所在요 又須看敎前後血脈通貫而後에 可니라 ○ 按保民、許行、好辯諸大章中에 惟此章脈絡이 最難貫通이라

○ 정자가 마땅히 상고하여야 한다. 말씀하였다. "≪맹자≫의 이 장(章)은 전성(前聖)들이 미처 발명(發明)하지 못하신 것을 확충하셨으니, ≪대전≫에 말하였다. "양기(養氣)와 지언(知言)이다." ○ 살펴보건대 중한 뜻이 양기에 있다. ○ 주자가 말씀하였다. "호연지기(浩然之氣) 한 장(章)은 공자의 두 말씀에 다하였으니, 말씀하시기를 '안으로 살펴보아 하자가 없으니 어찌 근심하고 어찌 두려워하겠는가.' 하신 것이다." 배우는 자들이 마땅히 마음을 잠겨 완색(玩索)하여야 '색(索)'은 산(山)·객(客)의 반설[찾을 색]이다. 할 것이다." 주자가 말씀하였다. "≪맹자≫는 장구(章句)가 길어서 ≪논어≫를 해석함과 똑같지 않으니, 모름지기 저 전장(全章)의 대지(大指)가 있는 곳을 알아야 하고, 또 모름지기 볼 때에 앞뒤의 혈맥이 관통하게 한 뒤에야 가(可)하다." ○ 살펴보건대 보민장(保民章;⟨양혜왕 상⟩ 1장), 허행장(許行章;⟨등문공 상⟩ 4장), 호변장(好辯章;⟨등문공 하⟩ 9장) 등 여러 큰 장 가운데 오직 이 장의 맥락이 가장 관통하기가 어렵다.

3-1

孟子曰 以力假仁者는 霸니 霸必有大國이요 以德行仁者는 王이니 王不待大라 湯以七十里하시고 文王以百里하시니라

맹자가 말씀하셨다. "힘으로써 인(仁)의 행위를 빌리는 자는 패자(霸者)이니 패자는 반드시 대국(大國)을 소유하여야 하고, 덕(德)으로써 인을 행하는 자는 왕자(王者)이니 왕자는 대국을 필요로 하지 않는다. 탕왕(湯王)은 70리를 가지고 하셨고, 문왕(文王)은 백 리를 가지고 하셨다."

力은 謂土地、甲兵之力이라 假仁者는 本無是 仁이라 心而借其 仁이라 事하여 以爲功者也라 假는 又見盡心上23)이라 霸는 若齊桓、晉文이 是也라 若字는 所指者廣이라 ○ 雙峯饒氏曰 仁包五常하니 如罪楚示義, 伐原示信, 大蒐示禮가 皆是假仁이니라 以德行仁이면 則自吾之得於心者推之하여 無適而非仁也니라 朱子曰 仁與力은 是兩箇요 德은 便是仁이니라 ○ 按七十里、百里는 是伯與公、侯之分也라

'력(力)'은 토지와 갑병(甲兵)의 힘을 이른다. 인(仁)을 빌린다는 것은 본래 이 '이[是]'는 인(仁)이다. 마음이 없으면서 그 '그[其]'는 인(仁)이다. 일을 빌려 공(功)으로 삼은 것이다. '가(假)'는 또 〈진심 상〉에 보인다. '패(霸)'는 제 환공(齊桓公)과 진 문공(晉文公) 같은 이가 이들이다. '약(若)'자는 가리킨 것이 넓다. ○ 쌍봉요씨가 말하였다. "인(仁)은 오상(五常;인·의·예·지·신)을 포함하니, 초(楚)나라를 죄책(罪責)하여 의로움을 보이고 원(原) 땅을 공격하면서 신(信)을 보이고 크게 열병(閱兵)하여 예(禮)를 보인 것[①]과 같은 것이 모두 가인(假仁)이다." 덕(德)으로써 인을 행하면 내가 마음에 얻은 것을 가지고 미루어 나가서 가는 곳마다 인이 아님이 없을 것이다. 주자가 말씀하였다. "〈이력가인(以力假仁)은〉 인(仁)과 힘[力]은 바로 두 개(가지)이고, 〈이덕행인(以德行仁)은〉 덕은 바로 인이다." ○ 살펴보건대 70리와 백 리는 바로 패(伯)와 공(公) 후(侯)의 구분이다.

*① 초(楚)나라를……것 : 초나라를 죄책하여 의로움을 보인 것은 제 환공의 일로 ≪춘추좌씨전≫ 희공(僖公) 4년에 보이고, 원(原) 땅을 공격하면서 신(信)을 보이고 크게 열병(閱兵)하여 예(禮)를 보인 것은 모두 진 문공의 일로 ≪춘추좌씨전≫ 희공 25년과 27년에 각각 보인다.

3-2

以力服人[①]者는 非心服也라 力不贍也요 以德服人者는 中心悅而誠服也니 如七十子之服孔子也라 詩云 自西自東하며 自南自北이

---

23) ≪孟子 盡心上 30章≫ "孟子曰, 堯舜, 性之也. 湯武, 身之也. 五霸, 假之也."

無思不服이라하니 此之謂也니라

힘으로써 남을 복종시키는 자는 <상대방이> 진심으로 복종하는 것이 아니라 힘이 부족해서요, 덕(德)으로써 남을 복종시키는 자는 <상대방이> 중심(中心)으로 기뻐하여 진실로 복종함이니, 70제자가 공자에게 심복함*② 과 같은 것이다. ≪시경≫에 이르기를 '서쪽에서 동쪽에서 남쪽에서 북쪽에서 복종하지 않는 이가 없다.' 하였으니, 이것을 말한 것이다."

*① 以力服人 : 일본(一本)에는 '人'자가 '仁'으로 잘못되어 있다.
*② 70제자가 공자에게 심복함 : ≪사기(史記)≫ <공자세가(孔子世家)>에 "공자의 문하에 몸소 육예(六藝)를 통달한 자가 72명이었다." 하였는데, 바로 이들을 가리킨 것이다.

贍은 時驗反이라 足也라 力不贍은 如齊女吳之類24)라 詩는 大雅文王有聲之篇이라 王霸之心이 誠僞不同이라 慶源輔氏曰 假仁은 僞也니라 故로 人所以應之者 其不同이 亦如此하니라 非心服與誠服이라 ○ 以德服人은 此章之綱領이라 故로 章末에 特證之以事하니라 ○ 諺釋思字는 合更商이라

섬(贍)은 시(時)·험(驗)의 반절[넉넉할 섬]이다. 족함이다. 힘이 불섬(不贍)하다는 것은 제(齊)나라가 오(吳)나라에 딸을 시집보낸 것과 같은 종류이다. 시(詩)는 <대아(大雅) 문왕유성(文王有聲)>의 편이다. 왕자(王者)와 패자(霸者)의 마음은 진실되고 거짓됨이 똑같지 않다. 경원 보씨가 말하였다. "가인(假仁)은 거짓이다." 그러므로 사람들이 이에 응하는 것도 그 똑같지 않음이 이와 같은 것이다. 마음으로 복종함이 아닌 것과 진실로 복종함이다. ○ '이덕복인(以德服人)'은 이 장의 강령이다. 그러므로 장 끝에 특별히 일로써 증명한 것이다. ○ ≪언해≫의 '사(思)'자는 마땅히 다시 헤아려 보아야 한다.*①

*① ≪언해≫의……한다 : 여기의 '사(思)'자는 조사인데, ≪언해≫에는 "사(思)하여 복종하지 않으리 없다."로 해석하였으므로 말한 것이다.

○ 鄒氏 大全曰 名은 浩요 字는 志完이니 毗陵人이라 曰 以力服人者는 有意於服人하여 而人不敢不服이요 畏而服이라 以德服人者는 無意於服人이로되 而人不能不服이니 化而服이라 ○ 慶源輔氏曰 以有意、無意로 釋力與德하니 最爲簡要니라 從古以來로 論王、霸者多矣로되 未有若此章之深切而著明者也니라 慶源輔氏曰 視董子美玉、玞珷之喩와 荀子粹駁諸說하면 爲優矣니라 ○ 新安陳氏曰 崇王黜霸는 亦擴理遏欲이니라 ○

24) ≪孟子 離婁上 7章≫ "齊景公曰: 既不能令, 又不受命, 是絕物也. 涕出而女於吳."

按首篇은 皆時君事니 時君之病은 在於不明王、霸라 故로 此篇首三章에 皆言王、霸事以承之하니라

○ 추씨(鄒氏)가 《대전》에 말하였다. "이름은 호(浩)이고 자는 지완(志完)이니, 비릉(毗陵) 사람이다." 말하였다. "힘으로써 사람을 복종시키는 자는 사람을 복종시킴에 뜻을 두어서 사람들이 감히 복종하지 않지 못하는 것이요, 두려워하여 복종하는 것이다. 덕으로써 사람을 복종시키는 자는 사람을 복종시킴에 뜻이 없는데도 사람들이 복종하지 않을 수 없는 것이다. 교화되어 복종하는 것이다. ○ 경원보씨가 말하였다. "유의(有意)와 무의(無意)를 가지고 힘과 덕을 해석하였으니, 가장 간절하고 요약함이 된다." 예로부터 이래로 왕도(王道)와 패도(霸道)를 논한 자가 많으나 이 장(章)과 같이 깊고 간절하면서 드러나 분명한 것은 있지 않다." 경원보씨가 말하였다. "동자(董子)의 '아름다운 옥과 무부(珷玞;아름다운 옥돌)'라는 비유와 순자(荀子)의 순수함과 잡박하다는 여러 설*①에 비하면 뛰어남이 된다." ○ 신안진씨가 말하였다. "왕도를 높이고 패도를 내침은 또한 천리(天理)를 넓히고 인욕(人欲)을 막는 것이다." ○ 살펴보건대 머리편은 모두 당시 군주의 일이니, 당시 군주의 병통은 왕도와 패도를 밝게 알지 못함에 있었다. 그러므로 이 편의 머리 세 장에 모두 왕도와 패도의 일을 말씀하여 뒤를 이은 것이다.

*① 동자(董子)의……설 : 동자는 전한(前漢)의 학자인 동중서(董仲舒)를 가리킨 것으로 그의 저서인 《춘추번로(春秋繁露)》의 '교서왕(膠西王)에게 답한 글'에 "오패(五伯)는 여러 제후들에게 비하면 현자가 되지만 성현에 비하면 무슨 어짊이 있었습니까. 비유하면 옥돌을 아름다운 옥에 견주는 것과 같습니다.〔五伯者, 比於他諸侯, 爲賢者, 比於聖賢, 何賢之有. 譬猶珷玞比於美玉也.〕"라고 보이며, 《순자》〈왕패(王霸)〉에는 "순수하면 왕자가 되고 잡박하면 패자가 된다.〔粹而王, 駁而霸.〕"라고 보인다.

4-1

孟子曰 仁則榮하고 不仁則辱하나니 今에 惡(오)辱而居不仁이 是猶惡濕而居下也니라

맹자가 말씀하셨다. "인(仁)하면 영화롭고 인하지 않으면 치욕을 받나니, 지금에 치욕을 싫어하면서도 불인(不仁)에 처함은, 이는 마치 습한 것을 싫어하면서 낮은 곳에 처함과 같은 것이다.

惡는 去聲이니 下同이라

'오(惡)'는 거성(去聲;싫어함, 미워함)이니, 아래도 같다.

好 去聲이라 榮、好字는 從惡字來라 惡辱은 人之常情이라 然이나 徒惡之而不去 上聲이라 其得之之道면 不仁이라 不能免也니라 免於辱이라 ○ 朱子曰 此는 爲下等人言이니라 ○ 下는 下隰也니 此는 與後篇惡醉强酒之語25)로 相類니라

영화를 좋아하고 '호(好)'는 거성(去聲;좋아함)이다. ○ '호(好)'자는 '오(惡)'자에서 왔다. 치욕을 싫어함은 사람의 떳떳한 정(情)이다. 그러나 다만 이것(치욕)을 싫어하기만 하고 이것을 얻는 방법[道]을 '도(道)'는 불인(不仁)이다. 버리지 '거(去)'는 상성(上聲;버림)이다. **않는다면 면할 수 없다.** 치욕에서 면하는 것이다. ○ 주자가 말씀하였다. "이는 하등(下等) 사람을 위하여 말씀한 것이다." ○ 하(下)는 낮고 습한 것이니, 이는 뒷편에 술 취하는 것을 싫어하면서 억지로 술을 마신다는 말과 서로 유사하다.

4-2

如惡之인댄 莫如貴德而尊士니 賢者在位하며 能者在職하여 國家閒暇어든 及是時하여 明其政刑이면 雖大國이라도 必畏之矣리라

만일 치욕을 싫어한다면 덕(德)을 귀하게 여기고 선비를 높이는 것만 한 것이 없으니, 현자(賢者)가 지위에 있으며 재능이 있는 자가 직책에 있어서 국가가 한가하거든 이 때에 미쳐 그 정사와 형벌을 밝힌다면 비록 강대국이라도 반드시 그를 두려워할 것이다.

閒은 音閑이라.

'한(閒)'은 음이 한(閑;한가로움)이다.

此는 因其惡辱之情하여 義之一端이라 ○ 此其字는 從上節今字來라 ○ 新安陳氏曰 戰國諸侯라 ○ 此與後篇恥之爲仁及師文王之語26)로 相類라 而進之 激勸이라 以彊 上聲이라 仁之事也리 禮記表記曰 畏罪者는 彊仁이라하니라 ○ 新安倪氏曰 貴德以下는 皆勉强

---

25) ≪孟子 離婁上 3章≫ "今惡死亡而樂不仁, 是猶惡醉而强酒."

26) ≪孟子 公孫丑 7章≫ "不仁不智, 無禮無義, 人役也. 人役而恥爲役, 由(猶)弓人而恥爲弓, 矢人而恥爲矢也. 如恥之, 莫如爲仁."
≪孟子 公孫丑 7章≫ "今也, 小國師大國而恥受命焉, 是猶弟子而恥受命於先師也. 如恥之, 莫若師文王, 師文王, 大國五年, 小國七年, 必爲政於天下矣."

行仁之事니라 ○ 惡辱은 此章之綱領이라 故로 此節首及上節末에 特摘出하여 歸重而言之하니라 貴德은 猶尙德也라 尙德은 出論語憲問27)이라 士는 則指其 德이라 人而言之라 賢은 有德者니 使之在位면 則足以正君而善俗이요 能은 有才者니 使之在職이면 添二使字라 則足以修政而立事라 雙峯饒氏曰 旣有其位하면 便有其職이니라 國家閒暇는 可以有爲之時也니 詳味及字하면 則惟日不足之意를 可見矣니라 惟日不足은 出書泰誓라 ○ 春秋傳曰 及은 猶汲汲也라하니라 ○ 新安陳氏曰 此一節은 應仁則榮이니라

이것은 치욕을 싫어하는 마음을 인하여 의(義)의 일단(一端)이다. ○ 여기의 '기(其)'자는 윗절의 '금(今)'자에서 온 것이다. ○ 신안진씨가 말하였다. "전국시대의 제후들이다." ○ 이는 뒷편의 '부끄러워할진댄 인을 하라.'는 것과 '문왕을 스승 삼는다.'는 말과 서로 유사하다. 인(仁)을 힘쓰는 '강(彊)'은 상성(上聲;힘씀)이다. 일로써 나아가게 격동(激動)하여 권한 것이다. 한 것이다. ≪예기≫〈표기(表記)〉에 "죄를 두려워하는 자는 인을 힘쓴다." 하였다. ○ 신안진씨가 말하였다. "귀덕(貴德) 이하는 모두 힘써 인을 행하는 일이다." ○ '오욕(惡辱)'은 이 장의 강령이다. 그러므로 이 절(節) 머리와 윗장의 끝에 특별히 지적해내어서 중점을 돌려 말하였다. '귀덕(貴德)'은 덕을 숭상함과 같다. '상덕(尙德)'은 ≪논어≫〈헌문(憲問)〉에 나온다. '사(士)'는 그 '그는 덕이다. 사람을 가리켜 말한 것이다. '현(賢)'은 덕이 있는 자이니, 그로 하여금 지위에 있게 하면 족히 군주를 바로잡고 풍속을 좋게 할 수 있고, '능(能)'은 재주가 있는 자이니, 그로 하여금 두 '사(使)'자를 더하였다. 직책에 있게 하면 족히 정사를 닦아서 일(업적)을 세울 수 있다. 쌍봉요씨가 말하였다. "이미 그 지위를 소유하면 곧 그 직책이 있는 것이다." 국가가 한가함은 훌륭한 일을 할 수 있는 때이니, '급(及)'자를 자세히 음미해 보면 날마다 부족하게 여기는 뜻*①을 볼 수 있다. 유일부족(惟日不足)은 ≪서경≫〈태서(泰誓)〉에 나온다. ○ ≪춘추좌씨전≫에 "급(及)은 급급(汲汲)과 같다." 하였다. ○ 신안진씨가 말하였다. "이 한 절은 인즉영(仁則榮)에 응한다."

*① 날마다……뜻 : 날마다 하여도 부족하게 여김을 이르는 바, ≪서경≫〈태서(泰誓)〉에 "길한 사람은 선행(善行)을 하되 날마다 부족하게 여기는데, 흉한 사람은 불선(不善)을 하되 또한 날마다 부족하게 여긴다.〔吉人爲善, 惟日不足, 凶人爲不善, 亦惟日不足.〕"라고 보인다.

---

27) ≪論語 憲問 6章≫ "子曰: 君子哉, 若人, 尙德哉, 若人."

4-3

詩云 迨天之未陰雨하여 徹彼桑土하여 綢繆牖戶(주무유호)면 今此下民이 或敢侮予아하여늘 孔子曰 爲此詩者 其知道乎인저 能治其國家면 誰敢侮之리오하시니라

≪시경≫에 이르기를 '하늘이 음우(陰雨;날씨가 흐려져 비가 내림)하지 않을 때에 미쳐서 저 뽕나무 뿌리를 거두어다가 창문을 칭칭 감는다면 지금 이 아래에 있는 사람들이 혹시라도 감히 나를 업신여기겠는가.' 하였다. 공자께서 말씀하시기를 '이 시를 지은 자는 아마도 도(道)를 아셨을 것이다. 자기 국가를 잘 다스린다면 누가 감히 업신여기겠는가.' 하셨다.

徹은 直列反이라 土는 音杜요 綢는 音稠라 繆는 武彪反이라

'철(徹)'은 직(直)·렬(列)의 반절[거둘 철]이다. '두(土)'는 음이 두(杜;뿌리)이고 '주(綢)'는 음이 주(稠;얽어 맴)이다. '무(繆)'는 무(武)·표(彪)의 반절[얽어맬 무]이다.

云은 一作曰하니 下同이라

'운(云)'은 일본(一本)에 왈(曰)로 되어 있으니, 아래도 같다.

詩는 豳風鴟 處脂反이라 鴞 呼驕反이라 之篇이니 周公之所作也라 表出之하여 以證其爲知道라 迨는 及也라 徹은 取也라 桑土는 桑根之皮也라 綢繆는 纏綿補茸 七入反이라 也라 牖戶는 巢之通氣出入處也라 擧牖與戶면 則全巢該矣라 予는 鳥自謂也라 言 我之備患이 詳密如此면 釋首三句之意라 今此 詩作汝라 在下之人이 巢在木上故로 言在下라 或敢有侮予者乎아 周公이 以鳥之爲巢如此로 比君之爲國이 亦當思患而預防之이시늘 孔子讀而贊之하사 以爲知道也라하시니라 雲峯胡氏曰 爲此詩其知道를 孟子凡兩引之하시니 彼則知率性之道요 此則知治國之道니라

시(詩)는 〈빈풍(豳風) 치효(鴟鴞)〉의 편이니, '치(鴟)'는 처(處)·지(脂)의 반절[솔개 치]이다. ○ '효(鴞)'는 호(呼)·교(驕)의 반절[올빼미 효]이다. 주공(周公)이 지은 것이다. 이것을 표출하여 그 도를 앎이 됨을 증명한 것이다. '태(迨)'는 미침이다. '철(徹)'은 취함이다. '상두(桑土)'는 뽕나무 뿌리의 껍질이다. '주무(綢繆)'는 칭칭 감아 둥지를 완전하게 하는 것이다. '집(茸)'은 칠(七)·입(入)의 반절[보수할 집]이다. '유호(牖戶)'는 둥지에 공기가 통하고 새가 출

입하는 곳이다. 유호(牖戶)를 들면 온 둥지가 다 포함된 것이다. '여(予)'는 새가 자신을 말한 것이다. "내가 화(禍)를 대비함에 자세하고 치밀함이 이와 같다면 머리 세 구(迨天之未陰雨, 徹彼桑土, 綢繆牖戶.)의 뜻을 해석한 것이다. 지금 이 '차(此)'가 ≪시경≫에는 여(汝)로 되어 있다. 아래에 있는 사람들이 둥지가 나무 위에 있으므로 사람이 아래에 있다고 말한 것이다. 혹시라도 감히 나를 업신여길 자가 있겠는가."라고 말한 것이다. 주공(周公)은 새가 둥지를 만들기를 이와 같이 함을 가지고 군주가 나라를 다스림에 또한 마땅히 화를 생각하여 미리 대비하여야 함을 비유하신 것이다. 공자는 이 시를 읽고 칭찬하시어 도를 안다고 말씀하셨다. 운봉호씨가 말하였다. "'이 시를 지은 자가 그 도를 아셨다.'는 것을 맹자가 모두 두 번 인용하셨으니, 저는 성(性)을 따르는 도를 안 것이고*① 여기는 나라를 다스리는 도를 안 것이다."

*① 이 시를……것이고 : 아래〈고자 상(告子上)〉6장에도 "≪시경≫에 이르기를 '하늘이 여러 사람을 내시니, 사물이 있으면 그에 따른 법칙이 있도다. 사람들이 병이(秉彝)의 양심이 있어 이 아름다운 덕을 좋아한다.' 하였는데, 공자께서 말씀하시기를 '이 시를 지은 자는 아마도 도를 알았을 것이다.' 하셨다.〔詩曰: 天生蒸民, 有物有則. 民之秉彝, 好是懿德. 孔子曰: 爲此詩者, 其知道乎.〕"라고 보이는 바, 이것은 사람이 타고난 본성을 따름이 도임을 말한 것이다.

4-4

> 今에 國家閒暇어든 及是時하여 般樂怠敖하나니 是는 自求禍也니라
>
> 지금 국가가 한가하거든 이 때에 미쳐 즐기고 태만하며 오만한 짓을 하니, 이것은 스스로 화(禍)를 구하는 것이다.

般은 音盤이요 樂은 音洛이요 敖는 音遨라

'반(般)'은 음이 반(盤;즐김)이요, '락(樂)'은 음이 락(洛)이요, '오(敖)'는 음이 오(遨;오만함)이다.

言其縱欲 般樂이라 偸安을 怠敖라 亦惟日不足也라 新安陳氏曰 此一節은 應不仁則辱이니라

욕심을 부리고 '종욕(縱欲)'은 반락(般樂)이다. 구차히 편안하기를 '투안(偸安)'은 태오(怠敖)이다. 또한 날마다 부족하게 여김을 말씀한 것이다. 신안진씨가 말하였다. "이 한 절은 인하지 못하면 치욕을 받는다〔不仁則辱〕는 것에 응한다."

4-5

禍福이 無不自己求之者니라

화(禍)와 복(福)이 자기로부터 구하지 않는 것이 없다.

結上文之意하니라 承上節自求禍하여 而竝結如惡、詩云二節이라 ○ 新安陳氏曰 仁榮은 福也요 不仁辱은 禍也니라

윗글의 뜻을 맺은 것이다. 윗절의 스스로 화를 구한다는 말을 이어서 여오(如惡)와 시운(詩云) 두 절을 함께 맺었다. ○ 신안진씨가 말하였다. "인하면 영화로움은 복이요, 불인하면 치욕을 받음은 화이다."

4-6

詩云 永言配命이 自求多福이라하며 太甲曰 天作孽은 猶可違어니와 自作孽은 不可活이라하니 此之謂也니라

≪시경≫에 이르기를 '길이 천명(天命)에 부합할 것을 생각함이 스스로 많은 복을 구하는 것이다.' 하였으며, ≪서경≫ <태갑(太甲)>에 이르기를 '하늘이 지은 재앙은 오히려 피할 수 있으나 스스로 지은 재앙은 살 길이 없다.' 하였으니, 이것을 말한 것이다."

孽은 魚列反이라

'얼(孽)'은 어(魚)·렬(列)의 반절[앙화 얼]이다.

詩는 大雅文王之篇이라 永은 長也요 言은 猶念也요 言字는 詩本爲語辭어늘 此註則從孟子引用之意하여 而訓爲念하니 後篇末에 言孝思放此라 配는 合也요 命은 天命也니 所行이 合於天理라 此는 言福之自己求者라 照上節이라 太甲은 商書篇名이라 孽은 禍也요 天所作之禍라 違는 避也요 活은 生也니 書作逭하니 音換이라 逭은 猶緩也니 逃也라 此는 言禍之自己求者라 照上節이라

시(詩)는 <대아(大雅) 문왕(文王)>편이다. '영(永)'은 깊이요 '언(言)'은 념(念;생각함)과 같고 '언(言)'자는 ≪시경≫에는 본래 어조사가 되는데, 여기 주(註)는 맹자의 인용한 뜻을 따라 념(念)

으로 훈(訓)하였으니, 뒷편 영언효사(永言孝思)도 이와 같다. '배(配)'는 합함이요 '명(命)'은 천명(天命)이니, 행하는 바가 천리(天理)에 부합하는 것이다. 이것은 복을 자기로부터 구함을 말한 것이다. 윗절을 조응하였다. 태갑(太甲)은 <상서(商書)>의 편명(篇名)이다. '얼(孼)'은 화(禍)요 하늘이 지은 바의 화이다. '위(違)'는 피함이요 '활(活)'은 삶이니, ≪서경≫에는 '환(逭)'으로 되어 있으니, 환(逭)은 음이 환(換;도망함)이다. 완(緩)과 '완(緩)'은 도망함이다. 같으니, 이것은 화를 자기로부터 구함을 말한 것이다. 윗절을 조응하였다.

5-1

孟子曰 尊賢使能하여 俊傑이 在位면 則天下之士 皆悅而願立於其朝矣리라

맹자가 말씀하셨다. "현자(賢者)를 높이고 재능이 있는 자를 부려서 준걸(俊傑)들이 지위에 있으면 천하의 선비가 모두 기뻐하여 그 조정에서 벼슬하기를 원할 것이다.

朝는 音潮라

'조(朝)'는 음이 조(潮;조정)이다.

俊傑은 才 能이라 德 賢이라 之異於衆者라 雙峯饒氏曰 尊은 非禮貌之虛文이요 與之共天位, 治天職이니라

'준걸(俊傑)'은 재주와 '재(才)'는 능(能)이다. 덕이 '덕(德)'은 현(賢)이다. 보통 사람보다 특이한 자이다. 쌍봉요씨가 말하였다. "존(尊)은 예모(禮貌)하는 헛된 문식이 아니요, 그와 더불어 천위(天位 지위)를 함께하고 천직(天職 직책)을 다스리는 것이다."

5-2

市에 廛而不征하며 法而不廛이면 則天下之商이 皆悅而願藏於其市矣리라

시장의 집에 자릿세만 받고 <화물(貨物)에 대한> 세금을 징수하지 않으며, 법대로 처리하기만 하고 자릿세도 받지 않으면 천하의 장사꾼들이 모두 기뻐하여 그 시장에 화물을 보관하기를 원할 것이다.

廛은 音傳이라 市宅也라 下節註에 亦以市宅言之로되 而里宅該其中하니 皆所謂五畝之宅也라 故로 下篇許行註에 只以民所居訓之하니 參考可也라 張子曰 或賦其市地之廛하고 添賦字라 而不征其貨하며 添貨字라 或治之 一無之字라 以市官 周禮司市라 之法하고 添治字라 ○ 朱子曰 漢獄市、軍市之類 皆是古之遺制라 蓋自有一箇所在하여 以爲市하니 其中自有許多事하니라 而不賦其廛하니 此는 對而釋之라 蓋逐末者多면 逐末은 出漢書食貨志라 ○ 指商賈라 則廛而抑之요 少則不必廛也니라 此則相因而釋其所以然之故라

'전(廛)'은 음이 전(傳)이다. 시장의 집이다.*① 아랫절 주(註)에 또한 시장의 집을 가지고 말하였으나 마을의 집[里宅]이 이 안에 포함되니, 모두 이른 바 오무(五畝)의 택(宅)이라는 것이다. 그러므로 아랫편 허행(許行)의 주에 다만 백성이 사는 곳을 가지고 훈(訓)하였으니, 참고하는 것이 좋다. 장자(張子)가 말씀하였다. "혹은 그 시지(市地)의 자리에 세금만 거두고 부(賦)'자를 더하였다. 화물에 '화(貨)'자를 더하였다. 대한 세금은 징수하지 않으며, 혹은 시관(市官)의 ≪주례≫ 〈지관(地官)〉 사도(司徒)의 〈사시(司市)〉이다. 법으로써 〈분쟁을〉 다스리기만 하고 일본(一本)에는 '지(之)'자가 없다. '치(治)'자를 더하였다. ○ 주자가 말씀하였다. "한(漢)나라의 옥시(獄市)와 군시(軍市) 따위가 모두 옛날의 남은 제도이다. 본래 하나의 장소가 있어서 시장으로 삼았으니, 이 가운데 본래 허다한 일이 있었다." 자릿세도 받지 않는 것이니, 이는 상대하여 해석한 것이다. 말업(末業;상공업(商工業))을 따르는 자가 많으면 축말(逐末)은 ≪한서≫〈식화지(食貨志)〉에 나온다. ○ 축말은 상고(商賈)를 가리킨 것이다. 자릿세를 받아서 이를 억제하고, 적으면 굳이 자릿세를 받지 않는 것이다." 이는 서로 인하여 그 소이연(所以然)의 연고를 해석한 것이다.

*① 전(廛)은 시장의 집이다 : 조기(趙岐)의 주(註)와 ≪집주≫에 모두 전(廛)을 시장의 집으로 해석하였다. 그러나 여기의 전(廛)은 어물전(魚物廛) 등의 가게로 보이며, 뒤의 '廛無夫里之布'의 전은 도시의 일반 주택으로 보는 것이 타당할 듯하다. 아래 〈등문공 상〉에 허행(許行)이 "한 전(廛)을 받아 백성이 되기를 원합니다.〔願受一廛而爲氓〕"라고 한 것도 시장의 일반 주택을 가리킨 것이다. 호산(壺山)은 이에 대하여 "시댁(市宅)에는 이택(里宅)도 포함되어 있으니, 모두 이른바 '오무지택(五畝之宅)'이라는 것이다. 그러므로 아랫편 허행의 주(註)에 오직 백성들이 사는 것으로 훈(訓)했다." 하였다. 이는 곧 시택(市宅)이 시장의 가게일 수도 있고 일반 마을의 집일 수도 있음을 말한 것이다.

5-3

關에 譏而不征이면 則天下之旅 皆悅而願出於其路矣리라

관문(關門)에 기찰(譏察)하기만 하고 세금을 징수하지 않으면 천하의 여행자들이 모두 기뻐하여 그 길로 나가기를 원할 것이다.

解見 音現이라 前篇하니라 明堂章이라 ○ 雙峯饒氏曰 衆途所會之地에 立關以限之하여 行旅有節、傳이라야 方可度니라

해석이 전편(前篇;<양혜왕 하>)에 명당장(明堂章;4장)이다. 보인다. '현(見)'은 음이 현(現)이다. ○ 쌍봉요씨가 말하였다. "여러 길이 모여 있는 곳에 관문을 세워 사람을 제한해서 행려(行旅)가 절(節)과 전(傳;증명)이 있어야 비로소 지나갈 수 있는 것이다.

5-4

耕者를 助而不稅면 則天下之農이 皆悅而願耕於其野矣리라

농사짓는 자들을 <공전(公田)을> 도와서 경작하기만 하고 세금을 내지 않게 하면 천하의 농부들이 모두 기뻐하여 그 들에서 경작하기를 원할 것이다.

但使出力하여 以助耕公田하고 添耕字라 而不稅其私田也라 添私字라 ○ 以上四事는 明堂章에 有其三하고 保民章에 皆有之요 惟下節夫布一事는 創言之하니 此其爲王道之備也라

다만 <농민들로> 하여금 노동력을 내어 공전(公田)을 도와 경작하기만 하고 '경(耕)'자를 더하였다. 사전(私田)에 '사(私)'자를 더하였다. 세금을 내지 않게 하는 것이다. 이상의 네 가지 일은 명당장(明堂章)에 그 세 가지가 나와 있고 보민장(保民章)에 모두 나와 있으며 오직 아랫절 부포(夫布)의 한 가지 일은 처음 말씀하였으니, 이는 그 왕도(王道)의 구비(具備)함이 되는 것이다.

5-5

廛에 無夫里之布면 則天下之民이 皆悅而願爲之氓矣리라

전(廛)에 부(夫)와 리(里)에서 내는 베를 없애면 천하의 백성들이 모두 기뻐하여 그의 백성이 되기를 원할 것이다.

氓은 音盲이라

'맹(氓)'은 음이 맹(盲;백성)이다.

周禮에 地官載師라 宅不毛者는 有里布하고 民無職事者는 出夫家 夫與家라 之征이라 하니 依周禮之序故로 於本文爲倒라 鄭氏 名은 玄이요 字는 康成이니 東漢高密人이라 謂宅不種桑麻者를 桑麻는 地之毛라 罰之하여 使出一里二十五家之布하고 大全曰 布幣는

廣二寸이요 長二尺이라 或曰 布泉이라 民無常業者를 朱子曰 遊手浮浪之民이라 罰之하여 使出一夫百畝之稅와 一家力役之征也라하니라 鄭說止此라 今戰國時엔 一切取之하여 句라 市宅之民이 已賦其廛하고 承前節이라 又令 平聲이라 出此夫里之布하니 非先王之法也라 慶源輔氏曰 末流之害也라 氓은 民也라 汎指四民이니 下節民字同이라

≪주례≫에 〈지관(地官) 재사(載師)〉이다. "집 <주위>에 불모인 자는 리포(里布)가 있고 백성 중에 직사(職事)가 없는 자는 부(夫)·가(家)의 부(夫)와 가(家)이다. 세금을 낸다." 하였는데, ≪주례≫의 순서를 따랐기 때문에 본문에 도치가 된 것이다. 정씨(鄭氏)가 이름은 현(玄)이고 자는 강성(康成)이니, 동한(東漢)의 고밀(高密) 사람이다. 해석하기를 "집 주위에 뽕나무와 삼을 뽕나무와 삼은 땅의 털인 셈이다. 심지 않는 자를 벌하여 1리(里) 25가(家)의 베를 내게 하고, ≪대전≫에 말하였다. "삼베로 만든 폐백은 넓이가 2촌(寸)이고 길이가 2척(尺)이다. 혹자는 말하기를 포천(布泉;돈)이라 한다." 백성 중에 일정한 생업이 없는 자를 주자가 말씀하였다. "손을 놀리는 부랑(浮浪)한 백성이다." 벌하여 1부(夫)에 대한 백 무(畝)의 세와 1가(家)에 대한 력역(力役)의 세금을 내게 한다." 하였다. 정씨(鄭氏)의 설은 여기까지이다. 지금 전국시대에는 일체 이것을 취하여, 여기에서 구를 뗀다. 시택(市宅)에 있는 백성들이 이미 그 자릿세를 내고 앞 절을 이었다. 또 이 부(夫)·리(里)의 세금을 내게 하였으니, '령(令)'은 평성(平聲;하여금)이다. ○ 경원보씨가 말하였다. "말류(末流)의 폐해이다." 선왕(先王)의 법이 아니다. '맹(氓)'은 백성이다. 사(士)·농(農)·공(工)·상(商)의 사민(四民)을 널리 가리킨 것이니, 아랫절의 '민(民)'자도 같다.

5-6

信能行此五者면 則鄰國之民이 仰之若父母矣리니 率其子弟하여 攻其父母는 自生民以來로 未有能濟者也니 如此則無敵於天下하리니 無敵於天下者는 天吏也니 然而不王者 未之有也니라

신실로 이 다섯 가지를 잘 행한다면 이웃나라 백성들이 그를 우러러보기를 부모처럼 할 것이니, 그 자제를 거느리고서 그 부모를 공격함①은 생민(生民)이 있은 이래로 능히 성공한 자가 있지 않으니, 이와 같으면 천하에 대적할 자가 없을 것이다. 천하에 대적할 자가 없으면 천리(天吏)이니, 이렇게 하고서도 왕 노릇하지 못한 자는 있지 않다."

*① 그 자제를……공격함 : 두 '기(其)'자는 피차(彼此)의 구분이 있는 바, '率其子弟'의 기(其)는 갑(甲)을 가리키며, '攻其父母'의 기(其)는 을(乙)을 가리킨다. 예를 들어 갑이라는 나라가 있고 을이라는 나라가 있는데, 갑은 인정(仁政)을 행하여 자기 나라는 물론이요 을의 백성들도 모두 자기 부모처럼 우러르는 반면, 을은 인정을 행하지 아니하여 백성들로부터 원한을 산다고 하자, 이와 같다면 을의 백성들은 이미 갑의 백성이 된 것이다. 그러므로 을의 군주가 비록 자기 나라 백성들을 거느리고 갑의 군주를 공격한다 하더라도 을의 백성들이 갑의 군주를 제대로 공격할 리가 만무하다. 이 때문에 뒤에 '성공하는 자가 있지 않다.'고 말한 것이다.

隣國若攻天吏면 則是率弟子攻父母也니 子弟는 謂子也니 盡心下註에 有可考라 濟는 成也라

이웃나라가 만일 천리(天吏)를 공격한다면 이는 자제를 거느려 부모를 공격하는 것이니, 자제는 아들을 이르는 바, 〈진심 하〉의 주(註)에 상고할 만한 것이 있다.*① '제(濟)'는 이룸이다.

*① 〈진심 하〉의……있다 : 아래 〈진심 하〉 1장에 "양 혜왕이 토지 때문에 그 백성들을 미란(糜爛)하여 싸우게 해서 대패하자 장차 다시 싸우려 하였으나 이기지 못할까 두려워하였으므로 자기가 사랑하는 자제를 몰아서 희생시켰다.〔梁惠王以土地之故, 糜爛其民而戰之, 大敗, 將復之, 恐不能勝, 故驅其所愛子弟以殉之.〕"라고 보이는데, 《집주》에 "자제는 태자 신(太子申)이다."라고 해석하였다.

呂氏曰 奉行天命을 謂之天吏니 天吏는 此章之綱領이라 廢興存亡을 惟天所命하여 不敢不從이니 此는 申奉行天命四字意라 若湯武是也라 擧湯武以實之하고 著若字以廣之라

여씨(呂氏;여대림(呂大臨))가 말하였다. "천명(天命)을 받들어 행함을 천리(天吏)라 이르니, '천리(天吏)'는 이 장의 강령이다. 폐하고 흥하며 보존시키고 멸망시킴을 오직 하늘의 명령대로 하여 감히 따르지 않을 수 없는 것이니, 이는 봉행천명(奉行天命) 네 글자의 뜻을 거듭한 것이다. 탕왕(湯王)과 무왕(武王) 같은 분들이 이것이다." 탕왕과 무왕을 들어서 실증하였고 '약(若)'자를 놓아 넓혔다.

○ 此章은 言能行王政이면 則寇戎爲父子요 主天吏言이라 不行王政이면 則赤子爲仇讐니라 雙峯饒氏曰 赤子는 吾國之民이라 ○ 主隣國言이라

○ 이 장(章)은 군주가 왕정(王政)을 잘 행하면 오랑캐와 적이 부자간이 되고, 천리(天吏)를 위주하여 말하였다. 왕정을 행하지 않으면 적자(赤子;무지한 백성)가 원수가 됨을 말씀한 것이다. 쌍봉요씨가 말하였다. "적자(赤子)는 내 나라의 백성이다." ○ 이웃나라를 위주하여 말하였다.

6-1

孟子曰 人皆有不忍人之心하니라

맹자가 말씀하셨다. "사람은 모두 사람을 차마 해치지 못하는 마음[仁心]을 가지고 있다.

天地以生物爲心하니 朱子曰 天包地하여 別無作爲요 只是生物而已라 所謂爲心者는 豈切切然做리오 而所生之物이 因各得夫 音扶라 天地生物之心하여 以爲心이라 西山眞氏曰 人爲最靈이니라 ○ 按物이 同得天地之心以爲心이나 而其心各異하니 形與性亦準此云이라 ○ 又按本文에 只言人이어늘 而註竝及物者는 蓋主言人而帶過物이니 如中庸首章註耳라 所以人皆有不忍人之心也니라 雙峯饒氏曰 仁之爲德이 在天地則爲生物之心이요 在人則爲不忍人之心이니라

천지(天地)는 만물(萬物)을 냄으로써 마음을 삼으니, 주자가 말씀하였다. "하늘은 땅을 포함하여 별도로 작위함이 없고 다만 물건을 낼 뿐이다. 이른바 마음으로 삼는다는 것은 어찌 간절하고 간절하게 만들어 내는 것이겠는가." 태어난 물건들이 각기 저 '부(夫)'는 음이 부(扶;저)이다. 천지의 생물지심(生物之心)을 얻음으로 인하여, 이것으로 마음을 삼았다. 서산진씨(西山眞氏)가 말하였다. "사람이 가장 영특함이 된다." ○ 살펴보건대 물건이 천지의 마음을 똑같이 얻어서 마음으로 삼았으나 그 마음이 각기 다르니, 형체와 성(性) 또한 이에 준한다. ○ 또 살펴보건대 본문에는 다만 사람을 말하였는데 주(註)에 아울러 물건에까지 미친 것은 아마도 사람을 위주하여 말하면서 물건을 겸해 부대(附帶)하여 지나간 것이니, 《중용》 수장(首章)의 주와 같은 것이다. 이 때문에 사람들이 모두 사람을 차마 해치지 못하는 마음을 가지고 있는 것이다. 쌍봉요씨가 말하였다. "인(仁)의 덕 됨이 천지에 있으면 물건을 낳는 마음이 되고, 사람에게 있으면 사람을 차마 해치지 못하는 마음이 된다."

6-2

先王이 有不忍人之心하사 斯有不忍人之政矣시니 以不忍人之心으로 行不忍人之政이면 治天下는 可運之掌上이니라

선왕(先王)이 사람을 차마 해치지 못하는 마음을 두시어 사람을 차마 해치지 못하는 정사[仁政]를 시행하셨으니,[①] 사람을 차마 해치지 못하는 마음으로 사람을 차마 해치지 못하는 정사를 행한다면, 천하를 다스림은 손바닥 위에 놓고 움직일 수 있을 것이다.

*① 선왕(先王)이……시행하셨으니 : 사람을 차마 해치지 못하는 마음은 인심(仁心)이고 사람을 차마 해치지 못하는 정사는 인정(仁政)인데, 막연히 인(仁)이라고만 말하면 절실하지 않으므로 '사람을 차마 해치지 못하는 마음'이라 하고, 또 '사람을 차마 해치지 못하는 정사'라 한 것이다.

言 衆人은 雖有不忍人之心이나 承上節人皆有라 然이나 物欲害之하여 存焉者寡라 四字는 見盡心下라 故로 不能察識而推之政事之間이요 先補文上意라 惟聖人은 先王이라 全體此心하여 大全曰 仁之體라 隨感而應이라 大全曰 仁之用이라 故로 其所行이 無非不忍人之政也니라 雙峯饒氏曰 斯는 猶卽也라 ○ 按運掌을 已三言之하니 蓋當時方言也라

중인(衆人)들은 비록 사람을 차마 해치지 못하는 마음을 가지고 있으나 윗절의 인개유(人皆有)를 이은 것이다. 물욕(物欲)이 해쳐서 보존한 자가 적으므로 네 글자(存焉者寡)는 〈진심하〉에 보인다. 이것을 살피고 알아서 정사의 사이에 미루어 나가지 못하고, 먼저 글 위의 뜻을 보충하였다. 오직 성인(聖人)은 선왕(先王)이다. 전체가 이 마음이어서 ≪대전≫에 말하였다. "인(仁)의 체(體)이다." 감동함에 따라 응하므로 ≪대전≫에 말하였다. "인(仁)의 용(用)이다." 그 행하는 바가 사람을 차마 해치지 못하는 정사 아님이 없는 것이다. 쌍봉요씨가 말하였다. "사(斯)는 즉(卽)과 같다." ○ 살펴보건대 손바닥에 움직임〔運掌〕을 이미 세 번 말씀하였으니, 아마도 당시의 방언인 듯하다.

6-3

所以謂人皆有不忍人之心者는 今人이 乍見孺子將入於井이고 皆有怵惕惻隱之心하나니 非所以內(納)交於孺子之父母也며 非所以要譽於鄕黨朋友也며 非惡(오)其聲而然也니라

사람들이 모두 사람을 차마 해치지 못하는 마음을 가지고 있다고 말하는 까닭은, 지금에 사람들이 갑자기 어린아이가 장차 우물로 들어가려는 것을 보고는 모두 깜짝 놀라고 측은해 하는 마음을 가지니, 이는 어린아이의 부모와 교분을 맺으려고 해서도 아니며, 향당(鄕黨)과 붕우(朋友)들에게 〈인자하다는〉 명예를 구해서도 아니며, 〈잔인하다는〉 악명을 싫어해서 그러한 것도 아니다.

怵은 音黜이라 內는 讀爲納이라 要는 平聲이라 惡는 去聲이니 下同이라

'출(怵)'은 음이 출(黜;두려워함, 슬퍼함)이다. '납(內)'은 납(納)으로 읽는다. '요(要)'는 평

성(平聲;구함)이요, '오(惡)'는 거성(去聲;미워함)이니, 아래도 같다.

今人은 衆人이라

금인(今人)은 중인(衆人)이다.

乍는 猶忽也라 怵惕은 驚動貌라 惻은 傷之切也요 隱은 痛之深也니 此卽所謂不忍人之心也라 上下皆有 相爲呼應이라 ○ 慶源輔氏曰 惻隱은 自淺而深하니 皆所以名狀不忍人之心이니 可謂善形容矣로다 內은 結이요 要는 求요 聲은 名也라 西山眞氏曰 不仁之名이니라 ○ 按其字는 指上文忍字라 言 乍見之時에 便有此心이 隨見而發이요 慶源輔氏曰 緣卒乍而見故로 心動也라 非由此三者 內、要、惡라 而然也니라

'사(乍)'는 홀(忽;갑자기)과 같다. '출척(怵惕)'은 놀라 움직이는 모양이다. '측(惻)'은 서글퍼하기를 간절히 함이요 '은(隱)'은 아파하기를 깊이 함이니, 이것이 곧 이른바 '사람을 차마 해치지 못하는 마음'이란 것이다. 위아래의 개유(皆有)는 서로 호응이 된다. ○ 경원보씨가 말하였다. "측은(惻隱)은 얕은 데로부터 깊은 데로 이르니, 〈출척과 측은은〉 모두 사람을 차마 해치지 못하는 마음을 형용한 것이니, 형용을 잘했다고 이를 만하다." '납(內)'은 맺음이요, '요(要)'는 구함이요, '성(聲)'은 이름(명성)이다. 서산진씨(西山眞氏)가 말하였다. "불인(不仁)하다는 명성이다." ○ 살펴보건대 '기(其)'자는 윗글의 '인(忍)'자를 가리킨 것이다. 갑자기 이것을 보았을 때에 곧 이 마음이 봄에 따라 나오는 것이요, 경원보씨가 말하였다. "갑자기 봄으로 인연하여 이 마음이 동한 것이다." 이 세 가지로 세 가지는 납(內)·요(要)·오(惡)이다. 말미암아 그러한 것이 아님을 말씀한 것이다.

程子 伯子라 曰 滿腔 苦江反이라 子 朱子曰 腔子는 身裏也니 洛中方言이니라 是惻隱之心이니라 朱子曰 今人滿身知痛處에 可見也라 纔觸著이면 便是這箇物事出來하여 大感則大應하고 小感則小應하니 見一蟻에 亦豈無此心이리오 ○ 亦可曰滿天地是惻隱之心耳니라 謝氏曰 人須是識其眞心이니 方乍見孺子入井之時에 其心怵惕이 乃眞心也라 西山眞氏曰 倉卒間에 無安排矯飾而天機自動이니라 ○ 雲峯胡氏曰 集註與謝氏 皆看得乍見二字緊하니라 非思而得이요 非勉而中이니 去聲이라 ○ 見中庸28)이라 天理之自然也라 內交、要譽、謟音誤라 惡其聲而然이면 卽人欲之私矣니라 是는 有所爲而爲也라

정자가 백자이다. 말씀하였다. "강자(腔子;몸)에 '강(腔)'은 고(苦)·강(江)의 반절〔창자 강. 몸 강〕이다. ○ 주자가 말씀하였다. "강자(腔子)는 몸속이니, 낙양(洛陽) 가운데의 방언이다." 가득

---

28) ≪中庸章句 20章≫ "誠者, 不勉而中, 不思而得, 從容中道, 聖人也."

공손추장구 상 277

한 것이 이 측은지심(惻隱之心)이다." 주자가 말씀하였다. "지금 사람이 온 몸에 아픈 곳을 아는 것에서 이것을 볼 수 있다. 조금만 저촉하면 곧바로 이 물사(物事;측은해하는 일)가 나와서 크게 감동하면 크게 응하고 작게 감동하면 작게 응하니, 한 마리 개미를 볼 때에도 또한 어찌 이 마음이 없겠는가." ○ 또한 천지에 가득한 것이 이 측은지심이라고 말할 수 있다.

사씨(謝氏)가 말하였다. "사람은 모름지기 진심(眞心)을 알아야 하니, 갑자기 어린아이가 우물로 빠져 들어가는 것을 보았을 때에 그 마음이 깜짝 놀라는 것이 바로 진심이다. 서산진씨가 말하였다. "창졸(倉卒)간에 안배(按排)하고 교식(矯飾;꾸밈)이 없어서 천기(天機)가 저절로 발동한 것이다." ○ 운봉호씨가 말하였다. "≪집주≫와 사씨(謝氏)는 모두 '사견(乍見)' 두 글자를 긴하게 보았다." 이것은 생각하여 아는 것도 아니며 힘써서 맞는 것도 아니니, '중(中)'은 거성(去聲;맞음)이다. ○ 이 내용은 ≪중용≫에 보인다. 천리(天理)의 자연(自然)함이다. 교분을 맺기 위해서 하고 명예를 구하기 위해서 하고 여(譽)는 ≪언해≫의 음(예)이 잘못되었다. 잔인하다는 악명(惡名)을 싫어해서 그렇게 한다면 이것은 바로 인욕(人欲)의 사(私)인 것이다." 이것은 위한 바가 있어서 하는 것이다.

6-4

> 由是觀之컨대 無惻隱之心이면 非人也며 無羞惡(오)之心이면 非人也며 無辭讓之心이면 非人也며 無是非之心이면 非人也니라
>
> 이로 말미암아 본다면 측은지심(惻隱之心;측은해 하는 마음)이 없으면 사람이 아니며, 수오지심(羞惡之心;부끄러워하고 미워하는 마음)이 없으면 사람이 아니며, 사양지심(辭讓之心;사양하는 마음)이 없으면 사람이 아니며, 시비지심(是非之心;옳고 그름을 따지는 마음)이 없으면 사람이 아니다.

惡는 去聲이니 下同이라

'오(惡)'는 거성(去聲;미워함)이니, 아래도 같다.

莆田黃氏曰 是字는 指孺子入井一事니라 ○ 音訓五字는 與上節文複하니 恐傳寫者之衍이라

포전황씨(莆田黃氏)가 말하였다. "'시(是)'자는 유자입정(孺子入井)의 한 가지 일을 가리킨 것이다." ○ 음훈(音訓)의 다섯 자는 윗절의 글과 서로 중복되니, 전사(傳寫)한 자의 연문(衍文)인 듯하다.

羞는 恥己之不善也요 惡는 憎人之不善也라 辭는 解使去己也요 讓은 推(퇴) 吐回反

이라 以與人也라 是는 知其善而以爲是也요 非는 知其惡 二其字는 汎指人이라 而以爲非也라 人之所以爲心이 不外乎是四者라 故로 因論惻隱 上節이라 而悉數 上聲이라 之하여 朱子曰 上蔡擧史成誦한대 明道謂其玩物喪志하시니 上蔡汗流浹背하고 面發赤色이러니 明道云 此便是惻隱之心이라하시니라 自是羞惡之心이어늘 如何說得惻隱之心고 惟是有惻隱之心이라야 方會動이요 惟是先動이라야 方始有羞惡、恭敬、是非하니 動處便是惻隱이라 性之德이 爲仁義禮智로되 而一以包三者는 仁也요 情之發이 爲四端이로되 而一以貫三者는 惻隱也라 一心之中에 仁義禮智各有界限이요 而其性情體用이 又各自有分別하여 發時無次第나 生時에 自有次第하니라 ○ 潛室陳氏曰 性雖渾然이나 其中에 自有條理하고 自有間架하여 不是籠統(侗)하여 都是一物이니 所以外邊纔動이면 其中便應이니라 言 人若無此면 西山眞氏曰 所謂無者는 豈其固然哉아 私欲閉塞하여 而失其本眞耳니라 則不得謂之人이라하시니 非人二字는 惕然有深省處니 與後篇哀哉29)二字相類나 而語尤嚴截이라 非人則禽獸耳니 屢言者는 致丁寧也라 所以明其必有也시니라 慶源輔氏曰 使人知反求於己니라 ○ 此句는 補本文未足之意라

'수(羞)'는 자신의 불선(不善)을 부끄러워함이요, '오(惡)'는 남의 불선을 미워하는 것이다. '사(辭)'는 풀어서 자기에게서 떠나가게 하는 것이요, '양(讓)'은 밀쳐서 '퇴(推)'는 토(吐)·회(回)의 반절〔밀칠 퇴〕이다. 남에게 주는 것이다. '시(是)'는 그 선함을 알아서 옳게 여김이요, '비(非)'는 그 악(惡)함을 두 '기(其)'자는 널리 사람을 가리킨 것이다. 알아서 그르게 여기는 것이다. 사람이 마음을 삼는 것이 이 네 가지에서 벗어나지 않는다. 그러므로 측은지심(惻隱之心)을 윗절이다. 논함으로 인하여 이것을 모두 세어서, '수(數)'는 상성(上聲;셈)이다. ○ 주자가 말씀하였다. "상채(上蔡;사양좌(謝良佐))가 온 역사책을 줄줄 외자, 명도(明道)가 이것을 완물상지(玩物喪志;물건을 보아서 뜻을 잃은 것)라고 말씀하시니, 상채가 땀이 흘러 등을 적시고 얼굴빛이 붉어졌는데, 명도가 말씀하기를 '이것은 바로 측은지심이다.' 하셨다. 이것은 본래 수오지심(羞惡之心)인데 어찌하여 측은지심이라고 말씀하셨는가? 오직 측은지심이 있어야 비로소 마음이 동할 수 있고, 오직 측인지심이 먼저 동하여야 비로소 수오(羞惡)·공경(恭敬;사양)·시비(是非)가 있으니, 동하는 곳이 바로 측은이다. 성(性)의 덕은 인(仁)·의(義)·예(禮)·지(智)가 되는데 하나로써 세 가지를 포함한 것은 인이요, 정(情)의 발함이 사단(四端)이 되는데 하나로써 세 가지를 꿰뚫는 것은 측은이다. 한 마음 가운데 인·의·예·지가 각각 한계가 있고 그 성(性)과 정(情)의 체(體)와 용(用)이 또 각자 분별이 있어서, 발할 때엔 차례가 없으나 나올 때에는 자연히 차례가 있는 것이다." ○ 잠실진씨(潛室陳氏)가 말하였다. "성(性)이 비록 혼연(渾然;온전)하나 그 가운데에 자연 조리(條理)가 있고 자연 간가(間架)가 있어서 이 농통(籠統;분별이 없지 않고 모두 한 물건이니, 이 때문에 외변(外邊)이 조금만 동하면 그 중심이 곧 응하는 것이다." 사람

---

29) ≪孟子 離婁 10章≫ "仁, 人之安宅也, 義, 人之正路也. 曠安宅而弗居, 舍正路而不由, 哀哉."
  ≪孟子 告子 11章≫ "孟子曰: 仁, 人心也, 義, 人路也. 舍其路而不由, 放其心而不知求, 哀哉."

이 만일 이것이 없으면 서산진씨가 말하였다. "이른 바 없다는 것이 어찌 그 참으로 그러하겠는가(없겠는가). 사욕이 폐색(閉塞)을 하여서 그 본래의 참모습을 잃었을 뿐이다." **사람이라 이를 수 없다고 말씀하였으니**, '비인(非人)' 두 글자는 척연(惕然)히 깊이 반성함이 있게 하는 곳이니, 뒷편의 '애재(哀哉)' 두 글자와 서로 유사하나 말씀이 더욱 엄절(嚴截)하다. 사람이 아니면 금수(禽獸)일 뿐이니, 여러 번 말씀한 것은 정녕한 뜻을 다한 것이다. **사람이 반드시 가지고 있음을 밝히신 것이다.** 경원보씨가 말하였다. "사람들로 하여금 자기 몸에 되찾음을 알게 하신 것이다." ○ 이 구는 본문의 부족한 뜻을 보충하였다.

6-5

> 惻隱之心은 仁之端也요 羞惡之心은 義之端也요 辭讓之心은 禮之端也요 是非之心은 知(智)之端也니라
>
> 측은지심(惻隱之心)은 인(仁)의 단서요, 수오지심(羞惡之心)은 의(義)의 단서요, 사양지심(辭讓之心)은 예(禮)의 단서요, 시비지심(是非之心)은 지(智)의 단서이다.

惻隱、羞惡、辭讓、是非는 情也요 朱子曰 四端八箇字는 每字是一意니 仁、義는 如陰、陽이요 四端은 如四時요 八字는 如八節이라 **仁義禮知(智)는 性也요** 以類錯擧하여 以便於文이라 **心은 統性情者也라** 新安陳氏曰 六字는 橫渠語니라 ○ 朱子曰 性者는 心之理요 情者는 心之用이요 心者는 性情之主니 性是靜이요 情是動이라 統은 如統兵之統이니 心有以主宰之也니 動靜이 皆主宰니라 ○ 新安陳氏曰 心涵養此性은 統性也요 節制此情은 統情也니라 **端은 緖** 音序라 **也라** 莆田黃氏曰 端은 首也、本也니 如繰絲에 先尋其緖하면 則千絲萬絲 續續而出이니라 ○ 朱子曰 蔡季通이 說端是尾하니 以體用言하면 則亦可謂之尾요 若以始終言하면 則端是始發處니라 **因其情之發하여 而性之本然을 可得而見이니** 程子曰 以其惻隱으로 知其有仁이니라 ○ 潛室陳氏曰 見其枝葉이면 則知其本根이니라 **猶有物在中而緖見** 音現이라 **於外也니라** 雙峯饒氏曰 孟子論性에 惟是這一章이 說得最分曉하니라

측은(惻隱)·수오(羞惡)·사양(辭讓)·시비(是非)는 정(情)이요, 주자가 말씀하였다. "사단(四端)의 여덟 글자는 매 글자마다 바로 한 뜻이니, 인(仁)과 의(義)는 음(陰)과 양(陽)과 같고, 사단(四端)은 사시(四時)와 같고, 여덟 글자는 여덟 절기[1]와 같다." **인(仁)·의(義)·예(禮)·지(智)는 성(性)이요**, 같은 류(類)끼리 번갈아 들어서 문장을 편하게 하였다. **심(心)은 성(性)과 정(情)을 통솔한 것이다.** 신안진씨가 말하였다. "여섯 글자(心統性情者也)는 횡거(橫渠)의 말씀이다." ○ 주자

가 말씀하였다. "성(性)은 마음의 리(理)이고 정(情)은 마음의 용(用)이고 심(心)은 성정(性情)의 주체이니, 성(性)은 바로 정(靜)이고 정(情)은 바로 동(動)이다. 통(統)은 통병(統兵;병졸을 통솔함)의 통과 같으니 마음이 성정을 주재함이 있는 것이니, 동(動)과 정(靜)을 다 주재한다." ○ 신안진씨가 말하였다. "마음이 이 성(性)을 함양함은 성을 통솔하는 것이요, 이 정(情)을 절제함은 정을 통솔하는 것이다." '단(端)'은 실마리이다. '서(緖)'는 음이 서(序;실마리)이다. ○ 포전황씨(莆田黃氏)가 말하였다. "단(端)은 첫머리이고 근본이니, 실을 켤 적에 먼저 그 실마리를 찾으면 천 개의 실과 만 개의 실이 계속하여 나오는 것이다." ○ 주자가 말씀하였다. "채계통(蔡季通;채원정(蔡元定))은 단(端)이 바로 꼬리라고 말하였으니, 체(體)와 용(用)을 가지고 말하면 또한 꼬리라고 이를 수 있고, 만약 시(始)와 종(終)을 가지고 말하면 단은 바로 처음 나오는 곳이다." **그 정(情)이 발함으로 인하여 성의 본연(本然)을 볼 수 있으니,** 정자가 말씀하였다. "그 측은(惻隱)으로 인하여 그 인(仁)이 있음을 아는 것이다." ○ 잠실진씨가 말하였다. "그 나무의 지엽을 보면 그 본근(本根;뿌리)을 아는 것이다." **마치 물건이 가운데에 있으면 실마리가 밖에 나타남과** '현(見)'은 음이 현(現)이다. **같은 것이다.** 쌍봉요씨가 말하였다. "맹자가 성을 논하신 중에 오직 이 한 장(章)의 설명이 가장 분명하다."

*① 여덟 절기 : 사시(四時)의 입춘(立春), 입하(立夏), 입추(立秋), 입동(立冬)과 춘분(春分), 추분(秋分), 하지(夏至), 동지(冬至)이다.

○ 栗谷曰 四端은 不能兼七情이나 而七情則兼四端이라 七情은 統言心之動이 有此七者요 四端則就七情中하여 擇其善一邊而言也라 朱子所謂發於理, 發於氣者는 其意亦不過曰四端 專言理요 七情兼言氣云耳어늘 退溪因此而立論曰 四端은 理發而氣隨之요 七情은 氣發而 理乘之라하시니 退溪之病은 專在於互發二字라 若朱子眞以爲理氣互有發用하여 相對各出 이면 則是朱子亦誤也라 發之者는 氣也요 所以發者는 理也니 非氣則不能發이요 非理則無 所發이라 氣有爲而理無爲하니 心之發은 無非氣發而理乘也니라 ○ 尤菴曰 退、栗이 皆以 四端爲純善이라 然이나 朱子有曰 惻隱、羞惡에 也有中節、不中節이라하시고 又曰 惻隱 是善이나 於不當惻隱處惻隱이면 是惡이라하시니 據此면 則退、栗之言도 亦未爲定論也니 라 ○ 南塘曰 語類曰 四者時時發動이로되 特有正不正이라 蓋孟子는 明夫性之善故로 專 言善一邊하고 先生은 道其情之全故로 兼言正不正이니라 ○ 按栗翁理無爲氣有爲之說은 本出於論語人能弘道, 非道弘人30)이어늘 而近世奇蘆沙 復主理發之論하여 以深詆栗翁하고 竝及南塘하니 多見其不知量也로다

○ 율곡(栗谷)이 말씀하였다. "사단(四端)은 칠정(七情)*①을 겸하지 못하나 칠정은 사단을 겸한다. 칠정은 마음이 동함에 이 일곱 가지(喜·怒·哀·樂·愛·惡·懼의 칠정)가 있음을 통합하여 말한 것이요, 사단은 칠정 가운데에 나아가서 그 선(善)한 한 쪽을 가려 말한 것이다. 주자가 말씀한 '리(理)에서 발하고 기(氣)에서 발했다.'는 것은 그 뜻이 또한 사단은 오로지 리(理)를 말하였고 칠

---

30) ≪論語 衛靈公 29章≫ "子曰: 人能弘道, 非道弘人."

정은 겸하여 기(氣)를 말했다고 함에 지나지 않는데, 퇴계(退溪)가 이로 인하여 논을 세우시기를 '사단은 리(理)가 발함에 기(氣)가 따른 것이요 칠정은 기가 발함에 리가 탄 것이다.' 하셨으니, 퇴계의 병통은 오로지 '호발(互發;리와 기가 서로 발함)' 두 글자에 있다. 만약 주자가 참으로 리(理)와 기(氣)가 서로 발용(發用)함이 있어서 상대하여 각기 나왔다고 하셨다면 이는 주자도 또한 잘못인 것이다. 발하는 것은 기이고 발하게 하는 것은 리이니, 기가 아니면 능히 발하지 못하고 리가 아니면 발할 대상이 없는 것이다. 기는 함이 있고 리는 함이 없으니, 마음이 발함은 기가 발함에 리가 타는 것 아님이 없다." ○ 우암이 말씀하였다. "퇴계와 율곡이 모두 사단을 순선(純善)이라 하셨다. 그러나 주자가 말씀하기를 '측은(惻隱)과 수오(羞惡)에도 또한 절도에 맞음과 절도에 맞지 않음이 있다.' 하셨고, 또 말씀하기를 '측은은 이 선(善)이나 마땅히 측은해서는 안 될 곳에 측은하면 이것은 악이다.' 하셨으니, 이것을 근거하면 퇴계와 율곡의 말씀 또한 정론(定論)이 되지 못한다." ○ 남당(南塘)이 말씀하였다. "≪어류(語類)≫에 '네 가지(사단)가 때때로 발동하나 다만 바름과 바르지 못함이 있다.' 하였다. 맹자는 저 성의 선함을 밝히셨기 때문에 오로지 선한 한 쪽을 말씀하셨고, 주선생(朱先生)은 그 정(情)의 온전함을 말씀하였기 때문에 그 바름과 바르지 못함을 겸하여 말씀한 것이다." ○ 살펴보건대 율옹(栗翁)의 '리는 함이 없고 기는 함이 있다.'는 말씀은 본래 ≪논어≫의 '사람은 능히 도를 넓힐 수 있고 도가 사람을 넓히는 것이 아니다.'라는 말씀에 근본한 것인데, 근세에 기로사(奇蘆沙;기정진(奇正鎭)을 가리킴)가 다시 리발(理發)의 의논을 주장하여 율옹(栗翁)을 깊이 비방하고 겸하여 남당(南塘)에까지 미쳤으니, 다만 그 자신의 분량(分量;분수)을 알지 못함을 나타냈을 뿐이다.

* ① 칠정(七情) : 일곱 가지 감정으로 기뻐함〔喜〕, 노여워함〔怒〕, 슬퍼함〔哀〕, 즐거워함〔樂〕, 사랑함〔愛〕, 미워함〔惡〕, 두려워함〔懼〕을 가리킨다. 두려워함〔懼〕을 빼고 하고자 함〔欲〕을 넣기도 한다.

6-6

人之有是四端也 猶其有四體也니 有是四端而自謂不能者는 自賊者也요 謂其君不能者는 賊其君者也니라

사람이 이 사단(四端)을 가지고 있음은 사체(四體)를 가지고 있는 것과 같으니, 이 사단을 가지고 있으면서도 스스로 인의(仁義)를 행할 수 없다고 말하는 자는 자신을 해치는 자요, 자기 군주가 인의를 행할 수 없다고 말하는 자는 군주를 해치는 자이다.

四端은 此章之題目이라 ○ 朱子曰 四端은 乃孔子所未發이니 闢楊、墨은 是捍邊境之功이요 發明四端은 是安社稷之功이니라

'사단(四端)'은 이 장의 제목이다. ○ 주자가 말씀하였다. "사단은 바로 공자(孔子)가 아직 발명하지 못하신 것이니, 맹자가 양주(楊朱)와 묵적(墨翟)을 물리침은 바로 변경을 막은 공(功)이요, 사단을 발명함은 바로 사직을 편안히 한 공이다."

四體는 四肢니 人之所必有者也라 其或闕一者는 疾病害之耳라 自謂不能者는 物欲蔽之耳라 賊君之釋은 在離婁上31)하니 此蓋借臣賊君之事하여 以譬自賊其身者라

'사체(四體)'는 사지(四肢)이니, 사람이 반드시 가지고 있는 것이다. 사지(四肢) 중에 그 혹시라도 하나가 없는 것은 질병이 해쳤기 때문이다. 스스로 인의(仁義)를 행할 수 없다고 말하는 자는 물욕(物欲)이 가렸을 뿐이다. 적군(賊君)의 해석은 〈이루 상(離婁上)〉에 있으니, 이는 아마도 신하가 군주를 해치는 일을 빌려서 스스로 자기 몸을 해치는 자를 비유한 것이리라.

6-7

凡有四端於我者를 知皆擴而充之矣면 若火之始然하며 泉之始達이니 苟能充之면 足以保四海요 苟不充之면 不足以事父母니라

무릇 사단(四端)이 나에게 있는 것을 모두 넓혀 채울 줄을 알면 마치 불이 처음 타오르며 샘물이 처음 나오는 것과 같을 것이니, 만일 능히 이것을 채운다면 충분히 사해(四海)를 보호할 수 있고, 만일 채우지 못한다면 부모도 섬길 수 없을 것이다."

擴은 音廓이라

'곽(擴)'은 음이 곽(廓;넓힘)이다.

然은 燃本字라

'연(然)'은 연(燃)의 본자(本字)이다.

擴은 諺音誤라 推廣之意요 充은 滿也라 四端在我하여 隨處發見하니 音現이라 知皆指四者라 卽此 發見이라 推廣而充滿其本然之量이면 去聲이라 ○ 朱子曰 推는 如注水下去요 充之는 注得器滿了라 擴而後能充이니 能充則不必說擴矣니라 ○ 雙峯饒氏曰 緊要在知字、皆字하니라 ○ 沙溪曰 知皆擴而充之를 退溪解知而擴充하니 按知字를 當釋於充

---

31) 《孟子 離婁上 1章》 "故曰: 責難於君, 謂之恭, 陳善閉邪, 謂之敬, 吾君不能, 謂之賊." 《集註》 "謂其君不能行善道而不以告者, 賊害其君之甚也."

之下라 栗谷云 退溪解恐非하니 此乃只知之而已요 時未擴充也라 惟知之면 則如火始燃하고 如泉始達이요 至其下苟能充之然後에 始是擴充時也라 苟如退溪說이면 則是旣已充之矣니 不但如火始燃、泉始達也라 語類曰 知字는 只帶擴充說이니 知皆擴而充之는 與苟能充之句로 相應이라하고 又曰 知皆擴而充之는 與知其所止로 語意略同이라하고 又曰 方且是知得如此요 至說到苟能充之하여 卽說充字라하니라 ○ 按能知而充之此語는 亦出於語類라 但集註之意는 以知字釋於充下하니 然則語類充字는 當以下充字看이니라 ○ 雲峯胡氏曰 集註於盡心에 亦下量字32)하니 此心之量이 本如是其大也니라 ○ 朱子曰 中間矣字는 文意不斷이니라 ○ 按矣字는 文勢有嫌於意斷故로 特明之하니 蓋此間에 有則字意故로 集註此下에 卽下則字하니라 則其日新又新이 出大學33)이라 ○ 雙峯饒氏曰 新字는 發明始字意니라 將有不能自已者矣리니 朱子曰 如乘快馬하고 放下水船이니라 能由此 知充之라 而遂充之면 此는 正充之之事라 則四海雖遠이나 亦吾度內라 無難保者요 不能充之면 則雖事之至近이나 事父母라 而不能矣리라 朱子曰 人之一心이 在外者는 要收入來니 如求放心章이 是也요 在內者는 又要推出去니 此章이 是也라 孟子一部書 皆是此意니라

'곽(擴)'은 ≪언해≫의 음(확)이 잘못 되었다. 미루어 넓히는 뜻이요, '충(充)'은 가득함이다. **사단(四端)이 나에게 있어서 곳에 따라 발현되니**, '현(見)'은 음이 현(現)이다. 모두 '개(皆)'는 네 가지(사단)를 가리킨다. 이에 나아가 이것은 발현됨이다. **미루어 넓혀서 그 본연(本然)의 량(量)을 가득 채울 줄을 안다면** '량(量)'은 거성(去聲;용량)이다. ○ 주자가 말씀하였다. "추(推)는 물을 대어 내려가는 것과 같고, 충지(充之)는 물을 그릇에 부어 가득한 것과 같다. 넓힌 뒤에 채울 수가 있으니, 능히 채우면 굳이 곽(擴)을 말할 필요가 없다." ○ 쌍봉요씨가 말하였다. "긴요함이 '지(知)'자와 '개(皆)'자에 있다." ○ 사계(沙溪)가 말씀하였다. "지개곽이충지(知皆擴而充之)를 퇴계(退溪)는 지이곽충(知而擴充;알아서 확충함)으로 해석하셨으니, 살펴보건내 '시(知)'자를 마땅히 '충(充)'자 아래에서 해석하여야 한다. 율곡(栗谷)이 말씀하시기를 '퇴계의 해석이 잘못된 듯하다.'라고 하셨으니, 이것은 바로 다만 알 뿐이요 이 때에는 아직 확충하지 못하였다. 오직 얇은 불이 처음 타오르는 것과 같고 샘물이 처음 나오는 것과 같고, 그 아래 구능충지(苟能充之)에 이른 뒤에야 비로소 확충하는 때이다. 만약 퇴계의 말씀과 같다면 이것은 이미 채운 것이니, 다만 불이 처음 타오르고 샘물이 처음 나옴과 같을 뿐이 아니다. ≪어류(語類)≫에 '지(知)자는 다만 확충을 부대(附帶)하여 말한 것이니, 지개곽이충지(知皆擴而充之)는 구능충지(苟能充之)의 구(句)와 서로 응한다.' 하였고, 또 말씀하기를 '지개곽이충지(知皆擴而充之)는 지기소지(知其所止;그 그칠 바를 앎)와 말뜻이 대략 같다.' 하셨고, 또 말씀하기를 '막 이와 같음을 아는 것이요, 구능충지(苟能充之)를 설명함에 이르러서는 바로 충(充)자를 설명한 것이다.' 하였다."

---

32) ≪孟子 盡心上 1章≫ "孟子曰: 盡其心者, 知其性也." ≪集註≫ "人有是心, 莫非全體. 然不窮理, 則有所蔽, 而無以盡乎此心之量."

33) ≪大學章句 傳文 2章≫ "苟日新, 日日新, 又日新."

○ 살펴보건대 능히 알고 채운다는 이 말씀은 또한 ≪어류≫에 나온다. 다만 ≪집주≫의 뜻은 '지(知)'자를 '충(充)'자 아래에서 해석하였으니, 그렇다면 ≪어류≫의 '충'자는 마땅히 아래 '충'자로 보아야 한다. ○ 운봉호씨가 말하였다. "≪집주≫는 〈진심〉에서도 또한 '량(量)'자를 놓았으니, 이 마음의 량(量)이 본래 이와 같이 큰 것이다." ○ 주자가 말씀하였다. "중간의 '의(矣)'자는 글 뜻이 끊기지 않는다." ○ 살펴보건대 '의(矣)'자는 문세(文勢)가 뜻이 끊기는 혐의가 있으므로 특별히 이것을 밝혔으니, 이 사이에 '즉(則)'자의 뜻이 있기 때문에 ≪집주≫의 이 아래에 곧바로 '즉'자를 놓은 것이다. **날로 새롭게 하고 또 새롭게 함이** 일신우신(日新又新)은 ≪대학≫에 나온다. ○ 쌍봉요씨가 말하였다. "'신(新)'자는 '시(始)'자의 뜻을 발명한 것이다." **장차 스스로 그만두지 못하게 될 것이다.** 주자가 말씀하였다. "빨리 달리는 말을 타고 물에 배를 놓아 내려가는 것과 같은 것이다." **이로** '차(此)'는 채울 줄을 아는 것이다. **말미암아 마침내 채운다면** 이는 바로 채우는 일이다. **사해(四海)가 비록 머나 또한 나의 범위 안이어서**[①] 보전하기 어려움이 없을 것이요, **채우지 못한다면 비록 일의 지극히 가까운 것이라 하더라도** 일에 지극히 가까움은 부모를 섬기는 것이다. **능히 하지 못할 것이다.** 주자가 말씀하였다. "사람의 한 마음이 밖에 있는 것은 거두어 들여와야 하니 구방심장(求放心章;〈고자 상〉11장)과 같은 것이 이것이요, 안에 있는 것은 또 미루어 나가야 하니 이 장이 이것이다. ≪맹자≫ 한 질(帙)의 책이 모두 이 뜻이다."

*① 나의 범위 안이어서 : 도내(度內)는 도외(度外)와 상대되는 말로, 사해(四海)가 모두 나의 사랑하는 범위 안에 있음을 이른다.

○ 此章所論人之性情과 心之體用이 本然全具而各有條理如此하니 學者於此에 反求默識而擴充之면 則天之所以與我者를 慶源輔氏曰 仁、義、禮、智之性이라 可以無不盡矣리라 雲峯胡氏曰 性者는 心之體니 其未發也에 本然全具요 情者는 心之用이니 其初發也에 各有條理라 反求默識은 知之事요 擴充은 行之事니 至於天之所以與我者無不盡이면 卽是盡心而知之無不盡하고 盡性而行之無不盡也니라

○ 이 장(章)에서 논한 바, 사람의 성(性)·정(情)과 마음의 체(體)·용(用)은 본연(本然)이 완전히 갖추어져 있으면서 각기 조리(條理)가 있음이 이와 같으니, 배우는 자가 이에 대하여 돌이켜 찾고 묵묵히 알아서 이것을 확충한다면 하늘이 나에게 주신 것(본성)을 경원보씨가 말하였다. "하늘이 나에게 주었다는 것은 인·의·예·지의 성(性)이다." **다하지 않음이 없을 것이다.** 운봉호씨가 말하였다. "성(性)이라는 것은 마음의 체(體)이니 그 발하지 않았을 때에는 본연(本然)이 온전히 갖추어져 있고, 정(情)이라는 것은 마음의 용(用)이니 그 처음 발할 적에는 각각 조리가 있다. 반구묵식(反求默識)은 지(知)의 일이고 확충(擴充)은 행(行)의 일이니, 하늘이 나에게 주신 것을 다하지 않음이 없음에 이르면 곧바로 마음을 다하여 지(知)가 다하지 않음이 없고 성(性)을 다하여 행(行)이 다하지 않음이 없는 것이다."

程子 叔子라 曰 人皆有是心이로되 惟君子爲能擴而充之하나니 雙峯饒氏曰 聖人은

不待充廣이니라 ○ 新安陳氏曰 衆人은 自棄니라 不能然者는 皆自棄也라 自棄는 見離婁上34)이라 然이나 其充與不充은 亦在我而已矣니라 照本文我字라 ○ 賊은 自賊也요 充은 自充也라 又 叔子라 曰 四端에 不言信者는 旣有誠心 實心이라 爲四端이면 則信在其中矣니라

정자가 숙자이다. 말씀하였다. "사람들이 모두 이 마음(仁心)을 가지고 있으나 오직 군자만이 넓혀서 채울 수 있으니, 쌍봉요씨가 말하였다. "성인은 충광(充廣)을 기다리지 않는다." ○ 신안진씨가 말하였다. "중인(衆人)은 스스로 포기한다." 이렇게 하지 못하는 자는 모두 자기(自棄)하는 것이다. 자기(自棄)는 〈이루 상〉에 보인다. 그러나 채우고 채우지 못함은 또한 자신에게 달려있을 뿐이다." 본문의 '아(我)'자와 조응하였다. ○ '적(賊)'은 스스로 해침이요 '충(充)'은 스스로 채움이다.

또 숙자이다. 말씀하였다. "사단(四端)에 신(信)을 말하지 않은 것은 이미 성심(誠心)으로 성심(誠心)은 진실한 마음이다. 사단을 하면 신이 이 가운데에 있기 때문이다."

愚按 四端之信은 猶五行之土하여 無定位하고 東西南北이라 無成名하고 生、長、收、藏이라 無專氣로되 春夏秋冬이라 而水、火、金、木이 無不待是以生者라 故로 土於四行에 無不在하고 於四時則寄王(旺) 去聲이라 焉하니 朱子曰 土於四時에 各寄王十八日하고 季夏는 乃土之本宮이라 故로 尤王於夏末이라 月令에 載中央土者는 以此니라 其理亦猶是也니라 理는 指土요 是는 指信也라 或曰 理는 指信이요 是는 指土也라하니라

내(주자)가 살펴보건대, 사단의 신은 오행(五行)의 토(土)와 같아서 일성한 위치가 없고 일정한 위치는 동·서·남·북이다. 이루어진 이름(명칭)이 없고 이루어진 명칭은 봄에 낳고 여름에 자라고 가을에 거두고 겨울에 감춤이다. 전일한 기운이 없으나*① 전일한 기운은 춘·하·추·동이다. 수(水)·화(火)·금(金)·목(木)이 이것(土)을 필요로 하여 생겨나지 않음이 없다. 그러므로 토(土)가 사행(四行)에 있어서는 있지 않은 데가 없고, 사시(四時)에 있어서는 붙어서 왕성하니,*② '왕(王)'은 거성(去聲:왕성함)이다. ○ 주자가 말씀하였다. "토(土)는 사시(四時)에 각각 18일씩 붙어 왕성하고 계하(季夏)는 바로 토의 본궁(本宮)이다. 그러므로 더욱 여름 끝에 왕성하다. ≪예기≫〈월령(月令)〉에 6월에 중앙 토(土)를 기재함은 이 때문이다." 그 이치가 또한 이와 같다. 리(理)는 토(土)를 가리키고 시(是)는 신(信)을 가리킨다. 혹자는 '리(理)는 신(信)을 가리키고 시(是)는 토를 가리킨다.' 한다.

*① 일정한……없으나 : 정의(定位)는 정해진 방위로 목(木)은 동방(東方), 화(火)는 남방

---

34) ≪孟子 離婁上 10章≫ "孟子曰: 自暴者, 不可與有言也, 自棄者, 不可與有爲也, 言非禮義, 謂之自暴也, 吾身不能居仁由義, 謂之自棄也."

(南方), 금(金)은 서방(西方), 수(水)는 북방(北方)이다. 성명(成名)은 이루어진 명칭으로 춘생(春生)·하장(夏長)·추수(秋收)·동장(冬藏)이니, 목(木)인 봄에는 만물을 낳고 화(火)인 여름에는 자라게 하고 금(金)인 가을에는 수확하고 수(水)인 겨울에는 갈무리함을 이른다. 전기(專氣)는 전일한 기운으로 봄은 목기(木氣), 여름은 화기(火氣), 가을은 금기(金氣), 겨울은 수기(水氣)가 왕성하다. 그러나 토(土)는 그렇지 않으므로 말한 것이다.

*② 사시(四時)에……왕성하니 : 왕(王)은 왕(旺)과 통하는 바, 음양오행설에 있어 봄은 목(木), 여름은 화(火), 가을은 금(金), 겨울은 수(水)에 소속되며, 음력으로 4계월(季月) 즉 3·6·9·12월은 토기(土氣)가 왕성한 계절로 흙비가 내린다 하여 토왕용사(土王用事)가 4계월에 명시되어 있다. 또한 천간(天干) 중에 갑(甲)·을(乙)은 목(木), 병(丙)·정(丁)은 화(火), 무(戊)·기(己)는 토(土), 경(庚)·신(辛)은 금(金), 임(壬)·계(癸)는 수(水)인데, 이 중 한가운데인 토(土)는 여름 6월에 왕성하다. 한 철은 3개월로 90일인데, 이 가운데 토(土)가 4계월에 각각 18일씩 왕성하므로 90일에서 18일을 빼면 72일이 되고, 토 역시 4계월에 18씩 왕성하므로 이것을 네 번 모으면(18×4) 72일이 되며, 이것을 다섯 번 곱하면 1년 360일이 된다.

7-1

孟子曰 矢人이 豈不仁於函人哉리오마는 矢人은 惟恐不傷人하고 函人은 惟恐傷人하나니 巫匠도 亦然하니 故로 術不可不愼也니라

맹자가 말씀하셨다. "화살 만드는 사람이 어찌 갑옷 만드는 사람보다 인(仁)하지 못하겠는가마는 화살 만드는 사람은 행여 사람을 상하지 못할까 두려워하고, 갑옷 만드는 사람은 행여 사람을 상할까 두려워하나니, 무당과 관 만드는 목수도 또한 그러하다. 그러므로 기술을 <선택함에> 삼가지 않으면 안 되는 것이다.

函은 音含이라

'함(函)'은 음이 함(含;갑옷)이다.

函은 甲也라 惻隱之心을 人皆有之하니 承上章이라 是矢人之心이 木非不如函人之仁也라 巫者는 爲 去聲이라 人祈祝하여 利人之生하고 惟恐傷人이라 匠者는 作爲棺槨하여 利人之死라 惟恐不傷人이라 ○ 新安陳氏曰 此는 只借術之當擇하여 引上人當擇仁而處하니라

'함(函)'은 갑옷이다. 측은지심을 사람마다 모두 가지고 있으니, 윗장을 이었다. 이것은 화살 만드는 사람의 마음이 본래 갑옷 만드는 사람의 인(仁)함만 못한 것이 아니다. 무당은 사람들을 위해 '위(爲)'는 거성(去聲;위함)이다. 기축(祈祝 기도하고 축원함)하여 사람이 사는 것을 이롭게 여기고, 행여 사람이 상할까 두려워하는 것이다. 목수는 관곽(棺槨)을 만들어 사람이 죽는 것을 이롭게 여긴다. 행여 사람이 상하지(죽지) 않을까 두려워하는 것이다. ○ 신안진씨가 말하였다. "이는 다만 술(術)을 마땅히 가려야 함을 빌려서 윗글의 마땅히 인(仁)한 마을을 가려 처해야 함을 끌어올렸다."

7-2

孔子曰 里仁이 爲美하니 擇不處仁이면 焉得智리오하시니 夫仁은 天之尊爵也며 人之安宅也어늘 莫之禦而不仁하니 是는 不智也니라

공자께서 말씀하시기를 '마을에 인후(仁厚)한 풍속이 있는 것이 아름다우니, 사람이 스스로 처(處)할 곳을 가리되 인(仁)에 처하지 않는다면 어떻게 지혜로울 수 있겠는가.' 하셨으니, 저 인은 하늘의 높은 벼슬이요 사람의 편안한 집이다. 그러나 이것을 막는 이가 없는데도 인하지 못하니, 이는 지혜롭지 못한 것이다.

焉은 於虔反이라 夫는 音扶라

'어(焉)'은 어(於)·건(虔)의 반절[어찌 언]이다. '부(夫)'는 음이 부(扶;저)이다.

里有仁厚之俗者를 猶以爲美하니 下文三仁字는 皆言全體之仁이라 故로 於此에 著猶字以輕之라 人擇所以自處호되 上聲이라 ○ 不復言里居字하여 以廣其事라 而不於仁이면 安得爲智乎리오 此는 孔子之言也라 見論語里仁35)이라 ○ 新安陳氏曰 孔子本言擇里어시늘 孟子引之하사 以證擇術하시니 微有不同이라 集註는 以孟子之意로 釋孔子之言故로 與語註小異하니라 仁義禮智는 皆天所與之良貴로되 二字는 見告子上36)이라 ○ 襯爵字라 而仁者는 天地生物之心으로 承上章註라 得之最先하고 朱子曰 人得那生底道理가

---

35) 《論語 里仁 1章》 "里仁爲美, 擇不處仁, 焉得知." 《集註》 "里有仁厚之俗爲美, 擇里而不居於是焉, 則失其是非之本心, 而不得爲知(智)矣."

36) 《孟子 告子上 17章》 "欲貴者人之同心也, 人人有貴於己者, 弗思耳. 人之所貴者, 非良貴也, 趙孟之所貴, 趙孟能賤之."

所謂心生道也니 有是心이면 斯有是形以生이니라 而兼統四者하니 所謂元者善之長 上聲이라 也라 出易乾文言37)하니라 ○ 襯尊字라 ○ 在天에 爲元이요 在人에 爲仁이라 故로 曰尊爵이라 在人이면 則爲本心全體之德하여 慶源輔氏曰 周貫四者라 有天理自然之安이요 無人欲陷溺之危하니 襯安字라 人當常在其中하여 而不可須臾離 去聲이라 者也라 此句는 出中庸38)이라 ○ 襯宅字라 故로 曰安宅이라 此는 又孟子釋孔子之意하사 以爲仁道之大如此어늘 尊爵、安宅이라 而自不爲之하니 釋莫之禦而不仁하니 不仁은 謂不爲仁也라 豈非不智之甚乎리오하시니라 反說而添甚字하여 其意尤切이라 ○ 西山眞氏曰 仁、智常相須하니 不仁斯不智는 下文言之하고 不智斯不仁은 此是也라

"마을에 인후(仁厚)한 풍속이 있는 것도 오히려 아름답게 여기니, 아랫글 세 '인(仁)'자는 모두 전체의 인을 말하였다. 그러므로 여기에서는 '유(猶)'자를 놓아 가볍게 하였다. **사람이 스스로 처할 바를 가리되** '처(處)'는 상성(上聲;처함)이다. ○ 다시는 리거(里居)라는 글자를 말하지 않아서 그 일을 넓혔다. **인(仁)에 하지 않는다면 어떻게 지혜로울 수 있겠는가.**" 하셨으니, 이것은 공자의 말씀이다. 이 내용은 ≪논어≫〈이인(里仁)〉에 보인다. ○ 신안진씨가 말하였다. "공자는 본래 인후한 마을을 가림을 말씀하셨는데, 맹자는 이 글을 인용하여 술(術)을 택함을 말씀하셨으니, 약간 똑같지 않음이 있다. ≪집주≫는 맹자의 뜻을 가지고 공자의 말씀을 해석하였기 때문에 ≪논어≫의 주(註)와 조금 다른 것이다." **인(仁)·의(義)·예(禮)·지(智)는 모두 하늘이 주신 바의 량귀(良貴)인데,** 두 글자(良貴)는 〈고자 상〉에 보인다. ○ '작(爵)'자와 부합한다. **인(仁)은 천지가 만물을 내는 마음으로서** 윗장의 주를 이었다. **얻기를 가장 먼저 하였고** 주자가 말씀하였다. "사람이 이 낳는 도리를 얻은 것이 이른 바 마음이 도(道)를 낳는다는 것이니, 이 마음이 있으면 이 형체가 있어서 태어난다." **네 가지(인·의·예·지)를 겸하여 통솔하니,** <≪주역≫에> **이른바 '원(元)은 선(善)의 으뜸'이란 것이다.** '장(長)'은 상성(上聲;으뜸)이다. ○ 이 내용은 ≪주역≫〈건괘(乾卦) 문언전(文言傳)〉에 나온다. ○ '존(尊)'자와 부합한다. ○ 하늘에 있으면 원(元)이 되고 사람에 있으면 인(仁)이 된다. **그러므로 존작(尊爵)이라 말한 것이다. 사람에 있어서는 본심(本心)의 전체(全體)의 덕(德)이 되어,** 경원보씨가 말하였다. "인(仁)이 네 가지(인·의·예·지)를 두루 꿰뚫는 것이다." **천리 자연(天理自然)의 편안함이 있고 인욕(人欲)에 빠지는 위태로움이** '안(安)'자에 부합한다. **없으니, 사람들이 마땅히 항상 이 가운데에 있어야 하고 잠시라도 떠나서는** '리(離)'는 거성(去聲;떠남)이다. **안 될 것이다.** 이 구(不可須臾離)는 ≪중용≫에 나온다. ○ '택(宅)'자에 부합한다. **그러므로 안택(安宅)이라 말한 것이다.** 이것은 또 맹자가 공자의 뜻을 해석하여 이르시기를 "인도(仁道)의 위대함이 이[此]와 같은데도 이것[此]은 존작(尊爵)과 안택(安宅)이다. 스스로 하지 않으니, 막지 어이불인(莫之禦而不仁)을 해석하였으니, 불인(不仁)은 인을 하지 않음을 이른다. **어찌 지혜롭**

---

37) ≪周易 乾卦 文言≫ "元者善之長也, 亨者嘉之會也, 利者義之和也, 貞者事之幹也."

38) ≪中庸章句 1章≫ "道也者, 不可須臾離也, 可離, 非道."

지 못함이 심한 것이 아니겠는가."라고 하신 것이다. 뒤집어 말하고 '심(甚)'자를 더해서 그 뜻이 더욱 간절하게 되었다. ○ 서산진씨(西山眞氏)가 말하였다. "인(仁)과 지(智)가 항상 서로 필요로 하니, 인하지 못하면 이 지혜롭지 못함은 아랫글에서 말하였고, 지혜롭지 못하면 이 인하지 못함은 이것이 바로 그것이다."

7-3

> 不仁不智라 無禮無義면 人役也니 人役而恥爲役은 由(猶)弓人而 恥爲弓하며 矢人而恥爲矢也니라
>
> 인(仁)하지 못하여 지혜롭지 못하다. 그리하여 예(禮)가 없고 의(義)가 없으면 사람의 사역(노예)이니, 사람의 사역이 되어 사역하는 것을 부끄러워하는 것은 마치 활 만드는 사람이 활 만드는 것을 부끄러워하며 화살 만드는 사람이 화살 만드는 것을 부끄러워함과 같은 것이다.

由는 與猶同이라

'유(由)'는 유(猶;같음)와 같다.

以不仁 慶源輔氏曰 頑然不覺이라 故로 不智요 慶源輔氏曰 懵然無知라 不智故로 驟看이면 則不仁、不智가 似與無禮、無義相對說故로 註에 再下故字하여 分三層爲說하니 然後에 孟子之意始明이라 不知禮義之所在라 雙峯饒氏曰 此上三、四章은 皆是爲當時君大夫言之라 此章은 與仁則榮39)一章之意로 同하니 皆是敎時君하여 因恥辱而勉於仁이니 能爲仁이면 大國安能役之리오 此役字는 卽小國役大國40), 楚六千里爲讐人役41)之役이라 ○ 人役은 謂人之役也라 弓矢는 照應上矢、函이라

인(仁)하지 못하기 경원보씨가 말하였다. "불인(不仁)은 완고하여 깨닫지 못하는 것이다." 때문에 지혜롭지 못하고, 지혜롭지 못하기 경원보씨가 말하였다. "불지(不智)는 캄캄하여 알지 못하는 것이다." 때문에 얼핏 보면 불인과 불지가 무례(無禮)와 무의(無義)와 상대하여 말한 듯하

---

39) ≪孟子 公孫丑上 4章≫ "孟子曰: 仁則榮, 不仁則辱. 今惡辱而居不仁, 是猶惡濕而居下也."

40) ≪孟子 離婁上 7章≫ "孟子曰: 天下有道, 小德役大德, 小賢役大賢, 天下無道, 小役大, 弱役强."

41) ≪荀子 卷3 非十二子篇第六≫ "善用之, 則百里之國足以獨立矣, 不善用之, 則楚六千里而爲讐人役." ≪註≫ "善用, 謂善用道也, 讐人, 秦也, 楚懷王死於秦, 其子襄王爲秦所制而役使之也."

므로 주(註)에 다시 '고(故)'자를 놓아서 세 층으로 나누어 설명하였으니, 그런 뒤에야 맹자의 뜻이 비로소 분명해진다. **예(禮)·의(義)의 소재를 알지 못하는 것이다.** 쌍봉요씨가 말하였다. "이 위의 3장(章)과 4장은 당시 군주와 대부를 위하여 말씀하였다. 이 장은 인즉영(仁則榮) 한 장의 뜻과 같으니, 모두 당시 군주를 가르쳐서 치욕으로 인하여 인(仁)을 힘쓰게 한 것이니, 능히 인을 행하면 대국(大國)이 어찌 능히 사역(使役)시킬 수 있겠는가. 이 '역(役)'자는 바로 소국(小國)이 대국에게 사역하고, 6천 리(里)의 초(楚)나라가 원수 사람의 사역이 된다는 '역(役)'자이다." ○ '인역(人役)'은 남의 사역을 이른다. 궁(弓)과 시(矢)는 위의 시(矢)와 함(函)을 조응한다.

7-4

> 如恥之인댄 莫如爲仁이니라
>
> 만일 이것(사역)을 부끄러워할진댄 인(仁)을 행하는 것만 못하다.

此亦 亦字는 照前章貴德註라 或曰 承上章羞惡라하니 恐未然이로라 **因人愧恥之心而引之하여 使志於仁也라** 釋爲仁하여 作志於仁者는 志之然後에 能爲也니 人役之爲仁은 當從志之始也라 蓋爲汎而志切故로 此下에 又仍言爲仁하니라 ○ 新安陳氏曰 先言是不智는 欲人以是非之智而擇爲仁之術이요 繼言如恥之는 欲人以羞惡之義而決爲仁之機니라 **不言智、禮、義者는 仁該全體하니 能爲仁이면 則三者在其中矣니라** 爲仁은 此章之綱領이라

이 또한 '역(亦)'자는 앞장 귀덕(貴德) 주(註)를 조응하였다. 혹자는 윗장 수오(羞惡)를 이었다고 하니, 옳지 않을 듯하다. **사람들이 부끄러워하는 마음을 인하여 인도해서**[1] **인(仁)에 뜻하게 하신 것이다.** 위인(爲仁)을 해석하여 지어인(志於仁)이라고 한 것은 인에 뜻한 뒤에야 능히 인을 행할 수 있기 때문이니, 남의 사역이 되는 것을 부끄러워하여 인을 행함은 마땅히 뜻의 시초를 따라야 한다. 위(爲)는 범연(汎然)하고 뜻은 간절하므로 이 아래에 또다시 그대로 위인(爲仁)을 말하였다. ○ 신안진씨가 말하였다. "먼저 시불지(是不智)라고 말한 것은 사람이 시비(是非)의 이치를 가지고 인(仁)을 행하는 술(術)을 가리고자[擇] 한 것이요, 뒤이어 여치지(如恥之)라고 말한 것은 사람이 수오의 의리를 가지고 인을 행하는 기틀을 결단하고자 한 것이다." **시(智)·예(禮)·의(義)를 말하지 않은 것은, 인은 전체를 포함하니, 능히 인을 행한다면 세 가지가 이 가운데에 있기 때문이다.** '위인(爲仁)'은 이 장의 강령이다.

*[1] 이 또한……인도해서 : 앞의 4장에 "만일 치욕을 싫어할진댄 덕을 귀하게 여기고 선비를 높이는 것만 못하다.〔如惡之, 莫如貴德而尊士.〕"라는 말을 이어서 말한 것이다.

7-5

仁者는 如射하니 射者는 正己而後發하여 發而不中이라도 不怨勝己者요 反求諸己而已矣니라

인이란 것은 활을 쏘는 것과 같으니, 활을 쏘는 자는 자신을 바로잡은 뒤에 발사하여 발사한 것이 맞지 않더라도 자신을 이긴 자를 원망하지 않고 자신에게서 돌이켜 찾을 뿐이다."

中은 去聲이라
'중(中)'은 거성(去聲;맞음)이다.

發은 發矢也라
'발(發)'은 화살을 발사하는 것이다.

爲仁由己니 而由人乎哉아 出論語顔淵42)이라 ○ 釋以射取譬之意라 ○ 射字는 照應上弓矢字라

인을 행함은 자신에게 달려있으니, 남에게 달려있겠는가. 이 내용은 ≪논어≫⟨안연(顔淵)⟩에 나온다. ○ 활 쏘는 것을 가지고 비유를 취한 뜻을 해석하였다. ○ '사(射)'자는 위의 '궁시(弓矢)'자에 조응하였다.

8-1

孟子曰 子路는 人이 告之以有過則喜하니라

맹자가 말씀하셨다. "자로(子路)는 사람들이 그에게 허물이 있음을 말해주면 기뻐하였다.

喜其得聞而改之하니 非喜其有過也라 其勇於自修如此하니라 言外之意라 周子 名은 敦頤요 字는 茂叔이요 號는 濂溪先生이요 春陵人이니 二程之師라 曰 仲由는 喜聞過라 令名이 無窮焉하더니 今人은 有過에 不喜人規하여 戒也라 如諱疾而忌醫하여 寧滅其

---

42) ≪論語 顔淵 1章≫ "克己復禮爲仁, 一日克己復禮, 天下歸仁焉. 爲仁由己, 而由人乎哉."

身而無悟也하니 噫라 噫字는 惕然有深省處라 程子 伯子라 曰 子路는 人告之以有過則
喜하니 亦可爲百世之師矣로다 百世之師는 見盡心下43)하니 本爲夷、惠事故로 下亦字라
○ 新安陳氏曰 欲學者師之以修身補過니라 ○ 如聞夷、惠之風而廉、立、寬、敦耳44)라

<허물을> 얻어 들어서 고침을 기뻐한 것이니, 자기가 허물이 있음을 기뻐한 것이 아니다. 스스로 닦음에 용감함이 이와 같았다. 이는 말 밖의 뜻이다.

주자(周子)가 이름은 돈이(敦頤)이고 자는 무숙(茂叔)이고 호는 렴계선생(濂溪先生)이다. 용릉(舂陵) 사람이니, 이정(二程)의 스승이다. 말씀하였다. "중유(仲由)는 허물을 듣기 좋아하였다. 그래서 훌륭한 명예가 무궁하였는데, 지금 사람들은 허물이 있으면 남이 경계해 줌을 '규(規)'는 경계함이다. 기뻐하지 않아서 마치 병을 숨기고 의원을 꺼려 차라리 그 몸을 멸망시키면서도 깨달음이 없는 것과 같으니, 아, '희(噫)'자는 척연(惕然)히 깊이 살핌이 있게 하는 부분이다. 슬프다."

정자가 백자이다. 말씀하였다. "자로(子路)는 사람들이 그에게 허물이 있음을 말해주면 기뻐하였으니, 또한 백세의 스승이라 할 만하다." 백세지사(百世之師)는 〈진심 하〉에 보이니, 본래 백이(伯夷)와 유하혜(柳下惠)의 일이 되기 때문에 '역(亦)'자를 놓은 것이다. ○ 신안진씨가 말하였다. "배우는 자가 이를 스승 삼아서 몸을 닦고 허물을 보전(補塡)하고자 한 것이다." ○ 예컨대 백이와 유하혜의 유풍(流風)을 듣고서 완악한 자가 청렴해지고 나약한 자가 뜻을 세우며 비루한 자가 너그러워지고 야박한 자가 돈후해지는 것과 같은 것이다.

8-2

> 禹는 聞善言則拜러시다
>
> 우왕(禹王)은 선언(善言)을 들으면 절하셨다.

書 大禹、皐陶謨라 曰 禹拜昌言이라하니 引書以實之라 蓋不待有過하고 承上節이라
而能屈己以受天下之善也라 有大於子路者라

≪서경≫에 〈대우모(大禹謨)〉와 〈고요모(皐陶謨)〉이다. 이르기를 "우왕(禹王)이 창언(昌言;선언(善言))에 절하였다." 하였으니, ≪서경≫을 인용하여 실증하였다. 허물이 있음을 기다리지 않고 윗절을 이었다. 자신을 굽혀서 천하의 선언(善言)을 받아들인 것이다. 자로(子路)보다 더 위대함이 있는 것이다.

---

43) ≪孟子 盡心下 15章≫ "聖人, 百世之師也, 伯夷柳下惠是也. 故聞伯夷之風者, 頑夫廉, 懦夫有立志, 聞柳下惠之風者, 薄夫敦, 鄙夫寬."

44) ≪孟子 萬章下 1章≫ "…聞伯夷之風者, 頑夫廉, 懦夫有立志…聞柳下惠之風者, 鄙夫寬, 薄夫敦."

8-3

大舜은 有大焉하시니 善與人同하사 舍(捨)己從人하시며 樂取於人하여 以爲善이러시다

대순(大舜)은 이보다도 더 위대함이 있으셨으니, 선(善)을 남과 함께 하사 자신을 버리고 남을 따르시며 남에게서 취하여 선을 함을 좋아하셨다.

舍는 上聲이라 樂은 音洛이라

'사(舍)'는 상성(上聲;버림)이다. '락(樂)'은 음이 락(洛)이다.

言 舜之所爲는 又有大於禹與子路者라 慶源輔氏曰 禹拜受人言은 猶有人己之分이니라 ○ 朱子曰 禹猶著意做니라 ○ 子路則更不消言이로되 而猶帶過說이라 善與人同은 公天下之善하여 而不爲私也라 朱子曰 不知其孰爲在己, 孰爲在人이니라 己未善이면 則無所係吝하여 大全曰 解舍字라 而舍以從人하시고 朱子曰 虛心以聽乎天下之公하여 不知善之在己也니라 ○ 雙峯饒氏曰 舜稱堯以舍己從人하시니 己之所爲 偶有未盡에 而人之所見이 有善於己면 卽舍而從之니라 人有善이면 則不待勉强하고 上聲이라 ○ 大全曰 解樂字라 而取之於己하시니 朱子曰 取人之善하여 行之於身하고 不知善之在人也니라 此는 二事라 善與人同之目也니라 朱子曰 二句는 本一事로되 特交互言之하니라

순(舜)임금이 하시 바는 우왕(禹王)과 자로보다 더 위대함이 있음을 말씀한 것이다. 경원보씨가 말하였다. "우왕이 남의 선언(善言)을 절하고 받아들임은 아직 남과 자기의 구분이 있는 것이다." ○ 주자가 말씀하였다. "우왕은 오히려 뜻을 두어서 하였다." ○ 자로는 다시 말할 것이 없으나 오히려 부대(附帶)하여 지나가면서 말한 것이다. 선(善)을 남과 함께 하였다는 것은 천하의 선을 공적으로 하여 사사롭게 여기지 않은 것이다. 주자가 말씀하였다. "그 어느 것이 자기에게 있고, 어느 것이 남에게 있는지를 알지 못한 것이다." 자신이 선하지 못하면 얽매이고 인색해 하는 바가 없이 ≪대전≫에 말하였다. "이는 '사(舍)'자를 해석한 것이다." 버리고 남을 따르며, 주자가 말씀하였다. "마음을 비우고 천하의 공정함을 들어서(따라서) 선(善)이 자기 몸에 있음을 알지 못한 것이다." ○ 쌍봉요씨가 말하였다. "순임금은 요임금을 칭찬하여 자기 의견을 버리고 남을 따랐다고 말씀하셨으니, 자기의 한 바가 우연히 미진함이 있을 적에 남의 소견이 자기보다 좋은 점이 있으면 곧 자기 의견을 버리고 따르는 것이다." 남에게 선이 있으면 억지로 힘씀을 기다리지 않고 '강(强)'은 상성(上聲;힘씀)이다. ○ ≪대전≫에 말하였다. "불대면강(不待勉强)은 '락(樂)'자를 해석하였다." 자신에게 취하셨으니, 주자가 말씀하였다. "남의 선을 취하여 자기 몸에 행하고 선이 남에게 있음을 알지 못하신 것이다." 이것은 이는 두 가지 일이다. 선

을 남과 함께 하신 조목이다. 주자가 말씀하였다. "두 구(己未善則無所係吝而舍以從人, 人有善則不待勉强而取之於己.)는 본래 한 가지 일인데, 다만 교호(交互;서로 바꿈)하여 말한 것이다."

8-4

自耕稼、陶漁로 以至爲帝히 無非取於人者러시다

밭 갈고 곡식을 심으며 질그릇 굽고 고기 잡을 때로부터 황제가 됨에 이르기까지 남에게서 취한 것 아님이 없으셨다.

舜之側微에 側陋는 見書堯典45)이라 耕于歷山하시고 陶于河濱하시고 漁于 一作於라 雷澤하시니라 出史記五帝紀라 ○ 無非取於人은 卽後篇所謂聞一善言하고 見一善行하면 若決江河46)者也라

순임금이 미천했을 때에 '측미(側微)'는 ≪서경≫〈요전(堯典)〉에 보인다. 역산(歷山)에서 밭을 갈고 하빈(河濱)에서 질그릇을 굽고 뇌택(雷澤)에서 '우(于)'가 일본(一本)에는 어(於)로 되어 있다. 고기를 잡으셨다. 이 내용은 ≪사기≫〈오제기(五帝紀)〉에 나온다. ○ 무비취어인(無非取於人)은 바로 뒷편에 이른바 한 마디 선언(善言)을 듣고 한 가지 선행(善行)을 보면 강하(江河)를 터놓은 것과 같다는 것이다.

8-5

取諸人以爲善이 是與人爲善者也라 故로 君子는 莫大乎與人爲善이니라

남에게서 취하여 선을 행함은, 이것은 남이 선을 하도록 도와주는 것이다. 그러므로 군자는 남이 선을 하도록 도와주는 것보다 더 훌륭함이 없는 것이다."

與는 猶許也、助也라 善與人同、與人爲善의 二與字는 文同而義異라 取彼之善而爲之於我면 則彼益勸於爲善矣니 是는 我助其爲善也라 擧助以該許라 ○ 慶源輔氏曰 初未

---

45) ≪書經 堯典≫ "明明, 揚側陋."
46) ≪孟子 盡心上 16章≫ "孟子曰: 舜之居深山之中, 與木石居, 與鹿豕遊, 其所以異於深山之野人者, 幾希. 及其聞一善言, 見一善行, 若決江河, 沛然莫之能禦也."

有助人爲善之意로되 孟子推說其事하시니라 能使天下之人으로 皆勸於爲善이면 君子之善이 孰大於此리오 慶源輔氏曰 聖人成己、成物之事니라 ○ 莫大는 與有大爲呼應이라 ○ 與人爲善은 此章之綱領이라

'여(與)'는 허(許;허여)와 같으며, 조(助;돕다)와 같다. 선여인동(善與人同)과 여인위선(與人爲善)의 두 '여(與)'자는 글자는 같으나 뜻은 다르다. 저 사람의 선을 취하여 내 몸에 행한다면 저 사람이 선을 함에 더욱 권면할 것이니, 이것은 <그가> 선행(善行)을 하도록 내가 도와주는 것이다. 조(助)를 들어서 허(許)를 포함하였다. ○ 경원보씨가 말하였다. "〈순임금이〉 처음에 남이 선(善)을 하도록 도우려는 뜻이 있지는 않았는데, 맹자가 그 일을 미루어 말씀하신 것이다." 능히 천하 사람들로 하여금 모두 선행을 함에 권면하게 한다면 군자의 선이 무엇이 이보다 크겠는가. 경원보씨가 말하였다. "이는 성인이 자기를 이루고 남을 이루어 주는 일이다." ○ 막대(莫大)는 유대(有大)와 호응이 된다. ○ '여인위선(與人爲善)'은 이 장의 강령이다.

○ 此章은 言聖賢 一作人이라 樂 音洛이라 善之誠이 初無彼此之間이라 去聲이라 故로 其在人者有以裕於己요 取人爲善이라 在己者有以及於人이니라 與人爲善이라 ○ 慶源輔氏曰 集註所謂聖賢은 兼言三人하니 雖淺深不同이나 其樂善之誠이 皆無彼此之間이요 末二句는 單說舜하니라 ○ 新安倪氏曰 三人이 皆在人者로 裕於己하니 輔氏說은 恐未然이로라 ○ 按雖通論一章이나 主言舜而帶過禹與子路耳니 此一章은 當以舜事爲主니라

○ 이 장(章)은 성현(聖賢)이 '현(賢)'이 일본(一本)에는 인(人)으로 되어 있다. 선을 좋아하는 '락(樂)'은 음이 락(洛)이다. 진실함이 애당초 피차(彼此)의 간격이 '간(間)'은 거성(去聲:간격)이다. 없다. 그러므로 남에게 있는 것을 자신에게 넉넉히 할 수 있고, 이는 남에게서 취하여 선을 하는 것이다. 자신에게 있는 것을 남에게 미칠 수 있음을 말씀한 것이나. 이는 남이 선을 하도록 도와주는 것이다. ○ 경원보씨가 말하였다. "≪집주≫에서 말한 바 성현은 세 사람(순(舜)·우(禹)·자로(子路))을 겸하여 말했으니, 비록 얕고 깊음이 똑같지 않으나 그 선(善)을 즐거워하는 성실함이 모두 피차(彼此)의 간격이 없고, 끝에 두 구는 오직 순임금을 말하였다." ○ 신안예씨(新安倪氏)가 말하였다. "세 분이 모두 남에게 있는 것을 가지고 자기 몸에 넉넉히 하였으니, 보씨(輔氏)의 설은 옳지 않을 듯하다." ○ 살펴보건대 비록 한 장을 통틀어 논했으나 순(舜)임금을 위주하여 말하고 우왕과 자로(子路)는 부대(附帶)하여 말한 것이니, 이 한 장은 마땅히 순임금의 일을 위주로 하여야 한다.

9-1

孟子曰 伯夷는 非其君不事하며 非其友不友하며 不立於惡人之朝하며 不與惡人言하더니 立於惡人之朝와 與惡人言*①을 如以朝衣朝冠으로 坐於塗炭하며 推惡惡(오악)之心하여 思與鄕人立에 其冠不正이어든 望望然去之하여 若將浼焉하니 是故로 諸侯雖有善其辭命而至者라도 不受也하니 不受也者는 是亦不屑就已니라

맹자가 말씀하셨다. "백이(伯夷)는 자기 군주가 아니면 섬기지 않으며, 자기 벗이 아니면 벗하지 않으며, 악한 사람의 조정에 서지 않으며, 악한 사람과 더불어 말씀하지 않더니, 악한 사람의 조정에 서는 것과 악한 사람과 더불어 말하는 것을 마치 조의(朝衣;조복)와 조관(朝冠)을 입고 진흙과 숯구덩이에 앉은 듯이 여겼으며, 악을 미워하는 마음을 미루어서 생각하기를 향인(鄕人)과 함께 서있을 적에 그 관(冠)이 바르지 않으면 망망연(望望然)히 떠나가 마치 장차 자신을 더럽힐 듯이 여겼다. 이 때문에 제후들 중에 비록 그 사명(辭命)을 잘하여 찾아오는 자가 있더라도 받아주지 않았으니, 받아주지 않은 것은 이 또한 나아감을 좋게 여기지 않은 것이다.

*① 不立於惡人之朝……與惡人言 : ≪관본언해(官本諺解)≫에는 '不立於惡人之朝하여 不與惡人言하더니 立於惡人之朝하여 與惡人言호대'로 현토(懸吐)하고 '악한 사람의 조정에 서서 악한 사람과 말하지 않았다.'로 해석하여 이어진 내용으로 보았으나 호산의 '≪율곡언해≫가 옳은 듯하다'는 말씀에 입각하여 율곡본(栗谷本)을 따라 '하며'로 현토하고 별개의 내용으로 풀이하였다.

朝는 音潮라 惡惡은 上去聲이요 下如字라 浼는 莫罪反이라

'조(朝)'는 음이 조(潮;조정)이다. '오악(惡惡)'은 위는 거성(去聲;미워함)이고 아래는 본자대로(악할 악) 읽는다. '매(浼)'는 막(莫)·죄(罪)의 반절[더럽힐 매]이다.

此變民言友者는 民汎而友切也라 非其友는 謂不同道也라 ○ 按立於惡人之朝, 與惡人言을 栗谷諺解는 作兩事讀하니 文勢恐是라

여기에서 '민(民)'을 바꾸어 우(友)라고 말한 것은 민은 범연(汎然)하고 우(友)는 간절하기 때문이다. 비기우(非其友)는 도가 같지 않음을 이른다. ○ 살펴보건대 악인(惡人)의 조정에 서고 악인

과 더불어 말하는 것을 ≪율곡언해≫에는 두 가지 일로 읽었으니, 문세(文勢)가 옳을 듯하다.

塗는 泥也라 鄕人은 鄕里之常人也라 望望은 去而不顧之貌라 只望前路라 ○ 冠不正은 非甚可惡(오)나 然以其推惡惡之心而亦惡之라 故로 望望然去之라 浼는 汚也라 上下節 是亦二字 相爲呼應이라 屑은 趙氏曰 潔也라하고 說文曰 動作切切也라하니 朱子曰 汲汲이라 不屑就는 言不以就之 就而仕라 爲潔而切切於是也라 大全曰 合二說以解라 已는 語助辭라 此節은 事間以心이라

'도(塗)'는 진흙이다. '향인(鄕人)'은 향리(鄕里)의 상인(常人)이다. '망망(望望)'은 떠나가고 뒤돌아보지 않는 모양이다. '망망(望望)'은 다만 앞길만 바라보고 가는 것이다. ○ 관(冠)이 바르지 않음은 그리 미워할 만한 것이 아니나 그 악을 미워하는 마음을 미루어서 또한 미워하였다. 그러므로 망망연히 떠나간 것이다. '매(浼)'는 더럽힘이다. 위아래 절(節)의 '시역(是亦)' 두 글자는 서로 호응이 된다. '설(屑)'은 조씨(趙氏)는 "깨끗이 여김이다." 하였고, ≪설문해자(說文解字)≫에는 "동작을 절절(切切)히 주자가 말씀하였다. "절절(切切)은 급급(汲汲)함이다." 하는 것이다." 하였으니, 불설취(不屑就)는 나아감을 '취(就)'는 나아가 벼슬하는 것이다. 깨끗하게 여겨 이에 급급해 하지 않음을 말한 것이다. ≪대전≫에 말하였다. "두 설(說)을 합하여 해석하였다." '이(已)'는 어조사이다. 이 절은 일 사이에 마음을 말하였다.

9-2

柳下惠는 不羞汚君하며 不卑小官하여 進不隱賢하여 必以其道하며 遺佚而不怨하며 阨窮而不憫하더니 故로 曰 爾爲爾요 我爲我니 雖袒裼裸裎於我側인들 爾焉能浼我哉리오하니 故로 由由然與之偕而不自失焉하여 援而止之而止하니 援而止之而止者는 是亦不屑去已니라

유하혜(柳下惠)는 더러운 군주를 섬김을 부끄러워하지 않으며 작은 벼슬을 낮게 여기지 않아, 나감에 어짊을 숨기지 아니하여 반드시 그 도리로써 다하였으며, 벼슬길에서 버림받아도 원망하지 않고 곤액을 당하여도 근심하지 않았다. 그러므로 그는 말하기를 '너는 너이고 나는 나이니, 네가 비록 내 곁에서 옷을 걷고 몸을 드러낸들 네가 어찌 나를 더럽힐 수 있겠는가.' 하였다. 그러므로 유유(由由;유유(悠悠))하게

> 그(옷 벗은 사람)와 더불어 함께 있으면서도 스스로 올바름을 잃지 않아 떠나려고 하다가도 잡아당겨 멈추게 하면 멈추었으니, 잡아당겨 멈추게 하면 멈춘 것은 이 또한 떠나감을 좋게 여기지 않은 것이다."

佚은 音逸이요 袒은 音但이요 裼은 音錫이라 裸는 魯果反이라 裎은 音程이라 焉能之焉은 於虔反이라

'일(佚)'은 음이 일(逸;빠짐)이요 '단(袒)'은 음이 단(但;벗음)이요 '석(裼)'은 음이 석(錫;벗음)이다. '나(裸)'는 노(魯)·과(果)의 반절[벗을 라]이다. '정(裎)'은 음이 정(程;벗음)이다. 언능(焉能)의 '언(焉)'은 어(於)·건(虔)의 반절[어찌 언]이다.

卑는 一作辭라 ○ 與上節事로 皆相反이라

'비(卑)'는 일본(一本)에는 사(辭)로 되어 있다. ○ 윗절의 일과 모두 상반된다.

柳下惠는 魯大夫展禽이니 名獲이라 居柳下 邑名이라 按論語註에 作食邑하고 此云居者는 蓋食邑而仍居耳라 而諡惠也라 小官은 如士師之類라 不隱賢은 不枉道也라 朱子曰 兩句相承하여 只作一句讀이라 如己當廉하여 却以利自汙면 乃是隱賢이니 是枉道也라 ○ 按賢은 指己之善也요 必以其道는 是不隱賢之註脚이라 不枉道는 即所謂直道也라 遺佚은 放棄也라 如三黜[47]之類라 阨은 困也라 憫은 憂也라 爾爲爾로 至焉能浼我哉는 惠之言也라 袒裼은 露臂也요 裸裎은 露身也라 由由는 自得之貌라 偕는 竝處 上聲이라 也라 不自失은 不失其正也라 即所謂介也[48]라 援 音爰이라 而止之而 讀如則字義라 止者는 言欲去 去而隱이라 而可留也라 此節은 事間以言이라

유하혜(柳下惠)는 노(魯)나라 대부 전금(展禽)이니, 이름이 획(獲)이다. 유하(柳下)에 유하(柳下)는 읍(邑)의 이름이다. 살펴보건대 ≪논어≫ 주(註)에는 식읍(食邑)이라 하였고, 여기서는 거(居)라고 말한 것은 아마도 식읍이면서 그대로 거주한 듯하다. **거주하였고 시호를 혜(惠)라 하였다.** 소관(小官)은 사사(士師)와 같은 따위이다. **어짊을 숨기지 않았다는 것은 도를 굽히지 않은 것이다.** 주자가 말씀하였다. "두 구(不卑小官, 進不隱賢.)는 서로 이어서 다만 한 구로 읽는다. 예컨대 자기가 마땅히 청렴해야 할 때를 당하여 도리어 이익으로써 스스로 더럽히면 이것이 바로 은현(隱賢)이니, 이것이 왕도(枉道)이다." ○ 살펴보건대 현(賢)은 자기의 선(善)을 가리킨

---

47) ≪論語 微子 2章≫ "柳下惠爲士師, 三黜, 人曰: 子未可以去乎. 曰: 直道而事人, 焉往而不三黜, 枉道而事人, 何必去父母之邦."

48) ≪孟子 盡心上 28章≫ "孟子曰: 柳下惠不以三公易其介." ≪集註≫ "介有分辨之意."

것이고, 필이기도(必以其道)는 바로 어짊을 숨기지 않은 주각(註脚)이다. 불왕도(不枉道)는 이른바 직도(直道)라는 것이다. '유일(遺佚)'은 추방하여 버림받는 것이다. 세 번 내쳐친 것과 같은 류(類)이다. '액(阨)'은 곤궁함이다. '민(憫)'은 근심함이다. 이위이(爾爲爾)로부터 언능매아재(焉能浼我哉)까지는 유하혜의 말이다. '단석(袒裼)'은 팔을 노출시킴이요, '나정(裸裎)'은 몸을 노출시킴이다. '유유(由由)'는 자득한 모양이다. '해(偕)'는 그와 함께 거처함이다. '처(處)'는 상성(上聲;처함)이다. '불자실(不自失)'은 올바름을 잃지 않는 것이다. 곧 이른 바 개(介)라는 것이다. 잡아당겨 '원(援)'은 음이 원(爰;당김)이다. 멈추게 하면 '이(而)'는 '즉(則)'자의 뜻과 같이 읽는다. 멈추었다는 것은 가고자 하다가도 '거(去)'는 떠나가서 은둔하는 것이다. 만류할 수 있음을 말한 것이다. 이 절(節)은 일 사이에 말을 곁들였다.

9-3

孟子曰 伯夷는 隘하고 柳下惠는 不恭하니 隘與不恭은 君子不由也니라

맹자가 말씀하셨다. "백이(伯夷)는 좁고 유하혜는 불공(不恭)하니, 좁음과 불공함은 군자가 행하지 않는다."

旣引其事하고 而將爲論斷故로 復加孟子曰字하니 萬章下首章之類 皆放此云이라

이미 그 일을 인용하고 장차 논단하려 하였으므로 다시 '맹자왈(孟子曰)'자를 가하였으니, 〈만장하〉 머릿장(章)의 따위가 모두 이와 같다.

隘는 狹窄 側格反이라 也요 不恭은 簡慢也라 朱子曰 其心玩世하여 視人如無라 夷、惠之行이 去聲이라 固皆造 音糙라 乎至極之地나 謂聖也니 先揚之라 然이나 旣有所偏이면 則不能無弊라 朱子曰 淸、和皆是一偏이니 以聖人見二子하면 則二子多有欠闕處하여 便有弊하니 不曾說末流效之로되 而不至者其弊如此하니라 ○ 按若論末流하면 則夷必爲范丹이요 而惠易流老氏耳라 故로 不可由 行也라 也니라 主君子而曰不由요 主二子而曰不可由니 經與註互相發也라 ○ 隘與不恭君子不由는 此章之綱領也라 ○ 新安陳氏曰 此書言夷、惠者不一이라 以百世之師稱之하고 以聖之淸、和許之하고 此章은 似若相反하니 蓋欲人法夷、惠之得이요 又恐人不知戒夷、惠之失이니 其憂學者至矣로다 ○ 程子曰 孔子는 論伯夷以德하고 孟子는 論以學하시니라

'애(隘)'는 협착(狹窄)함이요, '착(窄)'은 측(側)·격(格)의 반절[좁을 착]이다. '불공(不恭)'은 간략하고 거만함이다. 주자가 말씀하였다. "그 마음이 세상을 우습게 보아서 사람을 보기를 없는

것처럼 〈무시〉하는 것이다." 백이와 유하혜의 행실이 '행(行)'은 거성(去聲;행실)이다. **진실로 모두 지극한 경지에** 지극한 경지는 성(聖)을 이르니, 먼저 드날렸다. **이르렀으나** '조(造)'는 음이 조(糙;나아감)이다. **이미 편벽된 바가 있으면 폐단이 없지 못하다.** 주자가 말씀하였다. "청(淸)과 화(和)가 모두 한쪽으로 편벽된 것이니, 성인(공자)을 가지고 두 분을 보면 두 분은 흠궐(欠闕)의 부분이 많이 있어서 곧 병폐가 있으니, 〈맹자가〉 일찍이 말류(末流)에 본받음을 말씀하지 않았으나 이르지 못한 자는 그 폐해가 이와 같은 것이다." ○ 살펴보건대 만약 말류를 논하면 백이(伯夷)는 반드시 범단(范丹)*①이 될 것이요, 유하혜는 노씨(老氏)로 흐르기 쉬웠을 것이다. **그러므로 행할** '유(由)'는 행함이다. **수 없는 것이다.** 군자를 위주하여 불유(不由)라고 말하였고, 두 분을 위주하여 불가유(不可由)라고 말하였으니, 경문(經文)과 주(註)가 서로서로 발명된다. ○ '애여불공 군자불유(隘與不恭, 君子不由.)'는 이 장의 강령이다. ○ 신안진씨가 말하였다. "이 책에 백이와 유하혜를 말한 것이 한두 번이 아니다. 백세의 스승이라고 칭하였고 성(聖)의 청(淸)과 성의 화(和)라고 허여하였고 이 장은 또 상반된 듯하니, 이는 사람들이 백이와 유하혜의 잘한 점을 본받고자 한 것이요 또 사람들이 백이와 유하혜의 잘못을 경계할 줄을 모를까 염려한 것이니, 그 배우는 자를 근심함이 지극하다." ○ 정자가 말씀하였다. "공자는 백이의 덕을 논하였고,*② 맹자는 학문을 논하였다."

* ① 범단(范丹) : 후한(後漢)의 은사(隱士)로 환제(桓帝) 때 내무현(萊蕪縣)의 장(長)이 되었으나 모친의 질병을 이유로 부임하지 않았다. 조정에서 시어사(侍御史)를 제수하려 하자 도망하였으며 양(梁) 지방과 패(沛) 지방에서 복술(卜術)로 곤궁하게 살아갔다. 죽자 시호를 정절(貞節) 선생이라 하였다. ≪후한서≫의 〈본전(本傳)〉에는 '범염(范冉)'으로 표기되어 있다.

* ② 공자가……논하였고 : ≪논어≫ 〈술이(述而)〉 14장에 공자가 백이·숙제를 평하시되 "인(仁)을 구하여 인을 얻었다.〔求仁而得仁〕" 하신 내용을 가리킨 것이다.

맹자집주상설(孟子集註詳說)

공손추장구 하(公孫丑章句下)

凡十四章이라 自第二章以下는 記孟子出處 上聲이라 行 去聲이라 實이 爲詳하니라
此篇은 如論語之有述而、鄕黨二篇이라 故로 特著篇題라

모두 14장(章)이다. 제2장으로부터 이하는 맹자의 출처에 '처(處)'는 상성(上聲;은둔함)이다. **대한 행실을** '행(行)'은 거성(去聲;행실)이다. **기록함이 상세하다. 이 편은 ≪논어≫에 〈술이(述而)〉와 〈향당(鄕黨)〉두 편이 있는 것과 같다. 그러므로 특별히 편의 제목을 드러낸 것이다.**

1-1

孟子曰 天時不如地利요 地利不如人和니라

맹자가 말씀하셨다. "천시(天時)가 지리(地利)만 못하고, 지리가 인화(人和)만 못하다.

天時는 謂時、日、支、干孤虛、王(旺)相 竝去聲이라 之屬也요 蔡氏曰 四時日辰이라 ○ 慶源輔氏曰 十二時、十日、十二支、十干이라 ○ 時、日、支、干之孤虛、王相이라 ○ 蔡氏曰 甲子旬에 戌、亥爲孤요 辰、巳爲虛니 後五甲放此라 王相은 如東方木은 旺相於卯之類라 ○ 南塘曰 兵法云 背孤擊虛則勝이라하니 如甲子旬中에 則背戌亥方而擊辰巳方이 是也요 乘旺擊衰則勝이라하니 如春戰則乘木氣하니 背東擊西 是也라 ○ 雙峯饒氏曰 春屬木하니 甲乙木이 生丙丁火하니 是木旺而火相이라 金到這裏하면 衰하니 所以孤요 水爲母하고 木爲子하여 子實則母虛하니 水到此면 所以虛라 ○ 蓋謂其善者니 下節註可考라 地利는 險阻、天險이라 城池 人險이라 之固也요 人和는 得民心之和也라 大全曰 立兩句爲柱하고 下文에 分解之하니라 ○ 此는 一章之大指요 下文에 乃詳言之라

'천시(天時)'는 시(時)·일(日)의 지(支)·간(干;간(干)·지(支)에 대한 고허(孤虛)와 왕상(旺相)과

왕(王)·상(相)은 모두 거성(去聲;왕성함, 도와줌)이다. **같은 등속을 이르고,**[*①] 채씨(蔡氏)가 말하였다. "시일은 사시(四時)의 일진(日辰)이다." ○ 경원보씨가 말하였다. "12시(時)와 10일(日), 12지(支)와 10간(干)이다." ○ 시(時)·일(日)·지(支)·간(干)의 고허(孤虛)·왕상(旺相)이다. ○ 채씨(蔡氏)가 말하였다. "갑자 순중(甲子旬中)에는 술(戌)·해(亥)가 고(孤)가 되고, 진(辰)·사(巳)가 허(虛)가 되니, 뒤에 오갑(五甲)이 모두 이와 같다.[*②] 왕상(王相)은 예컨대 동방목(東方木)은 묘(卯)에 왕상(旺相)하는 따위이다." ○ 남당이 말씀하였다. "병법에 '고(孤)를 등지고 허(虛)를 공격하면 승리한다.' 하였으니, 예컨대 갑자 순중(甲子旬中)에 술해방(戌亥方)을 등지고 진사방(辰巳方)을 공격하는 것이 이것이요, '왕(旺)을 타고 쇠(衰)를 공격하면 승리한다.' 하였으니, 예컨대 봄에 싸우면 목기(木氣)를 타니, 동쪽을 등지고 서쪽을 공격하는 것이 이것이다." ○ 쌍봉요씨가 말하였다. "봄은 목(木)에 속하니 갑을목(甲乙木)이 병정화(丙丁火)를 낳으니, 이는 목(木)이 왕성하고 화(火)가 돕는 것이다. 금(金)이 이 가운데 이르면 쇠하니 이 때문에 고(孤)가 되는 것이요, 수(水)는 어미〔母〕가 되고 목(木)은 자식이 되어서 자식이 실(實)하면 어머니가 허(虛)하니 수(水)가 이에 이르면 이 때문에 허(虛)가 되는 것이다." ○ 이는 그 좋음을 말한 것이니, 아랫절 주를 상고할 만하다. **'지리(地利)'는 지형의 험조(險阻)함과 자연적으로 만들어진 험함이다. 성지(城池)의 인위적으로 만들어진 험함이다. 견고함이고,**[*③] **'인화(人和)'는 민심(民心)의 화(和)함을 얻음이다.** ≪대전≫에 말하였다. "두 구를 세워 기둥으로 만들고 아랫글에 나누어 해석하였다." ○ 이는 한 장의 대지(大指)이고, 아랫글에 마침내 자세히 말하였다.

*① 천시(天時)는……이르고 : 시(時)는 사시(四時)이고 일(日)은 날짜이며, 지(支)는 12지(十二支)이고 간(干)은 10간(十干)이다. 음양오행설(陰陽五行說)에 입각하여 고허(孤虛)는 철이나 일진(日辰)에 도와줌이 없음을 이르며, 왕(王)은 왕(旺)과 같은 바 왕상(旺相)은 기운이 왕성하고 딴 기운이 도와줌이 있음을 이른다.

*② 갑자 순중(甲子旬中)에는……같다 : 갑자 순중은 초하루의 일진이 갑자일 경우, 갑자·을축·병인·정묘·무진·기사·경오·신미·임신·계유를 이르는데, 여기에는 술(戌)·해(亥)가 빠졌으므로 고(孤)가 되며, 술·해와 상대가 되는 진(辰)·사(巳)가 허(虛)가 되는 것이다. 십간(十干)은 열이어서 육십갑자에 갑일(甲日)이 열 번 들지만 십이지(十二支)는 열둘이어서 다섯 번을 돌면 육십갑자가 되며, 십이지는 열두 방위여서 자(子)·축(丑)은 오(午)·미(未)와 상대가 되고, 인(寅)·묘(卯)는 신(申)·유(酉)와 상대가 되고, 진(辰)·사(巳)는 술(戌)·해(亥)와 상대가 된다. 그리하여 갑자 순중에 일진에 술·해가 없으므로 고(孤)가 되고 술·해와 상대가 되는 진·사가 허(虛)가 되며, 갑술(甲戌) 순중에는 신·유가 고가 되고 신·유와 상대가 되는 인·묘가 허가 된다. 오갑(五甲)은 갑자를 뺀 다섯 개의 갑일(甲日)로 갑술·갑신·갑오·갑진·갑인을 가리킨다.

*③ 험조(險阻)함과……견고함이고 : 험조(險阻)는 일반적으로 지형의 험함을 이르나 여기서는 산이 험한 것을 험(險), 강하(江河)가 막혀 있는 것을 조(阻)라 하였으며, 성(城)은 토성(土城)이나 산성(山城)이고 지(池)는 해자(垓子)를 이른다.

1-2

> 三里之城과 七里之郭을 環而攻之而不勝하나니 夫環而攻之에 必有得天時者矣언마는 然而不勝者는 是天時不如地利也니라
>
> 3리(里) 되는 성(城)과 7리 되는 곽(郭;외성)을 포위 공격해도 이기지 못하는 경우가 있으니, 저 포위 공격하면 반드시 천시를 얻을 때가 있으련마는 그런데도 이기지 못함은, 이는 천시가 지리만 못한 것이다.

夫는 音扶라

'부(夫)'는 음이 부(扶;저)이다.

三里、七里는 城郭之小者라 郭은 外城이라 城周三里면 則郭當周七里라 環은 圍也라 言 四面攻圍하여 曠日持久에 相持之久라 必有値天時之善者라 攻之者善이면 則見攻者惡하니 周、紂之甲子是也라 ○ 詳言一이라

3리(里)와 7리는 성(城)·곽(郭)의 작은 것이다. '곽(郭)'은 외성(外城)이다. 성의 둘레가 3리이면 곽(郭)은 마땅히 7리가 되어야 한다. '환(環)'은 포위함이다. 사면으로 포위 공격하여 여러 날 동안 지구전(持久戰)을 하면 서로 버티기를 오랫동안 하는 것이다. 반드시 천시(天時)가 좋은 때를 만날 경우도 있음을 말한 것이다. 공격하는 자에게 좋으면 공격을 당하는 자에게 나쁜 것이니, 주(周)나라와 주왕(紂王)의 갑자일(甲子日)이 이것이다.[1] ○ 자세히 말한 첫 번째이다.

*① 공격하는……이것이다 : 갑자일은 주나라 무왕(武王)이 상(商)나라의 주왕(紂王)을 공격하여 승리한 날이다. ≪서경≫ 〈무성(武成)〉에 "갑자일 매상(昧爽;날이 샐 무렵)에 수(受;주왕)가 그 군대를 거느리되 숲처럼 많이 하였다.〔甲子昧爽, 受率其旅若林.〕"라고 보인다. 그리하여 이 날 전쟁을 하면 승리하지 못한다는 속설이 있다. 그러나 주왕에게는 패전한 날이 되지만, 무왕에게는 도리어 승리한 날이 되어 길일이라 하므로 공격하는 자에게 좋으면 공격을 당하는 자에게 나쁘다고 한 것이다.

1-3

> 城非不高也며 池非不深也며 兵革이 非不堅利也며 米粟이 非不多也로되 委而去之하나니 是地利不如人和也니라

> 성(城)이 높지 않은 것이 아니며, 못이 깊지 않은 것이 아니며, 병기와 갑옷이 견고하고 예리하지 않은 것이 아니며, 쌀과 곡식이 많지 않은 것이 아니지만 이것을 버리고 떠나가니, 이는 지리(地利)가 인화(人和)만 못한 것이다.

革은 甲也라 趙氏曰 古甲은 以革爲之라 ○ 兵利甲堅이라 粟은 穀也라 留皮曰粟이요 去皮曰米니 因城池하여 而竝及兵革、米粟이라 委는 棄也라 委字上에 亦有然而二字義하니 蓋本文蒙上而省之耳라 言 不得民心이면 民不爲 去聲이라 守也라 雙峯饒氏曰 在天地者는 難必하고 在我者는 可恃니라 ○ 詳言二라 ○ 人和는 此章之綱領이라 故로 下兩節은 專言人和라

'혁(革)'은 갑옷이다. 조씨가 말하였다. "옛날 갑옷은 가죽으로 만들었다." ○ 병기가 예리하고 갑옷이 견고한 것이다. '속(粟)'은 곡식이다. 거죽(껍질)을 남겨둔 것을 속(粟)이라 하고, 거죽을 제거한 것을 미(米)라고 하니, 성(城)과 못〔池〕을 인하여 아울러 병기와 갑옷, 쌀과 곡식에 미친 것이다. '위(委)'는 버림이다. 위(委)자 위에 또한 연이(然而) 두 글자의 뜻이 있으니, 이는 본문이 위를 이어받아 생략한 것이다. 민심(民心)을 얻지 못하면 백성들이 위하여 '위(爲)'는 거성(去聲;위함)이다. 지켜주지 않음을 말씀한 것이다. 쌍봉요씨가 말하였다. "하늘과 땅에 있는 것은 기필하기가 어렵고 나에게 있는 것은 믿을 수가 있는 것이다." ○ 자세히 말한 두 번째이다. ○ '인화(人和)'는 이 장의 강령이다. 그러므로 아래 두 절은 오로지 인화를 말씀하였다.

1-4

> 故로 曰 域民호되 不以封疆之界하며 固國호되 不以山谿之險하며 威天下호되 不以兵革之利니 得道者는 多助하고 失道者는 寡助라 寡助之至에는 親戚이 畔之하고 多助之至에는 天下順之니라
>
> 그러므로 내 말하기를 '백성을 한계 짓되 국경의 경계로써 하지 않으며, 국가를 견고히 하되 산과 강의 험고(險固)함으로써 하지 않으며, 천하를 두렵게 하되 병혁(兵革)의 예리함으로써 하지 않는다.' 한 것이다. 도(道)를 얻은 자는 도와주는 이가 많고, 도를 잃은 자는 도와주는 이가 적다. 도와주는 이가 적음의 지극함에는 친척이 배반하고, 도와주는 이가 많음의 지극함에는 천하가 순종하는 것이다.

故曰은 猶云我故曰也라 或曰 古語也라하니 更詳之라

'고왈(故曰)'은 아고왈(我故曰)이라고 말한 것과 같다. 혹자는 말하기를 '옛말'이라 하니, 자세히 살펴보아야 한다.

域은 句라 界限也라 南軒張氏曰 得道者는 順乎理而已니라 ○ 雙峯饒氏曰 緊要在得道二字하니라 ○ 按得道는 是人和之所由也라 ○ 此節은 只照地利하고 不復照天時라

'역(域)'은 여기에서 구(句)를 뗀다. **한계이다.** 남헌장씨가 말하였다. "도(道)를 얻었다는 것은 이치를 순히 할 뿐이다." ○ 쌍봉요씨가 말하였다. "긴요함은 득도(得道) 두 글자에 있다." ○ 살펴보건대 득도(得道)는 바로 인화(人和)가 말미암아 이루어지는 것이다. ○ 이 절은 다만 지리(地利)를 조응하고, 다시는 천시를 조응하지 않았다.

1-5

以天下之所順으로 攻親戚之所畔이라 故로 君子有不戰이언정 戰必勝矣니라

천하가 순종하는 바로써 친척이 배반하는 바를 공격한다. 그러므로 군자(君子)가 싸우지 않음이 있을지언정 싸우면 반드시 승리하는 것이다."

言 不戰則已어니와 止也라 戰則必勝이니라

싸우지 않으면 그만이거니와 '이(已)'는 그만 둠이다. 싸우면 반드시 승리함을 말씀한 것이다.

○ 尹氏曰 言得天下者는 凡 猶皆也라 以得民心而已니라 新安陳氏曰 用兵은 亦不廢天時、地利之末이어늘 孟子見當時惟以天時、地利爲務故로 發此論하시니라 ○ 按地利는 固兵家之所不廢요 若時日之拘忌는 則他事猶不可어든 況攻戰之事乎아

○ 윤씨가 말하였다. "천하를 얻는 자는 모두 '범(凡)'은 개(皆)와 같다. 민심(民心)을 얻음으로써일 뿐임을 말씀한 것이다." 신안진씨가 말하였다. "용병(用兵)은 또한 천시(天時)와 지리(地利)의 지엽적인 것을 폐하지 않는데, 맹자가 당시에 오직 천시와 지리를 힘쓰는 것을 보셨기 때문에 이 논을 발하신 것이다." ○ 살펴보건대 지리는 진실로 병가(兵家)에서 폐할 수 없는 것이요, 시일(時日)의 구기(拘忌;끼리고 혐의함)로 말하면 다른 일도 오히려 불가한데 하물며 공격하고 전쟁하는 일에 있어서랴!

2-1

孟子將朝王이러시니 王이 使人來曰 寡人이 如就見者也러니 有寒疾이라 不可以風일새 朝將視朝하리니 不識케이다 可使寡人得見乎잇가 對曰 不幸而有疾이라 不能造朝로소이다

맹자가 장차 왕(王)에게 조회하려고 하셨는데, 왕이 사람을 보내와 말씀하였다. "과인(寡人)이 장차 나아가 뵈려고 하였는데, 한질(寒疾;감기)이 있어서 바람을 쐴 수 없습니다. 아침에 장차 조회를 볼 것이니, 알지 못하겠습니다. 과인으로 하여금 장차 뵈올 수 있게 하올런지요?" 맹자가 대답하셨다. "불행히도 병이 있어서 조회에 나갈 수 없습니다."

章內에 朝는 竝音潮요 惟朝將之朝는 如字라 造는 七到反이니 下同이라

장(章)안에 '조(朝)'는 모두 음이 조(潮;조회)이고 오직 조장(朝將)의 '조(朝)'는 본자대로(아침 조) 읽는다. '조(造)'는 칠(七)·도(到)의 반절[나아갈 조]이니 아래도 같다.

王은 齊王也라 以下文齊人而可知也라 孟子本將朝王이러시니 王不知하고 而託疾以召孟子라 來는 使者來也라 如者는 且然而未必之辭라 寒疾은 傷寒之疾이니 惡(오)寒故로 不可以風이라 造는 就也라 故로 孟子亦以疾辭也하시니라 朱子曰 孟子於齊에 未嘗受祿하시니 非王所得臣也니 未論託疾하고 只是不合召라 召旣失禮요 託疾又不誠하니 若何而可往哉리오 此는 以在其國言이요 答陳代不待招而往은 以在他國而言이라 諸侯는 無越境之理하니 只以幣聘이면 則往見之니라 ○ 新安陳氏曰 孟子欲其稱也하시니 與孔子闞陽貨之亡로 同意니라 ○ 南軒張氏曰 將朝는 禮也요 聞王託疾而不往은 義也니라

'왕(王)'은 제왕(齊王)이다. 아랫글 제인(齊人)을 가지고 알 수 있는 것이다. 맹자가 본래 장차 왕에게 조회하려고 하셨는데, 왕이 이것을 모르고 병을 칭탁하여 맹자를 불렀다. '래(來)'는 사자(使者)가 온 것이다. '여(如)'는 장차 이렇게 하려 하나 기필할 수 없는 말이다. '한질(寒疾)'은 상한(傷寒)의 병이니, 추위를 싫어하기 때문에 바람을 쐴 수가 없는 것이다. '조(造)'는 나아감이다. 그러므로 맹자 또한 병으로써 사양하신 것이다. 주자가 말씀하였다. "맹자가 제(齊)나라에 있어서 일찍이 녹을 받지 않으셨으니 왕이 신하 삼을 수 있는 것이 아니니, 병을 칭탁함을 논할 것이 없고 다만 불러서는 안 되는 것이다. 부름은 이미 실례를 하였고 병을 칭탁함은 또 성실하지 못하니, 어찌 갈 수 있겠는가. 이는 그 나라에 있음을 가지고 말한 것이요, 진대(陳代)에게 부르기를 기다리지 않고 간다고 대답하신 것은 타국에 있음을 가지고 말씀한 것이다.

제후는 국경을 넘어가는 이치가 없으니, 다만 폐백(幣帛)으로 초빙하면 가서 만나보는 것이다."
○ 신안진씨가 말하였다. "맹자가 그 걸맞게 하고자 하신 것이니, 공자(孔子)가 양화(陽貨)가 없을 때를 엿본 것과 같은 뜻[*①]이다." ○ 남헌장씨가 말하였다. "장차 조회(朝會)하려 함은 예(禮)요, 왕이 병을 칭탁함을 듣고 가지 않으신 것은 의(義)이다."

*① 공자(孔子)가……뜻 : 양화(陽貨)는 이름이 호(虎)로 계손씨(季孫氏)의 가신(家臣)이었는데, 계손씨를 구류하고 노나라의 국정을 전단하였다. 양화는 공자가 자신을 찾아와 만나볼 것을 바랐으나 공자가 가지 않자, 예(禮)에 대부(大夫)가 사(士)에게 물건을 하사할 경우 사가 집에서 직접 받지 못하면 대부의 집으로 찾아가서 인사하는 것을 이용하여 공자가 집에 없을 때를 엿보아 공자에게 삶은 돼지고기를 보내자, 공자 또한 양화가 집에 없을 때를 엿보아 가서 인사하셨는바, 이 내용이 ≪논어≫〈양화〉1장과 ≪맹자≫〈등문공 하(滕文公下)〉7장에 자세히 보인다.

2-2

明日에 出弔於東郭氏러시니 公孫丑曰 昔者에 辭以病하시고 今日弔 或者不可乎인저 曰 昔者疾이 今日愈어니 如之何不弔리오

다음 날 밖으로 나가 동곽씨(東郭氏)에게 조문하려 하시니, 공손추(公孫丑)가 말하였다. "어제 병으로 사양하시고 오늘 조문함이 어쩌면 불가할 듯합니다." 맹자가 말씀하셨다. "어제 병이 오늘 나았으니, 어찌 조문하지 않겠는가?"

病은 一作疾이라

'병(病)'은 일본(一本)에는 질(疾)로 되어 있다.

東郭氏는 齊大夫家也라 昔者는 昨日也라 或者는 疑辭라 辭疾而出弔는 與孔子不見孺悲하시고 取瑟而歌로 見論語陽貨라 同意하니라 慶源輔氏曰 使之知其非疾者는 所以警教也시니 此皆聖賢至誠應物而得時中之義니라

동곽씨(東郭氏)는 제(齊)나라 대부(大夫)의 집안이다. '석(昔)'은 어제이다. '혹(或)'은 의문사이다. 병으로 사양하고 나가 조문하신 것은 공자께서 유비(孺悲)를 만나보지 않으시고 비파를 취하여 노래한 것[*①]과 이 내용이 ≪논어≫〈양화〉에 보인다. 같은 뜻이다. 경원보씨가 말하였다. "하여금 그 병이 아님을 알게 한 것은 경계하고 가르치신 것이니, 이는 모두 성인이 지성으로 남에게 응하여 시중(時中)의 의(義)를 얻으신 것이다."

*① 공자께서……것 : 이 사실은 ≪논어≫〈양화(陽貨)〉20장에 보이는 바, 공자는 잘못을

저지른 유비(孺悲)가 찾아와 뵙기를 청하자, 신병(身病)이 있어 만날 수 없다고 사절하시고, 명령을 전달하는 자가 이 말을 전달하기 위하여 문을 나가자, 비파를 타서 유비로 하여금 이것을 듣게 하여 자신이 그를 사절한 것은 신병 때문이 아니요 딴 뜻이 있음을 나타내셨다. 맹자 역시 병으로 사양하고 동곽씨(東郭氏)에게 조문을 가서 자신이 조회하지 않은 것은 신병 때문이 아니요 제왕(齊王)이 빈사(賓師)인 자신을 함부로 불렀기 때문임을 알게 하신 것이다.

2-3

王이 使人問疾하시고 醫來어늘 孟仲子對曰 昔者에 有王命이어시늘 有采薪之憂라 不能造朝러시니 今病小愈어시늘 趨造於朝하더시니 我는 不識케이다 能至否乎아하고 使數人으로 要於路曰 請必無歸而造於朝하소서

왕이 사람을 시켜 병을 물으시고 의원이 오자, 맹중자가 대답하기를 "어제 왕명(王命)이 계셨으나 채신(采薪)의 우환이 있어 조회에 나가지 못하시더니, 오늘 병이 조금 나으셨으므로 조정에 달려 나가셨습니다. 제가 알지 못하겠습니다. 능히 도착하셨는지요?" 하고는 몇 사람으로 하여금 길목에서 지키고 있다가 "반드시 돌아오시지 말고 조정에 나아가소서." 하고 아뢰게 하였다.

要는 平聲이라

'요(要)'는 평성(平聲;맞이함)이다.

新安陳氏曰 問疾醫來는 虛文美觀이니 意亦非誠이니라 ○ 疑王已知孟子之託疾하고 而故遣醫來耳리라

신안진씨가 말하였다. "병을 묻고 의원이 온 것은 헛된 문식으로 아름답게 보인 것이니, 뜻이 또한 성실한 것이 아니다." ○ 의심컨대 왕이 맹자가 병을 칭탁(稱託)하심을 이미 알고 일부러 의원을 보내온 듯하다.

孟仲子는 趙氏以爲孟子之從 去聲이라 昆弟로 學於孟子者也라하니라 采薪之憂는 言病不能采薪이니 以不能采薪也로 而名之爲采薪하니 此必當時方言也리니 蓋疾之小者라

謙辭也라 采薪은 鄙事也라 雖對君命하여 爲師而作謙辭나 恐未當하니 蓋亦曰不幸而有疾乎아 仲子權辭以對하고 又使人要 猶邀也라 孟子하여 令 平聲이라 勿歸而造朝하여 以實己言하니라 仲子之處事는 與後世趨時附勢者之爛套同하니 其學力之所造를 有可見矣라 蓋直曰出弔乎아

맹중자(孟仲子)는 조씨(趙氏)가 이르기를 "맹자의 종형제(從兄弟)로서 '종(從)'은 거성(去聲;따름)이다. 맹자에게 공부한 자이다." 하였다. 채신(采薪)의 우환이란 병들어 땔나무를 할 수 없음을 말한 것이니, 나무 섶을 채취하지 못함을 가지고 이름하여 채신(采薪)이라 하였으니, 이는 당시 방언일 것이니 아마도 병의 작은 것일 것이다. 겸사(謙辭)이다. 채신은 비루한 일이다. 비록 인군의 명령에 대하여 스승을 위해 겸사로 한 것이나 온당치 못할 듯하니, 어찌 또한 '불행히 병이 있다.'고 말하지 않았는가? 중자(仲子)가 권사(權辭;둘러대는 말)로써 대답하고,*① 또 사람으로 하여금 길목에서 지키고 있다가 '요(要)'는 요(邀)와 같다. 맹자를 맞이하여, 맹자로 하여금 '영(令)'은 평성(平聲;하여금)이다. 돌아오시지 말고 조정에 나아가시어 자신의 말을 실증하게 한 것이다. 중자(仲子)가 일을 대처함은 후세에 추시부세(趨時附勢)하는 자의 난만(爛漫)한 투식(套式)과 같으니, 그 학문한 공력의 나아간(이룩한) 바를 또한 볼 수 있다. 어찌하여 곧바로 나가 조문하셨다고 말하지 않았는가?

*① 권사(權辭)로써 대답하고 : 권사(權辭)는 바른대로 말하지 않고 말을 둘러대는 것으로 권변(權變), 권도(權道)의 뜻이다.

2-4

不得已而之景丑(추)氏하여 宿焉이러시니 景子曰 內則父子요 外則君臣이 人之大倫也니 父子는 主恩하고 君臣은 主敬하니 丑見王之敬子也요 未見所以敬王也니이다 曰 惡(오)라 是何言也오 齊人이 無以仁義與王言者는 豈以仁義爲不美也리오 其心曰 是何足與言仁義也云爾면 則不敬이 莫大乎是하니 我는 非堯、舜之道어든 不敢以陳於王前하노니 故로 齊人이 莫如我敬王也니라

<맹자가> 부득이 경추씨(景丑氏)에게 가서 유숙하셨는데, 경자(景子)가 말하였다. "안에는 부자간(父子間)이요 밖에는 군신간(君臣間)이 인간의 큰 윤리입니다. 부자간에는 은혜를 주장하고 군신간에는 경(敬)을 주장하니, 저는 왕께서 선생을 공경

> 함은 보았고 선생께서 왕을 공경하시는 것은 보지 못하였습니다." 맹자가 말씀하셨
> 다. "아, 이 웬 말인가. 제(齊)나라 사람 중에 인의(仁義)를 가지고 왕과 더불어 말
> 하는 이가 없는 것은 어찌 인의를 아름답지 않다고 여겨서이겠는가. 그 마음에 '이
> 군주와 어찌 족히 더불어 인의를 말할 수 있겠는가.'라고 여겨서일 것이니, 그렇다
> 면 불경(不敬)함이 이보다 더 큼이 없는 것이다. 나는 요·순의 도(道)가 아니면 감
> 히 왕의 앞에서 말씀드리지 않노니, 그러므로 제(齊)나라 사람들은 내가 왕을 공경
> 하는 것처럼 하는 이가 없는 것이다."

惡는 平聲이니 下同이라

'오(惡)'는 평성(平聲;탄식하는 말)이니 아래도 같다.

不得已而成之爲實者는 是兄弟相隱之道也라

부득이 하여 이것을 이루어 진실로 삼은 것은 바로 형제간에 서로 숨겨주는 도이다.

景丑氏는 齊大夫家也라 蓋自東郭歸時에 已暮故로 又一宿하고 乃見王이시니라 景子는 景丑也라 景姓이요 丑名이니 與東郭異라 ○ 未見所以敬王一句는 蒙上子字而不敢顯斥이니 蓋謹之也라 下節固將朝句도 放此라 惡는 歎辭也라 此非不敢當之美事라 故로 不取驚義라 ○ 曰是之是는 指王이라 景丑所言은 敬之小者也요 孟子所言은 敬之大者也라 慶源輔氏曰 敬以貌故도 小하고 敬以心故도 大라 ○ 按齊人은 是汎指而丑其尤也리 ○ 猶未說出召字하고 待丑自言而後에 洞闢之라

경추씨(景丑氏)는 제(齊)나라 대부(大夫)의 집안이다. 동곽(東郭)에서 돌아오실 때 이미 날이 저물었으므로 또 한 번 유숙하고 마침내 왕을 만나보신 것이다. 경자(景子)는 경추(景丑)이다. 경(景)은 성(姓)이고 추(丑)는 이름이니, 복성(複姓)인 동곽과 다르다. ○ 미견소이경왕(未見所以敬王) 한 구는 위의 자(子)자를 이어받아 감히 드러내게 배척하지 못한 것이니, 이를 삼간 것이다. 아랫절의 고장조(固將朝) 구도 이와 같다. '오(惡)'는 탄식하는 말이다. 이는 감당하지 못하는 아름다운 일이 아니므로 경(驚)의 뜻을 취하지 않은 것이다. ○ 왈시(曰是)의 '시(是)'는 왕을 가리킨다. 경추가 말한 것은 경(敬)의 작은 것이요, 맹자가 말씀하신 것은 경의 큰 것이다. 경원보씨가 말하였다. "모양으로 공경하기 때문에 작고, 마음으로 공경하기 때문에 큰 것이다." ○ 살펴보건대 제인(齊人)은 널리 가리켰는데 경추가 그 중에 더욱 심한 것이다. ○ 아직 소(召)자를 말씀해 내지 않고 경추가 스스로 말하기를 기다린 뒤에 크게 열어 주셨다.

2-5

景子曰 否라 非此之謂也라 禮曰 父召어시든 無諾하며 君命召어시든 不俟駕라하니 固將朝也라가 聞王命而遂不果하시니 宜與夫禮로 若不相似然하이다

경자(景子)가 말하였다. "아닙니다. 이것을 말하는 것이 아닙니다. 예(禮)에 이르기를 '아버지가 부르시면 느리게 대답하지 말며, 군주(君主)가 명(命)하여 부르시면 말을 멍에하기를 기다리지 않는다.' 하였으니, 진실로 장차 조회하시려다가 왕명(王命)을 듣고서 마침내 결행하지 않으셨으니, 의심컨대 이 예와 서로 같지 않은 듯합니다."[①]

*① 의심컨대……듯합니다 : '의여부예(宜與夫禮)'의 의(宜)는 '마땅히'라는 의미보다는 '의(疑)'와 같은 뜻으로 해석하여 '의심컨대'로 보는 것이 더 합당할 듯하다. 《집주》에도 '사여차례지의 부동(似與此禮之意, 不同.)'이라 하여 의사(疑似)의 뜻으로 해석하였고, 호산도 《집주》의 '사(似)'자를 경문의 '의(宜)'자로 보았다.

夫는 音扶니 下同이라

'부(夫)'는 음이 부(扶;이)이니 아래도 같다.

否非此之謂也는 與惡是何言也로 語勢略相類라

부비차지위야(否非此之謂也)는 시하언야(是何言也)와 어세가 대략 서로 유사하다.

禮 竝見玉藻라 曰 父命呼어시든 唯 上聲이라 而不諾이라하고 又曰 君命召어시든 在官 大全曰 謂朝內라 不俟屨하고 在外不俟車라하니라 照上節하여 亦先言父子라 ○ 無字는 不取勿義하고 而不字는 乃作勿義하니 諺釋恐合更商이라 言 孟子本 固라 欲將이라 朝王이라가 而聞命中止하시니 似 宜라 與此 夫라 禮之意로 不同也라 雙峯饒氏曰 是人臣事君之常이니라

예(禮)에 모두 《예기》〈옥조(玉藻)〉에 보인다. 이르기를 "아버지가 명(命)하여 부르시거든 빨리 대답하고 '유(唯)'는 상성(上聲;빨리 대답함)이다. 느리게 대답하지 말라." 하였고, 또 이르기를 "군주가 명하여 부르시거든 관청에 있을 때에는 《대전》에 말하였다. "조정안에 있음을 이른다." 신 신기를 기다리지 않고, 밖에 있을 때에는 수레에 멍에하기를 기다리지

않는다." 하였다. 윗절에 조응하여 또한 먼저 부자(父子)를 말하였다. ○ '무(無)'자는 물(勿)의 뜻을 취하지 않고 '불(不)'자는 마침내 물(勿)의 뜻을 취했으니, ≪언해≫의 해석은 마땅히 다시 헤아려 보아야 할 듯하다.*① **맹자가 본래** 경문의 고(固;진실로)이다. **왕에게 조회하려고** 경문의 장(將;장차)이다. **하시다가 왕명을 듣고 중지하였으니, 이** 경문의 부(夫;이것)이다. **예의 뜻과 같지 않은 듯하다고** 경문의 의(宜;마땅함)이다. **말한 것이다.** 쌍봉요씨가 말하였다. "이는 인신(人臣)이 인군(人君)을 섬기는 떳떳함이다."

*① ≪언해≫의……듯하다 : "父 부르시거든 諾이 없으며 임금이 命하여 부르시거든 멍에하기를 기다리지 말라."로 되어 있는바, "諾하지 말며.", "기다리지 않는다."로 해석해야 함을 말한 것이다.

2-6

曰 豈謂是與리오 曾子曰 晉、楚之富는 不可及也나 彼以其富어든 我以吾仁이요 彼以其爵이어든 我以吾義니 吾何慊乎哉리오하시니 夫豈不義를 而曾子言之시리오 是或一道也니라 天下에 有達尊이 三이니 爵一、齒一、德一이니 朝廷엔 莫如爵이요 鄕黨엔 莫如齒요 輔世長民엔 莫如德이니 惡(오)得有其一하여 以慢其二哉리오

맹자가 말씀하셨다. "어찌 이것을 말한 것이겠는가. 증자(曾子)가 말씀하시기를 '진(晉)나라와 초(楚)나라의 부(富)함은 내 따를 수 없지만, 저들이 그 부를 가지고 나를 대하면 나는 나의 인(仁)을 가지고 대하며, 저들이 그 관작(官爵)을 가지고 나를 대하면 나는 내 의(義)를 가지고 대할 것이니, 내 어찌 부족할 것이 있겠는가.' 하셨으니, 이 어찌 불의(不義)인 것을 증자가 말씀하셨겠는가. 이것도 혹 한 방법일 것이다. 천하에 달존(達尊)이 세 가지가 있으니, 관작이 하나요 연치(年齒)가 하나요 덕(德)이 하나이다. 조정에는 관작만한 것이 없고 향당(鄕黨)에는 연치만한 것이 없고 세상을 돕고 백성의 우두머리가 됨에는 덕만한 것이 없으니, 어찌 그 한 가지(관작)를 소유하고서 둘을 가진 사람을 만홀(慢忽)히 할 수 있겠는가.

與는 平聲이라 慊은 口簞反이라 長은 上聲이라

'여(與)'는 평성(平聲;의문사)이다. '겸(慊)'은 구(口)·점(簞)의 반절[만족할 겸]이다. '장(長)'

은 상성(上聲;자람)이다.

慊音은 當與浩然章及大學音으로 參看이라

'겸(慊)'의 음은 마땅히 호연장(浩然章)과 ≪대학≫의 음과 참고해 보아야 한다.*①

*① 겸(慊)의……한다 : ≪대학≫ 전문(傳文) 6장에는 "如惡惡臭, 如好好色, 此之謂自謙."이라고 보이는데, ≪집주≫의 음훈(音訓)에 "겸(謙)은 겹(慊)으로 읽으니, 고(苦)·겁(怯)의 반절[겹]이다." 하였고, ≪맹자≫〈공손추 상(公孫丑上)〉2장에 "行有不慊於心則餒矣"라고 보이는데, ≪집주≫의 음훈에 "慊은 구(口)·점(簟)의 반절(겸)과 구(口)·겁(劫)의 반절(겹)이다." 하였다.

慊은 恨也며 少也라 自少也라 或作嫌하니 句라 字書에 說文之類라 以爲口銜物也라 하니 嫌之訓也라 然則慊은 亦但爲心有所銜之義니 從口者爲口銜이면 則從心者自當爲心銜이라 其爲快爲足、浩然章及大學이라 爲恨爲少는 則因其事而所銜有不同耳라 恨少與快足은 義雖相反이나 其各爲所銜則均也라 孟子言 我之意는 非如景子之所言者라 하시고 豈謂是與는 所以駁非此之謂也라 因引曾子之言 所以敵丑之引禮也라 而云하사되 夫此豈是不義를 而曾子肯以爲言이시리오 是或別有一種 上聲이라 道理也라하시니라 不欲傷禮之常故로 謹而言之라 達은 通也라 蓋通天下之所尊이 有此三者하니 朱子曰 不相値면 則各伸其尊而無所屈이요 相値면 則視其重之所在而致隆焉이라 爵、齒는 有偶得者라 是以로 其施不相及이요 惟德은 得於心하고 充於身하여 刑於家하고 推於鄕黨、朝廷이니라 ○ 按朝廷序爵하고 鄕黨序齒로되 而儁(준)與老、更은 不常有也요 德則通世而序之라 故로 孔子賢於堯、舜하고 孟子姑舍數子하라하시니라 ○ 輔世長民은 謂輔此世而長於民也라 曾子之說은 仁、義라 蓋以德言之也리 如德以上은 所以解是或一道라 故로 註於此에 復言曾子而歸重於德이라 今齊王은 本文에 不言王者는 蓋亦丑之未見所以敬王及固將朝之語意어늘 而註皆補說이라 但有爵 一이라 耳니 安得以此慢於齒、德 二리오아 齒則帶說이니 亦以德爲歸重이라 ○ 雙峯饒氏曰 是人君尊賢之道니라 ○ 朱子曰 曾子曰 我以吾仁이라하시고 子思曰 豈曰友之云乎[1]리오하시고 孟子曰 惡得慢其__리오하시니 師弟子之間에 意見之相合이 如此하시니라

'겸(慊)'은 한(恨)함이며 부족하게 여김이다. 스스로 작게 여김이다. 혹은 겸(嫌)으로도 쓰니, 여기에서 구(句)를 뗀다. 자서(字書;자전(字典))에 ≪설문해자(說文解字)≫의 따위이다. "입에

---

[1] ≪孟子 萬章下 7章≫ "繆公亟見於子思曰: 古千乘之國以友士, 何如. 子思不悅曰: 古之人有言曰 事之云乎, 豈曰友之云乎."

물건을 머금은 것이다." 하였다. 겸(嗛)의 훈이다. **그렇다면 겸(慊) 또한 단지 마음에 머금은 바의 뜻이니,** 구변(口便)을 따른 것이 입에 머금음이 되면 심변(心便)을 따른 것은 본래 마땅히 마음에 머금음이 되는 것이다. **쾌(快)함도 되고 만족함도 되며** 호연장과 ≪대학≫이다. **쾌(恨)함도 되고 부족하게 여김도 되는 것은 그 일에 따라 머금은 바가 똑같지 않음이 있는 것이다.** 한소(恨少)와 쾌족(快足)은 뜻이 비록 상반되나 그 각각 마음에 머금은 바가 됨은 똑같다.

맹자가 말씀하시기를 "나의 뜻은 경자(景子)가 말한 바와 같은 것이 아니다." 하시고, 기위시여(豈謂是與)는 비차지위야(非此之謂也)를 공박(攻駁)한 것이다. 이어 증자(曾子)의 말씀을 인용하고 경추가 예(禮)를 인용함에 맞선 것이다. **말씀하시기를 "이 어찌 불의(不義)인 것을 증자께서 즐겨 말씀하셨겠는가. 이것도 혹 별도로 일종(一種)의** '종(種)'은 상성(上聲;종류)이다. **도리가 있는 것이다." 하셨다.** 예(禮)의 떳떳함을 상(傷)하고자 하지 않으셨기 때문에 삼가서 말씀한 것이다. '달(達)'은 통(通)함이다. **온 천하에 공통으로 높이는 것이 이 세 가지가 있으니,** 주자가 말씀하였다. "서로 만나지 않으면 각각 그 높음을 펴서 굽히는 바가 없고, 서로 만나면 그 중함이 있는 곳을 보아 높임을 지극히 하는 것이다. 관작(官爵)과 연치(年齒)는 우연히 얻은 자가 있다. 이 때문에 그 베풂이 서로 미치지 않고, 오직 덕은 마음에 얻고 몸에 충만하고 집안에 모범이 되어서 향당(鄕黨)과 조정(朝廷)에 미룰 수 있는 것이다." ○ 살펴보건대 조정에서 관작을 차례하고 향당에서 연치를 차례하나 준(儁)과 삼로(三老)·오경(五更)*①은 항상 있지 않고, 덕(德)은 온 세상을 통하여 차례한다. 그러므로 공자가 요·순보다 낫고 맹자가 우선 몇 사람을 버리라고 하신 것이다. ○ 보세장민(輔世長民)은 이 세상을 도와서 백성의 우두머리가 됨을 이른다. **증자의 말씀은** 인(仁)·의(義)이다. **덕(德)을 가지고 말씀한 것이다.** '여덕(如德)' 이상은 시혹일도(是或一道)를 해석한 것이다. 그러므로 주(註)에 이에 대하여 다시 증자를 말씀하시어 중점을 덕으로 돌린 것이다. **지금 제왕(齊王)은** 본문에 왕을 말하지 않은 것은 아마도 또한 경추가 맹자께서 왕을 공경하는 것을 보지 못했다는 것과 진실로 장차 조회(朝會)하려 했다는 말뜻인데, 주에 모두 보충하여 말하였다. **단지 관작이 있을 뿐이니,** 한 가지이다. **어찌 이것을 가지고 연치와 덕을** 두 가지이다. **가진 이에게 만홀(慢忽)히 할 수 있겠는가.** ○ 연치(年齒)는 부대하여 말한 것이니, 또한 중점을 덕으로 돌렸다. ○ 쌍봉요씨가 말하였다. "이는 인군이 현자를 높이는 도(道)이다." ○ 주자가 말씀하였다. "증자가 말씀하시기를 '나는 내 인(仁)으로써 한다.' 하셨고 자사(子思)가 말씀하시기를 '어찌 벗삼는다고 말하겠습니까?' 하셨고, 맹자는 '어찌 그 둘을 가진 사람을 함부로 할 수 있겠는가?' 하셨으니, 스승과 제자 사이에 의견이 서로 부합함이 이와 같으셨다."

> *① 준(儁)과 삼로(三老)·오경(五更) : 준은 향인(鄕人)으로 향대부(鄕大夫)가 향음주례(鄕飮酒禮)를 행할 적에 향대부를 위하여 예를 구경하는 자로 ≪예기≫〈소의(少儀)〉에 보이며, 삼로와 오경은 각각 한 사람이라 하기도 하고 삼로는 세 명, 오경은 다섯 사람이라 하기도 하는데, 모두 경력과 학문이 높은 사람으로 주(周)나라 때에 천자가 삼로·오경을 설치하여 부형을 섬기는 도리로써 봉양하였는바, ≪예기≫〈문왕세자(文王世子)〉에 보인다.

2-7

> 故로 將大有爲之君은 必有所不召之臣이라 欲有謀焉이면 則就之하나니 其尊德樂道 不如是면 不足與有爲也니라
>
> 그러므로 장차 크게 훌륭한 일을 할 수 있는 군주는 반드시 함부로 부르지 않는 신하가 있다. 그리하여 모의(謀議;상의)하고자 하는 일이 있으면 찾아갔으니, 덕(德)을 높이고 도(道)를 즐거워함이 이와 같지 않으면 더불어 훌륭한 일을 할 수 없는 것이다.

樂은 音洛이라

락(樂)은 음이 락(洛;즐거움)이다.

大有爲之君은 大有作爲非常之君也라 如湯、桓이라 ○ 雙峯饒氏曰 不如是는 指謀焉則就之라 程子 當考라 曰 古之人이 所以必待人君致敬盡禮2) 見盡心(下)[上]3)라 而後에 往者는 非欲自爲尊大也라 爲 去聲이라 是 指不足與有爲라 故耳라 不召之臣은 此章之題目이라

'대유위지군(大有爲之君)'은 크게 작위(作爲)함이 있는 비상(非常)한 군주이다. 탕왕(湯王)과 제나라 환공(桓公)과 같은 분이다. ○ 쌍봉요씨가 말하였다. "이와 같지 않다는 것〔不如是〕은 장차 도모하게 되면 찾아감〔謀焉則就之〕을 가리킨 것이다."

정자(程子)가 마땅히 상고하여야 한다. 말씀하였다. "옛 사람이 반드시 인군(人君)이 경(敬)을 지극히 하고 예(禮)를 다하기를 기다린 뒤에 이 내용은 〈진심 상〉에 보인다. 간 까닭은 스스로 높이고 위대하고자 해서가 아니요, '위(爲)'는 거성(去聲;위함)이다. 이것은〔是〕 이것은 족히 더불어 훌륭한 일을 할 수 없음〔不足與有爲〕을 가리킨 것이다. 때문이었다." '불소지신(不召之臣)'은 이 장의 제목이다.

---

2) ≪孟子 盡心上 8章≫ "孟子曰: 古之賢王, 好善而忘勢, 古之賢士, 何獨不然, 樂其道而忘人之勢, 故王公不致敬盡禮, 則不得亟見之."

3) (下)[上] : 저본에는 '下'로 되어있으나, ≪맹자≫ 원문에 의거하여 바로잡았다.

2-8

故로 湯之於伊尹에 學焉而後臣之라 故로 不勞而王하시고 桓公之
於管仲에 學焉而後臣之라 故로 不勞而霸하니라

그러므로 탕왕(湯王)은 이윤(伊尹)에게 배운 뒤에 그를 신하로 삼으셨다. 이 때문에 수고롭지 않고 왕 노릇을 하셨고, 환공(桓公)은 관중(管仲)에게 배운 뒤에 그를 신하로 삼았다. 이 때문에 수고롭지 않고 패자(霸者)가 된 것이다.

先從受學은 師之也요 後以爲臣은 任之也라 雙峯饒氏曰 學은 師之요 臣은 相之也니 觀尹之辭하면 無所遜於湯이요 桓之於管에 曰 一則仲父요 二則仲父라하니 可見師之之意니라 ○ 按此取學而臣之之一事라 故로 王、霸竝言而不暇攻霸耳라

먼저 따라서 수학(受學)함은 스승으로 삼은 것이요, 뒤에 신하로 삼음은 임무를 맡긴 것이다. 쌍봉요씨가 말하였다. "배움은 스승으로 삼는 것이요, 신하는 정승이 되어 돕는 것이니, 이윤(伊尹)의 말을 보면 탕왕에 사양하는 바가 없었고, 환공(桓公)은 관중(管仲)에 대하여 첫 번째도 중보(仲父)이고 두 번째도 중보(仲父)이다 하였으니, 스승 삼은 뜻을 볼 수 있다." ○ 살펴보건대 이는 배우고서 신하로 삼는 한 가지 일을 취한 것이다. 그러므로 왕도(王道)와 패도(霸道)를 함께 말하여 패도를 공격할 겨를이 없는 것이다.

2-9

今天下地醜德齊하여 莫能相尙은 無他라 好臣其所敎而不好臣其
所受敎니라

지금 천하가 토지(영토)가 비슷하고 덕(德;정치상황)도 비슷해서 서로 뛰어나지 못함은 딴 것이 없다. 자기가 가르칠 수 있는 사람을 신하로 삼기를 좋아하고, 자기가 가르침을 받을 수 있는 사람을 신하로 삼기를 좋아하지 않기 때문이다.

好는 去聲이라

'호(好)'는 거성(去聲;좋아함)이다.

醜는 類也라 相類라 尙은 過也라 無他는 猶言非他故也라 所敎는 謂聽從於己하여 可役使者也요 卽所謂舍汝從我者4)也라 所受敎는 謂己之所從學者也라 如伊、管이라

'추(醜)'는 같음이다. 서로 유사함이다. '상(尙)'은 뛰어남이다. '무타(無他)'는 다른 연고가 아니라는 말과 같다. '소교(所敎)'는 자기 말을 듣고 따라서 사역(使役)시킬 수 있는 사람을 이르고, 바로 이른바 '너의 배운 것을 버리고 나를 따르라.'는 것이다. '소수교(所受敎)'는 자기가 따라서 배울 수 있는 사람을 이른다. 이윤(伊尹)과 관중(管仲) 같은 자이다.

2-10

湯之於伊伊과 桓公之於管仲에 則不敢召하니 管仲도 且猶不可召하니 而況不爲管仲者乎아

탕왕이 이윤에 있어서와 환공이 관중에 있어서 감히 부르지 못하였다. 관중도 오히려 부를 수 없었으니, 하물며 관중을 하지 않는 자(나)에 있어서랴."

主湯、桓而言不敢이요 主仲而言不可라

탕왕과 환공을 위주하여 불감(不敢)이라고 말씀하였고, 관중을 위주하여 불가(不可)라고 말씀한 것이다.

不爲管仲은 孟子自謂也라 慶源輔氏曰 到此하여 不得已而直言之라 ○ 按尊師之事則同이라 故로 湯、桓은 常槩言之하고 伊、管所學之道則異라 故로 於此에 只言不爲管仲而不欲傷伊云이라 范氏曰 孟子之於齊에 處 上聲이라 賓師之位하여 朱子曰 當時客卿을 尊禮之로되 而不居職任事하니라 非當仕有官職者라 見萬章下라 故로 其言이 如此하시니라 微仲丑所引言之常禮라

관중(管仲)을 하지 않는다는 것은 맹자가 자신을 이르신 것이다. 경원보씨가 말하였다. "여기에 이르러서는 부득이하여 곧바로 말씀하셨다." ○ 살펴보건대 스승을 높이는 일은 똑같다. 그러므로 탕왕과 환공을 항상 똑같이 말씀하였고, 이윤과 관중이 배운 바의 도는 다르다. 그러므로 여기에서 다만 관중을 하지 않는다고 말씀하여 이윤을 상(傷)하고자 하지 않으신 것이다.

범씨(范氏)가 말하였다. "맹자는 제(齊)나라에서 빈사(賓師)의 지위에 처하여 '처(處)'는 상성(上聲;처함)이다. 벼슬을 담당해서 주자가 말씀하였다. "당시에 객경(客卿)을 높이고 예우하였으나 직책에 있게 하고 일을 맡기지는 않았다." 관직을 가지고 있는 자가 아니었다. 이 내용이 〈만장 하〉에 보인다. 그러므로 그 말씀이 이와 같으셨다." 공손추가 인용하여 말한 떳떳한 예

---

4) 《孟子 梁惠王下 9章》 "孟子見齊宣王曰: ……夫人幼而學之, 壯而欲行之, 王曰: 姑舍女所學, 而從我, 則何如."

(禮)를 약간 폈다.

○ 此章은 見 音現이라 ○ 見字義貫至末이라 賓師는 不以趨走承順爲恭하고 而以責難陳善爲敬하며 此句는 見離婁上[5]이라 ○ 新安陳氏曰 恭은 見於外貌者故로 於趨走承順에 言之하고 敬은 存於中心者故로 於責難陳善에 言之하니라 人君은 不以崇高富貴爲重하고 而以貴德尊士 四字는 見上篇이라 爲賢이면 則上下交 新安陳氏曰 上下之交는 惟不苟合然後에 可合耳니라 而德業成矣니라 慶源輔氏曰 天地交而後에 萬物遂하고 上下交而後에 德業成하니 此自然之理니라 ○ 南軒張氏曰 於公孫、仲子엔 告之不詳하시니 二子는 學者也니 欲其深省而自識이요 於景子엔 陳義著明하시니 景子는 大夫也니 庶幾其啓悟王心이니라

○ 이 장은, '현(見)'은 음이 현(現)이다. ○ 현(見)자의 뜻이 끝까지 관통한다. 빈사(賓師)는 급히 달려가서 군주의 명령을 받들어 순종함을 공손함으로 여기지 않고, 어려운 것으로 책(責)하고 선(善)한 말씀을 개진(開陳)함을 경(敬)으로 여기며, 이 구(責難陳善爲敬)는 〈이루상〉에 보인다. ○ 신안진씨가 말하였다. "공(恭)은 외모에 나타나는 것이므로 추주승순(趨走承順)에 말하였고, 경(敬)은 중심에 보존하는 것이므로 책난진선(責難陳善)에 말한 것이다." 인군(人君)은 숭고하고 부귀함을 중함으로 여기지 않고, 덕(德)을 귀히 여기고 선비를 높임을 네 글자(貴德尊士)는 윗편에 보인다. 어짊으로 여긴다면, 상하(上下)가 사귀어져서 신안진씨가 말하였다. "상하의 사귐이 구차히 합하지 않은 뒤에야 합할 수 있는 것이다." 덕업(德業)이 이루어짐을 볼 수 있다. 경원보씨가 말하였다. "하늘과 땅이 사귄 뒤에야 만물이 이루어지고 윗사람과 아랫사람이 사귄 뒤에야 덕업(德業)이 이루어지니, 이는 자연의 이치이다." ○ 남헌장씨가 말하였다. "공손추와 맹중자(孟仲子)에 대해서는 고(告)하심이 자세하지 않으시니, 두 사람은 배우는 자이니 그 깊이 살펴서 스스로 알고자 하신 것이요, 경자(景子)에게는 의(義)를 말씀함이 드러나 분명하시니, 경자는 대부(大夫)이니 거의 그 임금의 마음을 계도(啓導)하여 깨우치기를 바라신 것이다."

3-1

陳臻이 問曰 前日於齊에 王이 餽兼金一百而不受하시고 於宋에 餽七十鎰而受하시고 於薛에 餽五十鎰而受하시니 前日之不受是면 則今日之受非也요 今日之受是면 則前日之不受非也니 夫子必居一於此矣시리이다

---

[5] 《孟子 離婁上 1章》 "故曰: 責難於君, 謂之恭, 陳善閉邪, 謂之敬, 吾君不能, 謂之賊."

陳臻이 問曰 前日於齊에 王이 餽兼金一百而不受하시고 於宋에 餽七十鎰而受하시고 於薛에 餽五十鎰而受하시니 前日之不受是면 則今日之受非也요 今日之受是면 則前日之不受非也니 夫子必居 一於此矣시리이다

진진(陳臻)이 물었다. "전일(前日)에 제(齊)나라에서 왕(王)이 겸금(兼金) 100일(鎰)을 주자 받지 않으셨고, 송(宋)나라에서 70일(鎰)을 주자 받으셨고, 설(薛)나라에서 50일(鎰)을 주자 받으셨으니, 전일(前日)에 받지 않으신 것이 옳다면 오늘날 받으신 것이 잘못일 것이요, 오늘날 받으신 것이 옳다면 전일에 받지 않으신 것이 잘못일 것이니, 부자(夫子)께서는 반드시 이 중 하나에 처(處;해당)하실 것입니다."

陳臻은 孟子弟子라 兼金은 好金也니 其價兼倍於常者라 猶言兼山、兼人이라 一百은 百鎰 音逸이라 也라 蓋下蒙於鎰字라 ○ 雖以居一爲問이나 其微意則在乎辭好多而受劣少하니 如後篇千乘、豆羹6)之云耳라

진진(陳臻)은 맹자의 제자이다. '겸금(兼金)'은 좋은 금(金)이니, 그 값이 보통 것보다 겸배(兼倍;갑절)가 되는 것이다. 겸산(兼山), 겸인(兼人)[*]이라고 말한 것과 같다. 일백(一百)은 100일(鎰)이다. '일(鎰)'은 음이 일(逸;24냥)이다. ○ 아마도 아래 일(鎰)자까지 이어간 듯하다. ○ 비록 하나에 거한다고 물었으나 그 은미한 뜻은, 좋고 많은 것은 사양하고 용렬하고 작은 것은 받음에 있으니, 뒷편의 천승(千乘)과 두갱(豆羹;한 그릇 국)이라는 말과 같은 것이다.

※) 겸산(兼山)·겸인(兼人): 겸산은 산이 두 개가 겹쳐 있는 것으로 ≪주역≫ 〈간괘(艮卦) 상전(象傳)〉에 "산이 겹쳐 있음이 간이다.〔兼山艮〕라고 보이며, 겸인은 보통사람보다 나은 것으로 ≪논어≫ 〈선진(先進)〉21장에 "염구(冉求)는 물러나므로 나아가게 한 것이요, 자로(子路)는 보통사람보다 나으므로 물러가게 한 것이다.〔求也退, 故進之; 由也兼人, 故退之.〕라고 한 공자의 말씀이 보인다.

3-2

孟子曰 皆是也니라

맹자가 말씀하셨다. "다 옳다.

---

6) ≪孟子 盡心下 11章≫ "孟子曰: 好名之人, 能讓千乘之國. 苟非其人, 簞食豆羹見於色."

皆適於義也라 先提之하시고 下乃詳言之하시니라 ○ 慶源輔氏曰 臻則就事迹校量이요 孟子則以義理斷制시니라 ○ 是字는 此章之題目이라

다 의(義)에 맞는 것이다. 먼저 제시하시고 아래에 자세히 말씀하셨다. ○ 경원보씨가 말하였다. "진진(陳臻)은 사적(事迹)을 가지고 헤아렸고, 맹자는 의리를 가지고 결단하셨다." ○ '시(是)' 자는 이 장의 제목이다.

3-3

當在宋也하여는 予將有遠行이러니 行者는 必以贐이라 辭曰 餽贐이어니 予何爲不受리오

송(宋)나라에 있을 때를 당해서는 내가 장차 원행(遠行)이 있게 되었는데, 원행하는 자에게는 반드시 노자를 주는 것이다. 말하기를 '노자를 드립니다.' 하였으니, 내 어찌 받지 않을 수 있겠는가.

贐은 徐刃反이라

'신(贐)'은 서(徐)·인(刃)의 반절[노자 신]이다.

贐은 送行者之禮也라 餽贐은 餽以贐也니 蓋亦君餽也라

'신(贐)'은 여행자를 전송하는 예(禮)이다. '궤신(餽贐)'은 노자를 주는 것이니, 아마도 이 또한 군주가 주었을 것이다.

3-4

當在薛也하여는 予有戒心이러니 辭曰 聞戒故로 爲兵餽之어니 予何爲不受리오

설(薛)나라에 있을 때를 당해서는 내가 경계하는 마음을 품고 있었는데, 말하기를 '<선생님이> 경계하고 계시다는 말씀을 들었기 때문에 병(兵)을 위하여 드립니다.' 하였으니, 내 어찌 받지 않을 수 있겠는가.

爲兵之爲는 去聲이라

위병(爲兵)의 '위(爲)'는 거성(去聲;위함)이다.

時人이 有欲害孟子者어늘 必是隣國之惡人이 見惡(오)於孟子하고 而欲肆毒耳라 孟子設兵 軍也라 以戒備之러시니 不避而設備는 是千萬人吾往之意[7]也라 薛君이 以金餽孟子하여 爲兵備하고 不以兵而以金者는 國小弱故也라 辭曰 聞子之有戒心也라하니라 倒釋以便文이라 ○ 大全曰 有其辭면 則義可受니라

당시 사람 중에 맹자를 해치고자 하는 자가 있자, 반드시 이웃 나라의 나쁜 사람이 맹자에게 미움을 받고 해독을 부리고자 한 것이리라. 맹자가 병(兵)을 '병(兵)'은 군(軍)이다. 설치하여 경계하고 대비하였는데, 피하지 않고 대비를 설치하심은 이는 천만인(千萬人)이라도 내가 가겠다는 뜻이다. 설(薛)나라 군주가 맹자에게 금(金)을 주어 병비(兵備)를 하게 하고 병을 보내지 않고 금을 준 것은 나라가 작고 약하기 때문이다. 말하기를 "선생님께서 경계하는 마음을 품고 계시다는 말을 들었기 때문에 드리는 것입니다." 하였다. 거꾸로 해석하여 문장을 편하게 하였다. ○≪대전≫에 말하였다. "그 말(명분)이 있으면 의리(義理)상 받을 수 있는 것이다."

3-5

若於齊則未有處也하니 無處而餽之면 是貨之也니 焉有君子而可以貨取乎리오

제(齊)나라에 있어서는 해당됨이 있지 않았다. 해당됨이 없는데 준다면 이는 재물로 매수하는 것이니, 어찌 군자(君子)로서 재물에 농락(籠絡) 당할 자가 있겠는가."

焉은 於虔反이라

'언(焉)'은 어(於)·건(虔)의 반절[어찌 언]이다.

無遠行、戒心之事하니 承上文이라 是未有所處 上聲이라 也라 朱子曰 處物爲義之處라 ○ 大全曰 無辭而義不可受라 取는 猶致也라 朱子曰 是羅致之意니 輕受之면 便是被他以貨籠絡了라

---

[7] ≪孟子 公孫丑上 2章≫ "昔者曾子謂子襄曰: 子好勇乎. 吾嘗聞大勇於夫子矣, 自反而不縮, 雖褐寬博, 吾不惴焉, 自反而縮, 雖千萬人, 吾往矣."

원행(遠行)하거나 경계하는 마음을 둔 일이 없으니, 윗글을 이어받았다. **이것은 해당되는 바가** '처(處)'는 상성(上聲;해당함)이다. **있지 않은 것이다.** 주자가 말씀하였다. "물건을 대처하면 의(義)가 된다는 처(處)자이다." ○ ≪대전≫에 말하였다. "명분이 없으면 의리상 받을 수 없는 것이다." **'취(取)'는 치(致)와 같다.**[①] 주자가 말씀하였다. "이는 나치(羅致)의 뜻이니, 가볍게 이것을 받으면 바로 저에게 재화로써 농락을 당하는 것이다."

> *① 취(取)는 치(致)와 같다 : 치(致)는 유치(誘致), 초치(招致)의 뜻으로 곧 상대방에게 농락(籠絡) 당함을 이른다. 농(籠)은 새장이고 락(絡)은 발목을 묶어놓는 것으로 상대방에게 유인 당하여 새장에 갇혀있는 새나 발목이 묶여있는 짐승처럼 자유롭게 행동하지 못함을 이른다.

○ 尹氏曰 言君子之辭受、取予를 音與라 ○ 慶源輔氏曰 竝言予라 唯當 去聲이라 於理而已니라

> ○ 윤씨(尹氏)가 말하였다. "군자(君子)는 사양하고 받음과 취하고 줌을 '여(予)'는 음이 여(與;줌)이다. ○ 경원보씨가 말하였다. "줌을 함께 말하였다." 오직 의리(義理)에 합당하게 '당(當)'은 거성(去聲;합당함)이다. 할 뿐임을 말씀한 것이다.

4-1

> 孟子之平陸하사 謂其大夫曰 子之持戟之士 一日而三失伍면 則去之아 否乎아 曰 不待三이니이다
>
> 맹자가 평육(平陸)에 가서 그 대부(大夫;읍재)에게 이르시기를 "그대의 창을 잡은 전사(戰士)가 하루에 세 번 대오를 이탈한다면 죽여 버리겠는가? 그대로 두겠는가?" 하시자, "세 번을 기다리지 않겠습니다." 하고 대답하였다.

去는 上聲이라

> '거(去)'는 상성(上聲;제거함)이다.

三은 去聲이라

> '삼(三)'은 거성(去聲;세 번)이다.

平陸은 齊下邑也라 疑儲子幣交時라 大夫는 邑宰也라 戟은 有枝 雙枝라 兵也라 士

는 戰士也라 伍는 行 音杭이라 列也라 去之는 殺之也라 此는 與士師不能治士[9]語意로 略同이라

> 평육(平陸)은 제(齊)나라의 하읍(下邑)*①이다. 의심컨대 저자(儲子)가 폐백으로 사귈 때인 듯하다. '대부(大夫)'는 읍재(邑宰)이다. '극(戟)'은 가지가 있는 쌍가지이다. 병기(兵器)이다. '사(士)'는 전사(戰士)이다. '오(伍)'는 항렬(行列)이다. '항(行)'은 음이 항(杭:대오)이다. '거지(去之)'는 그를 죽이는 것이다. 이는 사사(士師)가 사(士)를 제대로 다스리지 못한다는 말의 뜻과 대략 같다.
>
> *① 하읍(下邑) : 읍(邑)을 칭하는 말로, 국도(國都)를 높여 상(上)이라 하기 때문에 읍을 낮추어 하읍이라 칭한다.

4-2

然則子之失伍也亦多矣로다 凶年饑歲에 子之民이 老羸(리)는 轉於溝壑하고 壯者는 散而之四方者 幾千人矣오 曰 此는 非距心之所得爲也니이다

<맹자가 말씀하셨다.> "그렇다면 그대가 대오를 이탈함이 또한 많다. 흉년(凶年)에 그대의 백성 중에 노약자들은 전전하다가 죽어 시신이 구렁에 뒹굴고, 장성한 자들은 흩어져 사방으로 가는 자가 몇천 명이나 되는가?" 그가 대답하기를 "이것은 제가 할 수 있는 바가 아닙니다." 하였다.

幾는 上聲이라

> '기(幾)'는 상성(上聲;몇)이다.

子之失伍는 言其失職이 猶士之失伍也라 取譬事而因作本事하니 七篇中에 亦多有此法이라 距心은 大夫名이라 對言此乃王之失 一作大라 政使然이니 添此句하여 以作寡人之罪張本이라 非我所得專爲也라하니라

> 그대가 대오를 이탈했다는 것은 그가 직책을 잃음이 전사(戰士)가 대오를 이탈함과 같음을 말씀한 것이다. 비유한 일을 취해서 인하여 본래의 일로 삼았으니, 7편 가운데 또한 이러한

---

8) ≪孟子 告子下 5章≫ "孟子居鄒…處於平陸, 儲子爲相. 以幣交, 受之而不報."
9) ≪孟子 梁惠王下 6章≫ "孟子謂齊宣王曰: …士師不能治士, 則如之何. 王曰: 已之."

법(문법)이 많이 있다. **거심(距心)은 대부(大夫)의 이름이다. <그가> 대답하기를 "이것은 바로 왕의 실정(失政)이** '실(失)'이 일본(一本)에는 대(大)로 되어 있다. **그렇게 만든 것이니, 이구(此乃王之失政使然)**를 더하여 **과인(寡人)의 죄의 장본으로 삼았다. 제가 마음대로 할 수 있는 바가 아닙니다."라고 한 것이다.**

4-3

> 曰 今有受人之牛羊而爲之牧之者면 則必爲之求牧與芻矣리니 求牧與芻而不得이면 則反諸其人乎아 抑亦立而視其死與아 曰 此則距心之罪也로소이다
>
> 맹자가 말씀하셨다. "이제 남의 소와 양을 받아서 그를 위하여 길러주는 자가 있으면 반드시 그를 위하여 목장과 꼴을 구할 것이니, 목장과 꼴을 구하다가 얻지 못하면 그 주인에게 되돌려 주어야 하겠는가? 아니면 또한 그 죽는 것을 서서 보고만 있어야 하겠는가?" 그가 말하기를 "이는 저의 죄(책임)입니다." 하였다.

爲는 去聲이라 死與之與는 平聲이라

'위(爲)'는 거성(去聲;위함)이다. 사여(死與)의 '여(與)'는 평성(平聲;의문사)이다.

牧之는 養之也라 牧은 牧地也요 郊外之謂牧은 蓋以牧地而得名이라 ○ 上下牧字義異故로 各訓이라 芻는 草也라 孟子言 若不得自專이면 何不致其事而去오하시니라 如下章蚳鼃(지와)라 ○ 釋譬事而只舉本事는 七篇註中에 亦多有此法이라

'목지(牧之)'는 그것(소와 양)을 기름이다. '목(牧)'은 목지(牧地)이고, 교외(郊外)의 땅을 목(牧)이라 함은 아마도 목지(牧地)가 있기 때문에 이름을 얻었을 것이다. ○ 위아래의 목(牧)자의 뜻이 다르므로 각각 훈(訓)하였다. '추(芻)'는 풀이다. 맹자가 '만일 스스로 마음대로 할 수 없다면 어찌하여 그 일을 내놓고 떠나가지 않느냐.'고 말씀하신 것이다. 아랫장의 지와(蚳鼃)와 같은 뜻이다. ○ 비유한 일을 해석하면서 다만 본래의 일을 든 것은 7편의 주(註) 가운데 또한 이러한 문법이 많이 있다.

4-4

> 他日에 見於王曰 王之爲都者를 臣知五人焉이로니 知其罪者는 惟孔距心이러이다하시고 爲王誦之하신대 王曰 此則寡人之罪也로소이다
>
> 타일(他日)에 맹자가 왕을 뵙고 말씀하시기를 "왕의 도읍을 다스리는 자를 신(臣)이 다섯 사람을 알고 있는데, 그(자기) 죄(罪)를 알고 있는 자는 오직 공거심(孔距心) 뿐입니다." 하시고 왕을 위하여 그 말씀을 외우시자, 왕이 말씀하기를 "이것은 과인(寡人)의 죄입니다." 하였다.

見은 音現이라 爲王之爲는 去聲이라

'현(見)'은 음이 현(現)이다. 위왕(爲王)의 '위(爲)'는 거성(去聲;위함)이다.

爲都는 治邑也라 邑有先君之廟曰都라 出左莊二十八年이라 ○ 朱子曰 如太王廟在岐下하고 文王廟在豐이라 孔은 大夫姓也라 大夫而曰距心이라하고 距心而曰孔은 此用先略後詳法이라 爲王誦其語는 所 一作欲이라 以風 去聲이라 曉王也라 王不復顧言他10)하고 而自任其罪者는 蓋爲孟子誦言之所驅耳라

'위도(爲都)'는 읍(邑)을 다스림이다. 읍에 선군(先君)의 사당[廟]이 있는 곳을 '도(都)'라 한다. 《춘추좌씨전》 장공(莊公) 28년에 나온다. ○ 주자가 말씀하였다. "예컨대 태왕(太王)의 묘(廟)가 기산(岐山)에 있고, 문왕의 묘가 풍(豐)에 있는 것과 같다." 공(孔)은 대부의 성(姓)이다. 대부(大夫)를 거심(距心)이라고 하고 거심을 공(孔)이라고 함은 먼저는 간략히 하고 뒤에는 자세히 한 법을 쓴 것이다. 왕을 위하여 그 말씀을 외운 것은 왕을 풍자하여 풍(風)은 거성(去聲;풍자함)이다. 깨우치려고 하신 것이다.*① 소(所)가 일본(一本)에는 욕(欲)으로 되어있다. ○ 왕이 다시는 다른 것을 돌아보아 말하지 않고 스스로 자신의 죄로 자임(自任)한 것은 아마도 맹자의 외우시는 말씀에 몰림을 당했기 때문일 것이다.

*① 왕을……것이나 : 풍요(風曉)는 풍요(諷曉)와 같은 바, 어떤 일을 직설적으로 말하지 않고 다른 일을 빌어 넌지시 말해서 깨우쳐 줌을 이른다.

○ 陳氏 大全曰 名은 暘이요 字는 晉臣이니 三山人이라 曰 孟子一言而齊之君臣이 擧猶皆也라 知其罪하니 雲峯胡氏曰 天理之乍明也라 ○ 知其罪는 此章之題目이라 固足以

---

10) 《孟子 梁惠王下 6章》 "孟子謂齊宣王曰: …士師不能治士, 則如之何. 王曰: 已之. 曰: 四境之內, 不治, 則如之何. 王顧左右而言他."

興邦矣로되 一言興邦은 出論語子路11)라 **然而齊卒不得爲善國者는** 爲善國은 見滕文公上이라 豈非說 悅同이라 **而不繹, 從而不改故邪(耶)아** 見論語子罕12)이라 ○ 雲峯胡氏曰 人欲錮之也라

○ 진씨(陳氏)가 ≪대전≫에 말하였다. "이름은 양(暘)이고 자(字)는 진신(晉臣)이니, 삼산(三山) 사람이다." 말하였다. "맹자가 한 번 말씀함에 제(齊)나라의 군주와 신하가 모두 '거(擧)'는 개(皆)와 같다. 그 죄(罪)를 알았으니, 운봉호씨가 말하였다. "천리(天理)가 잠시 밝아진 것이다." ○ '지기죄(知其罪)'는 이 장의 제목이다. 진실로 충분히 나라를 일으킬 수 있었다. '일언흥방(一言興邦)'은 ≪논어≫ 〈자로〉에 나온다. 그러나 제나라가 마침내 선국(善國)이 되지 못했던 것은 선국(善國)을 만듦은 〈등문공 상〉에 보인다. 어찌 기뻐하기만 하고 '열(說)'은 열(悅)과 같다. 연역(演繹)하지 않으며, 따르기만 하고 고치지 않았기*① 때문이 아니겠는가." 이 내용은 ≪논어≫ 〈자한〉에 보인다. ○ 운봉호씨가 말하였다. "인욕(人欲)이 금고(禁錮)시킨 것이다."

*① 기뻐하기만……않았기 : ≪논어≫ 〈자한〉 23장에 보이는 말로, 완곡하게 타이르는 말을 좋아하기만 하고 그의 깊은 뜻을 연역(演繹)하지 않으며, 법도에 맞는 바른 말을 겉으로 시인하기만 하고 자신의 잘못을 고치지 않음을 이른다.

5-1

孟子謂蚳鼃(지와)曰 子之辭靈丘而請士師 似也는 爲其可以言也니 今旣數月矣로되 未可以言與아

맹자가 지와(蚳鼃)에게 이르시기를 "그대가 영구(靈丘)의 읍재(邑宰)를 사양하고 사사(士師)가 되기를 청한 것이 옳은 듯함은 〈사사가〉 말을 할 수 있기 때문이다. 그런데 이제 이미 몇 개월이 지났는데 아직도 말할 수 없단 말인가?"

蚳는 音遲라 鼃는 花鳥反이라 爲는 去聲이요 與는 平聲이라

'지(蚳)'는 음이 지(遲)이다. '와(鼃)'는 화(花)·조(鳥)의 반절[개구리 와]이다. '위(爲)'는 거성(去聲;위함)이고 '여(與)'는 평성(平聲;의문사)이다.

蚳鼃는 齊大夫也라 靈丘는 齊下邑이라 似也는 言所爲近似有理라 可以言은 謂士師

---

11) ≪論語 子路 15章≫ "定公問 <u>一言而可以興邦</u>, 有諸."
12) ≪論語 子罕 23章≫ "子曰: 法語之言, 能無從乎, 改之爲貴. 巽與之言, 能無說乎, 繹之爲貴. <u>說而不繹, 從而不改</u>, 吾末如之何也已矣."

近王하여 視下邑에 爲近王이라 得以諫刑罰之不中 去聲이라 者라 是亦言責之一이라

지와(蚳䵷)는 제(齊)나라 대부이다. 영구(靈丘)는 제나라 하읍(下邑)이다. '사야(似也)'는 그가 한 바가 이치가 있음에 근사(近似)함을 말한 것이다. '가이언(可以言)'은 사사(士師)가 왕을 가까이 모셔서 하읍에 비하여 왕을 가까이 함이 되는 것이다. 형벌이 <도리에> 맞지 않음을 '중(中)'은 거성(去聲;맞음)이다. 간할 수 있음을 말한 것이다. 이 또한 언책(言責)의 하나이다.

5-2

> 蚳䵷諫於王而不用이어늘 致爲臣而去한대
> 지와(蚳䵷)가 왕에게 간했으나 쓰여지지 않자, 신하됨을 내놓고 떠나갔다.

致는 猶還也라 其所爲臣이니 卽士師之官也라 ○ 去字는 此章之題目이라 ○ 慶源輔氏曰 距心은 有官守하고 䵷는 有言責이어늘 距心雖知罪나 而不能去하니 䵷賢於距心矣라

'치(致)'는 환(還;되돌려줌)과 같다. 그 신하가 된 것을 내놓음이니, 바로 사사(士師)의 관직이다. ○ '거(去)'자는 이 장의 제목이다. ○ 경원보씨가 말하였다. "거심(距心)은 관수(官守)가 있었고 지와는 언책(言責)이 있었는데 거심은 비록 자기 죄를 알았으나 능히 떠나가지 못했으니, 지와가 거심보다 낫다."

5-3

> 齊人曰 所以爲蚳䵷則善矣어니와 所以自爲則吾不知也로라
> 제(齊)나라 사람들이 말하였다. "지와를 위해서 한 것은 좋으나 맹자 자신이 하는 것은 내 이해할 수 없다."

爲는 去聲이라

'위(爲)'는 거성(去聲;위함)이다.

齊人은 豈亦尹士歟아

제인(齊人)은 아마도 또한 윤사(尹士)인가보다.

譏孟子道不行而不能去也라 吾不知는 是譏辭라
맹자가 도가 행해지지 않는데도 떠나가지 못함을 비난한 것이다. 내 알지 못한다는 것은 바로 비난한 말이다.

5-4

公都子以告한대

공도자(公都子)가 이것을 아뢰자,

公都子는 孟子弟子也라 蓋亦齊人이라
공도자(公都子)는 맹자의 제자이다. 아마도 이 또한 제(齊)나라 사람일 것이다.

5-5

曰 吾聞之也호니 有官守者不得其職則去하고 有言責者不得其言則去라하니 我無官守하며 我無言責也하니 則吾進退 豈不綽綽然有餘裕哉리오

맹자가 말씀하셨다. "내가 들으니, '관수(官守;맡은 직책)가 있는 자가 그 직책을 수행할 수 없으면 떠나고, 언책(言責)을 갖고 있는 자가 그 말을 할 수 없으면 떠난다.' 하였으니, 나는 관수가 없으며 나는 언책이 없으니, 그렇다면 나의 진퇴가 어찌 작작(綽綽)하게 여유가 있지 않겠는가."

官守는 以官爲守者요 言責은 以言爲責者라 不得은 謂不得行其志라 綽綽은 寬貌요 裕는 寬意也라 孟子居賓師之位하사 未嘗受祿이라 故로 其進退之際에 寬裕如此하시니라 南軒張氏曰 從容不迫이라 尹氏曰 進退久速을 當 去聲이라 於理而已니라 雲峯胡氏曰 前引辭受取予하고 此又引進退久速이라

'관수(官守)'는 관직을 맡음으로 삼는 것이요, '언책(言責)'은 말하는 것을 책임으로 삼는 것이다. '불득(不得)'은 그 뜻을 행할 수 없음을 이른다. '작작(綽綽)'은 너그러운 모양이요, '유(裕)'는 너그러운 뜻이다. 맹자는 빈사(賓師)의 지위에 처하여 일찍이 녹(祿)을 받지 않

으셨다. 그러므로 그 진퇴의 즈음에 너그럽고 여유가 있음이 이와 같으셨던 것이다. 남헌 장씨가 말하였다. "조용하여 급박하지 않은 것이다."

윤씨(尹氏)가 말하였다. "나아가고 물러감과 오래 머물고 빨리 떠남을 의리(義理)에 맞게 '당(當)'은 거성(去聲;맞음)이다. 할 뿐이다." 운봉호씨가 말하였다. "앞에서는 사양하고 받고 취하고 줌을 인용하였고 여기서는 또 나아가고 물러남과 오래있고 속히 떠남을 인용하였다."

6-1

孟子爲卿於齊하사 出弔於滕하실새 王이 使蓋(갑)大夫王驩으로 爲輔行이러시니 王驩이 朝暮見(현)이어늘 反齊滕之路토록 未嘗與之言行事也하시다

맹자가 제(齊)나라에서 경(卿)이 되시어 등(滕)나라에 가서 조문하실 적에 왕이 갑(蓋) 땅의 대부(大夫)인 왕환(王驩)으로 하여금 보행(輔行;부사)이 되게 하였다. 그리하여 왕환이 아침저녁으로 뵈었는데, 맹자는 제나라와 등나라의 길을 왕복하도록 일찍이 그와 더불어 사행(使行)의 일을 말씀하지 않으셨다.

蓋는 古盍反이라 見은 音現이라

'갑(蓋)'은 고(古)·합(盍)의 반절[땅이름 갑]이다. '현(見)'은 음이 현(現)이다.

卿은 客卿이라 滕定公薨時에 孟子在鄒하시니 此必定公父薨時也리라

'경(卿)'은 객경(客卿)이다. 등(滕)나라 정공(定公)이 죽을 때에는 맹자가 추(鄒)나라에 계셨으니, 이는 반드시 정공의 아버지가 죽었을 때이리라.

蓋는 諺音誤라 齊下邑也라 陳代所嘗食采라 王驩은 王嬖臣也라 使爲孟子副는 是寵而異之니 如趙簡子使嬖奚與王良乘13)耳라 輔行은 副使 去聲이니 下同이라 也라 反은 往而還也라 行事는 使事也라 使者를 謂之行人이라 ○ 慶源輔氏曰 事는 謂弔祭之禮와 邦交之儀니 凡禮文、制數라 ○ 未與言은 此章之題目이라

'갑(蓋)'은 '갑(蓋)'은 ≪언해≫의 음(합)이 잘못되었다. 제나라 하읍(下邑)이다. 진대(陳代)가 일

---

13) ≪孟子 滕文公下 1章≫ "昔者, <u>趙簡子使王良與嬖奚乘</u>, 終日而不獲一禽, 嬖奚反命曰: 天下之賤工也."

찍이 먹던 채읍(采邑)이다. **왕환(王驩)**은 왕의 총애하는 신하이다. 그로 하여금 맹자의 부사(副使)가 되게 한 것은 이는 총애하여 특별히 대우한 것이니, 조간자(趙簡子)가 총애하는 해(奚)로 하여금 왕량(王良)과 함께 수레를 타고 사냥하게 한 것과 같은 것이다. '**보행(輔行)**'은 부사(副使)이다. '시(使)'는 거성(去聲;사신)이니 아래도 같다. '**반(反)**'은 갔다가 돌아옴이다. '**행사(行事)**'는 사행(使行)의 일이다. 사자(使者)를 행인(行人)이라 이른다. ○ 경원보씨가 말하였다. "사(事)는 조문하고 제사하는 예와 나라끼리 사귀는 예의를 이르니, 모든 예문(禮文)과 제수(制數;예물의 수에 대한 제한)이다." ○ '미여언(未與言)'은 이 장의 제목이다.

6-2

公孫丑曰 齊卿之位 不爲小矣며 齊、滕之路 不爲近矣로되 反之而未嘗與言行事는 何也잇고 曰 夫旣或治之어니 予何言哉리오

공손추(公孫丑)가 말하였다. "제(齊)나라 경(卿)의 지위가 작지(낮지) 않으며 제나라와 등나라의 길이 가깝지 않은데, 왕복하도록 일찍이 그와 더불어 사행의 일을 말씀하지 않음은 어째서입니까?" 맹자가 말씀하셨다. "이미 혹자가 그것을 다스렸을 것이니, 내 어찌 말할 것이 있겠는가."

夫는 音扶라

'부(夫)'는 음이 부(扶;이, 저)이다.

王驩이 蓋 如字라 攝卿以行이라 以大夫而假卿之名은 今世使行에 亦有此例라 故로 曰 齊卿이라 位重而路遠하고 且朝暮見하여 執副使之禮惟謹하니 似宜容答而不外耳라 夫旣或治之는 言有司已治之矣라 南軒張氏曰 有司之事는 驩則行之라 ○ 新安陳氏曰 朱子는 以爲有司어늘 南軒은 以爲驩하니라 ○ 按或은 未定之辭니 驩或有司必治之者니 何待上行下職乎아 此亦行辟人可也[14]之意니 而與昔疾今愈[15]之語勢同이라 孟子之待小人에 不惡 如字라 而嚴이 四字는 出易遯大象이라 如此하시니라 新安陳氏曰 不欲與言을 於弔公行子에 亦可見이라 今答丑에 所以不與言之意를 未始及하시니 蓋欲使丑自悟耳라

---

14) ≪孟子 離婁下 2章≫ "子産聽鄭國之政, 以其乘輿, 濟人於溱洧, 孟子曰: 惠而不知爲政……君子平其政, <u>行辟人可也</u>, 焉得人人而濟之."

15) ≪孟子 公孫丑下 2章≫ "明日, 出弔於東郭氏, 公孫丑曰: 昔者辭以病, 今日弔, 或者不可乎. 曰: <u>昔者疾, 今日愈</u>, 如之何不弔."

왕환(王驩)이 아마도 개(蓋)는 본자대로(아마도 개) 읽는다. **경(卿)을 대리하여 간 듯하다.**[*①] 대부로서 경의 이름을 빌림은 지금 세상의 사행(使行)에도 또한 이러한 예가 있다. **그러므로 제나라 경(卿)이라고 말한 것이다.** 지위가 무겁고 길이 멀며 또 아침저녁으로 뵈어서 부사(副使)의 예를 지키기를 매우 삼갔으니, 마땅히 포용하여 답하고 외면하지 않을 듯하다. **이미 혹자가 다스렸다는 것은** 유사(有司)가 이미 다스렸음을 말씀한 것이다. 남헌장씨가 말하였다. "유사(有司)의 일은 왕환이 이것을 행했을 것이다." ○ 신안진씨가 말하였다. "주자는 유사라고 하였는데, 남헌은 왕환이라고 하였다." ○ 살펴보건대 '혹'은 아직 결정하지 않은 말이니, 왕환이나 혹은 유사 중에 반드시 다스리는 자가 있을 것이니, 어찌 윗사람이 아랫사람의 직책을 행할 필요가 있겠는가? 이는 또한 길을 감에 사람을 벽제(辟除)하는 것이 옳다는 뜻이니, 옛날 병이 이제 나았다는 어세와 같다. **맹자가 소인(小人)을 대함에 나쁘게** 악(惡)은 본자대로(악할 악) 읽는다. ○ 네 글자(不惡而嚴)는 ≪주역≫〈돈괘(遯卦) 대상전(大象傳)〉에 나온다. **하지 않으면서도 엄격함이**[*②] **이와 같으셨다.** 신안진씨가 말하였다. "공행자(公行子)를 조문할 때 그(왕환)와 더불어 말씀하고자 하지 않은 것[*③]에서도 또한 볼 수 있다. 지금 공손추에게 답하실 때에는 그와 더불어 말씀하지 않으신 바의 뜻(이유)을 일찍이 언급하지 않으셨으니, 이는 공손추로 하여금 스스로 깨닫게 하고자 하신 것이다."

*① 경(卿)을……듯하다 : 원문 '攝卿以行'의 '섭(攝)'은 임시로 대행(代行)함을 이른다. 왕환(王驩)은 갑(蓋) 땅의 대부인데 임시로 경(卿)이 되어 사신 감을 이른다.

*② 나쁘게……엄격함이 : ≪주역≫〈돈괘 대상전〉에 "君子以, 遠小人, 不惡而嚴."이라고 보이는 바, 정이천(程伊川)은 '소인에게 험악한 말을 하지 않으면서도 엄격함'으로 해석하였다.

*③ 공행자(公行子)를……것 : 아래 ≪이루 하(離婁下)≫ 27장에 "제나라의 대부인 공행자가 아들의 상이 있었는데, 우사(右師)인 왕환(王驩)이 들어가 조문할 적에……맹자가 우사와 더불어 말씀하려고 하지 않으시자, 우사가 기뻐하지 않았다." 한 내용이 보인다.

7-1

孟子自齊葬於魯하시고 反於齊하실새 止於嬴(영)이러시니 充虞請曰 前日에 不知虞之不肖하사 使虞敦匠事어시늘 嚴하여 虞不敢請하니 今願竊有請也하오니 木若以美然하더이다

맹자가 제나라로부터 노(魯)나라에 〈가서 어머니〉 장례를 치르시고 제나라로 돌아오실 적에 영(嬴)땅에 머무셨다. 충우(充虞)가 청하기를(묻기를) "지난날에 저의 불초함을 알지 못하시어 저로 하여금 목수 일을 맡게 하셨는데, 하도 급하여 제가 감히 묻지 못했습니다. 지금에 삼가 묻기를 원하오니, 관목(棺木)이 너무 아름다운 듯하였습니다." 하였다.

孟子仕於齊에 喪母하시고 歸葬於魯하시니라 嬴은 齊南邑이라 充虞는 孟子弟子니 蓋亦路問也라 嘗董治 敦이라 作棺之事者也라 嚴은 急也라 忽遽라 木은 棺木也라 以는 已通하니 以美는 太美也라 所謂踰前喪者也라

맹자가 제(齊)나라에서 벼슬하실 적에 어머니를 여의시고 노(魯)나라로 돌아가 장례하셨다. 영(嬴)은 제나라 남쪽에 있는 고을이다. 충우(充虞)는 맹자의 제자이니, 아마도 또한 도중에 물었을 것이다. 일찍이 관(棺) 만드는 일을 감독하여 다스린 '동치(董治)'는 경문의 돈(敦)이다. 자이다. '엄(嚴)'은 급함이다. '엄(嚴)'은 총거(悤遽;급함)이다. '목(木)'은 관목(棺木)이다. '이(以)'는 이(已)와 통하니, '이미(以美)'는 너무 아름다운 것이다. 이른바 뒷초상이 앞초상보다 더하였다는 것이다.

7-2

曰 古者에 棺椁(槨)이 無度하더니 中古에 棺이 七寸이요 椁을 稱之하여 自天子로 達於庶人하니 非直爲觀美也라 然後에 盡於人心이니라

맹자가 말씀하셨다. "옛적에는 관곽(棺椁)이 일정한 한도(칫수)가 없었는데, 중고(中古)에 관(棺)은 칠촌(七寸)이고 곽(椁)도 이에 걸맞게 하여 천자로부터 서인에까지 이르렀으니, 이것은 다만 보기에 아름답게 하기 위해서가 아니라 이렇게 한 뒤에야 사람(자식)의 마음에 다하기 때문이었다.

稱은 去聲이라

'칭(稱)'은 거성(去聲;걸맞음)이다.

度는 厚薄尺寸也라 慶源輔氏曰 古者想只是過於厚리라 中古는 周公制禮時也라 椁稱之는 與棺相稱也라 慶源輔氏曰 椁亦七寸이라 ○ 雙峯饒氏曰 周七寸은 只如今四寸許라 ○ 按棺椁之制與齊疏衎粥之制同其達이라 欲其堅厚久遠이요 慶源輔氏曰 如此然後에 於人心爲盡이니라 ○ 盡於人心은 此章之綱領이라 盡은 卽下篇自盡之盡也라 非特 大全口 直은 但也라 爲 如字라 人觀視之美而已라 倒釋以便文이라

'도(度)'는 후박(厚薄;두께)의 척촌(尺寸;칫수)이다. 경원보씨가 말하였다. "옛날에는 생각하건대

다만 후(厚)함에 과한 듯하다." '중고(中古)'는 주공(周公)이 예(禮)를 만들 당시이다. '곽칭지(槨稱之)'는 관과 서로 걸맞는 것이다. 경원보씨가 말하였다. "곽(槨) 또한 칠촌(七寸)인 것이다." ○ 쌍봉요씨가 말하였다. "주(周)나라의 칠촌은 다만 지금의 사촌(四寸)과 같다." ○ 살펴보건대 관곽(棺槨)의 제도와 제소(齊疏;거친 상복)와 전죽(飦粥)의 제도는 신분에 관계없이 똑같이 공통인 듯하다. **그 견고하고 두꺼워 구원(久遠;오래감)하게 하고자 한 것이요,** 경원보씨가 말하였다. "이와 같이 한 뒤에야 사람의 마음에 다함이 되는 것이다." ○ '진어인심(盡於人心)'은 이 장의 강령이다. 진(盡)은 바로 아랫편에 '스스로 다한다.'는 진(盡)이다. 다만 《대전》에 말하였다. "직(直)은 다만이다." **남들이 보기에 아름답게 하기 위해서일** '위(爲)'는 본자대로(될 위) 읽는다. **뿐만이 아니다.** 거꾸로 해석하여 문장을 편리하게 하였다.

7-3

不得이란 不可以爲悅이며 無財란 不可以爲悅이니 得之爲有財하여는 古之人이 皆用之하니 吾何爲獨不然이리오

<법제에> 할 수 없으면 마음에 기쁠(흡족할) 수 없으며, 재력(財力)이 없으면 마음에 기쁠 수 없다. <법제에> 할 수 있고 또 재력이 있으면 옛 사람들이 모두 썼으니, 내 어찌하여 홀로 그렇게 하지 않겠는가.

不得은 謂法制所不當得이라 慶源輔氏曰 如重累之數와 牆翣之飾이요 非獨指棺槨이라 得之爲有財는 言得之 法制當得이라 而又爲有財也라 添而又字라 或曰 爲는 當作而라 作又라도 恐亦通이라 ○ 用之는 謂用美棺이라

'불득(不得)'은 법제(法制)에 할 수 없는 것을 이른다. 경원보씨가 말하였다. "중누(重累)의 수와 장삽(牆翣)의 꾸밈[*①] 같은 것이요, 오직 관곽(棺槨)만을 가리킨 것이 아니다." '득지위유재(得之爲有財)'는 <법제에> 할 수 있고 법제에 마땅히 얻을 수 있는 것이다. 또 재력이 있는 것이다. 이우(而又)란 글사를 너하였나. 혹자(或者)는 이르기를 "위(爲)자는 마땅히 이(而)자가 되어야 한다."고 한다. 우(又)로 쓰더라도 또한 통할 듯하다. ○ '용지(用之)'는 아름다운 관을 사용함을 이른다.

*① 중루(重累)의……꾸밈 : 중(重)은 옛날 상례(喪禮)에 우제(虞祭)의 전에 신(神)을 의지하게 하던 것으로 《예기》〈단궁 하〉에 "중은 신주의 도이다.〔重, 主道也.〕" 하였는데, 주에 "처음 죽어서 아직 신주를 만들지 못했으므로 중으로써 그 신을 주관하게 한 것이다.〔始死未作主, 以重主其神也.〕" 하였다. 루(累)는 '중'에 딸린 것인데, 나무를 수직으로 세우고 이 나무에 X자 모양의 나무를 두 개 겹치게 하므로 '루(累)'라 한 것으로 보이며,

수(數)는 사(士)는 3척(尺), 대부는 5척, 제후는 7척, 천자는 9척이어서 신분에 따라 칫수에 차이가 있다. 장삽(牆翣)은 상여(喪輿)의 꾸밈으로 ≪예기≫ 〈단궁 상〉에 "관의 장(牆;휘장)을 꾸미고 삽을 설치한다.〔飾棺牆, 置翣.〕"라고 보인다. 삽은 관의 꾸밈인데, 천자는 8개, 제후는 6개, 대부는 4개, 사(士)는 2개를 사용한다.

7-4

且比化者하여 無使土親膚면 於人心에 獨無恔乎아

또 죽은 자를 위하여 흙으로 하여금 〈시신의〉 살갗에 가까이 닿지 않게 한다면 사람(자식)의 마음에 홀로 만족하지 않겠는가.

比는 必二反이라 恔는 音效라

'비(比)'는 필(必)·이(二)의 반절[위할 비]이다. '효(恔)'는 음이 효(效;만족함)이다.

比는 猶爲 去聲이니 下同이라 也라 已見一灑章16)이라 化者는 死者也라 恔는 快也라 言 爲死者하여 不使土親近其肌膚면 棺厚則雖朽나 土不至親膚라 於人子之心에 添子字라 豈不快然無所恨乎아 盡則必悅이요 悅則必快요 快則自無恨이니 此則快之餘事也라

'비(比)'는 위(爲;위함)와 '위(爲)'는 거성(去聲;위함)이니, 아래도 같다. 같다. 이 내용은 이미 일쇄장(一灑章)에 보인다. '화자(化者)'는 죽은 자이다. '효(恔)'는 쾌함이다. "죽은 자를 위하여 흙으로 하여금 시신의 살갗에 가까이 닿지 않게 한다면 관이 두터우면 비록 시신이 썩으나 흙이 시신의 살갗에 가까이함에 이르지 않는다. 자식된 마음에 자(子)자를 더하였다. 어찌 쾌하여 한(恨)하는 바가 없지 않겠는가."라고 말씀한 것이다. 다하면 반드시 기쁘고 기쁘면 반드시 쾌하고 쾌하면 자연 한(恨)이 없으니, 이는 쾌함의 여사(餘事)이다.

7-5

吾聞之也호니 君子는 不以天下儉其親이라호라

내가 들으니 '군자는 천하 때문에 그 어버이에게 섬소하게 하시 않는다.'고 하였다."

---

16) ≪孟子 梁惠王上 5章≫ "梁惠王曰: 晉國天下莫强焉, 叟之所知也. 及寡人之身, 東敗於齊, 長子死焉, 西喪地於秦七百里, 南辱於楚, 寡人恥之, 願比死者, 一洒之, 如之何則可." ≪集註≫ "比猶爲也, 言欲爲死者, 雪其恥也."

送終 猶死也라 之禮에 所當得爲而不自盡이면 竝承上文이라 是는 爲 去聲이라 ○ 朱子曰 以는 猶爲也라 天下愛惜此物하여 朱子曰 棺槨之費니라 ○ 添此四字라 而薄於吾視其字에 爲尤切이라 親也라 此章은 當與臧倉, 然友, 送死三章으로 參看이라

죽은 '종(終)'은 사(死)와 같다. 이를 장송(葬送)하는 예(禮)에 마땅히 할 수 있는데도 스스로 다하지 않는다면 윗글을 함께 이어받았다. 이것은 천하를 위해서 '위(爲)'는 거성(去聲;위함)이다. ○ 주자가 말씀하였다. "이(以)는 위(爲)와 같다." 이 물건을 아껴 주자가 말씀하였다. "관곽에 대한 비용이다." ○ 이 네 글자(愛惜此物)를 더하였다. 내 어버이에게 박하게 오(吾)자는 기(其)자에 비하여 더욱 간절함이 된다. 하는 것이다. 이 장은 마땅히 장창(臧倉), 연우(然友), 송사(送死) 세 장과 참고해 보아야 한다."*①

*① 장창(臧倉)……한다 : 장창은 위 〈양혜왕 상〉 16장에 보이는바, 노(魯)나라 평공(平公)이 맹자를 만나보려 하였으나 장창이란 자가 맹자의 어머니 상(喪)이 아버지 상보다 더 후장(厚葬)했다 하여 저지하였으며, 연우(然友)는 등(滕)나라 문공(文公)의 사부로 문공이 부친상을 당하자 문공의 명에 따라 맹자에게 상례를 물어 행하였는바, 이 내용이 아래 〈등문공 상〉에 보인다. 송사(送死)는 죽은 이를 장송(葬送)하는 것으로 아래 〈이루 하〉 13장에 "산 부모를 봉양하는 것은 큰일에 해당될 수 없고, 오직 죽은 자를 장송하는 것이어야 큰일에 해당될 수 있다.〔養生者, 不足以當大事, 惟送死, 可以當大事.〕"라고 한 맹자의 말씀을 가리킨 것이다.

8-1

沈同이 以其私問曰 燕可伐與잇가 孟子曰 可하니라 子噲(쾌)도 不得與人燕이며 子之도 不得受燕於子噲니 有仕於此어든 而子悅之하여 不告於王而私與之吾子之祿爵이어든 夫士也 亦無王命而私受之於子면 則可乎아 何以異於是리오

심동(沈同)이 사적(私的;개인적)으로 묻기를 "연(燕)나라를 정벌할 수 있습니까?" 하자, 맹자가 말씀하셨다. "가(可)하다. 자쾌(子噲)도 연나라를 남에게 줄 수 없으며, 자지(子之)도 연나라를 자쾌(子噲)에게 받을 수 없는 것이다. 여기에 벼슬하는 자가 있는데, 자네가 그를 좋아하여 왕에게 아뢰지 않고 그대의 작록(爵祿)을 그에게 사사로이 주거든 그 선비 또한 왕명이 없이 사사로이 그대에게서 받는다면 가(可)하겠는가? 어찌 이와 다르겠는가."

伐與之與는 平聲이니 下伐與殺與同이라 夫는 音扶라

벌여(伐與)의 '여(與)'는 평성(平聲;의문사)이니, 아래의 벌여(伐與)와 살여(殺與)도 같다. '부(夫)'는 음이 부(扶;이)이다.

沈同은 齊臣이라 以私問은 非王命也라 子噲、不云王而云子는 不成之爲君也라 子之는 姓名이라 事見 音現이라 前篇하니라 指註라 諸侯는 土地、人民을 受之天子하고 傳之先君하니 二不得之本이라 私以與人이면 與人燕은 言與人以燕이라 則與者受者皆有罪也라 二不得之故라 仕는 爲官也요 仕已屢見이어늘 而至此一訓以該라 士는 卽從仕之人也라 慶源輔氏曰 同問燕可伐이요 固不問以齊伐燕如何也라 若以王命來問이면 必詳告之요 不但曰可而已리라

심동(沈同)은 제(齊)나라 신하이다. 사적(私的)으로 물었다는 것은 왕명(王命)이 아닌 것이다. 자쾌(子噲)와 왕(王)이라고 말하지 않고 자(子)라고 말한 것은 이루어 군주로 여기지 않은 것이다. 자지(子之)는 성명(姓名)이다. 일이 전편(前篇;<양혜왕 하>)에 보인다. '현(見)'은 음이 현(現)이다. ○ 주(註)를 가리킨 것이다. 제후(諸侯)는 토지와 인민을 천자에게서 받았으며 선군(先君)에게서 물려받았으니, 두 불득(不得)의 근본이다. 만일 사사로이 남에게 준다면 여인연(與人燕)은 남에게 연나라를 줌을 말한 것이다. 준 자와 받은 자가 모두 죄가 있는 것이다. 두 불득(不得)의 이유이다. 사(仕)는 벼슬하는 것이요, 사(仕)가 이미 여러 번 보이는데, 여기에 이르러 한 번 훈(訓)하여 앞의 것을 다 포함하였다. '사(士)'는 바로 벼슬에 종사하는 사람이다. 경원보씨가 말하였다. "심동(沈同)이 연나라를 칠 수 있는가를 물었고, 진실로 제나라로서 연나라를 치는 것이 어떠한지를 묻지 않았다. 만약 왕명(王命)으로 와서 물었다면 반드시 자세히 고했었을 것이요, 다만 가(可)하다고 말씀할 뿐만이 아니었을 것이다."

8-2

齊人이 伐燕이어늘 或이 問曰 勸齊伐燕이라하니 有諸잇가 曰 未也라 沈同이 問燕可伐與아하여늘 吾應之曰 可라하니 彼然而伐之也로다 彼如曰 孰可以伐之오하면 則將應之曰 爲天吏則可以伐之라하리라 今에 有殺人者어든 或이 問之曰 人可殺與아하면 則將應之曰 可라하리니 彼如曰 孰可以殺之오하면 則將應之曰 爲士師則可以

殺之라하리라 今에 以燕伐燕이어니 何爲勸之哉리오

제(齊)나라 사람이 연(燕)나라를 정벌하자, 혹자(或者)가 묻기를 "제나라를 권하여 연나라를 정벌하게 하셨다 하니, 그런 일이 있었습니까?" 하자, 맹자가 말씀하셨다. "아니다. 심동(沈同)이 '연나라를 정벌할 수 있습니까?' 하고 묻기에 내가 대답하기를 '가(可)하다' 하였더니, 저 사람이 <내 말을> 옳게 여겨 정벌한 것이다. 저 사람이 만일 '누가 정벌할 수 있습니까?' 하고 물었다면 <나는> 장차 대답하기를 '천리(天吏)가 되면 정벌할 수 있다.' 대답하였을 것이다. 지금에 사람을 죽인 자가 있는데, 혹자가 '그 사람을 죽일 수 있습니까?' 하고 물으면 <나는> 장차 대답하기를 '가(可)하다.' 할 것이다. 저 사람이 만일 '누가 그를 죽일 수 있겠습니까?' 하고 물으면 <나는> 장차 대답하기를 '사사(士師)가 되면 죽일 수 있다.' 할 것이다. 지금에 연나라로써 연나라를 정벌하였으니, 내 어찌하여 권하였겠는가."

然은 謂然之라

연(然)은 옳다고 여김을 이른다.

天吏는 解見 音現이라 上篇하니라 言 齊無道與燕無異하니 如以燕伐燕也라 其語勢猶云以暴易暴라 史記에 亦謂孟子勸齊伐燕이라하니 按燕世家에 孟軻謂齊王曰 今伐燕은 此文·武之時니 不可失也라하니라 蓋傳聞此說之誤라 作史者聞之라 ○ 此章勸齊之說이라 ○ 二節譬事 明白易知故로 不復解釋之라

'천리(天吏)'는 해석이 상편(上篇;<공손추 상>)에 보인다. '현(見)'은 음이 현(現)이다. 제(齊)나라의 무도(無道)함이 연(燕)나라와 다름이 없으니, 이는 연나라로써 연나라를 정벌함과 그 어세가 '이포역포(以暴易暴)'[1]란 말과 같다. 같음을 말씀한 것이다. ≪사기(史記)≫에도 "맹자가 제나라를 권하여 연나라를 정벌하게 했다." 하였으니, 살펴보건대 <연세가(燕世家)>에 "맹자가 제왕(齊王)에게 '이제 연나라를 정벌함은 이는 문왕·무왕의 때이니, 이 때를 놓쳐서는 안 됩니다.' 하셨다."하였다. 이 말을 전문(傳聞)한 오류일 것이다. 역사를 지은 자가 이 말을 들은 것이다. ○ <차설(此說)은> 이 장이 <맹자가> 제나라에게 연나라를 정벌할 것을 권하였다는 설이다. ○ 두 절의 비유한 일이 명백하여 알기가 쉬우므로 다시 해석하지 않은 것이다.

*[1] 이포역포(以暴易暴): 주(周)나라 무왕(武王)이 무력으로 포악한 은(殷)나라의 주왕(紂王)을 정벌하자, 백이(伯夷)와 숙제(叔齊)가 무왕을 비판한 말로, 포악함으로 포악함을 바꾼다는 뜻인 바, ≪사기≫ <백이열전>에 보인다.

○ 楊氏曰 燕固可伐矣라 燕可伐은 此章之題目이라 故로 孟子曰 可라하시니 句라 使齊王이 能誅其君、弔其民이면 照前篇이라 何不可之有리오 乃殺其父兄하고 虜其子弟하니 照前篇이라 而後에 燕人畔之어늘 乃以是로 歸咎孟子之言이면 則誤矣니라
朱子曰 孟子不曾敎齊不伐하시고 亦不曾敎齊必伐하시고 但曰惟天吏則可以伐之라하시니라

○ 양씨(楊氏)가 말하였다. "연나라는 진실로 정벌할 만하였다. '연가벌(燕可伐)'은 이 장의 제목이다. 그러므로 맹자가 '가(可)하다.'고 하신 것이니, 여기에서 구를 뗀다. 만일 제왕(齊王)이 그 군주를 주벌하고 그 백성을 위로하였더라면 전편(前篇)에 조응하였다. 어찌 불가(不可)할 것이 있겠는가. 마침내 그 부형(父兄)을 죽이고 그 자제들을 포로로 잡은 전편에 조응하였다. 뒤에 연나라 사람들이 배반하였는데, 이것을 가지고 맹자의 말씀에 허물을 돌린다면 잘못이다." 주자가 말씀하였다. "맹자가 일찍이 제나라에게 정벌하지 말라고 가르치지도 않으셨고 또 일찍이 제나라에게 반드시 정벌하라고 가르치지도 않으시고, 다만 말씀하시기를 '오직 천리이면 정벌할 수 있다.'고 하셨다."

9-1

燕人이 畔이어늘 王曰 吾甚慙於孟子하노라

연(燕)나라 사람들이 배반하자, 왕이 말씀하였다. "나는 매우 맹자에게 부끄럽노라."

齊破燕後二年에 燕人이 共立太子平爲王하니라 大全曰 卽昭王이라 ○ 按以甚慙語觀之하면 孟子之不勸齊伐이 審矣니 而以不能用及止[17]之謀爲慙耳라

제(齊)나라가 연(燕)나라를 격파한 지 2년에 연나라 사람들이 함께 태자(太子) 평(平)을 세워 왕으로 삼았다. ≪대전≫에 말하였다. "바로 소왕(昭王)이다." ○ 살펴보건대 심히 부끄러워했다는 말을 가지고 보면 맹자가 제나라에게 연나라를 정벌할 것을 권하시지 않음이 분명하니, '이 때에 미쳐 그치게 할 수 있다.'는 계책을 쓰지 못함을 부끄러움으로 삼은 것이다.

---

17) ≪孟子 梁惠王下 11章≫ "王速出令, 反其旄倪, 止其重器, 謀於燕衆, 置君而後去之, 則猶可及止也."

9-2

陳賈曰 王無患焉하소서 王이 自以爲與周公孰仁且智니잇고 王曰 惡(오)라 是何言也오 曰 周公이 使管叔監殷이어시늘 管叔이 以殷畔하니 知而使之면 是不仁也요 不知而使之면 是不智也니 仁、智는 周公도 未之盡也시니 而況於王乎잇가 賈請見而解之호리이다

진가(陳賈)가 말하였다. "왕은 걱정하지 마소서. 왕께서 스스로 생각하시기에 주공(周公)과 더불어 누가 더 인(仁)하고 또 지혜롭다고 여기십니까?" 왕이 말씀하였다. "아, 이 웬 말인가." 진가가 말하였다. "주공이 관숙(管叔)으로 하여금 은(殷)나라를 감독하게 하였는데 관숙이 은나라를 가지고 배반하였으니, <주공이> 이것을 알고 시켰다면 이는 인(仁)하지 못함이요 알지 못하고 시켰다면 이는 지혜롭지 못함이니, 인(仁)과 지(智)는 주공도 다하지 못하셨으니, 하물며 왕에게 있어서이겠습니까. 제(賈)가 맹자를 뵙고 부끄러움을 풀어 드리겠습니다."

惡、監은 皆平聲이라

'오(惡)'와 '감(監)'은 모두 평성(平聲;어찌, 감독함)이다.

陳賈는 齊大夫也라 管叔은 名鮮이니 武王弟요 周公兄也라 武王이 勝商殺紂하시고 立紂子武庚하고 以奉殷後라 而使管叔으로 與弟蔡叔、名度라 霍叔으로 名處라 監其國이러니 武王崩하고 成王幼하여 周公攝政한대 管叔이 與武庚畔이어늘 與上節畔字로 相照라 周公이 討而誅之하시니라 添此句라 ○ 解는 解其慙也라

진가는 제(齊)나라의 대부(大夫)이다. 관숙(管叔)은 이름이 선(鮮)이니, 무왕(武王)의 아우이고 주공(周公)의 형이다. 무왕이 상(商)나라를 이기고 주왕(紂王)을 죽이시고는 주왕의 아들 무경(武庚)을 세우고 은나라의 후사를 받들게 하였다. 관숙으로 하여금 아우인 채숙(蔡叔) 과 이름이 도(度)이다. 곽숙(霍叔)과 이름이 처(處)이다. 함께 그 나라를 감독하게 했었는데, 무왕이 죽고 성왕(成王)이 어려 주공이 섭정하자, 관숙이 무경과 함께 배반하니, 윗절의 '반(畔)'자와 서로 조응하였다. 주공이 토벌하여 죽이셨다. 이 구(周公討而誅之)를 더하였다. ○ '해(解)'는 그 부끄러움을 풀어주는 것이다.

9-3

見孟子하고 問曰 周公은 何人也잇고 曰 古聖人也시니라 曰 使管叔監殷이어시늘 管叔이 以殷畔也라하니 有諸잇가 曰 然하다 曰 周公이 知其將畔而使之與잇가 曰 不知也시니라 然則聖人도 且有過與잇가 曰 周公은 弟也요 管叔은 兄也니 周公之過 不亦宜乎아

진가가 맹자를 뵙고 묻기를 "주공은 어떤 사람입니까?" 하자, 맹자가 "옛 성인(聖人)이시다." 하고 대답하셨다. "관숙으로 하여금 은나라를 감독하게 하였는데, 관숙이 은나라를 가지고 배반했다 하니, 그러한 일이 있었습니까?" "그렇다." "주공은 〈관숙이〉 장차 배반할 것을 알면서 시키셨습니까?" "알지 못하셨다." "그렇다면 성인도 허물이 있는 것입니까?" "주공은 아우요 관숙은 형이니, 주공의 허물이 당연하지 않은가."

與는 平聲이라

'여(與)'는 평성(平聲;의문사)이다.

然則聖人且有過與는 賈問也라 過는 指不知之過라 蓋周公誠信其兄하니 固不知其將畔이어니와 若齊王之於燕엔 素是敵讐也요 且孟子動天下兵云云이 不翅申申이어늘 而猶不慮其將畔하니 是則知而故過也라 ○ 賈之此問은 與子貢之問夷·齊로 語勢略同하니 蓋亦能言者로되 但其發問之意 有善惡之殊耳라

'연즉성인차유과여(然則聖人且有過與)'는 진가(陳賈)가 물은 것이다. '과(過)'는 알지 못한 허물을 가리킨 것이다. 주공은 진실로 그 형을 믿었으니 진실로 그가 장차 배반할 줄을 알지 못하셨지만, 제왕이 연나라에 있어서는 평소 적(敵)이었고 원수였고 또 맹자가 천하의 병(兵;전란(戰亂))을 동한다고 말씀한 것이 신신당부할 뿐만이 아니었는데, 오히려 그 장차 배반할 줄을 생각하지 못했으니, 이는 알면서 일부러 잘못한 것이다. ○ 진가(陳賈)의 이 질문은 자공(子貢)이 백이·숙제를 물은 어세(語勢)와 대략 같으니*[1] 진가 또한 말을 잘한 자인데, 다만 그 발문(發問)한 뜻이 선(善)과 악(惡)의 차이가 있을 뿐이다.

*[1] 자공(子貢)이……같으니 : 《논어》〈술이(述而)〉 15장에 "염유(冉有)가 '부자께서 위(衛)나라 임금을 도와주실까?' 하고 묻자, 자공이 대답하기를 '좋다. 내 장차 부자께 여쭈어보겠다.' 하고는 들어가서 공자에게 '백이와 숙제는 어떠한 사람이었습니까?' 하고 묻자, 공자는 '옛날의 현인이시다.〔古之賢人也.〕'라고 대답하셨다. 이에 자공은 나와서 '부자께서 돕지 않으실 것이다.' 하였다." 이 때 위나라 임금은 출공 첩(出公輒)으로 아버

지 괴외(蒯聵)와 임금 자리를 다투고 있었으므로 자공이 직접 출공 첩을 도울 것인가를 묻지 않고 백이와 숙제를 가지고 질문하였는바, 백이와 숙제는 형제가 나라를 사양하고 은나라를 정벌하는 무왕을 간하다가 수양산에 들어가 굶어 죽었는데, 공자가 현인이라고 칭찬하셨다. 진가 역시 주공과 관숙의 일을 가지고 에둘러 물었으므로 어세가 대략 같다고 한 것이다.

言 周公은 乃管叔之弟요 管叔은 乃周公之兄이니 然則周公이 不知管叔之將畔而使之하시니 其過有所不免矣라 慶源輔氏曰 不說周公無過니라 ○ 汪氏曰 己富貴而兄弟無位를 仁者不爲也하고 兄弟惡未萌而以惡逆之를 智者不爲也니 由君子觀之하면 周公은 實仁且智者也시니라

주공은 바로 관숙의 아우이고 관숙은 바로 주공의 형이니, 그렇다면 주공은 관숙이 장차 배반할 것을 알지 못하고 시키신 것이니, 그 허물을 면할 수 없는 바가 있음을 말씀한 것이다. 경원보씨가 말하였다. "주공이 허물이 없다고 말씀하지 않았다." ○ 왕씨(汪氏)가 말하였다. "자기는 부귀(富貴)한데 형제가 지위가 없음을 인(仁)한 자는 하지 않고, 형제의 악(惡)이 아직 싹트지 않았는데 악할 것이라고 미리 헤아림을 지혜로운 자는 하지 않으니, 군자의 입장에서 보면 주공은 실로 인(仁)하고 또 지혜로운 자이시다."

或曰 周公之處 上聲이니 下同이라 管叔이 不如舜之處象은 何也오 游氏曰 象之惡은 已著하고 而其志不過富貴而已라 殺舜而自有之라 故로 舜得以是 富貴라 而全之어니와 封之라 若管叔之惡은 則未著하고 而其志、其才 皆非象比也니 程子曰 未嘗有惡이라 周公이 詎忍逆探其兄之惡而棄之耶아 雲峯胡氏曰 此一句는 最見得周公之用心이니라 周公愛兄이 宜無不盡者하니 愛之故로 任之라 管叔之事는 聖人之不幸也라 汪氏曰 所遭之不幸이라 舜은 誠信而喜象하시고 見萬章上이라 周公은 誠信而任管叔하시니 此는 天理、人倫之至니 其用心이 一也니라 朱子曰 象은 得罪於舜하고 管、蔡는 得罪於天下하니 周公이 豈得以私之哉시리오

혹자가 말하기를 "주공이 관숙을 대처함이 순(舜)임금이 상(象)을 대처함과 '처(處)'는 상성(上聲;대처함)이니, 아래도 같다. 똑같지 않음*①은 어째서입니까?" 하자, 유씨(游氏;유작(游酢))가 말하였다. "상(象)의 악(惡)은 이미 드러났고 그 뜻이 일신의 부귀(富貴)에 불과할 뿐이었다. 순임금을 죽이고 스스로 소유하려고 한 것이다. 그러므로 순임금이 이로써 이것은 부귀이다. 그를 온전히 할 수 있었지만 '전지(全之)'는 그를 봉(封)해주신 것이다. 관숙의 악으로 말하면 아직 드러나지 않았고 그 뜻과 그 재주가 모두 상(象)에 비할 바가 아니었으니, 정자(程子)가 말씀하였다. "일찍이 악함이 있지 않았다." 주공이 어찌 차마 그 형의 악함을 미리 헤아려 버릴 수 있었겠는가. 운봉호씨가 말하였다. "이 한 구는 주공의 용심(用心)을

가장 잘 본 것이다." 주공이 형을 사랑함은 의당 극진하지 않음이 없었으니, 사랑하기 때문에 그에게 맡긴 것이다. 관숙의 일은 성인(聖人)의 불행이다. 왕씨(汪氏)가 말하였다. "불행을 만난 것이다." 순임금은 진실로 믿고서 상을 기뻐하셨고, 이 내용은 〈만장 상〉에 보인다. 주공은 진실로 믿고서 관숙에게 맡기셨다. 이는 천리(天理)와 인륜(人倫)의 지극함이니, 그 마음 쓰심이 똑같은 것이다." 주자가 말씀하였다. "상(象)은 순임금에게 죄를 얻었고 관숙과 채숙은 천하(天下)에게 죄를 얻었으니, 주공이 어찌 사사롭게 봐 줄 수 있었겠는가?"

*① 순(舜)임금이……않음 : 상(象)은 순임금의 이복동생으로 부모와 함께 날마다 순임금을 죽일 것을 도모하였으나 순임금이 천자가 되시어 그를 처벌하지 않고 나라를 봉해 주었는 바, 이 내용은 뒤의 〈만장 상〉 2장에 자세히 보인다.

9-4

> 且古之君子는 過則改之러니 今之君子는 過則順之로다 古之君子는 其過也 如日月之食이라 民皆見之하고 及其更(경)也하여는 民皆仰之러니 今之君子는 豈徒順之리오 又從而爲之辭로다
>
> 또 옛날의 군자(君子;군주와 대신)들은 허물이 있으면 고쳤는데, 지금의 군자들은 허물이 있으면 그것을 이루는구나. 옛날의 군자들은 그 허물이 일식(日食)·월식(月食)과 같아서 백성들이 다 그것을 보았고 허물을 고침에 미쳐서는 백성들이 다 우러러보았는데, 지금의 군자들은 어찌 다만 이룰 뿐이겠는가. 또 따라서 변명을 하는구나."

更은 平聲이라

'경(更)'은 평성(平聲;고침)이다.

汪氏曰 及其畔에 不以私恩害公義하고 誅之以安宗社하시니 是於過에 爲能改矣니 其不得已而行權也니라 ○ 按今之君子는 因上君子하여 而亦目之爲君子하니 猶言何代無賢云이라 更也下에 似宜有云如日月之蘇하니 蓋省文也라

왕씨(汪氏)가 말하였다. "그 〈관숙 등이〉 배반함에 미쳐 〈주공이〉 사사로운 은혜로써 공의(公義)를 해치지 않고 그를 주벌하여 종묘 사직을 편안히 하셨으니, 이는 허물에 있어 능히 고침이 되는 것이니, 이는 부득이하여 권도(權道)를 행하신 것이다." ○ 살펴보건대 지금의 군자는 위의 군자를 인하여 또한 지목해서 군자라 하였으니, 하대무현(何代無賢)*①이라고 말함과 같다. 경야(更

也) 아래에 마땅히 해와 달이 소생한 것과 같다고 하는 말이 있어야 할 듯하니, 이는 글을 생략한 것이다.

*① 하대무현(何代無賢) : "어느 시대인들 현자가 없겠느냐?"는 뜻으로 상대방을 비아냥거린 것이다. "지금의 군자"는 훌륭한 군자가 아니고 다만 "어느 시대인들 군자가 없겠느냐?"고 비아냥거린 말임을 말한 것이다.

順은 猶遂 成之라 也라 更은 改也라 辭는 辯 分疏라 也라 更之면 則無損於明이라 故로 民仰之하고 更은 主過言이요 仰은 主日月言이니 是互言也라 ○ 本出論語子張18)이라 順而爲之辭면 則其過愈深矣니 爲之辭는 此章之題目이라 責賈不能勉其君以遷善改過하고 四字는 出易益大象이라 而敎之以遂非文 去聲이니 飾也라 過也시니라 遂非文過는 襯辭字라 ○ 新安陳氏曰 窺賈爲君文過之心於不言之表而責之시니라

'순(順)'은 수(遂)와 '수(遂)'는 이룸이다. 같다. '경(更)'은 고침이다. '사(辭)'는 변명함이다. '변(辯)'은 분소(分疏:변명함)이다. 허물을 고치면 밝음에 감손(減損)됨이 없으므로 백성들이 우러러보는 것이요, '경(更)'은 허물을 위주하여 말하였고 '앙(仰)'은 해와 달을 위주하여 말했으니, 이는 서로 말한 것이다. ○ 이 내용은 본래 《논어》〈자장〉에 나온다. 허물을 이루고 변명하면 그 허물이 더욱 깊어지는 것이다. '위지사(爲之辭)'는 이 장의 제목이다. 진가(陳賈)가 군주에게 천선개과(遷善改過)로써 권면하지 못하고, 네 글자(遷善改過)는 《주역》〈익괘(益卦) 대상전(大象傳)〉에 보인다. 허물을 문식하여 '문(文)'은 거성(去聲)이니, 문식(文飾:꾸밈)함이다. 비행(非行)을 이룸으로써 가르쳐 줌을 꾸짖으신 것이다. '수비문과(遂非文過)'는 사(辭) 자에 부합한다. ○ 신안진씨가 말하였다. "진가가 인군을 위하여 허물을 문식하는 마음을, 말하지 않은 밖에서 엿보고 책망하신 것이다."

○ 林氏曰 齊王이 慙於孟子하니 蓋羞惡 去聲이리 之心이 見上篇이라 有不能自已者니 使其臣有能因是心而將順之면 將順은 出孝經이라 則義不可勝 平聲이라 用矣어늘 見盡心下라 而陳賈는 鄙夫라 二字는 出論語陽貨라 方且爲 去聲이라 之曲爲辯說하여 而沮 上聲이라 其遷善改過之心하고 長 上聲이라 其飾非拒諫之惡이라 如紂之惡이라 故로 孟子深責之하시니라 然이나 此는 非反辭라 此書記事散出하여 而無先後之次라 故로 其說을 必參考而後通이니 統言七篇之事라 若以第二篇 梁惠王下라 十章, 十一章으로 置之前章之後, 此章之前이면 則孟子之意 不勸之意라 不待論說而自明矣리라 事之序亦甚明이라

○ 임씨(林氏;임지기(林之奇))가 말하였다. "제왕(齊王)이 맹자에게 부끄러워하였으니, 이는

---

18) 《論語 子張 21章》 "子貢曰: 君子之過也, 如日月之食焉. 過也, 人皆見之, <u>更也, 人皆仰之</u>."

공손추장구 하 345

수오지심(羞惡之心)이 '오(惡)'는 거성(去聲;미워함)이다. ○ 이 내용은 윗편에 보인다. 스스로 그만둘 수 없음이 있어서였다. 만약 그 신하 중에 이 마음을 인하여 받들어 순히 하는 자가 있었다면 '장순(將順)'은 ≪효경(孝經)≫에 나온다. 의(義)를 이루 다 '승(勝)'은 평성(平聲;이루)이다. 쓸 수 없었을 것이다. '의불가승용(義不可勝用)'은 〈진심 하〉에 보인다. 그러나 진가(陳賈)는 비루한 사람이어서 두 글자(鄙夫)는 ≪논어≫〈양화〉에 나온다. 장차 군주를 위하여 '위(爲)'는 거성(去聲;위함)이다. 바르지 못하게 변설(辯說)을 늘어놓아 천선개과(遷善改過)하는 마음을 저지하고 '저(沮)'는 상성(上聲;저지함)이다. 비행(非行)을 문식하여 간언(諫言)을 막는 악을 주왕(紂王)의 악과 같은 것이다. 조장하였다. '장(長)'은 상성(上聲;자람)이다. 그러므로 맹자가 깊이 꾸짖으신 것이다. 그러나 이 연(然)자는 뒤집은 말이 아니다. 이 글의 기사(記事)가 흩어져 나와서 선후(先後)의 순서가 없기 때문에 그 말을 반드시 참고한 뒤에야 통할 수 있으니, 7편의 일을 통합하여 말하였다. 만일 제 2편의〈양혜왕 하〉이다. 10장, 11장을 앞 장의 뒤와 이 장의 앞에 놓는다면 맹자의 뜻이 제(齊)나라에게 연(燕)나라를 정벌할 것을 권하지 않은 뜻이다. 논설을 기다리지 않아도 자명(自明)해질 것이다."일의 순서가 또한 매우 분명하다.

10-1

孟子致爲臣而歸하실새

맹자가 신하됨을 내놓고 떠나가실 적에

孟子久於齊 見後章이라 而道不行이라 故로 去也시니라 所以爲蚔鼃者로 竟爲自爲로되 但寬徐不迫耳라 ○ 此는 爲一章之題目이라

맹자가 제(齊)나라에 오래 계셨으나 이 내용이 뒷장에 보인다. 도(道)가 행해지지 않으므로 떠나가신 것이다. 저와(蚔鼃)를 위한 것으로 끝내 자신을 위함이 되었는데, 다만 너그럽고 천천히 하여 급박하지 않을 뿐이다. ○ 이는 한 장의 제목이 된다.

10-2

王이 就見孟子曰 前日에 願見而不可得이라가 得侍하여는 同朝甚喜러니 今又棄寡人而歸하시니 不識케이다 可以繼此而得見乎잇가 對曰 不敢請耳언정 固所願也니이다

> 왕(王)이 맹자를 찾아보고 말씀하였다. "지난날에 뵙기를 원했으나 될 수 없었는데, 모시게 되어서는 조정에 함께 있는 사람들이 매우 기뻐했습니다. 그런데 이제 또다시 과인(寡人)을 버리고 돌아가시니, 알지 못하겠습니다. 이 뒤로 계속하여 선생님을 뵐 수 있겠습니까?" 맹자가 대답하셨다. "감히 청하지는 못할지언정 진실로 원하는 바입니다."

朝는 音潮라

'조(朝)'는 음이 조(潮;조정)이다.

集註無文이라 ○ 新安陳氏曰 謙言得侍賢者하여 同朝者皆甚喜라 ○ 按或云 得侍而同朝하여 我心甚喜하니 蓋賓師而不臣之故로 卑牧如此라하니 更詳之니라

≪집주≫에는 글이 없다. ○ 신안진씨가 말하였다. "겸손하여 현자(賢者)를 모시게 되어서 조정에 함께 한 자들이 모두 매우 기뻐한다고 겸사로 말한 것이다." ○ 살펴보건대 혹자는 "모시고 조정을 함께하여 내 마음이 매우 기쁜 것이니, 빈사(賓師)로서 신하를 삼지 않았기 때문에 군주가 자신을 낮춤이 이와 같다." 하니, 다시 살펴보아야 한다.

10-3

> 他日에 王이 謂時子曰 我欲中國而授孟子室하고 養弟子以萬鍾하여 使諸大夫、國人으로 皆有所矜式하노니 子盍爲我言之오
>
> 타일(他日)에 왕이 시자(時子)에게 말씀하였다. "내 국중(國中;도성)에다가 맹자에게 집을 지어주고 제자(弟子)들을 만종록(萬鍾祿)으로 길러 여러 대부(大夫)들과 국민들로 하여금 모두 공경하고 법(본)받는 바가 있게 하려고 하니, 자네는 어찌 나를 위하여 말하지 않는가."

爲는 去聲이라

'위(爲)'는 거성(去聲;위함)이다.

時子는 齊臣也라 中國은 當國之中也라 中於國이라 萬鍾은 穀祿之數也라 鍾은 量 去聲이라 名이니 受六斛四斗라 矜은 敬也요 式은 法也라 盍은 何不也라 所謂繼此

得見者는 豈亦爲是歟아

시자(時子)는 제(齊)나라의 신하이다. '중국(中國)'은 나라의 한 가운데에 해당하는 곳이다. 나라의 한 가운데(도성)이다. '만종(萬鍾)'은 녹봉의 수(數)이다. '종(鍾)'은 량(量)의 '양(量)'은 거성(去聲;분량)이다. 이름이니, 6곡(斛) 4두(斗)가 들어간다. '긍(矜)'은 공경함이요, '식(式)'은 법받음이다. '합(盍)'은 하불(何不;어찌 아니)이다. 이른바 이 뒤를 계속하여 얻어 본다는 것은 아마도 또한 이 때문인가 보다.

10-4

時子因陳子而以告孟子어늘 陳子以時子之言으로 告孟子한대

시자가 진자(陳子)를 통하여 맹자에게 아뢰게 하자, 진자가 시자의 말을 맹자께 아뢰었다.

陳子는 卽陳臻也라 蒙前章而稱子故로 不以代當之하고 而必以臻當之라 ○ 因而使告者는 重其事也라

진자(陳子)는 바로 진진(陳臻)이다. 앞장을 이어받아서 자(子)라고 칭했기 때문에 진대(陳代)로써 해당시키지 않고 반드시 진진(陳臻)으로 해당시킨 것이다. ○ 그를 인하여 고하게 한 것은 이 일을 중하게 여긴 것이다.

10-5

孟子曰 然하다 夫時子惡(오)知其不可也리오 如使予欲富인댄 辭十萬而受萬이 是爲欲富乎아

맹자가 말씀하셨다. "그러하다. 저 시자(時子)가 어찌 그 불가(不可)함을 알겠는가. 가령 내가 부자(富者)가 되고 싶었다면 십만 종(十萬鍾)을 사양하고 만 종(萬鍾)을 받는 것이 이것이 부자가 되고자 하는 것이겠는가.

夫는 音扶라 惡는 平聲이라

'부(夫)'는 음이 부(扶;저)이다. '오(惡)'는 평성(平聲;어찌)이다.

孟子既以道不行而去면 承上註라 則其義不可以復 去聲이라 留어늘 而時子不知하니 實齊王不知也라 則又有難顯言者라 慶源輔氏曰 顯言則訐揚王之失이니라 ○ 謂不用賢也라 故로 但言 設使我欲富인댄 則我前日爲卿에 添此句라 嘗辭十萬之祿하니 十萬鍾이라 ○ 見後章이라 今乃受此萬鍾之饋면 所謂於我何加者19)也라 是我雖欲富나 亦不爲此也라하시니라 添此句라 ○ 大全曰 况本非欲富乎아

맹자가 이미 도(道)가 행해지지 않기 때문에 떠나셨다면 윗주를 이어 받았다. 그 의(義)가 다시 '부(復)'는 거성(去聲;다시)이다. 머무를 수 없는데 시자(時子)가 이것을 알지 못하니, 실로 제왕(齊王)이 알지 못한 것이다. 또 드러내놓고 말(告)하기 어려운 점이 있었다. 경원보씨가 말하였다. "드러내어 말하면 왕의 잘못을 고자질하여 드날리게 된다." ○ 현자(賢者)를 등용하지 않음을 이른다. 그러므로 다만 말씀하시기를 "가령[設使] 내가 부자가 되고자 하였다면 내가 지난날 경(卿)이 되었을 때에 이 구(我前日爲卿)를 더하였다. 일찍이 십만 종의 녹(祿)을 사양하였으니, 십만은 십만 종이다. ○ 이 내용이 뒷장에 보인다. 이제 도리어 이 만종을 주는 것을 받는다면 이른바 '나에게 무슨 보탬인가.'라는 것이다. 이는 내가 비록 부자가 되고자 한다 하더라도 이러한 짓은 하지 않는다."고 하신 것이다. 이 구를 더하였다. ○ ≪대전≫에 말하였다. "하물며 본래 부자가 되고자 하지 않으심에랴."

10-6

季孫曰 異哉라 子叔疑여 使己爲政호되 不用則亦已矣어늘 又使其子弟爲卿하니 人亦孰不欲富貴리오마는 而獨於富貴之中에 有私龍(壟)斷焉이라하니라

계손자(季孫氏)가 말하기를 '괴이하다, 자숙의(子叔疑)여. 자기로 하여금 정사를 하게 하였으나 쓰여지지 않으면 그만두어야 할 터인데, 또 그 자제로 경(卿)을 삼게 하였으니, 사람들이 누구인들 부귀(富貴)하고자 하지 않겠는가마는 홀로 부귀의 가운데에도 농단(壟斷)을 독점하는 이가 있다.*[1]' 하였다.

*[1] 농단(壟斷)을……있다 : 원문 '有私壟斷'의 '사(私)'는 사유물(私有物)로 여겨 독차지함을 이르며, 농단은 시장 주위에 구릉(丘陵)이 끊긴 곳으로, 이곳에 올라가면 사방이 잘

---

19) ≪孟子 告子上 10章≫ "萬鍾則不辨禮義而受之, 萬鍾於我何加焉. 爲宮室之美, 妻妾之奉, 所識窮乏者, 得我與."

보여 값싼 물건을 많이 취할 수 있기 때문에 독차지하는 것이다.

龍은 音壟이라

'롱(龍)'은 음이 롱(壟;두둑)이다.

此는 孟子引季孫之語也라 古注에 作季孫、子叔對孟子言하니 則文勢有不然故로 特先明之라 季孫、子叔疑는 不知何時人이라 蓋皆魯人이라 龍斷은 岡壟之斷而高也니 義見音現이라 下文하니라 下節에 專誦龍斷之說이라 蓋子叔疑者 嘗不用而使其子弟 子與弟라 爲卿한대 倒釋以便事라 季孫이 譏其旣不得於此하고 己라 而又欲求得於彼하니 子라 ○ 添求字라 如下文賤丈夫 斥爲不知之辭라 登龍斷者之所爲也라 異는 怪也라 私龍斷은 猶言小貊也라 以上은 就本文하여 釋子叔本事하고 此下는 又就孟子事하여 申釋其意하니 此則本文言外之正意也라 孟子引此하사 以明道旣不行이요 復 去聲이라 受其祿이면 則無以異此矣하시니라 二此字는 皆指子叔疑라 ○ 慶源輔氏曰 辭祿而受饋는 畢竟是旣不得於此하고 而又求得於彼也니라 ○ 按龍斷事는 是再轉之譬라

이것은 맹자가 계손씨(季孫氏)의 말을 인용한 것이다. 고주(古注)에 계손(季孫)과 자숙(子叔)이 맹자를 대하여 말한 것으로 삼았으니, 문세(文勢)가 옳지 않으므로 특별히 먼저 이것을 밝힌 것이다. 계손(季孫)과 자숙의(子叔疑)는 어느 때 사람인지 알지 못한다. 아마도 모두 노(魯)나라 사람인 듯하다. '농단(龍斷)'은 강롱(岡壟;언덕)이 딱 끊겨 높은 곳이니, 뜻이 아랫글에 보인다. '현(見)'은 음이 현(現)이다. ○ 아랫절엔 오로지 농단의 말을 외웠다. 자숙의란 자가 일찍이 쓰여시지 않아 그 자제(子弟)로 자제는 아들과 아우이다. 경(卿)을 삼세 하니, 거꾸로 해석하여 일을 편하게 하였다. 계손씨가 이미 여기에서 얻지 못하고 '차(此)'는 자기이다. 또 저기에서 얻고자 하니 '피(彼)'는 아들이다. ○ 구(求)자를 더하였다. 마치 아랫글에 농단에 올라간 천장부(賤丈夫;졸장부)의 배척하여 알지 못하는 말로 한 것이다. 소행과 같다고 기롱한 것이다. '이(異)'는 괴이함이다. '사농단(私龍斷)'은 소맥(小貊)[①]이라고 말함과 같다. 이상은 본문을 가지고 자숙(子叔)의 본래의 일을 해석하였고, 이 아래는 또 맹자의 일을 가지고 그 뜻을 거듭 해석하였으니, 이는 본문의 말 밖의 바른 뜻이다. 맹자가 이 글을 인용하여, 도(道)가 이미 행해지지 않는데 다시 '부(復)'는 거성(去聲;다시)이다. 그 녹(祿)을 받는다면 이와 다를 것이 없음을 밝히신 것이다. 두 차(此)자는 모두 자숙의(子叔疑)를 가리킨다. ○ 경원보씨가 말하였다. "녹(祿)을 사양하고 줌을 받음은 필경 이미 여기에서 얻지 못하고 또 저기에서 얻기를 구하는 것이다." ○ 살펴보건대 농단의 일은 두 번 돌린 비유이다.

*① 소맥(小貊) : 맥(貊)은 맥(貉)과 통하는바, 북방의 추운 오랑캐 지역이다. 아래 〈고자하〉 10장에 "백규(白圭)가 '나는 20분의 1을 세금으로 취하고자 합니다.'라고 말하자,

맹자는 '그대의 방법은 맥의 방법이다. 저 맥은 오곡이 자라지 않고 오직 기장만이 생산되니, 성곽과 궁실과 종묘에 대한 제사의 예가 없다. 이 때문에 20분의 1을 세금으로 취해도 되는 것이다. 지금 중국에 있으면서 인륜을 버리고 군자(정치가)가 없다면 어찌 되겠는가. 요·순의 10분의 1 세법보다 가볍게 하고자 하는 자는 큰 맥에 작은 맥인 것이다.〔大貉, 小貉.〕'"라고 보인다. 진짜 맥이 대맥이고 농단을 차지하여 이익을 독점하는 것을 소맥이라 하여 여기서는 맥을 욕심이 많은 것으로 풀이한 듯하다.

10-7

古之爲市者 以其所有로 易其所無者어든 有司者治之耳러니 有賤丈夫焉하니 必求龍斷而登之하여 以左右望而罔市利어늘 人皆以爲賤이라 故로 從而征之하니 征商이 自此賤丈夫始矣니라

옛날에 시장에서 교역하는 자들이 자기가 가지고 있는 물건을 가지고 없는 물건과 바꾸면 유사(有司;시장을 맡은 관리)가 〈세금을 거두지 않고 분쟁을〉 다스릴 뿐이었다. 그런데 천장부(賤丈夫) 한 사람이 있어 반드시 농단(壟斷)을 찾아 올라가서 좌우로 바라보면서 시장의 이익을 망라(독점)하자, 사람들이 모두 그를 천하게 여겼다. 그러므로 따라서 그에게 세금을 징수하였으니, 장사꾼에게 세금을 징수한 것은 이 천장부로부터 비롯되었다."

孟子釋龍斷之說이 如此하시니라 先略提之하고 而復詳言之하여 只說譬事에 而本事自明하니 此二法은 七篇中多有之라 治之는 謂治其爭訟이라 有司者는 卽市官이라 左右望者는 欲得此而又取彼也라 雙峯饒氏曰 是欲全得之하여 萬一不得於此면 亦可得於彼라 罔은 謂罔羅取之也라 此則不取欺義라 從而征之는 謂人惡(오) 去聲이라 其專利라 故로 就 從이라 征其稅하니 後世緣此하여 此人이라 遂征商人也라 如葬禮之起於掩髽라 ○ 慶源輔氏曰 關市不征은 三代之初에 皆如此하니라 ○ 新安陳氏曰 孟子有引喩以終之하고 而不復說上正意者는 此章之類是也라

맹자가 농단의 말씀을 해석하기를 이와 같이 하신 것이다. 먼저 간략히 제시하고, 다시 자세히 말씀하여 다만 비유한 일을 말씀함에 본래의 일이 저절로 분명해졌으니, 이 두 법은 7편 중에 많이 있다. '치지(治之)'는 분쟁을 다스림을 이른다. 유사(有司)는 바로 시장을 맡은 관원이다. '좌우망(左右望)'은 이것을 얻고 또 저것을 얻고자 하는 것이다. 쌍봉요씨가 말하였다.

"이는 완전히 얻고자 하여 만일 여기에서 얻지 못하면 또한 저기에서 얻을 수 있게 한 것이다." '망(罔)'은 망라하여 취함을 이른다. 여기의 그물을 속이는 뜻을 취하지 않았다. 따라서 그에게 세금을 징수했다는 것은 사람들이 그가 이익을 독점함을 미워하였으므로 '오(惡)'는 거성(去聲;미워함)이다. 따라서 '취(就)'는 종(從;따름)이다. 그에게 세금을 내게 하였으니, 후세에 이로 이는 이 사람이다. 인하여 마침내 상인들에게 세금을 징수하게 되었음을 이른다. 장례(葬禮)가 삼태기의 흙으로 시신을 묻으면서 시작된 것과 같다. ○ 경원보씨가 말하였다. "관문과 시장에 세금을 거두지 않음은 삼대의 초기에 다 이와 같았다." ○ 신안진씨가 말하였다. "맹자가 비유를 인용하여 끝마치고 다시는 위의 바른 뜻을 말씀하지 않은 경우는 이 장의 따위가 이것이다."

○ 程子 叔子라 曰 齊王所以處 上聲이라 孟子者 未爲不可요 孟子亦非不肯爲國人矜式者언마는 此與論孔子季孟之間者로 語意略同이라 但齊王이 實非欲尊孟子요 乃欲以利誘之라 故로 孟子拒而不受하시니라 新安陳氏曰 齊王이 不得待孟子之道하고 尤爲不知孟子之心하니라 ○ 按自此以下五章은 皆一時事라

○ 정자가 숙자이다. 말씀하였다. "제왕(齊王)이 맹자에게 대처한 것이 '처(處)'는 상성(上聲;대처함)이다. 불가(不可)하지 않았고, 맹자도 국인(國人)들에게 존경받고 법 받음이 되기를 즐겨하지 않으신 것이 아니었다. 이는 공자를 계씨(季氏)와 맹씨(孟氏)의 중간으로 대우한다고 한 말과 말뜻이 대략 같다.*① 다만 제왕(齊王)이 실제로 맹자를 높이려고 한 것이 아니요, 마침내 이익으로써 유인하고자 하였다. 그러므로 맹자가 거절하고 받지 않으신 것이다." 신안진씨가 말하였다. "제왕(齊王)이 맹자를 대우하는 도(道)를 얻지 못하였고 더욱 맹자의 마음을 알지 못하였다." ○ 살펴보건대 이로부터 이하 다섯 장은 모두 한(똑같은) 때의 일이다.

*① 공자를……같다 : ≪논어≫〈미자(微子)〉 3장에 "제(齊)나라 경공(景公)이 공자를 대우하기를 '계씨와 같이는 대우할 수 없지만 계씨와 맹씨의 중간으로 대우하겠다.' 하고 또 말하기를 '내 늙어서 그의 말을 쓰지 못한다.'라고 하자, 공자께서 제나라를 떠나가셨다.〔齊景公待孔子曰: 若季氏則吾不能, 以季孟之間待之, 曰: 吾老矣. 不能用也, 孔子行.〕"라고 한 뜻을 가리킨다.

11-1

> 孟子去齊하실새 宿於晝러시니

맹자가 제(齊)나라를 떠나실 적에 주(晝)땅에 유숙하셨는데,

晝는 如字라 或曰 當作畫이니 音獲이라하니 下同이라

'주(晝)'는 본자대로(낮 주) 읽는다. 혹자는 마땅히 '획(畫)'이 되어야하니, 음이 획(獲)이다 하니, 아래도 같다.

晝는 齊西南近邑也라 王蠋之邑이라 ○ 鄒在齊西南이라
'주(晝)'는 제(齊)나라 서남쪽에 있는 서울과 가까운 읍(邑)이다. 왕촉(王蠋)의 식읍이다. ○ 추(鄒)나라는 제(齊)나라의 서남쪽에 있다.

11-2

有欲爲王留行者 坐而言이어늘 不應하시고 隱几而臥하신대

왕을 위하여 <맹자의> 떠나감을 만류하고자 하는 자가 있어 앉아서 말하였으나 <맹자가> 응하지 않으시고 궤(几;안석)에 기대어 누우셨다.

爲는 去聲이니 下同이라 隱은 於靳反이라
'위(爲)'는 거성(去聲;위함)이니, 아래도 같다. '은(隱)'은 어(於)·근(靳)의 반절[기댈 은]이다.

隱은 憑也라 客坐而言이어늘 豈亦時子之所使歟아 孟子不應而臥也라 爲王留行은 此章之題目이라
'은(隱)'은 기댐이다. 객(客)이 앉아서 말하는데, 아마도 또한 시자(時子)가 시켰는가보다. 맹자가 응하지 않고 누우신 것이다. '위왕류행(爲王留行)'은 이 장의 제목이다.

11-3

客이 不悅曰 弟子齊(재)宿而後에 敢言이어늘 夫子臥而不聽하시니 請勿復敢見矣로이다 曰 坐하라 我明語子호리라 昔者에 魯繆(목)公이 無人乎子思之側이면 則不能安子思하고 泄柳、申詳이 無人乎繆公之側이면 則不能安其身이러니라

> 객(客)이 기뻐하지 않으며 말하였다. "제자(弟子)가 제숙(齊宿)한 뒤에 감히 말씀드렸는데 부자(夫子)께서 누우시고 듣지 않으시니, 다시는 감히 뵙지 말아야겠습니다." 맹자가 말씀하셨다. "앉아라. 내 그대에게 분명하게 말해 주겠다. 옛날에 노목공(魯繆公)은 자사(子思)의 곁에 〈자기의 성의(誠意)를 전달할〉 사람이 없으면 〈자사가 떠나가실까 염려하여〉 자사를 편안하게 여기지 못하였고,*① 설류(泄柳)와 신상(申詳)은 목공(繆公)의 곁에 보좌할 만한 사람이 없으면 그 몸을 편안하게 여기지 못하였다.

*① 자사를……못하였고 : 뜻이 확실하지 않으나 ≪집주≫의 내용으로 보아 자사(子思)가 안심하고 머무는 것으로 보아야 할 것이다.

齊는 側皆反이요 復는 扶又反이라 語는 去聲이라

'제(齊)'는 측(側)·개(皆)의 반절[제계할 제]이고 '부(復)'는 부(扶)·우(又)의 반절[다시 부]이다. '어(語)'는 거성(去聲;말해줌)이다.

稱弟子者는 自附之辭라

제자(弟子)라고 칭한 것은 스스로 붙은 말이다.

齊宿은 齊戒越宿也라 過一宿이라 ○ 齊宿者는 謹其事하여 如接神明也라 繆 音穆이라 公이 尊禮子思하여 常使人 其臣이라 候伺하여 音笥라 道 去聲이라 達誠意於其側이라야 乃能安而留之也라 當與鼎肉章參看이라 泄柳는 魯人이요 申詳은 子張之子也니 繆公尊之 不如子思라 然이나 二子義不苟容하여 慶源輔氏曰 柳嘗閉門以避繆公하니 不苟合을 可見이요 詳事는 見禮記하여 與柳並稱하니 其賢을 可知라 非有賢者 本文二人字는 上輕而下重이라 在其君之左右하여 維持調護之면 則亦不能安其身矣니라 朱子曰 非謂二子之心이 倚君側之人也니라 ○ 新安倪氏曰 齊王이 旣不能如繆公之待子思하니 固無以安孟子요 群臣에 又無賢者爲之調護孟子하니 亦豈得安其身哉아 柳、詳事는 姑引以言齊之無賢臣耳니라

'제숙(齊宿)'은 재계하고 하룻밤을 지냄이다. '월숙(越宿)'은 하룻밤을 지내는 것이다. ○ 제숙(齊宿)은 그 일을 삼가서 신명(神明)을 접한 듯이 공경한 것이다. **목공(繆公)이** '목(繆)'은 음이 목(穆;나쁜 시호)이다. **자사(子思)를 존경하고 예우하여 항상 사람으로** '인(人)'은 그 신하이다. **하여금 모시고 보살피게 해서** '사(伺)'는 음이 사(笥)이다. **자신의 성의를 그 곁에 전달**

하여야 '도(道)'는 거성(去聲;말함)이다. 자사가 안심하고 머무실 것으로 여긴 것이다. 마땅히 정육장(鼎肉章)과 참고해 보아야 한다. 설류(泄柳)는 노(魯)나라 사람이요 신상(申詳)은 자장(子張)의 아들이니, 목공이 이들을 높인 것이 자사만 못하였으나 이들 두 사람은 의리상 구차히 용납하지 않았다. 경원보씨가 말하였다. "설류(泄柳)가 일찍이 문을 닫고 목공(繆公)을 피하였으니 구차히 합하지 않음을 볼 수 있고, 신상(申詳)의 일은 ≪예기≫에 보여 설류와 함께 일컬어졌으니 그의 어짊을 알 수 있다." 그리하여 현자(賢者)가 본문에 두 인(人)자는 위는 가볍고 아래는 중하다. 군주의 좌우에 있으면서 유지하고 조호(調護)해 주는 이가 없으면 또한 그 몸을 편안하게 여기지 못한 것이다. 주자가 말씀하였다. "두 사람의 마음이 군주 곁의 사람에 의지함을 말한 것이 아니다." ○ 신안예씨(新安倪氏)가 말하였다. "제왕(齊王)이 이미 목공(繆公)이 자사를 대우한 것처럼 하지 못하였으니 진실로 맹자를 편안히 할 수가 없고, 여러 신하 중에 또 어진 자가 위하여 맹자를 조호(調護)하는 이가 없었으니 또한 어찌 그 몸을 편안히 할 수 있으셨는가? 설류와 신상(申詳)의 일은 우선 인용하여 제나라에 현신(賢臣)이 없음을 말씀한 것이다."

11-4

> 子爲長者慮호되 而不及子思하니 子絶長者乎아 長者絶子乎아
> 그대가 장자(長者)를 위하여 생각하되 자사(子思)에게 미치지 못하니, 자네가 장자를 끊은 것인가? 장자가 자네를 끊은 것인가?"

長은 上聲이라

'장(長)'은 상성(上聲;어른)이다.

長者는 孟子自稱也라 因其稱弟子하여 而亦稱長者라 言 齊王이 不使子來어늘 而子自欲爲 去聲이니 下同이라 王留我하니 慶源輔氏曰 雖有愛賢之意나 而不知待賢之禮라 是는 所以爲我謀 慮라 者 不及繆公留子思之事하여 添繆公留三字然後에 不及子思四字始不爲貶子思之辭라 而先絶我也라 我之臥而不應이 照上節이라 豈爲 如字라 先絶子乎아 絶字는 從上節勿復見而來라

'장자(長者)'는 맹자가 자신을 칭하신 것이다. 그가 제자(弟子)라고 칭함을 인하여 또한 자신을 장자(長者)라고 칭하신 것이다. "제왕(齊王)이 그대로 하여금 오게 하지 않았는데, 그대가 스스로 왕을 위하여 '위(爲)'는 거성(去聲;위함)이니, 아래도 같다. 나를 만류하고자 하니, 경원보씨가 말하였다. "비록 현자(賢者)를 사랑하는 마음이 있으나 현자를 대우하는 예(禮)를 알지

못한 것이다." 이것은 나를 위하여 도모함이 '모(謀)'는 경문의 여(慮)이다. 목공(繆公)이 자사를 머물게 한 일에 미치지 못하여 '목공유(繆公留)' 세 글자를 더한 뒤에야 '불급자사(不及子思)' 네 글자가 비로소 자사를 폄하(貶下)하는 말이 되지 않는다. 먼저 나를 끊은 것이다. 내가 눕고 응하지 않은 것이 윗절을 조응하였다. 어찌 먼저 그대를 끊음이 되겠는가."라고 '위(爲)'는 본자대로(될 위) 읽는다. 말씀한 것이다. '절(絶)'자는 윗절의 물부견(勿復見)을 따라 온 것이다.

12-1

> 孟子去齊하실새 尹士語人曰 不識王之不可以爲湯、武면 則是不明也요 識其不可요 然且至면 則是干澤也니 千里而見王하여 不遇故로 去호되 三宿而後에 出晝하니 是何濡滯也오 士則茲不悅하노라
>
> 맹자가 제(齊)나라를 떠나실 적에 윤사(尹士)가 사람들에게 말하였다. "왕(王)이 탕(湯)·무(武)와 같은 성군(聖君)이 될 수 없음을 모르고 왔다면 이것은 지혜가 밝지 못한 것이요, 불가능함을 알면서도 왔다면 이것은 은택을 요구한 것이다. 천 리 먼 길을 와서 왕을 만나 뜻이 맞지 않으므로 떠나가되 사흘을 유숙한 뒤에 주(晝)땅을 나갔으니, 어찌 이리도 오랫동안 체류한단 말인가. 나(士)는 이것을 기뻐하지 않노라."

語는 去聲이라

'어(語)'는 거성(去聲;말해 줌)이다.

三은 去聲이라

'삼(三)'은 거성(去聲;세 번)이다.

尹士는 齊人也라 干은 求也라 澤은 恩澤也라 濡滯는 遲留也라 士所譏之說은 與後世輕薄子之詆侮儒賢으로 同一套習이니 可謂自畫出小人之情狀이니 而下文小丈夫之名을 渠有不能辭矣라

윤사(尹士)는 제(齊)나라 사람이다. '간(干)'은 요구함이다. '택(澤)'은 은택이다. '유체(濡滯)'는 오랫동안 지체함이다. 윤사가 기롱한 말은 후세에 경박한 사람이 유현(儒賢)을 꾸짖고

업신여기는 것과 동일한 투습(套習)이다. 소인의 정상(情狀)을 스스로 그려냈다고 이를만하니, 아랫글에 소장부(小丈夫)란 이름을 저가 사양할 수가 없는 것이다.

12-2

> 高子以告한대
>
> 고자(高子)가 이 말을 아뢰자,

高子는 亦齊人이니 孟子弟子也라
  고자(高子) 또한 제(齊)나라 사람이니, 맹자의 제자(弟子)이다.

12-3

> 曰 夫尹士惡(오)知予哉리오 千里而見王은 是予所欲也니 不遇故로 去 豈予所欲哉리오 予不得已也로라
>
> 맹자가 말씀하셨다. "윤사(尹士)가 어찌 나를 알겠는가. 천 리 먼 길을 와서 왕을 만나봄은 내가 하고자 한 것이니, 뜻이 맞지 않으므로 떠나감이 어찌 나의 원하는 바이겠는가. 내 부득이해서였다.

夫는 音扶니 下同이라 惡는 平聲이라
  '부(夫)'는 음이 부(扶;저)이니, 아래도 같다. '오(惡)'는 평성(平聲;어찌)이다.

與前章惡知同意라
  앞장의 오지(惡知)와 뜻이 같다.

見王은 欲以行道也니 添行道字라 今道不行이라 不遇라 故로 不得已而去요 非本欲如此也라 倒釋以便文이라
  왕을 만나봄은 도(道)를 행하고자 해서였는데, '행도(行道)'라는 글자를 더하였다. 이제 도가 행해지지 않으므로 불행(不行)은 만나지 못한 것이다. 부득이해서 떠나가는 것이요 본래 이와 같고자 함이 아니었다. 거꾸로 해석하여 문장을 편하게 하였다.

12-4

予三宿而出晝호되 於予心에 猶以爲速하노니 王庶幾改之니 王如改諸시면 則必反予시리라

내 사흘을 유숙한 뒤에 주(晝) 땅을 나왔으나 내 마음에 오히려 빠르다고 여겼다. 나는 왕이 행여 고치시기를 바라노니, 왕이 만일 고치신다면 반드시 나의 발길을 돌리게 하셨을 것이다.

所改는 必指一事而言이라 然이나 今不可考矣라 其事不改면 則雖授室而留行이라도 決不反矣라 ○ 改字는 此章之綱領이라

고친다는 것은 반드시 한 가지 일을 가리켜서 말씀한 것이다. 그러나 이제 상고할 수가 없다. 그 일을 고치지 않으면 비록 집을 지어주어 떠나가는 것을 만류하더라도 결코 돌아올 수 없는 것이다. ○ '개(改)'자는 이 장의 강령이다.

12-5

夫出晝而王不予追也하실새 予然後에 浩然有歸志호니 予雖然이나 豈舍王哉리오 王由(猶)足用爲善하시리니 王如用予시면 則豈徒齊民安이리오 天下之民이 擧安하리니 王庶幾改之를 予日望之하노라

저 주(晝) 땅을 나가는데도 왕이 나를 〈만류하기 위하여〉 쫓아오지 않으시기에 내가 그런 뒤에야 호연(浩然)히 돌아갈 뜻을 두었다. 내 그러나 어찌 왕을 버리겠는가. 왕은 그래도 충분히 선(善)을 행할 수 있을 것이니,[①] 왕이 만일 나를 등용하신다면 어찌 다만 제(齊)나라 백성만 편안할 뿐이겠는가. 천하의 백성이 모두 편안할 것이니, 왕이 행여 고치시기를 나는 날마다 바라노라.

*① 왕은……것이니 : 원문 '王由足用爲善'의 '유(由)'는 유(猶)와 통용되는 바, 〈양혜왕 상〉 6장의 '유수지취하(由水之就下)'와 같다. 다만 위에서는 '같다'의 뜻이었는데, 여기서는 '오히려'로 사용하였다. '족용(足用)'은 족이(足以)와 같다.

舍는 上聲이라 由는 猶同이라 ○ 予追는 言追予也라

'사(舍)'는 상성(上聲;버림)이다. '유(由)'는 유(猶)와 같다. ○ '여추(予追)'는 추여(追予)란 말과 같다.

浩然은 如水之流 不可止也라 各就本文而取義故로 與前章訓不同이라 楊氏曰 齊王은 天資朴實하여 如好 去聲이니 下竝同이라 勇、好貨、好色、好世俗之樂을 竝見前篇이라 皆以直告하고 而不隱於孟子라 故로 足以 用이라 爲善이니 新安陳氏曰 於此에 終不遇合하시니 則孟子之道 知其不行矣니라 若乃其心不然이요 而謬爲大言以欺人이면 是人은 此等人이라 終不可與入堯、舜之道矣니 見盡心下[20]라 何善之能爲리오

'호연(浩然)'은 물의 흐름이 그칠 수 없음과 같은 것이다. 각각 본문을 가지고 뜻을 취하였으므로 앞장(호연장(浩然章))과 훈이 똑같지 않은 것이다.
양씨(楊氏)가 말하였다. "제왕(齊王)은 타고난 자질이 질박하고 성실하여, 용맹을 좋아하고 '호(好)'는 거성(去聲;좋아함)이니, 아래도 모두 같다. 재물을 좋아하고 여색을 좋아하고 세속의 음악을 좋아함과 같은 것을 이 내용은 모두 앞편에 보인다. 모두 솔직히 아뢰고 맹자에게 숨기지 않았다. 그러므로 충분히 선(善)을 행할 수 있는 '이(以)'는 경문의 용(用)이다. 것이니, 신안진씨가 말하였다. "여기에서 끝내 만나 합하지 못하셨으니, 그렇다면 맹자의 도가 그 행해지지 못함을 알 것이다." 만일 그 마음은 그렇지 않으면서 거짓으로 큰소리를 쳐서 남을 속인다면 이러한 사람은 시인(是人)은 이러한 부류의 사람이다. 끝내 요·순의 도(道)에 들어갈 수 없으니, 이 내용은 〈진심 하〉에 보인다. 어찌 선(善)을 행할 수 있겠는가."

12-6

予豈若是小丈夫然哉라 諫於其君而不受則怒하여 悻悻然見(현)於其面하여 去則窮日之力而後에 宿哉리오

내 어찌 이 소장부(小丈夫)와 같이 군주에게 간하다가 받아주지 않으면 노하여 행행(悻悻)히게 그 얼굴빛에 〈노기를〉 나타내어, 떠나면 하루 종일 갈 수 있는 힘을 다한 뒤에 유숙(留宿)하는 것처럼 하겠는가."

悻은 形頂反이라 見은 音現이라

---

[20] 《孟子 盡心下 37章》 "曰: 非之無擧也…行之似廉潔, 衆皆悅之, 自以爲是而不可與入堯舜之道, 故曰: 德之賊也."

'행(悻)'은 형(形)·정(頂)의 반절[노여워할 행]이다. '현(見)'은 음이 현(現)이다.

是는 指尹士之輩라

'시(是)'는 윤사(尹士)의 무리를 가리킨다.

悻悻은 怒意也라 窮은 盡也라 南軒張氏曰 無忠厚之氣라

'행행(悻悻)'은 노하는 뜻이다. '궁(窮)'은 다함이다. ○ 남헌장씨가 말하였다. "충후(忠厚)한 기상이 없는 것이다."

12-7

尹士聞之하고 曰 士는 誠小人也로다

윤사(尹士)가 이 말을 듣고 말하였다. "나[士]는 진실로 소인(小人)이다."

本節無訓釋故로 不圈이라

본절에 훈과 석이 없으므로 권(圈;○)을 하지 않은 것이다.

此章은 見 音現이라 ○ 一作言이라 聖賢行道濟時汲汲之本心과 愛君澤民悾悾 音權이라 之餘意니라 慶源輔氏曰 千里見王하여 天下民安은 此其本心이요 三宿庶改는 此其餘意니라 ○ 按此章辭意 悽惋紆餘하여 非復平日巖巖之氣象이니 是發於不忘世之眞情故로 然耳라 士之自服이 豈無以哉아 李氏曰 於此에 見君子憂則違之之情이요 憂則違之는 出易乾文言이라 而荷 去聲이라 蕢者所以爲果也니라 見論語憲問이라 ○ 雲峯胡氏曰 孟子憂則違之는 若與荷蕢同이나 而其情은 與荷蕢之恝然忘情者로 大不同也시니라

이 장은 성현(聖賢)이 도(道)를 행하고 세상을 구제하려는 급급한 본심과 군주를 사랑하고 백성에게 은택을 입히려는 권권(悾悾;연연)해 하는 '권(悾)'은 음이 권(權)이다. **남은 뜻을 볼 수** '현(見)'은 음이 현(現)이다. ○ 현(見)이 일본(一本)에는 언(言)으로 되어 있다. **있다.** 경원보씨가 말하였다. "천 리 멀리 와서 왕을 만나보아 천하의 백성이 편안해짐은 이는 맹자의 본심이요, 세 번 유숙하면서 왕이 행여 고치기를 바람은 이는 그 남은 뜻이다." ○ 살펴보건대 이 장의 말씀한 뜻이 서글프고 여유가 있어서 다시 평소 암암(巖巖)한(높고 무서운) 기상이 아니니, 이는 세상을 잊지 못하는 진정에서 발현되셨으므로 그러한 것이다. 윤사가 스스로 굴복함이 어찌 이유가 없겠는가

이씨(李氏)가 말하였다. "여기에서 군자가 근심스러우면 떠나가는 실정을 볼 수 있고, 우즉위지(憂則違之)는 ≪주역≫〈건괘 문언전〉에 나온다.*① 하궤(荷蕢)한 '하(荷)'는 거성(去聲;멤)이다. 자가 과단함이 되는 이유*②이다." 이 내용은 ≪논어≫〈헌문〉에 보인다. ○ 운봉호씨가 말하였다. "맹자가 근심스러우면 떠나감은 삼태기를 멘 장인과 같으나, 그 심정은 삼태기를 멘 장인이 무관심하여 정(情)을 잊은 자와는 크게 같지 않은 것이다."

*① 우즉위지(憂則違之)는……나온다 : ≪주역≫〈건괘 문언전〉에 "즐거우면 도를 행하고, 근심스러우면 떠나간다.[樂則行之, 憂則違之.]"라고 보이는 바, 이는 세상이 좋아지면 나와서 벼슬하여 도를 행하고 세상이 나빠져 근심스러운 때가 되면 물러가 은둔함을 뜻한다.

*② 하궤(荷蕢)한……이유 : 원문 '荷蕢者所以爲果也'의 '하궤(荷蕢)'는 삼태기를 메는 것으로 하궤장인(荷蕢丈人)을 가리키며, 과(果)는 과단성 있게 세상을 잊고 포기하는 것이다. 공자가 경쇠를 치자 삼태기를 메고 가던 한 노인(老人)이 공자의 문 앞을 지나다가 그 경쇠소리를 듣고는 세상을 잊지 못한다고 비난하였다. 공자는 이 말을 듣고 '세상을 잊는데 과감하다.' 하시고 비판하셨는 바, ≪논어≫〈헌문〉 42장에 자세히 보인다.

13-1

孟子去齊하실새 充虞路問日 夫子若有不豫色然하시니이다 前日에 虞聞諸夫子호니 曰 君子는 不怨天하며 不尤人이라하시니이다

맹자가 제(齊)나라를 떠나실 적에 충우(充虞)가 도중에서 물었다. "부자(夫子)께서 기쁘지 않은 기색이 계신 듯합니다. 지난날에 제가 부자께 듣자오니, '군자는 하늘을 원망하지 않으며 사람을 허물하지(탓하지) 않는다.' 하셨습니다."

路問은 於路中問也라 豫는 諺音誤라 悅也라 尤는 過也라 此二句는 實孔子之言이니 見論語憲問이라 蓋孟子嘗稱之以敎人耳시니라 君子는 蓋指孔子라 ○ 不豫는 此章之題目이라

'노문(路問)'은 노중(路中)에서 물은 것이다. '여(豫)'는 ≪언해≫의 음(예)이 잘못되었다. 기뻐함이다. '우(尤)'는 허물함이다. 이 두 구(句)는 실로 공자의 말씀이니, 이 내용이 ≪논어≫〈헌문〉 37장에 보인다. 맹자가 일찍이 칭(稱;말씀)하여 사람을 가르치신 듯하다. 군자는 아마도 공자를 가리킨 듯하다. ○ '불여(不豫)'는 이 장의 제목이다.

13-2

曰 彼一時며 此一時也니라

맹자가 말씀하셨다. "저 한 때이며 이 한 때이다.(그 때는 그 때이고 지금은 지금이다)

彼는 前日이요 此는 今日이라 新安陳氏曰 前日言不怨尤之時는 與今所遇之時로 不同이니라 ○ 按謂今日所遇 不得無不豫耳라

'피(彼)'는 지난날이요, '차(此)'는 금일(今日)이다. 신안진씨가 말하였다. "전일(前日)에 원망하지 않고 허물하지 않을 때는 지금 만난 때와 똑같지 않음을 말씀한 것이다." ○ 살펴보건대 금일의 만난 바가 기뻐하지 않음이 없을 수 없음을 말씀한 것이다.

13-3

五百年에 必有王者興하나니 其間에 必有名世者니라

5백 년에 반드시 왕자(王者)가 나오니, 그 사이에 반드시 세상에 유명한 자가 있다.

自堯、舜至湯과 自湯至文、武히 皆五百餘年而聖人出하니라 名世는 謂其人德業、聞 去聲이라 望이 可名於一世者 爲之 猶其也라 輔佐니 若皐陶、音遙라 稷、契、音薛이라 ○ 堯、舜之臣이라 伊尹、萊朱、湯臣이라 太公望、散 素亶反이라 宜生 文、武之臣이라 之屬이라 詳見末篇末章이라

요·순으로부터 탕왕(湯王)에 이르기까지와 탕왕으로부터 문왕(文王)·무왕(武王)에 이르기까지 모두 5백여 년만에 성인(聖人)이 나왔다. '명세(名世)'는 그 사람의 덕업과 명성이 '문(聞)'은 거성(去聲:명성)이다. 한 세대에 이름날 만한 자가 그 왕자(王者)를 '지(之)'는 기(其)와 같다. 보좌함을 이르니, 고요(皐陶)와 '요(陶)'는 음이 요(遙;즐김)이다. 직(稷)과 설(契), '설(契)'은 음이 설(薛;이름)이다. ○ 요·순의 신하이다. 이윤(伊尹)과 내주(萊朱), 탕왕의 신하이다. 태공망(太公望)과 산의생(散宜生) '산(散)'은 소(素)·단(亶)의 반절[흩어질 산]이다. ○ 문왕(文王)·무왕(武王)의 신하이다. 같은 등속이다. 끝편(〈진심 하〉) 끝장에 자세히 보인다.

13-4

由周而來로 七百有餘歲矣니 以其數則過矣요 以其時考之則可矣니라

주(周)나라로부터 이래로 7백여 년이 되었으니, 연수(年數)를 가지고 보면 지났고 시기로 살펴보면 지금이 가(可)하다.

周는 謂文、武之間이라 數는 謂五百年之期라 時는 謂亂極思治하여 去聲이라 可以有爲之日이라 添有爲字라 於是而不得一有所爲하니 此孟子所以不能無不豫也시니라 於是以下는 補本文言外之意라 上應此一時意하고 下含未欲平治意하여 而成之爲不豫라

'주(周)'는 문왕·무왕의 사이를 이른다. '수(數)'는 5백 년의 시기를 이른다. '시(時)'는 난(亂)이 지극하면 다스려짐을 '치(治)'는 거성(去聲;다스려짐)이다. 생각하여 일을 할 수 있는 때임을 이른다. 유위(有爲)란 글자를 더하였다. 이러한 때에 한번 일을 함이 있지 못하니, 이것이 맹자가 기쁘지 않은 기색이 없지 못하신 까닭이다. 어시(於是) 이하는 본문의 말 밖의 뜻을 보충하였다. 위는 차일시(此一時)의 뜻에 응하고 아래는 미욕평치(未欲平治)의 뜻을 머금고 있어서, 이루어 기뻐하지 않음이 되는 것이다.

13-5

夫天이 未欲平治天下也시니 如欲平治天下인댄 當今之世하여 舍我요 其誰也리오 吾何爲不豫哉리오

이 하늘이 천하를 평치(平治)하고자 하지 않는 것이니, 만일 천하를 평치하고자 하신다면 지금 세상을 당하여 나를 버리고(나 말고) 그 누가 하겠는가. 내 어찌하여 기뻐하지 않겠는가."

夫는 音扶라 舍는 上聲이라

'부(夫)'는 음이 부(扶;이)이다. '사(舍)'는 상성(上聲;버림)이다.

言 當此之時하여 而使我不遇於齊하니 先補文上意라 是天未欲平治天下也라 雙峯饒氏曰 孟子到此에 亦末如之何하시니 所以只得歸之天이시니라 ○ 按天未欲平治天下故로 不豫니 此以上은 所以終此一時之語요 下文은 遂反之而意尤切矣라 然이나 添然字라 天意는 未可知요 釋如欲句라 而其具 新安陳氏曰 平治之道라 又在我하니 釋當今句라 我何爲不豫哉리오 然則孟子雖若有不豫然者나 而實未嘗不豫也시니라 然則以下는 承上註而申釋之라 ○ 實未嘗不豫者는 尤見其不得無不豫之意라 蓋聖賢 一作人이라 憂世之志

공손추장구 하 363

와 慶源輔氏曰 不能無不豫라 樂 音洛이라 天之誠이 樂天은 出易繫辭라 ○ 慶源輔氏曰 實未嘗不豫라 有竝行而不悖者를 見中庸이라 於此見矣니라 此又申論上意라

'이 때를 당하여 나로 하여금 제(齊)나라에서 뜻이 합하지 못하게 하니, 먼저 글 위의 뜻을 보충하였다. 이것은 하늘이 천하를 평치(平治)하고자 하지 않으시는 것이다. 쌍봉요씨가 말하였다. "맹자가 이에 이름에 또한 어찌할 수가 없으셨으니, 이 때문에 다만 하늘에 돌리신 것이다." ○ 살펴보건대 하늘이 천하를 평치하고자 하지 않기 때문에 기뻐하지 않은 것이니 이 이상은 이 한 때란 말을 끝마친 것이요, 아랫글은 마침내 이것을 뒤집어서 뜻이 더욱 간절하다. 그러나 연(然)자를 더하였다. 하늘의 뜻은 알 수 없고 여욕(如欲)구를 해석한 것이다. 그 도구가 신안진씨가 말하였다. "천하를 평치하는 방도이다." 또 나에게 있으니, 당금(當今)의 구를 해석하였다. 내 어찌하여 기뻐하지 않겠는가.'라고 말씀한 것이다. 그렇다면 맹자가 비록 기쁘지 않은 기색이 있으신 듯하였으나 실제는 일찍이 기뻐하지 않으신 것이 아니다. 연즉(然則) 이하는 윗주를 이어서 거듭 해석한 것이다. ○ 실미상불여(實未嘗不豫)란 것은 더욱 기뻐하지 않음이 없을 수 없는 뜻을 나타낸 것이다. 성현(聖賢)의 '현(賢)'이 일본(一本)에는 인(人)으로 되어 있다. 세상을 걱정하는 마음과 경원보씨가 말하였다. "능히 기쁘지 않은 마음이 없지 못한 것이다." 천명(天命)을 즐거워하는 '락(樂)'은 음이 락(洛)이다. 정성이 낙천(樂天)은 《주역》〈계사전〉에 나온다. ○ 경원보씨가 말하였다. "실로 일찍이 기뻐하지 않지 않은 것이다." 병행되고 모순되지 않음을 이 내용은 《중용》에 보인다. 여기에서 볼 수 있다. 이는 또 위의 뜻을 거듭 논한 것이다.

14-1

孟子去齊居休러시니 公孫丑問曰 仕而不受祿이 古之道乎잇가

맹자가 제(齊)나라를 떠나 휴(休) 땅에 머무셨는데, 공손추(公孫丑)가 물었다. "벼슬하면서 녹을 받지 않는 것이 옛 도(道)입니까?"

休는 地名이라 是鄒地歟아 以下章推之하면 或宋地歟아 ○ 仕不受祿은 此章之題目이라

'휴(休)'는 지명(地名)이다. 이는 추(鄒)나라 땅인가? 아랫장을 가지고 미루어보면 혹 송(宋)나라 땅인 듯하다. ○ '사불수록(仕不受祿)'은 이 장의 제목이다.

14-2

> 曰 非也라 於崇에 吾得見王하고 退而有去志하니 不欲變이라 故로 不受也로라
>
> 맹자가 말씀하셨다. "아니다. 숭(崇) 땅에서 내 왕을 만나 뵙고 물러나와 떠날 마음을 두었으니, 이 마음을 변하고자 하지 않았으므로 녹을 받지 않은 것이다.

崇은 亦地名이라 蓋齊地也라 孟子始見齊王에 必有所不合이라 添此句라 ○ 南軒張氏曰 察王之情에 必有不能受者라 ○ 新安陳氏曰 道不行於齊 其幾已先見乎此인저 故로 有去志하시니라 變은 謂變其去志라

'숭(崇)' 또한 지명(地名)이다. 아마도 제(齊)나라 땅일 것이다. 맹자가 처음 제왕(齊王)을 만나 뵈었을 때에 반드시 합하지 않음이 있었을 것이다. 이 구(句)를 더하였다. ○ 남헌장씨가 말하였다. "왕의 마음을 살펴봄에 반드시 받아들일 수 없는 점이 있었을 것이다." ○ 신안진씨가 말하였다. "도(道)가 제나라에서 행해지지 못함은 그 기미가 이미 먼저 이 때에 나타났을 것이리라." 그러므로 떠날 마음을 두신 것이다. '변(變)'은 떠날 마음을 변함을 이른다.

14-3

> 繼而有師命이라 不可以請이언정 久於齊는 非我志也니라
>
> 뒤이어 군대의 출동명령이 있었다. <그리하여 떠나감을> 청할 수 없었을지언정 제나라에 오랫동안 머무름은 나의 뜻이 아니었다."

師命은 師旅之命也라 新安陳氏曰 恐只是因師旅之事而戒嚴耳니라 國旣被兵하여 難請去也라 當與後篇越寇章으로 參看이라

'사명(師命)'은 사려(師旅)를 출동하는 명령이다. 신안진씨가 말하였다. "다만 사려(師旅)의 일로 인하여 계엄(戒嚴)하신 듯하다." 나라가 이미 병란(兵亂)을 입어 떠나감을 청하기 어려우셨던 것이다. 마땅히 뒷편의 월구장(越寇章)*① 과 참고해 보아야한다.

* ① 월구장(越寇章) : 아래 <이루 하>의 마지막장(31장)을 가리킨 것으로, 여기에 "증자가 무성에 거하실 적에 월나라의 침략이 있었다.〔曾子居武城, 有越寇.〕"라 하여 증자가 일찍이 무성을 떠나가신 일을 논하였다.

○ 孔氏曰 仕而受祿은 禮也요 不受齊祿은 義也니 義之所在엔 禮有時而變이어늘 公孫丑欲以一端裁 決也라 之하니 不亦誤乎아 新安陳氏曰 不受卿祿은 戰國之世에 高節如許는 孟子一人而已요 庶幾焉者는 其魯仲連乎인저 ○ 南軒張氏曰 此篇은 載孟子於齊始終去就久速之義甚備하니라

○ 공씨(孔氏;공문중(孔文仲))가 말하였다. "벼슬하면서 녹을 받는 것은 예(禮)이고 제나라의 녹을 받지 않는 것은 의(義)이니, 의가 있는 곳에는 예가 때로 변할 수 있는 것이다. 그런데 공손추는 한 가지로써 재단하려 '재(裁)'는 결단(決斷;결단함)이다. 하였으니, 잘못이 아니겠는가." 신안진씨가 말하였다. "경(卿)의 녹을 받지 않음은 전국(戰國) 시대에 이와 같이 절개가 높은 분은 맹자 한 사람 뿐이요, 여기에 거의 가까운 자는 아마도 노중련(魯仲連)[①]일 것이다." ○ 남헌장씨가 말하였다. "이 편은 맹자가 제나라에서 시종(始終) 떠나가고 나아가고 오래 머물고 속히 떠난 의(義)를 기재함이 매우 구비하였다."

*① 노중련(魯仲連) : 전국시대 제(齊)나라의 고사(高士)로 조(趙)나라가 진(秦)나라의 공격을 받아 위기에 처하자, 대의명분으로 제후들을 설득하여 조나라를 구제하였으나 사례를 받지 않았고, 끝내 벼슬하지 않았다.

맹자집주상설(孟子集註詳說)

등문공장구 상(滕文公章句上)

凡五章이라 上四章은 皆記滕事요 末章은 以夷之與許行으로 類記之라

모두 5장이다. 위의 네 장은 모두 등(滕)나라의 일을 기록하였고, 마지막 장은 이지(夷之)와 허행(許行)을 가지고 같은 종류끼리 기록하였다.

1-1

滕文公이 爲世子에 將之楚할새 過宋而見孟子한대

등 문공(滕文公)이 세자(世子)가 되었을 때에 장차 초(楚)나라로 조회가려 하여 송(宋)나라를 지나다가 맹자를 만나 보았다.

世子는 太子也라 之楚는 朝楚也라 時에 蓋孟子居宋하시니 豈將有遠行[1]時歟아 見孟子는 是有志於學也라

세자는 태자(太子)이다. 초나라에 간 것은 초나라에 조회 간 것이다. 이때 맹자가 송나라에 거주하셨으니, 아마도 장차 원행(遠行)이 있을 때인가보다. 맹자를 만나봄은 이는 배움에 뜻이 있는 것이다.

1-2

孟子道性善하사되 言必稱堯舜이러시다

맹자가 성(性)의 선(善)함을 말씀하시되 말씀마다 반드시 요(堯)·순(舜)을 칭하셨다.

---

1) ≪孟子 公孫丑下 3章≫ "孟子曰: 當在宋也, 予將有<u>遠行</u>, 行者必以贐. 辭曰: 餽贐, 予何爲不受."

道는 言也라 性者는 人 通聖凡言이라 所稟於天以生之理也니 孔子
論性은 常兼人物言故로 曰各正性命이라하시고 曰物與无妄이라하시고 孟子則只別出人性
言故로 曰性善이라하시고 又曰人性之善이라하시고 朱子亦常主人而言故로 此及論語首章
과 性與天道章二註에 特揭人字2)하시니라 渾 上聲이라 然至善하여 未嘗有惡이라 人
衆人이라 與堯、舜이 初無少異로되 所謂堯、舜與人同者也라 ○ 此는 論本然之性이라
○ 性善은 此章之題目이요 抑亦七篇之綱領也라 但衆人은 汨 音骨이라 於私欲而失之하
고 雲峯胡氏曰 註不言氣質은 以孟子不曾說到氣質之性故로 但據孟子之意言之시니라 堯、
舜則無私欲之蔽하여 而能充其性爾라 因本然之性而遂充之라 ○ 此는 論氣質之性이라
○ 新安陳氏曰 四端章에 雖言性情之理나 性字未說出이러니 而始見於此라 充은 卽擴充之
充이라

'도(道)'는 말함이다. '성(性)'은 사람이 이는 성인(聖人)과 범인(凡人)을 통틀어 말하였다. 하늘에서 받고 태어난 리(理)이니, 공자(孔子)가 성(性)을 논하심은 항상 사람과 물건을 겸하여 말씀하셨으므로 '각각 성명(性命)을 바르게 간직했다.' 하시고 또 '물건마다 무망(无妄)을 주었다.' 하셨고,① 맹자는 다만 사람의 성(性)을 도려내어 말씀하셨으므로 '성이 선하다.' 하시고 또 '인성(人性)이 선하다.' 하셨으며, 주자(朱子) 또한 항상 사람을 위주하여 말씀하였기 때문에 여기와 ≪논어≫의 수장(首章)과 성여천도장(性與天道章) 두 주(註)에 특별히 '인(人)'자를 게시하신 것이다. 혼연(渾然)히 '혼(渾)'은 상성(上聲;혼연)이다. 지극히 선(善)하여 일찍이 악(惡)함이 있지 않다. 그리하여 보통 사람과 '인'은 중인(衆人)이다. 요(堯)·순(舜)이 처음에는 조금도 다름이 없었으나 이른바 '요·순도 사람과 같다.'는 것이다. ○ 이는 본연지성(本然之性)을 논한 것이다 ○ '성선(性善)'은 이 장의 제목이고 또한 7편의 강령(綱領)이다. 다만 보통 사람들은 사욕(私欲)에 빠져 '골(汨)'은 음이 골(滑;빠짐)이다. 이것을 잃었고 운봉호씨(雲峯胡氏)가 말하였다. "주(註)에 기질(氣質)을 말하지 않음은 맹자가 일찍이 기질지성(氣質之性)을 말씀하지 않았기 때문에 다만 맹자의 뜻에 근거하여 말씀하신 것이다." 요·순은 사욕에 가리움이 없어 능히 그 본성(本性)을 채웠을 뿐이다. 본연지성(本然之性)을 인하여 마침내 채우는 것이다. ○ 이는 기질지성을 논하였다. ○ 신안진씨(新安陳氏)가 말하였다. "사단장(四端章)에 비록 성정(性情)의 이치를 말하였으나, 성(性)자는 아직 말씀해내지 않았는데 여기에서 처음 보인다. '충(充)'은 바로 확충한다는 충이다.

*① 각각……하셨고 : "각각 성명(性命)을 바르게 간직했다."는 것은 ≪주역≫ 〈건괘(乾卦) 단전(彖傳)〉에 보이고, "물건마다 무망(无妄)을 주었다."는 것은 〈무망괘(无妄卦) 상전

---

2) ≪論語 學而 1章 集註≫ "人性皆善, 而覺有先後, 後覺者必效先覺之所爲, 乃可以明善而復其初也."
≪論語 公冶長 13章≫ "子貢曰: 夫子之文章, 可得而聞也, 夫子之言性與天道, 不可得而聞也." ≪集註≫ "性者, 人所受之天理, 天道者, 天理自然之本體, 其實一理也."

(象傳)〉에 보이는 바, ≪주역≫의 〈단전〉과 〈상전〉은 모두 공자가 지은 것으로 알려져 있기 때문에 이렇게 말한 것이다. '무망'은 망녕됨이 없는 것으로 진실한 리(理)를 가리킨다.

故로 孟子與世子言에 每道 非一言이라 性善하사되 而必稱堯、舜以實之하시니 猶證之라 ○ 朱子曰 性善故로 人皆可以爲堯、舜이니라 ○ 雲峯胡氏曰 稱堯、舜實之는 言其事也니라 ○ 新安陳氏曰 性善은 是虛說其理니 如小學書에 列立敎、明倫於前하고 列實立敎、實明倫於後하여 以實前面之說이니라 欲其 文公이라 知仁、義不假外求요 聖人可學而至하여 知字를 釋於此라 而不懈 居隘反이라 於用力也라 新安陳氏曰 註已包成覸等三說之意라 ○ 按欲其以下는 補言外之正意라 門人이 不能悉記其辭하고 而撮其大旨如此하니라 不詳記以言하고 而略記以事라 ○ 慶源輔氏曰 朱子旣斷孟子書하여 爲自著하시니 則似此處는 皆當改니라 ○ 按吳伯豐이 以序說與此及汝漢註로 爲問에 而朱子答以後兩處失之하시니 輔氏說이 果信矣니라 ○ 竊屨註에 亦有此例3)라

그러므로 맹자가 세자와 더불어 말씀할 적에 매양 성(性)의 선(善)함을 말씀하면서 '매도(每道)'는 한 번 말씀한 것이 아니다. 반드시 요·순을 칭하여 실증하신 것이니, '실지(實之)'는 실증한다는 말과 같다. ○ 주자가 말씀하였다. "성(性)이 선(善)하기 때문에 사람이 누구나 다 요·순이 될 수 있는 것이다." ○ 운봉호씨가 말하였다. "요·순을 칭하여 실증함은 그 일을 말씀한 것이다." ○ 신안진씨가 말하였다. "성선(性善)은 그 이치를 공허하게 말씀한 것이니, 예컨대 ≪소학≫책에 〈입교(立敎)〉와 〈명륜(明倫)〉을 앞에 나열하고 〈실입교(實立敎)〉와 〈실명륜(實明倫)〉을 뒤에 나열하여 전면(前面)의 말씀을 실증한 것과 같다." 그가 그는 문공(文公)이다. 인(仁)·의(義)는 밖에서 구함을 기다리지 않고 성인(聖人)은 배워서 이를 수 있음을 알아서 지(知)자를 이 지(至)자에서 해석한다. 힘을 씀에 게을리하지 '해(解)'는 거(居)·애(隘)의 반절〔게으를 해〕이다. 않게 하고자 하신 것이다. 신안진씨가 말하였다. "주에 이미 성간(成覸) 등 세 사람 말의 뜻을 포함하였다." ○ 살펴보건대 욕기(欲其) 이하는 말 밖의 바른 뜻을 보충한 것이다. 문인(門人)들이 그 말씀을 다 기록하지 못하고, 그 대지(大旨;대의(大意))를 뽑기를 이와 같이 한 것이다. 말로써 자세히 기록하지 않고 일로써 간략히 기록하였다. ○ 경원보씨(慶源輔氏)가 말하였다. "주자가 이미 ≪맹자≫ 책을 단정하여 맹자가 스스로 지은 것이리 하셨으니, 그렇다면 이와 같은 곳은 다 마땅히 고쳤어야 한다." ○ 살펴보건대 오백풍(吳伯豐)이 〈서설(序說)〉과 여기와 여한장(汝漢章)의 주를 가지고 질문하자, 주자가 뒤의 두 곳이 잘못되었다고 답하셨으니, 보씨의 설이 과연 맞는다. ○ 절구장(竊屨章) 주에 또한 이 준례가 있다.

---

3) ≪孟子 盡心下 30章≫ "或問之曰: 若是乎從者之廋也. 曰: 子以是爲竊屨來與." ≪集註≫ "門人取其言有合於聖賢之指, 故記之."

程子 叔子라 曰 性卽理也니 朱子曰 這一句는 孔子後에 惟伊川說得盡하시니 便是千萬世 說性之根基니라 ○ 雲峯胡氏曰 程子擴前聖所未發하여 而有功於孟子하시니라 ○ 遂菴曰 性卽理之語는 未備하니 性은 卽理之在氣者니라 ○ 按氣字는 恐又不如物字라 蓋事與物은 皆氣也나 而在事曰理요 在物曰性이니 合程子此句와 及在物爲理之句而觀之하면 其義乃備니라 ○ 人或因程子此句하여 而遂認性與理爲一物하여 而可以相訓하니 殊不察一卽字耳라 性卽理也는 猶言性屬理也니 又不成互言云理卽性也니라 天下之理 原其所自하면 從來라 未有不善이니 汎言事物之理라 ○ 朱子曰 理不解會不善이라 喜、怒、哀、樂 音洛이라 未發에 出中庸이라 何嘗不善이리오 朱子曰 氣不用事하니 所以有善而無惡이니라 發而 中 去聲이니 下同이라 節4)이면 出中庸이라 卽無往而不善이요 發不中節然後에 爲不 善이라 此는 專言性情이요 此下는 又汎言事物이라 故로 凡言善、惡에 皆先善而後惡 하고 言吉、凶에 皆先吉而後凶하고 言是、非에 皆先是而後非하니라 由善而爲惡하 고 由吉而爲凶하고 由是而爲非故也라 ○ 朱子曰 性善之性은 實하고 性之之性은 虛니라 ○ 又曰 孔子는 言性與天道를 不可得聞이요 孟子는 開口便說性善이나 孟子는 只是大槩 說性善이요 至於性之所以善處하여는 也少說하시니 如繼善成性에 方是說性與天道耳라 繼 善은 是指已生之前이요 性善은 是指已生之後니 雖曰已生이나 然其本體는 初不相離니라

정자(程子)가 숙자(叔子)이다. **말씀하였다. "성(性)은 바로 리(理)이다.** 주자가 말씀하였다. "이 한 구(句)는 공자 이후에 오직 이천(伊川)이 극진히 말씀하셨으니, 바로 천만세에 성(性)을 말한 근기(根基)이다." ○ 운봉호씨가 말하였다. "정자가 예전 성인(聖人)이 아직 발명하지 못한 것을 확충하여 맹자에 공이 있으시다." ○ 수암(遂菴:권상하(權尙夏))이 말씀하였다. "〈정자의〉 성(性)이 바로 리(理)란 말씀은 미비하니, 성은 바로 리(理)가 기(氣)에 있는 것이다." ○ 살펴보 건대 기(氣)자는 또 물(物)자만 못한 듯하다. 사(事)와 물(物)은 다 기(氣)이지만 일에 있으면 리(理)라 하고 물에 있으면 성(性)이라 하니, 정자의 이 구와 '물건에 있으면 리라고 한다.'는 구 를 합하여 보면 그 뜻이 비로소 구비된다. ○ 사람은 혹 정자의 이 구로 인하여 마침내 성과 리 를 한 물건으로 오인하여 서로 훈(訓)할 수 있다고 말하니, 이는 자못 한 즉(則)자를 살피지 못 한 것이다. 성즉리야(性卽理也)는 성속리야(性屬理也)란 말과 같으니, 또 리가 곧 성이라고 서로 말하는 것은 말이 되지 않는다. **천하의 리(理)가 그 나온 바를** '소자(所自)'는 소종래(所從來)이 다. **근원해 보면 선(善)하지 않음이 있지 않으니,** 사물의 리를 널리 말하였다. ○ 주자가 말 씀하였다. "리는 선하지 않음을 이해하지 못한다." **희(喜)·노(怒)·애(哀)·락(樂)이** 락(樂)은 음이 낙(洛;즐김)이다. **발하지 않았을 때[未發]에** 이 내용은 ≪중용(中庸)≫에 나온다. **어찌 일찍이 선하지 않겠는가.** 주자가 말씀하였다. "〈미발에는〉 기(氣)가 용사(用事)하지 않으니, 이 때문에 선만 있고 악이 없는 것이다." **〈희·노·애·락이〉 발하여 절도(節度)에 맞으면** '중(中)'은 거성 (去聲;맞음)이니, 아래도 같다. ○ 이 내용은 ≪중용(中庸)≫에 나온다. **가는 곳마다 선하지 않**

---

4) ≪中庸章句 1章≫ "喜怒哀樂之未發, 謂之中, 發而皆中節, 謂之和."

음이 없고, 발하여 절도에 맞지 않은 뒤에야 선하지 않음이 된다. 이는 오로지 성정(性情)을 말하였고, 이 아래는 사물을 널리 말하였다. 그러므로 무릇 선·악을 말할 적에 다 선을 먼저 하고 악을 뒤에 하며, 길(吉)·흉(凶)을 말할 적에 다 길을 먼저 하고 흉을 뒤에 하며, 시(是)·비(非)를 말할 적에 다 시를 먼저 하고 비를 뒤에 하는 것이다." 선(善)으로 말미암아 악(惡)이 되고, 길(吉)로 말미암아 흉(凶)이 되고, 시(是)로 말미암아 비(非)가 되기 때문이다. ○ 주자가 말씀하였다. "성선(性善)의 성(性)은 실(實)하고, 성지(性之;성대로 함)의 성은 허(虛)하다." ○ 또 말씀하였다. "공자가 성과 천도(天道)를 말씀함은 얻어 들을 수가 없었는데, 맹자는 입을 열면 곧 성선을 말씀하셨다. 그러나 맹자는 다만 대강으로 성선을 말씀하였고 성이 선한 이유의 곳에 이르러는 또한 적게 말씀하셨으니, 예컨대 계선(繼善)과 성성(成性)*①에 비로소 성과 천도를 말씀한 것이다. 계선(繼善)은 바로 이미 태어나기 전을 가리킨 것이고, 성성(成性)은 이미 생겨난 뒤를 가리킨 것이니, 비록 이미 태어났다고 말하나 그 본체는 애당초 서로 떨어져 있지 않다."

*① 계선(繼善)과 성성(成性) : 《주역》〈계사전 상(繫辭傳上)〉의 "계속하는 것은 선이요 이루어진 것은 성이다.〔繼之者善也, 成之者性也.〕"라고 한 말을 축약한 것으로, 주자의 《본의(本義)》에 "도는 음에 갖추어져 있고 양에 행해지는 바, 계(繼)는 그 발함을 말하고 선(善)은 화육(化育)의 공을 이르니, 이것은 양의 일이다. 성(成)은 그 갖추어졌음을 말하고 성(性)은 물건이 받음을 이르니, 물건이 생겨나면 성을 가지고 있어서 각각 이 도를 갖추고 있음을 말하였으니, 이는 음의 일이다.〔道具於陰而行乎陽, 繼, 言其發也, 善, 謂化育之功, 陽之事也. 成, 言其具也, 性, 謂物之所受, 言物生則有性而各具是道也, 陰之事也.〕"라고 하였다.

1-3

世子自楚反하여 復見孟子한대 孟子曰 世子는 疑吾言乎잇가 夫道는 一而已矣니이다

세자가 초나라에서 돌아와 다시 맹자를 뵙자, 맹자가 말씀하셨다. "세자는 내 말을 의심하십니까? 이 도(道)는 하나일 뿐입니다."

復는 扶又反이라 夫는 音扶라

'부(復)'는 부(扶)·우(又)의 반절[다시 부]이다. '부(夫)'는 음이 부(扶;이)이다.

變性言道者는 蓋以人所當行而言이요 不止於稟受而已니 許行章에 亦以道言性5)은 爲此耳

라 但雖言道나 而實是指性故로 註又依舊作性字라 時人이 不知性之本善하여 而以聖賢
爲不可企及이라 照上註欲其二句라 ○ 先汎論時人이라 ○ 朱子曰 聞是說하고 非惟不信
이라 亦不復致疑어늘 文公이 能有疑하니 是其可與進道之萌芽也니라 故로 世子於孟子之
言에 不能無疑하여 終未超乎時人之見이라 而復來求見하니 倒釋以便事라 ○ 非有味乎
孟子之言이면 則必不復見也리라 蓋恐 恐字는 不必深泥요 只如或字、疑字義讀이 可矣라
後篇養志註의 恐字之類6) 皆準此라 別有卑近易 去聲이라 行之說也라 如功利之說이라
○ 此는 釋復見之意라 孟子知之故로 但告之如此하사 以明古今聖愚本同一性하니 雲
峯胡氏曰 性之外에 無所謂道하니 同此性이면 卽同此道니라 前言已盡하여 無復 去聲이
라 有他說也시니라 釋而已矣라 ○ 朱子曰 但在篤信力行이니라

성(性)을 변하여(바꾸어) 도(道)를 말씀한 것은 사람이 마땅히 행해야 할 바를 가지고 말한 것이
요 품수(稟受)에만 그칠 뿐이 아니니, 허행장(許行章)에 도로써 성을 말씀한 것은 이 때문이다.
다만 비록 도를 말씀하였으나, 실제는 성을 가리켰기 때문에 주에서는 또 예전처럼 성(性)자를
쓴 것이다. 당시 사람들이 성이 본래 선함을 알지 못하여 성현(聖賢)을 바라서 미칠 수 없
다고 여겼다. 윗주에 욕기(欲其) 두 구(欲其知仁義不假外求, 聖人可學而至.)를 조응하였다. ○
먼저 널리 세상 사람을 논하였다. ○ 주자가 말씀하였다. "〈사람들은 맹자의〉 이 말씀을 듣고 다
만 믿지 않을 뿐만 아니라 또한 다시는 의심을 두지 않았는데, 문공(文公)은 능히 이에 대해 의
심하였으니, 이는 그와 더불어 도에 나아갈 수 있는 싹이다." 그러므로 세자가 맹자의 말씀에
대하여 의심이 없지 못하여 끝내 세상 사람의 견해를 초월하지는 못하였다. 다시 와서 만나
보기를 요구한 것이니, 거꾸로 해석하여 일을 편하게 하였다. ○ 맹자의 말씀에 재미가 있지 않
았다면 반드시 다시 맹자를 만나보지 않았을 것이다 별도로 비근(卑近)하여 행하기 쉬운 '이
(易)'는 거성(去聲;쉬움)이다. 말씀이 공리(功利)의 설과 같은 것이다. 있을까 해서였다. 공
(恐)자는 굳이 깊이 구애할 필요가 없고 다만 혹(或)자나 의(疑)자의 뜻처럼 읽는 것이 옳다. 뒷
편 양지장(養志章)의 주에 공(恐)자의 따위도 모두 이에 준한다. ○ 이는 다시 맹자를 만나본 뜻
을 해석한 것이다. 맹자가 이것을 아셨으므로 다만 말씀해 주시기를 이와 같이 하여 고금
(古今)과 성우(聖愚)가 본래 똑같은 한 성이니, 운봉호씨(雲峯胡氏)가 말하였다. "성 외에 이른
바 도라는 것이 없으니, 이 성이 같으면 바로 이 도가 같은 것이다." 지난번 말이 이미 다하여
다시 부(復)는 거성(去聲;다시)이다. 다른 말이 없음을 밝히신 것이다. '이이의(而已矣)'를 해
석하였다. ○ 주자가 말씀하였다. "다만 독실히 믿고 힘써 행함에 달려있는 것이다."

---

5) ≪孟子 滕文公上 4章≫ "人之有道也, 飽食煖衣, 逸居而無敎, 則近於禽獸." ≪集註≫ "人之有
道, 言其皆有秉彝之性也."

6) ≪孟子 離婁上 19章≫ "曾子養曾晳, 必有酒肉. 將徹, 必請所與, 問有餘, 必曰: 有. …若曾子則
可謂養志也." ≪集註≫ "食畢將徹去, 必請於父曰: 此餘者與誰, 或父問此物尙有餘否, 必曰: 有.
恐親意更欲與人也."

1-4

> 成覸이 謂齊景公曰 彼丈夫也며 我丈夫也니 吾何畏彼哉리오하며
> 顔淵曰 舜何人也며 予何人也오 有爲者亦若是라하며 公明儀曰 文王은 我師也라하시니 周公이 豈欺我哉시리오하나이다
>
> 성간(成覸)이 제 경공(齊景公)에게 이르기를 '저(성현)도 장부(丈夫)이며 나도 장부이니, 내 어찌 저 성현을 두려워하겠는가.' 하였으며, 안연(顔淵)이 말씀하기를 '순(舜)임금은 어떠한 분이며 나는 어떠한 사람인가. 훌륭한 일을 하는 자는 또한 이 순임금과 같다.' 하였으며, 공명의(公明儀)가 말하기를 '〈주공(周公)이〉「문왕(文王)은 나의 스승이다.」하셨으니, 주공이 어찌 나를 속이셨겠는가.' 하였습니다.

覸은 古莧反이라

'간(覸)'은 고(古)·연(莧)의 반절[엿볼 간]이다.

成覸은 人姓名이라 彼는 謂聖賢也라 有爲者亦若是는 言人能有爲면 則皆如舜 是也라 卽堯言、堯行亦堯而已之意[7]也라 公明은 姓이요 儀는 名이니 魯賢人也라 文王我師也는 君、父、師兼之者는 惟文王之於周公에 爲然耳라 蓋周公之言이니 先以其人冠之하고 而引用其說이 常也어늘 此則先引其說然後에 表出其人하니 與後章孔子奚取焉으로 同一文法이라 圈下註에 程子之言信矣云者는 正所以效其文法也니 此法은 惟此書有之라 公明儀亦以文王爲必可師라 故로 誦周公之言하고 而歎其不我欺也라 孟子旣告世子以道無二致하고 猶極也라 ○ 承上節言故로 仍其道字라 而復 去聲이니 下同이라 引此三言以明之하시니 欲世子篤信力行하여 以師聖賢이요 此는 補言外之正意라 ○ 朱子曰 敎之如此하여 發憤勇猛向前이시니라 ○ 雲峯胡氏曰 行之不力하여 人自異於堯、舜이니라 不當復求他說也시니라 照上註라

성간(成覸)은 사람의 성명(姓名)이다. '피(彼)'는 성현을 이른다. '유위자역약시(有爲者亦若是)'는 사람이 훌륭한 일을 함이 있으면 모두 순임금과 '순(舜)'은 경문의 시(是)이다. 같음을 말한 것이다. 바로 요(堯)임금의 말씀을 하고 요임금의 행실을 하면 또한 요임금일 뿐이라는 뜻이다. 공명(公明)은 성이요 의(儀)는 이름이니, 노(魯)나라의 현인(賢人)이다. '문왕아사야(文王我師也)'는 군주와 아버지와 스승을 겸한 자는 오직 문왕이 주공에게 있어 그러할 뿐이다.

---

7) ≪孟子 告子下 2章≫ "曹交問曰: …子服堯之服, 誦堯之言, 行堯之行, 是堯而已矣."

아마도 주공의 말씀인 듯하니, 먼저 그 사람을 앞에 놓고 그 말을 인용하는 것이 상례인데, 여기서는 먼저 그 말을 인용한 뒤에 그 사람을 표출하였으니, 뒷장의 '공자해취언(孔子奚取焉)'과 동일한 문법이다. 장하주에 정자의 말씀이 맞다고 말한 것은 바로 그 문법을 본받은 것이니, 이 문법은 오직 이 ≪맹자≫책에만 있다. **공명의 또한 반드시 문왕을 스승 삼아야 한다고 생각하였으므로 주공의 말씀을 외고 나를 속이시지 않았다고 감탄한 것이다.**

맹자가 이미 세자에게 도가 두 가지 이치(理致)가 없음을 말씀하였고 '치(致)'는 극(極)과 같다. ○ 윗절을 이어 말했기 때문에 도(道)자를 그대로 쓴 것이다. **다시** '부(復)'는 거성(去聲;다시)이니, 아래도 같다. **이 세 분의 말씀을 인용하여 밝히셨으니, 세자가 독실히 믿고 힘써 행해서 성현을 스승 삼을 것이요,** 이는 말 밖의 바른 뜻을 보충한 것이다. ○ 주자가 말씀하였다. "가르치기를 이와 같이 해서 분발하여 용맹하게 앞으로 향하게 한 것이다." ○ 운봉호씨가 말하였다. "행하기를 힘쓰지 않아서 사람들이 스스로 요·순과 달라지는 것이다." **다시 다른 말을 구하지 않게 하고자 하신 것이다.** 윗주를 조응하였다.

1-5

今滕을 絶長補短이면 將五十里也나 猶可以爲善國이니 書曰 若藥이 不瞑眩이면 厥疾이 不瘳라하니이다

이제 등(滕)나라를 긴 곳을 잘라 짧은 곳을 보충하면 거의 사방 50리가 되지만 그래도 선(善)한 나라가 될 수 있습니다. ≪서경(書經)≫에 이르기를 '만일 약이 독하여 정신이 어지럽지 않으면 그 병이 낫지 않는다.' 하였습니다."

瞑은 莫甸反이라 眩은 音縣이라
  '면(瞑)'은 막(莫)·전(甸)의 반절[어지러울 면]이다. '현(眩)'은 음이 현(縣;어지러움)이다.

瞑은 諺音誤니 當從音訓이라 音訓은 雖是小註나 乃朱子所手定이니 其所註書皆然이라
  '면(瞑)'은 ≪언해≫의 음(冥)이 잘못되었으니, 마땅히 음훈(音訓)을 따라야 한다. 음훈은 비록 소주(小註)이나 바로 주자가 손수 정한 것이니, 주자가 주낸 책이 다 그러하다.

絶은 猶截也라 截長以補短이니 將은 猶可也라 書는 商書說 悅同이라 命篇이라 瞑眩은 憒 古對反이라 亂이라 諺解에 依書本文之勢하여 以若字로 釋於瘳下하니 更詳其引用之文勢可也라 言 滕國雖小나 地方五十里는 周之子、男國이라 猶足爲治니 去聲이라 ○

朱子曰 滕小하여 如今一鄕이라 孟子只說可爲善國하시고 終不成以告齊、梁君者로 告之하시니라 ○ 按後章曰 王者師라하고 曰新子國이라하시니 皆此意也라 但恐安於卑近하여 照上註라 不能自克이면 克私라 則不足以去 上聲이라 惡而爲善也라 不釋譬事하고 徑釋本意라 ○ 朱子曰 如服瞑眩之藥하여 以除深痼之疾이요 不可悠悠니라 ○ 方言曰 飮藥而毒을 海、岱之間에 謂之瞑眩이라하니라

'절(絶)'은 절(截)과 같다. 긴 곳을 잘라 짧은 곳에 보충하는 것이니, '장(將)'은 가(可)와 같다. '서(書)'는 <상서(商書) 열명(說命)>편이다. '열(說)'은 열(悅)과 같다. '면현(瞑眩)'은 어지러움이다. '궤(憒)'는 고(古)·대(對)의 반절[어지러울 궤]이다. ○《언해》에는 《서경》의 본문의 문세를 따라 약(若)자를 추(瘳)자 아래에서 해석하였으니,*① 다시 그 인용한 문세를 자세히 살펴보는 것이 옳다. 등나라가 비록 작으나 사방 50리는 주(周)나라의 자(子)·남(男)의 나라이다. 오히려 충분히 다스려질 수 있으니, '치(治)'는 거성(去聲;다스려짐)이다. ○ 주자가 말씀하였다. "등나라가 작아서 지금의 한 향(鄕)과 같았다. 맹자가 다만 선한 나라가 될 수 있다고 말씀하시고, 끝내 제(齊)나라와 양(梁)나라의 군주에게 고한 것을 가지고 고하시지는 않았다." ○ 살펴보건대 뒷장에 '왕자의 스승이다.' 하고 '그대의 나라를 새롭게 한다.'고 말씀하셨으니, 모두 이 뜻이다. 다만 비근(卑近)함에 안주하여 윗주에 조응하였다. 스스로 극복하지 못하면 사(私)를 이기는 것이다. 악을 제거하고 '거(去)'는 상성(上聲;제거함)이다. 선을 행하지 못할까 염려하신 것이다. 비유한 일을 해석하지 않고 곧바로 본문의 뜻을 해석하였다. ○ 주자가 말씀하였다. "면현(瞑眩)의 약을 먹어서 깊고 고질된 병을 제거하는 것과 같이 할 것이요, 여유가 있게 해서는 안 된다." ○《방언(方言)》에 "약을 마셔 독이 있는 것을 동해(東海)와 대산(岱山) 사이에 면현이라 한다." 하였다.

*① 《언해》에……하였으니 : 《언해》에 "약이 명현(瞑眩)치 아니하면 그 병이 추(瘳)치 못함과 같다."라고 하여 《서경》 본문의 문세를 따랐으나, 여기서는 약(若)을 '만약' 또는 '만일'로 해석해야 함을 말한 것이다.

○ 愚按 特加二字하여 以謹重其事라 孟子之言性善이 始見 音現이라 於此하고 而詳具於告子之篇이라 然이나 默識 如字라 而旁通之하면 則七篇之中에 無非此 性善이라 理라 新安陳氏曰 林氏於下章에 謂可驗人性之善이라하니 亦當以此意로 類推之니라 其所以擴前聖之未發하여 而有功於聖人之門이라하시니 其字以下는 程子言也니 已見序說이라 程子 當考라 之言이 信矣로다

○ 내가 살펴보건대, 특별히 우안(愚按) 두 글자를 가하여 그 일을 신중히 하였다. 맹자가 성선(性善)을 말씀하신 것이 여기에 처음으로 보이고 '현(見)'은 음이 현(現)이다. <고자(告子)>편에 자세히 갖추어져 있다. 그러나 묵묵히 알고 '식(識)'은 본자대로(알 식) 읽는다. 사방으로 통달해 보면 《맹자》 7편 가운데 이 '차(此)'는 성선(性善)이다. 이치 아닌 것이 없으

니, 신안진씨가 말하였다. "임씨(林氏)가 아랫장에 인성(人性)의 선함을 증험할 수 있다고 말하였으니, 또한 마땅히 이 뜻을 가지고 유추해야 한다." 그 '예전의 성인들이 미처 발명하지 못한 것을 확충하여 성인의 문하에 공(功)이 있다.' 하셨으니, '기(其)'자 이하는 정자의 말씀이니, 이미 〈서설(序說)〉에 보인다. 정자(程子)의 마땅히 상고하여야 한다. 말씀[1]이 참으로 옳다.

*[1] 정자(程子)의 말씀 : 〈서설(序說)〉의 "孟子有功於聖門, 不可勝言."과 "孟子有大功於世, 以其言性善." 및 "孟子性善養氣之論, 皆前聖所未發." 등을 가리킨 것으로 명도(明道)와 이천(伊川)의 말씀이 섞여 있다.

2-1

滕定公이 薨커늘 世子謂然友曰 昔者에 孟子嘗與我言於宋이어시늘 於心에 終不忘이러니 今也에 不幸하여 至於大故호니 吾欲使子로 問於孟子然後에 行事하노라

등나라 정공(定公)이 죽자, 세자가 연우(然友)에게 말하였다. "지난번에 맹자가 일찍이 나와 송(宋)나라에서 말씀하셨는데 내 마음에 끝내 잊지 못하였다. 이제 불행하여 대고(大故)를 당하였으니, 내 자네로 하여금 맹자에게 물은 뒤에 장례하는 일을 행하고자 하노라."

定公은 文公父也라 定公은 他書不見하니 鄒穆、費惠亦然이라 然友는 世子之傅也라 大故는 大喪也라 君喪을 謂之大喪이라 然이나 此故字는 實兼喪、事兩字之意라 故로 後節에 又以大事言之라 事는 謂喪禮라 心不忘은 已其過人處요 而問而後行事는 尤人所難能也라

정공(定公)은 문공(文公)의 아버지이다. 정공은 다른 책에는 보이지 않으니, 추(鄒)나라 목공(穆公)과 비(費)나라 혜공(惠公) 또한 그러하다. 연우(然友)는 세자의 사부(師傅)이다. '대고(大故)'는 대상(大喪)이다. 인군의 상(喪)을 대상이라 한다. 그러나 여기의 고(故)자는 실로 상(喪)과 사(事) 두 글자의 뜻을 겸하였다. 그러므로 뒷절에 또 대사(大事)로써 말한 것이다. '사(事)'는 상례(喪禮)를 이른다. 마음에 잊지 못함은 이미 그 보통사람보다 뛰어난 부분이요, 물은 뒤에 상사(喪事)를 행하려고 한 것은 더욱 보통사람이 능하기 어려운 것이다.

2-2

然友之鄒하여 問於孟子한대 孟子曰 不亦善乎아 親喪은 固所自盡也니 曾子曰 生事之以禮하며 死葬之以禮하며 祭之以禮면 可謂孝矣라하시니 諸侯之禮는 吾未之學也어니와 雖然이나 吾嘗聞之矣로니 三年之喪에 齊(자)疏之服과 飦粥之食은 自天子達於庶人하여 三代共之하니라

연우가 추(鄒) 땅에 가서 맹자에게 묻자, 맹자가 말씀하셨다. "좋지 않은가. 친상(親喪)은 진실로 스스로 다해야 하는 것이다. 증자(曾子)가 말씀하시기를 '살아서는 섬기기를 예(禮)로써 하며, 죽어서는 장례하기를 예로써 하며 제사하기를 예로써 하면 효(孝)라고 이를 만하다.' 하셨으니, 제후(諸侯)의 예는 내가 아직 배우지 못하였지만 그러나 내 일찍이 들었으니, '<부모의> 3년 상에 자소(齊疏)의 상복을 입으며 미음과 죽을 먹음은 천자로부터 서인(庶人)에 이르기까지 삼대(三代)가 공통이었다.' 하였다."

齊는 音資라 疏는 所居反이라 飦은 諸延反이라

'자(齊)'는 음이 자(資;옷자락)이다. '소(疏)'는 소(所)·거(居)의 반절[거칠 소]이다. '전(飦)'은 저(諸)·연(延)의 반절[미음 전]이다.

當時諸侯 莫能行古喪禮어늘 而文公이 獨能以此爲問이라 故로 孟子善之하시니라 又言 父母之喪은 固人子之心에 所自盡者니 添心字라 ○ 自盡은 此章之骨子라 ○ 以固字觀之하면 是已略許文公之辭也라 蓋悲哀之情과 痛疾之意 非自外至니 宜乎文公於此에 有所不能自已也라 申固所自盡之意에 而已含末節意라 但所引曾子之言은 本孔子告樊遲者니 見論語爲政8)이라 ○ 生、死는 諺釋이 與論語矛盾이라 豈 猶或也라 曾子嘗誦之하여 以告其門人歟아 必是子思聞諸曾子而告孟子耳시리라 ○ 諸侯之禮는 指其節文度數之異於士禮者라 三年之喪者는 子生三年然後에 免於父母之懷라 出論語陽貨9)라

---

8) ≪論語 爲政 5章≫ "孟懿子問孝…樊遲曰: 何謂也. 子曰: 生事之以禮, 死葬之以禮, 祭之以禮."

9) ≪論語 陽貨 19章≫ "宰我問, 三年之喪, 期已久矣…子曰: 予之不仁也. 子生三年然後, 免於父母之懷, 夫三年之喪, 天下之通喪也, 予也有三年之愛於其父母乎."

故로 父母之喪을 必以三年也라 齊는 諺音誤라 衣下縫 音逢이라 也니 不緝 七入反이라 曰斬衰요 音催니 下同이라 緝之 縫之라 曰齊衰라 只言齊者는 擧輕以該重也라 疏는 麤也니 麤布也라 飦은 糜也라 喪禮에 三日에 始食粥하고 旣葬에 乃疏食하니 音嗣라 ○ 見禮記喪大記10)라 此는 服食이라 古今貴賤通行之禮也라 趙氏曰 三代共之는 是無古今之異요 自天子達於庶人은 是無貴賤之別이니라 ○ 西山眞氏曰 子思亦曰父母之喪은 無貴賤一也11)라하시니라 ○ 朱子曰 這二項은 喪禮之大經也라 後世議禮者 不明乎此而强爲之하니 如叔孫通、曹褒之流는 不免私意之鑿矣니라

당시의 제후가 능히 옛 상례(喪禮)를 행하는 자가 없었는데, 문공이 홀로 이것을 질문하였으므로 맹자가 좋게 여기신 것이다. 또 부모의 상(喪)은 진실로 자식의 마음에 스스로 다해야 할 바라고 말씀하신 것이다. 심(心)자를 더하였다. ○ '자진(自盡)'은 이 장의 골자(骨子)이다. ○ 고(固)자를 가지고 살펴보면 이는 이미 문공을 대략 인정한 말씀이다. 슬퍼하는 정(情)과 애통해 하는 마음이 밖으로부터 온 것이 아니니, 문공이 마땅히 여기에 대하여 스스로 그만둘 수 없는 슬픈 정이 있는 것이다. 고소자진(固所自盡)의 뜻을 거듭함에 이미 끝절의 뜻을 포함하였다. 다만 여기에 인용한 증자의 말씀은 본래 공자(孔子)께서 번지(樊遲)에게 말씀해 주신 것이니, 이 내용은 《논어》〈위정(爲政)〉에 보인다. ○ 생(生)과 사(死)는 《언해》의 해석이 《논어》와 모순된다.*① 아마도 '기(豈)'는 혹(或)과 같다. 증자가 일찍이 외워서 그 문인들에게 말씀하신 듯하다.*② 반드시 이것은 자사(子思)가 증자에게 들어서 맹자에게 고하신 것이리라. ○ 제후의 예는 그 절문(節文)과 도수(度數)가 사(士)의 예와 다름을 가리킨 것이다. 3년상을 하는 것은 자식이 태어난 지 3년이 된 뒤에 부모의 품을 면하므로 이 내용은 《논어》〈양화(陽貨)〉에 나온다. 부모의 상을 반드시 3년으로 하는 것이다. '자(齊)'는 《언해》의 음(제)이 잘못되었다. 옷의 아랫단을 꿰멘 것이니, '봉(縫)'은 음이 봉(逢;꼬멤)이다. 꼬매지 않은 것을 '집(緝)'은 칠(七)·입(入)의 반절〔꼬멜 집〕이다. '참최(斬衰)'라 하고 '최(衰)'는 음이 최(催;상복)이니, 아래도 같다. 꿰맨 것을 '집지(緝之)'는 꼬메는 것이다. '자최(齊衰)'라 한다. 다만 자최를 말한 것은 가벼운 것을 들어서 무거운 참최를 포함한 것이다. '소(疏)'는 거침이니, 거친 삼베이다. '전(飦)'은 미음이다. 상례에 <부모가 죽은 지> 3일이 되어야 비로소 죽을 먹고, 장례를 지내고서야 거친 밥을 먹으니, '사(食)' 음이 사(嗣;밥)이다. ○ 이 내용은 《예기(禮記)》〈상대기(喪大記)〉에 보인다. 이는 의복과 음식이다. 고금(古今)과 귀천(貴賤)이 공통으로 행하는 예이다. 조씨(趙氏)가 말하였다. "삼대가 함께함은 이는 고금의 차이가 없는 것이요, 천자로부터 서인에 도달함은 이는 귀천의 구별이 없는 것이다." ○ 서산진씨(西山眞氏)가 말하였다. "자사(《중용》) 또한 말씀하시기를 '부모의 상은 귀천에 관계없이 똑같다.' 하셨다." ○ 주자가 말씀하였다. "이 두 조항은 상례의 대경(大經)이다. 후세에 예를

---

10) 《禮記 喪大記》 "旣葬, 主人疏食水飮, 不食菜果."

11) 《中庸章句 18章》 "期之喪, 達乎大夫, 三年之喪, 達乎天子, 父母之喪, 無貴賤一也."

의논하는 자들은 이것을 밝게 알지 못하고 억지로 만들었으니, 숙손통(叔孫通)과 조포(曹褒)*③와 같은 무리는 사사로운 뜻으로 천착(穿鑿)함을 면치 못하였다."

- *① 생(生)과……모순된다 : ≪언해≫에 "생(生)을 사(事)호대 예(禮)로써 하며, 사(死)를 장(葬)호대 예로써 하며"로 되어 있는바, ≪논어≫〈위정〉의 해석과 같이 "살아계실 때 섬김을 예로써 하며 죽음에 장사함을 예로써 하며"로 해석해야 함을 말한 것이다.
- *② 증자가……듯하다 : '기(豈)'는 '아마도'로 해석하기도 하고, 기불(豈不)·기비(豈非)의 생략으로 보아 '어찌 증자가 일찍이 외워서 그 문인들에게 고하신 것이 아니겠는가.'로 해석하기도 한다.
- *③ 숙손통(叔孫通)과 조포(曹褒) : 숙손통은 전한(前漢) 사람으로 고조(高祖)인 유방(劉邦)의 명을 받고 새로운 예의를 만들었는데, 주로 육국(六國)의 예법을 기초로 하여 군주를 높이고 신하를 억제하는 데 주력하였다. 조포는 후한(後漢) 사람으로 숙손통의 ≪한예의(漢禮儀)≫를 사모하여 장제(章帝)의 명을 받고 예제(禮制)를 정하여 관혼(冠婚)과 길흉(吉凶)의 제도 150편을 지어 올렸다.

2-3

> 然友反命하여 定爲三年之喪한대 父兄、百官이 皆不欲曰 吾宗國魯先君도 莫之行하시고 吾先君도 亦莫之行也하시니 至於子之身而反之 不可하니이다 且志曰 喪、祭는 從先祖라하니 曰吾有所受之也니이다

연우가 반명(反命;복명(復命))하여 3년상을 하기로 정하자, 부형(父兄)과 백관(百官)이 모두 하고자 하지 않으면서 말하기를 "우리의 종주국인 노(魯)나라 선군(先君)께서도 이것을 행하지 않으셨고 우리 선군께서도 또한 행하지 않으셨으니, 자(子)의 몸에 이르러 이것을 뒤집는 것은 불가합니다. 또 옛 기록에 '상례와 재례(祭禮)는 선조를 따른다.' 하였으니, 이것은 우리들이 전수받은 바가 있기 때문입니다." 하였다.

父兄은 同姓老臣也라 滕與魯는 俱文王之後로 滕之祖는 文王子錯叔繡也라 而魯祖周公이 爲長하니 上聲이라 ○ 長於滕祖라 兄弟 周公以下兄弟라 宗之라 故로 滕謂魯爲宗國也라 別是一宗法也라 然이나 謂二國 通指先君이요 非必指祖라 不行三年之喪者는

乃其後世之失이요 非周公之法本然也라 南軒張氏曰 其廢也久矣니라 ○ 按子之身의 子字之訓은 在下章力行註12)하니 可參考라 ○ 反은 猶違也라 志는 記也라 此書에 多有引志處하니 必是古有其書而今逸矣리라 引志之言하고 而釋其意하여 下曰字以下는 是釋志之意者라 ○ 尤菴曰 此曰字는 父兄、百官이 推作志者之意而曰也니라 以爲 曰이라 所以如此者는 從先祖라 蓋爲 去聲이라 上世以來로 尤菴曰 吾卽先祖也라 有所傳受하니 雖或不同이나 不同於禮經이라 不可改也라 二句는 補言外意라 然이나 志所言은 此註二然字는 皆所以正本文之失者로되 而在父兄、百官則直抑之하고 在志則微伸之하여 有權衡於其間이라 本謂先王之世 舊俗所傳禮文小異하여 而可以通行者耳요 不謂後世失禮之甚者也라 蓋父兄、百官이 傳其語而失其意耳라

'부형(父兄)'은 동성(同姓)의 늙은 신하이다. 등나라와 노나라는 모두 문왕의 후손인데 등나라의 시조는 문왕의 아들인 착숙(錯叔) 수(繡)이다. 노나라의 시조인 주공이 나이가 많음이 되니, '장(長)'은 상성(上聲;나이 많음)이다. ○ 등나라의 시조보다 나이가 많은 것이다. 형제간에 주공 이하의 형제이다. 그를 종주로 삼았다. 이 때문에 등나라가 노나라를 일러 종주국이라 한 것이다. 별도로 한 종법(宗法)이다. 그러나 두 나라가 선군(先君)을 통틀어 가리킨 것이고, 반드시 시조를 가리킨 것은 아니다. 3년상을 행하지 않았다고 말한 것은 바로 후세의 잘못이요, 주공의 법이 본래 그러한 것은 아니다. 남헌장씨(南軒張氏)가 말하였다. "그 폐지된 지가 오래되었다." ○ 살펴보건대 '자지신(子之身)'의 자(子)자의 훈(訓)은 아랫장 역행장(力行章) 주에 있으니, 참고할 만하다. ○ '반(反)'은 위(違)와 같다. '지(志)'는 기록한 책이다. 이 ≪맹자≫책에 지(志)를 인용한 곳이 많이 있으니, 반드시 옛날에는 이 책이 있었는데 지금은 없어졌을 것이다. 기록한 책이 말을 인용하고 그 뜻을 해석하여 아래 왈(曰)자 이하는 바로 지(志)의 뜻을 해석한 것이다. ○ 우암(尤菴)이 말씀하였다. "이 왈(曰)자는 부형과 백관이 지(志)를 지은 자의 뜻을 미루어 왈(曰)이라 한 것이다." ○ '이위(以爲)'는 경문의 왈(曰)이다. '이와 같이 하는 까닭은 선조를 따르는 것이다. 상세(上世;선대) 이래로 전수받은 바가 있기 때문이니, '위(爲)'는 거성(去聲;때문)이다. ○ 우암이 말씀하였다. "오소수지(吾所受之)의 '오(吾)'는 바로 선조이다." 비록 혹 똑같지 않더라도 ≪예경(禮經)≫과 똑같지 않은 것이다. 고칠 수 없다.'고 한 것이다. 두 구(雖或不同, 不可改也.)는 말 밖의 뜻을 보충한 것이다. 그러나 기록에서 말한 것은 이 주의 두 연(然)자는 모두 본문에 잘못된 것을 바로잡은 것인데, 부형과 백관에서는 곧바로 억제하고 지(志)에 있어서는 약간 펴서 그 사이에 저울질함이 있다. 본래 선왕의 세대 옛 풍속에 전하는 것으로 예문(禮文)이 조금 달라서 통행할 수 있는 것을 말했을 뿐이요, 후세에 실례(失禮)하기를 심히 한 것을 말한 것은 아니다. 부형과 백관은 그 말만 전하고 그 뜻을 잃은 것이다.

---

12) ≪孟子 滕文公上 3章≫ "子力行之, 亦以新子之國." ≪集註≫ "子, 指文公, 諸侯未踰年之稱也."

2-4

謂然友曰 吾他日에 未嘗學問이오 好馳馬試劍하더니 今也에 父兄、百官이 不我足也하니 恐其不能盡於大事하노니 子爲我問孟子하라 然友復之鄒하여 問孟子한대 孟子曰 然하다 不可以他求者也라 孔子曰 君薨커시든 聽於冢宰하나니 歠粥(철죽)하고 面深墨하여 卽位而哭이어든 百官有司 莫敢不哀는 先之也라 上有好者면 下必有甚焉者矣니 君子之德은 風也오 小人之德은 草也라 草尙之風이면 必偃이라하시니 是在世子하니라

세자가 연우에게 이르기를 "내 지난날에 일찍이 학문을 하지 않았고 말달리기와 칼쓰기를 좋아하였는데, 지금에 부형과 백관들이 나를 만족스럽게 여기지 않으니, 대사(大事)에 예를 다하지 못할까 염려스러우니 자네는 나를 위하여 맹자에게 다시 물어보라." 하였다. 연우가 다시 추 땅에 가서 맹자에게 묻자, 맹자가 말씀하셨다. "그러하겠다. 다른 것을 가지고 찾을 것이 없다. 공자께서 말씀하시기를 '임금이 죽으면 <세자는 모든 정사를 총재(冢宰)에게 위임하여 백관들이> 총재에게 명령을 듣는다. <세자가> 죽을 먹고 얼굴이 짙은 흑색이 되어 자리에 나아가 곡을 하면 백관과 유사(有司)들이 감히 슬퍼하지 않는 이가 없는 것은 윗사람이 솔선하기 때문이다. 위에서 <무엇을> 좋아함이 있으면 아래에는 반드시 그보다 더 심함이 있는 것이다. 비유하면 군자(위정자)의 덕(德)은 바람이요 소인(백성)의 덕은 풀이니, 풀 위에 바람이 가해지면 반드시 그리로 쏠린다.' 하셨으니, 이것은 세자에게 달려 있는 것이다."

好、爲는 皆去聲이라 復는 扶又反이오 歠은 川悅反이라

'호(好)'와 '위(爲)'는 모두 거성(去聲;좋아함, 위함)이다. '부(復)'는 부(扶)·우(又)의 반절[다시 부]이고, '철(歠)'은 천(川)·열(悅)의 반절[마실 철]이다.

他日은 前日也라 ○ 雙峯饒氏曰 君은 統天子、諸侯而言이라

'타일(他日)'은 전일(前日)이다. ○ 쌍봉요씨(雙峯饒氏)가 말하였다. "군(君)은 천자와 제후를 통틀어 말한 것이다."

不我足은 謂不以我滿足其意也라 文公이 有味乎孟子自盡之說故로 以不能盡爲恐이라 ○ 復問은 與上章之復見으로 其意同하니 此其最可畏處라 然者는 然其不我足之言이라 不可他求者는 言當責之於己라 不可他求句는 驟看之하면 似謂當求於孔子說故로 註特明之하니 蓋下文是在世子一句는 與此로 正相爲呼應이라 冢宰는 六卿之長 上聲이라 也라 歠은 飮也라 食飦이 尤難於服疏故로 此節에 單提歠粥이라 深墨은 甚黑色也라 卽은 就也라 皆言新君之禮라 尙은 加也니 論語에 作上하니 古字에 通也라 德은 猶道也라 尙之風은 猶言尙以風이라 偃은 伏也라 大全曰 必偃以上은 皆孔子語라 ○ 按冢宰以上은 見論語憲問13)하고 君子以下는 見顔淵14)하고 中間數語는 則今逸矣라 抑孟子櫽栝之語歟아 但上有以下는 本汎言而引之하여 以證行喪禮耳라 孟子言 但在世子自盡其哀而已라 하시니라 又提自盡이라 ○ 慶源輔氏曰 責之於己는 應前面固所自盡이요 自盡其哀는 應上句不可他求라

'불족아(不我足)'는 나를 그들의 뜻에 만족스럽게 여기지 않음을 이른다. 문공이 맹자가 스스로 다해야 한다는 말씀에 재미가 있었으므로 능히 다하지 못함을 두려워한 것이다. ○ 다시 물음은 윗장에 맹자를 다시 만나본 것과 같으니, 이는 그 가장 존경할 만한 부분이다. '연(然)'은 나를 만족스럽게 여기지 않는다는 말을 옳게 여긴 것이다. '다른 것을 가지고 찾을 것이 없다.'는 것은 마땅히 자신에게 책해야 함을 말한 것이다. '불가타구(不可他求)'의 구는 얼핏보면 마땅히 공자의 말씀에서 찾아야 한다고 말한 듯하므로 주에 특별히 밝혔으니, 아랫글의 '시재세자(是在世子)' 한 구는 이와 서로 호응이 된다. '총재(冢宰)'는 육경(六卿)의 우두머리이다. '장(長)'은 상성(上聲;우두머리)이다. '철(歠)'은 마심이다. 미음을 먹는 것이 거친 상복을 입는 것보다 더욱 어려우므로 이 절에는 국을 마시는 것만을 제시하였다. '심묵(深墨)'은 짙은 흑색이다. '즉(卽)'은 나아감이다. 다 새로 즉위한 군주의 예를 말하였다. '상(尙)'은 가함이니, ≪논어≫ <안연(顔淵)>에는 상(上)으로 되어 있으니, 고자(古字)에 통용되었다. '덕(德)'은 도(道)와 같다. '상지풍(尙之風)'은 바람을 더한다는 말과 같다. '언(偃)'은 엎드림이다. ≪대전≫에 말하였다. "필언(必偃) 이상은 모두 공자의 말씀이다." ○ 살펴보건대 총재 이상은 ≪논어≫ <헌문(憲問)>에 보이고 군자 이하는 <안연>에 보이고, 중간에 몇 마디 말씀은 지금 없어졌다. 아니면 맹자가 가감한 말씀인가? 다만 상유(上有) 이하는 본래 범연히 말씀하여 인용해서 상례(喪禮)를 행함을 증명했을 뿐이다. 맹자는 단지 세자가 스스로 슬픔을 다함에 달려있을 뿐이라고 말씀하신 것이다. 또 자진(自盡)을 제시하였다. ○ 경원보씨가 말하였다. "자기 몸에 책함은 전면(前面)의 고소자진(固所自盡)에 응하고, 스스로 그 슬픔을 다함은 윗구의 불가타구(不可他求)에 응한다."

---

13) ≪論語 憲問 40章≫ "子張曰: 書云: 高宗諒陰, 三年不言, 何謂也. 子曰: 何必高宗, 古之人皆然. 君薨, 百官總己, 以聽於冢宰三年."

14) ≪論語 顔淵 19章≫ "季康子問政於孔子曰: 如殺無道, 以就有道, 何如. 孔子對曰: 子爲政, 焉用殺. 子欲善, 而民善矣. 君子之德, 風, 小人之德, 草. 草上之風 必偃."

2-5

然友反命한대 世子曰 然하다 是誠在我라하고 五月居廬하여 未有命戒어시늘 百官、族人이 可謂曰知라하며 及至葬하여 四方이 來觀之하더니 顏色之戚과 哭泣之哀에 弔者大悅하더라

연우가 복명하자, 세자가 말하기를 "그렇다. 이것은 진실로 나에게 달려 있다." 하고, 5개월 동안 여막(廬幕)에 거처하여 명령과 교계(教戒)함이 있지 않았다. 이에 백관과 종족(宗族)들이 다 말하기를 "예를 안다." 하였으며, 장례 때에 이르러 사방에서 와서 구경하였는데, 얼굴빛의 슬퍼함과 울기를 애처롭게 함에 조문하는 자들이 크게 기뻐하였다.

然字는 與上節然字로 爲對하고 我字는 自自字來라 變父兄百官하여 言百官族人者는 從其多也라 言四方이면 則他國人亦來觀이니 如燕人之來觀葬聖耳[15]라

'연(然)'자는 윗절의 연(然)자와 상대되고, '아(我)'자는 자(自)자에서 왔다. 부형·백관을 변하여(바꾸어) 백관족인(百官族人)이라고 말한 것은 그 많음을 따른 것이다. 사방을 말했으면 타국 사람 중에 또한 와서 구경한 것이니, 예컨대 연(燕)나라 사람이 와서 성인(공자)을 장례한 것을 구경한 것과 같다.

諸侯는 五月而葬[16]하니 出左隱(元)[三]年이라 未葬엔 居倚廬於中門之外라 居喪不言이라 出禮記喪大記[17]라 故로 未有命令教戒也라 可謂曰知는 疑有闕誤하니 或曰 皆謂世子之知禮也라하니라 慶源輔氏曰 可는 當作皆니 如作可면 不成文理니라 ○ 按曰 知는 猶是外面之事요 至悅則心誠服也라

제후는 5개월 만에 장례하니, 이 내용은 《춘추좌씨전》 은공(隱公) 3년에 나온다. 장례하지 않았을 때에는 중문(中門)의 밖에 있는 의려(倚廬;임시로 만든 여막)에 거처한다. 거상(居喪) 중에는 말하지 않으므로 이 내용은 《예기》〈상대기〉에 나온다. 명령과 교계(教戒)를 내리지 않는 것이다. '가위왈지(可謂曰知)'는 의심컨대 궐문(闕文)이나 오자(誤字)가 있는 듯하니, 혹자는 "모두들 세자가 예를 안다고 말하였다."라고 한다. 경원보씨가 말하였다. "가

---

15) 《禮記 檀弓上》 "孔子之喪, 有自燕來觀者, 舍於子夏氏. 子夏曰: 聖人之葬人與. 人之葬聖人也, 子何觀焉."
16) 《春秋左氏傳 隱公 3年》 "傳稱, 諸侯五月而葬."
17) 《禮記 喪大記》 "父母之喪, 居倚廬不塗, 寢苫枕塊, 非喪事不言."

(可)는 마땅히 개(皆)가 되어야 하니, 만일 가로 쓰면 문리가 되지 않는다." ○ 살펴보건대 지(知;앎)라고 한 것은 아직도 외면하는 일이요, 열(悅;기뻐함)에 이르면 마음에 진실로 복종하는 것이다.

○ 林氏曰 孟子之時에 喪禮旣壞라 然이나 三年之喪에 惻隱之心과 痛疾之意는 出於人心之所固有者라 惻隱之心을 人皆有之는 見前篇이라 初未嘗亡(무)也언마는 惟其指時人이라 溺於流俗之弊하여 是以로 喪 去聲이라 其良心하여 放其良心은 見告子上18)이라 而不自知耳라 文公이 見孟子而聞性善、堯、舜之說하니 則固有以啓發其良心矣라 雲峯胡氏曰 孟子一開發之에 文公之性善을 見矣라 蓋人子之心에 所自盡이 最可見人性本善處니라 是以로 至此而哀痛之誠心이 發焉이러니 及其父兄、百官이 皆不欲行하여는 則亦反躬自責하여 悼其前行 去聲이라 ○ 馬、劍이라 之不足以取信하고 而不敢有非其父兄百官之心하니 雖其資質이 有過人者나 而學問之力을 亦不可誣也라 一時之學問이 足以救他日之未嘗學問이라 所聞則性善、道一이니 是諸門人之所未及聞也요 所行則喪禮、井田이니 是時君之所未行也라 其天資、學力이 當不在樂正子下하니 諡之爲文이 不亦可乎아 及其斷 都玩反이라 然行之하여는 而遠近見聞이 無不悅服하니 則以人心之所同然者로 見告子上19)이라 自我發之하여 而彼之心悅誠服이 亦有所不期然而然者하니 人性之善이 豈不信哉리오 雲峯胡氏曰 文公一感發之에 遠近之人의 性善을 皆見矣니라 ○ 按林氏合二章爲說하여 以文公之事로 而實人性之善하니 可謂確論이요 而益以見堯、舜之與人同耳라

○ 임씨(林氏;임지기(林之奇))가 말하였다. "맹자 때에 상례(喪禮)가 이미 무너졌으나 3년상에 측은해 하는 마음과 애통하는 뜻은 인심(人心)의 고유한 것에서 나와 측은지심(惻隱之心)을 사람이 모두 가지고 있다는 것은 전편에 보인다. 애당초 일찍이 없지 않았다. 다만 그 세상 사람을 가리킨 것이다. 유속(流俗)의 병폐에 빠져 있기 때문에 그 양심(良心)을 상실하여 '상(喪)'은 거성(去聲;잃음)이다. 그 양심을 잃음은 〈고자 상〉에 보인다. 스스로 알지 못했을 뿐이다.
문공이 맹자를 뵙고 성선(性善)과 요(堯)·순(舜)의 말씀을 들었으니, 진실로 그 양심을 계발(啓發)함이 있었다. 운봉호씨가 말하였다. "맹자가 한 번 계발하심에 문공의 성선(性善)을 볼 수 있다. 〈상례는〉 인자(人子)의 마음에 스스로 다해야 할 바이니, 가장 사람의 성(性)이 본래 선

---

18) 《孟子 告子上 8章》 "雖存乎人者, 豈無仁義之心哉, 其所以放其良心者, 亦猶斧斤之於木也, 旦旦而伐之, 可以爲美乎."

19) 《孟子 告子上 8章》 "其日夜之所息, 平旦之氣, 其好惡, 與人相近也者, 幾希, 則其旦晝之所爲, 有梏亡之矣." 《集註》 "好惡與人相近, 言得人心之所同然也."

(善)함을 볼 수 있는 곳이다." 이 때문에 이에 이르러 애통해 하는 성심(誠心)이 발로되었는데, 부형과 백관이 모두 <3년상을> 행하고자 하지 않음에 이르러서는 또한 자신에게 되돌려 자책해서 지난날의 행실이 '행(行)'은 거성(去聲;행실)이다. ○ 예전의 행실은 경문의 말타기와 검술이다. 즉히 남에게 신임을 받을 수 없음을 슬퍼하고 감히 부형과 백관을 비난하는 마음을 갖지 않았으니, 비록 자질이 남보다 뛰어남이 있었으나 학문의 공력(功力)을 또한 속일 수 없었다. 한 때의 학문이 충분히 타일(他日)에 일찍이 학문하지 않은 것을 구원할 수 있었다. 들은 것은 성선과 도(道)가 하나라는 것이니 이는 여러 문인(門人)들이 미처 듣지 못한 것이요, 행한 것은 상례와 정전(井田)이니 이는 당시 군주가 아직 행하지 못한 것이다. 그의 천자(天資)와 학문한 힘이 마땅히 악정자(樂正子) 아래에 있지 않을 것이니, 문(文)이라고 시호(諡號)함이 옳지 않은가. **단연코** '단(斷)'은 도(都)·완(玩)의 반절[결단할 단]이다. **이것을 행함에 이르러는 원근(遠近)의 보고 듣는 자들이 기뻐하고 복종하지 않음이 없었으니, 이는 인심의 똑같이 옳게 여기는 것을** 이 내용은 <고자 상>에 보인다. 나로부터 발하여 저들이 마음으로 기뻐하고 진심으로 복종함이 또한 그러하기를 기약하지 않아도 그렇게 된 것이다. 인성의 선함이 어찌 진실이 아니겠는가." 운봉호씨가 말하였다. "문공이 한 번 감발함에 원근의 사람의 성선을 모두 볼 수 있었다." ○ 살펴보건대 임씨(林氏)는 두 장을 합하여 말해서 문공의 일을 가지고 인성(人性)의 선함을 실증하였으니, 확실한 의논이라고 이를 수 있고, 요·순이 보통 사람과 같음을 더욱 볼 수 있다.

3-1

> 滕文公이 問爲國한대
>
> 등 문공이 나라를 다스림을 묻자,

文公이 以禮聘孟子라 故로 孟子至滕에 而文公問之니라 慶源輔氏曰 公旣卽位하여 不可越國往見孟子면 則必是以禮聘하여 至而問也리라 ○ 按此事는 非有如梁惠厚幣之明文이요 朱子直以事理推之하여 而知其禮聘이니 蓋聘而師之也라 豈館上宮時[20]歟이 ○ 顔淵之問爲邦[21]은 其事汎하고 文公之問爲國은 其情切이라

문공이 예로써 맹자를 초빙하였다. 그러므로 맹자가 등나라에 이르심에 문공이 물은 것이다. 경원보씨가 말하였다. "문공이 이미 즉위하자 국경을 넘어가서 맹자를 찾아가 볼 수 없으면 반드시 예로써 초빙하여 맹자가 이르심에 물었을 것." ○ 살펴보건대 이 일은 양나라 혜왕(惠

---

[20] ≪孟子 盡心下 30章≫ "孟子之滕, 館於上宮."
[21] ≪論語 衛靈公 10章≫ "顔淵問爲邦, 子曰: 行夏之時, 乘殷之輅, 服周之冕."

王)처럼 후한 폐백으로 초빙했다는 분명한 글이 있는 것이 아니요, 주자가 다만 사리(事理)로써 추측하여 그 예로 초빙함을 아신 것이니, 아마도 초빙하여 스승 삼았을 것이다. 아마도 상궁(上宮)에 머무르셨던 때인가보다. ○ 안연(顔淵)이 나라를 다스림을 물음은 그 일이 넓고, 문공이 나라 다스림을 물음은 그 정이 간절하다.

3-2

孟子曰 民事는 不可緩也니 詩云 晝爾于茅요 宵爾索綯(삭도)하여 亟其乘屋이오사 其始播百穀이라하니이다

맹자가 말씀하셨다. "농사는 늦출 수가 없으니, ≪시경(詩經)≫에 이르기를 '낮이면 가서 띠풀을 베어 오고 밤이면 새끼를 꼬아서 빨리 그 지붕에 올라가 지붕을 이어야 <다음 해에> 비로소 백곡(百穀)을 파종할 수 있다.' 하였습니다.

綯는 音陶라 亟은 紀力反이라

'도(綯)'는 음이 도(陶)이다. '극(亟)'은 기(紀)·력(力)의 반절[급할 극]이다.

民事는 謂農事라 詩는 豳風七月之篇이라 于는 往取也라 兼二字義라 綯는 絞 功古反이라 也라 索綯를 諺解에 作綯索釋之하여 與詩解不同하니 觀其文勢하면 當以詩解爲正이라 亟은 急也라 乘은 升也라 播는 布也라 言農事至重하니 人君이 不可以爲緩而忽之라 不可緩은 卽亟也라 故로 引詩 爾는 指農이라 言治屋之急이 如此者는 不舍晝宵라 ○ 乘屋은 諺讀이 與集註之意로 微不(意)[同]이라 ○ 蓋以來春에 將復 去聲이라 始播百穀하여 而不暇爲此也라 此句는 補言外之意라 ○ 慶源輔氏曰 引詩以證民事不可緩之說하니 君人者 能眞知民事之不可緩이면 則於爲國에 思過半矣리라

'민사(民事)'는 농사를 이른다. 시(詩)는 <빈풍(豳風) 칠월(七月)>의 편이다. '우(于)'는 가서 취함이다. '우(于)'는 두 글자(往, 取)의 뜻을 겸하였다. '도(綯)'는 새끼줄이다. '교(絞)'는 공(功)·고(古)의 반절[새끼줄 교]이다. ○ '삭도(索綯)'를 ≪언해≫에 삭(索)을 도(綯)하는 것으로 해석하여 ≪시경≫의 ≪언해≫와 똑같지 않으니, 그 문세를 보면 마땅히 ≪시경≫의 ≪언해≫를 바름으로 삼아야 한다.[①] '극(亟)'은 급함이다. '승(乘)'은 오름이다. '파(播)'는 폄이다. <이는> 농사가 지극히 소중하니, 인군이 느슨히 하여 경홀(輕忽)히 할 수 없음을 말씀한 것이다. 늦출 수 없음은 바로 급함이다. 그러므로 ≪시경≫에서 경문의 '이(爾)'는 농부를 가리킨 것이다. "지붕을 다스리기를 급히 함이 이와 같다고 말한 것을 인용하였으니, 이는 밤낮을

그치지 않은 것이다. ○ '승옥(乘屋)'은 ≪언해≫의 토가 ≪집주≫의 뜻과 조금 똑같지 않다(다르다). **내년 봄에 장차 다시** '부(復)'는 거성(去聲;다시)이다. **백곡(百穀)을 파종하기 시작해서 이것을 할 겨를이 없기 때문이다."라고 말한 것을 인용하신 것이다.** 이 구(句)는 말 밖의 뜻을 보충하였다. ○ 경원보씨가 말하였다. "시를 인용하여 농사를 늦출 수 없다는 말을 증명하였으니, 인군이 된 자가 민사(民事;농사)를 늦출 수 없음을 참으로 안다면 나라를 다스림에 생각이 반을 넘을 것이다."

*① ≪언해≫에……한다 : ≪언해≫에는 "밤에 내 삭(索)을 도(綯)하여 빨리 그 옥(屋)에 승(乘)하고사"로 되어 있고, ≪시경≫의 ≪언해≫에는 "밤에 네 도(綯)를 삭(索)하여 빨리 그 옥(屋)에 승(乘)하고야"로 되어 있어 동사와 명사가 완전히 뒤바뀠는데, ≪시경≫의 ≪언해≫를 따라야 함을 말한 것이다. 그러나 삭(索)은 자전(字典)에도 새끼줄이라는 명사와 꼰다는 동사가 함께 기재되어 있다. 승옥(乘屋)은 ≪언해≫에 '지붕에 올라가는 것'으로 풀이하였는데, 호산은 ≪집주≫의 '치옥(治屋)'에 조응하여 '지붕을 다스림'으로 본 듯하다. 그러나 이 글은 '지붕에 올라가 지붕을 해 이는 것'으로 보아야 할 것이다.

3-3

民之爲道也 有恒産者는 有恒心이요 無恒産者는 無恒心이니 苟無恒心이면 放辟邪侈를 無不爲已니 及陷乎罪然後에 從而刑之면 是는 罔民也니 焉有仁人在位하여 罔民을 而可爲也리오

백성들이 살아가는 방법은 떳떳한 재산이 있는 자는 떳떳한 마음을 갖고, 떳떳한 재산이 없는 자는 떳떳한 마음이 없는 것이니, 만일 떳떳한 마음이 없으면 방벽(放辟)함과 사치(邪侈)함을 하지 않음이 없을 것입니다. 죄에 빠진 뒤에 따라서 그들을 형벌한다면 이는 백성을 그물질하는 것이니, 인인(仁人)이 지위에 있고서 백성을 그물질하는 일을 힘이 어디에 있겠습니까.

音、義 音與義라 竝見(현)前篇이라 梁惠王上이라 ○ 爲道는 猶言爲物也라

음과 뜻이 '음(音)·의(義)'는 음과 뜻이다. **모두 전편에 보인다.** 〈양혜왕 상〉이다. ○ '위도(爲道)'는 물건이 됨이란 말과 같다.

3-4

是故로 賢君이 必恭儉하여 禮下하며 取於民이 有制니이다

이러므로 현군(賢君)은 반드시 공손하고 검소하여 아랫사람을 예우하며, 백성들에게 취함이 제한(절제)이 있는 것입니다.

恭則能以禮接下하고 儉則能取民以制니라 分屬而釋之라 ○ 趙氏曰 禮下는 開世祿及學校요 取有制는 開貢、助、徹法이라

공손하면 능히 예로써 아랫사람을 접하고, 검소하면 능히 백성들에게서 취함을 제한으로써 한다. 나누어 소속시켜서 해석하였다. ○ 조씨(趙氏)가 말하였다. "'예하(禮下)'는 세록(世祿)과 학교(學校)를 열어 놓은 것이고, '취유제(取有制)'는 공법(貢法)·조법(助法)·철법(徹法)을 열어 놓은 것이다."

3-5

陽虎曰 爲富면 不仁矣요 爲仁이면 不富矣라하니이다

양호(陽虎)가 말하기를 '부자(富者)가 되려면 인(仁)하지 못하고, 인을 하려면 부자가 되지 못한다.' 하였습니다.

陽虎는 名也라 陽貨니 字也라 魯季氏家臣也라 天理、人欲이 不容竝立이라 相因言이면 則曰同行異情이요 相對言이면 則曰不容竝立이라 ○ 此二句는 釋本文之意요 此下는 又分屬君子、小人而論之라 **虎之言此는 恐爲仁之害於富也요** 重意在下句라 ○ 其謂之貨는 是誠自表其德也라 **孟子引之는 恐爲富之害於仁也니** 重意在上句라 ○ 非眞知孟子之心이면 不能如此言之라 **君子、小人이 每相反而已矣니라** 慶源輔氏曰 先儒는 多以爲孟子不以人廢言이라하고 集註則以爲言雖同이나 而所取各異라하니 其說이 尤的當하니라

양호(陽虎)는 이름이다. 양화(陽貨)이니, 자(字)이다. 노나라 계씨(季氏)의 가신(家臣)이다. 천리(天理)와 인욕(人欲)이 병립(竝立)함을 용납하지 않는다. 서로 말미암는 것으로 말하면 '천리와 인욕이 행실은 같으나 실정이 다르다.' 하고, 상대로 말하면 '병립할 수 없다.' 한다. ○ 이 두 구(天理人欲, 不容竝立.)는 본문의 뜻을 해석한 것이고, 이 아래는 또 군자와 소인에게 나누어 소속시켜 논하였다. 양호가 이것을 말한 것은 인(仁)을 함이 부(富)에 해로울까 두려워한 것이요, 중한 뜻이 아랫구에 있다. ○ 그의 자(字)를 화(貨)라고 한 것은 진실로 자기의 나쁜 심덕

(心德)을 스스로 표출한 것이다.*① 맹자가 이것을 인용하신 것은 부를 함이 인에 해로울까 두려워하신 것이니, 중한 뜻이 윗구에 있다. ○ 맹자의 마음을 참으로 안 자가 아니면 이와 같이 말하지 못한다. **군자와 소인은 매양 상반될 뿐이다.** 경원보씨가 말하였다. "선유(先儒)는 대부분 '맹자가 사람이 나쁘다 하여 말을 폐하지 않았다.' 하였고, ≪집주≫는 '말은 비록 같으나 취한 것이 각기 다르다.' 하였으니, ≪집주≫의 말씀이 더욱 적당하다."

*① 그의……것이다 : 자(字)를 표덕(表德)이라 하므로 양호(陽虎)의 자를 화(貨)라고 한 것은 재화를 탐하는 그의 심덕을 표출했다고 비아냥거린 것이다.

3-6

> 夏后氏는 五十而貢하고 殷人은 七十而助하고 周人은 百畝而徹하니 其實은 皆什一也니 徹者는 徹也요 助者는 藉也니이다
>
> 하후씨(夏后氏)는 50무(畝)에 공법(貢法)을 썼고 은(殷)나라 사람은 70무에 조법(助法)을 썼고 주(周)나라 사람은 100무에 철법(徹法)을 썼으니, 그 실제는 모두 10분의 1이니 '철(徹)'은 통한다는 뜻이요 '조(助)'는 빌린다는 뜻입니다.

徹은 勅列反이요 藉는 子夜反이라

'철(徹)'은 칙(勅)·렬(列)의 반절[거둘 철]이고, '자(藉)'는 자(子)·야(夜)의 반절[빌릴 자]이다.

此以下는 亦助也以上이라 乃言制民常産과 與其取之之制也라 竝承上文하여 先總提라 夏時에 一夫受田五十畝하고 陳氏曰 洪水方平하여 可耕之地少라 ○ 徐氏曰 民質用約故로 田少而用足이라 而每夫計其五畝之入以爲貢이러니 商人이 始爲井田之制하여 言助故로 知其爲井田이라 以六百三十 七九라 畝之地로 畫爲九區하니 區 每區라 七十畝라 中爲公田이요 其外는 八家各授一區하여 但借其力하여 以助耕公田하고 而不復 去聲이라 稅其私田이라 大全曰 所謂助而不稅22)라 周時엔 一夫受田百畝하되 鄕、遂엔 用貢法하여 十夫有溝23)하고 四字는 出周禮(遂人)[司徒]라 都、鄙엔 用助法하여 鄕遂、都鄙는 卽下文所云國中、野是也라 八家同井하여 周禮考工記曰 九夫爲井이라

---

22) ≪春秋左氏傳 哀公12年≫ "哀公問於有若曰: 年饑用不足, 如之何……古者, 公田什一, 助而不稅, 魯自宣公初稅畝."

23) ≪周禮 地官 司徒下≫ "凡治野, 夫間有遂, 遂上有徑, 十夫有溝, 溝上有畛, 百夫有洫, 洫上有涂, 千夫有澮, 澮上有道, 萬夫有川, 川上有路, 以達于畿."

하니라 耕則通力而作하고 通이라 收則計畝而分이라 均이라 故로 謂之徹이라 朱子曰 此亦不可詳知하니 或但耕則通力하고 收則各得其畝를 亦未可知니라 ○ 又曰 三代受田多少는 可疑라 田間許多疆理를 都合更(경)改하니 恐無是理라 孟子只是傳聞如此하시리니 恐難盡信이로라 ○ 龜山楊氏曰 徹은 兼貢、助而通用이니라

이 이하는 역조야(亦助也) 이상이다. 마침내 백성들에게 떳떳한 재산을 제정해줌과 그 취하는 제도를 말씀한 것이다. 윗글을 함께 이어서 먼저 총괄하여 제시하였다. 하(夏)나라 때에는 한 가장(家長)이 토지 50무(畝)를 받고 진씨(陳氏)가 말하였다. "홍수(洪水)가 막 다스려져서 경작할 만한 땅이 적은 것이다." ○ 서씨(徐氏)가 말하였다. "백성들이 질박하여 쓰기를 검약하게 하였으므로 전지(田地)가 적어도 재용(財用)이 풍족한 것이다." 가장마다 5무의 수입을 계산하여 바치게 했었는데, 상(商)나라 사람이 처음으로 정전(井田)의 제도를 만들어, 조법을 말하였으므로 이것이 정전이 됨을 아는 것이다. 630무의 7×9 630이다. 토지를 가지고 구획하여 아홉 구역으로 만들었으니, 한 구역이 '구(區)'는 매 구역이다. 70무였다. 한가운데는 공전(公田)이 되고 그 바깥은 여덟 집에 각기 한 구역을 주어, 단지 그 힘을 빌려서 공전을 도와 경작하게 하고, 다시는 '부(復)'는 거성(去聲:다시)이다. 그 사전(私田)에 세를 내지 않게 하였다. 《대전》에 말하였다. "이른바 도와서 경작만 하고 세금을 거두지 않는다는 것이다." 주(周)나라 때에는 한 가장이 토지 100무를 받는데, 향(鄕)·수(遂)에는 공법(貢法)을 써서*① 10부(夫)에 구(溝)가 있었고,*② 네 글자(十夫有溝)는 《주례(周禮)》〈수인(遂人)〉에 나온다. 도(都)·비(鄙)에는 조법(助法)을 써서 향(鄕)·수(遂)와 도(都)·비(鄙)는 바로 아랫글에서 말한 국중(國中)과 들〔野〕이라는 것이 이것이다. 여덟 집이 정(井)을 함께 하여 《주례》〈고공기(考工記)〉에 "구부(九夫)를 정(井)이라 한다." 하였다. 경작하게 되면 노동력을 통하여 일하고 통(通)이다. 수확하게 되면 이랑 수를 계산하여 분배하였다. 균(均)이다 그러므로 철(徹)이라고 이른 것이다. 주자가 말씀하였다. "이 또한 자세히 알 수 없으니, 혹은 다만 경작할 때에는 노동력을 통하고 수확할 때에는 각각 자기 이랑의 수확을 얻는 것인지를 또한 알 수 없다." ○ 또 말씀하였다. "삼대 시대에 전지(田地)를 받음이 많고 적음은 의심할 만하다. 이와 같이 변경하였다면 밭 사이에 허다한 강리(疆理:경계)를 모두 마땅히 다시 고쳐야 하니, 이럴 리가 없을 듯하다. 맹자는 다만 전하여 들으시기를 이와 같이 하셨을 것이니, 다 믿기가 어려울 듯하다." ○ 구산양씨(龜山楊氏)가 말하였다. "철(徹)은 공법과 조법을 겸하여 통용한 것이다."

*① 향(鄕)·수(遂)에는 공법(貢法)을 써서 : 주대(周代)에 왕성(王城)에서 50리 이상 떨어져 있는 지역을 '향(鄕)'이라 하여 육향(六鄕)으로 나누고, 100리 이상 떨어져 있는 지역을 '수(遂)'라 하여 육수(六遂)로 나누었다. 도시와 가까운 곳(향·수)에서는 정전(井田)제도를 사용하기 어려움으로, 토지에 따라 10분의 1을 조세로 바치고 아래 도(都)·비(鄙)에는 정전제도를 사용한 것이다.

*② 십부(十夫)에 구(溝)가 있었고 : 100무(畝)를 1부(夫)라 하는 바, 《주례》〈지관(地官) 수인(遂人)〉에 "10부(夫)에 구(溝)가 있고 구(溝) 위에 진(畛:밭두둑)이 있으며,

100부(夫)에 혁(洫)이 있고 혁(洫) 위에 도(塗;작은 길)가 있다." 하였다.

其實皆什一者는 貢法은 固以十分 去聲이니 下同이라 之一로 爲常數하고 正是什一也니 夏、周之貢이 皆然이라 惟助法은 乃是九一이나 除廬而言也니 商、周之助皆然이라 **而商制는 不可考요** 上註는 依本文解義而已요 其制之詳은 則實無可考 如周制之有明文也라 **周制則公田百畝에 中以二十畝로 爲廬舍하여** 新安陳氏曰 八家各爲治田時所居하니 所謂二畝半在田24)이 是也라 ○ 按在邑之二畝半은 初不在九百畝之中이라 **一夫所耕公田이 實計十畝니** 以八十畝而八家分耕之라 ○ 出漢書食貨志라 **通私田百畝하면 共一百一十畝라 爲十一分而取其一이니 蓋又輕於十一矣라** 擧成數而言皆十一이라 **竊料** 推周制而料之라 **商制亦當似此하여 而以十四畝로 爲廬舍하여** 八分之하면 各不滿二畝라 **一夫實耕公田七畝리니 是亦不過十一也라** 亦十一分而取其一이라 **徹은 通也며 均也요** 指下徹字하니 蓋徹者之徹은 以法名言이요 徹也之徹은 以字義言이라 **藉는 借也라** 借力以耕이라

그 실제는 모두 10분의 1이라는 것은 공법(貢法)은 진실로 10분의 1을 '분(分)'은 거성(去聲;나눔)이니, 아래도 같다. 떳떳한 수로 삼았고, 이는 바로 10분의 1 세법(稅法)이니, 하나라와 주나라의 공법이 다 그러하였다. 오직 조법(助法)은 바로 9분의 1의 세법(稅法)이지만 여막을 제하고 말한 것이니, 상나라와 주나라의 조법이 다 그러하였다. 상나라 제도는 상고할 수 없으며, 윗주는 본문을 따라 뜻을 해석했을 뿐이요. 그 제도의 자세함은 실로 분명한 글이 있는 주나라 제도처럼 상고할 만한 것이 없다. 주나라 제도는 공전(公田) 100무에 가운데 20무를 여막으로 만들어서 신안진씨가 말하였다. "〈20무를 여덟 개로 만들어〉여덟 가호(家戶)가 각각 전지(田地)를 다스릴 때 거처하는 곳으로 삼았으니, 이른바 '2무(畝) 반은 전지에 있다.'는 것이 이것이다." ○ 살펴보긴대 읍에 있는 2무 반은 애당초 900무 가운데 들어 있지 않다. 일부(一夫)가 경작하는 공전(公田)이 실로 계산하면 10무이다. 80무를 가지고 여덟 가호가 나누어 경작하는 것이다. ○ 이 내용은 ≪한서(漢書)≫〈식화지(食貨志)〉에 나온다. <이것과> 사전(私田) 100무를 통틀어 계산하면 110무이다. <그렇다면> 모두 11분의 1을 취함이 되니, 이는 또 10분의 1보다 가벼운 것이다. 성수(成數)를 들어 다 십일(什一)이라고 말한 것이다.

내가 생각하건대, 주나라 제도를 미루어 헤아린 것이다. 상나라 제도 역시 마땅히 이와 같아서 14무를 여막으로 삼아 여덟로 나누면 각각 2무가 채 되지 못한다. 한 가장이 실제로 공전 7무를 경작했을 것이니, <그렇다면> 이는 또한 10분의 1에 불과하다. 또한 11분에 그 하나를 취하는 것이다. '철(徹)'은 통한다는 뜻이며 고르게 한다는 뜻이요, 아래 철(徹)자

---

24) ≪孟子 梁惠王上 3章≫ "五畝之宅, 樹之以桑, 五十者, 可以衣帛矣." ≪集註≫ "五畝之宅, 一夫所受, 二畝半, 在田, 二畝半, 在邑."

를 가리킨 것이니, 철자(徹者)의 철은 제도의 이름으로 말한 것이고, 철야(徹也)의 철은 글자의 뜻으로 말하였다. '자(藉)'는 빌린다는 뜻이다. 자(藉)는 힘을 빌어 경작하는 것이다.

3-7

龍子曰 治地는 莫善於助요 莫不善於貢이라하니 貢者는 校數歲之中하여 以爲常하나니 樂歲엔 粒米狼戾하여 多取之而不爲虐이라도 則寡取之하고 凶年엔 糞其田而不足이라도 則必取盈焉하나니 爲民父母하여 使民盻盻然將終歲勤動하여 不得以養其父母하고 又稱貸而益之하여 使老穉(稚)로 轉乎溝壑이면 惡(오)在其爲民父母也리잇고

용자(龍子)가 말하기를 '토지를 다스림은 조법보다 좋은 것이 없고 공법보다 나쁜 것이 없다.' 하였으니,*① 공(貢)은 몇 년의 중간치를 비교하여 일정한 수를 내게 하는 것입니다. 풍년(豐年)에는 곡식이 낭자(狼藉)하여 많이 취하여도 포악함이 되지 않더라도 적게 취하고, 흉년에는 그 토지에 거름을 주기에도 부족하거늘 반드시 <일정액을> 채움을 취하니, 백성의 부모가 되어서 백성들로 하여금 한스럽게 보아 징자 일년내내 부지런히 노동하여 그 부모를 봉양할 수 없게 하고, 또 빚을 내어 보태어서 <세금을 내게 하여> 늙은이와 어린아이로 하여금 구학(溝壑)에서 전전하게 한다면 백성의 부모된 것이 어디에 있겠습니까

*① 용자(龍子)가……하였으니 : ≪관본언해(官本諺解)≫는 용자의 말을 '위민부모야(爲民父母也)'까지로 보았고, ≪율곡언해≫는 '이위상(以爲常)'까지로 보았으나 호산(壺山)의 설(說)을 따라 여기에서 끝난 것으로 보았다.

樂은 音洛이라 盻는 五禮反이니 從目從兮라 或音普覓反者하니 非라 養은 去聲이요 惡는 平聲이라

'낙(樂)'은 음이 낙(洛)이다. '예(盻)'는 오(五)·예(禮)의 반절[흘겨볼 예]이니, '목(目)'을 따르고 '혜(兮)'를 따랐다. 혹자는 음이 보(普)·연(覓)의 반절[흘겨볼 변]이다 하니, 잘못이다. '양(養)'은 거성(去聲;봉양함)이요, '오(惡)'는 평성(平聲;어찌)이다.

此節은 以助與貢相較而攻貢法하니 欲文公之用助法耳라 ○ 按栗谷諺解에 以龍子說로 爲止於爲常하니 今詳之하면 恐是止於於貢이라 蓋其下文語勢가 分明是孟子口氣요 且後篇引其說과 及上節引陽虎者 皆止於二句에 可見이요 若見行諺解는 則太涉拖長矣라 ○ 沙溪曰 校數歲之中을 栗谷은 釋校數其歲之中하여 謂不豐不凶之中年也라하시니 愚意는 以爲通計其數年之間所收多少之數하여 而定爲常式也로라 ○ 按中字는 從栗谷하고 數字는 從沙溪 恐好하니 諺解蓋如是耳라

이 절은 조법과 공법을 가지고 서로 비교하여 공법을 공격하였으니, 문공이 조법을 사용하도록 하고자 한 것이다. ○ 살펴보건대 《율곡언해》에는 용자의 설을 '위상(爲常)'에 그친 것으로 하였으니, 지금 살펴보면 '어공(於貢)'에서 그칠 듯하다. 그 아랫글의 어세(語勢)가 분명 맹자의 구기(口氣;어투)이고, 또 뒤편에 인용한 그 말과 윗절에 인용한 양호(陽虎)의 말이 모두 두 구(句)에 그친 것에서 알 수 있으며, 현행(見行)하는 《관본언해》로 말하면 너무 깊에 해당된다.*① ○ 사계(沙溪)가 말씀하였다. "'교수세지중(校數歲之中)'을 율곡은 그 해의 중간을 비교하고 세어서 풍년이 들지 않고 흉년이 들지 않은 중간 년도라고 해석하였으니, 나의 뜻은 그 몇 년 사이에 수확한 많고 적을 수를 통계하여 일정한 법식으로 정한 듯하다." ○ 살펴보건대 중(中)자는 율곡을 따르고 수(數)자는 사계의 설을 따르는 것이 좋을 듯하니, 《언해》의 해석이 아마도 이와 같을 것이다.*②

*① 현행(見行)하는……해당된다 : 《관본언해》에는 이 한 절(節)을 모두 용자(龍子)의 말로 보았다. 그러므로 너무 깊에 해당된다고 한 것이다.
*② 《언해》의……것이다 : 《관본언해》에는 "공(貢)은 두어해 가운데를 비교하여 써 떳떳함을 삼나니."로 되어 있다.

龍子는 古賢人이라 狼戾는 猶狼藉니 音籍이라 言多也라 多而亂也라 糞은 壅 於用反이라 也라 沙溪曰 與班祿章註25)로 不同하니 其曰糞多力勤은 乃糞穢之糞이니라 ○ 按班祿註에 不別訓糞은 蓋蒙此註耳니 未見其有異也라 田用糞穢는 所以和土而培壅穀根也라 糞多者도 亦不滿於常貢之數하면 其不糞者는 又可知也라 盈은 滿也라 盼는 大全曰 胡計、吾計二反이라 陸音은 五禮反이니 誤라 恨視也라 勤動은 勞苦也라 稱은 擧也요 貸는 佗代反이라 借也니 取物於人하고 而出息 子利라 以償之也라 釋稱貸라 益之는 以足取盈之數也라 稺는 幼子也라 稺甚於弱이라 ○ 林氏曰 禹貢之法은 有錯出者하여 不以爲歲之常數하여 其弊未至如龍子之言하니 乃當時諸侯用貢法之弊耳리라

용자(龍子)는 옛 현인(賢人)이다. '낭려(狼戾)'는 낭자(狼藉)와 같으니, '자(藉)'는 음이 자(籍)이다. 많음을 말한다. 많으면서 어지러운 것이다. '분(糞)'은 북돋움이다. '옹(壅)'은 어(於)·용

25) 《孟子 萬章下 2章》 "北宮錡問曰: 周室班爵祿也, 如之何. 孟子曰…耕者之所獲, 一夫百畝, 百畝之糞, 上農夫食九人." 《集註》 "一夫一婦 佃田百畝, 加之以糞, 糞多而力勤者, 爲上農, 其所收可供九人."

(用)의 반절[북돋을 옹]이다. ○ 사계가 말씀하였다. "반록장(班祿章)의 주와 똑같지 않으니, 〈반록장에서〉 그 거름이 많고 힘이 부지런하다고 말한 분(糞)은 바로 분예(糞穢:거름)의 분(糞)이다." ○ 살펴보건대 반록장의 주에 특별히 분을 훈(訓)하지 않음은 아마도 이 주를 이어받은 듯하니, 그 다름이 있음을 볼 수 없다. 밭에 분예를 사용함은 거름을 흙과 섞어서 곡식의 뿌리를 북돋는 것이다. 거름이 많은 자도 항상 세금을 바치는 수에 차지 못한다면 그 거름이 없는 자는 또 알 수 있다. '영(盈)'은 가득함이다. '예(盻)'는 ≪대전≫에 말하였다. "호(胡)·계(計)와 오(吾)·계(計)의 두 반절[흘겨볼 혜, 흘겨볼 예]이다. 육덕명(陸德明)의 음은 오(吾)·예(禮)의 반절[흘겨볼 예]이다 하였으니, 잘못이다." 한스럽게 보는 것이다. '근동(勤動)'은 노고(勞苦)이다. '칭(稱)'은 듦이요 '대(貸)'는 타(佗)·대(代)의 반절[빌릴 대]이다. 빌림이니, 남에게 물건을 취하고 이자[利息]를 '식(息)'은 이자이다. 내어 상환하는 것이다. 이는 칭대(稱貸)를 해석한 것이다. '익지(益之)'는 가득함을 취하는 수를 충족하는 것이다. '치(稚)'는 어린 자식이다. '치(稚)'가 약(弱)보다 심하다. ○ 〈공법은 대우(大禹)가 남겨준 법제인데 이와 같음은 어째서인가〉 임씨(林氏)가 말하였다. "≪서경≫〈우공(禹貢)〉의 법은 〈구주지부(九州之賦)를 다른 것과〉 섞어 내는 경우가 있어서 해의 일정한 수로 삼지 아니하여 그 폐해가 용자의 말과 같음에 이르지 않았으니, 이는 바로 맹자 당시의 제후가 공법을 쓴 폐해일 것이다.

3-8

夫世祿은 滕이 固行之矣니이다

저 세록(世祿)은 등나라가 진실로 시행하고 있습니다.

夫는 音扶라

'부(夫)'는 음이 부(扶;저)이다.

此節은 論世祿이로되 而惟助爲便於世祿하니 則其欲用助法之意를 可見이라 且固字文勢는 其所歸重者在言外矣라

이 절은 세록(世祿)을 논하였는데 오직 조법(助法)이 세록에 편리하니, 그렇다면 그 조법을 쓰고자하신 뜻을 알 수 있다. 또 고(固)자의 문세는 그 중점을 돌린 것이 말 밖에 있다.

孟子嘗言 文王治岐에 耕者를 九一하며 仕者를 世祿이라하시니 見梁惠王下26)라 二者는 王政之本也라 今世祿은 滕已 固라 行之요 惟助法未行이라 故로 取於民者無

---

26) ≪孟子 梁惠王下 5章≫ "對曰: 昔者文王之治岐也, 耕者, 九一, 仕者, 世祿, 關市, 譏而不征, 澤梁, 無禁, 罪人, 不孥."

制耳라 二句는 補言外之重意라 ○ 此上은 以世祿、助法相對釋之하고 此下는 又相因論之라 蓋世祿者는 授之土田하여 使之食其公田之入이니 實與助法으로 相爲表裏하니 所以使君子、野 一作小라 人으로 取用下文語라 各有定業하여 而上下相安者也라 故로 下文에 遂言助法하시니라 引詩而言之라

맹자가 일찍이 말씀하시기를 "문왕(文王)이 기주(岐周)를 다스릴 적에 경작하는 자들에게는 9분의 1의 세법(稅法)을 썼으며 벼슬하는 자들에게는 대대로 녹(祿)을 주었다." 하셨으니, 이 내용은 〈양혜왕 하〉에 보인다. 이 두 가지는 왕정(王政)의 근본이다. 지금 세록은 등나라가 이미 '이(已)'는 경문의 고(固)이다. 시행하고 있고, 오직 조법을 행하지 않았다. 그러므로 백성에게 취함이 제한이 없었던 것이다. 두 구(惟助法未行, 故取於民者無制耳.)는 말 밖의 중한 뜻을 보충한 것이다. ○ 이 이상은 세록과 조법(助法)을 가지고 상대하여 해석하였고, 이 아래는 또 서로 인하여 논하였다. 세록은 토지를 주어서 그로 하여금 그 공전(公田)의 수입을 먹게 하는 것이니, 실로 조법과 서로 표리(表裏)가 되니, 군자와 야인(野人)으로 '야(野)'가 일본(一本)에는 소(小)로 되어 있다. ○ 아랫글의 말을 취하여 썼다. 하여금 각기 일정한 생업이 있어서 상하(上下)가 서로 편안하게 하는 것이다. 그러므로 아랫글에 마침내 조법을 말씀하신 것이다. 시(詩)를 인용하여 말씀하였다.

3-9

詩云 雨我公田하여 遂及我私라하니 惟助에 爲有公田하니 由此觀之컨대 雖周나 亦助也니이다

≪시경≫에 이르기를 '우리 공전(公田)에 비를 내려 마침내 우리 사전(私田)에 미친다.' 하였으니, 오직 조법에 공전이 있는 것이니, 이로 말미암아 관찰한다면 비록 주(周)나라도 또한 조법을 쓴 것입니다.

雨는 于付反이라

'우(雨)'는 우(于)·부(付)의 반절[비내릴 우]이다.

詩는 小雅大田之篇이라 雨는 降雨 如字라 也라 言願天雨於公田하여 而遂及私田이라하니 先公而後私也라 此句는 釋詩人之意라 當時에 助法盡廢하여 典籍不存이요 請侯惡其害已而去之니 如班祿之制라 蓋井地不均하고 穀祿不平이 自是一串事라 惟有此詩

可見周亦用助라 朱子曰 周禮엔 行助法處에 有公田하고 行貢法處에 無公田하니 孟子也不曾見周禮하시고 只據詩裏說이시리라 故로 引之也시니라 雖周亦助一句는 遂奪上節周人百畝而徹一句라 於是에 貢與徹이 皆無所於事하여 而一專於助하니 至此而爲國之法과 常産之制成矣라 非惟殷之助也요 周亦用助하니 其勸公行助之意 始截然矣라

시(詩)는 <소아(小雅) 대전(大田)>의 편이다. '우(雨)'는 비[雨]를 '우(雨)'는 본자대로(비 우)
읽는다. 내림이다. 하늘이 공전에 비를 내려서 마침내 사전에 미치기를 원한다고 말하였
으니, 공(公)을 먼저 하고 사(私)를 뒤에 한 것이다. 이 구(句)는 시인의 뜻을 해석한 것이다.
당시에 조법이 모두 폐지되어 전적(典籍)이 남아 있지 않았고, 제후들이 그 자기들에게 해로
움을 싫어하여 없앴으니, 반록(班祿)의 제도와 같다. 정지(井地)가 균등하지 않고 곡록(穀祿)이
불공평함이 본래 일관(一串)된 일이다. 오직 이 시가 있어서 주나라 또한 조법을 쓴 것을 볼
수 있었다. 주자가 말씀하였다. "≪주례≫엔 조법(助法)을 행하는 곳에는 공전이 있고 공법(貢
法)을 행하는 곳에는 공전이 없으니, 맹자 또한 일찍이 ≪주례≫를 보지 못하시고 다만 ≪시경≫
의 내용을 근거하여 말씀하셨을 것이다." 그러므로 이 시를 인용하신 것이다. '수주역조(雖周
亦助)'라는 한 구는 마침내 윗절에 주나라 사람은 100무(畝)에 철법을 썼다는 한 구를 빼앗았다.
이에 공법과 철법이 모두 일삼을 곳이 없어서 한결같이 조법에 전일(專一)하게 되었으니, 이에
이르러 나라를 다스리는 법과 일정한 재산의 제도가 이루어졌다. 이는 다만 은나라의 조법 뿐이
아니요 주나라 또한 조법을 사용하였으니, 그 문공(文公)에게 조법을 행할 것을 권하신 뜻이 비
로소 엄격하다.

3-10

設爲庠、序、學、校하여 以敎之하니 庠者는 養也요 校者는 敎也
요 序者는 射也라 夏曰校요 殷曰序요 周曰庠이요 學則三代共之하
니 皆所以明人倫也라 人倫이 明於上이면 小民이 親於下니이다

상(庠)·서(序)·학(學)·효(校)를 설치하여 백성들을 가르쳤으니, 상(庠)은 봉양한다는
뜻이요 효(校)는 가르친다는 뜻이요 서(序)는 활쏘기를 익힌다는 뜻입니다. 하(夏)
나라에서는 효(校)라 하였고 은(殷)나라에서는 서(序)라 하였고 주(周)나라에서는
상(庠)이라 하였으며, 학(學;태학(太學))은 삼내(三代)가 이름을 함께 하였으니, 이는
모두 인륜(人倫)을 밝히는 것이었습니다. 인륜이 위에서 밝아지면 소민(小民)들이
아래에서 친해집니다.

此節은 論富而敎之之事하니 爲國之法이 大備矣라 然이나 其重意는 則猶在於助法一事하니 如謹庠序之於制民產耳라

> 이 절은 백성을 부유하게 하고 가르치는 일을 논하였으니, 나라를 다스리는 법이 크게 갖추어졌다. 그러나 그 중한 뜻은 여전히 조법(助法) 한 가지 일에 있으니, 상(庠)과 서(序)의 가르침을 삼감이 백성의 재산을 제정함과 같은 것이다.

庠은 以養老爲義하고 添老字라 校는 音效니 諺音誤라 以敎民爲義하고 序는 以習射爲義하니 皆以其音之相近而取義라 皆鄕學也라 學은 國學也라 共之는 無異名也라 倫은 序也니 父子有親、君臣有義、夫婦有別、彼列反이라 長 上聲이라 幼有序、朋友有信이니 見下章이라 此는 人之大倫也라 庠、序、學、校는 皆以明此而已니라 雙峯饒氏曰 孟子敎時君行仁政은 只是敎與養兩事니 小民親於下하여 使之君與臣自相親하고 父與子自相親하고 長與幼自相親이요 非尊君親上之親이니라

> '상(庠)'은 노인을 봉양함으로써 의의(意義)를 삼고 노(老)자를 더하였다. '효(校)'는 음이 효(效)이니, 《언해》의 음(교)이 잘못되었다. 백성을 가르침으로써 의의를 삼고 '서(序)'는 활쏘기를 익힘으로써 의의를 삼았으니, 모두 그 음(音)이 서로 비슷한 것으로 뜻을 취한 것이다. 모두 향학(鄕學)이다. '학(學)'은 국학(國學;태학)이다. '공지(共之)'는 다른 명칭이 없는 것이다. '륜(倫)'은 차례이니, 부자(父子)간에는 친함이 있고 군신(君臣)간에는 의리가 있고 부부(夫婦)간에는 분별이 있고 '별(別)'은 피(彼)·열(列)의 반절〔분별할 별〕이다. 장유(長幼)간에는 '장(長)'은 상성(上聲;어른)이다. 질서가 있고 붕우(朋友)간에는 신의가 있는 것이니, 아랫장에 보인다. 이는 사람의 큰 윤리이다. 상·서·학·효는 모두 이것을 밝히려 했을 뿐이다. 쌍봉요씨가 말하였다. "맹자께서 당시 임금에게 가르친 인정(仁政)은 다만 교(敎)와 양(養) 두 가지 일일 뿐이니, 소민(小民)들이 아래에서 친해져서 임금과 신하가 저절로 서로 친하고 아버지와 자식이 저절로 서로 친하고 어른과 어린이가 저절로 서로 친하게 하는 것이요. 임금을 높이고 윗사람을 친애하는 친(親)이 아니다."

3-11

> 有王者起면 必來取法하리니 是爲王者師也니이다

> 왕자(王者)가 나오면 반드시 〈등나라에〉 와서 취하여 법(모범)으로 삼을 것이니, 이는 왕자의 스승이 되는 것입니다.

滕國이 褊 音匾이라 小하여 雖行仁政이라도 未必能興王業이라 補其文上之意라 然이

나 爲王者師면 則雖不有天下라도 而其澤이 亦足以及天下矣니 聖賢至公無我之心을 於此에 可見이니라 論其言外之意라

등나라가 좁고 '변(褊)'은 음이 변(匾)이다. 작아서 비록 인정(仁政)을 행하더라도 반드시 왕업(王業)을 일으키지는 못할 것이다. 글 위의 뜻을 보충하였다. 그러나 왕자(王者)의 스승이 된다면 비록 천하를 소유하지 못하더라도 그 은택이 또한 충분히 천하에 미칠 수 있으니, 성현(聖賢)의 지극히 공정하고 사사로움[我]이 없으신 마음을 여기에서 볼 수 있다. 말 밖의 뜻을 논하였다.

3-12

詩云 周雖舊邦이나 其命維新이라하니 文王之謂也니 子力行之하시면 亦以新子之國하시리이다

≪시경≫에 이르기를 '주(周)나라가 비록 오래된 나라이나 그 명(命)은 새롭다.' 하였으니, 이는 문왕(文王)을 이른 것입니다. 자(子)께서 힘써 행하신다면 또한 자(子)의 나라를 새롭게 할 수 있을 것입니다."

詩는 大雅文王之篇이라 言周雖后稷以來로 舊爲諸侯나 其受天命而有天下는 則自文王始也라 子는 指文公이니 諸侯未踰年之稱也라 出左僖九年이라 子者는 繼父之辭라 ○ 雙峯饒氏曰 小大雖不同이나 可以爲善이면 便是新其國이니라 ○ 按不力行之면 不失爲王師요 若力行之면 足以自王을 如文王이니 此從淺至深之語法也라 ○ 東陽許氏曰 答文公爲國者止此요 下答畢戰은 只是言分田事니라 ○ 按此上은 如小學書之立敎、明倫이요 此下는 如其實立敎、實明倫이니 上下當分兩大節看이라 蓋此上은 論爲國而以助法爲歸重하고 此下는 遂言行井地之事로되 以爲國二字約之하여 而爲井地二字하니 井地는 此章之題目也라

시는 <대아(大雅) 문왕(文王)>의 편이다. 주나라가 비록 후직(后稷) 이래로 옛부터 제후(諸侯)가 되었으나 천명(天命)을 받아 천하를 소유한 것은 문왕으로부터 시작됨을 말한 것이다. '자(子)'는 문공(文公)을 가리킨 것이니, 제후로서 즉위한 지 1년을 넘지 않은 자의 칭호이다. 이 내용은 ≪춘추좌씨전≫ 희공(僖公) 9년에 나온다. '자(子)'는 아버지를 잇는다는 말이다. ○ 쌍봉요씨가 말하였다. "소국(小國)과 대국(大國)이 비록 똑같지 않으나, 선(善)을 하면 곧바로 그 나라를 새롭게 하는 것이다." ○ 살펴보건대 보통으로 행하면 왕의 스승이 됨을 잃지 않고 만약 힘써 행하면 충분히 스스로 왕 노릇 하기를 문왕과 같이 할 수 있으니, 이는 얕음으로부

터 깊음에 이르는 어법(語法)이다. ○ 동양허씨(東陽許氏;허겸(許謙)가 말하였다. "〈맹자가〉 문공에게 나라를 다스림을 답하신 것이 여기서 끝났고, 아래에 필전(畢戰)에게 답하신 것은 다만 전지(田地)를 나누어주는 일을 말씀하였다." ○ 살펴보건대 이 위는 ≪소학≫책의 〈입교(立教)〉와 〈명륜(明倫)〉과 같고, 이 아래는 ≪소학≫의 〈실입교(實立敎)〉와 〈실명륜(實明倫)〉과 같으니, 위 아래를 마땅히 두 큰 절로 나누어 보아야 한다. 이 위는 나라를 다스림을 논하면서 조법(助法)을 중점으로 돌렸고, 이 아래는 마침내 정지(井地)의 일을 말하였는데, '위국(爲國)' 두 글자를 요약하여 정지(井地) 두 글자를 만들었으니, '정지(井地)'는 이 장의 제목이다.

3-13

使畢戰으로 問井地한대 孟子曰 子之君이 將行仁政하여 選擇而使子하시니 子必勉之어다 夫仁政은 必自經界始니 經界不正이면 井地不均하며 穀祿不平하리니 是故로 暴君、汚吏는 必慢其經界하나니 經界旣正이면 分田、制祿은 可坐而定也니라

〈등 문공이〉 필전(畢戰)으로 하여금 정지(井地;정전법)를 묻게 하자, 맹자가 대답하셨다. "그대의 군주가 장차 인정(仁政)을 행하고자 하여 선택하여 자네를 시키셨으니, 자네는 반드시 힘쓸지어다. 저 인정은 반드시 〈토지의〉 경계를 다스림으로부터 시작되니, 경계를 다스림이 바르지 못하면 정지가 균등하지 못하고 곡록(穀祿)이 공평하지 못하게 된다. 이러므로 폭군(暴君)과 오리(汚吏)들은 반드시 그 경계를 다스리는 일을 태만히 하는 것이니, 경계를 다스림이 이미 바루어지면 토지를 나누어주고 곡록을 제정해줌은 가만히 앉아서도 정할 수 있는 것이다.

夫는 音扶라

'부(夫)'는 음이 부(扶;저)이다.

此子字는 如子誠齊人27)之子字라

이 '자(子)'자는 '그대(자네)는 진실로 제나라 사람이다.'의 자(子)자와 같다.

---

27) ≪孟子 公孫丑上 1章≫ "公孫丑問曰: 夫子當路於齊, 管仲晏子之功, 可復許乎. 孟子曰: 子誠齊人也. 知管仲晏子而已矣."

畢戰은 滕臣이라 文公이 因孟子之言하여 上文論助法者라 而使畢戰으로 主爲井地之事라 故로 又使之來問其詳也라 添詳字라 ○ 倒釋以便事라 ○ 慶源輔氏曰 度(탁)孟子來滕不久便去故로 使畢戰往問이라 井地는 卽井田也라 經界는 謂治地分田하여 經畫其溝、塗、封、植之界也라 經은 猶理也라 ○ 雙峯饒氏曰 溝洫、道塗、土堠、種木이라 此法이 不修면 如秦之開阡陌이라 則田無定分하여 去聲이라 而豪强이 指民이라 得以兼竝이라 去聲이라 故로 井地有不均하고 賦無定法하여 而貪暴 君吏라 得以多取라 故로 穀祿有不平하니 此는 欲行仁政者之所以必從此 經界라 始요 倒釋以便文이라 而暴君、汚吏는 邑宰라 則必欲慢而廢之也라 有以正之면 則分田、制祿을 可不勞 坐라 而定矣리라 南軒張氏曰 井田은 王政之本이요 而經界는 又井田之本也니라

필전(畢戰)은 등나라의 신하이다. 문공이 맹자의 말씀을 인하여 윗글의 조법을 논한 것이다. 필전으로 하여금 정지(井地)의 일을 주관하게 하였다. 그러므로 또 그로 하여금 와서 자세한 것을 묻게 한 것이다. '상(詳)'자를 더하였다. ○ 거꾸로(뒤집어) 해석하여 일을 편하게 하였다. ○ 경원보씨가 말하였다. "헤아려보건대 맹자가 등나라에 오신 지 오래지 아니하여 곧 떠나셨으므로 필전으로 하여금 찾아가 묻게 한 듯하다." '정지'는 바로 정전(井田)이다. '경계(經界)'는 땅을 다스리고 토지를 나누어서 도랑과 길과 봉(封)과 식(植)의 경계를 구획함을 이른다. '경(經)'은 리(理;다스림)와 같다. ○ 쌍봉요씨가 말하였다. "구혁(溝洫;도랑)과 도로와 토후(土堠;이정표)와 나무를 심는 것이다." 이 법이 닦여지지 못하면 진(秦)나라가 천맥(阡陌;밭두둑이나 도로)을 개척하여 농사지은 것과 같다. 토지가 일정한 나눔이 '분(分)'은 거성(去聲;나눔)이다. 없어서 호강(豪强)들이 호강은 백성을 가리킨다. 겸병(兼竝)할 '병(竝)'은 거성(去聲;아우름)이다. 수 있으므로 정지가 고르지 못함이 있고, 세금이 정한 법이 없어서 탐욕스럽고 포악한 자들이 군주와 관리이다. 많이 취할 수 있으므로 곡록에 공평하지 못함이 있는 것이니, 이는 인정을 행하고자 하는 자가 반드시 이로부터 '차(此)'는 경계(經界)이다. 시작하는 까닭이요, 거꾸로 해석하여 문장을 편하게 하였다. 폭군과 오리(汚吏)들은 '오리'는 읍재(邑宰)이다. 반드시 태만히 하여 이것을 폐지하고자 하는 것이다. 이것을 바로잡음이 있으면 토지를 나누어주고 곡록을 제정함은 수고롭지 않고서도 수고롭지 않음은 경문(經文)의 '좌(坐)'이다. 정할 수 있을 것이다. 남헌장씨가 말하였다. "정전은 왕정(王政)의 근본이고, 경계를 바로잡음은 또 정전의 근본이다."

3-14

夫滕이 壤地褊小하나 將爲君子焉이며 將爲野人焉이니 無君子면 莫治野人이요 無野人이면 莫養君子니라

이 등나라는 국토가 좁고 작으나 장차 군자(君子)가 될 사람이 있으며 장차 야인(野人)이 될 사람이 있을 것이니, 군자가 없으면 야인을 다스리지 못하고 야인이 없으면 군자를 봉양할 수 없다.

夫는 音扶라 養은 去聲이라

'부(夫)'는 음이 부(扶;이)이다. '양(養)'은 거성(去聲;봉양함)이다.

褊은 諺音誤라

'변(褊)'은 ≪언해≫의 음(편)이 잘못되었다.

言 滕地雖小나 然其間에 亦必有爲君子而仕者하며 亦必有爲野人而耕者라 以亦必有로 釋將字라야 其義乃足이라 ○ 治、養二字는 當與下章勞心、勞力으로 參看이라 是以로 分田、制祿之法을 新安陳氏曰 分田以給野人하고 制祿以待君子라 不可偏廢也니라 是以以下는 照上文하여 補言外之意라

등나라 땅이 비록 작으나 그 사이에 또한 반드시 군자가 되어 벼슬할 자가 있으며 또한 반드시 야인이 되어 경작할 자가 있을 것이다. '역필유(亦必有)'를 가지고 장(將)자를 해석하여 그 뜻이 비로소 충족되었다. ○ '치(治)·양(養)' 두 글자는 마땅히 아랫장의 노심(勞心)·노력(勞力)과 참고해 보아야 한다. 이 때문에 토지를 나누어주고 녹을 제정하는 법을 신안진씨가 말하였다. "전지를 나누어 야인에게 주고 녹을 제정하여 군자를 대우하는 것이다." 한 가지도 폐할 수 없다고 말씀한 것이다. '시이(是以)' 이하는 윗글을 조응하여 말 밖의 뜻을 보충하였다.

3-15

請野에 九一而助하며 國中에 什一하여 使自賦하라

청컨대 들(교외(郊外))에는 9분의 1 세법을 써서 조법(助法)을 시행하며, 국중(國中; 서울과 향·수)에는 10분의 1 세법을 써서 스스로 세금을 바치게 하라.

此는 分田、制祿之常法이니 所以治野人하여 使養君子也라 竝承上二節호되 先總提라 ○ 以治、養二事相因하여 爲一串事說이라 野는 郊外都、鄙之地也라 九一而助는 爲公田而行助法也라 國中은 郊門之內鄕、遂之地也니 六鄕、六遂는 見周禮司徒[28]라 田不井授하고 井而授之라 但爲溝洫하여 使什而自賦其一이니 朱子曰 行不得九一之法故로 只得什一自賦라 蓋用貢法也니 補此句라 周所謂徹法者 蓋如此라 九一、什一이라 ○ 添此句하여 以合於周制라 ○ 上旣專於助法하고 此又兼取貢者는 蓋欲因周之舊而修擧耳라 以此推之하면 當時에 非惟助法不行이요 其貢亦不止什一矣리라 不止什一故로 使之什一이라 ○ 此三句는 又微伸貢法而論之라

이것은 토지를 나누어주고 녹을 제정하는 떳떳한 법이니, 야인을 다스려 군자를 봉양하게 하는 것이다. 위 두 절을 아울러 이었는데, 먼저 총괄하여 제시하였다. ○ 치(治)와 양(養) 두 가지 일이 서로 인하여 일관(一串)된 일로 삼아 말씀하였다. '야(野)'는 교외(郊外)의 도(都)·비(鄙)의 땅이다. '구일이조(九一而助)'는 공전(公田)을 만들어 조법을 시행하는 것이다. '국중(國中)'은 교문(郊門)의 안에 있는 향(鄕)·수(遂)의 땅이니, 육향(六鄕)과 육수(六遂)는 ≪주례(周禮)≫ 〈사도(司徒)〉에 보인다. 토지를 정전(井田)으로 만들어 주지 않고 '정수(井授)'는 정전을 만들어 주는 것이다. 다만 구혁(溝洫)을 만들어서 10분의 1을 스스로 바치게 하니, 주자가 말씀하였다. "〈향·수에는〉 9분의 세법을 행할 수 없으므로 다만 10분의 1을 스스로 내게 한 것이다." 이는 공법(貢法)을 쓴 것이다. 이 구를 보충하였다. 주나라의 이른바 철법(徹法)이라는 것이 이와 같았다. '차(此)'는 9분의 1과 10분의 1이다. ○ 이 구를 더하여 주나라 제도에 부합하게 하였다. ○ 위에서는 이미 조법을 오로지 말하였고 여기에는 또 공법을 겸하여 취한 것은, 주나라의 옛것을 따라 닦고 거행하고자 한 것이다. 이로써 미루어보면 당시에 단지 조법이 시행되지 못했을 뿐만 아니라 공법 역시 10분의 1에 그치지 않았을 것이다. 10분의 1에 그치지 않았으므로 하여금 10분의 1을 내게 한 것이다. ○ 이 세 구(以此推之, 當時非惟助法不行, 其貢亦不止什一矣.)는 또 공법을 약간 펴서 논하였다.

3-16

卿以下는 必有圭田하니 圭田은 五十畝니라

경(卿) 이하는 반드시 규전(圭田)이 있었으니, 규전은 50무(畝)이다.

此는 世祿常制之外에 又有圭田이니 所以厚君子也라 圭는 潔也니 所以奉祭祀也라

---

[28] ≪周禮 司徒≫ "王畿附郭, 百里內爲六鄕, 外爲六遂."

祭祀는 貴潔이라 不言世祿者는 滕已行之요 上已言之라 但此未備耳라 朱子曰 圭田은 恐只是給公田이라 古者田祿은 皆是助法之公田이니 如有田一成이 是也니라

이는 세록(世祿)의 떳떳한 제도 외에 또다시 규전(圭田)이 있는 것이니, 군자를 후대한 것이다. '규(圭)'는 깨끗함이니, 제사를 받드는 것이다. 제사는 깨끗함을 귀하게 여긴다. 세록을 말하지 않은 것은 등나라가 이미 시행하였고, 다만 이 제도가 미비했을 뿐이다. 주자가 말씀하였다. "규전은 다만 공전을 지급한 듯하다. 옛날 전록(田祿)은 모두 조법의 공전이니, 전지 1성(成)을 소유했다*①는 것과 같은 것이 이것이다."

*① 전지 1성(成)을 소유했다 : 농지가 사방 10리인 것을 1성이라 한다. 옛날 하(夏)나라는 유궁(有窮)의 군주인 예(羿)와 그의 잔당에게 망하였는데, 하후 상(夏后相)의 유복자인 소강(少康)이 도망하여 윤읍(綸邑)에 거주하고 전지(田地) 1성과 병력 1려(旅;750명)를 소유하여 결국 예의 잔당을 평정하고 하나라를 다시 일으켰는바, 이 내용이 《춘추좌씨전》 애공(哀公) 원년에 보인다.

3-17

餘夫는 二十五畝니라

여부(餘夫)는 25무(畝)를 준다.

程子 當考라 曰 一夫 上父母하고 下妻子하여 以五口、八口爲率(율)하여 受田百畝하니 如有弟면 是餘夫也라 年十六에 別受田二十五畝하고 俟其壯而有室하여 三十有室은 見禮記曲禮라 然後에 更 平聲이라 受百畝之田이라 愚按 此는 百畝常制之外에 又有餘夫之田이니 以厚野人也라 雙峯饒氏曰 圭田餘夫는 是百畝中半分、四分이라

정자가 마땅히 상고하여야 한다. 말씀하였다. "일부(一夫)는 위로 부모가 있고 아래로 처자가 있어서 다섯 식구와 여덟 식구를 비율로 삼아 토지 100무를 받으니, 만일 아우가 있으면 이는 여부(餘夫)이다. 나이 16세에 별도로 토지 25무를 받고, 그가 장성하여 아내가 있기를 기다린 뒤에 30세에 실(室;아내)을 둠은 《예기》 〈곡례(曲禮)〉에 보인다. 다시 '경(更)'은 평성(平聲;다시)이다. 100무의 토지를 받는다."

내(주자)가 살펴보건대, 이는 100무의 떳떳한 제도 외에 또다시 여부의 토지가 있는 것이니, 야인을 후대한 것이다. 쌍봉요씨가 말하였다. "규전과 여부는 바로 100무 가운데 2분의 1과 4분의 1이다."

3-18

死徙에 無出鄕이니 鄕田同井이 出入에 相友하며 守望에 相助하며 疾病에 相扶持하면 則百姓이 親睦하리라

죽거나 이사함에 향(鄕)을 벗어남이 없으니, 향전(鄕田)에 정(井)을 함께 한 자들이 나가고 들어올 때에 서로 짝하며, 지키고 망볼 때에 서로 도우며, 질병이 있을 때에 서로 붙들어 주고 잡아 준다면 백성들이 친목하게 될 것이다.

死는 謂葬也요 徙는 謂徙其居也라 同井者는 八家也라 友는 猶伴也라 守望은 防寇盜也라 扶持는 如通針藥, 分耕樵之類라 ○ 百姓親睦은 卽上文所云小民親於下也라

'사(死)'는 장례를 이르고, '사(徙)'는 거주지를 이사함을 이른다. '동정(同井)'은 여덟 집이다. '우(友)'는 반(伴)과 같다. '수망(守望)'은 도둑을 막는 것이다. '부지(扶持)'는 병이 들었을 때에 침(針)과 약을 서로 통하고, 밭 갈고 나무하는 것을 나누는 따위와 같은 것이다. ○ 백성이 친목함은 바로 윗글에서 말한 소민(小民)이 아래에서 친하다는 것이다.

3-19

方里而井이니 井이 九百畝니 其中이 爲公田이라 八家皆私百畝하여 同養公田하여 公事畢然後에 敢治私事하니 所以別野人也니라

사방 1리(里)가 정(井)이니, 정은 900무이니, 그 가운데가 공전(公田)이다. 여덟 집에서 모두 100무를 사전(私田)으로 받아서, 함께 공전을 가꾸어 공전의 일이 끝난 뒤에야 감히 사전의 일을 다스리니, 이는 야인을 구별한 것이다.

養은 去聲이라 別은 彼列反이라

'양(養)'은 거성(去聲;가꿈)이다. '별(別)'은 피(彼)·열(列)의 반절[분별 별]이다.

此는 詳言井田形體之制니 此節은 與保民章末節로 文法略同하니 前此許多說話는 皆爲此一節設耳라 乃周之助法也라 殷助則井六百三十畝라 公田은 以爲君子之祿이요 而私田은 野人之所受니 先公後私는 雨在天하여 難必이요 事在人하여 可必이라 所以別君子、野人之分 去聲이라 也라 添君子字라 不言君子는 據野人而言하니 只據野人而言者

라 省(생)文耳라 文雖省이나 而意實該하니 凡言省文者 放此라 上言野及國中二法하고 此獨詳於治野者는 國中貢法은 當時 一作世라 已行이요 但取之過於什一爾니라 當與 上註參看이라

이는 정전(井田) 형체(形體)의 제도를 상세히 말씀한 것이니, 이 절은 보민장(保民章;〈양혜왕 상〉7장)의 끝절과 문법이 대략 같으니, 이전에 허다한 말씀은 모두 이 한 절을 위하여 말씀한 것이다. 바로 주나라의 조법(助法)이다. 은(殷)나라의 조법은 정전이 630무이다. 공전은 군자의 녹이 되고 사전은 야인이 받는 것이니, 공(公)을 먼저 하고 사(私)를 뒤에 함은 비 오는 것은 하늘에 달려있어서 기필하기가 어렵고, 일하는 것은 사람에게 달려있어서 기필할 수 있다. 군자와 야인의 신분을 구별한 '분(分)'은 거성(去聲;구별)이다. 것이다. 군자(君子)란 글자를 더하였다. 군자를 말하지 않은 것은 야인을 근거하여 말했으니, 다만 야인을 근거하여 말하였다. 생략한 글이다. 글은 비록 생략하였으나 뜻은 실로 다 포함하였으니, 무릇 생문(省文)이라고 말한 것은 이와 같다. 위에서는 야(野)와 국중(國中) 두 가지 법을 말하고 여기서는 다만 야를 다스림에 대해 상세히 말한 것은, 국중의 공법은 당세에 '시(時)'가 일본(一本)에는 세(世)로 되어있다. 이미 시행하였는데 다만 취하기를 10분의 1보다 더하였을 뿐이었다. 마땅히 윗주와 참고해 보아야한다.

3-20

> 此其大略也니 若夫潤澤之는 則在君與子矣니라
>
> 이것이 그 대략이니, 저 이것을 윤택하게 하는 것으로 말하면 군주와 자네에게 달려 있다."

夫는 音扶라

'부(夫)'는 음이 부(扶;저)이다.

井地之法을 諸侯皆去 上聲이라 其籍하니 六字는 見萬章下29)라 ○ 先補文上意라 此特其大略而已라 潤澤은 謂因時制宜하여 使合於人情하고 宜於土俗하여 各隨其土之俗이라 而不失乎先王之意也라 雙峯饒氏曰 潤澤은 非文飾之謂요 是和軟底意라 前面은 說底是箇硬局子요 到這裏하여는 須是會變通이라야 方可行得이니 此朱子善形容孟子用心處

---

29) 《孟子 萬章下 2章》 "北宮錡問曰: 周室班爵祿也, 如之何. 孟子曰: 其詳不可得而聞也. 諸侯惡其害己也, 而皆去其籍, 然而軻也嘗聞其略也."

시니라

정지(井地)의 법을 제후들이 모두 그 전적(典籍)을 없애버렸으니, '거(去)'는 상성(上聲:제거함)이다. ○ 여섯 글자(諸侯皆去其籍)는 〈만장 하〉에 보인다. ○ 먼저 글 위의 뜻을 보충하였다. 이는 다만 그 대략일 뿐이다. '윤택(潤澤)'은 때에 따라 마땅하게 만들어서 인정(人情)에 합하고 토속(土俗)에 마땅하여 각각 그 지방의 풍속을 따른 것이다. 선왕(先王)의 뜻을 잃지 않게 함을 이른다. 쌍봉요씨가 말하였다. "윤택은 문식(文飾)함을 말한 것이 아니요, 화합하고 부드럽게 한다는 뜻이다. 전면(前面)에서 말한 것은 바로 경직된 판이고, 이속에 이르러서는 모름지기 변통을 하여야 비로소 시행할 수 있으니, 이는 주자가 맹자의 용심(用心)하신 곳을 잘 형용한 것이다."

○ 呂氏曰 子張子 如庸、學註之稱子程子라 慨然有意三代之治하사 去聲이니 下言治同이라 論治人先務에 未始不以經界爲急하여 講求法制하여 粲然備具하시니 要 平聲이라 之컨대 猶言求之、察之라 可以行於 一作于라 今이니 句라 如有用我者면 出論語陽貨30)라 ○ 我字는 不必深泥니 引用古人成語에 多有此例라 擧而措之耳라 見易繫辭31)라 ○ 此以上은 其事也요 兩曰字下는 其言也요 方與以下는 又其事也라

○ 여씨(呂氏여대림(呂大臨))가 말하였다. "자장자(子張子)가 ≪중용≫과 ≪대학≫ 주의 자정자(子程子)라고 칭한 것과 같다. 개연(慨然)히 삼대(三代)의 정치에 '치(治)'는 거성(去聲:정치)이니, 아래 언치(言治)도 같다. 뜻을 두시어 백성을 다스리는 급선무를 논할 적에 일찍이 경계를 다스리는 것을 급하게 여기지 않은 적이 없어서 법제(法制)를 강구하여 찬연(粲然)히 구비하셨다. 요컨대 '요(要)'는 평성(平聲:살펴봄)이다. ○ '요지(要之)'는 구지(求之)·찰지(察之)라는 말과 같다. 지금에 '어(於)'가 일본(一本)에는 우(于)로 되어 있다. 행힐 수 있게 히셨으니, 여기에서 구를 뗀다. 만일 자신(자장자)을 써주는 자가 있으면 이 내용은 ≪논어≫〈양화(陽貨)〉에 나온다. ○ '아(我)'자는 굳이 깊이 구애할 것이 없으니, 옛사람이 이루어놓은 말을 인용할 적에 이와 같은 준례가 많이 있다. 들어서 이것을 조처할 뿐이었다. 이 내용은 ≪주역≫〈계사전(繫辭傳)〉에 보인다. ○ 이 이상은 그 일이고, 두 왈(曰)자 아래는 그 말씀이고, 방여(方與) 이하는 또 그 일이다.

嘗曰 仁政은 必自經界始니 貧富不均하고 敎養無法이면 一主孟子之言이라 雖欲言治나 皆苟而已라 世之病難行者는 病其難行이라 未始不以亟(극)奪富人之田爲辭라 病之之辭라 然이나 玆法之行에 悅之者衆하리니 苟處 上聲이라 之有術이면 苟字義止此라

---

30) ≪論語 陽貨 4章≫ "子曰: 夫召我者, 而豈徒哉. <u>如有用我者, 吾其爲東周乎.</u>"

31) ≪周易 繫辭傳上≫ "是故, 形而上者, 謂之道, 形而下者, 謂之器, 化而裁之, 謂之變, 推而行之, 謂之通, <u>擧而措</u>之天下之民, 謂之事業."

期以數年하여 不刑一人而可復이니 所病者는 特上之未行耳라 吾之病之는 異乎人之病之라 乃言曰 嘗曰은 汎辭也요 乃言曰은 切辭也라 縱不能行之天下나 猶可驗之一鄕이라하고 方與學者로 議古之法하여 買田一方하여 畫爲數井하여 此亦有未易行者라 上不失公家之賦役하고 退以 猶行也라 其私로 正經界하고 分宅里하며 立斂 去聲이라 法하고 廣儲蓄하며 興學校하고 成禮俗하며 救菑 災同이라 恤患하고 厚本抑末이면 足以推先王之遺法하여 明當今之可行이라하시더니 有志未就而卒하시니라 按呂氏鄕約은 所以成其師未就之事요 而張子之所欲行은 則實本於孟子此章하니 此章은 其鄕約之祖乎인저

일찍이 말씀하시기를 '인정(仁政)은 반드시 경계를 다스리는 것에서 시작하여야 하니, 빈부(貧富)가 균등하지 못하며 교(敎)·육(養)함에 법도가 없으면 한결같이 맹자의 말씀을 주장하였다. 비록 정치(政治)를 말하고자 하나 모두 구차할 뿐이다. 세상에 이것을 시행하기 어려움을 병으로 여기는(걱정하는) 자들은 그 행하기 어려움을 병으로 여기는 것이다. 일찍이 부자(富者)의 토지를 대번에 빼앗아야 함을 구실로 삼지 않는 자가 없다. 병으로 여기는 말이다. 그러나 이 법이 시행되면 좋아하는 자가 많을 것이니, 만일 대처함에 '처(處)'는 상성(上聲;대처함)이다. 방법이 있게 하면 구(苟)자의 뜻이 여기까지이다. 몇 년을 기약하여 한 사람을 형벌하지 않고서도 <옛 제도를> 회복할 수 있으니, 걱정 되는 것은 다만 위에서 행하지 않는 것일 뿐이다.' 내가 병으로 여기는 것은 보통사람들이 병으로 여기는 것과는 다르다. 하였다.

그리하여 마침내 말씀하시기를 상왈(嘗曰)은 범연히 한 말씀이고, 내왈(乃曰)은 간절한 말씀이다. '비록 이것을 천하에 행할 수는 없으나, 오히려 한 지방에 시험할 수 있다.' 하시고는 막 배우는 자들과 더불어 옛 법을 의논하여 '토지 1방(方)을 사서 구획하여 몇 정(井)을 만들어, 이 또한 쉽게 행할 수 없는 점이 있다. 위로는 국가의 부세(賦稅)와 요역(徭役)을 잃지 않고 물러나서는 그 사전(私田)으로써 '이(以)'는 행(行)과 같다. 경계를 다스리고 택리(宅里)를 나누어주며, 거두는 '렴(斂)'은 거성(去聲;거둠)이다. 법을 세우고 저축(儲蓄)을 넓히며, 학교를 일으키고 예속(禮俗)을 이루며, 재난(災難)이 '재(菑)'는 재(災)와 같다. 있는 자를 구제해 주고 환란(患難)이 있는 자를 구휼하며, 본업(本業;농업)을 후대하고 말업(末業;상공업(商工業))을 억제하면 충분히 선왕(先王)이 남기신 법을 미루어서 지금에 <정전법을> 시행할 수 있음을 밝힐 수 있다.' 하셨는데, 뜻을 두셨으나 이루지 못하고 별세하였다." 살펴보건대 여씨(呂氏)의 향약(鄕約)은 그 스승(장자(張子))이 성취하지 못한 일을 이룬 것이고, 장자(張子)가 행하고자 하신 것은 실로 맹자의 이 장에서 근본하였으니, 이 장은 아마도 향약(鄕約)의 원조일 것이다.

○ 通論二章故로 又加圈이라

두 장을 통틀어 논하였으므로 또다시 권(○)을 가하였다.

愚按 喪禮、經界兩章에 見孟子之學이 識 音志라 其大者라 四字는 出論語子張32)이라 是以로 雖當禮 喪禮라 法 井田이라 廢壞之後하여 制度、節文을 新安陳氏曰 喪禮는 節文이요 經界는 制度라 不可復 去聲이라 考나 而能因略以致詳하고 推舊 略이라 而 爲新하여 詳이라 不屑屑於旣往之迹하고 而能合乎先王之意하시니 眞可謂命世亞聖 之才矣로다 命世는 謂天以是人으로 命於此世也라 此語는 本出趙岐序하니 漢世尊尙孟子 는 蓋自岐始라 ○ 雙峯饒氏曰 前此諸侯 欲富其國하여 井田大綱已壞하고 商君則索性壞却 하니라 ○ 南軒張氏曰 至鞅하여 倂與其名亡之하니라

내가 살펴보건대, 상례(喪禮)와 경계(經界) 두 장*①에서 맹자의 학문이 그 큰 것을 기억하셨음을 '지(識)'는 음이 지(志)이다. 볼 수 있다. 네 글자(識其大者)는 《논어》〈자장(子張)〉에 나온다. 이 때문에 비록 예(禮)와 법이 '예(禮)'는 상례(喪禮)이고, ○ '법(法)'은 정전(井田)이다. 무너진 뒤를 당하여 제도(制度)와 절문(節文)을 신안진씨가 말하였다. "상례는 절문이고, 경계는 제도이다." 다시 '부(復)'는 거성(去聲;다시)이다. 상고할 수 없었으나 소략한 것을 인하여 상세한 것을 다하였으며 옛 것을 '구(舊)'는 소략함이다. 미루어 새 것을 '신(新)'은 자세함이다. 만들어서 이미 지나간 자취에 급급하지 않으시고 선왕의 뜻에 부합하셨으니, 참으로 명세 아성(命世亞聖)의 재주*②라고 이를 만하다. 명세(命世)는 하늘이 이 사람을 가지고 이 세상에 명함을 이른다. 이 말은 본래 조기(趙岐)의 서문(序文)에 나오니, 한대(漢代)에 맹자를 높이고 숭상함은 조기로부터 시작되었다. ○ 쌍봉요씨가 말하였다. "이전에 제후들이 자기 나라를 부유하게 하고자 하여 정전의 큰 강령(綱領)을 이미 파괴하였고, 상군(商君)은 색성(索性;끝까지)으로 파괴하였다." ○ 남헌장씨가 말하였다. "상앙(商鞅;상군)에 이르러 그 정전이란 이름까지 아울러 없어지게 되었다."

*① 상례(喪禮)와 경계(經界) 두 장 : 상례장(喪禮章)은 바로 앞의 2장이고 경계장(經界章)은 바로 이 장을 가리킨다.
*② 명세 아성(命世亞聖)의 재주 : 아성은 다음 성인(聖人)이란 뜻인 바, 공자를 지성(至聖)이라 하기 때문에 맹자를 공자 다음의 성인이라고 칭한 것이다. 이전에는 안자(顔子)를 아성이라 칭하였는데 조기(趙岐) 이후 '공·맹'이라 하여 공자를 집대성한 성인, 맹자를 아성이라 칭하였다.

---

32) 《論語 子張 22章》 "衛公孫朝問於子貢曰: 仲尼焉學. 子貢曰: 文武之道, 未墜於地, 在人. 賢者識其大者, 不賢者識其小者, 莫不有文武之道焉, 夫子焉不學, 而亦何常師之有."

4-1

有爲神農之言者許行이 自楚之滕하여 踵門而告文公曰 遠方之人이 聞君行仁政하고 願受一廛而爲氓하노이다 文公이 與之處하니 其徒數十人이 皆衣褐하고 捆屨織席하여 以爲食하니라

신농씨(神農氏)의 말을 하는 자 허행(許行)이 초(楚)나라에서 등(滕)나라로 가서 궁궐의 문에 이르러 문공(文公)에게 아뢰기를 "먼 지방 사람이 군주께서 인정(仁政)을 행하신다는 말을 듣고 한 자리를 받아 백성이 되기를 원합니다." 하자, 문공이 그에게 거처할 곳을 주니, 그 무리 수십 명이 모두 갈옷을 입고는 신을 두드려 만들고 자리를 짜서 이것을 팔아 양식을 마련하였다.

衣는 去聲이라 捆은 音閫이라

'의(衣)'는 거성(去聲;입음)이다. '곤(捆)'은 음이 곤(閫;두드림)이다.

神農은 炎帝神農氏니 始爲耒耜(뢰사)하여 敎民稼穡者也라 見易繫辭라 ○ 敎民則非竝耕也니 此는 補孟子所不辨之意라 爲其 神農이라 言者는 史遷 恐是班固라 所謂農家者流也라 漢書藝文志曰 農家者流는 蓋出於農稷之官하니 播百穀하고 勸耕桑하여 以足衣食이라하니라 許는 姓이요 行은 名也라 蓋楚人이라 ○ 有爲神農之言者許行과 墨者夷之는 上下章首句 同一文法이니 纔開口하면 便寫出其人本領이로되 而全章之文이 皆爲此一句設耳라 陳良之徒陳相一句亦然하니 蓋此章은 當分許、陳兩大節이로되 而竝耕背師 爲其題目이요 市價는 乃其餘意라 踵門은 足至門也라 仁政은 上章所言井地之法也라 曰行仁政하고 曰行聖人之政은 其言則似右井田이나 而其意는 實欲沮之也라 滕父兄이 借先君하여 以沮喪禮러니 今許行이 乃借神農하여 以沮井田하니 此處最宜熟看이라 廛은 民所居也라 五畝之宅이라 氓은 野人之稱이라 字又作甿하니 蓋田民也라 ○ 處는 所也니 謂廛處也라 徒는 弟子也라 褐은 毛布니 賤者之服也라 所謂褐寬博也라 捆은 扣掫 竹角反이라 之니 欲其堅也라 上宮之業者는 或是行之徒歟아 以爲食은 賣以供食也라 群行食技하니 蓋如今皮工也라 ○ 此句는 與論語車橧註로 同意라

신농(神農)은 염제 신농씨(炎帝神農氏)이니, 처음으로 쟁기 자루와 보습을 만들어서 백성들에게 가색(稼穡)을 가르친 자이다. 이 내용은 《주역》〈계사전〉에 보인다. ○ 백성을 가르쳤으면 백성들과 함께 농사지은 것이 아니니, 이는 맹자가 논변하지 않은 바의 뜻을 보충한 것이다.

그의 그는 신농씨이다. 말을 한다는 것은 사천(史遷;사마천(司馬遷))의 사천은 아마도 반고(班固)인 듯하다. 이른바 '농가자류(農家者流)'라는 것이다.*① ≪한서(漢書)≫〈예문지(藝文志)〉에 "농가자류는 아마도 농직(農稷)의 관직에서 나온 듯하니, 백곡(百穀)을 파종하고 밭 갈고 뽕나무 가꾸는 것을 권장하여 의식(衣食)을 풍족하게 한다." 하였다. 허(許)는 성(姓)이요 행(行)은 이름이다. 아마도 초나라 사람인 듯하다. ○ 신농씨의 말을 하는 자 허행과 묵자(墨子) 이지(夷之)는 위아래 장 머리의 구(句)와 동일한 문법이니, 조금만 입을 열면 곧 그 사람의 본령(本領)을 써내는데 전장(全章)의 글이 모두 이 한 구를 위하여 만든 것이다. '진량(陳良)의 문도(門徒) 진상(陳相)'의 한 구 또한 그러하니, 이 장은 마땅히 허행과 진상으로 두 큰 절을 나누어야 하는바, 병경(竝耕;배메기)과 배사(背師;스승을 배반함)가 그 제목이 되고 시장의 물가는 바로 그 여의(餘意)이다. '종문(踵門)'은 발이 문에 이른 것이다. '인정(仁政)'은 윗장에서 말한 정지(井地)의 법이다. 인정(仁政)을 행한다고 함은 성인(聖人)의 정사를 행함을 말한 것이니, 그 말은 정전(井田)을 두둔한 듯하나 그 뜻은 실로 저지하고자 한 것이다. 등나라 부형들이 선군(先君)을 빌려서 상례를 저지하였는데, 지금 허행이 마침내 신농씨를 빌려서 정전을 저지하였으니, 이곳을 가장 마땅히 익숙히 보아야 한다. '전(廛)'은 백성들이 거주하는 곳이다. 오무(五畝)의 집이다. '맹(氓)'은 야인(野人)의 칭호이다. 맹(氓)자는 또 맹(甿)으로도 쓰니, 농사 짓는 백성이다. ○ '처(處)'는 처소이니, 전(廛)이 있는 곳을 이른다. '도(徒)'는 제자이다. '갈(褐)'은 모포(毛布)이니, 천한 자의 의복이다. 이른바 갈관박(褐寬博)이라는 것이다. '곤(捆)'은 두드림이니, '탁(搩)'은 죽(竹)·각(角)의 반절[두드릴 탁]이다. 견고히 하고자 하는 것이다. 〈아래〈진심 하〉30장의〉 상궁(上宮)에서 작업하던 신은 혹 허행의 문도인가보다. '이위식(以爲食)'은 팔아서 양식을 공급하는 것이다. 떼지어 다니면서 자기 기예(技藝)로 먹으니, 지금의 가죽을 다루는 공인과 같다. ○ 이 구는 ≪논어≫의 거곽장(車椁章) 주와 뜻이 같다.*②

*① 사천(史遷)의……것이다 : '농가자류(農家者流)'는 구류(九流)의 하나로, 이 내용은 반고(班固)의 ≪한서(漢書)≫〈예문지(藝文志)〉에 보이는데, ≪집주(集註)≫에 사천이라고 말한 것은 잘못이다.

*② 이……같다 : ≪논어≫〈선진(先進)〉7장의 ≪집주≫에 "곽(椁)을 만들 것을 청함은 수레를 팔아서 곽을 사고자 한 것이다.〔請爲椁, 欲賣車以買椁也.〕"라고 보이는바, 여기의 "이위식(以爲食)은 신과 자리를 팔아서 양식을 공급했다."는 글과 뜻이 같음을 말한 것이다.

程子 當考라 曰 許行所謂神農之言은 乃後世稱述上古之事에 失其義理者耳니 朱子曰 君臣竝耕하고 市不二價는 以易考之하면 二者皆神農所爲也라 當時엔 民淳事簡하여 容或有如許行之說者어니와 世變風移하여 至唐、虞之際하여는 雖神農復生이라도 亦當隨時立政이요 不容固守其舊어든 況欲以是而行於戰國之時乎아 ○ 按程子恐許行之累及於神農故로 有稱述失義之辨이라 然이나 神農世古하여 事無所徵故로 孟子只斷自堯、舜言之하시고 而不復辨神農之竝耕與否也라 若市價不貳之事는 雖神農世人이라도 恐不宜如是之愚也로라

猶陰陽、醫方이 稱黃帝之說也니라 慶源輔氏曰 如素問、靈樞之類라 ○ 新安陳氏曰 後世小道必推古聖賢爲宗은 以求取信於世也니라

정자가 마땅히 상고해야 한다. 말씀하였다. "허행이 말한 '신농씨의 말'이라는 것은 바로 후세에서 상고(上古)의 일을 칭술(稱述)함에 그 의리(義理)를 잃은 것이니, 주자가 말씀하였다. "군주와 신하가 함께 밭을 갈고 시장에 물건 값이 두 가지가 아님은 ≪주역≫을 가지고 상고해보면 두 가지가 다 신농씨가 한 것이다. 당시에는 백성들이 순박하고 정사가 간략하여 혹 허행의 말과 같이 할 수가 있겠지만, 세상이 변하고 풍속이 바뀌어서 당(唐)·우(虞)의 즈음에 이르러는 비록 신농씨가 다시 탄생하더라도 또한 마땅히 때에 따라 정사를 세웠을 것이요 그 옛것을 고수(固守)할 수가 없는데, 하물며 이 방법을 가지고 전국시대(戰國時代)에 행하고자 한단 말인가." ○ 살펴보건대 정자는 허행의 말이 누(累)가 신농씨에게 미칠까 염려하셨으므로 칭술함에 의리를 잃었다는 분변이 있으신 것이다. 그러나 신농씨의 세대는 옛날이어서 증거할 바가 없으므로 맹자가 다만 요(堯)·순(舜)으로부터 끊어 말씀하셨고, 다시는 신농씨가 함께 밭을 갈아 농사 지었는지의 여부(與否)는 분변하지 않으셨다. 만약 시장의 물가(物價)를 둘로 하지 않은 일은 비록 신농씨 세상의 사람들이더라도 사람들이 이와 같이 어리석지는 않을 듯하다. 음양가(陰陽家)와 의방가(醫方家)에서 황제씨(黃帝氏)의 말이라고 칭함과 같은 것이다." 경원보씨가 말하였다. "≪황제소문(黃帝素問)≫과 ≪영추경(靈樞經)≫과 같은 종류이다." ○ 신안진씨가 말하였다. "후세의 작은 도가 반드시 옛 성현을 추존(追尊)하여 종주로 삼음은 이로써 세상에 믿음을 취하려 해서이다."

4-2

陳良之徒陳相이 與其弟辛으로 負耒耜而自宋之滕하여 曰 聞君行聖人之政하니 是亦聖人也시니 願爲聖人氓하노이다

진량(陳良)의 문도(門徒)인 진상(陳相)이 그 아우 신(辛)과 함께 뢰사(耒耜)를 지고 송(宋)나라에서 등나라로 가서 말하기를 "군주께서 성인의 정사를 행하신다는 말을 들었으니, 이 또한 성인이시니, 성인의 백성이 되기를 원합니다." 하였다.

陳良은 楚之儒者라 相은 蓋宋人이라 耜는 所以起土요 耒는 其柄也라 耜以鐵하고 耒以木하니 倒訓以便文이라 ○ 是亦二字를 當熟看이라 ○ 不云與之處는 蒙上節也라

진량(陳良)은 초나라의 유자(儒者)이다. 진상은 아마도 송나라 사람인 듯하다. 사(耜;보습)는 땅을 일구는 것이요, 뢰(耒)는 그 자루이다. 보습은 쇠로 만들고 자루는 나무로 만드니, 거꾸로 훈(訓)하여 문장을 편하게 하였다. ○ '시역(是亦)' 두 글자를 마땅히 익숙히 보아야 한다. ○ 그와 더불어 거처했다고 말하지 않은 것은 윗절을 이었기 때문이다.

4-3

陳相이 見許行而大悅하여 盡棄其學而學焉이러니 陳相이 見孟子하여 道許行之言曰 滕君則誠賢君也어니와 雖然이나 未聞道也로다 賢者는 與民並耕而食하며 饔飧(옹손)而治하나니 今也에 滕有倉廩府庫하니 則是厲民而以自養也니 惡得賢이리오

진상이 허행을 보고 크게 기뻐하여 배운 것을 다 버리고 그에게 배웠는데, 진상이 맹자를 보고서 허행의 말을 전하기를 "등나라 군주는 진실로 현군(賢君)이지만 그러나 아직 도(道)를 듣지 못하였습니다. 현자(賢者)는 백성들과 함께 밭을 갈고서 먹으며 밥을 짓고서 정치하나니, 지금에 등나라에는 창름(倉廩)과 부고(府庫)가 있습니다. 그렇다면 이는 백성들을 해쳐서 자신을 봉양하는 것이니, 어찌 어질 수 있겠습니까." 하였다.

饔은 音雍이요 飧은 音孫이라 惡는 平聲이라

'옹(饔)'은 음이 옹(雍;아침밥)이고, '손(飧)'은 음이 손(孫;저녁밥)이다. '오(惡)'는 평성(平聲;어찌)이다.

既學許行이면 則褐、屨、席之事亦當同이라 ○ 上二節의 仁政、聖政云云은 皆陰切文公與孟子요 至此誠賢君、未聞道二語하여는 又諂附文公하여 以擯孟子요 賢者二字는 又陰引文公於神農이라 且不自見孟子言之하고 而使相道之하니 其意亦狡矣라

이미 허행을 배웠으면 갈옷을 입고 신을 짜고 자리를 짜는 일도 당연히 같았을 것이다. ○ 윗 두 절의 인정(仁政)과 성인(聖人)의 정사라고 말함은 모두 은근히 문공과 맹자를 비난한 것이요, 여기의 진실로 현군이지만 도를 듣지 못했다는 두 말에 이르러는 또 문공에게 아첨하여 붙어서 맹자를 배척한 것이요, 현자 두 글자는 또 은근히 문공을 신농씨로 끌어들인 것이다. 또 직접 맹자를 만나보아 말하지 않고 진상으로 하여금 말하게 하였으니, 그 뜻이 또한 교활하다.

饔、飧은 熟食也니 朝曰饔이요 夕曰飧이라 言當自炊爨(취찬) 七亂反이라 ○ 熟이라 以爲食하고 食이라 而兼治民事也라 滕字는 實指孟子니 時에 孟子猶在滕耳시리라 厲는 病也라 未聞道는 猶微言之요 惡得賢은 遂斷言之라 許行此言은 蓋欲陰壞孟子分別 彼列反이라 君子、野 一作小라 人 上章이라 之法이라 釋其意라 ○ 君子、小人은 猶今言士、庶也라 世之欲壞士、庶之分者는 必皆庶賤也니 可謂古今同歎者矣라 ○ 南軒張氏曰

文公이 不克終用孟子之說하여 寂然無聞於後는 意者컨대 行之言이 有以奪之也리라 ○ 雲峯胡氏曰 樊遲之志陋하여 不過欲自學之하니 孔子擧大人之事以斥之요 許之學僻하여 欲以治國家하니 此孟子所以深闢之也시니라

'옹손(饔飧)'은 익은 밥이니, 아침밥을 옹(饔)이라 하고 저녁밥을 손(飧)이라 한다. 마땅히 스스로 밥을 짓고 불을 때어 '찬(爨)'은 칠(七)·란(亂)의 반절[불땔 찬]이다. ○ 익힘이다. 음식을 만들고, 밥이다. 겸하여 백성의 일을 다스려야 함을 말한 것이다. 등(滕)자는 실로 맹자를 가리킨 것이니, 이 때 맹자가 아직도 등나라에 계셨을 것이다. '려(厲)'는 해침이다. '도를 듣지 못했다'는 것은 그래도 은미하게 말한 것이고, '어찌 어질 수 있겠느냐'는 것은 마침내 단정하여 말한 것이다. 허행의 이 말은 아마도 맹자의 군자와 야인을 '야(野)'가 일본(一本)에는 소(小)로 되어있다. ○ 이는 윗장이다. 분별하는 '별(別)'은 피(彼)·열(列)의 반절[분별할 별]이다. 법을 은근히 파괴하고자 한 것이다. 그 뜻을 해석하였다. ○ 군자와 소인은 지금에 말하는 사(士)와 서인(庶人)과 같다. 세상에 사와 서인의 신분을 파괴하고자 하는 자는 반드시 모두 천한 서민들이니, 고금(古今)에 함께 탄식할 만한 자라고 이를 만한다. ○ 남헌장씨가 말하였다. "문공이 끝내 맹자의 말씀을 따르지 못해서 고요하여 후세에 알려짐이 없는 것은, 짐작건대 허행의 말이 문공의 뜻을 빼앗음이 있었을 것이다." ○ 운봉호씨가 말하였다. "번지(樊遲)의 뜻이 누추하여 스스로 농사 일을 배우고자 함에 불과하니 공자는 대인(大人)의 일을 들어 그를 배척하셨고, 허행의 학문은 궁벽하여 이로써 국가를 다스리고자 하였으니 이는 맹자가 깊이 배척하신 이유이다."

4-4

孟子曰 許子는 必種粟而後에 食乎아 曰 然하다 許子는 必織布而後에 衣乎아 曰 否라 許子는 衣褐이니라 許子는 冠乎아 曰 冠이니라 曰 奚冠고 曰 冠素니라 曰 自織之與아 曰 否라 以粟易之니라 曰 許子는 奚爲不自織고 曰 害於耕이니라 曰 許子는 以釜甑爨하며 以鐵耕乎아 曰 然하다 自爲之與아 曰 否라 以粟易之니라

맹자가 "허자(許子)는 반드시 곡식을 심은 뒤에 먹는가?" 하고 묻자, 진상이 "그렇습니다." 하고 대답하였다. "허자는 반드시 삼베를 짠 뒤에 입는가?" "아닙니다. 허자는 갈옷을 입습니다." "허자는 관(冠)을 쓰는가?" "관을 씁니다." "무슨 관을 쓰는가?" "흰 명주로 관을 만듭니다." "스스로 그것을 짜는가?" "아닙니다. 곡식을 주고 바꿉니다(삽니다)." "허자는 어찌하여 스스로 짜지 않는가?" "농사일에

> 방해되기 때문입니다." "허자는 가마솥과 시루로써 밥을 지으며, 쇠붙이로써 밭을 가는가?" "그렇습니다." "스스로 그것을 만드는가?" "아닙니다. 곡식을 주고 바꿉니다."

衣는 去聲이요 與는 平聲이라

'의(衣)'는 거성(去聲;입음)이요, '여(與)'는 평성(平聲;의문사)이다.

冠素는 謂冠以素也니 無喪而冠素는 蓋如今下賤之常著(착)平凉冠耳라 ○ 衣褐은 照前節이나 而屨席則不復照顧하고 只云以粟易之하니 蓋於農暇에 作屨席이요 而非其專業也라

'관소(冠素)'는 명주배로 관을 만듦을 이르니, 상(喪)이 없는데 명주배로 관을 만듦은 지금의 하천(下賤)들이 평상시에 평량관(平凉冠;패랭이)을 쓰는 것과 같다. ○ '의갈(衣褐)'은 앞절을 조응하였으나 신과 자리는 다시 비추어 돌아보지 않고 다만 곡식으로써 바꾸었다고 말하였으니, 이는 농사 짓는 틈에 신과 자리를 만든 것이요 그의 전업(專業)이 아닌 것이다.

釜는 所以煮요 甑은 所以炊라 炊飯이라 爨은 然 燃同이라 火也라 鐵은 耟屬也라 此語八反은 反覆이라 皆孟子問而陳相對也라 問處에 或無曰字故로 特明之하니 下兩節 及從許子節註 皆同이라

'부(釜)'는 삶는 것이요, '증(甑)'은 밥 짓는 '취(炊)'는 밥을 짓는 것이다. 것이다. '찬(爨)'은 불땜이다. '연(然)'은 연(燃)과 같다. '철(鐵)'은 보습의 등속이다. 이 말이 여덟 번 뒤집음은 '반(反)'은 되물음이다. 모두 맹자가 물으심에 진상이 대답한 것이다. 물은 곳에 혹 왈(曰)자가 없기 때문에 특별히 밝혔으니, 아래 두 절과 종허자(從許子) 절의 주도 모두 같다.

4-5

> 以粟易械器者 不爲厲陶冶니 陶冶亦以其械器易粟者 豈爲厲農夫哉리오 且許子는 何不爲陶冶하여 舍皆取諸其宮中而用之하고 何爲紛紛然與百工交易고 何許子之不憚煩고 曰 百工之事는 固不可耕且爲也니라

> <맹자가 말씀하셨다.> "곡식을 가지고 해기(械器)와 바꾸는 자가 도야(陶冶)를 해침이 되지 않으니, 도야 또한 그 기계를 가지고 곡식과 바꾸는 자가 어찌 농부를 해침이 되겠는가? 또 허자는 어찌하여 질그릇을 굽고 쇠를 주조하여 다만 모두 그 집안에서 취하여 쓰지 않고, 어찌하여 분분(紛紛)하게 백공(百工)들과 교역하는가? 어찌하여 허자는 번거로움을 꺼리지 않는가?" 진상이 대답하였다. "백공의 일은 진실로 밭을 갈고 또 할 수는 없습니다."

舍는 去聲이라

'사(舍)'는 거성(去聲;다만)이다.

此는 孟子言而陳相對也라 械 諺音誤라 器는 釜甑之屬也라 冠亦在其中이라 陶는 爲甑者요 冶는 爲釜鐵者라 二者字는 指其人이라 ○ 新安陳氏曰 厲陶冶, 厲農夫는 因行厲民之言하여 而明辨以闢之라 ○ 按此孟子自解其奚爲不自織之問之爲假設하여 而微許彼易之之說하시고 且因彼厲字而陰折之하시니 陳相於此에 笑啼兩難矣리라 舍는 止也라 讀屬下句하니 蓋爲陶之爲字가 卽上節自爲之爲字면 則無待於舍字하고 而其意已足矣라 或讀屬 音燭이라 上句하니 舍는 謂作陶冶之處也라 此는 以或意而重訓也라 ○ 何爲交易, 何不憚煩은 此用再轉窮詰之語勢也니 然後에 相이 不覺自口首實矣라

이는 맹자가 말씀함에 진상이 대답한 것이다. '해기(械器)'는 '해(械)'는 《언해》의 음(계)이 잘못되었다. 가마솥과 시루의 등속이다. 관(冠) 또한 이 가운데 들어있다. '도(陶)'는 시루를 만드는 자요, '야(冶)'는 가마솥과 쇠붙이를 만드는 자이다. 두 자(者)자는 그 사람을 가리킨 것이다. ○ 신안진씨가 말하였다. "려도야(厲陶冶)와 려농부(厲農夫)는 허행이 백성들을 해친다는 말을 인하여 밝게 분변해서 배척하신 것이다." ○ 살펴보건대 이는 맹자가 그 '어찌하여 스스로 짜지 않느냐.'는 질문을 해명하려고 가설하여 저들의 곡식과 바꾼다는 말을 약간 허여하시고, 또 저들의 려(厲)자를 인하여 은밀히 꺾으셨으니, 진상이 이때에 웃는 것도 우는 것도 둘다 어려웠을 것이다. '사(舍)'는 다만이다. 아랫구에 붙여 읽으니, '위도(爲陶)'의 위(爲)자가 바로 윗절 '자위(自爲)'의 위(爲)자이면 사(舍)자를 필요로 하지 않고도 그 뜻이 이미 충족된다. 혹은 윗구로 붙여 '촉(屬)'은 음이 촉(燭;붙임)이다. 읽으니,[①] '사(舍)'는 도야(陶冶;도기와 쇠붙이)를 만드는 곳을 이른다. 이는 혹자의 뜻을 가지고 거듭 훈(訓)한 것이다. ○ 하위교역(何爲交易)과 하불탄번(何不憚煩)은 이는 재차 말씀을 돌려 끝까지 힐란한 어세(語勢)를 사용한 것이니, 그런 뒤에야 진상이 자기도 모르게 자기 입으로 사실을 자수(自首)한 것이다.

*① 혹은……읽으니 : '何不爲陶冶舍'로 구(句)를 떼고 '어찌하여 도야(陶冶;도기와 쇠붙이)를 만드는 집을 만들어서 모두 그 집안에서 취하여 쓰지 않는가?'로 해석함을 말한 것이다.

4-6

> 然則治天下는 獨可耕且爲與아 有大人之事하고 有小人之事하며 且一人之身而百工之所爲備하니 如必自爲而後에 用之면 是는 率天下而路也니라 故로 曰 或勞心하며 或勞力이니 勞心者는 治人하고 勞力者는 治於人이라하니 治於人者는 食(사)人하고 治人者는 食於人이 天下之通義也니라
>
> <맹자가 말씀하셨다.> "그렇다면 천하를 다스림은 홀로 밭을 갈고 또 할 수 있단 말인가. 대인(위정자)의 일이 있고 소인(백성)의 일이 있으며, 또 한 사람의 몸에 백공(百工)의 하는 일이 구비되어 있으니, 만일 반드시 자기가 만든 뒤에야 쓴다면 이는 천하 사람을 거느려 길에 분주히 왕래하게 하는 것이다. 그러므로 옛말에 이르기를 '혹은 마음을 수고롭게 하며 혹은 힘을 수고롭게 하니, 마음을 수고롭게 하는 자는 남을 다스리고 힘을 수고롭게 하는 자는 남에게 다스려진다.' 하였으니, 남에게 다스려지는 자는 남을 먹여주고 남을 다스리는 자는 남에게 얻어먹는 것이 천하의 공통된 의리이다.

與는 平聲이라 食는 音嗣라

'여(與)'는 평성(平聲;의문사)이다. '사(食)'는 음이 사(嗣;먹임)이니.

此以下는 變矣以上이라 皆孟子言也라 新安陳氏曰 百工之事不可耕且爲는 此陳相理明處라 故로 卽此二句以難之하시니 百工之事도 尙不可耕且爲어든 而治天下國家를 乃可耕且爲歟아 ○ 按前節害於耕之下에 似當卽以害於治罵之로되 而故緩縱之라가 至不可耕且爲然後에 乃罵之하시니 蓋待渠口中一一吐實이면 則吾可以行其所無事라 孟子凡與人言에 多用此法하시니 此正禹行水之法也라 過此以後론 語勢之順이 如河過龍門以下엔 不下一手하고 自循其道하여 千里、一曲에 惟其所適이니 是何快如之리오 而相이 於然則治天下獨可耕且爲與之一罵에 已膽落而口噤矣리라 ○ 大人은 卽君子也요 一人은 通君子、小人而言也라 一人之身而百工之所爲備는 此又自解其何爲交易不憚煩之問之爲假設하여 而遂許彼易之之說이니 許彼者는 所以明此也라 路는 謂奔走道路하여 無時休息也라

　이 이하는 변의(變矣) 이상이다. **모두 맹자의 말씀이다.** 신안진씨가 말하였다. "백공의 일은

밭 갈고 또 할 수 없다는 것은 이는 진상이 이치를 밝게 아는 부분이다. 그러므로 이 두 구를 가지고 힐란하셨으니, 백공의 일도 오히려 밭 갈고 또 할 수 없는데 천하와 국(國)·가(家)를 다스림을 도리어 밭 갈고 또 할 수 있겠는가." ○ 살펴보건대 앞절의 해어경(害於耕) 아래에 마땅히 즉시 해어치(害於治)로 꾸짖어야 할 듯한데, 일부러 느슨히 풀어주셨다가 '백공의 일은 밭 갈고 또 할 수 없다.'고 말함에 이른 뒤에야 비로소 꾸짖으셨으니, 이는 저의 입 가운데 하나하나 사실을 실토하기를 기다리면 내가 그 무사함을 행할 수 있다.*① 맹자가 무릇 사람들과 말씀하실 적에 이 방법을 많이 사용하셨으니, 이는 바로 우(禹)임금이 물을 흘러가게 한 방법이다. 이를 지난 이후로는 어세(語勢)의 순함이 황하(黃河)가 용문(龍門) 부근을 지난 이후에 사람의 한 손을 쓰지 않고도 저절로 물길을 따라가서 천 리와 한 굽이에 오직 그 가는 바대로 내버려두는 것과 같으니, 이 무슨 상쾌함이 이와 같겠는가. 진상은 그렇다면 '천하를 다스림은 홀로 밭 갈고 또 할 수 있느냐.'는 한 꾸짖음에 이미 간담이 떨어지고 입이 다물어졌을 것이다. ○ 대인(大人)은 바로 군자이고, 일인(一人)은 군자와 소인을 통틀어 말하였다. 한 사람의 몸에 백공의 하는 바가 갖춰짐은 이는 또 그 '어찌하여 교역을 해서 번거로움을 꺼리지 않느냐.'는 질문을 스스로 해명하려고 가설하여 마침내 저들이 곡식과 바꾼다는 말을 허여한 것이니, 저들을 허여한 것은 이것을 밝힌 것이다. '로(路)'는 도로에 분주하여 휴식할 때가 없음을 이른다.

　　*① 그 무사함을 행할 수 있다.〔行其所無事〕: 억지로 힘을 들이지 않고도 목적하는 일이 순리대로 됨을 이르는 바, 뒤〈이루 하〉 26장에 "禹之行水也, 行其所無事也."라고 보인다.

治於人者는 見治於人也라 食人者는 出賦稅하여 以給公上也요 給公上은 出漢書楊惲傳하니 公上은 猶公納也라 或曰 上은 亦同公字義라 食於人者는 見食於人也라 此四句는 皆古語어늘 大全曰 首有故曰字하여 知其爲古語라 而孟子引之也시니라 沙溪曰 諺解는 以治於人以上으로 作四句而爲古語하니 非是라 恐當以或勞心爲一句하고 或勞力爲一句요 勞心者治人과 勞力者治於人이 爲一句요 治於人者食人과 治人者食於人이 爲一句니 以註意觀之하면 可見이니라 ○ 按註에 竝訓食人、食於人然後에 乃云引此四句者는 果有此意라 但如此면 則下二句太緩而長하니 豈傳寫者誤六作四歟아 但如此면 則天下之通義也 一句 遂無依著하니 恐合更詳이라 或是照上章治、養之語하여 而下故曰字歟아 君子는 無小人則飢하고 不食이라 小人은 無君子則亂하니 不治라 以此相易은 因相之言而亦用易字라 正猶農夫、陶冶 以粟與械器相易이니 乃所以相濟요 而非所以相病也라 承上節之事하여 而釋其意라 治天下者 豈必耕且爲哉리오 倒釋以便文이라 ○ 南軒張氏曰 此理는 天實爲之하여 萬世所共由者라 故로 曰天下之通義라하시니라

'치어인(治於人)'은 남에게 다스림을 받는 것이다. '사인(食人)'은 부세(賦稅)를 내어서 공상(公上)에 공급하는 것이요, '급공상(給公上)'은 ≪한서(漢書)≫ 〈양혼전(楊惲傳)〉에 나오니, '공상(公上)'은 공에게 바쳐 올린다는 말과 같다. 혹자는 상(上) 또한 공(公)자와 뜻이 같다고 한다.

'사어인(食於人)'은 남에게 얻어먹는 것이다. 이 네 구는 모두 옛 말씀인데, ≪대전≫에 말하였다. "첫머리에 고왈(故曰)이라는 글자가 있어서 이것이 고어(古語)가 됨을 아는 것이다." **맹자가 인용하신 것이다.** 사계(沙溪)가 말씀하였다. "≪언해≫는 '치어인(治於人) 이상을 네 구로 만들어 고어라 하였으니, 옳지 않다. 마땅히 혹노심(或勞心)을 한 구로 삼고 혹노력(或勞力)을 한 구로 삼고, 노심자치인(勞心者治人)과 노력자치어인(勞力者治於人)을 한 구로 삼고, 치어인자사인(治於人者食人)과 치인자사어인(治人者食於人)을 한 구로 삼아야 할 듯하니, 주의 뜻을 가지고 살펴보면 알 수 있다." ○ 살펴보건대 주에 사인(食人)과 사어인(食於人)을 함께 훈(訓)한 뒤에 마침내 이 네 구를 인용했다고 말씀한 것은 과연 이러한 뜻이 있다. 다만 이와 같이 하면 아래 두 구(治於人者食人, 治人者食於人)가 너무 느슨하고 기니, 아마도 전사(傳寫)한 자가 육(六)을 잘못 사(四)라고 썼는가보다. 다만 이와 같이 하면 천하지통의야(天下之通義也) 한 구가 마침내 의지하여 붙을 곳이 없으니, 마땅히 다시 살펴보아야 할 듯하다. 혹은 윗장에 치(治)·양(養)이라는 말을 조응하여 고왈(故曰)이란 글자를 놓았는가. **군자는 소인이 없으면 굶주리고, 밥을 먹지 못하는 것이다. 소인은 군자가 없으면 혼란하니, 다스려지지 못하는 것이다. 이것을 가지고 서로 교역함은** 진상의 말을 인하여 또한 역(易)자를 쓴 것이다. 바로 농부와 도야가 곡식과 해기(械器)를 가지고 서로 교역함과 같으니, 이는 마침내 서로 구제하는 것이요 서로 해롭게 하는 것이 아니다. 윗절의 일을 이어서 그 뜻을 해석하였다. **천하를 다스리는 자가 어찌 반드시 밭을 갈고 또 정사를 할 것이 있겠는가.** 거꾸로 해석하여 문장을 편하게 하였다. ○ 남헌장씨가 말하였다. "이 이치는 하늘이 실로 그렇게 만들어 만세(萬世)에 함께 따르는 것이다. 그러므로 천하의 통의(通義)라고 말씀한 것이다.

4-7

當堯之時하여 天下猶未平하여 洪水橫流하여 氾濫於天下하여 草木暢茂하며 禽獸繁殖이라 五穀不登하며 禽獸偪人하여 獸蹄鳥跡之道가 交於中國이어늘 堯獨憂之하사 擧舜而敷治焉이어시늘 舜이 使益掌火하신대 益이 烈山澤以焚之하니 禽獸逃匿이어늘 禹疏九河하며 瀹(약)濟漯(탑)而注諸海하시며 決汝、漢하며 排淮、泗하여 而注之江하시니 然後에 中國이 可得而食也하니 當是時也하여 禹八年於外에 三過其門而不入하시니 雖欲耕이나 得乎아

요(堯)임금의 때를 당하여 천하가 아직도 평정되지 못해서 홍수(洪水)가 멋대로 흘러 천하에 범람하여 초목이 무성하고 금수(禽獸)가 번식하였다. 오곡(五穀)이 성숙하지 못하며 금수가 사람을 핍박하여 짐승의 발자국과 새 발자국의 길(흔적)이 중국(中國)에 교차하거늘 요임금이 홀로 이를 걱정하시어 순(舜)을 들어서 다스림을 펴게 하시니, 순이 익(益)으로 하여금 불을 맡게 하셨는데, 익이 산택(山澤)에 불을 질러 태우자 금수가 도망하여 숨었다. 우(禹)가 구하(九河)를 소통하고 제수(濟水)와 탑수(濕水)를 소통하여 바다로 주입하시며, 여수(汝水)와 한수(漢水)를 트고 회수(淮水)와 사수(泗水)를 배수하여 강(양자강(揚子江))으로 주입하시니, 그런 뒤에 중국이 곡식을 먹을 수가 있었다. 이 때를 당하여 우(禹)가 8년 동안 밖에 있으면서 세 번이나 자기집 문 앞을 지나면서도 들어가지 못하셨으니, 비록 밭을 갈고자 하나 될 수 있었겠는가.

瀹은 音藥이라 濟는 子禮反이요 濕은 佗合反이라

'약(瀹)'은 음이 약(藥;소통함)이다. '제(濟)'는 자(子)·례(禮)의 반절[물이름 제]이고 '탑(濕)'은 타(佗)·합(合)의 반절[물이름 탑]이다.

三은 去聲이라 食은 謂耕食也라

'삼(三)'은 거성(去聲;세번)이다. '식(食)'은 밭을 갈아 밥을 먹음을 이른다.

天下猶未平者는 洪荒 邃古라 之世에 生民之害多矣러니 聖人迭興하사 有巢、燧人、三皇、三帝라 漸次除治하사되 至此에 堯時라 尙未盡平也라 洪水、禽獸는 是猶未平之目也라 洪은 大也라 橫 去聲이라 流는 不由其道而散溢妄行也라 氾 音泛이라 濫은 橫流之貌라 暢茂는 長 上聲이라 盛也요 繁殖은 衆多也라 五穀은 稻、黍、稷、麥、菽也라 按稷은 字書云似黍而小라하니 疑即今俗所稱細黍者也라 若以稗當之면 則誤矣라 登은 成熟也라 道는 路也라 獸蹄、鳥跡이 交於中國은 言禽獸多也라 敷는 布也라 敷治는 言敷布治水之功也라 益은 舜臣名이라 掌火는 蓋爲虞官也라 烈은 熾也라 熾火라 禽獸逃匿然後에 禹得施治水之功이라

천하가 아직도 평정되지 못했다는 것은 홍황(洪荒)의 '홍황(洪荒)'은 먼 옛날이다. 세대에 생민(生民)의 해로움이 많았는데, 성인(聖人)이 차례로 나와서 성인은 유소(有巢)와 수인(燧人)과 삼황(三皇;복희(伏羲)·신농(神農)·황제(黃帝))과 삼제(三帝;소호(少昊)·전욱(顓頊)·제곡(帝

譽))이다. **점차 제거하고 다스렸으나 이때에 이르러도** 이때는 요(堯)임금 때이다. **아직 다 평정되지 못한 것이다.** 홍수와 금수는 아직도 다스려지지 않은 조목이다. '홍(洪)'은 큼이다. '횡류(橫流)'는 '횡(橫)'은 거성(去聲;멋대로)이다. 그 길을 따르지 않고 흩어져 넘쳐서 멋대로 흐르는 것이다. '범람(氾濫)'은 '범(氾)'은 음이 범(泛;넘침)이다. 횡류하는 모양이다. '창무(暢茂)'는 장성(長盛)함이요, '장(長)'은 상성(上聲;자람)이다. '번식(繁殖)'은 많음이다. '오곡(五穀)'은 벼·기장·피(조)·보리·콩이다. 살펴보건대 직(稷)은 ≪자서(字書)≫에 '기장과 비슷한데 작다.' 하였으니, 의심컨대 지금 세속에서 칭하는 세서(細黍;조)인 듯하다. 만약 피[稗]로써 여기에 해당시킨다면 잘못이다. '등(登)'은 성숙(成熟)함이다. '도(道)'는 길이다. 짐승 발자국과 새 발자국이 중국(中國)에 교차했다는 것은 금수(禽獸)가 많음을 말한다. '부(敷)'는 폄이다. '부치(敷治)'는 홍수를 다스리는 일을 폄을 말한 것이다. '익(益)'은 순(舜)의 신하 이름이다. '장화(掌火)'는 아마도 우관(虞官)이 된 듯하다. '열(烈)'은 불이 성함이다. '치(熾)'는 불이 치성(熾盛)한 것이다. **금수가 도망하여 숨은 뒤에야 우(禹)가 치수(治水)하는 일을 시행할 수 있었다.**

疏는 通也며 分也라 九河는 曰徒駭、曰太史、曰馬頰、曰覆 音福이라 釜、曰胡蘇、曰簡、曰潔、曰鉤盤、曰鬲 音隔이라 津이라 新安倪氏曰 蔡氏書傳云 六曰簡潔이요 其一은 河之經流也라 先儒不知河之經流하고 遂分簡潔爲二라하니 此與集註小異라 書傳은 經朱子晚年訂正하니 當以爲定也니라 瀹은 亦疏通之意라 濟、漯은 二水名이라 決、排는 皆去 上聲이라 其壅塞也라 汝、漢、淮、泗는 亦皆水名也라 據禹貢及今水路컨대 惟漢水入江耳요 汝、泗則入淮而淮自入海하니 此謂四水皆入于江은 記者之誤也라 說見性善註라 ○ 朱子曰 此는 但取其字數足以對偶而云爾하니 只是行文之失이요 無害於義理하니 不必曲爲之說也니라 ○ 新安陳氏曰 堯擧舜、禹、益而用之에 所憂在此하시니 何暇於竝耕이리오 雖欲耕이나 得乎아 提掇耕事하여 以照應前獨可耕且爲與一句하니라

'소(疏)'는 통함이며 분산함이다. '구하(九河)'는 도해(徒駭)·태사(太史)·마협(馬頰)·복부(覆釜)·'복(覆)'은 음이 복(福)이다. 호소(胡蘇)·간(簡)·결(潔)·구반(鉤盤)·격진(鬲津)이다. '격(鬲)'은 음이 격(隔)이다. ○ 신안예씨(新安倪氏)가 말하였다. "채씨(蔡氏)의 ≪서경집전(書經集傳)≫에 '여섯째는 간결(簡潔)이고, 그 〈나머지〉 하나는 황하(黃河)의 경류(經流;원류)이다. 선유(先儒)들은 황하의 경류를 알지 못하고 마침내 간과 결을 나누어 둘로 만들었다.' 하였으니, 이는 ≪집주≫와 조금 다르다. ≪서경집전≫은 주자가 말년에 정정(訂正)함을 거쳤으니, 마땅히 ≪서경집전≫을 정론(正論)으로 삼아야 할 것이다." '약(瀹)' 또한 소통한다는 뜻이다. '제(濟)'와 '탑(漯)'은 두 물의 이름이다. '결(決)'과 '배(排)'는 모두 그 막힘을 제거하는 것이다. '거(去)'는 상성(上聲;제거함)이다. '여(汝)'·'한(漢)'·'회(淮)'·'사(泗)' 또한 모두 물 이름이다. 〈우공(禹貢)〉과 지

금의 물길을 근거해 보면 오직 한수(漢水)만이 양자강(揚子江)으로 들어갈 뿐이요, 여수(汝水)와 사수(泗水)는 회수(淮水)로 들어가고 회수는 직접 바다로 들어가니, 여기에서 네 물이 다 강으로 들어간다고 말한 것은 기록한 자의 오류(誤謬)이다. 이 내용(기록한 자의 오류)은 해설이 성선장(性善章) 주에 보인다. ○ 주자가 말씀하였다. "이는 다만 그 글자 수가 충분히 상대하여 짝[對偶]이 될 만함을 취하여 이렇게 말한 것이니, 다만 행문(行文)의 실수이고 의리에는 무방하니, 반드시 굽혀 설명할 것이 없다." ○ 신안진씨가 말하였다. "요임금이 순과 우와 익을 천거하여 등용할 적에 근심하신 바가 여기에 있으셨으니, 어찌 함께 밭갈 겨를이 있었겠는가. 비록 밭갈고자 하나 되겠는가. 밭가는 일을 제시하여 앞의 '홀로 밭 갈고 또 할 수 있느냐.'라고 물으신 한 구에 조응하였다."

4-8

后稷이 敎民稼穡하여 樹藝五穀한대 五穀熟而民人育하니 人之有道也로되 飽食煖衣하여 逸居而無敎면 則近於禽獸일새 聖人이 有憂之하사 使契(설)로 爲司徒하여 敎以人倫하시니 父子有親이며 君臣有義며 夫婦有別이며 長幼有序며 朋友有信이니라 放勳曰 勞之來之하며 匡之直之하며 輔之翼之하여 使自得之하고 又從而振德之라하시니 聖人之憂民이 如此하시니 而暇耕乎아

후직(后稷)이 백성들에게 가색(稼穡;곡식을 심고 거둠)을 가르쳐서 오곡을 심고 가꾸게 하자 오곡이 성숙함에 인민(人民)이 잘 길러졌으니, 사람에게는 도(道)가 있는데 배불리 먹고 따뜻이 옷을 입어서 편안히 거처하기만 하고 가르침이 없으면 금수와 가까워진다. <이 때문에> 성인이 이를 근심하시어 설(契)로 하여금 사도(司徒)를 삼아 인륜(人倫)을 가르치게 하셨으니, 부자(父子)간에는 친함이 있으며, 군신(君臣)간에는 의리가 있으며, 부부(夫婦)간에는 분별이 있으며, 장유(長幼)간에는 차례가 있으며, 붕우(朋友)간에는 믿음이 있는 것이다. 방훈(放勳)이 말씀하시기를 '위로하고 오게 하며, 바로잡아주고 펴주며, 도와주고 도와주어 스스로 <본성(本性)을> 얻게 하고, 또 따라서 진작시켜 은혜를 베풀어주라.' 하셨으니, 성인이 백성을 걱정함이 이와 같으시니 어느 겨를에 밭을 갈겠는가.

契은 音薛이라 別은 彼列反이라 長、放은 竝上聲이요 勞、來는 竝去聲이라
'설(契)'은 음이 설(薛;사람이름)이다. '별(別)'별은 피(彼)·열(列)의 반절[분별 별]이다. '장(長)'과 '방(放)'은 모두 상성(上聲;어른, 큼)이요, '노(勞)'와 '래(來)'는 모두 거성(去聲;위로함, 옴)이다.

言 水土平 上節이라 然後에 得以教稼穡이요 衣食足然後에 得以施教化라 通上註하여 凡三言然後하니 此事之序也라 ○ 先總提라 后稷은 官名이니 棄 舜臣名이라 爲之라 然이나 言敎民이면 則亦非竝耕矣라 按南容謂禹、稷躬稼33)者는 謂躬率以敎之耳니 躬稼는 與竝耕自不同이라 樹는 亦種也라 照稼穡而言亦이라 藝는 殖也라 或植之誤리니 與上節之殖으로 恐有異라 契은 亦舜臣名也라 照上節註而言亦이라 司徒는 官名也라 人之有道는 言其皆有秉彝之性也라 然이나 無敎면 諺釋은 失然字意라 則亦放逸怠惰 飽煖逸居라 ○ 倒釋以便文이라 而失之라 近於禽獸라 ○ 人之性放失然後에 乃近於禽獸하니 則其本初之不相近을 有可知也니 此當與告子諸章參看이라 故로 聖人이 設官而敎以人倫하시니 亦因其固有者 五常之性이라 而道(導) 去聲이라 之耳라 書 皐陶謨라 曰 天敍有典하시니 勅我五典하사 五를 惇哉라하니 此之謂也라 慶源輔氏曰 擧書以爲證者는 天敍는 卽所謂固有也요 勅之、厚之는 卽所謂道之也라 ○ 新安陳氏曰 典者는 人道之常이요 勅은 正也라

수토(水土)가 평정된 윗절이다. 뒤에 가색(稼穡)을 가르칠 수 있고 의식(衣食)이 풍족한 뒤에 교화(敎化)를 베풀 수 있음을 말씀한 것이다. 윗주를 통하여 무릇 '연후(然後)'를 세 번 말씀하였으니, 이는 일의 순서이다. ○ 먼저 총괄하여 제시하였다. 후직(后稷)은 관명(官名)이니, 기(棄)가 '기(棄)'는 순(舜)의 신하 이름이다. 이것을 하였다. 그러나 백성을 가르쳤다고 말했으면 또한 백성들과 함께 밭을 간 것은 아니다. 살펴보건대 남용(南容)이 이르기를 '우(禹)와 직(稷)이 몸소 농사지었다.' 한 것은 몸소 솔선하여 가르쳤음을 말했을 뿐이니, 궁가(躬稼)는 병경(竝耕)과는 본래 똑같지 않다. '수(樹)'는 또한 심음이다. 가색(稼穡)에 조응하여 역(亦)을 말하였다. '예(藝)'는 번식함이다. '식(殖)'은 혹 식(植)의 오자(誤字)인 듯하니, 윗절의 식(殖)자와 차이가 있는 듯하다. '설(契)' 또한 순(舜)의 신하 이름이다. 윗절의 주를 조응하여 역(亦)을 말하였다. '사도(司徒)'는 관명이다. 사람에게 도(道)가 있다는 것은 사람이 모두 병이(秉彝)의 성(性)을 가지고 있음을 말한 것이다. 그러나 가르침이 없으면 ≪언해≫의 해석은 연(然)자의 뜻을 잃었다.[①] 또한 방일(放逸)하고 태타(怠惰)하여 방일과 태타는 배불리 먹고 따뜻하게 입고 편안히 거처하는 것이다. ○ 거꾸로 해석하여 문장을 편하게 하였다. 이것을 잃는다.

---

33) ≪論語 憲問 6章≫ "南宮适(南容)問於孔子曰: "羿善射, 奡盪舟, 俱不得其死. 然禹稷躬稼而有天下.""

이는 금수에 가까워진 것이다. ○ 사람의 성(性)을 잃은 뒤에야 비로소 금수에 가까워지니, 그렇다면 그 본초(本初)에 서로 비슷하지 않음을 알 수 있으니, 이는 마땅히 〈고자(告子)〉의 여러 장과 참고해 보아야한다. 그러므로 성인이 관(官)을 설치하여 인륜을 가르치게 하셨으니, 또한 그 고유한 것을 오상(五常;인(仁)·의(義)·예(禮)·지(智)·신(信))의 성이다. 인하여 인도했을 뿐이다. '도(道)는 거성(去聲;인도함)이다. ≪서경≫에 〈고요모(皐陶謨)〉이다. 이르기를 "하늘이 유전(有典;오전(五典))을 펴시니, 우리의 오전(五典)을 바로잡아 다섯 가지를 돈독히 한다." 하였으니, 이것을 말한 것이다. 경원보씨가 말하였다. "≪서경≫을 들어 증거로 삼은 것은 천서(天敍)는 바로 이른바 고유하다는 것이요, 칙지(勅之)와 후지(厚之)는 바로 이른바 인도한다는 것이다." ○ 신안진씨가 말하였다. "전(典)은 인도(人道)의 떳떳함이요, 칙(勅)은 바로잡음이다."

*① ≪언해≫의……잃었다 : ≪언해≫에 "人之有道也에"로 현토(懸吐)하였는바, 여기에 ≪집주≫의 '연(然)'자의 뜻을 살려 '로되'나 '어늘'로 현토해야 함을 말한 것이다.

放勳은 本史臣贊堯之辭어늘 見書堯典이라 孟子因以爲堯號也라 德은 猶惠也라 大惠라 堯言 勞 如字라 者를 勞之하고 來 如字라 者를 來之하며 沙溪曰 勞、來는 承人倫而言하니 勤於人倫而不畔者를 勞、來之라 或以漢史王成勞來不怠之意看하니 非是라 邪者를 正之하고 枉者를 直之하며 輔以立之하고 翼以行之하여 使自得其性矣요 添性字하여 以照有道字라 又從而提撕警覺하여 大全曰 解振字라 以加惠焉하여 朱子曰 不是財惠요 只是施以敎化라 ○ 按振德은 謂振而德之라 ○ 慶源輔氏曰 勞、來는 所以安其生이요 正、直은 所以正其德이요 輔、翼은 所以助其行이니라 不使其放逸怠惰而或失之라 하시니 使之免於禽獸라 ○ 提上註하여 以致丁寧之意라 蓋命契之辭也라 此是詠歎敎人倫之韻語어늘 而在舜賡歌之先하니 當爲三百篇之祖라 ○ 此節은 特揭二憂字하니 蓋近禽獸之憂 深於偏禽獸之憂故也라 ○ 新安陳氏曰 堯使契爲司徒하여 以敎民하사 所憂在此하시니 何暇於竝耕이리오 聖人之憂民如此而暇耕은 是再提掇耕事하여 以照應獨可耕且爲與一句하니라

'방훈(放勳)'은 본래 사신(史臣)이 요(堯)임금을 〈공이 크다고〉칭찬한 말인데, 이 내용은 ≪서경≫ 〈요전(堯典)〉에 보인다. 맹자가 인하여 요임금의 호(號)로 삼은 것이다. '덕(德)'은 혜(惠)와 같다. '혜(惠)'는 큰 은혜이다. 요임금이 말씀하시기를 "수고로운 '로(勞)'는 본자대로(수고로울 로) 읽는다. 자를 위로하고 먼데서 온 '래(來)'는 본자대로(올 래) 읽는다. 자를 오게 하며, 사계(沙溪)가 말씀하였다. "로와 래는 인륜을 이어 말하였으니, 인륜을 부지런히 하고 배반하지 않는 자를 위로한 것이다. 혹은 한(漢)나라 역사책에 왕성(王成)이 로래(勞來;권면(勸勉)하여 불러옴)하기를 게을리하지 않았다는

뜻으로 보니, 이는 옳지 않다." 간사한(부정한) 자를 바르게 해주고 굽은 자를 펴주며, 도와서 세워주고 날개가 되어 행하게 해서 백성들로 하여금 스스로 그 본성을 얻게 하고, 성(性)자를 더하여 유도(有道)란 글자에 조응하였다. 또 따라서 제시(提撕)하고 경각(警覺)하여 ≪대전≫에 말하였다. "이것은 진(振)자를 해석하였다." 은혜를 가해주어서 주자가 말씀하였다. "재물로 은혜를 입혀주는 것이 아니오, 다만 교화를 베푼 것이다." ○ 살펴보건대 진덕(振德)은 진작하여 덕을 입힘을 말한 것이다. ○ 경원보씨가 말하였다. "로지(勞之)·래지(來之)는 그 삶을 편안히 한 것이요, 정지(正之)·직지(直之)는 그 덕을 바르게 한 것이요, 보지(輔之)·익지(翼之)는 그 행함을 도운 것이다." 그 방일하고 태타하여 혹시라도 본성을 잃지 않게 하라." 하셨으니, 이는 하여금 금수를 면하게 한 것이다. ○ 윗주를 들어서 정녕한 뜻을 다하였다. 이는 설(契)에게 명령한 말씀이다. 이는 바로 영탄(詠歎)하여 인륜을 가르친 운어(韻語)인데 순임금의 갱가(賡歌)^{*①}의 앞에 있으니, 마땅히 ≪시경≫ 300편의 원조가 될 것이다. ○ 이 절은 특별히 두 우(憂)자를 게시하였으니, 금수와 가까워지는 근심이 금수에게 핍박 받는 근심보다 더 깊기 때문이다. ○ 신안진씨가 말하였다. "요임금이 설로 하여금 사도를 삼아서 백성들을 가르치시어 근심하는 바가 여기에 있으셨으니, 어느 겨를에 함께 밭을 갈겠는가. '성인이 백성을 근심함이 이와 같으신데, 어느 겨를에 밭을 갈겠느냐'는 것은 이는 다시 밭 가는 일을 제시하여 '홀로 밭 갈고 또 할 수 있겠느냐'는 한 구를 조응하였다."

*① 갱가(賡歌) : 고요(皐陶)가 순임금의 노래를 뒤이어 부른 것으로, ≪서경≫〈익직(益稷)〉끝부분에 "乃賡載歌曰: 元首明哉, 股肱良哉, 庶事康哉."라고 보이는데, 이 역시 운어(韻語)이므로 말한 것이다.

4-9

堯는 以不得舜으로 爲己憂하시고 舜은 以不得禹、皐陶(요)로 爲己憂하시니 夫以百畝之不易(이)로 爲己憂者는 農夫也니라

요임금은 순(舜)을 얻지 못함을 자신의 근심으로 삼으셨고, 순은 우(禹)와 고요(皐陶)를 얻지 못함을 자신의 근심으로 삼으셨으니, 저 100무가 다스려지지 못함을 자신의 근심으로 삼는 자는 농부이다.

夫는 音扶라 易는 去聲이라

'부(夫)'는 음이 부(扶;저)이다. '이(易)'는 거성(去聲;다스림)이다.

易는 治也라 堯、舜之憂民은 非事事而憂之也요 急先務而已니 此句는 見盡心上이라
○ 此節은 不得人之憂 又有深於近禽獸之憂하니 蓋得一人이면 則天下之人이 皆得其性矣
라 所以憂民者 其大如此면 新安陳氏曰 接上文三憂字하여 而又發明出三憂字하니 農夫
之憂는 憂之小者耳어늘 許行이 欲聖人憂百畝之憂하니 可乎아 則不惟不暇耕이라 承上節
而又進一層이라 而亦不必耕矣니라 不必耕은 補此節言外未足之意라

'이(易)'는 다스림이다. 요(堯)·순(舜)이 백성을 걱정한 것은 일마다 걱정한 것이 아니요, 먼저 해야 할 일을 급히 했을 뿐이다. 이 구(急先務)는 〈진심 상〉에 보인다. ○ 이 절은 인물을 얻지 못한 근심이 또 금수와 가까워지는 근심보다 더 깊음이 있으니, 한 사람을 얻으면 천하 사람들이 모두 그 본성을 얻게 된다. **백성을 근심한 것이 그 큼이 이와 같다면** 신안진씨가 말하였다. "윗글에 세 우(憂)자를 이어서 또다시 세 우(憂)자를 발명해 내었다. 농부의 근심은 근심 중에 작은 것인데, 허행은 성인이 100무를 근심하는 근심을 하고자 하였으니, 되겠는가." **다만 밭 갈 겨를이 없을 뿐만 아니라** 윗절을 이어서 또 한 층을 나아갔다. **또한 굳이 밭 갈 필요가 없는 것이다.** 불필경(不必耕)은 이 절의 말 밖의 부족한 뜻을 보충하였다.

4-10

> 分人以財를 謂之惠요 敎人以善을 謂之忠이요 爲天下得人者를 謂
> 之仁이니 是故로 以天下與人은 易하고 爲天下得人은 難하니라
>
> 사람들에게 재물을 나누어 줌을 혜(惠)라 이르고, 사람들에게 선(善)을 가르쳐 줌을 충(忠)이라 이르고, 천하 사람들을 위하여 인재를 얻음을 인(仁)이라 이른다. 이러므로 천하를 사람(남)에게 재물을 주기는 쉽고, 천하를 위하여 인재를 얻기는 어려운 것이다.

爲、易는 竝去聲이라

'위(爲)'와 '이(易)'는 모두 거성(去聲;위함, 쉬움)이다.

分人以財는 小惠而已요 敎人以善은 雖有愛民之實이나 然其所及이 亦有限 大全曰 人者는 對己而言이라 而難久라 大全曰 敎之者 僅己耳라 惟若堯之得舜과 舜之得禹、皐陶라야 音遙라 乃所謂爲天下得人者하여 而其恩惠廣大하고 大全曰 應惠字句라 ○ 無限이라 敎化無窮矣니 大全曰 應忠字句라 ○ 可久라 此其 一無其字라 所以爲仁也니

라 大全曰 仁字는 可包惠字、忠字라 ○ 按以天下與人은 是一朝事而止謀諸一人故로 易요 爲天下得人은 乃爲二十八年或十七年或七年之久而旁求於天下之人하니 此所以爲難也라

사람들에게 재물을 나누어 줌은 작은 은혜일 뿐이요, 사람들에게 선(善)을 가르쳐 줌은 비록 백성을 사랑하는 실제가 있으나 그 미치는 바가 또한 한계가 있고 ≪대전≫에 말하였다. "인(人)은 자기를 상대하여 말하였다." 오래하기 어렵다. ≪대전≫에 말하였다. "가르치는 자가 겨우 자기일 뿐이다." 오직 요임금이 순을 얻고 순이 우와 고요를 '요(陶)'는 음이 요(遙)이다. 얻은 것과 같이 하여야 이른바 천하를 위하여 인재를 얻는다는 것이어서 그 은혜가 광대하고 ≪대전≫에 말하였다. "혜(惠)자의 구에 응하였다." ○ 무한한 것이다. 교화가 무궁할 것이니, ≪대전≫에 말하였다. "충(忠)자의 구에 응하였다." ○ 오래갈 수 있는 것이다. 이는 그 일본(一本)에는 기(其)자가 없다. 인(仁)이 되는 이유이다. ≪대전≫에 말하였다. "인(仁)자는 혜(惠)자와 충(忠)자를 포함할 수 있다." ○ 살펴보건대 천하를 가지고 남에게 주는 것은 하루아침 일로서 다만 한 사람에게 도모하는 것이므로 쉽고, 천하를 위하여 인물을 얻음은 바로 28년 혹은 17년 혹은 7년^①의 오램이 되어서 사방으로 천하 사람에게서 구하는 것이니, 이 때문에 어려움이 되는 것이다.

*① 28년……7년 : 요(堯)임금이 후계자인 순(舜)을 하늘에 천거한 것이 28년이고, 순임금이 우왕(禹王)을 천거한 것이 17년이고, 우왕이 익(益)을 천거한 것이 7년이었는바, 이 내용이 아래 〈만장 상(萬章上)〉 5장에 자세히 보인다.

4-11

孔子曰 大哉라 堯之爲君이여 惟天이 爲大어시늘 惟堯則(칙)之하시니 蕩蕩乎民無能名焉이로다 君哉라 舜也여 巍巍乎有天下而不與(예)焉이라하시니 堯、舜之治天下에 豈無所用其心哉시리오마는 亦不用於耕耳시니라

공자께서 말씀하시기를 '위대하다, 요임금의 임금노릇하심이여. 오직 하늘이 위대하신데 요임금이 이것을 법받으셨으니, 탕탕(蕩蕩)하여 백성들이 덕(德)을 명명(命名; 형용)할 수가 없도다. 임금답다, 순임금이시여. 외외(巍巍)하여 천하를 소유하고도 관여하지 않았다.' 하셨으니, 요·순이 천하를 다스림에 어찌 그 마음을 쓰신 바가 없으시겠는가마는 또한 밭을 가는 데에는 쓰지 않으셨다.

與는 去聲이라

'예(與)'는 거성(去聲;관예함)이다.

孔子之言은 見論語泰伯이라

　공자의 말씀은 ≪논어≫〈태백(泰伯)〉19장에 보인다.

則은 法也라 沙溪曰 語註云 能與之準34)이라하니 與此註不同이니라 ○ 當以語註爲定論이라 蕩蕩은 廣大之貌라 按語註는 主堯德而云廣遠之稱하고 此註는 主天而云廣大之貌하니 蓋互相發明也라 君哉는 言盡君道也라 巍巍는 諺音誤라 高大之貌라 山之高大之貌라 不與는 猶言不相關이니 釋不與라 言其不以位爲樂 音洛이라 也라 申釋不與之意라 ○ 新安陳氏曰 亦不用於耕耳는 至此하여 三提掇耕事하여 以照應收結獨可耕且爲與一句하니 不特辨闢이 明白痛快요 文法亦照顧得好라 以上은 已辨倒許行之說하고 下文은 乃責陳相이니라 ○ 按不得耕、不暇耕은 其時也요 不必耕은 其義也니 此猶用設辭요 不用心於耕은 其實事也니 此則用斷辭라 蓋治國은 當法堯、舜故로 此以上은 引堯、舜之事하여 以斥竝耕하고 爲學은 當法孔子故로 此下는 引孔子之事하여 以責背師라

　'칙(則)'은 법받음이다. 사계(沙溪)가 말씀하였다. "≪논어≫ 주에는 능히 하늘과 더불어 같다 하였으니, 이 주와 똑같지 않다." ○ 마땅히 ≪논어≫ 주를 정론으로 삼아야 한다. '탕탕(蕩蕩)'은 광대한 모양이다. 살펴보건대 ≪논어≫ 주는 요임금 덕을 위주하여 광원(廣遠)함을 칭하였고, 이 주는 하늘을 위주하여 광대한 모습을 말하였으니, 서로 서로 발명된다. '군재(君哉)'는 군주의 도리를 다함을 말한다. '위위(巍巍)'는 ≪언해≫의 음(외)이 잘못되었다. 고대(高大)한 모양이다. 산이 높고 큰 모양이다. '불예(不與)'는 불상관(不相關)이라는 말과 같으니, 불예(不與)를 해석하였다. 지위로써 낙(樂)을 음이 락(洛)이다. 삼지 않음을 말한 것이다. 불예(不與)의 뜻을 거듭 해석하였다. ○ 신안진씨가 말하였다. "역불용어경이(亦不用於耕耳)는 이에 이르러서 세 번 밭 가는 일을 제시하여 독가경차위여(獨可耕且爲與)의 한 구를 조응하고 수습하여 맺었으니, 다만 논변하여 물리친 것이 명백하고 통쾌할 뿐만이 아니요, 문법 또한 조응함이 좋다. 이상은 이미 허행의 설을 논변하여 쓰러뜨렸고, 아랫글은 바로 진상을 책망한 것이다." ○ 살펴보건대 불득경(不得耕)과 불가경(不可耕)은 그 때[時]이고 불필경(不必耕)은 그 의(義)이니, 이는 오히려 가설한 말을 사용한 것이고, 불용심어경(不用心於耕)은 실세 일이니 이는 결난사를 사용한 것이다. 나라를 다스림은 마땅히 요·순을 본받아야 하므로 이 이상은 요·순의 일을 인용하여 병경(竝耕)을 배척하였고, 학문을 함은 마땅히 공자를 본받아야 하므로 이 아래에는 공자의 일을 인용하여 진상이 배사(背師)함을 책망하였다.

---

34) ≪論語 泰伯 19章≫ "子曰: 大哉, 堯之爲君也. 巍巍乎唯天爲大, 唯堯則之, 蕩蕩乎民無能名焉." ≪集註≫ "則, 猶準也. 蕩蕩, 廣遠之稱也. 言物之高大, 莫有過於天者, 而獨堯之德能與之準."

4-12

吾聞用夏變夷者요 未聞變於夷者也로라 陳良은 楚産也니 悅周公、仲尼之道하여 北學於中國이어늘 北方之學者 未能或之先也하니 彼所謂豪傑之士也라 子之兄弟 事之數十年이라가 師死而遂倍之온여

나는 중화(中華)의 가르침을 써서 오랑캐를 변화시켰다는 말은 들었고, 오랑캐에게 변화당했다는 말은 듣지 못하였노라. 진량(陳良)은 초(楚)나라 태생이니, 주공(周公)과 중니(仲尼)의 도(道)를 좋아하여 북쪽으로 중국(中國)에 가서 공부하였는데 북방(北方)의 학자들이 혹시라도 그보다 앞선 자가 없었으니, 그는 이른바 호걸(豪傑)의 선비라는 것이다. 그대의 형제가 그를 섬기기를 수십 년 하다가 스승이 죽자 마침내 배반하는구나.

此以下는 變矣以上이라 責陳相倍(背) 諺音誤라 師而學許行也라 先總提라 夏는 大也、明也라 諸夏 出論語八佾35)이라 禮義之敎也라 添禮義之敎四字라 變夷는 變化蠻夷之人也요 變於夷는 反見變化於蠻夷之人也라 産은 生也라 陳良이 生於楚하니 在中國之南이라 故로 北遊而學於中國也라 古以周公爲先聖하고 孔子爲先師라 故로 此列言周公、仲尼라 先은 過也라 豪傑은 才德出衆之稱이니 言其能自拔於流俗也라 免鄕原也라 然이나 彼所謂三字는 有微抑不盡許之意라 倍는 與背 音佩라 同이라 言 陳良은 用夏變夷어늘 陳相은 變於夷也라 本文用夏二句는 本汎說이어늘 而註合其下文而釋之如此라

이 이하는 변의(變矣) 이상이다. 진상(陳相)이 스승을 배반하고 '패(倍)'는 《언해》의 음(배)이 잘못되었다. 허행을 배움을 꾸짖은 것이다. 먼저 총괄하여 제시하였다. '하(夏)'는 큼이요, 밝음이다. 제하(諸夏;중화)의 '제하(諸夏)'는 《논어》〈팔일(八佾)〉에 나온다. 예의(禮義)의 가르침이다. 예의지교(禮義之敎) 네 글자를 더하였다. '변이(變夷)'는 만이(蠻夷)의 사람을 변화시킴이요, '변어이(變於夷)'는 도리어 만이의 사람에게 변화당하는 것이다. '산(産)'은 출생이다. 진량이 초나라에서 출생하였으니, 중국의 남쪽에 있었다. 그러므로 북쪽으로 가서 중국에서 배운 것이다. 옛날에 주공을 선성(先聖)이라 하고 공자를 선사(先師)라 하였다. 그러므로 그 주공과 중니를 나열하여 말씀한 것이다. '선(先)'은 뛰어남이다. '호걸(豪傑)'은 재주와

---

35) 《論語 八佾 5章》 "子曰: 夷狄之有君, 不如諸夏之亡也."

덕이 출중한 칭호이니, 능히 스스로 유속(流俗)에서 빼어남을 말한 것이다. 향원(鄕原)을 면한 것이다. 그러나 피소위(彼所謂) 세 글자는 약간 억제하고 다 허여하지 않는 뜻이 있다. '패(倍)'는 음이 패(佩)이다. '패(背)'와 같다. 진량은 중화의 가르침을 써서 오랑캐를 변화시켰는데, 진상은 오랑캐에게 변화당함을 말씀한 것이다. 본문의 용하(用夏) 두 구(吾聞用夏變夷者, 未聞變於夷者也.)는 본래 범연히 말한 것인데, 주에는 그 아랫글까지 합하여 해석하기를 이와 같이 한 것이다.

4-13

昔者에 孔子沒커시늘 三年之外에 門人이 治任將歸할새 入揖於子貢하고 相嚮而哭하여 皆失聲然後에 歸어늘 子貢은 反築室於場하여 獨居三年然後에 歸하니라 他日에 子夏、子張、子游 以有若似聖人이라하여 欲以所事孔子로 事之하여 彊曾子한대 曾子曰 不可하니 江漢以濯之며 秋陽以暴(폭)之라 皜皜乎不可尙已라하시니라

옛적에 공자께서 별세하시자, 3년이 지난 뒤에 문인(門人)이 짐을 챙겨 장차 돌아가려 할 적에 들어가서 자공(子貢)에게 읍하고 서로 향하여 통곡하여 모두 목이 쉰 뒤에 돌아갔는데, 자공은 다시 묘마당에 집을 짓고서 홀로 3년을 거처한 뒤에 돌아갔다. 후일에 자하(子夏)·자장(子張)·자유(子游)가 유약(有若)이 성인(공자)과 유사하다 하여 공자를 섬기던 예로써 그를 섬기고자 해서 증자(曾子)에게 강요하자, 증자가 말씀하시기를 '불가하니, 강한(江漢)으로써 씻으며 가을볕으로써 쪼이는 것과 같아서 희고 희여서 더할 수 없다.' 하셨다.

任온 平聲이요 彊은 上聲이라 暴은 蒲木反이라 皜는 音고라

'임(任)'은 평성(平聲;짐)이고, '강(彊)'은 상성(上聲;강요함)이다. '폭(暴)'은 포(蒲)·목(木)의 반절[햇볕쪼일 폭]이다. '고(皜)'는 음이 고(杲;흼)이다.

外는 猶後也라 門人이 皆主於子貢故로 入揖以別也라 相嚮哭者는 若喪父之餘에 哀未盡也라 失聲은 聲嘶也라 反은 猶復也니 凡六年乃歸라

'외(外)'는 후(後)와 같다. 문인이 모두 자공을 주인으로 여겼으므로 들어가 읍하고 작별한 것이다. 서로 향하여 곡한 것은 아버지를 잃은 것처럼 슬퍼한 뒤에도 슬픔이 다하지 않은 것이다. '실

성(失聲)'은 목소리가 쉰 것이다. '반(反)'은 부(復;다시)와 같으니, 무릇 6년을 하고서 비로소 돌아간 것이다.

三年은 古者에 爲 去聲이라 師心喪三年하니 若喪父而無服也라 見禮記檀弓36)이라 任은 擔 都濫反이라 也라 衣、書之屬이라 場은 冢上之壇場也라 塋域이라 有若似聖人은 蓋其言行、去聲이라 氣象이 如信近、盡徹37)之語라 有似之者하니 如檀弓 禮記라 所記 論喪欲速貧、死欲速朽者라 子游謂有子之言이 似夫子之類是也라 未必專指是事故로 著類字라 所事孔子는 所以事夫子之禮也라 有子는 非惟其言行與氣象似孔子而已라 是時孔門에 獨有子年德俱邵하여 爲曾、夏、張、游之父友라 故로 衆欲尊之爲師하여 以作依歸之所耳라 ○ 强(彊)은 猶請也라 江、漢은 水多하니 言濯 諺音誤라 之潔也요 秋日은 燥烈하니 言暴之乾 音干이라 也라 濯、暴은 是一串事라 皜皜는 諺音誤라 潔白貌라 尙은 加也라 言 夫子道德明著하여 光輝潔白하시니 非有若所能彷 音紡이라 彿 音弗이라 也라 本文三句는 如詩之比體어늘 註에 徑以本意釋之라 ○ 三子蓋以曾子此言而遂止也라 或曰 此三語者는 孟子贊美曾子之辭也라 若作贊曾子면 則於本文之義에 無甚發明이요 而此節歸重이 不在孔子하고 乃在曾子하며 且寂寥乎不可二字 不足以服三子之心耳라 ○ 同門中에 猶不可相師온 況別人不同道者乎아

3년은 옛날에 스승을 위하여 '위(爲)'는 거성(去聲;위함)이다. 심상(心喪) 3년을 하였으니, 아버지를 잃은 것과 똑같이 하나 복(服)이 없었다. 이 내용은 ≪예기≫ 〈단궁(檀弓)〉에 보인다. '임(任)'은 짐이다. '담(擔)'은 도(都)·람(濫)의 반절[멜 담, 짐 담]이다. ○ 짐은 옷과 책 따위이다. '장(場)'은 무덤가의 단(壇)과 마당이다. 담장은 묘역(墓域)이다. 유약(有若)이 성인과 같다는 것은 그의 언행(言行)과 '행(行)'은 거성(去聲;행실)이다. 기품(氣象)이 신근(信近)과 합철(盍徹)과 같은 말이다. 공자와 같음이 있었던 것이니, 〈단궁〉에 ≪예기≫이다. 기록한 바, 지위를 잃으면 빨리 가난하고자 하고, 죽으면 빨리 썩고자 함을 논한 것이다. "자유(子游)가 이르기를 '유약의 말이 부자(夫子;공자)와 같다.'고 했다."는 따위와 같은 것이 이것이다. 반드시 이 일을 오로지 가리킨 것은 아니므로 유(類)자를 놓은 것이다. 공자를 섬기던 바는 공자를 섬기던 바의 예(禮)이다. 유자(有子)는 그 언행과 기상이 공자와 유사할 뿐만 아니라 이때 공자의 문하에 홀로 유자의 나이와 덕이 모두 높아서 증자·자장·자유의 아버지와 벗이 되었으

---

36) ≪禮記 檀弓上≫ "孔子之喪, 門人疑所服. 子貢曰: 昔者 夫子之喪顏淵, 若喪子而無服, 喪子路亦然. 請喪夫子 若喪父而無服."

37) ≪論語 學而 13章≫ "有子曰: 信近於義, 言可復也, 恭近於禮, 遠恥辱也, 因不失其親, 亦可宗也."
 ≪論語 顏淵 9章≫ "哀公問於有若曰: 年饑, 用不足, 如之何. 有若對曰: 盍徹乎."

므로 여러 사람들이 그를 높여 스승으로 삼아서 의귀할 곳으로 삼고자 한 것이다. ○ '강(彊)'은 청(請)과 같다. '강한(江漢)'은 물이 많으니 씻음이 깨끗함을 말한 것이요, 가을 햇볕은 건조하고 따가우니 햇볕에 쬐어 말림을 말한 것이다. '작'과 '폭'은 바로 일관된 일이다. '고고(皜皜)'는 결백한 모양이다. '상(尙)'은 더함이다. 부자의 도덕(道德)이 밝게 드러나서 빛나고 결백하시니, 유약이 능히 방불(彷彿)할 수 있는 바가 아님을 말씀한 것이다. 본문의 세 구(江漢以濯之, 秋陽以暴之, 皜皜乎不可尙已.)는 ≪시경(詩經)≫의 비체(比體)와 같은데, 주에 곧바로 본의를 가지고 해석하였다. ○ 세 사람은 아마도 증자의 이 말씀 때문에 마침내 중지한 듯하다. 혹자는 말하기를 "이 세 말씀은 맹자가 증자를 찬미한 말씀이다." 하였다. 만약 증자를 찬미(讚美)한 것으로 삼는다면 본문의 뜻에 그리 발명된 것이 없고, 이 절에 중점을 둔 것이 공자에게 있지 않고 도리어 증자에게 있으며, 또 쓸쓸한 '불가(不可)' 두 글자가 세 사람의 마음을 굴복시킬 수가 없다. ○ 동문 가운데에도 오히려 서로 스승 삼을 수가 없는데, 하물며 다른 사람으로 도가 같지 않은 자에 있어서랴.

'작(濯)'은 ≪언해≫의 음(탁)이 잘못되었다. '간(乾)'은 음이 간(干;마름)이다. '고(皜)'는 ≪언해≫의 음(호)이 잘못되었다. '방(彷)'은 음이 방(紡)이다. ○ '불(佛)'은 음이 불(弗)이다.'

4-14

今也에 南蠻鴃舌之人이 非先王之道어늘 子倍子之師而學之하니 亦異於曾子矣로다

지금에 남만(南蠻)의 왜가리소리를 하는 사람이 선왕(先王)의 도가 아니거늘 그대가 그대의 스승을 배반하고 이를 배우니, 또한 증자와 다르도다.

鴃은 亦作鵙하니 古役反이라

'격(鴃)'은 또한 격(鵙)으로 쓰니, 고(古)·역(役)의 반절[왜가리 격]이다.

鴃은 博勞也니 惡聲之鳥라 南蠻之聲이 似之하니 指許行也라 先王은 指堯、舜以後之聖人이라

'격(鴃)'은 박로(博勞)이니, 소리가 나쁜 새이다. 남만(南蠻)의 소리가 이와 유사하니, 허행을 가리킨 것이다. 선왕은 요·순 이후의 성인을 가리킨다.

4-15

吾聞出於幽谷하여 遷于喬木者요 未聞下喬木而入於幽谷者로라

나는 그윽한(깊은) 골짜기에서 나와 높은 나무로 옮겨간다는 말은 들었고, 높은 나무에서 내려와 그윽한 골짜기로 들어간다는 말은 듣지 못하였노라.

與上言吾聞者로 當參看이라 用夏二句는 蓋亦古有是語而引之라 ○ 下는 去聲이라

위에서 말한 오문(吾聞)과 마땅히 참고해 보아야한다. '용하(用夏)' 두 구는 아마도 옛날에 이 말이 있었는데 인용한 듯하다. ○ '하(下)'는 거성(去聲;내려옴)이다.

小雅伐木之詩云 伐木丁丁이어늘 中耕反이라 鳥鳴嚶嚶이로다 出自幽谷하여 遷于喬木이라하니라 新安陳氏曰 譬陳相由高趨下하여 不如禽能舍下遷喬也니라 ○ 按詩人은 本無用夏變夷之意어늘 孟子特斷章取義耳시니라 ○ 陳良은 出幽遷喬하고 陳相은 下喬入幽어늘 而註不言者는 蓋蒙上用夏註也일새라

<소아(小雅) 벌목(伐木)>의 시에 이르기를 "나무 베기를 땅땅 하거늘 '정(丁)'은 중(中)·경(耕)의 반절〔땅땅소리 정〕이다. 새 울음은 앵앵(嚶嚶)하도다. 그윽한 골짜기에서 나와 높은 나무로 옮겨간다." 하였다. 신안진씨가 말하였다. "진상이 높은 데에서 아래로 달려와 새가 능히 낮은 곳을 버리고 교목(喬木)으로 옮겨감만 못함을 비유한 것이다." ○ 살펴보건대 시인(詩人)의 뜻은 본래 용하변이(用夏變夷)의 뜻이 없는데, 맹자가 특별히 단장취의(斷章取義)하셨을 뿐이다. ○ 진량은 그윽한 골짜기에서 나와 교목으로 옮겨갔고, 진상은 교목에서 내려와 깊은 골짜기로 들어갔는데, 주에서 말하지 않은 것은 위의 용하(用夏) 주를 이어받았기 때문이다.

4-16

魯頌曰 戎、狄是膺하며 荊、舒是懲이라하니 周公이 方且膺之어시늘 子是之學하니 亦爲不善變矣로다

<노송(魯頌)>에 이르기를 '융(戎)·적(狄)을 이에 치며, 형(荊)·서(舒)를 이에 응징하였다.' 하였으니, 주공도 막 이들을 응징하셨거늘 그대는 이것을 배우니, 또한 잘 변화하지 못한 것이로다."

魯頌은 閟宮之篇也라 膺은 擊也라 荊은 楚本號也라 舒는 國名이니 近楚者也라 南

蠻이라 懲은 艾 音乂(예)라 也라 治也니 治之는 亦謂擊之也라 諺解는 釋此二句가 與詩解不同하여 而兩是字之文勢 自相矛盾하니 當以詩解爲正이라 蓋此二句는 非相因之辭요 乃相對之辭也라 今按 此詩는 爲僖公 周公之後라 之頌이어늘 而孟子以周公言之하시니 亦斷 音短이라 章取義也라 新安陳氏曰 不善變은 謂變於夷也라

<노송>은 <비궁(閟宮)>편이다. '응(膺)'은 침이다. '형(荊)'은 초나라의 본래 칭호이다. '서(舒)'는 국명(國名)이니, 초나라와 '초(楚)'는 남만(南蠻)이다. 가까운 자이다. '징(懲)'은 다스림이다. '예(艾)'는 음이 예(乂)이다. ○ '예'는 다스림이니, 다스림은 또한 공격함을 이른다. 《언해》는 이 두 구를 해석한 것이 《시경》의 해석과 똑같지 아니하여 두 시(是)자의 문세가 절로 서로 모순됨이 있으니, 《시경》의 해석을 바름으로 삼아야 한다.*① 이 두 구는 서로 인한 말이 아니요, 바로 상대한 말이다. 지금 살펴보면 이 시는 희공(僖公)의 희공은 주공의 후손이다. 송(頌)인데, 맹자가 주공이라고 말씀하셨으니, 또한 장(章)을 잘라 '단(斷)'은 음이 단(短;끊음)이다. 뜻만을 취한 것이다.*② 신안진씨가 말하였다. "잘 변하지 못함은 오랑캐에게 변함을 이른다."

*① 《시경》의……한다 : 《언해》에는 "戎狄是膺하니"로 현토하고 여기에 맞추어 해석하였는바, 《시경》 《언해》의 "戎狄是膺하며"로 현토하고 해석해야 함을 말한 것이다.

*② 장(章)을……것이다 : 원문은 단장취의(斷章取義)로, 원전(原典)을 인용함에 있어 본문의 뜻에 관계하지 않고 인용자의 뜻에 맞게 해석함을 뜻한다.

4-17

從許子之道면 則市賈(價)不貳하여 國中이 無僞하여 雖使五尺之童으로 適市라도 莫之或欺니 布帛長短同이면 則賈相若하며 麻縷絲絮輕重同이면 則賈相若하며 五穀多寡同이면 則賈相若하며 屨大小同이면 則賈相若이니라

<진상이 말하였다.> "허자(許子)의 도를 따르면 시정의 물건 값이 두 가지가 아니어서 온 나라 안이 속임이 없어, 비록 5척의 동자(童子)*①로 하여금 시장에 가게 하더라도 혹시라도 그를 속이는 자가 없을 것입니다. 포백(布帛)의 길고 짧음(길이)이 같으면 값이 서로 같으며, 삼과 실과 생사(生絲)와 솜의 가볍고 무거움(무게)이 같으면 값이 서로 같으며, 오곡(五穀)의 많고 적음(양)이 같으면 값이 서로 같으며, 신의 크고 작음(크기)이 같으면 값이 서로 같습니다."

*① 5척의 동자 : 주척(周尺)은 지금 사용하는 목척(木尺;영조척(營造尺))보다 짧으므로 삼척동자(三尺童子)와 같은 뜻이 된다.

賈는 音價니 下同이라

'가(賈)'는 음이 가(價;값)이니, 아래도 같다.

陳相이 又言許子之道如此하니 蓋神農이 始爲市井이라 國都之朝市、祖社、公宮、民居를 畫爲井田樣故로 謂市爲市井이라 故로 許行이 又託於神農而有是說也라 先總提라 ○ 相이 旣不售於耕에 而又欲託於市하고 旣不售於言에 而又欲託於道하니 是龍斷賤丈夫38)之爲耳라 五尺之童은 言幼小無知也라 許行이 欲使市中所粥 余六反이라 之物로 皆不論精粗、美惡하고 添此句하여 以作下節張本이라 ○ 慶源輔氏曰 若不以精粗、美惡言之하면 則無由說得通이라 此義를 未有人看得出이러니 至集註而義始明이라 但以長短、輕重、多寡、大小로 爲價也라 大與大同價하고 小與小同價요 非大小同賈(價)也라 ○ 雙峯饒氏曰 皆(此)[比]而同之가 與竝耕相似하니 便是齊物의 剖斗折衡而民不爭之說이라 凡託神農、黃帝者는 皆老氏之說也라

진상이 또 허자의 도가 이와 같다고 말하였으니, 신농씨(神農氏)가 처음으로 시정(市井)을 만들었다. 국도(國都)의 조시(朝市)·조사(祖社)·공궁(公宮)·민거(民居)를 정(井)자 모양으로 구획하여 만들기 때문에 시(市)를 일러 시정(市井)이라 한 것이다. 그러므로 허행이 또 신농씨에게 가탁하여 이러한 말을 한 것이다. 먼저 총괄하여 제시하였다. ○ 진상이 이미 함께 밭 간다는 말이 팔리지 (먹혀 들지)않자 또다시 시장에 의탁하고자 하였고, 이미 말이 팔리지 않자 또다시 도(道)에 의탁하고자 하였으니, 이것은 농단(龍斷)을 차지하는 천장부(賤丈夫)의 행위일 뿐이다. '5척의 동자'는 어려서 무지(無知)함을 말한다. 허행은 시중에서 파는 '육(粥)'은 여(余)·육(六)의 반절〔팔 육〕이다. 바의 물건으로 하여금 모두 정밀하고 거칢과 좋고 나쁨을 논하지 않고, 이 구를 더하여 아랫절의 장본(張本)으로 삼았다. ○ 경원보씨가 말하였다. "만약 정추(精粗)와 미악(美惡)을 가지고 말하지 않으면 말이 통할 수가 없다. 이 뜻을 사람들이 본(안) 자가 없었는데, ≪집주≫에 이르러 뜻이 비로소 분명해졌다." 다만 장단(長短)과 경중(輕重)과 다과(多寡)와 대소(大小)로써 값을 따지고자 한 것이다. 큰 것은 큰 것과 값이 같고 작은 것은 작은 것과 값이 같은 것이요, 큰 것과 작은 것이 값이 같다는 것이 아니다. ○ 쌍봉요씨가 말하였다. "〈장단은 장척(丈尺)으로 말하고 경중은 권형(權衡)으로 말하고 다과는 두곡(斗斛)으로 말한다. 이것은〉 모두 물건을 나란히 하여 같게 하는 것으로 함께 밭 가는 것과 서로 유사하니, 바로 ≪장자(莊子)≫ 〈제물론(齊物論)〉의 '말〔斗〕을 쪼개버리고 저울대를 부러뜨려야 백성들이 다투지 않는다.'

---

38) ≪孟子 公孫丑下 10章≫ "古之爲市者, 以其所有, 易其所無者, 有司者, 治之耳. 有賤丈夫焉, 必求龍斷而登之, 以左右望而罔市利, 人皆以爲賤, 故從而征之."

는 말이다. 무릇 신농(神農)과 황제(黃帝)에게 의탁한 자들은 모두 노씨(老氏)의 설이다."

4-18

> 曰 夫物之不齊는 物之情也니 或相倍、蓰하며 或相什、伯(百)하며 或相千、萬이어늘 子比而同之하니 是는 亂天下也로다 巨屨、小屨 同賈면 人豈爲之哉리오 從許子之道면 相率而爲僞者也니 惡(오)能治國家리오
>
> 맹자가 말씀하셨다. "저 물건이 똑같지 않음은 물건의 실정이니, 값의 차이가 혹은 서로 배가 되고 다섯 배가 되며, 혹은 서로 열 배가 되고 백 배가 되며, 혹은 서로 천 배가 되고 만 배가 되는데, 그대가 이것을 나란히 하여 똑같이 하려 하니, 이는 천하를 어지럽히는 짓이다. <만일> 큰 신과 작은 신이 값이 같다면 사람들이 어찌 큰 신을 만들겠는가. 허자의 도를 따른다면 서로 이끌고서 거짓을 할 것이니, 어떻게 국가를 다스릴 수 있겠는가."

夫는 音扶요 蓰는 音師요 又山綺反이라 比는 必二反이라 惡는 平聲이라

'부(夫)'는 음이 부(扶;저)이고, '사(蓰)'는 음이 사(師)이고 또 산(山)·기(綺)의 반절[다섯곱 사]이다. '비(比)'는 필(必)·이(二)의 반절[나란이할 비]이다. '오(惡)'는 평성(平聲;어찌)이다.

倍는 一倍也요 蓰는 五倍也요 什、伯、千、萬은 皆倍數也라 是皆不齊之目也라 比는 次也라 相次也라 孟子言 物之不齊는 通精粗、大小、長短、輕重、多寡言이나 而精粗之意爲尤多라 蓋大小、輕重之所同也나 而其精粗之異 或有至於什、佰、千、萬耳라 乃其自然之理니 以自然之理로 釋情字리 ○ 新安陳氏曰 情은 實也니 自然之理는 卽所謂物之實埋也라 ○ 慶源輔氏曰 物之不齊는 乃物之情而實天之理也라 其有精粗는 猶其有大小也라 添此二句하여 以歸重於精粗라 若大屨、小屨同價면 則人豈肯爲其大者哉리오 添大者二字라 ○ 沙溪曰 許子知大小之不同하고 而不知精粗之有異라 故로 因其所知者而明之시니라 ○ 按巨屨二句는 初學者或誤讀故로 沙溪特明之하시니 此與後篇犬牛人性節因其所知之氣質之性하여 以明本然之性者와 及論語荷蓧章의 因其所明之長幼之節하여 以明君臣之義者로 語勢同矣라 舊註에 以巨細釋巨小가 雖若於文義爲捷徑이나 然上節之大小와

此節之巨小를 顧何可同異看耶아

'배(倍)'는 1배이고 '사(蓰)'는 5배이다. 십(什)·백(佰)·천(千)·만(萬)은 모두 배수(倍數)이다. 이는 모두 똑고르지 않은 조목이다. '비(比)'는 나란히 함이다. '차(次)'는 서로 나란히 하는 것이다. 맹자가 말씀하시기를 "물건이 똑같지 않음은 정추(精粗)·대소(大小)·장단(長短)·경중(輕重)·다과(多寡)를 통틀어 말했으나, 정추의 뜻이 더욱 많다. 크기와 무게가 같더라도 그 정하고 거칢의 차이가 혹은 십 배, 백 배, 천 배, 만 배에 이르는 경우가 있는 것이다. **바로 그 자연의 이치이니**, 자연지리(自然之理)로써 정(情)자를 해석하였다. ○ 신안진씨가 말하였다. "정은 실정이니, 자연의 이치는 바로 이른바 물건의 실리(實理)라는 것이다." ○ 경원보씨가 말하였다. "물건이 똑고르지 않음은 바로 물건의 실정으로서 진실로 하늘의 이치이다." **그 정(精)·추(粗)가 있음은 그 대(大)·소(小)가 있는 것과 같다.** 이 두 구(其有精粗, 猶其有大小也.)를 더하여 정추에 중점을 돌렸다. 만일 큰 신과 작은 신이 값이 같다면 사람들이 어찌 그 큰 것을 만들겠는가. 대자(大者) 두 글자를 더하였다. ○ 사계(沙溪)가 말씀하였다. "허자(許子)는 크고 작은 것이 똑같지 않음만 알고 정하고 거친 것이 차이가 있음을 알지 못하였다. 그러므로 그가 잘 아는 것을 인하여 밝히신 것이다." ○ 살펴보건대 거구(巨屨) 두 구는 초학자가 혹 잘못 읽을까 염려되므로 사계가 특별히 밝히셨으니, 이는 뒷편 견우인성(犬牛人性)절·〈고자 상〉3장에 그 아는 바의 기질지성(氣質之性)을 인하여 본연지성(本然之性)을 밝힌 것과 《논어》 하조장(荷蓧章;〈미자〉7장)의 그 밝은 바의 장유지절(長幼之節)을 인하여 군신지의(君臣之義)를 밝힌 것과 어세(語勢)가 똑같다. 옛주에 거세(巨細)를 가지고 거소(巨小)를 해석한 것이 비록 글 뜻에 첩경(捷勁)이 될 듯하나, 윗절의 대소와 이절의 거소를 다만 어찌 똑같이 볼 수 있겠는가.

今不論精粗하고 使之同價면 是는 使天下之人으로 皆不肯爲其精者하고 此四句는 補其言外之正意니 其意若曰大屨、小屨同價면 則人豈肯爲其大者哉아 況精屨、粗屨同價면 人亦豈肯爲其精者哉云이라 **而竸爲濫惡** 粗라 **之物하여 以相欺** 僞라 ○ 亂이라 **耳라** 本文僞字는 照上節僞字요 治字는 照竝耕而治之治字라 ○ 東陽許氏曰 此章은 三大節이니 自許子必種粟으로 至不用於耕耳는 闢其假託神農之言이요 吾聞用夏로 至不善變矣는 責其倍師요 從許子以下는 又闢陳相之遁辭라

이제 정하고 거칢을 논하지 않고 값을 같게 한다면 이는 천하 사람들로 하여금 모두 그 정한 것을 만들려 하지 않고 이 네 구(今不論精粗, 使之同價, 是使天下之人, 皆不肯爲其精者.)는 말 밖의 바른 뜻을 보충한 것이니, 그 뜻은 대략 큰 신과 작은 신이 값이 같으면 사람들이 어찌 그 큰 신을 만들려고 하겠는가. 더구나 정한 신과 거친 신이 값이 같으면 사람들이 또한 어찌 그 정한 신을 즐겨 만들겠느냐라고 한 것이다. **다투어 남악(濫惡;조잡하고 질이 나쁨)한** 남악(濫惡)은 추(粗)이다. **물건을 만들어서 서로 속이게** 속임은 경문의 거짓(僞)이다. ○ 난(亂)이다. **할 뿐이다."라고 하신 것이다.** 본문의 위(僞)자는 윗절의 위(僞)자와 조응하고, 치(治)자는 병경이치(竝耕而治)의 치(治)자와 조응한다. ○ 동양허씨가 말하였다. "이 장은 세 큰 절이니,

허자필종속(許子必種粟)으로부터 불용어경이(不用於耕耳)까지는 그가 신농씨에게 가탁한 말을 물리친 것이요, 오문용하(吾聞用夏)로부터 불선변의(不善變矣)까지는 그가 배사(背師)한 것을 책망한 것이요, 종허자(從許子) 이하는 또 진상의 둔사(遁辭;회피하는 말)를 물리친 것이다."

5-1

墨者夷之 因徐辟而求見孟子한대 孟子曰 吾固願見이러니 今吾尙病이라 病愈어든 我且往見호리니 夷子는 不來니라

묵자(墨者)인 이지(夷之)가 서벽(徐辟)을 통하여 맹자를 뵙기를 요구하자, 맹자가 말씀하셨다. "내 진실로 만나보기를 원했는데 지금은 아직 내가 병중에 있으니, 병이 낫거든 내 장차 가서 만나볼 것이니, 이자(夷子)는 오지 말라."

辟은 音璧이요 又音闢이라

'벽(辟)은 음이 벽(璧)이고, 또 음이 벽(闢)이다.

因은 卽相見之紹介也니 孟子答語는 亦猶士相見之辭也라 不來는 猶言不必來也라

인(因)은 바로 서로 만나볼 때의 소개이니, 맹자가 대답한 말씀은 또한 ≪의례(儀禮)≫〈사상견례(士相見禮)〉의 말과 같다. '불래(不來)'는 굳이 올 필요가 없다고 말함과 같다.

墨者는 治墨翟之道者라 夷는 姓이요 之는 名이라 徐辟은 孟子弟子라 孟子稱疾은 尙字는 以見久有病耳라 疑亦託辭하여 照前篇寒疾章39)而下亦字라 以觀其意之誠否라 此는 補言外之正意라 ○ 雲峯胡氏曰 許行竝耕은 是欲以其君下同於庶民이요 墨子兼愛는 是欲以其親汎同於衆人이니 皆非聖人之道而自爲一端40)이니 孟子所以深闢也시니라

'묵자(墨者)'는 묵적(墨翟)의 도를 배운 자이다. 이(夷)는 성(姓)이요, 지(之)는 이름이다. 서벽(徐辟)은 맹자의 제자이다. 맹자가 병을 칭탁하신 것은 '상(尙)'자는 오래도록 병이 있음을 나타낸 것이다. 의심컨대 또한 말을 칭탁하여 앞편의 한질장(寒疾章)에 조응하여 역(亦)자를 놓았다. 그 뜻의 정성스럽고 정성스럽지 않음을 보려고 하신 듯하다. 이는 말 밖의 바른 뜻

---

39) ≪孟子 公孫丑下 2章≫ "孟子將朝王, 王使人來曰: 寡人, 如就見者也, 有寒疾, 不可以風. 朝將視朝, 不識, 可使寡人得見乎."

40) ≪論語 爲政 16章≫ "子曰: 攻乎異端, 斯害也已." ≪集註≫ "異端, 非聖人之道而別爲一端, 如楊墨是也."

을 보충한 것이다. ○ 운봉호씨가 말하였다. "허행의 병경(竝耕)은 그 군주를 가지고 낮추어 서민과 함께 하고자 한 것이고, 묵자의 겸애(兼愛)는 그 어버이를 가지고 중인(衆人)과 범연히 똑같게 하고자 한 것이니, 모두 성인의 도가 아니면서 따로 한 가지가 된 것이다. 맹자가 이 때문에 깊이 배척하신 것이다."

5-2

他日에 又求見孟子한대 孟子曰 吾今則可以見矣어니와 不直則道不見(현)하나니 我且直之호리라 吾聞 夷子는 墨者라하니 墨之治喪也는 以薄爲其道也라 夷子는 思以易天下하나니 豈以爲非是而不貴也리오 然而夷子葬其親厚하니 則是以所賤事親也로다

타일(他日)에 또다시 맹자를 뵙기를 요구하자, 맹자가 말씀하셨다. "내 지금은 그를 만나 볼 수 있지만 피차간에 의견을 다 펴지(바로잡지) 않으면 도가 나타나지 않으니, 내 우선 나의 의견을 펴서 바로잡겠다. 내 들으니 이자는 묵자라 하는데, 묵자의 상(喪)을 다스림은 박장(薄葬)을 그 도로 삼는다. 이자는 이 도로써 온 천하의 풍속을 바꿀 것을 생각하니, 어찌 이것을 옳지 않다고 여겨서 귀하게 여기지 않겠는가. 그런데도 이자는 그 어버이를 장례하기를 후(厚)하게 하였으니, 이는 천하게 여기는 것으로써 어버이를 섬긴 것이다."

不見之見은 音現이라

불현(不見)의 '현(見)'은 음이 현(現;드러남)이다.

又求見則其意已誠矣라 照上註라 ○ 昔之疾瘳(추)矣라 故로 因徐辟以質 正也라 之如此하시니라 朱子曰 孟子關邪說은 不過講明其說하여 使聞者有以發悟하고 固不輕接其人하여 交口競辯하여 以屈吾道之尊也라 直은 盡言以相正也라 兼二義하니 蓋上直字는 盡言意多하고 下直字는 相正意多라 莊子 天下篇이라 曰 墨子는 生不歌하고 死無服하며 桐棺三寸 周尺이라 而無槨이라하니 是는 墨之治喪이 以薄爲道也라 易天下는 謂移易天下之風俗也라 旣治墨道면 則必欲使天下之人으로 皆爲墨道니 豈以墨道爲非而不貴之也리오 夷子學於墨氏로되 而不從其敎하니 厚葬이라 其心에 必有所不安者라 此句는

補言外之正意라 故로 孟子因以詰 克乙反이라 之하시니라 以渠道之所賤者로 事其親은 何也오 此其反詰之辭也라

또다시 뵙기를 구했으면 그 뜻이 이미 정성스럽다. 윗주에 조응하였다. ○ 옛날 병이 나으신 것이다. 그러므로 서벽을 통하여 질정(質正)하기를 '질(質)'은 질정이다. 이와 같이 하신 것이다. 주자가 말씀하였다. "맹자가 사설(邪說)을 물리침은 그 말씀을 강명(講明)하여 듣는 자로 하여금 깨달음이 있게 함에 불과하였고, 진실로 가볍게 그 사람을 접견하여 그와 입을 다투어 논변해서 우리 도의 높음을 굽히지 않으셨다." '직(直)'은 말을 다하여 서로 바로잡는 것이다. '직(直)'은 두 가지 뜻을 겸하였으니, 위의 직(直)자는 말을 다하는 뜻이 많고 아래의 직(直)자는 서로 바로잡는 뜻이 많다. 장자(莊子)에 〈천하(天下)〉편이다. "묵자는 살아서는 노래하지 않고 죽어서는 복(服)이 없으며, 오동나무 관(棺)을 삼촌(三寸)을 '삼촌'은 주척(周尺)이다. 쓰고 곽(槨)이 없다." 하였으니, 이는 묵자가 상을 다스림은 박(薄)함으로써 도를 삼는 것이다. '역천하(易天下)'는 천하의 풍속을 옮기고 바꿈을 이른다. 이미 묵자의 도를 배웠으면 반드시 천하 사람들로 하여금 모두 묵자의 도를 하게 하고자 할 것이니, 어찌 묵자의 도를 그르다하여 귀하게 여기지 않겠는가. 이자가 묵씨(墨氏)에게 배웠으나 그 가르침을 따르지 않았으니, 그 가르침을 따르지 않음은 후장(厚葬)한 것이다. 그 마음에 반드시 불안한 바가 있었을 것이다. 이 구(其心必有所不安者)는 말 밖의 바른 뜻을 보충한 것이다. 그러므로 맹자가 인하여 힐문하신 힐은 극(克)·을(乙)의 반절〔힐란할 힐〕이다. 것이다. 저 도에 천하게 여기는 것을 가지고 어버이를 섬김은 어째서인가? 하였으니, 이는 그 뒤집어 힐문한 말씀이다.

5-3

徐子以告夷子한대 夷子曰 儒者之道에 古之人이 若保赤子라하니 此言은 何謂也오 之則以爲愛無差等이요 施由親始라하노라 徐子以告孟子한대 孟子曰 夫夷子는 信以爲人之親其兄之子 爲若親其鄰之赤子乎아 彼有取爾也니 赤子匍匐將入井이 非赤子之罪也라 且天之生物也 使之一本이어늘 而夷子는 二本故也로다

서자가 이 말을 이자(夷子)에게 전하자, 이자가 말하였다. "유자(儒者)의 도에 '옛사람이 적자(赤子)를 보호하듯이 한다.' 하였으니, 이 말은 무슨 말인가? 나는 생각하기를 사랑에는 차등이 없고 베풂은 어버이로부터 시작한다고 여기노라." 서자가 이 말을 맹자에게 아뢰자 맹자가 말씀하셨다. "저 이자는 진실로 생각하기를 사람들이

> 그 형의 아들을 친애하는 것이 그 이웃집의 적자를 친애하는 것과 같다고 여기는
> 가? 저 ≪서경≫의 말은 <딴 데서> 뜻을 취함이 있으니, 적자가 엉금엉금 기어서
> 장차 우물로 빠져들어 감이 적자의 죄가 아니라고 말한 것이다. 또 하늘이 물(物)
> 을 냄은 그로 하여금 근본이 하나이게 하였는데, 이자는 근본이 둘이기 때문이다.

夫는 音扶니 下同이라 匍는 音蒲라 匐은 蒲北反이라

'부(夫)'는 음이 부(扶;저)이니, 아래도 같다. '포(匍)'는 음이 포(蒲)이다. 폭은 포(蒲)·북(北)의 반절(기어갈 폭)이다.

若保赤子는 周書康誥篇文이니 此는 儒者 周公이라 之言也라 夷子引之는 蓋欲援 平聲이라 儒而入於墨하여 慶源輔氏曰 以儒者若保赤子는 是愛他人子를 如愛我之赤子하여 有似於墨子愛無差等之說이라 以拒孟子之非己요 二句는 就言外하여 釋其意라 又曰 愛無差 楚宜反이라 等이요 此는 墨子之本說이라 施由親始는 朱子曰 此一句는 夷子臨時撰出이라 則推 吐灰反이라 墨而附於儒하여 新安陳氏曰 施由親始一句는 彷彿儒家立愛自親始[41]之意라 ○ 朱子曰 正而順者는 無待於外요 邪而逆者는 不得不資諸人이니 此理勢之必然也라 胡不以近世佛學觀之오 以釋己所以厚葬其親之意니 二句는 就言外하여 釋其意라 皆所謂遁辭也라 遁辭는 見公孫丑上이라 ○ 辭雖遁이나 而觀其語法하면 蓋亦當時能言者也라

약보적자(若保赤子)는 <주서(周書) 강고(康誥)>편에 있는 글이니, 이는 유자(儒者)가 주공(周公)이다. 말이다. 이자가 이것을 인용한 것은 유자를 끌고 '원(援)'은 평성(平聲:끌어당김)이다. 묵자로 들어가서 경원보씨가 말하였다. "유자의 약보적자는 이는 타인의 자식을 사랑하기를 나의 적자를 사랑하듯이 하여 묵자의 사랑함에 차등이 없다는 말과 유사함이 있기 때문이다." 맹자가 자신을 비난함을 막고자 한 것이요, 두 구(蓋欲援儒而入於墨, 以拒孟子之非己.)는 말 밖에 나아가 그 뜻을 해석하였다. 또 "사랑에는 차등이 '차(差)'는 초(楚)·의(宜)의 반절[차이 차]이다. 없고, 이는 묵자의 본래 말이다. 베품은 어버이로부터 시작한다."고 말한 것은 주자가 말씀하였다. "이 한 구는 이자가 임시로 지어낸 것이다." 묵자를 밀쳐내고 '퇴(推)'는 토(吐)·회(灰)의 반절[밀칠 퇴]이다. 유자에 붙어서 신안진씨가 말하였다. "시유친시(施由親始) 한 구는 유가(儒家)의 '사랑을 세우기를 어버이로부터 시작한다.'라는 뜻과 방불(彷彿)하다." ○ 주자가 말씀하였다. "바르고 순한 것은 밖을 필요로 함이 없고, 삿되고 거슬린 것은 남에게 의뢰하지 않을 수가 없으니, 이는 이치와 형세의 필연적인 것이다. 어찌하여 근세에 불학(佛學)을 가지고 살펴보

---

41) ≪禮記 祭義≫ "子曰: 立愛自親始, 教民睦也, 立敬自長始, 教民順也."

지 않는가." 자신이 어버이를 후장(厚葬)한 소이(所以)의 뜻을 해석한 것이니, 두 구(則推墨 而附於儒, 以釋己所以厚葬其親之意..)는 말 밖에 나아가 그 뜻을 해석한 것이다. **모두 이른바 둔 사(遁辭)라는 것이다.** 둔사는 〈공손추 상〉에 보인다. ○ 말은 비록 도피한 것이지만 그 어법을 보면 아마도 또한 당시에 말을 잘한 자인 듯하다.

孟子言 人之愛其兄子與鄰之子 本有差等하니 本文反說이어늘 而註正釋이라 ○ 慶源輔氏曰 不言己子者는 兄弟之子與己子無異也일새라 **書** 彼라 **之取譬**는 慶源輔氏曰 彼有取爾 一句는 先儒說이 皆不明하니 今斷以爲書之取譬라야 方說得通이니라 **本爲** 去聲이라 **小民 無知而犯法이** 此句는 補言外之正意라 **如赤子無知而入井耳라** 雙峯饒氏曰 夷之差認了若 保赤子一句意어늘 孟子却解書本意하시니라 **且人物之生이** 本文物字는 蓋兼人物言이라 **必 各本於父母** 添父母字라 **而無二**하니 朱子曰 有血氣者는 本於父母하고 無血氣者는 本於根 荄하니 皆出於一而無二라 **乃自然之理**니 添此五字라 ○ 雲峯胡氏曰 後節註當然은 與此相 應하니 蓋人事之所當然者는 卽本於天理之自然者也라 **若天使之然也라** 添若字라 ○ 倒釋以 便文이라 **故로 其愛由此立而推以及人**하여 **自有差等**이어늘 添此二句하여 以駁愛無差等 一句라 **今如夷子之言**이면 **則是視其父母 本無異於路人이오** 添此二句하여 以攻其愛無差 等之說이라 **但其施之之序 姑自此始耳**니 添此二句하여 竝攻其施由親始之說이로되 而但、 姑二字는 有商量於其間이라 ○ 朱子曰 是施其無差等之愛耳라 故로 孟子但責其二本하고 而 不論其下句之自相矛盾이시니라 **非二本而何哉오** 本文正說이어늘 而註反釋이라 ○ 朱子曰 事佗人之親을 如己之親이면 則如一木有兩根也니라 ○ 又曰 愛無差等이면 何止二本이리오 蓋千萬本也니라 ○ 雲峯胡氏曰 二本은 非天矣니라 ○ 一本은 此章之題目이라

맹자가 말씀하시기를 "사람이 그 형의 아들과 이웃집의 아들을 사랑함은 본래 차등이 있 으니, 본문은 뒤집어서 말하였는데, 주에는 바로 해석하였다. ○ 경원보씨가 말하였다. "자기 자 식을 말하지 않은 것은 형제의 자식은 자기 자식과 다름이 없기 때문이다." **≪서경≫에서** ≪서경 ≫은 경문(經文)의 피(彼)이다. **비유를 취한 것은** 경원보씨가 말하였다. "피유취이(彼有取爾) 한 구는 선유(先儒)의 설명이 모두 분명하지 못하였으니, 지금 결단코 ≪서경≫의 비유를 취한 것으로 삼아야 비로소 말이 통한다." **본래 소민(小民)들이 무지(無知)하여 법을 범하는 것이** 이 구는 말 밖의 바른 뜻을 보충하였다. **적자가 무지하여 우물에 빠져들어 가는 것과 같음을 위했을 뿐이다.** '위(爲)'는 거성(去聲:위함)이다. ○ 쌍봉요씨가 말하였다. "이지가 약보적자(若 保赤子) 한 구의 뜻을 잘못 인식하였는데, 맹자는 도리어 ≪서경≫의 본래 뜻으로 해석하였다." **또 사람과 물건이 태어남은** 본문의 물(物)자는 사람과 물건을 겸하여 말한 것이다. **반드시 부 모에 근본하여** 부모라는 글자를 더하였다. **둘이 없으니,** 주자가 말씀하였다. "혈기(血氣)가 있 는 것은 부모에게 근본하고, 혈기가 없는 것은 나무뿌리와 풀뿌리에 근본하니, 이는 모두 하나에

서 나와 둘이 없는 것이다." 이는 바로 자연의 이치이니, 이 다섯 글자(乃自然之理)를 더하였다. ○ 운봉호씨가 말하였다. "뒷절의 주에 당연(當然)은 이〔自然〕와 서로 응하니, 인사(人事)에 당연함은 바로 천리(天理)의 자연에 근본한 것이다." 하늘이 마치 그렇게 시킨 것과 같다. 약(若)자를 더하였다. ○ 거꾸로 해석하여 문장을 편하게 하였다. 그러므로 그 사랑이 이로 말미암아 확립되고 미루어 남에게 미쳐서 본래 차등이 있거늘 이 두 구(其愛由此立而推以及人, 自有差等.)를 더하여 애무차등(愛無差等) 한 구를 공박(攻駁)하였다. 지금 이자의 말과 같다면 이는 그 부모 보기를 본래 길 가는 사람과 다름이 없이 하고 이 두 구(則是視其父母, 本無異於路人.)를 더하여 그 애무차등의 설을 공박하였다. 다만 베푸는 순서가 우선 이(부모)로부터 비롯할 뿐이니, 이 두 구(但其施之之序, 姑自此始耳.)를 더하여 그 시유친시(施由親始)의 설을 함께 공박하였는데, 단(但)·고(故) 두 글자는 그 사이에 헤아림이 있다. ○ 주자가 말씀하였다. "이는 그 차등이 없는 사랑을 베푼 것이다. 그러므로 맹자가 다만 그 근본이 둘 인 것을 책망하고 그 아랫구에 절로 서로 모순됨을 논하지 않으신 것이다." 두 근본이 아니고 무엇이겠는가."라고 하신 것이다. 본문은 바로 말하였는데 주는 뒤집어서 해석하였다. ○ 주자가 말씀하였다. "타인의 어버이를 섬기기를 자기의 어버이와 같이 하면 한 나무에 두 뿌리가 있는 것과 같다." ○ 또 말씀하였다. "사랑함에 차등이 없으면 어찌 근본이 두 개일 뿐이겠는가. 근본이 천·만 개가 된다." ○ 운봉호씨가 말하였다. "'일본(一本)'은 이 장의 제목이다."

然이나 其 一無其字라 於先後之間에 猶知所擇하니 施由親始라 ○ 雲峯胡氏曰 一始字는 猶是夷子說得是處라 則又其 一無其字라 本心之明이 有終不得而息者라 慶源輔氏曰 此正夷子之天理一點明處也니 孟子得因所明而入之시니라 此其所以卒能受命하여 而自覺其非也니라 朱子曰 因下文極言非爲人泚之心이 有以切中其病耳니 此是緊要處니 當著眼目이니라 ○ 按此六句는 又就言外하여 而合下節論之하여 以微許夷子나 而實則歸功於孟子之善誘耳라

그러나 그 (이자)는 일본(一本)에는 기(其)자가 없다. 선후(先後)의 사이에 있어 오히려 선택할 바를 알았으니, 베풀기를 어버이로부터 시작하는 것이다. ○ 운봉호씨가 말하였다. "한 시(始)자는 그래도 이자가 말을 옳게 한 부분이다." 그렇다면 이는 또 일본에는 기(其)자가 없다. 본심(本心)의 밝음이 끝내 종식되지 않음이 있었던 것이다. 경원보씨가 말하였다. "이는 바로 이자의 천리가 한 점의 밝은 부분이니, 맹자는 그가 밝은 것을 인하여 파고 들어가신 것이다." 이 때문에 마침내 가르침을 받아 스스로 그 잘못을 깨달은 것이다. 주자가 말씀하였다. "아랫 글에 남을 위하여 땀을 낸 것이 아니란 마음을 극언함으로 인하여 그의 병을 간절히 맞춤이 있었던 것이니 이것이 바로 긴요한 부분이니, 마땅히 착안(著眼)을 해야 한다." ○ 살펴보건대 이 여섯 구(然其於先後之間……而自覺其非也)는 또 말 밖에 나아가서 아랫절을 합하여 논해서 이자를 약간 허여하였으나 실제는 맹자가 잘 유인함에 공(功)을 돌린 것이다.

5-4

蓋上世에 嘗有不葬其親者러니 其親이 死어늘 則擧而委之於壑하고 他日에 過之할새 狐狸食之하며 蠅蚋姑嘬(승예고최)之어늘 其顙有泚(체)하여 睨而不視하니 夫泚也는 非爲人泚라 中心이 達於面目이니 蓋歸하여 反虆梩而掩之하니 掩之誠是也면 則孝子仁人之掩其親이 亦必有道矣리라

아마도 상고(上古) 시대에 일찍이 그 어버이를 장례하지 않은 자가 있었는데, 그 어버이가 죽자 <시신을> 들어다가 구렁에 버리고는 후일에 그 곳을 지날 적에 <보니> 여우와 살쾡이가 파먹으며 파리와 등에가 모여서 빨아먹거늘 그 이마가 땀에 흥건히 젖어서 흘겨보고 차마 똑바로 보지 못하였으니, 땀에 흥건히 젖은 것은 남들이 보기 때문에 땀에 젖은 것이 아니라 중심(中心)이 면목(面目)에 도달한 것이다. 그는 집으로 돌아와서 삼태기와 들것에 흙을 담아 흙을 뒤집어 쏟아 부어서 시신을 엄폐하였으니(덮었으니), 시신을 엄폐하는 것이 진실로 옳다면 효자와 인인(仁人)이 그 어버이를 엄폐함이 또한 반드시 도리가 있을 것이다."

蚋는 音汭라 嘬는 楚怪反이요 泚는 七禮反이라 睨는 音詣라 爲는 去聲이라 虆는 力追反이요 梩는 力知反이라

'예(蚋)'는 음이 예(汭;모기)이다. '최(嘬)'는 초(楚)·괴(怪)의 반절[모여서 빨아먹을 최]이요, 체(泚)는 칠(七)·례(禮)의 반절[땀흥건할 체]이다. '예(睨)'는 음이 예(詣;흘겨봄)이다. '위(爲)'는 거성(去聲;위함, 때문)이다. '류(虆)'는 력(力)·추(追)의 반절[들것 류]이고, '리(梩)'는 력(力)·지(知)의 반절[흙담는 들것 리]이다.

因夷子厚葬其親而言此하여 以深明一本之意라 承上節히여 先總提라 上世는 謂太古也라 未可必其何世故로 著蓋字하고 指其人而言之故로 著嘗有二字라 委는 棄也라 壑은 山水 山之水라 所趨也라 蚋는 蚊屬이라 姑는 語助聲이니 猶且也라 或曰 螻 音婁라 蛄 音姑라 也라 然則字之訛也라 嘬는 攢 徂官反이니 簇聚也라 共食之也라 顙은 額也라 泚는 泚 諧音誤라 然汗出之貌라 睨는 邪視也요 視는 正視也니 不能不視하고 而又不忍 一作能이라 正視는 哀痛迫切하여 不能爲心之甚也라 此二句는 釋泚、睨之

意하고 兼釋中心達於面目一句之意로되 而能、忍二字 言之親切하니 可謂善形容矣라 非爲人泚는 言非爲他人見之 添此二字라 而然也라

이자(夷子)가 그 어버이를 후장함으로 인하여 이것을 말씀해서 근본이 하나인 뜻을 깊이 밝히신 것이다. 윗절을 이어서 먼저 총괄하여 제시하였다. '상세(上世)'는 태고(太古)를 이른다. 그 어느 세대인지 기필할 수가 없으므로 개(蓋)자를 놓았고, 그 사람을 가리켜 말하였으므로 상유(嘗有) 두 글자를 놓았다. '위(委)'는 버림이다. '학(壑)'은 산의 물이 '산수(山水)'는 산의 물이다. 달려가는 곳이다. '예(蚋)'는 모기의 등속이다. '고(姑)'는 어조사이니, 우선〔且〕과 같다. 혹은 누고(螻蛄;땅강아지)라고 한다. '루(螻)'는 음이 루(婁;땅강아지)이다. ○ '고(蛄)'는 음이 고(姑;땅강아지)이다. ○ 그렇다면 이는 글자가 잘못된 것이다. '최(嘬)'는 모여서 '찬(攢)'은 조(徂)·관(官)의 반절〔모일 찬〕이니, 모인 것이다. 함께 빨아먹는 것이다. '상(顙)'은 이마이다. '체(泚)'는 ≪언해≫의 음(자)이 잘못되었다. 체연(泚然)히 땀이 나오는 모양이다. '예(睨)'는 곁눈으로 흘겨보는 것이요, '시(視)'는 똑바로 보는 것이니, 보지 않을 수가 없고 또 차마 '인(忍)'이 일본(一本)에는 능(能)으로 되어있다. 똑바로 볼 수가 없었던 것은, 이는 애통함이 절박하여 마음을 가누지 못함이 심한 것이다. 이 두 구(哀痛迫切, 不能爲心之甚也.)는 체(泚)와 예(睨)의 뜻을 해석하였고, 중심달어면목(中心達於面目) 한 구의 뜻을 겸하여 해석하였는데, 능(能)과 인(忍) 두 글자는 말한 것이 친절하니, 형용을 잘했다고 이를 만하다. '비위인체(非爲人泚)'는 타인이 보기 때문에 이 두 글자(見之)를 더하였다. 그러한 것이 아님을 말한다.

所謂一本者를 於此見之면 尤爲親切이니 蓋惟至親이라 故로 如此요 在他人이면 則雖有不忍之心이나 而其哀痛迫切이 不至若此之甚矣라 此七句는 申釋非爲人泚之意하고 兼釋中心達於面目一句之意라 反은 覆 音福이라 也라 退溪曰 覆은 卽雖覆一簣之覆이니 言盛土於器하여 覆而寫(瀉)之於地也라 虆는 土籠 盧紅反이라 也요 梩는 土輿 音預라 也라 或覆以籠하고 或覆以輿라 於是에 歸 退溪曰 歸其家也라 ○ 沙溪曰 復歸尸處也라 而掩覆(부) 如字라 其親之尸하니 此는 葬埋之禮 所由起也라 此九字는 從上世二字說來라 此掩其親者 以者易之하니 卽本文不葬其親者之者字也라 若所當然이면 雙峯饒氏曰 四字는 說掩之誠是一句하니 佳라 則孝子仁人所以掩其親者 必有其道하여 厚라 ○ 此道字는 照以薄爲道之道字하여 而反之라 而不以薄爲貴矣리라 此句는 補本文未足之意하여 以照顧上節薄字라 ○ 慶源輔氏曰 此는 又略其遁辭하고 而專以其良心之發有不容已處로 深明夫一本이시니라 ○ 按孝子二句는 雖汎指古今之人이나 夷子之厚葬도 亦在其中하여 而實爲主意하니 所以微許而誘之也시니라 ○ 雙峯饒氏曰 厚葬其親이 發於其心之

不能自已하니 這便是夷子求見孟子之萌芽리라

이른바 근본이 하나라는 것을 여기에서 보면 더욱 친절하니, <부모는> 오직 지친(至親)이기 때문에 이와 같은 것이요, 다른 사람에 있으면 비록 불인지심(不忍之心)이 있으나 그 애통함의 절박함이 이와 같이 심함에는 이르지 않는다. 이 일곱 구(所謂一本者……不至若此之甚也.)는 비위인자(非爲人泚)의 뜻을 거듭 해석하고, 중심달어면목(中心達於面目) 한 구의 뜻을 거듭 해석하였다. '반(反)'은 뒤엎음 '복(覆)'은 음이 복(福;뒤엎음)이다. 이다. 퇴계(退溪)가 말씀하였다. "복(覆은) 바로 한 삼태기의 흙을 엎는다는 복이니, 흙을 그릇에 담아서 엎어 땅에 쏟아놓는 것이다." '류(虆)'는 흙을 담는 그릇이요, '롱(籠)'은 로(盧)·홍(紅)의 반절〔대바구니 롱〕이다. '리(梩)'는 흙수레이다. '예(輿)'는 음이 여(預;수레)이다. ○ 혹은 대바구니로 덮고 혹은 수레의 흙으로 덮은 것이다. 이에 돌아와서 퇴계가 말씀하였다. "자기 집으로 돌아온 것이다." ○ 사계가 말씀하였다. "다시 시체가 있는 곳으로 돌아온 것이다." 그 어버이의 시신을 덮어 가리었으니, '부(覆)'는 본자대로(덮을 부) 읽는다. 이것이 매장(埋葬)하는 예가 말미암아 일어난 것이다. 이 아홉 글자(此葬埋之禮, 所由起也.)는 상세(上世) 두 글자로부터 말해 온 것이다. 그 어버이의 시신을 엄폐한 것이 자(者)로써 지(之)를 바꿨으니, 바로 본문에 불장기친자(不葬其親者)의 자(者)자이다. 만일 당연한 것이라면 쌍봉요씨가 말하였다. "네 글자(若所當然)는 엄지성시(掩之誠是) 한 구를 해설한 것이니, 아름답다." 효자와 인인(仁人)이 그 어버이의 시신을 엄폐하는 데에는 반드시 그 도리가 있어서 후(厚)함이다. ○ 이 도(道)자는 박함으로써 도를 삼는다는 이박위도(以薄爲道)의 도(道)자를 조응하여 뒤집은 것이다. 박장(薄葬)을 귀하게 여기지 않을 것이다. 이 구는 본문에 부족한 뜻을 보충하여 윗절의 박(薄)자를 조응하였다. ○ 경원보씨가 말하였다. "이는 또 그 둔사(遁辭;회피하는 말)를 생략하고, 오로지 그 양심의 발함이 그칠 수 없는 곳을 가지고 저 근본이 하나임을 깊이 밝히신 것이다." ○ 살펴보건대 효자 두 구(孝子仁人所以掩其親者, 必有其道.)는 비록 고금의 사람을 널리 가리켰으나 이자(夷子)의 후장도 또한 이 가운데에 들어 있어서 실로 주된 뜻이 되니, 이 때문에 약간 허여하고 유인하신 것이다. ○ 쌍봉요씨가 말하였다. "그 어버이를 후장함이 자기 마음(양심)의 스스로 그치지 못함에서 발로되었으니, 이것이 바로 이자가 맹자를 뵙기를 구한 싹이다."

5-5

徐子以告夷子한대 夷子憮然爲間曰 命之矣샷다

서자가 이 말을 이자에게 고하니, 이자가 무연(憮然)히 한동안 있다가 말하기를 "나[之]를 가르쳐 주셨다." 하였다.

憮는 音武라 間은 如字라

'무(憮)'는 음이 무(武;실심함)이다. '간(間)'은 본자대로(한동안 간) 읽는다.

憮然은 茫然自失之貌라 爲間者는 有頃之間也라 憮然者는 歸正之機也요 爲間者는 商量之意也라 命은 猶敎也니 言孟子已敎我矣라 朱子曰 之는 夷子名이니 若作虛字면 不成句法이니라 蓋因其本心之明하여 厚葬이라 ○ 照上註라 ○ 慶源輔氏曰 納約自牖之義라 以攻其所學之蔽라 愛無差等이라 是以로 吾之言易 去聲이니 下同이라 入하고 而彼之惑易解也라 此四句는 申釋命之矣之意라 ○ 新安陳氏曰 驗人性之本善을 於此章에 尤可見焉이니라 ○ 按夷之卒能受命하니 其人品이 過於告子遠矣라 聖人이 必不終拒之耳시리라

'무연(憮然)'은 망연자실(茫然自失)하는 모양이다. '위간(爲間)'은 한동안의 시간이다. '무연'은 바름으로 돌아온 기틀이요, '위간'은 헤아리는 뜻이다. '명(命)'은 교(敎)와 같으니, 맹자가 이미 나를 가르쳐 주셨다고 말한 것이다. 주자가 말씀하였다. "'지(之)'는 이자(夷子)의 이름이니, 만약 허자(虛字)로 보면 구법(句法)을 이루지 못한다." 이는 그 본심의 밝음을 인하여 후장한 것이다. ○ 윗주를 조응하였다. ○ 경원보씨가 말하였다. "납약자유(納約自牖)[1]의 뜻이다." 그 배운 바의 가리움을 공격하였다. 가리움은 사랑함에 차등이 없는 것이다. 이 때문에 나(맹자)의 말이 들어가기 쉽고 '이(易)'는 거성(去聲;쉬움)이니, 아래도 같다. 저의 의혹이 풀리기 쉬웠던 것이다. 이 네 구(蓋因其本心之明, 以攻其所學之蔽, 是以吾之言易入, 而彼之惑易解也.)는 명지(命之)의 뜻을 거듭 해석한 것이다. ○ 신안진씨가 말하였다. "사람의 성이 본래 선함을 증험함을 이 장에서 더욱 볼 수 있다." ○ 살펴보건대 이지(夷之)가 끝내 능히 가르침을 받았으니, 그 인품이 고자(告子)보다 크게 뛰어나다. 성인(맹자)이 반드시 끝내 거절하지 않으실 것이다.

*[1] 납약자유(納約自牖) : 요약된 말로 상대방을 깨우치되 상대방이 잘 아는 것으로부터 말해줌을 이르는바, 《주역》〈감괘(坎卦)〉 육사효사(六四爻辭)에 보인다.

맹자집주상설(孟子集註詳說)

등문공장구 하(滕文公章句下)

凡十章이라 勿軒熊氏曰 七章은 言出處之道요 二章은 言仁政이요 一章은 言異端이라

모두 10장이다. 물헌웅씨가 말하였다. "일곱 장은 출처의 도리를 말하였고 두 장은 인정(仁政)을 말하였고 한 장은 이단(異端)을 말하였다."

1-1

陳代曰 不見諸侯 宜若小然하니이다 今一見之하시면 大則以王이요 小則以霸니이다 且志曰 枉尺而直尋이라하니 宜若可爲也로소이다

진대(陳代)가 말하였다. "제후(諸侯)를 만나보지 않는 것이 작은 일인 것 같습니다. 이제 한 번 만나보시면 크게는 왕자(王者)를 이루고, 작게는 패자(霸者)를 이룰 것입니다. 또 옛 기록에 '한 자[尺]를 굽혀 한 길[尋]을 편다.' 하였으니, 의심건대 할 만할 듯합니다."

王은 去聲이라

'왕(王)'은 거성(去聲;왕노릇함)이다.

陳代는 孟子弟子也라 新安陳氏曰 孟子平生에 以不見諸侯自守故로 以此爲問하니라 ○ 按此事는 凡三見而皆弟子疑問이니 他人은 又可知也라 小는 謂小節也라 新安陳氏曰 以此爲小節은 殊不知守身爲大니라 枉은 屈이요 一有也字라 直은 伸也라 八尺曰尋이라 枉尺直尋은 猶屈己一見諸侯면 而可以致王、霸니 所屈者小하고 所伸者大也라 南軒張氏曰 春秋以來로 風俗이 習於霸者計較功利之說하여 而有是言이니라 ○ 不見諸侯는 此

章之題目이라

진대(陳代)는 맹자의 제자이다. 신안진씨가 말하였다. "맹자는 평소에 제후를 만나보지 않는 것을 스스로 지키셨으므로 이것을 가지고 질문한 것이다." ○ 살펴보건대 이 일은 모두 세 번 보이는데 다 제자가 의심하여 물은 것이니, 타인은 또 알만하다. '소(小)'는 작은 절(節;일)을 이른다. 신안진씨가 말하였다. "이것을 소절(小節)이라 함은 몸을 지킴이 큼이 됨을 전혀 알지 못한 것이다." '왕(枉)'은 굽힘이요, 일본(一本)에는 야(也)자가 있다. '직(直)'은 폄이다. 8척을 '심(尋)'이라 한다. 한 자를 굽혀 한 길을 편다[枉尺直尋]는 것은 자기 몸을 굽혀 한 번 제후(諸侯)를 만나보면 왕자(王者)와 패자(霸者)를 이룰 수 있으니, 굽힌 것이 작고 편 것이 큰 것과 같은 것이다. 남헌장씨가 말하였다. "춘추 이래로 풍속이 패자(霸者)의 공리(功利)를 계교(計較)하는 말에 습관이 들어서 이러한 말이 있었던 것이다." ○ '불견제후(不見諸侯)'는 이 장의 제목이다.

1-2

孟子曰 昔에 齊景公이 田할새 招虞人以旌한대 不至어늘 將殺之러니 志士는 不忘在溝壑하고 勇士는 不忘喪其元이라하시니 孔子는 奚取焉고 取非其招不往也시니 如不待其招而往엔 何哉오

맹자가 말씀하셨다. "옛날에 제 경공(齊景公)이 사냥할 적에 우인(虞人)을 정(旌;깃발)으로 불렀는데 오지 않으니, 장차 그를 죽이려 했다. <공자께서 우인을 칭찬하시기를> '지사(志士)는 시신이 도랑에 버려짐을 잊지 않고 용사(勇士)는 자기 머리를 잃을 것을 잊지 않는다.' 하셨으니, 공자께서 어찌하여 그를 취하셨는가? 자기의 <신분에 맞는> 부름이 아니면 가지 않음을 취하신 것이니, 만일 부름을 기다리지 않고 간다면 어떠하겠는가?

喪은 去聲이라

'상(喪)'은 거성(去聲;잃음)이다.

田은 獵也라 虞人은 守苑囿之吏也라 招大夫以旌하고 招虞人以皮冠이라 見萬章下[1]라 ○ 將殺之而不果殺이라 元은 首也라 志士는 固窮하여 添二字라 ○ 出論語衛靈公[2]

---

[1] ≪孟子 萬章下 7章≫ "曰: 敢問招虞人何以. 曰: <u>以皮冠</u>. 庶人以旃, 士以旂, <u>大夫以旌</u>."

하니 謂固守其貧也라 常念 不忘이라 死無棺槨(椁)하여 添四字라 棄溝壑而不恨하고 添二字하여 以申不忘之意라 勇士는 輕生하여 添二字라 常念 不忘이라 戰鬪而死하여 添四字라 喪其首而不顧也라 添不顧字하여 以申不忘之意라 此二句는 乃孔子歎美虞人 以志士、勇士로 比虞人이라 之言이라 南軒張氏曰 虞人守官하여 不敢往은 義有重於死故也니라 夫 音扶라 虞人은 招之不以其物이라도 添物字라 尙守死 二字는 出論語泰伯3)이라 而不往이어든 況 以況易如라 君子 添二字라 豈可不待其招而自往見之邪아 此以上은 告之以不可往見之意하시니라 總提註末이라

'전(田)'은 사냥이다. '우인(虞人)'은 원유(苑囿;동산)를 지키는 관리이다. 대부(大夫)를 부를 때에는 정(旌)을 사용하고, 우인을 부를 때에는 피관(皮冠;가죽으로 만든 관)을 사용한다. 이 내용은 〈만장 하〉에 보인다. ○ 장차 죽이려 하였으나 끝내 죽이지는 않았다. '원(元)'은 머리이다. 지사(志士)는 곤궁함을 굳게 지켜 두 글자(固窮)를 더하였다. ○ 이 내용은 ≪논어≫ 〈위령공〉에 나오니, 그 가난함을 굳게 지킴을 이른다. 죽으면 관곽(棺槨)이 없어 네 글자(死無棺槨)를 더하였다. 시신이 도랑에 버려지더라도 한(恨)하지 않을 것을 항상 생각하고, 항상 생각함은 잊지 않는 것이다. ○ 두 글자(不恨)를 더하여 잊지 않는 뜻을 거듭하였다. 용사(勇士)는 생명을 가벼이 여겨 두 글자(輕生)를 더하였다. 전투하다가 네 글자(戰鬪而死)를 더하였다. 머리를 잃더라도 돌아보지 않을 것을 항상 생각한다. 항상 생각함은 잊지 않는 것이다. ○ 불고(不顧)란 글자를 더하여 잊지 않는 뜻을 거듭하였다. 이 두 구(句)는 바로 공자께서 우인을 탄미(歎美)하신 지사(志士)와 용사(勇士)를 가지고 우인(虞人)에 견준 것이다. 말씀이다. 남헌장씨가 말하였다. "우인이 관직을 지켜서 감히 가지 않음은 의(義)가 죽음보다 중함이 있기 때문이다." 저 '부(夫)'는 음이 부(扶;저)이다. 우인도 자기를 부를 때에 〈신분에 맞는〉 물건으로 하지 않으면 물(物)자를 더하였다. 오히려 죽음으로 지키고 두 글자(守死)는 ≪논어≫ 〈태백〉에 나온다. 가지 않았는데, 하물며 황(況)으로 여(如)와 바꾸었다. 군자(君子)가 두 글자(君子)를 더 하였다. 어찌 부름을 기다리지 않고 스스로 찾아가서 만나볼 수 있겠는가. 이 이상(以上)은 〈제후를〉 찾아가서 만나볼 수 없는 뜻을 말씀하신 것이다. 주(註) 끝에 있는 것을 총괄하여 제시하였다.

---

2) ≪論語 衛靈公 1章≫ "子路慍見曰: 君子亦有窮乎. 子曰: 君子固窮, 小人, 窮斯濫矣."
3) ≪論語 泰伯 13章≫ "子曰: 篤信好學, 守死善道."

1-3

且夫枉尺而直尋者는 以利言也니 如以利면 則枉尋直尺而利라도 亦可爲與아

또 저 한 자를 굽혀서 한 길을 편다는 것은 리(利)로써 말한 것이니, 만일 리로써 말한다면 한 길을 굽혀 한 자를 펴서 리가 있더라도 또한 하겠는가.

夫는 音扶라 與는 平聲이라
'부(夫)'는 음이 부(扶;저)이다. '여(與)'는 평성(平聲;의문사)이다.

此以下는 正其所稱枉尺直尋之非라 先總提라 夫所謂枉小而所伸者大면 則爲之者는 計 以言이라 其利耳니 一有計 本文은 蒙上省言字라 利之心이면 則雖枉多伸少而有利라도 亦將爲之邪아하시니 和靖尹氏曰 有枉尺直尋之心이면 則必至於枉尋直尺이니라 ○ 朱子曰 若枉己면 便已枉道요 纔有利면 必有害하니 不如且在理上求之니라 甚言其不可也시니라 補言外意라

이 이하는 그가 말한 왕척직심(枉尺直尋)의 잘못을 바로잡은 것이다. 먼저 총괄하여 제시하였다. 이른바 '굽히는 것이 작고 펴는 것이 크면 한다.'는 것은 리(利)를 계산한 것이니, '한 번이라도(조금이라도) 리를 계산하는 마음이 있으면 비록 굽히는 것이 많고 펴는 것이 적으면서 리가 있더라도 또한 장차 하겠는가.' 하셨으니, '계(計)'는 경문의 '이리언(以利言)'이다. 본문은 윗글을 이어서 언(言)자를 생략하였다. 화정윤씨가 말하였다. "왕척직심(枉尺直尋)의 마음이 있으면 반드시 왕심직척(枉尋直尺)에 이르게 된다." ○ 주자가 말씀하였다. "만약 자기 몸을 굽히면 곧 이미 도를 굽히게 되고, 조금이라도 이로움이 있으면 반드시 해로움이 있으니, 우선 이치상에서 구하는 것만 못하다." 그 불가(不可)함을 심히 말씀하신 것이다. 말 밖의 뜻을 보충하였다.

1-4

昔者에 趙簡子使王良으로 與嬖奚乘한대 終日而不獲一禽하고 嬖奚反命曰 天下之賤工也러이다 或以告王良한대 良曰 請復(부)之호리라 彊而後에 可라하여늘 一朝而獲十禽하고 嬖奚反命曰 天下之

良工也러이다 簡子曰 我使掌與女(汝)乘호리라하고 謂王良한대 良이 不可曰 吾爲之範我馳驅호니 終日不獲一하고 爲之詭遇호니 一朝而獲十하니 詩云 不失其馳어늘 舍矢如破라하니 我는 不貫與小人乘호니 請辭라하니라

옛날에 조간자(趙簡子)가 왕량(王良)으로 하여금 폐해(嬖奚;총애하는 신하인 해(奚))와 함께 수레를 타고 사냥하게 하였는데, 종일토록 한 마리의 짐승도 잡지 못하고는 폐해가 복명(復命;반명(反命))하기를 '천하(天下)에 값어치 없는 말몰이꾼이었습니다.' 하였다. 혹자가 이 말을 왕량에게 전하자, 왕량이 다시 하자고 청하였으나 <승낙하지 않다가> 강요한 뒤에야 승낙하였다. <이번에는> 하루아침에 열 마리의 짐승을 잡고는 폐해가 복명하기를 '천하에 훌륭한 말몰이꾼이었습니다.' 하니, 간자(簡子)는 '내 그로 하여금 너와 함께(너를 위하여) 수레를 타게 하도록 하겠다.' 하고 왕량에게 이 말을 일렀다. 왕량이 허락하지 않으면서 말하기를 '내 그를 위해서 말 모는 것을 법(法)대로 하였더니 종일토록 한 마리의 짐승도 잡지 못하였고, 그를 위하여 부정한 방법으로 짐승을 만나게 하였더니 하루아침에 열 마리의 짐승을 잡았습니다. ≪시경≫에 「말몰이꾼이 말 모는 법(法)을 잃지 않거늘 사수(射手)가 화살을 쏨에 깨뜨리는 것과 같이 명중한다.」 하였으니, 나는 소인(小人)과 함께 수레 타는 것을 익히지 않았으니, 사양하겠습니다.' 하였다.

乘은 去聲이요 彊은 上聲이라 女는 音汝라 爲는 去聲이요 舍는 上聲이라
'승(乘)'은 거성(去聲;탐)이요 '강(彊)'은 상성(上聲;강요)이다. '여(女)'는 음이 여(汝;너)이다. '위(爲)'는 거성(去聲;위함)이요 '사(舍)'는 상성(上聲;놓음)이다.

趙簡子는 晉大夫趙鞅 於兩反이라 也라 王良은 善御者也라 嬖奚는 簡子幸臣이라 嬖臣名奚라 與之乘은 蒙嬖奚之文也라 爲之 猶其也라 御也라 復 去聲이라 之는 再乘也라 彊而後可는 嬖奚不肯하여 句라 彊之而後에 肯也라 一朝는 自晨至食 朝食이라 時也라 掌은 專主也라 範은 法度也라 五御之法이라 詭遇는 不正而與禽遇也라 言奚不善射하여 添此句라 以法馳驅則不獲하고 廢法詭遇而後에 中 去聲이니 下竝同이라 也라 雙峯饒氏曰 非射者之能이요 乃御者之力也니라 ○ 本文一、十下에 皆蒙上省禽字

라 詩는 小雅車攻之篇이라 言 御者不失其馳驅之法하고 添法字라 而射者發矢皆中而力이어늘 三字는 釋如破라 今嬖奚不能也라 補言外未足之意라 貫은 習也라 雙峯饒氏曰 前引虞人하여 明不可往見之意하고 後引王良하여 明不可枉尺直尋之意하시니라 ○ 按良之請復는 終是使於技倆하여 不及虞人之正大云이라

조간자(趙簡子)는 진(晉)나라의 대부(大夫)인 조앙(趙鞅) '앙(鞅)'은 어(於)·량(兩)의 반절〔고삐 앙〕이다. 이다. 왕량(王良)은 말몰이를 잘하는 자이다. 폐해(嬖奚)는 간자(簡子)의 총애하는 신하이다. 총애하는 가신의 이름이 해(奚)이다. '여지승(與之乘)'은 폐해(嬖奚)의 글을 이어받은 것이다. 그를 '지(之)'는 기(其)와 같다. 위하여 말을 모는 것이다. '부지(復之)'는 '부(復)'는 거성(去聲;다시)이다. 다시 타는 것이다. '강이후가(彊而後可)'는 폐해가 사냥하려고 하지 않다가 여기에서 구를 뗀다. 강요한 뒤에야 하고자 한 것이다. '일조(一朝)'는 새벽부터 아침밥을 먹을 아침밥을 먹는 것이다. 때까지이다. '장(掌)'은 전적으로 맡는 것이다. '범(範)'은 법도(法度)이다. 법도는 오어(五御)의 법*①이다. '궤우(詭遇)'는 부정하게 <수레를 몰아> 짐승과 만나게 하는 것이다. 폐해가 활을 잘 쏘지 못해서 이 구를 더하였다. 법대로 수레를 몰면 짐승을 잡지 못하고, 법을 폐지하여 부정한 방법으로 만나게 한 뒤에야 짐승을 맞출 수 '중(中)'은 거성(去聲;맞춤)이니, 아래도 모두 같다. 있었음을 말한 것이다. 쌍봉요씨가 말하였다. "활 쏘는 자의 능함이 아니고 바로 어자(御者)의 힘(공)이다." ○ 본문의 일(一)자와 십(十)자 아래엔 다 윗글을 이어서 금(禽)자를 생략하였다. 시(詩)는 <소아(小雅) 거공(車攻)>의 편이다. 어자(御者)는 말 모는 법을 잃지 않고 법(法)자를 더하였다. 사수(射手)는 화살을 쏨에 다 맞추고 힘차야 하는데, 세 글자(中而力)는 경문의 여파(如破)를 해석하였다. 지금 폐해는 그렇지 못함을 말한 것이다. 말밖에 부족한 뜻을 보충하였다. '관(貫)'은 익힘이다. 쌍봉요씨가 말하였다. "앞에서는 우인(虞人)을 인용하여 가서 만나 볼 수 없는 뜻을 밝혔고, 뒤에는 왕량(王良)을 인용하여 왕척직심(枉尺直尋)을 해서는 안 되는 뜻을 밝혔다." ○ 살펴보건대 왕량이 다시 사냥하기를 청한 것은 끝내 기량을 부린 것이어서 우인의 정대(正大)함에 미치지 못한다.

*① 오어(五御)의 법 : 오어는 다섯 가지의 말 모는 방법으로 첫 번째는 명화란(鳴和鸞)이니, 화와 란은 모두 방울로 화는 식(軾)에 있고 란은 형(衡;멍에)에 있는 바, 말이 움직이면 란이 울림에 화가 응하여 말과 수레가 조화를 이루게 하는 것이다. 두 번째는 축수곡(逐水曲)이니, 수레를 흘러가는 물의 형세를 따라 몰아 말에서 떨어지지 않는 것이다. 세 번째는 과군표(過君表)이니, 급히 수레를 몰아 달려서 군문(君門)에 들어옴을 이르니, 만약 조금이라도 수레가 치우치면 수레축이 군문의 문지방을 쳐 들어오지 못한다. 네 번째는 무교구(舞交衢)이니, 수레를 큰 길거리에서 몰 적에 춤추는 리듬에 응하게 하는 것이다. 다섯 번째는 축금좌(逐禽左)이니, 사냥할 적에 짐승을 몰아 왼쪽으로 가게 해서 군주가 쏘게 하는 것이다.

1-5

> 御者도 且羞與射者比하여 比而得禽獸 雖若丘陵이라도 弗爲也하니
> 如枉道而從彼엔 何也오 且子過矣로다 枉己者 未有能直人者也니라

어자(御者)도 오히려 사수(射手)에게 아부하는 것을 부끄러워해서 아부하여 금수(禽獸)를 잡기를 비록 구릉(丘陵)과 같이 많이 하더라도 하지 않았으니, <선비가> 도(道)를 굽혀 저를 따른다면 어떠하겠는가. 또 자네가 잘못이도다. 자기 몸을 굽힌 자가 남을 곧게 펴는 자는 있지 않다."

比는 必二反이라

'비(比)'는 필(必)·이(二)의 반절[빌붙을 비]이다.

且는 猶尙也라

'차(且)'는 상(尙)과 같다.

比는 阿黨也라 若丘陵은 言多也라 如枉道而從彼何也는 與上節如不待其招而往何哉로 文勢相照應이라 ○ 彼는 諸侯也라 過는 失也라

'비(比)'는 아당(阿黨)함이다. 구릉(丘陵)과 같다는 것은 많음을 말한다. '만일 도를 굽혀 저를 따른다면 어떠하겠는가.'라는 것은 윗절에 '만일 그 부르기를 기다리지 않고 가면 어쩌겠느냐.'는 것과 문세(文勢)가 서로 조응한다. ○ '피(彼)'는 제후이다. '과(過)'는 잘못이다.

○ 或曰 居今之世하여 後世라 出處、上聲이라 去就를 不必一一中節이니 欲其一一中節이면 則道不得行矣라하니 楊氏曰 何其不自重也오 枉己면 其能直人乎아 古之人이 寧道之不行이언정 而不輕其去就라 是以로 孔、孟이 雖在春秋、戰國之時라도 其亂이 與後世同이라 而進必以正하사 以至終不得行而死也하시니 使不恤 猶顧也라 其去就而可以行道면 孔、孟이 當先爲之矣시리라 孔、孟이 豈不欲道之行哉시리오 新安陳氏曰 揚雄謂 孔子見陽貨를 爲詘身而伸道라한대 龜山謂 雄非知孔子者니 身詘矣요 而可以伸道를 吾未之信이라하니 當卽此意하여 以讀孟子此章이니라

○ 혹자(或者)가 말하기를 "지금 세상에 지금의 세상은 후세이다. 살면서 출처(出處)와 '처(處)'는 상성(上聲;은둔함)이다. 거취(去就)를 굳이 하나하나 예절에 맞게 할 것이 없으니, 하나하나 예절에 맞게 하고자 한다면 도(道)가 행해질 수 없을 것이다." 하니, 양씨(楊氏;

양시(楊時))가 말하였다. "어찌 그리도 자중(自重)하지 않는가. 자기 몸을 굽히면 어떻게 남을 곧게 펼 수 있겠는가. 옛사람들은 차라리 도(道)가 행해지지 않을지언정 거취(去就)를 가벼이 하지 않았다. 이 때문에 공자와 맹자가 비록 춘추(春秋)·전국(戰國)의 때에 계셨지만 그 혼란함이 후세와 똑같다. 나아가기를 반드시 정도(正道)로써 하여 끝내 도(道)가 행해지지 못하고 죽음에 이르신 것이다. 가령 그 거취를 돌아보지 않고서 '휼(恤)'은 고(顧;돌아봄)와 같다. 도를 행할 수 있다면 공자와 맹자가 마땅히 먼저 하셨을 것이다. 공자와 맹자께서 어찌 도가 행해지기를 원하지 않으셨겠는가." 신안진씨가 말하였다. "양웅(揚雄)이 이르기를 '공자가 양화(陽貨)를 만나본 것은 몸을 굽혀 도(道)를 폈다.' 하였는데, 구산(龜山;양시)이 이르기를 '양웅은 공자를 안 자가 아니니, 몸을 굽히고서 도를 폄을 내 믿지 않는다.' 하였으니, 마땅히 이 뜻을 가지고서 맹자의 이 장을 읽어야 한다."

2-1

> 景春曰 公孫衍、張儀는 豈不誠大丈夫哉리오 一怒而諸侯懼하고 安居而天下熄하니이다
>
> 경춘(景春)이 말하였다. "공손연(公孫衍)과 장의(張儀)는 어찌 진실로 대장부(大丈夫)가 아니겠습니까. 한번 노하면 제후(諸侯)들이 두려워하고, 편안히(조용히) 거하면 천하가 조용합니다."

景春은 人姓名이라 公孫衍、張儀는 皆魏人이니 怒則說 音稅라 諸侯하여 使相攻伐이라 故로 諸侯懼也라 新安陳氏曰 二人은 皆破六國之從하여 以爲橫者라 熄은 如火之熄滅이라 ○ 按熄은 謂寂然無事也라

경춘(景春)은 사람의 성명(姓名)이다. 공손연(公孫衍)과 장의(張儀)는 다 위(魏)나라 사람이니, 노하면 제후를 설득하여 '세(說)'는 음이 세(稅;달램)이다. 서로 공격하고 정벌하게 하였다. 그러므로 제후들이 두려워한 것이다. 신안진씨가 말하였다. "두 사람은 육국(六國)의 합종(合從)을 깨뜨려 연횡(連橫)을 한 자이다. 식(熄)은 불이 식멸(熄滅;꺼짐)함과 같은 것이다." ○ 살펴보건대 식(熄)은 조용하여 일이 없음을 이른다.

2-2

孟子曰 是焉得爲大丈夫乎리오 子未學禮乎아 丈夫之冠也에 父命之하고 女子之嫁也에 母命之하나니 往에 送之門할새 戒之曰 往之女(汝)家하여 必敬必戒하여 無違夫子라하나니 以順爲正者는 妾婦之道也니라

맹자가 말씀하셨다. "이 어찌 대장부(大丈夫)라 할 수 있겠는가. 그대는 예(禮)를 배우지 않았는가? 장부(丈夫;남자)가 관례(冠禮)할 때에 아버지가 명(命;훈계)하고, 여자(女子)가 시집갈 때에 어머니가 명하나니, 시집감에 문에서 전송할 적에 어머니가 경계하기를 '네 집에 가서 반드시 공경하고 반드시 경계하여 부자(夫子;남편)를 어기지 말라.' 하니, 순종함을 정도(正道)로 삼는 것은 첩부(妾婦)의 도(道)이다.

焉은 於虔反이라 冠은 去聲이라 女家之女는 音汝라

'언(焉)'은 어(於)·건(虔)의 반절[어찌 언]이다. '관(冠)'은 거성(去聲;관례)이다. 여가(女家)의 '여(女)'는 음이 여(汝;너)이다.

加冠 如字라 於首曰冠이라 按禮에 女之嫁에도 亦父命之어늘 而此云母命者는 蓋主送門戒言耳라 女家는 夫家也니 婦人은 內夫家하여 漢書劉向傳曰 婦人은 內夫家하고 外父母家라하니라 以嫁爲歸也라 猶言歸其家也라 ○ 之亦往也라 夫子는 夫也라 猶言夫主也라 ○ 按此戒辭는 與儀禮有異라 女子從人하니 出禮記雜記라 以順爲正道也라 蓋言 二子阿諛苟容하여 竊取權勢하니 添二句하여 以還其本事라 乃妾婦順從之道耳요 順從은 在婦人爲止이나 而在人臣이면 則是不正之大者라 非丈夫之事也니라 卽父命冠之丈夫라 ○ 補言外未足之意라 ○ 雙峯饒氏曰 儀、衍이 雖使得諸侯懼나 不過順其欲하여 征伐以得土地니 丈夫且不爲온 況大丈夫乎아

머리에 관(冠)을 '관(冠)'은 본자대로(갓 관) 읽는다. 더함을 관례(冠禮)라 한다. 살펴보건대 ≪예(禮)≫에 여자가 시집갈 때에도 아버지가 명하는데 여기서 어머니가 명한다고 말한 것은 문에서 전송하면서 경계하는 말을 위주한 것이다. '여가(女家)'는 남편의 집이니, 부인(婦人)은 남편의 집을 안으로 여겨 ≪한서(漢書)≫〈유향전(劉向傳)〉에 "부인은 남편의 집을 안으로 하고 부모의 집을 밖으로 한다." 하였다. 시집가는 것을 돌아간다고 하는 것이다. '귀(歸)'는 '자기 집으로 돌아간다.'고 말함과 같다. ○ 〈왕지(往之)의〉 '지(之)' 또한 감이다. '부자(夫子)'는 남편이다. 부주(夫主;서방님)라고 말함과 같다. ○ 살펴보건대 이 경계한 말은 ≪의례≫와 차이가 있다. 여자는 남을 따르니, 이 내용은 ≪예기≫〈잡기(雜記)〉에 나온다. 순종함을 정도(正道)

로 삼는다. 두 사람(공손연과 장의)은 아첨하고 구차히 용납하여 권세(權勢)를 절취하였으니, 두 구(二子阿諛苟容, 竊取權勢.)를 더하여 그 본래 일로 돌아갔다. **바로 첩부(妾婦)의 순종하는 도리요** 순종(順從)은 부인에게 있어서는 바름이 되나, 인신(人臣)에게 있어서는 바르지 못함이 큰 것이다. **대장부(大丈夫)의 일이 아니라고 말씀한 것이다.** 이것은 바로 아버지가 장부에게 관례할 때 명한 것이다. ○ 말 밖의 부족한 뜻을 보충하였다. ○ 쌍봉요씨가 말하였다. "장의와 공손연이 비록 제후들로 하여금 두렵게 하였으나, 그들이 자기 욕망을 순히 하여 정벌해서 토지를 얻음에 불과하였으니, 이는 장부도 하지 않는데 하물며 대장부임에랴?"

2-3

居天下之廣居하며 立天下之正位하며 行天下之大道하여 得志하얀 與民由之하고 不得志하얀 獨行其道하여 富貴不能淫하며 貧賤不能移하며 威武不能屈이 此之謂大丈夫니라

천하(天下)의 넓은 집(인(仁))에 거하며 천하의 바른 자리(예(禮))에 서며 천하의 대도(大道;의(義))를 행하여, 뜻을 얻으면 백성과 함께 도(道)를 행하고 뜻을 얻지 못하면 홀로 그 도를 행하여, 부귀(富貴)가 마음을 방탕하게 하지 못하며 빈천(貧賤)이 절개를 옮겨놓지 못하며 위무(威武)가 지조를 굽히지 못하는 것 이것을 대장부(大丈夫)라 이른다."

廣居는 仁也요 正位는 禮也요 大道는 義也라 朱子曰 居字는 就心上說이요 立字는 就身上說이요 行字는 就施爲上說이라 此心廓然하여 無一毫私意하여 直與天地同量이 便是居廣居요 自家立身하여 更無不當於理 便是立正位요 推而見於事에 更無不合於義 便是行大道라 論上兩句하면 則居廣居是體요 立正位是用이며 論下兩句하면 則立正位是體요 行大道是用이니 要之컨대 能居廣居하면 自然能立正位하고 行大道하니 此三言者는 以廣居爲主니라 ○ 行於大道는 諺釋得之라 與民由之는 推其所得於人也요 大全曰 與民共由此 仁、禮、義也요 所得亦卽此三者라 獨行其道는 大全曰 仁、禮、義之道라 守其所得於己也라 淫은 蕩其心也요 移는 變其節也요 屈은 挫其志也라 趙氏曰 富貴則求得欲從故로 易至蕩其心이요 貧賤則居約處困故로 易至變其節이요 遇威武하면 又易至隕穫震懼故로 多挫懾其志氣라 ○ 朱子曰 孟子此言은 直是痛快하여 三復에 令人胷次浩然하여 如濯江漢而暴秋陽也니라 ○ 大丈夫는 此章之題目이라

'광거(廣居)'는 인(仁)이요 '정위(正位)'는 예(禮)요 '대도(大道)'는 의(義)이다. 주자가 말씀하였다. "'거(居)'자는 심상(心上)에 나아가 말하였고 '입(立)'자는 신상(身上)에 나아가 말하였고 '행(行)'자는 시위상(施爲上)에 나아가 말하였다. 이 마음이 확 트여서 일호(一毫)의 사사로운 뜻이 없어서 곧바로 천지와 양(量)을 함께 함이 바로 광거에 거하는 것이고, 자신이 몸을 세워서 다시 이치에 합당하지 않음이 없는 것이 바로 정위(正位)에 섬이고, 미루어 일에 나타나 다시 의(義)에 부합하지 않음이 없는 것이 바로 대도(大道)를 행함이다. 위의 두 구를 논하면 광거(廣居)에 거함이 체(體)이고, 정위(正位)에 섬이 용(用)이며, 아래 두 구를 논하면 정위(正位)에 섬이 체(體)이고, 대도(大道)를 행함이 용(用)이니, 요컨대 광거에 거하면 자연히 능히 정위에 서고 대도를 행하게 되니, 이 세 말은 광거를 위주로 한다." ○ 대도(大道)를 행함은 ≪언해≫의 해석(천하의 넓은 거(居)에 거(居)하여)이 맞는다. **백성과 함께 행한다는 것은 그 얻은 바를 남에게 미룸이요,** ≪대전≫에 말하였다. "〈유(由)는〉 백성과 더불어 인(仁)·의(義)·예(禮)를 행함이고, 얻은 바는 또한 바로 이 세 가지이다." **홀로 그 도(道)를 행한다는 것은** ≪대전≫에 말하였다. "도(道)는 인(仁)·의(義)·예(禮)의 도이다." **그 얻은 바를 자기 몸에 지키는 것이다. '음(淫)'은 마음을 방탕하게 함이요, '이(移)'는 절개를 변함이요, '굴(屈)'은 지조를 꺾는 것이다.** 조씨가 말하였다. "부귀(富貴)하면 구하는 것을 얻고 하고자 함을 따르기 때문에 마음이 방탕함에 이르기 쉽고, 빈천하면 거(居)함이 소략하고 처(處)함이 곤궁하기 때문에 그 절개를 변함에 이르기가 쉽고, 위무(威武)를 만나면 또 운확(隕穫;기운을 잃음)하고 두려워함에 이르기가 쉽기 때문에 그 지기(志氣)가 좌절하고 두려워함이 많은 것이다." ○ 주자가 말씀하였다. "맹자의 이 말씀은 곧바로 통쾌하여 세 번 반복함에 사람으로 하여금 가슴속이 호연(浩然)하여 강한(江漢)으로 씻고 가을빛으로 쪼이는 것과 같다." ○ '대장부(大丈夫)'는 이 장의 제목이다.

○ 何叔京 大全曰 名鎬니 昭武人이라 ○ 按是當時友生故로 稱字하니 亦張敬夫之例也라 然이나 詩註則以廣漢張氏、東萊呂氏稱之하니 蓋亦無一定之例라 曰 戰國之時에 聖賢道否하여 音鄙라 天下不復 夫聲이라 見其 聖賢이라 德業之盛하고 但見姦巧之徒 衍、儀라 得志橫行하여 氣焰 以念反이라 可畏하고 遂以爲大丈夫라하니 不知由君子觀之하면 是乃妾婦之道耳니 何足道哉리오 按何氏專責景春하니 如論語三歸註의 楊氏說이니 謂春不足道也라 或曰 謂衍、儀不足道也라 ○ 朱子曰 居廣居以下는 惟集義養氣라야 方到此地位니 不能淫, 不能移, 不能屈는 以浩然之氣對著他에 便能如此니라

○ 하숙경(何叔京)이 ≪대전≫에 말하였다. "하숙경은 이름이 호(鎬)이니, 소무(昭武) 사람이다." ○ 살펴보건대 당시에 주자의 친구이거나 생도이기 때문에 자(字)를 칭하였으니, 또한 장경부(張敬夫)의 예이다. 그러나 ≪시경≫의 주(註)에서는 광한장씨(廣漢張氏)와 동래여씨(東萊呂氏)라고 칭하였으니, 이 또한 일정한 예가 없다. 말하였다. "전국(戰國) 때에 성현(聖賢)의 도(道)가 비색(否塞)해져서 '비(否)'는 음이 비(鄙;비색함)이다. 천하 사람들이 다시는 '부(復)'는 거성(去聲;다시)이다. 그 '기(其)'는 성현(聖賢)이다. 덕업(德業)의 성대함을 보지 못하고, 다만 간교

(姦巧)한 무리들이 간교한 무리는 공손연과 장의이다. 뜻을 얻어 횡행(橫行)하여 기염(氣焰)이 '염(焰)'은 이(以)·념(念)의 반절[불꽃 염]이다. 두려울 만함을 보고는 마침내 대장부라 하였으니, 군자의 입장에서 보면*① 이것이 첩부(妾婦)의 도(道)임을 알지 못한 것이다. 어찌 족히 말할 것이 있겠는가." 살펴보건대 하씨는 오로지 경춘(景春)을 책망하였다. ≪논어≫ 삼귀주(三歸註)의 '양씨설(楊氏說)'과 같으니,*② 경춘은 굳이 말할 것이 못 된다고 말한 것이다. 혹자는 말하기를 '공손연과 장의를 굳이 말할 것이 못 된다고 말한 것이다.'라고 한다. ○ 주자가 말씀하였다. "'광거(廣居)에 거(居)한다.'는 이하는 오직 의(義)로운 일을 많이 축적하여 호연지기(浩然之氣)를 길러야 비로소 이러한 지위(경지)에 이르는 것이니, 능히 방탕하게 하지 못하고 능히 옮기지 못하고 능히 굽히지 못함은 호연지기를 가지고 저를 대함에 곧 이와 같이 되는 것이다."

*① 군자의 입장에서 보면 : '由君子觀之'의 유(由)는 자(自)와 같은 바, '군자의 처지(입장)에서 보면'의 뜻이다.
*② ≪논어≫……같으니 : '삼귀주(三歸註)'는 〈팔일(八佾)〉 22장에 관중(管仲)이 삼귀(三歸)라는 누대를 소유함을 말한 것으로, 장하주에 소씨(蘇氏)가 말하였다. "몸을 닦고 집안을 바루어서 나라에 미치면 그 뿌리가 깊어 미치는 것이 원대하니 큰 그릇이라 한다. 양웅(揚雄)의 이른바 '큰 그릇은 규구(規矩)와 준승(準繩)과 같아서 먼저 스스로 다스린 연후에 남을 다스린다.'한 것이 이것이다.〔自修身正家, 以及於天下, 則其本深, 其及者遠, 是謂大器. 揚雄所謂大器, 猶規矩準繩, 先自治而後治人者 是也.〕"라고 보인다.

3-1

> 周霄問曰 古之君子仕乎잇가 孟子曰 仕니라 傳曰 孔子三月無君則皇皇如也하사 出疆에 必載質(지)라하고 公明儀曰 古之人이 三月無君則弔라하니라
>
> 주소(周霄)가 물었다. "옛 군자가 벼슬하였습니까?" 맹자가 말씀하셨다. "벼슬하였다. 전(傳)에 이르기를 '공자는 3개월 동안 섬길 군주가 없으면 황황(皇皇)한 듯이 여겨 국경을 나갈 적에 반드시 폐백을 싣고 갔다.' 하였고, 공명의(公明儀)가 말하기를 '옛사람은 3개월 동안 군주가 없으면 위문했다.' 하였다."

傳은 直戀反이라 質은 與贄同하니 下同이라
'전(傳)'은 직(直)·련(戀)의 반절[책 전]이다. '질(質)'은 지(贄;폐백)와 같으니, 아래도 같다.

周霄는 魏人이라 其稱晉國者는 與惠王同이라 故로 知其爲魏人이라 無君은 謂不得仕

而事君也라 皇皇은 如有求而弗得之意라 見禮記檀弓4)이라 出疆은 謂失位而去國也라 質는 所執以見人者니 非特君也라 如士則執雉也라 出周禮大宗伯이라 ○ 孔子此事는 未必是爲士時라 故로 著如字라 出疆載之者는 蒙質之文이라 將以見所適國之君而事之也라 如失魯司寇하고 將之荊할새 先之以子夏하고 申之以冉有5)도 亦此意也라 ○ 古者에 凡凶事皆有弔라

주소(周霄)는 위(魏)나라 사람이다. 진국(晉國)이라고 칭한 것이 혜왕(惠王)과 같다. 그러므로 그가 위나라 사람이 됨을 아는 것이다. '무군(無君)'은 벼슬하여 군주를 섬길 수 없음을 이른다. '황황(皇皇)'은 구함이 있으나 얻지 못하는 것처럼 하는 뜻이다. 이 내용은 ≪예기≫ 〈단궁〉에 보인다. '출강(出疆)'은 지위를 잃고 나라를 떠남을 이른다. '지(質)'는 잡고 남을 만나보는 물건이니, 다만 군주만이 아니다. 예컨대 사(士)는 꿩을 잡는 것과 같다. 이 내용은 ≪주례≫ 〈대종백(大宗伯)〉에 나온다. ○ 공자의 이 일은 반드시 사(士)가 되셨을 때만은 아니다. 그러므로 '여(如)'자를 놓은 것이다. 국경을 나갈 적에 폐백을 싣고 가는 것은 폐백(幣帛)이란 글을 이어 받은 것이다. 장차 가는 나라의 군주를 뵙고 그를 섬기려고 해서이다. 예컨대 공자가 노(魯)나라의 사구(司寇)를 잃고 장차 형(荊;초나라)으로 가실 적에 먼저 자하(子夏)를 보내고 거듭 염유(冉有)를 보내신 것도 또한 이 뜻이다. ○ 옛날에 무릇 흉한 일이 있으면 다 위문함이 있었다.

3-2

> 三月無君則弔 不以急乎잇가
>
> <주소(周霄)가 말하였다.> "3개월 동안 군주가 없으면 위문하는 것은 너무 급하지 않습니까?"

周霄問也라 無曰字故로 特明之라 ○ 此는 倒問이니 如公孫丑之先問養氣라 以는 已通이니 太也니 後章放 倣同이라 此하니라 不以急乎, 不以泰乎는 文勢相同이라 故로 一訓以蒙之라 ○ 此節急字는 爲末節急字之伏案이나 而孟子則未嘗言急字라

주소(周霄)가 물은 것이다. '왈(曰)'자가 없기 때문에 특별히 밝힌 것이다. ○ 이는 거꾸로 물은 것이니, 〈호연지기장(浩然之氣)〉에서 공손추가 먼저 양기(養氣)를 물은 것과 같다. '이(以)'는 이

---

4) ≪禮記 檀弓下≫ "顔丁善居喪, 始死, 皇皇焉如有求而弗得, 旣殯, 望望焉如有從而弗及."

5) ≪禮記 檀弓上≫ "有子問於曾子曰: 聞喪於夫子乎. 曰: 聞之矣. 喪欲速貧, 死欲速朽. 有子曰: …昔者夫子失魯司寇, 將之荊. 蓋先之以子夏, 又申之以冉有. 以斯知不欲速貧也."

(已)와 통하니, 너무이다. 후장(後章)도 이와 같다. '방(放)'은 방(倣)과 같다. ○ 불이급호(不以急乎)와 〈뒤의〉불이태호(不以泰乎)는 문세가 서로 같다. 그러므로 한 번에 훈(訓)하여 이어 받은 것이다. ○ 이 절의 '급(急)'자는 끝절 급자의 숨어있는 글〔伏案〕이 되나 맹자는 일찍이 급자를 말씀하지 않았다.

3-3

> 曰 士之失位也 猶諸侯之失國家也니 禮曰 諸侯耕助하여 以供粢盛하고 夫人蠶繅하여 以爲衣服하나니 犧牲이 不成하며 粢盛이 不潔하며 衣服이 不備하면 不敢以祭하고 惟士無田이면 則亦不祭라하니 牲殺、器皿、衣服이 不備하여 不敢以祭면 則不敢以宴이니 亦不足弔乎아
>
> 맹자가 말씀하셨다. "사(士)가 지위를 잃음은 제후(諸侯)가 나라를 잃은 것과 같다. 예(禮)에 '제후가 밭을 갈면 백성들이 도와서 자성(粢盛)을 바치고, 부인(夫人)이 누에를 치고 실을 켜서 의복(衣服)을 만든다. 희생(犧牲)이 이루어지지 못하며[①] 자성이 정결하지 못하며 의복이 구비되지 못하면 감히 제사 지내지 못하고, 사(士)가 제전(祭田)이 없으면 또한 제사 지내지 못한다.' 하였다. 생살(牲殺)과 기명(器皿)과 의복이 구비되지 못하여 감히 제사 지내지 못하면 감히 잔치하지 못하나니, 또한 위문할 만하지 않은가."

*① 희생(犧牲)이 이루어지지 못하며 : 희생은 제사에 올리는 소와 양과 돼지를 이르며, 불성(不成)은 제대로 이루어지지 못한 것으로, 조기(趙岐)는 "성(成)은 살찜이다." 하였다.

盛은 音成이라 繅는 素刀反이요 皿은 米永反이라

'성(盛)'은 음이 성(成;담음)이다. '소(繅)'는 소(素)·도(刀)의 반절[실켤 소]이요, '명(皿)'은 미(米)·영(永)의 반절[그릇뚜껑 명]이다.

此答은 則上取諸侯之事하여 以況士라

이 답은 위로 제후의 일을 취하여 사(士)에 비유하였다.

禮曰 諸侯爲籍 籍田이라 百畝하여 依此本文하여 只引諸侯하고 而不及天子라 冕而青紘하여 音宏이니 纓也라 躬秉耒以耕이어든 以上은 出禮記祭義라 而庶人助以終畝하여 周禮甸師曰 諸侯九推(퇴)하면 庶人終畝라하니라 收而藏之御廩하여 以供宗廟之粢盛하고 以上은 出周禮甸師와 及穀梁桓十四年이라 使世婦로 蠶于 一作於하니 下竝同이라 公桑蠶室하여 奉繭 古典反이라 以示于君하고 遂獻于夫人이어든 夫人이 副褘 音暉니 王后之服이라 受之하여 繅三盆手하고 三引手於盆이니 如諸侯九推之義라 遂布于三宮世婦하여 二十七世婦라 使繅以爲黼黻、音斧弗이라 文章하여 如庶人終畝之義라 ○ 周禮考工記曰 青與赤을 謂之文이요 赤與白을 謂之章이요 白與黑을 謂之黼요 黑與青을 謂之黻이라하니라 而服以祀先王、仍禮之本文하여 竝及天子라 先公이라하니라 以上은 出禮記祭義와 及穀梁桓十四年이라 又曰 士有田 田祿이라 則祭하고 無田則薦이라하니라 此는 出禮記王制하니 祭以首時하고 薦以仲月이라 ○ 與粢盛으로 爲倒釋以便文也라 黍稷曰粢요 在器曰盛이라 牲殺은 牲必特 猶專也라 殺也라 牲而云殺은 亦與粢而云盛者로 同也라 皿은 所以覆(부)器者라 雙峯饒氏曰 失位三月이면 便廢四時一祭하니 弔其不得祭요 非弔其不得君也니 古人重祭祀故로 如此하니라 ○ 按不祭면 已可弔어늘 而又言不宴者는 所以廣可弔之事也니 蓋古人之宴이 多在祭後云이라

예(禮)에 이르기를 "제후(諸侯)가 적전(籍田) '적(籍)'은 적전(籍田)이다. 백무(百畝)를 만들어*① 이 본문을 따라 다만 제후만을 인용하고 천자에는 미치지 않은 것이다. 면류관을 쓰고 푸른 끈을 매고서 '굉(紘)'은 음이 굉(宏)이니, 갓끈이다. 몸소 쟁기자루를 잡고 밭을 갈면 이상은 ≪예기≫ 〈제의(祭義)〉에 나온다. 서인(庶人)들이 도와 밭 두둑의 일을 끝내어 ≪주례≫ 〈전사(甸師)〉에 "제후가 아홉 번 밀면 서인이 밭두둑의 일을 끝낸다." 하였다. 곡식을 수확해서 어름(御廩)*②에 보관하여 종묘(宗廟)의 자성(粢盛)에 바친다. 이상은 ≪주례≫ 〈전사〉와 ≪춘추곡량전≫ 환공(桓公) 14년에 나온다. 세부(世婦)로 하여금 공상 잠실(公桑蠶室)*③에서 '우(于)'가 일본(一本)에는 어(於)로 되어 있으니, 아래도 모두 같다. 누에를 치게 하여 고치를 '견(繭)'은 고(古)・전(典)의 반절〔고치 견〕이다. 받들어 군주(君主)에게 보이고 마침내 부인(夫人)에게 올리면 부인이 부휘(副褘)*④를 '휘(褘)'는 음이 휘(暉)이니, 왕후의 옷이다. 입고 받아서 실을 켜되 세 번 손을 동이에 담그고는*⑤ 세 번 동이에 손을 넣어 당그는 것이니, 제후가 아홉 번 미는 뜻과 같다. 삼궁(三宮) 세부(世婦)*⑥에게 삼궁(三宮)의 세부(世婦)는 27명의 세부이다. 나누어주어 실을 켜서 보(黼)・불(黻)・문(文)・장(章)을 '보불(黼黻)'은 음이 부불(斧弗)이다. 만들게 하여 서인이 밭두둑 일을 끝내는 뜻과 같다. ○ ≪주례≫ 〈고공기(考工記)〉에 "청색과 적색의 실이 섞여 있는 것을 문(文)이라하고 적색과 백색이 섞여 있는 것을 장(章)이라하고 백색과 흑색이 섞여 있는 것을 보(黼)라하고 흑색과 청색이 섞여 있는 것을 불(黻)이라한다" 하였다. 이것을 입고서 선왕(先王)과 예(禮)의 본문을 그대로 인용하여 함께 천자에 까지 미쳤다. 선공(先公)*⑦에

게 제사한다." 하였다. 이상은 ≪예기≫⟨제의⟩와 ≪춘추곡량전≫ 환공 14년에 나온다. 또 이르기를 "사(士)가 제전(祭田)이 '전(田)'은 전록(田祿)이다. 있으면 제사하고 제전이 없으면 천(薦;간략히 올림)한다."*⑧ 하였다. 이는 ≪예기≫⟨왕제⟩에 나오니, 제사는 첫 번째 철(時:맹춘(孟春), 맹하(孟夏), 맹추(孟秋), 맹동(孟冬))에 하고 천(薦)은 중월(仲月;중춘(仲春), 중하(仲夏), 중추(仲秋), 중동(仲冬))에 한다. ○ 자성(粢盛)과 함께 거꾸로 해석하여 문장을 편하게 하였다. 서직(黍稷)을 '자(粢)'라 하고, 그릇에 담겨져 있는 것을 '성(盛)'이라 한다. '생살(牲殺)'은 희생을 반드시 특별히 '특(特)'은 전(專)과 같다. 잡기 때문이다. 희생(犧牲)에 살(殺)을 말한 것은 또한 자(粢)에 성(盛)을 말한 것과 같다. '명(皿)'은 그릇을 덮는 것이다. 쌍봉요씨가 말하였다. "3개월 동안 지위를 잃으면 곧 사시(四時)의 한 제사를 폐하게 되니, 그 제사할 수 없음을 위문한 것이요, 군주를 얻지 못함을 위문한 것이 아니니, 옛사람은 제사를 소중히 여겼기 때문에 이와 같이 한 것이다." ○ 살펴보건대 제사를 지내지 않으면 이미 위문할 수 있는데 또 잔치하지 않는다고 말한 것은 위문할 만한 일을 넓힌 것이니, 옛사람의 잔치는 많이 제사 뒤에 있었다.

*① 제후(諸侯)가……만들어 : '諸侯爲籍百畝'의 '적(籍)'은 '적(藉)'으로도 쓰는데, 적전은 백성의 힘을 빌어 경작한다 하여 붙인 이름이므로 '자(藉)'로 읽어야할 듯하나 일반적으로 '적'으로 읽는다. 천자(天子)는 천무(千畝), 제후(諸侯)는 백무(百畝)이다.
*② 어름(御廩) : 어미(御米;왕실에서 사용하는 쌀)를 보관하는 창고이다.
*③ 공상 잠실(公桑蠶室) : 공상(公桑)은 국가의 뽕나무이며, 잠실(蠶室)은 누에치는 집이다.
*④ 부휘(副褘) : 부(副)는 일명 섭요(步搖)로 왕비(王妃)의 머리꾸밈이며, 휘(褘)는 휘의(褘衣)로 역시 왕비의 윗옷이다.
*⑤ 실을……담그고는 : '繅三盆手'의 소(繅)는 실을 켜는 것이며, 삼분수(三盆手)는 손을 세 번 동이에 담금을 이른다.
*⑥ 삼궁 세부(三宮世婦) : 삼궁(三宮)은 세 부인이며, 세부(世婦) 역시 여관(女官)이다. ≪예기≫⟨곡례⟩에 "천자는 후(后)가 있고 부인(夫人)이 있고 세부가 있다." 하였다.
*⑦ 선왕(先王)과 선공(先公) : 천자의 선조(先祖)는 선왕, 제후의 선조는 선공이다.
*⑧ 제전(祭田)이……천(薦)한다 : ≪예기≫⟨왕제⟩에 보이는 내용으로, 제사에 희생이 있는 것을 제(祭)라 하고 희생이 없는 것을 천(薦)이라 한다.

3-4

出疆에 必載質는 何也잇고

⟨주소(周霄)가 말하였다.⟩ "국경을 나갈 적에 반드시 폐백을 싣고 가는 것은 어째서입니까?"

周霄問也라

주소가 물은 것이다.

3-5

曰 士之仕也 猶農夫之耕也니 農夫豈爲出疆하여 舍其耒耜(뢰사)哉리오

맹자가 말씀하셨다. "사(士)가 벼슬하는 것은 농부가 밭을 가는 것과 같으니, 농부가 어찌 국경을 나감을 위하여 쟁기와 보습을 놓고 가겠는가?"

爲는 去聲이요 舍는 上聲이라

'위(爲)'는 거성(去聲;위함)이요, '사(舍)'는 상성(上聲;버림)이다.

集註無文이라 ○ 此答은 則下取農夫之事하여 以況士라 ○ 此以上은 此章兩大指를 詳言已畢이라

≪집주≫에는 글이 없다. ○ 이 답은 아래로 농부의 일을 취하여 사(士)에 비유하였다. ○ 이 이상은 이 장(章)의 두 대지(大指)를 자세히 말한 것이 이미 끝났다.

3-6

曰 晉國이 亦仕國也로되 未嘗聞仕如此其急호니 仕如此其急也인댄 君子之難仕는 何也잇고 曰 丈夫生而願爲之有室하며 女子生而願爲之有家는 父母之心이라 人皆有之언마는 不待父母之命과 媒妁之言하고 鑽穴隙相窺하며 踰牆相從하면 則父母 國人이 皆賤之하나니 古之人이 未嘗不欲仕也언마는 又惡(오)不由其道하니 不由其道而往者는 與鑽穴隙之類也니라

> 주소가 말하였다. "진(晉)나라는 또한 벼슬한 나라이나 벼슬하기를 이와 같이 급히 하셨다는 말은 들어보지 못했습니다. 벼슬하기를 이와 같이 급히 한다면 군자가 벼슬하기를 어렵게 여기는 것은 어째서입니까?" 맹자가 말씀하셨다. "장부(丈夫;아들)가 태어나면 그를 위하여 실(室;아내)이 있기를 원하며 여자(딸)가 태어나면 그를 위하여 시가(媤家)가 있기를 원하는 것은 부모의 마음이어서 사람마다 다 갖고 있건마는, 부모의 명령과 중매장이의 말을 기다리지 않고 구멍의 틈을 뚫고 서로 엿보며 담을 넘어 서로 따라다니면 부모와 국인(國人)들이 모두 천하게 여긴다. 옛사람들이 일찍이 벼슬하고자 하지 않은 것은 아니었으나 또 도(道)를 따르지 않음을 미워하였으니, 도를 따르지 않고 찾아가는 것은 <남자와 여자가> 구멍의 틈을 뚫고 엿보는 것과 같은 것이다."

爲는 去聲이라 妁은 音酌이라 隙은 去逆反이라 惡는 去聲이라

'위(爲)'는 거성(去聲;위함)이다. '작(妁)'은 음이 작(酌;중매)이다. '극(隙)'은 거(去)·역(逆)의 반절[틈 극]이다. '오(惡)'는 거성(去聲;어찌)이다.

晉國은 解見 音現이라 首篇하니라 仕國은 謂君子遊宦之國이라 霄意以孟子不見諸侯 承首章이라 爲難仕라 君子難仕는 此章之題目이라 蓋全章霄所問與孟子所答이 皆爲此一句設耳니 不敢斥言孟子故로 稱君子라 故로 先問古之君子仕否然後에 言此하여 以風 去聲이라 切之也라 霄汎問古君子仕否한대 孟子亦汎以古君子之於仕로 告之러시니 霄乃提出一急字하여 以切孟子하니 蓋亦當時能言者也라 ○ 慶源輔氏曰 霄頗有策士之風하니 孟子不爲其所動하시고 直述其義理以告之하시니라 男은 以女爲室하고 女는 以男爲家라 妁은 亦媒也라

진국(晉國)은 해석이 수편(首篇;양혜왕 상)에 보인다. '현(見)'은 음이 현(現)이다. '사국(仕國)'은 군자(君子;맹자)가 가서 벼슬하신 나라를 이른다. 주소의 뜻은 맹자가 제후(諸侯)를 만나보지 않는 것을 머릿장을 이었다. 벼슬하기를 어렵게 여기신다고 생각하였다. '군자난사(君子難仕)'는 이 장의 제목이다. 전장(全章)에 주소가 물은 것과 맹자가 답한 것이 모두 이 한 구를 위하여 만든 것이니, 감히 맹자를 지적(指斥)하여 말할 수가 없었기 때문에 군자라고 말한 것이다. 그러므로 "옛 군자가 벼슬하였습니까?" 하고 물은 뒤에 이를 말하여 풍절(風切)[*①] 한 '풍(風)'은 거성(去聲;풍자함)이다. 것이다. 주소가 '옛날 군자가 벼슬하였습니까?'라고 범연히 묻자 맹자 또한 범연히 옛 군자가 벼슬한 것을 가지고 고하셨는데, 주소가 마침내 한 급(急)자를 끌어내어 맹자를 풍자하였으니, 아마도 또한 당시의 말을 잘하는 자일 것이다. ○ 경원보씨가 말

하였다. "주소는 자못 책사(策士)의 기풍이 있으니, 맹자가 그에게 동요를 당하지 않으시고 다만 그 의리를 말씀하여 고하신 것이다." **남자는 여자를 실(室;아내)로 삼고, 여자는 남자를 가(家;시가(媤家))로 삼는다. '작(妁)'은 또한 중매이다.**

*① 풍절(風切) : 풍(風)은 풍(諷)과 통하는 바, 풍절(風切)은 풍자(諷刺)와 같은 뜻이다.

言 爲父母者 非不願其男女之有室家로되 慶源輔氏曰 士之仕는 猶男女之願有室家하니 此正理也라 **而亦惡其不由道하나니** 此答은 又近取男女之事하여 以況士라 ○ 與、之二字는 文勢不甚相蒙하니 或讀與如如義어나 或讀之如而義하면 則可通이라 **蓋君子雖不潔身以亂倫**⁶⁾**이나** 出論語微子라 ○ 釋未嘗不欲仕라 **而亦不徇利而忘義也니라** 釋又惡不由其道라 ○ 雲峯胡氏曰 末二句는 與論語註語意同이나 而實有不同者하니 論語는 從不仕無義處說來故로 兩句實一意요 孟子는 從未嘗不欲仕, 又惡不由道兩句說來故로 兩句是兩意라 語註는 下非字하고 此註는 下不字하니 其精審如此하니라

부모된 자가 그 아들 딸들이 실가(室家)가 있기를 원하지 않는 것은 아니지만 경원보씨가 말하였다. "사(士)가 벼슬함은 아들·딸이 실(室)·가(家)가 있기를 원하는 것과 같으니, 이것이 바른 이치이다." **또한 그 도(道)를 따르지 않음을 싫어하니,** 이 대답은 또 아들·딸의 일을 가까이 취하여 사(士)에 비유하셨다. ○ 여(與)와 지(之) 두 글자는 문세가 글이 서로 이어지지 않으니, 혹 여(與)를 여(如)의 뜻과 같이 읽거나 혹은 지(之)와 이(而)와 같이 읽으면 통할 수 있다. <이와 마찬가지로> **군자가 비록 몸을 깨끗이 하려고 하여 인륜을 어지럽히지 않으나***① 이 내용은 《논어》〈미자〉에 나온다. ○ 일찍이 벼슬하고자 하지 않은 것이 아니라는 것을 해석한 것이다. **또한 이익을 따라 의리를 잊지도 않는다.** 또 그 도(道)를 따르지 않음을 미워함을 해석한 것이다. ○ 운봉호씨가 말하였다. "끝에 두 구(蓋君子雖不潔身以亂倫, 而亦不徇利而忘義也.)는 《논어》 주(註)의 말뜻과 같으나 실제는 똑같지 않음이 있으니, 《논어》는 벼슬하지 않는 것이 의(義)가 없다는 두 구를 따라 말해왔기 때문에 두 구가 실로 한 뜻이고, 맹자는 일찍이 벼슬하고자 하지 않은 것이 아니고 또 도(道)를 따르지 않음을 싫어한다는 두 구를 따라 말씀해 왔기 때문에 두 구가 각각 두 가지 뜻이다. 《논어》의 주는 비(非)자를 놓고 이 주는 불(不)자를 놓았으니,*② 그 정밀하게 살핌이 이와 같다."

*① 군자가……않으나 : 자기 몸 하나를 깨끗이 하기 위하여 벼슬하지 않고 산림에 은둔하는 것은 오륜의 군신유의(君臣有義)를 어지럽히는 행위임을 말한 것으로, 《논어》〈미자〉 7장에 자로(子路)가 은자(隱者)인 하조장인(荷蓧丈人)을 꾸짖는 말에 "자기 몸을 깨끗이 하려고 하여 큰 인륜을 어지럽힌다.〔欲潔其身而亂大倫〕"라고 보인다.

*② 《논어》의……놓았으니: 위〈미자〉 7장의 "欲潔其身而亂大倫"을 해석한 《집주》에 "이 때문에 비록 몸을 깨끗이 하려고 하여 인륜을 어지럽히지 않으나, 또한 의(義)를 잊고서

---

6) ≪論語 微子 7章≫ "子路曰: 不仕無義, 長幼之節不可廢也. 君臣之義如之何其廢之. 欲潔其身而亂大倫." ≪集註≫ "是以雖不潔身以亂倫, 亦非忘義以徇祿也."

녹(祿)을 따르는 것이 아니다.〔是以雖不潔身以亂倫, 亦非忘義以徇祿也.〕"라고 하여, ≪논어≫에서는 '비(非)'자를 놓았으나 이 ≪맹자≫에서는 "而亦不徇利而忘義也."라고 하여 '불(不)'자를 놓았음을 말한 것이다.

4-1

彭更이 問曰 後車數十乘과 從者數百人으로 以傳食於諸侯 不以泰乎잇가 孟子曰 非其道면 則一簞食(사)라도 不可受於人이어니와 如其道면 則舜受堯之天下하사되 不以爲泰하시니 子以爲泰乎아

팽경(彭更)이 물었다. "뒤에 따르는 수레 수십 대와 종자(從者) 수백 명으로 제후(諸侯)에게 밥을 얻어 먹는 것이*① 너무 지나치지 않습니까?" 맹자가 말씀하셨다. "그 도(道)가 아니면(도에 맞지 않는다면) 한 그릇의 밥이라도 남에게서 받을 수 없거니와 만일 그 도라면 순임금은 요임금의 천하를 받으시되 지나치다고 여기지 않으셨으니, 그대는 이것을 지나치다고 여기는가?"

*① 제후에게……것이 : 원문의 전식(傳食)은 전식(轉食)과 같은 뜻으로, 돌아가며 제후들에게 밥을 얻어먹음을 이른다.

更은 平聲이요 乘、從은 皆去聲이라 傳은 直戀反이라 簞은 音丹이요 食는 音嗣라

'경(更)'은 평성(平聲;고침)이요, '승(乘)'과 '종(從)'은 모두 거성(去聲;수레, 따름)이다. '전(傳)'은 직(直)·련(戀)의 반절[전전할 전, 돌아다닐 전]이다. '단(簞)'은 음이 단(丹;대그릇)이요, '사(食)'는 음이 사(嗣;밥)이다.

彭更은 諺音誤라 孟子弟子也라 傳은 猶遞也라 上下三以字는 讀如字라 泰는 侈也라 新安陳氏曰 孟子歷聘에 徒御衆多하여 食於諸侯故로 更以爲泰하니 陋矣라 ○ 雙峯饒氏曰 時君能養而不能用이라 故로 時人有此疑하니 如士何事、不素餐7)이 皆此意라

팽경(彭更)은 '경(更)'은 ≪언해≫의 음(갱)이 잘못되었다. 맹자의 제자이다. '전(傳)'은 체(遞;돌아다니는 역말)와 같다. 위 아래의 세 '이(以)'자는 본자대로(써 이) 읽는다. '태(泰)'는 많음이다. 신안진씨가 말하였다. "맹자가 여러 나라를 차례로 빙문함에 도어(徒御;하인)들이 많아서 제

---

7) ≪孟子 盡心上 33章≫ "王子墊問曰: 士何事. 孟子曰: 尙志."
   ≪孟子 盡心上 32章≫ "公孫丑曰: 詩曰: 不素餐兮. 君子之不耕而食, 何也."

후에게 얻어 먹었으므로 팽경이 이것을 태(泰)라고 하였으니, 비루하다." ○ 쌍봉요씨가 말하였다. "당시 군주가 봉양만하고 등용하지 못하였다. 그러므로 당시 사람들이 이런 의심이 있었으니, 예컨대 사(士)는 '무슨 일을 합니까?'와 '소찬(素餐;공밥)을 먹지 않는다.'는 것이 다 이 뜻이다."

4-2

> 曰 否라 士無事而食이 不可也니이다
>
> 팽경(彭更)이 말하였다. "아닙니다. 선비가 하는 일 없이 밥을 얻어먹는 것이 불가(不可)하다는 것입니다."

言 不以舜爲泰요 以舜事로 釋否字라 但謂今之士 指孟子라 無功而食人之食이 則不可也라

순임금을 지나치다고 말한 것이 아니요, 순임금의 일을 가지고 '부(否)'자를 해석하였다. 다만 지금의 선비들이 지금의 선비는 맹자를 가리킨 것이다. 공이 없이 남의 밥을 얻어먹는 것이 불가하다고 이름을 말한 것이다.

4-3

> 曰 子不通功易事하여 以羨(연)補不足이면 則農有餘粟하며 女有餘布어니와 子如通之면 則梓匠、輪輿 皆得食於子하리니 於此에 有人焉하니 入則孝하고 出則悌하여 守先王之道하여 以待後之學者호되 而不得食於子하리니 子何尊梓匠、輪輿而輕爲仁義者哉오
>
> 맹자가 말씀하셨다. "그대가 공(功;일)을 통하며 일을 서로 바꾸어서 남는 것으로써 부족한 것을 도와주지 않는다면 농사꾼은 남아서 버리는 곡식이 있으며 여자들은 남아서 버리는 삼베가 있을 것이다. 그러나 그대가 만일 이를 통하면 자장(梓匠)과 윤여(輪輿)가 모두 그대에게 밥을 얻어먹을 것이다. 여기에 어떤 사람이 있는데, 들어오면 부모에게 효(孝)하고 나가면 어른에게 공손하여 선왕(先王)의 도(道)를 지켜 후세의 학자를 기다리되 그대에게 밥을 얻어먹지 못할 것이니, 그대는 어찌하여 자장과 윤여는 높이면서 인의(仁義)를 행하는 자는 가벼이 여기는가?"

羨은 延面反이라

'연(羨)'은 연(延)·면(面)의 반절[남을 연]이다.

通功易事는 謂通人之功而交易其事라 如農夫、陶、冶라 羨은 餘也라 有餘는 竝指兩有餘라 言無所貿 音茂라 易而積於無用也라 餘는 猶冗也라 梓 諺音誤라 人、匠人은 木工也요 輪人、輿人은 車工也라 竝見周禮考工記라 ○ 新安陳氏曰 繼往聖하고 開來學하여 有功於吾道甚大하니 孟子蓋自謂也시니라

공(功)을 통하며 일을 서로 바꾼다는 것은 남의 일을 통하며 서로 일을 교역(交易)함*①을 이른다. 농부와 도공(陶工)과 야공(冶工)과 같은 것이다. '연(羨)'은 남음이다. '유여(有餘)'는 두 유여(有餘)를 아울러 가리킨 것이다. 무역(貿易;매매) '무(貿)'는 음이 무(茂;교역함)이다. 하는 바가 없어서 무용(無用)한 곳에 쌓여 있음을 말한다. '여(餘)'는 용(冗)과 같다. 자인(梓人)과 '자(梓)'는 ≪언해≫의 음(재)이 잘못되었다. 장인(匠人)은 목공(木工)이요, 윤인(輪人)과 여인(輿人)은 수레를 만드는 공인(工人)이다. 이 내용은 모두 ≪주례(周禮)≫ 〈고공기(考工記)〉에 보인다. ○ 신안진씨가 말하였다. "지나간 성인(聖人)을 잇고 오는 후학(後學)을 열어 주어서 우리 도(道)에 공이 있음이 매우 크니, 이는 맹자가 자신을 두고 말씀하신 것이다."

*① 남의……교역(交易)함 : 사람들이 노동력과 기술을 서로 유통(流通)하고 생산한 물건을 서로 교역함을 이른다.

4-4

曰 梓匠、輪輿는 其志將以求食也어니와 君子之爲道也도 其志亦將以求食與잇가 曰 子何以其志爲哉오 其有功於子에 可食(사)而食之矣니 且子는 食(사)志乎아 食功乎아 曰 食志니이다

팽경(彭更)이 말하였다. "자장(梓匠)과 윤여(輪輿)는 그 뜻이 장차 밥을 구하려는 것이지마는 군자가 도(道)를 행함도 그 뜻이 장차 밥을 구하려고 해서입니까?" 맹자가 말씀하셨다. "자네가 어찌 그 뜻을 따지는가? 자네에게 공이 있어 밥을 먹일 만하면 밥을 먹이는 것이다. 또 자네는 뜻을 위주하여 밥을 먹이는가? 공(功)을 위주하여 밥을 먹이는가?" "뜻을 위주하여 밥을 먹입니다."

與는 平聲이라 可食而食와 食志、食功之食는 皆音嗣니 下同이라

'여(與)'는 평성(平聲;의문사)이다. 가사이사(可食而食)의 '사(食)'와 사지(食志), 사공(食功)의 '사(食)'는 모두 음이 사(嗣;먹임)이니, 아래도 같다.

更之此難은 蓋亦當時能言者也라 ○ 下同은 指食志、食功이라

   팽경의 이 논란은 아마도 또한 당시에 말을 잘한 자인 듯하다. ○ 하동(下同)은 사지(食志)·사공(食功)을 가리킨다.

孟子言 自我而言이면 固不求食이어니와 釋何以其志爲哉라 自彼而言이면 凡有功者를 通君子、梓匠而言이라 則當食 音嗣라 之니라 釋有功、可食二句라 ○ 南軒張氏曰 君子之志는 固不在食이나 而王者爲有以賴其用而祿之耳니라 ○ 新安陳氏曰 食功而不審功之大小、輕重이면 則僅有功於器物者 得以加諸有功於吾道者矣리라 志는 非所以食人이니 專食志면 則志貪饕(도)者 皆得食矣리라 ○ 按更旣自說出志字하니 不得不云食志요 至下節하여 又不得不云否하니 皆自口首實하여 不覺其上下之矛盾也라

   맹자가 말씀하시기를 "나(선비)의 입장에서 말한다면 진실로 밥을 구해서가 아니지만, '어찌 그 뜻을 따지겠느냐'는 것을 해석한 것이다. 저 사람(제후)의 입장에서 말한다면 모든 공이 있는 자를 군자와 자장을 통하여 말한 것이다. 마땅히 밥을 먹여야 '사(食)'는 음이 사(嗣;먹임)이다. 한다."고 하신 것이다. 유공(有功)과 가사(可食) 두 구를 해석하였다. ○ 남헌장씨가 말하였다. "군자의 뜻은 진실로 먹는데 있지 않으나 왕자(王者)가 그의 쓰임을 힘입어서 녹을 주는 것이다." ○ 신안진씨가 말하였다. "공로에 따라 밥을 먹이면서 공의 대소와 경중을 살피지 않으면 겨우 기물에 공이 있는 자가 우리 도에 공이 있는 자보다 더 높여질 것이다. 뜻을 따름은 사람에게 밥을 먹이는 올바른 방법이 아니니, 오로지 뜻에 따라 밥을 먹이면 탐욕스러움에 뜻한 자가 모두 밥을 얻게 될 것이다." ○ 살펴보건대 팽경이 이미 스스로 지(志)자를 말해 냈으니 사지(食志)라고 말하지 않을 수 없고, 아랫설에 이르러서는 또 부(否)라고 말하지 않을 수가 없었으니, 이는 자기 입으로 사실을 자수(自首)하여 그 위아래가 서로 모순됨을 깨닫지 못한 것이다.

4-5

曰 有人於此하니 毁瓦畫(획)墁이오 其志將以求食也면 則子食之乎아 曰否니이다 曰 然則子非食志也라 食功也로다

   맹자가 말씀하셨다. "여기에 어떤 사람이 있는데, 기왓장을 부수고 담장의 꾸밈을 함부로 그어놓고도 그 뜻이 장차 밥을 구하려고 해서라면 자네는 그에게 밥을 먹

이겠는가?" 팽경(彭更)이 "아닙니다." 하고 대답하자, 맹자가 말씀하셨다. "그러면 그대는 뜻을 위주하여 밥을 먹이는 것이 아니라 공을 위주하여 밥을 먹이는 것일세." 하셨다.

墁은 武安反이라 子食之食 亦音嗣라

'만(墁)'은 무(武)·안(安)의 반절[흙손질할 만]이다. 자사(子食)의 '사(食)'는 또한 음이 사(嗣;먹임)이다.

有人於此는 汎指人也라 ○ 亦音之亦字는 照上節音訓이라

유인어차(有人於此)는 널리 사람을 가리킨 것이다. ○ 역음(易音)의 '역(亦)'자는 윗절의 음훈〈의 사(嗣)라고 한 것〉을 조응하였다.

墁은 牆壁之飾也라 杇(오)以爲飾이라 毁瓦畫墁은 言無功而有害也라 旣曰食功이면 食功은 此章之題目이라 則以士爲無事而食者는 眞尊梓匠、輪輿而輕爲仁義者矣니라 補言外未足之意하여 以還諸此章本事라

'만(墁)'은 장벽(牆壁)의 꾸밈이다. 흙손질하여 꾸미는 것이다. '훼와획만(毁瓦畫墁)'은 공은 없고 해만 있음을 말한다. 이미 공을 위주하여 밥을 먹인다고 한다면 '사공(食功)'은 이 장의 제목이다. 선비를, 하는 일이 없이 밥을 먹는 자라고 말하는 것은 참으로 자장(梓匠)과 윤여(輪輿)를 높이고 인의(仁義)를 행하는 자를 가볍게 여기는 것이다. 말 밖의 부족한 뜻을 보충하여 이 장의 본래 일로 돌아갔다.

5-1

萬章이 問曰 宋은 小國也라 今에 將行王政하나니 齊、楚惡(오)而伐之면 則如之何니잇고

만장(萬章)이 물었다. "송(宋)나라는 작은 나라입니다. 이제 장차 왕정(王政)을 행하려 하니, 제(齊)나라와 초(楚)나라가 그를 미워하여 정벌하면 어찌합니까?"

惡는 去聲이라

'오(惡)'는 거성(去聲;어찌)이다.

萬章은 孟子弟子라 宋 視齊、楚則爲小하니 與滕小國有間이라 王 自立爲王이라 偃이 嘗滅滕、蓋惡其行仁政而遂滅之리라 伐薛하고 敗齊、楚、魏之兵하여 欲霸天下하니 見史記宋世家라 ○ 謂欲霸하여 爲將行王政하니 章之昧於王、霸之分은 亦如公孫丑之陋하여 而集註正之하니라 疑卽此時也라

만장(萬章)은 맹자의 제자이다. 송왕(宋王) 송(宋)은 제(齊)와 초(楚)에 비하면 소국(小國)이 되니, 등(滕)나라의 소국과는 차이가 있다. ○ 스스로 서서 왕이 된 것이다. 언(偃)이 일찍이 등(滕)나라를 멸하고 아마도 등나라가 인정(仁政)을 행함을 미워하여 마침내 멸한 듯하다. 설(薛)나라를 정벌하였으며, 제(齊)·초(楚)·위(魏)의 군대를 패퇴(敗退)시켜 천하에 패자(霸者)가 되고자 하였으니, 이 내용은 ≪사기≫ 〈송세가(宋世家)〉에 보인다. ○ 패자(霸者)가 되고자 함을 일러 장차 왕정(王政)을 행한다고 하였으니, 만장이 왕도(王道)와 패도(霸道)의 구분에 어두움은 또한 공손추(公孫丑)와 같이 비루해서 ≪집주≫에서 바로잡은 것이다. 의심컨대 바로 이때인 듯하다.

5-2

孟子曰 湯이 居亳(박)하실새 與葛爲隣이러시니 葛伯이 放而不祀어늘 湯이 使人問之曰 何爲不祀오 曰 無以供犧牲也로이다 湯이 使遺之牛羊하신대 葛伯이 食之하고 又不以祀어늘 湯이 又使人問之曰 何爲不祀오 曰 無以供粢盛也로이다 湯이 使亳衆으로 往爲之耕이어시늘 老弱이 饋食(사)러니 葛伯이 帥(率)其民하여 要其有酒食(사) 黍稻者하여 奪之호되 不授者를 殺之하더니 有童子以黍肉餉이어늘 殺而奪之하니라 書曰 葛伯이 仇餉이라하니 此之謂也니라

맹자가 말씀하셨다. "탕왕(湯王)이 박읍(亳邑)에 거주하실 적에 갈(葛)나라와 이웃하였는데, 갈백(葛伯)이 방탕하여 제사를 지내지 않자 탕왕이 사람을 시켜 묻기를 '어찌하여 제사를 지내지 않는가?' 하니, 갈백이 대답하기를 '희생(犧牲)을 바칠 것이 없기 때문입니다.' 하였다. 탕왕이 사람으로 하여금 소와 양을 보내주게 하셨는

데 갈백이 이것을 먹고 또 제사를 지내지 않았다. 탕왕이 또 사람을 시켜 묻기를 '어찌하여 제사를 지내지 않는가?' 하니, 갈백이 대답하기를 '자성(粢盛)을 바칠 것이 없기 때문입니다.' 하였다. 탕왕이 박읍의 백성들로 하여금 갈나라에 가서 밭을 갈아주게 하시니, 노약자(老弱者)들이 밥을 내다 먹였다. 이에 갈백이 그의 백성을 거느리고 가서 술과 밥과 기장밥·쌀밥을 내온 자들을 가로막고 빼앗되 주지 않는 자를 죽였는데, 어떤 동자(童子)가 기장밥과 고기를 가지고 와서 밥을 먹이자 그를 죽이고 빼앗았다. ≪서경≫에 '갈백이 밥을 먹이는 자를 원수로 여겼다.' 하였으니, 이것을 말한 것이다.

遺는 唯季反이라 盛은 音成이라 往爲之爲는 去聲이라 饋食、酒食之食는 音嗣라 要는 平聲이라 餉은 式亮反이라

'유(遺)'는 유(唯)·계(季)의 반절[보낼 유]이다. '성(盛)'은 음이 성(成;담음)이다. 왕위(往爲)의 '위(爲)'는 거성(去聲;위함)이다. 궤사(饋食)와 주사(酒食)의 '사(食)'는 음이 사(嗣;밥)이다. '요(要)'는 평성(平聲;가로막음)이다. '상(餉)'은 식(式)·량(亮)의 반절[먹일 상]이다.

湯爲諸侯時也라

탕왕이 제후가 되었을 때이다.

葛은 國名이요 伯은 爵也라 放而不祀는 放縱無道하여 所包者廣이라 不祀先祖也라 放之尤者라 亳衆은 湯之民이요 七十里之國은 去隣境不遠故로 得日往耕之라 其民은 葛民也라 沙溪曰 要는 韻會에 劫也、遮也니 以遮字看이 似長이니라 ○ 按與前篇要於路之要字로 義同이라 ○ 食는 飯也니 或以黍하고 或以稻라 授는 與也라 餉은 諺音誤라 亦饋也라 書는 商書仲虺 許偉反이라 之誥也라 仇餉은 言與餉者爲仇也라 朱子曰 書所謂葛伯仇餉을 若非孟子之言이면 人孰知其曲折如此哉아 陽貨歸豚도 亦類此하니라

갈(葛)은 나라 이름이요, 백(伯)은 작위(爵位)이다. 방탕하여 제사하지 않았다는 것은 방종(放縱)하고 무도(無道)하여 포함한 것이 넓다. 선조(先祖)에게 제사하지 않은 것이다. 방종함이 더욱 심한 것이다. 박중(亳衆)은 탕왕의 백성이요, 70리의 나라는 이웃 나라와 국경의 거리가 멀지 않으므로 하루에 가서 밭을 갈 수 있는 것이다. 기민(其民)은 갈(葛)나라의 백성이다. 사계가 말씀하였다. "요(要)는 운회(韻會)에 '겁박함이요 가로막음이다.' 하였으니, '차(遮)'자로 보는 것이 나을 듯하다." ○ 살펴보건대 앞편의 길에서 가로막는다는 요(要)자와 뜻이 같다. ○ '사

(食)'는 밥이니, 혹은 기장쌀로 하고 혹은 볍쌀로 한다. '수(授)'는 줌이다. '상(餉)'은 《언해》의 음(향)이 잘못되었다. 또한 먹임이다. 서(書)는 〈상서(商書) 중훼지고(仲虺之誥)〉이다. '훼(虺)'는 허(許)·위(偉)의 반절[뱀 훼]이다. '구상(仇餉)'은 밥을 먹이는 자와 원수가 됨을 말한다. 주자가 말씀하였다. "《서경》에서 말한 '갈백구상(葛伯仇餉)'을 만약 맹자의 말씀이 아니었으면 사람들이 누가 그 이와 같은 곡절을 알았겠는가. 양화(陽貨)가 공자에게 돼지고기를 보낸 것도 이와 같다."[1]

*① 양화(陽貨)가……이와 같다 : 《논어》〈양화〉 1장에 "양화는 공자가 찾아와서 자기를 뵙기를 바랐으나 공자가 만나주지 않자, 공자에게 돼지고기를 보내었다.〔陽貨欲見孔子, 孔子不見, 歸孔子豚.〕"라고 보이는바, 이 내용 역시 문장이 요약되어 알기 어려운데, 이 아래 7장에 맹자가 그 곡절을 자세하게 설명하셨으므로 이와 같다고 말한 것이다.

5-3

> 爲其殺是童子而征之하신대 四海之內 皆曰 非富天下也라 爲匹夫、匹婦하여 復讐也라하니라
>
> 이 동자(童子)를 죽였기 때문에 갈(葛)나라를 정벌하시자, 사해(四海)의 안이 모두 말하기를 '천하(天下)를 탐해서가 아니라 필부(匹夫)·필부(匹婦)를 위하여 복수(復讐)해 주시는 것이다.' 하였다.

爲는 去聲이라

'위(爲)'는 거성(去聲;위함, 때문)이다.

非富天下는 言 湯之心이 非以天下爲富而欲得之也라 添一句라 ○ 童子는 是匹夫之尤可哀者也라

'비부천하(非富天下)'는 탕왕의 마음이 천하를 부(富)라고 여겨 그것을 얻고자 함이 아님을 말한 것이다. 한 구(而欲得之也)를 더하였다. ○ 동자(童子)는 바로 필부 중에 더욱 가련한 자이다.

5-4

湯이 始征을 自葛載하사 十一征而無敵於天下하니 東面而征에 西夷怨하며 南面而征에 北狄怨하여 曰 奚爲後我오하여 民之望之 若大旱之望雨也하여 歸市者弗止하며 芸(耘)者不變이어늘 誅其君하시고 弔其民하신대 如時雨降이라 民이 大悅하니 書曰 徯我后하노소니 后來하시면 其無罰아하니라

탕왕이 첫 번째 정벌을 갈나라로부터 시작하여 열한 번 정벌하셨는데 천하에 대적한 이가 없었으니, 동쪽을 향하여 정벌하면 서쪽의 오랑캐가 원망하며 남쪽을 향하여 정벌하면 북쪽의 오랑캐가 원망하여 말하기를 '어찌하여 우리나라를 뒤에 정벌하시는가.' 하여, 백성들이 <탕왕의 정벌을> 바라기를 큰 가뭄에 비를 바라듯이 하여, 시장에 돌아가는 자들이 발길을 멈추지 않으며 김매는 자들이 동요하지 않았다. 탕왕이 그 군주를 주벌하고 그 백성들을 위문하시자, 단비가 내린 듯이 백성들이 크게 기뻐하였다. ≪서경≫에 이르기를 '우리 임금님을 기다리노니, 우리 임금님이 오시면 벌주심이 없으시겠지.' 하였다.

載는 亦始也라 照前篇而下亦字라 十一征은 所征이 十一國也라 其君은 卽十一國之君이니 皆與葛伯同惡相與者也라 餘는 已見 音現이라 前篇하니라 梁惠王下라 ○ 其無罰은 是其蘇之變文而見太甲中하니 其蘇는 自幸之辭요 其無罰은 自戒之辭니 蓋互相發也라 ○ 新安陳氏曰 此는 湯行王政而王之事也라

'재(載)' 또한 시작이다. 앞편을 조응하여 '역(亦)'자를 놓았다. '십일정(十一征)'은 정벌한 나라가 11개 국(國)이다. 그 군주는 바로 11개 국의 군주이니, 모두 갈백(葛伯)과 함께 악(惡)을 하여 서로 친한 자들이었다. 나머지는 이미 전편에 <양혜왕 하>이다. 보인다. '현(見)'은 음이 현(現)이다. ○ '기무벌(其無罰)'은 바로 기소(其蘇;그 소생하겠지)의 글을 바꾼 것으로 <태갑(太甲)> 중에 보이니, 기소(其蘇)는 스스로 다행으로 여긴 말이요, 기무벌(其無罰)은 스스로 경계한 말인 바, 이는 서로 발명된다. ○ 신안진씨가 말하였다. "이는 탕왕이 왕정을 행하여 왕노릇한 일이다."

5-5

有攸不爲臣이어늘 東征하사 綏厥士女하신대 匪(篚)厥玄黃하여 紹我周王見休하여 惟臣附于大邑周라하니 其君子는 實玄黃于匪하여 以迎其君子하고 其小人은 簞食(사)壺漿으로 以迎其小人하니 救民於水火之中하여 取其殘而已矣일새니라

'신하가 되지 않는 자가 있거늘 동쪽을 정벌하여 사녀(士女)들을 편안하게 하시자, 사녀들이 검은 비단과 누른 비단을 광주리에 담아 가지고 와서 우리 주왕(周王)을 섬겨 아름다움을 받아서 큰 도읍인 주(周)나라에 신하로 복종한다.' 하였다. 군자(君子)들은 검은 비단과 누른 비단을 광주리에 담아가지고 와서 군자를 맞이하고, 소인(小人)들은 대그릇의 밥과 병의 음료로 소인들을 맞이하였으니, 이는 백성을 수화(水火;도탄)의 가운데에서 구원하여 잔학(殘虐)한 자를 취할 뿐이었기 때문이다.

食는 音嗣라

'사(食)'는 음이 사(嗣;밥)이다.

按周書武成篇컨대 蒙上節而省書曰字라 載武王之言이어늘 孟子約其文如此라 隱括而略取之라 然이나 其辭時 或時라 與今書文不類하니 今姑依此文解之하노라 先明書與此文之同異하니 如前篇一怒註下節註8)放此라 有所 攸라 不爲臣은 謂助紂爲惡하여 而不爲周臣者라 此句는 武成所無者라 匪는 與篚同이라 玄黃은 幣也요 紹는 繼也니 猶言事也니 言 其士女 武成은 綏厥士女下에 又有惟其士女一句어늘 而集註取用之하니라 ○ 綏는 安也니 諺音誤라 以匪盛 音成이라 玄黃之幣하여 迎武王 取用下文迎字라 而事之也라 至此하여 遂不取繼義하고 而只取事義라 商人 因征助紂者而遂伐商이라 故로 此專以商人言하니라 而曰我周王은 猶商書所謂我后也9)라

<주서(周書) 무성(武成)>편을 살펴보면 윗절을 이어서 '서왈(書曰)'이라는 글자를 생략한 것이다. 무왕(武王)의 말씀이 기재되어 있는데, 맹자가 그 글을 요약하기를 이와 같이 하신 것

---

8) ≪孟子 梁惠王下 3章≫ "書曰: 天降下民…武王亦一怒而安天下之民." ≪集註≫ "書, 周書泰誓之篇也. 然所引與今書文小異, 今且依此解之."

9) ≪孟子 梁惠王下 11章≫ "書(仲虺之誥)曰: 徯我后, 后來其蘇"

이다. 은괄(檃栝)하여 요약해서 취한 것이다. 그러나 그 내용이 때로는 '시(時)'는 혹시이다. 지금 ≪서경≫의 글과 똑같지 않으니, 이제 우선 이 글에 의하여 해석한다. 먼저 ≪서경≫과 이 글의 동이(同異)를 밝혔으니, 앞편 일노 주(一怒註) 아래절의 주가 이와 같다. '신하가 되지 않는 자가 있다'는 것은 '소(所)'는 유(攸)이다. 주왕(紂王)을 도와 악행을 하여 주(周)나라의 신하가 되지 않는 자를 이른다. 이 구는 〈무성(武成)〉에는 없다. '비(匪)'는 비(篚;광주리)와 같다. '현황(玄黃)'은 폐백이요 '소(紹)'는 이음이니 섬긴다는 말과 같으니, 사녀(士女)들이 〈무성(武成)〉은 수궐사녀(綏厥士女)의 아래에 또 유기사녀(惟其士女) 한 구가 있는데, ≪집주≫가 이것을 취하여 쓴 것이다. ○ '수(綏)'는 편안함이니, ≪언해≫의 음(音)이 잘못되었다. 광주리에 검고 누른 폐백을 담아 '성(盛)'은 음이 성(成;담음)이다. 가지고 와서 무왕을 맞이하여 아랫글의 '영(迎)'자를 취하여 썼다. 섬김을 말한다. 여기에 이르러는 마침내 계(繼)의 뜻를 취하지 않고 다만 사(事)의 뜻을 취하였다. 상(商)나라 사람으로서 주왕(紂王)을 돕는 자를 정벌함으로 인하여 마침내 상(商)나라를 정벌하였다. 그러므로 여기에서 오로지 상나라 사람으로 말한 것이다. <무왕을> 우리 주왕(周王)이라고 한 것은 <상서(商書)>에 이른바 '우리 임금님[아후(我后)]'이란 말과 같다.

休는 美也니 言 武王이 能順天休命하여 添此句라 而事之者皆見休也라 臣附는 歸服也라 按栗谷諺解에 大邑周之讀을 用引用之例하여 甚得下文又釋其意之義하니 見行諺解之讀은 恐欠詳이라 孟子又釋其意하사 言 商人이 聞周師之來하고 各以其類 君子、小人이라 相迎者는 此添者字하고 下添以字하여 以斡其文勢라 以武王能救民於水火之中하여 取其殘民者하여 誅之하시고 而不爲暴虐耳라 六字는 釋而已矣之義라 君子는 謂在位之人이요 小人은 謂細民也라 野人이라 ○ 先釋後訓者는 以便於文也라

'휴(休)'는 아름다움이니, 무왕이 하늘의 아름다운 명(命)을 순히 하여 이 구를 더하였다. 섬기는 자가 모두 아름다움을 받음을 말한 것이다. '신부(臣附)'는 돌아와 복종하는 것이다. 살펴보건대 ≪율곡언해≫에 〈대읍주(大邑周)〉의 현토를, 인용하는 예를 따라서 아랫글에 또다시 그 글을 해석한 뜻을 깊이 얻었으니, 현행하는 ≪언해≫의 현토는 자세하지 못한 듯하다.*① 맹자가 또 그 뜻을 해석하여 "상나라 사람들이 주나라 군대가 쳐들어왔다는 말을 듣고 각기 그 부류에 따라 그 유(類)는 군자와 소인이다. 맞이한 것은*② '자(者)'자를 더하였고 아래에 '이(以)'자를 더하여 문세를 돌렸다. 무왕이 백성을 수화(水火)의 가운데에서 구원하시어, 백성을 잔학하게 해치는 자를 취하여 죽이시고 포학한 짓을 하지 않았기 때문이다."라고 말씀하신 것이다. 여섯 글자(以不爲暴虐耳)는 이이의(而已矣)의 뜻을 해석하였다. 군자는 지위에 있는 사람을 이르고, 소인(小人)은 세민(細民)을 이른다. 세민(細民)은 야인(野人)이다. ○ 먼저 해석하고 뒤에 훈한 것은 문장을 편리하게 하려고 한 것이다.

*① ≪율곡언해≫에……듯하다 : ≪율곡언해≫에는 '惟臣附于大邑周라하니'로 현토하여 위와 아

래를 나누었으나 ≪관본언해≫에는 '惟臣附于大邑周하니'로 현토하였으므로 말한 것이다.
*② 각기……것은 : 신분에 따라 군자(君子;벼슬아치)는 군자를 맞이하고 소인(小人;백성)은 소인을 맞이함을 이른다.

5-6

太誓曰 我武를 惟揚하여 侵于之疆하여 則取于殘하여 殺伐이 用張하니 于湯에 有光이라하니라

<태서(太誓)>에 이르기를 '우리의 위엄을 떨쳐 저 국경을 침략하여 그 잔학한 자를 취해서 살벌(殺伐)의 공(功)이 크게 베풀어지니, 탕왕보다 더욱 빛이 있다.' 하였다.

太 泰同이라 誓는 周書也라 今書文亦 照上註라 小異라 不言依此文解之者는 蒙上註也일새라 言 武王이 我라 威武奮揚하여 侵彼 于라 紂之疆界하여 取其 于라 殘賊하여 而殺伐之功이 因以 用이라 張大하니 比於 于라 ○ 經傳中에 于字所用最廣이라 故로 其訓亦不一하니 此三于字義各異라 湯之伐桀에 又有光焉이라 沙溪曰 于湯有光은 書註與此註不同이라 ○ 尤菴曰 書註、本註兩存이 恐無不可라 ○ 按此註平順하고 書註傷巧하니 當以此註爲定論이라 引此하여 以證上文取其殘之義하시니라 添此句하여 以見此之取于殘이 卽上之取其殘也라 ○ 新安陳氏曰 此는 武王行王政而王之事也라

<태서(太誓)>는 '태(太)'는 태(泰)와 같다. <주서(周書)>이다. 지금 ≪서경≫의 글과 또한 윗주에 조응하였다. 조금 다르다. '이 글을 따라 해석했다'고 말하지 않은 것은 윗주를 이어 받았기 때문이다. 무왕이 무왕은 경문(經文)의 아(我)이다. 위무(威武)를 떨쳐 저 주왕(紂王)의 국경을 침략하여 '피(彼)'는 경문의 우(于)이다. 잔적(殘賊)한 자를 '기(其)'는 경문의 우(于)이다. 취해서 살벌(殺伐)의 공(功)이 인하여 '이(以)'는 경문의 용(用)이다. 크게 베풀어지니, '어(於)'는 경문의 우(于)이다. ○ 경전(經傳) 가운데 우(于)자를 사용한 뜻이 가장 넓다. 그러므로 그 훈이 또한 똑같지 않으니, 이 세 '우(于)'자는 뜻이 각각 다르다. 탕왕이 걸왕을 정벌한 것에 비하여 더욱 빛이 있음을 말한 것이다. 사계가 말씀하였다. "우탕유광(于湯有光)은 ≪서경≫의 주와 같지 않다."*① ○ 우암이 말씀하였다. "≪서경≫의 주와 본주를 두 가지 모두 남겨두는 것이 불가하지 않을 듯하다." ○ 살펴보건대 이 주는 평순(平順)하고 ≪서경≫의 주는 너무 공교로움에 잘못되었으니, 마땅히 이 주를 정론(定論)으로 삼아야한다. 이것을 인용하여 윗글의 그 잔학한 자를 취한 뜻을 증명하신 것이다. 이 구를 더하여 여기의 취우잔(取于殘)이 바로 위의 취기잔(取其殘)임을 밝혔다. ○ 신안진씨가 말하였다. "이는 무왕(武王)이 인정(仁政)을 행하여 왕노릇한 일이다."

*① 우탕유광(于湯有光)은……않다 : ≪서경집전≫에는 "무왕의 일을 탕왕에게 질정하면 부끄러움이 없고 탕왕의 마음을 무왕에게 징험하면 더욱 드러나니, 이는 상나라를 정벌한 일이 어찌 탕왕에게 빛이 있음이 되지 않겠는가.〔武之事, 質之湯而無愧, 湯之心, 驗之武而益顯, 是則伐商之擧, 豈不於湯爲有光也哉.〕"로 되어 있다.

5-7

> 不行王政云爾언정 苟行王政이면 四海之內 皆擧首而望之하여 欲以爲君하리니 齊、楚雖大나 何畏焉이리오
>
> 왕정(王政)을 행하지 않을지언정 만일 왕정을 행한다면 사해(四海)의 안이 모두 머리를 들고 오기를 바라서 군주를 삼고자 할 것이니, 제(齊)나라와 초(楚)나라가 비록 크나 어찌 두려워할 것이 있겠는가."

宋實不能行王政이러니 釋不行王政云爾라 後果爲齊 湣王이라 所滅하여 王偃이 走死하니라 出走以死라 ○ 見史記宋世家라 ○ 引此하여 以證其不行王政이라 ○ 苟行至爲君은 又照顧湯、武之事라 ○ 行王政은 此章之題目이라 ○ 齊、楚雖大나 何畏焉은 所以答齊、楚惡而伐之則如之何하여 而遂結之也라

송(宋)나라는 실제로 왕정(王政)을 행하지 못하였는데, 불행왕정운이(不行王政云爾)를 해석한 것이다. 뒤에 과연 제(齊)나라에게 제나라 민왕(湣王)이다. 멸망당하여 송왕(宋王) 언(偃)이 패주하여 죽었다. 나가 달아나 죽었다. ○ 이 내용은 ≪사기≫〈송세가(宋世家)〉에 보인다. ○ 이것을 인용하여 그가 왕정(王政)을 행하지 못하였음을 증명하였다. ○ 구행(苟行)부터 위군(爲君)까지는 또 탕왕과 무왕의 일을 비추어 돌아보았다. ○ '행왕정(行王政)'은 이 장의 제목이다. ○ '제(齊)와 초(楚)가 비록 크나 어찌 두려워하겠느냐.'는 것은 '제와 초가 미워하여 공격하면 어찌합니까.'라는 것에 답하여 마침내 맺은 것이다.

○ 尹氏曰 爲國者能自治 行王政之本이라 而得民心이면 行王政之效라 則天下皆將歸往之하여 恨其征伐之不早也리니 尙何彊國之足畏哉리오 此는 正意也라 苟不自治하고 而以彊弱之勢言之하면 是는 可畏而已矣니라 此는 餘意也라 蓋從不行王政云爾一句而來하니 亦前篇註不免以千里畏人之意也라

○ 윤씨(尹氏)가 말하였다. "나라를 다스리는 자가 자치(自治)는 왕정(王政)을 행하는 근본이다. 능히 스스로 다스려 민심(民心)을 얻으면 민심을 얻음은 왕정을 행한 효험이다. 천하(天

下)가 모두 장차 그에게 돌아가서 일찍 정벌(征伐)해 주지 않음을 한(恨)할 것이니, 오히려 어찌 강국(强國)을 족히 두려워할 것이 있겠는가. 이는 바른 뜻이다. 만일 스스로 다스리지 않고 강약(强弱)의 세(勢)만 가지고 말한다면 이는 두려울 만할 뿐이다." 이는 여의(餘意;남은 뜻)이다. 이는 불행왕정운이(不行王政云爾) 한 구에서 왔으니, 또한 앞편의 주에 천리(千里)로써 남을 두려워함을 면치 못한다는 뜻이다.

6-1

孟子謂戴不勝曰 子欲子之王之善與아 我明告子호리라 有楚大夫於此하니 欲其子之齊語也인댄 則使齊人傅諸아 使楚人傅諸아 曰 使齊人傅之니이다 曰 一齊人이 傅之어든 衆楚人이 咻之면 雖日撻而求其齊也라도 不可得矣어니와 引而置之莊嶽之間數年이면 雖日撻而求其楚라도 亦不可得矣리라

맹자가 대불승(戴不勝)에게 이르시기를 "그대는 그대의 왕이 선(善)해지기를 바라는가? 내 분명히 그대에게 말하겠다. 여기에 초(楚)나라 대부(大夫)가 있는데, 그의 아들이 제(齊)나라 말을 하기를 원한다면 제나라 사람으로 하여금 그를 가르치게 하겠는가? 초나라 사람으로 하여금 그를 가르치게 하겠는가?" 하시자, 대불승이 "제나라 사람으로 하여금 가르치게 할 것입니다." 하고 대답하였다. 맹자가 말씀하셨다. "한 제나라 사람이 그를 가르치거든 여러 초나라 사람들이 <초나라 말로> 떠들어댄다면 비록 날마다 종아리를 치면서 제나라 말을 하기를 요구하더라도 될 수 없을 것이다. 그러나 그를 끌어다가 장악(莊嶽)의 사이에 수년 동안 둔다면 비록 날마다 종아리를 치면서 초나라 말을 하기를 요구하더라도 또한 될 수 없을 것이다.

與는 平聲이라 咻는 音休라

'여(與)'는 평성(平聲;의문사)이다. '휴(咻)'는 음이 휴(休;떠듦)이다.

戴不勝은 宋臣也라 王은 蓋偃也라 齊語는 齊人語也라 傅는 敎也라 咻는 讙也라 齊는 其齊之齊라 齊語也라 莊嶽은 齊街里名也라 莊은 六達衢요 嶽은 卽泰山이니 莊嶽

은 蓋泰山下大路而語倒耳라 楚는 其楚之楚라 楚語也라 此는 先設譬以曉之也라 此句는 總提也라 ○ 猶不說出正意라

대불승(戴不勝)은 송(宋)나라 신하이다. 왕은 아마도 언(偃)인 듯하다. '제어(齊語)'는 기제(其齊)의 제(齊)이다. 제(齊)나라 사람의 말이다. '부(傅)'는 가르침이다. '휴(咻)'는 떠듦이다. '제(齊)'는 제나라 말이다. 장악(莊嶽)은 제나라 거리의 이름이다. '장(莊)'은 여섯 곳으로 통하는 큰 길거리이고 '악(嶽)'은 바로 태산(泰山)이니, 장악(莊嶽)은 아마도 태산 아래에 있는 큰 길인데 말(글)이 거꾸로 된(뒤바뀐) 듯하다. '초(楚)'는 기초(其楚)의 초(楚)이다. 초나라 말이다. 이는 먼저 비유를 가설하여 그를 깨우치신 것이다. 이 구를 총괄하여 제시하였다. ○ 아직도 바른 뜻을 말씀하지 않았다.

6-2

子謂薛居州를 善士也라하여 使之居於王所하나니 在於王所者 長幼、卑尊이 皆薛居州也면 王誰與爲不善이며 在王所者 長幼、卑尊이 皆非薛居州也면 王誰與爲善이리오 一薛居州 獨如宋王何리오

그대가 설거주(薛居州)를 선(善)한 선비라 하여 그로 하여금 왕(王)의 처소(處所)에 거처하게 하니, 왕의 처소에 있는 자가 장유(長幼)와 비존(卑尊)이 모두 설거주와 같은 사람이라면 왕이 누구와 더불어 불선(不善)을 할 것이며, 왕의 처소에 있는 자가 장유와 비존이 모두 설거주와 같은 사람이 아니라면 왕이 누구와 더불어 선을 하겠는가. 한 명의 설거주가 홀로 송왕(宋王)에게 어찌하겠는가."

長은 上聲이라

'장(長)'은 상성(上聲;어른)이다.

居州는 亦宋臣이라 言 小人衆 如衆楚人이라 而君子獨이면 句라 ○ 如一齊人이라 無以成正 善이라 君之功이라 此正意也라 ○ 亦一暴十寒之意也라 ○ 南軒張氏曰 衆君子之間에 置一小人이면 猶足以蔽主요 一君子而遇衆小人이면 且不能安其身이니 如正君何리오 格君之任을 有孟子로되 而不勝不能知하니 他尙何望焉이리오 ○ 雲峯胡氏曰 此篇宋事三章을 正好通看이니 前章은 謂宋不行王政이요 後章은 不能十一、去關市之征이니 見得實不能存王政이요 此章은 言小人衆而君子獨이니 見宋之所以不能行王政也라

거주(居州)는 또한 송(宋)나라 신하이다. 소인(小人)이 많고 여러 초인(楚人)과 같은 것이다. 군자(君子)가 혼자이면 여기에서 구를 뗀다. ○ 한 제인(齊人)과 같은 것이다. 인군(人君)을 바로잡는 '정(正)'은 선(善)이다. 공(功;효과)을 이룰 수 없음을 말씀한 것이다. 이것이 바른 뜻이다. ○ 또한 '하루 햇빛을 쪼이고 열흘 춥다.'는 뜻이다.*① ○ 남헌장씨가 말하였다. "여러 군자의 사이에 한 소인을 놓아두면 오히려 충분히 군주의 총명을 가리고, 한 군자로서 여러 소인을 만나면 장차 자기 몸도 편안히 하지 못할 것이니 어떻게 군주를 바로 잡겠는가? 인군을 바로잡는 임무를 맹자가 있었으나 대불승(戴不勝)이 알지 못하였으니, 다른 것은 오히려 어찌 바라겠는가?" ○ 운봉호씨가 말하였다. "이 편에 송나라의 일 세 장은 바로 통하여 보는 것이 좋으니, 앞장은 송나라가 왕정을 행하지 못함을 말하였고, 뒷장은 십분의 일 세법을 시행하지 못함과 관시(關市)의 세금을 제거하지 못함이니 실로 왕정을 보존하지 못함을 볼 수 있고, 이장은 소인이 많고 군자가 홀로임을 말하였으니 송나라가 왕정을 행하지 못하게 된 이유를 볼 수 있다."

*① 하루……뜻이다 : 아래 〈고자 상(告子上)〉 9장에 맹자가 말씀하시기를 "왕의 지혜롭지 못함이 이상할 것이 없구나. 비록 천하에 쉽게 생장(生長)하는 물건이 있더라도 하루 동안 햇볕을 쪼여주고 열흘 동안 차갑게 하면 능히 생장할 자가 있지 않으니, 내가 또한 왕을 뵙는 것이 드물고 내가 물러 나오면 왕을 차갑게 하는 자들이 이를 것이니, 싹이 있은들 내 어찌 하겠는가.〔無或(惑)乎王之不智也. 雖有天下易生之物也, 一日暴之, 十日寒之, 未有能生者也. 吾見亦罕矣, 吾退而寒之者至矣. 吾如有萌焉何哉.〕"라고 하신 말씀에서 온 것이다.

7-1

> 公孫丑問曰 不見諸侯 何義잇고 孟子曰 古者에 不爲臣하여는 不見하더니라
>
> 공손추(公孫丑)가 물었다. "제후(諸侯)를 만나보지 않는 것이 무슨 의(義)입니까?" 맹자가 말씀하셨다. "옛날에 신하가 되지 않았으면 군주를 만나보지 않았다.

不爲臣은 謂不仕於其國者也라 此는 不見諸侯之義也라 君子自守之義니 義字는 此章之題目이라

신하가 되지 않았다는 것은 그 나라에 벼슬하지 않음을 이른다. 이것은 제후(諸侯)를 만나보지 않는 의(義)이다. 군자가 스스로 지조를 지키는 의(義)이니, '의(義)'자는 이 장의 제목이다.

7-2

> 段干木은 踰垣而辟(피)之하고 泄柳는 閉門而不內(납)하니 是皆已甚하니 迫이어든 斯可以見矣니라
>
> 단간목(段干木)은 담장을 넘어 피하였고 설류(泄柳)는 문을 닫고 받아들이지 않았으니, 이는 모두 너무 심하다. <만나보려는 정성이> 절박(切迫)하면 만나볼 수 있는 것이다.

辟은 去聲이라 內은 與納同이라

'피(辟)'는 거성(去聲;피함)이다. '납(內)'은 납(納;들임)과 같다.

段干木은 魏文侯時人이요 泄柳는 魯繆 音目이라 公時人이라 已見公孫丑下라 文侯、繆公이 欲見此二人이로되 而二人이 不肯見之하니 踰垣、閉門이라 蓋未爲臣也라 照顧上節이라 已甚은 過甚也라 迫은 謂求見之切也라 慶源輔氏曰 國君屈己求見하여 意已誠切이면 聖賢必將出見이어늘 今拒絕之는 過甚而非義矣니라 ○ 按此必初欲見時也요 後來에 二人爲二君之臣하니 蓋屢迫乃見耳리라

단간목(段干木)은 위(魏)나라 문후(文侯) 때 사람이요, 설류(泄柳)는 노(魯)나라 목공(繆公) '목(繆)'은 음이 목(目;나쁜 시호)이다. 때 사람이다. 이 내용은 이미 <공손추 하>에 보인다. 문후와 목공이 이 두 사람을 만나보고자 하였으나 이들 두 사람은 만나보기를 즐겨하지 않았으니, 담을 넘<어 피한 것이>고 문을 닫은 것이다. 아직 신하가 되지 않았을 때이다. 윗절에 조고(照顧)하였다. '이심(已甚)'은 너무 심함이다. '박(迫)'은 만나보려 하기를 절박하게 함을 이른다. 경원보씨가 말하였다. "국군(國君)이 자기 몸을 굽히고 만나보려고 하여 뜻이 이미 정성스럽고 간절하면 성현(聖賢)이 반드시 장차 나와서 보시는데 지금 <이들의> 거절함은 너무 심하여 의로운 것이 아니다." ○ 살펴보건대 이는 반드시 처음에 보고자 할 때이고 후래에는 두 사람이 두 군주의 신하가 되었으니, 이는 아마도 여러 번 절박하게 하여 비로소 만나봤을 것이다.

7-3

> 陽貨欲見(현)孔子而惡(오)無禮하여 大夫有賜於士어든 不得受於其家면 則往拜其門일새 陽貨矙孔子之亡(무)也하여 而饋孔子蒸豚

한대 孔子亦矙其亡也하여 而往拜之하시니 當是時하여 陽貨先이면 豈得不見이시리오

양화(陽貨)는 공자가 자기를 찾아와 뵙기를 바랐으나 무례(無禮)하다는 비난을 싫어하여, 대부(大夫)가 사(士)에게 물건을 하사함이 있을 경우 사가 자기 집에서 그 물건을 직접 받지 못하였으면 대부의 문에 가서 절하는 예(禮)가 있으므로, 양화가 〈이것을 기회로 삼아〉 공자가 집에 없을 때를 엿보아 공자에게 삶은 돼지고기를 보내주자, 공자께서도 또한 그가 집에 없을 때를 엿보아 찾아가서 절하셨다. 이 때를 당하여 양화가 먼저 예를 베풀었다면 공자께서 어찌 만나보지 않으셨겠는가.

欲見之見은 音現이라 惡는 去聲이라 矙은 音勘이라

욕현(欲見)의 '현(見)'은 음이 현(現;뵘)이다. '오(惡)'는 거성(去聲;싫어함)이다. '감(矙)'은 음이 감(勘;엿봄)이다.

此는 又引孔子之事하여 見論語陽貨10)라 以明可見之節也라 先總提라 ○ 引用論語之文故로 仍稱陽貨라 欲見孔子는 欲召孔子하여 來見己也라 見之音現者는 蓋原貨之意與事也라 或曰 主後人尊聖之意而爲訓也라 惡無禮는 畏 惡라 人以己爲無禮也라 本文下三句는 皆蒙此禮字라 受於其家는 對使 去聲이라 人하여 拜受於家也라 添拜字라 其門은 大夫之門也라 矙은 窺也라 陽貨는 於魯에 爲大夫요 孔子는 爲士라 孔子初年事라 故로 以此物로 及 猶時也라 其不在 亡이라 而饋之하여 欲其來拜而見之也라 添此句하여 以補其未足之意라 先은 謂先來加禮也라 慶源輔氏曰 貨意非誠故로 但往答其禮하고 而不欲見其人이니 是亦不屑之敎誨也니라 ○ 新安陳氏曰 往答其禮는 禮也요 不欲見其人은 義也니라

이는 또 공자의 일을 인용하여 이 내용은 ≪논어≫ 〈양화〉에 보인다. 만나볼 수 있는 절(節;義)을 밝히신 것이다. 먼저 총괄하여 제시하였다. ○ ≪논어≫의 글을 인용하였기 때문에 그대로 양화라고 칭한 것이다. 욕현공자(欲見孔子)는 공자를 불러 자기를 찾아와서 뵙게 하고자 한 것이다. 현지(見之)의 음이 현(現)이라고 한 것은 양화의 뜻과 일을 근원한 것이다. 혹자는 '후인(後人)이 성인(聖人)을 높이는 뜻을 위주하여 훈(訓)하였다.' 한다.*① 오무례(惡無禮)는 남들이 자기를 무례하다고 비난함을 싫어한 '외(畏)'는 경문의 오(惡)이다. 것이다. 본문의 아래

---

10) ≪論語 陽貨 1章≫ "陽貨欲見孔子, 孔子不見, 歸孔子豚. 孔子時其亡也而往拜之, 遇諸塗."

세 구는 모두 이 예(禮)자를 이어 받았다. **수어기가(受於其家)**는 심부름 온 '시(使)'는 거성(去聲;사자)이다. 사람을 대하여 자기 집에서 절하고 받는 것이다. '배(拜)'자를 더하였다. '기문(其門)'은 대부(大夫)의 문이다. '감(矙)'은 엿봄이다. 양화(陽貨)는 노(魯)나라에서 대부가 되었고 공자는 사(士)가 되었다. 공자의 초년 때 일이다. 그러므로 이 물건을 가지고 공자가 집에 계시지 않을 '불재(不在)'는 경문의 무(亡)이다. 때에 맞추어 '급(及)'은 시(時;때에 맞추어)와 같다. 보내어 공자가 와서 절하고 자기를 뵙게 하려고 한 것이다. 이 구를 더하여 그 부족한 뜻을 보충하였다. '선(先)'은 먼저 와서 예(禮)를 가(加)함을 이른다. 경원보씨가 말하였다. "양화의 뜻이 성실하지 않기 때문에 다만 가서 그 예(禮)에만 답하고 그 사람을 만나보고자 하지 않으신 것이니, 이 또한 좋게 여기지 않은 가르침이다." ○ 신안진씨가 말하였다. "가서 그 예(禮)에 답함은 예(禮)이고 그 사람을 만나보고자 하지 않으심은 의(義)이다."

*① 혹자는……한다 : 위에서는 '현(見)'을 공자가 찾아와서 양화를 뵙게 하려고 한 것으로 풀이하였으나, 혹자는 "양화가 공자를 뵙고자 하였으니"로 풀이하여 성인(공자)을 높이는 뜻으로 본 것이다.

7-4

曾子曰 脅肩諂笑 病于夏畦(휴)라하며 子路曰 未同而言을 觀其色컨대 赧赧然이라 非由之所知也라하니 由是觀之면 則君子之所養을 可知已矣니라

증자(曾子)가 말씀하시기를 '어깨를 움츠리고 아첨하여 웃는 것이 여름에 밭에서 일하는 자보다 더 수고롭다.' 하셨으며, 자로(子路)가 말하기를 '뜻이 같지 않은데 억지로 영합하여 말하는 것을 그 얼굴빛을 보면 무안하여 붉어진다. 이는 내(由)가 알 바가 아니다.'① 하였으니, 이로 말미암아 관찰한다면 군자(君子)가 기르는 바를 알 수 있다."

*① 내가……아니다 : '내(由)가 알 바가 아니다.'라는 것은 내가 이해할 수 없다는 뜻으로, 매우 나쁘게 생각함을 이른다.

脅은 虛業反이요 赧은 奴簡反이라

'협(脅)'은 허(虛)·업(業)의 반절[으쓱거릴 협]이다. '난(赧)'은 노(奴)·간(簡)의 반절[무안할 난]이다.

脅肩은 竦 音悚이라 體요 脅有竦義라 或曰 竦脅及肩也라 諂笑는 彊 上聲이니 下同이라 笑니 皆小人側 不正이라 媚之態也라 病은 勞也요 夏畦는 夏月治畦之人也니 添治之人 三字라 言爲此者 其勞過於夏畦之人也라 未同而言은 與人未合而彊與之言也라 赧赧은 慙而面赤之貌라 由는 上由字라 子路名이라 言非己所知는 甚惡(오) 去聲이라 之之辭 也라 惡而外之之辭라 ○ 慶源輔氏曰 曾子는 重厚篤實故로 深憐之하고 子路는 剛勇果決故 로 深惡之하니 亦是二子學力所就也니라 孟子言 由此二言觀之하면 則二子 君子라 之所 養을 可知니 必不肯不俟其禮之至而輒往見之也라 此句는 補其言外未足之意하여 以還此 章本事라 ○ 南軒張氏曰 苟賤以求合은 與脅肩諂笑하여 未同而言者로 何以異리오

'협견(脅肩)'은 몸을 움츠리는 '송(竦)'은 음이 송(悚)이다. 것이요 '협(脅)'에 으쓱이는 뜻이 있다. 혹자는 '갈비뼈와 어깨를 으쓱인다.'고 한다. '첨소(諂笑)'는 억지로 '강(彊)'은 상성(上聲;억지로)이니, 아래도 같다. 웃는 것이니, 모두 소인들이 몸을 기울이고 '측(側)'은 바르지 못함이다. 아첨하는 태도이다. '병(病)'은 수고로움이요 '하휴(夏畦)'는 여름철에 밭이랑을 다스리는 사람이니, 치지인(治之人) 세 글자를 더하였다. 이러한 짓을 하는 자는 그 수고로움이 여름철에 밭이랑을 다스리는 사람보다 더함을 말한다. '같지 않은데 말한다'는 것은 남과 뜻이 같지 않은데 억지로 말하는 것이다. '난난(赧赧)'은 부끄러워 얼굴빛이 붉어지는 모양이다. '유(由)'는 '유(由)'는 위의 유(由)자이다. 자로(子路)의 이름이다. 자신이 알 바가 아니라고 말한 것은 심히 미워한 '오(惡)'는 거성(去聲;미워함)이다. 말이다. 미워하여 외면하는 말이다. ○ 경원보씨가 말하였다. "증자(曾子)는 후중하고 독실하였기 때문에 깊이 가엾게 여기셨고, 자로(子路)는 강하고 용감하고 과단성 있고 결단하였기 때문에 깊이 미워하였으니, 이는 또한 두 분의 학문의 힘이 성취한 것이다." 맹자가 "이 두 말씀을 가지고 관찰한다면 두 분의 '자(子)'는 경문의 군자(君子)이다. 기른 바를 알 수 있으니, 반드시 그 예(禮)가 지극하기를 기다리지 않고 곧바로 찾아가서 만나보기를 즐겨하지 않으셨을 것이다."라고 말씀하신 것이다. 이 구는 그 말 밖의 부족한 뜻을 보충해서 이 장의 본래 일로 돌아갔다. ○ 남헌장씨가 말하였다. "구차이 천하게 하여 영합을 구함은 어깨를 으쓱이고 아첨하고 웃어서, 뜻이 같지 않은데도 말하는 자와 더불어 무엇이 다르겠는가?"

○ 此章은 言 聖人은 禮義之中正이니 過之者는 傷於迫切而不洪하고 不及者는 淪 於汚 音烏라 賤而可 一作不이라 恥니라 慶源輔氏曰 孔子事는 中正也요 段、泄則過요 曾子、子路之所言은 則不及이라 然與其可恥론 寧失於不洪이니 猶爲狷者也니라 ○ 汪氏 廷直曰 孟子之不見諸侯는 守其義之中而已니라 ○ 雙峯饒氏曰 觀陽貨事하면 則不特諸侯 不可見이요 觀曾子、子路之言하면 則不特不可往見이라 雖平交之人이라도 亦不可彊與之 言이니 蓋物不可以苟合이니라

○ 이 장(章)은 성인(聖人)은 예의(禮義)의 중정(中正)이니, 이보다 지나친 자는 박절함에 상하여 넓지 못하고, 미치지 못하는 자는 더럽고 '오(汚)'는 음이 오(烏;더러움)이다. **천한데 빠져 부끄러울 만함을** '가(可)'가 일본(一本)에는 불(不)로 되어 있다. **말씀한 것이다.** 경원보씨가 말하였다. "공자의 일은 중정(中正)하고 단간목(段干木)과 설류(泄柳)는 과하고, 증자와 자로가 말씀한 것은 미치지 못한다. 그러나 그 부끄러울만 하기 보다는 차라리 넓지 못함에 잘못되어야 하니, 이는 오히려 견자(狷者)가 되기 때문이다." ○ 왕씨 정직(王氏廷直)이 말하였다. "맹자가 제후를 만나보지 않으심은 그 의(義)의 중(中)을 지키셨을 뿐이다." ○ 쌍봉요씨가 말하였다. "양화의 일을 보면 다만 제후를 만나볼 수 없을 뿐만 아니요, 증자와 자로의 말씀을 보면 다만 가서 만나볼 수 없을 뿐만 아니라 비록 평교(平交)의 사람이라도 또한 억지로 그와 더불어 말해서는 안 되니, 남과는 구차하게 합할 수 없는 것이다."

8-1

戴盈之曰 什一과 去關市之征을 今兹未能이란대(인댄) 請輕之하여 以待來年然後에 已호되 何如하니잇고

대영지(戴盈之)가 말하였다. "10분의 1 세법(稅法)과 관문과 시장의 세금을 철폐하는 것을 금년에는 시행할 수 없으니, 청컨대 세금을 경감하여 내년을 기다린 뒤에 그만 두려고 합니다. 이것이 어떻습니까?"

去는 上聲이라

'거(去)'는 상성(上聲;없앰)이다.

盈之는 亦宋大夫也라 照上不勝註而言亦이라 ○ 疑不勝之族也라 什一은 井田之法也라 關市之征은 商賈 音古라 之稅也라 孟子蓋亦嘗以王政勸宋之君臣이라 已는 止也라

영지(盈之) 또한 송(宋)나라 대부(大夫)이다. 위 대불승(戴不勝)의 주를 조응하여 역(亦)을 말하였다. ○ 의심컨대 대불승의 집안인 듯하다. '십일(什一)'은 정전법(井田法)이다. 관시지정(關市之征)은 상고(商賈)에 '고(賈)'는 음이 고(古;장사)이다. 대한 세금이다. 맹자 또한 일찍이 왕정(王政)으로 송나라의 군주와 신하에게 권하신 것이다. '이(已)'는 그만둠이다.

8-2

孟子曰 今有人이 日攘其隣之鷄者어늘 或이 告之曰 是非君子之道라한대 曰 請損之하여 月攘一鷄하여 以待來年然後에 已로다

맹자가 말씀하셨다. "이제 어떤 사람이 날마다 이웃집의 닭을 훔치는 자가 있거늘, 혹자가 그에게 '이는 군자의 도리가 아니다.'라고 하자, 대답하기를 '그 수를 줄여서 달마다 닭 한 마리를 훔치다가 내년(來年)을 기다린 뒤에 그만두겠다.'고 하는 것이로다.

攘은 如羊反이라

'양(攘)'은 여(如)·양(羊)의 반절[훔칠 양]이다.

攘은 物自來而取之也라 損은 減也라 損字는 照上節輕字라 ○ 此節은 只設喩事라

'양(攘)'은 물건이 스스로 옴에 취하는 것이다.*① '손(損)'은 경감함이다. '손(損)'자는 윗절의 경(輕)자에 조응하였다. ○ 이 절은 다만 비유한 일을 가설(假設)한 것이다.

*① 양(攘)은……것이다 : 양(攘)은 자신이 가서 훔치는 것이 아니요, 닭이나 소나 양 따위가 자기 집에 스스로 왔을 때에 그대로 취함을 이른다.

8-3

如知其非義인댄 斯速已矣니 何待來年이리오

만일 의(義)가 아님을 안다면 속히 그만두어야 할 것이니, 어찌 내년을 기다리겠는가."

一無義字라

일본(一本)에는 의(義)자가 없다.

知義理之不可로되 知其非義는 此章之綱領이라 而不能速改는 新安陳氏曰 不勇也라 與月攘一鷄로 何以異哉리오 此節은 竝結喩事本事나 而本事爲主하니 註意可見이라

의리(義理)의 불가(不可)함을 알면서도 '지기비의(知其非義)'는 이 장의 강령이다. 속히 고치지 못함은 신안진씨가 말하였다. "용맹하지 못한 것이다." 달마다 닭 한 마리를 훔치는 것과 어

찌 다름이 있겠는가. 이 절은 비유한 일의 본래 일을 함께 맺었으나 본래 일이 주(主)가 되니, 주(註)의 뜻에서 볼 수 있다.

9-1

公都子曰 外人이 皆稱夫子好辯하나니 敢問何也잇고 孟子曰 予豈好辯哉리오 予不得已也로라

공도자(公都子)가 물었다. "외인(外人)들이 모두 부자(夫子)더러 변론하기를 좋아한다고 칭하니, 감히 묻겠습니다. 어째서입니까?" 맹자가 말씀하셨다. "내 어찌 변론하기를 좋아하겠는가. 내 부득이해서이다.

好는 去聲이니 下同이라

'호(好)'는 거성(去聲;좋아함)이니, 아래도 같다.

集註無文이라 ○ 外人은 猶言他人이라 ○ 朱子曰 非好辯也요 自是住不得이니라 ○ 好辯은 此章之題目이라 ○ 此好辯二句는 呼也라 ○ 新安陳氏曰 凡聖賢出而任三才, 扶三綱은 皆不得已니라

《집주》엔 글이 없다. ○ '외인(外人)'은 타인(他人)이란 말과 같다. ○ 주자가 말씀하였다. "맹자가 호변(好辯)하신 것이 아니요, 본래 밈출 수가(그대로 있을 수가) 없던 것이다." ○ '호변(好辯)'은 이 장의 제목이다. ○ 여기의 호변(好辯) 두 구는 호(呼)이다. ○ 신안진씨가 말하였다. "무릇 성현(聖賢)이 세상에 나와서 삼재(三才)를 책임지고 삼강(三綱)을 붙듦은 다 부득이해서이다."

9-2

天下之生이 久矣니 一治、一亂이니라

천하에 사람이 살아온 지가 오래되었으니, 한 번 다스려지고 한 번 어지러웠다.

治는 去聲이라

'치(治)'는 거성(去聲;다스려짐)이다.

生은 謂生民也라 天下二字는 足以當民一字라 一治、一亂은 新安陳氏曰 一治、一亂은

乃此章綱領이니 下文에 節節照應之라 ○ 按一亂은 賓意요 一治는 主意也라 氣化盛衰와 人事得失이 反覆 音福이라 相尋이니 理之常也라 徽菴程氏曰 氣化는 在天者니 盛而治하고 衰而亂하며 事理는 在人者니 得而治하고 失而亂하니 聖賢生斯世에 亦惟以理御氣하여 反失而得하고 反衰而盛하고 反亂而歸於治耳니라

'생(生)'은 생민(生民)을 이른다. 천하(天下) 두 글자는 충분히 '민(民)' 한 글자를 당할 수 있다. 한 번 다스려지고[一治] 한 번 어지러움[一亂]은 신안진씨가 말하였다. "'일치(一治)·일란(一亂)'은 바로 이 장의 강령이니, 아랫글에 절절히 조응하였다." ○ 살펴보건대 일란(一亂)은 빈(賓;손님)의 뜻이고 일치(一治)는 주(主)된 뜻이다. 기화(氣化)의 성쇠(盛衰)와 인사(人事)의 득실(得失)이 반복하여 '복(覆)'은 음이 복(福)이다. 서로 찾아오는 것이니, 이치의 떳떳함이다. 휘암정씨(徽菴程氏)가 말하였다. "기화(氣化)는 하늘에 달려 있으니 성(盛)하면 다스려지고 쇠(衰)하면 어지러우며, 사리(事理)는 사람에게 달려 있으니 잘하면 다스려지고 잘못하면 어지러워지니, 성현이 이 세상에 살아감에 〈귀함이 됨은〉 또한 오직 이치로써 기운(氣運)을 어거하여 잘못을 돌이켜 맞게 하고 쇠함을 돌이켜 성하게 하고 어지러움을 돌이켜 다스려짐으로 돌아가게 하는 것이다."

9-3

當堯之時하여 水逆行하여 氾濫於中國하여 蛇龍이 居之하니 民無所定하여 下者는 爲巢하고 上者는 爲營窟하니 書曰 洚水警余라하니 洚水者는 洪水也니라

요임금의 때를 당하여 물이 역행(역류)해서 중국(中國)에 범람하여 뱀과 용이 사니, 사람들이 안정하여 살 곳이 없어서 낮은 지역에 사는 자들은 둥지를 만들었고 높은 지역에 사는 자들은 굴을 파고 살았다. ≪서경≫에 '강수(洚水)가 나를 경계하였다.' 하였으니, 강수(洚水)란 홍수(洪水)이다.

洚은 音降이요 又胡貢, 胡工二反이라

'강(洚)'은 음이 강(降)이고 또 호(胡)·공(貢)과 호(胡)·공(工)의 두 가지 반절[물이 역류할 홍]이다.

按洚字爲水名이면 則音降이요 水逆行이면 則音胡貢、胡工이라

살펴보건대 '강(洚)'자가 물 이름(명사)이 되면 음이 강(降)이고, 물이 역행하면 음이 호공(胡貢)이거나 호공(胡工)이다.

水逆行은 下流壅塞이라 故로 水倒流而旁溢也라 定은 定居也니 蒙上而省居字라 下는 下地요 巢在木이라 上은 高地也라 此는 主洪水言故로 曰下、上이니 若以天時면 則當云夏、冬이라 營窟은 穴處 上聲이라 也라 營治之窟也라 或曰 壘窟也라 書는 虞書大禹謨也라 洚水는 洚 胡貢反이라 洞無涯之水也라 洚與洪音相似라 警은 戒也라 此는 一亂也라 照上節而總提라 ○ 慶源輔氏曰 此一亂은 純由乎氣化也니라 ○ 按治生於亂故로 先言一亂이라 ○ 雲峯胡氏曰 自開闢至堯時에 不知幾治亂이로되 斷自堯起는 有徵也일새라

물이 역류(逆流)했다는 것은 하류(下流)가 막혔기 때문에 물이 거꾸로 흘러 사방으로 넘친 것이다. '정(定)'은 안정하여 사는 것이니, 윗글을 이어 거(居)자를 생략하였다. '하(下)'는 낮은 지역이요, 둥지는 나무 위에 있는 것이다. '상(上)'은 높은 지역이다. 이는 홍수를 위주하여 말하였기 때문에 하(下)와 상(上)이라고 말하였으니, 만약 천시(天時)를 가지고 말하면 마땅히 여름과 겨울이라 해야할 것이다. '영굴(營窟)'은 굴속에서 거처하는 '처(處)'는 상성(上聲;거처함)이다. 것이다. 경영하여 다스린 굴이다. 혹자는 누굴(壘窟;보루로 만든 굴)이라한다. 서(書)는 <우서(虞書) 대우모(大禹謨)>이다. '홍수(洚水)'는 아득하여 '홍(洚)'은 호(胡)·공(貢)의 반절이다. 가가(끝이) 없는 물이다. 홍(洚)과 홍(洪)은 음이 서로 비슷하다. '경(警)'은 경계함이다. 이는 한 번 어지러워진 것이다. 윗절을 조응하여 총괄하여 제시하였다. ○ 경원보씨가 말하였다. "여기의 일란(一亂)은 순전히 기화(氣化)에 연유한 것이다." ○ 살펴보건대 다스려짐이 어지러움에서 생기므로 먼저 일란(一亂)을 말하였다. ○ 운봉호씨가 말하였다. "개벽으로부터 요임금 때에 이르기까지 몇 번 다스려지고 어지러웠는지 알 수 없으나 요임금으로부터 끊어 시작함은 〈문헌에〉 증거가 있기 때문이다."

9-4

使禹治之어시늘 禹掘地而注之海하시고 驅蛇龍而放之菹하신대 水由地中行하니 江、淮、河、漢이 是也라 險阻旣遠하며 鳥獸之害人者 消然後에 人得平土而居之하니라

우(禹)로 하여금 홍수를 다스리게 하시니, 우가 땅을 파서 물을 바다로 주입(注入)시키시고 뱀과 용을 몰아내어 수초가 우거진 곳으로 추방하시자, 물이 지중(地中)을 따라 흘러갔으니 강(江)·회(淮)와 하(河)·한(漢)이 이것이다. 험조(險阻)가 이미 멀어지며 사람을 해치는 새와 짐승들이 사라진 뒤에야 사람들이 평토(平土;평지)를 얻어 살게 되었다.

菹는 側魚反이라

'저(菹)'는 측(側)·어(魚)의 반절[습한언덕 저]이다.

掘地는 掘去 上聲이라 壅塞也라 菹는 澤生草者也라 疑與沮洳之沮同이라 地中은 兩涯之間也라 與易、周禮之地中不同이라 險阻는 謂水之氾濫也라 照上節이라 遠은 去也요 消는 除也라 此는 一治也라 照首節而總提라 ○ 慶源輔氏曰 此一治는 氣化、人事相參者也니라 ○ 新安陳氏曰 此는 禹之不得已於有爲者也니라

'굴지(掘地)'는 옹색(壅塞;막힘)을 파서 제거하는 '거(去)'는 상성(上聲;제거함)이다. 것이다. '저(菹)'는 못에 풀이 자라는 곳이다. 의심컨대 저여(沮洳)의 저(沮;습지)와 같은 듯하다. '지중(地中)'은 두 벼랑의 사이이다. 여기의 지중(地中)은 ≪주역≫과 ≪주례≫의 지중(地中;땅속)과는 같지 않다. '험조(險阻)'는 물이 범람함을 이른다. 윗절에 조응하였다. '원(遠)'은 멀리 떠나간 것이요, '소(消)'는 제거됨이다. 이는 한 번 다스려진 것이다. 윗절에 조응하여 총괄하여 제시하였다. ○ 경원보씨가 말하였다. "여기의 일치(一治)는 기화(氣化)와 인사(人事)가 서로 참예된 것이다." ○ 신안진씨가 말하였다. "이는 우임금이 부득이하여 훌륭한 일을 함이 있었던 것이다."

9-5

堯、舜이 旣沒하시니 聖人之道衰하여 暴君이 代作하여 壞宮室以爲汙池하여 民無所安息하며 棄田以爲園囿하여 使民不得衣食하고 邪說、暴行이 又作하여 園囿、汙池、沛澤多而禽獸至하니 及紂之身하여 天下又大亂하니라

요·순이 이미 별세하시니, 성인(聖人)의 도(道)가 쇠하여 포악한 군주가 대대로 나와서 백성들의 궁실(宮室;집)을 파괴하여 웅덩이와 못을 만들어서 백성들이 편안히 쉴 곳이 없고, 농지(農地)를 버려 동산을 만들어서 백성들이 의식(衣食)을 얻을 수 없었으며, 부정한 학설과 포악한 행실이 또 일어나 원유(園囿)와 오지(汙池)와 패택(沛澤)이 많아짐에 금수(禽獸)가 이르렀는데, 주왕(紂王)의 몸에 이르러 천하(天下)가 또다시 크게 어지러워졌다.

壞는 音怪라 行은 去聲이니 下同이라 沛는 蒲內反이라

'괴(壞)'는 음이 괴(怪;파괴함)이다. '행(行)'은 거성(去聲;행실)이니, 아래도 같다. '패(沛)'는 포(蒲)·내(內)의 반절[늪 패]이다.

暴君은 謂夏太康、孔甲、履癸와 商武乙之類也라 非一故로 云世作이라 宮室은 民居也라 非公宮也라 ○ 雙峯饒氏曰 必有邪說糊塗箇義理然後에 暴行始作이니라 沛는 草木之所生也요 視菹又生木이라 澤은 水所鍾 聚也라 也라 自堯、舜沒로 至此에 慶源輔氏曰 至商武乙이라 治、亂非一이니 及紂而又一大亂也라 照代作之暴君하여 而著又、大字라 ○ 亂非一二故로 本文於此節에 特云天下又大亂이라 ○ 慶源輔氏曰 此一亂은 氣化、人事相符者也라

포군(暴君)은 하(夏)나라의 태강(太康)·공갑(孔甲)·이계(履癸;걸왕)와 상(商)나라의 무을(武乙) 등을 이른다. 한 번이 아니기 때문에 대대로 일어났다고 말한 것이다. '궁실(宮室)'은 백성들이 사는 집이다. 궁실(宮室)은 국가의 궁궐이 아니다. ○ 쌍봉요씨가 말하였다. "반드시 부정한 학설이 의리를 호도(糊塗)함이 있은 뒤에 포악한 행실이 비로소 일어나는 것이다." '패(沛)'는 초목(草木)이 자라는 곳이요, '패(沛)'는 저(菹)에 비하면 또 나무가 자라는 것이다. '택(澤)'은 물이 모이는 '종(鍾)'은 모임이다. 곳이다. 요·순이 별세한 뒤로부터 이에 이르기까지 경원보씨가 말하였다. "상(商)나라 무을(武乙)에 이른 것이다." 다스려지고 어지러운 것이 한 번이 아니었는데, 주왕(紂王)에 미쳐 또 한 번 크게 어지러워진 것이다. 대대로 일어난 포군을 조응하여 우(又)·대(大)라는 글자를 놓은 것이다. ○ 어지러움이 한두 번이 아니기 때문에 본문에 이 절에 대하여 특별히 천하가 또 크게 또 어지러웠다고 말한 것이다. ○ 경원보씨가 말하였다. "여기의 일란(一亂)은 기화(氣化)와 인사(人事)가 서로 부합된 것이다."

9-6

周公이 相武王하사 誅紂하시고 伐奄三年에 討其君하시고 驅飛廉於海隅而戮之하시니 滅國者五十이요 驅虎、豹、犀、象而遠之하신대 天下大悅하니 書曰 丕顯哉라 文王謨여 丕承哉라 武王烈이여 佑啓我後人하사되 咸以正無缺이라하니라

주공(周公)이 무왕(武王)을 도와 주왕(紂王)을 주벌하시고, 엄(奄)나라를 정벌한 지 3년 만에 그 군주를 토벌하시고, 비렴(飛廉)을 바다 모퉁이로 몰아내어 죽이시니, 나라를 멸망시킨 것이 50개 국이었고, 범과 표범, 코뿔소와 코끼리를 몰아내어 멀

리 쫓으시니, 천하가 크게 기뻐하였다. ≪서경≫에 이르기를 '크게 드러나셨다, 문왕(文王)의 가르침(계책)이여. 크게 계승하셨다, 무왕(武王)의 공열(功烈)이여. 우리 후인(後人)들을 도와 계도해 주시되 모두 정도(正道)로써 하고 결함이 없게 하셨다.' 하였다.

相은 去聲이요 奄은 平聲이라

'상(相)'은 거성(去聲;도움)이요 '엄(奄)'은 평성(平聲;나라 이름)이다.

遠은 去聲이라

'원(遠)'은 거성(去聲;멀리함)이다.

奄은 東方之國이니 趙氏曰 在淮夷之北이라 助紂爲虐者也라 驅는 猶竄也라 飛廉은 紂幸臣也라 趙氏曰 飛廉善走하여 以材力事紂라 五十國은 皆紂黨虐民者也라 書는 周書君牙之篇이라 丕는 大也요 顯은 明也요 謨는 謀也라 承은 繼也요 烈은 光也라 佑는 助也요 啓는 開也라 缺은 壞 胡罪反이라 也라 慶源輔氏曰 正은 可爲也어니와 無缺이 爲難하니 無缺은 謂禮樂、刑政이 無一不備니라 此는 一治也라 總提라 ○ 慶源輔氏曰 此一治는 又氣化、人事相參者也니라 ○ 新安陳氏曰 此는 武王、周公之不得已於有爲者也니라

엄(奄)은 동방(東方)의 나라이니, 조씨가 말하였다. "엄(奄)은 회이(淮夷)의 북쪽에 있었다." 주왕(紂王)을 도와 포악한 짓을 한 자이다. '구(驅)'는 찬(竄;쫓음)과 같다. 비렴(飛廉)은 주왕(紂王)의 총애하는 신하이다. 조씨가 말하였다. "비렴(飛廉)은 달리기를 잘하여 재주와 힘으로 주왕을 섬겼다." 50개 국은 주왕의 당(黨)으로서 백성을 포악하게 한 자들이다. 서(書)는 <주서(周書) 군아(君牙)>편이다. '비(丕)'는 큼이요, '현(顯)'은 밝음이요, '모(謨)'는 가르침이다. '승(承)'은 계승함이요, '열(烈)'은 빛남이다. '우(佑)'는 도움이요, '개(啓)'는 열어줌이다. '결(缺)'은 무너짐이다. ○ '괴(壞)'는 호(胡)·죄(罪)의 반절[무너질 괴]이다. ○ 경원보씨가 말하였다. "정(正)은 할 수 있지만 결함이 없게 함이 어려우니, 무결(無缺)은 예악(禮樂)과 형정(刑政)이 한 가지도 구비하지 않음이 없음을 이른다." 이는 한 번 다스려진 것이다. 총괄하여 제시하였다. ○ 경원보씨가 말하였다. "여기의 일치(一治)는 또 기화(氣化)와 인사(人事)가 서로 참예된 것이다." ○ 신안진씨가 말하였다. "이는 무왕(武王)과 주공(周公)이 부득이하여 훌륭한 일을 함이 있었던 것이다."

9-7

世衰道微하여 邪說、暴行이 有(又)作하여 臣弑其君者有之하며 子弑其父者有之하니라

세상이 쇠하고 도(道)가 미미해져서 부정한 학설과 포악한 행실이 또다시 일어나 신하로서 군주를 시해하는 자가 있으며, 자식으로서 아버지를 시해하는 자가 있었다.

有作之有는 讀爲又하니 古字通用이라
우작(有作)의 '우(有)'는 우(又)로 읽으니, 又와 有는 고자(古字)에 통용되었다.

讀有爲又者는 依前節之句語耳라
'유(有)'를 우(又)로 읽음은 앞절의 구어(句語)를 따른 것이다.

此는 周室東遷之後니 特表出其世라 又一亂也라 總提라 ○ 慶源輔氏曰 此一亂은 又氣化、人事相符者也니라 前此엔 但禽獸戕人之生이러니 至此하여는 人盡爲禽獸之歸하니 其禍又慘矣니라

이는 주실(周室;주나라)이 동천(東遷)*①한 뒤이니, 특별히 그 세대를 표출하였다. 또다시 한 번 어지러워진 것이다. 총괄하여 제시하였다. ○ 경원보씨가 말하였다. "여기의 일란(一亂)은 또 기화(氣化)와 인사(人事)가 서로 부합된 것이다. 이전에는 다만 금수(禽獸)가 사람의 삶을 해쳤는데 이 때에 이르러는 사람이 모두 금수로 돌아갔으니, 그 화(禍)가 더 참혹하다."

*① 주실(周室)이 동천 : 동천(東遷)은 동쪽 낙읍(洛邑)으로 천도(遷都)함을 이른다. 주(周)나라는 원래 호경(鎬京)에 도읍하였으나 유왕(幽王)이 실덕(失德)하여 견융(犬戎)에게 시해당하고 아들 평왕(平王) 의구(宜臼)가 즉위하여 낙읍(洛邑)으로 천도하였는데, 이후로 왕실의 권위가 실추되어 정교(政敎)가 천하에 미치지 못하여 춘추시대(春秋時代)가 되었다.

9-8

孔子懼하사 作春秋하시니 春秋는 天子之事也라 是故로 孔子曰 知我者도 其惟春秋乎며 罪我者도 其惟春秋乎인저하시니라

공자께서 이를 두려워하여 ≪춘추≫를 지으시니, ≪춘추≫는 천자(天子)가 하는 일이다. 이 때문에 공자께서 말씀하시기를 '나를 알아주는 것도 오직 ≪춘추≫이며 나를 죄주는 것도 오직 ≪춘추≫이다.' 하신 것이다.

胡氏 大全曰 名安國이요 字康侯니 建安人이라 曰 仲尼作春秋하사 以寓王法하시니 厚 一作惇이라 典、庸禮와 命德、討罪가 二句는 出書皐陶謨라 ○ 新安倪氏曰 惇典之惇을 集註에 避光宗諱하여 代以厚字하니라 其大要皆天子之事也라 知孔子者는 謂此書之作이 遏人欲於橫 去聲이라 流하고 存天理於旣滅하여 首篇好色註에 遏、存之說이 蓋本於此라 爲 去聲이라 後世慮가 至深遠也라하고 云不可不爾也라 罪孔子者는 以謂無其位 天子라 而託二百四十二年 春秋始終이라 南面之權하여 天子之事라 使亂臣賊子로 禁其欲而不得肆하니 則戚 猶怨也라 矣라하니라 云不必爾也라 ○ 沙溪曰 通考에 吳氏 程曰 知者는 君子也요 罪者는 小人也라하니 愚意는 不可以君子小人分言之라하노라

호씨(胡氏)가 ≪대전≫에 말하였다. "호씨는 이름이 안국(安國)이고 자(字)가 강후(康侯)니, 건안(建安) 사람이다." 말하였다. "중니(仲尼)께서 ≪춘추≫를 지어 왕법(王法)을 붙이셨으니, 전(典)을 후하게 하고 '후(厚)'는 일본(一本)에는 돈(惇)으로 되어 있다. 예(禮)를 쓰는 것과 덕(德)이 있는 자에게 벼슬을 명하고 죄(罪)가 있는 자를 토벌하는 것[1]은 두 구(厚典庸禮, 命德討罪)는 ≪서경≫〈고요모〉에 나온다. ○ 신안예씨가 말하였다. "돈전(惇典)의 돈(惇)을 ≪집주≫에 광종(光宗)의 휘를 피하여 후(厚)자로 대신하였다." 그 대요(大要)가 모두 천자의 일이다. 공자를 알아주는 자들은 이 책(≪춘추≫)을 지은 것이 멋대로 '횡(橫)'은 거성(去聲;멋대로)이다. 흐르는 인욕(人欲)을 막고 이미 멸한 천리(天理)를 보존해서 머릿편 호색(好色)의 주(註)에 알인욕(遏人慾)·존천리(存天理)의 말이 여기에서 근본하였다. 후세(後世)를 위한 '위(爲)'는 거성(去聲;위함)이다. 염려가 지극히 심원(深遠)하다고 하고, 이렇게 하지 않을 수 없다고 함을 말한 것이다. 공자를 죄주는 자들은 지위가 없이 기위(其位)는 천자의 지위이다. 242년 동안 242년은 춘추의 처음부터 끝까지이다. 남면(南面)의 권세[2]를 남면의 권세는 천자의 일이다. 가탁해서 난신 적자(亂臣賊子)로 하여금 그 욕심을 금하여 함부로 펴지 못하게 하였으니, 그 정상이 애처롭다고 '척(戚)'은 원(怨)과 같다. 한다." 굳이 그럴 필요가 없다고 말하는 것이다. ○ 사계가 말씀하였다. "≪문헌통고(文獻通考)≫에 오정(吳程)이 말하기를 '아는 자는 군자이고 죄주는 자는 소인(小人)이다.' 하였으니, 나의 뜻은 군자와 소인으로 나누어 말할 수 없다고 여긴다."

*[1] 전(典)을……토벌하는 것 : 후전(厚典)은 돈전(惇典)을 가리키는 바, 전(典)은 오전(五典)으로 오륜(五倫)의 법을 이르고, 예(禮)는 부자·군신·부부간의 존비(尊卑)와 귀천(貴賤)의 등급에 따른 예(禮)이며, 명(命)은 관직을 임명함을 이른다. ≪서경≫〈고요모〉에 "하늘이 차례로 펴서 법을 두시니 우리 오전을 바로잡아 다섯 가지를 후하게 하시

며, 하늘이 차례하여 예를 두시니 우리 오례(五禮)로부터 시작하여 다섯 가지를 떳떳하게 한다……하늘이 덕(德)이 있는 자에게 벼슬을 임명하고……하늘이 죄(罪)가 있는 자를 토벌한다.〔天敍有典, 勅我五典, 五惇哉. 天秩有禮, 自我五禮, 五庸哉……天命有德……天討有罪.〕" 하였는바, 이 내용을 축약한 것이다.

*② 242년……권세 : 242년은 ≪춘추≫에 기록된 역사 기간이며, 남면(南面)은 왕자(王者)가 정사를 다스리는 자리로, '남면의 권세'는 왕자(王者)의 권리를 가리킨다.

愚謂 孔子作春秋하사 以討亂賊하시니 則致治之法이 垂於萬世하니 是亦一治也니라
總提라 ○ 與舜、禹、周公之一治不同이라 故로 下亦字하니 後節孟子之一治放此라 ○ 慶源輔氏曰 此一治는 又純乎人事者니 討亂賊하여 垂治法은 其功이 又大於舜、禹矣니라 ○ 雲峯胡氏曰 禹、周公은 當時之治也요 春秋는 萬世之治也니라 ○ 新安陳氏曰 此는 孔子之不得已於有言者也니라

내(주자)가 생각하건대 공자께서 ≪춘추≫를 지으시어 난신적자들을 토벌하셨으니, 다스림을 이루는 법이 만세(萬世)에 드리워진 것이니, 이 또한 한 번 다스려진 것이다. 총괄하여 제시하였다. ○ 순(舜)과 우(禹), 주공(周公)의 일치(一治)와는 똑같지 않다. 그러므로 역(亦) 자를 놓았으니, 뒷절의 맹자의 일치(一治)도 이와 같다. ○ 경원보씨가 말하였다. "여기의 일치(一治)는 또 순전히 인사(人事)인 경우이니, 난신 적자(亂臣賊子)를 토벌하고 다스리는 법을 후세에 드리우신 것은 그 공이 또 순(舜)·우(禹)보다 크다." ○ 운봉호씨가 말하였다. "우왕(禹王)왕과 주공(周公)은 당시의 다스려짐이고 ≪춘추≫는 만세의 다스려짐이다." ○ 신안진씨가 말하였다. "이는 공자가 부득이하여 말씀함(≪춘추≫를 지음)이 있게 된 것이다."

9-9

聖王이 不作하여 諸侯放恣하며 處士橫議하여 楊朱、墨翟之言이 盈天下하여 天下之言이 不歸楊則歸墨하니 楊氏는 爲我하니 是無君也요 墨氏는 兼愛하니 是無父也니 無父無君은 是禽獸也니라 公明儀曰 庖有肥肉하며 廐有肥馬하고 民有飢色하며 野有餓莩면 此는 率獸而食人也라하니 楊、墨之道不息하면 孔子之道不著하리니 是는 邪說이 誣民하여 充塞仁義也니 仁義充塞이면 則率獸食人하다가 人將相食하리라

> 성왕(聖王)이 나오지 아니하여 제후(諸侯)가 방자하며 초야(草野)에 있는 처사(處士)들이 멋대로 의논하여 양주(楊朱)·묵적(墨翟)의 말이 천하에 가득해서 천하의 말이 양주에게 돌아가지 않으면 묵적에게 돌아간다. 양씨(楊氏)는 자신만을 위하니 이는 군주가 없는 것이요, 묵씨(墨氏)는 똑같이 사랑하니 이는 아버지가 없는 것이니, 아버지가 없고 군주가 없으면 이는 금수(禽獸)이다. 공명의(公明儀)가 말하기를 '<임금의> 푸줏간에 살진 고기가 있고 마구간에 살찐 말이 있는데도 백성들이 굶주린 기색이 있으며 들에 굶어 죽은 시체가 있다면 이는 짐승을 내몰아 사람을 잡아먹게 하는 것이다.' 하였다. 양주·묵적의 도(道)가 종식되지 않으면 공자의 도가 드러나지 못할 것이니, 이는 부정한 학설이 백성을 속여 인의(仁義)를 꽉 막는 것이다. 인의가 꽉 막히면 짐승을 내몰아 사람을 잡아먹게 하다가 사람들이 장차 서로 잡아먹게 될 것이다.

橫、爲는 皆去聲이라 莩는 皮表反이라

'횡(橫)'과 '위(爲)'는 모두 거성(去聲;멋대로, 위함)이다. '표(莩)'는 피(皮)·표(表)의 반절[굶어 죽을 표]이다.

聖王不作故로 諸侯放恣하고 諸侯放恣故로 處士橫議하니 處士는 指楊、墨之流요 橫은 卽爲我、兼愛之事라 ○ 處는 上聲이라

성왕(聖王)이 나오지 않았기 때문에 제후들이 방자하고 제후들이 방자하기 때문에 처사(處士)들이 멋대로 비판한 것이니, 처사는 양주(楊朱)·묵적(墨翟)의 무리를 가리키고 '횡(橫)'은 위아(爲我)와 겸애(兼愛)의 일이다. ○ '처(處)'는 상성(上聲;은둔)이다.

楊、朱는 但知愛身하고 而不復 去聲이라 知有致身之義라 致身은 出論語學而[11]라 故로 無君이요 朱子曰 楊朱는 乃老子弟子니 其學이 專於爲己하니 退步愛身하여 不理會事라 東晉之淸談은 此是楊氏之學이니 啓夷狄亂華하고 王介甫出入佛老之間하여 遺禍至今하니라 **墨子는 愛無差 楚宜反이라 等하여 見上篇이라 而視其至親을 無異衆人이라 故로 無父라** 朱子曰 愛父母必疎하여 其孝不周니라 ○ 西山眞氏曰 楊朱는 昧乎理之一이요 墨翟은 昧乎分之殊니라 **無父無君이면 則人道滅絶이니 添此句라 是亦禽獸而已라**

---

[11] ≪論語 學而 7章≫ "子夏曰: 賢賢易色, 事父母, 能竭其力, 事君能致其身, 與朋友交, 言而有信." ≪集註≫ "致, 猶委也. 委致其身, 謂不有其身也."

양주(楊朱)는 다만 자기 몸의 지조를 아낄 줄만 알고 다시 '부(復)'는 거성(去聲;다시)이다. 몸을 바치는 의리가 있음을 알지 못하였다. '치신(致身)'은 ≪논어≫〈학이〉에 나온다. 그러므로 군주가 없는 것이요, 주자가 말씀하였다. "양주(楊朱)는 바로 노자(老子)의 제자(弟子)이다. 그 학문이 오로지 자기의 지조만을 위하였으니, 발걸음을 물려 몸의 지조를 아껴서 일을 알려고 하지 않았다. 동진(東晉)의 청담(淸談)은 바로 양씨의 학문이니 이적(夷狄)이 중화를 어지럽힘을 열어 놓았고, 왕개보(王介甫;왕안석(王安石))는 불(佛)과 노(老)의 사이에 출입하여 남긴 화(禍)가 지금까지 이르고 있다." 묵자(墨子)는 사랑함에 차등(差等)이 '차(差)'는 초(楚)·의(宜)의 반절[차등 차]이다. 없어 지친(至親)을 보기를 중인(衆人)과 다름없이 하였다. 이 내용은 윗편에 보인다. 그러므로 아버지가 없는 것이다. 주자가 말씀하였다. "부모를 사랑하기를 반드시 소원하여 그 효(孝)가 두루하고 지극하지 못한 것이다." ○ 서산진씨가 말하였다. "양주는 리(理)가 하나임을 모르고 묵적은 분(分)이 다름을 몰랐다." 아버지가 없고 군주가 없으면 인도(人道)가 멸절(滅絶)되니, 이 구를 더하였다. 이 또한 금수(禽獸)일 뿐이다.

公明儀之言은 義見 音現이라 首篇하니라 於此에 特表出其人者는 所以明其言之可信也라 充塞仁義는 只擧下句하여 竝該上句라 謂邪說徧滿하여 妨於仁義也라 雲峯胡氏曰 不中則曰橫議요 不正則曰邪說이니라 ○ 慶源輔氏曰 楊、墨之道不息이면 則邪說誣民이요 孔子之道不著면 則充塞仁義也라 以徧滿字로 解充字하고 以妨字로 解塞字로되 但不解誣民兩字耳니라 ○ 按徧滿은 釋誣民意하니 言無民不誣也요 妨은 釋充塞하니 充塞은 猶言閉塞也니 閉塞則不行이니 是妨也라 若謂徧滿釋充塞이라하면 則於其下句仁義充塞에 爲說不去矣니라 ○ 雙峯饒氏曰 墨氏는 充塞了仁하고 楊氏는 充塞了義니라 孟子引儀之言하사 以明楊、墨道行이면 不息이라 則人皆無父無君하니 不仁不義라 以陷於禽獸而大亂將起하리니 是亦率獸食人하다가 照野莩而言是亦이라 而人又相食也라 相食則甚於率食이라 故로 言又字라 此는 又一亂也라 慶源輔氏曰 此一亂은 又氣化、人事相符者也니라

공명의(公明儀)의 말은 뜻이 수편(首篇;〈양혜왕 상〉)에 보인다. '현(見)'은 음이 현(現)이다. ○ 여기에서 특별히 그 사람을 표출한 것은 그의 말이 믿을 만함을 밝힌 것이다. 인의(仁義)를 꽉 막는다는 것은 다만 아랫구를 들어서 윗구를 함께 포함하였다. 부정한 학설이 두루 가득해서 인의를 해침을 이른다. 운봉호씨가 말하였다. "중(中)하지 못하면 횡의(橫議)라 하고, 바르지 못하면 사설(邪說)이라고 한다." ○ 경원보씨가 말하였다. "양주·묵적의 도(道)가 그치지 않으면 부정한 학설이 백성을 속이고, 공자의 도(道)가 드러나지 않으면 인의(仁義)를 충색(充塞)한다. '변만(徧滿)'이라는 글자로 충(充)자를 해석하고 '방(妨)'자로 색(塞)자를 해석하였는데, 다만 '무민(誣民)' 두 글자를 해석하지 않았다." ○ 살펴보건대 변만(徧滿)은 무민(誣民)의 뜻을 해석하였으니 백성마다 속지 않음이 없음을 말한 것이요, 방(妨)은 충색(充塞)을 해석하였다. 충색은 폐색(閉塞)이란 말과 같으니 폐색되면 행해지지 못하니 이는 방(妨)이다. 만약 변만이 충색을

해석했다고 하면 그 아랫구의 인의(仁義)가 충색했다는 것에 말을 할 수가 없게 된다. ○ 쌍봉요씨가 말하였다. "묵씨는 인(仁)을 충색하고 양씨는 의(義)를 충색하였다." 맹자가 공명의 말을 인용하여 양(楊)·묵(墨)의 도(道)가 행해지면 경문의 불식(不息)이다. 사람들이 다 아버지가 없고 군주가 없어서 인(仁)하지 않고 의(義)롭지 않은 것이다. 금수(禽獸)에 빠져 큰 난리가 장차 일어날 것이니, 이 또한 짐승을 내몰아 사람을 잡아먹게 하고, 야표(野芋)를 조응하여 시역(是亦)을 말하였다. 사람이 또 서로 잡아먹을 것임을 밝히신 것이다. 서로 잡아먹으면 짐승을 몰아 사람을 먹게 하는 것보다 심하다. 그러므로 우(又)자를 말한 것이다. 이는 또 한 번 어지러워진 것이다. 경원보씨가 말하였다. "여기의 일란(一亂)은 또 기화(氣化)와 인사(人事)가 서로 부합된 것이다."

9-10

> 吾爲此懼하여 閑先聖之道하여 距楊、墨하며 放淫辭하여 邪說者不得作케하노니 作於其心하여 害於其事하며 作於其事하여 害於其政하나니 聖人이 復起사도 不易吾言矣시리라
>
> 내가 이 때문에 두려워하여 선왕의 도를 보호해서 양주·묵적을 막으며 부정한 말을 추방하여 부정한 학설을 하는 자가 나오지 못하게 하노니, <부정한 학설은> 그 마음에서 나와 그 일에 해를 끼치며 일에서 나와 정사에 해를 끼치니, 성인이 다시 나오셔도 내 말을 바꾸지(변치) 않으실 것이다.

爲는 去聲이라 復는 扶又反이라
  '위(爲)'는 거성(去聲;위함)이다. '부(復)'는 부(扶)·우(又)의 반절[다시 부]이다.

閑(閒)은 衛也라 如馬閑之閑이라 ○ 距는 猶拒也라 放은 驅而遠 去聲이라 之也라 作은 起也라 事는 所行이요 政은 大體也라 西山眞氏曰 事者는 政之目이요 政者는 事之綱이니라 ○ 雙峯饒氏曰 無父無君은 乃見於行事者요 至於率獸食人하여는 是害於其政了니라 ○ 按此當與前篇知言節12)로 參看이라 孟子雖不得志於時나 得位行道라 然楊、墨之害 自是滅息하여 而君臣父子之道 賴以不墜하니 七篇之書 足以當一部春秋라 是亦

---

12) ≪孟子 公孫丑 2章≫ "何謂知言. 曰: 詖辭, 知其所蔽, 淫辭, 知其所陷, 邪辭, 知其所離, 遁辭, 知其所窮. 生於其心, 害於其政, 發於其政, 害於其事. 聖人復起, 必從吾言矣."

一治也라 總提라 ○ 慶源輔氏曰 此一治는 又純乎人事也니 孟氏之功이 所以不在禹下하여 而亞於孔子也니라 ○ 大全曰 此乃孟子所以不得已而有言也시니라

'한(閑)'은 보위(保衛;보호)함이다. '한(閑)'은 마한(馬閑;말우리)의 한(閑)과 같다. ○ '거(距)'는 공(攻)과 같다. '방(放)'은 몰아서 멀리 '원(遠)'은 거성(去聲;멀리함)이다. 내쫓음이다. '작(作)'은 일어남이다. '사(事)'는 행하는 바요, '정(政)'은 대체(大體)이다. 서산진씨가 말하였다. "일은 정사(政事)의 조목이고, 정사는 일의 강령이다." ○ 쌍봉요씨가 말하였다. "무부 무군(無父無君)은 바로 행하는 일에 나타난 것이고, 솔수식인(率獸食人)에 이르러는 바로 그 정사에 해로운 것이다." ○ 살펴보건대 이것은 마땅히 앞편(〈공손추 상〉 호연지기장(浩然之氣章))의 지언절(知言節)과 참고해 보아야 한다. 맹자가 비록 당시에 뜻을 얻지 못하셨으나 뜻을 얻음은 지위를 얻어 도(道)를 행하는 것이다. 양·묵의 폐해가 이로부터 멸식(滅息)되어 군신(君臣)과 부자(父子)의 도(道)가 이에 힘입어 실추되지 않았으니, 칠편의 책이 충분히 한 질의 《춘추》를 당해낼 수 있다. 이 또한 한 번 다스려진 것이다. 총괄하여 제시하였다. ○ 경원보씨가 말하였다. "여기의 일치(一治)는 또 순전히 인사(人事)이니, 맹자의 공이 이 때문에 우임금의 아래에 있지 않아서 공자의 다음이 되신 것이다." ○ 《대전》에 말하였다. "이는 바로 맹자가 부득이하여 말씀이 있게 되신 것이다."

程子 伯子라 曰 楊、墨之害는 甚於申、韓하고 史記申韓傳曰 申不害는 學本於黃老而主刑名하고 韓非는 喜刑兵法術之學而其歸本於黃老라하니라 佛氏 一作老라 之害는 甚於楊、墨하니 大全曰 此는 就當時之異端言이라 ○ 先總說二句하고 下文에 分而申言之라 蓋楊氏는 爲 去聲이니 下同이라 我하니 疑於義하고 似義라 墨氏는 兼愛하니 疑於仁이요 似仁이라 申、韓則淺陋易 去聲이라 見이라 初無仁義之近似하여 其淺陋者를 使人易見이라 故로 孟子止 猶只也라 闢楊、墨하시니 爲其惑世之甚也니라 申甚於申、韓이라 ○ 此는 主戰國而言이라 佛氏之言은 近理하니 朱子曰 最有精微動得人處라 又非楊、墨之比라 所以爲害尤甚이니라 申甚於楊、墨이라 ○ 此는 主後世而言이라

정자(程子)가 백자이다. 말씀하였다. "양주(楊朱)·묵적(墨翟)의 폐해는 신불해(申不害)·한비자(韓非子)보다 심하고, 《사기》〈신한전(申韓傳)〉에 '신불해(申不害)는 학문이 황로(黃老)에 근본하여 형명(刑名)을 주장하였고, 한비자(韓非子)는 형병(刑兵)과 법술(法術)의 학문을 좋아하였는데 그 귀결이 황로(黃老)에 근거했다.' 하였다. 불씨(佛氏)의 '씨(氏)'가 일본(一本)에는 노(老)로 되어 있다. 폐해는 양주·묵적보다 심하다. 《대전》에 말하였다. "이는 정자 당시의 이단을 가지고 말씀한 것이다." ○ 먼저 두 구를 총괄하여 말하고 아랫글에 나누어 거듭 말하였다. 양씨(楊氏)는 자신을 위하니 '위(爲)'는 거성(去聲;위함)이니, 아래도 같다. 의(義)에 의심스럽고(의인 듯하고), 의(義)와 의사(疑似)한 것이다. 묵씨(墨氏)는 똑같이 사랑하니 인(仁)에 의심스러우며 (인인 듯하며),[①] 인(仁)과 의사한 것이다. 신불해와 한비자는 천루(淺陋)하여 보기가 쉽다.

'이(易)'는 거성(去聲:쉬움)이다. ○ 애당초 인의(仁義)에 근사함이 없어서 그 천루(淺陋)함을 사람들로 하여금 보기 쉽게 하였다. **그러므로 맹자가 다만 '지(止)'는 지(只)와 같다. 양주·묵적을 배척하셨으니, 이는 세상을 미혹시킴이 심하기 때문이었다. 신불해(申不害)와 한비자(韓非子)보다 더 심함을 거듭하였다.** ○ 이는 전국시대(戰國時代)를 위주하여 말씀한 것이다. **불씨의 말은 이치에 가까우니,** 주자가 말씀하였다. "불씨의 설이 가장 정미(精微)하여 사람을 감동시킬 수 있는 부분이다." **또 양주·묵적에 비할 바가 아니다. 이 때문에 그 폐해가 더욱 심한 것이다."** 양주와 묵적보다 더 심함을 거듭한 것이다. ○ 이는 후세(後世)를 위주하여 말한 것이다.

* ① 양씨(楊氏)는……의심스러우며 : 양주(楊朱)는 자신의 지조를 중시하여 혼탁한 조정에서 벼슬하지 않고 은둔하였으므로 사람들이 그의 행위가 의(義)롭다고 의혹하며, 묵적은 모든 사람을 똑같이 사랑해야 한다고 주장하였으므로 사람들이 그의 마음이 인(仁)하다고 의혹함을 이른다. 반면에 양씨는 벼슬하지 아니하여 군신유의(君臣有義)가 없으므로 맹자가 무군(無君:군신유의를 무시함)이라고 배척하고, 묵씨는 부모를 타인과 똑같이 사랑해야 한다고 주장하여 자기 부모를 타인과 같이 여기는 폐단이 있으므로 맹자가 무부(無父:부자유친을 무시함)라고 배척한 것이다.

9-11

> 昔者에 禹抑洪水而天下平하고 周公이 兼夷狄、驅猛獸而百姓寧하고 孔子成春秋而亂臣賊子懼하니라
>
> 옛날에 우(禹)가 홍수(洪水)를 억제하시자 천하가 평해졌고, 주공(周公)이 이적(夷狄)을 겸병(兼幷)하고 맹수(猛獸)를 몰아내시자 백성들이 편안하였고, 공자께서 《춘추》를 완성하시자 난신 적자(亂臣賊子)'①들이 두려워하였다.

* ① 난신 적자(亂臣賊子) : 《언해(諺解)》에는 모두 난신(亂臣)과 적자(賊子)로 해석하였는바, 이는 앞의 신시기군(臣弑其君)과 자시기부(子弑其父)를 이어 나라를 어지럽히는 신하와 집안을 해치는 자식으로 풀이한 것이다. 그러나 일반적으로 난신 적자는 군부(君父)를 배반하는 신하를 가리킨다. 군부 역시 군주와 아버지로 나누어 볼 수 있으나 나라의 군주는 집안의 아버지와 같다 하여 군주를 지칭하는 말로 많이 쓰인다.

抑은 止也라 兼은 幷 去聲이라 之也라 西山眞氏曰 三聖事雖不同이나 其救天下之患하여 立生民之極은 則一也니라 總結上文也라 始以一治、一亂總起之하고 至總結處하여는 只收一治하니 此其賓主之分也라 我亦節은 又特收己之一治로되 而先之以無父無君之一亂者는 爲其主中之主也요 末節은 是餘意로되 而實爲公都子輩設之하니 則是亦不害其自爲一主也라

'억(抑)'은 그침(억제)이다. '겸(兼)'은 겸병 '병(并)'은 거성(去聲;아우름)이다. 이다. 서산진씨가 말하였다. "세 성인(聖人)의 일이 비록 똑같지 않으나 그 천하의 환란을 구제하여 생민(生民)의 극(極;표준)을 세움은 똑같다." 윗글을 모두 맺은 것이다. 처음은 일치(一治)와 일란(一亂)을 가지고 총괄하여 시작하였고, 총괄하여 맺은 곳에 이르러는 다만 일치(一治)로 수습하였으니, 이는 바로 그 빈(賓)·주(主)의 구분이다. 아역절(我亦節)은 또 특별히 자기(맹자)의 일치(一治)로 거두었는데 앞의 무부무군(無父無君)의 일란(一亂)을 먼저 놓은 것은 그 주인 가운데의 주인이 되기 때문이요, 마지막 절은 바로 여의(餘意)인데 실로 공도자(公都子)의 무리를 위하여 말씀한 것이니, 이 또한 그 스스로 한 주인이 됨에 무방하다.

9-12

詩云 戎狄是膺하고 荊舒是懲하여 則莫我敢承이라하니 無父無君은 是周公所膺也니라

≪시경≫에 이르기를 '융적(戎狄)을 이에 정벌하고, 형(荊)과 서(舒)가 이에 다스려져 나를 감히 당할 자가 없다.' 하였으니, 아버지가 없고 군주가 없는 것은 주공(周公)도 응징하신 바이다.

說見 音現이라 上篇하니라 但此添引一句者 爲異라 承은 當也라 雙峯饒氏曰 引戎狄、荊舒者는 以楊、墨乃夷狄之敎也일새라 ○ 將言下節에 而先以此節冠之者는 所以明其不得已之故也라 且無父無君周公所膺之語는 亦所以中上節周公兼夷狄之事니 蓋亦上下之樞紐也라

해설이 윗편(<등문공 상>4장)에 보인다. '현(見)'은 음이 현(現)이다. ○ 다만 여기서 한 구(無父無君周公所膺也)를 더하여 인용한 것이 다르다. '승(承)'은 당함이다. 쌍봉요씨가 말하였다. "융적(戎狄)과 형서(荊舒)를 인용한 것은 양·묵은 바로 이적(夷狄)의 가르침이기 때문이다." ○ 장차 아랫절을 말하려고 하면서 먼저 이 절을 앞에 놓은 것은 그 부득이한 이유를 밝히신 것이다. 또 무부무군(無父無君)은 주공(周公)이 공격했다는 말씀은 또한 윗절에 주공이 이적(夷狄)을 겸병한 일을 거듭한 것이니, 이는 또한 위와 아래의 추뉴(樞紐)이다.

9-13

我亦欲正人心하여 息邪說하며 距詖行하며 放淫辭하여 以承三聖者로니 豈好辯哉리오 予不得已也니라

> 나 또한 사람의 마음을 바로잡아 부정한 학설을 종식시키며 편벽된 행실을 막으며 음탕한 말을 추방하여 세 성인(聖人)을 계승하려고 하는 것이니, 어찌 변론을 좋아하겠는가. 내 부득이해서이다.

行、好는 皆去聲이라

'행(行)'과 '호(好)'는 모두 거성(去聲;행실, 좋아함)이다.

朱子曰 必以正人心爲先하니 此探本之言也니라

주자가 말씀하였다. "반드시 사람의 마음을 바로잡는 것을 우선으로 삼았으니, 이는 근본을 탐구한 말씀이다."

詖、淫은 解見 音現이라 前篇하니라 公孫丑上이라 辭者는 說之詳也라 雙峯饒氏曰 說旣邪辟이면 其行必偏詖요 其辭愈見淫蕩이니 詖行、淫辭는 自邪說上來니라 承은 繼也라 三聖은 禹、周公、孔子也라 照上總結者라 蓋邪說橫 去聲이라 流하여 洪水橫流는 見上篇이라 壞 音怪라 人心術이 楊、墨이라 甚於洪水、禹時라 猛獸 周公時라 之災하고 慘於夷狄、周公時라 篡弑 孔子時라 之禍라 故로 孟子深懼而力救之하시니라 再言豈好辯哉, 予不得已也는 所以深致意焉이시니라 此節二句는 應也라 但蒙上我字하여 而省予字者 爲異라 ○ 朱子曰 湯伐桀에 曰 予畏上帝라 不敢不正이라하시고 武王伐紂에 曰 予不順天이면 厥罪惟均이라하시니 夫豈好戰哉아 孟子之心이 亦若此而已니 豈得以好辯之小嫌으로 而遂輟不言哉아 然이나 非知道之君子면 孰能眞知其所以不得已之故哉리오 新安陳氏曰 非朱子深知孟子之心이면 孰能發其精微之蘊을 如此哉아 ○ 按此는 孟子自任之意也니 如公都子之輩는 蓋不足以知此耳라

'피(詖)'와 '음(淫)'은 해석이 앞편에 보인다. '현(見)'은 음이 현(現)이다. ○ 〈공손추 상〉이다. '사(辭)'는 말을 상세히 하는 것이다. 쌍봉요씨가 말하였다. "말이 이미 사벽(邪辟)하면 그 행실이 반드시 편피(偏詖)하고 그 말이 더욱 음탕함을 보게 되니, 편벽된 행실과 음탕한 말은 사설(邪說)에서 온 것이다." '승(承)'은 계승이다. 세 성인은 우(禹)와 주공(周公)과 공자(孔子)이다. 위를 조응하여 총결하였다. 부정한 학설이 멋대로 '횡(橫)'은 거성(去聲;멋대로)이다. 유행하여 홍수가 멋대로 흐름은 윗편에 보인다. 사람의 심술(心術)을 파괴함이 '괴(壞)'는 음이 괴(怪)이다. ○ 양·묵을 가리킨 것이다. 홍수(洪水)와 우왕(禹王)의 때이다. 맹수(猛獸)의 주공(周公)의 때이다. 재앙보다 심하고 이적(夷狄)과 주공(周公)의 때이다. 찬시(篡弑)의 공자의 때이다. 화(禍)보다 참혹하다. 그러므로 맹자가 깊이 두려워하고 힘써 바로잡으신 것이다. '내

어찌 변론하기를 좋아하겠는가. 내 부득이해서이다.'라고 두 번 말씀함은 깊이 뜻을 다하신 것이다. 이 절의 두 구(豈好辯哉, 予不得已也.)는 응(應)이다. 다만 위의 '아(我)'자를 이어받아 '여(予)'자를 생략한 것이 다르다. ○ 주자가 말씀하였다. "탕왕(湯王)이 걸왕(桀王)을 정벌할 적에 말씀하기를 '내 상제를 두려워하여 감히 바로잡지 않을 수 없다.' 하셨고, 무왕(武王)이 주왕(紂王)을 정벌할 적에 '내가 하늘을 순히 따르지 않으면 그 죄가 똑같다.' 하셨으니, 저(탕왕과 무왕이) 어찌 싸우기를 좋아하셨겠는가? 맹자의 마음은 또한 이와 같을 뿐이니, 어찌 호변(好辯)한다는 작은 혐의 때문에 마침내 거두시고 말씀하지 않으실 수 있겠는가?" 그러나 도(道)를 아는 군자가 아니면 누가 참으로 그 부득이한 소이(所以)의 연고를 알겠는가. 신안진씨가 말하였다. "맹자의 마음을 깊이 안 주자(朱子)가 아니었으면 누가 그 정미(精微)한 쌓임을 발명하기를 이와 같이 하였겠는가." ○ 살펴보건대 이는 맹자가 자임(自任)하신 뜻이니, 공도자와 같은 무리는 이것을 알지 못하였다.

9-14

能言距楊、墨者는 聖人之徒也니라

능히 양주와 묵적을 막을 것을 말하는 자는 성인(聖人)의 무리이다."

新安陳氏曰 旣以不得已於辯者로 自致其力하고 又以能言距로 望吾徒之同致其力이시니라 ○ 按孟子之意는 惟恐公都子之不好辯也라

신안진씨가 말하였다. "〈맹자는〉 이미 부득이하여 논변하는 것으로 스스로 그 힘을 다하셨고, 또 능히 양·묵을 막음을 말씀하는 것으로 우리 무리들이 함께 그 힘을 다하기를 바라신 것이다." ○ 살펴보건대 맹자의 뜻은 오직 공도자가 호변(好辯)하지 않을까 두려워하셨다.

言 苟有能爲此距楊、墨之說者면 爲、說二字는 釋言字라 則其所趨正矣니 雖未必知道나 承上註라 ○ 添此二句라 是亦聖人之徒也라 添是亦字하여 以微抑其人이라 孟子旣答公都子之問이나 始呼終應이라 而意有未盡이라 惓惓之餘意라 故로 復 去聲이라 言此하시니라 以廣其距、放之路라 ○ 先提之하고 此下에 又申之라 蓋邪說害正을 人人得而攻之요 不必聖賢이니 如春秋之法에 亂臣賊子를 人人得而誅之요 不必士師也라 因上文孔子事하여 而引春秋之法하여 爲證이라 ○ 慶源輔氏曰 此義는 自朱子發之하여 以詔天下하시니 謂自今以後로 不待有知道者 眞能滅息楊墨之害然後에 可以繼聖人之事요 但能爲說以距면 則是亦聖人之徒니 此可見自任之重而望人之切也시니라 聖人救世 孟子라 立法 春秋라 之意가 其切如此하시니 若以此意推之면 則不能攻討하고 而又唱爲不必攻討之說者는 新安陳氏曰 如解攻乎異端을 爲攻擊하고 閑先聖之道를 爲閒習은 皆是不

必攻討之說이니라 其爲邪詖之徒, 楊、墨이라 亂賊之黨을 春秋라 可知矣로다 此說痛快하여 足以廉頑而立懦矣라

만일 이 양주와 묵적을 막는 말을 하는 자가 있다면 위(爲)·설(說) 두 글자는 언(言)자를 해석하였다. 그 추향(趨向)하는(나아가는) 바가 바르니, 비록 반드시 도(道)를 알지는 못한다 하더라도 윗주를 이었다. ○ 이 두 구(其所趨正矣, 雖未必知道.)를 더하였다. 이 또한 성인의 무리라고 말씀한 것이다. 시역(是易)이란 글자를 더하여 그 사람을 약간 억눌렀다. 맹자가 이미 공도자의 질문에 답하셨으나 처음은 호(呼)이고 끝은 응(應)이다. 뜻에 미진(未盡)함이 권권(惓惓)한 남은 뜻이다. 있었으므로 다시 '부(復)'는 거성(去聲;다시)이다. 이를 말씀하신 것이다. 그 이단(異端)을 막고 추방하는 길을 넓힌 것이다. ○ 먼저 제시하고 이 아래는 또 거듭 말씀하였다. 부정한 학설이 정도(正道)를 해침은 사람마다 공격할 수 있고 굳이 성현(聖賢)만이 하는 것이 아니니, 이는 ≪춘추≫의 법에 난신 적자를 사람마다 죽일 수 있고 굳이 사사(士師)만이 하는 것이 아님과 같다. 윗글에 공자의 일로 인하여 ≪춘추≫의 법을 인용해서 증명한 것이다. ○ 경원보씨가 말하였다. "이 의(義)는 주자로부터 발명하여 천하에 가르쳐 주셨으니, 〈맹자의 뜻은〉 지금 이후로 도(道)를 아는 자가 있어서 참으로 능히 양·묵의 패해를 멸식하기를 기다린 뒤에야 성인의 일을 잇는 것이 아니요, 다만 능히 이런 말을 하여 막으면 이 또한 성인의 무리임을 말씀한 것이니, 여기에서 맹자가 자임(自任)하심이 중하고 남에게 바라심이 간절함을 볼 수 있다." 성인(聖人)이 세상을 구원하고 성인이 세상을 구원함은 맹자이다. 법(法)을 세운 뜻이 법을 세움은 ≪춘추≫이다. 그 간절함이 이와 같으니, 만일 이 뜻을 가지고 미루어 본다면 부정한 학설을 공토(攻討)하지 못하고, 또 굳이 공토할 것이 없다는 말을 제창하는 자는 신안진씨가 말하였다. "예컨대 공호이단(攻乎異端)을 공격이라고 해석하고, 한선성지도(閑先聖之道)를 한습(閑習;익힘)이라고 해석함이 이는 굳이 공격하고 토벌할 것이 없다는 설이다."*① 그 사설(邪說)과 피행(詖行)의 무리와 사피지도(邪詖之徒)는 양·묵이다. 난신 적자의 도당이 난신 적자의 당(黨)은 춘추시대이다. 됨을 알 수 있다. 이 말씀이 통쾌하여 충분히 완악한 자를 청렴하게 하고 나약한 자의 뜻을 세우게 한다.

*① 공호이단(攻乎異端)을……설이다 : '공호이단'은 ≪논어≫〈위정(爲政)〉16장에 "攻乎異端, 斯害也已."라고 보이는 공자의 말씀인 바, 공(攻)은 전치(專治)의 뜻으로 "이단을 오로지 배우면 해롭다."는 뜻인데, "이단을 공격하면 해롭다."로 해석한다. 그리고 이 장의 위 "吾爲此懼, 閑先聖之道."를 ≪集註≫에 "한(閑)은 호위함[衛]이다."로 해석하였는바, '한(閑)'은 맹수가 우리에 있는 가축을 잡아가지 못하도록 보호해 주는 것으로, 이는 곧 이단의 폐해를 막아 준다는 뜻인데, 이것을 "선성(先聖)의 도를 익히다."로 해석한다. 그리하여 공자와 맹자가 모두 이단을 배척하지 않았다고 주장함을 말한 것이다.

○ 尹氏曰 學者於是非之原에 毫釐有差하면 楊氏는 學義而差하고 墨氏는 學仁而差라 則害流於生民하고 禍及於後世라 故로 孟子辯 辨同이라 邪說을 如是之嚴하시고 而

自以爲承三聖之功也어시늘 朱子曰 諸聖賢遭時之變하여 各行其道하여 以正救之하니 其大力量이 恰似天地有缺에 得聖賢補敎周全하니 直有闔闢乾坤之功이니라 ○ 東陽許氏曰 闢楊、墨하여 易亂爲治는 全賴人事하여 以反氣化之衰하니 此正參天地, 贊化育之功이니라 **當是時하여 方且以好** 去聲이라 **辯目之하니 是는 以常人之心으로 而度** 入聲이라 **聖賢之心也니라** 孟子未嘗自諱其好辯이나 而實則非好辯也니 乃不得不辯也라 ○ 新安陳氏曰 此章은 於古今世道와 聖賢事業에 關涉甚大하니 宜精察深思之니라

○ 윤씨(尹氏)가 말하였다. "배우는 자가 옳고 그름의 근원에 털끝만큼이라도 차이가 있으면 양씨는 의(義)를 배우다가 잘못되고 묵씨는 인(仁)을 배우다가 잘못되었다. 폐해가 생민(生民)에게 흐르고 화(禍)가 후세(後世)에 미친다. 그러므로 맹자가 부정한 학설을 변론하시기를 '변(辯)'은 변(辨)과 같다. 이처럼 엄히 하시고, 스스로 세 성인의 공(功)을 계승한다고 여기신 것이다. 주자가 말씀하였다. "여러 성현(聖賢)이 세상의 변고를 만나서 각각 그 도(道)를 행하여 바름으로써 구원하셨으니, 그 큰 역량이 흡사 천지가 결함이 있을 때 성현을 얻어 보충하여 두루하고 완전하게 한 것과 같으니, 이는 곧바로 건곤(乾坤)을 닫고 연 공이 있는 것이다." ○ 동양허씨가 말하였다. "양·묵을 물리쳐서 난(亂)을 바꾸어 치(治)로 만듦은 오로지 인사(人事)에 의뢰해서 기화(氣化)의 쇠(衰)함을 되돌린 것이니, 이는 바로 천지에 참여되고 화육(化育)을 돕는 공이다." 그런데 이 때를 당하여 '변론하기를 좋아한다.'고 '호(好)'는 거성(去聲; 좋아함)이다. 지목하였으니, 이는 상인(常人)의 마음으로써 성현의 마음을 헤아린 '탁(度)'은 입성(入聲; 헤아림)이다. 것이다." 맹자가 일찍이 스스로 그 호변함을 숨기지 않으셨으나 실제는 호변이 아니니, 바로 변론하지 않을 수가 없으셨던 것이다. ○ 신안진씨가 말하였다. "이 장은 고금(古今)의 세도(世道)와 성현의 사업에 대하여 관계됨이 매우 크니, 마땅히 정밀히 살피고 깊이 생각하여야 한다."

10-1

匡章曰 陳仲子는 豈不誠廉士哉리오 居於(오)陵할새 三日不食하여 耳無聞하며 目無見也러니 井上有李 螬食實者過半矣어늘 匍匐往將食之하여 三咽(연)然後에야 耳有聞하며 目有見하니이다

광장(匡章)이 말하였다. "진중자(陳仲子)는 어찌 참으로 청렴한 선비가 아니겠습니까. 오릉(於陵)에 거(居)할 적에 3일 동안 먹지 못하여 귀에는 들리는 것이 없으며 눈에는 보이는 것이 없었는데, 우물가에 벌레가 반이 넘게 파먹은 오얏이 있거늘

> 기어가서 가져다가 먹어 세 번 삼킨 뒤에야 귀에 들리는 것이 있었고 눈에 보이는 것이 있었습니다."

於는 音烏니 下於陵同이라 螬는 音曹요 咽은 音宴이라
 '어(於)'는 음이 오(烏)이니, 아래 오릉(於陵)도 같다. '조(螬)'는 음이 조(曹;굼벵이)이고 '연(咽)'은 음이 연(宴;삼킴)이다.

三咽之三은 去聲이라
 삼연(三咽)의 '삼(三)'은 거성(去聲;세 번)이다.

匡章、陳仲子는 皆齊人이라 廉은 有分辨하여 稜角峭厲라 不苟取也라 豈不誠哉四字는 語勢與景春章同13)이라 於陵은 地名이라 螬는 蠐 音齊라 螬蟲也라 匍匐은 言無力하여 不能行也라 將은 取也라 咽은 呑也라
 광장(匡章)과 진중자(陳仲子)는 모두 제(齊)나라 사람이다. '염(廉)'은 분변함이 있어 모나고 꼿꼿하고 엄정(嚴正)함이다. 구차히 취하지 않는 것이다. 기불성재(豈不誠哉) 네 글자는 어세(語勢)가 경춘장(景春章)과 같다. 오릉(於陵)은 지명(地名)이다. '제(螬)'는 '제(蠐)'는 음이 제(齊)이다. 굼벵이 벌레이다. '포복(匍匐)'은 힘이 없어 걸어갈 수 없음을 말한다. '장(將)'은 취함이다. '연(咽)'은 삼킴이다.

10-2

> 孟子曰 於齊國之士에 吾必以仲子로 爲巨擘焉이어니와 雖然이나 仲子惡(오)能廉이리오 充仲子之操면 則蚓而後에 可者也니라
> 맹자가 말씀하셨다. "제국(齊國)의 선비 중에 내 반드시 중자(仲子)를 거벽(巨擘;엄지손가락)으로 여기거니와 그러나 중자(仲子)가 어찌 청렴일 수 있겠는가. 중자의 지조를 채우려면 지렁이가 된 뒤에야 가(可)할 것이다.

擘은 薄厄反이라 惡는 平聲이라 蚓은 音引이라
 '벽(擘)'은 박(薄)·액(厄)의 반절[엄지손가락 벽]이다. '오(惡)'는 평성(平聲;어찌)이다. '인

---

13) ≪孟子 滕文公 2章≫ "景春曰: 公孫衍張儀, 豈不誠大丈夫哉. 一怒而諸侯懼, 安居而天下熄."

(蚓)'은 음이 인(引;지렁이)이다.

巨擘은 大指也니 言 齊人中에 有仲子는 如衆小指中에 有大指也라 慶源輔氏曰 齊俗傷廉하니 章所以推仲子之廉이요 而孟子亦以爲巨擘也라 充은 推而滿之也라 操는 所守也라 蚓은 丘(蚯)蚓也라 言 仲子未得爲廉也니 惡能廉은 此章之題目이라 必若滿其所守之志면 則惟丘蚓之無求於世라야 添四字라 然後에 可以爲廉耳라 補廉字라

'거벽(巨擘)'은 큰 손가락이니, 제(齊)나라 사람 가운데 중자(仲子)가 있음은 여러 손가락 가운데 큰 손가락이 있음과 같음을 말한다. 경원보씨가 말하였다. "제(齊)나라의 풍속은 청렴함을 손상하니,*① 광장(匡章)이 이 때문에 중자(仲子)의 청렴을 추앙한 것이요, 맹자 또한 거벽(巨擘)이라고 하신 것이다." '충(充)'은 미루어 채움이다. '조(操)'는 지키는 지조이다. '인(蚓)'은 구인(蚯蚓;지렁이)이다. 중자(仲子)는 청렴함이 될 수 없으니, '오능렴(惡能廉)'은 이 장의 제목이다. 만일 반드시 그 지키는 바의 지조를 채우려면 오직 지렁이처럼 세상에 요구함이 없는 네 글자(無求於世)를 더하였다. 뒤에야 청렴함이 될 수 있다고 말씀한 것이다. '렴(廉)'자를 보충하였다.

*① 청렴함을 손상하니 : 얼핏 보면 취할 만하고 자세히 살펴보면 취하지 말아야 할 경우에 취하는 것으로, 아래 〈이루 하〉 23장에 "可以取, 可以無取, 取, 傷廉."이라고 보인다.

10-3

夫蚓은 上食槁壤하고 下飮黃泉하나니 仲子所居之室은 伯夷之所築與아 抑亦盜跖之所築與아 所食之粟은 伯夷之所樹與아 抑亦盜跖之所樹與아 是未可知也로다

저 지렁이는 위로 마른 흙을 먹고 아래로 누런 물을 마시나니, 중자(仲子)가 사는 집은 백이(伯夷)가 건축한 것인가? 아니면 도척(盜跖)이 건축한 것인가? 먹는 곡식은 백이가 심은 것인가? 아니면 도척이 심은 것인가? 이것을 알 수 없구나."

夫는 音扶라 與는 平聲이라

'부(夫)'는 음이 부(扶;저)이다. '여(與)'는 평성(平聲;의문사)이다.

槁壤은 乾 音干이라 土也요 黃泉은 濁水也라 抑은 發語辭也라 詳本文하면 亦有反語

之意라 言 蚓은 無求於人 照上註而變世言人이라 而自足이어니와 徑釋食壤飮泉之意라 而仲子는 不免居室食粟하니 以類錯擧하여 以便於文이라 若所從來가 四字는 釋四所字라 或有非義면 跖所築樹라 ○ 是未可知其爲夷跖所築樹云者는 語雖兩可나 意實有歸라 故로 註에 直以非義言之하니 蓋凡兩事列言者는 常以其後者爲主라 則是未能如蚓之廉也니라 補言外未足之意라

'고양(槁壤)'은 마른 '간(乾)'은 음이 간(干;마름)이다. 흙이요, '황천(黃泉)'은 흐린 물이다. '억(抑)'은 발어사(發語辭)이다. 본문을 자세히 살펴보면 또 반어(反語:말을 뒤집는, 그러나)의 뜻이 있다. 지렁이는 사람에게 요구함이 없이 윗주(註)를 조응하여 세(世)를 바꾸어 인(人)으로 말하였다. 스스로 만족할 수 있거니와 흙을 먹고 물을 마시는 뜻을 곧바로 해석하였다. 중자(仲子)는 집에 살고 곡식을 먹음을 면치 못하니, 류(類)로써 번갈아 들어서 문장을 편리하게 하였다. 만일 그 소종래(所從來)가 네 글자(若所從來)는 네 소(所)자를 해석하였다. 혹시라도 의(義)가 아닌 것이 있으면 도척이 건축하고 심은 것이다. ○ 이 그 백이와 도척이 건축하고 심은 것인지 알 수 없다는 것은, 말은 비록 둘을 다 인정한 것이나 뜻은 실로 도척에게 돌아감이 있다. 그러므로 주(註)에 곧바로 비의(非義)라고 말하였으니, 무릇 두 가지 일을 나열하여 말한 경우에는 항상 뒤에 있는 것을 주장으로 삼는다. 이는 지렁이의 청렴함만 못하다고 말씀한 것이다. 말밖에 부족한 뜻을 보충하였다.

10-4

曰 是何傷哉리오 彼身織屨(구)하고 妻辟纑하여 以易之也니이다

광자(匡章)가 말하였다. "이 어찌 나쁠 것이 있겠습니까. 그는 자신이 신을 짜고 아내가 길쌈하고 삼을 마전하여 곡식을 바꾸어 먹습니다."

辟은 音璧이요 纑는 音盧라

'벽(辟)'은 음이 벽(璧)이고 '로(纑)'는 음이 노(盧)이다.

辟은 績也요 纑는 練麻也라 生於世君子之家하여 乃以屨纑易室粟하니 其視許、陳에 相去幾何哉아

'벽(辟)'은 길쌈이요(베짬이요). '노(纑)'는 삼을 마전함이다. 대대로 군자의 집안에 태어나서 마침내 신과 길쌈한 것을 가지고 집과 곡식을 바꾸었으니, 그 허행(許行)과 진상(陳相)에 비함에 서로 거리가 얼마나 되는가?

10-5

曰 仲子는 齊之世家也라 兄戴蓋(합)祿이 萬鍾이러니 以兄之祿으로 爲不義之祿而不食也하며 以兄之室로 爲不義之室而不居也하고 辟(피)兄離母하여 處於於陵이러니 他日歸하니 則有饋其兄生鵝者어늘 己頻顣曰 惡(오)用是鶃鶃者爲哉리오하나니라 他日에 其母殺是鵝也하여 與之食之러니 其兄이 自外至하여 曰 是鶃鶃之肉也라한대 出而哇之하니라

맹자가 말씀하셨다. "중자(仲子)는 제(齊)나라의 세가(世家)이다. 형 대(戴)가 갑(蓋) 땅에서 받는 녹(祿)이 만종(萬鍾)이었는데, 형의 녹을 의롭지 못한 녹이라 하여 먹지 않으며, 형의 집을 의롭지 못한 집이라 하여 살지 않고, 형을 피하고 어머니를 떠나 오릉(於陵)에 거주하였다. 후일 집에 돌아오니, 그 형에게 산 거위를 선물한 자가 있었는데, 그는 이마를 찌푸리고 말하기를 '일일(鶃鶃;꽥꽥거림)하는 것을 어디에 쓰겠는가.' 하였다. 후일에 그 어머니가 이 거위를 잡아 주어 먹고 있었는데, 형이 밖으로부터 돌아와 '이것은 일일(鶃鶃)하던 고기이다.'라고 말하자, 그는 밖으로 나가 그것을 토하였다.

蓋는 音闔이요 辟은 音避라 頻은 與顰同이라 顣는 與蹙同하니 子六反이라 惡는 平聲이라 鶃은 魚一反이라 哇는 音蛙라

'합(蓋)'은 음이 갑(闔;땅이름)이고 '피(辟)'는 음이 피(避)이다. '빈(頻)'은 빈(顰;찌푸림)과 같다. '축(顣)'은 축(蹙)과 같으니, 자(子)·육(六)의 반절[찌푸릴 축]이다. '오(惡)'는 평성(平聲;어찌)이다. '일(鶃)'은 어(魚)·일(一)의 반절[거위소리 일]이다. '와(哇)'는 음이 와(蛙;토함)이다.

世家는 世卿之家라 朱子曰 世家則室、祿이 非其兄不義而得之矣라 兄名戴가 食采 音菜라 於蓋하니 諺音誤라 其入이 萬鍾也라 此訓兄戴蓋祿萬鍾이라 ○ 其意以祿、室로 爲盜跖所樹築이라 歸는 自於陵歸也라 己는 仲子也라 鶃鶃은 諺音誤라 鵝聲也라 頻顣而言은 以其兄受饋爲不義也라 視鵝如祿이라 ○ 此二句는 徑釋其惡用是之意라 故로 在鶃鶃之訓下라 ○ 與之食之는 言其母與之而仲子食之라 哇는 吐之也라

'세가(世家)'는 세경(世卿)의 집이다. 주자가 말씀하였다. "세가(世家)이면 집과 녹은 그 형이 불의를 저질러 얻은 것이 아니다." 형의 이름이 대(戴)였는데, 갑(蓋) 땅에서 '갑(蓋)'은 《언해》의 음(합)이 잘못되었다. 거두는 조세(租稅) 수입을 먹으니, '채(采)'는 음이 채(棌;식읍)이다. 그 수입이 만종(萬鍾)이었다. 이는 형 대(戴)의 갑(蓋) 땅 녹(祿)이 만종임을 훈하였다. ○ 그 뜻은 녹과 집을 도척이 심고 건축한 것이라고 여긴 것이다. '귀(歸)'는 오릉(於陵)으로부터 돌아온 것이다. '기(己)'는 중자(仲子) 자신이다. '일일(鶂鶂)'은 '일'은 《언해》의 음(얼)이 잘못되었다. 거위의 소리이다. 이마를 찌푸리고 말한 것은 형이 선물을 받은 것을 의롭지 못하다고 여긴 것이다. 거위를 보기를 녹과 같이 여긴 것이다. ○ 이 두 구(頻顣而言, 以其兄受饋爲不義也.)는 그 '이것을 어디에 쓰겠냐'는 뜻을 곧바로 해석한 것이다. 그러므로 일일의 훈 아래에 있는 것이다. ○ 여지식지(與之食之)는 그 어머니가 그에게 주어서 중자가 먹음을 말한 것이다. '와(哇)'는 토함이다.

10-6

以母則不食하고 以妻則食之하며 以兄之室則弗居하고 以於陵則居之하니 是尙爲能充其類也乎아 若仲子者는 蚓而後에 充其操者也니라

어머니가 주면 먹지 않고 아내가 주면 먹으며, 형의 집에는 살지 않고 오릉에는 거하였으니, 이러고도 오히려 그 지조를 채움이 될 수 있겠는가. 중자와 같은 자는 지렁이가 된 뒤에야 그 지조를 채울 수 있는 것이다."

言 仲子以母之食, 添二字라 兄之室로 爲不義라하여 三字는 照上節이라 而不食不居하니 以類錯擧하여 以便於文이라 其操守如此로되 照前節而微揚之라 至於妻所易之粟과 於陵所居之室하여는 旣未必伯夷之所爲면 則亦不義之類耳이늘 照前節而深抑之라 今仲子於此則不食不居하고 於彼則食之居之하니 豈爲能充滿其操守之類者乎아 充類充操 其義同故로 於此에 竝取操字釋之라 必其無求自足을 照前註라 如丘蚓然이라야 乃爲能滿其志 操라 而得爲廉耳라 然이나 豈人之所可爲哉리오 二句는 補言外未足之意라 ○ 慶源輔氏曰 聖賢之道充之면 則至於與天地同功이요 仲子之道充之면 則至於與丘蚓同操하니 是豈人理哉아

중자(仲子)는 어머니가 주시는 밥과 두 글자(之食)을 더하였다. 형의 집을 의롭지 못하다 하

여 세 글자(爲不義)는 윗절에 조응한다. **먹지 않고 거하지 않았다.** 류(類)로써 번갈아 들어서 문장을 편리하게 하였다. **그 지조를 지킴이 이와 같았으나** 앞절에 조응하여 약간 드날렸다. **아내가 사온 곡식과 오릉(於陵)의 거하는 집에 이르러서는 이미 반드시 백이(伯夷)가 한 것이 아니니, 그렇다면 이 역시 의롭지 못한 부류인데,** 앞절에 조응하여 깊이 억눌렀다. **이제 중자가 이것에 대해서는 먹지 않고 거하지 않으면서 저것에 대해서는 먹고 거하니, 어찌 지조 지키는 종류를 채움이 될 수 있겠는가.** 종류를 채움과 지조를 채움이 그 뜻이 같으므로 여기에서는 '조(操)'자를 함께 취하여 해석하였다. **반드시 요구함이 없이 스스로 만족하기를** 앞주를 조응하였다. **구인(蚯蚓)과 같이 하여야 비로소 그 지조를** '지(志)'는 지조(志操)이다. **채워 청렴함이 될 수 있는 것이다. 그러나 이 어찌 사람이 할 수 있는 일이겠는가.** 두 구(乃爲能滿其志而得爲廉耳, 然豈人之所可爲哉.)는 말 밖의 부족한 뜻을 보충하였다. ○ 경원보씨가 말하였다. "성현(聖賢)의 도(道)를 채우면 천지(天地)와 공(功)이 같음에 이르고, 중자(仲子)의 도를 채우면 지렁이와 지조가 같음에 이르니, 이것이 어찌 사람의 이치이겠는가?"

○ 范氏曰 天之所生과 地之所養에 萬物이라 惟人이 爲大하니 出禮記祭義14)라 人之所以爲大者는 以其有人倫也라 仲子避兄離母하여 無親戚、君臣、上下하니 此句는 見盡心上이라15) 是는 無人倫也니 只有夫婦、朋友二倫하니 蓋與章爲友耳라 豈有無人倫而可以爲廉哉리오 倫大廉小어늘 況小之小者耶아 ○ 朱子曰 飾小行以妨大倫은 乃欺世亂俗之尤니 先王所誅也니라 ○ 南軒張氏曰 世之貪冒爲惡者는 其失易見이요 仲子私見所局하여 欲潔身以爲淸은 其過難知라 故로 可以惑世하니 反覆闢之 有以也시니라 ○ 新安陳氏曰 匡章은 以父爲重故로 視妻子爲輕이어늘 仲子는 反視母兄爲輕하고 而於妻則反食하니 孟子矜章而非仲子 有以也라 此章은 當參看盡心上仲子不義章이니라

○ 범씨(范氏)가 말하였다. "하늘이 내고 땅이 기르는 바에 하늘이 낳고 땅이 기름은 만물이다. 오직 사람이 위대하니, 이 내용은 ≪예기≫ 〈제의〉에 나온다. 사람이 위대한 까닭은 인륜(人倫)이 있기 때문이다. 중자는 형을 피하고 어머니를 떠나 친척(親戚)과 군신(君臣)·상하(上下)가 없었으니, 이 구는 〈진심 상〉에 보인다. 이는 인륜이 없는 것이다. 다만 부부(夫婦)와 붕우(朋友) 두 윤리가 있었으니, 이 때문에 광장(匡章)과 친구가 된 것이다. 어찌 인륜이 없으면서 청렴함이 될 수 있겠는가." 인륜(人倫)은 크고 청렴(淸廉)은 작은데 더구나 작은 것 중에 작은 것에 있어서랴! ○ 주자가 말씀하였다. "작은 행실을 꾸며서 인륜을 해침은 바로 세상을 속이고 풍속을 어지럽히는 것 중에 심한 것이니, 선왕(先王)이 주벌하신 것이다." ○ 남헌장씨가 말하였다. "세상에 탐욕하여 악행을 하는 자는 잘못을 보기가 쉽고, 중자(仲子)가 사사로운 견

---

14) ≪禮記 祭義≫ "樂正子春曰: …吾聞諸曾子, 曾子聞諸夫子, 曰: 天之所生, 地之所養, 無人爲大."

15) ≪孟子 盡心上 34章≫ "孟子曰: 仲子不義與之齊國而弗受, 人皆信之, 是舍簞食豆羹之義也. 人莫大焉. 亡親戚、君臣、上下, 以其小者, 信其大者, 奚可哉."

해에 국한되어서 자기 몸을 깨끗이하여 청백함으로 삼고자 함은 그 허물을 알기가 어렵다. 그러므로 세상을 혹하게 할 수 있으니, 맹자가 반복하여 물리치심은 여기에 이유가 있는 것이다." ○ 신안진씨가 말하였다. "광장은 아버지를 중하게 여겼기 때문에 처자를 가볍게 보았는데, 중자는 도리어 어머니와 형을 가볍게 보고 아내에게는 도리어 얻어 먹었으니, 맹자가 광장을 가엽게 여기고 중자를 비난함은 여기에 이유가 있는 것이다. 이 장은 마땅히 〈진심 상〉34장의 중자 불의장(不義章)을 참고해 보아야한다."

맹자집주상설(孟子集註詳說)

이루장구 상(離婁章句上)

凡二十八章이라 論仁者十章이니 爲最多라

모두 28장이다. 인(仁)자를 논한 것이 10장이니, 가장 많음이 된다.

1-1

孟子曰 離婁之明과 公輸子之巧로도 不以規矩면 不能成方、員(圓)이요 師曠之聰으로도 不以六律이면 不能正五音이요 堯、舜之道로도 不以仁政이면 不能平治天下니라

맹자가 말씀하셨다. "이루(離婁)의 눈밝음과 공수자(公輸子)의 솜씨로도 규(規)·구(矩)를 쓰지 않으면 방형(方形)과 원형(圓形)을 이루지 못하고, 사광(師曠)의 귀밝음으로도 육률(六律)을 쓰지 않으면 오음(五音)을 바로잡지 못하고, 요(堯)·순(舜)의 도(道)*①로도 인정(仁政)을 쓰지 않으면 천하(天下)를 평치(平治)하지 못한다.

*① 요(堯)·순(舜)의 도 : 요·순의 인자(仁慈)한 마음으로, 뒤에 나오는 선왕지도(先王之道)와는 다르다. 선왕지도는 정전법(井田法) 등의 인정(仁政:제도)을 가리킨다.

離婁는 古之明目者라 公輸子는 名班이니 魯之巧人也라 規는 所以爲員 圓通이라 之器也요 大全曰 所運以爲圓之筳也라 矩는 所以爲方之器也라 大全曰 曲尺也라 師曠은 大全曰 字子野라 晉之樂師니 瞽者라 知音者也라 六律은 截竹爲筩하여 音同이라 陰陽各六하여 趙氏曰 只言六律者는 陽統陰也라 以節五音之上下하니 本爲樂設이나 而度、量、衡亦皆出於此라 黃鍾、大 音泰라 簇、千候反이라 姑洗、先이니 上聲이라 蕤

儒追反이라 賓、夷則(칙)、無射 音亦이라 은 爲陽이요 大呂、夾鍾、仲呂、林鍾、南呂、應鍾은 爲陰也라 漢書律曆志曰 黃帝使伶倫으로 取嶰谷之竹하여 制十二筩하여 以聽鳳之鳴하니 其雄鳴六이요 雌鳴亦六이라하니라 五音은 宮、商、角、徵、展里反이라 羽也라

이루(離婁)는 옛날에 눈이 밝은 자이다. 공수자(公輸子)는 이름이 반(班)이니, 노(魯)나라의 솜씨 있는 사람이다. '규(規)'는 원형을 '원(員)'은 원(圓)과 통한다. 만드는 기구이고, ≪대전≫에 말하였다. "돌려서 원형을 만드는 대나무이다." '구(矩)'는 방형을 만드는 기구이다. ≪대전≫에 말하였다. "곡척(曲尺)이다." 사광(師曠)은 ≪대전≫에 말하였다. "자(字)가 자야(子野)이다." 진(晉)나라의 악사(樂師)로 악사는 봉사이다. 음률을 잘 안 자이다. '육률(六律)'은 대나무를 잘라 대통을 만들어 '동(筩)'은 음이 동(同)이다. 음(陰)·양(陽)이 각각 여섯 개여서 조씨가 말하였다. "다만 육률(六律)을 말한 것은 양(陽)이 음(陰)을 통솔해서이다." 오음(五音)의 높고 낮음을 조절하는 것이니, 본래 음악을 위하여 만든 것인데, 도(度)·량(量)·형(衡)이 또한 모두 여기에서 나온다. 황종(黃鍾)·태주(大簇)· '태(大)'는 음이 태(太)이다. ○ '주(簇)'는 천(千)·후(候)의 반절[떨기 주]이다. 고선(姑洗)· '선(洗)'은 음이 선(先)이니, 상성(上聲)이다. 유빈(蕤賓)· '유(蕤)'는 유(儒)·추(追)의 반절[유빈 유]이다. 이칙(夷則)·무역(無射)은 '역(射)'는 음이 역(亦)이다. 양(陽)이 되고, 대려(大呂)·협종(夾鍾)·중려(仲呂)·임종(林鍾)·남려(南呂)·응종(應鍾)은 음(陰)이 된다. ≪한서(漢書)≫ 〈율역지(律曆志)〉에 "황제(黃帝)가 영륜(伶倫)으로 하여금 해곡(嶰谷)의 대나무를 취하여 12통을 만들어, 봉황의 울음소리를 들으니, '수컷 울음이 여섯이고 암컷 울음이 또한 여섯이다.' 하였다." '오음(五音)'은 궁(宮)·상(商)·각(角)·치(徵)· '치(徵)'는 전(展)·리(里)의 반절[유률이름 치]이다. 우(羽)이다.

范氏曰 此는 言 治天下에 不可無法度니 如匠、工之不可無規矩、六律이라 故로 以二事起之而爲喩라 仁政者는 治天下之法度也라 雙峯饒氏曰 雖婁、曠이나 亦不可無規、律이어든 況庸工乎아 不以仁政이면 雖聖人이나 不能平治天下어든 況後世乎아 ○ 按堯、舜之道此道字는 以性善言이니 卽前篇所云道一而已者也니 與下節先王之道以仁政言者로 不同이라 ○ 不以仁政이면 則亦徒善而已라 ○ 仁政은 此章之題目이라

범씨(范氏)가 말하였다. "이는 천하(天下)를 다스림에 법도(法度)가 없을 수 없으니, 장인(匠人)과 악공(樂工)이 규구(規矩)와 육률(六律)이 없을 수 없는 것과 같다. 그러므로 두 가지 일로 일으켜 비유한 것이다. '인정(仁政)'은 천하를 다스리는 법도임을 말씀한 것이다."[1] 쌍봉요씨가 말하였다. "비록 이루(離婁)와 사광(師曠)이라도 또한 규(規)와 률(律)이 없을 수 없는데 하물며 용렬한 공인이랴! 인정(仁政)을 쓰지 않으면 비록 성인(聖人)이라도 천하를 고르게 다스리지 못하는데 하물며 후세이랴!" ○ 살펴보건대 요·순지도(堯、舜之道)의 이 '도(道)'자는 성선(性善)을 가지고 말한 것이니, 바로 앞편에서 말한 도가 하나일 뿐이라는 것이니, 아랫절의 선왕

(先王)의 도를 인정(仁政)으로 말한 것과는 똑같지 않다. ○ 인정(仁政)을 쓰지 않으면 한갓 선(善)일뿐이다. ○ '인정(仁政)'은 이 장의 제목이다.

*① 인정(仁政)은……것이다 : 인정은 선정(善政)으로 정전법(井田法) 등을 이르며, 법도(法度)는 제도(制度)를 이른다.

1-2

> 今有仁心、仁聞이로되 而民이 不被其澤하여 不可法於後世者는 不行先王之道也일새니라
>
> 이제 <군주가> 인심(仁心)과 인문(仁聞)이 있으나 백성들이 그 혜택을 입지 못하여 후세에 법이 될 수 없는 것은 선왕(先王)의 도(道)를 행하지 않기 때문이다.

聞은 去聲이라

'문(聞)'은 거성(去聲;알려짐, 소문)이다.

仁心은 愛人之心也요 不言性而言心者는 主作用而言이라 仁聞者는 有愛人之聲이 句라 聞於人也라 先王之道는 仁政이 是也라 照上節이라 范氏曰 齊宣王은 不忍一牛之死하여 以羊易之하니 見首篇이라 可謂有仁心이요 一時之仁心이라 梁武帝는 終日一食蔬素하고 宗廟에 以麪爲犧牲하며 不殺生이라 斷 都玩反이라 死刑에 必爲 去聲이라 之涕泣하여 不殺牛而猶殺人者는 以其犯罪也라 天下知其慈仁하니 見通鑑이라 可謂有仁聞이라 雖爲佛法所惑而有此나 然天下知其慈者는 有近於仁聞이라 然而宣王之時에 齊國不治하고 去聲이라 武帝之末에 江南大亂하니 皆民不被其澤하여 不可法於後世라 其故는 何哉오 有仁心、仁聞이로되 而不行先王之道故也니라 取二君事하여 爲證而釋之리 ○ 朱子曰 宣王是心足以王者는 言有是心而能擴充之하여 以行先王制民産之道也니라 ○ 慶源輔氏曰 宣王은 有仁心而不能保하고 武帝는 有仁聞而非其眞이니라

'인심(仁心)'은 사람을 사랑하는 마음이요, 성(性)을 말하지 않고 심(心)을 말한 것은 작용(作用)을 위주하여 말한 것이다. '인문(仁聞)'은 사람을 사랑한다는 명성(소문)이 여기에서 구를 뗀다. 사람들에게 알려진 것이다. 선왕(先王)의 도(道)는 인정(仁政)이 이것이다. 윗절과 조응하였다.

범씨(范氏)가 말하였다. "제 선왕(齊宣王)은 한 마리 소가 죽는 것을 차마 보지 못하여 양

(羊)으로써 바꾸게 하였으니 머릿편에 보인다. 인심(仁心)이 있다고 이를 만하고, 한 때의 인심(仁心)이다. 양 무제(梁武帝)는 하루에 한 번 소소(蔬素;소식(素食))를 먹고 종묘(宗廟)에는 밀가루로 희생(犧牲)을 만들어 썼으며, 살아있는 것을 죽이지 않은 것이다. 사형(死刑)을 결단함에는 '단(斷)'은 도(都)·완(玩)의 반절[결단한 단]이다. 반드시 그를 위하여 '위(爲)'는 거성(去聲;위함)이다. 눈물을 흘려서 소를 죽이지 않았는데 오히려 사람을 죽인 것은 그가 죄를 범했기 때문이다. 천하가 그의 인자함을 알고 있었으니, 이 내용은 ≪자치통감(資治通鑑)≫에 보인다. 인문(仁聞)이 있다고 이를 만하였다. 비록 불법(佛法)에 미혹되어 이런 일이 있었으나, 천하가 그 인자함을 안 것은 인문(仁聞)에 가까움이 있는 것이다. 그러나 선왕(宣王) 때에 제(齊)나라가 잘 다스려지지 '치(治)'는 거성(去聲;다스려짐)이다. 못하였고, 무제의 말년에 강남(江南)이 크게 혼란하였으니, 모두 백성들이 그 은택(恩澤)을 입지 못하여 후세에 법이 될 수 없는 것이다. 그 연고는 어째서인가? 인심과 인문이 있으나 선왕(先王)의 도를 행하지 않았기 때문이다." 두 군주의 일을 취하여 증거로 삼고 해석하였다. ○ 주자가 말씀하였다. "선왕(宣王)의 이 마음이 충분히 왕노릇할 수 있다는 것은 이 마음이 있으니, 능히 확충하여 선왕(先王)이 백성의 재산을 제(정)해준 도(道)를 행할 수 있음을 말한 것이다." ○ 경원보씨가 말하였다. "선왕(宣王)은 인심(仁心)이 있었으나 백성들을 보호하지 못하였고, 무제(武帝)는 인문(仁聞)이 있었으나 그 진실된 것이 아니다."

1-3

> 故로 曰 徒善이 不足以爲政이요 徒法이 不能以自行이라하니라
>
> 그러므로 말하기를 '한갓 선심(善心)만으로는 정사를 할 수 없고, 한갓 법(제도)만으로는 스스로 행해질 수 없다.'고 한 것이다.

徒는 猶空也라 有其心, 無其政을 是謂徒善이요 有其政, 無其心을 是謂徒法이라 程子 伯子라 嘗言 爲政에 須要有綱紀、文章이니 建安葉氏曰 文章은 文法、章程也라 ○ 此는 法之綱領이라 謹權、審量、去聲이라 ○ 出論語堯曰이라 讀法、出周禮州長이라 平價를 出周禮疏이라 ○ 此는 法之條目이라 皆不可闕이라하시고 新安陳氏曰 引此以證徒善이니 謂不可無法이라 而又 伯子라 曰 必有關雎、麟趾之意니 善也라 ○ 文王正家之道也라 然後에 可以行周官 周禮라 之法度라하시니 新安陳氏曰 引此以證徒法이니 謂不徒在於法이라 ○ 朱子曰 自閨門袵席之微로 積累하여 到洋溢天下하여 無一不被其化니 然後에 可以行周官法度요 不然則爲王莽矣리라 正謂此也니라 汎論하면 則徒法不能自行이 當爲歸重이나 若以此章觀之하면 則徒善不足爲政이 乃爲主意요 而下句는 只是帶說

耳라 蓋善은 卽上文之仁心仁聞與堯、舜之道也요 法은 卽上文之先王之道與仁政也라 三節이 皆以善與法對說하고 至下三節하여 遂單言法하니 此其主意所在也라

'도(徒)'는 공(空;한갓)과 같다. 선심(善心)만 있고 선정(善政;훌륭한 제도)이 없는 것을 '도선(徒善)'이라 이르고, 선정만 있고 선심이 없는 것을 '도법(徒法)'이라 이른다. 정자(程子)가 백자이다. 일찍이 말씀하시기를 "정사를 함에는 모름지기 기강(紀綱)과 문장(文章)이 있어야 하니, 건안섭씨(建安葉氏)가 말하였다. "문장(文章)은 문법(文法;법조문)과 장정(章程)이다." ○ 이는 법의 강령이다. 저울을 삼가고 양(量)을 살피며 '량(量)'은 거성(去聲;분량)이다. ○ 이 내용은 ≪논어≫〈요왈〉에 나온다. 법(法)을 읽어주고 ≪주례(周禮)≫〈지관 사도(地官司徒) 주장(州長)〉에 나온다. 물가(物價)를 공평(公平)하게 함을*① ≪주례≫〈천관 총재(天官冢宰) 주소(注疏)〉에 나온다. ○ 이는 법의 조목이다. 모두 빠뜨릴 수 없다." 하였고, 신안진씨가 말하였다. "이것을 인용하여 한갓 선(善)이라는 것을 증명하였으니, 법이 없으면 안 됨을 말한 것이다." 또 백자이다. 말씀하시기를 "반드시 〈관저(關雎)〉와 〈인지(麟趾)〉*②의 뜻이 선(善)이다. ○ 문왕(文王)이 집안을 바로잡은 도(道)이다. 있은 뒤에야 ≪주관(周官)≫의 ≪주례≫이다. 법도(제도)를 행할 수 있다." 하였으니,*③ 신안진씨가 말하였다. "이것을 인용하여 한갓 법(法)이라는 것을 증명하였으니, 한갓 법에만 달려 있지 않음을 말한 것이다." ○ 주자가 말씀하였다. "규문(閨門)의 임석(衽席;부부간의 잠자리)의 미미함으로부터 많이 쌓아서 천하에 양일(洋溢)하여 한 사람도 그 교화를 입지 않음이 없음에 이른 뒤에야 ≪주관(周官);주례≫의 법도를 행할 수 있는 것이요, 그렇지 않으면 왕망(王莽)*④이 되는 것이다." 바로 이것을 말씀한 것이다. 범연히 논하면 한갓 법만으로는 스스로 행해질 수 없음이 마땅히 중점으로 돌아감이 되나, 만약 이 장을 가지고 살펴보면 한갓 선심(善心)만으로는 정사를 할 수 없음이 바로 주된 뜻이 되고, 아랫구는 다만 부대(附帶)하여 말했을 뿐이다. 선(善)은 바로 윗글의 인심(仁心)과 인문(仁聞)과 요·순의 도(道)이고, 법(法)은 바로 윗글의 선왕(先王)의 도와 인정(仁政)이다. 세 절이 모두 선과 법을 가지고 상대하여 말하였고, 아래 세 절에 이르러는 마침내 법만을 말하였으니, 이것이 그 주된 뜻이 있는 것이다.

*① 저울을……함을 : 근권(謹權), 심량(審量)은 도(度)·량(量)·형(衡)을 철저히 맞게 하는 것이고, 독법(讀法)은 백성들이 알아야 할 국법(國法)을 읽혀 주지시키는 것이며, 평가(平價)는 물가를 고르게 하는 것으로, 위의 '문장(文章)'은 바로 이러한 일들을 가리킨다.
*② 〈관저(關雎)〉와 〈인지(麟趾)〉 : 모두 ≪시경≫〈주남(周南)〉의 편명으로, 〈관저〉는 문왕(文王)의 후비(后妃)인 태사(太姒)의 훌륭한 덕을 읊은 것이며, 〈인지〉는 왕자들의 착한 마음을 읊은 것으로, 왕자(王者)가 덕을 닦아 집안을 잘 다스려 처자에게 미쳤음을 뜻한다.
*③ 반드시……하였으니 : 이 내용은 ≪근사록(近思錄)≫〈치체류(治體類)〉에 자세히 보인다.
*④ 왕망(王莽) : 전한(前漢)의 신하였지만 한나라를 무너뜨리고 자신의 나라인 신(新)나라를 세우고는 옛날 제도를 좋아하여 ≪주례≫를 따라 관직 등을 모두 바꿨으나 혼란만 가중시키다가 광무제(光武帝) 유수(劉秀)의 토벌을 받고 패망한 인물이다.

1-4

詩云 不愆不忘은 率由舊章이라하니 遵先王之法而過者 未之有也니라

≪시경≫에 이르기를 '잘못되지 않고 잊어버리지 않음은 옛 법을 따르기 때문이다.' 하였으니, 선왕의 법을 따르고서 잘못되는 자는 있지 않다.

詩는 大雅假 讀作嘉라 樂 音洛이라 之篇이라 愆은 過也요 率은 循也라 章은 典法也라 所行이 不過差, 不遺忘者는 以其循用 由라 舊典故也라 補以、故字라 ○ 慶源輔氏曰 過差는 謂用意過當處요 遺忘은 謂照顧不及處라 遵用舊典이면 則有所循故로 不過差하고 有所據故로 不遺忘이니라 ○ 按遵字以下는 孟子又釋其意也라

시(詩)는 <대아(大雅) 가락(假樂)>편이다. '가(假)'는 가(嘉)로 읽는다. ○ '락(樂)'은 음이 락(洛)이다. '건(愆)'은 잘못이요, '솔(率)'은 따름이다. '장(章)'은 법전(典法)이다. 행하는 바가 잘못되지 않고 잊어버리지 않는 것은 옛 법을 따라 쓰기 '용(用)'은 경문의 유(由)이다. 때문이다. '이(以)'자와 '고(故)'자를 보충하였다. ○ 경원보씨가 말하였다. "과차(過差)는 마음을 씀이 마땅함을 지난 부분을 말한 것이고, 유망(遺亡)은 비추어 돌아봄이 미치지 못한 부분을 말한 것이다. 옛 법을 따라 쓰면 따르는 바가 있기 때문에 잘못되지 않고, 근거하는 바가 있기 때문에 잊어버리지 않는 것이다." ○ 살펴보건대 준(遵)자 이하는 맹자가 또 그 뜻을 해석한 것이다.

1-5

聖人이 旣竭目力焉하시고 繼之以規、矩、準、繩하시니 以爲方、員、平、直에 不可勝用也며 旣竭耳力焉하시고 繼之以六律하시니 正五音에 不可勝用也며 旣竭心思焉하시고 繼之以不忍人之政하시니 而仁覆(부)天下矣시니라

성인(聖人)이 이미 시력(視力)을 다하시고 규(規)·구(矩)와 준(準)·승(繩)으로써 계속하시니 방(方)·원(圓)과 평(平)·직(直)을 만듦에 이루 다 쓸 수 없으며, 이미 청력(聽力)을 다하시고 율률(六律)로써 계속하시니 오음(五音)을 바로잡음에 이루 다 쓸 수 없으며, 이미 심사(心思)를 다하시고 사람들에게 차마하지 못하는 정사로써 계속하시니 인(仁)이 천하에 덮여졌다(입혀졌다).

勝은 平聲이라

'승(勝)'은 평성(平聲;이루)이다.

準은 所以爲平이요 字從水하니 蓋以水平物之器也라 繩은 所以爲直이라 墨繩이라 ○ 此竝及準、繩者는 言法器之備也라 覆는 被也라 此는 言 古之聖人이 旣竭耳、目、心思之力하사되 錯擧而釋하여 以便於文이라 ○ 慶源輔氏曰 百工之事皆聖人作이라 故로 規律與政을 作一統說耳라 目言力하고 心言思者는 耳、目之視、聽은 以力하고 而心之官則思也일새라 然猶以爲未足以徧天下、及後世라 添此句라 ○ 及後世는 照前節法於後世라 ○ 是亦徒善不足爲政也라 ○ 慶源輔氏曰 本只言覆天下러니 今及後世者는 擧大면 可以該遠이니 能覆天下면 必能及後世矣라 故로 制爲法度하여 規、律、政이라 以繼續之하시니 則其用不窮하여 釋二不可勝用이라 而仁之所被者廣矣니라 覆天下면 則不可勝用을 又不足言이니 是主意所在故로 本文變其文이라 ○ 首節은 以婁曠、堯舜相對說하고 此節은 又以聖人而盡統匠、樂、治三事라 蓋此三事 其始皆出於古之神聖하니 未必指堯舜耳라

'준(準;수평기(水平器))'은 평평함을 만드는 것이요, 글자가 수변(水邊)을 따랐으니, 물로써 물건을 평평하게 하는 기구이다. '승(繩)'은 '승(繩)'은 먹줄이다. ○ 여기에 함께 준(準)과 승(繩)까지 미친 것은 법도의 그릇이 구비함을 말한 것이다. 곧음을 만드는 것이다. '부(覆)'는 입힘이다. 이는 옛날 성인(聖人)이 이미 이(耳)·목(目)과 심사(心思)의 힘을 다하셨으나 번갈아 들어 해석해서 문장을 편하게 하였다. ○ 경원보씨가 말하였다. "백공의 일이 모두 성인이 지은 것이다. 그러므로 규(規)와 률(律)과 정사(政事)를 일통(一統)의 말로 삼은 것이다. 목(目)에 력(力)을 말하고 심(心)에 사(思)를 말한 것은 귀와 눈의 보고 들음은 힘으로써 하고 마음의 기능은 생각하기 때문이다." 오히려 천하에 두루하고 후세에 미칠 수 없다고 여기셨다. 이 구를 더하였다. ○ 후세에 미침은 앞절에 후세에 법이 됨을 조응하였다. ○ 이 또한 '한갓 선심(善心)만으로는 정사를 할 수 없다.'는 것이다. ○ 경원보씨가 말하였다. "본래는 다만 천하를 덮음을 말하였는데 지금 후세에 미친 것은 큰 것을 들면 먼 곳을 포함할 수 있으니, 능히 천하를 덮으면 반드시 후세에 미칠 수 있는 것이다." 이 때문에 법도를 법도는 규(規)와 률(律)과 정사(政事)이다. 만들어 계속하시니, 그 쓰임이 다하지 않아 두 불가승용(不可勝用)을 해석하였다. 인(仁)이 입혀짐이 넓음을 말씀한 것이다. 천하를 덮으면 이루 쓸 수 없음을 또 굳이 말할 것이 없으니, 이는 주된 뜻이 있는 바이므로 본문에 그 글을 바꾼 것이다. ○ 머릿절은 이루와 사광, 요와 순을 가지고 상대하여 말하였고, 이 절은 또 성인을 가지고 장인과 악공과 정사의 세 가지 일을 모두 통합하였다. 이 세 가지 일이 그 처음에 모두 옛날 신성(神聖)에게 나왔으니, 이는 반드시 요·순을 가리킨 것은 아니다.

1-6

故로 曰 爲高호되 必因丘陵하며 爲下호되 必因川澤이라하니 爲政호되 不因先王之道면 可謂智乎아

그러므로 '높은 것을 만들되 반드시 구릉(丘陵)을 따르며 낮은 것을 만들되 반드시 천택(川澤)을 따르라.' 하였으니, 정사를 하면서 선왕의 도를 따르지 않는다면 지혜롭다고 이를 수 있겠는가.

丘陵은 本高하고 川澤은 本下하니 錯擧以便文이라 爲高下者 如築城、鑿池라 因之면 則用力少而成功多矣라 添此句라 ○ 只釋喩事에 而本事自明하니 猶言其智 譬爲高、爲下者之不如也라

구릉(丘陵)은 본래 높고 천택(川澤)은 본래 낮으니, 번갈아 들어서 문장을 편하게 하였다. 높은 것과 낮은 것을 만드는 자가 예를 들면 성(城)을 쌓고 못〔池〕을 파는 것과 같다. 이를 따르면 힘을 씀이 적고도 공(功)을 이룸이 많다. 이 구를 더하였다. ○ 다만 비유한 일을 해석함에 본래의 일이 저절로 분명해졌으니, 이는 그 지혜가 비유하면 높은 것을 만들고 낮은 것을 만드는 자만 못하다고 말함과 같다.

鄒氏曰 自章首로 至此는 論以仁心、仁聞行先王之道하니라 按鄒氏以此章으로 分三大節看者는 以故曰二字之各爲其結語故耳라 但此一節에 有兩故曰者는 是對說善法與單說法之界分也라 ○ 四故曰은 蓋皆古語也라

추씨(鄒氏;추호(鄒浩))가 말하였다. "장(章)의 머리로부터 여기까지는 인심(仁心)과 인문(仁聞)으로써 선왕의 도를 행함을 말씀하였다." 살펴보건대 추씨는 이 장을 가지고 큰 세 절로 나누어 보았으니, 이는 고왈(故曰) 두 글자가 각기 그 맺은 말이 되기 때문이다. 다만 이 한 절에 두 고왈(故曰)자가 있는 것은 이는 선(善)과 법(法)을 상대하여 말하고, 법만 말한 경계의 구분이다. ○ 네 고왈(故曰)은 아마도 모두 옛말인 듯하다.

1-7

是以로 惟仁者아 宜在高位니 不仁而在高位면 是는 播其惡於衆也니라

이 때문에 오직 인자(仁者)만이 높은 지위에 있어야 하는 것이니, 불인(不仁)하면서 높은 지위에 있으면 이는 그 악(惡;폐해)을 여러 사람에게 끼치는 것이다.

仁者는 有仁心、仁聞而能擴而充之하여 以行先王之道者也라 大全曰 貫第一節意라
○ 高位는 君也라 播惡於衆은 謂貽患於下 民也라 也라

인자(仁者)는 인심(仁心)과 인문(仁聞)이 있으면서 이것을 확충(擴充)하여 선왕의 도를 행하는 자이다. ≪대전≫에 말하였다. "제1절의 뜻을 관통하였다." ○ 높은 지위는 군주이다. 파악어중(播惡於衆)은 화한(禍患)을 아랫사람에게 아래는 백성이다. 끼침을 이른다.

1-8

上無道揆也하며 下無法守也하여 朝不信道하며 工不信度하여 君子犯義요 小人犯刑이면 國之所存者 幸也니라

위에서는 도(道)로 헤아림이 없으며 아래에서는 법(法)을 지킴이 없어, 조정에서는 도를 믿지 않으며 관리들은 법도를 믿지 아니하여, 군자(君子;정치가)가 의(義)를 범하고 소인(小人;백성)이 법을 범한다면 〈망하니, 그러고도〉 나라가 보존되는 것은 요행이다.

朝는 音潮라

'조(朝)'는 음이 조(潮;조정)이다.

此는 言不仁而在高位之禍也라 承上節하여 先總提라 道는 義理也라 揆는 度 入聲이라 也라 法은 制度也라 道揆는 謂以義理度 入聲이라 量事物而制其宜요 法守는 謂以法度自守라 工은 官也라 有官守者라 度는 卽法也라 君子、小人은 以位而言也라 由上無道揆故로 下無法守하니 添故字하여 以歸責於君이라 無道揆면 則朝不信道하여 而君子犯義하고 錯擧而添則、而字하여 以相因其事라 無法守면 則工不信度하여 而小人犯刑이라 朱子曰 信은 如憑信之信이니 如胥吏冒法爲姦이면 是不信條法也라 有此六者면 又還他六項事라 其國必亡이니 先正說이라 其不亡者는 僥倖而已니라

이는 불인(不仁)하면서 높은 지위에 있는 화(禍)를 말씀한 것이다. 윗절을 이어서 먼저 총괄하여 제시하였다. '도(道)'는 의리(義理)이다. '규(揆)'는 헤아림이다. 탁(度)은 입성(入聲;헤아림)이다. '법(法)'은 제도(制度)이다. '도규(道揆)'는 의리로써 사물을 헤아려 '탁(度)'은 입성(入聲;)이다. 마땅하게 하는 것이요, '법수(法守)'는 법도로써 스스로 지킴을 이른다. '공(工)'은 관원이다. 관직을 맡음이 있는 자이다. '도(度)'는 바로 법이다. 군자(君子)와 소인(小

人)은 지위로써 말한 것이다. 위에서 도(道)로 헤아림이 없기 때문에 아래에서 법을 지킴이 없는 것이니, '고(故)'자를 더하여 군주에게 책임을 돌렸다. 도로 헤아림이 없으면 조정에서 도를 믿지 아니하여 군자가 의를 범하고, 번갈아 들면서 '즉(則)'자와 '이(而)'자를 더하여 그 일을 서로 연관시켰다. 법을 지킴이 없으면 관리들이 법도를 믿지 아니하여 소인이 형벌을 범하게 된다. 주자가 말씀하였다. "신(信)은 빙신(憑信;믿고 의지함)의 신(信)과 같으니, 만일 서리(胥吏)가 법을 무릅쓰고 간악한 짓을 행하면 이는 법조문을 믿지 않는 것이다." 이 여섯 가지가 있으면 또 저 여섯 가지 일로 돌렸다. 그 나라가 반드시 망하니, 먼저 바로 말하였다. 그러고도 망하지 않는 것은 요행일 뿐이다.

1-9

故로 曰 城郭不完하며 兵甲不多 非國之災也며 田野不辟하며 貨財不聚 非國之害也라 上無禮하며 下無學이면 賊民이 興하여 喪無日矣라하니라

그러므로 말하기를 '성곽(城郭)이 완전하지 못하고 병사가 많지 못한 것이 나라의 재앙이 아니며, 전야(田野)가 개간되지 못하고 재화가 모이지 않는 것이 나라의 해가 아니다. 윗사람이 예(禮)가 없고 아랫사람이 배움이 없으면 나라를 해치는 백성이 일어나서 며칠이 못가 망하게 된다.' 한 것이다.

辟은 與闢同이라 喪은 去聲이라

'벽(辟)'은 벽(闢;엶)과 같다. '상(喪)'은 거성(去聲;잃음)이다.

上不知禮면 則無以敎民이요 添則字하여 以歸責於君이라 下不知學이면 則易 去聲이라 與(예)爲亂이라 分三層釋之라 ○ 朱子曰 惟上無敎하고 下無學하니 所以不好之人竝起하여 國之喪亡無日矣니라 ○ 按無日은 猶言不日也니 此句는 申上節末句라 ○ 南軒張氏曰 禮廢於上이라도 而學猶傳於下면 則庶幾斯道未泯하여 而猶覬其可行也니라

윗사람이 예(禮)를 모르면 백성을 가르칠 수 없고, 즉(則)자를 더하여 군주에게 책임을 돌렸다. 아랫사람이 배움을 모르면 반란에 참예(가담)하기 쉽다. '이(易)'는 거성(去聲;쉬움)이다. ○ 세 층으로 나누어 해석하였다. ○ 주자가 말씀하였다. "오직 위에서 가르침이 없고 아래에서 배움이 없으니, 이 때문에 좋지 못한 사람이 막 함께 일어나서 나라의 상망(喪亡)이 하루가 못되어 일어나는 것이다." ○ 살펴보건대 무일(無日)은 '불일(不日;하루가 못됨)'이라고 말함과 같으

니, 이 구는 윗절의 마지막 구〔國之所存者幸也〕를 거듭한 것이다. ○ 남헌장씨가 말하였다. "예(禮)가 위에서 폐해지더라도 배움이 오히려 아래에서 전해지면 행여 이 도(道)가 없어지지 아니하여, 오히려 그 행해질 수 있음을 바랄 수 있는 것이다."

鄒氏曰 自是以惟仁者로 至此는 所以責其君이니라 雲峯胡氏曰 君之責은 莫先於仁이니라
추씨(鄒氏)가 말하였다. "시이유인자(是以惟仁者)부터 여기까지는 그 군주를 책한 것이다."
운봉호씨가 말하였다. "인군(人君)의 책임은 인(仁)보다 먼저인 것이 없다."

1-10

詩曰 天之方蹶(궤)시니 無然泄(예)泄라하니
≪시경≫에 이르기를 '하늘이 막 <주나라 왕실을> 쓰러뜨리려 하니, 그렇게 예예(泄泄;태평함)하지 말라.' 하였으니,

蹶는 居衛反이요 泄는 弋制反이라
'궤(蹶)'는 거(居)·위(衛)의 반절[넘어질 궤]이고, '예(泄)'는 익(弋)·제(制)의 반절[느릴 예]이다.

詩는 大雅板之篇이라 蹶는 顚覆 音福이라 **之意라 泄泄는 怠緩悅從之貌라 言 天欲顚覆周室하니 群臣이** 添此四字라 **無得** 然이라 **泄泄然不急救正之라** 無得二字를 釋於此라
시(詩)는 <대아(大雅) 판(板)>의 편이다. '궤(蹶)'는 전복의 '복(覆)'은 음이 복(福;뒤엎어짐)이다. 뜻이다. '예예(泄泄)'는 게으르고 느슨하며 기뻐하여 따르는 모양이다. 하늘이 주(周)나라 왕실(王室)을 전복시키려 하니, 신하들이 이 네 글자(周室君臣)를 더하였다. 예예하여 급히 바로잡지 않을 수 없음을 '득(得)'은 경문의 연(然)이다. 말씀한 것이다. '무득(無得)' 두 글자를 이 정지(正之)에서 해석한다.

1-11.

泄泄는 猶沓沓也니라
예예(泄泄)는 답답(沓沓)과 같다.

沓은 徒合反이라

'답(沓)'은 도(徒)·합(合)의 반절[느릴 답]이다.

沓沓은 卽泄泄之意니 泄泄는 其貌也요 沓沓은 其意也요 下節三句는 其事也라 蓋孟子時人語如此하니라 借時語하여 以明詩意라

'답답(沓沓)'은 바로 예예(泄泄)의 뜻이니, 예예(泄泄)는 그 모양이고, 답답(沓沓)은 그 뜻이고, 아랫절의 세 구는 그 일이다. 맹자 당시 사람들의 말이 이와 같았다. 당시의 말을 빌려서 시(詩)의 뜻을 밝혔다.

1-12

事君無義하며 進退無禮하고 言則非先王之道者 猶沓沓也니라

군주를 섬김에 의가 없고 진퇴(進退)함에 예가 없으며, 말을 하면 선왕의 도를 비방하는 자가 답답과 같은 것이다.

非는 詆 典禮反이라 毁也라 本文은 以沓沓으로 釋泄泄하고 又以此三事로 釋沓沓이라 ○ 先王之道는 照第二節이라

'비(非)'는 비방함이다. '저(詆)'는 전(典)·예(禮)의 반절[비방할 저]이다. ○ 본문은 '답답'으로 '예예'를 해석하고 또 이 세 가지 일로써 답답을 해석하였다. ○ 선왕(先王)의 도(道)는 제2절에 조응하였다.

1-13

故로 曰 責難於君을 謂之恭이요 陳善閉邪를 謂之敬이요 吾君不能을 謂之賊이라하나라

그러므로 '어려운 일을 군주에게 책하는 것을 공(恭)이라 이르고, 선도(善道)를 개진하여 사심(邪心)을 막는 것을 경(敬)이라 이르고, 우리 군주는 불가능하다고 하여 말하지 않는 것을 적(賊;해침)이라 이른다.' 한 것이다."

范氏曰 人臣이 以難事責於君하여 使其君爲堯、舜之君者는 添此句라 尊 恭이라 君

之大也요 開陳善道하여 以禁閉君之邪心하여 惟恐其君或陷於有過之地者는 添此句라 敬君之至也요 朱子曰 孟子 與時君論事에 多類此하시니 其自謂敬王이 豈虛語哉시리오 ○ 按此節은 當與前篇景丑節參看이라 ○ 朱子曰 恭은 意思較闊大하고 敬은 意思較細密이니라 謂其 吾라 君不能行善道하여 而不以告者는 補此句라 賊害其君之甚也니라 朱子曰 人臣之道는 但當以極等之事로 望其君이요 不可問其才智之高下니라 ○ 按此節에 上二事는 所以起下一事요 而下一事는 爲其主意以歸責이라

범씨가 말하였다. "신하가 어려운 일을 군주에게 책하여 그 군주로 하여금 요·순과 같은 성군(聖君)이 되게 하는 자는 이 구(使其君爲堯舜之君)를 더하였다. 군주를 높임이 존(尊)은 경문의 공(恭)이다. 큰 것이요, 선도(善道)를 개진하여 군주의 사심(邪心)을 막아서 행여 그 군주가 잘못이 있는 곳에 빠질까 두려워하는 자는 이 구(惟恐其君或陷於有過之地)를 더하였다. 군주를 공경함이 지극한 것이요, 주자가 말씀하였다 "맹자가 당시 군주와 일을 논하실 적에 이와 같은 것이 많으셨으니, 그 스스로 왕을 공경했다고 말씀함이 어찌 빈 말씀이겠는가?" ○ 살펴보건대 이 절은 마땅히 앞편의(〈공손추 하〉2장) 경추절(景丑節)과 참고해 보아야 한다. ○ 주자가 말씀하였다. "공(恭)은 의사(意思)가 비교적 넓고 크고, 경(敬)은 의사가 비교적 세밀하다." 그 기(其)는 나, 우리이다. 군주가 선도를 행할 수 없다고 생각하여 말하지 않는 자는 이 구를 보충하였다. 그 군주를 해침이 심한 것이다." 주자가 말씀하였다 "인신(人臣)의 도(道)는 다만 마땅히 최고의 일로써 그 군주에게 바라야 하고, 그 재주와 지혜의 높고 낮음을 물어서는(따져서는) 안 된다." ○ 살펴보건대 이 절의 위의 두 가지 일은 아래의 한 가지 일을 일으킨 것이고, 아래의 한 가지 일은 주된 뜻이 되어서 책임을 돌린 것이다.

鄒氏曰 自詩云天之方蹶로 至此는 所以責其臣이니라 雲峯胡氏曰 臣之責은 莫先於敬이니라

추씨가 말하였다. "시운천지방궐(詩云天之方蹶)로부터 여기까지는 그 신하를 책한 것이다." 운봉호씨가 말하였다. "신하의 책임은 경(敬)보다 먼저인 것이 없다."

鄒氏曰 此章은 言 爲治 去聲이라 者 當有仁心、仁聞하여 以行先土之政이요 而君臣이 又當各任其責也니라 旣逐節하여 分引鄒說하고 圈下에 又合引之하여 以連續三大節之意하니 蓋中節之仁、法等字와 下節之先王之道는 雖各照顧上節이나 然三大節이 終是似各章하여 其意不甚相蒙云이라

○ 추씨가 말하였다. "이 장(章)은 정치를 '치(治)'는 거성(去聲:정치)이다. 하는 자가 마땅히 인심(仁心)과 인문(仁聞)을 두어서 선왕(先王)의 정사를 행해야 하고, 군주와 신하가 또 마땅히 각각 그 책임을 져야 함을 말씀한 것이다." 이미 절마다 추씨(鄒氏)의 설(說)을 인용하고 장하주에 또 합하여 인용해서 세 큰 절의 뜻을 연속하였으니, 가운데 절의 인(仁)과 법(法)

등의 글자와 아랫 절의 선왕지도(先王之道)는 비록 각각 윗절을 조고(照顧)하였으나 세 큰 절이 끝내 각장(各章)인 듯하여 그 뜻이 그리 서로 이어지지 않는다.

2-1

孟子曰 規、矩는 方、員之至也요 聖人은 人倫之至也니라

맹자가 말씀하셨다. "규(規)·구(矩)는 방형(方形)과 원형(圓形)의 지극함이요, 성인(聖人)은 인륜(人倫)의 지극함이다.

至는 極也라 人倫은 說見 音現이라 前篇하니라 滕文公上이라 規矩盡所以爲方、員之理하니 猶聖人盡所以爲人之道라 盡、道二字는 取用下節語라 ○ 朱子曰 於人倫有未盡處를 以聖人觀之하면 便見이니라 ○ 按上章規矩는 以用言而喩仁政이요 此章規矩는 以理言而喩聖人之道라

'지(至)'는 지극함이다. 인륜(人倫)은 해설이 전편(前篇)에 '현(見)'은 음이 현(現)이다. 보인다. 〈등문공 상〉이다. 규(規)·구(矩)는 방(方)·원(圓)을 만드는 이치를 다하였으니, 마치 성인이 사람이 된 도리를 다함과 같은 것이다. '진(盡)'과 '도(道)' 두 글자는 아랫절의 말을 취하여 쓴 것이다. ○ 주자가 말씀하였다 "인륜(人倫)에 미진함이 있는 부분을 성인(聖人)으로서 살펴보면 곧 알 수 있다." ○ 살펴보건대 윗장의 규(規)·구(矩)는 용(用)을 가지고 말하여 인정(仁政)을 비유하였고, 이 장의 규·구는 리(理)를 가지고 말하여 성인의 도를 비유하였다.

2-2

欲爲君인댄 盡君道요 欲爲臣인댄 盡臣道니 二者를 皆法堯、舜而已矣니 不以舜之所以事堯로 事君이면 不敬其君者也요 不以堯之所以治民으로 治民이면 賊其民者也니라

군주가 되고자 할진댄 군주의 도리를 다해야 함이요, 신하가 되고자 할진댄 신하의 도리를 다해야 하니, 두 가지를 모두 요·순을 법 받을 뿐이다. 순이 요를 섬기던 것으로써 군주를 섬기지 않는다면 그 군주를 불경(不敬)하는 자요, 요가 백성을 다스리던 것으로써 백성을 다스리지 않는다면 그 백성을 해치는 자이다.

法堯、舜以盡君臣之道는 倒釋以便文이라 ○ 盡道는 卽盡性也라 ○ 此敬字는 當與上章 敬字로 參看이라 ○ 主君言而竝及於臣하고 至後節하여는 不復言臣이라 猶用規、矩以盡 方、員之極이니 照上節이라 此는 孟子所以道性善而稱堯、舜也시니라 見滕文公上이 라 ○ 雙峯饒氏曰 人倫에 獨擧堯、舜君臣者는 其意在當時人君이니라 ○ 盡君道는 此章 之題目이라

요·순을 법 받아 군주와 신하의 도리를 다함은 거꾸로 해석하여 문장을 편하게 하였다. ○ 도(道)를 다함은 바로 성(性)을 다함이다. ○ 이 '경(敬)'자는 마땅히 윗장의 경자(陳善閉邪謂之敬)와 참고해 보아야 한다. ○ 군주를 위주하여 말하면서 함께 신하에 미쳤고 뒷절에 이르러는 다시는 신하를 말하지 않았다. 규(規)·구(矩)를 사용하여 방(方)·원(圓)의 지극함을 다하는 것과 같으니, 윗절에 조응하였다. 이는 맹자가 성선(性善)을 말씀하면서 요·순을 칭(稱)하신 소이(所以)이다. 이 내용은 〈등문공 상〉에 보인다. ○ 쌍봉요씨가 말하였다. "인륜(人倫)에 홀로 군주와 신하를 요·순으로 든 것은 그 뜻이 당시의 군주에 있는 것이다." ○ '진군도(盡君道)'는 이 장의 제목이다.

2-3

> 孔子曰 道二니 仁與不仁而已矣라하시니라
>
> 공자께서 말씀하시기를 '길은 둘이니, 인(仁)과 불인(不仁)일 뿐이다.' 하셨다.

法堯、舜이면 則盡君臣之道而仁矣요 不法堯、舜이면 則慢君賊民而不仁矣니 合上 節而釋之라 二端之外에 更無他道라 大全曰 解而已矣三字라 ○ 朱子曰 不仁을 亦曰道 는 如說有大路, 有小路라 出乎此則入乎彼矣니 慶源輔氏曰 只是天理、人欲而已니라 可 不謹哉아 此節은 是結上生下之樞紐也니 堯、舜은 盡君道者也요 幽厲、桀紂는 不盡君道 者也라

요·순을 법 받으면 군주와 신하의 도리를 다하여 인(仁)하고, 요·순을 법 받지 않으면 군주를 불경(不敬)하고 백성을 해쳐 불인(不仁)하니, 윗절을 합하여 해석하였다. 이 두 가지 외에 다시 다른 길이 없다. 《대전》에 말하였다. "이이의(而已矣) 세 글자를 해석하였다." ○ 주자가 말씀하였다 "불인(不仁)을 또한 도(道)라고 말한 것은 큰 길이 있고 작은 길이 있다고 말한 것과 같다." 여기(仁)에서 벗어나면 저기(不仁)로 들어가니, ○ 경원보씨가 말하였다. "다만 천리(天理)와 인욕(人欲)일 뿐이다." 삼가지 않을 수 있겠는가. 이 절은 바로 위를 맺어 아래를 내는 추뉴(樞紐;중요한 관건)이니, 요·순은 군주의 도를 다한 자이고 유왕(幽王)과 려왕(厲王), 걸왕(桀王)과 주왕(紂王)은 군주의 도를 다하지 못한 자이다.

2-4

暴其民이 甚則身弒國亡하고 不甚則身危國削하나니 名之曰幽、厲면 雖孝子慈孫이라도 百世에 不能改也니라

그 백성을 포학하게 함이 심하면 몸이 시해를 당하고 나라가 망하며, 심하지 않으면 몸이 위태롭고 나라(국토)가 줄어든다. 그리하여 유(幽)·려(厲)라 이름하면 비록 효자(孝子)와 자손(慈孫)이 있더라도 백세(百世)토록 <나쁜 시호를> 고치지 못한다.

幽는 暗이요 厲는 虐이니 皆惡諡也라 苟得其實이면 則雖有孝子慈孫 於孫言慈는 此罕例也라 慈는 愛也니 慈孫은 猶言順孫也라 或曰 主祖而言慈라 愛其祖、考 祖與考라 之甚者라도 亦不得廢公義 添此句라 而改之라 言 不仁之禍 必至於此하니 照上節而補言外意라 可懼之甚也라 懼字는 與上註之謹字로 相照라 ○ 慶源輔氏曰 不仁之禍 有大小하니 幽、厲雖未至於桀、紂之身弒國亡이나 然死蒙惡諡하여 欲改不可하니 可懼哉인저

'유(幽)'는 어둠이요 '려(厲)'는 사나움이니, 모두 나쁜 시호이다. 만일 <나쁜 시호가> 그 실제에 맞다면 비록 효자(孝子)와 자손(慈孫)이 있어 손자에 자(慈)를 말한 것은 이는 드문 예(例)이다. '자(慈)'는 사랑이니, 자손(慈孫)은 순손(順孫;순한 손자)이라는 말과 같다. 혹자는 할아버지를 위주하여 자(慈;할아버지가 사랑하는 손자)를 말했다고 한다. 그 조(祖)·고(考)를 조(祖)와 고(考)이다. 매우 사랑하더라도 또한 공의(公義)를 폐하고 이 구를 더하였다. 시호를 고친 수 없다 불인(不仁)의 화(禍)가 반드시 이에 이르니, 윗절을 조응하여 말 밖의 뜻을 보충하였다. 두려워할 만함이 심함을 말씀한 것이다. '구(懼)'자는 윗주의 근(謹)자와 서로 조응한다. ○ 경원보씨가 말하였다. "불인(不仁)의 화(禍)가 크고 작음이 있으니, 유왕(幽王)과 려왕(厲王)은 비록 걸왕(桀王)과 주왕(紂王)의 몸이 시해되고 나라가 망함에는 이르지 않았으나 죽어서 나쁜 시호를 받아 고치고자 하여도 고칠 수 없었으니, 두려워할 만한진저!"

2-5

詩云 殷鑑不遠이라 在夏后之世라하니 此之謂也니라

≪시경≫에 이르기를 '은(殷)나라의 거울이 멀리 있지 않아 하후(夏后)의 세대에 있다.' 하였으니, 이것을 말한 것이다."

詩는 大雅蕩之篇이라 言 商紂之所當鑑者 近在夏桀之世라하니 補紂、桀字라 而孟子

引之하사 又欲後人以幽、厲爲鑑也시니라 承上章而補言外之正意라 ○ 此字는 指幽、厲也라 或曰 指暴甚弑亡句라하니 更詳之라

시(詩)는 <대아(大雅) 탕(蕩)>의 편이다. ≪시경≫에 상(商)나라 주왕(紂王)이 마땅히 거울로 삼아야 할 것이 가까이 하(夏)나라 걸왕(桀王)의 세대에 있다고 말하였는데, 주(紂)와 걸(桀)의 글자를 보충하였다. 맹자가 이것을 인용하여 또 후인들이 유왕(幽王)과 려왕(厲王)을 거울로 삼게 하고자 하신 것이다. 윗장을 이어서 말 밖의 바른 뜻을 보충하였다. ○ 경문의 차(此)자는 유왕과 려왕을 가리킨다. 혹자는 "포악함이 심하면 시해당하고 망한다.'는 구를 가리켰다.'하니, 다시 살펴보아야한다.

3-1

孟子曰 三代之得天下也는 以仁이요 其失天下也는 以不仁이니라

맹자가 말씀하셨다. "삼대(三代)가 천하(天下)를 얻은 것은 인(仁)으로써 하였고, 천하를 잃은 것은 불인(不仁)으로써 하였다.

三代는 謂夏、商、周也라 禹、湯、文、武는 以仁得之하고 主不仁言이로되 而先言仁하고 至後節하여는 不復言仁하니라 桀、紂、幽、厲는 以不仁失之라 幽、厲之失天下는 主其身而言也라 ○ 不仁은 此章之題目이라

삼대(三代)는 하(夏)·상(商)·주(周)를 이른다. 하(夏)의 우왕(禹王), 상(商)의 탕왕(湯王), 주(周)의 문왕(文王)·무왕(武王)은 인(仁)으로써 얻었고, 불인(不仁)을 위주하여 말하였으나 먼저 인(仁)을 말하였고, 뒷절에 이르러는 다시 인(仁)을 말하지 않았다. 하의 걸왕(桀王), 상의 주왕(紂王), 주의 유왕(幽王)·려왕(厲王)은 불인(不仁)으로써 잃었다. 유왕과 려왕이 천하를 잃음은 그 몸을 위주하여 말한 것이다. ○ '불인(不仁)'은 이 장의 제목이다.

3-2

國之所以廢、興、存、亡者도 亦然하니라

제후의 나라가 폐(廢)·흥(興)하고 존(存)·망(亡)함도 또한 그러하다.

國은 謂諸侯之國이라 大全曰 興存以仁이요 廢亡以不仁이라

'국(國)'은 제후(諸侯)의 나라를 이른다. ≪대전≫에 말하였다. "흥(興)하고 보존됨은 인(仁)으

로써 하고 폐(廢)하고 망함은 불인(不仁)으로써 한다."

3-3

天子不仁이면 不保四海하고 諸侯不仁이면 不保社稷하고 卿大夫不仁이면 不保宗廟하고 士庶人이 不仁이면 不保四體니라

천자가 불인(不仁)하면 사해(四海)를 보전하지 못하고, 제후가 불인하면 사직(社稷)을 보전하지 못하고, 경대부(卿大夫)가 불인하면 종묘(宗廟)를 보전하지 못하고, 사서인(士庶人)이 불인하면 사체(四體;사지)를 보전하지 못한다.

言必死亡이라 新安陳氏曰 不保四海以下는 皆不免於死亡하니 非特不保四體者爲然이니라 ○ 雙峯饒氏曰 社稷、宗廟는 以祭言이요 四海는 以土言이요 四體는 以身言이니라 ○ 按 天子、諸侯는 總結上兩節하고 而遂推及於卿大夫、士庶人耳라

반드시 죽고 망함을 말씀한 것이다. 신안진씨가 말하였다. "불보사해(不保四海) 이하는 모두 죽고 망함을 면치 못하니, 다만 사체(四體)를 보존하지 못함이 그러할 뿐만이 아니다." ○ 쌍봉요씨가 말하였다. "사직(社稷)과 종묘(宗廟)는 제사를 가지고 말하였고, 사해(四海)는 영토를 가지고 말하였고, 사체(四體)는 몸을 가지고 말하였다." ○ 살펴보건대 천자와 제후는 위의 두 절을 총결(總結)하고 마침내 미루어 경대부(卿大夫)와 사서인(士庶人)에게 까지 미친 것이다.

3-4

今에 惡(오)死亡而樂不仁하나니 是猶惡醉而强酒니라

지금에 죽고 망하는 것을 싫어하면서 불인(不仁)을 좋아하니, 이는 취하는 것을 싫어하면서 술을 억지로 마시는 것과 같다."

惡는 去聲이라 樂은 音洛이라 强은 上聲이라

'오(惡)'는 거성(去聲;미워함)이다. '락(樂)'은 음이 락(洛)이다. '강(强)'은 상성(上聲;억지로 함)이다.

新安陳氏曰 此는 卽前篇惡辱而居不仁之意也라

신안진씨가 말하였다. "이는 바로 앞편에 치욕을 싫어하면서 불인(不仁)에 거한다는 뜻이다."

此는 承上章之意하여 而推言之也라 慶源輔氏曰 因桀紂、幽厲之事하여 而推及於諸侯、卿大夫、士庶人이라 ○ 按此는 卽圈下註也니 以下章圈下亦字而可推也라 蓋本節文義無可訓釋故로 不圈而書之하니 後凡如此處 皆同이라 至如恒言, 巨室兩章註의 此字上無圈者는 蓋因而釋其文意耳라 抑或傳寫之誤歟아

이는 윗장의 뜻을 이어 미루어 말씀한 것이다. ○ 경원보씨가 말하였다. "걸왕(桀王)과 주왕(紂王), 유왕(幽王)과 려왕(厲王)의 일을 인하여 미루어 제후와 경대부(卿大夫)와 사서인(士庶人)에게까지 미쳤다." ○ 살펴보건대 이는 바로 장하주이니, 아랫장 권하(圈下)의 역(亦)자를 가지고 미루어 알 수 있다. 본절의 글 뜻이 훈(訓)하고 석(釋)할 만한 것이 없으므로 권(圈)을 하지 않고 썼으니, 뒤에 무릇 이와 같은 부분은 다 같다. 항언장(恒言章)과 거실장(巨室章) 주(註)의 차(此)자 위에 권점이 없는 것과 같은 것은 그대로 인하여 그 글 뜻을 해석한 것이다. 아니면 혹 전사(傳寫)의 오류인가?

4-1

> 孟子曰 愛人不親이어든 反其仁하고 治人不治어든 反其智하고 禮人不答이어든 反其敬이니라
>
> 맹자가 말씀하셨다. "사람(남)을 사랑해도 친해지지 않거든 그 인(仁)을 돌이켜보고, 사람을 다스려도 다스려지지 않거든 그 지(智)를 돌이켜보고, 사람에게 예(禮)를 해도 답례하지 않거든 그 경(敬)을 돌이켜보아야 한다.

治人之治는 平聲이요 不治之治는 去聲이라

치인(治人)의 '치(治)'는 평성(平聲;다스림)이고 불치(不治)의 '치(治)'는 거성(去聲;다스려짐)이다.

我愛人而人不親我면 則反求諸己하니 其라 ○ 取用下節語라 恐我之仁未至也라 添未至字라 智、敬放 倣同이라 此하니라 不用錯擧法하고 而用省蒙法하니 是亦一例也라

내가 남을 사랑해도 남이 나를 친해주지 않거든 자기 몸에 돌이켜 기(己)는 경문의 기(其)이다. ○ 아랫절의 말을 취하여 썼다. 찾아야 하니, 이것은 나의 인(仁)이 지극하지 못할까 두려워하는 것이다. '미지(未至)'라는 글자를 더하였다. 지(智)와 경(敬)도 이와 같다. '방(放)'은 방(倣)과 같다. ○ 번갈아 드는 법을 쓰지 않고 생략하여 잇는 법을 사용하였으니, 이 또한 한 예(例)이다.

4-2

行有不得者어든 皆反求諸己니 其身正而天下歸之니라

행하고서 얻지 못함이 있거든 모두 자기 몸에 돌이켜 찾아야 하니, 그 몸이 바루어지면 천하가 돌아오는 것이다.

不得은 謂不得其所欲이니 如不親、不治、去聲이라 不答이 承上節이라 ○ 著如字하여 以廣其事라 是也라 反求諸己는 反求諸己는 此章之題目이라 謂反其仁、反其智、反其敬也라 如此면 反이라 則其 一無其字라 自治 如字라 益詳하여 大全曰 詳字는 貼皆字라 ○ 雙峯饒氏曰 皆字說得闊하여 不特上三者而已니라 而身無不正矣리라 天下歸之는 極言其效也라 與論語歸仁註1)로 參看이 可也라

'부득(不得)'은 자기의 소욕(所欲;소원)을 얻지 못함을 이르니, 불친(不親)·불치(不治)· '치(治)'는 거성(去聲;다스려짐)이다. 불답(不答)과 같은 것이 윗절을 이었다. ○ 여(如)자를 놓아서 그 일을 넓혔다. 이것이다. 반구저기(反求諸己)는 '반구저기'는 이 장의 제목이다. 반기인(反其仁)·반기지(反其智)·반기경(反其敬)을 이른다. 이[此]와 같이 하면 차(此)는 경문의 반(反)이다. ○ 일본(一本)에는 기(其)자가 없다. 스스로 다스림이 '치(治)'는 본자대로(다스림) 읽는다. 더욱 치밀하여 ≪대전≫에 말하였다. "상(詳)자는 경문의 개(皆)자에 부합한다." ○ 쌍봉요씨가 말하였다. "개(皆)자는 말한 것이 넓어서 다만 위의 세 가지 뿐만이 아니다." 몸이 바르지 않음이 없을 것이다. 천하가 돌아온다는 것은 그 효험을 지극히 말한 것이다. ≪논어≫ 귀인주(歸仁註)와 참고해 보는 것이 좋다.

4-3

詩云 永言配命이 自求多福이라하니라

≪시경≫에 이르기를 '길이 천명(天命)에 배합(부합)할 것을 생각함이 스스로 많은 복(福)을 구하는 길이다.' 하였다."

解見 音現이라 前篇하니라 公孫丑上이라 ○ 慶源輔氏曰 爲治本乎自反이요 多福本乎自求라

---

1) ≪論語 顔淵 1章≫ "一日克己復禮, 天下歸仁焉." ≪集註≫ "歸, 猶與也. 又言 一日克己復禮, 則天下之人 皆與其仁, 極言其效之甚速而至大也."

해석이 전편에 〈공손추 상〉이다. **보인다.** '현(見)'은 음이 현(現)이다. ○ 경원보씨가 말하였다. "정치를 함은 스스로 돌이킴에 근본하고 많은 복은 스스로 구함에 근본한다."

○ **亦承上章而言이니라** 雙峯饒氏曰 此章은 補前章意하니 前章은 說大綱이요 此章은 說得密이니라 ○ 新安陳氏曰 承上章言仁하여 而及智、禮하니 仁包智、禮也니라

○ **또한 윗장을 이어 말씀한 것이다.** 쌍봉요씨가 말하였다. "이 장은 앞장의 뜻을 보충하였으니, 앞장은 대강(大綱)을 말하였고 이 장은 말씀함이 세밀하다." ○ 신안진씨가 말하였다. "윗장을 이어 인(仁)을 말하여 지(智)와 예(禮)에까지 미쳤으니, 인(仁)은 지(智)와 예(禮)를 포함한다."

5

孟子曰 人有恒言호되 皆曰天下、國、家라하나니 天下之本은 在國하고 國之本은 在家하고 家之本은 在身하니라

맹자가 말씀하셨다. "사람들이 항상 말하기를 '천하(天下)와 국(國)·가(家)'[1]라 하나니, 천하(天下)의 근본은 나라에 있고 나라의 근본은 집에 있고 집의 근본은 몸에 있는 것이다."

*① 천하(天下)·국(國)·가(家) : 천자(天子)가 통치하는 전 지역을 천하(天下)라 하고, 천자의 기내(畿內)나 제후(諸侯)의 영역을 국(國)이라 하고, 식읍(食邑)이 있는 경대부(卿大夫)의 집안을 가(家)라 한 것이다.

恒은 胡登反이라

'항(恒)'은 호(胡)·등(登)의 반절[항상 항]이다.

恒은 常也라 雙峯饒氏曰 國은 王畿之內라 雖常言之나 而未必知其言之有序也라 列言之而已라 故로 推言之하고 上兩在라 而又以家本乎身也라 大全曰 本於身은 乃恒言之所未及이라 ○ 身字는 此章之題目이라 此는 亦承上章而推言之하니 新安陳氏曰 承身正而天下歸之意라 大學所謂自天子至於庶人히 壹是皆以修身爲本은 爲는 去聲이라 是는 家本乎身이라 故也니라 慶源輔氏曰 曾子、子思、孟子相傳之學을 不可誣矣니라 ○ 按中庸도 亦由修身하여 而推至於治人、治天下、國、家하니라

'항(恒)'은 항상이다. 쌍봉요씨가 말하였다. "'국(國)'은 왕기(王畿)의 안이다." 비록 항상 말하고 있으나 그 말에 순서가 있음을 반드시 알지는 못한다. 나열하여 말했을 뿐이다. 그러므로 미루어 말씀하시고, 〈지(之)는〉위의 두 재(在)자이다. 또 집을 몸에 근본한 것이다. ≪대전≫에 말하였다. "몸에 근본함은 바로 항상 말할 때 미치지 않는 것이다." ○ '신(身)'자는 이 장의 제목이다.

이 장(章) 또한 윗장을 이어 미루어 말씀하였으니, 신안진씨가 말하였다. "몸이 바루어지면 천하가 돌아온다는 뜻을 이은 것이다." ≪대학≫에 이른바 '천자로부터 서인에 이르기까지 일체 모두 수신(修身)을 근본으로 삼는다.'고 한 것은 이 이는 집이 몸에 근본하는 것이다. 때문이다. '위(爲)'는 거성(去聲;때문)이다. ○ 경원보씨가 말하였다. "증자(曾子)와 자사(子思)와 맹자가 서로 전하신 학문을 속일 수가 없다." ○ 살펴보건대 ≪중용≫에도 또한 수신(修身)을 말미암아 사람을 다스리고 천하와 나라와 집을 다스림에 미루어 이르렀다.

6

孟子曰 爲政이 不難하니 不得罪於巨室이니 巨室之所慕를 一國慕之하고 一國之所慕를 天下慕之하나니 故로 沛然德敎 溢乎四海하나니라

맹자가 말씀하셨다. "정사를 함이 어렵지 않으니, 거실(巨室;대신의 집안)에게 죄를 짓지 말아야 한다. 거실의 사모함을 비록 일국(一國)이 사모하고, 일국의 사모하는 바를 천하(天下)가 사모한다. 그러므로 패연(沛然)히 덕교(德敎)가 사해(四海)에 넘치는 것이다."

巨室은 世臣, 大家也라 雙峯饒氏曰 世臣은 非一代之臣이요 大家는 是貴官之家니라 ○ 按世臣은 如周之尹氏요 大家는 如漢之霍氏라 得罪는 謂身 人君이라 不正而取怨怒也라 潛室陳氏曰 謂合正理而不致怨이요 非曲法而奉之也라 麥丘 齊地라 邑人이 祝齊桓公曰 願主君은 無得罪於群臣、百姓이라하니 見新序雜事篇이라 ○ 慶源輔氏曰 怨怒必自世臣大家始라 故로 先及群臣하고 後及百姓하니라 意 邑人之意라 蓋如此라 此章이라 慕는 向也니 心悅誠服之謂也라 君不得罪면 則彼必慕悅이라 沛然은 盛大流行之貌라 是浩然之訓이나 而亦可通之於沛然하니 首篇沛然誰能禦之沛然도 亦當遠蒙此訓이요 不當蒙其上文之雨盛貌[2]라 溢은 充滿也라 蓋巨室之心은 難以力服이요 而國人素所取信이니

今旣悅服이면 則國人皆服하여 而吾德敎之所施 可以無遠 天下라 而不至矣라 此는 亦承上章而言이니 大全曰 承家之本在身이라 ○ 按五章相承이로되 而所承者各微異라 蓋 君子 汎論餘意故로 不云人君하고 而云君子하여 以廣其事라 不患人心之不服이요 而患 吾身之不修니 上章意라 吾身旣修면 則人心之難服者先服하여 而無一人之不服矣리 라 此章意라 ○ 巨室은 此章之題目이라

'거실(巨室)'은 세신(世臣)과 대가(大家)*①이다. 쌍봉요씨가 말하였다. "세신(世臣)은 한 시대의 신하가 아니고, 대가(大家)는 바로 귀관(貴官)의 집안이다." ○ 살펴보건대 세신은 주(周)나라의 윤씨(尹氏)와 같고 대가는 한(漢)나라의 곽씨(霍氏)와 같다.*② '득죄(得罪)'는 몸이 몸은 인군(人 君)이다. 바르지 못하여 원망과 노여움을 취하는 것이다. 잠실진씨가 말하였다. 〈불득죄(不得 罪)는〉 "정리(正理)에 부합하여 원망에 이르지 않음을 말한 것이요, 법을 굽혀서 받드는 것은 아 니다." 맥구(麥丘) 제(齊)나라 땅이다. 읍(邑) 사람이 제 환공(齊桓公)에게 축원하기를 "주군 께서는 군신(群臣)과 백성(百姓)들에게 죄를 얻지 마소서." 하였으니, 이 내용은 ≪신서(新 序)≫ 〈잡사(雜事)〉편에 보인다. ○ 경원보씨가 말하였다. "원망과 노여움이 반드시 세신과 대가 로부터 시작된다. 그러므로 〈맥구읍인(麥丘邑人)의 말이〉 먼저 군신(群臣)을 언급하고 뒤에 백성 을 언급한 것이다." 그 뜻이 읍인(邑人)의 뜻이다. 이와 같은 것이다. '이〔此〕'는 이 장이다. '모 (慕)'는 향함이니, 마음으로 기뻐하고 진실로 복종함을 이른다. 인군이 죄를 얻지 않으면 저 들이 반드시 사모하고 기뻐할 것이다. '패연(沛然)'은 성대히 유행하는 모양이다. 이는 호연(浩 然)의 훈(訓)이나 또한 패연(沛然)에도 통할 수 있으니, 머릿편의 '패연함을 누가 막겠습니까.'라 는 패연도 또한 마땅히 멀리 이 훈(訓)을 이어받을 것이요, 그 윗글의 비가 성한 모양을 이어 받 아서는 안 된다. '일(溢)'은 충만함이다.

거실의 마음은 힘으로 복종시키기 어려우며 국민들이 평소 신임을 취하는 바이니, 이제 이미 기뻐하고 복종한다면 국민들이 모두 복종하여 나(군주)의 덕교(德敎)의 베풀어짐이 먼 곳까지 넓은 천하이다. 이르지 않음이 없을 것이다. 이는 또한 윗장을 이어 말씀한 것 이니, ≪대전≫에 말하였다. "집안의 근본이 몸에 있음을 이어 받았다." ○ 살펴보건대 다섯 장이 서로 이어지는데, 이은 것은 각각 약간 다르다. 군자(君子)는 남은 뜻을 범연히 논하였으므로 인 군(人君)이라고 말하지 않고 군자라고 말하여 그 일을 넓힌 것이다. 인심(人心)이 복종하지 않 음을 걱정하지 않고 자신의 몸이 닦여지지 않음을 걱정해야 한다. 윗장의 뜻이다. 자신의 몸이 이미 닦여지면 복종시키기 어려운 인심이 먼저 복종하여 한 사람도 복종하지 않는 자가 없을 것이다. 이 장의 뜻이다. ○ '거실(巨室)'은 이 장의 제목이다.

*① 세신(世臣)과 대가(大家) : 세신은 대대로 벼슬해 온 문벌의 신하이며, 대가는 당대의

---

2) ≪孟子 梁惠王上 6章≫ "(孟子)對曰: …王知夫苗乎. 七八月之間旱, 則苗槁矣. 天油然作雲, 沛 然下雨, 則苗勃然興之矣. 其如是, 孰能禦之. …誠如是也, 民歸之, 由水之就下. 沛然誰能禦之." ≪集註≫ "沛然, 雨盛貌."

권문세가(權門勢家)를 이른다.
*② 세신은……같다 : 윤씨(尹氏)는 주나라 초기에는 사관(史官)인 윤일(尹佚)이 있었고 선왕(宣王) 때에는 윤길보(尹吉甫)가 있었으며, 곽씨(霍氏)는 한(漢)나라 무제(武帝) 때에는 흉노(匈奴)를 공격하여 큰 공을 세운 곽거병(霍去病)과 그의 아들 곽광(霍光)이 있었다.

○ 林氏曰 戰國之世에 諸侯失德하여 巨室擅 時戰反이라 權하니 爲患이 甚矣라 春秋尤甚이라 然이나 或者不修其本하고 而遽欲勝之하면 則未必能勝이요 而適以取禍라 如魯哀公欲以越去三桓이라가 而取遜邾之禍라 故로 孟子推本而言하사 惟務修德以服其心이니 彼旣悅服이면 則吾之德敎 無所留礙하여 牛代反이라 可以及乎天下矣라 하시니라 裴度 唐相이라 所謂 言於憲宗이라 韓洪이 大全曰 本名弘이니 在宋避諱하여 以洪字代之라 興疾 有足疾하여 輿而行이라 討賊하고 吳元濟라 承宗이 藩鎭王承宗이라 斂手 不得拒命이라 削地는 獻二州라 ○ 韓弘討賊과 承宗削地는 各是一事로되 二人은 皆當時所謂巨室强臣으로 而一是諸將之所取信이요 一是諸藩之所取信이라 非朝 音潮라 廷之力이 能制其死命이요 謂執其生殺之權也라 特以處 上聲이라 置 朝廷處置라 得宜하여 不得罪라 能服其心故爾라 하니 見唐書皇甫鎛傳이라 政此類也니라 蓋自是로 唐之諸將不敢橫하고 諸藩不敢叛하니 是亦沛然之所溢云이라

○ 임씨(林氏)가 말하였다. "전국시대(戰國時代)에 제후가 덕을 잃어 거실이 권력을 멋대로 '천(擅)'은 시(時)·전(戰)의 반절[멋대로할 천]이다. 행사하여 병폐가 심하였다. 춘추(春秋) 때 더욱 심하였다. 그러나 혹자가 그 근본(봄)을 닦지 않고 갑자기 〈기실을〉 이기려고 한다면 반드시 이기지 못하고 다만 화(禍)를 취할 뿐이다. 노(魯)나라 애공(哀公)이 월(越)나라를 이용하여 삼환(三桓)을 제거하고자 하다가, 주(邾)나라로 도망가는 화를 취한 것과 같다. 그러므로 맹자가 근본을 미루어 말씀하시기를 '오직 덕을 닦아 그 마음을 복종시키기를 힘써야 하니, 저들이 이미 기뻐하고 복종한다면 나의 덕교(德敎)가 멈추고 막히는 바가 없어 '애(礙)'는 우(牛)·대(代)의 반절[막힐 애]이다. 천하에 미칠 수 있다.'고 하신 것이다.

배도(裴度)의 당(唐)나라의 재상이다. 말한 바 헌종(憲宗)에게 말하였다. '한홍(韓洪)이 《대전》에 말하였다. "본명이 홍(弘)인데 송(宋)나라의 휘를 피하여 홍(洪)자로 대신하였다." 병을 무릅쓰고 수레에 올라 발에 병이 있어서 수레를 타고 간 것이다. 적신(賊臣)을 적(賊)은 오원제(吳元濟)이다. 토벌하고 왕승종(王承宗)이 번진(藩鎭)인 왕승종(王承宗)이다. 손을 거두고 황명(皇命)을 거역하지 못한 것이다. 땅을 떼어 바친 것은, 두 주(州)를 바친 것이다. ○ 한홍(韓弘)이 역적을 토벌한 것과 왕승종이 영토(관할지)를 줄인 것은 각각 한 가지 일인데 두 사람은 다 당시에 이른바 거실(巨室)과 강신(强臣)으로 하나는 여러 장수들이 신임을 취하는 바였고, 하

나는 여러 번진(藩鎭)들이 신임을 받는 바였다. 조정의 '조(朝)'는 음이 조(潮;조정)이다. 힘이 사명(死命)을 쥐고 있어서가 아니라 그 살리고 죽이는 권력을 잡음을 이른다. 다만 <조정의> 처치(處置)가 '처(處)'는 상성(上聲;조처함)이다. ○ 조정(朝廷)의 처치이다. 마땅함을 얻어 죄를 얻지 않은 것이다. 그들의 마음을 복종시켰기 때문일 뿐이다."[1] 라는 것이 이 내용은 ≪당서(唐書)≫ 〈황보박전(皇甫鎛傳)〉에 보인다. 바로 이러한 종류이다." 이로부터 당나라의 장수들이 감히 전횡(專橫)하지 못하고, 여러 번진(藩鎭)들이 감히 배반하지 못했으니, 이 또한 패연(沛然)함이 넘쳐나는 것이다.

*[1] 사명(死命)을……뿐이다 : 사명을 쥐고 있다는 것은 국가의 기강이 확립되어 군주가 생사여탈권(生死與奪權)을 잡고 있음을 뜻한다. 당(唐)나라 때에는 절도사(節度使)들이 병권(兵權)을 쥐고 조정의 명령을 듣지 않는 경우가 많았다. 이에 헌종(憲宗)이 채주(蔡州)의 오원제(吳元濟)를 토벌하게 하자, 한홍(韓洪)은 병이 났으나 병을 무릅쓰고 출정하여 끝내 오원제를 평정하였으며, 왕승종(王承宗)은 상산(常山)을 점거하고 황제의 명령을 거역하였는데 조정에서 병란(兵亂)을 싫어하여 선비인 백기(柏耆)를 보내어 대의(大義)로 설득하자, 감격하여 덕주(德州)·체주(棣州)를 떼어 바치고 복종하였다.

7-1

孟子曰 天下有道에는 小德이 役大德하며 小賢이 役大賢하고 天下無道에는 小役大하며 弱役強하나니 斯二者는 天也니 順天者는 存하고 逆天者는 亡이니라

맹자가 말씀하셨다. "천하에 도가 있을 때에는 소덕(小德;작은 덕)이 대덕(大德;큰 덕)에게 사역을 당하고 소현(小賢;작은 현자)이 대현(大賢;큰 현자)에게 사역을 당하며, 천하에 도가 없을 때에는 작은 자가 큰 자에게 사역을 당하고 약자가 강자에게 사역을 당한다.[1] 이 두 가지는 하늘(이치와 형세)이니, 하늘을 순종하는 자는 보존되고 하늘을 거스르는 자는 망한다.

*[1] 소덕(小德)이……사역을 당한다.〔弱役強〕: 소덕역대덕(小德役大德)은 소덕역어대덕(小德役於大德)의 뜻으로 '어(於)'자가 생략된 것인 바, 아래의 소현역대현(小賢役大賢)·소역대(小役大)·약역강(弱役強)도 이와 같다.

有道之世에는 人皆修德하여 而位必稱 去聲이라 其德之大小하고 新安陳氏曰 小德、小賢은 居小位하고 大德、大賢은 居大位라 ○ 按小位는 役於大位者也라 ○ 雙峯饒氏曰

賢은 兼才德하니 以政事言이라 天下無道에는 人不修德하니 則但以力相役而已라 添力字라 ○ 新安陳氏曰 力之小弱이 見役於力之强大라 天者는 理勢之當然也라 雙峯饒氏曰 小德大德、小賢大賢은 以理言이요 小大、强弱은 以勢言이라 纔到勢之當然處면 便非人之所能爲니 卽是天了니라 ○ 又曰 德은 足以勝時、勢라 ○ 按理天은 可樂이요 勢天은 可畏니 勢天은 卽氣天也라 下文齊女吳는 所以事勢天也요 師文王은 所以事理天也니 圈下註兩天字 亦分理、勢言之라 ○ 雲峯胡氏曰 集註에 嘗以天爲理之自然하고 此以爲理勢之當然하니 彼則純以天理言이요 此則兼以人事言이니라

도(道)가 있는 세상에는 사람들이 모두 덕(德)을 닦아 지위가 반드시 그 덕의 크고 작음에 걸맞고, '칭(稱)'은 거성(去聲;걸맞음)이다. ○신안진씨가 말하였다. "소덕(小德)과 소현(小賢)은 작은 지위에 있고, 대덕(大德)과 대현(大賢)은 큰 지위에 거하는 것이다." ○ 살펴보건대 작은 지위가 큰 지위에게 사역 당하는 것이다. ○ 쌍봉요씨가 말하였다. "현(賢)은 재주와 덕(德)을 겸하니, 정사(政事)를 가지고 말하였다." **천하에 도가 없을 때에는 사람들이 덕을 닦지 않으니, 다만 힘으로써 서로 사역할 뿐이다.** '력(力)'자를 더하였다. ○ 신안진씨가 말하였다. "힘이 작고 약한 자가, 힘이 강하고 큰 자에게 사역을 당하는 것이다." **'천(天)'은 리(理)와 세(勢;형세)의 당연함이다.** 쌍봉요씨가 말하였다. "소덕(小德)과 대덕(大德), 소현(小賢)과 대현(大賢)은 리(理)를 가지고 말하였고, 소(小)와 대(大), 강(强)과 약(弱)은 세력을 가지고 말하였다. 조금이라도 세(勢)의 당연한 곳에 이르면 곧 인력으로 능히 할 수 있는 것이 아니니, 이는 바로 하늘이 한 것이다." ○ 또 말하였다. "덕(德)은 충분히 때와 형세를 이길 수 있다." ○ 살펴보건대 리(理)의 하늘은 즐거울만 하고 형세의 하늘은 두려울만 하니, 형세의 하늘은 바로 기천(氣天)이다. 아랫글에 제(齊)나라가 오(吳)나라에 딸을 시집보냄은 사세의 하늘을 따른 것이요, 문왕(文王)을 본받음은 사리(事理)의 하늘을 따른 것이니, 장하주의 두 천(天)자 또한 리(理)와 세(勢)를 나누어 말하였다. ○ 운봉호씨가 말하였다. "≪집주≫에 일찍이 '천(天)을 리(理)의 자연(自然)'이라 하고, 여기서는 '이세(理勢)의 당연'이라 하였으니, 저기서는 완전히 천리(天理)를 가지고 말하였고, 여기서는 겸하여 인사(人事)를 가지고 말하였다."

7-2

齊景公이 曰 旣不能令하고 又不受命이면 是는 絕物也라하고 涕出而女於吳하니라

제 경공(齊景公)이 말하기를 '이미 <국세가 약하여> 명령하지도 못하고 또 명령을 받지도 않는다면 이는 남과 끊는 것이다.' 하고는 눈물을 흘리면서 오(吳)나라에 딸을 시집보내었다.

女는 去聲이라

'여(女)'는 거성(去聲;딸을 시집보냄)이다.

引此以言小役大、弱役強之事也라 承上節하여 先總提라 令은 出令以使人也요 受命은 聽命於人也라 物은 猶人也라 人亦萬物之一이라 ○ 慶源輔氏曰 絶物이면 則絶於天矣라 女는 以女 如字니 下同이라 與人也라 吳는 蠻夷之國也니 泰伯之後라 景公이 羞與爲昏(婚)이나 而畏其強이라 勢라 故로 涕泣而以女與之하니라 汪氏曰 齊景畏天하여 保其國하니라 ○ 慶源輔氏曰 孟子姑取其小役大、弱役強之事하시니 其萎苶(위날)自棄之罪는 未暇議也시니라

이것을 인용하여 소역대(小役大), 약역강(弱役強)의 일을 말씀한 것이다. 윗절을 이어서 먼저 총괄하여 제시하였다. '령(令)'은 명령을 내어 남을 부리는 것이요, '수명(受命)'은 남에게 명령을 듣는(따르는) 것이다. '물(物)'은 인(人;남)과 같다. 사람 또한 만물의 하나이다. ○ 경원보씨가 말하였다. "남을 끊으면 하늘을 끊는 것이다." '여(女)'는 딸을 '여(女)'는 본자대로(딸 녀) 읽으니, 아래도 같다. 남에게 주는 것이다. 오(吳)나라는 오랑캐 나라였으므로 태백(泰伯)의 후예이다. 경공(景公)이 그와 혼인하는 것을 부끄러워하였으나 그의 강함을 두려워하였다. 세(勢)이다. 이 때문에 눈물을 흘리면서 딸을 준 것이다. 왕씨가 말하였다. "제(齊)나라 경공(景公)이 하늘을 두려워하여 자기 나라를 보존하였다." ○ 경원보씨가 말하였다. "맹자는 우선 소(小)가 대(大)에게 사역(使役) 당하고, 약(弱)이 강(強)에게 사역 당하는 일을 취하셨으니, 그 나약하여 스스로 포기하는 죄는 의논하실 겨를이 없으셨다."

7-3

今也에 小國이 師大國而恥受命焉하나니 是猶弟子而恥受命於先師也니라

지금 소국(小國)이 대국(大國)의 소행을 본받으면서 대국에게 명령받기를 부끄러워하니, 이는 제자(弟子)가 선사(先師;선생)에게 명령받기를 부끄러워함과 같은 것이다.

言 小國이 不修德 照上註라 以自強하고 如字니 下同이라 其般 音盤이라 樂 音洛이라 怠敖를 去聲이라 ○ 四字는 見公孫丑上이라 皆若效 師라 大國之所爲者하고 添若字하여 以稍輕其事라 而獨恥受其敎命하니 是又齊景之罪人이라 不可得也니라 釋末句之意라 ○ 先師는 猶先生也라

소국이 덕(德)을 닦아 윗주에 조응하였다. **스스로 강하게** '강(强)'은 본자대로(강할 강) 읽으니, 아래도 같다. **하지 않고, 즐겁게** '반(般)'은 음이 반(盤;즐김)이다. **놀며** '락(樂)'은 음이 락(洛)이다. **태만히 행동하는 것을** '오(敖)'는 거성(去聲;오만함)이다. ○ 네 글자(般樂怠敖)는 〈공손추 상〉에 보인다. 모두 대국이 하는 것과 똑같이 하고 본받으면서 '약효(若效)'는 경문의 사(師)이다. ○ 약(若)자를 더하여 그 일을 다소 가볍게 하였다. **유독 대국에게 가르침과 명령받기를 부끄러워하니, 이는 또 제(齊)나라 경공(景公)의 죄인이다. 이것은 될 수 없는 것이다.** 마지막 구의 뜻을 해석하였다. ○ '선사(先師)'는 선생(先生)과 같다.

7-4

> 如恥之인댄 莫若師文王이니 師文王이면 大國은 五年이오 小國은 七年에 必爲政於天下矣리라
>
> 만일 이것을 부끄러워할진댄 문왕(文王)을 본받는 것만 한 것이 없으니, 문왕을 본받으면 대국(大國)은 5년, 소국(小國)은 7년에 반드시 천하에 정사를 하게 될 것이다.

此는 因其愧恥之心하여 而勉以修德也라 先總提라 文王之政이 布在方策하니 二句는 出中庸이라 擧而行之면 所謂師文王也라 師文王은 所以師天也니 師文王은 此章之綱領이라 五年, 七年은 以其所乘之勢不同爲差라 楚宜反이라 ○ 新安陳氏曰 大易、小難이라 蓋天下雖無道나 然修德之至면 新安陳氏曰 不師大國而師文王이라 則道自我行하여 而大國이 反爲吾役矣리라

이는 그 부끄러워하는 마음을 인하여 덕(德)을 닦음으로써 권면한 것이다. 먼저 총괄하여 제시하였다. 문왕(文王)의 정사가 방책(方策;서책(書冊))에 나와 있으니, 두 구(文王之政, 布在方策.)는 ≪중용≫에 나온다. 이것을 들어 행하면 이른바 '문왕을 본받는다.'는 것이다. 문왕을 스승 삼음은 하늘을 스승 삼는 것이니, 문왕을 스승 삼음은 이 장의 강령이다. 5년, 7년은 타고 있는 형세의 똑같지 않음으로써 차등을 삼은 것이다. '차(差)'는 초(楚)·의(宜)의 반절[차이 차]이다. ○ 신안진씨가 말하였다. "대국(大國)은 쉽고 소국(小國)은 어려운 것이다." 천하가 비록 무도(無道)하나 덕을 닦기를 지극히 하면 신안진씨가 말하였다. "대국을 스승 삼지 않고 문왕을 스승 삼는 것이다." 도(道)가 나로부터 행해져서 대국이 도리어 나에게 사역을 당할 것이다.

程子 叔子라 曰 五年, 七年은 聖人度 入聲이라 其時 時勢라 則可矣라 然이나 凡此

類를 學者皆當思其作爲如何라야 乃有益耳니라 已見論語子路註라

정자가 숙자이다. 말씀하였다. "5년, 7년은 성인(聖人)이 그때쯤이면 '시(時)'는 시세(時勢)이다. 가능하다고 헤아리신 '탁(度)'은 입성(入聲;헤아림)이다. 것이다. 그러나 무릇 이러한 류(類)들은 배우는 자가 모두 마땅히 어떻게 작위(作爲;조처와 시행)할 것인가를 생각하여야 유익함이 있을 것이다." 이 내용은 이미 ≪논어≫〈자로〉19장의 주(註)에 보인다.

7-5

詩云 商之孫子 其麗不億이언마는 上帝旣命이라 侯于周服이로다 侯服于周하니 天命靡常이라 殷士膚敏이 祼將于京이라하여늘 孔子曰 仁不可爲衆也니 夫國君이 好仁이면 天下無敵이라하시니라

≪시경≫에 이르기를 '상(商)나라의 자손이 그 수가 억(億;십만)일 뿐만이 아니지만 상제(上帝)가 이미 〈천명을 주나라에〉 명한지라 주나라에 복종하는구나. 주나라에 복종하니, 천명은 항상 하지 않는다. 은(殷)나라 선비로서 부대(膚大)하고 통달한 자들이 〈주나라〉 서울에서 술을 부어 제사를 돕는다.' 하였다. 공자께서 말씀하시기를 '인자(仁者)에게는 많은 무리가 될 수 없으니, 저 나라의 군주가 인(仁)을 좋아하면 천하에 대적할 이가 없다.' 하셨다.

祼는 音灌이요 夫는 音扶라 好는 去聲이라

'관(祼)'은 음이 관(灌;강신(降神))이고, '부(夫)'는 음이 부(扶;저)이다. '호(好)'는 거성(去聲;좋아함)이다.

詩는 大雅文王之篇이라 孟子引此詩及孔子之言하사 以言文王之事하시니라 承上節하여 先總提라 麗는 數也라 十萬曰億이라 侯는 維也라 大全曰 助語辭라 商 殷이라 士는 商孫子之臣也라 膚는 大也요 敏은 達也라 祼은 宗廟之祭에 以鬱鬯 丑亮反이라 之酒로 新安倪氏曰 築鬱金香草하여 以和鬯酒라 灌地而降神也라 將은 助也라 言 商之孫子衆多하여 其數不但 補但字라 十萬而已언마는 上帝旣命周以天下하시니 添四字라 則凡此商之孫子 皆臣服于周矣니 所以然者는 四字는 釋侯服于周之意라 以天命不常하여 歸于有德 添四字라 故也라 補以、故字라 是以로 商士之膚大而敏達者 皆執

祼獻之禮하여 補執、禮字라 助王祭事于周之京師也라 孔子因讀此詩而言하사되 有仁者면 補者字라 則雖有十萬之衆이라도 不能當之라 釋不可爲衆之意라 故로 國君好仁이면 則必無敵於天下也라하시니라 不可爲衆은 猶所謂難爲兄, 難爲弟 六字는 出世說德行篇이라 云爾라 爲字之文勢 語意相類라 故로 引而證之라 又難爲水, 難爲言은 見盡心上3)이라

시(詩)는 <대아(大雅) 문왕(文王)>편이다. 맹자가 이 시와 공자의 말씀을 인용하여 윗절을 이어서 먼저 총괄하여 제시하였다. 문왕의 일을 말씀하셨다. '려(麗)'는 수(數)이다. 십만을 '억(億)'이라 한다. '후(侯)'는 유(維;어조사)이다. ≪대전≫에 말하였다. "유(維)는 어조사이다." '상사(商士)'는 상(商)나라 '상(商)'은 은(殷)이다. 자손의 신하이다. '부(膚)'는 큼이요, '민(敏)'은 통달함이다. '관(祼)'은 종묘(宗廟)의 제사에 울창(鬱鬯)의 '창(鬯)'은 축(丑)·량(亮)의 반절[검은 기장 창]이다. 술을 신안예씨가 말하였다. "울금의 향초를 다져서 검은 기장과 섞은 술이다." 땅에 부어 신(神)을 내리게 하는 것이다. '장(將)'은 도움이다. 상(商)나라의 자손이 많아서 그 수가 단지 '단(但)'자를 보충하였다. 십만일 뿐이 아니지만 상제(上帝)가 이미 주(周)나라에게 천하를 명하시니, 네 글자(周以天下)를 더하였다. 모든 이 상나라의 자손들이 다 주나라에 신하로 복종하였다. 그러한 까닭은 네 글자(所以然者)는 후복우주(侯服于周)의 뜻을 해석한 것이다. 천명(天命)이 무상(無常)하여 덕(德)이 있는 자에게 돌아가기 네 글자(歸于有德)를 더하였다. 때문이다. '이(以)'자와 '고(故)'자를 보충하였다. 이 때문에 상나라 선비로서 부대(膚大)하고 민달(敏達)한 자들이 모두 강신제를 올리는 예를 잡아 '집(執)'자와 '예(禮)'자를 보충하였다. 주왕(周王)의 제사를 주나라 경사(京師;서울)에서 돕는 것이다.

공자께서 이 시를 읽음으로 인하여 말씀하시기를 "인자(仁者)가 '자(者)'자를 보충하였다. 있으면 비록 십만의 많은 무리가 있더라도 그를 당해낼 수 없다. 불가위중(不可爲衆)의 뜻을 해석하였다. 그러므로 국군(國君)이 인(仁)을 좋아하면 반드시 천하에 대적할 자가 없는 것이다." 하셨다. 불가위중(不可爲衆)은 이른바 '형 되기가 어렵고 아우 되기가 어렵다.'는 여섯자(難爲兄難爲弟)는 ≪세설(世說)≫ <덕행>편에 나온다. 말과 같다.*① 위(爲)자의 문세가 말뜻이 서로 유사하므로 인용하여 증명하였다. 또 난위수(難爲水), 난위언(難爲言)은 <진심 상>에 보인다.

*① 불가위중(不可爲衆)은……같다 : 위(爲)는 '되다'의 뜻으로, 불가위중(不可爲衆)은 그 앞에서는 아무리 숫자가 많아도 무력(無力)해져서 대적할 수 없음을 뜻한다. 난위형(難爲兄), 난위제(難爲弟)는 형제간(兄弟間)이 너무 훌륭하여 그 아우의 형이 되기 어렵고 또 그 형의 아우가 되기 어렵다는 뜻으로, 후한(後漢) 때 진기(陳紀)와 그의 아우 진담(陳諶)이 공덕(功德)이 엇비슷하다 하여 나온 말인데, 여기서는 단지 위(爲)를 '되다'의 뜻으로 사용한 문법(文法)이 그와 유사함을 취했을 뿐이다.

---

3) ≪孟子 盡心上 24章≫ "孟子曰: 孔子登東山而小魯, 登太山而小天下. 故觀於海者, 難爲水, 遊於聖人之門者, 難爲言."

7-6

今也에 欲無敵於天下而不以仁하나니 是猶執熱而不以濯也니 詩云 誰能執熱하여 逝不以濯이리오하니라

이제 천하에 대적할 자가 없기를 바라면서 인정(仁政)을 행하지 않으니, 이는 뜨거운 물건을 손에 쥐고서 물로 씻지 않는 것과 같다. ≪시경≫에 이르기를 '누가 뜨거운 물건을 쥐고서 물로 씻지 않겠는가.' 하였다."

恥受命於大國은 承前節이라 是欲無敵於天下也요 乃師大國而不師文王은 承前節이라 是不以仁也라 恥受命은 猶執熱이요 不以仁은 猶不以濯이라 詩는 大雅桑柔之篇이라 逝는 語辭也라 言 誰能執持熱物하여 而不以水自濯其手乎아 補手字라 ○ 引詩以實執熱而必以濯이라

대국(大國)에게 명령받기를 부끄러워함은 윗절을 이었다. 천하에 대적할 자가 없기를 바라는 것이요, 대국의 소행을 본받고 문왕(文王)을 본받지 않음은 윗절을 이었다. 인정(仁政)을 행하지 않는 것이다. 명을 받음을 부끄러워함은 뜨거운 물건을 잡음과 같고, 인(仁)으로써 하지 않음은 손을 물에 씻지 않는 것과 같다. 시(詩)는 <대아(大雅) 상유(桑柔)>의 편이다. '서(逝)'는 어조사이다. 누가 뜨거운 물건을 쥐고서 물로써 그 손을 씻지 않겠느냐고 말씀한 것이다. '수(手)'자를 보충하였다. ○ 시(詩)를 인용하여 뜨거운 물건을 잡으면 반드시 손을 물에 씻음을 실증하였다.

○ 此章은 言 不能自强이면 則聽天所命이요 新安陳氏曰 如齊景이 是也니라 修德行仁이면 則天命在我니라 新安陳氏曰 師文王而爲政於天下者 是也니라

○ 이 장(章)은 스스로 강해지지 못하면 하늘의 명하는 바를 들을(따를) 것이요, 신안진씨가 말하였다. "제(齊)나라 경공(景公)과 같은 것이 이것이다." 덕(德)을 닦고 인정을 행하면 천명(天命)이 자신에게 있음을 말씀한 것이다. 신안진씨가 말하였다. "문왕을 스승 삼아서 천하에 정사를 하는 자가 이것이다."

8-1

孟子曰 不仁者는 可與言哉아 安其危而利其菑(災)하여 樂其所以亡者하나니 不仁而可與言이면 則何亡國敗家之有리오

> 맹자가 말씀하셨다. "불인(不仁)한 자와는 더불어 말할 수 있겠는가. <불인한 자는> 위태로움을 편안히 여기고 재앙을 이롭게 여겨 망하는 짓을 좋아한다. 불인하면서도 더불어 말할 수 있다면 어찌 나라를 망하게 하고 집안을 패하게 하는 일이 있겠는가.

菑는 與災同이라 樂은 音洛이라

'재(菑)'는 재(災;재앙)와 같다. '락(樂)'은 음이 락(洛)이다.

安其危, 利其菑者는 不知其爲危菑하여 而反以爲安利也라 所以亡者는 謂荒淫暴 一作暴淫이라 虐하여 所以致亡之道也라 不仁之人은 私欲固蔽하여 失其本心이라 添八字라 故로 其顚倒錯亂이 至於如此하니 釋安危樂亡句라 ○ 雙峯饒氏曰 孟子說得利害大段甚分明이시니라 所以不可告以忠言하여 而卒至於敗亡也니라 釋末二句之意로되 但本文反說이요 而註正釋耳라 ○ 西山眞氏曰 祖伊嘗諫紂하고 召穆公嘗諫厲王이로되 而二君不聽하니라

안기위(安其危), 리기재(利其菑)는 그 위태로움과 재앙이 됨을 알지 못하여 도리어 편안하고 이로움으로 여기는 것이다. 망하는 짓[所以亡]은 황포(荒暴)하고 음학(淫虐)하여 일본(一本)에는 포음(暴淫)으로 되어 있다. 패망에 이르는 방도를 이른다. 불인한 사람은 사욕에 굳게 가리워져 본심(本心)을 잃는다. 여덟 글자(私欲固蔽, 失其本心.)를 더하였다. 그러므로 전도(顚倒)하고 착란(錯亂)함이 이와 같음에 이르니, 위태로움을 편안히 여기고 망함을 즐거워하는 구를 해석하였다. ○ 쌍봉요씨가 말하였다. "맹자가 이해(利害)를 말씀한 것이 대단히 매우 분명하시다." 이 때문에 충언(忠言)으로써 고해 줄 수 없어 끝내 패망에 이르는 것이다. 마지막 두 구의 뜻을 해석하였는데, 다만 본문은 뒤집어 말하였고 주(註)는 바로 해석했을 뿐이다. ○ 서산진씨가 말하였다. "조이(祖伊)가 일찍이 주왕(紂王)에게 간하였고, 소목공(召穆公)이 일찍이 려왕(厲王)에게 간했으나 두 군주가 그 말을 듣지 않았다."

8-2

> 有孺子歌曰 滄浪之水淸兮어든 可以濯我纓이요 滄浪之水濁兮어든 可以濯我足이라하여늘

> 유자(孺子;동자)가 노래하기를 '창랑(滄浪)의 물이 맑거든 나의 <소중한> 갓끈을 빨 것이요, 창랑(滄浪)의 물이 흐리거든 나의 <더러운> 발을 씻겠다.' 하였다.

浪은 音郞이라

'랑(浪)'은 음이 랑(郞;물결)이다.

滄浪은 水名이라 水經註曰 在武當縣北이라 纓은 冠系也라 滄浪은 在楚地라 蓋夫子適楚時所聞歌也니 屈原亦取以著於楚辭中4)이라

창랑(滄浪)은 물 이름이다. ≪수경주(水經註)≫에 말하였다. "창랑(滄浪)은 무당현(武當縣) 북쪽에 있다." '영(纓)'은 갓끈이다. 창랑은 초(楚)나라 땅에 있다. 아마도 부자가 초나라에 가셨을 때에 들으신 노래인 듯하니, 굴원(屈原) 또한 이것을 취하여 ≪초사(楚辭)≫ 가운데 드러내었다.

8-3

> **孔子曰 小子아 聽之하라 淸斯濯纓이요 濁斯濯足矣로소니 自取之也라하시니라**
>
> 공자께서 말씀하시기를 '소자(小子)들아, 저 노래를 들어보라. 물이 맑으면 갓끈을 빨고 물이 흐리면 발을 씻는 것이니, 이는 물이 자취(自取)하는 것이다.' 하셨다.

呼門人하여 使記之라

문인을 불러서 하여금 기억하게 하신 것이다.

言 水之淸濁이 有以自取之也라 自取는 此章之題目이라 聖人이 聲入心通하여 無非至理를 此類可見이니라 俗語纔入에 而至理自通하여 不待推也라 ○ 新安陳氏曰 此所以爲耳順也니라

물의 맑고 흐림이 자취(自取)함을 말씀한 것이다. '자취(自取)'는 이 장의 제목이다. 성인(聖人)은 소리가 <귀에> 들어오면 마음에 통달하여 지극한 이치 아님이 없음을 이러한 류(類)에서 볼 수 있다. 세속의 말이 조금이라도 귀에 들어오면 지극한 이치가 저절로 통하여, 미

---

4) ≪楚辭 漁父辭≫ "漁父莞爾而笑, 鼓枻而去, 乃歌曰: 滄浪之水淸兮, 可以濯吾纓; 滄浪之水濁兮, 可以濯吾足. 遂去, 不復與言."

이루장구 상 547

루기를 기다리지 않은 것이다. ○ 신안진씨가 말하였다. "이것이 〈부자(夫子)가〉 이순(耳順)이 되신 것이다."

8-4

夫人必自侮^①然後에 人侮之하며 家必自毀而後에 人毀之하며 國必自伐而後에 人伐之하나니라

저 사람은 반드시 스스로 업신여긴 뒤에 남이 그를 업신여기며, 집안은 반드시 스스로 훼손한 뒤에 남이 그를 훼손하며, 나라는 반드시 스스로 공격한 뒤에 남이 그를 공격하는 것이다.

*① 人必自侮 : 자모(自侮)는 스스로 업신여기는 것으로 자신이 남들로부터 업신여김을 당할 만한 행위를 함을 이르는 바, 뒤의 자훼(自毀)와 자벌(自伐) 역시 제 스스로 자기 집안을 훼손하고 자기 나라를 망하게 할 만한 행위를 함을 이른 것이다.

夫는 音扶라

'부(夫)'는 음이 부(扶;저)이다.

所謂自取之者라 此節三事는 是上節自取二字之目也라 ○ 變然言而는 蓋偶爾耳라

이른바 자취(自取)한다는 것이다. 이 절의 세 가지 일은 바로 윗절에 자취(自取) 두 글자의 조목이다. ○ '연(然)'을 바꾸어 이(而)라고 말함은 우연일 뿐이다.

8-5

太甲曰 天作孼은 猶可違어니와 自作孼은 不可活이라하니 此之謂也니라

〈태갑(太甲)〉에 이르기를 '하늘이 지은 재앙은 그래도 피할 수 있지만 제 스스로 지은 재앙은 〈피하여〉 살 수 없다.' 하였으니, 이것을 말한 것이다."

解見 音現이라 前篇하니라 公孫丑上이라

해석이 전편에 〈공손추 상〉이다. **보인다.** '현(見)'은 음이 현(現)이다.

○ 此章은 言 心存則有以審夫 音扶라 得失之幾요 如孔子聞歌而知自取之義라 不存則無以辨於存亡之著니 安其危하고 樂其亡이라 禍福之來 皆其自取니라 慶源輔氏曰 此亦承上章하여 而言仁與不仁所取之不同也라

○ 이 장(章)은 마음이 보존되면 저 '부(夫)'는 음이 부(扶;저)이다. 득실(得失)의 기미를 살필 수 있고, 공자가 노랫소리를 듣고 자취(自取)함을 아신 것과 같은 뜻이다. 보존되지 않으면 존망(存亡)이 드러난 것도 분별할 수 없으니, 그 위태로움을 편안히 여기고, 그 망함을 즐거워하는 것이다. 화복(禍福)의 옴이 모두 자취(自取)임을 말씀한 것이다. ○ 경원보씨가 말하였다. "이 또한 윗장을 이어서 인(仁)과 불인(不仁)의 취한 바가 똑같지 않음을 말하였다."

9-1

孟子曰 桀、紂之失天下也는 失其民也니 失其民者는 失其心也라 得天下有道하니 得其民이면 斯得天下矣리라 得其民이 有道하니 得其心이면 斯得民矣리라 得其心이 有道하니 所欲을 與之聚之요 所惡(오)를 勿施爾也니라

맹자가 말씀하셨다. "걸(桀)·주(紂)가 천하를 잃은 것은 백성을 잃었기 때문이니, 백성을 잃었다는 것은 그 마음을 잃은 것이다. 천하를 얻음에 길(방도)이 있으니, 백성을 얻으면 천하를 얻을 것이다. 백성을 얻음에 길이 있으니, 그 마음을 얻으면 백성을 얻을 것이다. 마음을 얻음에 길이 있으니, 백성이 원하는 바를 위하여 모아주고 백성이 싫어하는 바를 베풀지 말아야 한다.

惡는 去聲이라

'오(惡)'는 거성(去聲;미워함)이다.

將言得而先之以失하고 將言心而先之以天下하고 將言下節仁字에 而先之以所欲、所惡二句라

장차 득(得)을 말하려고 하면서 먼저 실(失)을 말하고, 장차 심(心)을 말하려고 하면서 먼저 천하(天下)를 말하고, 장차 아랫절의 인(仁)자를 말하려고 하면서 먼저 '하고자 하는 바'와 '싫어하는 바' 두 구를 말하였다.

民之所欲을 皆爲 去聲이라 致之를 沙溪曰 與는 猶爲也니 乃爲民也라 如聚斂 去聲이라 然하고 民之所惡는 則勿施於民이니 爾는 語辭라 鼂 音潮라 錯 音措라 ○ 西漢時人이라 所謂 人情이 莫不欲壽어늘 三王이 生之 活之라 而不傷하고 人情이 莫不欲富어늘 三王이 厚之而不困하고 人情이 莫不欲安이어늘 三王이 扶之而不危하고 人情이 莫不欲逸이어늘 三王이 節其力而不盡은 大全曰 此錯對賢良策語라 此類之謂也니라 只引所欲하여 以該所惡하니 蓋反是則爲惡也라

백성들이 원하는 바를 모두 위하여 '위(爲)'는 거성(去聲;위함)이다. 이루어주기를 사계(沙溪)가 말씀하였다. "여(與)는 위(爲)와 같으니, 바로 백성을 위하는 것이다." 취렴(聚斂;재물을 모음)하듯이 '렴(斂)'은 거성(去聲;거둠)이다. 하고, 백성들이 싫어하는 바는 백성들에게 베풀지 말아야 하니, '이(爾)'는 어조사이다. 조조(鼂錯)의 '조(鼂)'는 음이 조(潮)이다. ○ '조(錯)'는 음이 조(措)이다. ○ 서한(西漢) 때 사람이다. 이른바 '사람들의 마음은 장수하기를 원하지 않는 이가 없는데 삼왕(三王)은 백성들을 살려주고 살려줌이다. 상하지 않게 하며, 사람들의 마음은 부유하기를 원하지 않는 이가 없는데 삼왕은 백성들의 생활을 후하게 해주고 곤궁하지 않게 하며, 사람들의 마음은 편안하기를 원하지 않는 이가 없는데 삼왕은 백성들을 붙들어 주고 위태롭지 않게 하며, 사람들의 마음은 몸이 편함을 원하지 않는 이가 없는데 삼왕은 백성들의 힘을 절제하고 다하지 않게 했다.'는 것은 ≪대전≫에 말하였다. "이는 조조(鼂錯)가 현량책(賢良策)에 대답한 말이다." 이러한 류(類)를 말한 것이다. 다만 하고자 하는 바를 인용하여 싫어하는 바를 포함하였으니, 이것을 뒤집으면 미워함(싫어함)이 되는 것이다.

9-2

民之歸仁也 猶水之就下며 獸之走壙也니라

백성이 인자(仁者)에게 돌아옴은 물이 아래로 내려가며 짐승이 들로 달아나는 것과 같다.

走는 音奏라

'주(走)'는 음이 주(奏;달아남)이다.

言其順也라

그 순함을 말한 것이다.

壙은 廣野也라 言 民之所以歸乎此는 仁이라 以其所欲之在乎此也니라 承上節이라 ○ 只釋本事에 而喩意自明이라 ○ 新安陳氏曰 此章綱領은 在一仁字하고 仁民之要는 在所欲與聚, 所惡勿施하니라 ○ 歸仁은 此章之題目이라

'광(壙)'은 넓은 들이다. 백성이 이 곳(인자)에 돌아오는 까닭은 그들의 원하는 바가 이 곳에 이곳은 인(仁)이다. 있기 때문임을 말씀한 것이다. 윗절을 이었다. ○ 다만 본래의 일을 해석함에 비유한 뜻이 저절로 분명해졌다. ○ 신안진씨가 말하였다. "이 장의 강령은 한 인(仁)자에 있고, 인민(仁民)의 요점은 하고자 하는 바를 주어서 모으고 싫어하는 바를 베풀지 않음에 있다." ○ '귀인(歸仁)'은 이 장의 제목이다.

9-3

> 故로 爲淵敺魚者는 獺也요 爲叢敺爵(雀)者는 鸇也요 爲湯、武敺民者는 桀與紂也니라
>
> 그러므로 못을 위하여 물고기를 몰아주는 것은 수달이요, 나무숲을 위하여 참새를 몰아주는 것은 새매요, 탕(湯)·무(武)를 위하여 백성을 몰아준 자는 걸(桀)·주(紂)이다.

爲는 去聲이라 敺는 與驅同이라 獺은 音闥이요 爵은 與雀同이라 鸇은 諸延反이라

'위(爲)'는 거성(去聲;위함)이다. '구(敺)'는 구(驅)와 같다. '달(獺)'은 음이 달(闥;수달)이고 '작(爵)'은 작(雀;참새)과 같다. '전(鸇)'은 저(諸)·연(延)의 반절[새매 전]이다.

淵은 深水也라 獺은 食魚者也라 叢은 茂林也라 鸇은 食雀者也라 言 民之所以去此는 以其所欲在彼하고 承前節이라 而所畏在此也라 與上註로 相照應이라 ○ 亦只釋本事에 而喩意自明이라 ○ 民固歸仁이어든 況以不仁而爲之敺乎아 ○ 新安陳氏曰 彼는 謂湯、武요 此는 謂桀、紂니 如魚雀之可全生者 在淵叢하여 而得免死於獺鸇也니라

'연(淵)'은 깊은 물이다. '달(獺;수달)'은 고기를 잡아먹는 짐승이다. '총(叢)'은 무성한 숲이다. '전(鸇;새매)'은 참새를 잡아먹는 새이다. 백성들이 이곳을 떠나는 까닭은 그들이 원하는 바가 저곳에 있고 윗절을 이었다. 두려워하는 바가 이곳에 있기 때문임을 말씀한 것이다. 윗주와 서로 조응하였다. ○ 또한 다만 본래의 일을 해석함에 비유한 뜻이 저절로 분명해졌다. ○ 백성은 진실로 인자(仁者)에게 돌아오는데 하물며 불인(不仁)으로써 위하여 몰아줌에 있어서랴. ○ 신안진씨가 말하였다. "저[彼]는 탕왕(湯王)과 무왕(武王)을 이르고 이[此]는 걸왕(桀王)과 주왕(紂王)을 이르니, 물고기와 참새가 생명을 온전히 할 수 있는 것이 깊은 못과 무성한

숲에 있음과 같아서 수달과 새매에게 죽음을 면할 수 있음과 같은 것이다."

9-4

> 今天下之君이 有好仁者면 則諸侯皆爲之敺矣리니 雖欲無王이나 不可得已니라
>
> 이제 천하의 군주 중에 인(仁)을 좋아하는 자가 있으면 제후(諸侯)들이 모두 그를 위하여 〈백성을〉 몰아줄 것이니, 비록 왕 노릇을 하지 않으려 하더라도 될 수 없을 것이다.

好、爲、王은 竝去聲이라

'호(好)'와 '위(爲)'와 '왕(王)'은 모두 거성(去聲;좋아함, 위함, 왕노릇함)이다.

竝은 一作皆라 ○ 集註無文이라 ○ 南軒張氏曰 假是道而得天下는 漢、唐是也니 秦爲漢敺하고 隋爲唐敺하니라

'병(竝)'은 일본(一本)에는 개(皆)로 되어 있다. ○ 《집주》에는 글이 없다. ○ 남헌장씨가 말하였다. "이 도(道)를 빌려서 천하를 얻은 것은 한(漢)나라와 당(唐)나라가 이것이니, 진(秦)나라는 한나라를 위하여 백성을 몰아주었고, 수(隋)나라는 당나라를 위하여 백성을 몰아주었다."

9-5

> 今之欲王者는 猶七年之病에 求三年之艾(애)也니 苟爲不畜이면 終身不得하리니 苟不志於仁이면 終身憂辱하여 以陷於死亡하리라
>
> 지금에 왕 노릇 하고자 하는 자는 7년 된 병에 3년 묵은 약쑥을 구하는 것과 같으니, 만일 〈지금 약쑥을 뜯어〉 저축해 두지 않으면 종신토록 얻지 못할 것이다. 〈이와 마찬가지로〉 만일 인정(仁政)에 뜻하지 않으면 종신토록 근심하고 치욕을 받아 죽고 망함에 이를 것이다.

王은 去聲이라

'왕(王)'은 거성(去聲;왕노릇함)이다.

艾는 草名이니 所以灸 九、究二音이라 者니 乾 音干이라 久益善이라 夫 音扶라 病已深而欲求乾久之艾면 固難卒 猝同이라 辦이라 釋艾也以上이라 然이나 自今畜 勅六反이라 之면 則猶或可及이어니와 從苟爲不畜句하여 先說出言外意라 不然이면 則病日益深하고 死日益迫하여도 添此語하니 使人有惕然自省處라 而艾終不可得矣리라 只釋喩意에 而本事自明이라

'애(艾)'는 풀 이름이니 뜸을 뜨는 것인데, '구(灸)'는 구(灸)는 구(九)와 구(究) 두 음이다. 말린 지가 '간(乾)'은 간(干;말림)이다. 오랜 것일수록 <약효가> 더욱 좋다. 저 '부(夫)'는 음이 부(扶;저)이다. 병이 이미 깊었는데, 말린 지가 오래된 약쑥을 구하려고 하면 진실로 갑자기 '졸(卒)'은 졸(猝)과 같다. 장만하기가 어렵다. 애야(艾也) 이상을 해석하였다. 그러나 지금부터라도 <뜯어서> 저축해 두면 '축(畜)'은 칙(勅)·육(六)의 반절[쌓아둘 축]이다. 오히려 혹 기한에 미쳐 고칠 수 있거니와 구위불축(苟爲不畜)의 구를 따라 먼저 말 밖의 뜻을 말하였다. 그렇지 않으면 병이 날로 더욱 깊어지고 죽음이 날로 더욱 임박하여도 이 말을 더하니, 사람으로 하여금 척연(惕然)히 스스로 살피게 하는 곳이 있게 하였다. 쑥을 끝내 얻지 못할 것이다. 다만 비유한 뜻을 해석함에 본래의 일이 스스로 분명해졌다.

9-6

詩云 其何能淑이리오 載胥及溺이라하니 此之謂也니라

≪시경≫에 이르기를 '어씨 능히 선(善)할 수 있으리오. 서로 더불어 빠진다.' 하였으니, 이것을 말한 것이다."

詩는 大雅桑柔之篇이라 淑은 善也라 載는 則也라 胥는 相也라 言 今之所爲 其何能善이리오 則相引以陷於亂亡而已니라 引詩하여 以證陷於死亡하니 亦如執熱章之結語云이라

시(詩)는 <대아(大雅) 상유(桑柔)>의 편이다. '숙(淑)'은 선(善)이다. '재(載)'는 즉(則;곧)이다. '서(胥)'는 서로이다. "지금에 하는 바가 어찌 선할 수 있겠는가. 곧 서로 이끌고서 혼란과 멸망에 빠질 뿐"임을 말씀한 것이다. 시(詩)를 인용하여 죽고 망함에 빠짐을 증명하였으니, 또한 집열장(執熱章)의 맺은 말과 같다.

10-1

孟子曰 自暴者는 不可與有言也요 自棄者는 不可與有爲也니 言非禮義를 謂之自暴也요 吾身不能居仁由義를 謂之自棄也니라

맹자가 말씀하셨다. "스스로 해치는 자는 더불어 말할 수 없고, 스스로 버리는 자는 더불어 일할 수 없으니, 말할 때마다 예의(禮義)를 비방하는 것을 자포(自暴)라 이르고, 내 몸은 인(仁)에 거(居)하고 의(義)를 따를 수 없다고 하는 것을 자기(自棄)라 이른다.

暴는 猶害也요 非는 猶毁也라 自害其身者는 不知禮義之爲美而非毁之하니 言非는 猶云言必非之라 雖與之言이라도 必不見信也요 錯倒釋之하여 以便於文이라 自棄其身者는 猶知仁義之爲美로되 但溺於怠惰하여 自謂必不能行이니 居、由皆屬爲라 與之有爲라도 必不能勉也라 猶吾君不能之賊也라

'포(暴)'는 해(害;해침)와 같고, '비(非)'는 훼(毁;비방)와 같다. 스스로 그 몸을 해치는 자는 예의(禮義)가 아름다움이 됨을 알지 못하여 비방하니, 언비(言非)는 말할 때마다 반드시 비난한다고 말함과 같다. 비록 그와 더불어 말하더라도 반드시 믿어 주지 않을 것이요, 거꾸로 풀이하여 문장을 편하게 하였다. 스스로 그 몸을 버리는 자는 오히려 인의(仁義)가 아름다움이 됨을 아나 다만 게으름에 빠져 반드시 행할 수 없다고 스스로 말할 것이니, '거(居)'와 '유(由)'는 모두 행위에 속한다. 비록 그와 더불어 일하더라도 반드시 힘쓰지 못할 것이다 우리 인군은 능히 인의(仁義)를 하지 못한다는 적(賊)과 같다.

程子 叔子라 曰 人苟以善自治면 則無不可移者하니 雖昏愚之至라도 皆可漸 將廉反이라 磨而進也라 惟自暴者는 拒之以不信하고 自棄者는 絶之以不爲하나니 雖聖人與居라도 不能化而入也니 此所謂下愚之不移也니라 已見論語陽貨註[5]하니 參看이 可也니라

정자가 숙자이다. 말씀하였다. "사람이 만일 선(善)으로써 스스로 다스리면 옮길(변할) 수 없는 자가 없으니, 비록 혼우(昏愚)함이 지극하더라도 모두 점점 '점(漸)'은 장(將)·렴(廉)의 반절[점점 점]이다. 연마하여 나아갈 수 있다. 오직 자포하는 자는 막아서 믿지 않으며 자

---

5) 《論語 陽貨 3章》 "子曰: 惟上知(智)與下愚不移." 《集註》 "程子曰: 人性本善, 有不可移者, 何也. 語其性則皆善也. 語其才則有下愚之不移. 所謂下愚有二焉, 自暴自棄也.…惟自暴者, 拒之以不信, 自棄者, 絶之以不爲, 雖聖人與居, 不能化而入也, 仲尼之所謂下愚也."

기하는 자는 끊어서(체념하여) 하지 않으니, 비록 성인(聖人)과 더불어 거처하더라도 교화하여 들어갈 수 없다. 이것이 이른바 '하우불이(下愚不移)'라는 것이다. 이 내용은 《논어》〈양화(陽貨)〉의 주(註)에 보이니, 참고해 보는 것이 좋다.

10-2

仁은 人之安宅也요 義는 人之正路也라

인(仁)은 사람의 편안한 집이요, 의(義)는 사람의 바른 길이다.

仁宅은 已見 音現이라 前篇하니라 公孫丑上이라 義者는 宜也니 見盡心下外國本[6]이라 乃天理之當行이요 路라 無人欲之邪曲이라 正이라 故로 曰正路라하니라 義路는 又見萬章下라

'인택(仁宅)'은 이미 전편에 〈공손추 상〉이다. 보인다. '현(見)'은 음이 현(現)이다. '의(義)'는 마땅함이니, 〈진심 하〉의 외국본(外國本)에 보인다. 바로 천리(天理)로서 마땅히 행해야 할 것이요 경문의 로(路)이다. 인욕(人欲)의 사곡(邪曲)함이 없다. 경문의 정(正)이다. 그러므로 정로(正路)라 한 것이다. '의로(義路)'는 또 〈만장 하〉에 보인다.

10-3

曠安宅而弗居하며 舍正路而不由하나니 哀哉라

편안한 집을 비워두고 거처하지 않으며 바른 길을 버려두고 따르지 않으니, 애처롭다."

舍는 上聲이라

'사(舍)'는 상성(上聲;버림)이다.

曠은 空也라 由는 行也라 居、由二字는 承首節이라 ○ 雙峯饒氏曰 前面은 說自暴、自棄兩等人이어늘 後面은 說不居、不由하여 又只言自棄者는 蓋非毀禮義之人은 已不可敎誨

---

[6] 《孟子 盡心下 16章》 "孟子曰: 仁也者人也, 合而言之, 道也." 《集註》 "或曰: 外國本人也之下, 有義也者宜也, 禮也者履也, 智也者知也, 信也者實也凡二十字."

矣요 那尙知得可居、可由하여 猶爲可敎로되 只是爲之不勇耳니 所以只說此一項하고 自歎息也시니라 ○ 自棄는 此章之題目이라

'광(曠)'은 공(空;비움)이다. '유(由)'는 행함이다. '거(居)'·'유(由)' 두 글자는 윗절을 이었다. ○ 쌍봉요씨가 말하였다. "전면(前面)은 자포(自暴)하고 자기(自棄)하는 두 등급의 사람을 말하였는데, 후면(後面)은 거하지 않고 따르지 않음을 말하면서 또 다만 자기(自棄)하는 사람만을 말한 것은, 예의를 비난하고 훼방하는 사람은 이미 가르칠 수가 없고, 저(자기하는 사람)는 그래도 거할 수 있고 따를 수 있음을 알아서 오히려 가르칠 수 있으나 다만 하기를 용맹하지 않게 할 뿐이니, 이 때문에 다만 한 조항만 말씀하고 스스로 탄식하신 것이다." ○ '자기(自棄)'는 이 장의 제목이다.

○ 此章은 言 道本固有로되 朱子曰 安宅、正路는 人皆有之니라 ○ 南軒張氏曰 性之所有也라 而人自絶之하니 自棄라 是可哀也라 此는 聖賢之深戒니 學者所當猛省 悉井反이라 也니라 新安陳氏曰 哀哉二字는 令人發深省하니 以本有者로 開示之하고 復哀憫以警聳之하여 猶致望之之意하시니라 ○ 按此書中에 語畢而云哀哉者 有二[7]하니 皆欲學者深省之意也라 前篇註의 周子說末噫字之類放此[8]라

○ 이 장은 도(道)가 본래 고유하나 주자가 말씀하였다. "안택(安宅)과 정로(正路)는 사람들이 다 가지고 있는 것이다." ○ 남헌장씨가 말하였다. "본성에 가지고 있는 것이다." 사람이 스스로 끊으니, 자기(自棄)이다. 바로 슬퍼할 만한 것임을 말씀한 것이다. 이는 성현(聖賢)의 깊은 경계이니, 배우는 자들이 마땅히 크게 살펴야 할 '성(省)'은 실(悉)·정(井)의 반절〔살필 성〕이다 것이다. 신안진씨가 말하였다. "애재(哀哉) 두 글자는 사람으로 하여금 깊은 살핌을 발하게 하니, 본래 가지고 있는 것을 가지고 열어 보여주시고, 다시 슬퍼하고 민망히 여겨 경계하고 깨우쳐서, 오히려 바라는 뜻을 다하셨다." ○ 살펴보건대 이 책 가운데 말씀이 끝나고서 애재(哀哉)라고 말씀한 것이 두 곳이 있으니, 모두 배우는 자들이 깊이 살피고자 하신 뜻이다. 앞편 주(註)의 주자(周子)의 말씀 끝에 희(噫)자 따위가 이것이다.

---

7) ≪孟子 告子上 11章≫ "孟子曰: 仁, 人心也. 義, 人路也. 舍其路而不由, 放其心而不知求, 哀哉."

8) ≪孟子 公孫丑上 8章≫ "孟子曰: 子路人告之以有過則喜." ≪集註≫ "周子曰: 仲由喜聞過, 令名無窮焉, 今人有過, 不喜人規, 如護疾而忌醫, 寧滅其身而無悟也. 噫."

11

孟子曰 道在爾而求諸遠하며 事在易而求諸難하나니 人人이 親其親하며 長其長이면 而天下平하리라

맹자가 말씀하셨다. "도(道)가 가까운 곳에 있는데도 먼 곳에서 구하며, 일이 쉬운 데 있는데도 어려운 데에서 찾는다. 사람마다 각기 그 어버이를 친히 하고 그 어른을 어른으로 섬기면 천하가 평해질 것이다."

爾、邇는 古字通用이라 易는 去聲이요 長은 上聲이라

'이(爾)'와 '이(邇)'는 고자(古字)에 통용되었다. '이(易)'는 거성(去聲;쉬움)이고, '장(長)'은 상성(上聲;어른으로 섬김)이다.

親、長은 道라 在人에 爲甚邇하고 親之、長之는 事라 在人에 爲甚易로되 而道初不外是也라 錯擧以便文이라 ○ 擧道以該事라 ○ 雲峯胡氏曰 此道字는 是天理之自然이요 此事字는 是人爲之當然이니라 舍 上聲이라 此而他求면 則遠且難而反失之니 添失字라 但人人이 各親其親하고 各長其長이면 南軒張氏曰 其本이 在人君親其親, 長其長하여 以倡率之而已니라 則天下自平矣리라 天下平은 此章之題目이라

친(親;어버이)과 장(長;어른)은 경문의 도(道)이다. 사람에게 있어 매우 가까움이 되고, 친히 하고 어른으로 섬김은 경문의 사(事)이다. 사람에게 있어 매우 쉬움이 되는데, 도(道)는 애당초 여기에서 벗어나지 않는다. 번갈아 들어서 문장을 편하게 하였다. ○ 도(道)를 들어서 사(事)를 포함하였다. ○ 운봉호씨가 말하였다. "이 '도(道)'자는 바로 천리(天理)의 자연이요, 이 '사(事)'자는 바로 인위(人爲)의 당연이다." 이것을 버리고 '사(舍)'는 상성(上聲;버림)이다. 다른 데서 구하면 멀고 또 어려워서 도리어 잃게 되니, '실(失)'자를 더하였다. 다만 사람마다 각기 그 어버이를 친히 하고 그 어른을 어른으로 섬기면 남헌장씨가 말하였다. "그 근본은 인군이 그 어버이를 친애하고, 어른을 어른으로 섬겨서 창도하여 솔선함에 달려 있을 뿐이다." 천하가 저절로 평해질 것이다. '천하평(天下平)'은 이 장의 제목이다.

이루장구 상

12-1

孟子曰 居下位而不獲於上이면 民不可得而治也리라 獲於上이 有道하니 不信於友면 弗獲於上矣리라 信於友 有道하니 事親弗悅이면 弗信於友矣리라 悅親이 有道하니 反身不誠이면 不悅於親矣리라 誠身이 有道하니 不明乎善이면 不誠其身矣리라

맹자가 말씀하셨다. "아래 지위에 있으면서 윗사람에게 <신임을> 얻지 못하면 백성을 다스리지 못할 것이다. 윗사람에게 신임을 얻는 것이 길(방도)이 있으니, 벗에게 믿음을 받지 못하면 윗사람에게 <신임을> 얻지 못할 것이다. 벗에게 믿음을 받는 것이 길이 있으니, 어버이를 섬겨 기쁨을 받지 못하면 벗에게 믿음을 받지 못할 것이다. 어버이를 기쁘게 하는 것이 길이 있으니, 몸을 돌이켜봄에 성실하지 못하면 어버이에게 기쁨을 받지 못할 것이다. 몸을 성실히 하는 것이 길이 있으니, 선(善)을 밝게 알지 못하면 그 몸을 성실히 하지 못할 것이다.

也는 一作矣라

'야(也)'는 일본(一本)에 의(矣)로 되어 있다.

獲於上은 得其上 君이라 之信任也라 誠은 實也니 反身不誠은 反求諸身에 而其所以爲善之心이 有不實也라 慶源輔氏曰 隱微之際에 有一毫自欺之意면 則其心便不實이니라 不明乎善은 不能卽事以 一無以字라 窮理하여 無以眞知善之所在也라 朱子曰 獲上、信友等은 皆以有道言이니 蓋有不由其道以求之者矣니라 游氏曰 欲誠其意인댄 先致其知니 出大學이라 不明乎善이면 不誠乎身矣리라 其字는 視上三於字하면 尤爲親切無間이라 ○ 新安倪氏曰 引大學하여 以證此章하니 致知는 卽所以明善也라 但誠意則以自修之始言이요 誠身則以自修之成言이니 誠意、正心、修身이 皆該於誠身二字中하니라 ○ 按明善、誠身、悅親、信友、獲上、治民六事는 自心身而家而鄕而國、天下하여 一如大學之序하고 其文勢又與大學逆推一節同이라 學至於誠身이면 誠身은 此章之題目이라 則安往而不致其極哉리오 以內則順乎親이요 以外則信乎友요 以上則可以得君이요 以下則可以得民矣리라 慶源輔氏曰 游氏說은 始則大學之次序요 終則中庸之極功이니라

'획어상(獲於上)'은 그 윗사람의 '상(上)'은 군주이다. 신임을 얻는 것이다. '성(誠)'은 성실함

이다. '반신불성(反身不誠)'은 자기 몸에 돌이켜 찾아봄에 그 선(善)을 하려는 마음이 성실하지 못함이 있는 것이다. ○ 경원보씨가 말하였다. "은미한 즈음에 일호(一毫)라도 스스로 양심을 속이는 뜻이 있으면 그 마음이 곧 성실하지 못하다." '불명호선(不明乎善)'은 사물에 나아가 일본(一本)에는 이(以)자가 없다. 리(理)를 궁구하지 못하여 선의 소재(所在)를 참으로 알지 못하는 것이다. 주자가 말씀하였다. "윗사람의 신임을 얻고 벗의 믿음을 받는 등은 모두 방도가 있는 것을 가지고 말한 것이니, 그 방도를 따르지 않고 구하는 자가 있다."

유씨(游氏;유작(游酢))가 말하였다. "그 뜻을 성실히 하려고 할진댄 먼저 그 지식을 지극히 하여야 하니, 이 내용은 ≪대학≫에 나온다. 선(善)을 밝게 알지 못하면 그 몸을 성실히 하지 못할 것이다. '기(其)'자는 위의 세 '어(於)'자에 비하면 더욱 친절하여 간격이 없다. ○ 신안예씨가 말하였다. "≪대학≫을 인용하여 이 장을 증명하였으니, 치지(致知)는 바로 선(善)을 밝히는 것이다. 다만 뜻을 성실히 함은 자수(自修)의 시작으로 말하였고, 몸을 성실히 함은 자수(自修)의 완성으로 말하였으니, 성의(誠意)·정심(正心)·수신(修身)이 모두 성신(誠身) 두 글자 가운데 포함되어 있다." ○ 살펴보건대 선을 밝히고 몸을 성실히 하며, 어버이를 기쁘게 하고 벗에게 믿음을 받으며, 윗사람에게 신임을 얻고 백성을 다스리는 여섯 가지 일은 자신의 마음과 몸으로부터 집에 이르고 고을(사는 고을)에 이르고 나라와 천하에 이르러서 한결같이 ≪대학≫의 순서와 같고, 그 문세가 ≪대학≫의 역추(逆推) 한 절*①과 같다. 배움(학문)이 몸을 성실히 함에 이르면 '성신(誠身)'은 이 장의 제목이다. 어디를 간들 그 지극함을 다하지 못하겠는가. 안으로는 어버이에게 순하고, 밖으로는 벗에게 믿음을 받고, 위로는 군주에게 신임을 얻고, 아래로는 백성들에게 민심을 얻을 것이다." ○ 경원보씨가 말하였다. "유씨(游氏)의 설은 처음은 ≪대학≫의 차서(次序)이고, 끝은 ≪중용≫의 지극한 공이다."

*① ≪대학≫의 역추(逆推) 한 절 : ≪대학≫〈경문(經文)〉1장의 "옛날에 천하를 고르게 다스리고자 하는 자는 먼저 그 나라를 다스리고 그 나라를 다스리고자 하는 자는 먼저 그 집안을 가지런히 하고……〔古之欲明明德於天下者, 先治其國, 欲治其國者, 先齊其家……〕" 등을 이르는 바, 이는 무엇을 하려면 먼저 그 무엇을 하여야 한다 하였으므로 역추(逆推)라 한 것이며, 다음 절의 "사물의 이치가 이른 뒤에 지식이 지극해 지고, 지식이 지극해진 뒤에 뜻이 성실해지고……〔物格而后知至, 知至而后意誠……〕" 등은 순추(順推)라 한다.

12-2

是故로 誠者는 天之道也요 思誠者는 人之道也니라

이러므로 〈자연스럽게〉 성실히 함은 하늘의 도(道)요, 성실히 할 것을 생각함은 사람의 도이다.

誠者는 理之在我者를 皆實而無僞니 天道之本然也요 聖人事라 思誠者는 欲 思라 此理之在我者를 皆實而無僞니 人道之當然也라 學者事라 ○ 中庸註를 當參看9)이라 ○ 以上二節은 引用中庸之文이요 下節은 又孟子釋其意者也라 ○ 覺軒蔡氏曰 子思言誠之어시늘 孟子易以思誠者는 以思出於心하여 於學者用功에 尤爲有力일새니라

'성(誠)'은 나에게 있는 리(理)를 모두 성실히 하여 거짓이 없는 것이니 천도(天道)의 본연(本然)이요, 성인(聖人)의 일이다. '사성(思誠)'은 나에게 있는 이 리를 모두 성실히 하여 거짓이 없게 하고자 하는 것이니 '욕(欲;하고자 함)'은 생각함이다. 인도(人道)의 당연(當然)함이다. 배우는 자의 일이다. ○ 《중용》의 주(註)를 마땅히 참고해 보아야 한다. ○ 이상 두 절은 《중용》의 글을 인용하였고, 아랫절은 또 맹자가 그 뜻을 해석하신 것이다. ○ 각헌채씨가 말하였다. "자사(子思)는 성지(誠之)를 말씀하였는데, 맹자가 사성(思誠)으로 바꾼 것은 생각이 마음에서 나와 배우는 자가 공부를 씀에 더욱 힘이 있기 때문이다."

12-3

至誠而不動者 未之有也니 不誠이면 未有能動者也니라

지극히 성실하고서 <남을> 감동시키지 못하는 자는 있지 않으니, 성실하지 못하면 능히 <남을> 감동시킬 자가 있지 않다."

至는 極也라 楊氏曰 動은 便是驗處니 廖源輔氏曰 有感必有應이니라 ○ 按本文에 一反一覆言之하여 以明其必然이라 若獲乎上、信乎友、悅於親之類 是也라 覺軒蔡氏曰 子思言形、著、動、變10)이어시늘 而孟子止於動者는 正指上文獲上、信友、悅親而言이시니라

'지(至)'는 지극함이다. 양씨(楊氏)가 말하였다. "동(動;감동시킴)은 바로 효험이 나는 곳이니, ○ 경원보씨가 말하였다. "감(感)이 있으면 반드시 응(應)이 있다." ○ 살펴보건대 본문에 한 번 되치고 한 번 뒤엎어 말해서 반드시 그러함을 밝혔다. 획호상(獲乎上)·신호우(信乎友)·열어친(悅於親)과 같은 종류가 이것이다." 각헌채씨가 말하였다. "자사는 형(形)·저(著)·동(動)·변(變)을 말씀하였는데, 맹자는 동(動)에 그친 것은 바로 윗글에 윗사람에게 신임을 받고 붕우에게 믿음을 받고 어버이를 기쁘게 함을 가리켜 말했기 때문이다."

---

9) 《中庸章句 20章》 "誠者, 天之道也, 誠之者, 人之道也." 《集註》 "誠者, 眞實無妄之謂, 天理之本然也. 誠之者, 未能眞實無妄而欲其眞實無妄之謂, 人事之當然也."

10) 《中庸章句 23章》 "其次致曲, 曲能有誠. 誠則形, 形則著. 著則明, 明則動, 動則變, 變則化, 唯天下至誠, 爲能化."

○ 此章은 述中庸孔子之言하니 見 音現이라 思誠爲修身之本이요 以誠身二字로 分爲二事라 ○ 雲峯胡氏曰 思誠은 兼知、行而言이니라 而明善又爲思誠之本이니 雲峯胡氏曰 知、行之中에 又當以知爲先이라 乃子思所聞於曾子요 曾子聞於孔子라 而孟子所受乎子思者라 亦與大學相表裏하니 學者宜潛心焉이니라 大全曰 大學章句第五章曰 乃明善之要라하고 第六章曰 乃誠身之本이라하니라 ○ 慶源輔氏曰 可見庸、學之相爲表裏하니 曾、思、孟子之相授受者를 益不可誣矣니라 ○ 按明善以誠身하고 誠身則復性이니 此孔、曾、思、孟、朱子相傳之宗旨也니라

○ 이 장은 ≪중용≫에 있는 공자의 말씀을 기술한 것이니, 사성(思誠)은 수신(修身)의 근본이 되고 '성신(誠身)' 두 글자를 가지고 나누어 두 가지 일로 만들었다. ○ 운봉호씨가 말하였다. "사성(思誠)은 지(知)와 행(行)〈의 공부〉를 겸하여 말하였다." 명선(明善)은 또 사성의 근본이 됨을 볼 '현(見)'은 음이 현(現)이다. 있다. 운봉호씨가 말하였다. "지(知)와 행(行) 가운데 마땅히 지(知)를 우선으로 삼아야한다." 이는 바로 자사(子思)가 증자(曾子)에게 들으신 것이요, 증자는 공자에게 들으신 것이다. 맹자가 자사에게 전수받은 것이다. 또한 ≪대학≫과 서로 표리(表裏)가 되니, 배우는 자가 마땅히 마음을 잠겨야 할 것이다. ≪대전≫에 말하였다. "≪대학장구≫〈제5장〉장하주에 말하기를 '격물(格物)·치지(致知)는 바로 선(善)을 밝히는 요점이다.' 하고, 〈제6장〉장하주에 '성의(誠意)는 바로 몸을 성실히 하는 근본이다.' 하였다. ○ 경원보씨가 말하였다. "≪중용≫과 ≪대학≫이 서로 표리(表裏)가 됨을 볼 수 있으니, 증자와 자사, 맹자가 서로 전수하고 받은 것을 더욱 속일 수가 없다." ○ 살펴보건대 선(善)을 밝혀 몸을 성실히 하고 몸을 성실히 하면 성(性)을 회복하니, 이는 공자와 증자, 자사와 맹자, 주자(朱子)가 서로 전하신 종지(宗旨)이다.

13-1

孟子曰 伯夷辟(避)紂하여 居北海之濱이러니 聞文王作興하고 曰 盍歸乎來리오 吾聞西伯은 善養老者라하며 太公辟紂하여 居東海之濱이러니 聞文王作興하고 曰 盍歸乎來리오 吾聞西伯은 善養老者라하니라

> 맹자가 말씀하셨다. "백이(伯夷)가 주왕(紂王)을 피하여 북해(北海)의 가에 살더니, 문왕(文王)이 일어났다는 말을 듣고 말씀하기를 '내 어찌 그에게 돌아가지 않겠는가. 내 들으니 서백(西伯;문왕)은 늙은 자를 잘 봉양한다 했다.' 하였으며, 태공(太公)이 주왕을 피하여 동해(東海)의 가에 살더니, 문왕이 일어났다는 말을 듣고 말씀하기를 '내 어찌 그에게 돌아가지 않겠는가. 내 들으니 서백은 늙은 자를 잘 봉양한다 했다.' 하였다.

辟는 去聲이라

'피(辟)'는 거성(去聲;피함)이다.

孤竹國은 在北方하고 太公은 本東海人이라

〈백이의 나라인〉고죽국(孤竹國)은 북방에 있고 태공(太公)은 본래 동해(東海) 사람이다.

作興[11]은 皆起也라 大全曰 言文王起而爲方伯이라 ○ 中庸二十七章註를 可參看이라 ○ 沙溪曰 註에 作興皆起也라하니 作은 當屬文王이요 興은 當屬二老라 直解에 作은 是起而在西伯之位요 興은 是奮起興發之念云云이어늘 小註及諺解엔 作興을 皆屬文王하니 非是라 ○ 尤菴曰 愚伏赴京時에 遇一童子讀此章에 作字句絶이러니 辨疑之說이 與此相符하니 當從之니라 ○ 又曰 作興二字를 若合作一說看이면 則註에 不必曰作興皆起也라 然이나 據小註하면 則二字皆當屬文王矣라 然則集註之意는 豈以爲作字興字義若不同故로 下皆字로되 而其大義則亦合說爲一之義耶아 ○ 按栗谷諺解에 以作爲句어늘 而尤菴則兩從之라 蓋興曰二字 文法生硬하니 姑從尤菴下一說하여 依見行諺解讀之라도 恐亦無妨이라 且以作人之作과 待興之興爲訓은 似亦足備一義니 蓋養老亦作人、興民之一事云이라 ○ 作興皆起也는 此文勢有詩正月註의 洽比皆合也[12]之證하니 可據라 盍은 何不也라

'작흥(作興)'은 모두 일어남이다. ≪대전≫에 말하였다. "문왕(文王)이 일어나 방백(方伯)이 됨을 말하였다." ○ ≪중용≫ 27장의 주(註)를 참고해 볼만하다. ○ 사계(沙溪)가 말씀하였다. "주(註)에 '작흥(作興)은 모두 일어남이다.'라고 하였으니, 작(作)은 마땅히 문왕에 소속해야 하고 흥(興)은 마땅히 이로(二老;백이와 태공)에 속하여야 한다. ≪맹자직해(孟子直解)≫에 '작(作)은 일어나 서백(西伯)의 지위에 있는 것이고, 흥(興)은 분기(奮起)하여 흥발(興發)하는 생각이다.' 하

---

11) ≪中庸章句 27章≫ "是故居上不驕, 爲下不倍, 國有道, 其言足以興, 國無道, 其默足以容." ≪集註≫ "興, 謂興起在位也."

12) ≪詩經 小雅 正月≫ "彼有旨酒, 又有嘉殽. 洽比其隣, 昏姻孔云." ≪集註≫ "洽比皆合也."

였는데, ≪소주≫와 ≪언해≫에는 작흥(作興)을 모두 문왕에 소속시켰으니, 옳지 않다." ○ 우암(尤菴)이 말씀하였다. "우복(愚伏;정경세(鄭經世))이 연경(燕京)에 갔을 때에 한 동자가 이 장을 읽을 적에 작(作)자에서 구(句)를 끊는 것을 보았는데, ≪경서변의(經書辨疑)≫의 설이 이와 부합하니, 마땅히 이를 따라야 한다." ○ 또 말씀하였다. "작(作)·흥(興) 두 글자를 만약 합하여 한 말로 보면 주(註)에 굳이 '작흥(作興)'은 다 '기(起)'라고 말할 필요가 없다. 그러나 ≪소주≫를 근거하면 작흥(作興) 두 글자가 모두 다 마땅히 문왕에 소속되어야한다. 그렇다면 ≪집주≫의 뜻은 아마도 작(作)자와 흥(興)자의 뜻이 똑같지 않은 듯하므로 개(皆)자를 놓았지만 그 대의는 또한 합하여 말해 하나로 만든 뜻인가." ○ 살펴보건대 ≪율곡언해≫에 작(作)에서 구를 떼었는데 우암은 두 가지를 다 따랐다. 흥왈(興曰) 두 글자는 문법이 생경하니, 우선 우암의 아래 한 말씀을 따라서 현행하는 ≪언해≫를 따라 읽더라도 또한 무방할 듯하다. 또 사람을 진작한다는 작(作)과 일어나기를 기다린다는 흥(興)으로 혼함은 또한 충분히 한 뜻을 구비할 듯하니, 노인을 봉양함 또한 사람을 진작하고 백성을 일으키는 한 가지 일이다. ○ 작흥개기야(作興皆起也)는 이 문세(文勢)가 ≪시경≫〈정월(正月)〉의 주에 '흡비개합야(洽比皆合也)'라는 증거가 있으니, 근거할 만하다. '합(盍)'은 어찌 아니이다.

西伯은 卽文王也니 紂命爲西方諸侯之長하여 上聲이라 得專征伐이라 見史記周紀라 故로 稱西伯이라 太公은 姜姓이요 呂氏니 名尙이라 史記齊世家曰 本姓은 姜氏니 從其封姓故로 曰呂尙이라하니라 文王發政施仁에 必先鰥、寡、孤、獨하시고 見梁惠王下라 庶人之老 皆無凍餒라 見盡心上이라 故로 伯夷、太公이 來就其養이요 非求仕也니라 慶源輔氏曰 恐人見太公後來佐武王伐商하고 遂以其來로 爲有求仕之意故로 明辨之라 太公之初歸周는 無是志也니 觀孟子與伯夷竝言하면 可見이니라 ○ 善養老者는 此章之題目이라

서백(西伯)은 바로 문왕(文王)이니, 주왕(紂王)이 〈문왕을〉 명하여 서방(西方)에 있는 제후의 우두머리로 삼아 '장(長)'은 상성(上聲;우두머리)이다. 정벌(征伐)을 마음대로 할 수 있게 하였다. 이 내용은 ≪사기≫〈주기(周記)〉에 보인다. 이 때문에 서백이라 칭한 것이다. 태공(太公)은 강성(姜姓)이고 여씨(呂氏)이니, 이름이 상(尙)이다. ≪사기≫〈제세가(齊世家)〉에 "본래의 성은 강(姜)씨인데,〈그의 선조 신(申)이 여(呂)에 봉해졌기 때문에〉 그 봉한 성을 따랐으므로 여상(呂尙)이라 했다." 하였다. 문왕은 정사를 폄에 반드시 환(鰥;홀아비)·과(寡;과부)·고(孤;고아)·독(獨;무의탁자)을 우선하였고, 이 내용은 〈양혜왕 하〉에 보인다. 서인(庶人)의 노인들도 모두 얼고(헐벗고) 굶주린 자가 없게 하였다. 이 내용은 〈진심 상〉에 보인다. 그러므로 백이(伯夷)와 태공(太公)이 와서 그의 봉양에 나아간 것이요, 벼슬을 구한 것이 아니다. ○ 경원보씨가 말하였다. "사람들은 태공이 후래에 무왕을 도와 상(商)나라를 정벌한 것을 보고, 마침내 그가 온 것을 가지고 벼슬을 구하려는 뜻이 있다고 생각할까 염려하였으므로 밝게 분변한 것이다. 태공이 처음 주나라에 돌아간 것은 이런 뜻이 없었으니, 맹자가 백이와 함께 말씀한 것을

보면 알 수 있다." ○ '선양로(善養老)'는 이 장의 제목이다.

*① 태공(太公)은……여씨(呂氏)이니 : 고대에 성(姓)과 씨(氏)가 구분되었는바, 씨는 봉지(封地)로 지금의 관향(貫鄕)과 비슷하다.

13-2

二老者는 天下之大老也而歸之하니 是는 天下之父 歸之也라 天下之父 歸之어니 其子 焉往이리오

두 노인은 천하(天下)의 대로(大老)인데 문왕에게 돌아갔으니, 이는 천하의 아버지가 문왕에게 돌아간 것이다. 천하의 아버지가 문왕에게 돌아갔으니, 그 자제들이 〈문왕에게 돌아가지 않고〉 어디로 가겠는가.

焉은 於虔反이라

'언(焉)'은 어(於)·건(虔)의 반절[어찌 언]이다.

二老는 伯夷、太公也라 大老는 言非常人之老者라 照上註庶人이라 ○ 雙峯饒氏曰 常人則年老而已라 天下之父는 言齒、德皆尊하여 但無爵耳라 如衆父然이라 慶源輔氏曰 衆父二字는 出老子어늘 集註借用之하니 其義則謂衆人之父爾라 旣得其心이면 則天下之心이 不能外矣니라 焉往은 言亦歸也라 ○ 大老、巨室이 略相同이라 ○ 南軒張氏曰 張良歸漢하고 孔明在蜀이 庶幾爲當時之老者니라 蕭何所謂 養民致賢하여 以圖天下者 見漢書本傳이라 ○ 此間에 一有其意二字하니 蓋傳寫之衍耳라 暗與此合이라 但其意則有公、私之辨하니 慶源輔氏曰 蕭何는 有爲而爲하니 私也요 文王은 初無所爲하시니 公也니라 學者又不可以 一無以字라 不察也니라

'이로(二老)'는 백이(伯夷)와 태공(太公)이다. '대로(大老)'는 보통 사람의 늙은이가 아님을 말한다. 윗주의 서인(庶人)을 조응하였다. ○ 쌍봉요씨가 말하였다. "보통사람은 나이가 늙었을 뿐이다." 천하의 아버지는 연치(年齒)와 덕(德)이 모두 높아서 다만 관작(官爵)이 없을 뿐이다. 여러 사람의 아버지와 같음을 말한다. ○ 경원보씨가 말하였다. "'중부(衆父)' 두 글자는 노자(老子)에 나오는데 ≪집주≫에서 이를 차용(借用)하였으니, 그 뜻은 여러 사람의 아버지를 말한 것이다." 이미 그의 마음을 얻었다면 천하의 마음이 벗어나지 못할 것이다. '언왕(焉往)'은 또한 돌아감을 말한 것이다. ○ 대로(大老)와 거실(巨室)이 대략 서로 비슷하다. ○ 남헌

장씨가 말하였다. "장량(張良)이 한(漢)나라로 돌아감에 〈항우(項羽)가〉 망하고 공명(孔明;제갈량(諸葛亮))이 촉(蜀)에 있음에 〈한나라의 화덕(火德)이〉 거의 진작되었으니, 이것이 거의 당시의 늙은 자가 된다." 소하(蕭何)의 이른바 '백성을 기르고 현자(賢者)를 초치하여 천하를 도모한다.'는 것이 이 내용은 ≪한서(漢書)≫ 〈소하본전(蕭何本傳)〉에 보인다. ○ 이 사이에 일본에는 '기의(其意)' 두 글자가 있으니, 이는 전사(傳寫)의 연문(衍文)일 것이다. 은연중 이와 합한다. 다만 그 뜻에 공(公)·사(私)의 구별이 있으니, ○ 경원보씨가 말하였다. "소하(蕭何)는 위함이 있어서 하였으니 사사로움이요, 문왕은 애당초 위한 바가 없었으니 공(公)이다." 배우는 자가 또 이것을 살피지 않으면 안 될 것이다. 일본(一本)에는 이(以)자가 없다.

13-3

諸侯有行文王之政者면 七年之內에 必爲政於天下矣리라

제후 중에 문왕의 정사를 행하는 자가 있으면 7년 이내에 반드시 천하에 정사를 할 것이다."

今之諸侯라 ○ 文王之政은 指善養老者라

지금의 제후이다. ○ 문왕의 정사는 늙은 자를 잘 봉양함을 가리킨 것이다.

七年은 以小國而言也니 大國五年은 在其中矣니라 通前師文王章而爲釋이라

7년은 소국(小國)을 가지고 말한 것이니, 대국(大國) 5년은 이 안에 들어 있다. 앞에 '문왕을 스승 삼는다.'는 장(章)을 통틀어 해석한 것이다.

14-1.

孟子曰 求也爲季氏宰하여 無能改於其德이요 而賦粟이 倍他日한대 孔子曰 求는 非我徒也로소니 小子아 鳴鼓而攻之 可也라하시니라

맹자가 말씀하셨다. "구(求)가 계씨(季氏)의 가신(家臣)이 되어 그의 덕(德;마음씨와 행실)을 고치지 못하고 곡식(세금)을 취한 것이 다른 날보다 배가(倍加)하자, 공자께서 말씀하시기를 '구는 나의 무리가 아니니, 소자(小子)들아! 북을 울려 공토(攻討;성토)하는 것이 가(可)하다.' 하셨다.

出論語先進13)이라

이 내용은 ≪논어≫〈선진〉에 나온다.

求는 孔子弟子冉求라 季氏는 魯卿이라 宰는 家臣이라 不能使季氏改其貪德이라 賦는 猶取也니 取民之粟이 倍於他日也라 小子는 弟子也라 鳴鼓而攻之는 聲其罪而責之也라 將言今人强戰之罪에 而先引古人聚斂之罪也라

구(求)는 공자의 제자 염구(冉求)이다. 계씨(季氏)는 노(魯)나라의 경(卿)이다. '재(宰)'는 가신(家臣)이다. 계씨(季氏)로 하여금 그 탐하는 심덕(心德)을 고치게 하지 못한 것이다. '부(賦)'는 취(取;취함)와 같으니, 백성의 곡식을 취함이 다른 날보다 배가(倍加)한 것이다. '소자(小子)'는 제자이다. 북을 울려 공토(攻討)한다는 것은 그 죄를 소리내어(성토하여) 꾸짖는 것이다. 장차 지금 사람들이 억지로 싸우는 죄를 말씀하려 하면서 먼저 옛사람이 취렴(聚斂)한 죄를 인용한 것이다.

14-2

由此觀之컨대 君不行仁政而富之면 皆棄於孔子者也니 況於爲之强戰하여 爭地以戰에 殺人盈野하며 爭城以戰에 殺人盈城이온여 此所謂率土地而食人肉이라 罪不容於死니라

이것을 가지고 본다면 군주가 인정(仁政)을 행하지 않는데 그 군주를 부유하게 하면 모두 공자에게 버림을 받을 자인 것이다. 하물며 그 군주를 위하여 억지로 싸워서, 땅을 다투어 싸움에 죽인 사람이 들에 가득하며 성(城)을 다투어 싸움에 죽인 사람이 성에 가득함에 있어서랴. 이는 이른바 토지(土地)를 따라(위하여) 사람의 고기를 먹는다는 것이니, 죄가 죽음에 이르러도 용서받지 못할 것이다.

爲는 去聲이라

'위(爲)'는 거성(去聲;위함)이다.

者也以上은 釋所引論語之意하고 然後에 乃及强戰本事라

---

13) ≪論語 先進 16章≫ "季氏富於周公, 而求也爲之聚斂而附益之. 子曰: 非吾徒也, 小子, 鳴鼓而攻之, 可也."

'자야(者也)' 이상은 인용한 ≪논어≫의 뜻을 해석하고, 그런 뒤에 비로소 억지로 싸우는 본래 일에 언급하였다.

林氏曰 富其君者는 君字는 所指廣이라 **奪民之財耳로되 而夫子猶惡(오)** 去聲이라 ○ 棄라 **之하시니 況爲** 去聲이라 **土地之故而殺人하여 使其肝腦塗地면 則是率土地而食人之肉이라** 慶源輔氏曰 率은 猶循也、由也니 謂以土地之故로 殺人也니라 ○ 按土地는 非可驅之物故로 訓作由나 然觀其文勢하면 恐難與率獸食人14)으로 異同看이라 **其罪之大雖至於死라도 猶不足以容之也니라** 慶源輔氏曰 謂死有餘辜也라

임씨(林氏)가 말하였다. "그 군주를 부유하게 한 자는 '군(君)'자는 가리키는 바가 넓다. 백성의 재물을 빼앗을 뿐인데도 부자(夫子;공자)가 오히려 미워하셨으니, '오(惡)'는 거성(去聲;미워함)이다. ○ 버림이다. 하물며 토지 때문에 '위(爲)'는 거성(去聲;때문, 위함)이다. 사람을 죽여 간(肝)과 뇌(腦)를 땅에 바르게 한다면 이는 토지를 위하여 사람의 고기를 먹는 것이니, 경원보씨가 말하였다. "솔(率)'은 따름·말미암음과 같으니, 토지 때문에 사람을 죽임을 말한 것이다." ○ 살펴보건대 토지는 몰 수 있는 물건이 아니므로 유(由)라고 훈(訓)하였으나, 그 문세를 보면 짐승을 몰아 사람을 잡아먹게 한다는 것과 다르게 보기가 어려울 듯하다. **그 죄의 큼이 비록 죽음에 이르러도 오히려 용서받을 수 없는 것이다.**" 경원보씨가 말하였다. "죽어도 남은 죄가 있음을 말한 것이다."

14-3

故로 善戰者服上刑하고 連諸侯者次之하고 辟草萊、任土地者次之니라

그러므로 전쟁을 잘하는 자가 상형(上刑;극형)을 받아야 하고, <외교를 잘하여> 제후들과 연합하는 자가 다음의 형(刑)을 받아야 하고, 풀밭과 쑥밭을 개간하여 <백성들에게> 토지를 맡겨주는 자가 다음의 형을 받아야 한다."

辟은 與闢同이라

'벽(辟)'은 벽(闢;엶)과 같다.

---

14) ≪孟子 梁惠王上 4章≫ "孟子曰: 庖有肥肉, 廐有肥馬 民有飢色 野有餓莩 此率獸而食人也."

善戰은 如孫臏、音牝이라 吳起之徒요 大全曰 臏은 齊威王臣이요 起는 衛人이니 爲魏文侯將하니라 ○ 服은 被也라 ○ 善戰者服上刑은 此章之題目이라 連結諸侯는 如蘇秦、大全曰 洛陽人이라 張儀之類라 辟은 開墾 口本反이라 也라 任土地는 謂分土授民하여 使任耕稼之責이니 朱子曰 他只是欲富國이요 不是欲爲民이니 皆爲君聚斂之徒也니라 ○ 按此事는 與賦粟照應하여 相爲始終이라 如李悝 枯灰反이라 ○ 卽李克이니 魏文侯時人이라 盡地力과 見漢書食貨志라 商鞅 以兩反이라 ○ 秦孝公時人이라 開阡陌(천맥)之類也라 見通鑑이라 ○ 朱子曰 阡陌은 是井田一橫一直이니 遂上有涂(途) 是陌이요 洫上有路 是阡이라 先王以正經界러니 今鞅却破開了하여 便做田하니 開는 非開創之開요 乃開闢之開라 蔡澤傳曰 破壞井田하고 決裂阡陌이라하니 觀此면 可見이니라 ○ 因論善戰之罪하여 而竝及於連諸侯, 任土地라 ○ 慶源輔氏曰 戰國時에 人君所求與士之所自任이 不過此三等이라 故로 孟子列其罪하시니 是救時之言이시니라

전쟁을 잘한다는 것은 손빈(孫臏)과 '빈(臏)'은 음이 빈(牝)이다. **오기(吳起)와 같은 무리요,** 《대전》에 말하였다. "손빈은 제(齊)나라 위왕(威王)의 신하이고, 오기(吳起)는 위(衛)나라 사람이니 위(魏)나라 문후(文侯)의 장수가 되었다." ○ '복(服)'은 입음이다. ○ 전쟁을 잘하는 자가 상형(上刑)을 받음은 이 장의 제목이다. **제후를 연결한다는 것은 소진(蘇秦)과** 《대전》에 말하였다. "소진(蘇秦)은 낙양(洛陽) 사람이다." **장의(張儀)와 같은 무리이다. '벽(辟)'은 개간함이다.** '간(墾)'은 구(口)·본(本)의 반절[개간할 간]이다. **'임토지(任土地)'는 땅을 나누어 백성들에게 주어서 밭을 갈고 곡식을 심는 책임을 맡기는 것이니,** 주자가 말씀하였다. "저들은 다만 나라를 부유하게 하고자 하였고 백성을 위하고자 하지 않았으니, 다 군주를 위하여 취렴(聚斂)한 무리이다." ○ 살펴보건대 이 일은 곡식을 거둔 것과 조응되어 서로 시(始)와 종(終)이 된다. **이괴(李悝)가** '괴(悝)'는 고(枯)·회(灰)의 반절[사람이름 괴]이다. ○ 바로 이극(李克)이니, 위(魏)나라 문후(文侯) 때 사람이다. **지력(地力)을 다하여 생산력(生産力)을 높이고** 이 내용은 《한서(漢書)》〈식화지(食貨志)〉에 보인다. **상앙(商鞅)이** '앙(鞅)'은 이(以)·양(兩)의 반절[고삐 앙]이다. ○ 상앙은 진(秦)나라 효공(孝公) 때 사람이다. **천맥(阡陌)을 개간한 것과 같은 따위이다.** 이 내용은 《자치통감》에 보인다. ○ 주자가 말씀하였다. "천맥(阡陌)은 정전(井田)이 하나는 횡으로 되어 있고 하나는 직선으로 되어 있으니, 수(遂) 위에 길이 있는 것이 맥(陌)이고 혁(洫) 위에 길이 있는 것이 천(阡)이다. 선왕(先王)은 이것으로써 경계를 바로잡았는데 지금 상앙은 이것을 깨뜨려 열어서 곧 밭을 만들었으니, 개(開)는 개창(開創)의 개(開)가 아니고 개벽(開闢;연다)의 개(開)이다. 《사기》〈채택전(蔡澤傳)〉에 '정전(井田)을 파괴하고 천맥(阡陌)을 찢어 놓았다.' 하였으니, 이것을 보면 알 수 있다." ○ 전쟁을 잘하는 죄를 논함으로 인하여 제후를 연합하고 토지를 맡김에 아울러 미쳤다. ○ 경원보씨가 말하였다. "전국(戰國) 때 인군(人君)이 요구하는 바와 선비(士)가 자임(自任)하는 바가 이 세 등급에 지나지 않았다. 그러므로 맹자가 그 죄를 나열하셨으니, 이는 당시(當時)를 바로잡는 말씀이시다."

*① 상앙(商鞅)이……것 : 남쪽으로 난 길을 천(阡)이라 하고 동서(東西)로 난 길을 맥(陌)이라 하는 바, 그 전에는 정전법(井田法)을 시행하여 토지를 정(井)자 모양으로 구획한 다음, 여기에 있는 도로 등은 경작하지 않고 버려두었으나 진(秦)나라 효공(孝公) 때에 상앙이 처음으로 길의 일부인 천맥까지도 모두 경작하게 하였으므로 말한 것이다.

15-1

孟子曰 存乎人者 莫良於眸子하니 眸子不能掩其惡하나니 胸中이 正이면 則眸子瞭焉하고 胸中이 不正이면 則眸子眊焉이니라

맹자가 말씀하셨다. "사람에게 보존되어 있는 것(신기(神氣))은 눈동자보다 더 좋은 것이 없으니, 눈동자는 그의 악(惡)을 가리지(은폐하지) 못한다. 가슴속이 바르면 눈동자가 밝고, 가슴속이 바르지 못하면 눈동자가 흐리다.

眸는 音牟요 瞭는 音了요 眊는 音耄라

'모(眸)'는 음이 모(牟;흐림)요, '료(瞭)'는 음이 료(了;밝음)요, '모(眊)'는 음이 모(耄;흐림)이다.

良은 善也라 兼正、不正而言이니 蓋不掩惡은 是亦善也라 故로 復言眸子不能掩其惡一句하여 以作莫良之註脚이요 若其正者는 則更不消言故로 略之耳라 ○ 新安陳氏曰 趙註에 以在察解存字15)라 然이나 以易繫辭存乎其人觀之하면 只輕輕說過하니 不必訓爲察也니라 ○ 按存字를 若訓爲察이면 則於其下文之義에 似爲捷徑이나 而文勢有不然이요 且與後篇 牛山章의 存乎人16)으로 不可異同看이라 眸子는 目瞳子也라 眸子는 此章之題目이라 瞭는 明也라 眊者는 蒙蒙하여 目不明之貌라 蓋人與物接之時에 其神在目이라 故로 胸中 心中이라 正이면 則神精而明하고 瞭라 不正이면 則神散而昏이니라 眊라 ○ 慶源輔氏曰 此其所謂不能掩者也니 自體察之하면 可見이라 神若不在면 則目雖見物이나 都不能識別이니라

'양(良)'은 좋음이다. 정(正)과 부정(不正)을 겸하여 말하였으니, 악(惡)을 가리지 못함은 이 또

---

15) 《孟子注疏 卷7下 離婁章句上》 "正義曰: 此章言目爲神候, 精之所在, 存而察之, 善惡不隱也."

16) 《孟子 告子上 8章》 "孟子曰: 牛山之木嘗美矣…雖存乎人者, 豈無仁義之心哉. 其所以放其良心者, 亦猶斧斤之於木也. 旦旦而伐之, 可以爲美乎."

한 좋음이다. 그러므로 모자(眸子)가 그 악을 가리지 못한다는 한 구를 다시 말씀하여 막량(莫良)의 주각(註脚)으로 삼았고, 그 바른 것으로 말하면 다시 말할 필요가 없으므로 생략한 것이다. ○ 신안진씨가 말하였다. "조기(趙技)의 주(註)에 〈마음을〉 두어 살핌〔在察〕으로 존(存)자를 해석하였으나 ≪주역≫ 〈계사전〉에 그 사람에게 달려 있다〔存乎其人〕는 것으로 살펴보면 다만 가볍게 말하여 지나간 것이니, 굳이 찰(察)로 훈할 필요가 없다." ○ 살펴보건대 존(存)자를 만약 살핌〔察〕으로 훈한다면 그 아랫글의 뜻에 첩경(捷徑)이 될 듯하나 문세가 옳지 않음이 있고, 또 뒷편 우산장(牛山章)의 '사람에게 달려 있다.'는 것과 다르게 볼 수가 없다. '모자(眸子)'는 눈의 동자이다. '모자(眸子)'는 이 장의 제목이다. '료(瞭)'는 밝음이다. '모(眊)'는 몽몽(蒙蒙;흐림)하여 눈이 밝지 못한 모양이다. 사람이 사물과 접할 때에 그 신(神)이 눈에 있다. 이 때문에 가슴속이 '흉중(胸中)'은 심중(心中)이다. 바르면 신이 정(精)하여 〈눈동자가〉 밝고, '료(瞭)'는 밝음이다. 가슴속이 바르지 못하면 신이 흩어져 〈눈동자가〉 밝지 못한 것이다. '모(眊)'는 어두움이다. ○ 경원보씨가 말하였다. "이것이 이른바 능히 가리지 못한다는 것이니, 스스로 체찰(體察)하면 알 수 있다. 정신이 만약 여기에 있지 않으면 눈으로 비록 물건을 보나 도무지 식별하지 못한다."

15-2

聽其言也요 觀其眸子면 人焉廋哉리오

그의 말을 들어보고 그의 눈동자를 관찰한다면 사람들이 어떻게 〈자신을〉 숨기겠는가."

焉은 於虔反이라 廋는 音搜라

'언(焉)'은 어(於)·건(虔)의 반절[어찌 언]이다. '수(廋)'는 음이 수(搜;숨김)이다.

因上節言眸하여 而並及於言하고 又自言而復歸於眸라

윗절에 '모(眸)'를 말함으로 인하여 '언(言)'을 아울러 말하고, 또 '언'으로부터 다시 '모(眸)'로 돌아왔다.

廋는 匿也라 言亦心之所發이라 故로 並此以觀이면 則人之邪正을 不可匿矣니라 南軒張氏曰 此與孔子人焉廋哉之言[17]同이나 而爲說則異하니 夫子之言은 爲旋觀其人說이요 孟子之言은 一見而欲識其大綱也라 學者讀此면 非獨可得觀人之法이요 又當知檢身之要矣

---

17) ≪論語 爲政 10章≫ "子曰: 視其所以, 觀其所由, 察其所安, 人焉廋哉, 人焉廋哉."

리라 ○ 勿軒熊氏曰 孔子는 是觀乎其內요 孟子는 是觀乎其外니 二章互看이면 君子、小人之情狀을 不可逃矣리라 然이나 言猶可以僞爲어니와 眸子則有不容僞者니라 此又奪言而予眸하니 是集註歸重之意也니 而亦不失孟子立言之本意云이라

'수(廋)'는 숨김이다. 말 또한 마음에서 나오는 것이다. 그러므로 이것(말)까지 아울러(겸하여) 관찰한다면 사람의 사악함과 바름을 숨길 수 없는 것이다. 남헌장씨가 말하였다. "이는 공자의 인언수재(人焉廋哉)라는 말씀과 같으나 말씀한 것은 다르니, 부자의 말씀은 그 사람을 되돌아봄을 위하여 말씀하였고, 맹자의 말씀은 한 번 보고서 그 대강을 알고자 하신 것이다. 배우는 자가 이것을 읽으면 단지 사람을 관찰하는 법을 알 뿐만 아니요, 또 마땅히 자기 몸을 검속하는 요점을 알 것이다." ○ 물헌웅씨가 말하였다. "공자는 바로 그 내면을 보신 것이고 맹자는 바로 그 외면을 보신 것이니, 두 장을 서로 보면 군자와 소인의 정상(情狀)을 피할 수 없을 것이다." 그러나 말은 오히려 거짓으로 할 수 있지만 눈동자는 속일 수 없는 것이다. 이는 또 말을 빼앗고 눈동자를 인정해 주었으니, 이는 ≪집주≫에 중점을 돌린 뜻이니, 또한 맹자가 말씀한 본의를 잃지 않았다.

16

孟子曰 恭者는 不侮人하고 儉者는 不奪人하나니 侮奪人之君은 惟恐不順焉이어니 惡(오)得爲恭儉이리오 恭儉을 豈可以聲音、笑貌爲哉리오

맹자가 말씀하셨다. "공손한 자는 남을 업신여기지 않고, 검소한 자는 남의 것을 빼앗지 않는다. 남을 업신여기고 남의 것을 빼앗는 군주는 <사람들이 자신의 뜻에> 순종하지 않을까 두려워하니, 어찌 공손함과 검소함을 할 수 있겠는가. 공손함과 검소함을 어찌 음성이나 웃음과 모양으로써 <꾸며서> 할 수 있겠는가."

惡는 平聲이라

'오(惡)'는 평성(平聲;어찌)이다.

侮奪은 此章之題目이라 ○ 雙峯饒氏曰 孟子就侮人奪人上說하시니 見得非汎言이라 當時國君必有名爲恭儉者로되 但無故而加兵於他國이면 是侮人이요 無故而取人之土면 是奪人이니라 ○ 雲峯胡氏曰 孟子嘗言賢君必恭儉禮下하며 取於民有制[18]라하시니 禮下면 不侮

---

[18] ≪孟子 滕文公上 3章≫ "是故賢君必恭儉禮下, 取於民有制."

人이요 有制면 不奪人이리라

惟恐不順은 言恐人之不順己라 添人、己字라 聲音、笑貌는 僞爲於外也라 雲峯胡氏曰 書曰 恭儉惟德이니 無載爾僞19)라하니 無恭儉之實德이면 則聲音笑貌藏爾僞耳니라

'모탈(侮奪)'은 이 장의 제목이다. ○ 쌍봉요씨가 말하였다. "맹자가 남을 업신여기고 남의 것을 빼앗는 것을 가지고 말씀하였으니, 〈공경(恭敬)을〉 범연히 말씀한 것이 아님을 알 수 있다. 당시 국군(國君)이 반드시 공손하고 검소하다고 이름난 자가 있었는데, 다만 연고 없이 타국에 전쟁을 가하면 이는 남을 업신여기는 것이요, 연고 없이 남의 토지를 빼앗으면 이는 남의 것을 빼앗는 것이다." ○ 운봉호씨가 말하였다. 〈그러니 어찌 공경하다고 이를 수 있겠는가.〉 "맹자가 일찍이 말씀하시기를 '어진 군주는 반드시 공손하고 검소하고 아랫사람에게 예우하며 백성에게서 취하는 것이 제한이 있다.' 하셨으니, 아랫사람에게 예우하면 남을 업신여기지 않고, 취하는 것이 제한이 있으면 남을 빼앗지 않는다." '유공불순(惟恐不順)'은 행여 사람들이 자신에게 순종하지 않을까 두려워함을 말한다. '인(人)'자와 '기(己)'자를 더하였다. '성음소모(聲音笑貌)'는 외면에 거짓으로 하는 것이다. 운봉호씨가 말하였다. "≪서경≫에 '공손함과 검소함이 덕(德)이니, 너의 거짓을 행하지 말라.' 하였으니, 공손하고 검소한 실제 덕이 없으면 성음과 웃음과 모양은 너의 거짓을 행할 뿐이다."

17-1

淳于髡曰 男女授受不親이 禮與잇가 孟子曰 禮也니라 曰 嫂溺이어든 則援之以手乎잇가 曰 嫂溺不援이면 是는 豺狼也니 男女授受不親은 禮也요 嫂溺이어든 援之以手者는 權也니라

순우곤(淳于髡)이 "남녀간에 주고받기를 친히 하지 않는 것이 예(禮)입니까?" 하고 묻자, 맹자가 "예이다." 하고 대답하셨다. "제수(弟嫂)*①가 우물에 빠지면 손으로써 구원하여야 합니까?" 하고 묻자, 대답하시기를 "제수가 물에 빠졌는데도 구원하지 않는다면 이는 시랑(豺狼;승냥이)이니, 남녀간에 주고받기를 친히 하지 않음은 예이고, 제수가 물에 빠졌으면 손으로써 구원함은 권도(權道)이다." 하셨다.

*① 제수(弟嫂) : '수(嫂)'는 형수(兄嫂)와 제수(弟嫂)가 모두 해당되는데, 옛날에 시숙과 제수 사이를 더욱 조심하였으므로 제수로 해석하였음을 밝혀둔다.

---

19) ≪書經 周書 周君≫ "位不期驕, 祿不期侈, 恭儉惟德, 無載爾僞. 作德心逸日休, 作僞心勞日拙."

與는 平聲이라 援은 音爰이라

'여(與)'는 평성(平聲;의문사)이다. '원(援)'은 음이 원(爰;구원함)이다.

豺는 諺音誤라

'시(豺)'는 ≪언해≫의 음[싀]이 잘못되었다.

淳于는 姓이요 髡은 名이니 齊之辯士라 授는 與也요 受는 取也라 古禮에 男女不親授受하니 以遠 去聲이라 別 彼列反이라 也라 出禮記內則이라 ○ 大全曰 禮之經也라 援은 救之也라 權은 稱 去聲이라 錘 直垂反이라 也니 大全曰 此釋權字之義라 稱物輕重하여 而往來以取中者也라 權而得中이면 是乃禮也라 北溪陳氏曰 知中然後能權이요 由權然後得中이니라 ○ 慶源輔氏曰 經禮有行不得處故로 須用權以取中하니 若權而不得中이면 則陷乎漢儒權變、權術之域矣리라 ○ 新安陳氏曰 此乃禮之權而不背乎經者也니라 ○ 按髡將言下節에 先設此喩어늘 而孟子答之如此하시니라

순우(淳于)는 성(姓)이요 곤(髡)은 이름이니, 제(齊)나라의 변사(辯士)이다. '수(授)'는 줌이요, '수(受)'는 취함이다. 고례(古禮)에 남녀가 물건을 친히 주고받지 않았으니, 이는 남녀의 분별을 '별(別)'은 피(彼)·열(列)의 반절[분별 별]이다. 멀리(크게)한 '원(遠)'은 거성(去聲;멀리함)이다. 것이다. 이 내용은 ≪예기≫ 〈내칙(內則)〉에 나온다. ○ ≪대전≫에 말하였다. "예의 경(經)이다." '원(援)'은 구원함이다. '권(權)'은 저울의 '칭(稱)'은 거성(去聲;저울)이다. 추이니, '추(錘)'는 직(直)·수(垂)의 반절[저울추 추]이다. ○ ≪대전≫에 말하였다. "이는 권(權)자의 뜻을 해석한 것이다." 물건의 경중(輕重)을 저울질하여 왔다갔다 해서 맞음을 취하는 것이다. <상황을> 저울질하여 중도(中道)를 얻는다면 이것이 비로 예(禮)이다. 북계진씨가 말하였다. "중도(中道)를 안 뒤에야 능히 저울질할 수 있고, 저울질함을 따른 뒤에야 중도를 얻을 수 있다." ○ 경원보씨가 말하였다. "경례(經禮)를 행할 수 없는 곳이 있으므로 모름지기 권도(權道)를 사용하여 중도를 취하니, 만약 권도를 하여 중을 얻지 못한다면 이는 한(漢)나라 유자(儒者)의 권변(權變)과 권술(權術)의 경지로 빠지게 된다." ○ 신안신씨가 말하였다. "이는 바로 예의 권도로서 경도(經道)를 위배하지 않은 것이다." ○ 살펴보건대 순우곤(淳于髡)이 장자 아랫설을 말하려고 하면서 먼저 이 비유를 가설하였는데, 맹자가 대답하시기를 이와 같이 하신 것이다.

17-2

曰 今天下溺矣어늘 夫子之不援은 何也잇고

순우곤이 말하였다. "지금 천하가 도탄에 빠졌는데, 부자(夫子)께서 구원하지 않으심은 어째서입니까?"

言 今天下大亂하여 民遭陷溺하니 與溺水同이라 亦當從權以援之요 不可守先王之正道也라 取用下節道字하여 以補其言外意라

지금 천하가 크게 혼란하여 백성들이 물에 빠짐을 만났으니, '함익(陷溺)'은 물에 빠진 것과 같다. 또한 마땅히 권도(權道)를 따라 이들을 구원하여야 할 것이요, 선왕(先王)의 정도(正道)만을 지켜서는 안 됨을 말한 것이다. 아랫절에 '도(道)'자를 취하여 써서 그 말 밖의 뜻을 보충하였다.

17-3

曰 天下溺이어든 援之以道요 嫂溺이어든 援之以手니 子欲手援天下乎아

맹자가 말씀하셨다. "천하가 물에 빠지거든 도(道)로써 구원하고, 제수가 물에 빠지거든 손으로써 구원하는 것이니, 자네는 손으로 천하를 구원하고자 하는가."

言 天下溺엔 惟道可以抆 救同이라 之니 道字는 此章之題目이라 非若嫂溺可手援也라 溺於水, 溺於亂은 亦有緩急、切汎之分이라 今子欲援天下호되 乃欲使我枉道求合하니 亦陳代枉尺之意也라 則先失其所以援之之具矣니 二句는 照上註하여 以補其言外意라 是欲使我以手援天下乎아 此書에 與髡答問者二로되 而皆以片言折之하사 曰子欲手援天下乎아하시고 曰衆人固不識也[20]라하시니 蓋不欲與渠多辨之意也시니라

천하가 물에 빠졌을 때에는 오직 도(道)만이 이를 구원할 수 '구(抆)'는 구(救)와 같다. 있으니, '도(道)'자는 이 장의 제목이다. 제수가 물에 빠졌을 때에 손으로 구원할 수 있는 것과는 같지 않다. 물에 빠짐과 혼란에 빠짐은 또한 느슨하고 급함과 간절하고 범연한 구분이 있다. 이

---

[20] 《孟子 告子下 6章》 "(孟子)曰: 孔子爲魯司寇, 不用, 從而祭, 燔肉不至, 不稅冕而行,…乃孔子則欲以微罪行, 不欲爲苟去, 君子之所爲, 衆人固不識也."

제 자네가 천하를 구원하고자 하나 마침내 나로 하여금 도(道)를 굽혀 <제후왕에게> 영합하기를 구하게 하려 하니, 또한 진대(陳代)의 왕척직심(枉尺直尋)의 뜻이다.*① 이렇게 되면 먼저 구원할 수 있는 도구를 잃는 것이다. 두 구(乃欲使我枉道求合, 則先失其所以援之之具矣.)는 윗주를 조응하여 그 말 밖의 뜻을 보충하였다. **이는 나로 하여금 손으로써 천하를 구원하게 하고자 하는 것이라고 말씀한 것이다.** 이 책에 순우곤과 문답한 것이 두 번인데 모두 짧은 말로 꺾으셔서 '그대가 손으로 천하를 구원하고자 하는가?' 하시고 '중인(衆人)은 진실로 알지 못한다.'고 하셨으니, 이는 그와 더불어 많이 변론하고자 하지 않으신 뜻이다.

*① 진대(陳代)의 왕척직심(枉尺直尋)의 뜻이다 : 왕척직심은 한 자를 굽혀 한 길을 펴는 것으로, 선비가 몸을 조금 굽혀 제후를 만나 봄으로써 큰 공을 이룸을 비유하는바, 위 〈등문공 하〉 1장에 보인다.

○ 此章은 言 直己守道가 所以濟時니 南軒張氏曰 孟子不少貶以求濟하시니 是乃援溺之本이니 天下之大經也니라 ○ 按雖不果濟一世나 亦濟得一己하시니 是亦濟時也니라 **枉道徇人은 徒爲失己니라** 髡輩是也라

○ 이 장은 자신을 곧게 하고 도(道)를 지킴이 세상을 구제하는 것이니, 남헌장씨가 말하였다. "맹자가 조금도 자신을 폄하하여 구제하기를 구하지 않으셨으니, 이것이 바로 빠진 사람을 구원하는 근본이니 천하의 대경(大經)이다." ○ 살펴보건대 비록 한 세상을 구제함을 이루지는 못했으나, 또한 자기 한 몸을 구제하셨으니, 이 또한 세상을 구제한 것이다. **도(道)를 굽혀 남을 따름은 다만 자신의 지조를 잃음이 됨을 말씀한 것이다.** 순우곤의 무리가 이것이다.

18-1

公孫丑曰 君子之不敎子는 何也잇고

공손추(公孫丑)가 말하였다. "군자(君子)가 자식을 <직접> 가르치지 않음은 어째서입니까?"

不親敎也라 補親字라 ○ 不敎子는 此章之題目이라 ○ 穀梁傳曰 羈貫成童21)이로되 不就師傅는 父之罪也라하니라

직접 가르치지 않는 것이다. '친(親)'자를 보충하였다. ○ 자식을 가르치지 않음은 이 장의 제목이다. ○ 《춘추곡량전》에 "기관(羈貫;머리를 묶어 총각으로 함)을 하여 성동(成童)을 하였으

---

21) 《春秋穀梁傳 昭公 19年》 "男女成童之初, 翦髮以爲飾, 女曰; 羈, 男曰; 貫. 子生羈貫, 成童不就師傅, 父之罪也."

나 사부에게 나아가게 하지 않음은 아버지의 죄이다." 하였다.

18-2

孟子曰 勢不行也니라 敎者는 必以正이니 以正不行이어든 繼之以怒하고 繼之以怒면 則反夷矣니 夫子敎我以正하사되 夫子도 未出於正也라하면 則是父子相夷也니 父子相夷면 則惡矣니라

맹자가 말씀하셨다. "세(勢)가 행해지지 않기 때문이다. 가르치는 것은 반드시 올바름으로써 하는데, 올바름으로써 가르쳐 행해지지 않으면 노함이 뒤따르고, 노함이 뒤따르면 도리어 〈자식의 마음을〉 상하게 된다. 〈자식이 생각하기를〉 '부자(夫子; 아버지)께서 나를 바름으로써 가르치시지만 부자(夫子)도 〈행실이〉 바름에서 나오지 못하신다.'라고 한다면 이는 부자간에 서로 〈의를〉 상하는 것이니, 부자간에 서로 의를 상함은 나쁜 것이다.

勢不行은 言欲敎而不得也라 ○ 敎者는 猶言敎之라 或曰敎之者라

'세불행(勢不行)'은 가르치고자 하여도 될 수 없음을 말한 것이다. ○ '교(敎)'는 '자식을 가르친다.'고 말함과 같다. 혹자는 '가르치는 자'라고 한다.

夷는 傷也라 敎子者는 本爲去聲이라 愛其子也로되 先言夷之對라 繼之以怒면 則反傷其子矣라 父旣傷其子하면 子之心에 又責其父曰 補此八字라 夫子敎我以正道하사되 而夫子之身도 未必自行正道라하면 則是子又傷其父也라

'이(夷)'는 상함이다. 자식을 가르침은 본래 그 자식을 사랑하기 때문이니 '위(爲)'는 거성(去聲;위함)이다. ○ 먼저 상함을 상대하여 말하였다. 노함이 뒤따르면 도리어 그 자식의 마음을 상하게 한다. 아버지가 이미 자식의 마음을 상하게 하면 자식의 마음에 또 그 아버지를 꾸짖기를 이 여덟 글자(子之心, 又責其父曰.)를 보충하였다. '부자(夫子)는 나를 바름으로써 가르치시지만 부자 자신도 반드시 스스로 바름을 행하지는 못한다.'라고 할 것이니, 이렇게 되면 이는 또 자식이 그 아버지의 마음을 상하게 하는 것이다.

18-3

> 古者에 易子而敎之하니라
>
> 옛날에는 자식을 바꾸어 가르쳤다.

易子而敎는 所以全父子之恩이요 而亦不失其爲敎니라 朱子曰 易子而敎는 考[22]之孔子 亦然하시니 若自敎면 則鯉所未學을 又奚問焉이시리오 陳亢稱遠其子[23]에 亦可見矣니라

자식을 바꾸어 가르침은 부자간의 은혜를 온전히 하고 또한 가르침을 잃지 않게 한 것이다. 주자가 말씀하였다. "자식을 바꾸어 가르침은 공자에게 상고해봄에 또한 그러하셨으니, 만약 스스로 가르치셨다면 리(鯉)가 배우지 못한 것을 어찌 물으셨겠는가. 진강(陳亢)이 〈부자가〉 그 자식을 멀리했다고 말한 것에서도 또한 볼 수 있다."

18-4

> 父子之間은 不責善이니 責善則離하나니 離則不祥이 莫大焉이니라
>
> 부자간에는 선(善)으로 책하지 않으니, 선으로 책하면 〈정(情)이〉 떨어지게 된다. 정이 떨어지면 불상(不祥;좋치 못함)함이 이보다 더 큼이 없는 것이다."

責善은 朋友之道也라 見後章이라 ○ 龜山楊氏曰 父子之間에 豈不欲其爲善이리오 然이나 親敎之하면 其勢必至於責善이니라 ○ 新安陳氏曰 傷恩而易至於離니라 ○ 祥은 猶善也니 不祥은 照上節惡字라

선(善)으로 책함은 붕우간(朋友間)의 도리이다. 이 내용은 뒷장에 보인다. ○ 구산양씨가 말하였다. "부자간에 어찌 그 선을 하기를 바라지 않겠는가. 그러나 직접 가르치면 그 형세가 반드시 책선(責善)함에 이른다." ○ 신안진씨가 말하였다. "은혜를 상하여 정이 떨어짐에 이르기가 쉽다." ○ '상(祥)'은 선(善;좋음)과 같으니, '불상(不祥)'은 윗절의 악(惡)자와 조응하였다.

○ 王氏曰 父有爭 去聲이니 下竝同이라 子는 出孝經이라 何也오 所謂爭者는 非責善

---

22) 考: 저본에는 '告'로 되어있으나, 《孟子集註大全》에 의거하여 바로잡았다.

23) 《論語 季氏 13章》 "陳亢問於伯魚曰: 子亦有異聞乎. 對曰: 未也. 嘗獨立, 鯉趨而過庭. 曰: 學詩乎. 對曰: 未也. 不學詩, 無以言, 鯉退而學詩…陳亢退而喜曰: 問一得三. 聞詩聞禮, 又聞君子之遠其子也."

也라 當不義면 則爭之而已矣니라 雙峯饒氏曰 下氣怡聲和悅以爭之니라 父之於子也에
如何오 曰 當不義면 則亦戒之而已矣니라 慶源輔氏曰 王氏最得孟子之正意하니라 ○
新安陳氏曰 遇不賢之子하면 不得已亦當自敎戒之니 若懼傷恩하여 而全不敎戒면 此所謂慈
而敗子矣라 孟子之言은 經也요 此所云은 權也니라 ○ 按王氏之言이 如此로되 而觀其所
自行하면 則只以兒誤矣三字로 爲至戒하여 終至養成驕習하니 此眞慈而敗子矣라 然則集註
에 姑取其言之不背於本文而已니라

○ 왕씨(王氏;왕안석(王安石))가 말하였다. "'아버지에게 간하는 '쟁(爭)'은 거성(去聲;간쟁함)
이니, 아래도 모두 같다. 자식이 있다.'는 것은 이 내용은 ≪효경(孝經)≫에 나온다. 무엇인가?
이른바 '간한다'는 것은 책선(責善)이 아니요 불의(不義)를 당하면 간할 뿐이다. 쌍봉요씨가
말하였다. "기운을 내리고 목소리를 온화하게 하여 화열(和悅;부드럽고 기쁜 얼굴빛)하게 간쟁하
는 것이다." 아버지가 자식에 대하여 어떻게 해야 하는가? 불의를 당하면 또한 경계할 뿐
이다." 경원보씨가 말하였다. "왕씨가 가장 맹자의 바른 뜻을 알았다." ○ 신안진씨가 말하였다.
"어질지 못한 자식을 만나면 부득이 또한 마땅히 가르치고 경계하여야 하니, 만약 은혜를 상할 것
을 두려워하여 전혀 가르치고 경계하지 않으면 이것은 이른바 사랑하여 자식을 망친다는 것이다.
맹자의 말씀은 경도(經道)이고 여기서 말한 것은 권도(權道)이다." ○ 살펴보건대 왕씨의 말이 이
와 같았으나 그가 직접 행한 것을 살펴보면 다만 '아오의(兒誤矣;아이가 말을 잘못했다)'라는 세
글자를 지극한 경계로 삼아서 끝내 교만한 습관을 양성함에 이르렀으니,[①] 이는 참으로 사랑하여
자식을 망친 것이다. 그렇다면 ≪집주≫에 우선 그의 말이 본문에 위배 되지 않았음을 취했을 뿐
이다.

*① 왕씨의……이르렀으니 : 왕씨는 왕안석(王安石)을 가리킨 것으로, ≪이정외서(二程外
書)≫ 권12에 다음과 같은 내용이 보인다. "형공(荊公;왕안석)이 신법(新法)을 시행하
기 위해 조례사(條例司)를 설치하고 정백순(程伯淳;명도(明道) 정호(程顥))를 관속(官
屬)으로 중용하였다. 하루는 날씨가 무척 더웠는데, 형공이 백순을 마주하였다. 이때 형
공의 아들 왕방(王雱)이 머리를 산발하고 맨발로 부인의 관을 쓰고서 형공에게 묻기를
'무슨 일을 말씀하십니까?' 하니, 형공이 대답하기를 '신법을 비방하고 저지하려는 자가
많으므로 정군(程君)과 상의하는 것이다.' 하였다. 이에 왕방은 두 다리를 뻗고 걸터앉
아 큰소리로 말하기를 '재상인 한기(韓琦)와 부필(富弼)을 참수하여 시장의 거리에 효시
한다면 신법이 잘 시행될 것입니다.' 하니, 형공이 급히 말하기를 '아이가 잘못 말했다.
〔兒誤矣〕'라고 하였다. 이에 백순이 정색(正色)하고 말씀하기를 '내가 참지정사(參知政
事;왕안석)와 국사를 논하고 있으니, 재상의 자제가 끼어들어서는 안 된다. 우선 물러가
라.'라고 질책하자, 왕방이 불쾌해 하면서 물러갔다. 이후로 백순은 형공과 마음이 맞지
못하였다." 여기서는 왕안석이 버릇없는 자식을 크게 질책하지 않고 단지 "잘못 말했다."
는 것으로 지극한 경계를 삼았는데, 뒤에 왕방이 교만 방자하였으므로 비판한 것이다.

19-1

孟子曰 事孰爲大오 事親이 爲大하니라 守孰爲大오 守身이 爲大하니라 不失其身而能事其親者를 吾聞之矣요 失其身而能事其親者를 吾未之聞也로라

맹자가 말씀하셨다. "섬기는 일 중에 무엇이 가장 큼이 되는가? 어버이를 섬김이 큼이 된다. 지키는 일 중에 무엇이 가장 큼이 되는가? 몸(지조)을 지킴이 큼이 된다. 몸을 잃지 않고서 그 어버이를 잘 섬긴 자는 내가 들었고, 몸을 잃고서 그 어버이를 잘 섬긴 자는 내가 듣지 못하였다.

守身은 持守其身하여 使不陷於不義也라 一失其身이면 陷於不義라 則虧體辱親하니 雖日用三牲之養이라도 去聲이라 亦不足以爲孝矣니라 二句는 出孝經이라 ○ 新安陳氏曰 事君、事長이 皆事也나 事親이 爲事之大요 守國、守官이 皆守也나 守身이 爲守之大라 二者를 分開平說하고 繼言不失身則能事親하여 二貫爲一하여 分輕重說이라 不失身이면 卽是守身이요 能守身이면 方能事親이니 此與前章悅親在誠身으로 同意니라

'수신(守身)'은 그 몸을 잘 지켜 불의(不義)에 빠지지 않게 하는 것이다. 한 번 그 몸을 잃으면 불의(不義)에 빠지는 것이다. 몸을 훼손하고 어버이를 욕되게 하니, 비록 하루에 세 짐승(소·양·돼지)의 봉양을 '양(養)'은 거성(去聲:봉양)이다. 올리더라도 효(孝)라 할 수 없는 것이다. 두 구(雖日用三牲之養, 亦不足以爲孝矣.)는 ≪효경≫에 나온다. ○ 신안진씨가 말하였다. "군주를 섬기고 어른을 섬김이 모두 섬김이나 어버이를 섬김이 섬김의 큼이 되고, 나라를 지키고 관직을 지킴이 모두 지킴이나 몸을 지킴이 지킴의 큼이 된다. 두 가지를 나누어 평평하게 말하고, 뒤이어 몸의 지조를 잃지 않으면 능히 어버이를 섬긴다고 말하여, 두 가지 일을 꿰어 하나로 만들어서 경중을 나누어 말씀하였다. 몸의 지조를 잃지 않으면 바로 몸을 지키는 것이고, 능히 몸을 지키면 비로소 어버이를 섬길 수 있으니, 이는 앞장에 '어버이를 기쁘게 함이 몸을 성실히 함에 있다.'는 것과 같은 뜻이다."

19-2

孰不爲事리오마는 事親이 事之本也요 孰不爲守리오마는 守身이 守之本也니라

> <섬기는 일 중에> 무엇이 섬김이 되지 않겠는가마는 어버이를 섬김이 섬김의 근본이요, <지키는 일 중에> 무엇이 지킴이 되지 않겠는가마는 몸을 지킴이 지킴의 근본이다.

事親孝면 **則忠可移於君**이요 **順可移於長**이며 上聲이라 ○ 出孝經이라 ○ 新安陳氏曰 此事親이 所以爲事之本이니라 **身正**이면 **則家齊、國治** 去聲이라 **而天下平**이니라 出大學이라 ○ 新安陳氏曰 此守身이 所以爲守之本이니라 ○ 又曰 事之本, 守之本은 照應章首四句하여 分二者平說이로되 惟其爲本이 所以見其爲大니라

어버이를 섬기기를 효(孝)로 하면 충성을 군주에게 옮길 수 있고 순종함을 어른(上官)에게 옮길 수 있으며,*① '장(長)'은 상성(上聲;어른)이다. ○ 이 내용은 ≪효경≫에 나온다. ○ 신안진씨가 말하였다. "이는 어버이를 섬김이 섬김의 근본이 되는 이유이다." 몸이 바루어지면 집안이 가지런해지고 나라가 다스려서 '치(治)'는 거성(去聲;다스려짐)이다. 천하가 균평할 것이다. 이 내용은 ≪대학≫에 나온다. ○ 신안진씨가 말하였다. "이는 몸을 지킴이 지킴의 근본이 되는 이유이다." ○ 또 말하였다. "섬김의 근본과 지킴의 근본은 장 머리 네 구(事孰爲大, 事親爲大, 守孰爲大, 守身爲大.)를 조응하여 두 가지를 나누어 평평히 말하였는데, 오직 그 근본이 됨이 그 큼이 됨을 나타낸 것이다."

*① 어버이를……있으며 : ≪효경≫에 있는 공자의 말씀으로, 부모를 효성으로 섬기는 자가 이것을 군주에게 옮기면 충(忠)이 되고 상관에게 옮기면 순(順)이 됨을 이른다.

19-3

曾子養曾晳하사되 **必有酒肉**하더시니 **將徹**할새 **必請所與**하시며 **問有餘**어든 **必曰有**라하더시다 **曾晳**이 **死**커늘 **曾元**이 **養曾子**호되 **必有酒肉**하더니 **將徹**할새 **不請所與**하며 **問有餘**어시든 **曰亡**(무)**矣**라하니 **將以復進也**라 **此所謂養口體者也**니 **若曾子**면 **則可謂養志也**니라

증자(曾子)가 증석(曾晳)을 봉양하실 적에 <밥상에> 반드시 술과 고기가 있으셨는데, 장차 밥상을 치우려 할 적에 <증자는> 반드시 '누구에게 주시겠습니까?' 하고 청하였으며, <증석이> '남은 것이 있느냐?' 하고 물으면 반드시 '있습니다.' 하고 대답하셨다. 증석이 죽자 증원(曾元)이 증자를 봉양하였는데, <밥상에> 반드시 술과

> 고기가 있었으나 밥상을 치울 적에 <증원은> '누구에게 주시겠습니까?' 하고 청하지(묻지) 않았으며, <증자가> '남은 것이 있느냐?' 하고 물으시면 반드시 '없습니다.' 하고 대답하였으니, 이는 그 음식을 다시 올리려고 해서였다. 이것은 이른바 '구체(口體;입과 몸)만을 봉양한다.'는 것이니, 증자와 같이 하면 '뜻을 봉양한다.'고 이를 만하다.

養은 去聲이라 復는 扶又反이라
'양(養)'은 거성(去聲;봉양함)이다. '부(復)'는 부(扶)·우(又)의 반절[다시 부]이다.

亡은 無同이라
'무(亡)'는 무(無)와 같다.

此는 承上文事親言之라 上文二事를 分而合하고 合而又分하고 至此以下는 遂專言事親하니라 曾晳은 名點이니 曾子父也요 曾元은 曾子子也라 曾子養其父하사되 每食에 必有酒肉이러시니 食畢將徹 直列反이라 去할새 必請於父曰 此餘者를 取用下句餘字라 與誰오하며 或父問此物尙有餘否어든 必曰有라하시니 恐親意更欲與人也라 恐字를 不必深看이니 猶或慮也라 曾元은 不請所與하고 雖有라도 言無하니 以此推之하면 則曾子蓋雖無言有는 卽爲備之也라 其意將以復進於親이요 不欲其與人也니 添此句라 此는 但能養父母之口體而已라 慶源輔氏曰 其事淺이라 曾子則能承順父母之志하여 而不忍傷之也시니라 承順不傷이 是養也라 ○ 南軒張氏曰 曾子能盡守身事親之道라 故로 擧其養志之事하여 以爲人子之法하시니라 ○ 新安陳氏曰 前以守身爲事親之本은 所以論其理요 及後實之하여는 以曾子之事親而不及守身이라 然이나 欲子之不失其身은 尤父志之大者니 其能守身以承親志를 可知矣라 南軒이 最爲得之니라 ○ 又曰 前言守身爲事親之本하고 後言養志爲養親之本이라 ○ 養志는 此章之綱領이라

이는 윗글에 어버이 섬김을 이어서 말씀한 것이다. 윗글에서는 두 가지 일을 나누었다가 합하고 합하였다가 또 나누고, 여기에 이르러서는 마침내 어버이를 섬김을 오로지 말하였다. 증석(曾晳)은 이름이 점(點)이니 증자(曾子)의 아버지이고, 증원(曾元)은 증자의 아들이다. 증자가 아버지를 봉양하실 적에 밥을 먹을 때마다 반드시 술과 고기가 있었는데, 밥을 다 먹고 밥상을 치울 때에 '철(徹)'은 직(直)·열(列)의 반절[거둘 철]이다. 반드시 아버지(증석)에게 청하시기를 '이 남은 것을 아랫구의 '여(餘)'자를 취하여 썼다. 누구에게 주시렵니까?' 하셨으며, 혹 아버지가 '이 물건이 아직 남은 것이 있느냐?' 하고 물으면 반드시 '있습니

다.' 하고 대답하셨으니, 이는 어버이의 뜻이 다시 남에게 주시려고 하는가 해서였다. '공(恐)'자를 굳이 깊이 볼 필요가 없으니, 혹 여(慮;생각함)와 같다. 증원은 줄 것을 청하지 않았으며, 비록 남은 것이 있어도 '없습니다.'라고 대답하였으니, 이것을 가지고 미루어 보면 증자가 비록 없으나 있다고 말씀함은 바로 대비하신 것이다. **이는 그 뜻이 장차 어버이에게 다시 올리고 남에게 주려고 하지 않은 것이니,** 이 구를 더하였다. **이는 다만 부모의 구체(口體)만을 봉양하였을 뿐이다.** ○ 경원보씨가 말하였다. "그 일이 천근(淺近)하다." 증자는 부모의 뜻을 잘 받들어 차마 상하게 하지 못하신 것이다. 부모의 뜻을 받들어 순종하여 상하게 하지 않음이 이것이 봉양이다. ○ 남헌장씨가 말하였다. "증자(曾子)가 능히 몸을 지켜 어버이를 섬기는 도리를 다하셨다. 그러므로 그 뜻을 봉양한 일을 들어서 인자(人子)의 법으로 삼으신 것이다." ○신안진씨가 말하였다. "앞에서 몸을 지킴이 어버이를 섬기는 근본이라고 한 것은 그 이치를 논한 것이요, 뒤에 실증하면서는 증자가 어버이를 섬김을 말씀하고 몸을 지킴에는 미치지 않았다. 그러나 자식이 그 몸을 잃지 않고자 함은 더욱 아버지의 뜻의 큰 것이니, 그 능히 몸을 지켜서 어버이의 뜻을 받들었음을 알 수 있다. 남헌(南軒)이 가장 이 뜻에 맞는다." ○ 또 말하였다. "앞에서는 몸을 지킴이 어버이를 섬기는 근본이 됨을 말씀하고, 뒤에서는 뜻을 봉양함이 어버이를 봉양하는 근본이 됨을 말씀하였다." ○ '양지(養志)'는 이 장의 강령이다.

19-4

> 事親을 若曾子者 可也니라
> 어버이 섬김은 증자(曾子)와 같이 하는 것이 좋다."

言 當如曾子之養志요 以當然釋可字하니 此其正義也라 不可如曾元但養口體니라 補此句라 程子 伯子라 曰 子之身에 所能爲者는 皆所當爲니 無過分 去聲이라 之事也라 故로 事親을 若曾子면 可謂至矣어늘 而孟子止曰可也라하시니 以僅可論之하니 此則餘意也라 豈以曾子之孝爲有餘哉리오 程子曰 事君을 若周公이 可也니 安得獨用天子之禮乎아

마땅히 증자(曾子)와 같이 뜻을 봉양해야 할 것이요, 당연(當然)으로 '가(可)'자를 해석하였으니, 이것이 바른 뜻이다. 증원(曾元)처럼 단지 구체(口體)만을 봉양해서는 안 됨을 말씀한 것이다. 이 구를 보충하였다.

정자가 백자이다. 말씀하였다. "자식의 몸에 능히 할 수 있는 것은 모두 자식이 당연히 해야 할 바이니, 분수에 '분(分)'은 거성(去聲;분수)이다. 지나치는 일이 없다. 그러므로 어버이 섬김을 증자와 같이 하면 지극하다고 이를 만한데도 맹자가 다만 '가(可)하다.'고 하신 것이니, 근가(僅可)로 논하였으니, 이는 여의(餘意)이다. 어찌 증자의 효(孝)를 유여(有餘;지극

함)하다고 하셨겠는가."*① 정자가 말씀하였다. "군주를 섬기기를 주공(周公)과 같이 하는 것이 가(可)하니, 어찌 홀로 천자의 예(禮)를 쓸 수 있겠는가."

*① 어찌……하셨겠는가 : 유여(有餘)는 부족의 반대말로, 증자(曾子)의 이러한 효는 자식된 도리에 당연히 해야 할 일이니, 어찌 지극하여 과분(過分)하다 할 수 있겠느냐는 뜻이다.

20

孟子曰 人不足與適也며 政不足[與]間也라 惟大人이아 爲能格君心之非니 君仁이면 莫不仁이요 君義면 莫不義요 君正이면 莫不正이니 一正君而國定矣니라

맹자가 말씀하셨다. "<등용한> 인물을 군주와 더불어 <일일이 다> 허물(지적)할 수 없으며, <잘못된> 정사를 <일일이 다> 흠잡을 수 없다. 오직 대인(大人)이어야 군주의 나쁜 마음을 바로잡을 수 있으니, 군주가 인(仁)해지면 <모든 일이> 인하지 않음이 없고, 군주가 의(義)로워지면 <모든 일이> 의롭지 않음이 없고, 군주가 바루어지면 <모든 일이> 바르지 않음이 없으니, 한 번 군주의 마음을 바루면 나라가 안정된다."

適은 音謫이라 間은 去聲이라

'적(適)'은 음이 적(謫;꾸짖음)이다. '간(間)'은 거성(去聲;흠잡음)이다.

趙氏曰 適은 過也요 猶責也라 間은 非也라 猶譏也라 格은 正也라 徐氏 大全曰 名度요 字孝節이니 睢陽人이라 曰 格者는 物之所取正也니 朱子曰 如合格之格이니 謂使之歸于正이니라 ○ 按合格은 正物之器니 蓋合木爲之耳라 書 囧命이라 曰 格其非心이라하니라 蔡氏曰 非僻之心이라 愚謂 間字上에 亦當有與字라 推上句可知也라 然이나 此二與字는 只是帶過說이라 故로 下註에 不復釋其義하니라 言 人君用人之非를 補用、非字라 不足過謫이요 謫同이라 行政之失을 補失字라 不足非間이라 惟有大人之德이면 則能格君心之不正하여 格君心之非는 此章之題目이라 以歸于 一作於라 正하여 新安陳氏曰 正은 包仁、義하니 仁、義는 所以正也니 集註에 所以不提仁、義니라 而國無不治矣라 去聲이니 下同이라 ○ 定이라 大人者는 大德之人이니 聖人이라 ○ 主德言曰大人

之德이요 主人言曰大德之人이라 ○ 訓在釋後者는 上所引趙、徐說에 無其訓故也라 正己而物正者也니라 見盡心上24)이라

조씨(趙氏)가 말하였다. "'적(適)'은 허물함이요, '책(責)'과 같다. '간(間)'은 비난함이다. '기(譏)'와 같다. '격(格)'은 바로잡음이다." 서씨(徐氏)가 ≪대전≫에 말하였다. "이름이 도(度)이고 자(字)가 효절(孝節)이니, 수양(睢陽) 사람이다." 말하였다. "격(格)은 물건이 바름을 취하는 것이니,*① 주자가 말씀하였다. "합격(合格)의 격(格)과 같으니, 하여금 바름에 돌아가게 함을 이른다." ○ 살펴보건대 합격은 물건을 바로잡는 기물이니, 나무를 합하여 만든다. ≪서경≫에 〈경명(冏命)〉이다. 이르기를 '그 나쁜 마음을 바로잡는다.' 하였다." 채씨가 말하였다. "비심(非心)은 비벽(非僻)한 마음이다."

내가 생각하건대 '간(間)'자 위에도 마땅히 '여(與)'자가 있어야 할 것이다. 윗구를 미루어 보면 알 수 있다. 그러나 여기의 두 '여(與)'자는 다만 덧붙여서 지나가며 한 말이다. 그러므로 아랫주에는 다시 그 뜻을 해석하지 않은 것이다. 인군(人君)의 인물 등용의 잘못을 '용(用)'자와 '비(非)'자를 보충하였다. 허물할 것이 못되고 '적(謫)'은 적(謫)과 같다. 행정(行政)의 잘못을 '실(失)'자를 보충하였다. 흠잡을 것이 못된다. 오직 〈신하가〉 대인(大人)의 덕(德)이 있으면 능히 군주의 마음의 바르지 못함을 바로잡아 인군의 마음의 그름을 바로잡음은 이 장의 제목이다. 바름으로 '우(于)'가 일본(一本)에는 어(於)로 되어 있다. 돌아가게 해서 신안진씨가 말하였다. "정(正)은 인(仁)과 의(義)를 포함하니, 인과 의는 바르게 하는 것이니, ≪집주≫에 이 때문에 인·의를 들지 않은 것이다." 나라가 다스려지지 '치(治)'는 거성(去聲:다스려짐)이니, 아래도 같다. ○ 경문의 정(定)이다. 않음이 없음을 말씀한 것이다. 대인은 대덕(大德)의 사람이니, 대덕(大德)의 사람은 성인(聖人)이다. ○ 덕(德)은 주장하여 말하면 '대인의 덕'이라 하고, 사람을 주장하여 말하면 '대덕의 사람'이라 한다. ○ 훈(訓)이 석(釋)의 뒤에 있는 것은 위에서 인용한 조씨(趙氏)와 서씨(徐氏)의 설에 그 훈이 없었기 때문이다. 자기 몸을 바룸에 남이 저절로 바루어지는 자이다. 이 내용은 〈진심 상〉에 보인다.

*① 격(格)은……것이니 : 격은 직각으로 된 나무판자로 여기에 맞추어 물건을 자르거나 하여 바루었기 때문에 말한 것으로 보인다. 옛날 격척(格尺)이란 것이 있었는데, 이 역시 물건을 재고 물건을 맞추는 것이므로 여기에 맞는 것을 격식(格式)이라 하고 이 격식에 맞는 것을 합격(合格)이라 하였다.

○ 程子 叔子라 曰 天下之治亂이 繫乎人君之仁與不仁耳라 仁包義故로 不提義라 心之非는 卽害於政이니 所謂發於其心하여 害於其政이라 不待乎發之於外也라 昔者에 孟子三 去聲이라 見齊王而不言事어시늘 門人이 疑之한대 孟子曰 我先攻其邪心이라하시니 見荀子大略篇이라 ○ 孟子凡與人言에 皆然이요 非獨於宣王而已라 心旣正而後

---

24) ≪孟子 盡心上 19章≫ "孟子曰: <u>有大人者, 正己而物正者也.</u>"

에 天下之事를 可從而理也라 夫 音扶라 政事之失과 承上害於政하여 而先言政失하니 蓋用人은 將以爲政也라 用人之非는 知(智)者能更(경) 平聲이니 下竝同이라 之하고 直者能諫之라 然이나 非心이 存焉이면 非心尙在라 則事事而更之라도 後復 去聲이니 下同이라 有其事하여 將不勝 平聲이니 下同이라 其更矣요 人人而去 上聲이니 下同이라 之라도 後復用其人하여 將不勝其去矣라 是以로 輔相 去聲이라 之職은 必在乎格君心之非하니 然後에 無所不正이요 而欲格君心之非者는 非有大人之德이면 則亦莫之能也니라 朱子曰 孔子不能格定、哀하시고 孟子不能格齊宣하시니 在人者는 不可必이니라 ○ 慶源輔氏曰 無大人之德與學이라도 而有言責者는 不可以是藉口니라

○ 정자(程子)가 숙자이다. 말씀하였다. "천하의 다스려짐과 혼란함은 인군(人君)의 마음이 인(仁)한가 불인(不仁)한가에 달려 있을 뿐이다. 인(仁)이 의(義)를 포함하기 때문에 의를 제시하지 않은 것이다. 마음의 나쁨은 바로 정사에 해를 끼치니, 이른바 그 마음에서 나와 그 정사를 해친다는 것이다. 밖에 나타나기를 기다리지 않는다. 옛날에 맹자가 세 번 '삼(三)'은 거성(去聲;세 번)이다. 제왕(齊王)을 만나보시고 정사를 말씀하시지 않자, 문인(門人)들이 의심하였다. 이에 맹자가 대답하시기를 '나는 먼저 그 사심(邪心;바르지 않은 마음)을 다스리겠다.' 하셨으니, 이 내용은 《순자(荀子)》〈대략(大略)〉편에 보인다. ○ 맹자가 무릇 사람과 말씀하실 적에 다 그러하셨고, 단지 선왕(宣王)에게만이 아니셨다. 마음이 이미 바루어진 뒤에야 천하의 일을 따라서 다스릴 수 있는 것이다. 저 '부(夫)'는 음이 부(扶;저)이다. 정사의 잘못과 위의 정사의 해로움을 이어서 먼저 정사의 잘못을 말씀하였으니, 사람을 등용함은 장차 정사를 다스리기 위해서이다. 인물의 등용의 잘못은, 지혜로운 자(신하)는 능히 고치고 '경(更)'은 평성(平聲;고침)이니, 아래도 모두 같다. 충직(忠直)한 자는 능히 간한다. 그러나 군주에게 나쁜 마음이 남아 있으면 나쁜 마음이 아직도 남아 있는 것이다. 일마다 고치더라도 뒤에 다시 '부(復)'는 거성(去聲;다시)이니, 아래도 같다. 그러한 일이 있어서 장차 이루다 '승(勝)'은 평성(平聲;이루)이니, 아래도 같다. 고치지 못할 것이요, 사람마다 제거하더라도 '거(去)'는 상성(上聲;제거함)이니, 아래도 같다. 뒤에 다시 그러한 인물을 등용하여 장차 이루 다 제거하지 못할 것이다. 이 때문에 보상(輔相;보필)하는 '상(相)'은 거성(去聲;도움)이다. 대신(大臣)의 직책은 반드시 군주의 나쁜 마음을 바로잡음에 있는 것이니, 이렇게 한 뒤에야 바르지 않음이 없을 것이요, 군주의 나쁜 마음을 바로잡고자 하는 자는 대인의 덕(德)이 있는 자가 아니면 또한 이것을 할 수 없는 것이다." 주자가 말씀하였다. "공자가 정공(定公)과 애공(哀公)을 바로잡지 못하셨고, 맹자가 제(齊)나라 선왕을 바로잡지 못하셨으니, 남에게 있는 것은 기필할 수가 없는 것이다." ○ 경원보씨가 말하였다. "대인의 덕(德)과 학문이 없더라도 언책(言責)이 있는 자는 이것을 구실삼아 말하지 않아서는 안 된다."

21

孟子曰 有不虞之譽하며 有求全之毁하니라

맹자가 말씀하셨다. "예상치 않은 칭찬이 있으며, 완전하기를 구하다가 받는 비방이 있다."

虞는 度(탁) 入聲이라 也라 呂氏曰 行 去聲이라 不足以致譽而偶得譽를 是謂不虞之譽요 求免於毁而反致毁를 是謂求全之毁라 言 毁、譽之言이 未必皆實이니 雙峯饒氏曰 譽는 本是美人之好處로되 但對毁字說이면 則二者皆有不得其眞之意하니라 ○ 毁、譽는 此章之題目이라 修己者 不可以是遽爲憂喜요 觀人者 不可以是輕爲進退니라 慶源輔氏曰 集註旣得孟子本意하고 又續以此二言하여 於人、己에 兩有所益하니라

'우(虞)'는 헤아림이다. '탁(度)'은 입성(入聲;헤아림)이다. 여씨(呂氏)가 말하였다. "행실이 '행(行)'은 거성(去聲;행실)이다. 칭찬을 불러올 만하지 못한데도 우연히 칭찬을 얻는 것을 불우지예(不虞之譽)라 이르고, 비방을 면하기를 구하다가 도리어 비방을 불러옴을 구전지훼(求全之毁)라 이른다." 비방하고 칭찬하는 말이 반드시 다 진실된 것은 아니니, 쌍봉요씨가 말하였다. "예(譽)는 본래 남의 좋은 부분을 찬미하는 것인데, 다만 '훼(毁)'자와 상대하여 말하면 '훼(毁)'와 '예(譽)'는 두 가지 다 그 진실을 얻지 못하는 뜻이 있다." ○ '훼(毁)'와 '예(譽)'는 이 장의 제목이다. 몸을 닦는 자는 이것(毁譽)으로써 대번에 근심하거나 기뻐해서는 안 될 것이요, 사람을 관찰하는 자는 이것으로써 가볍게 올려주거나 물리쳐서는 안 됨을 말씀한 것이다. ○ 경원보씨가 말하였다. "≪집주≫는 이미 맹자의 본의를 얻었고, 또 이어서 이 두 가지로 말씀하셨으니, 남과 자기에게 모두 유익한 바가 있다."

22

孟子曰 人之易(이)其言也는 無責耳矣니라

맹자가 말씀하셨다. "사람이 말을 함부로 하는 것은 꾸짖음을 받지 않았기 때문이다."

易는 去聲이라

'이(易)'는 거성(去聲;쉬움)이다.

人之所以輕易其言者는 易言은 此章之題目이라 以其未遭失言之責故耳라 蓋常人之情은 無所懲於前이면 無責이라 則無所警於後하니 易言이라 非以爲君子之學이 必俟有

責而後에 不敢易其言也라 旣釋本文하고 又論餘意라 然이나 此豈亦有爲 去聲이라 而言之與인저 平聲이라 ○ 前篇에 多有有爲而發者故로 下亦字라

사람이 그 말을 가볍게 하고 함부로 하는 까닭은 '이언(易言)'은 이 장의 제목이다. 실언(失言)의 꾸짖음을 당하지 않았기 때문이다. 상인(常人)의 정(情)은 앞에서 징계한 바가 없으면 꾸짖음이 없는 것이다. 뒤에 경계하는 바가 없으니, 쉽게 말하는 것이다. 군자의 학문이 반드시 꾸짖음이 있기를 기다린 뒤에 감히 그 말을 함부로 하지 않는다고 말씀한 것은 아니다. 이미 본문을 해석하고 여의(餘意)를 논하였다. 그러나 이것은 아마도 까닭이 있어서 '위(爲)'는 거성(去聲;위함, 까닭)이다. 하신 말씀일 것이다.[①] '여(與)'는 평성(平聲;의문사)이다. ○ 앞편에 까닭이 있어서 말씀한 것이 많이 있으므로 역(亦)자를 놓은 것이다.

*① 까닭이……것이다 : 까닭이 있어서 한 말씀이란, 곧 일반적인 경우가 아니고 특별한 경우를 지적하여 말씀한 것을 가리킨다.

23

孟子曰 人之患이 在好爲人師니라

맹자가 말씀하셨다. "사람들의 병통은 남의 스승 되기를 좋아함에 있다."

好는 去聲이라

'호(好)'는 거성(去聲;좋아함)이다.

王勉曰 學問有餘하여 人資於己어든 不得已而應之는 可也어니와 先言文上意라 若好爲人師면 好爲人師는 此章之題目이라 則自足而不復 去聲이라 有進矣니 添此句라 此는 人之大患也니라 雲峯胡氏曰 通上章兩人字하여 爲衆人而言하니 與大學正心、修身兩章人字로 不異라

왕면(王勉)이 말하였다. "학문(學問)이 유여(有餘;충분)하여 남들이 자기에게 의뢰하거든 부득이하여 응함은 괜찮지만, 먼저 글 위의 뜻을 말하였다. 만일 남의 스승이 되기를 좋아한다면 '남의 스승이 되기를 좋아함'은 이 장의 제목이다. 스스로 만족하게 여겨서 다시는 '부(復)'는 거성(去聲;다시)이다. 진전이 있지 않을 것이니, 이 구를 더하였다. 이는 사람들의 큰 병통이다." 운봉호씨가 말하였다. "윗장의 두 인(人)자를 통틀어서 중인(衆人)을 위하여 말씀하셨으니, ≪대학≫의 정심장(正心章)과 수신장(修身章)의 두 인(人)자와 다르지 않다."[①]

*① ≪대학≫의……않다 : 여기의 '인(人)'자는 보통사람을 가리킨 것으로 ≪대학≫의 수신

장(修身章)에 "人之其所親愛而辟焉"이라고 보이고, 뒤이어 "人莫知其子之惡"이라고 보인다. 정심장(正心章)에는 '인(人)'자가 보이지 않는바, 호산이 착각한 것으로 보인다. 호산이 인용한 운봉 호씨의 설이 수신장 소주(小註)에 실려있는데, 호산이 옮기는 과정에서 산삭을 많이 가하였으므로 이해를 돕기 위해 본문을 소개한다.

"본문의 '인(人)'자는 군자를 말한 것이 아니요, 바로 중인(衆人)을 말한 것이니, ≪장구(章句)≫에 '중인(衆人)이다.' 하고, 또 '상인(常人;보통사람)이다.' 한 것이 이것이다. 중인 가운데에는 진실로 본래 오타(敖惰;거만하고 게으름)에 편벽된 사람이 있고, 또 아랫글에 '사람들이 자기 자식의 나쁨과 자기 벼 싹의 큼을 알지 못한다.' 한 것은 또한 사랑에 빠지고 얻기를 탐하는 사람을 범연히 말한 것이니, 두 '인(人)'자는 경계를 보임이 깊다.〔本文人字, 非爲君子言, 乃爲衆人言, 章句曰衆人, 又曰常人是也. 衆人中, 固自有偏於敖惰之人, 如下文人莫知其子之惡, 苗之碩, 亦泛言多溺愛貪得之人也. 兩人字, 示戒深矣.〕" 소주의 원문을 보면 정심장(正心章)이니 수신장(修身章)이니 한 것은 운봉 호씨의 말이 아님을 알 수 있으며, 두 '인(人)'자는 수신장의 내용을 가리킨 것임을 알 수 있다.

24-1

樂正子從於子敖하여 之齊러니

악정자(樂正子)가 자오(子敖)를 따라 제(齊)나라에 갔었다.

子敖는 音遨라 王驩이 字라 蓋驩使於魯에 而樂正子因從而至齊라 ○ 朱子曰 藉其資糧輿馬하여 以見孟子而已라

자오(子敖)는 '오(敖)'는 음이 오(遨)이다. 왕환(王驩)의 자(字)이다. 아마도 왕환이 노(魯)나라에 사신 올 적에 악정자가 인하여 그를 따라 제나라에 이른 듯하다. ○ 주자가 말씀하였다. "그의 물자와 양식, 수레와 말을 빌려서 맹자를 뵈었을 뿐이다."

24-2

樂正子見(현)孟子한대 孟子曰 子亦來見我乎아 曰 先生은 何爲出此言也시니잇고 曰 子來幾日矣오 曰 昔者니이다 曰 昔者면 則我出此言也 不亦宜乎아 曰 舍館을 未定이러이다 曰 子聞之也아 舍館을 定然後에 求見長者乎아

> 악정자(樂正子)가 맹자를 뵙자, 맹자가 "자네도 나를 찾아와 보는가?" 하시니, 악정자가 "선생(先生)은 어찌하여 이런 말씀을 하십니까?" 하였다. "자네가 이곳에 온지가 며칠인가?" "전일(前日)입니다." "전일이라면 내가 이러한 말을 하는 것이 당연하지 않은가." "머무를 객사(客舍)를 정하지 못해서였습니다." "자네는 들었는가? 객사를 정한 뒤에 장자(長者;어른)를 찾아본다 하던가?"

長은 上聲이라

'장(長)'은 상성(上聲;어른)이다.

上見字는 此及首篇末章에 皆無音訓이로되 而此諺解에 特音現하니 更詳之니라 ○ 孔子於門人에 爾之하고 而孟子則子之하며 孔門은 稱師爲夫子하고 而孟門則又稱先生하니 春秋、戰國間에 人事之變을 有可驗矣라 然이나 後世皆從孟門法하여 不能復古云이라 ○ 子亦來見我乎는 反其語而深怒之辭라 ○ 幾는 上聲이라 ○ 下也字는 讀如耶字義라

위의 '현(見)'자는 여기와 머릿편 끝 장에 모두 음훈(音訓)이 없으나 여기의 《언해》에 특별히 음을 현(現)이라고 하셨으니, 다시 살펴보아야한다. ○ 공자는 문인에 대하여 '너'라고 하시고 맹자는 '그대'라고 하였으며, 공자의 문하에서는 스승을 칭하여 부자(夫子)라고 하고 맹자의 문하에서는 또 선생이라고 칭하였으니, 춘추시대(春秋時代)와 전국시대(戰國時代)의 인사(人事)의 변천을 징험할 수 있다. 그러나 후세에는 모두 맹자 문하의 법을 따라 옛날을 회복하지 못하였다. ○ '자네도 나를 찾아와 보는가?'라고 하신 것은 그 말을 뒤집어서 깊이 노여워하신 말씀이다. ○ '기(幾)'는 상성(上聲;몇)이다. ○ 아래 '야(也)'자는 야(耶)자의 뜻과 같이 읽는다.

昔者는 前日也라 館은 客舍也라 舍館은 止息之館이라 王驩은 孟子所不與言者니 見下篇及公孫丑下[25]라 則其人을 可知矣어늘 新安陳氏曰 小人이라 樂正子乃從之行하니 其失身之罪大矣요 雙峯饒氏曰 是因失其親[26]이라 又不早見長者하니 則其罪又有甚者焉이라 故로 孟子姑以此責之하시니라 新安陳氏曰 且以後 ·罪責之하시니라

'석자(昔者)'는 전일(前日)이다. '관(館)'은 객사(客舍)이다. 사관은 머물러 휴식하는 관사이다. 왕환(王驩)은 맹자가 더불어 말씀하시지 않은 자이니 이 내용은 아랫편과 〈공손추 하〉에 보

---

25) 《孟子 離婁下 27章》 "公行子有子之喪, 右師往弔, 入門, 有進而與右師言者. 有就右師之位而與右師言者, 孟子 不與右師言." 《集註》 "右師, 王驩也."

《孟子 公孫丑下 6章》 "孟子爲卿於齊, 出弔於滕, 王使蓋大夫王驩爲輔行. 王驩朝暮見, 反齊滕之路, 未嘗與之言行事也."

26) 《論語 學而 14章》 "有子曰: 信近於義, 言可復也. 恭近於禮, 遠恥辱也. 因不失其親, 亦可宗也."

인다. 그렇다면 그의 인품을 알 수 있는데, 신안진씨가 말하였다. "소인(小人)이다." 악정자가 그를 따라 왔으니 몸의 지조를 잃은 죄가 크며, 쌍봉요씨가 말하였다. "이는 그 친할 만한 사람을 잃은 것이다." 또 일찍 장자(長者)를 찾아뵙지 않았으니 그 죄가 또 심함이 있다. 그러므로 맹자가 우선 이것으로 꾸짖으신 것이다. 신안진씨가 말하였다. "또 뒤에 한 가지 죄를 가지고 책망하셨다."

24-3

> 曰 克이 有罪호이다
>
> 악정자(樂正子)가 말하였다. "제[克]가 죄를 졌습니다."

陳氏曰 樂正子固不能無罪矣라 將許其善故로 輕言其罪라 然이나 其勇於受責이 如此하니 非好 去聲이라 善而篤信之면 新安陳氏曰 善人也、信人也니라 其能若是乎아 世有强辯飾非하여 聞諫 猶警諭也라 愈甚者하니 又樂正子之罪人也니라 此註는 論也라

진씨(陳氏)가 말하였다. "악정자는 진실로 죄가 없지 못하다. 장차 그 선(善)을 허여하려 하셨으므로 그 죄를 가볍게 말한 것이다. 그러나 꾸짖음을 받음에 용맹함이 이와 같았으니, 선(善)을 좋아하고 '호(好)'는 거성(去聲;좋아함)이다. 독실히 믿는 자가 아니면 신안진씨가 말하였다. "선인(善人)이며, 신인(信人)이다." 능히 이와 같겠는가. 세상에는 강변(强辯)하여 비행(非行)을 꾸며 경계하는 '간(諫)'은 성세하고 바이틈과 같다. 말을 늘으면 더욱 심한 자가 있으니, 이는 또 악정자의 죄인[①]이다." 이 주는 논(論)이다.

* ① 악정자의 죄인 : 악정자는 맹자에게 죄를 지었으므로 맹자의 죄인인 반면, 세상에 꾸짖음을 들으면 달게 받지 않고 강변하는 자들은 또 악정자에게 죄를 지은 사람이란 뜻이다.

25

> 孟子謂樂正子曰 子之從於子敖來는 徒餔啜也로다 我不意子學古之道而以餔啜也호라
>
> 맹자가 악정자(樂正子)에게 말씀하셨다. "자네가 자오(子敖)를 따라 <제(齊)나라에> 온 것은 한갓 먹고 마시기 위해서이다. 나는 자네가 옛 도(道)를 배우고서 먹고 마시는 것을 하리라고는 생각하지 못하였네."

餔는 博孤反이요 啜은 昌悅反이라

'포(餔)'는 박(博)·고(孤)의 반절[먹을 포]이고, '철(啜)'은 창(昌)·열(悅)의 반절[마실 철]이다.

徒는 但也라 餔는 食也요 啜은 飮也니 餔啜은 此章之題目이라 言其不擇所從하고 但求食耳라 以는 猶爲也라 此乃正其罪而切責之시니라 雙峯饒氏曰 二章只一事라 樂正子方來에 不欲便責之하시고 後欲正其罪하시니 所以分作兩章이니라 ○ 趙氏曰 樂正子能受責然後에 切責之하시니라 ○ 按姑以此責之는 其意輕이요 正其罪而切責之는 其意重이라 上下註正相照應하니 所以示二章之爲一事耳라

'도(徒)'는 다만이다. '포(餔)'는 먹음이요 '철(啜)'은 마심이니, '포철(餔啜)'은 이 장의 제목이다. 따를 바를 택하지 않고 다만 음식을 구할 뿐임을 말씀한 것이다. '이(以)'는 위(爲)와 같다. 이는 그 죄를 바로 말씀하여 간절히 꾸짖으신 것이다. 쌍봉요씨가 말하였다. "두 장은 다만 한 가지 일이다. 악정자가 처음 왔을 때에는 곧바로 책망하고자 하지 않으셨고, 뒤에는 그의 죄를 바로잡고자 하셨으니, 이 때문에 두 장으로 나누어 만든 것이다." ○ 조씨가 말하였다. "악정자가 능히 꾸짖음을 받은 뒤에야 간절히 책망하신 것이다." ○ 살펴보건대 우선 이로써 꾸짖음은 그 뜻이 가볍고, 그 죄를 바로잡아 간절히 꾸짖음은 그 뜻이 중하다. 위와 아래의 주가 서로 조응되니, 이는 두 장이 한 가지 일이 됨을 나타낸 것이다.

26-1

孟子曰 不孝有三하니 無後爲大하니라

맹자가 말씀하셨다. "불효(不孝)가 세 가지 있으니, <그 중에> 후손(後孫)이 없는 것이 가장 크다.

趙氏曰 於禮에 有不孝者三事하니 謂阿意曲從하여 陷親不義 一也요 家貧親老호되 不爲祿仕 二也요 不娶無子하여 絶先祖祀 三也니 慶源輔氏曰 此必見於古傳記리니 趙氏時에 其書尙存故로 引之리라 ○ 雙峯饒氏曰 趙氏以意度說이 自好하니 所以朱子不破其說이니라 ○ 按禮與世俗之稱이 各異故로 三不孝、五不孝之目이 不同云이라 三者之中에 無後爲大하니라 慶源輔氏曰 亂常悖理는 不仁之甚이니라

조씨(趙氏)가 말하였다. "예(禮)에 불효(不孝)란 것이 세 가지 일이 있으니, 부모의 뜻에 아첨하고 굽혀 따라서 어버이를 불의(不義)에 빠뜨림이 첫 번째요, 집이 가난하고 어버이

가 늙었는데도 녹사(祿仕;녹을 받기 위한 벼슬)를 하지 않음이 두 번째요, 장가 들지 않아 자식이 없어서 선조(先祖)의 제사를 끊음이 세 번째이니, 경원보씨가 말하였다. "이는 반드시 옛 전기(傳記)에 보일 것이니, 조씨 때에는 이 책이 아직 남아 있었으므로 인용했을 것이다." ○ 쌍봉요씨가 말하였다. "조씨가 자기의 뜻으로 헤아려 말한 것이 본래 좋으니, 이 때문에 주자(朱子)가 그 말을 깨뜨리지 않은 것이다." ○ 살펴보건대 예(禮)와 세속의 〈불효에 대한〉 칭호가 각각 다르므로 세 가지 불효와 다섯 가지 불효*①의 조목이 똑같지 않은 것이다. 이 세 가지 중에 후손이 없는 것이 가장 크다." 경원보씨가 말하였다. "상도(常道)를 어지럽히고 이치를 거스름은 불인(不仁)이 심한 것이다."

*① 다섯 가지 불효 : 아래 〈이루 하〉 30장에 맹자의 "세속에서 말하는 불효가 다섯 가지이다.〔世俗所謂不孝者五〕"라는 말씀이 보이므로 말한 것이다.

26-2

> 舜이 不告而娶는 爲無後也시니 君子以爲猶告也라하니라
>
> 순임금이 〈부모에게〉 아뢰지 않고 장가든 것은 무후(無後) 때문이셨으니, 군자(君子)가 '아뢴 것과 같다.'고 말하였다."

爲無之爲는 去聲이라

위무(爲無)의 '위(爲)'는 거성(去聲;위함)이다

舜告焉이면 則不得娶하여 見萬章上이라 而終於無後矣리니 告者는 禮也요 不告者는 權也라 不告而娶는 此章之題目이라 猶告는 言與告同也라 蓋權而得中이면 則不離 去聲이라 於正矣니라 程子曰 舜雖不告나 堯告之也시니 以君詔之而已니라

순임금이 부모에게 아뢰었으면 장가들 수가 없어서 이 내용은 〈만장 상〉에 보인다. 무후(無後)로 끝났을 것이니, 아뢰는 것은 예(禮)이고 아뢰지 않는 것은 권도(權道)이다. 부모에 고하지 않고 장가 듦은 이 장의 제목이다. '유고(猶告)'는 아룀과 같음을 말한다. 저울질하여 [權] 중도(中道)에 맞으면 정도(正道)에서 떠나지(이탈되지) '리(離)'는 거성(去聲;떠남)이다. 않는다. 정자가 말씀하였다. "순임금은 비록 부모에게 고하지 않으셨으나 요(堯)임금이 고하셨으니, 임금으로써 명령했을 뿐이다."

○ 范氏曰 天下之道 有正有權하니 正者는 萬世之常이요 權者는 一時之用이니 常道는 人皆可守어니와 權은 非體道者면 聖人이라 ○ 新安陳氏曰 全體此道하여 於身與

道에 爲一者라 不能用也라 蓋權은 出於不得已者也니 若父非瞽瞍요 子非大舜이어늘 而欲不告而娶면 則天下之罪人也니라 新安倪氏曰 集註於前章曰 在下者非湯、武之仁이요 在上者非桀、紂之暴면 未免於簒弑之罪27)라하고 於此章曰 云云하니 皆所以補孟子未足之意하여 扶植萬世君臣、父子之綱이니라

○ 범씨(范氏)가 말하였다. "천하의 도(道)에는 정도와 권도가 있으니, 정도는 만세(萬世)의 떳떳함이요 권도는 일시(一時)의 운용이다. 상도(常道;정도)는 사람들이 다 지킬 수 있으나 권도는 도를 체행한 자가 아니면 도(道)를 체행하는 자는 성인(聖人)이다. ○ 신안진씨가 말하였다. "이 도를 온전히 체행하여 몸과 도가 하나가 된 자이다." 쓰지 못한다. 권도는 부득이한 데서 나오는 것이니, 만일 아버지가 고수(瞽瞍)와 같은 나쁜 아버지가 아니요 아들이 대순(大舜)과 같은 효자(孝子)가 아니면서 아뢰지 않고 장가들려 한다면 천하의 죄인(罪人)이다." 신안예씨가 말하였다. "≪집주≫는 앞장에서는 '아래에 있는 자가 탕왕(湯王)과 무왕(武王)의 인(仁)이 아니고, 위에 있는 자가 걸왕(桀王)과 주왕(紂王)의 포악함이 아니면, 찬시(簒弑)하는 죄를 면치 못한다.' 하였고, 이 장에서는 이리이리 말씀하였으니, 모두 맹자의 부족한 뜻을 보충하여 만세의 군신(君臣)과 부자의 강상(綱常)을 붙들어 심으신 것이다."

27-1

孟子曰 仁之實은 事親이 是也요 義之實은 從兄이 是也니라

맹자가 말씀하셨다. "인(仁)의 실제는 어버이를 섬김이 이것이요, 의(義)의 실제는 형(兄)에게 순종함이 이것이다.

仁主於愛로되 而愛莫切於事親이요 義主於敬이로되 朱子曰 有嚴底意思라 而敬莫先於從兄이라 從은 猶順也라 故로 仁、義之道 其用이 至廣이나 朱子曰 仁民、愛物、貴貴、尊賢은 是仁、義之英華라 而其實은 朱子曰 是對華而言이라 不越於事親從兄之間하니 錯釋以便文이라 蓋良心之發이 西山眞氏曰 良知、良能은 天性之眞이 於焉發見이니라 最爲切近而精實者라 此實字는 對虛而言이라 有子以孝、弟爲爲仁之本하니 見論語學而28)라 其意亦猶此也니라 覺軒蔡氏曰 有子言仁은 專言之仁也요 孟子言仁義는 偏言之

---

27) ≪孟子 梁惠王下 8章≫ "齊宣王問曰: 湯放桀, 武王伐紂, 有諸. 孟子對曰: 於傳有之…" ≪集註≫ "王勉曰: 斯言也, 惟在下者有湯武之仁, 而在上者有桀紂之暴則可. 不然, 是未免於簒弑之罪也."

28) ≪論語 學而 2章≫ "有子曰: 其爲人也孝弟, 而好犯上者鮮矣…君子務本, 本立而道生, 孝弟也者, 其爲仁之本歟."

仁也라 合而言之하면 推事親者以從兄하니 此孝弟所以爲爲仁之本이요 分而言之하면 事親而孝하고 從兄而弟하니 所以爲仁義之實也니라 ○ 新安陳氏曰 洙泗言仁은 其理一者也요 孟氏言仁義는 其分殊者也라 蓋本立於孝弟하여 而仁道自此而生이요 仁義之實이 盡於事親、從兄하여 而仁義之華采 亦皆自此而生하니 此意有相似者니라

인(仁)은 사랑을 주장하는데 사랑은 어버이를 섬기는 것보다 간절함이 없고, 의(義)는 공경을 주장하는데 주자가 말씀하였다. "공경은 엄한 의사(意思)가 있다." 공경은 형에게 순종하는 것보다 먼저함이 없다. '종(從)'은 순(順)과 같다. 그러므로 인(仁)·의(義)의 도(道)가 그 쓰임이 지극히 넓으나 주자가 말씀하였다. "사람을 사랑하고 물건을 아끼고 귀한 사람을 귀하게 여기고 어진이를 높임은 바로 인(仁)과 의(義)의 영화(榮華; 겉으로 드러나는 아름다움)이다." 그 실제는 주자가 말씀하였다. "이 실(實)은 화(華)를 상대하여 말한 것이다." 어버이를 섬기고 형에게 순종하는 사이에 지나지 않으니, 번갈아 해석하여 문장을 편안하게 하였다. 양심(良心)이 발로됨이 서산진씨가 말하였다. "양지(良知)와 양능(良能)은 천성(天性)의 참됨이 이때에 발현되는 것이다." 가장 간절하고 가까우면서 정(精)하고 진실한 것이 된다. 이 '실(實)'자는 허(虛)를 상대하여 말하였다. 유자(有子)가 효(孝)·제(弟)로써 인(仁)을 행하는 근본을 삼았으니, 이 내용은 ≪논어≫〈학이〉에 보인다. 그 뜻이 또한 이와 같다. 각헌채씨가 말하였다. "유자(有子)가 인(仁)을 말함은 오로지(전체로) 말한 인이고, 맹자가 말씀한 인의(仁義)는 편벽되게 말씀한 인이다. 합하여 말하면 어버이를 섬기는 것을 미루어 형을 순종하니 이는 효(孝)와 제(弟)가 인(仁)을 행하는 근본이 된 것이요, 나누어 말하면 어버이를 섬김에 효도하고 형을 순종하여 공경하니 이는 인·의의 실제가 되는 것이다." ○ 신안진씨가 말하였다. "수사(洙泗; 공자의 문하)에서 인을 말씀함은 그 이치가 똑같은 것이요[理一], 맹씨가 말씀한 인의는 그 분(分)이 다른 것〔分殊〕이니라. 근본이 효·제에 서서 인(仁)의 도(道)가 이로부터 생겨나고, 인·의의 실제가 어버이를 섬기고 형을 순종함에 다하여 인·의의 화채(華采)가 또한 모두 이로부터 생기니, 이 뜻은 서로 유사함이 있다."

27-2

智之實은 知斯二者하여 弗去 是也요 禮之實은 節文斯二者 是也요 樂(악)之實은 樂(락)斯二者니 樂則生矣니 生則惡(오)可已也리오 惡可已면 則不知足之蹈之, 手之舞之니라

지(智)의 실제는 이 두 가지 (사친(事親)과 종형(從兄))를 알아서 떠나지 않는 것이요, 예(禮)의 실제는 이 두 가지를 절문(節文)[①]하는 것이요, 악(樂)의 실제는 이 두

가지를 즐거워하는 것이다. 즐거워하면 〈이러한 마음이〉 생겨날 것이니, 생겨난다면 〈이러한 행실을〉 어찌 그만둘 수 있겠는가. 그만둘 수 없다면 자신도 모르게 발로 뛰고 손으로 춤을 추게 될 것이다."

*① 절문(節文) : 절(節)은 품절(品節)로 품격에 맞게 제한하는 것이며, 문(文)은 문식(文飾)을 가하여 문채가 나게 하는 것이다.

樂斯、樂則之樂은 音洛이라 惡는 平聲이라

락사(樂斯)와 락즉(樂則)의 '락(樂)'은 음이 락(洛)이다. '오(惡)'는 평성(平聲;어찌)이다.

因上節論仁、義하여 竝及智、禮、樂이로되 而仍以仁、義爲主라

윗절에 인(仁)과 의(義)를 논함으로 인하여 지(智)와 예(禮)·악(樂)에 아울러 언급하였는데, 우선 인·의를 주장으로 삼았다.

斯二者는 指事親、從兄而言이라 事親、從兄은 此章之題目이라 ○ 雙峯饒氏曰 此章은 有經、緯하니 仁、義是經이요 禮、樂、智是緯니라 知而弗去는 則見之明 知라 而守之固矣라 弗去라 ○ 蔡氏曰 四德에 貞獨有二意하고 四端에 是非獨有兩面하며 五行에 水、土俱旺於北하고 五藏에 腎獨有二하고 四方에 玄武獨二라 造化之妙 莫不皆然하니 此智之所以知之而又不去也니라 節文은 謂品節、文章이라 朱子曰 節者는 等級也요 文은 是裝裹得好니 如升降揖遜之類也라 ○ 雙峯饒氏曰 如及階是節이요 揖是文이며 天理之節文은 作靜看이요 節文斯二者는 作動看이니라 樂則生矣는 謂和順從 七容反이라 容하여 無所勉强하여 上聲이라 ○ 釋樂字라 事親、從兄之意 油然自生이 如草木之有生意也라 釋生字라 旣有生意면 則其暢茂條達이 仍以草木言之라 自有不可遏者하니 所謂惡可已也라 雙峯饒氏曰 如兩箇果實이 內萌芽發甲하여 到枝葉蕃茂處니라 其又盛이면 再言惡可已하니 可見其爲盛이라 則至於手舞、足蹈로되 先言手舞는 偶耳라 而不自知矣니라 新安陳氏曰 天理之眞樂이 形見於動容之間하여 而不自知者也니라 ○ 慶源輔氏曰 自然而然이요 不待心使之然이니라 ○ 蔡氏曰 化之矣니 此學問之極功이니라

이 두 가지는 사친(事親)과 종형(從兄)을 가리켜 말한 것이다. 사친·종형은 이 장의 제목이다. ○ 쌍봉요씨가 말하였다. "이 장은 경(經)과 위(緯)가 있으니, 인과 의가 경(經)이고, 예와 악과 지가 위(緯)이다." 알아서 떠나지 않는다는 것은 보기를 분명히 하고 지(知)이다. 지키기를 굳게 하는 것이다. 떠나지 않는 것이다. ○ 채씨가 말하였다. "사덕(四德)에서 정

(貞)만 유독 두 가지 뜻이 있고, 사단(四端)에서 시비(是非)만이 홀로 양면이 있으며, 오행(五行)에서 수(水)와 토(土)가 모두 북(北)에 왕성하고, 오장(五藏)에서 신장만이 홀로 두 개가 있고, 사방(四方)에서 현무(玄武)만이 홀로 두 가지이다.*① 조화의 묘함이 다 그렇지 않음이 없으니, 이는 지(智)가 알고 또 떠나가지 않음이 되는 것이다." '절문(節文)'은 품절(品節)과 문장(文章)을 이른다. 주자가 말씀하였다. "절(節)은 등급이고 문(文)은 포장하여 싸기를 좋게 하는 것이니, 오르고 내리며 읍하고 사양하는 따위와 같은 것이다." ○ 쌍봉요씨가 말하였다. "계단에 이름은 절(節)이고 읍(揖)함은 문(文)이니, 천리(天理)의 절문(節文)은 정(靜)으로 보고 이 두 가지를 절문함은 동(動)으로 본 것이다." '즐거워하면 생겨난다'는 것은 화순(和順)하고 종용(從容;여유 있음)하여 '종(從)'은 칠(七)·용(容)의 반절〔종용할 종〕이다. 억지로 '강(强)'은 상성(上聲;억지로)이다. ○ '락(樂)'자를 해석하였다. 힘쓰는 바가 없으면서 사친·종형의 뜻이 유연(油然)히 스스로 생겨남이 초목(草木)에 살려는 뜻이 있음과 같음을 이른다. '생(生)'자를 해석하였다. 이미 살려는 뜻이 있다면 〈초목이〉 무성하고 가지가 발달됨이 이어서 초목을 가지고 말하였다. 막을 수 없는 것이 있을 것이니, 이것이 이른바 '어찌 그만둘 수 있겠는가. 〔惡可已〕'란 것이다. 쌍봉요씨가 말하였다. "두 개의 과실이 안에서 싹이 터 껍질이 터져서 가지와 잎이 번성하고 무성함에 이르는 곳과 같다." 오가이(惡可已)를 두 번 말씀하였으니, 그 성함이 됨을 볼 수 있다. 더욱 성해지면 손으로 춤을 추고 발로 뛰면서도 먼저 손으로 춤춤을 말함은 우연일 뿐이다. 스스로 알지 못함에 이를 것이다. 신안진씨가 말하였다. "〈손으로 춤추고 발로 뛰는 것은〉 천리의 참된 즐거움이 용모가 움직이는 사이에 나타나서 스스로 알지 못한 것이다." ○ 경원보씨가 말하였다. "자연스레 그러한 것이요, 마음이 그렇게 시키기를 기다리지 않는 것이다." ○ 채씨가 말하였다. "〈이렇게 되면〉 화(化;저절로 변화함)가 된 것이니, 이것은 학문의 지극한 공효이다."

*① 사덕(四德)에……두 가지이다 : 사덕은 ≪주역≫에 보이는 바, 원(元)·형(亨)·이(利)·정(貞)을 가리키는데, 정(貞)은 바르고 견고함〔正而固〕이다. 사단(四端)은 측은해 하는 마음〔惻隱之心〕, 수오하는 마음〔羞惡之心〕, 사양하는 마음〔辭讓之心〕, 시비를 분별하는 마음〔是非之心〕인데, 시비지심은 옳고 그름을 분별하는 마음이므로 양면이 있다고 한 것이다. 오행(五行)은 목(木)·화(火)·금(金)·수(水)·토(土)인데 사시(四時)와 사방(四方)으로 나누어 소속시킬 경우 목은 봄인 동(東)에 왕성하고, 화는 여름인 남(南)에 왕성하고 금은 가을인 서(西)에 왕성하고 수와 토는 모두 겨울인 북(北)에 왕성하다. 그리하여 북방에만 수와 토 두 가지가 왕성한 것이다. 오장(五臟)은 간(肝)·심(心)·비(脾)·폐(肺)·신(腎)인데 신은 유독 신문(腎門)이 있고, 또 남자에게는 명문(命門), 여자에게는 포(胞)가 있어 둘이라 한 것이다. 사방의 별자리는 동방(東方)에는 용 모양의 창룡(蒼龍), 남방(南方)에는 새 모양의 주작(朱雀), 서방(西方)에는 범 모양의 백호(白虎), 북방(北方)에는 거북의 위에 뱀이 또아리를 틀고 있는 모양의 현무(玄武)여서 북방에는 '뱀과 거북' 두 동물이 있으며, 원·형·이·정을 사람에 소속시키면 인(仁)·의(義)·예(禮)·지(智)가 되는데, 지는 사람에 있어 시비지심이 되고 알고서 떠나가지 않음이 되므로 말한

것이다.

○ 此章은 言 事親、從兄은 良心眞切이니 天下之道 皆原於此라 華本於實이라 然이나 必知之明而守之固然後에 新安陳氏曰 味必字與然後字하면 集註實歸重於知而不去之智하니라 ○ 按於此에 以智與禮樂으로 作對說은 又別是一義也라 蓋此重於禮樂이요 而非謂重於仁義也라 節之密 新安陳氏曰 禮之節文은 不厭其密이니라 而樂之深也니라 朱子曰 此章緊要는 在五箇實字上하니라 ○ 雲峯胡氏曰 前兩實字는 是就人本心上說이요 下三實字는 是就工夫上說이니라 ○ 莆田黃氏曰 四箇是也字는 都是說用功處요 到樂處하여는 便不說是也字하니 這處에 最要看所以樂、所以生者如何니라 ○ 按樂以後에 又有事在其下라 故로 獨不言是也字하니라 ○ 雙峯饒氏曰 此章에 不言信者는 實則信在其中일새니라

○ 이 장은 사친(事親)과 종형(從兄)은 양심(良心)이 참되고 간절한 것이니, 천하(天下)의 도(道)가 모두 여기에서 근원한다. '화(華)'는 실(實)에 근본한다. 그러나 반드시 알기를 분명히 하고 지키기를 굳게 한 뒤에야 신안진씨가 말하였다. "'필(必)'자와 연후(然後)자를 음미해 보면 ≪집주≫는 실로 알고서 떠나지 않는 지혜에 중점을 돌렸다." ○ 살펴보건대 여기에 지(智)와 예(禮)·악(樂)을 가지고 상대하여 말씀한 것은 또 별도로 한 뜻이다. 이것이 예·악보다 중한 것이요, 인(仁)·의(義)보다 중함을 말한 것이 아니다. 절(節;예절에 맞게 함)하기를 치밀히 하고 신안진씨가 말하였다. "예의 절문은 그 치밀함을 싫어하지 않는다." 즐거워하기를 깊이 함을 말씀한 것이다. 주자가 말씀하였다. "이 장의 긴요함은 다섯 개의 '실(實)'자에 있다." ○ 운봉호씨가 말하였다. "앞의 두 '실(實)'자는 사람의 본심 위에 나아가 말씀한 것이고, 아래의 세 '실'자는 공부상에 나아가 말씀한 것이다." ○ 포전황씨(莆田黃氏)가 말하였다. "네 개의 '시야(是也)'자는 모두 공력을 쓰는 곳을 말하였고, 즐거워하는 곳에 이르러서는 곧 '시야(是也)'를 말씀하지 않았으니, 이곳에 가장 즐거워하는 소이(所以)와 생겨나는 소이가 어떠한가를 보아야 한다." ○ 살펴보건대 즐거워한 이후에 또 일이 그 아래에 있으므로 홀로 '시야(是也)'를 말하지 않은 것이다. ○ 쌍봉요씨가 말하였다. "이 장에 '신(信)'을 말하지 않음은 진실(眞實)하면 신이 그 가운데 있기 때문이다."

28-1

孟子曰 天下大悅而將歸己어늘 視天下悅而歸己호되 猶草芥也는 惟舜이 爲然하시니 不得乎親이면 不可以爲人이요 不順乎親이면 不可以爲子러시다

맹자가 말씀하셨다. "천하 사람들이 크게 좋아하면서 장차 자신에게 돌아오려 하였으나 천하 사람들이 좋아하면서 자신에게 돌아옴을 보기를 초개(草芥)와 같이 여기신 것은 오직 순임금이 그러하셨다. 어버이에게 기쁨을 얻지 못하면 사람이 될 수 없고, 어버이를 <도(道)에> 순하게 하지 못하면 자식이 될 수 없다고 여기셨다.

言 舜視天下之歸己를 如草芥하고 而惟欲得其親而順之也라 先略釋之하고 下文에 又詳論之라 得者는 曲爲承順하여 朱子曰 不問是非하고 一向不逆其志니라 以得其心之悅而已요 順則有以諭之於道하여 句라 心與之一하여 己之心이 與親之心爲一이라 而未始有違니 雙峯饒氏曰 順은 非順從之順이니라 尤人所難也라 爲人은 蓋泛言之요 爲子는 則愈密矣니라 皆上句輕而下句重이라 ○ 此는 當與旻天章29)으로 參看이라

순임금은 천하가 자신에게 돌아옴을 보기를 초개(草芥)처럼 여기고, 오직 그 어버이에게 기뻐함을 얻고 <어버이를 도(道)에> 순(順)하게 하려고 하셨음을 말씀한 것이다. 먼저 간략히 해석하고 아랫글에 또 자세히 논하였다. '득(得)'은 곡진히 받들어서 주자가 말씀하였다. "옳고 그름을 묻지 않고 한결같이 그 뜻을 거스리지 않는 것이다." 그 마음에 기뻐함을 얻을 뿐이요, '순(順)'은 어버이를 도로 깨우쳐서 여기에서 구를 뗀다. 어버이 마음과 하나가 되어 자기의 마음이 어버이의 마음과 하나가 되는 것이다. 일찍이 어김이 있지 않게 하는 것이니, 쌍봉요씨가 말하였다. "'순(順)'은 순종(順從)한다는 순이 아니다." 더욱 사람의 어려운 바이다. '사람이 된다'는 것은 범연히 말한 것이요, '자식이 된다'는 것은 더욱 치밀하다. 모두 윗구는 가볍고 아랫구는 중하다. ○ 이는 마땅히 민천장(旻天章)과 참고해 보아야 한다.

28-2

舜이 盡事親之道而瞽瞍底(지)豫하니 瞽瞍底豫而天下化하며 瞽瞍底豫而天下之爲父子者定하니 此之謂大孝니라

순임금이 어버이 섬기는 도리(道理)를 다함에 고수(瞽瞍)가 기뻐함을 이루었으니, 고수가 기뻐함을 이룸에 천하가 교화되었으며, 고수가 기뻐함을 이룸에 천하의 부자간(父子間)이 된 자들이 안정되었으니, 이것을 일러 대효(大孝)라 하는 것이다."

---

29) ≪孟子 萬章上 1章≫ "萬章問曰: 舜往于田, 號泣于旻天, 何爲其號泣也. 孟子曰: 怨慕也…帝使其子九男二女, 百官牛羊倉廩備, 以事舜於畎畝之中, 天下之士多就之者, 帝將胥天下而遷之焉, 爲不順於父母, 如窮人無所歸."

瞽瞍는 舜父名이라 底는 致也요 至也라 豫는 諺音誤라 悅樂 音洛이라 也라 瞽瞍至頑하여 嘗欲殺舜이러니 至是 舜盡道라 而底豫焉하니 書所謂不格姦, 見堯典이라 亦允若이 見大禹謨라 是也라 蓋舜至此에 瞽瞍底豫라 而有以順乎親矣라 照上節이라 是以로 天下之爲子者 知天下에 無不可事之親이요 顧吾所以事之者未若舜耳라 於是에 莫不勉而爲孝하여 至於其親亦底豫焉이면 則天下之爲父者 亦莫不慈하니 所謂化也라 子孝父慈하여 各止其所하여 而無不安其位之意가 所謂定也라 新安陳氏曰 化는 以心言이요 定은 以分言이라 爲法於天下하여 可傳於後世요 見下篇이라 非止一身一家之孝而已니 此所以爲大孝也니라 大孝는 此章之題目이라

고수(瞽瞍)는 순임금의 아버지 이름이다. '지(底)'는 이룸(致)이요, '치(致)'는 이룸이다. '여(豫)'는 《언해》의 음(예)이 잘못되었다. 기뻐함이다. '락(樂)'은 음이 락(洛)이다. 고수가 지극히 완악하여 일찍이 순임금을 죽이고자 하였는데, 이때에 이르러 이에 이름은 순임금이 도리를 다함에 이른 것이다. 기쁨을 이루었으니, 《서경》에 이른바 '간악(姦惡)함에 이르지 않게 하고 이 내용은 《서경》〈요전(堯典)〉에 보인다. 고수 또한 믿고 따랐다.'는 것이 이 내용은 〈대우모〉에 보인다. 이것이다. 순임금이 이때에 이르러 고수가 기쁨을 이룬 때이다. 어버이를 순(順)히 함이 있었던 것이다. 윗절에 조응하였다. 이 때문에 천하의 자식된 자들이 천하에 섬길 수 없는 부모가 없고, 다만 자신이 부모를 섬기는 것이 순임금만 못하다는 것을 알았다. 이에 힘써 효(孝)를 하지 않는 이가 없어서 그의 어버이 또한 기뻐함을 이룸에 이르면 천하의 아버지 된 자들이 또한 사랑하지 않는 이가 없었으니, 이것이 이른바 '화(化;교화됨)'란 것이다. 아들이 효하고 아버지가 사랑하여 각각 자기 자리에 멈추어서 그 위치를 편안히 여기지 않음이 없는 뜻이 이른바 '정(定)'이라는 것이다. 신안진씨가 말하였다. "화(化)는 마음으로 말한 것이고, 정(定)은 분수로 말한 것이다." 천하에 모범이 되어 후세에 전할 만하고 이 내용은 아랫편에 보인다. 다만 일신(一身)과 일가(一家)의 효에 그칠 뿐만이 아니었으니, 이 때문에 대효(大孝)라 한 것이다. '대효(大孝)'는 이 장의 제목이다.

○ 李氏 大全曰 名侗이요 字愿仲이니 延平人이라 曰 舜之所以能使瞽瞍底豫者는 盡事親之道하여 共 音恭이라 爲子職이요 見萬章上이라 不見父母之非而已라 昔에 羅仲素 大全曰 名從彦이요 豫章人이니 後居延平하니라 ○ 按李延平之稱羅仲素는 與程子之稱周茂叔同이라 語此云 只爲 去聲이라 天下에 無不是底 猶之也라 父母라하신대 慶源輔氏曰 孝子之心이 與親爲一하여 凡親之過 皆己之過라 自不見父母有不是處니라 ○ 按以他人觀之하면 瞽瞍之處舜者 無非不是로되 惟以舜之心體之然後에 未見其有不是處라 蓋瞽瞍之心은 自以此爲是하니 自以爲是者 是其過어늘 而舜輒引爲己過하사 曰 吾不順乎親之

故也라하시니 此其所以未見有不是處也니라 了翁이 大全曰 姓陳이요 名瓘이요 字瑩中이니 延平人이라 聞而善之曰 唯如此而後에 天下之爲父子者定이니 彼臣弑其君하며 子弑其父者는 出易坤文言及見滕文公下라 常始於見其有不是處耳라하니라 慶源輔氏曰 陳氏又推其極而言之하니 亦事理之實也라

○ 이씨(李氏)가 ≪대전≫에 말하였다. "이씨는 이름이 통(侗)이고 자(字)가 원중(愿仲)이니, 연평(延平) 사람이다." 말하였다. "순임금이 고수로 하여금 기뻐함을 이루게 한 것은 <순임금이> 어버이 섬기는 도리(道理)를 다하여 공손히 '공(共)'은 음이 공(恭;공손함)이다. 자식된 직분을 하고 이 내용은 〈만장 상〉에 보인다. 부모의 잘못을 보지 못하였기 때문일 뿐이다. 옛적에 나중소(羅仲素)가 ≪대전≫에 말하였다. "나중소(羅仲素)는 이름이 종언(從彦)이고 예장(豫章) 사람이니, 뒤에 연평에 거주하였다." ○ 살펴보건대 이연평이 자기의 스승을 나중소라고 칭한 것은 정자가 자기의 스승을 주무숙(周茂叔)이라고 칭한 것과 같다.*① 이것을 말하기를 '다만 천하에 옳지 않은 '저(底)'는 지(之)와 같다. 부모가 없다고 생각하기 때문이다.' '위(爲)'는 거성(去聲;위함)이다. 하였는데, ○ 경원보씨가 말하였다. "효자의 마음은 어버이와 하나가 되어서, 무릇 어버이의 허물이 모두 자기의 허물이어서 자연 부모가 옳지 못한 곳이 있음을 보지 못하는 것이다." ○ 살펴보건대 타인의 입장에서 보면 고수가 순임금에게 대처한 것은 옳지 않은 것 아님이 없으나 오직 순임금의 마음으로 체찰한 뒤에야 그 옳지 않은 곳을 보지 못하신 것이다. 고수의 마음은 스스로 이것을 옳다 여겼으니 스스로 옳다고 여긴 것이 바로 그의 잘못인데, 순임금은 번번이 이것을 이끌어 자신의 잘못으로 삼아서 말씀하기를 '내가 어버이에게 순하지 못한 연고이다.' 하셨으니, 이것이 그 옳지 못한 곳이 있음을 보지 못하신 이유이다. 요옹(了翁)이 ≪대전≫에 말하였다. "요옹(了翁)은 성이 진(陳)이고 이름이 관(瓘)이고 자(字)가 영중(瑩中)이니, 연평(延平) 사람이다." 이 말을 듣고서 좋게 여겨 말씀하기를 '이와 같이 생각한 뒤에야 천하에 부자간(父子間)이 된 자들이 안정될 수 있으니, 저 신하로서 그 군주를 시해하고 자식으로서 그 아버지를 시해하는 자들은 이 내용은 ≪주역≫ 〈곤괘(坤卦) 문언전(文言傳)〉에 나오고, 〈등문공 하〉에 보인다. 항상 <군(君)·부(父)의> 옳지 못한 곳을 봄에서 비롯될 뿐이다.' 하였다." 경원보씨가 말하였다. "진씨(陳氏)는 또 그 지극함을 미루어 말하였으니, 또한 사리(事理)의 실제이다."

*① 나중소(羅仲素)는……것과 같다 : 나중소는 나종언(羅從彦)을 가리킨 것으로 중소는 그의 자(字)이다. 정자(程子)의 문인(門人)인 구산(龜山) 양씨(楊時)에게 배웠으며, 배우는 자들이 예장선생(豫章先生)이라 칭하였다. 연평(延平) 이통(李侗)에게 학문을 전수하여 주자(朱子)에게 이르게 하였다. 여기에서 연평이 그의 스승인 나종언의 자를 부른 것은 이정(二程)이 자기 스승인 주돈이(周敦頤)의 자인 '무숙(茂叔)'을 부른 것과 같음을 말한 것으로, 옛날에 스승의 이름은 부르지 않았으나 자는 그대로 불렀다.

【부록】책 속에 보이는 인물 정보

<ㄱ>

- 각헌 채씨(覺軒蔡氏) : 남송의 경학가인 채모(蔡模, ?~?)로, 자는 중각(仲覺), 호는 각헌(覺軒)이며, 복건성(福建省) 건양(建陽) 사람이다.
- 강릉 항씨(江陵項氏) : 송나라 때 경학가인 항안세(項安世, ?~1208)로, 자는 평보(平父), 호는 평암(平庵)이며, 절강성(浙江省) 괄창(括蒼) 사람이다.
- 격암 조씨(格庵趙氏) : 남송의 경학가인 조순손(趙順孫, 1215~1276)으로, 자는 화중(和仲), 호는 격재(格齋) 또는 격암(格庵)이며, 절강성 진운(縉雲) 사람이다.
- 겸산 곽씨(兼山郭氏) : 북송의 경학가인 곽충효(郭忠孝, ?~1127)로, 자는 입지(立之), 호는 겸산(兼山)이며, 하남성(河南城) 낙양(洛陽) 사람이다.
- 경원 보씨(慶源輔氏) : 남송의 경학가인 보광(輔廣, ?~?)으로, 자는 한경(漢卿), 호는 잠암(潛庵)이며, 절강성 숭덕(崇德) 사람이다.
- 고씨(顧氏) : 남송의 학자인 고원상(顧元常)으로, 자는 평보(平甫)이다.
- 공씨(孔氏) : 당나라 때 경학가인 공영달(孔穎達, 574~648)로, 자는 충원(沖遠), 시호는 헌(憲)이며, 하북성(河北省) 형수(衡水) 사람이다.
- 괄창 섭씨(括蒼葉氏) : 남송의 경학가인 섭미도(葉味道, ?~?)로, 초명은 하손(賀孫), 호는 서산(西山), 시호는 문수(文修)이며, 절강성 온주(溫州) 사람이다.
- 광평 유씨(廣平游氏) : 북송(北宋)의 경학가인 유작(游酢, 1053~1123)으로, 자는 정부(定夫) 또는 자통(子通), 호는 치산(廌山) 또는 광평(廣平), 시호는 문숙(文肅)이며, 복건성 건양(建陽) 사람이다.
- 교봉 방씨(蛟峰方氏) : 송말·원초의 경학가인 방봉진(方逢辰, ?~1291)으로, 초명은 몽괴(夢魁), 자는 군석(君錫), 호는 교봉(蛟峰)이며, 절강성 순안(淳安) 사람이다.
- 구산 양씨(龜山楊氏) : 북송의 경학가인 양시(楊時, 1053~1135)로, 자는 중립(中立), 호는 구산(龜山), 시호는 문숙(文靖)이며, 복건성 장락(將樂) 사람이다.
- 구양씨(歐陽氏) : 원나라 때 학자인 구양현(歐陽玄, 1273~1357)으로, 자는 원공(原功), 호는 규재(圭齋), 시호는 문공(文公)이다. 호남성(湖南省) 유양(瀏陽) 사람이다.
  - 구양씨(歐陽氏) : 남송의 학자인 구양겸지(歐陽謙之)로, 자는 희손(希遜)이다.

<ㄴ>

- 낙암 이씨(樂菴李氏) : 송나라 때 경학가인 이형(李衡, ?~?)으로, 자는 언평(彦平)이며, 강소성 강도(江都) 사람이다.
- 남전 여씨(藍田呂氏) : 북송의 경학가인 여대림(呂大臨, 1040~1092)으로, 자는 여숙

(與叔), 호는 남전(藍田)이며, 섬서성 남전(藍田) 사람이다.
- 남헌 장씨(南軒張氏) 또는 광한장씨(廣漢張氏) : 남송의 경학가인 장식(張栻, 1133~1180)으로, 자는 경부(敬夫) 또는 흠부(欽夫), 호는 남헌(南軒), 시호는 선(宣)이며, 사천성(四川省) 면죽(綿竹) 사람이다.
- 노재 왕씨(魯齋王氏) : 원나라 때 학자인 왕통(王侗)으로, 호는 노재(魯齋)이다.
- 노재 허씨(魯齋許氏) : 송말 원초의 학자인 허형(許衡, 1209~1281)으로, 자는 중평(仲平), 호는 노재(魯齋), 시호는 문정(文正)이며, 하남성 하내(河內) 사람이다.
- 능양 이씨(陵陽李氏) : 미상

<ㄷ>
- 담씨(譚氏) : 남송의 경학가인 담유인(譚惟寅, ?~?)으로, 자는 자흠(子欽), 호는 태재(蛻齋)이며, 광동성(廣東省) 고요(高要) 사람이다.
- 동래 여씨(東萊呂氏) : 남송의 경학가인 여조겸(呂祖謙, 1137~1181)으로, 자는 백공(伯恭), 호는 동래(東萊), 시호는 충량(忠亮)이며, 절강성 무주(婺州) 사람이다.
- 동양 허씨(東陽許氏) : 원나라 때의 경학가인 허겸(許謙, 1270~1337)으로, 자는 익지(益之), 호는 백운산인(白雲山人), 시호는 문의(文懿)이며, 절강성 금화(金華) 사람이다.
- 동창 이씨(東窓李氏) : 미상
- 등씨(鄧氏) : 송나라 때 경학가인 등명세(鄧名世, ?~?)로, 자는 원아(元亞)이며, 강서성 임천(臨川) 사람이다.

<ㅁ>
- 매암 호씨(梅巖胡氏) : 남송의 학자인 호차염(胡次焱, 1229~1306)으로, 자는 제정(濟鼎), 호는 매암(梅巖) 또는 여학(餘學)이며, 강서성 무원(婺源) 사람이다.
- 면재 황씨(勉齋黃氏) : 남송의 경학가인 황간(黃榦, 1152~1221)으로, 자는 직경(直卿), 호는 면재(勉齋), 시호는 문숙(文肅)이며, 복건성 민현(閩縣) 사람이다.
- 마씨 융(馬氏融) : 후한(後漢)의 경학가인 마융(馬融, 79~166)으로, 자는 계장(季長)이며, 섬서성(陝西省) 무릉(茂陵) 사람이다.
- 몽재 원씨(蒙齋袁氏) : 송나라 때 경학가인 원보(袁甫, ?~?)로, 자는 광미(廣微), 호는 몽재(蒙齋), 시호는 정숙(正肅)이며, 절강성 은현(鄞縣) 사람이다.
- 물헌 웅씨(勿軒熊氏) : 남송의 경학가인 웅화(熊禾, ?~?)로, 초명은 화(鈇), 자는 거비(去非), 호는 물헌(勿軒) 또는 퇴재(退齋)이며, 복건성 건양(建陽) 사람이다.

<ㅂ>
- 번양 심씨(番陽沈氏) : 남송의 학자인 심귀요(沈貴瑤)로, 자는 성숙(誠叔), 호는 의재

(毅齋)이다.
- 번양 이씨(番陽李氏) : 이정옹(李靖翁)이다.
- 번양 제씨(番陽齊氏) : 남송의 학자인 제몽룡(齊夢龍)이다.
- 번양 추씨(番陽鄒氏) : 원나라 때 학자인 추계우(鄒季友)이다.
- 범씨(范氏) 또는 화양범씨(華陽范氏) : 북송의 학자인 범조우(范祖禹, 1041~1098)로, 자는 순보(淳甫) 또는 몽득(夢得)이며, 사천성 화양(華陽) 사람이다.
- 보전 황씨(莆田黃氏) : 남송의 경학가인 황사의(黃士毅, ?~?)로, 자는 자홍(子洪), 호는 호산(壺山)이며, 복건성 보전(莆田) 사람이다.
- 북계 진씨(北溪陳氏) : 남송의 경학가인 진순(陳淳, 1159~1223)으로, 자는 안경(安卿), 호는 북계(北溪), 시호는 문안(文安)이며, 복건성 용계(龍溪) 사람이다.

<ㅅ>
- 사수 정씨(沙隨程氏) : 남송의 경학가인 정형(程迥, ?~?)으로, 자는 가구(可久), 호는 사수(沙隨)이며, 하남성 영릉(寧陵) 사람이다.
- 사여 황씨(四如黃氏) 또는 황씨(黃氏) : 남송의 학자인 황중원(黃仲元, 1231~1312)으로, 초명은 황연(黃淵), 자는 선보(善甫), 호는 사여(四如)이며, 복건성 보전(莆田) 사람이다.
- 산음 육씨(山陰陸氏) : 북송의 경학가인 육전(陸佃, 1042~1102)으로, 자는 농사(農師), 호는 도산(陶山)이며, 절강성 산음(山陰) 사람이다.
- 삼산 반씨(三山潘氏) : 남송의 경학가인 반병(潘柄, ?~?)으로, 자는 겸지(謙之), 호는 과산(瓜山)이며, 복건성 회안(懷安) 사람이다.
- 삼산 진씨(三山陳氏) : 남송의 학자인 진공석(陳孔碩, ?~?)으로, 자는 부중(膚仲), 호는 북산(北山)이며, 복건성 후관(侯官) 사람이다.
- 상산 육씨(象山陸氏) : 남송의 경학가인 육구연(陸九淵, 1139~1193)으로, 자는 자정(子靜), 호는 존재(存齋) 또는 상산(象山), 시호는 문안(文安)이며, 강서성 금계(金溪) 사람이다.
- 상채 사씨(上蔡謝氏) : 북송의 경학가인 사량좌(謝良佐, 1050~1103)로, 자는 현도(顯道), 시호는 문숙(文肅)이며, 하남성(河南省) 상채(上蔡) 사람이다.
- 서산 진씨(西山眞氏) : 남송의 학자인 진덕수(眞德秀, 1178~1235)로, 자는 경원(景元) 또는 희원(希元), 호는 서산(西山), 시호는 문충(文忠)이며, 복건성 포성(浦城) 사람이다.
- 선씨(宣氏) : 미상
- 섭씨(葉氏) : 송나라 때 경학가인 섭몽득(葉夢得, 1077~1148)으로, 자는 소온(少蘊), 호는 석림(石林)이며, 강소성 오현(吳縣) 사람이다.

- 소씨(蘇氏) 또는 미산소씨(眉山蘇氏) : 북송의 경학가인 소식(蘇軾, 1037~1101)으로, 자는 자첨(子瞻) 또는 화중(和仲), 호는 동파거사(東坡居士), 시호는 문충(文忠)이며, 사천성 미산(眉山) 사람이다.
- 소씨(邵氏) : 남송의 학자인 소갑(邵甲)이다.
- 소자(邵子) : 북송의 학자인 소옹(邵雍)으로, 자는 요부(堯夫), 시호는 강절(康節)이다.
- 신안 예씨(新安倪氏) : 원나라 때 경학가인 예사의(倪士毅, ?~?)로, 자는 중홍(仲弘), 호는 도천(道川)이며, 안휘성(安徽省) 흡현(歙縣) 사람이다.
- 신안 오씨(新安吳氏) : 남송의 학자인 오호(吳浩)로, 자는 의보(義父), 호는 직헌(直軒)이며 안휘성 휴녕(休寧) 사람이다.
- 신안 왕씨(新安王氏) : 송나라 때 경학가인 왕염(王炎, 1137~1218)으로, 자는 회숙(晦叔) 또는 회중(晦仲), 호는 쌍계(雙溪)이며, 강서성 무원(婺源) 사람이다.
- 신안 진씨(新安陳氏) : 남송(南宋)의 경학가인 진력(陳櫟, 1252~1334)으로, 자는 수옹(壽翁), 호는 정우(定宇) 또는 동부노인(東阜老人)이며, 안휘성(安徽省) 휴녕(休寧) 사람이다.
- 쌍봉 요씨(雙峰饒氏) : 남송의 경학가인 요로(饒魯, ?~?)로, 자는 백여(伯輿) 또는 중원(仲元), 호는 쌍봉(雙峰), 사시(私諡)는 문원(文元)이며, 강서성 여간(餘干) 사람이다.

<ㅇ>

- 안씨(晏氏) : 미상
- 안정 호씨(安定胡氏) : 북송의 학자인 호원(胡瑗, 993~1059)으로, 자는 익지(翼之), 호는 안정(安定)이며, 강소성 해릉(海陵) 사람이다.
- 연평 이씨(延平李氏) : 남송의 경학가인 이통(李侗, 1093~1163)으로, 자는 원중(願中), 호는 연평(延平), 시호는 문정(文靖)이며, 복건성 검포(劍浦) 사람이다.
- 영가 설씨(永嘉薛氏) : 남송의 경학가인 설계선(薛季宣, 1134~1173)으로, 자는 사룡(士龍) 또는 사륭(士隆), 호는 간재(艮齋), 시호는 문헌(文憲)이며, 절강성 영가(永嘉) 사람이다.
- 예씨(倪氏) : 미상
- 예장 나씨(豫章羅氏) : 송나라 때 경학가인 나종언(羅從彦, 1072~1135)으로, 자는 중소(仲素), 호는 예장(豫章), 시호는 문질(文質)이며, 복건성 검포(劍浦) 사람이다.
- 오씨(吳氏) : 송나라 때 경학가인 오역(吳棫, 1100~1154)으로, 자는 재로(才老)이며, 복건성 건안(建安) 사람이다.
- 옥계 노씨(玉溪盧氏) : 송나라 때 학자인 노효손(盧孝孫)으로, 자는 옥계(玉溪)이며, 복건성 민현(閩縣) 사람이다.

- 온릉 진씨(溫陵陳氏) : 남송의 학자인 진지유(陳知柔, ?~1184)로, 자는 체인(體仁), 호는 휴재(休齋)이며 복건성 영춘(永春) 사람이다.
- 왕씨(汪氏) : 원나라 때 학자인 왕염창(汪炎昶, 1261~1338)으로, 자는 무원(茂遠)이며 안휘성 무원(婺源) 사람이다.
- 왕씨(汪氏) : 북송의 학자인 왕정직(汪廷直)으로, 안휘성 무원(婺源) 사람이다.
- 왕씨(王氏) : 북송의 학자인 왕회(王回, 1023~1065)로, 자는 심보(深甫)이며, 복건성 후관(侯官) 사람이다.
- 운봉 호씨(雲峰胡氏) : 원(元)나라 경학가인 호병문(胡炳文, 1250~1333)으로, 자는 중호(仲虎), 호는 운봉(雲峰)이며, 강서성(江西省) 무원(婺源) 사람이다.
- 유씨(劉氏) : 원나라 때 학자인 유팽수(劉彭壽)로, 사천성 미주(眉州) 사람이다.
- 인산 김씨(仁山金氏) : 송말·원초의 학자인 김이상(金履祥, 1232~1303)으로, 자는 길보(吉父), 호는 차농(次農), 시호는 문안(文安)이며, 절강성 난계(蘭谿) 사람이다.
- 인수 이씨(仁壽李氏) : 남송의 학자인 이도전(李道傳)으로, 자는 관지(貫之)이며, 사천성 정연(井硏) 사람이다.
- 임씨(林氏) : 남송의 경학가인 임지기(林之奇, 1112~1176)로, 자는 소영(少穎), 호는 졸재(拙齋), 시호는 문소(文昭)이며, 복건성 후관(侯官) 사람이다.
- 임천 오씨(臨川吳氏) : 원나라 때 경학가인 오징(吳澄, 1249~1333)으로, 자는 유청(幼淸), 호는 초려(草廬), 시호는 문정(文正)이며, 강서성 숭인(崇仁) 사람이다.

<ㅈ>

- 잠실 진씨(潛室陳氏) : 남송의 경학가인 진식(陳埴, ?~?)으로, 자는 기지(器之), 호는 잠실(潛室) 또는 목종(木鐘)이며, 절강성 영가(永嘉) 사람이다.
- 장존중(張存中) : 원나라 때 학자인 장용(張庸)으로, 자는 존중이며, 절강성 온주(溫州) 사람이다.
- 장락 진씨(長樂陳氏) : 북송의 경학가인 진상도(陳祥道, 1053~1093)로, 자는 용지(用之)이며, 복건성 장락(長樂) 사람이다.
- 장씨(張氏) : 남송의 경학가인 장구성(張九成, 1092-1159)으로, 자는 자소(子韶), 호는 횡포거사(橫浦居士), 시호는 문충(文忠)이며, 절강성 전당(錢塘) 사람이다.
- 장씨(張氏) : 장옥연(張玉淵)이다.
- 장씨(張氏) : 북송의 문인인 장정견(張庭堅)으로, 자는 재숙(才叔), 시호는 절민(節愍)이다.
- 장씨(張氏) : 장팽로(張彭老)이다.
- 장씨(張氏) : 원나라 때 학자인 장호고(張好古, ?~1262)로, 자는 신보(信甫)이며, 하북성 남궁(南宮) 사람이다.

- 장자(張子) : 북송의 학자인 장재(張載, 1020~1077)로, 자는 자후(子厚), 호는 횡거(橫渠), 시호는 명공(明公)이며, 섬서성(陝西省) 미현(郿縣) 사람이다.
- 절재 채씨(節齋蔡氏) : 남송의 경학가인 채연(蔡淵, 1156~1236)으로, 자는 백정(伯靜), 호는 절재(節齋)이며, 복건성 건양(建陽) 사람이다.
- 정씨(鄭氏) : 남송의 학자인 정남승(鄭南升, ?~?)이다.
- 정씨(鄭氏) : 송나라 때 경학가인 정여해(鄭汝諧, ?~?)로, 자는 순거(舜擧), 호는 동곡거사(東谷居士)이며, 절강성 청전(靑田) 사람이다.
- 정씨(鄭氏) : 후한 때 경학가인 정현(鄭玄, 127~200)으로, 자는 강성(康成)이며, 산동성(山東省) 고밀(高密) 사람이다.
- 정자(程子) : 북송의 학자인 정호(程顥, 1032~1085) 또는 정이(程頤, 1033~1107)를 일컫는 칭호이다. 형인 정호는 자가 백순(伯淳), 호가 명도(明道)이고, 아우인 정이는 자가 정숙(正叔), 호가 이천(伊川)이다. 하남성 낙양(洛陽) 사람이다.
- 제갈씨 태(諸葛氏泰) : 남송의 학자인 제갈태(諸葛泰, ?~?)로, 자는 안지(安之)이며, 절강성(浙江省) 황암(黃巖) 사람이다.
- 조씨(趙氏) : 미상
- 주씨(朱氏) : 주신(朱伸)이다.
- 주씨(朱子) : 북송의 학자인 주돈이(周敦頤, 1017~1073)로, 자는 무숙(茂叔), 호는 염계(濂溪)이다.
- 주씨(朱氏) : 원나라 때 경학가인 주조의(朱祖義, ?~?)로, 자는 자유(子由)이며, 강서성 여릉(廬陵) 사람이다.
- 지재 진씨(止齋陳氏) : 남송의 경학가인 진부량(陳傅良, 1137~1203)으로, 자는 군거(君擧), 호는 지재(止齋), 시호는 문절(文節)이며, 절강성 서안(瑞安) 사람이다.
- 진씨(陳氏) : 미상

＜ㅊ＞

- 천태 반씨(天台潘氏) : 남송의 학자인 반시거(潘時擧)로, 자는 자선(子善)이며, 절강성 임해(臨海) 사람이다.
- 채씨(蔡氏) 또는 구봉채씨(九峰蔡氏) : 남송의 경학가인 채침(蔡沈, 1167~1230)으로, 자는 중묵(仲默), 호는 구봉(九峰), 시호는 문정(文正)이며, 복건성 건양(建陽) 사람이다.
- 첩산 사씨(疊山謝氏) : 송말·원초의 경학가인 사방득(謝枋得, 1226~1289)으로, 자는 군직(君直), 호는 첩산(疊山)이며, 강서성 익양(弋陽) 사람이다.
- 치당 호씨(致堂胡氏) : 남송의 경학가인 호인(胡寅, 1098~1156)으로, 자는 명중(明仲) 또는 중강(仲剛), 호는 치당(致堂), 시호는 문충(文忠)이며, 복건성 숭안(崇安)

사람이다.

< ㅍ >
- 파양 심씨(番易沈氏) : 남송의 학자인 심귀보(沈貴珤, ?~?)로, 이명(異名)은 여려(汝礪), 자는 성숙(誠叔), 호는 의재(毅齋)이다.

< ㅎ >
- 하동 후씨(河東侯氏) : 송나라 때 경학가인 후중량(侯仲良, ?~?)으로, 자는 사성(師聖) 또는 희성(希聖), 호는 형문(荊門)이며, 산서성(山西省) 맹현(孟縣) 사람이다.
- 하씨(何氏) : 남송의 학자인 하몽귀(何夢貴)이다.
- 형씨(邢氏) : 북송의 경학가인 형병(邢昺, 932~1010)으로, 자는 숙명(叔明)이다.
- 호씨(胡氏) : 남송의 학자인 호영(胡泳, ?~?)으로, 자는 백량(伯量), 호는 동원(洞源) 또는 동원(桐源)이다.
- 홍씨(洪氏) 또는 단양홍씨(丹陽洪氏) : 남송의 경학가인 홍흥조(洪興祖, 1090~1155)로, 자는 경선(慶善), 호는 연당(練塘)이며, 강소성(江蘇省) 단양(丹陽) 사람이다.
- 화정 윤씨(和靖尹氏) : 북송의 경학가인 윤돈(尹焞, 1070~1142)으로, 자는 언명(彦明) 또는 덕충(德充), 호는 화정(和靖)이며, 하남성 낙양(洛陽) 사람이다.
- 후재 풍씨(厚齋馮氏) : 송나라 때 경학가인 풍의(馮椅, ?~?)로, 자는 기지(奇之) 또는 의지(儀之), 호는 후재(厚齋)이며, 강서성 도창(都昌) 사람이다.
- 휘암 정씨(徽庵程氏) 또는 물재정씨(勿齋程氏) : 남송의 경학가인 정약용(程若庸, ?~?)으로, 자는 봉원(逢原), 호는 휘암(徽庵)이며, 안휘성 휴녕(休寧) 사람이다.

■ 역자 약력

성백효 成百曉

충남忠南 예산禮山에서 태어났다. 가정에서 부친 월산공月山公으로부터 한문을 수학했고, 월곡月谷 황경연黃璟淵, 서암瑞巖 김희진金熙鎭 선생으로부터 사사했다.
민족문화추진회 부설 국역연수원 연수부 수료, 고려대학교 교육대학원 한문교육과를 수료하였고, 현재 한국고전번역원 명예교수, 사단법인 해동경사연구소 소장을 역임 중이다.

번역서
『사서집주 四書集註』, 『시경집전 詩經集傳』
『서경집전 書經集傳』, 『주역전의 周易傳義』
『고문진보 古文眞寶』, 『근사록집해 近思錄集解』
『심경부주 心經附註』, 『통감절요 通鑑節要』
『당송팔대가문초 唐宋八大家文抄 소식 蘇軾』
『고봉집 高峰集』, 『독곡집 獨谷集』
『다산시문집 茶山詩文集』, 『송자대전 宋子大全』
『우계집 牛溪集』, 『약천집 藥泉集』, 『양천세고 陽川世稿』
『여헌집 旅軒集』, 『율곡전서 栗谷全書』
『잠암선생일고 潛庵先生逸稿』
『존재집 存齋集』, 『퇴계전서 退溪全書』
『현토신역 부 안설 맹자집주 懸吐新譯 附 按說 孟子集註』
『현토신역 부 안설 대학·중용집주
懸吐新譯 附 按說 大學·中庸集註』
『배우고 익히는 논어(전3권)』
『논어집주상설 상·하 論語集註詳說 上·下』
『맹자집주상설 상·하 孟子集註詳說 上·下』
『대학·중용장구상설 大學·中庸章句詳說』

海東經史硏究所 임원

顧　問 : 林東喆, 延萬熙
所　長 : 成百曉
理事長 : 權五春
理　事 : 金成珍, 盧丸均, 申範植, 辛泳周
　　　　 李光圭, 李在遠, 李哲洙, 張日碩
監　事 : 吳相潤, 李根寬

四書集註詳說 ③
맹자집주상설 上

2021년 1월 29일 초판1쇄 인쇄
2021년 2월 10일 초판1쇄 발행

저　　자 ｜ 박 문 호
역　　자 ｜ 성 백 효
발행인 ｜ 김 영 환

발행처 ｜ 도서출판 다운샘
05661 서울특별시 송파구 중대로27길 1(오금동)
전화 02 - 449 - 9172　　팩스 02 - 431 - 4151
E-mail : dusbook@naver.com
등록 제1993 - 000028호

ISBN 978-89-5817-479-0　94140
ISBN 978-89-5817-476-9 (전5권)
ⓒ 2021, 성백효
값 40,000원

* 이 책의 무단 전재와 복제를 금합니다.